U0906588

中国石油天然气集团公司年鉴

2013

中国石油天然气集团公司　编

石 油 工 业 出 版 社

图书在版编目（CIP）数据

中国石油天然气集团公司年鉴 . 2013 ／中国石油天然气集团公司编 . 北京：石油工业出版社，2013.12

ISBN 978-7-5021-9941-8

Ⅰ . 中…

Ⅱ . 中…

Ⅲ . 中国石油天然气集团公司 – 2013 – 年鉴

Ⅳ . F426.22-54

中国版本图书馆 CIP 数据核字（2013）第 310001 号

中国石油天然气集团公司年鉴

2013/ 中国石油天然气集团公司编

出版发行：石油工业出版社

（北京安定门外安华里 2 区 1 号 100011）

编辑部：（010）64523594 64523586 64523590

经　　销：全国新华书店

印　　刷：北京中石油彩色印刷有限责任公司

2013 年 12 月第 1 版 2013 年 12 月第 1 次印刷

787×1092 毫米 开本：1/16 印张：46.5 插页：56

字数：1530 千字 印数：1—5000 册

定价：258.00 元

（如出现印装质量问题，请与编辑部联系）

《中国石油天然气集团公司年鉴》编委会

《中国石油天然气集团公司年鉴》主编、副主编

《中国石油天然气集团公司年鉴》
编　辑　部

主　　任：张　镇

副 主 任：王宇芬

责任编辑：王宇芬　赵冬梅　付　红　杨天龙

封面设计：施　云

正文设计：姚京燕

责任校对：王　颜　黄京萍

责任排版：张晓军

彩页制作：石油彩印中心

编 辑 说 明

一、《中国石油天然气集团公司年鉴》（以下简称《年鉴》）是中国石油天然气集团公司主办的专业性年鉴，是全面记录中国石油天然气集团公司主要发展情况的编年书，是具有权威性的大型资料性工具书。书中全面、系统、真实地记述了中国石油天然气集团公司的发展状况，向广大读者展示了中国石油天然气集团公司全面履行经济、政治和社会责任，持续推进世界水平综合性国际能源公司建设方面所作出的努力和取得的成就。

二、《年鉴》采用“板块式”结构，分类编纂，点面结合，综合记述和条目记述相结合，力求全面反映所记事项。全书分为篇目、栏目、条目三个层次，以文字叙述为主，辅以必要的图表。内容包括：总述，油气勘探开发生产，炼油与化工，成品油销售，天然气与管道，工程技术、工程建设与装备制造，国际业务，科技与信息，安全环保与质量节能，企业管理与监督，党建、思想政治工作与企业文化建设，机构与人物，企事业单位概览，中国石油天然气集团公司大事纪要，统计数据，附录。

三、本卷《年鉴》所引用的各种数字和资料，截至2012年底。所收资料虽经过反复核实，但由于统计重点不同，来源渠道有别，时间也有差异，因此，难免存在收集不全、照顾不周，甚至相互不一致的地方。书中除特别指明者外，一般指中国石油天然气集团公司统计数字。

四、《年鉴》稿件、资料主要由中国石油天然气集团公司机关和中国石油天然气股份有限公司机关各部门及各专业分公司的有关领导与专家，各企事业单位办公室或史志办公室及年鉴办公室的同志提供，各单位的领导对稿件进行了审阅。

五、为行文简洁，《年鉴》中对机构名称一般采取以下处理方法：在首次出现时用全称，随后出现时用简称。例如，“中国石油天然气集团公司”简称为“集团公司”，“中国石油天然气股份有限公司”简称为“股份公司”等。

六、遵照年鉴编辑的有关规范，编辑部对撰稿人提供的稿件进行必要的编辑加工。主要是依据编写大纲与撰稿要求，统一全书的体例，规范专业名词术语，删除明显的重复，补充部分资料，理顺语言文字。力求做到文字顺畅、资料翔实、叙述简洁、数据准确。尽管如此，由于编辑水平有限，疏漏和欠妥之处在所难免，恳请读者提出批评意见。

七、在本卷《年鉴》的编辑和出版过程中，承蒙集团公司机关和股份公司机关各部门、各专业分公司及各企事业单位领导和同志们的大力支持与帮助，在此，谨向为《年鉴》提供稿件和资料、审查稿件，以及提供各种帮助的同志们，致以诚挚的谢意。

《中国石油天然气集团公司年鉴》编辑部

2013 年 12 月

序

2012年，中国石油天然气集团公司上下认真贯彻落实党中央、国务院的决策部署，牢牢把握稳中求进的工作总基调，有效应对经济环境的复杂变化和石油石化市场需求减缓等诸多挑战，大力实施资源、市场、国际化三大战略，坚持油气发展不动摇、履行保障责任不懈怠、加强基础建设不折腾，持续推进综合性国际能源公司建设，各项事业都取得了新成绩新进展。集团公司全年实现营业收入2.68万亿元、同比增长12.7%，实现净利润1392亿元，应缴税费3930亿元；国内油气储量保持高峰增长，原油产量创近年来最大增幅，天然气产销量快速增长，炼化生产和销售安全平稳运行，海外业务在复杂局面下继续巩固拓展，服务保障业务协调发展，一批重点工程建成投产，实现了生产较快增长、效益总体稳定。同时，科技创新取得新成果，管理提升活动深入推进，安全环保形势稳定好转，党建、班子和队伍建设进一步加强，大庆精神铁人精神不断发扬光大，石油石化矿区保持和谐稳定。

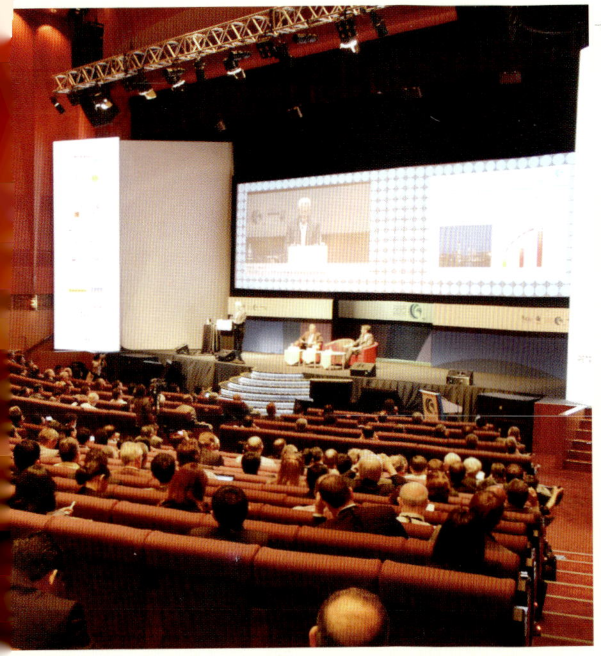

：在马来西亚首都吉隆坡召开。7日，中国石油天然气集
和中国天然气市场"主题演讲，表示致力于天然气发展

西藏、河南、贵州、江西、青海、福建和重庆 8 个省（区、
30 万元，援建 23 个项目，力求解决贫困地区居民最直接、
企业扶贫开发工作先进单位"称号。图为中国石油定点扶

中国石油天然气集团公司主要油气田炼油化工企业分布及管道示意图

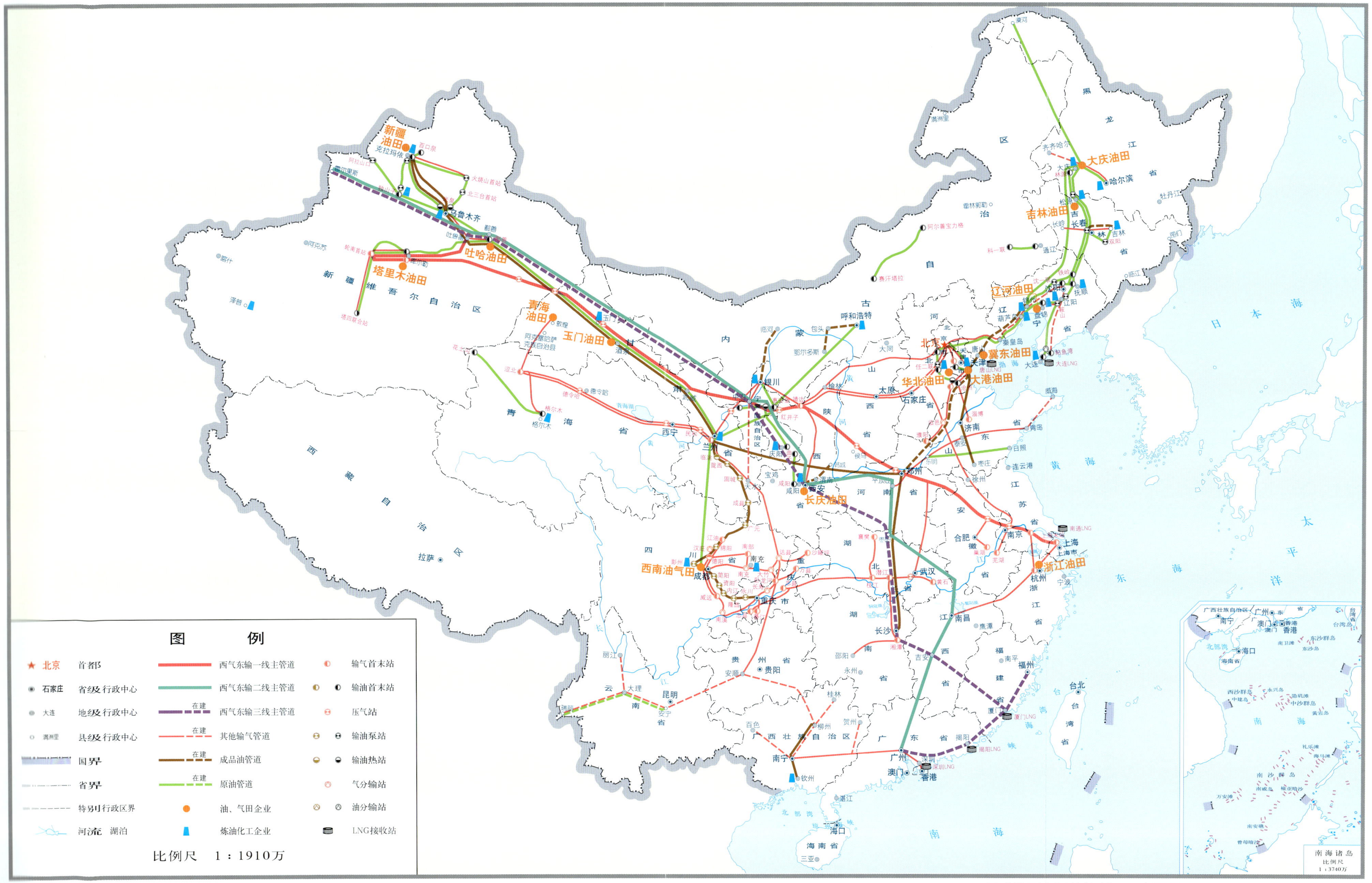

新疆油田　塔里木油田　吐哈油田　青海油田　玉门油田　长庆油田　西南油气田　华北油田　冀东油田　大港油田　辽河油田　吉林油田　大庆油田　浙江油田

图例

★ 北京	首都		西气东输一线主管道		输气首末站
石家庄	省级行政中心		西气东输二线主管道		输油首末站
大连	地级行政中心	在建	西气东输三线主管道		压气站
满洲里	县级行政中心	在建	其他输气管道		输油泵站
	国界	在建	成品油管道		输油热站
	省界	在建	原油管道		气分输站
	特别行政区界		油、气田企业		油分输站
	河流　湖泊		炼油化工企业		LNG接收站

比例尺　1：1910万

南海诸岛　比例尺　1：3740万

星球地图出版社编制　审图号　JS(2006)01-102

中国石油天然气集团公司海外业务示意图

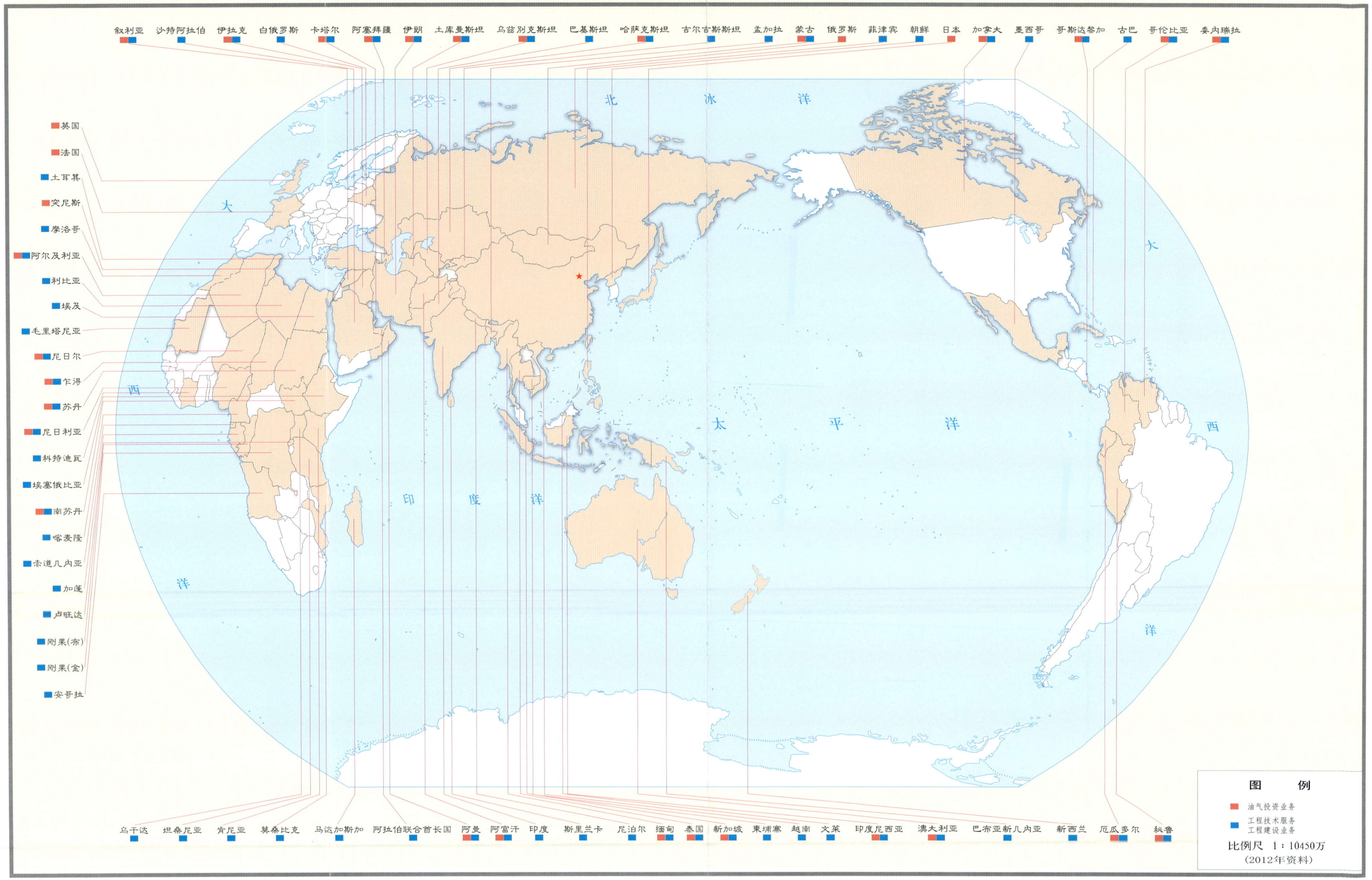
叙利亚
沙特阿拉伯
伊拉克
白俄罗斯
卡塔尔
阿塞拜疆
伊朗
土库曼斯坦
乌兹别克斯坦
巴基斯坦
哈萨克斯坦
吉尔吉斯斯坦
孟加拉
蒙古
俄罗斯
菲律宾
朝鲜
日本
加拿大
墨西哥
哥斯达黎加
古巴
哥伦比亚
委内瑞拉
英国
法国
土耳其
突尼斯
摩洛哥
阿尔及利亚
利比亚
埃及
毛里塔尼亚
尼日尔
乍得
苏丹
尼日利亚
科特迪瓦
埃塞俄比亚
南苏丹
喀麦隆
赤道几内亚
加蓬
卢旺达
刚果(布)
刚果(金)
安哥拉
乌干达
坦桑尼亚
肯尼亚
莫桑比克
马达加斯加
阿拉伯联合酋长国
阿曼
阿富汗
印度
斯里兰卡
尼泊尔
缅甸
泰国
新加坡
柬埔寨
越南
文莱
印度尼西亚
澳大利亚
巴布亚新几内亚
新西兰
厄瓜多尔
秘鲁
北 冰 洋
大 西 洋
太 平 洋
印 度 洋
大 西 洋
图 例
油气投资业务
工程技术服务
工程建设业务
比例尺 1：10450万
(2012年资料)

星球地图出版社编制　审图号 JS（2006）01—102

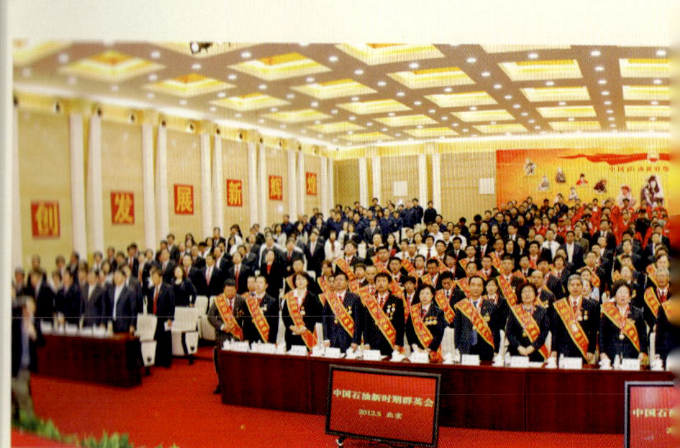

2012 年 5 月 3 日，中国石油新时期群英会在中国石
各企业的老中青三代石油英模披着红绶带参加会议，会
外醒目

纪念中国人民解放军原第57师改编石油工程第一师60周年座谈会
2012年7月27日 北京

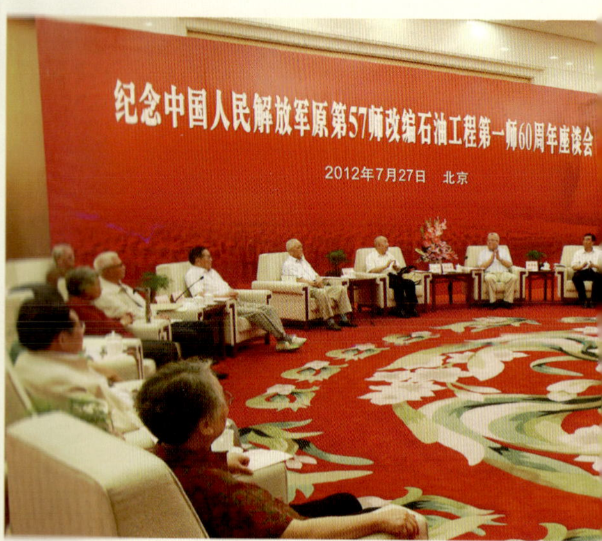

2012 年 7 月 27 日，中国石油天然气集团公司在北京
改编石油工程第一师 60 周年。石油师老领导、老同志代表
领导聚集一堂，共同回顾石油师发展史、创业史、光荣史
油师人，表示要大力弘扬石油师精神和大庆精神铁人精神
加美好的未来。中国石油总经理、党组成员周吉平，中国
党组成员吕波出席座谈会并讲话，中国石油副总经理、党

2012 年 7 月 18 日，尼日尔总统穆罕默杜·伊素福在率尼日尔政府代表团出席中非合作论坛第五届部长级会议开幕式并访问中国期间，到中国石油天然气集团公司访问。中国石油天然气集团公司总经理周吉平欢迎伊素福总统的到来，并就加强油气合作举行友好会谈

2012 年 8 月 8 日，中国石油天然气集团公司、新疆维吾尔自治区和新疆生产建设兵团在北京签署协议，三方合作勘探开发新疆克拉玛依红山油田油气资源。这一协议的签署，旨在充分利用新疆地区丰富的油气资源，努力将资源优势转化为经济优势，进一步支持新疆地区经济结构调整和可持续发展，加快“新疆大庆”建设，为实现新疆跨越式发展和长治久安作出新贡献。中国石油天然气集团公司总经理、党组成员周吉平，新疆维吾尔自治区党委常委、副主席库热西·买合苏提，新疆生产建设兵团党委常委、副司令员哈尼巴提·沙布开就推进合作举行会谈，并分别代表三方在协议书上签字

中国石油天然气集团公司持续深化安全发展、清洁发展和节约发展的理念，全年生产运行中没有发生较大及以上安全环保事故，主要环境指标持续改善。图为 2012 年 7 月川庆钻探公司演练井喷灭火

中国石油天然气集团公司强化节能减排，逐级分解年度目标任务，推进节能技术示范工程建设，加大重点减排工程督办力度，全年实现节能量 131 万吨标准煤，节水量 2435 万立方米，主要污染物化学需氧量、二氧化硫和氨氮排放量同比下降。图为西气东输工程哈萨克斯坦施工现场与鲜花盛开的草原构成了一幅绿色和谐的场景

2012 年，中国石油天然气集团公司工程技术服务、石油工程建设和装备制造业务，围绕油气业务发展和重点项目建设，不断优化队伍和装备结构，服务保障能力持续增强。图为川庆钻探队伍

2012 年，中国石油天然气集团公司科技创新在油气勘探、生产、炼化等领域取得进展，攻克了一批关键技术。水平井钻完井多段压裂增产关键技术及规模化应用获国家科技进步一等奖。图为西部钻探公司实施超大型压裂作业现场

2012 年，中国石油天然气集团公司海外油气生产保持稳定增长，全年实现油气作业产量当量 1.04 亿吨，权益产量当量 5243 万吨。图为中国石油任作业者的伊拉克哈法亚油田油气处理中心

2012 年，中国石油天然气集团公司国际贸易业务规模不断扩大，在亚洲、欧洲、美洲地区的油气运营中心建设稳步推进，全年实现贸易量 3.05 亿吨，同比增长 22%；实现贸易额 2394 亿美元。图为中国石油出口首座拥有中国自主知识产权的自升式海洋钻井平台

2012 年，中国石油天然气集团公司国内骨干管网建设加快推进，西气东输二线工程全线建成投运，西气东输三线工程开工，天然气供应能力进一步提升。图为西气东输三线霍尔果斯段施工场面

2012 年，中国石油天然气集团公司海外管道项目运营平稳，在建油气管道项目进展顺利。海外运营油气管道总里程达到 10494 千米。图为中缅油气管道施工现场

2012 年，中国石油天然气集团公司全年国内销售成品油 1.17 亿吨，同比增长 1.4%，实现零售量 8673 万吨。图为中国石油甘肃销售公司嘉峪关嘉北工业园区加油站

2012 年，中国石油天然气集团公司全年国内销售天然气 973 亿立方米，同比增长 17.7%。图为长庆油田智能化输气管道

2012 年，中国石油天然气集团公司炼化生产“五个优化”成效突出，布局结构调整取得新突破。全年国内加工原油 14716 万吨，生产成品油 9638 万吨，同比分别增长 1.6% 和 3.6%。图为中国石油抚顺石化公司炼化生产基地

2012 年，中国石油天然气集团公司主要化工产品商品量达 2264 万吨，同比增加 8.6%；全年生产乙烯 369 万吨。图为中国石油大庆石化公司大型乙烯装置

截至 2012 年，塔里木油田已经探明 26 个油气田，投入开发 21 个油气田，油气产量当量连续 6 年保持 2000 万吨水平。图为沙漠腹地的塔里木油田塔中一号处理厂

截至 2012 年底，新疆油田累计为国家生产原油 3.06 亿吨，天然气 657.32 亿立方米，连续 11 年保持年产原油 1000 万吨以上。图为新疆油田冬季生产景象

2003—2012 年，大庆油田连续 10 年保持原油产量 4000 万吨稳产。图为丛式井矗立在大庆油田生产基地上

2012 年，长庆油田油气产量当量突破 4500 万吨，跃居全国首位。图为长庆姬塬油田

2012 年，中国石油天然气集团公司生产经营保持较快增长，全年实现营业收入 2.68 万亿元，利润总额 1839 亿元，应缴税费 3930 亿元。图为辽河油田金秋景象

2012 年，中国石油天然气集团公司全年国内新增探明石油地质储量 7.1 亿吨、天然气地质储量 4504 亿立方米，探明油气储量当量连续第六年超过 10 亿吨，资源基础更加稳固。全年国内原油产量达到 11033 万吨，连续 3 年增产超过 200 万吨；天然气产量达到 798.6 亿立方米，占集团公司国内油气总当量的 36.6%。图为青海油田在石油勘探领域取得重大发现的英东油田

2013年1月23—25日，中国石油天然气集团公司2013年工作会议在河北廊坊召开。会议的主要任务是：深入贯彻落实党的十八大及中央经济工作会议精神，高举中国特色社会主义伟大旗帜，总结过去50年工作和集团公司成立以来的发展经验，明确今后一个时期的目标任务，部署当年重点工作，动员广大干部员工解放思想，改革创新，脚踏实地，埋头苦干，全面建成综合性国际能源公司，为保障国家能源安全和全面建成小康社会作出新贡献。图为大会会场

2012年7月12—14日，中国石油天然气集团公司2012年领导干部会议在四川成都召开。会议的主要任务是：以科学发展观为指导，把握中央稳中求进的工作总基调，贯彻国务院国资委全面开展管理提升活动等有关精神，按照集团公司党组确定的推进落实、持续提升、稳定增长的工作定位，加强科学管理，提高管控水平，促进发展方式加快转变，提升发展质量效益，进一步推动“十二五”规划的全面实施，更好地保增长、保供应、保稳定，以实际行动迎接党的十八大胜利召开。图为大会会场

这些成绩的取得，是在党中央、国务院的正确领导下，在国家各部委、地方党委政府和社会各界的大力支持下，集团公司百万员工共同努力的结果。成绩来之不易，我们要倍加珍惜，继续不懈奋斗，朝着新的更高目标迈进。

2013年，是全面贯彻落实党的十八大精神的开局之年，是实施“十二五”规划承前启后的关键一年。我们要深入贯彻党的十八大和中央经济工作会议精神，紧紧围绕全面建成世界水平综合性国际能源公司目标，以提高发展质量和效益为中心，坚持三大战略，突出集中发展油气主业，推进整体协调发展，大力实施创新驱动、开放合作、人才强企、管理提升四项重大举措，优化生产经营，加强安全环保，保障和改善民生，确保生产稳定增长、效益稳定向好、矿区和谐稳定，不断增强国际竞争力和可持续发展能力，为保障国家能源安全、实现中华民族伟大复兴的中国梦作出新贡献。

周吉平

2013 年 12 月

要　　目

目　录

第一篇　总　述

综　述

专　文

专　稿

股份公司法人治理

第二篇　油气勘探开发生产

综　述

油气勘探

勘探工程技术

油田开发

天然气开发

矿权管理

油藏评价

采油工程

地面工程

海洋工程

新能源

储气库

技术项目

市场管理

第三篇　炼油与化工

综　述

装置及产品

重点工程

化工产品销售

专业管理

第四篇　成品油销售

成品油业务

投资管理与网络建设

非油品业务

润滑油与炼油小产品

专业管理

第五篇　天然气与管道

综　述

油气储运

天然气销售与利用

储运设施建设

储运设施管理

基础管理工作

第六篇　工程技术、工程建设与装备制造

工程技术服务

工程建设

装备制造

第七篇　国际业务

海外油气业务

国内油气勘探开发国际合作

国际贸易

对外交流与合作

第八篇　科技与信息

科技发展

信息化工作

第九篇　安全环保与质量节能

安全生产

环境保护

节能节水

HSE体系管理

应急管理

职业健康

安保基金

质量管理与监督

标准化工作

计量工作

第十篇　企业管理与监督

规划计划

财务资产

人事管理

资本运营

法律工作

物资采购

纪检监察

审计监督

内部控制与风险管理

矿区服务

维稳信访与综治保卫

离退休职工管理

档案管理

第十一篇　党建、思想政治工作与企业文化建设

党建工作

思想政治工作

企业文化建设

基层建设

群团工作

中国石油社会公益工作

光荣榜

第十二篇　机构与人物

第十三篇　企事业单位概览

第十四篇　中国石油天然气集团公司大事纪要

第十五篇　统计数据

第十六篇　附　　录

附表

附图

CONTENTS

Chapter 1 Overview

Chapter 2 Oil and Gas Exploration, Development and Production

Chapter 3 Oil Refining and Chemicals

Chapter 4 Marketing of Oil Products

Specialized Management

Chapter 5 Natural Gas and Pipelines

Roundup

Oil and Gas Storage and Transportation

Marketing and Application of Natural Gas

Construction of Storage and Transportation Facilities

Chapter 6 Engineering Technology, Engineering Construction and Manufacture of Equipment

Chapter 7 International Business

Foreign Exchange and Cooperation

Chapter 8 Technology and Information

Technological Development

Information

Chapter 9 Safety, Environmental Protection, Quality and Energy Saving

Work Safety

Quality Control and Supervision

Standardization Work

Measurement

Chapter 10 Corporate Management and Supervision

Planning

Financial Assets

Personnel Management

Capital Operation

Legal Work

Procurement of Goods

Disciplinary Inspection and Supervision Work

Audit and Supervision

Chapter 11 Party Development, Theoretical and Political Work, and Corporate Culture

Chapter 12 Organizations and People

Chapter 13 Overview of Enterprises and Institutions

Chapter 14 Main Events of CNPC

Chapter 15 Statistics of Data

Chapter 16 Appendixes

Appended Tables

Appended Figures

第一篇

总　　述

综 述

2012年中国石油天然气集团公司工作情况概述

2012年，面对复杂严峻的形势，中国石油天然气集团公司上下牢牢把握稳中求进的工作总基调，坚持油气发展不动摇、履行保障责任不懈怠、加强基础建设不折腾，迎难而上，扎实工作，实现了生产较快增长、效益总体稳定。国内外油气产量当量达到2.78亿吨，同比增长2.8%；加工原油1.91亿吨，同比增长6.6%；销售成品油1.63亿吨、天然气1012亿立方米，同比分别增长6.2%和17.8%；实现营业收入2.68万亿元、净利润1392亿元，同比分别增长12.7%和6.5%；应缴税费3930亿元。

（1）国内油气储量保持高峰增长，原油产量创近年来最大增幅。持续实施储量增长高峰期工程，加强石油预探和风险勘探，突出天然气勘探，积极开展致密油等非常规资源探索，在塔里木、四川、准噶尔、柴达木等取得11项重要发现和突破，在鄂尔多斯、塔里木、吐哈、准噶尔等地区获得14项重要进展，超额完成三级油气储量任务，其中，新增探明石油地质储量7.1亿吨、天然气4504亿立方米，探明油气储量当量连续6年达到10亿吨，资源基础更加稳固。

科学组织油气生产，加快苏里格、克深等重点地区产能建设步伐，推进常态化精细注水和老油田精细油藏描述，大力推行地面建设标准化设计，有序开展数字化油气田建设，共生产原油11033万吨，增幅2.6%，创1998年以来的最好水平；生产天然气798.6亿立方米，同比增长5.6%。大庆油田连续10年保持原油4000万吨以上稳产。长庆油田生产油气当量4574万吨，跃居全国首位，牢牢掌握了如期建成“西部大庆”的主动权。“新疆大庆”建设启动实施并取得重要进展。国内对外合作在非常规油气领域取得积极进展，赵东、长北等重点项目稳定生产。

（2）炼化生产“五个优化”成效突出，布局结构调整取得新突破。坚持市场导向和效益原则，进一步优化资源配置，优先保证高效企业、炼化一体化企业和特色炼厂加工资源；优化加工负荷，适度调减亏损企业加工量；优化产品结构，大幅增加高标号汽油、航空煤油、芳烃、化工新产品及专用料等高效产品产量；优化装置检维修安排，保持均衡生产；优化化工产品销售，采取扩大出口、新产品推介、严格综合考核等措施全力促销推价降库。国内加工原油1.47亿吨，同比增长1.6%；生产成品油9638万吨，主要化工产品商品量2264万吨，同比分别增长3.6%和8.6%。22项技术经济指标创历史好水平，经营业绩大幅减亏。炼化重点工程建设有序推进，四川石化建成，广东石化开工，云南石化获国家核准，浙江石化前期工作取得实质性进展，抚顺石化炼油和乙烯改扩建、大庆石化乙烯改扩建、呼和浩特石化炼油扩能等工程按期投产。

（3）油品销售结构进一步改善，市场应对能力明显增强。各销售企业坚持量效兼顾，大力优化销售结构，加大自产资源销售力度，严格控制外采，加强库存管理，全力稳价扩销，严守“三条红线”，国内销售成品油11662万吨，同比增长1.4%，在保障重点时段重大活动期间市场供应、确保上游生产后路畅通的同时，努力提高销售效益。突出终端零售和高附加值产品销售，通过提高城市站效率、强化加油卡营销与服务等措施，实现零售量8673万吨，汽油销量同比增长11.8%。统销炼油小产品和非油品业务的创效能力增强，航空煤油国内市场份额持续提升，燃料油和沥青市场主导地位进一步巩固。坚持油气联动、以气带油、以大项目促合作，新开发707座加油加气站，网络布局持续优化。

（4）天然气销量快速增长，多条重点油气管道建成投产。统筹平衡国内外两种资源，挖掘环渤海、长三角、川渝等市场潜力，加大重点区域、高效市场开拓力度，推动西气东输二线东段、山东管网等新增用户同步投产，国内销售天然气973亿立方米、同比增长17.7%。有序推进中缅等新建管道市场开发，加快拓展福建、广西、云南、贵州等市场。整合规范天然气下游利用业务，LNG以气代油工程快速推进。积极应对去冬今春的严寒天气，采取国内主力气田增产、加大进口力度、加强需求侧管理等综合性措施，全力确保了重点时段和重点城市的稳定供应。油气战略通道和国内骨干管网建设加快实施，西气东输二线全线、中贵线北段等建成投产，中亚天然气管道C线和西气东输三线开工。

（5）海外业务在复杂局面下稳定增长，国际油气合作巩固发展。2012年，公司海外生产经营面临严峻挑战，异常艰辛。各海外项目主动调整生产经营部署，不畏艰险、攻坚克难，确保“双亿吨”目标的圆满实现。尼日尔、乍得等项目勘探持续取得新突破，新增可采储量连续4年超过1亿吨。大力实施注水、水平井和提高采收率三大工程，积极探索勘探开发一体化生产组织模式，实现油气作业产量当量10428万吨、权益产量5243万吨。苏丹地区项目在确保安全的同时，力保生产经营正常运行。伊拉克三大项目、中亚项目、委内瑞拉MPE-3等为油气作业产量的稳定作出了突出贡献。新项目开发以增强资源基础为目标，推动业务布局进一步完善，完成与壳牌、Encana西加拿大上游非常规油气项目交割，签订东澳煤层气资产和加拿大黄河项目收购协议，收购必和必拓公司位于西澳大利亚海上天然气项目部分权益。

国际贸易认真履行调节保供职责，在有效控制风险的前提下，充分利用长期合同、融资贸易、跨市交易等手段，加大资源引进力度，不断扩大贸易规模，实现了业务快速发展、贡献持续增长。2012年贸易量3.05亿吨、贸易额2394亿美元，同比分别增长22%和24%。亚洲、欧洲、美洲三大油气运营中心建设稳步推进。

（6）服务保障业务协调发展，市场竞争能力稳步提升。工程技术服务业务围绕增储上产需要，深入推进管理和技术创新，努力建设装备精良、技艺精湛、管理精细、人员精干、组织精准、服务精优的“六精”队伍，优化资源配置，扩大水平井、欠平衡钻井、带压作业和储层改造应用规模，超额完成工作目标。重点地区提速取得新进展，塔里木库车山前平均钻井周期缩短20%以上，可控震源绿色物探技术的应用大幅提高了复杂山地三维地震采集效率。海外业务全年完成合同收入46亿美元。

工程建设业务统筹安排建设资源，持续推行重点项目联系人制度，强化施工全过程管理，加大工程质量监督力度，有力保障了重点项目建设。加快国内外高端市场开发，设计、咨询和EPC总承包等业务占新签合同额的70%以上。建成集团公司首批工程建设承包商资源库，发布年度评价实施细则，承包商管理更加规范。为期3年的工程建设领域突出问题专项治理工作圆满完成。

装备制造业务依托在建重大项目，加大结构调整力度，积极推动产品升级换代，加快大型装备制造基地等重点项目建设，业务结构和布局更加优化，产品竞争力不断增强。积极开发国际市场、高端市场，2012年实现销售收入669亿元、装备出口256亿元，同比分别增长22%和50%以上。

金融支持业务积极开拓融资渠道，改善融资结构，首次开展人民币跨境贷款业务，保障了资金需求。

（7）科技创新取得新进展，管理提升活动深入推进。集中力量组织国家和集团公司重大科技专项、重大现场试验项目实施，攻克了一批关键瓶颈技术。水平井分段压裂技术取得突破并规模应用，低压超低渗油气藏勘探开发技术不断完善。自主开发的60万吨乙烯工艺包成功应用于大型乙烯改扩建项目，打破了国外技术垄断。新研发形成G3i地震仪等12项工程技术利器。高效纳米驱油剂等超前基础研究取得重要进展。加大科技成果转化力度，实施32项技术有形化。高含硫气藏开采先导试验基地等3个基础平台成为国家能源研发（实验）中心和创新能力建设项目。昌平科技园区建设初具规模，休斯敦技术研究中心建设和研发工作进展顺利。“水平井钻完井多段压裂增产关键技术及规模化应用”项目获国家科技进步一等奖。信息化建设三大标志性项目全面启动实施，信息安全体系逐步完备，信息系统应用在提升管理效率和效益方面的作用进一步显现。

为稳定和改善经营业绩，以开展管理提升活动为契机，实施了一系列重要举措。一是按照国务院国有资产监督管理委员会（国务院国资委）的统一部署，完成管理提升活动第一阶段工作，第二阶段工作正深入推进，针对管理短板与瓶颈问题，完善实施专项提升方案，全面进行整改。二是各业务领域认真落实开源节流降本增效各项措施，通过优化设计方案、集约化采购、设备材料国产化等，压减投资；强化全面预算管理，深化对标分析和精细化管理，五项费用和专项支出实现了有效控制，节约集约用地，通过盘活存量、节约增量减少了新征用地。三是全面落实用工总量计划，重点压缩油田、炼化、工程技术服务等企业用工规模，有效遏制了人工成本过快增长。四是根据形势变化适时调整各业务板块经营利润提升目标和成本控制指标，专门下发通知强化执行，确保了公司全年效益目标的实现。五是贯彻落实《国务院关于鼓励和引导民间投资健康发展的若干意见》，推进与民营资本、社会资本、金融资本和国际资本的合资合作，在西气东输三线建设、红山油田和陕北油气资源开发等领域取得重要进展。同时，深入开展风险分析、评估和预警，有效防范了经营风险。

（8）HSE 业绩优良，节能减排持续强化。安全环保稳定好转形势进一步巩固，2012 年工业生产亡人事故起数、死亡人数同比分别下降 13% 和 33%，杜绝了较大及以上安全生产事故，特别是连续 4 年杜绝了井喷失控事故。启动新一轮 3 年安全环保隐患治理，一批油田废弃井、炼化电气设施、加油站雨棚等方面的隐患得到有效整治。组织开展“打非治违”专项行动，重点领域、要害部位、关键环节和特殊时期的风险管控进一步强化。完成对所有生产经营单位两次 HSE 体系审核，发现并整改一批突出问题，推动了体系规范运行。严格事故责任追究，广泛开展事故资源利用和安全经验分享，增强了干部员工的安全环保责任意识。强化节能减排，逐级分解年度目标任务，推进节能技术示范工程建设，加大重点减排工程督办力度，实现节能 131 万吨标准煤，节水 2435 万立方米，主要污染物 COD、二氧化硫和氨氮排放量同比下降。

（9）党建、班子建设和企业文化建设不断加强，民生得到切实改善。把学习宣传贯彻党的十八大精神作为首要政治任务，加大宣贯力度，党组成员带头赴基层宣讲，推动大会精神进车间、进站队、进班组。以创先争优活动、基层组织建设年为重点，加强和改进基层党的建设，探索实行党建“三联”责任点挂牌明示，制定海外项目党建工作条例，促进了基层党建工作规范化和科学化。全面总结“四好”班子创建活动，加强领导班子建设，推进干部公开招聘、竞争上岗和交流，加大纪检监察、党内巡视、审计监督等工作力度，各级班子整体功能进一步增强。持续弘扬大庆精神铁人精神，倡导“我为祖国献石油”的核心价值观，开展向英模人物学习活动，激发了干部员工立足岗位作贡献的积极性。

积极改善民生，加快边远矿区调整改造收尾工作，配套完善医疗卫生等基础设施，新开工和建成一批职工住宅，开展困难人员帮扶，健全企业年金制度和多层次医疗保险，员工福利待遇和生活水平持续改善。推进平安社区建设，深入开展油气生产秩序专项整治，保障油气设施安全运行，落实维稳责任制，有效化解矛盾，稳定形势平稳向好，特别是确保了党的十八大等重点时段的安全稳定。加强对外宣传和舆论引导，积极履行社会责任，持续开展定点扶贫与对口支援，企业形象和品牌价值稳步提升。

（王柏苍）

专　文

牢记历史使命　实现科学发展
全面履行国有重要骨干企业“三大责任”

——在集团公司 2012 年工作会议上的讲话（摘要）

（2012 年 1 月 11 日）

这次会议开得很好。会议开始时，我们传达学习了中央领导同志对中国石油的重要批示和指示，这些

注：蒋洁敏在集团公司 2012 年工作会议上的讲话。蒋洁敏，涉嫌严重违纪，于 2013 年 9 月接受组织调查。

重要批示和指示体现了党中央、国务院的亲切关怀，是对百万石油员工极大的鼓舞和激励，是发展关键时期新的强大动力，指明了我们的前进道路和努力方向，坚定了我们转变发展方式、实现科学发展的决心和信心。

一、中国石油始终是履行“三大责任”的积极践行者

中国石油几十年来的发展历史，就是一部为国分忧、为油奉献、为民服务，始终积极践行责任使命的奋斗史。重组改制十多年来，特别是“十一五”以来，我们深入贯彻落实科学发展观，以保障国家能源安全为己任，确立并实施建设综合性国际能源公司战略目标，大力推进资源、市场、国际化战略，突出发展油气主营业务，加快“走出去”步伐，积极转变发展方式，努力构建和谐矿区，实现了持续有效较快协调发展，公司规模实力、国际竞争力和社会影响力大幅提升，国有重要骨干企业作用充分发挥，全面履行“三大责任”取得显著成效。

一是为国家创造了巨大财富。公司经济总量的不断扩大、国有资产的大幅增值、对国家财政贡献的持续增加和国际地位的显著提升，进一步体现了对于巩固党的执政基础、增强综合国力的重要作用。

二是保障了国内油气市场安全稳定供应。近年来我们克服油气价格不到位的困难，坚定履行保供责任，特别是在国家重大活动筹办举办期间，在抗击国际金融危机和国内重大特大自然灾害过程中，全力保证市场稳定供应，充分发挥了顶梁柱作用。

三是有效落实了“走出去”国家战略。2011 年海外油气作业产量当量超过 1 亿吨、权益产量突破 5000 万吨，高水平高质量如期建成“海外大庆”，彰显了中国国有企业的综合实力和国际竞争力。

四是促进带动地方经济社会发展。积极落实国家区域发展战略，一批勘探开发、炼化、管道、储备设施等重点工程和战略项目建成投产，对于拉动当地经济和相关行业发展、优化产业结构、增加社会就业发挥了重要作用。认真贯彻中央新疆工作座谈会精神，有力支持新疆跨越式发展和长治久安。自觉参与社会公益和赈灾救危，深入开展定点扶贫和对口支援。

五是为构建和谐社会作出了积极贡献。环保优先、安全第一、质量至上、以人为本的理念深入人心。在建设资源节约型环境友好型社会、减轻国家和地方负担、维护社会和谐稳定等方面发挥了国有重要骨干企业的表率作用。

中国石油这些年的发展业绩和履行“三大责任”的成效充分证明，中央关于国有企业改革发展的一系列方针政策是完全正确的，国有企业是完全可以搞好并大有作为的。在工作实践中，我们及时总结经验教训，对全面履行“三大责任”的认识不断深化。

必须坚持正确的政治方向，认真践行“我为祖国献石油”的核心价值观。只有始终保持政治上的清醒和坚定，坚持党的领导，坚决贯彻党的路线方针政策和国家战略，才能更好地践行核心价值观，确保企业持续健康发展，为国家经济社会发展作贡献。

必须坚持科学发展，不断增强全面履责能力。只有始终坚持发展第一要务，紧紧抓住重要战略机遇期，统筹国内国际两个大局，突出集中发展油气主营业务，加快转变发展方式，增强自主增长动力，实现全面协调可持续发展，才能不断壮大公司综合实力，更好履行“三大责任”。

必须坚持以人为本，争做优秀企业公民。只有坚持安全清洁生产，注重能源资源节约，保持企业稳定，诚信合规经营，关心支持公益事业，把发展创新成果惠及全体员工、造福广大人民群众，才能实现和谐发展，树立负责任的大公司形象。

必须坚持处理好经济、政治、社会责任的关系，实现三者的有机统一。经济责任是基础、是根本，政治责任是大局、是使命，社会责任是义务、是公德，三者互相促进、辩证统一、不可偏废。只有正确处理好三者关系，始终坚持国家利益至上，实现企业利益，维护员工利益，统筹兼顾各方利益，才能创造多赢局面，实现企业价值最大化。

二、进一步增强历史责任感和紧迫感

中国石油作为国内最大的油气生产供应企业，既是国家石油公司和国有重要骨干企业，又拥有控股的境内外上市公司，从事的行业涉及国家安全和国民经济命脉，生产经营范围覆盖全国、遍布几十个国家和地区，拥有 160 万员工，利益相关者众多，各方面关系纷繁复杂，地位和作用更加重要，担负的责任和使命更加重大。在当前世情国情企情发生深刻变化的新形势下，中国石油实现又好又快发展，更好地发挥国有重要骨干企业的作用，面临不少新情况新挑战。

世界经济形势十分严峻复杂，提升应对能力极为必要。我们既要做好应对各种复杂局面的准备、有效规避各种风险，又要善于发现和抓住机遇、寻求发展的新突破，牢牢把握工作主动权。

国内油气需求持续增长，提升保供能力极为紧迫。我们必须统筹国内国际两个大局，搞好资源生产和引进，千方百计增加国内油气生产、资源加工和市场投放量，不断提高营销水平，努力适应国内油气市场持续增长需要。

提升可持续发展能力极为关键。我们必须牢牢抓住主题主线，加快转变发展方式，更加注重提升发展的质量效益，正确处理速度规模和质量效益的关系，努力做强做优，实现可持续发展。

提升管控能力和公共关系能力极为重要。平衡处理好各方利益关系，努力维护和提升公司形象，营造更加和谐有利的发展环境。

三、努力建设忠诚、放心、受尊重的中石油

2008年以来，集团公司党组确定了建设综合性能源公司战略目标，明确了总体思路、重点部署和保证措施。去年工作会议提出要突出天然气海外和战略发展，打造绿色、国际、可持续的中石油；领导干部会议又提出，要实现经济、政治和社会责任的有机统一，努力建设忠诚、放心、受尊重的中石油。这都是一个整体，是对建设社会主义现代能源企业的深入探索，是对综合性国际能源公司内涵的丰富发展，体现了公司科学发展的要义，体现了国有重要骨干企业的责任使命，是我们当前和今后一个时期的努力方向。

建设忠诚、放心、受尊重的中石油，是全面履行“三大责任”的客观要求，也是公司自身的价值追求。基本内涵是：始终忠诚于党和国家、忠诚于石油事业，让党中央和国务院放心、让人民群众放心，企业贡献和价值得到社会各界普遍尊重、得到广泛国际认同，努力实现“四个保障”，为全面建设小康社会作出更大贡献。主要体现在：

——政治坚定。深入贯彻落实科学发展观，坚决执行党的路线方针政策，服从服务于国家战略，在思想上行动上与党中央保持高度一致。

——保障有力。油气增长不断适应经济社会发展需要，市场供应体系持续完善，企业经营诚信合规，统筹利用两种资源两个市场的能力明显提升。

——业绩优良。油气主营业务集中突出，综合一体化协调发展，国有资产实现保值增值，发展质量效益不断提高，综合实力和国际竞争力显著增强。

——基础牢固。“三基”工作全面加强，安全环保形势根本好转，节能减排全面达标，努力做到质量零缺陷、安全零伤害、环境零污染。

——矿区和谐。维护稳定长效机制健全完善，企业领导人员保持廉洁从业，公共关系协调融洽，与利益相关方务实合作、互利共赢的局面稳定发展。

——文化先进。党的政治优势和社会主义核心价值体系得到充分体现，大庆精神铁人精神不断发扬光大，以人为本的理念牢固树立，企业凝聚力和影响力持续提升。

按照上述思路和目标，建设忠诚、放心、受尊重的中石油，要着力抓好三方面工作：

（1）要坚持油气发展不动摇，着力提升质量效益。坚定不移地把油气勘探开发作为重中之重，统筹炼油化工、销售贸易和管道储运等业务协同发展，充分发挥工程技术等业务的服务保障作用，确保业务规模、发展速度与质量效益同步增长。

（2）履行保障责任不懈怠，更好地服务于经济社会发展。统筹国内外资源，统筹上下游业务，统筹产运销储贸各环节，不断提高供应保障能力。

（3）加强基础建设不折腾，进一步夯实发展根基。要进一步深化对基础建设长期性、系统性和艰巨性的认识，持之以恒地把加强“三基”工作作为固本强基的战略任务，一以贯之地抓紧抓实抓出成效，切实做到全面加强、全面覆盖、全面提升。

把握稳中求进 注重质量效益 持续推进综合性国际能源公司建设

——周吉平在集团公司2012年工作会议上的报告（摘要）

（2012年1月9日）

会议的主要任务是：以科学发展观为指导，深入贯彻党的十七届六中全会及中央经济工作会议精神，传达学习中央领导同志近期关于中国石油工作的重要批示和指示精神，总结2011年工作，分析面临形势，安排2012年任务，动员广大干部员工增强信心、沉着应对、开拓创新、扎实工作，全面履行“三大责任”，持续推进综合性国际能源公司建设。

一、2011年主要工作成果

一年来，面对复杂多变的宏观经济形势，集团公司认真贯彻落实中央一系列决策部署，大力实施资源、市场、国际化战略，突出抓好发展、转变、和谐三件大事，平稳组织生产经营，加快发展方式转变，着力打造绿色、国际、可持续的中石油，扎实推进“三基”工作，加强党建和班子建设，积极构建和谐矿区，呈现出增长速度较快、价值稳步提升、保供平稳有序、民生持续改善的态势，实现了“十二五”良好开局。

（1）主要生产经营指标创出历史好水平。为保障油气市场平稳供应、保障国家财政收入快速增长、促进国民经济平稳较快发展和维护社会稳定作出了应有贡献。

（2）“海外大庆”高水平高质量如期建成。历经18年努力，五个海外油气合作区布局基本完成，“海外大庆”高水平高质量如期建成。

（3）国内油气储量产量持续较快增长。在主要探区取得了多项重要发现和深层重大突破。

（4）油气市场保供能力进一步增强。努力提高加工负荷，千方百计筹措资源，油气市场保供能力进一步增强。

（5）一批重点工程建成投运。炼化布局战略性结构调整取得新进展，油气通道和国内骨干管网建设加快推进。

（6）工程技术等业务服务保障作用和市场开拓能力持续提升。

（7）“三基”工作新的重大工程全面推进。基层建设进一步加强，基础管理建设工程取得重要阶段性成果，员工队伍基本素质实现新的提高。

（8）科技和管理创新取得新突破新成果。

（9）安全环保稳定工作取得积极成效。

（10）党的建设、班子建设和党风廉政建设不断加强。

二、当前面临的严峻形势和应对措施

进入新的一年，集团公司发展仍具备许多有利条件。但面临国际经济增长放缓、国内经济增长存在下行压力等严峻形势，保持生产经营平稳增长和维护企业和谐稳定的工作难度增大。

我们要按照中央提出的今年经济工作的指导思想和大政方针，加强战略谋划，增强应对能力，做好充分的思想和工作准备。一要保持清醒头脑，增强发展信心。把思想统一到中央对国内外经济形势的分析判断上来，统一到中央对今年工作的总体要求、目标任务和各项部署上来，迎难而上，努力实现新的发展。二要突出把握好中央稳中求进的总基调。在“保稳”上抓好落实，就是要保持工作的总体思路和发展战略的稳定，保持生产经营平稳较快发展，保持油气市场平稳有序供应，保持矿区和谐稳定；在“求进”上加大力度，就是要在推进天然气、海外业务、战略项目发展等方面取得新突破，在转变发展方式、提升质量效益等方面取得新进展，在保障和改善民生上取得新成效。三要加强对国际形势和地源政治、国内经济走势和国家财税政策、石油市场趋势及油价、汇率等方面的分析研究，适时调整生产经营策略，搞好产运销储贸的综合平衡，做好防范各种风险的应急准备和预案。四要充分发挥综合一体化优势，加强两种资源、两个市场的统筹协调，加强油气主营业务与服务保障业务的协同合作，加强机关各部门之间、业务板块之间、地区公司之间的横向联动，加强总部机关对企事业单位的服务，提高整体运作的效率和效益。五要坚持眼睛向内，苦练内功，强化企业管理，严格控制投资总规模，大力降本降费，深挖各方面潜力，努力增产增收增效。六要弘扬艰苦奋斗作风，牢固树立过紧日子的思想，坚持精打细算、勤俭节约，严格控制各类费用支出，把有限资源和财力用在发展企业、改善民生上。

三、2012年工作的总体要求和主要任务

深入贯彻落实科学发展观，紧紧围绕主题主线主旨，坚持油气发展不动摇，履行保障责任不懈怠，加强基础建设不折腾，更加注重提升发展的质量和效益，更加注重科技和管理创新，更加注重强化安全环保稳定，更加注重保障和改善民生，更加注重发挥政治文化优势，努力实现可持续发展，全面履行“三大责任”，为保障我国经济发展、能源安全、社会稳定和国企竞争力提升作出新贡献。

实现集团公司2012年生产经营目标，重点要做好以下工作：

（1）强力推进“三基”工作，实现安全环保形势进一步好转。近年来发生的安全环保事故，特别是几起重大事故，对企业形象造成负面的影响，教训极为深刻，我们一定要振奋精神，变压力为动力，继续把安全环保作为发展的战略基础和天字号工程，把加强“三基”作为固本强基的战略任务，以基础工作的全面加强、以员工素质的普遍提升，确保实现本质安全。

①进一步加大安全环保工作力度，持续提升安全环保业绩。一是强化“环保优先，安全第一，质量至上，以人为本”的理念；二是强化岗位责任；三是强化隐患治理；四是强化风险管理；五是强化生产受控管理；六是强化事故管理；七是强化应急管理；八是强化节能减排工作。

②弘扬大庆精神，加强“三基”工作的优良传统，努力夯实发展基础。深入推进基础管理建设工程，扎实推进员工素质提升工程，继续加强基层建设。

（2）突出集中发展油气主营业务，保持生产经营平稳较快增长。继续按照平稳、均衡、效率、受控、协调的方针，坚持市场导向，加强上下游、国内外、产炼销协调联动，发挥综合一体化优势，实现各项业务整体协调发展。

①加强国内产炼销综合平衡，增强资源基础和油品保供能力。

②加快海外油气合作区建设，进一步提升国际运营水平。

③加强上下游统筹协调，推动天然气业务持续快速发展。

④提升工程技术等业务服务保障能力和市场竞争力，巩固发展整体优势。

（3）加大发展方式转变力度，在做强做优上狠下工夫。为应对复杂形式，针对集团公司近年来效益状况的变化和经营管理中存在的薄弱环节，要将长远战略性结构调整和近期挖掘各方面潜力相结合，将从严治企、加强管控和理顺经营机制、完善激励约束相结合，以科技和管理创新为抓手，以控制投资、降本降费为重点，实现经济效益箭头向上、成本费用箭头向下。

①搞好结构优化和资源优化，实现整体效益最大化。

②大力推进技术创新，努力提升自主创新成果产业化程度。

③强化投资和成本费用控制，深入推进精细化管理。

④进一步完善经营机制，有效调动各方面积极性。

（4）发挥政治文化优势，为企业发展提供思想和组织保障。党的领导是国有企业最大的政治优势，以大庆精神铁人精神为核心的企业文化是我们独特的文化优势。要大力加强党建和班子建设，发展完善中国石油文化，把政治文化优势转化为促进企业发展的推动力，持续提升企业软实力。

①加强和改进企业党的建设，充分发挥政治核心作用。

②加强领导班子建设，提高引领企业科学发展的能力。

③加强反腐倡廉建设，构建廉洁风险防控长效机制。

④加强企业文化建设，构筑百万石油员工共同的思想基础。

⑤加强和谐矿区建设和公共关系，营造良好的内外部环境。

今年工作的总体思路和任务目标已经明确，工作艰巨，责任重大，有利条件也很多。我们要按照集团公司党组的统一部署和要求，坚定信心，埋头苦干，团结一致，开拓创新，持续推进综合性国际能源公司建设，以优异成绩迎接党的十八大胜利召开。

继续加强科学管理　全面提升发展质量

——集团公司 2012 年领导干部会议报告（摘要）

（2012 年 7 月 12 日）

这次会议的主要任务是，以科学发展观为指导，把握中央稳中求进的工作总基调，贯彻国务院国资委全面开展管理提升活动等有关精神，按照集团公司党组确定的推进落实、持续提升、稳定增长的工作定位，加强科学管理，提高管控水平，促进发展方式加快转变，提升发展质量效益，进一步推动“十二五”

注：蒋洁敏在集团公司 2012 年领导干部会议上的报告。蒋洁敏，涉嫌严重违纪，于 2013 年 9 月接受组织调查。

规划的全面实施，更好地保增长、保供应、保稳定，以实际行动迎接党的十八大胜利召开。

一、近年来加强管理的主要成效

回顾新中国成立60多年来我国石油工业的发展历程，既是一部艰苦奋斗的创业史，也是一部不断加强企业管理、持续推进管理提升的创新史。近年来特别是"十一五"以来，我们深入贯彻落实科学发展观，坚持用先进理念推动管理创新，以战略导向引领管理提升，从"三基"工作入手夯实发展根基，积极探索，大胆实践，健全完善体制机制、制度流程、标准规范，推广应用现代管理方式，建立了一整套具有中国石油特色的管理体系，促进和保障了企业科学发展。

（1）注重全局性和前瞻性，发展战略和工作目标更加清晰明确。

（2）深入推进持续重组，为整体协调发展提供了体制机制保障。

（3）突出HSE管理体系建设，安全环保形势总体稳定好转。

（4）强化基础管理，"三基"工作新的重大工程全面推进。

（5）创新管理方式方法，现代管理技术和手段广泛应用。

（6）适应资本市场监管和海外发展需要，国际化经营管理水平稳步提升。

（7）大力弘扬优良传统，政治文化优势得到充分发挥。

企业管理的不断加强，有力促进了集团公司持续较快健康发展。"十一五"期间，集团公司资产总额、营业收入和上缴税费均翻了一番以上，相当于再造了一个中国石油。在全球500强排名跃居第六位、世界50家大石油公司排名升至第五位，规模实力、国际竞争力和可持续发展能力不断增强，发展质量稳步提升，为保障国家能源安全、促进经济社会发展作出了重要贡献。

二、加强科学管理是一项重要而紧迫的中心任务

科学管理能力作为内在软实力，已日益成为企业核心竞争力的重要体现。面对复杂多变的宏观环境，为实现集团公司可持续发展，必须进一步认清形势，统一思想，充分认识加强科学管理、促进管理提升的重要意义。

（1）加强科学管理是顺应经济社会发展新趋势的必然选择。

（2）加强科学管理是实现公司可持续发展的内在要求。

（3）加强科学管理是进一步提升国际竞争力的有效途径。

（4）加强科学管理是建设忠诚、放心、受尊重中石油的重要保证。

（5）加强科学管理是有效应对复杂严峻形势的迫切需要。

切实增强责任感和紧迫感，以更大的决心和更加有力的措施，持续推进管理创新，实现集团公司科学管理水平的全面提升。

三、实现科学管理上水平的基本思路和重点措施

当前和今后一个时期加强企业科学管理总的指导原则是：以科学发展观为统领，紧紧围绕主题主线，继承弘扬大庆精神，坚持发挥传统管理优势与学习借鉴现代管理成果相结合、从严治企与管理创新相结合、加强管理与深化改革相结合，进一步夯实管理基础、强化风险控制、完善体制机制、提升效率效益，加快推进管理方式向集约化、精细化转变，管理手段向信息化、现代化转变，为建设综合性国际能源公司奠定坚实基础。主要目标和要求是：基础建设持续加强，管理现代化水平显著提高，体制机制更加富有活力，质量安全环保业绩全面提升，管理绩效明显改善。

围绕上述思路、目标和要求，重点要做好以下七方面工作：

（1）强化战略管理，促进可持续发展。要以科学研判形势为基础，从国家经济社会发展的全局出发，站在全面履行"三大责任"、实现四个保障的高度，正确处理好国家、企业和员工利益的关系，正确处理好当前和长远的关系，正确处理好速度规模和质量效益的关系，坚定不移地推进集团公司战略体系的实施，并根据外部环境变化和自身发展需要，不断调整优化、丰富完善，努力实现既定战略目标。强化战略管理，必须始终坚持和积极实施资源、市场、国际化三大战略，必须突出战略重点，始终坚持发展油气主业不动摇，必须贯彻中央"两个毫不动摇"的战略方针，扩大开放合作，必须把实现长远发展目标与应对近期经济运行中出现的新情况新问题紧密结合，把开源节流、降本增效作为当前乃至今后一个时期工作的重中之重。

（2）注重强基固本，严守质量、计量、安全"三条红线"。要认真贯彻集团公司全面加强"三基"工作的一系列部署，重点围绕全面加强、全面覆盖、全面提升的目标深入推进，狠抓落实。全面实施质量强企工程，认真遵循诚实守信、精益求精的质量方针，抓好工程建设、产品生产、销售服务等各环节全过程的质量控制。要使安全环保理念进一步深入人心，融入生产经营管理全过程，坚决杜绝重大及以上安全环保事故。强力推进节能减排，实现企业环境效益和经济效益的双赢。

（3）优化完善体制机制和管理体系，不断增强发展活力。要在坚持目前管理总体架构和体制格局的前提下，按照责权利均衡原则，不断完善有利于充分调动专业分公司和地区公司积极性的体制机制。积极推进管理体系融合，逐步解决多体系交叉问题。加强专业管理，以专项提升促进企业经营管理水平全面提高。按照中央关于深化国有企业改革的部署及国务院国资委有关要求，积极稳步推进，务求取得实效。

（4）加快推进信息化和员工素质能力建设，努力提高管理效能。要把信息化作为管理提升的重要工程和有效控制的重要基础，推进信息化与战略决策、经营管理、生产管理、风险防控的深度融合，实现业务全面覆盖，“十二五”末集团公司信息化建设基本达到国际先进水平。通过信息技术的广泛深入应用，有效促进管理理念创新、业务流程优化、管理效率和效益提升，以信息化推动管理现代化。坚持人才强企，把握好人才培养、引进和使用三个环节，组织好人才发展规划实施，建设适应集团公司发展需要的经营管理、专业技术和操作技能三支人才队伍。把提高基层员工素质能力放到更加重要的位置，采取有效政策机制稳定基层一线骨干力量。

（5）建立有效的防控机制，全面提升风险管理能力。切实增强风险意识，加强风险研判和定量分析，突出管控重点，着力完善防控机制，使风险管理根植于企业日常管理之中。进一步健全决策机制，提高科学民主决策水平。着力构建预警机制，做到及时预警、快速反应。持续完善监督和纠错机制，及时发现生产建设、产品销售、物资采办、资金筹措运用、资产处置并购及金融业务等重点领域的风险隐患，制定针对性管控措施，确保依法合规经营和廉洁从业。健全应急管理机制，强化应急能力建设，及时妥善处理突发事件。通过各项有效措施，进一步健全风险管理体系，推进风险管理常态化。

（6）加强和创新矿区社会管理，确保和谐稳定大局。把保障和改善民生、使改革发展成果惠及广大员工群众作为加强和创新矿区社会管理的出发点、着力点。继续抓好民生工程建设，积极创建平安社区，加快矿区服务市场化社会化进程。切实解决员工群众合理诉求，热情关心困难员工群体，搞好矿区治安综合治理，营造和谐稳定的良好环境。

（7）提高企业文化建设水平，增强干部员工忠诚度和执行力。必须继承弘扬大庆精神铁人精神，以“我为祖国献石油”核心价值观为引领，着力加强以“三老四严、四个一样”为主要内容的诚信建设，进一步推动建设忠诚、放心、受尊重的中石油。各级领导干部要以身作则、率先垂范，从严治企、严格管理，全面落实岗位责任制、增强岗位责任心，注重导向作用、强化激励约束，使“三老四严、四个一样”真正成为百万石油员工的职业道德和行为准则。

目前集团公司天然气储量、产量和输气管道均占全国的 70% 以上。作为国内最大的天然气生产供应企业，继续把天然气业务作为战略性和成长性工程加快发展，是顺应世界能源发展新趋势的必然选择，是保障国家能源安全的迫切需要，也是打造绿色、国际、可持续中石油的重要着力点。要大力抓好国内重点气区勘探开发，积极有序发展致密气、煤层气、页岩气等非常规天然气，加快完善勘探开发、管道储运、市场营销和利用等一体化的完整产业链，形成绿色发展新优势。川渝地区已成为国内天然气工业体系最成熟、最完整的地区，形成集勘探开发、炼化加工、油气及石化产品销售、工程技术服务等于一体的重要油气基地。今后 5—8 年，要进一步加大川渝及整个西南地区的天然气包括非常规气勘探开发力度，努力建设中国天然气工业基地、川渝天然气利用示范区、西南地区能源供应保障中心，成为促进地方经济社会发展的重要力量。

加强科学管理、提升发展质量，事关企业长治久安和可持续发展。我们一定要在以胡锦涛同志为总书记的党中央领导下，深入贯彻落实科学发展观，稳中求进，锐意创新，全面提升企业管理水平，扎实推进综合性国际能源公司建设，为党的十八大胜利召开作出新贡献。

集团公司生产经营工作报告（摘要）

周吉平

（2012年7月14日）

这次领导干部会议以继续加强科学管理、全面提升发展质量为主题，具有很强的针对性和指导性，对于应对当前复杂严峻的经济形势、实现集团公司可持续发展意义十分重大。我们要按照这次会议的要求，认真抓好各项部署和措施的落实，全面提升管理水平，推动生产经营平稳快速发展，更好的保增长、保供应、保稳定。

一、上半年生产经营主要成果

今年以来，面对严峻形势，集团公司党组牢牢把握中央“稳中求进”的工作总基调，坚持推进落实、持续提升、稳定增长的工作定位，正确研判形势，加强战略谋划，集中抓好事关全局的重点工作。全力确保大庆油田稳产，积极巩固“海外大庆”成果，大力推进“西部大庆”建设，全面部署“新疆大庆”建设，突出发展天然气业务。针对市场形势的急剧变化，采取有力措施，确保生产经营平稳有序运行。深入贯彻国务院“新36条”，进一步解放思想，积极推进与民营资本、社会资本、金融资本和国际资本的合资合作，在一些领域取得重要突破。贯彻国务院国资委部署，全面启动管理提升活动。深入开展“为民服务创先争优”活动，为生产建设顺利推进提供思想组织保证。经过广大干部员工的共同努力，集团公司生产经营总体平稳受控运行，经营业绩符合预期。

（1）国内油气储量产量持续增长。

（2）炼油化工保持平稳均衡生产。

（3）油气销售市场开拓能力进一步增强。

（4）海外业务在复杂环境下保持稳定增长。

（5）工程技术服务等业务核心竞争力稳步提升。

（6）管理创新取得积极进展。

（7）科技创新和信息化建设的支撑作用有效发挥。

（8）安全环保形势继续稳定好转。

二、当前面临的严峻形势、存在问题和应对措施

下半年，集团公司生产经营面临的宏观形势依然十分严峻复杂，我们必须始终保持清醒的头脑，进一步增强危机感和紧迫感，做好较长时期应对困难局面的准备。同时也要看到发展的有利条件和光明前景，坚定信心，积极应对，危中求进，努力实现生产经营平稳较快发展。牢牢把握稳中求进的工作总基调，坚持中央“两个毫不动摇”的方针，坚持集中突出发展油气主营业务，坚持创新驱动发展，努力做到“保增长、保供应、保稳定”，即确保生产经营指标稳定增长，确保油气市场平稳有序供应，确保石油石化矿区和员工队伍和谐稳定。要综合考虑企业生产能力、市场供求状况、经济效益等多种因素，适时适度调整生产组织和经营策略。进一步发挥上游业务的赢利支柱作用。加快推进重点工程建设，扩大合资合作。把开源节流、降本增效作为管理提升活动的重要内容，努力见到实质性成效。

三、下半年重点工作部署

做好下半年生产经营工作，保持平稳较快发展，任务艰巨，意义重大。各业务板块和各企事业单位必须按照平稳、均衡、效率、受控、协调的方针，强化组织运行，优化资源配置，突破关键和瓶颈，努力实现全年各项任务目标。

（1）强化安全环保和节能减排，努力实现安全发展、清洁发展。始终绷紧安全生产这根弦，继续落实“八个强化”的工作措施，确保安全环保形势持续好转。要把节能减排工作放在更加突出位置，进一步加大污染物减排力度，推进工程减排，实施管理减排。

（2）坚持效益原则和市场导向，统筹平衡国内油气生产加工。持续推进储量增长高峰期工程，突出大盆地、重点地区和新区新领域，加强石油勘探，突出天然气勘探，深化鄂尔多斯姬塬、塔里木塔北、柴西南等26个重点区带的跟踪分析，掌握动态，适时强化，及时调整，确保全年储量任务目标完成。炼化生产要根据市场变化，重点开展“五个优化”，努力减亏增效。

（3）严守“三条红线”，确保油气市场平稳有序供应。严守质量、计量、安全“三条红线”，事关油气销售业务持续健康发展，事关企业形象和消费者切身利益，必须加强监管，严防死守，确保万无一失。

（4）加强部署调整优化，巩固和拓展“海外大庆”成果。要在确保安全的前提下，创造条件推动南苏丹项目复产，加大苏丹6区等项目上产力度，加快艾哈代布、尼日尔、乍得等新建项目后续产能的建设和上产，抓好印尼、厄瓜多尔安第斯、委内瑞拉陆湖等老油田作业措施的优化，努力实现海外油气作业产量稳定增长。

（5）持续提升工程技术等业务服务保障能力，不断改善经营效益。工程技术服务业务要围绕重点地区增储上产，加强与油气田公司协调配合，继续开展“技术管理创新年”活动，优化队伍布局，调整装备结构，强化重点项目技术支持和现场组织，大力推进水平井、欠平衡井、带压作业和储层改造，抓好重点地区和深井、特殊工艺井提速工作，全面实现“15533”工作目标。工程建设业务要加强与业主、甲方的沟通协调，统筹设计施工力量和大型关键装备，强化施工过程管理，集中突破关键控制性工程，确保公司重点项目建设顺利实施。装备制造业务要加大结构调整力度，大力发展海洋工程装备，加快发展天然气利用等绿色装备，依靠技术进步、素质提升和管理创新，推动业务向绿色、海洋和高端发展。

（6）有序组织重点工程建设，推进公司战略布局优化和业务结构调整。抓住有利时机，积极推进浙江石化、云南石化等战略项目前期工作，力争尽早获得国家核准并开工建设。加快推进油气战略通道建设，按计划建成中哈原油管道二期工程、中亚天然气管道C线、中缅油气管道、中哈天然气管道二期等工程完成计划进度。

（7）加强科技创新和信息化建设，充分发挥对主营业务的支撑作用。坚持科技与发展、科技与生产、科技与市场有机结合，加大技术创新力度，在解决生产经营和战略发展技术瓶颈制约方面不断取得新突破。加快信息系统建设，深化信息系统应用，大力推进信息化与生产运行、经营管理、技术研发、风险防控的深度融合，充分利用信息化手段推动管理和科技创新。

（8）全面推进管理提升活动，推动企业科学管理水平再上新台阶。开展管理提升活动，是应对当前复杂经济形势、提高国际竞争力和抗风险能力的迫切需要，是建设忠诚、放心、受尊重的中石油，实现可持续发展的重要保证。要以管理提升活动为契机，坚持发挥传统管理优势与学习借鉴现代管理相结合、从严治企与管理创新相结合、加强管理与深化改革相结合，全面加强企业各项管理，实现科学管理上水平。

在“十二五”规划的总体框架下，加强宏观形势、市场变化、财税政策的跟踪、分析和判断。深化风险评估，做好明年投资和预算安排、生产建设计划的研究和编制工作，增强针对性、指导性和可操作性。

下半年生产经营面临的形势十分严峻，有利条件也很多。我们要按照集团公司党组的统一部署，坚定信心、攻坚克难，注重加强科学管理，着力提升质量效益，全面完成各项生产经营指标，持续推进综合性国际能源公司建设，为促进国民经济平稳较快发展作出新贡献，以优异成绩迎接党的十八大胜利召开。

专 稿

中国石油海外油气合作表彰大会在北京举行

2012年1月8日，中国石油在北京召开海外油气合作表彰大会，庆祝高水平、高质量建成“海外大庆”，认真总结海外业务发展成果和经验，表彰奖励作出突出贡献的先进集体和先进个人。会议号召广大干部员工，继续弘扬大庆精神铁人精神，坚定信心、乘势而上，为开创海外油气合作新局面而不懈奋斗。

国务院国资委党委委员、副主任黄丹华出席会议并讲话。中华全国总工会党组副书记、副主席张鸣起，共青团中央书记处书记贺军科，全国妇联副主席、书记处书记甄砚出席会议并宣读表彰决定。集团公司总经理周吉平主持会议，并传达了中央领导同志关于中国石油海外油气合作业务和长庆油田油气当量突破4000万吨作出的批示和指示精神。集团公司副总经理李新华宣读集团公司《关于表彰中国石油海外油气合作先进集体和个人的决定》，副总经理汪东进作海外油气合作工作报告。

中华全国总工会授予中国石油海外油气合作中的15个单位“全国五一劳动奖状”、30个单位“全国工人先锋号”、20名个人“全国五一劳动奖章”；共青团中央授予3个单位“全国青年文明号”、5名个人“全国青年岗位能手”称号；全国妇联授予4名个人“全国三八红旗手”、3个单位“全国三八红旗集体”称号。集团公司授予海外油气合作“十大杰出员工”、100名“模范员工”、300名“优秀员工”和150个“先进集体”称号。

黄丹华代表国务院国资委向中国石油表示热烈祝贺。她说，中国石油走出去发展海外油气合作取得里程碑式的突破，成绩来之不易，倾注了中国石油人对国家的忠诚，为保障国家能源供应的奉献和付出。中国石油成功建成“海外大庆”，体现了中央企业的使命感、责任感和超前意识，是落实国家走出去战略的重大成果，是做强做优、培育具有国际竞争力的世界一流企业的成功实践，在提升我国重要能源资源保障能力上发挥了重要作用。

汪东进在报告中简要回顾了海外业务的创业历程，全面总结了发展成果和经验体会。海外油气合作“十大杰出员工”代表、“全国五一劳动奖章”获得者、“铁人奖章”获得者、伊拉克公司鲁迈拉项目副总经理王贵海作大会发言。海外油气合作模范员工、集团公司劳动模范、“中国石油奖章”获得者、东方地球物理勘探公司利比亚项目部总经理张继兴的爱人李芳代表海外员工家属发言。

中国石油天然气集团公司2012年工作会议在河北廊坊召开

中国石油天然气集团公司2012年工作会议于1月9—11日在河北廊坊召开。会议的主要任务是：以科学发展观为指导，深入贯彻党的十七届六中全会及中央经济工作会议精神，传达学习中央领导同志近期关于中国石油工作的重要批示和指示精神，总结2011年工作，分析面临形势，安排2012年任务，动员广大干部员工增强信心、沉着应对、开拓创新、扎实工作，全面履行“三大责任”，持续推进综合性国际能源公司建设。

会议认为，努力建设忠诚、放心、受尊重的中石油。这是全面履行“三大责任”的客观要求，也是公司自身的价值追求。建设忠诚、放心、受尊重的中石油，就是要始终忠诚于党和国家、忠诚于石油事业，让党和国务院放心、让人民群众放心，企业贡献和价值得到社会各界普遍尊重、得到广泛国际认可，努力实现“四个保障”，为全面建设小康社会作出更大贡献。

集团公司2012年工作总的要求是，深入贯彻落实科学发展观，紧紧围绕主题主线主旨，坚持油气发展不动摇，履行保障责任不懈怠，加强基础建设不折腾，更加注重提升发展的质量和效益，更加注重科技和管理创新，更加注重强化安全环保稳定，更加注重保障和改善民生，更加注重发挥政治文化优势，努力实现可持续发展，全面履行“三大责任”，为保障我国经济发展、能源安全、社会稳定和国企竞争力提升作出新贡献。

集团公司总经理周吉平作题为《把握稳中求进，注重质量效益，持续推进综合性国际能源公司建设》的工作报告。集团公司副总经理廖永远通报安全环保情况，集团公司纪检组长王立新通报反腐倡廉建设情况，集团公司副总经理李新华作总结讲话。

会上，大庆油田公司、兰州石化公司、东方地球物理勘探公司等30个单位作大会发言。国家有关部委，原石油工业部、原总公司、集团公司、股份公司老领导，集团公司各企事业单位党政主要负责人、总部机关各部门和专业公司主要负责人参加了会议。

长庆油田实现油气当量4000万吨座谈会召开

2012年3月23日，长庆油田实现油气当量4000万吨座谈会在陕西西安召开。会议总结长庆油气大发展的成果和经验，谋划下一步工作思路和措施，解放思想，持续创新，为2013年实现油气当量5000万吨，高水平、高质量全面建成“西部大庆”而努力奋斗。

会议指出，长庆油田为保障国家能源安全和促进经济社会发展作出了重要贡献，是新世纪我国陆上产量增幅最大、发展最快、成长性最好的油气田，尤其天然气的快速上产，对于优化我国能源消费结构、保护生态环境、促进节能减排发挥了重要作用；探索创造了传统石油工业走新型工业化道路的宝贵经验，再次证明传统石油工业依靠技术和管理创新，加快转变发展方式，推进产业转型升级，实现做强做优的方向是完全正确的，也是大有可为的；助推了集团公司建设综合性国际能源公司的发展进程，促进了集团公司战略目标的实现、综合实力的增强和价值的稳步提升；促进和带动了地方经济社会发展，以实际行动推动国家西部大开发战略的实施，实现了国有企业“三大责任”的有机统一。

会议强调，要努力建成现代化油气田。长庆油区要成为集团公司的重要油气生产基地、技术创新基地、工程技术服务基地、装备制造基地和天然气枢纽中心。油气生产基地建设是核心。具体的工作要求就是“上得去、稳得住、管得好”。上得去，就是到2013年油气产量当量达到5000万吨。稳得住，就是要保持稳产20年以上。管得好，就是业绩优良，主要经营指标在集团公司上游企业处于前列；技术先进，重大科技专项攻关持续取得突破，发展形成一整套国际领先的低渗透油气田勘探开发配套技术系列，工程技术水平达到国际先进水平；管理科学，坚持市场化方向优化资源配置，通过信息化建设实现现代化管理，投资、成本、用工总量得到有效控制；环境和谐，安全环保业绩达到国内外先进水平，员工生产生活条件持续改善，石油石化矿区和谐稳定。重点工作要坚持把勘探放在首位，夯实上产稳产的资源基础；加大技术创新力度，支撑和引领快速发展；持续推进管理创新，努力在提升发展质量效益上见实效；发挥政治文化优势，为“西部大庆”建设提供有力保障。

与会人员参观了长庆油田科技馆、数字化油气藏研究中心和应急预警中心，了解长庆油田40多年来的科技创新和现代化管理成果。

中国石油新时期群英会在北京举行

“珍惜石油光荣史，再续石油新辉煌。”2012年5月3日，中国石油新时期群英会在北京举行。集团公司主要领导同志接见英模代表，并向三代铁人代表朱洪昌、王启民、秦文贵、李新民颁发中国石油奖章，向大庆油田1205钻井队等先进集体代表颁发锦旗。

高举大庆红旗，踏着铁人的铿锵脚步，石油英模辈出。第一代铁人代表、大庆石油会战“五面红旗”之一朱洪昌说：“希望在大庆精神铁人精神培育下成长起来的新时期石油人，能够继续将这种精神不断传承、发展和弘扬，真正接好班、站好岗，不辜负祖国和人民的重托，为保障国家能源安全、促进国民经济发展作出更大贡献！”第二代铁人代表、新时期铁人王启民感言，只有响应时代召唤、勇于承担使命，只有把个人的理想自觉融入到石油事业大舞台、融入到国家发展大潮流中，才能更好地实现自身价值，才能有更大的作为，才能做一名无愧于自己、无愧于事业、无愧于时代的合格石油人。第三代铁人代表、“大庆新铁人”李新民说，大庆精神铁人精神有着超越时空的伟大力量。有这种精神在，就有志气在、勇气在、士气在，就没有克服不了的困难和闯不过去的难关。

石油人勇于担当历史重任。大庆油田中十六联合站、尼罗河公司1/2/4项目、长庆油田刘玲玲站、塔里木油田塔中作业区作为“四个大庆”建设集体代表表示，要胸怀报国之志，将人生价值融入“四个大庆”建设，展现新时期石油人风采。基层先进班组代表、抚顺石化公司王海班荣誉班长王海发言：“夯实发展根基，十万班组有责”。

铁人薪火代代传。铁人王进喜的孙辈王洪波、新中国第一位全国石油劳动模范郭孟和的孙辈郭玉庆、大庆会战“五面红旗”之一薛国邦的孙辈薛庆，代表“铁三代”向年轻一代石油人倡议，永做大庆精神铁人精神的传人。三代铁人代表朱洪昌、王启民、李新民，向“铁三代”代表王洪波、郭玉庆、薛庆赠送了铁人像。

我国石油工业的发展史，是一部艰苦创业史，也是一部英模辈出的历史。石油英模现象是中国石油与新中国同呼吸共命运的历史见证，是石油人担当使命、履行责任的时代缩影。中国石油英雄模范人物是时代的楷模、石油的脊梁。英雄模范是石油员工的杰出代表，是最忠诚的群体，是最让人放心的群体，也是最值得尊重的群体。全体干部员工要以石油英模为榜样，学习他们的崇高品德和先进事迹，在建设综合性国际能源公司的伟大实践中建功立业。向石油英模学习，要切实做到坚定信念、热爱祖国、忠诚石油，切实做到勤奋学习、刻苦钻研、不断创新，切实做到立足本职、爱岗敬业、艰苦奋斗，切实做到团结协作、互助互爱、构建和谐。要结合创先争优活动，广泛深入学习宣传石油英模，进一步加强石油英模的培育和选树工作，进一步关心关爱石油英模，努力营造学习宣传英模、争当模范的良好氛围。

中国石油天然气集团公司 2012年领导干部会议在四川成都召开

2012年7月12—14日，中国石油天然气集团公司2012年领导干部会议在四川成都举行。会议主要任务是，以科学发展观为指导，把握中央稳中求进的工作总基调，贯彻国务院国资委全面开展管理提升活动等有关精神，按照集团公司党组确定的推进落实、持续提升、稳定增长的工作定位，加强科学管理，提高管控水平，促进发展方式加快转变，提升发展质量效益，进一步推动“十二五”规划的全面实施，更好地保增长、保供应、保稳定，以实际行动迎接党的十八大胜利召开。

中国石油的发展，始终得到党中央、国务院的高度重视和亲切关怀。今年年初以来，中央领导同志多次到集团公司所属企业考察，听取工作汇报，作出一系列重要指示；在中国石油上报的材料和涉及中国石油的有关信息上，先后多次作出重要批示，充分肯定集团公司所取得的成绩，对做好下一步工作提出明确要求。近日，党中央、国务院领导同志又分别作出批示，充分肯定上半年中国石油面对严峻形势各项工作取得的良好业绩，希望再接再厉，深入贯彻落实科学发展观，坚持稳中求进的工作总基调，克服困难，扎实工作，在保增长、保供应、保稳定方面作出更大贡献。

会议指出，加强科学管理是一项重要而紧迫的中心任务。科学管理能力作为内在软实力，已日益成为企业核心竞争力的重要体现。加强科学管理是顺应经济社会发展新趋势的必然选择，是实现公司可持续发展的内在要求，是进一步提升国际竞争力的有效途径，是建设忠诚、放心、受尊重的中石油的重要保证，是有效应对复杂严峻形势的迫切需要。要切实增强责任感和紧迫感，以更大的决心和更加有力的措施，持续推进管理创新，实现集团公司科学管理水平的全面提升。

当前和今后一个时期，集团公司加强企业科学管理总的指导原则是：以科学发展观为统领，紧紧围绕主题主线，继承弘扬大庆精神，坚持发挥传统管理优势与学习借鉴现代管理成果相结合、从严治企与管理创新相结合、加强管理与深化改革相结合，进一步夯实管理基础、强化风险控制、完善体制机制、提升效率效益，加快推进管理方式向集约化、精细化转变，管理手段向信息化、现代化转变，为建设综合性国际能源公司奠定坚实基础。主要目标和要求是，基础建设持续加强，管理现代化水平显著提高，体制机制更加富有活力，质量安全环保业绩全面提升，管理绩效明显改善。

集团公司总经理周吉平作生产经营报告，副总经理李新华作创先争优专题报告。会议对集团公司创先争优先进基层党委和十大模范党支部书记进行了表彰。授予长庆油田公司第八采油厂党委等185个基层党委（党总支、党支部）“集团公司创先争优先进基层党委（党总支、党支部）”荣誉称号，授予大庆油田有限责任公司钻探工程公司钻井二公司1205钻井队党支部书记赵明涛等10名同志“集团公司十大模范党支部书记”荣誉称号。

大庆油田公司、克拉玛依石化公司、四川销售公司、管道公司、渤海钻探公司等18家单位交流了经验。会议期间，与会代表参观了西南油气田公司天然气研究院、川庆钻探公司钻采工程技术研究院、四川销售公司104油库和四川石化公司建设现场。

西气东输三线工程开工建设

2012年10月16日，西气东输三线工程开工仪式在北京举行。中共中央政治局常委、国务院副总理李克强作出重要批示，祝贺工程开工并向广大工程建设者表示诚挚问候。

李克强指出，西气东输三线是具有战略意义的能源运输大动脉，横跨我国边疆、内地和沿海10省（自治区）。开工建设这一重大工程，将使沿线上亿群众用上清洁可靠的天然气，推动能源结构优化和节能减排，促进区域协调发展，能够带动设备、材料等相关产业，扩大国内需求，支撑和助推经济社会发展。

李克强要求沿线各省（区、市）党委和政府，参与工程建设的全体干部职工，深入贯彻落实科学发展观，心系人民福祉，高度重视工程质量和生态环保，精心施工，严格管理，优质安全高效地建设好西气东输三线工程，为全面建成小康社会、推进现代化建设作出更大贡献。

国家西气东输三线工程建设领导小组组长、国家发改委主任张平出席开工仪式并下达开工令。

10 时 30 分，在西气东输三线新疆昌吉市和福建省莆田市两个施工现场，工程建设方通过视频报告了施工准备情况。张平宣布：西气东输三线工程开工！

西气东输三线工程包括 1 条干线、8 条支线，总长度约 7378 千米，干线全长 5220 千米。管线西起新疆霍尔果斯，东至福建福州，途经新疆、甘肃、宁夏、陕西、河南、湖北、湖南、江西、福建和广东 10 个省（自治区），年输气量 300 亿立方米。工程分为西段、中段和东段建设，计划 2015 年全线贯通，与境外同步建设的中亚天然气管道 C 线相连。

西气东输三线主气源来自中亚国家，国内塔里木盆地增产气和新疆煤制气为补充气源。工程建成后，将进一步增强天然气供应保障能力，使天然气在我国一次能源消费结构中的比例提高 1% 以上，每年可减少二氧化碳排放 1.3 亿吨、二氧化硫 144 万吨、粉尘 66 万吨、氮氧化物 36 万吨。

西气东输三线工程总投资 1250 亿元，除中国石油直接投资外，还引入社保基金、基础产业投资基金和宝钢集团等，开创了社会和民营资本参与国家重要油气基础设施建设的新模式。西气东输三线工程将优先采用国产设备和材料，带动大型压缩机组、阀门等关键装备自主创新，促进上下游产业发展和结构升级。

（办公厅档案处（史志办公室））

股份公司法人治理

【概述】

1. 股份公司治理的完善情况

2012 年，股份公司按照境内外监管规定，规范运作。依据《中国石油天然气股份有限公司章程》（以下简称《股份公司章程》）、相关法律、法规和公司上市地证券监管规则等规定并结合公司实际情况，不断制定、完善和有效执行董事会及所属各专业委员会的各项工作制度和相关工作流程。严格遵守信息披露管理规定和公司内幕知情人登记办法等制度，强化公司年报信息正式对外披露前等内幕信息的保密工作。为进一步适应监管要求的变化，对股份公司治理基础性制度不断补充和完善，制定《独立董事考察调研工作制度》，为独立董事能够更多地了解公司的日常经营、财务管理和其他规范运作的情况，更好地履行职责提供了制度保证。股份公司通过股东大会、董事会以及相应的专门委员会、监事会和总裁负责的管理层协调运转，有效制衡，加之实施有效的内部控制管理体系，使股份公司内部管理运作进一步规范，管理水平稳步提升。

2. 内部控制制度的完善情况

股份公司十分重视内部控制及风险管理。内控部门和审计部门行使监督职能，对体系运行状况实施监督检查。

2012 年，股份公司坚持强化流程意识和风险意识，内控体系建设进一步延伸，重大风险防控加强，规范了专业流程，提高了测试质量。

股份公司根据财务管理情况，继续贯彻落实财务管理业务流程规范，进一步规范了相关流程和关键控制的设计，提高了流程效率与执行效果；继续贯彻落实信息披露管理制度，重大事项的判定标准和报告程序，披露事项的收集、汇总和披露程序；继续加大内部控制测试力度，提高测试资源效率，提高过程监督力度，提高内控测试质量。

股份公司审计部负责组织实施第一阶段管理层测试，内控与风险管理部负责组织、协调内、外部内控测试，并督促改进，组织内控体系运行考核。

董事会审计委员会 2012 年听取 4 次内控与风险管理工作汇报，认为公司的内部控制工作从起步到完善，工作领域逐步拓展，积累了许多宝贵经验，也取得了明显成效。希望公司通过建立具有前瞻性的科学合理的内部控制机制，进一步提升公司管控水平和风险防范能力；重大项目要进行风险评估，尽早识别发现风险，进一步提高内控工作的时效性和前瞻性，提高防范能力。

股份公司按照《企业内部控制基本规范》及其配套指引要求，积极组织，认真分析和研究，持续做好完善工作。

3. 独立董事履行职责的情况

2012年，股份公司独立董事严格按照境内外有关法律、法规及《股份公司章程》规定，认真、勤勉地履行职责。在报告期内，独立董事认真审阅公司提交的各项议案及相关文件，积极参加股东大会、董事会会议及专业委员会会议，独立及客观地发表意见，维护全体股东，尤其是广大中小股东的合法权益，在董事会进行决策时起着制衡作用。独立董事能够认真审阅公司定期报告，在年审审计师进场审计前后、董事会召开前与审计师进行多次定期或不定期的沟通，督促公司按照相关法律、法规和公司信息披露管理制度的有关规定进行信息披露，保证公司信息披露真实、准确、及时、完整。独立董事未对公司本年度的董事会议案及其他事项提出异议。另外，公司独立董事能够不断加强自身学习，认真学习相关法律法规和各项监管规定，深入公司基层单位进行现场考察调研，增强了决策的针对性和有效性。

4. 股东与股东大会

为保障股份公司所有股东享有平等地位并有效地行使股东权利，股份公司根据《股份公司章程》的规定召开了1次股东大会。

2012年5月23日，股份公司在北京汉华国际饭店召开2011年年度股东大会。会上股东以投票方式表决，以同意票数超过二分之一通过并批准6项普通决议和1项特别决议。

5. 董事会的运作

股份公司董事会由股东大会选举产生，并对股东大会负责，其基本责任是对股份公司进行战略性指导和对管理人员实行有效监督，确保公司的利益并对股东负责。董事会和管理层的职权已在《股份公司章程》中进行了明确规定，以确保为良好的公司管治和内部控制提供充分的平衡和制约机制。根据《股份公司章程》或股东大会授权，若干重大事项由董事会作出决定，包括：年度经营计划和投资方案；年度公司执行机构成员的业绩考核指标和年度薪酬计划方案；中期利润分配方案；机构调整等重大事宜。股份公司董事及董事会认真负责地开展公司的治理工作，全体董事能够以认真负责的态度出席董事会，认真、勤勉地履行董事职责，确定公司重大决策，任免和监督公司执行机构成员。公司管理层在公司总裁的领导下，负责执行董事会作出的各项决议，组织公司的日常经营管理。

股份公司建立了独立董事制度，董事会成员中有5名独立非执行董事，符合监管有关独立非执行董事人数的最低要求。股份公司已经收到5名独立非执行董事符合《香港联交所上市规则》第3.13条规定的独立性确认函，并认为5名独立非执行董事完全独立于股份公司和主要股东及关联人士，完全符合《香港联交所上市规则》对独立非执行董事的要求。5名独立非执行董事并没有在股份公司担任任何职务。独立董事按照《股份公司章程》及有关法律、法规的要求，认真履行职责。

股份公司董事会下设审计委员会、投资与发展委员会、考核与薪酬委员会和健康安全与环保委员会。上述委员会的主要职责是为董事会决策提供支持。参加专门委员会的董事按分工侧重研究某一方面的问题，为股份公司管理水平的改善和提高提出建议。

2012年，按照《中国石油天然气股份有限公司董事会议事规则》规定，股份公司董事会召开4次董事会例会、3次临时董事会会议和9次董事会专门委员会会议，通过21项董事会决议并形成董事会决议文件。

（曲　鹏）

6. 监事会运作

2012年，股份公司监事会按照《中华人民共和国公司法》、《股份公司章程》等有关规定，认真履行职责。

（佟魁杰）

【股份公司股东大会、董事会决议】

1. 股份公司2012年召开的股东大会

2012年5月23日，股份公司在北京汉华国际饭店召开2011年年度股东大会。会上股东以投票方式表决，以同意票数超过二分之一通过并批准6项普通决议：（1）公司2011年度董事会报告；（2）公司2011年度监事会报告；（3）公司2011年度经审核的财务报表；（4）公司按照董事会建议的款额和方式宣派2011年12月31日止年度的末期股息；（5）关于授权董事会决定公司2012年中期股息分派事宜；（6）关于聘用公司2012年度境内外会计师事务所并授权董事会决定其酬金。本次股东大会还以同意票数超过三分之二审议并批准了关于给予董事会股票发行一般授权事宜的特别决议。

2. 股份公司2012年董事会例会、董事会临时会议

2012年3月28日及29日，股份公司在北京市东城区东直门北大街9号公司总部大楼昆仑厅召开第五届董事会第四次会议。本次会议审议并通过10项

议案并形成决议：（1）关于公司2011年度财务报告的决议；（2）关于公司2011年度利润分配预案的决议；（3）关于公司2011年度报告及业绩公布的决议；（4）关于公司2011年度总裁工作报告的决议；（5）关于总裁班子2011年度经营业绩考核及总裁2012年度业绩合同制订情况的决议；（6）关于提请股东大会授权董事会决定公司2012年中期利润分配方案的决议；（7）关于提请股东大会给予董事会股票发行一般授权事宜的决议；（8）关于公司内部控制工作报告的决议；（9）关于可持续发展报告的决议；（10）关于召开2011年度股东年会的决议。会议形成董决字〔2012〕1—10号董事会决议文件。

2012年6月21日，股份公司在北京市东城区东直门北大街9号公司总部大楼昆仑厅召开第五届董事会第五次会议，本次会议审议通过1项议案并形成决议：关于《独立董事考察调研工作制度》的决议。会议形成董决字〔2012〕14号董事会决议文件。

2012年8月22日及23日，股份公司在北京市东城区东直门北大街9号公司总部大楼昆仑厅召开第五届董事会第六次会议。本次会议审议通过7项议案，并形成决议：（1）关于公司2012年中期财务报告的决议；（2）关于公司2012年中期利润分配方案的决议；（3）关于公司2012年半年度报告及中期业绩公告的决议；（4）关于中国石油四川石化有限公司开展融资租赁业务的决议。会议形成董决字〔2012〕15—18号董事会决议文件。

2012年11月22日，股份公司在北京市东城区东直门北大街9号公司总部大楼昆仑厅召开第五届董事会七次会议。本次会议审议并通过2项议案并形成决议：（1）关于公司2013年度投资计划的决议；（2）关于公司2013年度预算报告的决议。会议形成董决字〔2012〕20号、21号董事会决议文件。

2012年4月26日，股份公司以传签方式召开2012年第一次临时董事会会议，就《公司2012年第一季度报告》和《公司2011年度20-F年报》进行书面表决，公司董事同意通过两项议案，形成董决字〔2012〕11号、12号董事会决议文件。

2012年5月15日，股份公司以传签方式召开2012年第二次临时董事会会议，就《关于中国石油国际事业有限公司申请开展境外油品及天然气衍生业务的方案》进行书面表决，公司董事同意通过该项议案，形成董决字〔2012〕13号董事会决议文件。

2012年10月30日，股份公司以传签方式召开2012年第三次临时董事会会议，就《公司2012年第三季度报告》进行书面表决，公司董事同意通过该报告，并形成董决字〔2012〕19号董事会决议文件。

【股份公司2011年度业绩路演】 2012年3月29日，股份公司在香港召开2011年度业绩新闻发布会和投资分析员会议。会上公布并分析了股份公司2011年业绩，介绍了公司发展战略和2012年展望，回答了记者和投资分析员的问题。

【股份公司2012年中期业绩路演】 2012年8月23日，股份公司在香港召开2012年中期业绩新闻发布会和投资分析员会议，并于24日在香港进行了业绩路演。会议分析了中期业绩，介绍了下半年展望和发展战略，回答了记者和投资分析员的提问。

【投资者关系和媒体关系】 投资者关系和媒体关系工作是加强与资本市场沟通、促进投资者和新闻媒体对公司的了解，提升公司与投资者和新闻媒体关系的主要工作。投资者关系和媒体关系工作充分利用股份公司对外网站宣传，方便公司与股东和投资者及社会各界双向沟通交流，对投资者和公众提出的各类问题及时回复和解释，主动介绍公司生产经营现状和发展战略。正面引导投资者和公众对公司建立正确认识，以及坚定股东和投资者对公众的信心。

2012年，面对世界经济复苏艰难、国际油价剧烈震荡、国内经济下行压力加大等影响，资本市场出现剧烈动荡，国际油价大幅波动，世界经济复苏不稳定和不确定性加大，给投资者关系和新闻媒体工作带来很多新的挑战。公司重点开展与投资者、财经媒体、分析员和新闻媒体的沟通工作。通过“走出去”，主动会见分析员和基金经理，充分接触与利用投资者沟通平台。把投资者“请进来”，公司邀请国内外投资者和新闻媒体对公司生产经营场地和设施进行反向路演，展示公司的实力和健康的基本面。让投资者和新闻媒体更加深入全面地了解股份公司的经营状况和发展战略，使他们亲身体验公司的发展成果和光明前景，进一步增强投资中国石油的信心。

【股份公司股票表现】

1. 中国石油H股股价月度表现

图1是2012年中国石油H股与恒生指数走势图。

1月，中国石油股价震荡上扬。上旬，国务院总理温家宝一句“提振股市信心”，恒生指数保持住了强劲势头，重新冲上20000点大关。下旬，受美国联储局宣布将超低息政策延续至2014年底的消息刺激，港股在龙年顺利高升。中国石油股价开盘9.67港元，报收于11.34港元，月涨幅为17.27%。全月最高

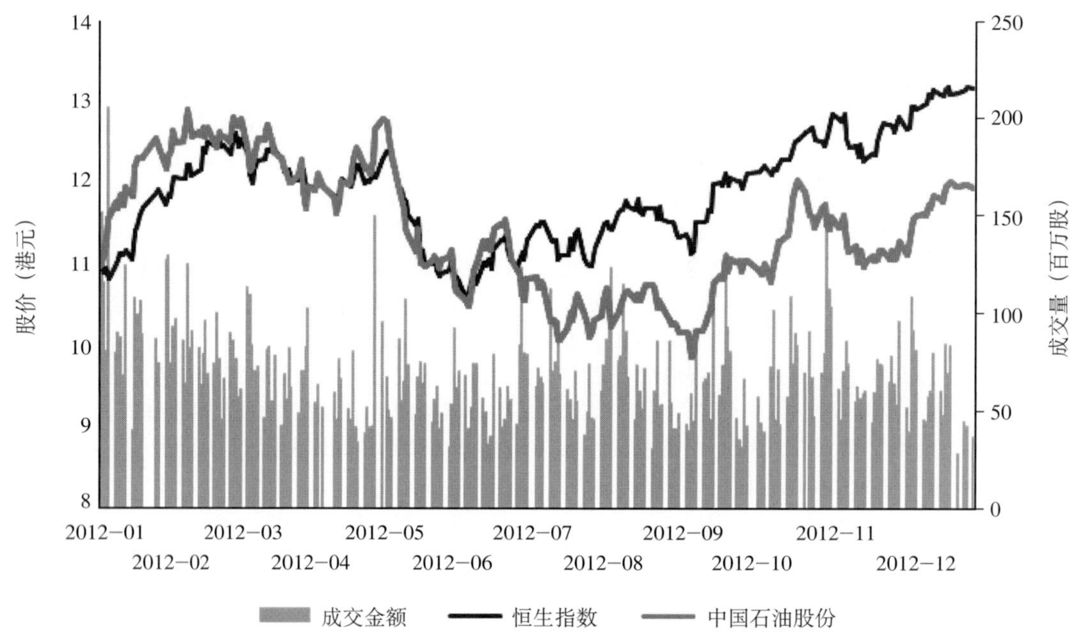

图 1　2012 年中国石油 H 股与恒生指数走势图

为 1 月 26 日的 11.54 港元，最低为 1 月 3 日的 10.1 港元。

2 月，中国石油股价走势基本保持稳定。上旬，市场对欧债危机的忧虑有所舒缓,加上美国公布的经济数据理想,外围市况回稳，中国石油股价与大市一致。下旬，希腊国会通过新紧缩措施方案及中国证监会表示国内股市出现投资价值等消息,均带动恒生指数震荡向上，之后回稳。中国石油股价开盘 11.4 港元，报收于 11.74 港元，月涨幅为 2.98%。全月最高为 2 月 8 日的 11.86 港元，最低为 2 月 1 日的 11.4 港元。

3 月，中国石油股价震荡下跌。上半月，中央下调国内生产总值增长目标至 7.5% ,加上投资者忧虑希腊无法与私人投资者达成债券掉期协议,拖累恒生指数回落，中国石油股价跟随大市下降至全月低位。下半月，美股走势造好，但是国内股市继续拖累恒生指数升幅。中国石油股价开盘 11.68 港元，报收于 10.98 港元，月跌幅为 5.99%。全月最高为 3 月 2 日的 11.76 港元，最低为 3 月 29 日的 10.74 港元。

4 月，中国石油股价一路上扬。月初，恒生指数回复平稳，之后市场憧憬国内将放宽紧缩政策,恒生指数上升。月末，欧债危机若隐若现,投资者信心疲弱,大市成交低迷，但上市公司第一季度的业绩利好使股市强劲攀升，中国石油股价随之上升。中国石油股价开盘 10.96 港元，报收于 11.76 港元，月涨幅为 7.3%。全月最高为 4 月 30 日的 11.76 港元，最低为 4 月 11 日的 10.70 港元。

5 月，中国石油股价从高位一路下跌。月初，市场对欧洲政局不明朗的忧虑加深，恒生指数开始不断下跌，投资者担心希腊将抵制现有的国际援助并脱离欧元区，西班牙及意大利债务忧虑升温。月末，德国与其他欧元区国家就发欧元共同债出现分歧，令港股继续下跌，外围形式欠佳，利淡消息不断，中国石油股价跟随大市降至当月最低位。中国石油股价开盘 11.72 港元，报收于 9.82 港元，月跌幅为 16.21%。全月最高为 5 月 1 日的 11.76 港元，最低为 5 月 31 日的 9.82 港元。

6 月，中国石油股价先升后跌。上旬，国内宣布减息，为 2008 年来首次，环球股市实时亢奋，欧美股市一度大涨超 1%，港股跟随外围走势。下旬，港股受伯南克公布延长扭曲操作至年底的影响，又出现回吐，在欧元区领袖就刺激经济及减借贷成本达成共识后才又回升。中国石油股价开盘 9.78 港元，报收于 9.95 港元，月涨幅为 1.74%。全月最高为 6 月 20 日的 10.62 港元，最低为 6 月 5 日的 9.65 港元。

7 月，中国石油股价持续小幅震荡。月初，中国人民银行减息，刺激市场对后市的忧虑，港股随外围下跌，市场对中欧经济转差的忧虑加深。中国石油股价从月初高位回落。后受 IMF 下调全球经济预测，及市场憧憬美国推出刺激经济措施影响，港股全力反弹，但之后欧债危机不断恶化，市场憧憬欧洲央行出手买债，令港股表现反复。中国石油股价开盘9.98港元，报收于9.72港元，月跌幅为2.61%。全月最高为7月3日的9.98港元，最低为7月13日的9.26港元。

8月，中国石油股价震荡企稳，之后略微下跌。月初，西班牙和意大利国债息率下降，提升市场乐观情绪，对欧债的忧虑也减弱，加上国内7月份物价指数（CPI）大幅回落，市场憧憬中国通胀压力降低，将有更大空间减息及降低存款准备金率，港股上升，中国石油股价上升至本月最高位。随后随着美国推出第三次量化宽松政策（QE3）的机会下降，加上市场忧虑陆续公布业绩的内银股，港股下挫，中国石油股价跟随大市回落到全月低位。中国石油股价开盘9.85港元，报收于9.35港元，月跌幅为5.08%。全月最高为8月20日的9.89港元，最低为8月31日的9.35港元。

9月，中国石油股价跟随大市持续上扬。月初，欧洲央行宣布无限量买入短债，刺激欧美股市急升，加上国内批出逾万亿的基建项目，港股、国内股市及亚太区股市反弹。中国石油股价上升至本月高位。月末，国内多个城市由于接连爆发大规模反日示威，令中日局势不稳，沪深两市跌幅进一步加剧，令港股短期有调整压力。中国石油股价开盘9.35港元，报收于10.16港元，月跌幅为8.66%。全月最高为9月19日的10.22港元，最低为9月5日的9.08港元。

10月，月初，在欧美利好消息的影响下，港股一路上升，加上投资者憧憬国内经济已于第三季度见底，带动中、港两地股市造好。月末，港股随A股震荡走低，结束了此前连涨的局面，资源股保险股领跌蓝筹。中国石油股价跟随大市升至全月高位。中国石油股价开盘10.06港元，报收于10.58港元，月涨幅为5.17%。全月最高为10月18日的8.99元，最低为10月31日的8.68元。

11月，中国石油股价震荡下行。月初，在奥巴马成功连任总统的影响下，亚太区股市普遍回升，港股高收。中国石油股价跟随大市升至全月最高位。市场关注中国共产党第十八次全国代表大会召开后，新一届领导集体何时推出刺激措施，以及希腊能否取得新一轮援助。之后，在外围股市表现配合的背景下，加上港股进入新股发售热潮阶段，令投资者信心逐渐恢复。月末，港股受A股弱势拖累，但投资者对于美国解决财政悬崖问题前景日益乐观，加上国内制造业PMI造好，资金持续流入利好港股。中国石油股价开盘10.52港元，报收于10.38港元，月跌幅为1.33%。全月最高为11月7日的10.68港元，最低为11月15日的10.1港元。

12月，中国石油股价震荡上扬。月初，中国共产党中央政治局会议提出多项方案为经济发展注入动力，然而美国财政悬崖问题仍然没有解决迹象，港股反复不定。月中，市场憧憬美国财政悬崖问题有机会达成协议，加上投资者憧憬中国经济放缓即将触及底线，港股在22500点徘徊。月末，投资者对于美国解决财政悬崖问题前景日益乐观，忧虑情绪获得舒缓，加上国内制造业PMI造好，港股受美股带动，资金持续流入利好。中国石油股价开盘10.24港元，报收于10.98港元，月涨幅为7.23%。全月最高为12月21日的11.06港元，最低为12月3日的10.24港元。

2. 中国石油A股股价月度表现

图2是2012年中国石油A股与上证综合指数走势图。

1月，中国石油股价震荡上扬。创业板再融资初审权将下放传闻引发创业板连续下跌，随后，受到全国金融工作会议上温家宝总理提振股票市场信心的表态以及中国石化、中国联通等获得产业资本增持的利好影响，股指连续反弹。中旬，国家统计局发布2011年12月份经济数据，虽然通胀明显回落，但企业盈利能力减弱迹象也很明显，股价走势回落。同时，温家宝总理出访中东三国为中国能源进口多元化进一步拓宽局面，原油特别收益金起征点调整尘埃落定，使中国石油股价跟随大盘走势。中国石油股价开盘9.79元，报收于10.21元，月涨幅为4.83%。全月最高为1月17日的10.35元，最低为1月4日及5日的9.70元。

2月，中国石油股价横盘整理后于月末快速上扬。上旬利好消息频出，A股市场震荡上行。1月PMI为50.5%，好于预期；监管机构鼓励中长期资金入市；中共中央一号文件锁定农业科技创新；成品油价格上调。中旬，信贷数据不容乐观、中国交建首次公开募股（IPO）使资金面再度紧张；社保基金减持中国银行、工商银行H股，由此，股指走势增速趋缓。下旬，央行下调存款准备金率；证监会鼓励大股东增持并力挺蓝筹股；年报行情持续升温，A股市场做多热情被全面激活，股指持续上涨。中国石油股价开盘10.19元，报收于10.52元，月涨幅为3.04%。全月最高为2月27日的10.74元，最低为2月7日的10.04元。

3月，中国石油股价震荡下跌。两会政策维稳及

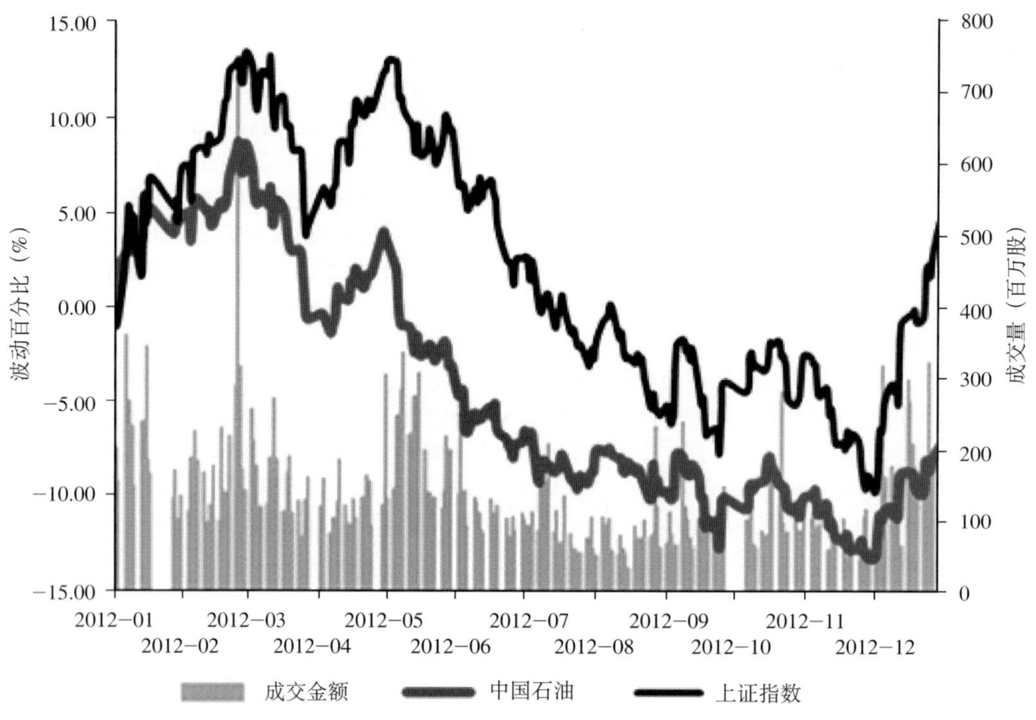

图 2　2012 年中国石油 A 股与上证综合指数走势图

利好出台，上证综指在 2400 点上放量窄幅震荡，随后，市场对房地产政策调控放松预期消失，两市股指大跌。下半月，投资者对实体经济及政策面向好的预期落空，引发股指连续下跌。成品油价格调整幅度令市场意外，但由于大盘整体的颓势，中国石油股价并未受到上调成品油价利好的影响，呈下跌走势。中国石油股价开盘 10.46 元，报收于 9.69 元，月跌幅为 7.89%。全月最高为 3 月 2 日的 10.64 元，最低为 3 月 30 日的 9.63 元。

4 月，中国石油股价小幅震荡上扬。金融改革创新以及政策放松预期，成为本月股指成功突围的关键。国际原油价格呈先抑后扬走势。中国石油股价跟随市场表现顺势上扬。中国石油股价开盘 9.70 元，报收于 9.93 元，月涨幅为 2.48%。全月最高为 4 月 10 日的 10.00 元，最低为 4 月 24 日的 9.55 元。

5 月，中国石油股价大幅震荡下跌。A 股市场在证监会管理层频发政策变革利好以及央行逆回购平滑短期流动性影响下，连续收红。随后由于国内 4 月份经济数据不及预期加重投资者的担忧情绪，A 股震荡下行。下旬，温家宝总理强调稳增长放在更重要位置、西班牙债务评级被下调等利好利空消息交织，股指随之呈现大幅波动。中国石油股价开盘 10.01 元，报收于 9.45 元，月跌幅为 4.83%。全月最高为 5 月 2 日的 10.17 元，最低为 5 月 28 日的 9.43 元。

6 月，中国石油股价小幅震荡下行。上旬，受国际板推出传闻、欧债危机恶化、伯南克讲话不及预期及对国内 5 月经济数据担忧影响，大盘持续下跌。中旬，受 5 月 CPI 创 2 年来新低以及印花税即将改革消息的影响，支撑 A 股市场呈现震荡盘整走势。下旬，汇丰公布 6 月制造业经理人指数初值为 48.1，低于 5 月终值并创下 7 个月来的新低；市场对宏观经济下滑担忧进一步加强，市场选择向下突破，并跌破 2200 点的重要支撑位。中国石油股价开盘 9.29 元，报收于 9.05 元，月跌幅为 2.53%。全月最高为 6 月 1 日的 9.34 元，最低为 6 月 29 日的 8.95 元。

7 月，中国石油股价延续小幅震荡下行走势。市场对于经济持续回落的担忧、上市公司中报预期不景气、外围市场剧烈波动，以及投资者信心极度低迷，促使本已羸弱不堪的 A 股重心不断下移。中国石油股价创出历史新低，市场已经对油价下跌给中国石油业绩造成的负面影响有所反映。中国石油股价开盘 9.11 元，报收于 8.86 元，月跌幅为 2.10%。全月最高为 7 月 4 日的 9.17 元，最低为 7 月 12 日的 8.75 元。

8 月，中国石油股价持续小幅下跌。上旬，两市股指小幅反弹。进入中旬，央行公布的7月份信贷数据远不及预期以及8月汇丰PMI数据全线下滑，同时上市公司中报整体业绩下滑，验证了中国经济下滑态势依旧没有得到抑制，而市场预期的刺激经济政策又迟迟没有兑现，导致股指持续走低。同时，国际原油价格震荡上行，国内成品油价格随之上调。中国石油股价开盘8.88元，报收于8.81元，月跌幅为0.56%。全月最高为8月28日的9.08元，最低为8月28日的8.72元。

9月，中国石油股价宽幅横盘震荡。月初，在国家发改委连续两日集中批复投资规模累计逾万亿元的基建项目，以及证监会表示与有关部门积极协调差异化征收红利税事宜的利好消息下，股指强势反弹。后维持小幅震荡。进入下半月，钓鱼岛争端继续发酵，同时创业板解禁压力迫近，股指不断下跌。临近月末，在密集利好刺激下股指绝地反击。中国石油股价开盘8.69元，报收于8.78元，月涨幅为1.37%。全月最高为9月7日的8.88元，最低为9月26日的8.47元。

10月，中国石油股价先扬后抑。中国经济显露出四季度企稳迹象，同时源于市场自身修复性要求，沪深两市股指开始反弹。进入下半月，三季度部分经济数据好于市场预期，同时温家宝总理称有信心实现全年经济发展目标，缓解投资者对经济增长前景的担忧情绪，A股再度小幅上涨。然而，由于降低存款准备金率预期未能兑现，逆回购大量到期致资金面骤然趋紧，以及上市公司三季报的集中披露，引发A股出现连续下跌。中国石油股价开盘8.78元，报收于8.68元，月跌幅为1.14%。全月最高为10月18日的9.06元，最低为10月31日的8.63元。

11月，中国石油股价持续下跌。上旬，A股市场延续9月底以来的箱体震荡走势。后市场跌破箱体下沿，受欧债危机恶化、美国面临“财政悬崖”临近、国内房地产调控不放松、大小非减持等负面冲击影响，指数深度回调，并在临近上证综指2000点心理关口时来回拉锯。直到11月27日，在800多家企业IPO排队消息、12月即将到来的超大规模解禁潮以及机构年底“结账”需求等多重利空作用下，上证综指跌破2000点并不断创出新低。中国石油股价开盘8.68元，报收于8.47元，月跌幅为2.42%。全月最高为11月7日的8.85元，最低为11月30日的8.44元。

12月，中国石油股价震荡上行。上半月，产业资本不断增持，基金、QFII、证券公司等机构投资者开始抄底，给予市场强烈的积极信号；经济回暖趋势逐步确立，投资者对即将召开的中央经济工作会议2013年政策方向预期乐观，股指强势反弹。下半月，中央经济工作会议召开，政策基调未超出预期，同时美国“财政悬崖”风险增大，令市场短暂震荡，但随后消息表示广州千亿养老金即将入市，中国“401k计划”开闸；以及证监会表示将讨论降低内地企业赴香港上市门槛问题分流A股压力，刺激股指再次强势上攻。中国石油股价开盘8.47元，报收于9.04元，月涨幅为6.73%。全月最高为12月31日的9.07元，最低为12月3日的8.45元。

【中国石油在资本市场获奖项目】 中国石油在资本市场获奖项目见表1。

表1 中国石油在资本市场的获奖项目

年度	财经期刊名称	评选结果
2012	投资者关系杂志	2012能源行业最佳企业
	财富（中文版）	2012年财富中国500强排行榜第二位
	金融时报	2012年一季度全球500大企业第三位
	福布斯	2012年全球2000企业排行榜第七位
	BrandZ	100大最具价值全球品牌第六十八位 全球十大石油和天然气品牌第四位 中国最具价值品牌50强第九位
	亚洲周刊	全球华商一千排行榜——最大市值企业
	资本杂志	资本中国杰出天然气供应商
	PFC能源公司	全球上市能源公司50强排名第二位

续表

年度	财经期刊名称	评选结果
2012	亚洲金融	2011 年 /2012 年亚洲企业 100 强 以过去 3 年累计净利润排名：第二位 市值：第一位
	普氏全球能源	全球能源企业 250 强（亚洲）第一名 全球能源企业 250 强第九名 全球能源企业 250 强一体化石油及天然气公司第一名 全球能源企业 250 强增长最快能源企业第十八名
	财华社	港股百强综合实力 100 强第十九名 港股百强营业额 10 强第二名 港股百强净利润 10 强第三名 港股百强市值 10 强第二名

（曲　鹏）

【监事会意见】

1. 监事会对公司工作的意见

2012 年，面对国内外复杂的政治经济形势，公司上下一心，坚持稳中求进的工作总基调，以科技创新成果应用为先导，突出油气主营业务发展，优化调整结构布局，加强基础设施建设，强化资源保障能力和安全环保工作，攻坚克难，实现了生产较快增长和效益总体稳定，许多工作都有了新成果、新突破。监事会对公司取得的成绩表示满意，并对公司的前景充满信心。

2. 监事会对公司依法规范运作情况的意见

2012 年，公司严格遵守国家法律、法规、上市地监管规则和《股份公司章程》的规定，规范运作。股东大会和董事会的会议程序、表决方式及会议决议合法有效，会议所形成的决定得到较好落实。总裁班子成员依法经营、规范运作，没有发现违犯国家法律、公司章程以及损害公司和股东利益的行为。

3. 监事会对检查公司财务情况的意见

2012 年，公司资产规模持续扩大，股东权益保持增长，公司财务状况总体良好。资本负债率、资产负债率控制在预期范围之内。

公司年度财务报告分别按照中国企业会计准则及国际财务报告准则编制。经普华永道中天会计师事务所有限公司和罗兵咸永道会计师事务所审计的公司财务报表，真实、公允地反映了公司的财务状况、经营成果和现金流量，其出具的无保留意见书是客观公正的。

4. 监事会对公司收购、出售资产情况的意见

公司收购、出售资产交易价格合理，未发现内幕交易行为，未发现有损害股东权益或者造成公司资产流失、利益受损情况。

5. 监事会对公司关联交易情况的意见

公司关联交易运作规范，符合上市规则要求，有关信息披露完整充分。公司持续性关联交易在香港联交所同意及经公司临时股东大会批准的上限内规范运行。

6. 监事会对公司内控体系运行情况及公司内部控制自我评价报告的意见

公司内部控制体系扎实推进，内控与风险管理体系持续完善，重大风险管控与监督持续加强，流程执行力进一步提升，监督实效得到提高。公司内部控制评价报告客观、准确、完整，没有发现有虚假记载、误导性陈述或重大遗漏的情形。

7. 监事会对报告期内监督事项的意见

监事会在报告期内的监督活动中尚未发现公司存在提示风险。

8. 监事会对公司可持续发展情况的意见

2012 年，公司以诚信、稳健、负责任的生产经营方式，为经济社会发展提供可持续的能源，并致力于构建能源与环境、生产与安全、企业与社会、企业与员工的和谐，实现了持续有效较快协调发展。监事会同意公司年度可持续发展报告。

【召开监事会会议】 监事会 2012 年度召开了 4 次会议。

3 月 27 日，召开第五届监事会第五次会议。会议由监事会主席王立新主持。会议审议通过《公司 2011 年度财务报告》、《公司 2011 年度利润分配预案》、《公司总裁 2011 年度经营业绩考核及 2012 年度

业绩合同制订情况报告》、《公司监事会关于聘用公司2012年度境内外会计师事务所的议案》、《公司2011年度监事会报告》、《关于修订公司监事巡视制度的议案》、《监事会2011年度工作总结和2012年工作计划》、《公司2011年度可持续发展报告》和《公司2011年度报告及摘要》9个议案。

4月25日，第五届监事会第六次会议以书面传签的方式召开，会议审阅了公司2012年第一季度报告，形成了会议决议，认为公司编制的报告及审核程序符合法律、行政法规和中国证监会的有关规定，真实、准确、完整地反映了公司的实际情况。

8月21日，召开第五届监事会第七次会议。会议由监事会主席王立新主持。会议审议通过《公司2012年度中期财务报告》、《公司2012年度中期利润分配方案》和《公司2012年半年度报告及摘要》。

10月30日，第五届监事会第八次会议以传签方式召开。会议审阅了公司2012年第三季度报告，形成了会议决议。

【列席董事会会议】 监事会先后列席4次董事会会议，并认真发表相关意见。

3月28日，列席公司第五届董事会第四次会议。听取董事会审议公司2011年度总裁工作报告、财务报告、利润分配预案、年度报告及摘要等10个议案。会上，王立新宣读《监事会关于公司2011年度财务报告审查意见书》、《监事会关于公司2011年度利润分配预案审查意见书》和《监事会关于公司总裁2011年度经营业绩考核意见书》。

6月21日，列席公司第五届董事会第五次会议。听取董事会审议《关于制定公司独立董事考察调研工作制度的议案》、《公司2011年度储量评估特别报告》等4个议案。

8月22日，列席公司第五届董事会第六次会议。听取董事会审议公司2012年中期财务报告、利润分配方案、半年度报告及业绩公告和《关于中国石油四川石化有限责任公司开展融资租赁业务的议案》。会上，宣读《监事会关于公司2012年中期财务报告审查意见书》和《监事会关于公司2012年中期利润分配方案审查意见书》。

11月22日，列席公司第五届董事会第七次会议。听取董事会审议《公司2013年度投资计划议案》、《公司2013年度预算报告》2个议案。

【参加股东大会】 5月23日监事会参加公司2011年度股东年会。向大会提交《公司2011年度监事会报告》和《关于聘用公司2012年度境内外会计师事务所并建议授权董事会决定其酬金的议案》等，获得通过。

【监督检查工作】 监事会通过召开听证会、监事巡视、财务抽样调查和专项自查等形式，加大监事会的监督力度，提高监督效果。

（1）召开两次听证会，听取公司财务总监、财务部、预算管理部、内控与风险管理部、审计部、监察部和人事部等部门（单位）及普华永道会计师事务所有限公司的报告，并质询了相关问题。

3月27日，在中国石油天然气股份有限公司第五届监事会第五次会议上，听取公司财务总监关于《公司2011年度财务报告》、财务部关于《公司2011年度利润分配预案》、《关于公司2011年年度报告及业绩公告的说明》、预算管理部关于《公司2011年度持续性关联交易情况报告》、内控与风险管理部关于《公司2011年度内部控制工作报告》、董事会秘书局关于《公司2011年度内部控制自我评价报告》、审计部关于《公司2011年度审计工作报告》、监察部《关于对公司高级管理人员2011年度遵章守纪情况的报告》、人事部《关于总裁2011年度经营业绩考核及2012年度业绩合同制订情况的报告》、监事会办公室关于《监事会2011年度财务抽样调查报告》及普华永道会计师事务所有限公司《普华永道关于对中国石油2011年度执业情况的报告》。

8月21日，在中国石油天然气股份有限公司第五届监事会第七次会议上，听取公司财务总监关于《公司2012年中期财务报告》、财务部关于《公司2012年中期利润分配方案》、预算管理部关于《公司2012年中期持续性关联交易情况报告》、内控与风险管理部关于《公司2012年中期内部控制工作报告》、审计部关于《公司2012年中期审计工作报告》、监事会办公室关于《公司2012年上半年财务抽样调查报告》及普华永道会计师事务所关于《普华永道关于中国石油2012年中期执业情况报告》。

（2）开展2次财务抽样调查活动。全年开展2次财务抽样调查，聘请8家外部审计机构，组织8个审计调查组，对公司8个下属企业进行了财务抽样调查。

①2月7—21日，监事会委托中介机构，对冀东油田公司、广西石化公司、河南销售公司、华北化工销售公司2011年度财务进行抽样调查。这次调查是在审核财务报表真实性、完整性、合规性的基础上，重点对重要投资项目、关联交易、资产管理、物资采购和大额成本费用支出等方面予以了关注。经过半个

月的现场工作，调查组总结地区公司取得的成绩，对存在的问题和不足进行客观反映，并提出改进建议。调查结束后，监事会办公室对发现的有关问题，与调查组及各相关方面进行了沟通、确认，起草《2011年度财务抽样调查报告》。

②7月17—31日，监事会委托审计机构，对塔里木油田公司、辽阳石化公司、江苏销售公司、湖南销售公司2012年上半年财务进行抽样调查。这次调查的重点是财务报表的真实性、完整性、合规性以及收入、成本、费用的确认、计量等。同时，结合公司科学管理水平提升活动要求，对地区公司重要经济活动和财务管理基础工作进行关注。经过半个月的现场工作，调查组总结抽样公司取得的成绩，对存在的问题和不足进行客观反映，并提出改进建议。调查结束后，监事会办公室对发现的有关问题与调查组及各相关方面进行沟通和确认，起草《2012年上半年财务抽样调查报告》。

（3）开展监事巡视。6月11—18日，公司独立监事王道成对广东销售公司和海南销售公司进行巡视。巡视过程中，先后听取两家公司2012年前5个月的生产经营、财务管理、计划实施和预算执行等情况汇报，参观了部分加油站等作业现场。巡视结束后，监事会办公室起草《关于对广东销售和海南销售的巡视报告》。总体感觉区外企业工作卓有成效：一是面对激烈的竞争环境，区外市场实现稳固发展；二是长期的政策扶持培育，区外企业不断成长壮大；三是扎实有效的工作措施，对企业盈利提供了保证；四是科学务实的长期规划，区外发展前景看好。同时，结合巡视反映的情况，阐明工作启示及建议。认为：随着公司地位提升，公司品牌的影响力在国内外市场的影响力逐步加大。公司品牌价值蕴含着巨大商机。如何将中国石油品牌优势更为好地转换为资源优势，以“优势”业务带动“弱势”业务，实现公司整体利益最大化，已经成为摆在我们面前的一个重要课题。例如，同属股份公司的销售企业，在同一地区分为成品油销售公司、化工产品销售公司、天然气销售公司、润滑油销售公司等。这些企业在当地基本上处于“单打独斗”的局面，拓展市场单独搞，业务公关单独搞，配套保障单独搞，一个二级分公司一套班子等。不仅造成组织机构、业务公关、服务保障等重复建设和资源浪费，而且制约了中国石油品牌整体优势的发挥。公司在成品油市场和天然气市场开发方面难以统筹，各自为战，公司品牌整体合力没有发挥出来。如果整合起来，实现以“优”带“弱”，公司在市场开发上就会变被动为主动，实现各项业务快速发展。因此，建议加强对公司现行经营管理体制机制的研究理顺工作，充分发挥公司品牌和资源的整体合力，推进市场有效开发。

（4）组织开展自查自纠工作。5月28日—7月15日，按照北京证监局的统一部署，监事会办公室牵头组织、协调董秘局、财务部、预算管理部、审计部、内控与风险管理部、人事部、法律事务部、资本运营部、监察部等部门，共同参与上市公司规范运作自查自纠工作。这次自查自纠工作量较大，包含监事会履职行为检查、董事会履职行为检查、高管履职行为检查和对公司信息披露等行为检查4个方面，共涉及211项问题。经过近2个月的梳理自查，共查出董（监）事培训、投资者关系工作制度完善、公司股东或实际控制人内幕信息知情人制度建立等5个问题，并提出相应的整改措施。监事会按照北京证监局规定期限提交了自查自纠工作报告，圆满完成监管部门委托任务。9月上旬，按照北京市证监局的要求，监事会再次完成了自查自纠问题的落实、整改跟进工作。

【制度完善】 监事巡视制度的建立，为监事更好地履行监督职责、开展相关工作，提供了制度保证。原《监事巡视制度》自2001年制定至今，已经运行10余年。期间，监管环境和相关法律法规已发生了较大变化，满足不了现行工作需要。为此，监事会办公室对该制度进行了重新修订。2012年3月，第五届监事会第五次会议审议通过新修订《监事巡视制度》。新修订《监事巡视制度》在巡视范围、巡视内容、巡视方式、工作要求等方面进行了补充完善。特别是增加对公司所属的境外子公司、分公司或控股企业等巡视，扩大监督检查范围，为监事会对公司境外资产监督检查提供了制度依据。

【培训交流】 参加各种培训交流，不断提高业务素质。

参加北京证监局组织的北京辖区监事培训。根据中国证监会《关于发布〈上市公司高级管理人员培训工作指引〉及相关实施细则的通知》和《关于落实上市公司高级管理人员培训工作的通知》相关规定，北京证监局举办董事、监事培训班，对上市公司监管重点、规范治理等内容进行培训。北京证监局要求董事、监事都要参加培训并通报培训情况。为落实监管部门的精神，共组织8名监事，参加了4期监事培训班，圆满完成了全年培训任务。

9月2—8日，安排监事会办公室人员参加国务院港澳事务办公室港澳研究所与香港理工大学在香港联合举办的“第二十四期香港上市中国企业高级管理人员赴港研修班”。对香港上市公司法规纵览、中国企业会计制度与国际会计准则的差异及其分析、上市公司内部控制制度建设、常见上市后持续责任违反案例研究、机构投资者及传媒关系、信息披露、股东大会指引等内容进行了培训。期间，参观了香港交易所、香港证监会及香港廉政公署，并与部分香港上市公司进行经验交流，开阔了从业人员的工作视野。

9月26日，由华能国际电力股份有限公司承办的《2012年中国能源板块A+H股上市公司研讨会》在北京新世纪日航饭店召开。史密夫律师事务所、中国石油、中国石化、中国海油、中国神华、中煤能源、国电电力等13家单位代表出席会议。对新修订香港联交所上市规则的实务操作进行了研讨。

10月19—25日，组织监事参加中企培（北京）企业管理中心在成都举办的第115期“全国监事会制度与工作实务高级研修班”。对监事会监督工作的根本任务、基本流程、方法与技巧、评价与建议和队伍能力建设等内容进行了培训。

【联合监督】 参加监督部门座谈会，为监督工作进言献策。

（1）参加中国共产党中央纪律检查委员会（以下简称中纪委）调研座谈会。2012年3月13日，中纪委调研座谈会在石油大厦召开。公司规划计划部、财务资产部、财务部、人事部、资本运营部、法律事务部、物资采购管理部、监察部、审计部、内控与风险管理部、监事会办公室等部门参加会议。会议就现代企业制度下企业纪检监察、组织人事、财务、审计、巡视、监事会等监督部门“多维”监督情况进行座谈。会上，监事会办公室汇报了中国石油监事会的工作经验和面临问题，并提出“加强完善监督部门联席会议制度、加强公司监督研究工作和加强对重大违规事项的处理力度”等建议。

（2）先后2次参加监督部门联席会议。特别是3月29日在第一次监督部门联席会议上，针对解决工作中重复性检查、违规成本低和屡查屡犯等问题，提出“建立监督部门联席会听证制度”和“以监督部门联席会的名义独立开展联合监督检查项目”2条建议，为强化监督措施提供了参考价值。

【机构建设】 加强办事机构职能建设，提升工作保障能力。

（1）深化办事机构改革。公司上市以来，监事会办公室具体工作人员一直保持着2人，其中业务岗位1人、综合岗位1人。公司机构改革，董事会秘书局和监事会办公室合署办公后，根据实际情况对监事会办公室综合岗位进行撤并，并通过岗位轮换方式，对监事会办公室业务岗位人员进行充实。在人员不增的情况下，对处室人员结构进行调整优化，理顺工作关系，强化了财务监督业务工作。对今后完善、提升监事会办公室工作提供了重要保障。

（2）开展岗位职责描述。为界定员工岗位责任制，进一步摸清工作量，监事会办公室开展了岗位职责描述工作。通过对现有工作进行全面梳理，为进一步理顺工作关系，强化监督业务工作奠定了基础。

【协同工作】 认真做好内外监督配合，推进履职监督工作。

（1）总结经验，完成公司监事会运作案例编写。9月19—28日，按照中国上市公司协会《关于开展倡导独立董事、监事会最佳实践工作的通知》要求，监事会办公室对公司监事会10多年来工作经验进行认真总结，客观介绍了公司监事会的经验做法，剖析了工作中的问题和难点，提出改进措施和建议。按期完成《中国石油监事会的运作案例》报告编写工作。

（2）配合上市公司协会完成问卷调查工作。9月中国上市公司协会组织“百家国家控股上市公司法人治理评选及衍生品风险研究”问卷调查。监事会办公室配合完成有关公司监事会运作情况的调查工作。

（3）配合公司完成债券发行工作。为配合公司发行债券，5月末组织开展了监事持有公司股票、债券情况确认调查工作。按照规定时限，圆满完成了确认工作。

（4）协助完成上级课题研究工作。年初，国务院国资委监事会工作局立项《新时期国有企业外派监事会制度创新研究》课题。集团公司作为课题组成员单位承担部分研究内容。为完成相关工作研究，财务资产部于5月末发来《工作协作函》。监事会办公室按照提纲要求，结合工作实际，完成了公司监事会运作报告总结。

（5）提出监管法规修订意见和建议。3月中国证监会就《上市公司监督管理条例（修改稿）》征求意见。监事会办公室从有利于完善公司法人治理监督的角度，结合工作实践经验，提出有关公司治理等方面规定的意见和建议，并进行了书面回复。

【工作研究】 加强公司监督治理研究，不断进行工作改进。9月，2012年务虚会公司领导提出“认真总结公司董事、监事制度经验，真正发挥董事、监事作用”的意见和要求。监事会办公室按照批示精神，指定专人负责对公司10余年来的监事会工作实践进行认真总结。经过近1个月的工作，从职能与要求、实践与启示、问题与分析、措施与建议4个方面，对监事会工作实践进行总结、分析、研究，并最终形成《公司监事会制度实践与提升思考》研究报告，为今后改进监事会工作提供价值参考。

（佟魁杰）

第二篇

油气勘探开发生产

综　述

【概述】 国内油气勘探与生产业务由中国石油天然气股份有限公司勘探与生产分公司（以下简称勘探与生产分公司，也称勘探与生产板块）归口管理，负责管理大庆、辽河、长庆、塔里木、新疆、西南、吉林、大港、青海、华北、吐哈、冀东、玉门、浙江、煤层气、南方勘探开发16个油气田公司的石油、天然气及煤层气等新能源业务的勘探开发业务。

2012年，油气勘探方面通过加强石油预探和风险勘探，突出天然气勘探，积极开展致密油、致密气、页岩气等非常规资源探索，在塔里木、四川、准噶尔、鄂尔多斯等国内含油气盆地获得一批重要发现。全年油气勘探共获得塔里木盆地库车坳陷博孜1井等11项重要发现和突破，取得鄂尔多斯盆地姬塬勘探等14项重要进展，探明油气储量当量连续第六年超过10亿吨，资源基础更加稳固。

油气生产围绕重点项目产能建设，努力提升单井日产量，积极推进常态化精细注水和老油田精细油藏描述，油气产量稳定增长。原油生产创造了新的历史纪录，全年生产原油11033万吨，同比增长279万吨。生产天然气798.6亿立方米，同比增加42.4亿立方米。大庆油田连续十年保持原油产量4000万吨稳产；长庆油田油气产量当量突破4500万吨，跃居全国首位。

【主要生产经营指标】

1. 主要工作量

油气勘探完成二维地震23987千米，三维地震16105平方千米，钻井1918口，进尺497万米；原油开发完成钻井17936口，进尺3281万米；天然气开发完成钻井2419口，进尺608万米。水平井完成1351口，再创历史新高。

2. 油气储量

新增探明石油地质储量7.11亿吨、探明天然气地质储量5292亿立方米（其中新增探明煤层气地质储量788亿立方米），SEC准则储量评估油气储量当量替换率大于1。

3. 油气产量和商品量

原油产量历史上首次突破1.1亿吨（达11033万吨），同比增加279万吨，连续3年净增200万吨以上，为公司上市以来最大产量增幅；生产天然气798.6亿立方米，同比增加42亿立方米，增幅5.6%；完成油气当量1.74亿吨，同比增加618万吨，增幅3.7%，占国内油气生产总量的60%以上。原油商品量1.08亿吨，同比增长2.8%；天然气商品量704亿立方米，同比增长5.7%。

4. 经济效益指标

完成油气勘探开发综合投资1829亿元，发现成本2.08美元/桶[1]，开发成本10.80美元/桶，操作成本12.33美元/桶。实现销售收入5620亿元，税前利润1797亿元，净现金流673亿元，投资资本回报率22.06%。

5. 安全环保

全年百万工时死亡率0.0014；二氧化硫、COD、氨氮及氮氧化物排放量分别为61073吨、6305吨、6586吨、67511吨，全年无特大环境污染责任事故；节能44万吨标准煤、节水985万立方米。均完成年度考核指标。

【主要成果】

1. 油气勘探获得一批有战略意义的重大发现和突破

在塔里木库车、四川磨溪—高石梯等地区获得11项重要发现和突破，在鄂尔多斯姬塬和华庆、塔北热瓦普、准噶尔玛北斜坡等地区获得14项重要进展。连续6年新增探明石油地质储量突破7亿吨、天然气地质储量超过4000亿立方米，有力支撑了油气产量的持续稳定增长。致密油勘探优选出长庆长7、新疆吉木萨尔等8个重点区域，在鄂尔多斯、松辽设立7个开发评价试验区，部分井实现高产，证实了资源潜力，提高了地质认识程度，完善了评价方法，坚定了下一步持续探索、稳步推进的信心。

2. 原油生产实现稳定增长

原油生产实现按计划平稳均衡运行，大庆油田连

[1] 1桶＝0.15898806立方米≈159升。

续10年实现4000万吨稳产，长庆油田年底油气日产量踏上了年产5000万吨的水平线，新疆油田、大庆油田原油产量增长16万吨。油田开发基础年活动步入常态化管理，注水专项治理效果显著，二次开发产量规模已突破900万吨，老区开发指标持续好转，自然递减率同比下降0.35%，含水上升率控制在0.5%以内，注水“三率”（分注井测试率、测试合格率、分层注水合格率）进一步提高。新区新建产能1564万吨，长庆姬塬等18个重点项目进展顺利，为持续上产奠定了坚实基础。积极推进吐哈三塘湖、陕北、新疆、青海和大港等地区的合作开发和风险作业，加快了低效储量动用和低效产量恢复。

3. 天然气业务保持快速发展

新建天然气产能151.1亿立方米。苏里格年底配套建产能力已达210亿立方米，成为国内最大气田；克深气田建设全面启动，依托克拉2处理厂，年底已有3口井投入试采。安岳气田寒武系龙王庙组试采工程已经全面启动。各气区按照集团公司产运销计划，提前做好装置检修，强化重点气井管理，加强冬季高峰供气期的生产调控并适度放产，实现安全平稳供气，最高日产气水平已达2.6亿立方米。新能源业务稳步推进，对煤层气排采规律认识进一步加深，完成商品气量7.5亿立方米；页岩气评价筛选出约1万平方千米的超压富集开发有利区，宁201-H1井初期日产超过15万立方米，成为我国第一口投入商业开发的页岩气井。

4. 工程技术攻关效果显著

全年完成水平井1351口，同比增加333口，完成水平井加体积压裂750口，同比增长49%。水平井应用范围涉及油气预探、评价、试采和开发各个阶段。具有自主知识产权的压裂工具及工艺应用初具规模，分压段数最多可达21段，具备了“千方砂、万方液”施工作业能力，工具国产化率85%，与引进国外相同工具相比节约投资60%以上。带压作业3096口井，同比增长35.6%。复杂深井钻井提速取得较大进展，塔里木库车坳陷、四川高石梯—磨溪地区钻井周期大幅缩短，大大加快了勘探开发节奏。

5. 管理提升取得新进展

编制完成管理提升方案，通过对标和自我诊断找出突出问题，明确管理提升目标和8项重点工作，圆满结束第一阶段工作。开展HSE管理体系审核，覆盖16家油气田91个单位，发现问题1571项，已全部整改完毕。完成大型储罐监测、海洋安全检查等7个方面的专项检查和评估，实施安全环保隐患治理项目460个。油气田地面建设标准化工作进入第四年，已基本形成科学完善、简洁高效的工作体系，大、中、小型站场标准化设计覆盖率分别达到60%、90%和95%，规模化采购率、预制化率均有所提高。

（范文科　董新国）

油气勘探

【概述】 2012年股份公司分层次设置油气预探项目52个（天然气项目21个）和风险勘探项目，其中重点勘探项目14个。油气勘探取得11项重要发现和突破、14项重要进展，共25项主要成果。

【重点工作】 油气勘探工作立足七大盆地，加强项目管理和地质研究，强化技术攻关和进攻性措施，加强风险勘探，突出致密油勘探和14个重点预探项目。14个重点预探项目包括：大庆长垣石油预探、吉林长岭凹陷石油预探、辽河西部凹陷石油预探、歧口凹陷油气勘探、华北霸县凹陷石油预探、塔北石油预探、准噶尔东部石油预探、柴西南石油预探、长庆石油预探、塔里木盆地库车天然气勘探、塔中天然气勘探、长庆天然气勘探、苏里格天然气勘探、川中须家河天然气勘探。

【勘探任务完成情况】 2012年新增探明石油地质储量7.11亿吨，新增探明天然气地质储量4504亿立方米（不含煤层气）。

新增油气储量总体上具有以下几个特点：

（1）新增油、气储量区块整装、规模较大。

（2）新增油气储量仍以岩性类为主。

（3）新增油气储量以低渗—特低渗为主。

（4）新增石油储量以中浅—中深层为主，天然气储量以中深—超深层为主。

【渤海湾盆地勘探成果】

1. 辽河油田茨榆坨潜山获重大突破

茨榆坨潜山位于辽河东部凹陷，主要地层为太古宇变质岩。以往按照风化壳油藏勘探思路，一直未获得实质突破。近年来，受兴隆台太古宇潜山内幕油藏勘探的启发，在加强地质综合研究、深化认识的基础上，全年部署钻探的茨110井，在潜山深层日产油22立方米、气9028立方米；老井复查的牛76井，在潜山获日产6.88立方米工业油流，充分展示出茨榆坨太古宇潜山内幕较大的勘探潜力。

2. 束鹿凹陷致密油勘探取得新突破

束鹿凹陷湖相碳酸盐岩分布面积600平方千米。为探索泥灰岩致密油气的勘探潜力，部署钻探束探1H井，水平井段长618米，完井试油获日产油75.28立方米、气17362立方米工业油气流，首次实现冀中探区凹陷缓坡区深层致密岩性油气藏勘探的新突破。

3. 大港埕北低断阶勘探取得新成果

埕北低断阶勘探面积120平方千米。全年部署探井5口，完钻4口，完试井3口，全部获得工业油流。其中，部署于东部洼槽区的埕海38井，在沙二段试油2层，分别日产油59.3立方米和104.5立方米，日产气1410立方米和22132立方米，证实洼槽区油气富集，南北断鼻油气连片，形成亿吨级整装效益储量区。

4. 华北廊固大柳泉构造带勘探取得新进展

在廊固凹陷大柳泉构造带主攻固安构造和琥珀营北构造，共实施探井11口，完井10口，9口发现油气层，试油5口，均获工业油气流。大柳泉地区形成超5000万吨（油气当量）规模储量区。

【松辽盆地勘探成果】

1. 大庆长垣扶余致密油勘探取得好效果

大庆长垣勘探面积约4700平方千米，该区扶余油层以平原相河道砂为主，针对其丰度低、产量低等特点，运用致密油勘探理念，整体部署，一体化实施，通过开设超前注水试验区、直井多层缝网压裂、水平井体积压裂等方法、技术，实现了致密油藏的经济有效开发，在杏树岗、葡萄花油田新增探明储量5272万吨。

2. 吉林探索扶余油层致密油增产配套技术，勘探取得新突破

吉林油田针对扶余油层致密油，探索致密油增产配套技术。在让53区块开展以水平井组、直井多层压裂两种方式提高渗透率为0.1毫达西区带产能技术，在鳞字井地区应用水平井和体积压裂技术提高0.5—0.6毫达西区带产能技术，在大遐子井地区开展直井多层压裂增产技术实验，均取得良好效果。

【鄂尔多斯盆地勘探成果】

1. 姬塬地区多层系勘探获得重大进展

进一步深化主力层系成藏地质条件研究，加大勘探力度，长8油藏规模进一步扩大，新增探明储量2.02亿吨；坚持立体勘探，长4+5油层勘探成果继续扩大，全年钻遇油层井83口，完试井75口，获工业油流井38口。姬塬地区在多层系复合成藏模式的指导下，实现长4+5、长6、长8等油层勘探的重大突破。

2. 华庆整体勘探获得重大突破

华庆地区优选高产高渗区，加强工艺新技术攻关和应用，完钻探井54口，钻遇长6油层井37口，完试井27口，获工业油流井20口，单井平均日产油18.04吨，整体控制了白257井区规模；并向东甩开发现山156等3个含油富集区，形成新的储量接替区。立体勘探长8油层也取得新进展，共有18口井钻遇长8油层，完试井17口，获工业油流井10口，单井平均试油日产油16.5吨，发现了白246、白306等4个含油有利区。

3. 长7致密油攻关取得重要进展

针对长7油层物性差、直井产量低的特点，在宁县—合水地区采用水平井思路部署宁平1井，应用长水平段和体积压裂技术，试油日产油118.2立方米，投产初期日产油21.7立方米。陇东西233井区长7致密油水平井体积压裂试验区共完试井7口，均获100立方米以上高产油流，投产5口，平均日产油14.97吨，为同区直井的5—10倍，长7致密油攻关取得重要进展。

4. 靖西下古生界天然气勘探取得新成果

靖西地区下古生界天然气勘探围绕桃利庙、席麻湾、高桥3个有利目标区，整体研究、整体部署、整体勘探不断取得突破，获工业气流探井50口，平均单井日无阻流量30.18万立方米，落实含气面积4513.83平方千米，2012年新增探明天然气地质储量2215.34亿立方米。

5. 苏里格南区上古生界天然气勘探取得新进展

加大苏里格南区勘探力度，积极甩开勘探，完钻探井70口，有62口探井钻遇上古生界气层，完井试气井53口，获工业气流井24口，平均单井日产量5.99万立方米，其中苏348井山1段钻遇气层9.5米，试气日产量10.46万立方米，整体控制了南一区气藏规模，并在南二区发现新的规模接替区。

【四川盆地勘探成果】

1. 磨溪地区寒武系龙王庙组勘探取得历史性突破

四川盆地虽然历经40多年的勘探，但寒武系龙王庙组一直未取得突破。2012年9月4日乐山—龙女寺古隆起磨溪地区磨溪8井在寒武系龙王庙组获得日产107.18万立方米高产气流，四川盆地下古生界天然气勘探取得历史性突破。

2. 磨溪—高石梯震旦系勘探取得新进展

2011年高石1井在震旦系获得高产工业气流后，在磨溪—高石梯地区共部署震旦系—下古生界探井7口，均于2012年完钻，在震旦系完成5口井共10层试气，获气层9层，灯二段、灯四段单井平均测试日产气分别为31.91万立方米、38.12万立方米，证实磨溪—高石梯构造震旦系大面积含气。

3. 川中须家河组勘探开发一体化获得新进展

针对大川中须家河组低孔低渗储层，积极实施勘探开发一体化，安岳气田须二气藏部署开发井53口，完钻15口，获气井12口，气井平均测试日产气31.2万立方米；同时，安岳气田外围探井获工业气井7口，蓬莱区块探井新获工业气井5口，其中蓬莱105井、蓬莱107井采用分层加砂试气，在须二段分别获日产气77.69万立方米和52万立方米，须家河组规模效益勘探开发取得新进展。

【准噶尔盆地勘探成果】

1. 吉木萨尔致密油勘探取得重要成果

吉木萨尔二叠系芦草沟组致密油勘探按照“新老井结合、直井控面、水平井提产”的勘探思路，整体部署、分步实施，新部署探井直井5口、水平井2口，在芦草沟组钻探和试油中均获良好成果，其中吉172H井日产油67.74吨；同时，老井复试5口探井也获油流，这一地区“甜点体”整体控制面积超过300平方千米，致密油资源量超过4亿吨。

2. 玛湖北斜坡百口泉组勘探取得新进展

玛湖北斜坡区三叠系已探明数个油气田，但整体勘探程度较低。2010年玛13井在百口泉组获得工业油流，揭开了玛湖北斜坡三叠系勘探的序幕。近两年通过老井复查、测井重新解释和综合地质研究，认为玛湖北地区三叠系具有大面积含油特征。2012年按“分区块、分层次逐步实施、最终实现整体连片”部署思路，老井复试、新井完井试油累计共10井12层获得油流，展示出玛湖西斜坡巨大的勘探潜力。

【塔里木盆地勘探成果】

1. 库车坳陷博孜1井加深钻探取得重大突破

博孜1井是2005年完钻的一口探井，位于库车坳陷克拉苏冲断带博孜1号构造上。近年来，该区通过技术攻关，重新精细落实了博孜1圈闭，2011年决定加深钻探博孜1井，2012年3月完钻，完井测试在白垩系巴什基奇克组日产油29.5立方米，日产气24.5万立方米。博孜1井的钻探成功，展示出克拉苏构造带西部良好的油气勘探前景。

2. 迪西1井探索致密砂岩气取得重要进展

迪西1井位于库车坳陷东部依奇克里克冲断带迪西1号大型断鼻构造上，是探索致密砂岩气的一口重点预探井，于2012年6月钻至井深5000米完钻，层位三叠系塔里奇克组，对侏罗系阿合组完井测试，日产油29.4立方米，日产气25.98万立方米。迪西1井的钻探成功，开辟了库车东部致密油气勘探新领域。

3. 克深8井钻探取得新发现

克深8井位于库车坳陷克拉苏冲断带克深区带克深8号构造，于2012年9月钻至6922米完钻，完钻层位白垩系巴什基奇克组，对该层完井测试日产气72.3万立方米，新发现一个超千亿立方米天然气储量区块，进一步证实克深区带天然气的富集。

4. 乌什凹陷神木2井岩性勘探获新突破

乌什凹陷2003—2006年间发现背斜型依拉克凝析气藏和神木1油藏，之后一直没有突破。近年来通过技术攻关和深化研究，认为乌什凹陷发育岩性油气藏，并呈现古隆控相、相控砂体、砂控油气的成藏特征，2011年在古木别兹区带依拉克构造部署钻探神木2井，2012年完钻后对舒善河组测试，日产气12.19万立方米，日产油97.92立方米，展示出乌什凹陷岩性油气藏巨大勘探潜力。

5. 风险勘探塔东地区古城6井获重大突破

古城6井位于塔里木盆地北部坳陷古城低凸起，勘探目的层为下奥陶统鹰山组，2012年5月完井测试在奥陶系鹰山组获日产气26.42万立方米，实现了鹰山组深层白云岩发现，是继塔中、塔北之后的又一个碳酸盐岩勘探新领域。

6. 克深2气藏勘探取得新成果

克深2号构造带位于库车坳陷克拉苏构造带克深区带，自2009—2010年克深2井、克深1井相继获得突破后，2010—2012年先后部署探井11口，截至2012年底，有7口井测试获得高产气流，正在完井试油4口井测井解释气层较厚，证实克深地区白垩系巴什基奇克组储层分布较稳定、物性较好，克深2井气藏新增探明天然气地质储量1542亿立方米。

7. 塔北热瓦普区块勘探取得新进展

2011年热普3井出油深度突破7000米后，2012

年部署在哈拉哈塘地区热瓦普区块最南部的预探井热普8井，完井测试在奥陶系日产油166.53立方米，日产气24963立方米，将有利勘探范围进一步向南扩6000米，勘探有利面积不断增大，有望形成塔北—满西—塔中碳酸盐岩大油气区。

【柴达木盆地勘探成果】 东坪地区天然气勘探取得新进展。东坪地区位于阿尔金山前斜坡区东段，勘探面积近5000平方千米。2011年部署钻探的东坪1井取得突破后，2012年，按照"围绕生烃凹陷，立足两个鼻隆，兼顾中部隆起"的勘探思路，在东坪鼻隆和牛东鼻隆均取得良好效果，其中牛1井在侏罗系试获日产气13.29万立方米、日产凝析油6.7立方米的工业气流，东坪地区天然气勘探取得新进展。

【北部湾盆地勘探成果】 福山凹陷流一段岩性勘探获新突破。福山凹陷为北部湾盆地南部古近系生油凹陷，面积2920平方千米。立足岩性油气藏勘探，在花场构造两翼均取得突破，西翼含油范围不断扩大，东翼取得新发现，部署在东翼的花107-5x井在流一段试油日产油12.3立方米；同时，立体评价白莲地区，储量规模进一步落实；整体勘探永安构造，展现了后备勘探潜力。

（全武弟　何海清）

勘探工程技术

【概述】 2012年，物探技术方面地震攻关在高陡构造、碳酸盐岩、致密油气、岩性、潜山5个领域取得突破性进展；地震采集"两宽一高"（宽方位、宽频、高密度）设计为复杂地区圈闭落实和地质评价奠定了良好的基础。钻井工程方面，全年共完成水平井1351口，圆满完成年度计划1200口的112.6%；完成欠平衡钻井502口，完成年度计划（500口）的101%；在塔里木、大庆、西南、吐哈、新疆等油田应用垂直钻井52口，进尺150.97千米。测井技术方面，在重点探井中推广应用成像测井技术550口井，应用覆盖率达33.3%；在长庆陇东与姬源、冀东南堡和新疆致密油等领域现场试验介电扫描测井（ADT）12井次；在长庆、塔里木、大庆、大港和冀东等油气田集中应用过钻杆测井技术163井次；共应用10井次压裂实时监测技术。

【物探技术攻关】 在高陡构造、碳酸盐岩、致密油气、岩性、潜山5个领域共设物探技术攻关项目17个，共39个课题。通过强化静校正、保幅、速度分析、岩石地球物理等处理解释前期基础工作，建立完善处理质量控制体系，加强点线面体关键环节质量监控，开展精细近地表吸收补偿衰减、井控处理、OVT域处理、各向异性深度偏移、逆时深度偏移、弹性阻抗系数反演、裂缝预测等处理解释新技术，资料品质大幅度提高，取得一系列重要地质成果，发现落实圈闭210个，预测有利面积3372平方千米，有效指导了油气勘探开发工作。

1. 一体化攻关不断推动英雄岭构造油气勘探生产

柴达木英雄岭地区地表地下条件复杂，资料信噪比低。2011年，股份公司曾在该地区持续开展地震采集、处理、解释一体化攻关。在英东三维地震取得突破后，2012年在英中地区部署实施三维地震252平方千米，最高覆盖次数从英东的468次提高到540次，纵横比由0.73提高到0.8，道密度从69万—104万道/千米^{2}提高到80万—120万道/千米^2。通过强化分层精细速度建模和叠前深度偏移等一系列关键技术攻关，进一步明确了英中地区地质结构，证实了受油砂山断层影响的冲断构造样式呈典型双层构造样式。在此基础上，新发现6个构造圈闭，面积176平方千米，扩大了英雄岭构造带勘探领域。

2. 碳酸盐岩缝洞体系定量雕刻技术成为塔里木盆地储量计算的重要依据

塔里木盆地碳酸盐岩缝洞体系地震预测技术在多年攻关的基础上，不断提高定量雕刻精度，创新形成针对塔里木盆地碳酸盐岩缝洞型油藏的"缝洞雕刻容积法"储量计算方法。在塔北热瓦普地区上交控制+预测石油储量10267万吨，部署井位18口。在塔中中古15井区应用攻关资料部署评价开发井13口，已完钻2口均获工业油气流，储层预测吻合率超过90%。

3. 致密油气地震预测关键技术流程基本形成

在致密油气领域设立物探攻关项目6个，占攻关总项目数的35%，初步形成了针对致密油"甜点"预测的一体化研究思路，建立了地质、地震、井筒资料相结合的动、静态分析流程，提出了基于岩性、物性、电性、含油气性、脆性、地应力、地震属性、压力异常的“八性”研究标准，为水平井的部署和设计提供了技术支持。在大庆齐家—古龙高台子油层共建议水平井29口，采纳20口。其中对齐平2井进行现场随钻跟踪，水平段1186.8米，砂岩钻遇率100%，含油砂岩钻遇率98%；在吉林油田让字井斜坡带指导部署水平井乾246井，油层钻遇率达82.5%。在准东吉木萨尔吉17井区，通过在岩石物理敏感参数分析的基础上，应用叠前地震多弹性参数反演和体交会等技术预测工区芦草沟云质岩致密油上下“甜点”的分布范围，同时应用工区地应力建模及分析研究成果，为工区目的层水平井钻井方位、压裂设计时的关键力学参数提供了重要的量化参考依据，协助油田完成了一个10口水平井组的设计，其中吉172H井水平段长度1233米，上“甜点”体钻遇率100%，油层钻遇率93%。

【叠前深度偏移技术】 股份公司在推广以逆时偏移为代表的叠前深度偏移技术的基础上，针对复杂山地高陡构造，强化层析静校正、速度建模以及基于起伏地表的各向异性叠前深度偏移技术的攻关和应用，复杂构造的成像精度大幅度提高。

在准噶尔南缘，针对近地表结构复杂，断裂发育、速度横向变化大、地震波场复杂等技术难题。通过强化基于多个塑性层的综合构造建模技术以及各向异性叠前深度偏移技术，下组合地震资料深度域成像品质进一步提高，重新落实了霍尔果斯构造，圈闭面积达104.47平方千米。在四川盆地川东凉水井区块及南门场区块山前高陡复杂区，通过开展地震地质综合建模和基于起伏地表叠前深度偏移攻关，构造成像质量有较大改善。利用新资料，结合录井、测井资料，落实了凉2井石炭系目标的准确位置，通过降斜钻进，成功钻遇石炭系储层。

【地震解释技术】 在四川盆地高石梯—磨溪地区，围绕古隆起震旦系及寒武系龙王庙组的有利目标区预测，勘探与生产公司组织东方地球物理勘探有限责任公司和川庆钻探工程有限公司开展2300平方千米大面积连片处理解释和200平方千米的高分辨率处理解释，同时围绕高石梯重点目标区，组织勘探开发研究院和勘探开发研究院廊坊分院开展针对叠前含气性预测的技术探索和攻关。通过开展高分辨率处理、全方位叠前深度偏移处理（360成像技术）、基于蚂蚁追踪的叠前各向异性裂缝预测、弹性阻抗系数反演预测流体以及AVO等技术攻关，龙王庙组地震资料主频由25赫兹提高到40赫兹，较精细地刻画了龙王庙有利储层的分布范围，证实龙王庙组气藏在磨溪地区具有连片分布、高石梯地区分块分布的特点。截至2012年底，已测试井6口，含气性预测符合率较高。根据攻关结果部署7口井层层见气，试油井口口高产，预测深度误差小于0.7%，储层预测符合率达100%。

【天然气开发地球物理技术】 在苏203井区部署实施宽方位三维地震600平方千米，成为2012年股份公司最大一块黄土塬三维地震。针对该区古地貌形态变化大、白云岩气藏非均质性强、气藏控制因素和气水关系复杂等技术难题，股份公司组织长庆油田公司、东方地球物理勘探有限责任公司、辉固公司等开展针对奥陶系中组合白云岩的储层地震预测技术攻关。在利用常规精细处理和叠前偏移成像处理提高奥陶系地震资料成像品质的基础上，进一步深化古地貌精细刻画，强化以岩石物理分析为基础的白云岩岩性和含气性预测方法研究，建立古地貌解释找古潜台、岩性识别预测白云岩发育带、含气性预测有利富集区的技术思路，探索裂缝与气水分布的关系。通过综合应用地层厚度、古地貌及储层预测成果，落实有效气藏面积313.4平方千米，提出储气库建设调整方案，并配合产能建设，建议并采纳井位30口。

【水平井钻井技术】 通过6年多的水平井规模应用，水平井涉及的开发理念、思维方式、研究方式、管理方式及技术保障措施都实现了重大转变，水平井应用已进入一个新的起点。

（1）水平井应用规模创历史新高，开发效果明显优于直井。水平井总数超过1300口，再创历史新高，其中长庆油田完成500口水平井，连续两年成为当年完成水平井最多的油田。辽河、新疆等油田规模应用水平井已累计超过1200口以上，吉林油田完成190口，是股份公司增长最快的油田。股份公司已投产水平井日产量是总平均单井日产量的3.5倍，用占总井数2.2%的水平井生产了股份公司7%的原油，开发效果明显优于直井。

（2）低渗透油气藏成为水平井应用主战场，致密油、页岩气等新领域获得突破。随着水平井工艺技术的完善配套，低渗透油气藏水平井大幅增加，2012年低渗透油气藏水平井已占当年完成水平井总数的三分之二以上，低渗透油气藏将成为今后水平井应用的主战场。在长庆长7、新疆吉木萨尔、吉林黑帝庙等致密油以及四川页岩气水平井试验均取得突破，进一步拓宽水平井应用领域。

（3）水平井钻井技术日趋成熟，水平段钻井指标稳步提高。2012年，水平井在平均井深同比增加151米、平均水平段长同比增加131米的情况下，机械钻速同比提高4.63%，平均完井周期同比缩短2.5天。单队单机钻井能力再创佳绩，苏里格气田水平井创“7开7完”新纪录，华庆油田水平井实现“10开10完”新纪录。

（4）国产水平井钻井工具进一步完善，保障能力进一步提升。2012年，中国石油钻井院自主研发的CGDS-1近钻头地质导向在大庆油田薄层水平井应用15口，在水平段长度增加1/4的情况下，钻遇率提高7.7%，水平段钻井周期缩减约1/3。西部钻探工程有限公司研发的RMS-I型磁定位导向系统2012年在风城稠油SAGD水平井井组试验获得成功，打破了国外技术的垄断，可用于SAGD水平井、连通井及火驱井的导向钻井，为开发浅层稠油水平井提供技术保障。

【欠平衡钻井技术】 2012年共完成欠平衡钻井502口，完成年度计划（500口）的101%，完成井数创历史新高，应用效果显著。

（1）提高油气发现水平。欠平衡钻井技术作为保障勘探发现的重要手段，已基本覆盖所有重点探井。西南油气田在安岳、蓬莱等区块大川中须家河组勘探开发中规模应用液相欠平衡钻井61口，及时发现油气层281个，效果十分明显。华北晋古19井采用欠平衡钻井，首次在太古宇变质岩地层获日产油6.51立方米、在馆陶组获日产气12.35万立方米的工业油气流。塔里木迪西1井在阿合组—塔里克奇组砂砾岩地层进行氮气钻井作业，合计获日产气81.3万立方米、日产油100.8立方米，这是继依南2井侏罗系储层时隔14年后再次获得高产稳产油气流。

（2）提高单井产量。大庆油田应用微泡沫欠平衡有效保护储层，增油效果显著。其中塔木察格平均单井日增油3.15吨，高台子平均单井日增油1.18吨，杏南平均单井日增油0.91吨，太北平均单井日增油1.36吨。辽河油田在边台—曹台潜山采用欠平衡＋分支水平井等技术进行滚动评价，实现当年研究、当年部署、当年实施、当年探明，不但落实了储量，而且试验了规模有效的开发技术。

（3）降低恶性井漏，提升工程保障能力。新疆油田玛2井区应用欠平衡钻井配合控压钻进和优质钻井液，井身结构由3层优化为2层，钻井液密度下降0.07—0.17克/厘米^3，完钻的15口井全部实现不下技术套管，平均钻井周期43天（同比缩短35%），累计节约钻井费用6200万元，为大规模开发奠定基础。塔里木油田针对塔中碳酸盐岩裂缝发育、漏失严重、钻完井井控风险大的难点，利用高温凝胶隔离技术有效降低了井控风险和钻井漏失，2012年共实施15口井。

（4）控压钻井技术应用快速增加，国产技术获得重大进展。相继在塔里木、冀东、西南、新疆、华北等油田应用18口，在解决裂缝性地层窄密度窗口、延长水平段长、减少事故复杂等方面起到重要作用，特别是国产精细控压钻井应用13口，已具备规模推广应用条件。其中中国石油钻井院研制的PCDS-I国产精细控压系统在TZ26-H7井突破性应用“控压欠平衡”理念，穿越多套缝洞发育单元，创塔里木油田水平段最长纪录（1345米）、水平段日进尺最高纪录（134米）。

【垂直钻井技术】 在塔里木、大庆、西南、吐哈、新疆等油田共计应用垂直钻井52口，进尺150.97千米，其中Power-V应用41口井、贝壳休斯ATK应用21口井、渤海钻探VDT5000应用7口井。

塔里木油田大北、克深等库车山前深层天然气，应用垂直钻井33口64井次，进尺116.05千米，平均机械钻速3.68米/小时，应用规模再创新高。其中克深区块应用Power-V垂直钻井系统25口40井次，平均机械钻速3.52米/小时，井斜控制在1度以内，有力地促进了克深区块钻井提速。西南油气田针对川东地区传统钟摆钻具防斜打快难的问题，2012年在云安场、五百梯、板东、大天池构造上部地层共试验VTK垂直钻井技术6口，机械钻速提高50%—60%，钻井周期缩短30%以上，初步解决了在高陡构造钻井速度低、井身轨迹质量不好等钻井难题。国产的垂直钻井系统也取得长足的进步，其中渤海钻探工程有限公司研制的VDT5000垂直钻井系统，在塔里木油田克深地区应用7口井，应用进尺9950.5米，平均机械钻速11.76米/小时，工具性能得到进一步完善。

【气体钻井技术】 各油田针对研磨性地层钻井提速和恶性漏失等难题共实施气体钻井51口，在四川、松辽深层、长庆子洲等地区提速取得显著效果。西南油气田2012年分别在长宁、相国寺、龙岗等区块共实施气体钻井22口、34井次，进尺2.395万米，平均机械钻速9.02米/小时，继续保持较高水平。其中在长宁—威远页岩气示范区共实施气体钻井8口、15井次，完成进尺5909.57米，平均机械钻速达7.66米/小时，同比钻井液钻井提速3.2倍，有效缩短钻井周期，解决了页岩气上部地层防漏提速的矛盾。大庆油田在深层实施3口，平均单井进尺941.1米，平均机械钻速6.86米/小时，与邻井常规钻井同井段相比，钻速提高3.9倍，单井缩短钻井周期26.83天，单井节省钻头8.3只，单井节约钻井成本300万元以上，提速提效明显。

【分支井钻井技术】 在辽河、吐哈、西南、华北煤层气等各种油气藏上完成分支井58口，应用井数同比增加25口。辽河油田针对低品位的潜山储量、高稠油储量积极推广分支水平井技术应用28口，其中边台—曹台潜山通过采用多底复杂结构井实施滚动勘探，整体部署分支水平井17口，完钻13口，投产11口，均获工业油流，实现当年上报探明石油地质储量2901.08万吨。在实现增储的同时，也试验了潜山有效开发技术，并成功实施辽河油田第一口TAML五级完井的多分支鱼骨水平井——曹621H井。吐哈油田在鲁克沁西区稠油油藏，成功钻成油田第一口四分支水平井——玉平8井，该井水平段长360米，分支段长170—180米，水平段总进尺1070米。投产后稳定日产量15吨，单井产量是相邻直井的3.4倍。华北油田在煤层气开发中继续试验多分支井，全年共实施28口，针对钻进过程中以及后期排采中井眼坍塌问题，开展主支顶板泥岩钻进探索，在郑试平9U-H井等6口井成功开展煤层气PE筛管完井技术试验，有效解决了煤粉冲洗等现场复杂问题；并实现远端位移1000米以上连通技术方面零的突破，进一步完善了远程连通技术。

辽河油田在兴古7、边台等区块完成分支水平井11口，其中兴隆台潜山完成8口，鱼骨分支数2—3支，长度200—300米，平均单井日产油65吨，是相邻水平井产量的1.54倍。长庆油田在苏里格桃7区块实施1口双分支水平井桃7-14-18H，其中上分支长757米、下分支长771米，该井下分支（盒8段）压裂获无阻流量85.12万立方米，上分支（盒7段）压裂也获得高产，该井的成功也为提高苏里格气田储量动用程度、提高采收率提供了一种途径。华北油田在煤层气开发中，在沁水盆地实施多分支水平井14口，平均进尺4162米，平均单井水平段长（主水平段+分支）3288.06米，钻遇纯煤层3019.45米，平均完井周期74天，煤层气分支水平井钻井技术日趋成熟。特别是中国石油钻井院自主研制的电磁波地质导向工具和远距离穿针工具在郑试平4井进行现场试验并获得成功，首次实现了煤层气开发关键工具的国产化，为加快煤层气开发奠定坚实的基础。

【高精度成像测井技术】 在重点探井中推广应用成像测井技术550口井，应用覆盖率达33.3%，其中，电成像、阵列声波、核磁共振、MDT/CHDT、ECS和MSCT等作业分别为332井次、371井次、164井次、62井次、71井次和42井次。

（1）缝洞裂缝型储层集中应用电成像测井刻画储层缝洞特征。长庆油田在靖边气田西侧奥陶系马家沟组中组合海相碳酸盐岩天然气勘探中，规模应用国产电成像测井（MCI）技术43井次，建立奥陶系中组合储层成像测井解释模式，为碳酸盐岩储层有效性评价提供可靠依据。塔里木油田在库车克深气田的勘探评价进程中，逐井测量电成像测井定量评价裂缝和识别地应力方位，并探索了油基钻井液条件下电成像测井资料质量的改进措施。

（2）致密油气储层中核磁共振和阵列声波测井技术评价储层有效性和计算工程参数已成为关键井的必测项目。致密油气储层一般岩性变化快，骨架密度变化大，控制好其孔隙度计算精度难度大。核磁共振测井可以直接反映储层孔隙度和渗透率，但现用模型是基于常规储层建立的，对于以微细孔隙为主的致密油储层适应性差。如准噶尔吉木萨尔凹陷芦草沟组的低孔层段上，采用T_2截止值为0.3毫秒孔隙度数值偏大，3毫秒孔隙度则偏小。为此，以氦气岩心物性值为基准，建立了T_2截止值为1.7毫秒的孔隙度模型，计算精度大幅度提高。并且，以这个较为准确的核磁共振孔隙度可确定出储层骨架密度，形成识别复杂岩性类别的有效参数。通过确定最大注入压力条件下最小孔喉半径对应的T_2值，即核磁共振计算饱和度的下限值，由此建立饱和度模型，有效解决了致密油气储层中饱和度准确计算的难题。

致密油气（含页岩气）往往需经大型压裂而提高油气日产量，阵列声波测井可计算脆性指数和确定地应力方位与大小，为压裂层段优选提供重要参数。2012年，致密油气集中应用23井次，在阳平1、吉172H和YSH1-1等水平井压裂中发挥了极为关键的技术支持作用。

（3）火山岩/变质岩配套应用元素俘获和电成像测井，识别岩性岩相与评价储层。该测井系列主要应用于松辽深层、准噶尔火山岩和辽河变质岩储层，2012年在芳深11、徐深35、龙深306、城深11、赵古10等重点探井的岩性组分计算、岩相划分与储层识别中起到关键作用，为这些井的勘探发现提供了有力的技术支持。

【介电扫描测井技术】 介电扫描测井（ADT）通过油气与水的介电常数差异大（50倍左右）的特点而识

别出水层，从而间接识别出油气层，为应对复杂分布油水识别的一种有效手段。2012年，在长庆陇东与姬源、冀东南堡和新疆致密油等领域现场试验12井次。

长庆鄂尔多斯盆地中生界延长组地层水矿化度变化较大，而且不同层段储层润湿性也并不相同，因此，发育一些高阻水层，复杂化了油层与水层的“四性关系”，加大了测井识别油层难度。为此，在取得明显效果的2011年2井次现场试验基础上，2012年进一步注重测井设计、突出试验的针对性，加大力度，再次试验6井次，试油16层，其中2层不统计、1层解释结论偏低，解释符合率93.7%。

【过套管CHDT测井技术】 柴达木盆地英东油田含油气层段长（1200米左右）、层数多（近200层），油气水分布十分复杂，马北地区气油水共存、气油界面和油水界面准确判别困难，实际生产中不可能有大量的分层测试，而且测试耗时长难以满足勘探评价节奏。2012年应用CHDT（过套管MDT）测井6井次（英东和马北各3井次），前后历时3周，成功获取29点地层压力值、29支常规取样、8支PVT取样，快速高效确定出各层的流体性质和组分特征，并结合试油资料，完善流体识别图版，为这两个区块的勘探评价提供至关重要的技术支持。

【复杂井况测井采集技术】 过钻杆测井技术是应对水平井、大斜度井以及恶劣井况等复杂井眼条件下快速高效取全取准测井资料的有效手段。2012年，在长庆、塔里木、大庆、大港和冀东等油气田集中应用该项技术163井次，作业时效高，完成了一批井况极为复杂的重点井测井采集作业。通过该项技术的引进消化与现场试验，大力带动了相关国产技术研发与成熟推广，“技术窗口作用”明显。

西南油气田邛崃1井为一水平井，井深4826米，电缆测井作业时，仪器在套管鞋遇卡，测量并未完成，并造成一根声波仪器彻底损坏和一盘电缆报废，耗时近一周。后采用过钻杆测井技术，分两趟下井，顺利完成全部常规资料采集且资料质量完全合格。大庆油田肇深X18为一口大斜度井，井深3900米，在钻井过程中漏失和井涌严重，电缆作业风险大，为此，及时采用国产过钻杆测井技术，仅用2天就完成测井作业。

【压裂实时监测技术】 水力压裂作业过程中，为了解裂缝扩展规律，评价压裂效果和为该区下一步的压裂施工参数提供指导性意见，在压裂施工中进行裂缝监测。压裂实时监测测井技术是近几年发展起来的一种新型电缆测井技术，它利用水力压裂过程中地层发生剪切滑动产生高频“微地震”，并为邻井精密传感器所探测，对其处理后实时确定“微地震”事件的位置，确定裂缝方位及其几何参数。

2012年，共应用10井次压裂实时监测技术，用以评价压裂效果、完善压裂方案。塔里木油田在哈902-4（压裂井、直井）和热普401（监测井、直井）成功实施作业为距离最远（井间距1406米）的HFM压裂监测作业，明确缝长605米、缝宽82米、缝高32米，主要压裂缝方位北东57.5度，取得较好效果。辽河油田赵古10井的7级压裂过程中，在邻井赵古2井监测，对监测资料处理后解释出裂缝形态，并对比分析滑溜水压裂与压裂液压裂的效果，为后期压裂方案优化提供了第一手资料。

（王喜双　曾　忠　刘国强　叶新群）

油田开发

【概述】 截至2012年底，采油井总井数198793口，12月份开井146521口，日产油29.82万吨，油田综合含水87.32%，年产油11033万吨（含液化气49.4万吨），累计产油38.81亿吨。注水井总数73910口，12月份开井59555口，平均日注水286.35万立方米，月注采比1.1。年注水100488万立方米，累计注水1978973万立方米，累积注采比1.01。

【原油生产】 2012年生产原油11033万吨，完成年度计划的100.09%，同比增加279万吨。其中自营区生产原油10150万吨，同比增加215万吨；合作区生产原油883万吨，同比增加64万吨。从产量构成看新井产量676.2万吨，同比增加2.8万吨；老井产量10307.68万吨，同比增加274万吨（其中，措施增油522.3万吨，同比增加2.1万吨）；液化气产量49.4

万吨，同比增加 2.6 万吨。

大庆油田生产原油 4000 万吨，占股份公司总产量的 36.3%；

长庆油田生产原油 2261 万吨，同比增加 259 万吨；

新疆油田生产原油 1103 万吨，同比增加 13 万吨；

辽河油田生产原油 1000 万吨，同比稳定；

塔里木油田生产原油 580 万吨，同比增加 3 万吨；

吉林油田生产原油 575 万吨，同比减少 5 万吨；

大港油田生产原油 478 万吨，同比稳定；

华北油田生产原油 419 万吨，同比减少 2 万吨；

青海油田生产原油 205 万吨，同比增加 10 万吨；

冀东油田生产原油 165 万吨，同比稳定；

吐哈油田生产原油 156 万吨，同比增加 1 万吨；

玉门油田生产原油 51 万吨，同比稳定；

南方石油天然气勘探开发公司生产原油 19 万吨，同比减少 1 万吨；

西南油气田生产原油 15 万吨，同比增加 1 万吨；

浙江油田生产原油 5 万吨，同比稳定。

【油田开发基础年】 2012 年共完成各类主干工作量 6964 井次，其中，注水井更新 335 口，新增分层注水井 1953 口，注水井大修 782 口，更换注水井管柱 2981 口，更换注水管线 543 千米。股份公司分注率达到 59.2%，注水合格率达到 86.5%，井口水质合格率达到 78.3%，同比分别提高 3.2 个百分点、0.8 个百分点和 2.9 个百分点，股份公司老井自然递减率从 11.2% 下降到 10.8%，含水上升率控制在 0.4% 以内。

18 个股份公司级重点项目覆盖地质储量 8.33 亿吨，通过治理，注水“三率”进一步提高，自然递减率从 2009 年的 18.37% 下降到 2012 年的 10.1%，含水上升率从 2.8% 下降到 1.3%。分注率、分注合格率、井口水质合格率分别达到 62.1%、87.74% 和 88.37%，分别提高 6.47 个百分点、15.28 个百分点和 13.54 个百分点。重点项目区块年产油达到 515 万吨。

2012 年 5 月，股份公司在辽河油田召开“中国石油油田开发基础年活动总结暨注水专项治理工作推进会”。各油气田公司认真总结油田开发基础年活动所取得的好效果、好做法、好经验和好技术，25 个单位、6 个优秀项目和 160 名先进个人受到表彰和奖励。股份公司要求油田开发要在统筹近期与长远、新区与老区、地面与地下 6 个方面下工夫，积极构建精细注水常态化机制，完善长效保障措施，全力推动油田开发精细注水常态化。

【原油产能建设】 自营区建成原油产能 1584.6 万吨。每百口井建产能 9.3 万吨，万米进尺建产能 0.51 万吨，同比保持平稳。合作区建成原油产能 132.9 万吨。

全年新投采油井 16205 口，12 月份开井 14484 口，日产油 36405 吨，平均单井日产油 2.51 吨，含水 73.5%，年产油 676.2 万吨；新投（转）注水井 6475 口，年注水 2815 万立方米。其中，自营区新投采油井 14368 口，12 月份开井 12858 口，日产油 32291 吨，平均单井日产油 2.51 吨，含水 75.2%，年产油 596.1 万吨；新投（转）注水井 5925 口，年注水 2645.7 万立方米。合作区新投采油井 1837 口，开井 1626 口，12 月份日产油 4117 吨，平均单井日产油 2.53 吨，含水 42.2%，年产油 80.12 万吨；新投（转）注水井 550 口，年注水 169.4 万立方米。

【二次开发】 在大庆萨中开发区中区东部、吉林扶余、辽河曙一区、大港港西、新疆克拉玛依八区、塔里木轮南、吐哈温米和丘陵、华北岔河集、青海尕斯库勒、玉门老君庙等油田完钻新井 1697 口，新建产能 164 万吨，新增可采储量 9134 万吨，提高采收率 7.6%，年产油规模达到 910 万吨，当年新投产井平均单井日产油 4.9 吨，与邻近新井对比提高 10%。

大庆油田在萨中开发区中区东部、东区推广区块新建产能 88.8 万吨，长垣 8 个二次开发区块年产油由 165 万吨增加到 258 万吨，增加可采储量 3376 万吨。新疆克拉玛依砾岩二次开发累计钻井 2018 口，建产能 172.7 万吨，单井日产油由 2.1 吨提高到 3.8 吨，自然递减率由 10.1% 减缓为 9.7%，含水由 73.1% 下降到 70.6%。六七区试点工程单井日产油由 2.3 吨提高到 3.4 吨，截至 2012 年底仍稳定在 2.4 吨，区块日产油由实施前的 260 吨提高到 795 吨，综合含水由 83.4% 下降到 76.3%，提高采收率 10.5%。辽河油田二次开发实施产能建设 40 个区块，覆盖地质储量 2.63 亿吨，平均单井日产油由 2.5 吨上升到 3.4 吨，比油田平均单井日产油水平高 28%，综合递减率从 10% 降至 6%，增加可采储量 4103 万吨，提高采收率 15.6%，年产油达到 305 万吨。

深部调驱工作在大庆葡北、新疆砾岩、辽河静安堡和曙光、吉林扶余、大港小集、冀东柳中柳北、华北岔河集、玉门老君庙等 12 个区块开展现场试验，覆盖地质储量 3957 万吨。11 个已投注的项目累计注剂 199 万立方米，年产油 23.8 万吨，年增油 6.21 万吨，累计增油 10.67 万吨。新疆六中区克下组、七中区克下组 2 个试验区完成现场施工，累计增油 4.4 万吨，提高阶段采收率5.1%。辽河沈84块先期开展10个试验井组，日产油从48吨上升到61吨，综合含水由95.3%下降到93.1%，阶段增油1.2万吨，提高采收率5.2%。

【重大开发试验】 油田开发重大试验围绕“突出重点，精心组织，重在试验，务求实效”的工作要求，按照“成熟技术工业化推广、配套技术扩大应用、接替技术持续攻关”3个层次有序推进。

1. 成熟技术工业化推广

长庆油田超低渗透（0.3毫达西）油藏重大开发试验经过3年攻关，集成创新形成六大技术系列、20项特色技术，实现超低渗透油藏有效开发。2008年开始工业化推广后已累计新建原油产能1000万吨以上，2012年产油量超过700万吨。辽河油田齐40块蒸汽驱攻关形成以“温度、压力管理为核心”的油藏管理模式，建立注采一体化动态调控模式，形成5项主体配套技术，已实施150个井组，日产油从转驱前的1365吨增加到1670吨，预计采收率由34%提高到60%；杜84块SAGD形成水平井强制循环预热、驱泄复合、氮气辅助SAGD、温压调控等技术，实施48个井组，日产油由1685吨增加到2029吨，预计采收率从28.3%提高到59.1%。吉林油田CO_2驱在黑59和黑79试验区取得明显效果，2012年重点开展小井距开发试验，在大情字井油田实施50万吨CO_2驱开发建设，预计2013年上半年可实现CO_2投注。新疆油田砾岩聚合物驱试验中心井区提高采收率达12%，《七东$_1$区30万吨聚合物驱开发部署方案》设计新钻井211口，注入聚合物剂0.7PV（孔隙体积），提高采收率11.7%，2013年可实现聚合物的投注，成为继大庆油田后第二个实现聚合物驱上规模的油田。

2. 配套技术扩大应用

大庆油田三元复合驱已在南六区、杏六区等4个区块开展扩大试验，覆盖地质储量2233万吨，年产油量达到112万吨，该技术将成为大庆长垣油田持续稳产最重要的战略接替技术。辽河油田面积火驱机理基本清楚，点火、火线调控与防腐等技术基本成熟，已在杜66、高3-6-18、高3、冷37区块扩大应用到77个井组，覆盖地质储量3911万吨，年产油达到18.6万吨，与原方式相比增油12.5万吨。

3. 接替技术持续攻关

二元驱在辽河锦16中高渗砂岩油藏、新疆克拉玛依七中区砾岩油藏、吉林红岗红113区低渗透油藏、大港港西三区复杂断块和长庆马岭北三西侏罗系5个区块单元开展现场试验，预计比水驱可提高采收率15个百分点，成功后将成为高含水油藏重要的接替技术。其中，辽河、新疆、吉林、大港油田的4个二元驱项目均已正式转入二元驱阶段，试验降水增油效果明显。辽河锦16试验区日产油从71吨上升到190吨，综合含水由96.7%下降到89.5%；新疆七中区试验区累积增油3.5万吨，综合含水下降12个百分点。

【精细油藏描述】 精细油藏描述完成76个区块，覆盖地质储量14.06亿吨。预计采取相应的配套调整挖潜措施后可增加地质储量3847.45万吨，增加可采储量2190万吨，提高采收率1.56个百分点。其中优选31个精细油藏描述重点区块，覆盖地质储量7.62亿吨，加大动态监测资料录取力度，总体工作量同比进一步提高。2012年共完成油水井监测工作量3334井次。其中，地层压力测试1587井次、生产测井1233井次、饱和度测井108井次、井间监测56个井组、取心井22口、其他监测271口。预计描述后，采取相应的配套调整挖潜措施后可增加地质储量1427万吨，增加可采储量864.7万吨，提高采收率1.13个百分点。

精细油藏描述成果应用于加密调整预计增加可采储量1288.92万吨、建产能185.03万吨，截至2012年底，已建成能力81.75万吨、增加可采储量567.93万吨。注采系统调整预计增加可采储量396万吨。滚动扩边增加地质储量3872.78万吨、建产能77.47万吨，截至2012年底，已建成产能53.64万吨、增加地质储量2141.96万吨。重点综合治理区块综合递减由治理前的9.59%下降到治理后的4.08%，减缓递减5.51个百分点。

【水平井工程】 2012年油气勘探开发共完钻水平井1351口，完成年度计划的112.6%，是历史上完钻水平井最多的一年，其中原油水平井921口。各油田原油水平井完成情况：长庆205口，新疆172口，吉林159口，辽河145口，大庆70口，青海47口，塔里木30口，大港25口，华北29口，吐哈17口，冀东8口，玉门6口，西南4口，浙江3口，南方公司1口。

长庆、新疆、吉林、辽河是原油水平井的主体，占总数的73.9%。水平井的水平段长度达到439米，同比增加102米，有多口井水平段长度超过1000米。水平井分段压裂改造完成481口井，同比增加207口，最多分压段数达到21段。

水平井平均单井日产油7.7吨，是总平均单井日产量的3.5倍，用占总井数2.2%的水平井生产股份公司原油总产量的7%的原油。2012年开辟的7个低渗透油田规模应用水平井示范区，共完钻水平井225口，平均水平段长715米。其中，投产134口，平均单井日产油8.7吨，是直井产量的4—6倍。

【油藏动态监测】 2012年组织修订《油藏动态监测管理规定》，突出动态监测各项要求更具有针对性和可操作性。进一步强调油田开发动态监测要紧紧围绕油田开发中的实际需要，不断优化监测内容、监测技术、监测井点部署及监测方案设计，狠抓监测过程管理和质量监督控制，强化成果应用和新技术推广，为进一步规范动态监测管理工作奠定了基础。

2012年共完成各类测井、试井79984井（组）次，分析化验492.7万样次。地层压力37441井次，其中，采油井完成压力监测26836井次、注水井10605井次。生产测井完成40074井次，其中，产出剖面5740井次、注入剖面24658井次、工程测井8640井次。饱和度测井完成1067井次，其中，碳氧比410井次、中子寿命325井次、过套管电阻率73井次。井间监测全年完成1171个井组，其中，干扰试井86个井组、井间示踪监测772个井组。

（胡海燕　吴洪彪　曹　晨）

天然气开发

【概述】 2012年，天然气开发突出产量运行、产能建设和前期评价三大关键环节，加强工程与地质的结合，积极推进重点气田水平井的规模应用，圆满完成各项工作任务。

【天然气产量】 完成天然气产量798.6亿立方米，同比增加42亿立方米，增幅5.6%。其中，气层气产量736.5亿立方米，溶解气产量62.0亿立方米。计划天然气商品量700.8亿立方米，实际完成天然气商品量704亿立方米，同比增加37.9亿立方米，增幅5.7%。

【天然气产能建设】 新建配套产能146.0亿立方米，为年计划的87.2%。

【前期评价】 现场试（采）气井66井次，完成方案编制12项。经评价和研究，优选评价天然气地质储量约6000亿立方米，落实了苏里格西区、磨溪、克深、东坪等7个重点产能建设区块。

【长庆气区生产状况】 完成天然气工业产气量290.3亿立方米（其中，气层气287.4亿立方米，溶解气2.9亿立方米），商品量266.5亿立方米。钻井1417口，进尺521.2万米，建成配套年生产能力92.8亿立方米。

气层气井口年产量292.6亿立方米，累积产量1601.1亿立方米，已开发气层气剩余可采储量采气速度3.16%、采出程度14.7%，已开发气层气储采比31.7。

【塔里木气区生产状况】 完成天然气工业产量193.1亿立方米（其中，气层气188.8亿立方米，溶解气4.3亿立方米），商品气量182.0亿立方米。钻井48口，进尺25.6万米，建成配套年生产能力6.3亿立方米。

气层气井口年产量199.7亿立方米，累积产量1407.0亿立方米，已开发气层气剩余可采储量采气速度6.2%、采出程度32.2%，已开发气层气储采比16.0。

【西南气区生产状况】 完成天然气工业产量131.5亿立方米（其中，气层气130.1亿立方米，溶解气1.4亿立方米），商品量125.1亿立方米。钻井119口，进尺34.1万米，建成配套年生产能力22.8亿立方米。

气层气井口年产量132.7亿立方米，累积产量3433.6亿立方米，已开发气层气剩余可采储量采气速度7.0%、采出程度64.7%，已开发气层气储采比14.4。

【青海气区生产状况】 完成天然气工业产量63.5亿立方米（其中，气层气62.8亿立方米，溶解气0.7亿立方米），完成商品气量56.3亿立方米。钻井63口，完成进尺8.6万米，建成配套年生产能力6.5亿立方米。

气层气井口年产量65.7亿立方米，累积产量389.2亿立方米，已开发气层气剩余可采储量采气速度5.6%、采出程度24.9%，已开发气层气储采比17.7。

【大庆气区生产状况】 完成天然气工业产量33.7亿立方米（其中，气层气13.3亿立方米，溶解气20.4亿立方米），完成商品气量22.1亿立方米。钻井25口，进尺3.3万米，建成配套年生产能力0.9亿立方米。

气层气井口年产量13.7亿立方米，累积产量100.9亿立方米，已开发气层气剩余可采储量采气速度3.9%、采出程度26.5%，已开发气层气储采比25.6。

【新疆气区生产状况】 完成天然气产量31.0亿立方米（其中，气层气19.9亿立方米，溶解气11.1亿立方米），商品量8.7亿立方米。钻井6口，进尺2.4万米，建成配套年生产能力1.2亿立方米。

气层气井口年产量20.1亿立方米，累积产量292.4亿立方米，已开发气层气剩余可采储量采气速度3.0%、采出程度31.9%，已开发气层气储采比33.6。

【吐哈气区生产状况】 完成天然气工业产量10.5亿立方米（其中，气层气7.3亿立方米，溶解气3.2亿立方米），商品气量9.5亿立方米。钻井39口，进尺10.5万米，建成配套年生产能力1.6亿立方米。

气层气井口年产量8.4亿立方米，累积产量93.1亿立方米，已开发气层气剩余可采储量采气速度3.9%、采出程度29.5%，已开发气层气储采比25.9。

【吉林气区生产状况】 完成天然气工业产量17.6亿立方米（其中，气层气16.1亿立方米，溶解气1.5亿立方米），商品气量13.9亿立方米。钻井49口，进尺12.8万米，建成配套年生产能力8.6亿立方米。

气层气井口年产量18.6亿立方米，累积产气85.1亿立方米，已开发气层气剩余可采储量采气速度6.8%、采出程度24.2%，已开发气层气储采比14.7。

（宋文宁　任　东）

矿权管理

【概述】 2012年，通过强化矿权年检、深化区块评价、积极争取有利政策、合理编制退减预案等一系列举措，确保有利探矿权延续登记面积最大化。同时继续拓展新的矿权领域，积极参与政府矿权招标，各项工作总体进展顺利，圆满完成年度矿权工作目标，继续保持公司矿权资源的优势地位。

【全国矿权登记状况】 2012年全国石油天然气（含煤层气）矿业权统计表见表1。

表1　2012年全国石油天然气（含煤层气）矿业权统计表

矿权人	探矿权		采矿权		合计	
	数量（个）	面积（平方千米）	数量（个）	面积（平方千米）	数量（个）	面积（平方千米）
中国石油	415	1608290.91	396	91578.33	811	1699869.24
中国石化	284	908211.65	194	20420.03	478	928631.68
中国海油	243	1390345.74	65	5687.27	308	1396033.01
中联煤	24	18018.62	2	193.29	26	18211.91
延长油矿	38	75957.91	5	443.97	43	76401.88
其他	33	8614.87	9	627.25	42	9142.12
总计	1037	4009339.70	671	118950.14	1708	4128289.84

注：数据来自国土资源部地质勘查司，统计截至2012年12月31日。

【主要工作成果】

1. 加强矿权登记管理，积极拓展新的有利矿权领域

矿权申报登记是矿权管理的基础工作。面对年度大量而纷繁复杂的申报工作，严格执行两级预警、三道把关的管理程序，以进一步巩固资源型企业生存与发展基础为核心加强矿权登记管理，强化竞争新的有利矿权领域。2012 年共申请办理新立、延续、变更和注销探、采矿权及试采批准书等 224 个区块，获得探矿权、采矿权许可证 224 个。其中，在新立探矿权拓展油气勘探领域上取得一定进展，共获得 9 个探矿权，面积 3.59 万平方千米。具体情况如下：

（1）加强外围盆地评价研究，优选登记鸭绿江盆地白山地区、共和盆地贵南坳陷地区、二连盆地达林诺尔地区、苏干湖盆地花海子北地区等有战略意义的 4 个矿权区块，登记面积 9771 平方千米。

（2）围绕股份公司新能源业务发展战略，以进一步夯实公司发展资源基础为目标，辽河油田公司以油气为登记对象拓展页岩气有利勘探领域，获得内蒙古自治区扎鲁特旗、扎鲁特旗西、昆都凹陷和罕庙哈达凹陷探矿权区块 22584 平方千米。

（3）南黄海油气矿权招标胜出。在 2012 年 3 月国土资源部油气矿权首轮招标中，组织辽河油田认真准备投标。通过竞标取得南黄海盐城东矿权，面积 3558 平方千米，拓展海域油气矿权。

2. 强化矿保勘探部署管理，维护股份公司矿权权益

在矿权区块评价、分类与优选的基础上，结合 2011 年度矿保勘探实施效果和国家矿业监管政策，制订了 2012 年度矿保勘探部署投资 5 亿元方案，涉及 7 家油田公司的 24 个区块、面积 11.3 万平方千米。共部署钻井 20 口，总进尺 27700 米，投资 1.27 亿元；二维地震 3660 千米，三维地震 100 平方千米，投资 3.25 亿元；非地震投资 1135 万元。在此基础上，针对塔里木盆地探矿权延续面临大面积核减退出的严峻形势，对其 7 个区块、面积 3.5 万平方千米追加二维地震 378.5 千米，三维地震 150 平方千米，投资 1.63 亿元。

2012 年矿保勘探整体实施进展正常，投资到位率较高，并取得以音 36 井为代表的一批重要勘探成果。川西南沐川—宜宾探矿权区块面积 5255 平方千米，多年法定勘查投入不足，面临大面积缩减矿权的风险。为保护有利矿权区块，寻找油气发现，2011 年在观音场构造部署矿保探井——音 36 井，设计井深 2500 米，投资 2550 万元。该井完钻井深 2487 米（进入雷口坡组 20 米），自流井组珍珠冲段，须家河组须六段、须四段、须二段和雷口坡组均见到好的油气显示。其中，须六段测试获 1.75 万立方米工业气流。该井的突破不仅有效地保护了矿权，也加快了川西南勘探进程，2012 年已部署二维地震 500 千米，探井 2 口（大塔 1 井正钻）。

3. 认真开展年检缴费工作，审慎提出核减退出方案

2011 年度参检探矿权 411 个、面积 156 万平方千米，统计用于矿权区块勘探投入的资金共 379 亿元，与年度勘探投资财务决算相比增加 49 亿元。其中，投入满足区块面积 98 万平方千米，占年度参检面积的 63%；投入不足区块面积 46 万平方千米，占年度参检面积的 7%；无投入区块面积 50 万平方千米，占年度参检面积的 30%。

2012 年度应缴纳探矿权、采矿权使用费 8.71 亿元。其中，探矿权实缴 6.78 亿元，减免 1.02 亿元。采矿权实缴 7975 万元，减免 1182 万元。

为置换需核减退出且具有较好勘探前景的区块，根据矿权区块评价结果，2012 年陆续退出 14 个无勘探价值的矿权区块，面积 3.3 万平方千米。

（王玉山　曾少华）

油藏评价

【概述】 2012 年，油藏评价安排项目 66 个，在长庆姬塬、靖安，新疆昌吉，青海昆北，大庆杏树岗、葡萄花，吉林大安，辽河边台，华北文安，大港北大港等探明一批规模整装储量，新增探明石油地质储量 7.11 亿吨；新区产能建设安排产建区块 102 个，全年新建产能 959 万吨。全年试油交井 630 口，新获工业

油流井 460 口，评价井综合成功率 69.5%。

【新增探明储量】 新增探明石油地质储量 7.11 亿吨，可采储量 13844 万吨。新增探明储量仍以低渗透油藏和岩性油藏为主。

【油藏评价成果】（1）长庆姬塬地区完钻评价井 142 口，试油 119 口，获工业油流井 87 口，新增探明地质储量 2.0 亿吨，累计探明储量 9.1 亿吨，整体储量规模超 10 亿吨。

（2）志靖—安塞地区以老油田扩边连片和寻找新的接替层系为目标精细评价，新增探明地质储量 14566 万吨，陕北老区复合连片的格局已经形成。

（3）新疆整体评价昌吉油田，自 2010 年以来累计完钻评价井 29 口，获工业油流井 23 口，二叠系梧桐沟组新增探明石油地质储量 7206 万吨。

（4）青海昆北油田继快速高效探明切 6、切 12 区块后，整装探明切 16 区块，新增探明地质储量 4509 万吨。

（5）大庆勘探开发一体化评价长垣扶杨油层，完钻井 35 口，工业油流井 26 口，平均单井日产油 6.48 吨，长垣杏树岗、葡萄花油田扶余油层新增探明石油地质储量 5272 万吨。

（6）吉林大安北地区针对低渗透油藏以水平井为主开展评价工作，在大安周边新增探明地质储量 4566 万吨。

（7）辽河针对以往无法动用的潜山油藏，采用复杂结构水平井开展评价，有效提高了单井产量，整装探明边台潜山，新增探明地质储量 2677 万吨。

（8）华北、大港深化富油气区带精细评价，提交效益储量，新增探明储量分别为 2405 万吨、2148 万吨，其中大部分储量为已开发储量。

【油藏评价管理】（1）突出油藏评价进攻性，探索致密油资源有效开发技术途径。在长庆西 233 井区开展致密油藏水平井开发先导性试验，完钻 8 口水平井，试油产量均超过百吨，投产平均单井日产油 15.7 吨，形成 10 口水平井规模的试验区。

（2）继续开展富油区带整体评价工作，增储建产效果显著。大港枣园、辽河大民屯凹陷、华北岔河集 3 个整体评价项目落实可动用储量 7220 万吨，新建产能 38.1 万吨。2012 年新设立大港舍女寺、辽河荣兴屯—大平房、吐哈鄯善弧型带 3 个整体评价项目。

【新区原油产能建设】 完钻开发井 11057 口，进尺 2247.32 万米，投产油井 7278 口，投转注水井 2400 口，平均单井日产油 4.5 吨，建成产能 959 万吨。其中水平井完成 793 口，平均单井水平段长度 525 米，油层钻遇率 87.8%，单井日产油 12.7 吨。

【重点项目实施效果】（1）长庆姬塬油田完钻开发井 3815 口，投产油井 2345 口，平均单井日产油 4.1 吨，新建原油生产能力 289.9 万吨。

（2）华庆油田完钻开发井 458 口，投产油井 228 口，平均单井日产 5.2 吨，新建原油生产能力 35.7 万吨。其中，低渗透油藏水平井规模应用示范区完钻水平井 98 口，投产 70 口，平均单井日产油 7.3 吨。

（3）吉林转变开发方式，建设水平井规模应用示范区。黑 168 示范区完钻水平井 51 口，投产 48 口，初期平均单井日产油 8 吨，新建产能 12 万吨；红 90-1 示范区完钻水平井 21 口，投产 10 口，平均单井日产油 8.6 吨，新建产能 6.3 万吨。

（4）辽河胜西潜山应用“地震地质统计法”从地质体岩相分布、地震波形等方面进行裂缝发育预测及研究部署。部署开发井 20 口，开钻 5 口，其中沈 630-H1321 导眼测试日产液 223 吨，投产的沈 630-H1119 井日产油 33 吨，建成原油生产能力 9 万吨。

（5）冀东南堡油田产能建设工作稳步推进。完钻新井 67 口，投产油井 56 口，平均单井日产油 22.7 吨，建成原油生产能力 38.2 万吨。

（6）大港埕海二区产能建设工作有序进行。完钻新井 26 口，投产油井 17 口，平均单井日产油 30.6 吨，建成原油生产能力 15.63 万吨。

（7）华北阿尔油田采用直井和水平井联合布井方式，新钻井 45 口（水平井 6 口），投产油井 30 口，平均单井日产油 7.8 吨，新建产能 7.02 万吨，阿尔油田累计建成 34 万吨生产能力。

（8）新疆风城超稠油突出水平井规模应用，按照全生命周期开发规划方案部署顺利建产。完钻井 1078 口（其中直井 893 口、SAGD 水平井 64 口、常规水平井 121 口），投产直井 632 口，新建产能 48.66 万吨；投产水平井 153 口，投产注汽井 32 口，新建产能 48.35 万吨。

（9）青海昆北油田切 12 井区完钻新井 46 口，其中，水平井 19 口，投产油井 36 口（直井 17 口、水平井 19 口），直井平均单井日产油 5.1 吨，水平井平均单井日产油 12.5 吨，建成产能 9.7 万吨。切 6、切 12 井区 2 年快速建成产能 44 万吨。

（10）塔里木哈拉哈塘油田坚持勘探开发一体化，完钻新井 41 口，投产油井 32 口，平均单井日产油 34.4 吨，新建产能 33.0 万吨。

【新区原油产能建设管理】（1）严格部署审查，优化实施方案。组织审查了长庆镇北油田、冀东南堡和福山花场流一段3个开发方案，全部按照全生命周期开发方案设计。完成8个委托审查项目、90个新区产能建设项目的备案工作。

（2）不断扩大水平井应用规模。2012年，在大庆、吉林、长庆油田开辟7个低渗透油藏水平井规模应用示范区，完钻水平井211口，投产139口，平均单井日产油6.8吨，建产能38.4万吨。11月6—7日组织召开原油开发水平井地质效果分析会议，会议总结交流了水平井的工作进展和成果，部署了2013年水平井的重点工作。

（3）加强新区原油产能建设方案全生命周期项目管理，股份公司试点项目全面完成方案设计指标。2012年3个新审开发方案全部按照全生命周期开发方案设计，新疆风城、吐哈鲁克沁等5个股份公司级试点项目全面按照方案设计实施，圆满完成全生命周期开发规划方案设计指标。

（邢厚松）

采油工程

【概述】 2012年，采油采气工程系统紧密围绕勘探开发核心业务，以稳定并提高单井产量为抓手，大力推广先进实用技术，强化“三基”工作，努力促进节能减排与安全生产，积极推进水平井分段改造和带压作业等技术规模应用，各项工作都取得了重要进展，重点工作超额完成任务指标。

【井下作业】

1. 工作量完成情况

井下作业总工作量216186井次，其中，维护作业127638井次，增产增注措施64718井次，大修4081口，其他19749井次。井下作业主要指标与2011年对比见表2。

表2　2011—2012年井下作业主要指标对比表

年度	总工作量（井次）	单井年作业次数（井次/口）	维护工作量（井次）	年维护次数（井次/口）	油水井措施（井次）	大修（口）	其他（井次）
2011	200624	0.84	116782	0.49	61488	3753	18601
2012	216186	0.84	127638	0.50	64718	4081	19749
对比	+15562	0	+10856	+0.01	+3230	+328	+1148

2. 成熟技术推广应用

（1）带压作业技术。

共动用带压作业队伍130支，累计完成带压作业工作量3096口井，其中油井675口、气井51口、水井2370口；累计减少注入水排放204万立方米，提前恢复注水168万立方米，增油6318吨，增产天然气1018万立方米。超额完成3000口井的年度任务指标，同比增加813口，实现了“节能、减排、增效”。

（2）套损井大修技术。

完成油水井大修4081口井，其中侧钻井196口；共修复油水井3859口，成功率94.6%；修复油井恢复产能68.2万吨，注水井恢复注水能力834万立方米。

推广应用膨胀管补贴作业242口井，增产原油2.74万吨，增加注水92.8万立方米；其中大庆油田完成175口，累计增油1.73万吨，累计增加注水82.48万立方米。

膨胀管补贴技术应用水平进一步提高。一是大通径膨胀管补贴技术逐步成熟，2012年现场试验33口井，其中大庆油田22口井；二是免钻胀捞一体化补贴工具应用规模不断扩大，2012年成功进行现场试验21口井；三是开展耐高温膨胀管现场试验，2012年共试验5口井；四是在高压注水井应用膨胀管补贴获得成功，2012年共试验6口井；五是开展膨胀管悬挂小套管完井技术试验，针对长段套损井情况，开发了膨胀管悬挂小套管完井技术，并在华北油田赵36-3X井开展试验，采用400米$4^1/_2$英寸❶无接箍套管进行

❶ 1英寸 = 25.4毫米。

二次完井，施工后日产油达到10—15吨，效果良好。

（3）井下作业管理系统。

在长庆、新疆、大港、吉林、青海、冀东6个油田推广井下作业管理系统，已完成各类设计32378井次，设计效率提高30%以上，审核审批效率提高50%以上。

【机械采油】 抽油机井系统效率优化设计技术全面推广，系统效率测试及评价手段配备到最基层，系统效率管理考核体系不断建立和完善。全年实施系统效率综合测试13.4万井次，实施调整2.5万井次，调整井系统效率平均提高3个百分点左右，年节电超过9045万千瓦・时。

【分层注水】 分层注水作为油田开发基础年的重要内容通过3年持续加大攻关，分层注水技术和水平取得了显著进步和提高。2012年在新增加注水井6049口的情况下，分注率达到59.2%，同比提高0.7%。全年新增加分注井5662口，总分注井达到42158口。同时分注井的细分程度进一步提高，4段以上细分注水井增加1629口井，总的细分注水井达到7691口井。

常规直井最高分注级数达到7级，使多层精细分层注水的应用和水平显著提高；深井超深井分注最深达到6000米，大大拓宽了分注的应用领域；攻关突破低渗透、小水量、大斜度定向井分注技术，大大改善、提高了相关油藏的开发效果和开发水平；通过攻关试验，“桥式偏心＋高效测调”主体分注技术已经形成并得到规模推广。

【储层改造】

1. 水平井分段改造和直井分层压裂技术推广

完成水平井改造总井数775口井，同比增加272口井，其中5段以上分段改造井达到608口井，超额完成任务指标，平均单井产量达到直井的3.5倍。

直井5层以上分层压裂完成318口，同比增加17口井，其中大庆油田占到76%。

2. 低渗透油气藏储层改造技术进步

（1）技术指标再创新高。水平井分段压裂最高达到21段；直井分层压裂最多达到9层；最大液量21610立方米；最大加砂量1798立方米；水平井改造最大长度2030米。

（2）区块整体应用效果显著。大庆茂15-1区块水平井规模应用示范区，共部署水平井22口，水平井压裂投产5口，均采用双封单卡分段压裂工艺，平均单井日产油11吨，是直井的3.9倍；吉林黑168区块部署59口水平井，实施水平井套管内封隔器滑套多段多簇体积压裂33口，压裂前平均日产油6.5吨，压裂后初期平均日产油10吨，是直井的4.3倍。长庆华庆长6水平井示范区完钻水平井87口，完成试油53口，折单井日产油38.6吨，投产42口，平均单井日产油7.9吨，水平井已形成12万吨年生产能力。

（3）非常规储层改造攻关取得新进展。在体积压裂设计与实时监测、复合桥塞多段压裂、可开关滑套裸眼封隔器多层多段压裂、套管滑套多层压裂、连续油管分层压裂等方面开展技术攻关与现场试验并取得重要进展，共开展各类现场试验423口井，其中，关键工具试验50口，水平井多段、直井多层压裂246口，井下“微地震”监测32口井。

（4）“水平井钻完井多段压裂增产关键技术及规模化工业应用”项目获2012年度国家科学技术进步奖一等奖。

【试油】 完成试油井1361口，获工业油气流井850口。其中，预探井试油733口，获工业油气流井390口，综合探井成功率46%；评价井试油630口，获工业油气流井460口，综合评价井成功率70%。

重点探井博孜1、克深8、古城6、磨溪8、吉172-H等井试油获得重大突破，博孜1井在库车白垩系巴什基奇克组获日产油29.5立方米、日产气24.5万立方米；克深8井在巴什基奇克组获日产气72.3万立方米；磨溪8井在川中下古生界寒武系龙王庙组获日产气107.18万立方米；吉172-H井在二叠系芦草沟组致密油储层试油，15段压裂后获日产油70立方米。

【管理工作】

1．建章立制，完善标准规范

制修订2项企业标准：《压裂支撑剂性能评价方法》(修订)、《稠油水平井采油工程方案编制规范》(制定)。

编写2部培训教材：《水平井压裂酸化改造技术》、《井下作业监督》。

2．加强重点入井材料质量管理

一是进一步强化压裂支撑剂网络规范管理，举办压裂支撑剂论坛，研究交流压裂支撑剂质量管理；抽取近200个样品送采油产品质量检测中心检测，对保证压裂效果、提高单井产量发挥了重要作用。二是射孔器材质量管理、监督与抽查的相关工作。

3．做好技术交流与培训

组织技术交流3次：非常规压裂技术交流、带压作业技术交流、井下作业信息管理交流。

组织软件培训1次：FRACPRO-PT压裂设计软件及体积改造设计培训。

组织井下作业监督培训班2期。

4. 积极推进小修作业承包管理

小修作业承包是转变观念、创新体制机制的重要举措，是加强“三基”工作的重要载体，对控制作业工作量增长、降低操作成本、提高油田开发效益具有重要意义。2012年在各油气田公司推动井下作业承包试点工作，取得初步成果。

大港油田公司在全油田进行推广应用，并进一步划清承包内容，明确责任，提升施工水平，确保施工质量，实现互惠双赢。2012年完成油井维护性作业1465井次，在机采井开井数增加151口的情况下，油井维护性工作量同比下降352井次，降低19.4%。

辽河油田公司选择锦州采油厂采油作业二区与作业二大队4支小修队进行维护性作业联产承包试点，采油、作业双方从思想到行动达到高度统一，实现采油作业互利双赢。承包后原油产量超额完成，维护性作业工作量降低2.2%。

（赵捍军）

地面工程

【概述】 2012年，共完成原油产能地面建设1650万吨，天然气产能地面建设175亿立方米，地面建设投资421.5亿元。共建成：各类站场973座，其中，原油联合站18座、原油中转站40座；注水站73座、污水处理厂处理厂26座；天然气处理厂3座、天然气集气站53座；其他站场760座。各类管线19890千米。各类道路1768千米。变配电站26座、供配电线路4879千米。

截至2012年底，各油田累计建成采油井179910口，计量站7838座，接转站1525座，注水站1230座，污水处理站557座，集中处理站（原油联合站）301座，各类管线208098千米。各气田累计建成采气井13613口，集（输）气站1678座，清管站480座，增压站178座，污水处理站99座，天然气净化厂（处理厂）54座，各类管线261648千米。

【地面建设管理】 油气田地面工程质量管理采取“四位一体”的工作做法，即：油气田公司组织自查；勘探与生产公司组织重点工程中间检查与专项检查、安全要害重点工程投产前检查和年度工程质量总体检查的方式，有针对性地对工程管理、实体质量、工程技术、工程资料、施工组织及投产前生产准备与安全应急预案等专业进行检查。全年共发现工程管理、工艺技术、工程质量、工程安全等各类问题2045项，提出工作建议79条，下发勘探与生产公司建设工程检查整改通知单16份，油气田公司都按时整改并回复。

为总结近年来油气田地面工程监督管理工作，对2012年重点工作进行梳理、部署，2012年3月底，组织召开“中国石油油气田2011—2012年工程质量监督工作座谈会”，地面建设管理处、各石油天然气工程质量监督站站长及相关人员共计26人参加此次会议。会议对2011年中国石油上游板块工程质量监督工作进行全面总结，对2012年的重点工作进行部署，对中国石油油气田工程质量监督系统存在的问题进行讨论。

工程创优成果显著，山西沁水盆地煤层气樊庄区块2008年产能建设及中央处理厂工程、呼伦贝尔油田贝中次凹区块油气混输系统工程等获2012年石油优质工程金质奖。

2012年油气田新建、改建、扩建工程建设通过严格落实建设项目监理制、工程质量监督制和第三方检测制，强化行为质量和实体质量的控制，现场实测点合格率达98.1%，工程建设质量逐步提高并稳定在较高的水平，所有工程一次投产成功，生产运行正常。

【重点工程】 2012年安排股份公司重点项目49项，总投资244.793亿元。重点地面项目有序推进，确保按期投产。油田产能建设重点项目17项，主要是：大庆萨中开发区中区东部、东区萨葡二类油层上返及萨葡高三类油层加密产能工程，大庆南三区西部二类油层聚驱及水驱加密井产能工程，大庆杏六区中部缓钻井及西部三次加密和聚驱产能工程，大庆喇嘛甸油田北东块二区萨Ⅲ4-10油层高浓度聚合物驱产能工程，长庆马岭油田产能建设工程，长庆姬塬油田产能建设工程，长庆西峰—合水油田产能建设工程（超低渗），辽河曙一区老区产能建设工程，新疆风城油田产能建设工程，青海昆北油田新建30万吨产能项目，塔里木哈拉哈塘6区块产能建设工程，吐哈鲁克沁产能建设工程等。

天然气产能建设项目9项：长庆苏里格气田产能建设工程，长庆靖边南气田产能建设工程，吉林长岭营城组产能建设工程，华北郑庄煤层气产能建设工程，塔里木大北气田产能建设工程，塔里木克深气田产能建设工程，塔里木塔中1号气田产能建设工程，塔里木和田河气田产能建设工程，安岳气田须二气藏产能建设工程。

老油气田调整改造项目2项：吉林新木油田前60地区整体改造工程，塔里木轮南油田调整改造工程。

油气管道项目4项：长庆吴起—定边油房庄输油管道工程，长庆苏里格第五处理厂工程续建工程，哈拉哈塘至轮南输油管道工程，新疆天然气利民工程。

储气库建设项目6项：西南油气田相国寺储气库工程，大港油田板南储气库工程，辽河油田双6储气库工程，华北油田苏桥储气库群工程，新疆油田呼图壁储气库工程，长庆油田榆林南储气库工程。

其他油气管道、联合站、天然气处理厂等重点工程11项。

【项目前期管理】　2012年审查的项目种类多、技术难度大。涵盖地面工程的十几个专业，技术要求高，审批工作量大。全年审查批复可行性研究报告10项，初步设计26项，累计审查设计文件431册（其中文字22833页、图件2150标准张），提出审查修改意见1834条、约4.7万字。通过审查，不仅解决了技术难题，优化了技术方案，而且有效控制了投资。26项初步设计通过审查，上报概算总投资249.09亿元，批复概算总投资201.94亿元，工程建设投资减少47.15亿元（比例18.9%），还减少占地53万平方米，总能耗指标降低8180吨标准煤/年。

【标准化设计】　各油气田公司共制定发布512项标准化设计有关规定，涵盖了设计、造价、采购、施工等整个建设环节，规范各方职责，简化管理程序，其中，勘探与生产公司修订整合《油气田地面工程标准化设计管理规定》、《油气田地面工程标准化设计技术规定》等10项规定。

油气田地面建设大、中、小型站场标准化设计覆盖率分别达到61.8%、88.9%、94.3%，规模化采购率达86.4%，预制化率达78.2%。与常规相比，设计工期缩短40.3%，施工工期缩短20.1%。油田新井时率提高6.6个百分点、气田新井时率提高7.4个百分点，新井当年多生产原油66.9万吨、天然气10.4亿立方米。

【工艺技术】　一是加强已建系统的现状和技术状况的分析，认真做好老油气田地面系统的改造，确保老油气田安全稳定生产。二是按照油田开发基础年“注好水、注够水、精细注水和有效注水”的要求，为使注水开发油田水处理和注水地面生产管理工作有章可循，编制《中国石油天然气股份有限公司注水开发油田水处理和注水系统地面生产管理规定》并发布实施，规定共6章，64条，3个附件，9个附表，由此也进一步加强和规范了股份公司注水开发油田水处理和注水系统地面生产管理工作，满足油田开发的需要。2012年，股份公司的采出水处理站平均水质达标率为93.5%，与2011年的89.3%相比提高4.2个百分点。三是组织编制《中国石油煤层气地面集输工程设计指导意见》，针对当前煤层气地面建设无针对性的设计标准与规范的问题，组织编制《煤层气建设指导意见》，涉及煤层气总体布局、采气井场、采集气管网及增压、集输管道、集中处理、仪表及自控、供配电、安全消防、公用工程等16个专业的技术要求与设计规定，对规范、提高煤层气地面建设与生产运行管理水平发挥了重要意义。四是结合重大开发试验，持续推进地面技术攻关，新疆风城稠油开发燃煤注汽锅炉、辽河稠油SAGD开发MVC水处理工程等项目陆续投产运行，为重大开发试验顺利开展创造条件。

【工程建设领域突出问题治理】　根据《集团公司工程建设领域突出问题专项治理工作实施方案》等文件指示精神及《关于做好油气田工程建设领域专项治理有关工作的通知》（油勘〔2010〕14号）等工作要求，2012年重点组织第四阶段（即问题整改落实阶段）工作，结合集团公司专项治理领导小组组织的对长庆油田、辽河油田、吉林油田、青海油田、西南油气田、冀东油田等的管理审计、招投标工作检查、重点工程检查等专项工作中发现的决策与审批、招标行为不规范、违法转包和违规分包、工程质量安全管理、物资采购、资金管理等方面的问题，协调相关油气田公司认真整改，并与总部相关部门协调配合，完成领导小组安排的理顺管理制度、提高工作效率，严格基本建设程序、杜绝未批先建的现象发生等专项检查及相关管理文件的修订。

【工程建设承包商管理】　根据《中国石油天然气集团公司工程建设承包商管理办法》及集团公司工程建设承包商领导小组的统一安排，为进一步规范承包商管理，勘探与生产公司于2012年2月组织油气田地面工程合格二类承包商的评选工作。对16家油气田上报的1221家二类油气田地面建设承包商，组织开展资格审查、统计分析、优选评分等一系列工作，成立组织机构，通过制定优选工作纪律、工作方法、工作程序、优选评分标准，按照工程咨询专业、工程勘察专业、工程设计专业、工程施工专业、工程监理专业、工程检测专业等分组，分别进行优选打分，排出各专业得分顺序表，由此优选出592家二类承包商名录。经勘探与生产公司审定后，上报集团公司承包商领导小组批准，为规范建筑市场与承包商管理、保证工程施工本质安全奠定重要基础。

（汤　林　苗新康）

海洋工程

【概述】 辽河、大港、冀东3个滩海自营油田共生产原油133.8万吨，天然气4.88亿立方米。其中，冀东海上产原油101万吨，天然气4.3亿立方米；大港海上产原油22.8万吨，天然气4339万立方米；辽河海上产原油10万吨，天然气1500万立方米。共开油井309口，其中冀东开油井182口，大港开油井45口，辽河开油井82口。

截至2012年底，中国石油环渤海滩浅海自营油田共建人工岛（井场）22座（大港5座，冀东5座，辽河12座）、固定钢平台2座（冀东）、海底管道45.38千米（大港12.7千米，冀东26.35千米，辽河6.33千米）、海底电缆25.17千米（冀东）、海底光缆4.8千米（大港）。

【重点工程】 工程建设重点是冀东、大港、辽河滩浅海油气田已建工程的配套工程及维护、维修加固及隐患治理工程。辽河油田笔架岭607井场完钻井2口，完成海南8海底管线悬空治理及仿生草铺设、海南3注水配套工程施工。完成浅海长停井弃置与导管架拆除，弃置长停井13口（葵花1号人工岛3口，单井10口）、导管架平台3座（葵东101、103，海南8-11-9）、井口平台3座（葵东1号井组、2号井组，海南24-1）和海底输气管线516米（海南8-11-9平台至海南8人工岛海底管线及平台立管）。冀东油田进行海管检测、隐患治理施工，吸砂区铺设仿生草进行生草试验。完成南堡油田40万吨产能建设配套工程，南堡1-3人工岛气举工程投产。完成冀东LPN1简易导管架平台弃置工作，其中包括4口井。大港油田完成了埕海一区安全隐患治理工程，埕海一区、二区路岛结构沉降及位移监测，透流箱涵及钢箱筒型基础栈桥冲淤监测，冰情监测工作及赵东平台至埕海1-1人工岛海底管道立管保护和埕海油田海底管道埋深及位移探测工作。

【管理工作】 重点是做好海洋工程建设基础管理工作，使海洋工程建设规范化、标准化，积极开展新技术研究与应用，不断提高海洋工程建设管理水平。

1. 规范化、标准化建设

组织编制两项集团公司企业标准《滩海工程水文技术规范》和《滩海海底管道防腐蚀技术规范》。

2. 继续完善海洋工程规章制度，推进管理规范化

（1）组织编制《海上油气生产设施弃置方案编制规定》、《海上油气田工程建设项目管理规定》和《海上油气田工程建设项目竣工验收管理手册》。

（2）组织对辽河、冀东、大港、赵东及月东项目编写海上油气生产设施废弃处置预备方案。

3. 滩海工程新技术研究与应用

开展辽河油田双台子河道变迁与冲淤对海底管线安全影响的研究和滩浅海油气田工程建设项目管理与设施弃置技术研究两项海工专项课题研究。

4. 加强海上工程冰期安全管理工作

对冬季冰情进行实时跟踪，加强冬季设施巡视和冰情数据上报工作，做好相应的冬季安全生产保障工作。

5. 组织召开海洋工程管理及技术研讨会

4月17—18日，勘探与生产公司组织召开海洋工程管理及技术研讨会，辽河、冀东、大港对2010—2011年工作作总结，汇报下一步工作计划，相关单位作技术交流。

（苏春梅　沙　秋）

新能源

【概述】 2012年，新能源工作重点是围绕至2015年实现煤层气商品气量40亿立方米和页岩气15亿立方米的目标，煤层气业务立足自营区，重点抓好沁南、鄂东煤层气规模开发，积极开展外围地区煤层气勘查。页岩气立足长宁—威远和昭通示范区，落实核心区，开展“工厂化”试验。

【煤层气】（1）新增煤层气地质探明储量1120亿立方米。在沁水煤层气田的沁南—夏店、马必等区块积极开展勘探工作，完成二维地震1188千米，完钻评价井及试采井组66口，排采34口，按照储量规范要求，3号煤层探明储量面积661平方千米，上报煤层气地质储量711亿立方米。煤层气公司在鄂东煤层气田保德区块中南部，根据对保5井台和杨家湾大井组等54口井的试采，确定4+5号、8+9号探明储量面积300平方千米，新增探明409亿立方米。2012年新增探明储量1120亿立方米，累计探明储量4274亿立方米，为规模开发奠定了坚实的基础。

（2）新建井口产能13.5亿立方米，沁水煤层气田新增产能6.5亿立方米。其中郑庄新增井口产能2.5亿立方米，基本完成年产9亿立方米的产能建设，其他在郑庄北和沁南—夏店以及马必区块完成5亿立方米的井口产能。全年钻完井859口，建成集气站4座，变电站2座。鄂东煤层气田新增井口产能6亿立方米，其中保德区块基本完成年产5亿立方米的井口产能建设，韩城西完成1亿立方米的井口产能建设。全年钻完井730口，建成集气站2座及6座水处理池。

（3）实现煤层气商品气量7.5亿立方米。沁水煤层气田累计排采1790口，日产气192万立方米，年产量7.5亿立方米，年商品量7亿立方米。鄂东煤层气田累计排采1430口，日产气34万立方米，年产量1.24亿立方米，年商品量0.5亿立方米。

（4）煤层气勘探开发获得三点认识。一是煤层气规模建产期3年，其中建产期1年，排采2年后达到预期产量，可稳产6—8年以上；二是煤层气井在排采2年以后，高煤阶单井平均日产气在1700立方米以上，低煤阶在2000立方米以上；三是通过解剖沁水煤层气田樊庄区块先导试验区，高煤阶在亿立方米产能建设投资约3.5亿元的情况下，在国家财政补贴条件下，资产折旧年限采用8年，煤层气每立方米盈利0.16元，煤层气开发具有经济效益。

【页岩气】（1）勘探开发进展。截至2012年底，四川威远—长宁和云南昭通两个国家级产业化示范区完成二维地震5790.05千米，三维地震358.61平方千米，完钻井19口，压裂井13口，获得工业性气流井12口。

（2）第一口具有商业价值的页岩气水平井投产。位于四川盆地长宁区块的宁201-H1水平井，1045米水平段分10段压裂改造，平均日产气15万立方米。2012年4月25日投产，成为我国第一口具有商业价值的页岩气井。生产页岩气3170万立方米，实现商品气量1950万立方米。

（3）解决中国页岩气有无开采价值的问题。四川盆地长宁区块和富顺永川合作区块通过5年的钻探和压裂试气，特别是2012年宁201-H1井和阳宁201-H1的商业试采，解决了中国南方海相页岩气是否具有开发价值的问题。

（4）基本落实页岩气增储上产的现实区域。志留系龙马溪组富有机质页岩主要分布在扬子地区，中上扬子构造相对稳定，四川盆地蜀南最为有利。蜀南地区龙马溪组页岩埋深1500—4500米，有利区面积2.3万平方千米，其中近期可开发的超压核心区面积约8000平方千米。

【地热】 华北油田地热利用条件有利，留北地热利用先导试验取得一定成效，截至2012年底，8口提液井累计增油2.791万吨，4座站点伴热节约燃油2980吨，累计发电32万千瓦·时，减少二氧化碳排放10.03吨，实现节能减排、保护环境，油、热、电、联产的综合经济效益。

（崔光珍　雷怀玉）

储　气　库

【概述】 2012年，储气库建设工作围绕现场施工、工程质量控制、后续库址筛选、可行性研究优化调整等关键环节开展大量工作，正按照2013年注气投产的工作目标全力推进。

【方案编制】 按照“工作气能力不变、工程投资不变”的原则，以原可行性研究、初设报告为基础，组织编制5座建储气库可行性研究优化调整方案，重点对实施井数进行优化、对经济评价参数重新进行完善、对储量进行复算。确保方案更加合理可行。

【工程建设】 截至2012年底，辽河、华北、大港、新疆、西南、长庆6个油气田储气库已完钻注采井41口、在钻井16口，待实施井34口；完钻监测井2口、在钻井1口，待实施井12口；完成老井处理74口，正实施井2口，待实施井48口。地面建设已进入施工收尾阶段，除大港、长庆外，各项目完成地面总体形象进度的70%。

（李　彬）

技术项目

【概述】 油气勘探方面，围绕“风险领域、风险区带、风险目标”三方面开展重点盆地综合研究，为风险勘探提供后备领域和井位。油气开发方面，围绕“深化油气藏认识、提高单井产量和采收率”，开展重点油气田区块综合研究和适用性、有效性技术开发，为实现油气田效益开发提供有效技术保障。工程技术方面，以低品位油气储量大规模有效动用和降本增效为目标，重点开展水平井稳产、储层改造等专项实用有效技术研发与应用。在科技项目安排上做到保持研究方向基本稳定，与国家和集团公司的重大专项、各攻关专项和生产应用研究项目进行有效衔接，围绕生产重点设置课题。

【勘探技术成果】（1）注重研究成果有形化，编制一批工业化图件，直接应用于风险勘探生产。

各课题在大量综合研究的基础上，注重研究成果有形化，强化石油地质基础图件编制，新编和修编各类工业化图件820幅，并直接应用于勘探部署和风险目标准备。

（2）注重研究成果与风险勘探部署紧密结合，提出一批有利风险勘探区带和目标，为油气发现和储量目标完成提供有力支持。

地质研究类课题共提出有利风险区带133个，有利风险目标126个，2012年采纳的目标达9个，占当年部署目标的一半以上，为2013年准备的区带和目标43个。为2012年油气发现和储量目标完成及2013年风险勘探部署准备提供了有力支撑。

（3）注重基础地质研究，取得一批创新性认识，有效指导了风险勘探的发现和突破。

各课题抓关键基础地质问题研究，各大盆地地质认识进一步深化，取得了一批创新性的认识，有效指导了风险井位部署和油气重大发现。

①对塔里木奥陶系储层及主力生烃灶的研究，认为古城地区奥陶系发育风化壳表层、内幕岩溶及礁滩白云岩有利储层，源内分散液态烃晚期裂解可提供非常有利的气源条件。这些认识有效指导了古城6的部署并获高产稳产工业气流，证实塔东具备接力生烃成藏条件，实现塔东油气勘探的新突破。

②对准噶尔盆地环玛湖斜坡区构造及沉积体研究，认为斜坡区存在二台阶，并控制二叠系沉积和晚期地层剥蚀，大型扇体和地层圈闭发育，具备形成大型岩性地层油气藏的条件。这些认识有效指导了玛湖1井的部署，推动了玛湖二台阶及斜坡区的整体勘探。

③对塔中寒武系白云岩研究，认为塔中地区寒

武系准同生、埋藏白云岩大面积分布，局部发育热液白云岩，膏盐发育，寒武系存在烃源条件，中下寒武统生储盖组合好。这些认识有效指导了中深1井的部署并获重要发现，证实中下寒武统具备良好的成藏条件，有望成为重要的战略接替新领域。

④对鄂尔多斯盆地中新元古界—下古生界、西缘冲断带和古隆起东侧奥陶系中组合研究；重塑中新元古代—早古生代各沉积时期古构造和岩相古地理；首次提出中新元古界存在上生、自生、深部3种可能的气源；提出马家滩段是西缘冲断推覆构造发育、最有利的油气勘探区带。北部中新元古界蓟县系白云岩、南部寒武系、中央古隆起东侧奥陶系马五中下组合、西缘逆冲推覆下盘及西南缘礁滩相带是重要的风险勘探领域。

⑤对四川盆地震旦系—下古生界、二叠系—三叠系礁滩、下二叠统、石炭系、雷口坡组和须一段等层系沉积相及储层、烃源、构造等含油气地质条件的系统分析研究，进一步落实重点层系资源潜力和勘探方向，优选川东黑楼门—马槽坝、乐山—龙女寺古隆起主体西端、蓬莱—龙女寺、龙门山—米苍山山前带、开江—梁平海槽东侧台缘、城口—鄂西海槽台缘带、广安—石柱高带、川西灌口—邛崃区带、川西雾中山—莲花山、川中南充—磨溪10个有利风险勘探区带，新提出12个风险井位目标，为广探2、双探1、明月1、奉探1、太和1等风险井位部署提供有力支撑。

⑥对柴达木盆地伊北凹陷油气成藏条件研究，认为下侏罗统烃源岩镜质组反射率大部分大于1.2%，有机质成熟度达到了高成熟—过成熟阶段。生气强度基本都大于20亿米^3/千米^2。并优选出冷湖1－5号、冷湖7号东高点——南八仙—马北、牛东斜坡—鄂博梁Ⅰ号等有利区带。另外，研究认为盆地中东部存在一个以一里坪凹陷为中心的新近系含气系统。烃源岩主要为湖相暗色泥岩，有机质丰度总体较低，有机碳含量在0.3%—0.5%之间，有机质类型以Ⅱ$_2$、Ⅲ型为主，有利于生成天然气，并提出下步勘探应寻找烃源岩埋藏更深、生烃强度大、圈闭形成早、相带有利的区带。

⑦对松辽盆地重力流扇体研究，认为英台地区青山口组具备发育重力流的条件；地震及火山爆发是该区重力流主要触发机制。砂质碎屑流为主、混杂少量滑动岩和滑塌岩的块体搬运体是该区重力流主要类型，并建立了其岩心、地震等识别标志。坡折带及其内部的负向地貌单元对其外部形态具有重要控制作用。按形态分为扇形和非扇形两大类，单扇、母子扇、叠置扇、断坑4个亚类。并发现300个多个重力流扇体。部署英47井、英54井都取得良好油气显示，揭示松辽盆地重力流具有良好的勘探前景。

【开发技术成果】

1. 持续推进注水技术升级配套，控制自然递减

一是提升注水技术管理有形化。制定18个参数注水开发效果评价指标体系。二是形成7段以上精细分注技术，现场试验1100多口井。周围油井单井日增油0.43吨；含水下降0.56个百分点，老区递减率和含水上升率实现“负增长”。三是斜井分注技术攻关见成效，长庆定向井、小水量分注技术，2012年应用2645口，已经成为长庆油田分注主体技术。渤海湾60度深斜井分注技术已取得突破。成功应用39口井，最大井斜58度，配注合格率85%。四是研究水驱、聚驱、化学驱等复杂条件下的水质处理技术、处理剂和装置，全面提高水质达标率。

2. 发展完善二次开发技术体系，稳步推进二次开发工作

（1）建立曲流河等5种不同沉积类型单砂体内部构型的地质知识库，特别是形成了三维地质建模与数值模拟技术方法，极大地提高了薄差油层剩余油预测的精度。（2）发展以完善单砂体注采关系为核心的井网优化、层系重组技术，尤其是实现了量化。（3）研发带病井诊断与治理技术，努力实现层系井网重组在每口井到位。创新研究陀螺鱼头探测技术，方位精度±3度，实现无通道井定向找落鱼；基本形成反向锻铣找通道技术；研制扩孔磨鞋等19种工具，申报国家发明专利9项。2012年试验21口，成功打开通道12口。（4）完善深部调驱技术，编制特色软件，解决了层系井网重组和分层注水不能完全解决的油藏内部水驱矛盾。

3. 服务“新疆大庆”、“西部大庆”建设，发展主体技术

（1）面向风城稠油400万吨建设，重点解决蒸汽驱（SAGD）水平段利用率低、汽腔发育极不均衡等技术难题。完成试验区隔夹层分布工业制图，自主研发特色软件，基本形成汽腔调控技术，显著提高了油层动用程度，为风城规模建产做好准备。（2）面向长庆超低渗规模上产，创新发展水平井整体开发技术，形成的七点井网哑铃型布缝技术已经定型为超低渗透水平井整体开发的主体技术。与超前注水、分段压裂等技术集成应用，水平井日产达到直井的4.6倍，并率先建成20万吨水平井整体开发区。

4．发展战略性接替技术，为未来的上产稳产做准备

（1）积极开展长7致密油藏进攻性评价，形成混合水压裂技术，研发4种高效助剂，实现快速高效返排，成本下降30%。2012年，致密油区的8口水平井单井日产达到直井的4.7倍。（2）研发大面积低渗透油田稳产战略接替技术。提出的储层动态裂缝是特低渗透油藏剩余油主控因素的认识，试验区验证符合率达到90%以上。形成4种不同缝网与井网匹配的加密调整井网，已在2012年调整方案中应用，预计可提高水驱采收率5%—8%。

5. 发展老区稳产技术，对西南“天然气基地”建设至关重要

重点解决流体识别、剩余储量分布等技术难题，发现潜力，指导井位部署。形成了老区滚动挖潜技术。5口挖潜水平井共计增加日产量85万立方米。

6. 为苏里格提高单井产量、可持续发展提供技术支撑

一是针对水平井整体开发，重点解决水平井整体开发的地质选区、井网部署等技术难题，形成1项标准、3种井网、1套方法。2011—2012年在苏里格气田共优选8个水平井整体开发区，部署水平井477口，其中下发154口，完钻86口，3个水平井整体开发区初具规模。二是针对苏里格将出现的大量低产见水井，加大排水采气技术集成与特色技术研发，重点解决积液判识法、排水采气主体技术、实施与分析智能化等技术难题，创新搭建数字化排水采气系统，将对大量低产井的增效管理发挥重要作用。

7. 研发塔里木库车气区上产、配产、稳产的核心技术

重点研究深层低渗裂缝发育气藏经济高效开发最为关注的裂缝、水侵、产能部署等关键问题。进行应力敏感实验及裂缝空间展布描述，建立异常高压气藏产能评价方法及水侵能量评价方法，确定合理采气速度。已经在大北—克深开发方案中应用，也为周边气藏评价提供依据。

8. 研发“三高”气藏井筒完整性技术，保安全生产

基本形成超深超高压气井完井投产、资料录取2套技术，成功率100%。形成6项标准，已发布3项。为大北、克深气田开发、安全生产提供有力的技术支持。

【技术项目管理工作】

1. 推动科研与生产的密切结合

（1）紧扣勘探开发生产主题，围绕重点组织立项。勘探方面，突出“风险领域、风险区带和风险目标”的研究与落实，为风险勘探提供有力支撑；油田开发方面，突出“深化油气藏认识、提高单井产量和采收率”，开展重点油气区块综合研究和适用有效技术开发；天然气开发方面，紧紧围绕低品位储量大规模有效动用与老气田稳产，抓好气藏描述深化研究与实用工程技术开发。

（2）形成多方共识，确保围绕生产需求立项。广泛征求各专业处室意见，明确各专业急需研究的关键技术问题，确定研究重点；与项目承担单位广泛沟通，确定各专题主要研究内容和预期成果；征求副总师和分管领导的意见，经主管领导把关，科委会批准形成计划。同时也兼顾保持研究方向的基本稳定和与其他项目的有效衔接。

（3）形成顶层设计，确保研究工作围绕生产组织实施。根据攻关领域，明确研究问题和攻关目标；根据关键问题，设定具体研究内容；根据攻关目标，设计预期成果和量化考核指标。通过与各课题组的反复讨论和沟通，确定各课题的顶层设计内容，完成课题年度研究大表。做到课题研究的“四个落实”，即“目标落实、任务落实、工作量落实、考核指标落实”。

2．推动研究成果的有形化和有限化

（1）科技管理过程坚持贯彻研究成果的有形化和有限化理念。（2）项目执行过程必须做到有形化和有限化。所有项目成果要在生产中见到实效，并要在生产中得到验证。（3）通过顶层设计，突出重点，不做泛泛研究，明确预期成果形式和数量。

3. 推动研究成果转化为生产实效

（1）立项环节保证科研服务于生产。围绕生产立项，解决制约生产的关键问题，保证科研成果服务于生产。（2）有形化目标成果可直接应用于生产。所有研究成果必须是图件、钻探目标和实用技术，保证成果直接用于生产。（3）项目直接纳入生产管理体系，成为生产的一部分，各项目直接参与生产论证，保证服务于生产。例如，在风险目标论证过程中，相关的项目直接汇报研究成果，论证风险目标。

4. 上游信息化建设稳步全面推进

按照集团公司“十二五”总体规划部署的要求，按照“建得优、管得好、用得熟”的工作思路精细组织，勘探与生产信息化建设工作取得了实质性的进

展，为集团公司信息化工作5年达到国际先进水平目标的实现奠定基础。

（1）勘探与生产ERP系统自2011年9月单轨运行以来，已平稳运行一年多，应用的经济效益已初步体现。开展系统调优、查询加速（HANA）试点、界面优化、物资编码清理、业务流程监控、报表体系建设、物资采购系统的集成开发与试点、蓝图模板（2.0）修订、应急预案编制与演练、系统应用考核指标调整与考核、系统上线验收11项工作。至2012年11月，勘探与生产1700多亿元投资全部纳入ERP系统内管理，系统内管理投资项目44896个，处理物资凭证1334万笔，建立销售订单56万余张，系统日均处理各类业务30万笔，累计处理业务1.2亿余笔，注册用户数50786个，活动用户数37336个，全年非计划停机时间仅22分钟，系统运行时率达到99.9%。

（2）认真组织采油与地面生产运行管理等系统的建设工作，均取得实质性进展。

采油与地面生产运行管理系统（A5）：已完成需求分析和数据整理工作；采油工程报表117张；地面工程报表161张；采油工程224个数据集，约4092个数据项；地面工程274个数据集，约4197个数据项。

数字盆地系统（A6）：正在编制可行性研究报告，由于与A1数据交叉，2012年重点对2个系统的数据进行界定。

生产调度指挥系统（A8）：到2012年11月底，31间已建成22间交互工作环境会议室并陆续投入试运行。同时，开展多级联网视频监控系统的建设，已在新疆、吐哈、辽河、大庆、华北、吉林、冀东油田公司和煤层气公司完成部署和调试，共接入视频信号870路。

油气生产物联网系统（A11）：组织5个示范区的物联网方案设计与审查工作。项目组已完成项目咨询商的招标与评标工作。

公司信息门户系统：开发精细注水等6个专题栏目。更新世界油气资源查询系统中的数据，共录入页面13个，加载数据库记录780条。按照集团公司统一的升级方案，重新设计页面版式。持续加载信息，上载科技动态1415条，前沿技术149条，石油综合信息48期，新闻热点2180条，简报与通知97条，信息周报43期。生产调度指挥大厅运行与维护，保证视频会议正常运行。

信息系统应用集成完成勘探与生产信息标准化体系架构和信息系统建设总体架构的设计，完成“十二五”信息规划调整方案的编制，完成勘探与生产局域网的需求分析和建设配置方案。

报表与综合信息管理系统：完成生产运行、产能建设、测井等8个子系统数据平台由SQLServer到Oracle的转换。

5. 其他科技管理工作

组织有关专家对22个油气勘探项目和3个发明专利项目进行评审，评出科学技术进步一等奖3项、二等奖3项、三等奖6项，发明专利一等奖1项。其中，“新区新领域地质评价与物探技术”、“中国低孔低渗天然气资源大型化成藏理论、勘探开发技术与应用”、“阿姆河右岸勘探关键技术与3个千亿立方米气区的发现和落实”3个项目被评为科学技术进步一等奖，“基于组分精细分离的石油地质实验新方法”项目被评为发明专利一等奖。

（范土芝）

市场管理

【概述】 2012年，市场管理紧紧围绕全年生产经营目标，有效发挥市场管理在油气田工程技术服务领域中的推动作用，不断促进整体管理水平提升。

【市场准入】 2012年共受理长城钻探、大庆钻探、渤海钻探等申请市场准入的队伍824支，其中通过准入审查队伍645支，不合格队伍179支；对20个监督机构进行年度审查和换证工作。

【市场开放】 吉林油田积极与大庆钻探工程公司协商，所有的产能建设工作量，在满足市场需求的基础上，合理引进外部工程技术服务队伍，按照先系统内、后系统外，再民营队伍的原则，先后引进系统内长城钻探钻井队伍28支，渤海钻探钻井队伍9支，系统外中国石化钻井队伍11支，民营钻井队伍20支。

同时，吉林油田制定承包商市场准入管理检查方案，开展专项检查。按照公司开展安全生产领域非法违法生产经营建设和违章违规行为自查整改活动的通知要求，负责制定检查承包商管理综合工作，重点检查各单位选用的承包商是否持有公司核发的市场准入证；检查承包商提供的服务内容与市场准入范围是否相符，有无超出准入范围的情况。同时要求归口管理市场准入的专业部门或单位结合具体准入项目要求，制定完善本部门承包商的管理制度，明确提出在技术能力、资质、HSE业绩、设备、关键岗位人员和日常管理方面的要求，切实把好承包商的资质关、HSE业绩关、人员素质关、现场管理关和监督监理关。

【队伍管理】 长庆油田成功推进钻井队伍“甲、乙、丙”分级管理，有效促进钻井队伍整体素质的提高，大力推动了队伍管理由“数量型”向“质量型”转变。气田成功推进分区块分类管理，例如，子洲及靖边下古地区必须是中国石油队伍施工，而苏里格地区可以允许民营钻井队伍施工，但试气队伍必须是正规队伍等。

【扭亏解困】 大庆油田公司通过开展集中调研、梳理发展现状、剖析亏损根源，明确扭亏解困的思路。一是加快业务结构调整步伐。着眼于打造互补性更好、关联性更高、成长性更强的产业优势，积极稳妥推进工程建设、装备制造、物资供应、房地产等业务的重组整合，打造规模优势，提高市场竞争能力。二是全面整合油田计算机广域网、通信网和有线电视网运行维护业务，实行“三网合一”，优化资源配置，提高运行效率。三是实施“三清一退”，部署启动201家法人清理任务，一些与主业关联度不高、扭亏无望、没有前景、挂靠转包的业务正在有序退出。通过开展经营状况大调查，摸清了家底，理清了思路，保证法人清理、清产核资等难点工作的落实。

【资质检查】 2012年10月10—31日，集团公司资质管理办公室会同监察部、审计部、勘探与生产公司等单位组成联合检查组，对15个油气田企业和6个工程技术企业资质管理工作进行了专项检查。期间，检查组深入各单位机关、二级单位，查阅生产日报4224余份，涉及钻井、测井、录井、井下作业、带压作业、酸化压裂、测试和固井等多个专业。

在本次检查的15个油气田中，辽河、塔里木、吉林、大港、华北、吐哈、冀东、浙江油田公司和南方石油勘探开发公司等没有发现使用无资质队伍施工的现象；特别是辽河油田公司连续3年、大港油田公司连续2年没有出现无资质队伍施工现象。

据不完全统计，2012年各油气田共动用工程技术队伍8096支，其中，物探93支、钻井1730支、侧钻105支、测井813支、录井1550支、井下作业3194支、带压作业113支、酸化压裂152支、测试233支、固井113支。同比动用队伍数量增长5.5%，其中，物探增长12%、钻井增长2.6%、侧钻增长23.5%、测井增长6.7%、录井增长5.9%、井下作业增长8.6%、带压作业增长29.9%，酸化压裂下降11.1%、测试下降15.6%、固井下降5.8%。

（赵　刚　张晓宁）

第三篇

炼油与化工

综 述

【概述】 炼油与化工业务是中国石油产业链承上启下、增加价值、提高利润的中心环节，是提升中国石油竞争力的重要领域。中国石油天然气股份有限公司炼油与化工分公司（以下简称炼油与化工分公司，也称炼化板块）是股份公司的专业公司之一，主要负责中国石油的炼油、化工生产和化工产品销售业务的管理。炼油产品主要有汽油、柴油、航空煤油、润滑油、沥青和石蜡等，化工产品主要有合成树脂、合成橡胶、合成纤维及原料、尿素、基本有机化工原料和无机化工六大类。2012 年，中国石油炼油能力占国内炼油总产能的 30%，乙烯能力占国内乙烯总产能的比例由 2011 年的 24% 升至 30%，分别居世界第七位和第八位。已形成大连、抚顺、大连西太、吉林、辽阳、兰州、独山子、广西八大千万吨级炼油基地和兰州、大庆、抚顺、独山子、吉林五大乙烯生产基地和一批特色炼化企业。

炼油与化工分公司采用国际先进技术与装备，产品遵循国际通用技术标准和安全、环保规范，实行炼油、化工一体化生产和管理。2008 年，随着 11 家炼化上市、未上市企业的重组整合，炼油与化工分公司实现对上市、未上市炼化业务的统一管理。2009 年，收购未上市炼化企业与主业关联度高的资产，突出主营业务，减少重复建设，降低管理成本。同年，大庆油田化工有限公司等油田所属炼化业务纳入炼油与化工分公司统一管理，炼化业务实现在同一管理模式下的集中发展和专业化管理。截至 2012 年底，炼油与化工分公司机关下设 12 个处室，归口管理 24 家炼化企业、6 家化工销售公司、1 家炼化工程建设项目部以及 7 家油田所属炼化企业。

【经营业绩】 2012 年，炼油与化工分公司突出效益优先，在确保安全、平稳的基础上，合理安排装置负荷，持续优化生产运行，积极应对市场低迷等不利因素，安全环保形势基本稳定，实现较好的经营业绩，为集团公司保持盈利水平作出了贡献。

（1）原油加工量、产品产量。2012 年，国内原油加工量 1.47 亿吨，同比增长 1.6%。汽油、煤油、柴油产量 9638 万吨，增长 3.6%，其中，汽油 3099.5 万吨、煤油 477.8 万吨、柴油 6060.7 万吨。乙烯产量 369 万吨，尿素 441 万吨。主要化工产品商品量 2264 万吨，增长 8.6%。

（2）主要技术经济指标。深化对标管理，主要技术经济指标中有 22 项指标好于 2011 年；轻油收率、乙烯收率、双烯收率保持国内领先；炼油综合能耗同比下降 0.93 千克标准油 / 吨，乙烯燃动能耗下降 18.5 千克标准油 / 吨。提前完成全年的节能节水任务。

（3）产品结构。高标号汽油、低凝柴油等 8 类高效产品比例达到 30.99%，同比提高 2.1 个百分点。高标号汽油比例达到 92.3%，同比提高 4.8 个百分点，97 号汽油产量同比增长 31%，航空煤油增长 30%，芳烃增长 26%。满足地方成品油质量升级要求，锦州石化、华北石化和辽阳石化超前组织，累计生产京Ⅴ油品 132 万吨。车用柴油全部达到国Ⅲ标准。开发化工新产品 80 余个，产量 87 万吨。化工品牌化产品比例达到 47.7%，同比提高 4.3 个百分点。

（4）炼化布局。深化结构调整和布局优化，抚顺石化千万吨炼油和百万吨乙烯工程、大庆石化 120 万吨 / 年乙烯改扩建工程、呼和浩特石化 500 万吨 / 年炼油扩能改造工程竣工投产，四川石化炼化一体化项目基本建成，中委合资广东石化开工建设。国内形成 8 个千万吨级炼油基地和 5 个大型乙烯基地，炼化战略布局基本形成，将进一步改善市场供应格局。

（5）科技创新、信息化建设。大庆石化新建 60 万吨 / 年乙烯装置实现国内大型乙烯技术工艺包采用完全自主知识产权并达到完全国产化的目标。抚顺石化大乙烯建设也实现了关键设备乙烯压缩机组的国产化。ABS、大型氮肥工艺包成功应用。完成信息化顶层设计，9 家门禁系统施工结束，化工销售经营调度指挥系统上线运行。

（6）专项整治。“65431”专项整治（即：完善 6 个标准、整治 5 个短板、清理 4 类供应商、推进 3 个系统、开展 1 项攻关。）取得阶段性成果。32 套装置、41 个泵房、29 个罐区通过标准化验收；改造高危泵 3337 台，占总数的 72%，改造液下泵 424 台，占 51%；治理电网隐患，清理供应商，推广专业化检修；开展催化裂化长周期运行攻关，装置运行状况明显改善。炼化实时采集的装置运行平稳率99.6%，非计划停车同比减少37起，减幅54%。

（汪晓东）

装置及产品

【装置概述】 2012年，随着抚顺石化千万吨炼油和百万吨乙烯工程、大庆石化120万吨/年乙烯改扩建工程、呼和浩特石化炼油扩能改造工程的建成投产，装置的平均规模继续上升，装置的大型化程度继续提高。截至2012年底，中国石油共有24家炼厂，平均产能689万吨/年，1000万吨/年以上有8家，500万吨/年以上的有12家，分别加工大庆、吉林、辽河、新疆、长庆、青海原油及俄罗斯等进口原油。乙烯生产企业6家，共11套乙烯装置，装置平均产能规模46万吨/年。

随着原料劣质化和国内市场对油品质量要求的不断提高，炼油装置深加工、精加工能力继续加强。截至2012年底，股份公司共有常减压装置46套，总加工量为14357.61万吨，总拔出率66.28%。催化裂化装置共有40套，总加工量4928.83万吨。各产品平均收率：干气3.56%，液态烃16.84%，汽油42.98%，轻柴油19.91%，重柴油3.22%，油浆5.28%，焦炭7.75%，损失0.34%。加氢裂化装置共有18套，总加工量1774.82万吨。渣油加氢脱硫装置共有2套，总加工量536.79万吨。延迟焦化装置共有17套，总加工量1615.74万吨。连续重整装置共有18套，总加工量（重整进料）1173.68万吨。三苯收率平均14.36%，溶剂消耗平均0.023千克/吨。汽油、柴油加氢精制装置共有10套，总加工量741.25万吨。

（焦丽菲）

【有机原料】 股份公司生产的有机原料主要品种有：乙烯、丙烯、1-丁烯、丁二烯、苯、甲苯、二甲苯（混合二甲苯、邻二甲苯、对二甲苯）、甲醇、丁醇、辛醇、环氧乙烷、乙醛、醋酸、醋酐、苯乙烯、苯酚、丙酮等。其中，三烯（乙烯、丙烯、丁二烯）和三苯（苯、甲苯、二甲苯）为基础有机原料，其余为主要中间原料。

1. 乙烯

乙烯是石油化工生产中最重要的原料之一，其化学性质活泼，能生成许多衍生物，如聚乙烯、聚氯乙烯、苯乙烯、乙醇、环氧乙烷等。乙烯的产量及技术经济水平常作为衡量一个国家石油化学工业发展水平的标志。

乙烯的来源主要是通过乙烯裂解装置热裂解产生，也有极少部分通过炼油的催化干气回收而得。截至2012年底，股份公司共有11套乙烯裂解装置，产能达到511万吨，同比增长37.7%。2012年，股份公司乙烯产量368.9万吨，同比增加22.2万吨，占国内蒸汽裂解制乙烯总产量1478.9万吨的24.9%。

2. 苯、甲苯、二甲苯

三苯（苯、甲苯、二甲苯）既是重要的有机化工原料，可生成一系列的衍生物，又是重要的工业溶剂。三苯可从乙烯裂解装置的产物或炼油装置的产物中经芳烃抽提、重整等加工手段获得。2012年，三苯的产量为162.74万吨。

3. 甲醇

甲醇是一种重要的基础化工原料和有机溶剂，在医药、农药等化学品的合成中应用十分广泛。股份公司现有甲醇装置5套，2012年共生产甲醇57.98万吨。

4. 丁醇、辛醇

丁醇和辛醇常以丙烯为原料制得，主要用于制造增塑剂、石油添加剂、涂料及作为溶剂。丁醇和辛醇的合成路线接近，通常以一套装置同时生产两者。股份公司现有3套生产装置，2012年生产丁醇18.85万吨，辛醇12.31万吨。

5. 环氧乙烷

环氧乙烷主要用于制造乙二醇、合成洗涤剂、非离子表面活性剂、增塑剂和润滑剂等，在医学上还用作消毒剂。环氧乙烷生产装置常联产乙二醇。2012年，共生产环氧乙烷35.71万吨。

6. 苯酚、丙酮

苯酚最主要的制备方法是丙烯经苯烃化合成异丙苯然后经过氧化分解为苯酚和丙酮。苯酚主要用于制造苯胺、酚醛树脂和双酚A等；丙酮是优良的溶剂和化工原料。股份公司仅有1套采用异丙苯法工艺的生产装置，2012年生产苯酚7.57万吨，丙酮4.75万吨。

7. 苯乙烯

苯乙烯主要用于生产苯乙烯系列树脂（如聚苯乙烯、SAN树脂等）、丁苯橡胶、ABS树脂和涂料等。股份公司现有12套生产装置，2012年共生产苯乙烯67.77万吨。

【合成树脂】 2012年，股份公司合成树脂产量618.39万吨。涉及聚乙烯（PE）、聚丙烯（PP）、ABS树脂、聚苯乙烯（PS）、SAN树脂五大类。

1. 聚乙烯（PE）

股份公司共有聚乙烯装置21套。按可生产的聚乙烯产品类型分，聚乙烯生产装置可分为高压低密度聚乙烯（HP-LDPE）装置、低压高密度聚乙烯（LP-HDPE）装置、线性低密度聚乙烯（LLDPE）装置和全密度聚乙烯（FDPE）装置。其中，FDPE装置的产品范围可覆盖从低密度的LLDPE到高密度的HDPE整个密度范围的产品。2012年，聚乙烯（PE）产量305.98万吨。

（1）LDPE。股份公司共有3套HP-LDPE装置生产LDPE产品，2012年总产量为46.98万吨。

（2）HDPE。股份公司共有LP-HDPE装置8套，另有4套FDPE装置全部或部分生产HDPE产品。2012年，总产量为137.55万吨。

（3）LLDPE。股份公司共有LLDPE装置10套，另有4套FDPE装置部分生产LLDPE产品。2012年，总产量为121.45万吨。

2. 聚丙烯（PP）

股份公司现有聚丙烯装置31套。2012年，总产量为262.13万吨。

3. ABS树脂

股份公司现有ABS树脂装置4套，2012年，总产量为28.92万吨。

4. 聚苯乙烯（PS）

股份公司现有聚苯乙烯（PS）装置1套，2012年总产量为10.82万吨。

5. SAN树脂

股份公司现有3套SAN树脂装置，2012年，总产量为9.43万吨。

【合成纤维】 股份公司合成纤维业务包括合成纤维单体、合成纤维聚合物和合成纤维3个方面。

1. 合成纤维单体

股份公司生产的合成纤维单体有精对苯二甲酸（PTA）、丙烯腈（AN）和乙二醇（EG）等。2012年，生产PTA 48.68万吨，AN 53.59万吨和EG 29.14万吨。

2. 合成纤维聚合物

股份公司生产的合成纤维聚合物产品主要有聚对苯二甲酸乙二酯（PET）。共有3套PET生产装置，2012年，总产量为11.74万吨。

3. 合成纤维

股份公司生产的合成纤维品种有涤纶、腈纶和丙纶。涤纶生产装置有2套，腈纶生产装置有2套，丙纶生产装置有1套，2012年，合成纤维总产量为8.46万吨，其中，腈纶纤维8.31万吨，丙纶纤维0.14万吨。

【合成橡胶】 股份公司现可生产顺丁橡胶、丁苯橡胶、丁腈橡胶、乙丙橡胶和氯磺化聚乙烯五大类橡胶产品。2012年，总产量为63.33万吨。

【化肥】 股份公司化肥生产包括合成氨、尿素、复合肥及丙烯腈装置副产的硫铵。

1. 合成氨

截至2012年底，股份公司有合成氨装置10套，2012年生产合成氨297.22万吨，同比减少5.86万吨。

2. 尿素

截至2012年底，股份公司有尿素装置9套，2012年实际生产451.22万吨，同比增加2.8万吨。

【精细化工】 股份公司的精细化工品主要集中在催化剂（包括助催化剂）、石油添加剂、油田化学品、橡胶助剂、表面活性剂等方面，最主要的是催化剂和表面活性剂。

1. 催化剂

催化剂技术是石油化工的核心技术之一。兰州石化催化剂厂是国内主要的炼油催化剂生产基地，辽阳石化烷基铝厂则是国内烷基铝助催化剂生产企业。

兰州石化催化剂厂生产催化裂化催化剂，2012年，生产4.93万吨，同比增加0.12万吨。辽阳石化烷基铝厂生产三乙基铝446吨，同比减少89吨。

2. 表面活性剂

烷基苯是洗涤剂和农药乳化剂的重要中间体，重烷基苯还是重要的油田助剂。2012年，生产烷基苯15.1万吨，重烷基苯2.18万吨。

（董　政）

重点工程

【概述】 2012年，是炼化项目建设高峰年，炼油与化工分公司积极推进重大炼化项目和质量升级项目建设，加快实施安全、环保和节能项目建设。项目建设过程中，紧扣安全质量和投资控制两条主线，加强对标管理，严格执行基本建设程序，抓住关键环节，全面完成全年工作任务、实现预期目标。在企业和建设单位的共同努力下，呼和浩特石化500万吨/年炼油改扩建项目、抚顺石化80万吨/年乙烯工程及大庆石化120万吨/年乙烯改扩建工程三大炼化项目按期建成投产；广西石化含硫原油加工配套、华北石化炼油质量升级与安全环保技术改造、云南石化1000万吨/年炼油项目、广东石化2000万吨/年炼油项目有序推进。快速推进汽油质量升级项目建设，实现14家汽油质量升级项目土建基础出地面的目标。

【工程项目】 2012年，炼化项目建设达到年初确定目标。

1. 完成10项建成投产项目

（1）呼和浩特石化500万吨/年炼油改扩建项目，7月30日中交，年底实现安全、平稳投产。

（2）抚顺石化80万吨/年乙烯项目，7月20日工程中交，10月28日实现安全、平稳投产；千万吨炼油结构调整工程涉及的新建9套炼油装置、异地搬迁7套装置，2012年上半年全部建成投产。

（3）大庆石化120万吨/年乙烯改扩建及配套项目，6月20日工程中交，10月5日实现安全、平稳投产。

（4）大庆炼化30万吨/年聚丙烯项目，6月20日工程中交，8月30日实现安全、平稳投产。

（5）克拉玛依石化完善稠油集中加工及配套项目100万吨/年延迟焦化装置8月中交，年底实现安全、平稳投产。

（6）吉林石化32万吨/年苯乙烯项目，8月25日中交，10月31日实现安全、平稳投产。

（7）吉林石化40万吨/年ABS（一期）项目，8月30日中交，10月28日实现安全、平稳投产；

（8）大庆石化炼油厂一套常减压装置安全节能改造项目，8月30日中交，10月10日实现安全、平稳投产。

（9）辽河石化60万吨/年连续重整装置，10月15日中交，12月28日，实现安全、平稳投产。

（10）锦州石化160万吨/年延迟焦化装置，9月30日中交，11月18日实现安全、平稳投产。

2. 六项重点工程项目达到预期进度

四川石化炼化一体化项目按照进度计划有序推进，年内实现工程中交。广西石化含硫原油加工配套项目初步设计审查及批复完成，土建工程全面展开。乌鲁木齐石化集中加工劣质原油改造项目涉及产品质量升级和结构优化的柴油加氢、延迟焦化2套装置已投产，剩余装置主体建成，达到预期进度计划。华北石化炼油质量升级与安全环保技术改造项目总体设计、初步设计审查完成并批复，进行施工图设计及长周期设备订货。云南石化1000万吨/年炼油项目总体设计审查及初步设计审查完成。广东石化2000万吨/年炼油项目总体设计审查及批复完成，2012年4月举行开工仪式。

3. 质量升级项目进展达到预期

大连石化225万吨/年汽油加氢质量升级项目主体工程年内完成。华北石化120万吨/年SZorb催化汽油吸附脱硫装置土建工程完成，进行设备安装。大庆石化、哈尔滨石化、长庆石化、大庆炼化、庆阳石化、宁夏石化、辽河石化、独山子石化、抚顺石化、呼和浩特石化、玉门炼油厂、格尔木炼油厂等12家汽油质量升级项目初步设计审查完成，大庆石化等11家汽油质量升级项目初步设计批复，长周期设备订货。

4. 其他项目进展顺利

辽河石化120万吨/年柴油加氢改质装置主体装置建成，基本实现预定进度目标。长庆石化60万吨/年柴油加氢精制装置主体装置建成。吉林化合成氨油改气项目初步设计批复。宁夏石化45万吨/年合成氨和80万吨/年尿素项目初步设计批复，进行施工图设计、关键及长周期设备订货，现场进行“四通一平”。

【项目管理】 全面梳理炼化建设项目管理流程，包括工程设计、招标、采购、施工、投产、竣工验收全过程。2012年，重点对《炼油化工建设项目初步设计管理办法》、《炼油化工建设项目工艺技术选择管理暂行办法》、《炼油化工建设项目工程建设总体部署管理办法》、《炼油化工建设项目开工报告管理办法》、《炼油化工建设项目竣工验收管理办法》、《炼油化工建设项目施工图会审管理办法》和《炼油化工建设项目工程中间交接条件管理办法》等制度进行宣传贯彻。组织炼化工程建设项目部编制完成并颁布下发2个企业标准——《炼油化工建设项目竣工验收规范》Q/SY 1475—2012和《炼油化工建设项目交工技术文件规范》Q/SY 1476—2012，编制完成《炼油化工建设项目施工过程技术文件管理规范》和《炼油化工建设项目临时设施管理规范》2个企业标准。

根据炼化建设项目管理流程，密切跟踪项目在实施过程中的管理工作，从项目管理模式、技术选择、设计、施工、监理单位招标选择、长周期设备提前采购、总体部署编制与批复、开工报告批复、投资完成统计、引进合同管理等建立基本台账，使炼化项目严格按照基本建设程序有效运行。

【投资控制】 2012年，炼油与化工分公司将初步设计审查重点放在设计优化和对标管理上，华北石化炼油质量升级与安全环保技术改造、云南石化1000万吨/年炼油、广东石化2000万吨/年炼油等全厂型炼化项目，通过化大为小，做好同类装置技术、经济详细对标，强化投资控制，取得显著成效。全年完成50个项目的初步设计批复，批复初步设计概算比上报概算投资节约13%。

【质量安全管理】 2012年，炼油与化工分公司将炼化建设项目安全质量检查重点放在新建项目“65431”专项治理工作的落实情况、工程建设质量体系运行情况和现场实体工程质量检查方面。各地区公司对安全质量检查工作高度重视，分别成立相应的检查领导小组，并积极组织自查自改。炼油与化工分公司组织炼化工程建设项目部完成呼和浩特石化、四川石化、大庆石化、辽河石化、乌鲁木齐石化、吉林石化、华北石化、广西石化8家地区公司重点炼化工程现场抽查，检查分项工程783项，查出各类问题1260项。及时下发安全质量检查通报，督促地区公司对存在的问题限期进行整改，并要求各炼化企业提高认识，举一反三，通过检查促进炼化项目安全质量管理水平提升，确保建设项目质量和安全受控。

【竣工验收】 2012年，完成哈尔滨石化60万吨/年连续重整—80万吨/年中压加氢改质联合装置、辽阳石化20万吨/年乙二醇及配套工程、华北石化500万吨/年炼油及配套工程、庆阳石化270万吨/年炼油搬迁改造集中加工项目等18个投资1亿元以上工程的竣工验收。

【工程创优】 2012年，塔里木石化45万吨/年合成氨和80万吨/年尿素建设工程、兰州石化5万吨/年丁腈橡胶装置2个项目荣获国家优质工程银质奖，兰州石化10万吨/年丁苯橡胶装置荣获石油优质工程金奖，大庆石化裂解老区16W型裂解炉对流段改造、大庆石化乙烷裂解炉及急冷减黏系统改造、兰州石化300万吨/年重油催化裂化装置烟气脱硫3个项目荣获石油优质工程铜奖。

（张　璞）

化工产品销售

【概述】 2012年，国内化工市场在全球货币宽松和实体经济需求放缓的矛盾中，呈现市场销量萎缩，价格反复振荡、曲折下行的态势。炼油与化工分公司以效益为中心，坚持以销定产、以产促销的经营模式，积极应对市场挑战，确保低库存运行，完成各项KPI考核指标。全年销售化工产品2410万吨，同比增长6.5%，化工产品购销率达100%，同比增长1个百分点；化工产品直销率达到66%，调运计划兑现率101.9%。

【统销业务】 2012年，继续加大统销管理力度，全年统销量1522万吨，同比增长8.5%。加强液体产品管理。通过ERP系统应用加强了对“三苯”等液体化工产品管理，杜绝大区公司无计划买断、超计划买断、互供量与自销量串换的问题，实现计划受控。做好液化气统销管理，靠实炼化企业矿区民用及自用液化气量，将哈尔滨石化矿区民用液化气量纳入计划管理，对抚顺石化丙烷、原料气、混合C_4进行细分，分别下达计划，规范自销液化气计划管理工作。针对个别企业液化气流向比例不合理的问题，结合昆仑燃气公司实际销售比例及资源优化的原则，调整液化气流向比例。

加强炼油小产品管理。加强对炼油小产品销售的监管，拟定《炼油小产品销售管理办法》，12月起炼油小产品销售计划通过ERP系统下达。参加监察部组织的炼化企业炼油小产品效能监察，重点检查了沥青、燃料油、液化气等产品的“四统一”执行情况。

持续推进销售业务对标管理。强化每月销售价格对标分析，对标品种涉及六大类51个品种牌号。逐步建立不定期的量价配合提醒通报机制，充分发挥总部统一指挥、协调的引导作用，坚持每周对各销售企业销量和销价进行讲评，加大监管力度，不断找差距并及时整改，提高营销水平。

密切产销衔接，优化资源配置。在做好月度、季度、年度产销计划衔接的基础上，建立产销信息定期通报机制，进一步密切了产销衔接。加强资源优化配置，坚持资源向效益好的销售企业倾斜，全年向高效益市场增加配置20多万吨。

加强市场研判，组织好高效产品销售。2012年，组织石蜡生产单位开展国内石蜡市场调研，对国内9个下游行业的24个终端厂家进行走访，完成国内石蜡产品供应格局、石蜡下游产品构成及发展趋势、国际经济环境及相关经济政策对下游制造业及出口的影响等调研任务，收集石蜡使用厂家及贸易商对中国石油产品及营销策略的意见和建议，形成调研报告，为今后石蜡产品发展、营销策略提供依据。根据市场供需情况部署化肥营销工作，增产SODm尿素新产品，全年SODm尿素产量150万吨，销售价格创历史新高。制定《西北区域后期市场操作思路》，指导应对区内市场的严峻形势。

【战略合作】 2012年，分别组织召开大庆石化、抚顺石化、大庆炼化新产品推介会，按照新开工装置工艺特点，提前进行产品定位，确定开工牌号。邀请国内知名下游加工企业现场交流，了解新产品的性能和加工特点，并与30家下游工业用户企业签订战略合作协议，29个新牌号产品高端入市，确保企业后路。发挥集团优势，拓展内部市场，实现内部战略合作。召开独山子聚烯烃管材料应用推广协调会议，推广独山子石化的管材料及混配料，成功地把白料用于生产埋地钢管包覆料，把混配料应用于燃气管生产。推进独山子石化SBS产品在中国石油内部企业中国石油燃料油有限责任公司的应用。

【化工物流】 2012年，大庆石化、抚顺石化、大庆炼化、呼和浩特炼厂、吉林石化ABS等一批新装置开工投产，为确保产品顺畅销售，炼油与化工分公司提前与铁路部门、中海集运、中油运输公司协调，研究制订新开工装置运输方案和应急预案，及时新增铁路自备车486辆，有效保证新投产装置生产后路畅通。加强自备车管理工作，实行部分铁路自备车统一管理工作，分区域对独山子石化、兰州石化、乌鲁木齐石化、辽阳石化苯类自备车进行集中统一管理，提高铁路自备车运行效率。

加快“十二五”化工物流建设规划的落实。2012年，做好重庆仓储库房建设和华南、华北仓储库房建设前期准备工作。按照前沿仓储库房标准化管理方案，继续推进仓储库房标准化管理。经营调度指挥信息系统正式上线运行，实现经营分析、在途监控、市场库房仓储监控、经营调度视频会、经营预测五大模块功能，进一步提升运输管理水平。

（范学民）

【市场回顾】（1）原油市场回顾。2012年，世界石油需求创金融危机以来新低，而石油供应相对充裕，导致供需基本面相对宽松，扭转21世纪以来供需形势一直相对偏紧的局面。但是由于地缘政治、投机和宽松货币政策等因素影响，原油价格出现应跌不跌的现象，其中布伦特、米纳斯、迪拜油种创历史新高。WTI原油现货年均价为94.1美元/桶，最高价为109.91美元/桶；布伦特原油现货年均价为111.6美元/桶，最高价为128.2美元/桶。分季度看，2012年国际油价总体呈现一涨、二跌、三反弹、四振荡的走势。第一季度，由于西方国家和伊朗关系紧张造成市场恐慌，投机者借机炒作，国际油价持续走高，WTI原油现货从2012年初的96.7美元/桶升至109.9美元/桶，涨幅达13.6%；布伦特原油现货从106.5美元/桶升至128.2美元/桶，涨幅达20.3%。第二季度，伊朗局势缓和，投机者获利回吐，市场对欧债危机恶化的担忧，油价大幅下跌。WTI和布伦特原油现货价分别降至78.7美元/桶和88.6美元/桶，跌幅分别达28.3%和30.5%。第三季度，一系列地缘政治事件升温，投机者重新做多市场，国际油价强劲反弹，WTI原油现货价升至99美元/桶，布伦特原油现货价升至117.5美元/桶，升幅分别达25.8%和32.6%。第四季度，受美国大选因素、投机者撤离市场等因素影响，国际油价总体呈振荡下行走势，WTI原油和布伦特原油现货价分别降至84.6美元/桶和107.3美元桶，降幅分别为14.5%和8.7%。主要油种价格变化情况见表1。

表 1 主要油种价格变化情况 美元 / 桶

油种	年平均价格	最高价格	最低价格	价格变化
WTI	94.1	109.91	78.11	31.8
布伦特	111.6	128.2	88.62	39.55
迪拜	109.1	124.2	89.1	35.53
米纳斯	116.6	135.5	96.57	38.94

（2）化工市场回顾。2012 年是历史上政治经济事件最多，不确定性因素影响最大的一年。既有全球主要国家领导人更替所带来的政治体制的不确定性，也有欧债危机、全球经济减速及实体经济恢复乏力的不确定性，更有中东局势战火不断，导致原油、石脑油价格不断上涨、化工产品需求持续低迷，加之中东伊朗低成本进口的冲击，化工市场呈现供应相对过剩、价格易跌难涨，化工行业亏损面加大的局面。第一季度，受高油价支撑，化工市场总体高位振荡，但由于需求前景不乐观，又逢春节假日，相比油价的乐观情绪化工市场略显沉闷。第二季度，是化工市场传统需求旺季，由于油价大幅回落，化工市场在需求不畅的同时又失去成本支撑，价格出现大幅回落，亏损压力加大，尽管中国石油、中国石化采取措施，国家出台刺激需求的相关政策，但未能改变市场疲软的局面；第三季度，油价的上涨极大地鼓舞市场的情绪，化工产品价格全面止跌反弹，但下游需求无实质性好转，制造业采购经理人指数（PMI 指数）在 7 月降至 47.6，创下 41 个月以来最低水平，相比油价的节节攀升，化工品价格上涨有限。进入第四季度，党的十八大释放出的积极信号使市场情绪受到提震，需求出现回暖迹象，但与高成本油价相比，化工产品依然未能摆脱经营困境。与 2011 年相比，2012 年化工市场高成本、低价位以及外需萎缩、内需疲软的特点十分明显，化工行业步入微利或亏损时期。主要化工产品价格变化情况见表 2。

表 2 主要化工产品价格变化情况 元 / 吨（含税）

产品	年平均价格	最高价格	最低价格	价格变化
LDPE	10621	11300	9800	500
HDPE（拉丝）	11051	11500	10680	970
HDPE（注塑）	10529	11000	10000	1000
LLDPE	10212	11000	9400	1600
PP（拉丝）	10926	11900	10200	1700
ABS	15064	16180	14100	2080
聚酯切片（纤维级）	10126	11300	8650	2650
腈纶短纤（3D）	17658	21600	15200	6400
顺丁橡胶	22420	21800	16500	5300
丁苯橡胶	20139	24800	15700	9100
PTA	8246	9100	7000	2100
精己二酸	10727	12800	9700	3100
对二甲苯	11343	12450	9400	3050
苯乙烯	10996	13500	9200	4300

（王 梅）

专业管理

【规划计划管理】 按照确保与四大战略通道获得的资源相匹配的炼油加工能力，确保自产成品油数量占国内消费量比例不降，确保已有炼油能力和装置结构对原油变化、质量升级的适应性，确保安全环保、节能减排、车用燃料清洁化和信息化的原则做好规划计划管理工作。2012 年，新增呼和浩特石化炼油能力 350 万吨，新增克拉玛依石化 100 万吨稠油加工能力，新增大庆石化、抚顺石化乙烯生产能力 140 万吨。完成《炼化业务“十二五”规划优化方案及“十三五”框架规划》，启动编制《2015—2025 年中国石油炼油发展中长期发展规划》。加强项目前期管理工作，制定《炼油与化工分公司加强投资管理实施细则》，严格项目前期管理程序。加强投资计划管理，控制投资节奏，科学安排各批次计划，保证炼化重点项目有序实施。编制上报 2012 年第一批至第六批炼油化工建设项目投资建议计划，组织向各地区公司转发下达第一批至第六批项目投资计划和 8 批安全环保专项治理计划。

（高长峰）

【资源配置】 积极应对成品油需求下滑、化工市场低迷的严峻形势，加强资源优化配置，有效控制装置负荷，减少亏损。原油资源方面，按照效益优先、产销结合、合理优化、调整结构的原则，坚持资源优化配置，实现效益最大化。东北地区内陆原油在确保油田后畅通的基础上，适当控制加工负荷；西北地区原油资源紧张，同时为四川石化备油，严格控制原油加工负荷；沿海企业加工负荷在安全负荷范围内，尽量降低加工负荷，同时做好应急预案，做好部分装置停工的准备。2012 年，原油加工总量实现平稳增长的目标，同比增加 237.7 万吨。按照控亏要求，大部分企业加工量低于预算和 2011 年同期，对加工效益好的企业维持较高加工负荷。

化工原料方面，根据效益测算情况，持续优化化工原料资源互供。2012 年，由于炼油加工量的降低，乙烯原料缺口的矛盾较为突出。为优化资源，提升乙烯原料的加工效益，板块重点加强乙烯原料优化的研究，进一步提高轻烃、拔头油等优质资源的互供。油田轻烃互供量同比增加 12.15 万吨；拔头油互供量同比增加 5.34 万吨。根据效益情况，阶段性停运了部分小乙烯装置。组织石化院开展乙烯裂解原料评价工作，为优化资源配置和优化装置运行奠定基础。根据橡胶产品效益和丁二烯资源的情况，优化橡胶装置负荷，指导锦州石化阶段性停止外采丁二烯，独山子石化丁二烯互供兰州石化。

【生产管理】 按照强化“三基”工作，规范管理，保安全，促平稳的思路，进一步加强原料和产品结构优化，完善生产运行管理和计划管理规章制度，提升装置运行质量，夯实管理基础，提高生产运行管理水平。

将安全平稳运行作为首要任务，科学安排装置检修开停工时间，要求生产企业遇到问题不盲目冒进，及时退守，在确认安全的前提下进行操作，减少变动操作，确保生产处于受控状态。夯实平稳运行基础，组织 24 家企业对 1703 套操作规程进行修订，企业按时完成，进入专业部门集中审查阶段。配合操作规程修订，编制《炼化企业生产装置操作规程及操作卡管理规定》修改稿。严格非计划停车管理及考核，开好现有装置，实现安稳长满优生产。深化对标管理，以降低加工成本为重要工作，确保措施到位，提升整体优化水平。生产计划安排上，按照增收、节支、降本、增效的原则安排生产方案，合理安排各主要生产装置负荷，确保安全运行。组织对新开工装置整体试车方案进行审查，梳理存在问题，帮助解决难点问题，对影响开工的关键节点进行督办，保证开工顺利。

不断完善生产运行调度信息系统，及时掌握生产运行态势，为生产管理提供高效运转平台；完善 MES 系统管理系统，加强生产调度指令的落实和管理，确保生产信息通畅、生产指令和方案得到落实，为保证生产的平稳运行发挥重要作用。

（楼　森）

【产品结构】（1）炼油方面。在生产平稳运行的基础上，以效益为中心，优化炼油产品结构，增加高标号汽油、低凝柴油、航空煤油、沥青等高效厚利产品产量。2012 年，炼油高效产品比例达到 31%，同比提高 2.1 个百分点，其中高标号汽油比例 92.32%，同比增加 4.81 个百分点。稳步推进汽柴油质量升级工作，顺利实现国Ⅲ车用柴油的全面供应，柴油硫含量降至350毫克/升。响应和支持北京市政府升级油品、改善城市大气环境的要求，制订京Ⅴ汽柴油生产和供应方案，锦州石化、华北石化、辽阳石化制定系列保障措施，认真落实生产调和、分析检验和销售储运的各个环节，全面完成供应任务，累计生产京Ⅴ油品132万吨。制订完成国Ⅳ车用柴油升级方案。

（2）化工方面。集中生产、科技、质量、价格和营销各方面力量，强化产销研密切衔接，协同配合，对适销对路的高附加值产品重点攻关，在管材料、低压膜料、BOPP膜料、电缆料、瓶盖料、中空料、医用料、汽车专用料、环保橡胶、SBS、低顺橡胶、溶聚丁苯橡胶、乙丙橡胶、氯化聚乙烯料等十多个品种上，逐步形成中国石油化工产品的名牌产品，发挥市场主导优势。重点做好独山子石化溶聚丁苯、低顺橡胶、吉林石化乙丙橡胶和兰州石化的环保型丁苯橡胶、抚顺石化新投产的丁苯橡胶、大庆炼化聚丙烯、吉林石化ABS专用料、大庆石化化工产品市场开发工作，做好医用料的市场推广，落实宝鸡钢管厂包覆料的销售，增加BOPP膜料和纤维料的产量，稳定增加聚乙烯、聚丙烯管材料的产量，大力推广中熔指高刚性、高熔指透明、流延膜聚丙烯产品开发。全年共生产化工新产品43个，产量达到87.2万吨，化工品牌化产品比例同比提高4.3%。

（楼　森　范学民）

【催化裂化长周期运行攻关】 催化裂化长周期运行攻关是炼油与化工分公司2012年重点工作之一。炼油与化工分公司成立工作组，确定非计划停工同比降低30%的目标，制订工作网络计划，搭建信息管理平台，围绕原料、催化剂、操作、检维修、公用工程系统管理等10项工作落实责任人和责任处室。2012年，下发《关于进一步加强电气专业管理工作的通知》和《关于修订炼化生产装置操作规程的通知》，确保提高系统保障能力和操作管理水平；开展长周期工作调研，全面监控装置原料、催化剂和物料平衡等关键数据；开展装置平稳率考核和评比，对非计划停工装置，派专家组现场调研和指导，及时下发通报。编写《催化裂化装置紧急停工处理导则》，完成《催化裂化装置操作规程》修订。

各地区公司高度重视，按照板块要求，成立攻关小组，制订方案，确定攻关目标。主管领导亲自挂帅，确保方案有目标、有措施、有检查、有责任单位和完成时间。特别是设备管理方面，对大型关键机组、特殊阀门、波纹管、外取热器、旋风、衬里等关键设备实行特护制，重视设备的离线和在线状态检测和监测工作；利用检修时机，对关键部位彻底排查隐患和问题，制定可靠整改措施，积极应用有成熟业绩的四新技术，提高设备可靠性。通过有效攻关，成功解决庆阳石化两器晃动等问题。催化裂化长周期运行攻关一年来，非计划停工明显减少，同比下降43%，装置平稳率水平得到提高。

（张　彦）

【质量与标准】 2012年，炼油与化工分公司以ISO 9000质量体系认证为基础，以提升实物标准指标为重要抓手，夯实基础，创新管理，积极推动产品质量检测、实物质量、服务质量工作。组织开展标准修订、标准复审、标准的实施监督检查、标准化研究以及标准体系建设等工作，加强标准化管理，较好地完成本年度的各项任务。

（1）质量体系认证和评审。指导华北化工销售公司、华南化工销售公司、西南化工销售公司、华东化工销售公司等单位开展ISO 9000质量体系认证并取得认证证书。炼化生产企业、销售企业质量管理体系认证率达到100%。组织6个评审组15位专家，对大连石化、大连西太、抚顺石化、辽阳石化、辽河石化、锦州石化、锦西石化等15家企业进行质量体系推进评审。评审重点包括质量体系有效性、质检室建设、质量目标等内容。协助集团公司开展产品质量监督抽检。2012年化工产品抽查119批次，油品抽查407批次，产品抽检合格率99.8%。

（2）名牌创优。组织企业申报石化行业名牌产品，取得名牌产品5个：股份公司（克拉玛依石化、辽河石化）重交通道路沥青，股份公司（大庆炼化、大连石化、抚顺石化）全精炼石蜡，大庆炼化聚丙烯酰胺，大庆石化顺丁橡胶，兰州石化石油苯。2012年，获得国家级产品质量奖8项，省级名牌、用户满意产品9项，省级、行业级质量管理奖13个。按照集团公司品牌管理委员会的工作部署，起草《石化产品“昆仑”品牌实施细则》。组织研究评审上报的石化产品“昆仑”品牌申请，下发文件，授权26家企业893种石化产品使用“昆仑”品牌。组织第二批“昆仑”品牌申报，共147种产品获准使用“昆仑”商标。

（3）航空煤油认证。编制印发《关于加强航煤生产的通知》，对航空煤油原料、过滤器选型、添加剂品种加以规定，规范航空煤油生产。组织独山子石化、宁夏石化、呼和浩特石化、庆阳石化航空煤油预评审。指导独山子石化、宁夏石化、庆阳石化、锦州石化、兰州石化取得航空煤油认证。10月，召开航空煤油研讨会，培训航空煤油生产知识，下发《炼油与化工公司航煤认证指南》。

（4）标准管理。完成《聚丙烯树脂》等6项集团公司标准修订；组织大庆石化、兰州石化、宁夏石化、塔西南石化等单位修订标准Q/SY 1199—2009《SODm尿素》；组织对Q/SY 26—2009《石脑油》等16项标准进行复审。对GB 17930—2011《车用汽油》、GB 19147—2009《车用柴油》和GB/T 3405—2011《石油苯》3项国家标准的实施情况进行检查，抽查华北石化、锦州石化、锦西石化和辽河石化4家单位。从标准实施效果看，各单位对《车用汽油》和《车用柴油》2项标准执行到位，《石油苯》的实施还存在一些问题，需要加快步伐进行完善。针对炼化安全生产需求，开展《石油苯》国家标准实施情况调查分析，对比研究《液体石油产品静电安全规程》等有关静电安全的国家、行业及ASTM标准，对比分析《甲基叔丁基醚》各企业标准，了解存在问题，为开展标准优化整合、提高标准实施效果提供支持。

制订《炼油与化工标准化工作达标计划》，明确今后5年炼油与化工分公司标准化工作目标和工作任务，从标准体系建设、标准信息化建设和标准基础研究等方面提出今后的重点工作。对炼油与化工专业标准化技术委员会产品标准体系表进行修订，更新标准条目、增加催化剂类标准体系表、删除一些长期不用的中间产品企业标准，修订后的标准体系表共包含1523项标准。组织各炼化企业开展《企业标准体系表》研制工作。开展股份公司出口产品及其标准调研，调查梳理出口产品品种、出口量、出口国家以及执行标准等内容。

（林　炯）

【科技管理】 2012年，炼化科技管理工作突出质量升级、产品结构优化和信息化，狠抓“用成果、扬特长、创效益、强‘三基’”工作。按照股份公司与地区公司两级项目管理模式，加大炼油化工科技投入，先后下达炼油化工科技计划2批，共投入1.71亿元，结转2011年开发项目56项，新开研发项目55项。完成炼化科技项目中期检查，共检查评估72项科技项目，其中通过58项，14项中止纳入验收管理程序。完成炼化板块自2000年以来科技项目清理工作，经过反复核实，共清理出232个项目，确定验收计划。

自2007年以来，炼化科技工作取得巨大成就。由克拉玛依石化等单位承担的“环烷基稠油生产高端产品技术研究开发与工业化应用”项目于2011年荣获国家科学技术进步一等奖。“高分子量抗盐聚丙烯酰胺工业化生产技术的研究开发与应用”、“催化裂化汽油辅助反应器改质降烯烃技术的开发和应用”以及“原位晶化型重油高效转化催化裂化催化剂及其工程化成套技术”等10项科研项目荣获国家科学进步二等奖。自2007年以来炼化科技共获得授权国内专利1240项，其中发明专利1040项。此外，获得授权国外专利34项。

【技术开发与应用】（1）技术开发方面。一是做好汽油升级技术开发。利用哈尔滨石化重整预加氢装置进行工业化试验，进一步提高自主开发的DSO与GARDES两项技术工程化推广的可靠性。二是抓好柴油升级技术研究。对大港石化与大庆石化的柴油加氢催化剂工业化进行国Ⅳ标定方案研究和国Ⅴ技术研究。三是突出FCC催化剂应用与开发。拓展FCC催化剂海外市场，向雪佛龙美国炼厂、埃克森美孚澳大利亚炼厂等国外高端市场出口，2012年突破1万吨，同比提高50%。针对性开发适用于新加坡SRC炼厂、台湾地区CPC大林炼厂与桃园炼厂的催化剂牌号。低稀土含量新型原位晶化催化剂LB-10、最大化轻质油收率重油催化剂LDC-100、高辛烷值重油催化剂LOG-91三个催化裂化催化剂新牌号实现工业化。四是继续攻关乙丙橡胶。在完成原料及催化剂小试评价后，中试装置打通全流程，成功产出三元乙丙胶3053，乙烯含量控制稳定，胶液浓度在8%—10%；门尼黏度稳定控制在36—46之间。五是环保型丁苯橡胶取得多点技术突破。兰州石化成功开发环保型丁苯橡胶ESBR1500E、1502E，吉林石化成功开发出新催化体系的环保型丁苯橡胶ESBR1500E、1502E，并已通过德国生物致癌检测中心BIU安全环保测试。牵头组织填充油专题技术交流，确定辽河石化填充油的各项技术指标和分析方法，同时协调填充油的采购、运输、储存等事宜。六是加快丁基橡胶开发步伐。对溶液法丁基橡胶工艺包工艺流程进行完善，整理并完成工艺分析手册相关国家标准录入；进行溶液法卤化丁基橡胶小试探索研究。七是碳四氧化脱氢制丁二烯技术应用初具条件。

（2）技术应用方面。己烯-1工业化试验及成套技术开发一期、劣质重油轻质化关键技术研究一期、炼化能量系统优化研究一期通过验收；大型乙烯装置工业成套技术开发通过中评估，60万吨/年乙烯工艺包已经成功应用于大庆石化120万吨/年大乙烯扩建项目；大型氮肥工业化技术开发通过中评估，开发出以天然气为原料的45万吨/年合成氨和80万吨/年尿素装置的成套工艺包已应用于宁夏石化新建45万吨/年合成氨和80万吨/年尿素装置项目中；炼油催化剂研制开发与工业应用通过中评估；逐步形成一套完整的千万吨级炼油成套工艺技术；利用可再生生物质为原料来生产航空煤油，加快开发出自主知识产权的航空生物燃料成套技术。

【新产品开发】 2012年，共开发化工新产品80个牌号，其中43个新牌号产品首次安排生产，产量达到87.2万吨。其中，聚乙烯开发20个新牌号，大庆石化瓶塞料20F、瓶盖料5603JP、PE80管材DGDZ-2400、抚顺石化PERT管材DP800以及独山子石化PE100管材4808等14个牌号首次排产，产量达到11.2万吨。聚丙烯开发31个新牌号，大庆石化CP35F、兰州石化透明料RP340R、独山子石化K9928H、高融指纤维料S2025和S2040、PPR管材T4401、大庆炼化PPR管材H5416、双峰均聚HP550J等23个牌号首次排产，产量达到44.3万吨。聚苯乙烯开发4个新牌号，独山子石化通用级500N首次排产，累计产量13.9万吨。合成橡胶开发25个新产品牌号，吉林石化乙丙橡胶3053，独山子石化SBS161B-S、T168、T6302-S等5个牌号首次排产，累计产量17.8万吨。独山子石化PE100燃气管材、大庆石化PE80管材、抚顺石化PERT地热管材以及独山子石化PPR管材T4401、大庆炼化PPR管材H5416、双峰均聚HP550J等专用料获得用户认可和好评。

（王桂轮）

【信息技术应用】 2012年，是炼油与化工分公司“十二五”信息化建设的重要一年，也是集团公司调整信息化管理模式的第一年，炼化板块积极转变和适应全新的管理角色，组织本专业领域经营管理类和生产运行类信息项目的建设、应用和运行维护，采取多项举措平稳推进各项信息化工作有序开展。

（1）开展信息化顶层设计。炼油与化工分公司组织完成炼化业务领域信息化顶层设计工作，通过对业务的整体梳理、对系统的综合分析和对投资的统筹把握，确保信息化目标与业务目标一致，确保炼化信息化目标与集团信息化目标一致，确保炼化信息化工作有序推进，通过标杆企业和示范企业的带动作用，逐步实现“数字化工厂、信息化企业”的建设目标。2012年，炼化信息化建设顶层设计方案已形成，为后续各炼化专业信息系统的可行性研究与建设工作提供指导。顶层设计方案整合炼化业务领域的12个小系统，形成少而精的支持炼化业务的专业应用系统8个，包括炼化物料优化与排产系统（APS 2.0）、炼油与化工应用集成、先进控制与优化应用系统（APC）、炼油与化工运行系统（MES 2.0）、油品调和系统、流程模拟与仿真培训系统、物流管理系统（化工部分）和炼化物联网系统，基本实现从炼化板块到地区公司炼化业务的全覆盖。其中炼化物联网系统是在原“十二五”规划系统以外建议新增的专业系统，其将作为炼化业务领域各系统的底层支撑系统，解决基础数据采集与预警问题，在设备智能监控、产品追踪、人员监控等领域发挥重要作用。

（2）启动建成4个信息系统。2012年，启动建设的信息系统主要有4个：炼化物料优化与排产系统（APS 2.0）、指纹门禁系统、安全隐患治理系统和化工销售信息系统应用配套项目。APS 2.0项目于2012年8月获得可行性研究批复，并于11月29日正式启动。项目建设工期为27个月，分3批在地区公司开始实施。通过该系统的建设，最终将建立覆盖整个炼化分公司及其下属企业的生产计划管理平台和计划模型，实现生产计划的全流程管理，优化炼化资源配置、计划排产和原料互供，实现炼化整体经济效益最大化。

指纹门禁系统和安全隐患治理系统于2012年5月正式启动，首批实施单位为大庆炼化、哈尔滨石化、锦西石化、锦州石化、辽阳石化、宁夏石化、独山子石化、乌鲁木齐石化、克拉玛依石化9家炼化企业。指纹门禁系统实现单位内部员工考勤、外部人员动态管理，提高安防管理效率，最终实现全过程自动化管理。安全隐患治理系统是在HSE系统框架下，搭建炼化企业统一的安全隐患排查治理平台，实现隐患排查治理流程化、过程化管理，实现隐患排查治理与员工绩效考核相结合。2个项目都在2012年底完成，9家单位上线应用。

化工销售信息系统应用配套项目是2012年炼化专业领域在ERP系统提升应用方面的一项重要工作。项目于2012年2月启动，在6家化工销售公司实施，已于2012年10月中旬全面上线应用。项目围绕化工销售相关信息系统开展配套工作，通过采用大屏幕显示、实时监控和视频会议等技术，集中展现化工销售业务数据的管理与分析、仓库的实时监控及视频会议信息，并完成关键业务环节的技术应用、设备完善和管理系统开发，全面支持中国石油统一的化工品销售经营、调度和指挥。

（李志良）

【设备管理】 2012年，炼油与化工分公司按照“制度化、标准化、专业化、精细化”的设备管理要求，以“65431”为主导，开展现场标准化、隐患治理、检修管理、催化攻关、专业化管理、制度完善、采购管理、信息化建设等工作，为炼化企业安全形势的好转提供了可靠的基础保障。全年炼化装置累计发生非计划停车同比减少37次，减幅54%；装置长周期运行水平逐年提升，三年一大修的装置已达到80%以上，大庆石化和吉林石化首次实现全公司四年一修的运行周期；382套装置停工大检修，基本实现检修后一次开车成功，运行平稳；因设备原因引起的突发性、较大泄漏等安全事故下降为零。

（1）现场标准化管理。炼油与化工分公司提出开展设备现场标准化管理要求后，各企业结合本单位实际，制订工作计划，对设备设施的基础管理、运行管理和现场管理工作进行量化考评，及时发现设备管理工作中的不足，弥补管理漏洞，取得了显著效果。在HSE审核过程中，共有180个标准化装置、机泵房（区）、罐区、设备、变电所（配电室）、仪表控制室通过验收。各企业现场“低、老、坏”现象明显减少，装置泄漏率大幅下降，大部分生产装置面貌有了明显的改观。

（2）隐患治理。按照集团公司3年隐患治理要求，炼油与化工分公司组织各企业重点对高危泵密封、液下泵、电气、罐区、腐蚀5个短板进行治理：2012年，高危泵密封改造完成3337台，占总数的83%；污油池、隔油池液下泵改造完成424台，占总数的51%；完成集团公司和股份公司领导挂牌督办的电气隐患治理项目。下发《中国石油炼化企业电力技术管理若干规定》；对存在问题的17家企业232个储罐密封进行整改，已整改完成63个；在79套装置中设置448个在线腐蚀速率监测点和在线pH值监测点，11家企业开展停工检修期间腐蚀检查，使检修和日常管理更有针对性。通过隐患治理，装置运行状况明显改善。

（3）检修管理。2012年，共有10家炼化企业382套装置进行停工大检修。各企业坚持检修受控，以检修安全为前提，以检修质量为重点，整体实现安全、质量、环保、绿色检修。通过加强检修、开工界面的清晰化管理，各企业装置运行更加平稳，下半年非计划停工较上半年明显减少。

（4）专业技术服务。完成23家炼化企业121台总容积144.7万立方米储罐的机械清洗工作，回收各类油品30285吨；完成呼和浩特石化、独山子石化等8家企业约3500平方米的检修（或改造）任务；完成部分企业的设备检验检测管理检查，并对抚顺石化、大港石化等单位做了检修期间高风险设备和部位抽检；安装实时在线监测系统的关键机组达474台，重要机泵122台，进行远程诊断指导80余台次，现场提供监测分析15台次；制定下发《法兰垫片螺栓选择及安装指导意见》和《静密封点施工管理办法》。通过各项专业技术服务工作的开展，检维修作业更加规范，检修质量明显改善。

（5）管理制度修订。组织大庆石化、独山子石化、兰州石化等企业近百名专家和技术骨干对炼化企业设备管理制度进行梳理，完成近10万字设备管理制度的编审，形成《炼化企业设备管理办法》1项、《电气设备管理规定》等17个专业管理规定及《停工检修期间腐蚀检查指导意见》等5项工作指导意见，基本形成设备专业“顶层”框架，工作方向进一步明确。

（6）供应商管理。对离心泵、阀门、密封、管件4类物资的供应商进行清理，将原来1300多家供应商优化为157家合格供应商短名单，并配合集团公司物资采购管理部与中国第一重型机械集团公司、沈阳鼓风机集团股份有限公司、中核苏阀科技实业股份有限公司、苏州纽威阀门股份有限公司等重要制造商签订战略采购协议。供应商优化工作得到炼化企业的积极响应，企业获得全方位的优质服务，从源头上保证产品质量和设备本质安全。

（王　平）

【安全环保】 2012年，炼油与化工分公司以“65431”为主线，开展HSE体系审核，落实污染达标减排，控制环境风险，推进安全环保隐患治理，安全环保形势明显好转。

（1）组织炼化企业HSE体系审核。上半年审核主要围绕《炼化企业HSE体系审核标准》中的11个要素（领导和承诺，危害因素辨识、评价和控制，承包商，设施完整性，能力、培训和意识，作业许可，运行控制，应急准备和响应，变更管理，不符合纠正措施和预防措施，事故调查和处理）以及炼化板块2012年1号文件落实情况、新颁布的设备管理制度执行情况、企业上报安全环保隐患治理实施情况及2011年HSE体系审核问题整改情况等内容。下半年审核抓住事故事件、非计划停工、生产异常波动3个切入点，突出上半年审核问题的整改落实、安全环保隐患治理计划的落实、基层员工的执行力、污染减排工作的落实、企业审核员队伍的建设5项重点内容，落实稳高压系统、消防道路、消防设施、双电源、储罐密封、三级防控设施、炼油厂火炬消灭、加热炉点火规程、酸性气排放9个专题。经过现场审核，督促各企业认真落实安全生产责任制、直线责任和属地责任，理清管理流程，完善管理制度和基础工作，提高现场工作标准，不断增强执行力，不断提升安全综合管理水平。

（2）开展石油库、储罐排查整顿。按照国家7部委和集团公司的要求，组织对兰州石化、独山子石化、大连石化、锦州石化、大港石化、广西石化、四川石化、玉门油田炼化总厂8家企业所属国储库、商储库和罐区进行检查，针对查出的消防设施不完备、腐蚀和接地等问题研究治理措施。组织开展为期2个月的储罐专项排查。排查范围覆盖炼化企业所有的常压罐区、压力罐区、液氨罐区，分为管理要求和设计规范符合性两大部分。组织有关设计院和技术专家，起草编制《轻质油品储罐生产技术管理导则》。

（3）评估企业环境风险。按国家环境保护部和集团公司要求，全面评估企业环境风险，削减重大环境风险源，建立环境风险数据库。以大庆炼化、长庆石化、辽河石化及大港石化4个企业为试点单位，开展环境安全风险评估。对企业环保绩效、清洁生产指标与国际先进水平对比、地下水污染评估、环保措施完整性等进行评价，提出近期和远期对策和措施，指导企业全面提升环保管理水平。

（4）加强炼化企业环保在线监测。按国家环保部对重点国家控制污染源在线监测的要求，对炼化企业重点污染源外排口进行在线监控。在吉林石化成立炼化企业污染源在线监控中心，对炼化板块废水、废气排口实现实时在线监控，对污染物外排进行超标预警。炼化板块下发在线监控中心运行管理及考核办法，对地区公司外排口达标情况进行考核，每季度由中心组织现场检查。结合国家对环境空气质量监控的要求，对企业无组织排放进行控制。以吉林石化和大港石化为试点企业，重点研究企业无组织排放的控制及VOC对环境空气质量的影响。安排锦西石化、吉林石化、乌鲁木齐石化、大连石化等企业开展PM2.5的试点监测工作。组织对20家地区公司的44个污水处理场对照设计值、最佳运行值、执行的排放标准等，对污水处理场的运行水平、每个处理单元污染物去除率、运行成本、工艺路线等方面进行考核诊断，提出问题清单，结合下一步改造项目进行全面整改。要求污水处理场全面提升管理水平，把环保设施当做主要装置来运行管理，把污水作为产品来管理，全面提高污染防控水平。

（5）深入推进减排工作。按国家环境保护部对集团公司考核，集团公司对炼化板块的考核要求，集团公司与炼化板块签订减排目标责任书。承诺83个减排项目必须在“十二五”期间完成，COD、氨氮、二氧化硫及氮氧化物4项污染物总量减排目标。减排项目中包括29套催化烟气脱硫项目、28个锅炉脱硫脱硝项目及24个污水治理达标项目。炼化板块按集团公司减排实施方案要求成立领导小组，落实分解总量控制指标，建立健全减排统计体系和考核体系，加强目标责任的考核和后评价。各企业制订减排实施方案并上报板块备案。炼化板块建立挂牌督办制度，由地区公司主要领导挂牌负责减排项目，每月上报项目进展情况。将减排项目的完成效果与企业环保考核挂钩，实行一票否决制。重点推进实施2012年国家考核的减排项目，包括锦西石化、辽河石化2套催化烟气脱硫、大庆炼化污水治理工程等。

（6）改造完善三级防控体系。按最新设计标准，同时考虑到环境敏感地区企业的标准提升，对三级防控设施进行改造。特别是辽河石化、锦州石化、锦西石化的罐区改造、辽阳石化三级防控设施的改造、兰州石化化工雨排治理、广西石化厂外水体污染防控等项目，正在实施过程中。大连石化三级防控体系提标改造一期已完成，提高企业风险防控能力。

（宁绪成）

【员工培训】 2012年，炼油与化工分公司着重抓好炼化企业员工的上岗考核规范和新开工装置员工的基本功训练，积极组织开展基层员工的技能竞赛活动和专业技术培训交流活动，进一步提升员工队伍的综合素质和技能水平，安全平稳运行的基础得以加强。全年举办14期次培训班，培训各专业骨干1100人；组织开展2项技能竞赛活动，参赛选手达到133人，带动各企业开展培训和选拔的人员超过2000人。

（1）持续开展技能竞赛活动，以赛促训。炼油与化工分公司已持续组织6年竞赛活动，共举办竞赛20个，有1465人参加决赛，带动的赛前培训人数超过2万人。56人获得“集团公司技术能手”荣誉称号，25人获得炼化板块专业管理标兵荣誉称号，在竞赛中涌现出的一大批优秀选手在岗位上发挥着重要作用。2012年，组织开展合成氨装置操作工和仪表维修工2个工种的技能竞赛。①合成氨装置操作工技能竞赛按照8个炼化企业、10套合成氨装置的49个班组，每个班组选拔1人参赛。竞赛项目分为：理论笔试、实际操作笔试、DCS仿真、安规笔试和综合答辩5项。经过激烈的角逐，大庆石化、吉林石化和兰州石化团体成绩前3名。②仪表维修工技能竞赛共有22个炼化企业的84名选手参赛，其中有三分之一的选手抽签产生，扩大企业赛前培训的人数。竞赛设置理论知识笔试、实际知识笔试、差压变送器校验、浮筒液位计校验、直行程气动薄膜调节阀校验、PLC与DCS、电涡流传感器校验7个项目。辽阳石化、抚顺石化、辽河石化、兰州石化和独山子石化获得团体成绩前五名。

（2）扎实开展装置长周期运行和专业技术骨干培训。共组织14期（次）培训班，培训各专业骨干人员1100人。重点培训班有：罐区精细化管理培训班、催化裂化装置优化运行培训班、HAZOP培训班、炼化建设项目竣工验收规范标准培训班、班组基础建设培训班、岗位责任制建设培训班、电气设备维护技术培训班、炼化技术经济指标管理培训班等。在培训上紧紧围绕安全平稳生产需要和板块重点工作，精心组织安排培训课程和师资，炼化板块相关专业管理人员和企业专家现场授课，交流经验和心得，受到培训学员的一致好评。

按照催化裂化装置长周期运行攻关的整体安排，连续组织4次催化裂化装置长周期运行和操作优化的培训班，培训200多名业务骨干。对催化裂化装置长周期运行在设计、原料优化、工艺、设备和操作等方面进行培训，还组织开展电气设备维护等相关培训。同时，要求各企业根据板块组织开展的培训内容，认真分析，整理出针对本企业实际情况的培训教材，并按照板块的要求组织落实好全员培训工作，使每一名与催化裂化装置运行相关的管理、技术和操作人员真正做到"精心管理、精细维护、精准操作"，以此保证装置的长周期平稳运行。

（3）做好新建项目开工人员培训。为确保抚顺石化、大庆石化和呼和浩特石化新建项目的顺利开工，炼油与化工分公司先后8次深入相关企业了解和检查开工人员的培训情况，与企业的培训主管部门探讨培训的安排和组织，到车间基层与员工访谈，查看培训实施情况、教材课件、培训考核和培训记录，检查上岗考试情况和取证管理情况。企业高度重视员工培训，建立新项目员工培训制度，成立培训工作领导小组，定期召开培训例会，对培训进行统筹安排。落实单位培训属地管理责任，按车间和专业系统成立车间的培训工作领导小组，负责开展各车间培训任务。组织开展形式多样的培训工作。一是内部培训。根据装置特点，以基础理论知识和专业技术知识为主要内容，采取专业工程师讲课为主，有经验的操作骨干起到培训助手的作用，以师带徒的形式，增强培训效果和操作人员整体素质。同时，在掌握一定理论知识的基础上，把培训工作放到现场实际中，把握理论不脱离实际的原则。二是外部培训。根据各装置专业技术力量的配置情况，先后派出生产骨干赴同类炼化企业现场学习装置日常生产操作技术、开停工和应急处置等，培养装置生产技术骨干和操作技能骨干，建立各装置开工的骨干员工队伍。三是仿真培训。结合装置的DCS，积极开发仿真软件，在装置开工前对操作人员进行模拟操作训练，进行装置开车、停车和事故处理的培训，并进行考核评价，较好地提升员工的实际操作技能水平。四是重点开展对项目引进新工艺、新设备的培训，着眼于开工的重点、难点和员工存在的短板，反复开展针对性的强化培训。

（4）规范员工上岗考核管理。2012年2月20日，炼化板块下发《关于加强炼化企业上岗培训和考核管理的通知》（油炼化〔2012〕29号），对炼化企业员工上岗考核的组织、内容、题库、考试、监督及责任提出具体要求。各炼化企业按要求对上岗考核和取证工作进行规范。

（5）开展冬季针对性培训。下发关于加强炼化企业冬季培训工作的通知，要求各炼化企业以"安全生产、平稳过冬"为中心，以"强'三基'、反'三违'、严达标、除隐患"为主题，以安全和冬季操作技能培训为重点，深入开展冬季培训工作。各炼化企业高度重视，落实培训方案和责任，并针对冬季生产受寒冷天气影响所存在的隐患，进行风险识别，制定防范措施和应急措施，加强培训和演练，有效地避免事故的发生。

（钟艳阳）

第四篇

成品油销售

成品油业务

【概述】 中国石油天然气股份有限公司销售分公司（以下简称销售分公司，也称销售板块）是股份公司直属专业分公司之一，负责成品油、燃料油、润滑油、沥青以及其他炼油小产品的销售和成品油进出口业务的组织管理工作。2012年，面对国内成品油市场需求增速放缓、油价波动频繁、市场竞争加剧的严峻形势，销售分公司按照集团公司的总体部署，坚持量效兼顾、效益优先，加强营销组织，强化网络建设，深化精细管理，取得良好业绩。

（江书程）

【经营业绩】 2012年，销售分公司深化市场分析研究，提升整体运作水平。坚持每周日的市场和营销研讨会和每周一的视频会，推动地区公司建立市场营销决策小组，及时分析研判市场，整体部署营销策略。针对不同阶段市场特点，制定突出有效性和及时性的各类运行方案，提高营销工作的前瞻性和主动性，继而提高市场竞争能力。加强高效产品销售组织，提高经济效益，通过对资源向高效市场配置和内部调拨价格调整，优化销售结构，引导地区公司多销售厚利产品；建立与炼化板块和用户三方的定期会商机制，加强航煤营销力度。通过召开直销和客户经理座谈会，下发《关于加快直销客户经理队伍建设的指导意见》等相关措施，建成直销业务体系，提升客户服务能力。各销售企业围绕建设国际水准销售企业的目标，认真贯彻落实中国石油总部的各项管理要求，加强市场和营销策略研究，科学把握销售节奏，实现销量大幅提高、销售结构明显改善、经济效益大幅提升，全面完成KPI（关键业绩指标）指标。

2012年努力提升资源运作水平，满足销售业务不断增长的需要。针对不同时期的资源和市场情况，及时调整资源平衡方案，有效实施淡储旺销策略。加强直属炼厂资源的产销衔接，制定《交货计划从量从价实施细则》，推动汽柴油出厂比价关系调整，平衡产需差异。强化中国石油总部和大区运作，提升外采集中度，完成大区公司对延长集团和辽通化工集团的统一采购。继续深化同业合作，与中国石化、中国海油开展资源串换，有效节约运费。平衡好外采与配置资源的关系，组织地区公司在严格执行配置计划的同时，按计划开展外采工作，实现增销、增效的目的。全年销售成品油11978万吨，其中国内销售11662万吨，资产型零售量8673万吨，国内市场份额46%。

（杨景娟）

【资源调运】 2012年，成品油调度运输工作按照“保障炼厂生产、保障市场供应、降低运行成本”的要求，克服产需矛盾突出、调运均衡难度大、自然灾害频发等困难，统筹安排，密切协调，精心组织，优化运行，保障了产销总体平稳运行。2012年度运输总量达到18844万吨，同比增加1165万吨；其中一次、二次运输量分别为11806万吨和7038万吨，同比增加726万吨和397万吨。

1. 强化调出组织，保障炼厂生产后路畅通

关注5个方面，密切产运销协调，强化油品调出组织，保障上游稳定生产，2012年成品油调出总量9510万吨，同比增加330万吨，产调率平均达到100.1%。（1）关注炼厂生产，定期召开产调协调会，密切沟通信息，促进炼厂生产适销对路油品，及时根据生产调整调出策略，单月最大调出量达到850万吨。（2）关注炼厂库存，建立炼厂库存预警机制，针对吉林、大庆、大连、独山子等难点炼厂制定专门库存输转方案，努力保持220万—280万吨整体合理库存水平。（3）关注调出节奏，根据价格趋势和供需情况，合理把握调运节奏，灵活调整库存结构，提高整体效益。（4）关注炼厂开工，克服管道未能按计划投产、产需品号差异矛盾等困难，安排人员现场办公，全力协调铁路和公路外运，确保呼和浩特石化公司投产后路安全。（5）关注突发事件，克服台风、冰冻、暴雨、大雾等各种恶劣天气影响，积极协调铁路、港务等部门，组织好特殊条件下的应急调运组织。

2. 强化产销衔接，保障市场资源稳定供应

把握5个要点，精心组织，均衡发运，保障市场资源稳定供应，2012年配置计划完成总量9737万吨，同比增加389万吨，配置计划兑现率98.8%。（1）做好特殊环节调运，完善调运应急预案机制，做好春耕、三夏、抗旱、抗洪抢险油品特调；做好京Ⅴ、国Ⅳ、低凝点柴油、97号汽油等特殊品号、置换品号等重点调运组织；在均衡发运的基础上，强化难

点地区流向的运行调控，川渝、华中、西南、内蒙古等运输难点地区保障有力。（2）做好管道运输，密切管道运输衔接，合理安排管道运输批次计划，努力增加输量，降低管道运输柴汽比，强化管道分输库二次起运管理；实现西部管道和兰成渝管道97号汽油管输常态化。（3）做好铁路运输组织，密切协调各级铁路部门，请批车、装卸车作业保持顺畅，东北进港、进关，西北东调，川口、内蒙古等流向总体保持稳定运行；协调铁道部下达限制运输流向部令（38个）79万吨。（4）做好水路运输组织，强化下海运力调控，优化船型结构，调配大船，安排破冰船，确保北部港口冬季油船安全运行；每月制订大船运行方案，灵活安排大船配载，提高下海运输保障能力。（5）做好公路运输组织，以300千米地付半径为参考，加强公路运力组织，继续扩大炼厂地付范围，缓解铁路运输制约，稳步提高一次进站运量。

3. 优化物流组织，降低运行成本

开展5个优化，节约运费8亿元。（1）运输流向优化，优化西北炼厂与广西石化、东北炼厂与大港、华北石化运输方案，优化延长、华锦、东明、新海等地炼与直属炼厂运输流向，充分发挥管道分输库功能，统筹安排郑州、武汉、大厂、南京、宁波等大区中转油库二次起运量和辐射范围。（2）运输结构优化，增加管道运输量75万吨；直接下海比例78%，同比提高2个百分点；提高炼厂地付量和炼厂至省市公司油库短管道输量105万吨。（3）业务流程优化。对湖南、湖北、江西、安徽、江苏、浙江6省统一开展海进江送货，2012年累计完成260万吨；合理安排大船运输比例，减少二次转运量37万吨；合理安排0号柴油、低凝点柴油收储，优化库存布局，调控出库节奏。（4）物流作业优化。铁路自备车运行效率3.05次/月，同比提高0.05次/月；铁路单车装载量46.84吨/车，同比提高0.09吨/车；加强装卸作业管理，提高效率，减少车船滞期，节约滞期费。（5）开展公路配送优化。公路罐车标准周转率2.21次/日，同比提高0.46次/日；二次公路配送平均运距97千米，同比降低4千米。

4. 强化业务管控，不断提高物流精细化管理水平

（1）地罐交接全面推进。已实施加油站1.54万座，占总数的85%，其中29家单位已全面实施。配送环节综合损耗率0.21%，降幅105%；库站作业时间平均减少20分钟；简化计量交接环节，促进油库、加油站的用工优化。

（2）承运商管理进一步规范。公路罐车单车标准日运行次数达到2.35次，同比提高0.24次。承运商管理制度进一步完善，重点开展对运输车辆的排查，严格车辆、司乘人员准入标准。合署办公机制逐步建立，30家单位已开始与中油运输公司合署办公。公路罐车整体状况有所改善，在用公路罐车单车平均载重达到了20.82吨，多仓罐车比例达到57%，罐车下装改造完成近70%。车载视频监控陆续推广，截至2012年底，19家单位已使用，车载视频监控系统安装完成38%。

（3）物流基础工作进一步规范。建立定期上报《物流简报》和月度通报机制，梳理了信息化条件下的一次运输、二次配送业务流程，编写《调运系统测时写实》和《成品油调度管理手册》。组织制定了《成品油运输车辆、船舶滞期管理细则》、《海上二次中转跨区送货管理办法》、《成品油海上运输船舶准入管理暂行规范》、《成品油内河运输船舶准入管理暂行规范》、《成品油运输船舶备案管理暂行规范》、《成品油物流优化研究》6项管理办法和发展规划。

（4）物流信息化建设加快推进。一次物流系统运输优化、调度指挥、计划管理3个模块进入调试阶段，运行管理模块基本开发完成。二次配送系统已在32家省市公司全部上线，省公司集中配送优化、统一配送组织的公路配送管理模式基本建立。

（李石大）

【加油站管理】 2012年，围绕“效率、效益、品牌”的目标，紧盯国际水准，全面提升零售营销能力，深入开展现场优化、持续推进制度完善，以业绩增长作为零售精细化的中心任务和检验的主要标尺，实现加油站零售指标上台阶，管理工作上水平。截至2012年底，实现零售量同比增加1.5%，零售市场份额同比增加0.1%，3000吨级以上站增加389座。

1. 结合汽油上量，提升零售运营质量

强化高标号汽油销售，打造纯汽油站，开展城市站专营汽油的试点和推广工作，优化加油站320座，下发《97号等高标号汽油促销指导意见》，汽油零售达到3013万吨，增加350万吨，同比增幅达到13.1%，高标号汽油销量同比增长36%。零售柴汽比达到1.90，同比降低0.35。

2. 结合创先争优，全面提升服务水平

结合“机关围绕基层转，领导围绕员工转，员工围绕客户转，全员围绕效益转”的整体服务理念，一是完善加油站服务体系建设工作，持续开展微笑服务，规范加油站前庭微笑服务标准问答，形成加

油站前庭微笑服务标准沟通手册；开展党团员挂牌服务。二是深入落实挂点承包制，2012 年挂点站达到 2300 座，平均单站日销量同比提高 1.02 吨。三是强化加油站服务环境优化，推进服务监督和稽查工作，推进神秘顾客访问和 95504 评价，客户满意度达到 97.5%。四是持续推进客户大普查工作，建立电子化的客户档案。分级评定客户，实施价格、资源、结算、信用等方面的差异化服务，实施客户三级开发。

3. 结合新版规范，进一步强化规范化管理

结合加油站管理流程优化，完成 2012 版《加油站管理规范》的修订工作；打造和复制标准站 520 个，初步实现每个地市分公司都有标准站的要求；规范《加油站月度经营分析模板》，实现加油站规范性的量费利经营分析；集中优秀加油站经理的做法，编制完成《加油站经理手册》，指导加油站经理日常工作；总结各销售企业零售上量提效的具体案例，并进行科学评价和解析，形成《八个提量案例汇编》。

4. 提升加油站现场效率、做好小站提量增效

（1）下发了《优化交接班》、《削高峰办法》2 个指导意见，全面提升加油站现场效率，截至 2012 年底，2776 座加油站已经实施削高峰办法，5475 座加油站实施优化交接班办法，单站日零售量提高 2.19 吨，交接班平均用时减少到 16 分钟，平均锁枪时间减少到 6 分钟。

（2）做好小站提量增效工作。制定下发《小站承包经营的指导意见》，狠抓落实，截至 2012 年底，已经开展小站承包加油站 2743 座，承包站日均销量增加 0.82 吨。

5. 结合样板站培育，打造国际水准加油站

（1）打造“规模发展、效益领先、管理科学、服务优良”的国际水准销售企业。以秦皇岛分公司为代表，对比国外先进模式找差距，确定国际水准地市分公司的定义和标准、明确国际水准销售企业的指标体系、建立地市分公司高效运作模式，完成方案制定、运作框架建立，有效提升对外品牌形象，促进效率、效益的提升。

（2）开展多种支付模式的应用，开展室外刷卡、室内支付和室内主控模式的应用，为顾客提供更多元的选择，研究不同类型加油站的自助模式。完成卡机连接加油机、大流量加油机、监控设备的更新方案，推进设备管理水平提升。当年改造卡机联接加油机 1408 座，完成 3100 套监控设备更新方案。

6. 结合经理人大会，提升队伍综合能力

（1）强化培训工作，完成加油站管理系统站级表单升级培训；通过“师傅带徒弟”，打造 145 人内训师队伍，2012 年组织西部支教培训 4 次，地市公司现场培训 20 余次。

（2）做好优秀加油站经理服务经验的选树和推广，在加油站经理人大会上，选树明星加油站经理 166 人，归纳总结 5 名优秀经理代表经验进行经验交流。通过会议宣贯形式形成示范效应。

（冯　欣）

【石油价格走势回顾】 2012 年全球经济缓慢复苏，世界石油供需重现宽松，国际油价高位宽幅震荡。受宏观经济增速放缓、投资低位增长、进出口形势持续低迷的影响，交通运输、工业生产和建筑业等主要用油行业增速放缓，国内石油需求增速随之放缓，同比略有提高。2012 年我国石油表观消费量 4.92 亿吨，同比增长 5.0%，同比增速仅提高 0.7 个百分点。成品油（汽油、煤油、柴油）表观消费量 2.77 亿吨，同比增长 5.2%，同比增速下降 2.3 个百分点。全年成品油市场供需形势较为宽松。

1. 世界石油供需重现宽松，国际油价高位宽幅震荡

世界石油供需出现逆转，呈现自本世纪以来首次宽松。2012 年全球石油需求为 8966 万桶 / 日，同比仅增长 70 万桶 / 日，增速为金融危机以来新低。全球石油供应量为 9090 万桶 / 日，同比增长 250 万桶 / 日，创近年新高。宽松的供需基本面不支撑油价走高，但地缘政治和市场投机局部炒高油价，导致油价大起大落，高位运行。2012 年布伦特和 WTI 原油现货均价分别为 111.58 美元 / 桶和 94.16 美元 / 桶，同比基本持平。分季度看，呈一涨、二跌、三反弹、四回落走势。受伊朗制裁、中东非洲等地部分国家持续动荡，以及市场担忧供应中断的影响，导致 2012 年一季度和三季度的国际油价大幅上涨，拉高了全年平均油价，出现应跌不跌的现象。地区供需不平衡，不同基准油价继续分化。代表轻质原油的布伦特油价和代表重质原油的迪拜油价之间的价差大幅收窄，年均价差从 2011 年的 5.1 美元 / 桶缩至 2.6 美元 / 桶。

2. 石油消费与宏观经济基本同步，全年先降后企稳回升，石油和原油对外依存度继续攀升

受宏观经济和主要用油行业运行情况影响，国内石油消费增速总体呈现先降后回升格局。2012 年国内原油表观消费量 4.76 亿吨，同比增长 5.0%，同比增速提高 1.7 个百分点。2012 年国内原油产量约为 2.07 亿吨，同比增长 1.9%。由于国内原油产量增速低于石油消费增速，石油进口量进一步增加。2012

年石油净进口量2.84亿吨，同比增长7.3%，同比增速降低0.2个百分点。石油对外依存度达57.8%，同比上升1.3个百分点。2012年全年我国原油净进口量达到2.69亿吨，同比增长7.5%，同比增速提高1.6个百分点。原油对外依存度达到56.4%，同比上升1.3个百分点。原油进口量持续攀升，国际原油价格高位震荡，给国内炼油企业带来巨大的成本压力。

3. 国内成品油消费量增速总体放缓，柴油消费增速大幅下降，汽油、煤油增长较快

2012年国内成品油需求增速总体放缓，柴油消费量增速大幅下降，汽油消费刚性较快增长，煤油消费平稳增长。全年炼厂开工率呈先降后升走势，市场资源较为宽松，进出口贸易活跃度降低，柴油从净进口转为净出口，从而出现2007年以来汽油、煤油、柴油全面净出口的局面。价格机制更为制度化。全年国际油价波动频率高、幅度大，但国家价格调整较为及时，为价格机制改革以来首次实现年内降价和调价基本同步。

（1）成品油消费量增速总体放缓，宏观经济形势主导季度消费先降后升。2012年国内宏观经济增速总体放缓，工业生产较为低迷，物流景气指数不断下降，致成品油消费增速放缓。分季度看，一季度在春耕用油及国际油价高位开年的影响下，成品油表观消费量为6782万吨，在2011年同期基数较高的基础上同比增长5.8%，同比增速降6.4个百分点；二季度受宏观经济继续放缓及国际油价三连跌主导，几大公司纷纷降低库存，成品油表观消费增速继续走低，二季度表观消费量6748万吨，同比增长4.4%，同比增速降低3.1个百分点。三季度，宏观经济形势出现企稳向好迹象，推动成品油消费小幅回升。三季度成品油消费量为6884万吨，同比增长4.6%，同比增速降低2.6个百分点。受2011年基数较低和国内经济回升影响，四季度成品油表观消费量增至7250万吨，同比增长6.1%。

（2）欧洲车市库存倾销、汽车补贴政策等因素共同拉动汽油消费刚性增长。2012年以来欧洲车市积压库存大量转移至中国低价销售，高端车销量增长较为迅速，加之政府年中开始出台一系列“惠民汽车补贴”等消费刺激政策，拉动汽车销量增速低位回升。2012年乘用车累计销售1549万辆，同比增长6.9%，同比增速提高1.4个百分点，其中高端车销售量保持20%以上的增速。但受国家节能补贴政策影响，小排量汽车销量继续提升，综合估计单车油耗仍在下降，将对汽油消费形成一定的抑制。此外，2012年天然气汽车等替代能源呈较快发展趋势，加上调和油对国标油的替代共同抑制汽油消费。综合上述作用，全年汽油表观消费量8684万吨，同比增长12.3%，同比增速提高4.3个百分点。

（3）柴油消费增速大幅下降，远低于近10年的平均增长水平。2012年受全球经济复苏放缓和国内需求持续低迷的影响，企业利润大幅减少，生产动力明显不足。2012年夏天迎峰度夏期间各地各行业基本都未出现错峰用电的情况，加之高位震荡的国际油价，工业柴油需求更为低迷。国际贸易低迷、工业生产不旺导致货运需求减少，物流企业整车出车率大幅下降，商用车销量同比负增长，交通运输用柴油消费量同步下行。建筑业用油受房地产调控政策影响，上半年逐季走低；三季度后国家稳增长政策效果逐步显现，在基建用油拉动下建筑业用油有所回暖。2012年柴油表观消费量16972万吨，同比增长1.5%，同比增速下降6.1个百分点。由于汽油消费增长相对较快，国内消费柴油汽油比进一步下降，2012年国内消费柴油汽油比为1.95，低于2011年同期2.16的水平。

（4）国内航空运输增长支撑煤油消费，煤油消费量稳步较快增长。2012年以来全球经济复苏乏力，国际商务和贸易活动减少，2012年民航国际航线周转量193.0亿吨·千米，同比下降0.5%，同比增速下降1.0个百分点。国际航空运输需求的低迷给煤油消费增长带来一定的负面影响。但随着国内居民收入持续提高、通胀水平逐步回落以及国家促内需政策逐步见效，国内旅游需求旺盛，民航国内航线运输需求稳步增长。2012年国内航线周转量415.2亿吨·千米，同比增长9.5%，同比增速下降0.3个百分点。综合来看，2012年国内煤油消费增速总体较为平稳，2012年煤油表观消费量2007万吨，同比增长9.5%，同比增速提高4.7个百分点。

4. 成品油供需总体宽松，汽油、煤油、柴油2007年以来首次全面净出口

2012年国内需求不旺，加上国际油价高位震荡，国内主营炼厂亏损严重，炼厂开工率受到影响。三季度以来，随着宏观经济形势有所好转，国内炼厂开工率降幅有所收窄。2012年中国石油和中国石化炼厂开工率分别为87%和88%，同比分别下降了1个百分点。地炼开工率为37%，同比下降2.4个百分点。2012年原油加工量4.68亿吨，同比增长3.7%，同比增速下降1.2个百分点；全国炼厂平均开工率由2011年的87%降至85%；成品油产量2.82亿吨，同比增长5.5%，同比降低0.4个百分点。其中，2012

年煤油产量突破2000万吨达到2131万吨，同比增长13.7%，同比增速上升了3.6个百分点；汽油产量为8976万吨，同比增长10.3%，同比增速上升4.2个百分点；柴油产量为1.71亿吨，同比仅增长2.3%，同比增速下降3.1个百分点。

尽管2012年国内成品油产量增速总体有所下降，但相比于增速放缓的成品油消费，全年国内成品油市场供需仍略为宽松。2012年成品油净出口508万吨，其中，汽油、煤油与2011年一样同为净出口，分别净出口292万吨、124万吨；柴油则由2011年的净进口41万吨变为净出口92万吨。

5. 成品油价格调价较为及时，煤油价格市场化试水效果明显

2012年以来国内成品油价格调整较为频繁，全年国内成品油定价参考的国际3种原油平均价格共有8次价格变动率超过4%，国家均相应调整了国内成品油价格，4次上调，4次下调，成品油价格调整机制更为制度化。从调价次数来看，2012年国内成品油价格调整次数近年来首次与成品油调价窗口开启次数一致；从调价及时性来看，2012年成品油价格调整窗口开启时间和实际调价时间的平均时差最短，较为及时。但是从调价幅度来看，国内成品油价格调整仍然存在上调欠量、下调过量的问题，始终保持调整后的成品油出厂价对应的国际原油价格低于三地原油价格22日移动平均值。

煤油价格市场化改革效果较为显著。2011年7月国家发改委发布《关于推进航空煤油价格市场化改革有关问题的通知》，明确规定航空煤油出厂价将逐步实行市场化定价。2012年国际油价高位震荡凸显价格市场化优势。由于煤油价格变动较国内现有定价机制更为及时、到位，炼厂煤油生产积极性大幅提高。2012年煤油产量突破2000万吨达到2131万吨，同比增长13.7%，同比增速上升3.6个百分点。

6. 消费税政改革范围扩大至调油原料，将有效抑制隐性资源

2012年11月20日，国家税务总局发布《关于消费税有关政策问题的公告》，将从2013年1月1日起，统一对液体石油产品征税，征缴范围扩大到除沥青以外包括甲基叔丁基醚（MTBE）、芳烃、混合芳烃等用于调油和化工原料的所有液体石油产品。截至2012年底，调和油市场规模在400万—500万吨/年的水平，全国约有数千家调油商，主要集中在山东、河北、河南、江苏等地，且其批发价一般低于国标油500—1000元/吨。消费税政策调整将极大降低部分地方炼厂和调油企业的避税空间，经销调和油的民营加油站价格优势将明显降低，长期来看有利于市场规范。然而近期内消费税新政引发2012年四季度相关企业抢购芳烃、混合芳烃等调油原料市场，使市场短暂火爆，2012年中国混合芳烃全年进口量突破200万吨。但2013年初后，若消费税政策执行到位，国内调和油需求量与产量都将大幅减少，2013年汽油净出口量或将减少乃至扭转。

（吴春芳）

投资管理与网络建设

【概述】 围绕建设国际水准销售企业的总体目标，以效益为中心，有序推进网络开发，加强投资控制，深化项目前期优化研究，细化和完善管理流程和制度，保障销售业务发展需要。全年投资完成率95.1%，全面完成网络开发任务。

【投资管理】 2012年，继续将规划研究作为日常工作的重要组成部分，以专项研究指导专业领域发展。围绕建立完善管道为主的物流运输体系，继续深化成品油管道专项规划研究。根据国家能源局的总体要求，为提升销售业务应对市场变化的能力，编制完成了“十二五”成品油储备库规划。为充分发挥油气并举优势，组织开展了加气站专项发展规划的编制工作。组织地区公司对区内市场格局、分地区市场营销网络等进行研究，在此基础上提出分区域的竞争策略。

围绕销售业务战略目标，销售投资继续按照统筹兼顾、突出重点的原则，加强投资需求分析，积极筹措资金，较好地满足了业务发展的需要，实现了“抓住机遇、加快发展”的总体要求。围绕控制营销网络投资成本，多措并举，把有限的资金花好用好，2012

年加油站吨油投资首次回落。

加快落实中国石油与各省市、大型企业签订的战略合作协议，积极推进市场开发。落实中国石油安排，与中国供销集团签订合资合作协议。

围绕提高"三率"(投运率、达销率、运营率)、提高投资效益，深入开展对标分析和投资活动分析，强化年度投资计划完成考核，提升投资管理水平。在后评价管理上，对2005—2011年新增加油站项目进行全面后评价，有效指导地区公司改进前期工作。

继续强化项目过程跟踪管理。一是加强在建项目清理，对停滞项目逐个分析，制定措施，加强推进，对确实无法推进的项目及时清理。二是加强储备项目清理，按照新的加油站回报率标准，清理地区公司权限备案储备项目，有效控制网络开发质量。三是加强土地管理，通过召开整改专项会议，协助集团公司土地管理办公室制定下发《营销网络土地规范管理指南》，指导地区公司开展专项整改。

规划计划制度和管理流程建设不断完善，下发销售公司投资管理实施细则，进一步细化和明确投资管理的各环节、界面及流程；下发库站达标改造年度计划及项目立项管理流程，有效规范了项目管理；下发利用政府拆迁补偿建设销售网络项目管理流程，以制度形式规范拆迁资金的使用，与财务部协商确定高价加油站减值的工作方案和原则。

组织开发投资项目管理系统，将项目管理全过程纳入信息系统管理，增加信息透明公开度，实现前期工作可追溯，与集团公司投资计划管理系统可实现系统对接，项目资金计划上报、下达、完成的闭环管理。

（陈　倩）

【工程建设】 2012年工程建设有序推进，全年在建油库33座，完工油库18座，其中，新建7座，改扩建11座，新增库容83.51万立方米；全年审查加油站方案195座；审查油库41座，管道项目1个，审查油气回收改造项目4个；兰郑长成品油管道驻马店分输支线开工建设，南宁—柳州成品油管道基本完工，吉化—长春管道完工投产，成都—乐山成品油管道即将开工建设，开展广东、山东和江苏成品油管网的前期工作；其他项目：北京润滑油厂配套完善工程主体工程已经试运行。无锡润滑脂搬迁扩建工程新建部分已经全部完成。

编制并出版《成品油库建设标准》、《加油站建设标准》修订部分和《乡村加油站建设标准》(2012版)，并在建设标准的基础上，编制《加油站模块化建设标准》和《加油站造价分析》。设备材料由原入围的37类增加到55类。组织各销售企业和特邀专家对主要设备、材料供应商进行实地考察和技术交流；进行集中入围招标管理，已完成16项物资入围工作，采用定商、定价方式，实行8年免费质保承诺。

结合集团公司工程建设承包商管理领导小组的管理思路，持续优化入围工程建设承包商名单，实行承包商分级管理，成品油库入围承包商全部为集团公司已入围的一类承包商，其中，入围设计单位9家，监理单位12家，施工单位14家。加油站承包商经过各销售企业的推荐和集中打分，并按照集团公司工程建设承包商管理要求，结合集团公司一类、二类承包商名单，入围设计承包商18家，监理承包商30家，施工承包商146家。

配合培训处开展第二批2010版成品油库、加油站建设标准网络培训，培训对象为各销售企业及其二级单位工程建设管理人员，共培训396人。参加四川、湖北和福建等销售企业组织的工程建设标准培训，并配合油库管理处开展油库经理人等专业人员培训。组织开展物资采购管理信息系统交易平台用户培训，培训对象为各销售企业的物资采购管理人员，共培训68人。

（周金明）

非油品业务

【概述】 2012年，非油品业务以"坚守标准，扩大规模，提高毛利，稳步发展新业务"为工作思路，持续推进精细化管理，完善标准规范，扩大营销网络，发展质量进一步提升，呈现出量效齐增的良好势头。

【经营业绩】 2012年，实现非油品销售收入80.8亿元，同比增长26%；利润6.8亿元，同比增长36%；

便利店数量达到了1.3万个。

【业务拓展】 一是强化优质店培育。坚持顶层设计理念，以打造样板店、标准店为抓手，培育了一批管理精细、服务优良、指标先进的便利店，通过召开现场会等形式，以点带面，较好地提升了便利店整体管理水平，100万元店达到1272座，同比增长超过50%。“uSmile昆仑好客”、“carCare咔咔”品牌逐渐被广大客户认知和接受，中国石油品牌体系更加丰富和完善。二是深化业务精细化管理。强化便利店商品品类研究，突出包装饮料、香烟、家庭食品、酒类等重点品类销售，香烟、包装饮料、家庭食品销售收入同比分别增长64%、30%和43%，进一步提高核心商品品效。三是提升队伍专业技能。坚持对业务人员进行专业培训，通过送教下基层和经理人培训班等方式，开展了非油品标准和业务培训；编写加油站经理资格认证非油品部分题库，依托远程培训学院协助开展加油站经理资格认证，持续提升非油品业务专业队伍素质。

（亓敏霞）

润滑油与炼油小产品

【概述】 2012年面对国内油品市场需求增速放缓、油价波动频繁、市场竞争加剧的严峻形势，燃料油、润滑油业务加强营销组织，强化网络建设，深化精细管理，销量稳步提高，专业化经营优势突显。润滑油公司及燃料油公司润滑油和炼油小产品销售2516万吨，同比增幅11.7%，沥青市场占有率从29%提升到34%，稳居国内第一；润滑油销售结构持续改善，包装油销量，同比提高5个百分点。

【润滑油销售】 润滑油公司紧紧围绕上规模、上水平，统筹资源保障，精心谋划市场，着力渠道质量，推进科技创新，优化生产物流，深化内部管理，销售总量、包装油销量均有增长。以重要OEM和行业领军企业为主，持续减少VIC客户数量，优化销售结构，44家VIC客户合计销售19.1万吨，其中SJ及以上高档汽油机油2.9万吨，吨油毛利1426元；努力扩大系统内市场，系统内用油稳步拓展，销量同比增长42%；快速换油和网络营销取得实质进展，快速换油全年加注高档油液217吨，同比增长26%，实现销售收入1826万，同比增长29%。昆仑产品在京东商城上线销售，实现良好开局；海外业务继续推进，与曼公司建立市场开发协作关系。中标C.V.SHIPPING公司4条32万吨全船油品供应。保税油业务网络和规模基本形成。全年润滑油公司完成销售总量223万吨，其中包装油98.3万吨，中、小包装39.9万吨，同比分别增长19.98%、5.7%和5%。

【燃料油、沥青等小产品销售】 燃料油公司贯彻落实党组“转变、发展、和谐”要求，积极转变发展方式、持续提升发展质量，围绕创建“国际水准的燃料油、沥青专业化生产和营销企业”的发展目标，努力做“强”主营业务、做“精”企业管理、做“特”优势产品、做“优”品牌和服务、做“大”市场规模，取得良好的效果。全年燃料油公司燃料油、沥青等小产品销售2291万吨，同比增长10.8%。通过强化高端产品、高附加值产品的研发和销售，研发出橡胶沥青低温环保生产工艺、催化油浆精制工艺等新工艺、新产品，制定了船燃、发动机专用燃料油企业标准；开发干线公路养护“普通套餐”、高等级公路“高端套餐”，定期生产30号、50号硬质沥青等特色产品，调和生产改性沥青、乳化沥青等高附加值产品，提升了产品的竞争和盈利能力。全年沥青销售987万吨，市场份额34%；燃料油销售228万吨，市场份额17%；馏分油、溶剂油等统销产品销售370.6万吨。

（刘锐铭）

专业管理

【概述】 2012年，销售企业以审核促提升，安全环保形势稳定、受控。

【HSE建设与管理】 一是健全完善HSE制度体系。制修订8项安全管理规定，形成作业许可“1+7”（1个作业许可、7个专业许可）制度体系；编制LNG、LPG、CNG《加气站安全操作手册》，具体管控新业务风险；制定、配发《销售企业油库电气安全教育视频片》，提高库、站电气安全管理水平。二是持续抓好非常规作业管理。修订动火作业等4项安全管理规定，新制定临时用电等4项安全管理规定，编制8类特种作业培训课件，分专业建立起授课团队；组织1019位一类作业许可审批人网上复核和电子备案；编制形成专业题库8类486题，并随机抽测170人以及作业许可审批人进行网络同步考评，系统提升销售企业作业许可审批人实战功底。三是组织全覆盖HSE管理体系审核和专项督导。历经80天，分上半年、下半年对37家地区公司的春、秋全要素、全覆盖审核，发现问题及时上传HSE信息系统，跟踪问题整改；深化落实“打非治违”专项治理，细化检查内容，对涉及危险化学品经营许可证换证等问题重点跟踪，确保合规运行。四是强化预警，突出演练，着力提升突发事件应对能力。全年累计发布各类预警387次，发送预警短信24万条、邮件36万封；9月12日在龙凤油库举行集团公司级成品油库着火爆炸应急演练；统一印发《突发事件应对指南》、《油库应急处置卡》和《加油站应急处置卡》，完成基层单位各类演练49664次。

【计量管理】 加强运输过程计量管理，控制运输损耗。召开下海油损耗及计量管理座谈会，下海油损耗率0.268%，铁路损耗率0.116%；铁路损耗率同比下降7.93%，下海油损耗率同比下降11.26%。

【节能节水管理工作】 2012年销售企业完成节能量12092吨标准煤，节水量94万立方米。四川、北京、大连海运、贵州、云南、燃料油公司6家销售企业被评为“集团公司节能节水先进企业”。20名节能人员获“集团公司先进个人称号”，20个油库、加油站、基层单位获“集团公司先进站队”。

【质量与标准化管理工作】 积极推进国Ⅲ汽油、柴油，沪V标准的实施。参与国V车用汽油、柴油标准的制修订；参与协调粤V标准的制定实施。

完成了集团公司企业标准《发动机油抗磨性模拟评定方法　凸轮挺杆法》的制定。

参与13项国家及行业标准的制修订：《在用发动机油中烟炱含量测定法 分光光度法》、《在用石油产品和烃基润滑油中磷酸酯抗磨剂实行状态监测试验法　傅里叶变换红外光谱法》、《在用油状态监测用傅里叶变换红外光谱仪的设置和操作规程》、《润滑油轴承磨损性能的试验FE8法》、《自动传动液氧化安定性测定法》、《发动机油氧化安定性的测定 ROBO试验法》、《在用油100℃运动黏度测定法》、《绝缘油中元素的测定　电感耦合等离子体原子发射光谱法》、《柴油机油性能的评定　滚子磨损法》、《变速箱同步器耐久性能的评定　FZG SSP-180法》、《内燃机油节能性能的评定　程序VID法》、《自动传动液氧化安定性的测定　人工老化法》、《润滑油抗磨损性能的测定　四球法》。

组织“车用柴油标准宣贯研讨会”，为推进满足国Ⅲ排放要求的标准在国内全面顺利实施，对GB 17930—2011《车用汽油》和GB 252—2011《普通柴油》进行了宣贯，并邀请中国石化石油化工科学研究院专家对《符合国Ⅳ排放要求的汽柴油标准及其发展趋势》、《现代分析技术在油品中的应用》和《汽油中外加化学品的检验（红外光谱法）》3个专题进行宣贯。来自销售分公司所属的31家销售企业的质量管理人员和化验人员共78人参加了本次宣贯学习，并就日常工作中遇到的实际问题进行充分讨论交流。

组织申报集团公司优秀标准奖，销售专业标准化技术委员会组织制定的《通用润滑油基础油》获“集团公司优秀标准一等奖”，《长寿命超重负荷车辆齿轮油（GL-5+）》、《加抑制剂矿物油氧化特性测定法》2项标准获“集团公司优秀标准二等奖”，《RHY3150柴油机油复合剂》、《商用车手动变速箱油》、《重负荷柴油机油综合性能评定法》3项标准获“集团公司优秀标准三等奖”。

补充完善销售专业标准体系表，对销售专业的管理文件进行逐步标准化。为了规范加油站和成品油库设计管理，打造中国石油业务链的“黄金终端”，建设国际水准销售企业，统一加油站和成品油库设计标准。

按照“理念国际化、设计标准化、形象统一化、效率最大化”的要求，为了设计好、建设好、管理好加油站和成品油库，向集团公司申请将《加油站建设标准设计》系列和《成品油库建设标准设计》系列编制成标准文本的形式，在2013年增补为集团公司级企业标准制定项目。

（顾惠明）

【财务管理】 2012年，按照“业绩导向、顶层设计、程序至上、注重执行、量化评价、持续改进”的总体要求，围绕建设国际水准销售企业目标，以推进“预算管理、财务管控、资产管理、资金管理、风险防控、价格管理、税收筹划、股权管理、管理制度和队伍建设”十大体系为主题，以完善监督检查机制、队伍建设和信息化建设为保障，打造与国际水准销售企业相匹配的财务管理模式。

（1）深化全面预算管理，财务指标均衡受控。开发应用预算分析模型，建立销售企业量、价、费综合统筹解决方案，提高决策支持科学性；进一步完善月度预算一体化工作机制，业务、财务共同研究生产经营计划及财务指标安排，引导企业控制成本、突出效益。

（2）强化财务分析，发挥决策支持作用。不断完善分析模板，分资源、产品、客户、流向分析效益，对库存、外采、零售、成品油流向效益、加油站租赁费、加油卡优惠及价格到位率等生产经营热点进行重点分析。通过采取不同形式的分析，查找差距，建言献策，决策支持作用日益增强。

（3）积极争取政策，为企业发展营造良好环境。按照“公平、公正、公开、透明”的原则，完善运行机制，充分调动企业控本增效积极性。针对财务费用偏高的问题，向中国石油总部争取减债、减免财务费用政策。在财务部的大力支持下，增拨东北、西北管道铺底油占用资金24.18亿元、对销售企业减债240亿元，减免财务费用15亿元。

（4）突出业绩导向，完善综合排名指标体系。按照“业绩导向、量化评价、持续改进”的要求，科学、公平、合理评价销售企业盈利水平和核心竞争力开展综合排名工作。通过综合排名，调动地区公司寻找差距，制定改进措施。

（5）研究资产管理工作，实物管理试点应用。统一下发实物资产管理规范，召开实物资产系统应用启动和培训会。截至2012年底，36家地区公司正式上线运行，实物系统累计录入实物资产187万条；同时，搭建销售公司平台，监控汇总地区公司项目实施进度及实物资产情况，初步构建全员、全要素、全生命周期的实物资产管理体系。

（6）推广加油站定额管理，构建标准成本体系。举办2期加油站定额管理和单站核算培训，现已完成加油站定额管理系统初始数据收集录入、业务流程梳理、费用标准制定，准备2013年正式施行，以全面、真实反映加油站运营管理水平。

（7）研究纳税筹划，合理降低税赋。配合财务部，对加油卡积分业务、加油站拆迁补偿等业务的会计处理进一步规范，有效降低经营和涉税风险；密切关注、学习研究国家出台的有关财税政策，积极争取税费减免政策，降低税费。

（8）紧跟业务变化，提供财务专业支持。研究加油卡跨区发票及网上充值等政策，保障“一卡在手、全国加油”顺利实施；配合加油卡网上充值项目，提出资金清算、手续费支付、发票开具等方面建议；积极研究加气业务财务管理方案，针对资金管理、会计核算与报表编制、费用分摊和预算考核等提出解决方案；研究落实安全生产费用相关政策。

（9）建立交流、研究机制，提升财务队伍素质。坚持并完善总会计师例会制度，围绕重点工作安排展开，主题鲜明，效果显著。充分利用专家团队，有针对性的在库存管理、纳税筹划、指标预警、加油站效益评价、共享服务中心建设等方面开展13项课题研究。

（王剑章）

【油库管理】 截至2012年底，销售分公司共有成品油库505座，库容1796万立方米，包括全资、控股、参股和租赁型油库，当年完成周转量10883万吨，累计周转9.14次；同比减少18座油库、6.5万吨出库量，增加153万立方米库容。

起草下发推进油库集中管理的《指导意见》，截至2012年底，29家公司成立了仓储公司，其中21家实现油库上划管理；编制完成油库3年隐患治理和达标改造规划，完成15座油库、33项、3279万元隐患治理；基本完成油库信息系统推广，4家下属销售公司的432座油库系统上线运行，另有46座油库通过日报方式实现数据共享，通过自动化平台，集成327套自助付油设备、345套液位仪、356套视频系统；完成104油库下装改造、定置化设置和制度、流程梳理，优化作业流程和岗位设置，实现核心岗位和辅助岗位分离，为2012年精细化管理工作会议打造了参观示范样板；组织完成81人的仓储公司经理和示范库主任培训，开展岗位设置和生产运行测时写实，推动《新建油库作业流程及岗位编制优化方案》实施；参加集团公司组织的HSE体系审核，落实九江油库隐患整改和承包管理，协调组织九江油库、昆明油库、南宁油库生产试运行及投用。

2012年油库管理工作，在规范集中管理，实现职能机构转变和库存上移，以及信息化水平全面提升方面取得明显的成绩。

（韩聿波）

【信息化管理】 2012年全面推进销售业务信息系统建设，系统应用和运行维护又有较大的进步和提升。在系统建设方面：销售ERP系统根据营销、价格管控和燃料油公司、润滑油公司需求进行系统功能提升，促进BW报表应用推广至地区公司；加油站管理系统累计部署18391座加油站。根据业务需求，完善系统功能178项，新增及优化报表291张。与第三方合作开展了卡系统安全评估；油库管理系统累计完成462座油库实施和1433套自动化系统集成；一次物流优化系统完成调运管理模块和运行管理平台的设计开发，并在销售公司和东北销售公司、西北销售公司全面实施；二次物流优化系统随着地区公司的深化应用，新增、完善系统功能96项。配送一卡通在109座油库、5328座加油站推广实施；开展销售分公司及地区公司营销管理指挥中心建设和综合信息应用平台系统实施与升级；物流集成平台完成32家省级销售公司四系统数据集成；完成四川销售公司精细化会议信息化建设任务，实施通过信息化手段实现营销管控、物流优化和精细管理的工作措施；销售应用集成项目得到集团公司立项批复；完成加油站管理系统提升、物流系统提升（含一次物流、二次物流、油库管理、海运管理、非油品仓库与运输管理等功能）可行性研究报告编制。

系统应用推进方面：坚持周视频例会制度，全年召开五大系统项目例会150余次，对接和验收会22次，及时解决遇到的问题，使系统应用水平和业务运行规范得到大幅度提升；完善系统应用考核指标体系，修改23大类76小类指标，使系统考核更适应业务，五大系统全年开展月、周、运维考核共308次；与业务部门持续推进“业务未经系统控制问题”的整改，从技术和管理两方面入手加强问题的解决力度，各地区公司已普遍进行了自查、检测、考核、整改，并制定解决方案和持续跟进的计划。

系统运行维护方面：进一步完善三级运维体系，全年提供7X24小时运维服务，周平均事件解决数量5800余个，事件解决率98%。进一步完善运维体系，提升运维速度和质量。在流程明确的基础上建立起“首问负责制”，并进行量化考核、结果公开；建立销售信息系统专家中心，加强销售公司、地区公司两级运维人员培训；完善系统应急预案，建立安全保障体系，保持系统高效平稳运行。

（刘航宇）

【股权管理法律事务】 按照“合法、清理、规范、发展、服务”的工作思路，以提升股权投资价值为目标，以规范运作为核心，不断提升股权管理水平。

落实“总部经济”网络开发合资合作指导意见，与中国交通建设集团、中国供销合作总社分别成立合资公司，实现强强联合、互利共赢，成品油营销网络得到加强。截至2012年底，销售企业股权投资项目587家（含存续企业21家），全年新增16家股权企业，其中上海5家、安徽3家、北京3家，湖北、云南、江苏、广西和福建各1家。积极落实分红政策，2012年全年分红实际到账14.3亿元，占销售板块总利润的13.8%，同比增加3.5亿元，增幅32%，为完成全年利润指标作出积极贡献。全年清理处置股权企业9家，实现投资收益9.22亿元。

（杨秋存）

【培训与技能鉴定】 全年组织重点培训项目66期5.02万人次。连续第六年组织“先进经验到基层”培训活动，到达11个成品油销售地区公司，培训两级机关业务骨干、片区经理、加油站经理1229人；完成中国石油远程培训学院销售分院建设工作，组织网络培训管理员培训班，网络培训达到3.79万人次；继续组织开展销售企业业务骨干赴中油碧辟对口培训项目4期培训班，培训97人；完成3年地区公司领导班子全部“走出去”的培训目标，全年组织20个出国项目；组织开展加油站经理资格认证工作，2.7万人报名参加初级资格认证并通过网络学习相关课程。

2012年完成鉴定3.6万人次，其中，中高级鉴定人数接近50%，队伍技能结构进一步优化。编制下发技师管理办法和技师考评工作方案，完成实施鉴定的初步准备；完成技能鉴定教材题库的换版升级，鉴定内容补充突出信息化、自动化，实现与销售业务发展的同步；持续推进体系建设和认证工作，在河北、天津、河南、福建、广西的5家鉴定站参加国家人事部组织的2012年度认证，审核结论均为推荐通过。

完成了2011年度劳动竞赛先进单位、先进集体和先进个人的表彰工作。组织开展了2012年劳动竞赛，主题仍为“促发展、上规模、增效益”，竞赛项目和指标由2011年的10大类42个扩大为12大类53个，进一步扩大了竞赛覆盖面和奖励面，常态化的劳动竞赛已成为销售企业提高经管管理水平的重要抓手。

（张晓燕）

【未上市企业财务管理】 规范存续企业财务管理。持续推进和完善预算管理。2012年预算离退休员工安置资金支出2.37亿元，实际支付2.29亿元，控制在预算以内。加强资金集中管理，专款专用，按月审核拨付，年终决算审计后进行资金清算。盘活、处置实物资产，实现资产租赁和物业收入2901万元，审核批复辽宁、陕西公司处置资产原值474万元，净值248万元。组织完成日常会计核算和编报会计月、季、年度财务决算。按照集团公司财务资产部要求，委托立信会计师事务所进行决算审计，事务所出具了标准无保留意见的审计报告。年末资产总额8.8亿元；离退休人数2.37万人。落实内退和离退休人员相关待遇。组织完成内退人员（860人）2012年工资调整、资金拨付和发放工作；争取13家企业离休人员医药费财政补贴资金1201万元；落实离退休人员政治和生活待遇，促进企业和谐发展。

（陈运华）

第五篇

天然气与管道

综　述

【概述】 中国石油天然气股份有限公司天然气与管道分公司（以下简称天然气与管道分公司，也称天然气与管道板块）是股份公司的专业公司之一，在股份公司授权范围内，主要负责中国石油的油气调运、天然气销售、项目建设、资产完整性管理四大核心及其他相关业务。为适应管道联网运行需要，集团公司决定按区域化管理原则进一步调整理顺管道运营管理体制，成立西南管道公司，整体形成以管道公司、西气东输管道公司、北京天然气管道公司、西部管道公司、西南管道公司5个综合性运营公司为主，西南油气田为补充的“5+1”国内管道运营管理体系，重新划分管理界面，坚持输销一体化管理。

天然气与管道分公司业务关联单位包括北京油气调控中心、管道建设项目经理部、管道（销售）公司、西气东输管道（销售）公司、北京天然气管道有限公司、西部管道（销售）公司、西南管道（销售）公司、昆仑燃气有限公司、昆仑天然气利用有限公司、华北天然气销售公司、京唐液化天然气有限公司（新建液化天然气项目部）、大连液化天然气有限公司、江苏液化天然气有限公司，同时负责大庆、辽河、西南、华北、大港、长庆、青海7家油气田企业的天然气销售业务管理。

【主要业绩】 2012年，天然气与管道业务营业收入1906.23亿元，同比增长15.6%；实现账面亏损80.72亿元；业务总资产4055.24亿元，同比增长32.19%；全年实现天然气销售973亿立方米，同比增加147.7亿立方米，其中，长输管道实现652.9亿立方米，同比增加148.1亿立方米。进口中亚天然气240.2亿立方米、LNG 51.6亿立方米。全年完成原油调运量14264万吨，同比增加803万吨；原油管输量7888万吨，同比增加332万吨；成品油管输量1491万吨，同比增加71万吨；天然气长输管道管输量743.6亿立方米。单位现金成本实现有效管控；西气东输二线支线、中贵线中南段、长呼线、庆铁三线、独乌线、铁抚线改造及大连和江苏LNG3号储罐建成投运。全年完成节能考核指标，建立涵盖专业公司、调控中心和地区公司的三级能耗预测和评价体系。

【油品调运】 2012年，统筹国内国际两种资源，加强产、运、销、储各环节沟通衔接，发挥集中调控管理优势，优化产、运、销资源配置，确保油气管网安全平稳高效运行。

在原油调运方面，针对进口哈萨克斯坦油资源不足、东北管网安全运行风险日益严峻等情况，采取加剂运行和顺序输送、暂缓国家储备油收储、中银线推迟停输安排等方式，确保原油调运统筹优化运行；积极做好与铁道部、交通运输部及油田、炼厂等单位的沟通协调，采取涨库、借用商储油、顺序输送等措施，确保油田上产及炼厂安全生产需求。

在成品油方面，以努力提高管输量为重点，积极做好与销售板块的工作衔接，合理安排成品油输送批次，提高整体输送能力。西部成品油管道、兰成渝和港枣线首次实现小品种油品输送，管道输量创历史新水平。

在天然气方面，严格执行“月计划、周平衡、日指定”的天然气运销工作机制，突出加强跨国管道生产协调和管网关键节点互调转供，多方筹措资源，充分利用管网、储气库和LNG接收站应急调峰能力，圆满完成迎峰度夏、党的十八大等重要时期平稳供气。针对冬季保供期间天然气供需矛盾突出等情况，以制定并落实三级保供预案为重点，积极协调国内主力油气田满负荷生产，紧急采购现货LNG，强化需求侧管理，确保重点地区和城市居民平稳供气。

【重点项目建设】 2012年，天然气与管道分公司以确保油气战略通道实施进度、深入推进“标准化、模块化、信息化”设计、建设全生命周期数据库为工作重点，持续完善管理手段和方法，认真研究管理和技术创新措施，建设项目管理的规范化、精细化、科学化、信息化水平得以逐步提升。

2012年，西气东输二线上海、泰安、轮吐、深圳、南宁支干线和香港支线顺利投产，连通国内外20多条管道，途经全国15个省（区、市）192个县区全长8704千米的西气东输二线1干8支管道全部建成。中贵线中南段、长呼线、庆铁三线、独乌线、铁抚线改造及大连和江苏LNG3号储罐建成投运，为上游增储上产、中游提升能力、下游拓展市场及引进国外资源提供了有力保障。2012年重点项目新开工28项，续建41项，累计焊接7750千米，同比增长52%，创造中国石油年管道焊接里程历史最高纪录；投产（或具备投产条件）项目共25项，累计投产6163千米，同比增长76.1%。

【天然气销售】 2012年，面对天然气销量大幅增长以及进口气和进口LNG增加等形势，按照集团公司统一部署，持续推动天然气市场开发，完成中缅、中贵、永泰、西三线以及沈哈等新建管道沿线市场调研，与部分主要用户签订意向书，实现福建省、云南省、贵州省等新市场突破；西二线东段、泰青威、秦沈及大沈等投产管道全年新增用户33家，实现销售40亿立方米；加强天然气购销合同管理，各管道销售地区公司新签订合同109项，2015年新增合同气量149亿立方米，长输管道沿线累计签订合同505项，已落实2015年合同气量1077亿立方米；积极推进与新疆维吾尔自治区、内蒙古自治区煤制气收购谈判，与新疆维吾尔自治区签订煤制气战略合作协议。

积极推动天然气调价方案实施。西气东输在广东、广西市场全面落实每立方米2.74元气价方案，起到良好示范作用；西南油气田抓住区域内供需矛盾突出、进口气转供有利时机，推动四川省、重庆市政府在川渝两地实施价改试点方案；积极推动LNG在迎峰度夏期间现货交易试点，7月2日第一笔160吨LNG在上海石油交易所挂牌交易成功，为开启天然气市场化定价做了有益的探索。

【资产完整性管理】 2012年，全面推动完整性管理方法在管道设施风险管理中的应用，深入开展风险评估，优化维修维护资源，建立效能评价机制，将管道高后果区风险控制率和应急资源保障能力作为重要管控目标。不断完善油气管道安全防护、效能评价、站场完整性管理体系设计方案等标准制修订工作，细化完整性管理要求。在各地区公司现有站场设备设施管理相关体系文件研究基础上，对10大类油气站场的设备设施，共设置程序文件12个、作业文件66个，完成7个程序文件、47个作业文件的编制和初审。全年5家管道地区公司和西南油气田公司累计完成管道内检测4678千米，依据检测和评价结果，修复各类管体缺陷1912个，处理各类外防腐层缺陷及阴极保护问题7926处，管道本体风险得到有效控制。

（杜书成）

油气储运

【概述】 2012年，统筹国内国际两种资源，加强产、运、销、储各环节沟通衔接，发挥集中调控管理优势，优化产、运、销资源配置，确保油气管网安全平稳高效运行。

【储运能力】 截至2012年底，天然气管道分公司管理运营的主要油气长输管道约49562千米，同比增加6516千米，其中原油管道约8719千米，同比增加1156千米；天然气管道约32983千米，同比增加4779千米；成品油管道7860千米，同比增加581千米；管理运营的原油储罐160座。

【天然气储运】

1. 主要输气管线运行情况

主要输气管线运行情况见表1。

表1　2012年主要输气管线运行情况　　亿标准立方米

管线名称	年输气计划	实际输气量	比计划增减
西气东输一线（西段）	158.4	161.3	2.9
西气东输二线	247.4	228.2	-19.2
陕京线	232.9	260.6	27.7
忠武线	46.4	53.1	6.7
涩宁兰	37.6	38	0.4
鄯乌线	3.6	2.4	-1.2

2. 储气库运行情况

2012 年，注气完成 23.59 亿立方米，与计划基本持平；采气 20.62 亿立方米，比计划减少 1.4 亿立方米。

【原油资源配置】 2012 年，股份公司原油调运量完成 14263.51 万吨。其中，供股份公司炼厂原油 12703.57 万吨，供中国石油化工股份有限公司炼厂原油 492.57 万吨，供地方炼厂原油 569.66 万吨，出口原油 52.42 万吨，其他 445.29 万吨。

【原油储运】 2012 年，股份公司自产原油国内总运量完成 12151.35 万吨。其中，管道运输完成 10329.76 万吨，铁路运输完成 782.00 万吨，水路运输完成 565.26 万吨，公路运输完成 474.33 万吨。

（谷海威）

【成品油运行】 2012 年，通过采取有效措施，成品油管输完成 1492.4 万吨。

（1）积极与销售板块协调，努力增加成品油管输资源。西部地区炼厂由于控制加工量，导致成品油产量不足；新疆维吾尔自治区及宁夏回族自治区内成品油需求旺盛，导致管输资源紧张。积极与销售板块沟通和协调增量，并与油气调控中心和上游、下游单位一起，研究小品种油品进管道输送方案。西部管道、兰成渝成功实现了 97 号汽油的输送，港枣线实现 93 号车用高清洁汽油的输送。全年共完成小品种油品输送约 48 万吨，其中，西部管道 20 万吨、兰成渝 4 万吨、港枣线 24 万吨。

（2）优化管道运行方案，合理安排输送批次，提高整体输送能力。与油气调控中心一起，根据管道输送能力和上游、下游需求合理安排输送批次，充分发挥管道输送能力，增输上量。其中兰成渝、港枣线和西部成品油管道全年分别输送成品油达 609 万吨、117 万吨和 497 万吨，均创历史最好水平。

（3）协调长庆石化公司生产一个批次 93 号组分汽油，实现兰郑长管道长庆汽油支线顺利投产。

【成品油管输】 全年累计完成输油 1492.4 万吨，为年计划 1500 万吨的 99.49%，比计划减少 7.6 万吨（西部地区资源减少导致西部管道比年计划减少输油 32.8 万吨），同比增加 71.4 万吨（兰成渝输量增加），增幅 4.98%；为业绩考核指标 1400 万吨的 106.6%，超 92.4 万吨（表 2）。

表 2　2012 年各成品油管道管输完成情况

管道名称	年计划（万吨）	2012 年完成量（万吨）	比计划（万吨）	完成率（%）	2011 年完成量（万吨）	同比（万吨）
合计	1500	1492.4	-7.6	99.5	1421	71.4
兰成渝	570	608.8	38.8	106.8	537	71.8
西部成品油	530	497.2	-32.8	93.8	496	1.2
港枣线	100	116.7	16.7	116.7	111	5.7
兰郑长	300	269.7	-30.3	89.9	277	-7.3

【计量管理】 2012 年，严格贯彻执行国家计量法和股份公司油气交接计量管理规定，加强计量管理，强化计量器具配备，完善区域化管理后的交接气量管理办法，出台《天然气管道交接气量计算方法（暂行）》等 6 项管理办法，有效维持了正常的生产经营秩序。

（管维均）

天然气销售与利用

【概述】 2012 年，进一步加大管网建设和市场开发工作力度，积极推动天然气调价方案实施，不断完善销售体制机制，认真做好天然气下游业务，继续保持天然气销售业务快速发展的态势。高度重视天然气市场保供工作，实现2012年冬季资源严重紧缺下的市场相对平稳，保障北京、乌鲁木齐等重点地区的供用气安全。

【天然气产量】 2012年，完成天然气产量798.6亿立方米，同比增加42.4亿立方米，增幅5.6%；占全国的比例为74.1%，同比降低0.7个百分点。

【天然气产销平衡】 2012年股份公司天然气工业产量798.6亿立方米，扣除企业生产自用和损耗气量94.4亿立方米，国内气田形成的天然气商品气量为704.2亿立方米，同比增加70.6亿立方米，增幅10%。

【天然气销售量】 2012年，在国内气田、进口中亚气和海上LNG多资源的情况下，股份公司销售天然气973亿立方米，同比增加147.7亿立方米，增幅17.7%。下游市场销售继续保持较快增长，塔里木、西南油气田、长庆和青海等主力气区周边市场，西气东输、陕京系统、忠武线、涩宁兰以及中贵线沿线等重点市场销售区域用气量继续保持快速增长。塔里木周边同比增加3.9亿立方米，增幅18.2%；西南周边同比增加10.7亿立方米，增幅7.4%；长庆周边同比增加4.9亿立方米，增幅6.5%；青海周边增加4.2亿立方米，增幅29.5%；陕京系统销售量同比增加52.5亿立方米，达到238.8亿立方米，增幅28.2%；西气东输系统销售量同比增加43.4亿立方米，达到251.1亿立方米，增幅20.9%；涩宁兰销售量（青海省、甘肃省）同比增加4.3亿立方米，达到38.2亿立方米，增幅12.5%；长宁线销售量（宁夏回族自治区）同比增加4.4亿立方米，达到22.9亿立方米，增幅23.6%；忠武线销售同比增加6.3亿立方米，达到42亿立方米，增长40.2%，同比增加6.3亿立方米，增幅17.7%；西二线新疆维吾尔自治区下载气量同比增加16.8亿立方米，增幅120.2%，达到30.9亿立方米；中贵线全年实现销售量16.9亿立方米。

【天然气销售流向及结构】 2012年，股份公司天然气销售已涉入全国28个省（区、市），包括南方勘探公司供应海南省；管道气已进入27个省（区、市），2012年7月实现了通过中贵线向川渝地区供气，天然气销售重心仍旧集中在华东、川渝和华北地区。按省市划分，外销量排名位于前六位的分别为江苏省、四川省、北京市、新疆维吾尔自治区、重庆市、河南省，与2011年销量排名一致。由于2012年乌鲁木齐、石家庄、太原等城市为提高空气质量加大了燃煤锅炉改燃气锅炉以及新上燃气锅炉的力度，冬季采暖需求旺盛。与往年相比，天然气主要销售区域不仅集中在大型气田周边及长输管道沿线经济发达省市，还包括西北、华北等天然气采暖需求旺盛的地区。

除煤层气公司、南方勘探公司、玉门油田以外，2012年股份公司油气田、周边和长输管道实际销售天然气971.1亿立方米，按照用途进行分类，结构为：民用612.4亿立方米，比重为63.1%，比2011年（58.8%）提高4.3个百分点；工业用气中化肥用气82亿立方米，占总销量比重为8.4%，比2011年（8.6%）降低0.2个百分点；化工行业用气量67.7亿立方米，占总销量比重为7%，比2011年（7.5%）降低0.5个百分点；天然气发电用气量为48.1亿立方米，占总销量比重为5%，比2011年（5.8%）降低0.8个百分点；工业燃料用气量为160.9亿立方米，占总销量比重为16.6%，比2011年（17.5%）降低0.9个百分点（表3）。

表3　股份公司2012年天然气销售量流向表

销售类别	工业						民用		合计
	小计	大化肥	中小化肥	化工	发电	工业燃料	城市	矿区生活	
股份公司合计（万立方米）	3585827	677627	142567	676722	480883	1608028	5930605	193294	9709726
比例（%）	36.9	7.0	1.5	7.0	5.0	16.6	61.1	2.0	100.0

【天然气销售价格】 2012年，积极推动天然气价格调整方案实施。西气东输在广东、广西市场全面落实每立方米2.74元气价方案，起到良好示范作用；西南油气田抓住区域内供需矛盾突出、进口气转供有利时机，推动四川省、重庆市政府在川渝两地实施价格调整试点方案；积极推动LNG在迎峰度夏期间现货交易试点，7月2日第一笔160吨LNG在上海石油交易所挂牌交易成功，为开启天然气市场化定价做了有益的探索。

【天然气利用】 股份公司天然气利用业务经过4年的

经营实践，初步实现了延伸产业链、天然气二次增值的目的。2012年，股份公司天然气利用业务实现天然气销售125.98亿立方米。

2012年，天然气利用业务推行区域化管理，进一步明确沿线发展、高端优先、突出效益的市场开发原则，以规模促销售、以规模保效益，国内市场份额持续增长。突出利用业务对天然气产业发展的促进作用，统筹研究下游市场情况，重点开发云南、湖南、广东等市场，年内签订合作框架协议9个，投产项目8个，实现销售过亿项目21个，同比增加8个；组织辽河油田启动气化辽宁项目和大港油田推进天津管网项目，调动和发挥油田企业在天然气利用业务中的主动性与积极性。

（张津铭）

储运设施建设

【概述】 2012年，天然气与管道分公司进一步强化项目全过程管理，西气东输二线上海、泰安、深圳、轮南、南宁支干线、中贵线中南段按期建成，确保中亚气顺利分输。香港支线顺利建成，是中国石油第一条跨区海底输气管道。独乌线、长呼线顺利投产，确保炼厂扩能上产。

【项目前期】 2012年，天然气与管道分公司围绕油气长输管道、储气库等工程开展了前期工作，主要项目前期工作进展如下。

1. 天然气业务

1月，股份公司批复港清三线输气管道工程可行性研究报告，天然气与管道分公司批复广西贺州、百色、玉林天然气专供管道工程可行性研究报告。2月，股份公司批复大唐煤制气支线（古北口—高丽营）、秦皇岛—沈阳天然气管道朝阳供气支线工程可行性研究报告，天然气与管道分公司批复西气东输西二线贵港—玉林供气支线可行性研究报告。3月，股份公司批复西二线与川气东送管道互联工程可行性研究报告，天然气与管道分公司批复西二线苍梧—贺州供气支线可行性研究报告。4月，股份公司批复哈尔滨—沈阳输气管道工程（长春—沈阳段）、高阳—保定—徐水天然气输配管道工程、铁山坡集输气管道工程可行性研究报告，天然气与管道分公司批复天然气计量检测中心扩容工程（调整版）可行性研究报告。5月，股份公司批复四平—白山天然气管道工程、江津—纳溪集输气管道工程可行性研究报告，天然气与管道分公司批复遵义—绥阳天然气管道工程可行性研究报告。6月，天然气与管道分公司批复广西钦州、防城港天然气专供管道工程可行性研究报告。7月，天然气与管道分公司批复济宁西部5县天然气支线管道二期工程、广西梧州天然气专供管道工程、海城市天然气综合利用项目可行性研究报告。8月，天然气与管道分公司批复辽阳市天然气支线管网工程（一期）可行性研究报告。9月，股份公司批复中缅天然气昆明东支线输气管道工程可行性研究报告，天然气与管道分公司批复中缅天然气昆明西支线输气管道工程可行性研究报告、朝阳市天然气管网工程可行性研究报告。10月，天然气与管道分公司批复营口地区天然气支线管网工程可行性研究报告。11月，股份公司批复上海支干线抚州压气站工程可行性研究报告，天然气与管道分公司批复江西管网二期工程5个项目可行性研究报告。12月股份公司批复上海支干线衢州压气站工程、天然气长输管道装备试验中心可行性研究报告。

2. 原油业务

1月，股份公司批复漠大线适应性改造工程可行性研究报告。7月，股份公司批复庆铁线改造工程、铁岭—锦西原油管道复线工程、铁大线安全改造工程（铁岭—鞍山段）可行性研究报告技术方案及王家沟油库火车栈桥隐患治理工程可行性研究报告，天然气与管道分公司批复王家沟油库新建事故缓冲池工程可行性研究报告。

3. 成品油业务

7月，股份公司批复成都—乐山成品油管道工程可行性研究报告。9月，股份公司批复抚顺—锦州成品油管道工程可行性研究报告技术方案。

4. 储气库业务

11月，股份公司批复云应储气库造腔先导性试验可行性研究报告。

5. CNG和城市燃气业务

1月，天然气与管道分公司批复孝感CNG母站工程可行性研究报告、德州武城CNG母站工程可行性研究报告。3月，天然气与管道分公司批复广州从化CNG母站工程、贵阳LPG储配库项目可行性研究报告。4月，天然气与管道分公司批复浙江平湖区天然气综合利用项目可行性研究报告。8月，天然气与管道分公司批复锦州市松山—凌南天然气利用工程可行性研究报告。9月，天然气与管道分公司批复巩义地区天然气利用工程可行性研究报告。10月，天然气与管道分公司批复玉溪市天然气利用项目可行性研究报告。11月，天然气与管道分公司批复娄底市经济技术开发区天然气利用项目可行性研究报告。

6. LNG业务

2月，天然气与管道分公司批复江苏LNG项目二期工程可行性研究报告。7月，天然气与管道分公司批复江苏LNG项目槽车装车工程可行性研究报告。

7. 其他

7月，天然气与管道分公司批复一级液体管道站场可编程逻辑控制器/远程终端装置（PLC/RTU）远控可行性研究报告。

（王小强）

【天然气管道工程】

1. 西气东输二线管道工程（续建）

西气东输二线管道西起新疆维吾尔自治区霍尔果斯，东至上海、浙江，南至广东、广西，途经15个省（区、市），线路总长约8704千米（含支线），年设计输量300亿立方米。西气东输二线管道系统现包括1条干线、10条支线、2条联络线，西气东输管道干线以中卫为界分为西、东两段，其中西段干线全长2746千米，东段干线全长2477千米。

西二线西段干线于2008年2月22日开工，2009年12月15日进气投产。西二线东段干线于2009年2月7日开工，于2011年6月30日建成投产。西二线未建完支干线进展情况如下。

广州—深圳支干线：长度262.05千米，其中，广州—求雨岭段189千米管径1016毫米，年输量150亿立方米；求雨岭—大铲岛段61千米（含海底管道9.4千米），管径914毫米，年输量80亿立方米。截至2012年底，广州—深圳支干线广州—求雨岭段189千米和求雨岭—大铲岛段61千米均已建成。

上海支干线：长度817千米，其中南昌—衢州（404千米），衢州—嘉兴—吴江（424千米），吴江角直（44千米）。管径1016毫米，年输量100亿立方米。2012年5月，上海支干线建成投产。

泰安支干线：长度521千米，其中鲁山—薛店段128千米、薛店—泰安段393千米。管径1016毫米，年输量100亿立方米。2012年5月，泰安支干线建成投产。

南宁支干线：长度632千米，管径1016毫米，年输量100亿立方米。2012年12月，南宁支干线建成投产。

轮南支干线：长度526千米，管径1016毫米，年输量120亿立方米。2012年10月，轮南支干线建成投产。

西气东输二线原有8条供气支线，7条支线2011年投产，2012年底，香港支线建成投产。

西气东输二线新增4条支线：贵港—玉林支线（103千米）、南宁—白色支线（300千米）、苍梧—贺州支线（212千米）、西二线与川气东送管道互联支线（1.6千米），至2012年底，贵港—玉林支线焊接57千米、苍梧—贺州支线焊接107千米、南宁—白色支线焊接40千米、与川气东送管道互联支线焊接0.5千米。

2. 秦皇岛—沈阳输气管道工程（续建）

包括秦皇岛—沈阳干线和葫芦岛（7.7千米）、盘锦（26.3千米）、沈阳（23.2千米）、锦西石化公司（11千米）、锦州石化公司（31千米）、朝阳（164千米）6条支线。管道总长度为684千米，其中干线长度421千米、支线长度共269千米，干线管径1016毫米，设计压力10兆帕，设计年输量90亿立方米，共设站场8座，阀室20座。

该工程于2009年5月28日开工，2011年底秦沈线干线建成投产，截至2012年底，朝阳支线焊接148千米、锦州石化公司支线焊接21千米，其余4条支线均已建成。

3. 山东天然气管网工程（续建）

山东天然气管网包括泰安—青岛—威海干线和淄博、莱钢、招远、寿光、乳山、日照6条供气支线。干线长度584千米，其中泰安—青岛干线长度355千米，青岛—威海干线长度229千米。管径1016毫米，设计压力10兆帕，设计年输量86亿立方米。

该工程于2009年9月28日开工，2011年4月泰安—青岛段干线建成投产。截至2012年底，青岛—威海段焊接138千米，淄博支线（98.3千米）已焊接98千米、日照支线（169千米）已焊接168千米。

4. 江都—如东天然气管道工程（续建）

该管道为江苏LNG接收站的外输管道，管径

1016毫米，设计压力10兆帕，设计年输量135亿立方米。线路全长279.4千米，其中，一期江都—南通段长162.1千米，二期南通—如东段长56千米，三期泰兴—芙蓉段长54.5千米。全线共设站场13座，阀室8座。

工程于2009年5月17日开工，2011年底，江都—如东输气管道工程一期、二期——江都—南通—如东段建成。截至2012年底，江都—如东天然气管道工程三期泰兴—芙蓉段已焊接31千米。

5. 大连—沈阳天然气管道工程（续建）

大连—沈阳天然气管道包括1条干线和大连、抚顺、辽阳、鞍山4条支线。干线起自大连市保税区大连液化天然气接收站内新港首站，途经大连市、营口市、大石桥市、辽阳市，止于新民市境内的秦皇岛—沈阳天然气管道沈阳分输清管站，全长442.68千米，设计压力10兆帕，管径711毫米，设计任务年输量84亿立方米，采用L485直缝埋弧焊钢管和螺旋缝埋弧焊钢管。管道全线共设置7座站场和22座线路截断阀室，其中监控阀室9座，监视阀室13座。

大连—沈阳天然气管道干线已于2011年11月建成投产，目前各条支线建设进展如下。

大连支线起自大连市经济技术开发区松岚分输清管站，止于大连市甘井子区大连末站。管道全长21千米，设计压力6.3兆帕，管径610毫米，设计任务年输量16亿立方米，采用L450直缝埋弧焊钢管。设置2座监控阀室、1座监视阀室。截至2012年底，管道已焊接20.3千米。

抚顺支线起自灯塔市境内沈抚分输站，止于抚顺市抚顺县境内抚顺末站。管道全长106千米，设计压力6.3兆帕，管径457毫米，设计年输量8亿立方米。截至2012年底，管道已焊接90千米。

辽阳支线起自大沈线辽鞍分输站，止于辽阳石化末站，线路全长70千米，其中辽鞍分输站至一号阀室全长47千米，管径457毫米，设计压力6.3兆帕，设计年输量3.5亿立方米，采用L360高频直缝电阻焊钢管；一号阀室至辽阳石化末站全长23千米，管径273毫米，设计压力6.3兆帕，设计年输量1.4亿立方米，采用L360高频直缝电阻焊钢管。截至2012年底，管道已焊接56千米。

鞍山支线起自大沈线辽鞍分输站，线路长12.5千米，管径273毫米，设计压力6.3兆帕，设计年输量4.8亿立方米，采用L360高频直缝电阻焊钢管。截至2012年底，管道已焊接12.4千米。

6. 中卫—贵阳联络线工程（续建）

中卫—贵阳联络线工程含“一干三支”。干线起自宁夏中卫枢纽站，经甘肃、陕西、四川、重庆，止于贵州贵阳，与中缅天然气管道相连，干线全长1557千米，其中，中卫—南部段867千米，南部—铜梁段160千米，铜梁—贵阳段530千米。设计年输气能力150亿立方米，设计压力10兆帕，管径1016毫米，材质为X80，管内壁采用减阻内涂层。全线共设14座工艺站场。陇西支线位于甘肃省境内，向陇西县供气，全长142千米，设计年输气能力1.5亿立方米，设计压力6.3兆帕，管径219.1毫米。陇南支线位于甘肃省境内，向陇南市区供气，全长85千米，设计年输气能力2.0亿立方米，设计压力6.3兆帕，管径219.1毫米。天水支线位于甘肃省境内，向天水市区供气，全长46.1千米，设计年输气能力5.0亿立方米，设计压力6.3兆帕，管径273.1毫米。工程总投资224.52亿元。

工程于2011年3月15日开工建设，截至2012年底，中贵线中卫—南部段、南部—铜梁段建成，铜梁—贵阳段累计焊接管道300千米，陇西、陇南、天水支线共焊接管道259千米。

7. 中缅天然气管道工程国内段（续建）

中缅天然气管道工程（国内段）是进口缅甸天然气的重要通道，在贵阳与中卫—贵阳联络线连接，在贵港与西气东输二线南宁支干线连接。工程包括1条干线和丽江、玉溪、都匀、河池、桂林、钦州、北海、防城港8条支线。

中缅天然气管道干线起自云南省瑞丽市，经云南省、贵州省、广西壮族自治区，止于广西壮族自治区贵港市，管道干线全长1726.8千米，其中与中缅原油管道并行1101千米。管径1016毫米，设计压力10兆帕，设计年输量瑞丽—贵阳段100亿立方米、贵阳—贵港段130亿立方米。采用X80和X70级钢管。

干线设置17座工艺站场，其中，瑞丽首站、芒市分输站、保山压气站、弥渡分输站、禄丰分输站与中缅原油管道站场合建；贵阳压气站与中卫—贵阳联络线贵阳分输站合建；贵港压气站与西气东输二线贵港分输站合建。

截至2012年底，禄丰以西段（共606千米）累计焊接506千米，各个站场均已开工建设；禄丰以东段（共1121千米）累计焊接771千米，各个站场均已开工。

8. 陕京三线输气管道工程良乡—西沙屯段（续建）

良乡—西沙屯段是陕京三线的延伸，管道起自良乡分输站，止于西沙屯末站，全长91.5千米，管径1016毫米，设计压力10兆帕，设计年输量150亿立方米，采用X70螺旋缝埋弧焊钢管和直缝埋弧焊钢管。管道全线共设置2座站场、7座线路截断阀室，其中，监控阀室5座，其余均为监视阀室。工程概算总投资152206万元。截至2012年底，管道已焊接86.7千米。

9. 韩城—渭南—西安煤层气管道工程一期干线部分（续建）

韩城—渭南—西安煤层气管道一期工程包括韩城—渭南—西安干线、蒲城白水支线和临渭潼关支线。干线起自韩城市韩城首站，止于西安市高陵县西安末站，全长191.6千米，管径559毫米，设计压力4.0兆帕，采用L360螺旋缝埋弧焊钢管和直缝埋弧焊钢管，设计年输量14.6亿立方米。管道全线共有7座站场，共设置6座线路截断阀室，其中，监控阀室3座、监视阀室1座，其余均为普通阀室。工程概算总投资59843万元。

截至2012年底，韩城—渭南—西安煤层气管道韩城—渭南段145千米建成。

10. 西气东输三线西段管道工程（新建）

管道起自新疆维吾尔自治区霍尔果斯，终止宁夏中卫，全长2445千米，其中，霍尔果斯—乌鲁木齐段670千米，乌鲁木齐—中卫段1775千米。管道管径1219毫米，设计压力12兆帕，设计年输量300亿立方米。全线设17座工艺站场，69座阀室，16座阴极保护站。

2012年6月，西气东输三线（乌鲁木齐—中卫段）工程西段试验段开工建设，标志着西气东输三线工程项目全面启动。

截至2012年底，西气东输三线霍尔果斯—乌鲁木齐段已焊接324千米，乌鲁木齐—中卫段已焊接128千米。

11. 大唐煤制天然气管道项目北京古北口—高丽营段（新建）

大唐煤制天然气管道北京段（古北口—高丽营）工程起自古北口长城穿越点，止于高丽营末站。线路全长115千米，设计年输量60亿立方米，其中古北口—密云段线路长62千米，管径914毫米，设计压力7.8兆帕；密云—高丽营段线路长53千米，管径1016毫米，设计压力10兆帕。管道采用X70钢级钢管。全线共设置8座线路截断阀室，其中监控阀室6座、监视阀室2座。该工程于2012年7月开工建设，截至2012年底，已焊接16千米。

12. 唐山液化天然气外输管道（新建）

唐山液化天然气外输管道干线起自唐山液化天然气接收站围墙外2米，止于唐山市永唐秦输气管道唐山清管分输站。管道全长127.2千米，管径1016毫米，设计压力10兆帕，设计年输量84亿立方米，采用L485螺旋缝埋弧焊钢管和直缝埋弧焊钢管。管道共设置5座线路截断阀室，其中监控阀室3座，其余均为监视阀室。

宁河支线起自输气干线丰南分输站，止于南堡—唐山输气管道1号阀室，管道全长7.2千米，管径610毫米，设计压力4.0兆帕，设计年输量16亿立方米，采用L360螺旋缝埋弧焊钢管和直缝埋弧焊钢管。

2012年4月，唐山液化天然气外输管道开工建设。

13. 乐山地区天然气输气管道工程（新建）

乐山地区天然气输气管道工程分两期建设，一期工程建设汪洋—井研—甘霖—嘉农段、甘霖—黄土段、蔡金—高新段、甘霖连接线管道，全长143千米。二期工程建设井研—金山段管道，全长31.5千米。

汪洋—井研段管道起自南干线西段复线汪洋站，止于井研县三教乡井研站。管道全长47.8千米，管径660毫米，设计压力4.0兆帕，设计日输量700万立方米。采用L415螺旋埋弧焊钢管。设置线路截断阀室2座。

井研—甘霖段管道起自井研站，止于夹江县甘霖镇的甘霖站。管道全长39.0千米，管径610毫米，设计压力4.0兆帕，设计日输量450万立方米。采用L415螺旋埋弧焊钢管。设置线路截断阀室2座。

甘霖—嘉农段管道起自甘霖站，止于嘉农站。管道全长33.8千米，管径406.4毫米，设计压力4.0兆帕，设计日输量220万立方米。采用L360高频电阻焊钢管。设置线路截断阀室2座，其中监视阀室1座。

甘霖—黄土段管道起自甘霖站，止于乐山市夹江县黄土站。管道全长8.5千米，管径406.4毫米，设计压力2.5兆帕，设计日输量180万立方米。采用L360高频电阻焊钢管。

蔡金—高新段管道起自金山—沙湾管道的蔡金阀室，止于乐山市市中区安谷镇高新配气站。管道全长10.6千米，管径219.1毫米，管道设计压力2.5兆帕，设计日输量 70 万立方米。采用 L245 高频电阻焊钢管。

甘霖连接线起于甘霖输气站，在乐山市夹江县甘霖镇与彭乐线甘霖—黄土段管道连接。管道全长 3.2 千米，管径 323.9 毫米，设计压力 2.5 兆帕，设计日输量 120 万立方米。采用 L245 无缝钢管。

二期井研—金山段起自井研站，止于金山站。管道全长 31.5 千米，管径 508 毫米，设计压力 4.0 兆帕，设计年输量 2.75 亿立方米。采用 L360 螺旋埋弧焊钢管。设置线路截断阀室 1 座，为监视阀室。

一期工程新建井研站、甘霖站、高新站 3 座站场，改扩建汪洋站、黄土站、嘉农站 3 座站场。二期工程改扩建金山站。

截至 2012 年底，一期工程共焊接管道 70 千米。

14. 营口—盘锦供气管道（新建）

营口—盘锦联络线（辽河双六储气库配套管道）起自大连—沈阳天然气管道营口分输清管站，途经大石桥市、盘锦市大洼县，止于双 6 联络站。管道全长 76 千米，管径 711 毫米，设计压力 10 兆帕，管道任务日输量为 77.5 万—820 万立方米，采用 L485 螺旋缝埋弧焊钢管和直缝埋弧焊钢管。管道设置 4 座线路截断阀室，其中监控阀室 2 座，监视阀室 2 座（4 号阀室具备分输功能）。

2012 年 5 月，营盘线开工建设。

15. 济宁市西部 5 县天然气支线管道工程（新建）

济宁市西部 5 县天然气支线管道一期汶上—嘉祥段全长 38.89 千米，管径 323.9 毫米，设计压力 6.3 兆帕，设计年输量 4.1 亿立方米，采用 L360 直缝高频电阻焊钢管。设置线路截断阀室 1 座。新建汶上分输站和嘉祥分输站共 2 座工艺站场。汶上分输站与西气东输二线平顶山—泰安支干线济宁分输站毗邻建设。济宁市西部 5 县天然气支线管道二期嘉祥胡集段 31 千米。

16. 川渝管网北外环二期工程（续建投产）

川渝地区天然气管网调整改造工程北外环集输气管道二期工程（南部—德阳）管道起自南充市南部县永定阀室，途经绵阳市、德阳市，止于德阳市连山镇连山末站。采用 L485 螺旋缝埋弧焊钢管和直缝埋弧焊钢管，全长 218 千米。其中，永定阀室—南部站段管道长 25.5 千米，设计压力 8 兆帕，设计日输量 1200 万立方米，管径 813 毫米。该段管道共设置 1 座普通线路截断阀室；南部站—连山末站段管道长 192.5 千米，设计压力 8 兆帕，设计日输量 1800 万立方米，管径 914 毫米。该段管道共设置 8 座线路截断阀室，其中，监控阀室 2 座，其余均为普通阀室。

2013 年 7 月 11 日川渝管网北外环二期工程建成投产。

17. 甘南供气管道工程（续建完工）

甘南供气管道工程向甘肃省合作市和夏河县供气，工程包括临夏分输站—合作末站干线和 4 号阀室—夏河站支线。

临夏分输站—合作末站干线起自甘肃省西南地区供气管道临夏站，经临夏县、夏河县，止于合作市以北的合作站，线路长 118 千米，管径 219.1 毫米，设计压力 4.0 兆帕，设计日输量 22.5 万立方米，采用 B 级高频直缝电阻焊钢管；4 号阀室—夏河站支线线路长 31 千米，管径 114.3 毫米，设计压力 4.0 兆帕，设计日输量 6.8 万立方米，采用 B 级无缝钢管。管道全线共设置 5 座线路截断阀室，其中监控阀室 1 座，其余均为普通阀室。工程概算总投资为 27487 万元。

2012 年 10 月，甘南供气管道工程建成。

18. 伊宁—霍尔果斯输气管道工程（续建完工）

伊宁—霍尔果斯输气管道起自伊宁首站，途经伊宁市、霍城县，止于霍尔果斯末站，是西气东输三线的一条支线。管道全长 69 千米，设计压力 12 兆帕，管径 1219 毫米，设计年输量 300 亿立方米，采用 L555 螺旋缝埋弧焊钢管和直缝埋弧焊钢管。管道全线设置 2 座站场和 2 座线路截断阀室，均为监控阀室。工程概算总投资 99517 万元。

2012 年 8 月，伊宁—霍尔果斯输气管道建成。

19. 湘潭—娄底—邵阳供气管道（新建完工）

湘潭—娄底—邵阳供气管道起自西气东输二线樟树—湘潭支干线湘潭末站，途经娄底市，止于邵阳市的邵阳末站。管道全长 230 千米，设计压力 6.3 兆帕，管径 508 毫米，设计年输量 4.83 亿立方米，日输气能力 489 万立方米，采用 X65 直缝埋弧焊钢管和螺旋缝埋弧焊钢管。管道全线共设置 7 座线路截断阀室（其中监控阀室 1 座，监视阀室 6 座）。

2012 年 9 月管道开工建设，12 月 27 日湘潭—娄底—邵阳供气管道建成。

20. 向四川石化基地供气管道工程（新建完工）

本工程包括 1 条输气干线、1 条石化连接管道和 1 条输气支线。

输气干线起自广汉市北外环集输气管道连山站，止于彭州市军乐镇彭州末站。管道长 63 千米，设计压力 6.3 兆帕，设计年输气量 24 亿立方米，管径 660

毫米，采用L415螺旋缝埋弧焊钢管和直缝埋弧焊钢管。设线路截断阀室3座，均为监视阀室。

石化连接管道起自干线彭州末站，止于四川石化厂。管道长2.5千米，设计压力6.3兆帕，设计年输量16.9亿立方米，管径660毫米，采用L415直缝埋弧焊钢管。

输气支线起自干线升平分输清管站，止于温江—郫县输气管道的团结阀室。管道长29.6千米，设计压力4.0兆帕，设计年输量7.1亿立方米，管径406.4毫米，采用L360直缝高频电阻焊钢管和直缝埋弧焊钢管。设线路截断阀室1座。

2012年2月该管道工程开工，7月23日建成投产。

【原油管道工程】

1. 长庆—呼和浩特原油管道工程（续建完工）

长庆—呼和浩特原油管道工程起自陕西省定边县的油房庄首站，止于内蒙古自治区的呼和浩特末站。管道全长578千米，设计年输量500万吨，设计压力6.3—8兆帕，管径457毫米，管线用钢采用L415螺旋缝埋弧焊钢管。全线共设置18座线路截断阀室，其中监控阀室5座，手动阀室12座，单向阀室1座。工程概算总投资202216万元。

工程于2011年6月开工建设，2012年10月15日建成投产。

2. 独山子—乌鲁木齐—鄯善原油管道工程（续建完工）

独山子—乌鲁木齐—鄯善原油管道工程（一期）起自独山子首站，止于乌鲁木齐末站。管道全长231千米，设计压力12兆帕，管径610毫米，设计年输量1000万吨，采用L485螺旋缝埋弧焊钢管和直缝埋弧焊钢管。管道全线共设置7座线路截断阀室，其中监控阀室1座、手动阀室6座。工程概算总投资81534万元。

管道于2011年开工，2012年11月29日建成投产。

3. 大庆—锦西原油管道工程（续建完工）

大庆—锦西原油管道，即庆铁三线，分为大庆—新庙、新庙—垂杨、垂杨—铁岭三部分。

其中大庆—新庙、新庙—垂杨于2011年前已投产。垂杨—铁岭段（273千米），工程于2010年11月16日开工，2012年8月30日建成投产。

4. 王家沟—乌石化原油管道工程（续建完工）

王家沟—乌石化原油管道起自王家沟库区内的王家沟首站，止于乌鲁木齐石化公司原油罐区内的乌石化末站，线路全长56.63千米，与乌石化—王家沟成品油管道复线同沟敷设。管道设计年输量450万吨，管径457毫米，设计压力6.3兆帕，采用L360螺旋缝埋弧焊钢管。管道全线共设置2座站场，2座线路截断阀室，其中监控阀室1座、单向阀室1座。工程概算总投资16949万元。

2012年7月建成投产。

5. 铁抚线扩能改造工程（续建完工）

东部原油管网俄油引进配套铁抚线扩能改造工程新建抚顺输油站—前甸分输站管道，长17.355千米，管径508毫米，设计压力4.0兆帕，设计年输量1002万吨，同时对铁岭输油站、柴家堡加热站、抚顺输油站、前甸分输站4座站场进行扩能改造。

铁抚线扩能改造工程于2011年开工，2012年6月1日建成投产。

6. 兰州—成都原油管道工程（续建）

兰州—成都原油管道起自甘肃省兰州市西固区兰州首站，途经甘肃省、陕西省，止于四川省彭州末站。管道全长878千米，设计压力8—13.4兆帕，管径610毫米，设计年输量1000万吨，采用L450螺旋缝埋弧焊钢管和直缝埋弧焊钢管。管道全线共设置8座工艺站场，44座线路截断阀室，其中监控阀室18座、高点监测阀室6座、单向阀室12座、手动阀室8座。管道工程概算总投资471940万元。

工程于2011年3月30日开工建设，截至2012年底，累计焊接876千米，已基本贯通。

7. 中缅原油管道工程（国内段）一期工程（续建）

中缅原油管道工程（国内段）一期工程包括瑞丽—禄丰段干线、安宁支线、禄丰—重庆段干线。

瑞丽—禄丰段干线起自云南省瑞丽市，止于云南省昆明市，管道全长605.9千米，管径813毫米，设计压力8—15兆帕，设计年输量1000万吨。采用X70级螺旋缝埋弧焊和直缝埋弧焊钢管。

安宁支线起自禄丰分输站，止于安宁末站，管道全长42.8千米，管径610毫米，设计压力8—10.5兆帕，设计年输量1000万吨。采用X65级螺旋缝埋弧焊和直缝埋弧焊钢管。

禄丰—重庆段干线起自禄丰分输站，止于重庆末站，管道全长1025.2千米，管径610毫米和559毫米，设计压力9—14.6兆帕，设计年输量1000万吨。采用X70级螺旋缝埋弧焊和直缝埋弧焊钢管。禄丰—重庆段干线与中缅天然气管道（国内段）、云南成品油管道并行289千米；与中缅天然气管道（国内段）

并行 206 千米；与中卫—贵阳联络线并行 243 千米。

瑞丽—禄丰段干线设置瑞丽首站、芒市泵站、保山泵站、弥渡泵站、禄丰分输站 5 座工艺站场，均与中缅天然气管道（国内段）站场合建。安宁支线新建安宁末站，与中缅天然气管道玉溪支线昆明西分输站合建。

截至 2012 年底，累计焊接管道 320 千米。7 座站场（除安宁首站外，其余 6 座站场与天然气合建）已全部开工，进行土建施工及工艺安装。116 条三穿（河流穿越、公路穿越、铁路穿越）已完成 35 条。

【成品油管道工程】

1. 兰郑长成品油管道工程（续建）

包括兰州—郑州—长沙管道干线、长庆输入支线、庆阳输入支线、安阳分输支干线和 14 条分输支线，设计年输量 1500 万吨，设计压力 8 兆帕。途经甘肃、陕西、河南、湖北、河南等省，总长度达 3022 千米，其中干线长度 2070 千米（兰郑段 1188 千米、郑长段 882 千米）、支线长度 952 千米。全线共设工艺站场 16 座、阀室 82 座。

该工程于 2007 年 8 月 18 日开工，2009 年 4 月 17 日兰郑段建成投产，2009 年 8 月 10 日郑长段建成投产。

截至 2012 年底，庆阳支线（管径 406 毫米，长度 215 千米）、湘潭支线（管径 273 毫米，长度 83 千米）、长沙支线（管径 406 毫米，长度 40 千米）线路部分均已建成。

2. 吉林—长春成品油管道工程（续建）

吉林—长春成品油管道工程起自吉林省吉林市吉林首站，止于吉林省长春市长春末站，线路全长 168 千米，设计年输量 245 万吨，管径 355.6 毫米，管道设计压力 6.8 兆帕，管道采用 L360 钢级钢管，钢管材质选用高频直缝电阻焊管。管道采用常温密闭顺序输送工艺。管道全线共设置 2 座站场、8 座线路截断阀室，其中监控阀室 2 座。工程概算总投资 50978 万元。

工程于 2011 年 5 月 30 日开工，截至 2012 年底，线路已焊接 164 千米，2 座站场已基本完工。

3. 宁夏石化公司成品油外输管道（续建）

宁夏石化公司成品油外输管道工程包括 1 条干线和 1 条支线。干线起自宁夏回族自治区银川首站，止于内蒙古自治区巴彦淖尔的临河末站，线路全长 373.6 千米。银川首站—石嘴山分输阀室段管道设计年输量 191 万吨，管径 273 毫米，设计压力 10 兆帕，线路长度 103.7 千米，采用 L360 钢级高频直缝电阻焊钢管；石嘴山分输阀室—乌海分输站段管道设计年输量 130 万吨，管径 273 毫米，设计压力 6.3 兆帕，线路长度 91.2 千米，采用 L360 钢级高频直缝电阻焊钢管；乌海分输站—临河末站段管道设计年输量 59 万吨，管径 219 毫米，设计压力 4 兆帕，线路长度 178.7 千米，采用 L245 钢级高频直缝电阻焊钢管。全线设置银川首站、乌海分输站、临河末站 3 座工艺站场和 13 座线路截断阀室。银川首站与中银原油管道末站合建，所需储罐依托宁夏石化公司。管道全线采用常温密闭顺序输送工艺，顺序输送 93 号汽油、0 号柴油、-10 号柴油及 -20 号柴油。

支线起自石嘴山分输阀室，止于石嘴山分输计量站，线路全长 13.2 千米（双管敷设），设计年输量 61 万吨，管径 168 毫米，设计压力 10 兆帕，采用 L360 钢级高频直缝电阻焊钢管。

该管道于 2011 年 10 月开工建设，截至 2012 年底，线路主体已基本完成。4 座站场银川首站、石嘴山站、乌海站、临河末站进行土建施工及工艺安装。

4. 乌石化—王家沟成品油管道工程（续建完工）

乌石化—王家沟成品油管道复线起自乌鲁木齐石化公司厂区内的乌石化首站，止于王家沟库区内的王家沟末站，线路全长 56.63 千米，与王家沟—乌石化原油管道同沟敷设。管道设计年输量 450 万吨，管径 406.4 毫米，设计压力 4.0 兆帕，采用 L290 螺旋缝埋弧焊钢管。管道采用密闭顺序输送工艺输送 0 号、-10 号及 -20 号柴油。管道全线共设置 2 座站场，2 座线路截断阀室，其中监控阀室 1 座、单向阀室 1 座。工程概算投资 27007 万元。2012 年 7 月建成投产。

5. 南宁—柳州成品油管道（续建完工）

管道起自钦州—南宁成品油管道（已建成）南宁末站，止于柳州末站。线路全长 186 千米，设计年输量 300 万吨，管径 406 毫米，设计压力 8.0 兆帕，材质为 L415。全线设南宁分输泵站、柳州末站 2 座站场及 7 座阀室。采用常温密闭顺序输送工艺。

截至 2012 年底，线路焊接已完成，南宁分输泵站进行土建及工艺安装；柳州末站已进场开始土建及工艺安装。

6. 锦州—郑州成品油管道（新建）

锦州—郑州成品油工程包括 1 条干线，锦西和华北 2 条输入支线，秦皇岛、唐山、武清、大厂、石楼、邢台和邯郸 7 条分输支线。

干线起自辽宁省锦州市锦州首站，途经辽宁、河北、天津和河南，止于河南省郑州市郑州末站。锦州首站—固安分输泵站段管道设计年输量1300万吨，管径660毫米，设计压力8—10兆帕，线路长度597.3千米；固安分输泵站—保定输入泵站段管道设计年输量800万吨，管径559毫米，设计压力8兆帕，线路长度100.4千米；保定输入泵站—邯郸分输泵站段管道设计年输量1100万吨，管径610毫米，设计压力8—10兆帕，线路长度340千米；邯郸分输泵站—郑州分输泵站段管道设计年输量800万吨，管径559毫米，设计压力8兆帕，线路长度282.8千米。全线采用L450钢级螺旋缝埋弧焊钢管和直缝埋弧焊钢管；共设置线路截断阀室54座。

锦西输入支线起自辽宁省葫芦岛市锦西首站，止于干线4号注入阀室，线路全长8.9千米（三管敷设），设计年输量600万吨，管径406.4毫米，设计压力10兆帕，采用L360钢级高频直缝电阻焊钢管。华北输入支线起自河北省任丘市华北首站，止于干线保定输入泵站，线路全长57.9千米，设计年输量510万吨，管径457毫米，设计压力5兆帕，采用L360钢级螺旋缝埋弧焊钢管和直缝埋弧焊钢管。

秦皇岛分输支线起自干线秦皇岛分输泵站，止于华奥油库分输计量站，线路全长10.9千米（双管敷设），设计年输量130万吨，管径323.9毫米，设计压力2兆帕。唐山分输支线起自干线唐山分输泵站，止于豆各庄油库分输计量站，线路全长45.1千米（双管敷设），设计年输量130万吨，管径323.9毫米，设计压力6兆帕。武清分输支线起自干线24号分输阀室，止于武清油库分输计量站，线路全长24.6千米（双管敷设），设计年输量70万吨，管径323.9毫米，设计压力8兆帕。大厂分输支线起自干线24号分输阀室，止于大厂油库分输计量站，线路全长65.8千米（单管敷设），设计年输量185万吨，管径406.4毫米，设计压力8兆帕。石楼分输支线起自干线固安分输泵站，止于石楼油库分输计量站，线路全长54.7千米（单管敷设），设计年输量130万吨，管径323.9毫米，设计压力5兆帕。邢台分输支线起自干线41号分输阀室，止于官庄油库分输计量站，线路全长19.5千米（双管敷设），设计年输量65万吨，管径273.1毫米，设计压力8兆帕。邯郸分输支线起自干线邯郸分输泵站，止于杏园油库分输计量站，线路全长28千米（双管敷设），设计年输量50万吨，管径273.1毫米，设计压力3兆帕。支线管道除大厂分输支线采用L360钢级直缝电阻焊钢管外，其余均采用L245钢级直缝电阻焊钢管。

锦郑成品油管道于2012年8月18日开工，截至2012年底，累计扫线约119千米，焊接68.8千米（辽宁段11.8千米、河北段7.6千米、河南段49.4千米）。

7. 呼和浩特—包头—鄂尔多斯成品油管道（新建）

呼和浩特—包头—鄂尔多斯成品油管道工程包括1条干线、1条支线。干线起自内蒙古自治区呼和浩特首站，止于鄂尔多斯末站，线路全长286千米，管径355.6毫米，设计压力10兆帕，采用L415钢级高频直缝电阻焊钢管，其中呼和浩特首站—土右分输泵站设计年输量300万吨，土右分输泵站—鄂尔多斯末站设计年输量200万吨。支线起自土右分输泵站，止于包头末站，线路全长30.5千米，设计年输量150万吨，管径273.1毫米，设计压力4.0兆帕，采用L245钢级高频直缝电阻焊钢管。

管道干线设置呼和浩特首站、土右分输泵站、鄂尔多斯末站3座工艺站场；支线设置包头末站。呼和浩特首站与长庆—呼和浩特原油管道末站、保定—呼和浩特成品油管道末站合建；所需储罐依托呼和浩特石化公司。管道全线共设置10座线路截断阀室，其中监控阀室4座、单向阀室1座、手动阀室5座。

呼和浩特—包头—鄂尔多斯成品油管道于2012年6月开工建设，截至2012年底，累计焊接191千米。呼和浩特首站和土默特右旗站已进场，进行土建施工及工艺安装。

【储气库工程】 西气东输金坛地下储气库工程主要包括改造6口老腔，新建57口溶腔、镇江分输站至金坛地下储气库的输气干线、2座注采气站、集输系统等。金坛地下储气库总库容26.38亿立方米，有效工作气量17.14亿立方米，日注气规模900万立方米，日采气规模1500万立方米。其中，金坛地下储气库一期工程主要内容包括输气干线、东西注采气站、地面配套公用工程设施的建设，6口老腔改造和15口新腔的钻井溶腔以及地面配套部分的建设，一期工程完工后，库容量为7.98亿立方米，有效工作气量为5.08亿立方米。金坛地下储气库二期工程包括新增9口造腔井钻井工程，新增9口溶腔位于江苏省常州市金坛盐矿内，9口溶腔单腔体积320000立方米，有效腔体体积250000立方米。9口溶腔单腔最大工作气量2870万立方米，垫底气量1511万立方米，正常采气条件下的工作气量2550万立方米，运行压力7—17兆帕。

截至2012年底，一期工程累计完成94.42%。二期工程累计完成52.86%。年累计造腔342549立方米，正在进行JK7-1井二开钻井，JK6-4、JK7-6混凝土养护以及9口注采气井线路10千伏架空线路施工工作。

【液化天然气接收站工程】 唐山液化天然气项目位于河北省唐山港曹妃甸港区，包括接收站工程及码头工程两部分，分3期实施。

接收站一期工程设计规模为350万吨/年，二期工程设计规模为650万吨/年，远期达到1000万吨/年。接收站设施主要包括4台16英寸卸料臂和1台16英寸气相返回臂，4座有效容积为16万立方米的全包容式混凝土顶液化天然气（LNG）储罐，1套槽车装车设施。

码头一期工程建设1个泊位，年接卸液化天然气能力为650万吨，远期增建1个泊位。码头及栈桥设计接卸船型为27万立方米LNG运输船，兼顾12.5万—27万立方米LNG运输船。工作船码头泊位布置在接收站东南侧护岸外，码头长50米、宽8米。

截至2012年底，接收站完成58.11%，4座罐进行外罐、土建及安装工程施工。码头工程继续进行钢管桩施打与现浇墩台施工，累计完成72.20%。海水取排水工程继续沉井施工。站外配套工程正在开展施工图设计及采购施工招标工作。

（黄松源）

储运设施管理

【概述】 2012年，天然气与管道分公司全面推动完整性管理方法在管道设施风险管理中的应用，深入开展风险评估，优化维修维护资源，建立效能评价机制，将管道高后果区风险控制率和应急资源保障能力作为重要管控目标。

【完整性管理】 截至2012年底，天然气与管道分公司运营的长输油气管道约49562千米。各类油气管道工艺站场1428座，线路截断阀室1842座。

完整性管理基础进一步夯实。为建立健全管道完整性管理标准体系，天然气与管道公司组织完成完整性管理效能评价研究，建立效能测试和效能评价两种方法，并形成《集团公司企业标准——管道完整性管理规范　第8部分　效能评价》。组织开展油气管道站场完整性管理体系文件编制工作，在对各地区公司现有站场设备设施管理相关体系文件研究的基础上，针对十大类油气站场设备设施，共设置程序文件12个、作业文件66个。

管道线路完整性管理应用持续深化。2012年，5家管道地区公司和西南油气田公司累计完成管道高后果区识别或复核超过46000千米，高后果区识别率达99%。识别出高后果区累计长度9761千米，占在役油气管道总里程的20.8%。累计完成管道风险评估超过40000千米，风险评估覆盖率达85.1%。评估确定的各类高风险点及时采取风险治理或减缓等响应措施，高风险点响应率达100%。累计完成管道内检测4678千米，外腐蚀直接评价（ECDA）2992千米，依据检测和评价结果，修复各类管体缺陷1912个，处理各类外防腐层缺陷及阴极保护问题7926处，管道本体风险得到有效控制。

继续开展资产完整性管理审核工作。为实现完整性管理体系的持续改进，2012年聘请挪威船级社（DNV）对4家管道地区公司和西南油气田公司进行了第四次资产完整性管理审核工作。审核结果表明：各地区公司平均得分都已达到或超过70%，评级审核结果均达到7级，处于国际良好水平。

【维抢修管理】 天然气与管道分公司按照油气长输管道维抢修体系建设规划开展维抢修资源配置与管理，目前，已建成17个维抢修中心、1个封堵中心、34个维抢修队和17个维修队，维抢修作业人员达2200余人，机具、设备近4000余台（套），对52200余千米长输管道形成可靠保驾能力。同时，按照城镇燃气业务维抢修规划逐步落实燃气维抢修队、维抢修班的建设。2012年组建11个燃气维抢修队，城镇燃气维抢修设备基本配置到位。

管道维抢修机构全年共执行38次应急抢险任务，通过对现场处置情况进行总结，各维抢修机构能够做到响应迅速，抢修措施得当，每个大型抢险均有2个以上维抢修机构参与，充分体现了区域化抢修保驾和联合处置的优势。

【管道保护管理】 管道保护制度、标准建设取得重大进展。2012年7月3日集团公司《油气长输管道安全防护规范》正式发布。该规范提出了管道站场、线路、跨越、隧道及阀室的安防风险等级划分方法，并针对一级、二级和三级风险单元，明确了采取人防、物防、技防等相关措施的基本要求。结合规范中的相关要求，已将编制完成的《油气管道安防设计大纲》和系列安防技术应用标准及技术规格等纳入“三化”设计文件中，现各管道企业已经按照此标准进行安防设计，逐步规范管道安防标准。

气象与地质灾害预报预警平台为防汛减灾发挥重大作用。平台及时为股份公司各相关业务提供专业预报预警信息服务，2012年共接收地质灾害预警信息1201条、气象灾害信息21506条、城市气象报告304929条，发布39307次气象和地质灾害预警信息。通过短信和邮件向12家地区公司、115家分公司的987个注册联系人发送预警信息，累计发送短信48801条，邮件183186封。

【设备管理】 截至2012年底，长输天然气管道共建成投用管道压气站55座、压缩机组155套；在用储气库9座、压缩机组30套，总计在用压缩机组185套，同比增加20.1%，总装机功率3513098千瓦，同比增加22.7%，2012年压缩机组共发生停机325次，同比增加3.8%，MTBF（平均无故障运行时间）为1578小时，同比增加8.8%。随着机队机组数量不断增加，机组维修计划优化和备品备件集中管理成为压缩机专业管理的重要工作。

【管道完整性信息系统（PIS）的应用】 PIS系统实现管道数据的集中管理存储和完整性管理业务流程的信息化，有效地整合管道完整性管理与日常管理，为保证管道始终处于可控状态提供了技术支撑。随着管道完整性管理工作的逐步推进，PIS系统已成为基层管道工作主要业务管理平台，对于推进精细化、信息化、规范化管理，减轻基层人员负担发挥着积极作用。

截至2012年底，PIS系统已经覆盖5个地区公司、47个分公司（管理处），386个基层站队，4万千米管道，2300名用户，涵盖管道管理9个业务领域，41个业务流程，收集490万条管道基础数据，220万条管道业务数据。

（贺克奋）

基础管理工作

【概述】 2012年，天然气与管道分公司把强化“三基”作为工作重点，紧紧围绕提高效益和安全运行这个中心，以适应天然气与管道业务发展需求为目标，全面梳理管理工作短板，围绕四大核心业务，从建立规划、HSE、标准、信息、培训5个体系着手，全面提升天然气与管道业务管理水平。

【规划管理】 按照天然气与管道分公司规划体系，结合资源及市场变化情况，滚动编制相关规划。天然气与管道分公司层面重点是加强天然气产、运、销的平衡分析，尤其是未来3年的分月产、运、销分析，结合国内天然气生产、国外资源引进、市场需求变化和储运设施建设情况，及时调整、滚动编制天然气业务发展规划；结合国内油田产能建设、国外原油资源引进、炼厂建设安排调整、成品油市场需求变化和原油管道及成品油管道建设情况，滚动编制原油、成品油管道规划；通过规划滚动编制，提前安排2013—2017年的天然气销售方案和相关储运设施的项目建设。组织地区公司做好适应性改造和分省天然气业务发展规划，提出2013—2017年天然气销售方案和站场改造、天然气支线、城市燃气、CNG等项目的建设安排。

【投资管理】 2012年，按照“突出战略发展、坚持效益优先、确保重点工程、压缩投资规模”的总体要求，天然气与管道分公司加强投资控制、把握投资方向，将有限的资金安排在重点油气储运设施建设和在役油气管道安全隐患治理上，为确保油气管道安全运行、保证工程建设进度提供了有力的保障。

1. 2012年总体投资情况

2012年天然气与管道业务年度投资计划为5295389万元，从业务类型看，原油业务投资594193万元，占11.2%；成品油业务投资368065万元，占7.0%；天然气业务投资4108349万元，占77.6%；储气库业务投资5113万元，占0.1%；LNG业务投资113313万元，占2.1%；城市燃气和CNG业务投资

试和参数标定试验。

②油气管道SCADA系统软件国产化研发。制定项目管理手册、搭建完成自动化研发环境，编制完成需求分析、软件规划、安全总体解决方案总体架构设计，软件开发完成40%工作率，完成画面子系统（HMI）、对外发布（WEB）、数据采集子系统设计初稿。

③漠大线运行管理技术。针对冻土灾害防治问题，建立管道竖向位移监测示范点、管道融沉防治示范段，形成管道竖向位移自动监测和融沉防治方法；针对斜坡安全问题，开发土壤温度和斜坡稳定性监测系统，在加漠公路60千米处斜坡建立示范应用；开发管道惯性导航系统和管道应变数据分析软件；完成冻土区阴极保护自动采集系统研制、现场安装应用、电位测试系统改造。

④油气管道仿真软件国产化初步完成。完成原油、成品油管道仿真软件1.0，可以实现液态管道设备仿真、调度培训，并在漠大线应用；天然气管道仿真软件RealPipe3.0在秦沈线以及中贵线实现工业应用，结果达到国际同类商业仿真软件水平。

⑤油气管道复杂地质定向钻穿越技术成功应用。研究制定定向钻穿越钻杆行业标准，提出定向钻穿越用钻井液现场检测程序及定量化的钻井液配方，编制完成定向钻技术规范，实现高强度、高抗扭钻杆的国产化；研制出板桶一体式新型轻量化扩孔器，研究成果已在惠银线黄河、兰郑长线长江、西气东输二线渭河、西气东输二线东段等多条河流穿越工程中应用，实现穿越一次成功。

⑥管道化学添加剂研究。在任京线开展纳米降凝剂改性输送现场试验，能够实现“一炉到底”全线热力越站的运行方式。试验证明，任京线添加纳米降凝剂安全停输时间26小时后仍可顺利启输；天然气减阻剂工业化应用已完成年产200立方米中试生产线设计，完成压力20兆帕、注入量200升/小时在线注入系统的设计、安装，已经具备了工业化应用条件。

⑦天然气市场发展动态与策略研究。开展中国石油天然气分布式能源策略研究，完成中国石油油气调控模式研究，为油气调控中心管理提供支持，开展天然气短期需求预测研究，完成陕京线、西气东输管道冬季需求预测报告，为公司销售计划制定提供支撑。

（孙　齐）

【管道信息】（1）持续开展天然气与管道ERP系统扩展实施，支持新建组织机构的规范运营管理。伴随管道运营管理的区域化改革，为满足地区公司资产剥离或增加后的经营管理需要，组织开展ERP系统调整，顺利完成管道公司、西气东输管道公司、西部管道公司ERP系统调整；持续完善LNG企业ERP系统功能，开展ERP-FMIS融合方案实施工作，进一步整理主数据，优化功能配置，开展用户培训，已完成LNG企业单轨运行准备。完成昆仑燃气公司、昆仑利用公司ERP系统扩展实施项目立项。持续开展系统功能优化与改进，进行压缩机“单机核算”功能开发，有力支持压缩机维修费用定额管理；适应国家营业税改增值税政策要求，完成相关销售管理、财务管理等功能调整；进一步梳理设备主数据，形成统一规范的ERP设备数据标准。

（2）正式启动管道生产管理系统（2.0版）建设工作，顺利完成需求分析和详细设计。系统（2.0版）将城市燃气、CNG、LNG生产管理业务纳入系统，实现系统架构的升级与优化，同时强化对精细化管理的有效支撑，目前已顺利完成需求分析与方案设计，正在开展系统搭建工作。

（3）继续升级管道工程建设管理系统架构，支持管道建设单位的项目群管理。将面向项目管理的分散式系统架构升级为面向项目群管理的适度集中的系统架构，有效提升管道公司、西气东输公司、西部管道公司、北京管道公司等单位工程项目统筹管理能力；完成LNG接收站工程技术数据管理子系统开发，在唐山LNG公司正式上线应用；持续优化系统功能，进一步提升对工作流程、计划、进度、竣工资料管理等业务的支持。

（4）顺利完成管道完整性管理系统竣工决算，为竣工验收奠定基础。持续完善系统，优化系统架构，提升系统反应速度，完善数据采集标准，推动管道建设阶段与运行阶段技术数据的有效衔接。

（5）正式启动天然气销售系统试点实施，顺利完成需求分析、详细设计、软硬件采购及数据准备等工作，为上线应用和推广实施奠定坚实基础。

（6）全面启动地理信息系统推广实施，组织开展需求调研，按计划完成了需求分析确认工作。

（7）顺利完成天然气与管道应用集成系统可行性研究报告评估，完成天然气与管道应用集成系统可行性研究报告编制与上报，拟定项目实施方案和工作计划，初步确立项目组织架构。

（8）完成信息化滚动规划研究，科学安排“十二五”后3年信息化工作。按照信息管理部《关于集团公司“十二五”信息技术总体规划滚动调整的通知》文件要求，组织信息化内部支持单位开展天然气与管道分公司信息化建设滚动规划编制工作，重点补充新增业务需求（包括工程项目全生命周期数据库、天然气营销与客户管理系统、规划数据库、预算管理信息系统等内容），并结合信息技术发展趋势提出“天然气与管道物联网系统”建设需求。

（魏　政）

【“标准化、模块化、信息化”设计工作】 为实现天然气与管道业务科学发展，天然气与管道分公司在2012年继续全面加强“标准化、模块化、信息化”设计工作。整合设计、施工、质量管理、验收及运行管理要求，形成完整、系统、全覆盖、全过程的文件体系，指导工程建设。同时，持续推进规章制度建设和业务流程优化；以“标准化、模块化、信息化”工作和全生命周期数据库为载体，强化全生命周期管理，建立一套技术标准、管理标准和工作标准；强化考核和监督，全面提升基础管理水平和员工基本素质。

截至2012年底，发布和在编建设项目基础管理文件包括规章制度、管理程序、管理标准、工作标准和技术标准5大类，共计745个文件。

（黄松源）

第六篇

工程技术、工程建设与装备制造

工程技术服务

【**概述**】 中国石油天然气集团公司工程技术分公司（以下简称工程技术分公司，也称工程技术板块）于2008年4月2日组建，是中国石油天然气集团公司直属专业分公司，归口管理物探、钻井、测井、地质录井及酸化、压裂等石油工程技术服务业务。归口管理西部钻探工程公司、大庆钻探工程公司、长城钻探工程公司、渤海钻探工程公司、川庆钻探工程公司、东方地球物理勘探有限责任公司、测井有限公司、海洋工程有限公司等企业。同时负责集团公司所属其他工程技术服务企业、科研机构的业务管理、指导与协调。

2012年，工程技术服务系统深入开展“技术管理创新年”活动并积极开展管理提升活动，调结构、控成本、防风险、稳增长、提效益，围绕集团公司国内外勘探开发增储上产需要，优化资源配置，水平井、欠平衡钻井、带压作业和储层改造应用规模大幅扩大，应用效果进一步凸显。

【**地球物理勘探**】 2012年，工程技术分公司归口管理的工程技术服务企业共有3个物探专业公司——大庆钻探物探公司、川庆钻探物探公司、东方地球物理勘探有限责任公司。作业队伍有地震、重力、磁力、电法、化探及VSP队；地震作业方式有井炮、可控震源和气枪震源，地震施工方法有二维、三维和四维地震勘探。专业服务范围包括野外采集、数据处理、资料解释、装备制造、物探软件研制和销售、设备租赁等。

1. 队伍状况

2012年，集团公司在册物探队伍200支，其中，地震作业队伍168支，非地震作业队伍22支，VSP队伍10支。全年共动用各类作业队伍252队次，在国内动用地震队伍119队次（二维52队次，三维67队次）、VSP队伍7队次、非地震队23队次。在国外动用地震队90队次（二维48队次，三维42队次）、VSP队伍2队次、非地震队11队次。

2. 装备状况

2012年，有地震仪器200台（套），主机控制单元200个，总道数107.87万道，平均每台仪器5393.96道，采集站76.7万个。非地震仪器共370台，其中，重力仪器31台、磁力仪器101台、电法仪器234台，磁化率仪2台，化探仪2台。各类物探测量仪器共计3645台（套），其中，卫星定位仪2765台、卫星导航仪211台、全站仪669台。共有9种型号可控震源519台，其中KZ系列208台。推土机有8种型号178台。车装钻机约有22种型号1078台，人抬钻机约有20种型号1298台。资料处理计算机2.9万个CPU（9.7万核）和936个GPU（45万核），资料解释计算机1040个CPU（共5455核）。

3. 工作量完成情况

（1）地震采集工作量。完成二维地震采集9.67万千米，其中国内完成4.14万千米；完成三维地震采集5.77万平方千米，其中国内完成1.79万平方千米。同比分别增长4.45%和 53.68%。

（2）物探野外采集工作量。国内勘探工作量完成情况：二维地震采集投入施工队52队次，同比减少4队次，获生产记录95.7万张，同比增加32.5万张，增幅51.53%；完成地震剖面4.14万千米，同比增加4949.62千米，增幅13.58%。三维地震采集投入施工队67队次，同比增加3队次；获生产记录286.48万张，同比增加78.27万张，增幅37.59%；完成采集工作量1.79万平方千米，同比增加2281.67平方千米，增幅14.61%。重磁电野外采集投入22个队，获生产记录17.54万张，有效剖面6.66万千米。VSP投入7个队，完成VSP测井146口。

国外勘探工作量完成情况：二维地震采集投入施工队48队次，同比减少9个队次；获生产记录292.39万张，同比增加104.94万张，增幅55.99%；完成地震剖面5.53万千米，同比减少824.08千米，减幅为1.47%。三维地震采集投入施工队42队次，同比增加3个队次；获生产记录1099万张，同比增加428.25万张，增幅63.85%；完成采集工作量3.97万平方千米，同比增加1.77万平方千米，增幅80.61%。

（3）地震资料处理情况。从事地震资料处理工作的有3个单位，包括东方地球物理公司研究院、大庆钻探物探公司和川庆钻探物探公司。2012年处理二维剖面14.36万千米，同比减少7894.66千米，减幅为5.21%；处理三维资料12.01万平方千米，同比增加4.36万平方千米，增幅为56.97%。

（4）资料解释及综合研究情况。从事资料解释研究工作的有4个单位，包括东方地球物理公司研究院、东方地球物理公司综合物化探处、大庆钻探物探公司和川庆钻探物探公司。完成二维地震解释剖面3777条，长度10.95万千米，发现圈闭292个，面积2.51万平方千米，复查圈闭661个，面积2.76万平方千米，提供井位2443口，采纳井位1601口。完成三维解释区块110个，面积7.59万平方千米，发现圈闭1466个，面积1.15万平方千米，复查圈闭744个，面积6267.13平方千米，提供井位1178口，采纳井位702口。综合研究解释二维44.97万千米，三维14.34万平方千米，发现圈闭1546个，面积3.99万平方千米，复查圈闭3715个，面积6.44万平方千米，提供井位3721口，采纳井位2428口。以上3项合计共发现圈闭3304个，面积7.65万平方千米；复查圈闭5120个，面积9.83万平方千米；提供井位7342口，采纳井位4731口。

4. 科技研发及推广应用

（1）核心软件与装备等关键技术研发与应用取得重大进展。① GeoEast处理解释一体化系统集成推出了V2.5版本，进一步加强叠前偏移成像、速度建模、地震数据处理解释和多波、裂缝预测软件，常规处理解释功能更加完善，性能进一步提升，并新增了海洋涌浪干扰压制、可控震源ISS数据邻炮干扰压制、高密度速度分析等功能；完成Lightning逆时偏移软件GPU版本的研发，计算效率较原CPU版本提高5倍以上；完成针对低信噪比、复杂浅层及复杂构造的速度分析及建模二维软件的研发，生产测试效果明显；多波数据处理和裂缝预测软件进一步完善，发布多波数据处理软件V2.0版。截至2012年底，GeoEast处理系统（含Lightning）累计安装49套，39.91万核；GeoEast解释系统累计安装129套。在东方地球物理勘探公司应用GeoEast处理项目161个、解释项目146个，处理解释业务应用率达到50%以上。② GeoMountain软件1.5版在推广应用中不断完善，共改进229项功能，改善应用效果，增强软件的友好性、灵活性、稳健性。GeoMountain采集子系统研发安全可靠的网上实时在线数据自动推送技术和相关平台。研发GPU/CPU协同运算技术，软件运行效率进一步提升，并在波动方程正演、叠前去噪等模块得到很好的应用。GeoMountain2.0版研发形成73项物探技术方法（38项山地地震勘探技术、16项多波地震勘探技术、19项微地震监测技术），2012年新增28个软件功能模块，共162项目功能点，初步形成以采集处理解释一体化平台、多管道数据流执行控制、叠前深度偏移、裂缝预测、微地震监测功能为特征的软件系统。采集子系统软件在川渝地区15个项目中和山地公司13个新项目中得到全面的推广应用，处理子系统在四川盆地二维、三维中全面应用。该软件获世界石油杂志2012年最佳勘探技术奖提名。③新一代地震采集工程软件KLSeis7.0重点实施软件系统平台、陆上地震采集方法设计、二维模型正演与照明分析、地震资料分析与质量监控、可控震源配套技术、静校正技术6个方面的研究，并取得重要的阶段进展。在英雄岭勘探禁区，应用KLSeis软件进行高密度宽方位观测系统设计，在地震数据采集上取得了突破。④英洛瓦合资公司自主研发的G3i地震仪器、HAWK节点仪器顺利通过集团公司产品鉴定并正式发布。G3i地震仪器带道能力10万道以上，且数据、设备兼容性更强，已在吐哈、柴达木盆地完成多个三维高效采集生产项目，最高日效3932炮，为高密度、宽方位、多分量地震数据采集提供了装备保障。Hawk节点地震仪器实现自主式采集，适用于山地、沼泽、丛林、HSE高风险区、人口稠密地区施工，完成1万个点制造并进行了地震数据采集试验，各项技术指标达到设计要求，采集数据质量满足地球物理勘探要求。⑤研究形成微地震监测软件，攻克微地震监测事件识别及初至精细拾取技术、微地震监测精细速度模型反演技术、微地震监测高精度震源反演技术。形成微地震压裂裂缝体解释技术和非常规油气藏压裂效果评估技术，能进行井旁油藏模型建立及分析，并指导非常规油气藏的开采与开发。在多个油气田完成50多口井的微地震井中监测生产任务。⑥多波地震技术研究依托集团公司《多波地震勘探及裂缝储层预测配套技术现场试验》项目针对多波勘探的技术难点开展技术攻关，逐步完善多波勘探技术流程，推动多波技术发展。利用广安三维多波地震资料、安岳地区3条二维多波地震先导性试验线及配套的试验资料展开分析、处理和解释工作，研发和集成转换波三参数动校正、各向异性分析、叠前时间偏移、精细的PP与PS波联合对比解释、气水检测等核心技术。完成三维多波现场试验选区、采集参数设计，处理解释方案设计，并在广安3D3C资料处理、解释中进行验证，取得较好的应用效果。

（2）叠前成像、油藏、非常规等新方法新技术研究取得重要进展，为配套技术持续发展奠定坚实基础。①研究建立声波全波形反演的技术流程，形成基于 GeoEast-Lightning 软件的声波全波形反演工程化框架，形成时间域声波全波形反演、频率域声波全波形反演和拉普拉斯域声波全波形反演等 3 种全波形反演的方法和算法程序，并研究 AGC 数据的全波形反演、考虑密度参数的全波形反演，通过数值模型和部分实际资料的试验，取得良好效果。②研究形成针对稠油油田的时移地震和电磁配套技术，初步形成时频电磁的采集、处理和解释技术流程，获得良好的时移地震和时频电磁综合剩余油气预测结果。通过一致性时移地震采集、相对保持储层信息时移地震处理等技术研究，形成针对性的技术流程，取得高质量数据。通过井震结合的油藏描述技术研究以及油藏模拟技术研究获得地震观测前的储层及气腔变化预测结果，形成无基础观测条件下 3.5 维 +4 维地震综合剩余油气预测技术系列，蒸汽驱气腔预测结果和实际生产及测温结果达到良好的一致。③研发形成油藏地球物理综合评价软件 GeoEast-RE，集成地震、非地震、测井、录井和油田开发等综合信息的评价功能，为地震进入油藏领域提供工具平台，并通过集团公司技术鉴定。④形成中浅埋深煤层气经济技术一体化的三维地震采集、处理、解释及综合评价技术，为鄂东缘、沁水、滇北等区带非常规油气勘探开发提供技术支撑。⑤页岩气地震勘探技术进一步完善。丰富和发展相控激发接收、基于地质目标体的二维 / 三维采集技术，形成埋深、优质页岩气厚度、构造三因素区带优选评价技术，有力支撑页岩气的勘探和目标优选。

（3）物探技术集成配套与现场试验研究取得重要成果。①油气富集区，发展超大面积三维地震地质综合研究技术、针对目标的采集处理解释一体化融合处理技术、层序地层研究与地质综合建模结合的地震沉积学解释理论及技术，基本解决目前东部复杂断块、岩性、潜山多层系立体勘探问题，为东部老油区的持续增储和稳产奠定技术基础。②低渗透致密储层，形成以全数字纵波、转换波勘探、储层及流体岩石物理建模、纵横波叠前联合反演、微地震检测等为核心的配套技术系列，基本解决鄂尔多斯、四川等盆地致密砂岩油气勘探目标井位优选问题，推动我国致密储层储量和产量的跨越式上升。③深层碳酸盐岩，持续发展宽方位、高密度三维地震采集、各向异性叠前深度偏移成像、方位各向异性裂缝预测、岩溶缝洞储层量化雕刻等关键技术，形成以宽方位、高密度为核心的配套技术系列，基本解决了塔里木、四川、鄂尔多斯三大碳酸盐岩盆地油气勘探阶段的目标井位优选问题。④山前复杂高陡构造，发展高密度宽线、高密度宽方位三维、各向异性叠前深度偏移、多信息综合构造建模等关键技术。复杂山地高密度宽方位地震技术获集团公司 2012 石油科技十大进展项目之一。⑤“两宽一高”地震勘探技术逐步成熟，并配套发展可控震源高效采集、数字化地震队，实现规模化生产。在国外伊拉克鲁迈拉等 6 个项目中应用。首次在国内塔里木盆地博孜三维地震项目应用，实现采集方法、项目管理、实时 QC、禁区实时预警、仪器 / 震源相关数据、GPS 实时高精度定位、软件无线电台数据链和信息处理的一体化远程控制、管理和指挥。⑥开展目标区地震反演，为水平井设计及实施提供较为可靠的依据。大庆钻探公司、川庆钻探公司围绕水平井设计已完成多个区块的叠前、叠后反演，反演结果在水平井设计及现场监控中发挥较大的作用。根据最新实钻情况，分析按照设计轨迹钻进的钻探风险，采用有效方法重新落实解释方案。在水平井钻进过程中物探技术人员携带 PC 工作站及叠前叠后反演数据到井场进行现场跟踪分析，有效地指导水平井的钻进，提高储层的钻遇率。⑦施工作业效率明显提高，为缩短勘探周期作出贡献。创新生产模式，按照项目运作的 9 个关键点（超前计划、均衡生产、优化设备、飞机支持、化整为零、攻坚组织、自主创新、激励政策、紧抓警戒），优化作业程序，提高采集日效。在国内西部探区 14 个项目推广可控震源高效采集技术，实现提速提效、绿色、环保、安全勘探。

（张卫军）

【测井】 2012 年，工程技术分公司归口管理的工程技术服务企业中，有 6 家企业涉及测井业务：中油测井公司、大庆钻探工程公司、西部钻探工程公司、长城钻探工程公司、渤海钻探工程公司、川庆钻探工程公司。上市企业中，大庆油田测试公司从事生产测井，大庆油田试油试采公司从事射孔业务。

1. 队伍状况

2012 年，测井队伍 721 支，增加 43 支，增幅 6.3%。其中，裸眼井测井队 495 支，增加 27 支，增幅 5.5%；生产测井队 80 支，增加 4 支，增幅 5.3%；射孔取心队 123 支，与 2012 年持平；随钻测井队 23 支，增加 12 支，增幅 109.1%。

2. 设备状况

2012 年，测井专业主要设备 786 套，增加 75 套，增幅 10.5%。其中包括：裸眼井测井设备 520 套，增加 37 套，增幅 7.7%；生产测井设备 104 套，增加 22 套，增幅 26.9%；射孔取心设备 123 套。VSP

设备 14 套，增加 3 套；LWD 设备 25 套，增加 13 套，增幅 108%。

3. 完成工作量

2012 年，完成测井工作总量 99354 井次，增加 10627 井次，增幅 12%。其中，裸眼测井 55091 井次，增加 2037 井次，增幅 3.8%；生产测井 15760 井次，增加 5694 井次，增幅 56.6%；射孔 28503 井次，增加 2896 井次，增幅 11.3%。

测井解释工作量探井 8.2 万层，开发井 53 万层，解释成果油层 8.7 万层，气层 1.3 万层。老井复查 1563 井次。老井复查油气层 2792 层。探井解释符合率 83.6%，开发井解释符合率 94.6%。

4. 技术进展

（1）测井技术。①自主创新技术进展。中油测井公司 EILog 技术改进升级持续推进。15 米一串测研发成功，仪器长度由 24.3 米缩短到 12.6 米，实现两串并作一串测，单井占井时间由 12.8 小时缩短到 8 小时，已经完成测井作业 59 口；高温版成套装备、煤层气与油砂版成套装备投入应用；155 摄氏度阵列侧向、155 摄氏度过套管电阻率、模块式地层测试器投入应用。长城钻探公司 LEAP800 测井系统进一步完善，稳定性、可靠性进一步提高，成功应用 200 井次，并进入哈萨克斯坦 PK 项目；自主研发的油基钻井液电成像、三维阵列感应进入现场试验。大庆钻探慧眼 2000 测井系统具有独创的斯通利波直接测量技术的多极子阵列声波测井仪器、八臂电成像测井仪器，成像效果清晰，能够直观反映地层层理特征，其 0.2 米分辨率测井平台 4 个单项仪器能清晰地显示储层厚度为 0.2 米的薄层。中油测井公司完善随钻感应测井刻度系统，三参数随钻测井系统批量应用，完成测井 65 口；随钻双感应、随钻可控源中子、高温高压随钻伽马感应、随钻钻井液电阻率完成试验，随钻电成像研发进展良好。长城钻探公司随钻测井系统形成电磁波电阻率仪器的 3 个系列，并推广应用。渤海钻探公司远探测声波反射波成像测井完成仪器的定型，进行隔声体的重新设计，2012 年测井 12 口。其中，塔里木油田 6 口井获得高产工业油气流，在常规测井显示不好、成像资料反映井壁致密的情况下，通过远探测声波反射波测井资料均在井旁识别出缝洞型储层，获得重大地质发现，试油验证为高产油气流。②特色技术推广应用。西部钻探公司在新疆油田开发稀油井市场全面推广 EILog 测井系统，共投产 6 套设备，完成 408 井次测井作业，资料合格率 100%，优质率 96.4%。长城钻探公司开展 LEAP800 测井系统推广应用，解决地质适应性问题，系统稳定性、可靠性稳步提高。在国内外 15 个油区共计作业 200 多井次，测井一次成功率 90% 以上，创产值 5000 多万元。川庆钻探实现 SONDEX 爬行器与 715 所单芯变密度测井仪的成功配接，解决小套管井固井质量检测难题，完成测井作业 8 井次。西部钻探公司 LOGIQ 高温高压小井眼成像测井系统及 HOSTILE 测井仪，在塔里木油田测井 19 井次，并首次完成 $4^1/_8$ 英寸小井眼水平段测井，有力保障复杂超深井测井资料采集。

（2）射孔技术。水平井射孔技术进一步发展。川庆钻探公司在川渝、长庆等区块应用分簇射孔工艺技术 86 余井次，在一口井中长达 1047 米的水平井段上，完成 9 次桥塞坐封和 27 簇射孔作业，创下施工簇数最多和水平井段最长纪录；大庆钻探公司水平井微簇射孔全年完成 142 井次，射开 1703 层段，射孔一次成功率 100%。深穿透射孔弹、高温高压及大孔径高孔密等射孔技术在低渗透油层和深井得到继续推广应用。川庆钻探公司研制的先锋系列超深穿透射孔弹，在塔里木油田首次举办的中外超深穿透射孔弹对比打靶观摩会上独占鳌头；在塔里木油田，应用 175 兆帕的超高温超高压射孔器材，在井深 7220 米、井温度最高 170 摄氏度、施工压力 166 兆帕，实现 150 兆帕超高压压力开孔起爆；在长庆油田庆探 2 井采用深穿透射孔弹与大孔径射孔弹混装施工，地层破裂压力相比邻近井明显降低，为后续增产改造提供可靠保障。

（3）测井解释技术。非常规油气藏测井解释技术有了长足进步，现场应用效果显著。川庆钻探公司研究完成页岩气、煤层气测井评价流程及关键评价参数的计算模型，研发相应解释软件，并在页岩气井评价中取得良好的效果；致密油测井解释关键技术形成宏观裂缝识别等特色评价技术，这些解释评价成果，成功应用到威远、长宁构造的 6 口页岩气专层井、煤层气井以及 2 口井致密油层，取得显著的应用效果。大庆钻探公司利用泥页岩油的测井解释研究成果，对剖面的矿物成分、有机碳含量、脆性指数、地层压力系数等储层参数进行评价，解释出甜点位置，通过压裂改造试油，日产油 10.2 吨，达到工业油流，取得良好效果。各工程技术服务企业与所在油气田企业紧密合作，对复杂储层环境与复杂井筒环境下的油气层识别开展大量精细评价研究，提高油气层识别成功率。测井有限公司积极与所在油气田配合，在青海、三塘湖、海南、长庆等地区与所在油田联合组成测井评价中心或建立合作机制，共同开展测井解释攻关，油气解释符合率大幅提高，探井、开发井油气层解释符合率分别为 83.79%、95.65%。测井解释软件平台建设上有了新进展，长城钻探以 CIFLog 为基础平台打造特色处理解释系统 CIFLog-GeoMatrix，开展煤层气、过套管电阻率、地层测试等特殊模块的研发与优化，该软件系统在现场全年安装推广 52 套，处理 200 余口测井资料。长城钻探公司围绕海外业务，设有相应的项目部，分布在非洲、中亚和中东 3 个大区，全年完成测井解释 2000 余井次，同时紧紧围绕客户需求和油田勘探开发过程中出现的地质问题，完成 5 个地质综合研究项目，取得一批研究成果，为集团公司"海外大庆"建设提供技术支撑。

（4）提速提效工作。各工程技术服务企业大力推广组合测井，切实提高测井时效。推广应用 EILog、LEAP、WISEYE1000 等高精度测井系列的组合测井技术，大大减少仪器下井次数，有效减少井场占用时间，实现科学提速、技术提速。通过加强生产组织，确保测井队伍及时到位，在保证钻井提速与测井质量的同时，提高测井队伍施工效率，实现管理提速与提效。推广测井关键岗位作业规范，分层次、有重点地开展各类技术培训，作业队伍整体操作技能不断提高，关键岗位操作人员的素质不断提高。

（邹　辉）

【录井】 2012 年，集团公司从事录井技术服务的企业有 9 家，分别是大庆钻探工程公司录井一公司和录井二公司、西部钻探工程公司克拉玛依录井工程公司和吐哈录井工程公司、长城钻探工程公司录井公司、渤海钻探工程公司第一录井公司和第二录井公司、川庆钻探工程公司地质勘探开发研究院、测井有限公司青海事业部。

1. 队伍状况

2012 年，集团公司有录井专业队伍 1016 支，同比增加 70 支，增加 7.4%。其中，综合录井队 861 支，气测录井队 155 支，队伍平均动用率 96.99%，平均队年施工 353 天，平均队年录井 6.98 口。队伍国内分布在全国 18 个油区，国外服务于亚太、中亚、非洲、中东、美洲等地区的 19 个国家。服务于国内的队伍 802 支，其中，集团内队伍 787 支，集团外队伍 15 支。国内队伍主要分布在长庆油田、西南油气田、新疆油田，共 418 支，占队伍总数的 41.2%。服务于国外的队伍共 214 支，其中，集团内队伍 179 支，集团外队伍 35 支。国外队伍主要分布在中亚地区，共 87 支，占国外队伍总数的 40.7%。

2. 装备状况

2012 年，主要录井装备 2704 台，同比增加 86 台，增幅 3.2%。综合录井仪 856 台，同比增加 41 台，增幅 5%。其中，国产综合录井仪 752 台，同比增加 47 台，增幅 6.7%；进口综合录井仪 104 台，到期报废 6 台，减少 5.5%。

3. 工作量完成情况

2012 年，集团公司录井企业完成录井总口数 11674 口，同比增加 502 口，增长 4.5%。其中，国内录井 10929 口，同比增加 4309 口，增长 4.1%；国外录井 745 口，同比增加 72 口，增长 10.69%。完成录井 19111 井次，同比增加 1670 井次，增长 9.6%。其中，综合录井 3455 口，同比增加 108 口，增长 3.2%；气测录井 1398 口，同比减少 317 口，减少 18.48%；地质录井 6821 口，同比增加 711 口，增长 11.63%。录井仪器（综合录井和气测录井）施工总时间 355629 天。

4. 技术应用与科研

（1）2012 年，集团公司所属录井企业应用录井技术在 563 口探井上发现并评价油气显示层 66906 米 /13323 层，在 3808 口开发井上发现并评价油气层 544569 米 /116424 层，油气显示发现率 100%。

（2）应用综合录井技术共监测到工程异常 18981 次，其中钻具刺 658 次、泵刺 201 次、钻具断 158 次、井漏 1494 次、井涌或溢流 922 次、硫化氢异常 67 次，异常预报符合率达到 97.84%。

（3）在录井技术及油气层发现评价方面，推广应用三维定量荧光技术、岩屑图像分析技术、元素录井技术、微地震裂缝监测技术、空气钻井录井技术、水平井地质导向录井技术等成熟技术。水平井录井综合导向技术全年应用 1110 口，同比增加 619 口。在录井设备方面，推广应用德玛、雪狼和 GW-MLE 录井系列产品、试油录井仪、远程传输、碳酸盐岩智能分析仪等。

（4）2012 年，共开展各级科技项目 171 项，获得成果 116 项，其中，国家级重大专项 3 项，集团公司级项目 13 项，局级项目 47 项，处级项目 108 项，获得专利 49 项，发表论文 169 篇。

（刘应忠）

【钻井工程】 2012 年，工程技术分公司归口管理的工程技术服务企业共有 6 家钻井专业公司，大庆钻探工程公司、渤海钻探工程公司、长城钻探工程公司、渤海钻探工程公司、川庆钻探工程公司和海洋工程有限公司。

1. 队伍状况

2012年，集团公司共有在编钻井队伍1019支。其中，陆上钻井队1009支，海洋钻井队10支。

2. 装备状况

（1）钻机装备。集团公司有各类钻机1019部。其中，陆上钻机1009部，海上钻井平台10座。共有顶驱334套。

（2）井控装备。集团公司共有各类防喷器4592台。其中，单闸板防喷器1406台，双闸板防喷器1824台，环形防喷器1290台，其他防喷器72台。共有控制系统1901套，节流压井管汇2016套。

（3）主要相关技术服务装备。集团公司共有地质导向仪器89.5套，各类水泥车683台，旋转防喷器/旋转控制头99台，制氮装备33套，压缩机160套。

3. 工作量完成情况

2012年，集团公司钻井队伍（含国外）开钻13272口，完成13153口，进尺2719.51万米，完成进尺同比增加21.22万米，增幅为0.79%。其中，集团公司内部市场完成进尺2322.09万米，同比降幅为2.42%；集团公司国内外部市场钻井进尺107.48万米，同比增幅为87.83%；国外市场钻井进尺289.94万米，同比增幅为11.78%。

钻井工程质量。2012年，井身质量合格11513口，合格率100%。钻井取心进尺20710.82米，取心收获率97.09%。

钻井生产时效。钻井工作总时间561.59万小时。生产时间为533.63万小时，占总时间的95.02%。

4. 科技研发及推广应用

（1）水平井规模化应用成效显著。集团公司共计完成水平井1701口。其中，在国内油气田完成水平井1351口，占79.42%，国外市场完成350口，占20.48%。规模应用水平井破解超低渗致密油藏效益开发难题。苏里格气藏水平井高效开发成果，启发带动超低渗、致密油藏水平井技术的规模应用。形成一套适合苏里格致密砂岩气藏的水平井开发地质、快速钻井和多段改造技术。建井周期由初期的225天缩短到63.8天。2012年，长城钻探公司在哈萨克斯坦肯基亚克盐下油田完成中国石油境外首口双分支水平井，该井第一分支长923米，第二分支长1216米。克肯基亚克盐下油田地质复杂，具有典型的“三高”特性，该井最高密度达到2.10克/厘米^3。该井的成功为长城钻探公司双分支钻井技术在境外油田的应用奠定良好基础。渤海钻探成功施工羽状分支水平井组，井组4口井共包括9个主支，26个分支，总进尺19156米。其中，水平段进尺16967米，煤层进尺16889米，纯煤进尺16101米，总的煤层钻遇率高达95.33%，控制面积达1.43平方千米，成为煤层气市场标志性工程；成功地完成煤层气井二次连通，实现了远端（位移1000米以上）连通技术方面零的突破。

（2）欠平衡井完成情况。集团公司国内实施完成欠平衡井502口，创历史新高。5家钻探公司完成353口，占完成总数的70.32%。其中川庆钻探工程公司完成182口，占集团公司欠平衡井总量的36.25%。应用欠平衡/气体钻井取得良好勘探成果。西南油气田川中低平蓬莱区块通过采用欠平衡钻井，取得良好油气显示，为进一步认识蓬莱区块油气分布特点提供重要依据。华北油田采用欠平衡钻井，在太古界变质岩地层获工业油流，首次获得冀中坳陷变质岩储层成藏的突破。欠平衡/气体钻井提速降低事故复杂效果显著。钻井工程技术研究院、川庆钻探公司精细控压钻井系统在川渝、冀东、华北、新疆和塔里木等地区试验与应用20余井次，形成自主精细压力控制钻井配套技术，实现井底压力的精细控制，有效解决“溢漏共存”钻井难题。其核心技术及各项指标总体达到国外同类先进技术水平。在塔中创造塔里木地区水平段最长1345米等新纪录，实现零漏失、零复杂，超过国外公司服务水平，能完全满足碳酸盐岩地层、窄密度窗口地层、深井高温高压复杂地层安全高效钻井需要。长宁、威远页岩气项目、8井次气体钻井治漏提速效果显著。其中444.5毫米井眼珍珠冲—嘉五段采用雾化钻井技术，9天时间钻至固井井深475米，有效解决上部地层井漏难题。311.2毫米井眼嘉五2—飞四段实施空气钻进用4天钻井772米，钻速10.18米/小时，有效提高机械钻速。欠平衡/气体钻井有效保护储层，提高单井产量。大庆油田采用微泡沫欠平衡钻井有效保护储层，平均单井产量提高34.89%。吐哈三塘湖油田采用微泡沫欠平衡钻井，平均单井产量同比提高42.10%，取得较好的增产效果。塔里木迪西1井氮气钻井在保护和解放致密砂岩储层方面效果显著。

（3）钻井提速工作。2012年，按照集团公司统一部署，全力推进“三提”（提速、提效、提素）工作，钻井提速效果较好。2012年，完成井平均井深2021米，在同比增加85米（增幅4.44%）的情况下，综合考虑各单位提速情况，剔除水平井和深井的影响因素后，集团公司整体综合提速达到4.64%，完成钻井提速3%的目标。钻井进尺万米队达到748支，同比增加30支，增幅4.18%；年进尺超过10万米钻井队有8支（大庆钻探公司3支、长城钻探公司2支、渤海钻探公司2支、川庆钻探公司1支）。水平井提速上台阶。2012年，水平井施工单位强化组织协调，优化工程设计，严密现场施工，积极推进工程提速，水平井钻井速度进一步提高。国内完成水平井在平均井深增加5.54%的情况下，建井周期同比缩短11.65%。苏里格水平井在平均井深增加48.18米的情况下，钻井周期同比缩短14.51%，建井周期缩短12.83%。渤海钻探承钻的苏76-6-10H井再创苏里格水平井钻速新高，该井钻井周期22.77天，创苏里格水平井钻井周期最短纪录。川庆钻探50673队在苏里格气田实现气井水平井“7开7完”，刷新2011年创造的“6开6完”纪录；40623队在陇东油田实现年度单队施工水平井“10开10完”。深井提速效果显著。2012年，完成4000米以上深井643口，同比增加118口，增幅22.48%。

（4）钻井科技研发及应用取得新进展。气体钻井配套装备取得新的进步。一是研制气体钻井集中监控及远程控制系统，进一步提高气体钻井安全性。可对气体钻井现场设备运行参数、钻井参数、地层流体、泄压装置阀门开关状态等实时监测、报警与远传，可对注气设备及泄压装置进行远程控制，紧急情况下可“一键式”快速停机。二是连续循环钻井装置现场试验取得成功。钻井工艺研究院研制的连续循环钻井装置在大港油田科学实验井试验成功，试验泵压20兆帕，接单根时间15—18分钟。三是气体连续循环系统首次现场实钻试验取得成功。川庆钻探公司研制的连续循环气体钻井装置首次现场实钻试验取得成功。这套装置实现接单根期间保持不间断循环，可有效扩大气体钻井在出水地层的应用范围，有望解决遭遇地层出水难题。四是四相分离器现场试验成功。川庆钻探研制的四相分离器成功进行现场试验，为国内应用密闭系统开展含硫地层的欠平衡及控压钻井作业奠定基础。磁定位导向系统现场试验成功，打破国外垄断西部钻探公司采用自主研发的磁定位导向系统，独立完成SAGD磁定位导向作业。该系统的研制成功打破国外公司在这一技术上的长期垄断，为稠油资源的高效开发提供有力的技术保障。无线电磁波地质导向系统现场应用再获新进展。钻井工程技术研究院自主研发的$4^3/_4$英寸无线电磁波地质导向系统（DREMWD）在渤海钻探公司施工的多分支井上应用，一趟钻完成1个主支和2个分支的全段导向作业，连续工作112小时，水平段导向总进尺1491米。自激振荡旋转冲击钻井应用取得重要进展。自激振荡旋转冲击钻井技术集成水力脉冲和冲击钻井的技术优势，在不增加地面机泵能力的条件下，利用水力能量驱动井下工具辅助破岩。2012年，西部钻探公司应用ZJXC-178、ZJXC-230两种型号的自激振荡旋转冲击钻井工具，在新疆油田推广应用17井次，平均机械钻速6.11米/小时，整体提速达到37%。遇水膨胀橡胶密封工具现场试验取得成功。大庆钻探公司开发出固井界面增强工具和遇水膨胀封隔器两种工具，性能均达到国内同类产品先进水平，界面增强工具在一界面流体上窜时，工具遇水膨胀，接触应力可增强界面封隔能力10倍以上。垂直钻井工具推广应用进一步扩大。2012年，渤海钻探垂直钻井工具在塔里木油田进行8口井的技术服务，总进尺11518.5米，入井总时间2002小时，平均机械钻速达到15米/小时，95%的井段井斜控制在0.5度以内。创造该区块日进尺583米最高纪录；创造单趟进尺最高纪录2047米、单趟入井最长时间262小时的新纪录。西部钻探改进后的444.5毫米自动垂直钻井系统现场试验，累计进尺804米，累计纯钻时间64小时，平均机械钻速12.56米/小时，较之前该区块完成井同井段7.17米/小时的机械钻速提高75.2%，井斜控制在0.4度以内。有机盐钻井液体系应用效果显著。通过采用有机盐钻井液，有效解决垮漏同层问题、解放钻井速度。采用BH-CFS溶洞堵漏技术，有效解决潜山段塌漏并存问题，提高钻井液携岩效果。

（贾平军）

【井下作业】 集团公司井下作业专业主要从事试油测试、压裂酸化、大修侧钻、特种作业、小修等综合性工程技术服务，分布在6家工程技术服务企业和11家油气田企业。分别是川庆钻探工程公司、大庆钻探工程公司、长城钻探工程公司、渤海钻探工程公司、西部钻探工程公司、海洋工程有限公司以及大庆油田有限责任公司、吉林油田公司、辽河油田公司、冀东油田公司、大港油田公司、华北油田公司、长庆油田公司、玉门油田公司、青海油田公司、吐哈油田公司、新疆油田公司等。

1. 队伍状况

2012年，集团公司共有井下作业队伍2023支。其中，大修侧钻队320支，小修队950支，试油队238支，压裂酸化队83支，测试队336支，带压作业队96支。

2. 装备状况

2012年，井下作业系统共有修（通、钻）井机 2650 台，其中车载修（钻）井机 1686 台，占 63.62%。1000 型以上压裂泵车 539 台，共计 100.18 万水马力，2000 型及以上压裂泵车占 70%。连续油管车 43 台，液氮泵车 43 台，带压作业设备 98 套。

3. 工作量完成情况

2012 年，完成总工作量 149262 井次。其中，压裂工作量 14081 井次；酸化工作量 5846 井次；小修工作量 124553 井次；大修工作量 4454 井次；侧钻工作量 328 井次。试油完成 7981 层。国内井下作业工作量共完成 146826 井次；试油完成 6555 层。国外井下作业工作量共完成 2436 井次，试油 1426 层。

国内生产周期：试油 26 天 / 井次，小修 3 天 / 口井，大修 17 天 / 口井，侧钻 24 天 / 口井。国外生产周期：试油 12 天 / 层，小修 6 天 / 口井，大修 9 天 / 口井。试油平均生产时效为 81.01%；交井一次合格率 99.2%；优质井率 98%；执行设计符合率 99.9%；资料全准率 99.8%。

4. 科技研发及推广应用

（1）试油测试技术。2012 年，塔里木盆地库车坳陷博孜 1 等井试油相继获得重大突破。四川磨溪 8 等井龙王庙组试油测试获百万方高产气流，高石 3 等井灯影组试油测试获高产气流，四川盆地磨溪—高石梯构造天然气勘探取得重大突破。川庆钻探公司在川渝、塔里木地区的超深、高温、高压储层试油测试业绩显著，测试井最大天然气测试产量日产 284.07 万立方米，无阻流量 1214.65 万立方米，测点最大井深 7220 米，天然气最高含硫化氢 130.17 克 / 厘米^3，保障了重点区域的勘探开发；成功地完成跨测试阀井下无线数据传输系统的研制；自主研发配套多套页岩气、致密气体积压裂后连续除砂排液测试计量装置，为下步页岩气大规模开发、成本控制打下基层；自主研制处理剂自动连续加注装置，大大提升井筒产出液实时除硫技术水平，取得较好效果；完成国内首套 140 兆帕超高压地面测试计量系统的研制；试油完井一体化技术日趋成熟，并在磨溪—高石梯多口井现场应用，实现一趟管柱完成试油测试和完井作业，减少储层伤害，节约完井时间；高效密闭抽汲排液技术全年应用 791 井次，达到快速高效试油的目的。渤海钻探公司持续深入开展深井高温高压井试油测试技术攻关，最高测试井温 204 摄氏度，创全国之最；最高测试地层压力 129.5 兆帕；针对大斜度大位移井开发斜井封隔器、新型测试封隔器等专用试油测试工具，成功完成大斜度井试油测试施工，最大井斜 76.22 度、最大水平位移 3118 米、最大测试深度 5440.3 米；自主研发的孔板测气装置获得国家实用新型专利权。长城钻探公司形成由“区域地质参数预测技术、试油测试资料采集技术、资料解释与油藏评价”3 个技术系列组成的科学试油系统工程；完成伊朗 NIOC 勘探部 10 层海上测试，形成“平台风险识别评价、Ⅰ区Ⅱ区划分、关键设备选型、燃烧臂安装与校核、燃烧器使用、安全与防海洋污染应急预案”等技术和标准。

（2）压裂酸化技术。2012 年，集团公司压裂泵车总功率已经超过 100 万水马力，全年完成水平井分段改造 775 口、5378 段，实现了“十方排量、千方砂量、万方液量”的目标，全年总加砂量达 62.8 万立方米，酸化入地酸量 41.9 万立方米，单井最高分压 21 段，水平井裸眼分段压裂技术、水平井水力喷射分段压裂技术及油井水平井双封单卡分段压裂技术已成为水平井分段压裂改造的主体技术，形成配套的技术系列；全年完成的水平井平均单井产量是直井的 4 倍以上，苏东 38-16H1 酸压后获无阻流量 454.7 万立方米，苏里格气田体积压裂现场实验 11 口井后，平均单井试气无阻流量达 106 万立方米。川庆钻探公司应用“四维多变”、“变排量控缝高”等深度酸压工艺，现场实施 14 井次，酸压后累获测试气日产 861 万立方米；最高酸压施工压力达到 129.3 兆帕，刷新川渝地区压裂酸化施工最高压力纪录；页岩气体积压裂地面配套工艺技术得到进一步完善，形成即转、即配、即供工艺流程，并在页岩气井成功应用，连续混配压裂技术继续得到推广，全年施工 815 次，累计配液 48 万立方米，节约液体 7.6 万立方米；自主研发的连续油管带封隔器工具在苏 5-15-18H 井分 18 段压裂创造该工艺在水平井中应用的国内最高纪录，标志该工艺已成熟；自主研制的 PSK344-110 高效水力喷射压裂工具单级工具一趟钻可实现 4—5 段分段压裂，三级工具一趟钻可压 9 段，层段间封隔可靠，全年应用 45 口井，单井可缩短作业时间 6—8 天，提速效果明显；自主生产的裸眼封隔器施工最高温度达 176 摄氏度、最高压力 105 兆帕，全年应用 43 井 252 段，成功率 100%。渤海钻探公司自主研发选择性多级压裂工具在苏 76-4-1 井现场应用喜获成功，该井分 2 段进行压裂，通过开关井内滑套对 2 段分别实施压裂，压后打开所有开关滑套进行生产，实现压裂施工后井筒内无工具残留，该技术是分段（层）压裂技术一次新的突破创新；研制水平井 TAP 阀专用磨鞋，在多口井优质快速地完成水平井段磨铣 TAP 阀施工，达到国内同类施工先进水平。长城钻探公司的水平井段内多缝压裂技术在苏 53 区块得到广泛推广应用，单井产量得到明显提高，压裂后最高日产量达到20万立方米，压降速率等指标均优于常规压裂；作为国内最大的瓜尔胶增稠剂产品生产商，现有3个系列、6种产品，占据该领域70%的市场份额，并为斯伦贝谢、哈里伯顿、贝克休斯等公司提供压裂液增稠剂及配套助剂；2012年推出的“GW-CF低残渣压裂液体系”和“高温压裂液体系”创新成效明显，产品逐步被市场认可并大规模使用，有效地打破国外产品的垄断；“GW-CF低残渣压裂液体系”被集团公司鉴定为残渣量、增黏性能、流变性能和破胶液性能均优于国内外同类体系，总体达到国际先进水平，几项主要指标国际领先，在苏里格、海拉尔等油气田规模应用。大庆钻探公司在大规模压裂施工方面成绩显著，完成多口“千方砂、万方液”井的施工，大北高平2井完成21段压裂施工，创造国内水平井压裂段数最多纪录；自主研发压裂液连续混配装置，胶液配制能力每分钟达8立方米、滑溜水配制能力每分钟达16立方米，冬季零下25摄氏度下可连续施工，全年该技术共应用73口，累积配液19万立方米。西部钻探公司为提高施工能力和施工技术水平，大北101-1井最高施工压力121兆帕，最高排量每分钟11.7立方米，创塔里木油田压裂施工排量最高的新纪录；TZ62-H9井大型酸压施工作业，创塔里木油田施工井段最多（6段）、入井液量最大（5468立方米）纪录。在新疆致密油项目吉172-H井施工15级，累计入井液量16030立方米，加砂量1798立方米，创下国内单井最大加砂量、新疆油田最大压裂级数、新疆油田最大入井液量3项纪录。施工最高排量每分钟12.9立方米，创新疆油田压裂施工排量最高的新纪录。海洋工程公司在海上储层改造技术也有大幅提升，全年实施大型压裂施工7层，南堡4-33入井总液量430立方米、砂量40立方米，施工规模为历年之最。海上分层防砂技术获得新进展，全年累计实施分层压裂充填防砂55层次，埕北251E-2井高速水充填防砂施工，一趟管柱实现三层压裂充填防砂，注入总液量335立方米、填砂量36.6立方米、最高携砂比60%。大庆油田公司以精细压裂为核心，提升储层精细改造水平，全年应用水力喷射分层、封堵压多种工艺优化组合等精细分层压裂技术147口井，小层动用比例从60%提高到83.3%，单井动用厚度从7.3米提高到10.4米。同时以大规模改造为主导，难采储量动用能力实现新突破，油藏改造体积最多增加到16倍，压后初期平均单井日增油7.8吨，是对比井的4.9倍，最长已生产17个月，并持续有效，增油效果显著。对水平井采用大规模体积压裂技术，研发水平井多级压裂系列工具，初步形成水平井大规模体积压裂设计方法，初步建立“工厂化”作业模式。

（3）修井、侧钻技术。2012年，井下作业系统共完成大修3813井次、侧钻328口，修复成功率90%以上。大庆油田公司开展套损形势分析，优化工艺组合，以高效修井为重点，疑难复杂井修复能力实现新发展，形成高危区域施工风险评价研究及应用、丢失套管探测技术、纵向锉铣冲胀技术、液压扩径整形技术、高能气体整形技术、冲胀型反向磨铣技术、低伤害有机盐压井液等一套行之有效的工艺方法。辽河油田公司形成套损井评价修复、选择性堵水防砂、高漏失井作业等5项技术突破，研制出组合式液压胀管整形修复装置、柔性防砂冲砂一体管柱、多氢酸分段酸化工具、入井流体监测等各类配套工具，现场实施72井次，增油7960吨；在水平井等特殊结构井作业方面，形成分支井眼选择性进入、水平井产液剖面测试、入井流体优选等7项关键技术，研制出水平井解卡器、大功率反转螺杆钻、连续油管电子计深装置、井下自动换向装置等40套配套作业工具，推广应用SAGD作业新型防喷器及液面智能监测装置，提高井控装备水平。渤海钻探公司研发用于严重腐蚀管柱打捞的底部打捞筒、铅皮打捞器、油管接箍倒扣器、外钩式可退捞矛等打捞工具，已申报3项实用新型专利，2项筹备申报。大庆钻探工程公司形成套铣防卡、取套防丢鱼等技术，改进倒扣工具，一次对扣成功率从80%提升到100%。新疆油田公司继续开展水平井冲砂工艺的应用推广工作，全年共完成同心管射流冲砂40井次，泡沫冲砂作业24井次。长庆油田公司采取封隔器隔采（注）、套管补贴、化学封堵等技术治理套损井415井次，恢复产油7.55万吨，恢复注水2.5万立方米，油水井套损井治理效果明显。侧钻技术方面，长城钻探公司在苏10-32-45CH侧钻完钻井深4282米、裸眼井段1282米、水平井段700米，创国内ϕ118毫米小井眼3项纪录；连续油管径向水平井钻井技术得到较好发展，全年实施径向水平井钻井6口，其中在冷37-67-596井，连续油管喷射能力达到105兆帕，单井钻出10个分支，实现单分支在地层中水平穿越100米。西部钻探公司全年完成侧钻井13口，在DX141井侧钻中，创造新疆油田开窗侧钻定向井完钻井深4122米、完钻垂深3734.04米、裸眼段长758米、水平位移588.58米之最。

（4）带压作业应用情况。全年共完成带压作业井3096口，完成3000口工作目标的103.2%，其中油井676口、气井53口、水井2367口。动用队伍130支，累计减少污水排放204万立方米，减少罐车拉运13.6万台次，提前恢复注水168万立方米，增油6318吨，增产天然气1018万立方米，效果显著。吉林油田、大庆油田、长庆油田、辽河油田等4家单位完成工作量都超过400口。其中，吉林油田完成的最多，达到705口，占总量的22.8%，减少污水排放46.35万立方米，提前恢复注水27.81万立方米；大庆油田完成555口，减少排放污水13.82万立方米，提前恢复水量为16.5万立方米；长庆油田完成446口，减少污水排放81.57万立方米，提前恢复注水54.38万立方米；辽河油田完成443口，减少污水排放4.38万立方米；长城钻探公司完成632口，占总量的20.4%。大庆油田建设杏十三区和葡南2个带压作业试验区；新疆油田建设六区、七区、百21井区3个带压作业示范区，共实施116口井；塔里木油田完成乌参1井的带压清除油管内蜡堵作业施工，清蜡总深度2105.44米，清蜡最高泵压95兆帕，控制最大回压89兆帕，最高套压53兆帕，创国内带压作业最高井口压力，为国内其他高压井带压施工提供宝贵经验。川庆钻探公司在苏里格气田完成4口低压气井的带压作业，形成单封、双封、含节流器、滑套等不同井下组合管柱的带压作业工艺。长庆油田改进小直径钢丝作业式油管桥塞，研制预置工作筒配套堵塞器专用投放防喷管，完善循环开关阀，并开展液体胶塞室内评价试验。新疆油田研发满足稠油热采井带压作业堵塞器、内防喷堵头等井内工具，堵塞器密封压差15兆帕，工作温度达到230摄氏度，适用于内径为 ϕ38—ϕ62毫米管内堵塞。吉林油田有针对性地研发封隔器堵塞器、过配件堵塞器和可捞式油管堵塞器，取得突破性进展，并在施工现场得到成功应用。

（何昀宾）

工程建设

【概述】 中国石油天然气集团公司工程建设分公司（以下简称工程建设分公司，也称工程建设板块）成立于2008年4月7日，归口管理中国石油天然气集团公司油田地面、炼油化工、管道工程的勘察设计和施工等业务。旨在通过建立完善专业化管理体制，优化配置资源，实现集中统一规范管理，促进集团公司工程建设业务发展。

2012年，工程建设板块坚持服从服务于油气核心业务发展，牢牢把握稳中求进的总基调，不断加大业务结构调整力度，持续夯实业务发展基础，坚持高端业务发展方向，加速管理提升步伐，夯实承包商管理，突出科技引领作用，打造国际化管理体系，全面保障重点工程建设项目的顺利实施。

全年新签合同额1773亿元，实现营业收入1418亿元，实现利润总额49.3亿元，同比分别增长3.5%、6.0%和43.3%，与工程建设板块2008年成立之初相比分别增长24%、25%、145%。其中归口管理企业新签合同额1266亿元，实现营业收入887亿元，实现利润总额44.4亿元，同比分别增长6.6%、1.8%和19.7%。

【业务结构调整】 随着业务规模的稳步增长，工程建设业务结构进一步优化，EPC（工程总承包）、设计、咨询等高端业务收入比重由40%提高到近70%，施工等业务收入比例由55%降低到36%。工程建设企业中，中国石油天然气管道局（以下简称管道局）新签合同额海外市场和外部市场比重分别占到50%左右，中国石油工程建设公司（以下简称工程建设公司）新签合同额中海外市场比例达到60%，中国石油集团工程设计有限责任公司（以下简称工程设计公司）新签合同额和实现营业收入中EPC份额分别占到82%和74%，中国寰球工程公司（以下简称寰球公司）营业收入的一半以上来源于外部市场和国际市场，中国昆仑工程公司（以下简称昆仑工程公司）营业收入中外部市场比重占到80%以上，中国石油集团东北炼化工程有限公司（以下简称东北炼化公司）海外市场取得新突破，新业务发展能力进一步提升。其中，工程建设公司、管道局、寰球公司等企业继续保持ENR（美国《工程新闻记录》）全球最大承包商榜上有名，寰球公司工程总承包完成合同额在全国勘察设计行业百名排序中连续两年位居第一。

【高端市场开拓】 2012年，各工程建设企业紧盯市场先机，主动参与集团内外海外市场竞争，服务海外半壁江山建设全面启动，海外规模市场加速布局。工程建设企业瞄准中东、美洲、欧洲、新加坡等发达国家高端市场，瞄准代表未来发展方向、高技术含量和现代规模的高端项目，高端市场开拓力度进一步加大。管道局成功进入英国石油公司、荷兰皇家壳牌公司、俄罗斯天然气工业股份公司、马来西亚国家石油公司等储运建设市场，被壳牌列为全球承包商；工程建设公司进入澳大利亚煤层气市场，以优质客户带动市场开发，分别与 Suncor、Propack、TR 就加拿大油砂 EPC、橇装模块制造以及厄瓜多尔太平洋炼厂等项目签订框架协议；工程设计公司成立尼日尔分公司和坦桑尼亚分公司，强化海外市场开发，加强国际化人才培养，面向全球整合资源，承担集团公司海外油气田地面工程设计 90% 以上的工作量；寰球公司完成古巴炼油及 LNG 项目全部签约程序，承接土库曼斯坦阿姆河右岸二期天然气处理厂和新增年产 300 亿立方米天然气产能 PMC 项目；昆仑工程公司保持集团公司外部市场开拓力度和优势，全年新签合同额中外部市场所占比例高达 94.9%；东北炼化公司先后签订沙特塞巴天然气项目、阿尔及利亚炼厂改扩建项目、LNG 项目保冷工程、阿联酋公用工程等合同，海外市场新签合同额大幅增长。

【重点工程建设】 2012 年，工程建设企业充分发挥整体优势，全力组织优质资源，广大参建员工团结协作、埋头苦干，克服重重困难，确保重点工程建设顺利实施。全年在建的油气田地面、长输管道、炼化、大型储罐及 LNG 等重点工程共 55 项，其中，中交投产 19 项，新开工 9 项。

（1）油气田地面建设方面，全年实施重点工程 9 项，新增原油处理能力 500 万吨 / 年。伊拉克哈法亚油田地面工程按期投产、鲁迈拉油田运营维护项目按期完成；艾哈代布油田地面工程（二期 600 万吨产能）、哈法亚油田地面工程（二期）等项目进入收尾阶段；土库曼斯坦麦捷让气田集输系统项目、伊朗北阿扎德干油田地面建设项目顺利实施；土库曼加尔金内什处理厂及配套工程完成 80% 以上的工作量。长岭气田地面工程三期、和田河气田地面建设进展顺利；塔里木油田公司大北气田地面建设项目等即将开工。

（2）炼化工程建设方面，越南宁平化肥项目顺利投产，是中国工程公司在海外完成的首个“自主设计、自主采购、自主施工、自主开车”的工厂化总承包交钥匙工程。抚顺石化 80 万吨 / 年乙烯、呼和浩特石化 500 万吨 / 年炼油扩能改造、大庆石化 120 万 / 年乙烯改扩建工程、大庆炼化 30 万吨 / 年聚丙烯（二期）项目、辽河石化 60 万吨 / 年连续重整、锦州石化 160 万吨 / 年延迟焦化、克拉玛依石化 100 万吨 / 年延迟焦化 7 个项目或装置按期顺利中交或投产；吉林石化 40 万吨 / 年 ABS 装置一期、32 万吨 / 年苯乙烯装置，四川石化 300 万吨 / 年渣油加氢装置等 6 套装置按期中交。

（3）管道及储运工程建设方面，全年完成油气长输管道建设累计将突破 8000 千米，建成投产原油储备库 2 个、LNG 项目 1 个。集团公司工程建设企业在海外完成的第一个规模化 EPC 项目阿布扎比原油管线工程顺利投产。西气东输二线（一干八支）历时 5 年，于 2012 年 12 月 30 日全面建成投产；香港支线、独山子—乌鲁木齐原油管道工程、长庆—呼和浩特原油管道工程、中卫—贵阳联络线（中卫—成都段）等项目按期建成投产。兰州—成都原油管道、日东原油管道、南宁—柳州成品油管道等项目即将建成投产。中缅油气管道、西气东输三线西段、中亚天然气管道 C 线、哈法亚输气管道等项目稳步推进。西气东输三线东段、肯尼亚管道工程正在积极筹备中。兰州国家石油储备基地工程、兰州生产运行原油储备库、华气安塞液化天然气调峰站项目建成投产。唐山 LNG 项目接收站工程、山东泰安 LNG 接收站工程进展顺利。

2012 年，工程质量管理持续加强，更加注重项目前期设计质量管理，从源头上确保工程质量受控。工程建设分公司持续推动设计软件集中采购和统一使用，多渠道促进技术交流与合作，实现知识、经验与资源共享共用。加强工程建设协调管理，持续推行重点项目联系人制度，强化现场监督检查并协调解决有关问题。召开专题会议研究解决长输管道连头死口、防腐等关键工序施工问题。加强监理和无损检测管理，出台工程建设监理业务管理规定等制度规范，组织开展工程监理、无损检测监督检查，查改问题 112 项、提出意见建议 21 项。2012 年，工程交验合格率达 100%，焊接一次合格率达到 98% 以上，16 个海内外建设项目被评为板块 2012 年度质量样板工程，其中，宁夏石化公司 500 万吨 / 年炼油改扩建工程为工厂化 EPC 总承包积累了经验，艾哈代布油田地面建设等项目有力地支持了集团公司海外战略的顺利实施。

工程建设项目安全形势基本受控，工程建设板块全年开展 2 次全要素、全过程的 HSE 管理体系审核，发现问题 355 项，提出改进建议 87 项。加强风险管理，加快HSE风险识别和设施规范制定，推广使用长输管道沟下作业防护箱。组织开展新一轮3年隐患治理工作，排查确定安全环保隐患项目80项，全面落实隐患挂牌督办制度，集团公司领导挂牌督办项目按期完成，工程建设分公司领导挂牌督办的8个项目进展顺利。

【承包商管理】 按照集团公司工程建设承包商管理办法的有关规定，深入推进承包商管理，进一步规范承包商准入、选择、使用、评价等各个环节。

（1）严格标准、选优择优，建成工程建设承包商首批资源库。对近4000家自愿申请进入集团公司工程建设承包商资源库的企业从资质等级、业绩、人员、装备、注册资金等方面进行综合择优评选，优选出1928家实力强、信誉好、业绩优的工程建设企业进入集团公司工程建设承包商资源库，其中一类承包商300家，二类承包商1628家。

（2）开发系统、集成功能，搭建工程建设承包商管理平台。组织开发工程建设承包商管理系统，实现承包商在线准入、查询检索、承建项目的动态跟踪管理、年度业绩在线评价及结论汇总功能，该系统已正式上线运行并进一步增强承包商管理的公开性和透明性。组织对集团公司近百家所属企业的210余名工程建设承包商管理人员开展系统上线培训和制度宣贯，初步建立了一支工程建设承包商管理队伍。

（3）加强管理、强化监督，形成工程建设承包商管理常态工作机制。组织编制工程建设承包商年度评价实施细则并发布实施，为实现承包商全过程的动态管理奠定基础；加大监督检查力度，在集团公司范围内先后开展了违规分包与违法转包专项检查、挂靠借用资质投标及违规出借资质问题专项清理活动，共查出并整改各类问题736个，专项清理排查825家企业和1433个项目，发现并处理挂靠借用资质投标、违规出借资质问题3起；四季度组织开展承包商管理工作全面检查，为2013年初开展承包商年度评价做好准备。“一季度评价、二季度准入、三季度检查、四季度总结”的常态工作机制初步形成，承包商管理工作在规范化、程序化轨道上持续深入。

【标准化工作】 成立标准化工作领导小组和工作推进组，从加强标准的基础建设、健全工程建设领域标准信息、提升标准制修订的质量和水平等方面开展工作，编制完成工程建设业务“十二五”标准化建设方案，明确油气储运、油气田地面及炼化工程建设标准体系，深入推进以油气田地面、油气储运和炼化工程3个业务领域为重点的近300项标准编制工作。各工程建设企业成立标准化委员会，完善标准化工作机制和激励机制，调动企业、专家团队和技术管理人员参与标准制修订的主动性和积极性。

完善工程建设标准体系表，对工程建设标准进行系统梳理，按统一协调、专业梳理原则，广泛采集石油石化工程建设中涉及的常用现行标准以及国外有关工程标准，形成专业配套、门类齐全、层次分明、结构科学、完整实用的工程建设标准体系表，保证工程建设各阶段合理使用和管理标准，使体系表成为工程建设技术基础性工作指南和技术人员的重要工具。加强标准的前期科研攻关和基础研究，积极推动科研工作与标准制定工作相结合，提高科技成果向标准的转化力度，突出优势领域，加大科技转化力度，提升标准制修订质量水平。

大力推进国际标准化进程，广泛采集工程建设相关国际标准及国际知名石油公司标准，开展国际标准研究、学习和对标分析，消化、吸收国外先进标准和先进经验，广泛采用国际先进标准，提高国际标准采标率。提高主导优势领域标准的制修订质量水平，将成熟、先进的技术标准推向国际，输出集团公司主导的先进标准。加强工程建设标准双语版标准制修订工作，积极开展石油工程建设国家标准英文版的翻译和国际标准中文翻译、校审工作。

【科技成果】 2012年，工程建设板块共承担科技项目354项，其中，国家级9项、集团公司级54项、板块级82项、企业级209项。对板块十大统筹项目进行补充完善，增设“‘四新’技术应用”、“LNG系列技术研发”两大统筹项目。加速推进科技成果工程化、产学研一体化进程，启动与知名高校及科研院所签订科研战略合作协议工作，充分发挥工程建设企业和高等院校在科技研发方面的互补优势，强化具有自主知识产权的核心技术和特色技术的开发。拥有自主知识产权的成套技术有了新突破，二代PTA（精对苯二甲酸）和管道悬索跨越等一大批有形化技术实现工程转化，千万吨级大型炼厂、大乙烯、大型氮肥工业化等成套技术、劣质重油加工关键技术得到推广应用。全年共申请专利308项、获得授权197项、认定技术秘密40项，较“十一五”年平均数分别增长224%、326%和167%。

全年重点开展复杂地质条件下的非开挖技术攻关，研制出新型定向钻穿越钻杆、扩孔器、扶正器等配套器具；积极推进关键管道装备国产化，研发的基于Windows操作平台的SCADA系统软件已在江西管网、宁夏石化外输管道实现工业应用。承担的集团公司重大科技专项“千万吨级大型炼厂成套技术研究开发与工业应用”已累计取得5项理论新认识，15个关键技术开发取得重要突破；与石油大学等合作完成具有中国石油自主知识产权的催化汽油加氢工艺包。“大型乙烯装置工业化成套技术开发”重大专项中由寰球公司自主开发的60万吨/年乙烯成套工艺包技术已经在大庆石化乙烯改扩建工程上成功应用，并一次性开车成功。自主创新双峰乳液接枝技术，形成中国石油自有ABS（丙烯腈－丁二烯－苯乙烯橡胶）工艺包。继续关注油砂、重油处理、煤制气、海洋工程等前沿技术的发展。

【信息化】 编制工程建设业务“十二五”信息化建设滚动规划，为工程建设业务管理需求做好服务；完成工程项目管理系统试点工作，开始在工程建设公司和寰球公司2个工程项目上线运行；工程建设ERP系统深化应用，对系统建设应用情况进行回访，了解系统运行状况、存在问题并分类加以解决，确保ERP系统切实发挥业务支撑作用；推动工程建设“设计云”建设，经多次专家论证形成建设方案，充分利用现代化信息技术降低设计软件使用成本，最终搭建起集团公司统一使用和统一管理的设计软硬件平台，实现“资源优化、标准统一、平台共建、成果共享”的目标。

【管理提升活动】 按照集团公司统一部署，及时成立工程建设业务管理提升活动领导小组及其办公室，制订活动工作方案并组织召开管理提升工作推进会和第一阶段成果总结会。积极开展管理诊断，通过“找差距、定措施、补短板”活动在工程建设分公司机关开展业务管理和服务基层对标活动；组织工程建设归口企业深入开展与Petrofac和WorleyParsons等国际一流工程公司的管理对标，认真查找管理中的不足之处与薄弱环节，各企业共查找出涉及基础管理、项目管理、人力资源、科技信息、企业文化等30大类的165项问题，明确提升管理的工作方向和下一步工作重点。

结合管理提升活动，积极探索建立与国际接轨、适应国际规则、具有国际水平的管理体系，提升工程建设企业在全球范围内整合资源的能力，发挥集团公司规模和整体优势，加强协同协作，更加有效地配置和利用资源，实现整体效益最大化。组织工程建设企业赴华为等公司考察国际化、标准化的运营模式和覆盖全球的项目统一管理体系，借鉴学习经验。召开工程建设业务人力资源管理专项工作座谈会，要求归口企业推动落实将英语作为工作语言并做好标准规范、流程制度的英文版发布工作，在寰球公司先行开始英语工作语言试点，从决策层、经营层和操作层3个层面分步推进，打造国际化管理体系所需的语言环境和工具。

【队伍建设与专业培训】 按照前瞻性、实效性和创新性原则，进一步拓宽人才培养思路，创新培训方法，加强交流合作，扎实推进人才队伍建设。紧扣工程建设业务发展需求，组织完成“工程建设项目总承包EPC管理”、“国际工程建设项目管理”、“无损检测高级技术与管理”、“工程建设项目质量管理与体系推进”、“工程建设项目HSE管理与体系推进”5个项目6个班次的培训任务，2012年共培训700人次。高端人才培养进展顺利，持续推进与Penspen公司人才联合培养计划，派出工程师完成学习，进入项目实际工作；与集团公司中加石油中心合作，成功举办加拿大EPC项目管理培训班。加大监理人员持证上岗培训考试力度，累计考试取证1639人，监理单位监理人员持证率提高12%；发布《2012—2013年石油监理工程师和监理员培训取证实施方案》，并与石油管理干部学院签订战略合作框架协议，按计划分批次完成培训目标。积极组织开展岗位练兵、技术比武、技能竞赛等活动，一批优秀年轻骨干技能人才脱颖而出，4名选手在国资委组织的嘉克杯国际焊接技能大赛中取得两金两银的优异成绩。

（吴晓利）

装备制造

【概述】 截至2012年底，集团公司从事装备制造业务的局级单位24家，共计70余家企业分布在全国17个省（区、市）的34个城市。其中，直属专业公司5家，分别是宝鸡石油机械有限责任公司、宝鸡石油钢管有限责任公司、渤海石油装备制造有限公司、济柴动力总厂和中国石油技术开发公司。非直属企业有大庆、长庆、吐哈、青海和玉门5家油气田企业的装备制造业务；有大庆石化、吉林石化、辽阳石化、兰州石化和独山子石化5家炼化企业的装备制造业务；有东方物探公司、测井公司、钻井院、运输公司等单位的装备制造业务。此外在亚洲、非洲、北美洲、南美洲的7个国家建有10家制造工厂。主要企业全部通过ISO 9000、ISO 14000、ISO 10012体系认证。产品涵盖钻井、采油、钢管、动力、海洋、炼化、天然气、物探、测井九大类200多个品种，覆盖油气上中下游业务领域，形成较为完善的研发、生产和服务体系。全系统有员工54172人，其中直属企业31003人；资产总额812亿元。

2012年，面对国际政治经济复杂多变、国内经济发展增速放缓、石油装备市场竞争激烈等严峻形势，装备制造板块落实集团公司工作部署，牢牢把握稳中求进的总基调，着力推进结构调整、转型升级，加强技术创新和管理提升，大力开拓市场，全力做好服务保障，各项工作取得良好成效。

【生产经营】 合同签约额、出口签约额、营业收入和出口额4项指标创出新高，2012年共实现合同签约额860亿元，同比增长24.7%；出口签约额超过50亿美元，同比增长22.7%；营业收入683亿元，同比增长22.2%，其中，直属企业实现营业收入607亿元，同比增长24.8%，各非直属企业营业收入也实现不同程度的增长；出口额40亿美元，同比增长49.9%。主要产品产量大幅增长，油气输送管等产品产量创造新的历史纪录。企业发展规模和发展质量进一步提升。技术开发公司合同签约额突破50亿美元，“三步走”战略的第一步发展目标已经实现，为全面实现200亿美元目标奠定了基础；渤海装备和宝鸡钢管，外拓市场、内抓管理，营业收入保持两位数增长幅度，连续站稳百亿元以上，管理水平不断提升；宝石机械积极克服困难，搬迁改造项目顺利投产，生产经营成效明显。济柴动力新产品研发持续加强，气代油业务加快推进。主要产品产量见表1。

表1　主要产品产量表

产品名称	单位	2012年	2011年	增长量	增长率
钻　机	套	111	92	19	20.65%
钻井泵	台（套）	607	524	83	15.84%
钢丝绳	吨	56811	57059	–248	–0.43%
钻　头	只	8771	8053	718	8.92%
顶　驱	台	58	39	19	48.72%
节能电机	台	5304	4700	604	12.85%
油气输送管	万吨	258	241	17	7.05%
石油专用管	万吨	67	53	14	26.42%
内燃机	台	3222	3881	–659	–16.98%
压缩机	台	55	63	–8	–12.70%
抽油机	台	12838	14841	–2003	–13.50%

续表

产品名称	单位	2012 年	2011 年	增长量	增长率
抽油泵	台	35087	35913	-826	-2.30%
抽油杆	万米	658	661	-3	-0.45%
烟气轮机	台	14	16	-2	-12.50%

【服务保障】 石油装备制造业务是油气业务的保障性基础产业，全系统坚持以服务保障油气核心业务发展为宗旨，加强生产组织，强化合同执行，保生产、保发运、保供应，努力为油气发展提供精良装备和优质服务，在装备保障和运行维护服务等方面发挥重要作用。

围绕集团公司重要管线建设的需要，加强宝鸡钢管公司和渤海装备公司 2 家制管企业生产协调和产能平衡，跟踪督促制管企业履行保障供应责任，全面完成集团公司重要管道项目供管任务，2012 年供应输送钢管 180 万吨，5552 千米，占项目总需求的 82%，保障服务的主力军地位进一步凸显，得到业主的高度评价。宝鸡钢管组织多种形式劳动竞赛，全年生产各类钢管 182 万吨，创历史新高。渤海装备创月发运 338 千米纪录，全年生产钢管 130 万吨，超额完成计划任务。

宝石机械公司为“西部大庆”、“新疆大庆”建设，提供钻机 24 台，钻井泵 85 台。渤海装备为大庆供应节能电机 2771 台，为长庆供应油套管 16.7 万吨。济柴动力总厂高可靠性的发动机组在替代进口、支持油气生产上发挥了重要作用。技术开发公司与相关单位密切合作，全年为集团公司在 14 个国家的海外项目提供物资装备 70 多亿元。大庆油田发挥装备制造业务重组的优势，统筹大庆、吉林两地资源，较好满足了 2 个油田的需求。钻井院的精细控压钻井装备、东方物探公司的数字有线地震仪和中油测井的 EILOG 测井仪，成为提高勘探开发水平的利器。长庆油田、大庆石化、兰州石化和辽阳石化装备制造业务，服务保障能力进一步增强。

【市场开拓】 在巩固内部市场的同时，外部市场迈出较大步伐。2012 年新增合同签约额、外部市场签约额均有较大幅度提高。其中外部市场收入占到总收入的半壁江山。在内部市场中开展炼化装备优势及特色产品、石油专用管等推介活动，统一组织参加 CIPPE 等石油装备展览，优势产品得到有力推介。加强与炼化企业交流，积极推动集团公司投资建设项目中的炼化装备承造，炼化装备业务市场进一步扩大。配合物资采购管理部推进中国石油储气库压缩机组备件集中储备工作，促进压缩机产品销售和营销模式转型。通过市场竞争和按比例配置，优势产品内部市场占有率稳步提升。在外部市场开发中，与海外板块加强业务合作，形成发挥一体化优势推动发展的长效机制。技术开发公司与制造企业密切配合，实现国际市场收入逆势增长。全年外资市场签约额 42 亿美元，占总签约额近 84%；首次与乌干达等 6 个国家和地区的客户签订合同，产品累计出口扩大到 78 个国家和地区。炼化产品国际销售实现 123 亿元，销售额大幅增加。继 2011 年我国首台自主设计、自我建造，拥有完全自主知识产权的 300 英尺[1]自升式海洋钻井平台交付用户后，又有 2 台 300 英尺自升式海洋钻井平台交付用户。宝石机械钻井泵首次打入巴西市场，国际新增订货量同比增长 17.69%。宝鸡钢管连续管订货在俄罗斯市场实现零的突破。济柴动力总厂在伊拉克鲁迈拉项目中再获 60 台发电机组保运合同。大庆油田装备制造业务海外市场签约额达 10.7 亿元。钻井院、东方物探公司、川庆钻探公司、管道局等企业制造业务在国际市场开拓上也迈出较大步伐。钢管、发动机、钢丝绳、智能变送器等产品的社会市场占有率不断扩大。在市场开拓的同时，加强一体化服务。渤海装备公司积极推进海外市场技术服务，潜油电泵包井服务在尼日尔逐步推开，电机 + 三抽一体化配套项目在阿曼、哈萨克斯坦取得 32 套订单。宝石机械公司全程跟踪服务油田建设，8000 米钻机已成为“新疆大庆”建设重点升级替代产品，全年新产品销售收入超过 10 亿元；海洋装备等高端市场新增订货量同比增长 183%。济柴动力总厂先后签订山西杨德 2 个电站总包项目。

【技术创新】 把技术创新作为企业发展的动力，不断完善科技创新管理体系，加强科技平台建设，新产品、新技术研发和产业化取得成效，重点科技项目

[1] 1 英尺＝0.3048 米。

计划完成率达86%。2012年申请专利273件，其中，发明90件、国际PCT专利3项；授权专利235件，其中，发明35件、国际专利1项。直属装备制造企业共获省部级奖项8项，其中集团公司科学技术进步奖2项。一是科研平台建设平稳推进。宝鸡钢管国家石油天然气管材工程技术研究中心，完成4个试验平台设备合同签订和详细设计审查，部分实验设备进入安装调试阶段，5项核心技术研究基本完成，6种新产品研发按计划实施。宝石机械国家油气钻井装备工程技术研究中心，项目可行性研究报告已报集团公司审批，试验室建设有序推进。渤海装备成功通过国家级企业技术中心认定，成为石油行业在钢材深加工领域首家国家级企业技术中心。济柴动力总厂国家级石油勘探动力装置企业技术中心建设工作积极开展。二是重点科技项目进展顺利。19项国家级、43项集团公司级重点科技项目按计划推进。三是新产品研发取得新突破。渤海装备公司、宝鸡钢管公司X80抗大变形钢管成功研制，结束了我国长输管道关键技术依赖进口的历史。宝石机械公司和钻井院研制的我国首台具有自主知识产权的四单根立柱超深井钻机，标志着我国超深井钻机研发技术再上新台阶。宝鸡钢管公司研发的CT80、CT90连续管产品，打破国外少数生产厂家垄断市场的格局。宝鸡钢管公司研发的SEW套管和由济柴动力、西南油气田公司联合研制的6CFC高速大功率往复活塞式压缩机新产品，填补了国内空白。济柴动力总厂研制的高可靠性电动钻机用柴油机，通过集团公司鉴定，达到国外同类产品水平，完全可以替代进口。

【项目建设】 重点项目建设加快，2012年新开工建设7个重点项目，建成投产重点建设项目7个。宝石机械公司本部搬迁改造建成投产，关键部件制造及总装成套能力全面提升，特种高端钻井装备将唱主角。新疆2个输送管搬迁改造项目建成投产，区域布局进一步优化。宝鸡及西安2个专用管项目全面投产，输送管“一管独大”局面彻底改变。大庆石化机械厂搬迁改造项目即将建成，高效特色炼化装备及LNG装备研发制造能力将大幅提升。新项目的投产使装备产品结构调整见到实效。

【发展谋划】 加强主导产品发展规划研究，一批结构调整重点项目启动实施。完成天然气应用装备、海工基地、采油采气装备等专项规划，明确发展重点及目标思路。围绕“十二五”规划推进一批结构调整项目前期工作。辽河装备以及象山海工基地重组进入渤海装备，促进产业集聚，也为加快发展海工装备创造了条件。

【对外合作与海外建厂】 加强与国际先进企业交流合作，打开新局面，与西门子公司签署装备制造领域战略合作协议，渤海装备公司与美国喀麦隆公司签署大中型全焊接高压球阀合资合同。技术开发公司乍得、尼日尔电泵维修中心建成运行。

【业务管理】 生产经营管理逐步强化。加强产品交货期、质量、服务考核，跟踪督促协调海洋钻井平台等重大合同执行情况，促进了合同执行。技术开发公司高度关注汇率波动，组合使用多种金融工具，有效规避汇率风险。渤海装备公司狠抓存货、应收账款管理，清理积压存货，清理前年度账款，应收账款周转率同比加快。宝石机械公司扎实开展“创收降本增效”活动，强化绩效目标管理，所属单位首次实现全面盈利。东方物探公司、管道局等单位装备制造企业实现扭亏为盈，长庆油田、吐哈油田、川庆钻探、中油测井公司、钻井院、运输公司等单位装备制造企业生产经营管理成效良好。落实产品质量提升计划，完成质量体系推进评审工作，主导产品质量水平进一步提升。认真开展HSE管理体系审核，突出危害辨识与风险管理、运行控制等重点要素，“三违”行为得到有效遏制；对5项重点安全环保隐患治理项目挂牌督办，34项隐患治理项目如期完成。渤海装备以“双查、双考、四为主”为抓手推进HSE工作；宝石机械对HSE规章制度和体系文件进行全面修订；宝鸡钢管开展以危害再辨识、规程再修订、员工再培训、推行目视化和安全大检查为主要内容的“平安工程”。直属企业全面完成集团公司和地方政府下达的节能节水年度考核目标。

【信息化建设】 持续推进ERP系统深化应用，完善系统功能，运行维护和性能调优工作全面加强。渤海装备辽河重工等重组企业ERP上线运行。PDM系统试点完成实施，MES系统在7个试点单位上线运行。装备制造设计与生产管理系统完成试点工作，推广项目全面展开。

（徐　波）

第七篇

国际业务

第一篇
总　述
第二篇
油气勘探开发生产
第三篇
炼油与化工
第四篇
成品油销售
第五篇
天然气与管道
第六篇
工程技术、工程建设与装备制造
第七篇
国际业务
第八篇
科技与信息
第九篇
安全环保与质量节能
第十篇
企业管理与监督
第十一篇
党建、思想政治工作与企业文化建设
第十二篇
机构与人物
第十三篇
企事业单位概览
第十四篇
中国石油天然气集团公司大事纪要
第十五篇
统计数据
第十六篇
附　录

海外油气业务

【概述】　截至2012年底，中国石油天然气集团公司海外油气业务在全球31个国家，运营管理着82个项目，形成了海外五大油气合作区、建设了四大跨国油气输送战略通道。其中参与管理与运作的勘探项目27个，开发项目40个，（独立）管道项目5个，炼化项目9个。建成了4个千万吨级油田，海外油气管道运营总长度达到1.05万千米，海外原油总加工能力达到1360万吨/年（不包括新加坡炼厂、日本大阪炼厂等项目）。初步建成了中亚、中东、非洲、南美和亚太5个海外油气合作区，形成上中下游一体化的海外油气业务链。

2012年，集团公司海外油气业务紧紧围绕实现“双亿吨”工作目标，努力克服种种不利因素，攻坚啃硬、全力拼搏，圆满完成2012年各项生产经营任务。油气生产继续保持亿吨级当量水平；自主风险勘探、滚动勘探获得重要进展，有效支撑了稳产上产；重点管道和炼化项目实现安全平稳运营。全年海外完成原油作业产量当量10428万吨，其中原油作业产量8978.4万吨，天然气作业产量182亿立方米；完成权益产量当量5242.8万吨。全年输送原油2056万吨，天然气261亿立方米；加工原油1127万吨（不包括新加坡炼厂、日本大阪炼厂等项目）；主要油气生产经营指标全面超越2011年水平，成功巩固了“海外大庆”建设成果。

【海外油气勘探】　2012年，海外油气业务持续加强自主油气勘探，重点加强风险勘探和成熟探区精细勘探，积极推动天然气、非常规和海洋等新领域勘探，取得多项突破性进展，储量持续保持高位增长。非洲地区勘探成效显著，乍得项目Daniela和尼日尔项目Dibeilla2个亿吨级油田规模不断巩固和扩大，并在外围新区新领域发现3个5000万吨级和4个1000万吨级商业发现。中亚地区土库曼项目天然气勘探成果显著，东部风险勘探获得2个重大发现，西部甩开勘探取得重要突破，中部滚动勘探获得3项重要进展，一期产能接替和二期产能资源基础不断扩大。成熟探区实现规模储量增长，哈萨克斯坦PK项目、ADM项目、希望油田，厄瓜多尔安第斯项目和苏丹4/6区通过在新层系、新类型、新区块的滚动勘探，新增一批可采储量，有效支撑了稳产上产。非常规油气和海洋勘探快速发展，澳大利亚箭牌项目加强煤层气探井实施和评价井排水测试；缅甸海洋项目顺利推进，已完成深水区、浅水区三维地震采集。

【海外油气开发生产】　2012年，海外油气生产面对南苏丹油田停产，叙利亚因国内政治安全形势长期限产等严重不利因素带来的重大影响，坚持海外业务一盘棋原则，及时调整生产策略，动态优化生产部署，持续实施注水、水平井、提高采收率“三大工程”，强化勘探开发一体化运作，加快试采及勘探转开发步伐，千方百计挖掘项目增产、上产潜力，实现产量硬增长。哈萨克公司连续4年原油产量稳定在2400万吨以上，其中阿克纠宾项目油气作业当量2012年突破1050万吨；伊拉克公司产量快速增长，2012年产量达到3500万吨以上，其中鲁迈拉项目产量继续增长，年产达到2570万吨以上；拉美公司原油产量已连续5年稳定在1000万吨以上，其中MPE3项目原油产量继续稳步增长，年产达到673万吨；土库曼阿姆河公司2012年完成天然气产量59.3亿立方米。全年有25个油气生产项目不同程度超产，超产总量超过1000万吨。伊拉克鲁迈拉项目、哈法亚项目，委内瑞拉MPE3项目，哈萨克斯坦PK项目、阿克纠宾项目，以及阿曼项目、新加坡SPC项目等重点油气生产单位大幅超产，为成功巩固“海外大庆”作出了积极贡献。其中，鲁迈拉项目超产471万吨，MPE3项目超产103万吨，阿姆河项目超产天然气5亿立方米，哈法亚项目超产94万吨，阿克纠宾项目超产3万吨，阿曼项目超产26万吨，SPC项目超产68万吨；PK项目油气当量达到980万吨，超产18万吨。“三大工程”继续在减缓油田递减、提高单井产量上发挥作用，当年增油550万吨；全年完钻水平井384口，措施增油410万吨。

【海外新项目开发】　2012年，海外新项目开发取得突破性进展，海外油气资产结构进一步优化，为海外中长期发展战略目标实现奠定了扎实基础。一是在全球发达油气市场连续取得多项进展，先后签订交割加拿大都沃内和白桦地项目，签订澳大利亚东澳哈科特和西澳布劳斯项目；二是签订卡塔尔4区块购股协议并顺利交割，进一步拓展了中东重点资源国的业务规模；三是成功收购塔吉克斯坦 Bokhtar 区块，成功获取哈萨克斯坦 KMK 项目，在中亚地区增加了新的油气资源。在亚太地区成功收购 Techwin 公司，形成了与印度尼西亚现有项目的良好协同效应。中俄天然气合作谈判取得新进展。

【重点项目运行简况】

1. 中亚地区重点项目

哈萨克斯坦 PK 项目。PKKR 公司：2012 年共开钻新井 121 口，完钻 115 口，钻井进尺 17.42 万米，完成计划的 120%，其中，探井开钻 37 口，完钻 34 口，钻井进尺 5.76 万米；评价井开钻 22 口，完钻 22 口，钻井进尺 3.10 万米；开发井开钻 62 口，完钻 59 口，钻井进尺 8.55 万米；完成三维地震采集 245 平方千米，二维地震采集 700 千米；生产原油 310.07 万吨、天然气 7.71 亿立方米。2012 年，PKKR 公司老区投产新井 55 口，累积增产原油 53.998 万吨，其中，老区增油 34.664 万吨，探区和试采区增油 19.334 万吨，日产油水平 2406 吨，平均单井产油 44.4 吨。TP 公司：2012 年生产原油 217.11 万吨（含自用油 3.2 万吨），天然气 200 亿立方米；生产轻烃 8.65 万吨。KGM 公司：2012 年生产原油 312.4 万吨，天然气 5.15 亿立方米，生产轻烃 13.88 万吨。2012 年 TP 和 KMG 公司在 4 个油田共开钻井 77 口，完钻 71 口，完井 73 口，交井 73 口，完成钻井进尺 11.86 万米。

哈萨克斯坦阿克纠宾项目。2012 年阿克纠宾项目通过优化新井设计及老井措施、深化油藏地质认识，老油田开发形势平稳，新区块勘探成果不断扩大。全年生产原油 637.02 万吨，生产天然气 52.76 亿立方米，实现油气当量 1057.42 万吨。全年完成三维地震采集 196 平方千米，常规处理解释地震资料 2500 平方千米，特殊处理解释地震资料 1500 平方千米。全年在 5 个作业区完成钻井进尺 36.72 万米，实现开钻 179 口，完钻并完井 189 口，交井 184 口；老区投产新井 128 口，累计产油 42.78 万吨；共进行各类措施 507 口井，有效率 71.20%，累计增产原油 20.9 万吨。

哈萨克斯坦北布扎奇项目。2012 年，北布扎奇项目坚持“合理注水减缓递减、强化试验提高效率”主攻方向，以“精细开发部署、精细地面配套工程建设组织”为工作主线，努力搞好油田开发生产，原油产量再创历史新高。全年完成原油产量 200.62 万吨，同比增产 3 万吨；生产天然气 1.25 亿立方米。全年完成钻井进尺 9.21 万米，实现开钻 155 口，完钻 155 口，完井 155 口，交井 155 口。全年投产新井 150 口，其中，投产水平井 58 口，新井产油 27.55 万吨。全年实施增产措施 237 井次，措施有效井次 200 口，措施有效率 84.4%，增油 15.2 万吨。

哈萨克斯坦曼格什套项目。2012 年，项目以稳油控水为目标，以“三大工程”为手段，以技术创新为突破口，规模开展“三大工程”，原油产量持续攀升，创项目 19 年来新高，项目老油田成为海外注水效果保持最好的油田之一。全年生产原油 592.21 万吨，生产天然气 5.37 亿立方米。2012 年共钻井 108 口，其中采油井 83 口，注水井 25 口，总进尺 20 万米。

哈萨克斯坦 ADM 项目。2012 年，ADM 项目优化措施方案，加强老区注水调整，控制递减速度，实现了老区滚动扩边有突破、新区勘探成果不断扩大。全年生产原油 41.16 万吨，同比增产 3 万吨。全年完成钻井进尺 6.9 万米，实现开钻 35 口，完钻 35 口，完井 35 口，交井 35 口。全年累计销售原油 39.76 万吨，为 2011 年同期的 127.71%。

哈萨克斯坦 KAM 项目。2012 年，KAM 项目油田产量稳中有升，全年生产原油 77.69 万吨，同比增加 14.69 万吨，增幅达 23.3%。全年完钻井 62 口，其中，评价井 2 口、开发井 60 口。部署评价井 13 口，已实施 2 口，钻井成功率 100%。全年措施作业 43 口井，累计增油 5.5 万立方米。

阿塞拜疆 K&K 项目。K&K 项目于 1960 年投入开发，中方接管时油田已处于开发末期，储层低渗、埋深、低产，主要依靠潜力层的补孔接替和生产井的常规修井维护控制递减。2012 年项目公司以经济效益为中心，努力降低成本，全面超额完成生产和经营指标。K&K 项目全年生产原油 19.6 万吨，超额完成年度计划指标。其中老井自然产量 18.77 万吨，措施产量 0.82 万吨。

土库曼斯坦阿姆河天然气项目。2012 年，阿姆河项目狠抓勘探开发与生产运行，推进一厂扩建和二期工程建设，强化安全质量环保管理，克服诸多不利因素影响，全面超额完成年度生产建设和经营任务。全年累计天然气作业产量 59.32 亿立方米，外供商品气 54.67 亿立方米，生产凝析油 3.89 万吨，硫黄 21.40 万吨；原料气产量同比增加 9.17 亿立方米，增长 18.28%；销售天然气 54.67 亿立方米，是 2011 年同期的 119%。一期工程自 2009 年 12 月建成投产以来，已累计生产天然气 150.97 亿立方米，向国内平稳输送天然气 137.95 亿立方米。2012 年累计销售凝析油 4.16 万吨，销售硫黄 13.56 万吨。第一天然气处理厂 65 亿立方米原料气产能扩建工程进展顺利，A 区已完成处理厂内土建施工、钢结构预制和部分设备就位及第二条供水管线机械完工，工程总体进度完成 51.71%，内部集输项目累计完成总体进度 39.31%。第二天然气处理厂土建工程全面展开，主要设备基础完成；已开始埋地管线、钢结构及设备安装，累计完成总体进度 51.9%。B 区气田勘探、开发工作全面展开，内部集输项目工程已完成总进度的 12%。全年项目在戈克米亚尔—贾拉恰加特地区完成二维地震采集 625.9 千米；在霍贾古尔卢克—召拉麦尔根完成三维地震采集 533.04 平方千米。全年完成钻井进尺 4.43 万米，实现开钻 10 口，完钻 14 口，完井 12 口，交井 13 口。全年无井喷及井喷失控、硫化氢泄漏等恶性井控事故，实现了项目“零事故、零伤害、零污染”的安全生产目标。

阿富汗 AD 项目。阿富汗 AD 项目为合资公司经营模式，中方持有项目公司 75% 的股份（工作权益 75%）。AD 项目包括 Kashkari、Bazarkami、Zamarudsay 3 个合同区块，总面积 4575 平方千米。项目开发区已发现 Angot、Aq Darya、Kashkari、Bazarkami、Zamarudsay 5 个油田，其中仅 Angot 油田投入开发生产。2012 年，阿富汗 AD 项目圆满完成 25 万吨 / 年产能建设（Angot 油田 5 万吨 / 年和 Kashkari 油田 20 万吨 / 年），并进行了探区老井修复和部分求产工作。项目全年完成开发三维地震采集 60 平方千米；第一口开发评价井 K-21 井于 12 月 6 日开始钻井作业。修井工作实现 6 开 6 完，其中 Angot 油田完成 1 口，Kashkari 油田完成 5 口。修井生产测试，Angot 油田有 4 口生产井在无措施情况下单井日产油 20—50 立方米，有 4 口油井日产原油超过 100 吨；在 Kashkari 油田 Kash-4 井测试 XIV 层获得高产油流，日产液 259 立方米，含水低于 1%；Kash-10 井、Kash-9 井测试日产达 100 立方米。

乌兹别克斯坦项目。乌兹别克斯坦项目包括丝绸之路项目、明格布拉克项目和咸海项目。丝绸之路项目：2012 年，丝绸之路项目公司以效益勘探为中心，加强精细勘探，落实双控措施，加快创建天然气开发合资公司，顺利完成卡拉库里作业区 4 口评价井的钻探和测试作业。全年完成钻井进尺 10230 米，取心进尺 80.96 米；完成二维地震采集 142.7 千米。完成地质综合研究项目 19 个，完成投资 118 万美元。明格布拉克项目：完成油田 15 口井的地层压力计算工作，以 15 口老井油水层资料为基础编绘了 3 条 1 ∶ 2000 油藏地质剖面（2 条横向、1 条纵向），建立了油田空间油水分布地质模型，为进一步开发油藏奠定了基础。咸海项目：全年完钻 3 口井，累计进尺 10027 米。其中安全平稳地完钻咸海 WA-2A 探井，试油 5 层，落实了天然气储层，并发现了新油层。

中亚天然气管道项目。2012 年，中亚天然气管道完成 WKC2（乌）、CS7 和 CS2（哈）3 座压气站、1 座计量站的建设投产工作，安装大型压缩机组 14 台，燃气压缩机装机总量 360 兆瓦。AB 线日输气能力提升至 8900 万立方米；全面完成 AB 线 300 亿立方米的年输气能力建设；乌兹别克斯坦气临时接入工程投用，实现了向 AB 线 1000 万立方米的日供气能力；管道沿线乌兹别克斯坦与哈萨克斯坦两国的通信及 SCADA 系统投产投用，实现了各段的自动控制和数据及时上传，以及全线与北京的数据共享；AB 线通信和 SCADA 全面达到数据上传能力，实现运行状态的全线实时监控。2012 年底，AB 线工作基本收尾。C 线项目进入全面建设阶段。C 线乌兹别克斯坦段于 9 月 28 日现场开焊，12 月 1 日乌兹别克斯坦境内乌兹别克斯坦气输入压气站正式投产，乌兹别克斯坦气日输送能力由 400 万立方米提高至 800 万立方米，中亚天然气管道整体日输气量能够持续稳定保持在 8000 万立方米。作为哈萨克斯坦国家战略项目和 C 线未来气源的哈南线于 7 月现场正式开工。

中哈管道项目。自 2006 年 7 月 20 日正式商业运行以来，截至 2012 年底，中哈管道在阿拉山口累计接油约 5176 万吨。2012 年中哈管道输油 1041 万吨，连续 3 年保持年输量 1000 万吨以上；主营业务收入 3.66 亿美元，管理费用支出 1480 万美元，实现净利润 1 亿美元，经营性净现金流 2.8 亿美元，完成中方权益投资 5244 万美元，投资完成率 95.1%。管道阿拉山口流量计改造工程，以旧体积管标定，在不影响输油任务的同时，完成了“两建一改”工程中改建最关键的一步。

2. 中东地区重点项目

伊朗 MIS 项目。伊朗 MIS 项目是中国石油在伊朗运作的第一个风险回购服务合同。2012 年，项目通过精心组织谋划，促使政府简化回收款审批流程，成功实现部分回收款的回收；通过对主合同条款进行的若干修改，最大限度地保障了中方效益，使项目提前进入回收期；通过中伊高层谈判解决了项目超投资问题，保证项目投资的有效回收；此外，还完成了项目主合同补充协议修改。2012 年，MIS 油田共有 11

口生产井，全年共修井 18 井次，保证生产时率高达 90% 以上，有力地保障了油田正常生产和投资回收，取得了一定的效益。

伊朗北阿扎德甘项目。北阿扎德甘项目作业区处于伊朗军事禁区，且三分之二处于沼泽地带，伊拉克、伊朗战争期间遗留下很多尚未拆除的地雷、飞机掷弹等爆炸物。2012 年，项目开钻井 20 口，完井 16 口，平均完井周期控制在计划的周期内，钻井、完井成本比计划成本节约 12.8%。在完成的 16 口井中，11 口井的完井周期比设计完井周期提前，最快的 AZNN-011 井，完井周期仅 86.75 天，比计划进度提前 33.25 天，总完井成本比计划成本节省 12.8%。

伊朗南阿扎德甘项目。南阿扎德甘项目于 2012 年 1 月 21 日由中方正式接管，共有完钻井 21 口，其中开井 17 口，2012 年生产原油 242.5 万吨，日均产油 4.25 万桶，比年计划超产 33.33 万吨。项目全年动用钻机 2 台，分别完井水平井和直井各 1 口，钻井进尺 9500 米，其中水平井进尺 4256 米，并成功组织 9 口油井生产测试。油田钻井和地面工程 FEED（前端工程设计）通过 PEDEC（伊朗国家石油公司石油工程开发公司）审查，地面工程概念设计结束。

伊拉克鲁迈拉项目。2012 年，鲁迈拉项目优化生产方案，强力组织计划关站维修（TAR），尽量减少 TAR 带来的损失；稳步实施新井、侧钻井、措施井输油管线建设及 Manifold 安装，加强油井井况的修复工作；克服政府限产影响，努力降低因限产造成的产量损失。提前 60 天完成原油作业产量任务。全年完成原油作业产量 2571 万吨，年均日产 135.2 万桶，同比新增作业产量 1023 万吨，增幅 66%，成为 2012 年海外项目原油增产幅度最大、超产幅度最大的项目。鲁迈拉项目全年完成三维地震采集 1813 平方千米；动用钻机 13 部，完成钻井进尺 10.47 万米，实现开钻 41 口，完钻 37 口，交井 32 口；全年新井投产及措施井 131 口，累积增油 679 万吨，其中投产新井 31 口，日增油 1.25 万吨，累积增油 442 万吨；措施井初期日增油 2.19 万吨，累积增油 237 万吨。

伊拉克哈法亚项目。哈法亚项目位于伊拉克米桑省东南部，距伊拉克首都巴格达约 400 千米。2012 年 6 月 16 日，哈法亚油田一期设计能力 10 万桶 / 日的第一座油气处理中心（CPF-1）建成投用，形成 500 万吨原油生产能力，提前 15 个月进入初始商业产量阶段，并于 9 月 13 日实现平均原油 8.4 万桶 / 日的初始商业产量目标，跨入启动投资回收阶段。12 月 14 日，哈法亚项目以首船成本油按时提取，创造当年投产，当年启动回收的佳绩。项目投产后连续安全生产 199 天，实现外输原油 274.2 万吨。2012 年底油田总井数 37 口，开井 35 口，日产油 10.9 万桶。动用钻机 6 台，修井作业机 2 台，共开钻 24 口井，完钻 24 口井，总进尺 9.14 万米，其中钻水平井和定向井 13 口。深达 4073 米的第一口多分支水平井 HF121-M121ML 井于 12 月 23 日顺利完钻，为多种方式开采油藏及更多的多分支钻井积累了宝贵的经验。全年试油完井作业 24 口井，修井作业 6 口井，完成钻井平台建设 30 个，圆满完成各项钻修井任务。

伊拉克艾哈代布项目。艾哈代布项目 2012 年累积原油作业产量 660.45 万吨，超产 10.45 万吨。项目全年累计开钻井 67 口，完钻 66 口，累计进尺 24.08 万米；累计节约钻井周期 159.16 天、完井周期 135.27 天；全年固井 189 次，固井质量优良率 100%、合格率 100%。定向井施工效率显著提高，2012 年实施的 53 口水平井中靶率 100%，目的层钻遇率 100%。优质完成定向井段长达 2133 米、水平位移 1859.6 米的超长水平井 ADMa-1H 井工程，该井 6 英寸小井眼水平段穿透 1500 米目的油层，油层钻遇率 100%，各次测井、固井均一次成功，创造项目新的钻井纪录。全年完成修井作业 63 井次，其中，下电泵 40 井次、新井射孔完井 15 井次、酸化 47 井次。2012 年 9 月，油田日产 14 万桶开发方案获得伊拉克石油部的批准。

阿曼项目。2012 年底，阿曼项目油田开发井总数 305 口，其中，油井 220 口，注水井 85 口。油井开井 169 口，注水井开井 81 口，油井、水井开井数同比增加 64 口。项目全年生产原油产品 181.37 万吨。全年销售原油 1315 万桶，为 2011 年同期的 108%。销售液化气 2.09 万吨，是 2011 年同期的 109%。动用钻机 3 部，实现开钻 43 口，完钻 43 口，完井 43 口，交井 43 口，完成钻井进尺 109806 米。

叙利亚幼发拉底项目。2012 年，幼发拉底项目共有开发井 833 口，其中，油井 677 口，开井 200 口；注水井 156 口，开井 88 口。由于受 2012 年 3 月 15 日发生的叙利亚连续内部战争影响，幼发拉底项目全年仅生产原油 148.59 万吨，生产天然气 2.99 亿立方米，未完成年度生产计划。全年无新井投产，全部油气产量均由老井完成。11 月原油外输管线被叙利亚反对派武装控制，导致原油无法外输，12 月下旬油田全面停产。2012 年 12 月项目日产油水平为 1032 桶，日产水 4703 桶。

叙利亚戈贝贝项目。2012 年，戈贝贝油田平均采油井总数 147 口，由于限产，平均开井 50 口。全年生产原油26.4万吨。受叙利亚局势影响，2012年11月和12月，原油产量在基础油以下运行。11月7日，反政府武装破坏了叙利亚重油管线，此后，戈贝贝项目原油多次停止外输。6月14日，中方留守人员安全有序地转移到迪拜和北京办公。为继续履行合同义务，作为作业者，中方在不改变公司管理程序的前提下，通过网络、电话、传真和视频等方式，保持与大马士革和油田作业区的日常联系、签署文件和发送指令。在北京工作的生产作业和技术支持人员继续跟踪联合公司技术支持合同，并为油田生产作业和地面工程建设项目提供技术支持；在迪拜工作的财务和采办人员与大马士革保持日常沟通，及时处理有关事务。中方人员通过远程办公，保证了项目生产经营活动的继续运行。

卡塔尔项目。卡塔尔项目包括卡塔尔D区项目和卡塔尔4区项目。卡塔尔D区项目：该项目是中国石油与壳牌合作的风险勘探项目。2012年，D区块中方权益投资完成计划的96%，各项费用严格控制在年度预算之内。勘探工作量完成率100%，完成了地震采集处理、地质地球物理研究年度任务，完成三维OBC地震采集725.6平方千米。落实了第一口探井的井位，进行了第一口探井开钻前的准备工作。HSE管理到位率100%，全年无任何安全环保责任事故。中方分公司已全部完成注册设立，可以正式作为公司运作。卡塔尔4区项目：2012年2月29日，中石油国际投资有限公司与法国Gdf Suez公司在巴黎签署SPA协议，决定共同承担卡塔尔4区第二勘探期剩余义务工作量，Gdf Suez占60%股权，为作业者，中方承担40%股权的投资。2012年7月25日，双方在多哈完成最终交割文件和JOA文件签署。按照协议要求，合作双方需在第二勘探期内完成2口探井钻探工作量。中方进入项目后，正式启动探井钻探工作。项目公司与合作伙伴密切协作、精心组织，于2012年12月22日按计划实现了探井开钻。

3. 非洲地区主要项目

1/2/4区苏丹项目。2012年，苏丹油区社会动荡，多次发生部落战争、南北苏丹战争，1/2/4区项目经历了南北提油争端、码头满罐风险、南部油田停产、1/2/4区分拆运营、战争紧急撤离、管道低输量运行等一系列重大事件，使1/2/4区项目运营以来遭遇最严峻、最艰难、最复杂的时期，生产经营受到巨大冲击。项目遵照集团公司“安全第一、以静制动、稳中求进”的总体要求，超前部署，严密组织，高效、有序地应对各类突发事件和复杂局面，顺利完成了调整计划目标。1/2/4区苏丹项目全年生产原油233.43万吨，年平均日产水平4.67万桶，原油外输231.46万吨。完成二维地震采集399千米、三维地震采集214平方千米；实现开钻34口，完钻27口，完井27口，完成钻井进尺62494米，其中，完钻勘探井7口，开发井20口；投产新井31口，修井作业145井次。管道输送原油2765万桶，其中1/2/4区1801万桶、6区857万桶、5区34万桶、码头原油反输73万桶。在勘探工作量和投资大幅削减2/3的情况下，2012年勘探测试5口井全部获得油气发现，完成年初下达储量任务的105%，调整计划的173%。2012年在Hamra Cluster、Azraq等新区实施滚动勘探开发，共完钻新井18口，投产22口，初期日产油1.8万桶，12月日产油1.3万桶。油田日产油水平从年初的5.2万桶上升至12月份的5.7万桶。

1/2/4区南苏丹项目。南苏丹共和国独立后，北苏丹、南苏丹政府石油合作谈判破裂，2012年1月20日，南苏丹政府宣布南方油田全面停产，中国石油在苏丹地区的石油开采进入停产保效、斡旋复产的特殊阶段，从2月6日项目关井停产起，1/2/4区南苏丹项目全年基本处于停产状态。按照南苏丹政府要求，3月19日，1/2/4区南苏丹项目整体南迁。4月，1/2/4区南苏丹项目公司（先锋公司）完成在南苏丹境内注册正式落户。先锋公司全体员工紧紧围绕油田复产目标，积极稳妥地推进公司各项工作平稳向前发展，较好完成了上级下达的各项工作任务。

3/7区南苏丹项目。2012年，3/7区南苏丹项目经历了南北苏丹战争带来的社会安全、人身安全、油田生产安全和热带高发传染病的生命健康等威胁，成功避免了油田社区环境剧变可能发生的人身伤害事故、生产事故、环境污染事故，保证了人员和项目公司财产的安全。2012年1月南苏丹政府宣布关停油田，至2月6日，项目全部油井关停，管线完成清水驱替置换，处理站和电厂转入保养维护、保持最低负荷运转状态，对油田人员、设备、资产进行了妥善安置。3/7区项目全年共开钻探井3口，完钻1口；投产新井4口，投产水井12口；完成作业25井次，累计注水475万立方米。

苏丹6区项目。2012年6区项目全面投入开发的油田有Fula、Moga、FNE、Jake South、Keyi 5个。项目油气井总数322口，油井开井250口（稠油189口、稀油61口），月产油185.7万桶，全年累计生产原油287.58万吨，生产天然气3.16亿立方米，注水157.8万立方米，注气418万立方米。全面实现了预期的油气生产目标。2012 年项目油气勘探工作主要集中于苏丹 6 区西部地区，全年共完成二维地震采集 144 千米，完钻评价井 5 口。年度投产新井 21 口，全年产油 56.6 万桶。全年累计完成修井 161 井次、完井 28 口，试油 6 口，完成老井措施 36 井次。12 月 26 日，包括 22 口单井，3 个计量站，1 个转油站和 150.7 千米输油管线的新油田 Hadida 油田实现早期投产。

苏丹喀土穆石油化工项目。2012 年喀土穆化工公司聚丙烯装置全年共加工液态烃 82837 吨，生产丙烯 20430 吨，生产聚丙烯 19670 吨；生产各类编织袋 893.18 万条，折算标准袋（560 毫米 ×920 毫米）902.41 万条，聚丙烯和编织袋产品合格率均达到 100%。销售聚丙烯 18800 吨；销售标准编织袋 805.32 万条。丙烯产品质量继续保持稳定，丙烯纯度为 99.90%，同比提高 0.05 个百分点。聚丙烯粒料和粉料产品质量合格率均继续保持 100%。

苏丹喀土穆炼油厂项目。2012 年喀土穆炼油厂积极应对苏丹境内原油紧缺、欧美国家的技术封锁等困难，实现了全年度“零伤害、零事故、零污染”HSE 目标。全年共接收原油 409.3 万吨，加工各种石油原料 416.3 万吨；生产各种产品 373.8 万吨，其中，汽油 110 万吨，柴油 165.5 万吨，航空煤油 11.8 万吨，液化气 32 万吨，燃料油 27.7 万吨，石油焦 26.8 万吨。出厂产品质量 100% 合格。轻油收率 69.06%，综合商品率 93.35%，加工损失率 0.57%。全年发电 35110.4 万千瓦·时，电站外供蒸汽 77.79 万吨。

乍得项目。2012 年，乍得一体化项目生产平稳有序运行，全年生产原油 58.45 万吨。全年完成二维地震采集、处理 1003.7 千米，完成三维地震采集 1202.93 平方千米、三维地震资料处理 4917 平方千米。全年动用 4 台钻机作业，完钻各类井 57 口井，总进尺 10.42 万米，其中，完钻探井 26 口，进尺 4.83 万米；完钻评价井 9 口，进尺 1.65 万米；完钻开发井 22 口，进尺 3.95 万米。试油 62 层，完成率 103.33%。

尼日尔项目。2012 年，尼日尔项目阿加德姆（Agadem）一期投入开发井 22 口，其中 Sokor 油田和 Goumeri 油田各 11 口。全年生产原油 63.34 万吨，其中，Sokor 油田原油产量占比 62.8%，Goumeri 油田原油产量比占 37.2%。Agadem 区块全年完成二维地震采集、处理 2000 千米；三维地震采集 1460.63 平方千米，其中，Koulele 三维 1060.63 平方千米，Abolo 三维 400 平方千米；累计处理三维地震资料 5280 平方千米。Tenere 区块完成二维地震采集、处理 500 千米。全年销售原油 63.8 万吨，完成计划的 106%。3 个作业区块动用钻机 6 部，完成钻井进尺 85738 米，实现开钻井 40 口，完钻 34 口，完井 34 口，交井 34 口；动用修井机 3 部，共完成 32 口井 95 层试油及 12 口井完井下泵和措施作业，在 27 口井 52 层获得较好的油气产量。全年 Goumeri 油田老区投产新井 5 口，累计产油 7.74 万吨；老区进行各类措施 5 口井，有效率 80%，累计增产原油 5.36 万吨。

阿尔及利亚 ADRAR 项目。2012 年 ADRAR 上游抓住压力提高后 OTRA 高产的有利时机，完成原油产量 40.62 万吨，超产 5.62 万吨，首次实现产量超计划完成任务。项目全年投产新井 5 口，新井产量 3.28 万吨，占全年产量的 8.1%，新井的投产对弥补递减和全年产量任务起到了重要作用。全年项目共完成各类作业 11 井次，成功率 100%，措施增产油 3.05 万吨，有效稳定了老井产能。

阿尔及利亚 438B 项目。2012 年 3 月 6 日，438B 区块获得阿尔及利亚能矿部颁发的开发许可证，成功宣布商业化。2012 年完成了一批重点工作：完成 438B 项目地面建设总体规划设计方案编制；完成 NGS 油田 DM 油藏开发方案编制；更新 438B 项目产能建设实施计划；开展气举采油工艺研究；完成 BHT-MEL 油田三维地震资料重新处理，优化 22 口开发井的井位部署及 10 口井钻井地质设计；完成 6 口井的钻井工程施工设计；更新 438B 区块钻井、投产注水计划及产量剖面。项目还依据开发期钻井作业计划和地面工程建设计划，启动钻井大包、FEED、井场建设、第三方监督以及井口装置等重大合同的招标工作。

阿尔及利亚炼油厂项目。2012 年 4 月 3 日，阿尔及利亚炼油厂实现一次开车成功。该厂全年进厂原油 40.455 万吨，加工原油 41.15 万吨。生产各类产品 36.47 万吨，实现产品销售 35.30 万吨。轻油收率 83.53%，综合商品率 88.63%，成品出厂质量合格率 100%，综合能耗为 122.48 千克（标准油）/ 吨（原油）。其中，普通汽油产量 14.37 万吨，销售 14.15 万吨；高标号汽油产量 4081 吨，销售 2951 吨；柴油产量 19.6 万吨，销售 19.34 万吨；商品丙烷产量 6506 吨，销售 273 吨；商品丁烷产量 14481 吨，销售 14863 吨。自备电站用燃料气 14219 吨，用燃料油 5392 吨。截至 2012 年底，阿尔及利亚炼油厂共计安全生产 275 天。

突尼斯项目。2012年，突尼斯项目生产原油3.6万吨，超产66%完成全年原油生产任务。项目公司以8年时间胜利完成勘探、开发投资全部回收，实现静态投资回收正现金流，跨入以正现金流运行的海外项目行列。项目SLK油田总井数14口，其中，生产井9口，开井8口，其中间开井6口；油田污水回注井开井1口。油田进入开发后期，气油比相对稳定，日产气12万立方英尺，满足了油气处理厂发电燃气需求。

尼日利亚项目。2012年，项目公司重点在深化地质综合研究与认识、项目经济评价与经营策略研究、区块合同延期及新项目开发等方面做了大量工作：完成上报1个综合研究成果报告、1个勘探经营策略研究报告和近10个新项目初步评价与合作建议报告，各项工作有序推进，超额完成全年预定的工作目标。请求OPL471第一勘探期延长1年的延期申请获得尼日利亚政府批准。

4. 美洲地区重点项目

委内瑞拉陆湖项目。2012年，陆湖项目通过湖上油田加大电泵作业实施力度和管线维修，陆上油田推动压缩机维修等措施，基本保持了油田平稳运行；在成本控制方面，通过加强操作费管控有效压缩生产成本。湖上油田继续保持良好的安全环保业绩，延续了原油零泄漏纪录。全年陆湖项目生产原油35.56万吨，其中，湖上油田产油25.12万吨，陆上油田产油10.44万吨；生产天然气8973万立方米，销售天然气6927万立方米，自用气2004万立方米。截至2012底，陆湖项目油井、水井总井数549口，其中陆上油田257口，湖上油田292口；油井总数275口，日均开井33口，日产油4554桶，平均单井日产油138桶。2012年陆湖项目湖上油田把转换油井生产方式放在首位，加大电泵井措施实施力度，完成11口井电泵作业，恢复电泵产能3374桶，全年累计增产58.59万桶，占油田总产量的40%，有效降低了油田稳产对气举气供应的依赖。同时，项目在南部BACHAQUIERO主要气源的基础上，增加了北部LAGUNILLAS的辅助气源。

委内瑞拉苏马诺项目。苏马诺油田是已投入开发60年的老油田，共有13个油田区块。2012年，苏马诺项目油田总井数629口，其中，注气井38口，注水井19口。为了确保油田稳产，中方技术人员充分发挥老油田地质综合研究优势，精雕细刻落实油藏，分析油藏生产动态，积极开展电泵举升实验、老井恢复、连续油管作业、换层等挖潜措施，全方位挖掘油井潜力，力保油田产量稳定。电泵举升实验取得重大突破，连续油管作业取得较好效果。全年完成原油作业产量29.46万吨，完成各类措施井35井次，措施井累计增油25.7万桶。项目全年无重大人身事故、火灾事故、污染事故、机械事故、交通事故等发生，继续保持优异的HSE业绩。

委内瑞拉MPE3项目。2012年，MPE3项目投入开发井229口，产油672.76万吨，实现超产102.76万吨，项目跨入年产600万吨大油田行列；销售原油685.99万吨，实现销售收入33.91亿美元，同比增长17.85%。与2011年相比，油田平均日产油水平增加1.8万桶，综合含水下降2.7%，呈现出较好的开发形势。全年共开钻水平井64口，完钻65口，完井65口，钻井总进尺13.4万米，井身质量、固井质量合格率98%；投产新井53口，年累计产油634.7万桶，增加日产油水平1.73万桶；完成作业井64口。

委内瑞拉胡宁4项目。2012年，胡宁4项目深度参与合资公司工程建设和各项管理工作，取得了新的实质性进展。开展三维地震采集、开发评价井钻探、开发方案编制、早期生产方案编制、地面工程改质厂的方案技术及工艺论证等工作。组织适合胡宁4区块的浅层长距离水平井的技术攻关和施工试验。7月2日第一口评价井E4-1E井正式开钻，项目钻井工作全面启动。全年共动用750HP钻机2部，完成开发评价井钻井5口，累计钻井进尺2748米。

秘鲁6/7区项目。2012年，秘鲁6/7区项目全年生产原油18.08万吨，同比增加1.7万吨，增长10.4%；产气3517万立方米，同比增加255万立方米，增长7.8%。全年销售原油16.2511万吨，为2011年的109%；销售天然气3102万立方米，为2011年的118%。项目年底共有油井1024口、气井6口。其中，6区油井538口、气井6口，7区油井486口。油井开井数929口，其中，6区475口，7区454口。同比油井总井数增加36口，油井开井数增加51口。

秘鲁1AB/8区项目。2012年，秘鲁1AB/8区项目部优选油井措施作业和优化作业设计，千方百计提高油井开井率，增加原油产量，使单井措施日增产油量同比增长53%；实现原油生产超计划平稳运行。全年原油作业产量157.15万吨，原油权益产量60.2万吨；动用钻机1部，在8区开钻井2口、完钻1口，实现完井1口、交井1口，完成钻井进尺5141米。全年销售原油780.42万桶，其中权益油销售351.19万桶。

厄瓜多尔安第斯项目。2012年，安第斯项目生产原油259.44万吨，生产天然气7409万立方米，自用天然气5180万立方米，实现油气总当量产量265.36万吨。全年动用钻机3部，完成钻井进尺102,763米，实现开钻35口（其中，6口探井，评价井2口），完钻34口（其中，开发井27口，探井5口，评价井2口），投产32口（其中，开发井投产27口，探井试投产5口）。全年动用修井机4部，修井96口。

哥斯达黎加项目。2012年，哥斯达黎加项目公司以推进“融资协议”、“租赁协议”和“EPC合同”三大协议签署为工作主线，未雨绸缪，提前开展各项工作，最大限度地保障项目的顺利进行。完成“租赁协议”小签；“融资协议”经过中国石油、中国国家开发银行和哥斯达黎加国家石油公司之间的正式谈判，各方已对主合同文本的“贷款协议”基本达成一致意见；“EPC合同”即将进入第三轮谈判。

加拿大项目。2012年，加拿大项目公司共完成新项目4个，包括麦凯河剩余40%股份收购、白桦地天然气项目收购、GRPS管道项目合作协议和都沃内天然气项目收购，并取得以下主要工作成果。

（1）麦凯河油砂项目一期中心处理厂EP合同总进度达到52%，完成麦凯河一期项目井场平整及连接道路、CPF厂区平整和水源井道路3项土建工程现场建设；启动中心处理厂打桩和基础建设的现场施工，完成打桩665根；250人前期现场营地按时建成并投入运营，720人施工营地已建成投用；16口观察井钻探工作完成；10口水平井于9月30日开钻，到12月底已完井6口；31.5平方千米地震采集已完成33.9%；118口开发井的钻井工作于12月启动展开。

（2）多佛北油田一期开发方案及地面工程概念设计完成，并获得股东批准；完钻5口水源井、12口水源勘察井和13口浅层观察井。

（3）完成麦凯河油砂项目行权交割和收购AOC公司所持麦凯河油砂资产的剩余40%权益工作，实现了中方100%持有麦凯河资产权益；完成白桦地、都沃内天然气合作项目交割。

2012年，加拿大白桦地（GroundBirch）天然气项目共钻生产井53口，义务井5口，探井7口；新增投产井56口，全年产气25亿立方米，产轻油6.3万立方米。完成320平方千米三维地震初步解释，并开始应用于钻井定位和上覆层危害预测。

5. 亚太地区重点项目

印度尼西亚项目。2012年，印度尼西亚项目生产油气当量563.7万吨，其中，生产原油320.95万吨，生产LPG 90.13万吨，生产天然气19.16亿立方米。与2011年相比，油当量减少0.62%，原油产量减少7.0%，天然气、LPG产量分别增长9.8%和8.2%。全年钻探井、评价井7口，钻开发井28口；投产新井16口，投产初期日产油12647桶，日产气69.35万立方米，平均单井初期日产油702.6桶，日产气3.85万立方米。全年完成各类油气井措施46口，检泵140口，当年累积增油17.43万桶。

新加坡SPC上游项目。2012年，SPC项目公司坚持以技术为主导，依托国内技术支持单位，加强重点方案编制、海洋工程论证和开发策略研究，深化地质综合研究，强化动态跟踪分析，优化生产作业措施，全面完成各项生产经营目标。全年生产油气当量作业产量344.72万吨；原油作业产量255.03万吨，实现原油超产68万吨，其中权益产量26.4万吨；生产天然气11.26亿立方米，其中权益产量3.55亿立方米，同比增加2.03亿立方米；销售原油255.2万吨，销售天然气11.26亿立方米；钻井10口（其中探井5口），完井10口，钻井进尺2.37万米，投产新井7口。

泰国邦亚项目。2012年，泰国项目开钻井16口，完井16口，总进尺50491米，钻井速度显著提高，作业中无一起井下复杂事故。项目2个开发区块全年累计生产原油8.43万吨（中方权益产量100%）。2012年12月平均日产油1758.2桶。其中，邦亚生产区产油2.17万吨；BYW-NS生产区产油6.25万吨。全年BYW-NS生产区共投产新井13口。邦亚开发区块自1991年9月第一口探井发现工业油流，到2012年底累计采油518.34万桶，日产油456.9桶。

澳大利亚箭牌项目。2012年，澳大利亚项目本土业务在产4个气田，总井数472口，生产井开井345口。项目全年产煤层气10.85亿立方米，其中中方权益产量4.15亿立方米，平均天然气作业日产量为297.8万立方米；销售天然气约9.85亿立方米；动用钻机18部，完成勘探井63口、评价井71口、开发井18口；完成二维地震采集106千米。先导试验生产井——ATP683区块内的River Road井开始试采，完钻第一口多分支井M198井，进行了PL196开发区块的去瓶颈建设工作。项目上游LNG一体化建设项目全面铺开。前期研究工作通过新技术应用进行优化设计取得了较大的进展。管道项目已经完成FEED第一阶段工作，通过同州政府、地方政府以及公司内部各部门的积极协调，SGIC以及Chinchilla的改线方案基本确定。下游LNG厂项目FEED设计工作按合同要求全部按期完成，EPC招标文件已经过壳牌的最终审核。

缅甸凯尔项目。凯尔项目于2012年4月恢复启动后，集中完成了项目公司机构构建、区块勘探经营策略规划、与政府合同延期谈判、恢复AD-1/6/8区块三维采集作业、地质研究及钻前勘探和钻井准备等工作。开展了AD-1/6/8区块新三维地震采集工作，其中，AD-1区块完成760平方千米,AD-8区块完成1310平方千米。

【海外重点工程建设】 2012年，海外业务牢牢把握进度、质量和投资控制，强化项目管理，有效发挥集团公司整体优势，各重点工程建设项目有序推进。中东“3+1”歼灭战取得重大成就：伊拉克哈法亚项目于2012年6月16日提前15个月实现一期500万吨产能项目建成投产，创出投产当年即启动回收的业绩；鲁迈拉项目推进脱气处理站大修及新井连井工作，有力支撑了全年135万桶的日产水平；艾哈代布项目全面建成600万吨产能规模，配套的液化天然气项目成功投产。阿富汗AD项目Angot油田一期25万吨/年产能建设一次投产成功；阿尔及利亚438b项目拉开了百万吨油田建设的序幕；加拿大麦凯河油砂项目第一口SAGD井成功开钻，正式实施开发建设；6区项目西部地区50万吨产能工程成功投产。战略管道建设工程取得多项重要成果：中哈原油管道二期二阶段8号、10号泵站建设按计划顺利推进；中亚天然气管道A/B线300亿米^3/年输气能力建设顺利完成，C线乌兹别克斯坦段于9月28日提前开工，D线设计论证工作正稳步推进。

【海外炼油化工】 2012年，海外炼油化工项目共加工原油1051.7万吨，同比增加122万吨，增长12.1%。生产各类石油产品1028万吨，其中，汽油289万吨，柴油385万吨，煤油43万吨，减压馏分油80万吨，燃料油118万吨，沥青17万吨，石油焦27万吨，液化气59万吨。全年生产聚丙烯5.3万吨，编织袋905万条。所有海外炼油化工项目均实现全年度“零伤害、零事故、零污染”的HSE目标。

【海外管道运营】 2012年，海外输送原油2056万吨，同比减少1863.6万吨，降低47.5%。其中，中哈原油管道全年输油1039万吨，连续3年保持年输量1000万吨以上。截至2012年底，中哈原油管道已累计输油5174万吨。全年海外输送天然气261亿立方米，同比增加83.4亿立方米，增长47.0%。其中，中亚天然气管道输气240亿立方米（阿姆河54亿立方米，康采恩181亿立方米，乌兹别克斯坦石油5亿立方米）。截至2012年底，中亚天然气管道已累计输气446亿立方米。

【海外经营管理】 2012年，海外业务经营管理工作取得新进展，“双控”工作的降本增效作用日益凸显。哈萨克斯坦公司建立工程项目三级审核机制，强化项目前期设计方案和工艺方案的整体审查，确保从源头控制和优化投资；阿姆河公司通过狠抓设计源头管理、全球招投标等一系列手段，天然气处理二厂工程合同价格比初设概算减少8000万美元，有效控减了投资；伊拉克公司通过优化钻头设计、钻井液性能以及日费转大包等措施，平均机械钻速提高25%，单井成本降低7%。海外业务成功实现投资比预算控减5%，成本费用维持2011年水平的总体目标。投资回收和销售推价成效显著。哈萨克阿克纠宾、PK、曼格什套三大项目成为海外实现中方分红、效益良好的中坚力量；拉美公司经过不懈努力，成功实现现有生产项目投资整体静态回收；尼罗河公司在经营环境极为困难的情况下，成功获得3/7区填管油所有权，并实现一定数额的原油销售收入；伊拉克公司全年提油1800万桶；伊朗南阿项目前期购股费用成功回收；尼日尔、乍得2个项目通过谈判争取到合理的销售价格。

2012年，海外业务大力开展管理提升与管理创新活动，系统总结推广阿克纠宾、曼格什套、印度尼西亚、艾哈代布、安第斯等海外重点项目的运营管理经验。海外技术、商务支持及综合管理取得新进展，围绕“三保”（保证人员生命安全、保持生产经营平稳正常、保护集团公司合法权益）目标动态调整苏丹、南苏丹各项工作部署，千方百计推动南苏丹复产；密切跟踪美欧动态，持续优化伊朗项目的发展与运营策略；积极开展俄罗斯油气合作业务研究和调整；针对阿尔及利亚ADRAR项目高经济风险和阿富汗项目高安保风险的特点提出应对策略；持续跟踪叙利亚局势发展，不断调整和完善项目应急预案；积极开展海外资产优化、合资合作与税收筹划，在提升海外业务价值等方面做了大量卓有成效的工作。海外天然气技术中心正式成立，海外技术支持体系进一步完善；“中国石油海外油气上产2亿吨开发关键技术研究”等重大科技攻关项目进展顺利，一批重要研究成果已在海外生产现场取得良好应用效果；持续加大新项目开发的法律支持力度，审计、法律等工作的保障支持能力显著提升。“海外大庆”管理创新成果“践行‘走出去’战略的大型石油企业海外投资与运营管理”荣获国家级管理创新一等奖。人才队伍与信息化工程建设持续推进。全年培训员工8000人次以上，差异化、分层次培训取得良好效果。信息化建设工作全面提速，海外生产指挥中心和统一综合信息平台顺利建成并成功上线。

【海外HSSE与风险防控】 2012年，海外油气业务扎实推进HSSE管理体系建设，HSSE管理体系进一步完善，确立了海外项目环境因素及环境风险评估方法及指标体系，社会安全管理体系有效运行，生产、交通、消防和承包商安全管理等重点领域监管力度进一步加大，风险防控工作的保障作用日益凸显，继续保持良好的HSSE纪录。持续跟踪苏丹、伊朗、叙利亚、阿富汗等国政治安全形势，通过应急共享系统分级预警29次，确保高风险国家的生产经营安全。稳妥处置3月下旬苏丹黑格里战争对尼罗河公司和1/2/4区项目运营的影响，实现中方人员零伤亡的目标。大力开展HSSE培训和安全经验分享，全年举行海外项目应急演练583场次，全员安全意识和应急能力进一步提升；全年组织健康体检3643人次，海外健康风险评估、心理健康服务和医疗应急支持工作逐步到位，有效防控尼日尔和苏丹等资源国当地疫情。

海外业务深入推进内控和风险防控体系建设，建立从制度立项、起草、审核、审定、颁布到维护执行的分类、分级管理架构；进一步完善风险评估及报告机制，编制完成海外《年度企业风险管理报告》；推进海外差异化内控体系建设，完成伊拉克公司、伊朗北阿扎德甘、加拿大油砂、乌兹别克丝绸之路4个项目的内控体系建设，评估发布十大风险，海外业务抵御和应对风险的能力进一步提高。

（李玉屏　王　彤）

国内油气勘探开发国际合作

【概述】 2012年，中国石油对外合作业务围绕建设综合性国际能源公司的目标，突出现有项目执行和新项目开发两条主线，加快推进非常规油气和勘探领域对外合作，强化新技术和先进管理经验的引进推广，圆满完成了各项工作任务，对外合作产量规模和经济效益均创下历史最高水平，为实现“十二五”规划目标奠定了基础。全年生产油气743.8万吨，其中原油409.9万吨，天然气41.9亿立方米；中方账完成销售收入98亿元，同比增长8%，实现税前利润55亿元，同比增长6%，销售收入和税前利润均创历史最高水平。全年完钻探（评价）井、开发井共计1002口，进尺206.58万米。与2011年相比，探（评价）井、开发井总井数减少23口，进尺增加19.68万米。截至2012年底，在执行对外合作项目36个，其中产品分成合同34个，联合评价协议2个。

【原油项目运作】 截至2012年底，共有在执行原油项目15个，其中赵东、九$_1$—九$_5$、冷家堡、海月、高升、州13（1-2）、州13（3-6）、大安、莫里青、庙3、孔南、两井12个项目处于生产期，民114、肇413项目处于开发期，扶余1号项目处于评价期。

1. 大港赵东项目

2012年实现原油商品量103.5万吨，天然气外输7637万立方米，全面完成利润指标。全年完钻新井19口，进尺4.70万米，新建产能18.2万吨，无健康、安全、环保事故。C-4平台钻井通过采用一个井口槽实现两口井共用一个隔水导管，使用双井口采油树，与普通单筒单井相比，单井平均节约费用约15万美元。C-4平台高密度布井、规模应用单筒双井技术在国内尚属首例。12月18日，赵东项目已经累计生产原油1000万吨，成为赵东项目合作开发历程中的又一个里程碑。

2. 辽河冷家堡项目

2012年生产原油64.01万吨，钻井6口，进尺1.62万米。重点围绕冷南潜山带、雷家地区和冷家中段进行油藏评价部署，实施探井、评价井4口，落实地质储量200万吨，难采储量评价取得新突破。在储层物性差、原油黏度高的冷66块利用水平井循环注汽技术，见到较好效果；在洼59块、洼70块有序开展转换开发方式工作，全年新增2个井组，累计产油1.18万吨，科技增油取得新成果。

3. 新疆九$_1$—九$_5$项目

2012年生产原油73.51万吨，原油商品量73.14万吨，新建产能6.79万吨。连续15年年产原油70万吨以上。开展科研攻关29项，完成28项，取得2012年度油田公司级科技成果一等奖、二等奖、三等奖各1项，新型发明专利一项（稠油开采两用泵注汽井防喷装置），实现增油2.46万吨。

4. 大庆州十三项目（包括1-2区块、3-6区块和肇413区块）

2012年生产原油29万吨，原油商品量28.65万吨。新钻井41口，新建产能1.2万吨，实现了低渗油田的规模有效开发。

5. 大港孔南项目

2012年完成原油商品量8.02万吨。完钻新井2口，分别部署在井网密度偏低的F区、N区，单井平均日产油14吨，当年增油5287吨，为项目的持续稳产作出重要贡献。

6. 吉林大莫庙项目（包括大安、莫里青和庙3区块）

2012年完成原油商品量99.36万吨，已发展成为年产量百万吨的中等规模油田。新钻开发井431口，进尺89.69万米，新建原油产能21.97万吨。开展水平井多段压裂现场试验，在大安和莫里青区块分别钻水平井2口，并进行了多段压裂，初步取得较好效果。

7. 吉林民114项目

2012年完成原油商品量7.2万吨，新钻开发井5口，进尺0.83万米，新建产能0.225万吨。

8. 辽河海月项目

2012年海月项目继续海工建设和产能建设，完钻开发井6口，进尺1.18万米。A平台开发井钻井工作已经结束，已投产36口油井。B平台基本建成，新钻井6口，海底输油管线成功登陆、陆岸终端处理厂等基本建成。全年生产原油3.63万吨。

9. 辽河高升项目

2012年是火驱开发全面推进的一年，全年生产原油13.04万吨，新钻井20口。全年火驱注气1.3亿立方米，完成点火井10口。完成新建火驱注气站1座，购置安装空气压缩机3台（套），开展的直井与水平井组合火驱试验、小井距火驱试验初见成效。

10. 吉林两井项目

2012年完成原油商品量3.5万吨。钻井38口，进尺6.16万米，新建产能0.9万吨，完成老井措施井7口，产能建设配套工程随着新井投产逐步完成。

11. 吉林扶余1号项目

2012年，配合总体开发方案报批优选20口热采井进行先导试验，确定合理的注气工艺和采油工艺，编制热采井施工方案和工程设计，同时进行热采试验井动态监测工作。开展与评价试验配套的技术研究工作，探索适合本地区的稠油热采方式。

【常规天然气项目运作】 截至2012年底，共有在执行常规天然气项目10个，其中长北、川中和迪那1项目处于生产期，川东北、吐孜项目处于开发期，苏里格南、金秋和喀什北项目处于评价期，西昌和梓潼项目处于勘探期。

1. 长庆长北项目

2012年，长北项目继续保持平稳运营状态及良好HSE业绩，全年无损失工时达204.56万工时。全年生产商品气33.78亿立方米。截至2012年底，投产35口双分支水平井，其中20口井初期日产量在100万立方米以上。

2012年7月25日，集团公司与壳牌中国勘探与生产有限公司签订了《中华人民共和国鄂尔多斯盆地长北区块天然气开发和生产合同第三次修订协议》；2012年10月15日，修订协议获得商务部批复。同时编制了新长北评价方案，项目进展顺利，远景天然气年生产规模达到30亿立方米。

2. 西南川中项目

2012年川中项目天然气产量0.99亿立方米，凝析油0.28万吨。自2006年开始使用柱塞工艺技术，截至2012年底，该技术已处于广泛应用阶段，柱塞工艺井占总井数的52%，工艺产量占总产量的30%以上，降低了生产成本，提高了管理效率，技术优势十分明显。

截至2012年底，项目无损失工时纪录超过2585天。项目执行一套综合的HSE方案，应用的工具包括工作安全评估（JSA）、“叫停”程序（STOP）、工作许可证程序（PTW）、交叉作业程序（SIMOP）、个人劳动保护程序（PPE）等。其中STOP是基于行为规范设计的一套方案，并包括根据美国的成功案例而制定的程序，对于降低不安全行为的发生率起到了关键作用。

3. 西南川东北项目

从项目启动至2012年底，在开县、宣汉境内共计征地1150.66亩[1]，罗家寨气田、滚子坪气田总体开发方案（ODP1）征地工作圆满完成。A井场和C井场

[1] 1亩＝10000/15平方米≈666.67平方米。

的产能井准备持续推进。天然气净化厂大型主体设备拆除、安装已基本就位，地面工程建设全面开展。

2012年为协助外方加强项目管理，确保相关问题及时解决，中国石油建立了高层协调推动、成都协调管理、现场协调落实三级协调机制，2012年对外合作部领导多次赴成都组织召开项目协调会及各专项协调会，组织外方、CPE、川庆钻探公司及参建单位分析难点问题、提出解决措施。

4. 塔里木迪那1项目

2012年生产原油1.66万吨，生产天然气2.7亿立方米。截至2012年10月8日，迪那1项目累计产气达2亿立方米，按照合同规定，迪那1项目正式进入商业性生产期。

5. 长庆苏里格南项目

2006年3月，中国石油和道达尔公司签订苏里格南区块天然气合同。2011年以来，中方担任作业者，加快开发前期工作。2012年苏里格南项目动用50型钻机15部，40型钻机1部，30型上部小钻机3部，全年实际完钻123口直井和3口水平井，超额完成全年工作计划。2012年8月2日启动试井作业，截至2012年底，生产天然气1.69亿立方米。

苏里格南项目在吸收大苏里格地区开发经验的基础上，发挥道达尔公司地学与钻井等专家的特长，初步形成了"三维地震泊松比储层预测、棋盘式丛式布井、工厂化批量钻完井"的开发配套新技术，取得较好开发效果。静态资料分析表明Ⅰ＋Ⅱ类井比例超过90%。已累计投产49口井，其中水平井4口，日产天然气230万立方米。

6. 西南金秋项目

2012年共开钻14口井，完钻11口，进尺5.1万米；完成10口井40层段的压裂（或酸化）；6口井测试日产量超过1万立方米，特别是秋林3井在须三段测试日产量超过35万立方米。初步评价基本确定了秋林地区须二段是潜在的盆地中心气藏，区块内须四可能是不完全的盆地中心气，须三段、须五段可能是盆地中心气和含煤页岩气的混合类型。盆地中心气理论还需要进一步钻探来验证。

7. 塔里木喀什北项目

2012年喀什北项目未召开联管会会议，2012年工作计划和预算未得到批准，项目在2012年暂未开展新一轮的勘探开发工作。

8. 塔里木吐孜项目

2012年1月18日，吐孜项目总体开发方案上报国家发改委审批，期间不断协调各级政府部门，为项目补充完善上报国家发改委的材料，最终于12月31日获得核准。

9. 西南梓潼项目

梓潼合同签订于2002年9月，同年12月项目开始正式运行，现处于勘探期。梓潼区块位于四川省绵阳市和广元市境内，原有合同区面积3650平方千米，经逐步退还，合同区现有1001.45平方千米。梓潼项目外方皇朝梓潼能源有限公司（皇朝公司）经过前期勘探工作，投入资金6800余万美元，已有2口探井获得工业气流。2012年6月18日，皇朝公司提出拟向壳牌公司出让梓潼项目合同者权益。2012年10月9日，第三次修改协议正式签字，中国石油同意壳牌公司收购皇朝能源有限公司在梓潼项目中的合同者权益，2012年11月21日修改协议获得商务部批复，壳牌公司作为梓潼项目新的作业者正在积极编制新的勘探部署方案。

10. 西南西昌昭觉项目

2012年计划钻井1口，因洪水灾害延期到2013年1—2月实施。截至2012年底仅完成钻前准备，设备搬迁、录井工程、测井工程等依据钻井时间延迟。

【煤层气项目运作】 截至2012年底，共有煤层气项目9个，均处于勘探期。新疆大井项目已于2012年3月31日正式终止。2012年3月19日，中国石油天然气集团公司将马必以外的8个煤层气项目的主要执行权转让给了中国石油天然气股份有限公司。

1. 韩城项目

2012年完成钻井5口，其中丛式井3口（韩城南区块）、探井2口（韩城北区块），完成压裂煤层气井10口、20层，新增排采井20口。

2012年10月，韩城项目勘探期延期的第二次修改协议获得商务部批复。韩城南区块5亿立方米煤层气产能建设总体开发方案已于2012年5月由中国石油上报国家发改委待核准，并于2012年9月获得国家能源局同意开展开发前期工作的复函，为韩城南区块的煤层气规模开发奠定了基础。截至2012年底，已启动5亿立方米产能建设的前期准备工作。

2. 三交项目

2012年完成钻井25口，其中水平井3口。压裂工程完成19口，新增排采井27口，年底已形成55口井的排采规模。实现年产气量3253万立方米，销售量654万立方米。

三交项目勘探期延期协议于2012年10月9日获商务部批复。三交项目的整体开发方案（ODP）于2012年3月通过集团公司的审查批准，于5月9日上报国家发改委等待核准，并于7月31日获得国家能源局同意开展开发前期工作的复函。ODP专项评估报告的编制和报批工作正在进行中。

3. 三交北项目

2012年对2口井进行压裂测试，取得了较好的成效。TB-04井石千峰组千5段获测试日产量1.5万立方米，折算无阻流量约为1.95万立方米；上石盒子进行稳定试井，开井12天，产气8.73万立方米，且不产水，整个试采数据分析发现，该储层压力基本平稳，关井后压力迅速回升，且恢复速度较快，说明储层能量供给充足。TB-02井盒8段试采开井，油压和井底流压均不断下降，未获得平稳的气流，从试采数据结果分析，盒8段地层物性较差，地层能量供给不足，稳产能力差。

4. 石楼北项目

2012年石楼北工作主要集中在东北部，新钻1口直井和1口水平井。截至2012年底，累计钻井16口（其中水平井5口），煤炭钻孔33口（全区共45口），压裂5口井，排采10口井。

5. 石楼南项目

石楼南区块位于山西省西南部吕梁山西麓，行政隶属于吕梁市石楼县、临汾市永和县及隰县。区块钻探成果证实了煤层上下砂岩具有较好的气测显示，通过8口井的钻探，发现了千5段、盒1段、盒3段、盒4段、盒6段、盒8段、山1段、山2段和本溪组等含气层系，其中千5段、盒3段、盒6段和盒8段气测显示最为活跃，气层厚度最大。由于构造较为复杂，2012年未有钻井等现场投资。

6. 保田青山项目

2012年完成2011年未完成的井3口（含1口U形井，2口直井）；压裂未开展现场工作量，新增排采井1口。

7. 紫金山项目

2012年完钻2口探井，均位于中部凹陷带。其中，ZJS5井在钻进至石千峰组、石盒子组、山西组层段时气测显示活跃。综合测井解释成果初步解释出气层30.8米/9层，差气层25.6米/6层。在紫金山区块的勘探历程中，ZJS5井为紫金山区块勘探成功带来一线曙光。

8. 硫磺沟项目

硫磺沟项目勘探期已于2011年2月28日到期，2012年未有任何工作量。硫磺沟项目的主力煤层属于低煤阶，具有厚度大、物性好、含气量相对较低等特点。同类型的煤储层在国外已成功投入商业开发，但在我国尚处于科研攻关阶段。

9. 马必项目

2012年共设计7个钻井平台，共完井56口，其中MBS01（3）、MBS28（7）2个平台共计10口井正常排采，单井平均日产气1400立方米，其余46口井中25口完成压裂（其中14口井完成双层压裂，2口井完成三层压裂）。1口U形井，3口多分支水平井均已排采见气。2012年7月10日，马必区块新增煤层气地质储量265.23亿立方米。马必区块10亿立方米产能开发方案编制完成，并于2012年12月提交集团公司审查。

【联合评价】 正在执行的联合评价协议2个。

1. 四川盆地富顺—永川页岩气项目

2012年，完钻勘探井1口，完钻和测试勘探井3口。联合评价协议执行以来累计完钻的5口井有4口井在志留系页岩获得工业气流，展示了四川盆地页岩气良好的资源潜力；阳201-H2井短期测试平均日产天然气43万立方米，9月成功试采，截至2012年底已累计产气702万立方米，证实了资源的可开采性。3月20日，中国石油与壳牌中国勘探与生产公司签订富顺—永川区块天然气合同，已上报国家商务部审批。

2. 鄂尔多斯盆地大宁天然气项目

2012年，进行DN-01P井的排采，同时开展地质建模、钻井设计和工程设计等研究工作。6月28日，中国石油与壳牌中国勘探与生产公司签订大宁区块煤层气产品分成合同，已上报国家商务部审批。

【人员培训】 2012年，利用对外合作项目提供的培训费和培训资源，共组织国内培训174批、国外培训30批，参加人数共计3142人次。

（赵进锡）

国际贸易

【概述】 中国石油国际事业有限公司（中国联合石油有限责任公司）（以下简称公司）是中国石油的国际贸易专业公司，统一归口管理和组织实施中国石油的原油、成品油、天然气、石化产品的进出口和国际贸易业务，负责实施本系统海外炼油、仓储、运输及终端网络等投资业务。

2012年完成贸易量达到3.07亿吨，同比增长21%；完成贸易额2397亿美元，同比增长25%。

【原油进出口及国际贸易业务】 掌控原油资源的能力不断提高，2012年实现贸易量1.86亿吨。公司认真履行调节保供职责，注重提高服务质量，优化原油采购方案，为炼化企业降本增效作出贡献。积极落实中哈管道2013年原油进口资源。为欧洲、新加坡、大阪境外投资炼厂采购原油资源，确保适用、经济和稳定供应。以融资油贸合作等多种有效方式掌控原油资源，加强纸货与实货协同运作，提高贸易技术含量，加大资源掌控力度，不断开发新的市场，实现国际贸易转口超1.0亿吨目标。

【成品油进出口及国际贸易业务】 成品油业务持续稳健发展，2012年实现贸易量8939万吨。认真组织以来进料加工方式出口成品油，降本增效，共完成来进料加工复出口成品油248万吨。首次将锦州石化、大连石化航煤出口到香港机场。积极开展融资融油业务，获得南美长期资源。发挥海外炼厂与贸易的协同效应，提高海外炼油项目收益。积极参与基准油交易，新加坡普氏交易量同比增长48%。中船燃公司实现船加油量1580万吨，完成年度工作目标。

【化工品进出口及国际贸易业务】 化工品业务全年贸易量681万吨。围绕集团公司炼化企业生产要求，加大春耕采购力度，积极组织炼化产品及化肥等大宗产品的出口，不断提高两种资源、两个市场的优化配置能力。

【天然气进口业务】 认真组织落实管道天然气和LNG资源，2012年实现贸易量284.7亿立方米。采取多种有效手段降低LNG现货采购成本。积极与香港中电、青电等单位协调，制订方案、精心组织，确保了向香港供气项目顺利投运。

【海运业务】 海运业务完成运输量8848万吨，周运营船只达到73艘。积极响应“国货国运”号召，2012年国轮承担运输量同比增长26%；2012年共安排海军护航和武装押运104航次，确保了航运安全。

【海外油气运营中心建设】 亚洲油气运营中心逐步完善，较好地发挥与贸易的协同作用，实现贸易量1.23亿吨。大阪合资炼厂平均开工率达92.93%，新加坡炼厂平均开工率97.5%。欧洲油气运营中心加大业务整合力度，优化炼厂采购、加工和销售方案，贸易团队实现充实提高。炼厂平均开工率72%，实现贸易量7247万吨。美洲油气运营中心建设加快推进，北美地区贸易规模不断扩大，实现贸易量8309万吨。

（国际事业公司（中联油））

对外交流与合作

【概述】 2012年，集团公司以保障国家能源安全，全面建成世界水平的综合性国际能源公司为目标，强化外事管理、协调和服务，发挥整体优势，维护整体利益，树立整体形象，加快海外五大油气合作区、四大油气战略通道和三大国际油气运营中心建设，保障国际业务规模、有效、可持续发展。

【配合国家能源外交活动】 2012年，集团公司领导外事会见183次，其中，会见副部级以上贵宾35次，会见总统、总理级贵宾10次。出访52次，其中，配合国家领导人出访7次。向外交部、国家发改委、商务部、国家能源局等政府部门报送国际业务专题报告和项目材料300余份。

集团公司对外签署的重要协议，包括与土库曼斯坦签署《关于每年增供天然气250亿立方米的合作协议》，与乌兹别克斯坦签署《合资开发卡拉库里区块协议》、《关于中乌天然气管道建设与运行原则协议第三号补充协议》，与塔吉克斯坦签署《合作备忘录》，与阿富汗签署《阿姆河盆地开展油气资源研究合作框架协议》，与沙特阿拉伯签署《云南炼油项目联合开发协议》，与印度石油天然气公司签署《合作谅解备忘录》，与委内瑞拉签署《胡宁10项目联合研究协议》、《建设委内瑞拉西太平洋原油管道备忘录》，与厄瓜多尔签署《关于石油与融资一体化合作的意向书》等。

【交流与合作】 2012年，集团公司积极开展对外交流与合作，体现在6个方面：一是统一做好对外宣传。完成集团公司2012年年报编译出版工作。完成对外合作与交流专刊13期、油气合作区舆情简报6期、国际化经营课题研究报告5期。二是积极开展与国家石油公司和国际石油公司的交流合作。积极推进与埃克森美孚公司、俄罗斯天然气工业股份公司、挪威国家石油公司、美国通用电气公司、阿联酋阿布扎比石油学院的科技交流与合作，全年组织交流会6场，140人次。三是统一组织参加国际会议和展览。全年组织参加国际会议和展览8次。四是做好资源国人员培训。举办苏丹能矿部培训班3期，28人次；举办南苏丹能矿部培训班2期，20人次。五是在资源国积极开展公益事业。集团公司向中国和平发展基金会捐赠990万元人民币，用于为海外白内障患者光明项目；捐赠300万美元用于援建缅甸若开邦地区高压输电线路项目。六是做好与台湾地区中油公司的合作交流。全年组织9个团组，40人次赴台。接待台湾地区中油公司团组2个。

【国际业务管理】 2012年，集团公司对国际业务实行集中管理，体现在5个方面：一是保障海外经营有序有效开展。全年办理境外投资项目信息备案51个，办理境外工程技术服务项目备案登记939个。二是对境外机构实行归口统一管理。全年向商务部报批设立境外机构67个。三是积极推动海外员工本土化，严格控制海外中方员工数量。组织中国石油工程建设公司、中国石油天然气管道局认真总结推进海外员工本土化的经验做法。四是统一规范管理海外项目分包商。海外分包项目没有发生重大事故和稳定事件。五是加强对影响国际业务发展的课题研究。包括：伊朗核问题，苏丹与南苏丹问题，俄罗斯和中亚问题，委内瑞拉、厄瓜多尔、缅甸、蒙古政治经济走势，加拿大、澳大利亚市场研究，中国—海合会自贸区石化产品贸易问题，重建国际能源新秩序设想及框架问题等。

【海外防恐安全和HSE管理】 2012年，集团公司坚持推行社会安全体系化管理，全过程管控海外社会安全风险。海外项目未发生安全生产亡人事故，未发生因社会安全原因造成人员伤亡事件，未发生环境污染事件，继续保持良好的社会安全和HSE业绩，实现集团公司党组提出的“保证人员安全、保持生产稳定、保障集团利益”的总体要求。

2012年，集团公司加强海外防恐安全和HSE管理，体现在5个方面：一是稳步推进社会安全管理体系建设。成立体系推进办公室，开发完成13个体系培训课件，对23家涉外单位69名专职人员进行培训师培训。东方地球物理勘探公司、长城钻探工程公司和乍得项目公司3家试点单位，开发完成三级体系文件。川庆钻探工程公司、渤海钻探工程公司、中国石油天然气管道局、中亚天然气管道公司等单位主动开展工作，结合实际推进体系建设和宣传贯彻工作。二是不断增强社会安全风险源头控制力。建立本土化率通报制度，推动涉外单位不断提高本土化程度，降低中方人员高危环境暴露频率。截至2012年底，海外投资业务本土化率为90%，工程技术服务业务本土化率为83%，工程建设业务本土化率为60%。严格控制在极高和高风险国家新项目备案投标，全年暂停20个安全风险不可控的项目备案。首次发布《海外项目所在高风险国家安全局势分析年度报告》和《海外项目所在国安全风险分布地图》，指导海外项目强化安保管理。定期发布《海外社会安全形势》和《海外防恐安全动态》，提示风险变化。在紧急重大情况下，即时发布安全预警，提醒海外项目做好防范。针对巴基斯坦项目、缅甸项目、阿富汗项目和伊拉克项目发布安全预警15次。启动新一轮海外防恐安全培训，全年培训海外员工14500余人。三是全面推广“三大一统一”（大环境、大安保、大后勤，统一协调和管理）的管理模式。组织海外地区协调组、甲方项目公司和社会安全工作牵头单位，发挥集团公司整体优势，共享安保资源，共享信息资源，强化落实安保“三防”（物防、技防、人防）措施。四是坚持常态化应急，不断提高应急处置能力。坚持提前预判，提前预警，提前部署，提前行动，坚持预案可用化、资源国际化、管理常态化、手段多元化、指挥可视化，有效应对苏丹与南苏丹军事冲突、尼日尔“4·6”坠机事件和中缅油气管道军事冲突。中国石油尼罗河公司面对 1/2/4 区四场战争，高效组织，提前行动，动用 48 架次飞机、400 余台次车辆，成功组织 3 次大规模紧急撤离，安全撤出 4531 名甲乙方员工（其中：中方员工 335 人），无人员伤亡。经过长达 17 个月的艰苦营救，11 月 22 日，安全营救出长城钻探工程公司在哥伦比亚的 3 名被绑架员工。五是坚持提升 HSE 管理体系执行力，杜绝较大及以上安全环保事故。发布《集团公司境外项目健康卫生管理指导意见》，深入开展海外员工帮助计划（EAP），加强海外员工身心健康管理。严格落实集团公司《反违章禁令》，加强重点项目和重要领域风险监控，狠抓隐患治理，杜绝较大安全生产事故。加强环保管理，杜绝环境污染事件。2012 年，海外勘探开发公司、东方地球物理勘探公司国际业务的百万工时损工伤害率（LTIF）和总可记录伤害率（TRCF）分别为 0.37 和 0.95、0.14 和 0.78，均优于国际油气生产者协会（OGP）和国际地球物理承包商协会（IAGC）平均水平。

【外事管理与服务】 2012 年，集团公司强化外事管理和服务，体现在两方面：一是严格控制出国团组和经费，优先保证海外生产经营，杜绝因公出国旅游。全年派出 8469 批，47225 人次，取消无实质任务团组 230 个，对 637 个团组进行压缩调整，办理护照 12368 本、签证 16100 个、出境证明 7234 份、外国人员来华邀请函 510 份。完成集团公司 2012 年度国际会议、经济贸易、考察访问三类出国项目费用控制目标。二是为国内和国际业务发展提供优质服务。加强出国管理信息化建设，提高管理水平和服务能力。对出国管理软件进行大幅升级改造，计划 2013 年投入使用，对出国人员实行全过程管理，将出国管理国内延伸到三级单位，海外延伸到项目部，能够更好地掌握集团公司人员派出情况。引入专业服务队伍，优化出国工作流程，提高服务水平和质量，实现申办出国证照签证一条龙服务，高效便捷为基层办实事，节约成本，提高效率。做好外事纪律和出国行前教育。编写完成《赴美国》、《赴加拿大》、《赴澳大利亚》等 9 个国家的出国教材，进一步丰富出国教育教材。

【外事队伍建设】 2012 年，集团公司加强外事队伍建设，体现在五方面：一是做好集团公司外事参观接待点建设的规划和方案，结合目前海外来访团组的特点，认真总结集团公司现有外事参观接待点在接待理念、展示内容、语言交流和规范管理等方面的经验，完善外事接待体系建设，不断提高集团公司外事接待的综合实力和整体水平。二是 4 月召开了集团公司邀请外国人员来华业务专题研讨班，集团公司各单位 50 人参加。对以往工作进行总结，介绍邀请外国人员来华业务流程，提出做好此项工作的规范化要求。三是 5 月举办了集团公司第三届俄语高级翻译培训班。大庆油田等 10 家单位 20 人参加。内容包括翻译理论和技巧、外教口语、中亚俄罗斯政治经济形势和外交关系等，为提高集团公司俄语人才在俄语地区工作的能力和素质发挥了重要作用。四是 7 月召开了中国石油外事干部公共外交研讨会暨因公出国管理工作会，集团公司外事系统 260 人参加。认真总结出国管理和公共外交工作，做出工作部署，提出新的要求，为扎实做好出国管理和公共外交工作打下坚实基础。五是组织两批优秀外事专办员赴加拿大学习培训，着力提升外事专办员的理论水平、综合素质和业务能力。

（吴　兵）

第八篇

科技与信息

科技发展

【概述】 2012年，中国石油天然气集团公司科技工作，坚持"主营业务战略驱动、发展目标导向、顶层设计"的科技发展理念，集中力量组织国家和集团公司重大科技项目攻关，努力攻克制约主营业务发展的关键瓶颈技术，持续推进科技创新体系建设，全面实施"十二五"科技计划，科技创新取得重大进展，大大提升了集团公司自主创新能力和核心竞争力，创新驱动发展作用显著，有力支撑和引领集团公司主营业务的发展，为推进综合性国际能源公司建设提供有力的技术支撑和保障。

【年度科技计划】 根据"十二五"科技规划部署，按照超前储备、技术攻关、配套推广3个层次，继续组织实施集团公司50项重大科技项目，包括国家重大科技专项、集团公司重大科技专项、重大现场试验项目、重大技术推广项目等。

【国家级科技项目】 顺利完成国家重大科技专项2012年监督评估工作，完成2012年进口物资的免税申请工作，批复免税金额745万元；成功引进王灿云、王自力2名国外知名专家，通过专项平台已成功引进15名专家；完善《大型油气田及煤层气开发重大专项考核管理暂行规定》，讨论《大型油气田及煤层气开发重大专项知识产权管理暂行办法》，进一步完善产学研利益分配机制；完成落实"中国石油新一代测井软件CIFLog"等4个国家重点新产品计划项目，组织完成863计划项目19项、973计划项目9项、科技支撑计划项目4项的立项论证、中期检查工作。

【集团公司重大科技项目】 根据"主营业务战略驱动、发展目标导向、顶层设计"总体思路，实施优势领域持续保持领先、赶超领域跨越式提升和储备领域占领制高点科技创新三大工程。各项工作进展顺利，取得一批重要成果和进展，有力支撑集团公司核心业务快速发展。

（1）油气勘探方面。集中力量开展岩性地层油气藏、前陆盆地、海相碳酸盐岩、天然气、渤海湾盆地精细勘探等领域的理论研究，推动塔里木盆地、鄂尔多斯盆地、柴达木盆地、歧口富油气凹陷等油气勘探开发及综合配套技术研发，在5个方面取得重大进展和成果，为集团公司储量增长高峰期工程提供有力的理论和技术支持。塔里木盆地油气勘探开发专项深化前陆冲断带油气成藏规律，创新高密度宽线观测采集和叠前深度偏移地震技术，库车前陆万亿立方米天然气区日益明朗，为"新疆大庆"建设提供强有力的技术支撑。长庆专项不断深化内陆坳陷湖盆中部和西北部三角洲成藏理论认识，指导发现一批新油气田，进一步巩固"西部大庆"建设与发展的资源基础。柴达木专项创建新构造晚期复式成藏模式，攻克复杂山地地震采集技术瓶颈，形成以高精度表层调查、高密度、宽方位为核心的"两高一宽"山地地震采集技术，解决英雄岭地区地震久攻不克的采集难题，支撑英东亿吨级油田的发现与落实。多源油气复杂成藏分子示踪地球化学测试与判别技术取得重大进展，使我国单体分子级研究与地球化学分析技术处于国际领先地位，为深层、海相碳酸盐岩、非常规油气等领域的重大发现提供理论支持。岩性、前陆、老区精细勘探、天然气等油气勘探理论和配套技术不断完善，有力支撑储量增长高峰期工程的实施。

（2）油气田开发方面。重点开展特高含水油田改善水驱开发效果及三次采油提高采收率，超低渗、超稠油、巨厚基岩油藏高效开发，复杂天然气开发等领域的理论研究和技术攻关，以及大庆4000万吨稳产、长庆5000万吨上产、塔里木上产、辽河千万吨稳产、吉林二氧化碳、致密气、煤层气、致密油等重大专项攻关，取得6项重大进展和成果，为实现国内原油产量稳中有升和天然气快速上产提供强有力的技术保障。大庆特高含水期挖潜和化学驱提高采收率配套技术不断完善，形成新一代稳产主体技术系列，现场试验和应用效果显著，有力支撑大庆4000万吨持续稳产，整体技术水平国际领先。超低渗油气藏开发配套技术不断发展，水平井钻完井和分段压裂改造等核心技术取得重大突破，显著提高单井产量，有力保障长庆油田快速上产，提前两年实现"西部大庆"建设目标。新疆风城超稠油开发技术逐步配套完善，基础研究和现场试验成果突出，强力支持年产超稠油400万吨生产规模的建设。

吉林油田建成国内首个高含二氧化碳气田开发、二氧化碳驱油及埋存示范工程，形成配套技术系列，二氧化碳驱油效果显著，可提高采收率10%以上，将有力推动集团公司低渗难采储量的动用开发。辽河油田基岩开发技术取得重大突破，探明储量不断增长，有力支持百万吨产能的规模开采。油气开发基础超前研究取得重要进展，提出纳米智能驱油剂的驱油机理，初步研制出4种纳米智能驱油剂样品，明确页岩纳米级微观孔隙结构和渗流机理，为老油田大幅提高采收率和非常规油气储层改造及高效开采提供理论技术储备。

（3）工程技术方面。围绕钻井、物探、测井等工程技术瓶颈，攻克一批核心技术和特色技术，新发布一批技术利器，形成"特色化、差异化、高端化"的技术集群，工程技术服务保障能力和核心竞争力进一步增强。塔里木库车山前钻井提速技术取得重大突破，平均钻井周期由原来的420天以上缩短到214天，大大加快勘探开发进程。精细控压钻井技术在塔中地区碳酸盐岩裂缝地层应用效果显著，大幅度提高钻井速度，创造水平段长1345米、零漏失等多项新纪录，与国外同类产品相比，使用成本降低70%。海洋钻井平台设计和建造关键技术研究取得重大进展，400英尺自升式钻井平台开工建造；研制成功4立柱9000米钻机，与传统的3立柱钻机相比，提高起下钻工效15%以上，为深井超深井钻井提速提供利器。G3i十万道地震仪器研制成功，居国际先进水平，已在吐哈、柴达木盆地三维高效采集生产项目中得到应用；大面积叠前时间偏移连片和超大面积复杂地表三维地震采集处理技术取得重要进展，建立歧口高精度全三维一体化数字凹陷，有力推动储量规模增长。远探测声波反射波成像测井仪器在塔里木和大港等油田成功试验和应用60余口井，一体化网络测井处理解释软件CIFLog1.0达到国际先进水平。

（4）炼油化工方面。围绕集团公司炼油化工主营业务发展需求，开展清洁油品质量升级、劣质重油加工、炼油系列催化剂、大型炼厂、大型乙烯、大型化肥等关键技术攻关，取得10余项重大技术成果和重要突破，提升集团公司炼化业务核心竞争力和自主创新能力，有效支撑集团公司炼化业务快速发展。劣质重油加工技术取得多项技术突破，一批技术成果在辽河石化、克拉玛依石化等企业实现工业应用，新增经济效益7亿元以上。炼油全系列催化剂研制取得重大进展，实现年经济效益10亿元；催化裂化系列催化剂研制与推广应用取得新突破，加氢裂化催化剂首次工业应用试验成功；满足国Ⅳ排放标准清洁汽柴油生产技术已经成为集团公司新一轮油品质量升级的首选技术。千万吨级炼厂专项取得重要阶段成果，1000万吨/年常减压蒸馏装置工艺包开发成功，并在四川石化推广应用，300万吨/年催化裂化、400万吨/年延迟焦化、300万吨/年蜡油加氢裂化等核心装置工艺包开发进展顺利，将为集团公司大型炼油基地建设提供有效支撑。大型乙烯突破了20余项关键技术，国内首次自主开发的60万吨/年乙烯工艺包成功应用于大庆120万吨/年乙烯改扩建项目，实现一次投产开车成功，打破国外长期技术垄断。大型氮肥成功突破重大关键技术瓶颈，国内首个以天然气为原料的45万吨/年合成氨和80万吨/年尿素装置成套技术工艺包开发成功，应用于宁夏石化大化肥装置建设，关键设备国产化率达到98%以上。

（5）油气储运方面。围绕长输油气管道大规模工程建设和油气输送安全生产运行等业务的需求，在天然气管道关键装备国产化、X70/80大变形钢管制造和工业应用、天然气液化、管道机械化防腐补口等方面开展攻关，在5个方面取得重大进展和突破，为集团公司油气管道业务的快速稳步发展提供强大的技术支持。20兆瓦级电驱、30兆瓦级燃驱、大口径高压球阀三大长输天然气管道关键设备实现国产化，打破长期依赖进口的被动局面，进入大规模工业应用阶段。X80ϕ1219毫米抗大变形直缝埋弧焊管通过专家鉴定，渤海装备、宝鸡钢管公司形成批量生产能力。年产50万吨、60万吨和260万吨大型LNG核心技术与装备取得重大进展，应用于安塞、泰安等工程建设项目，达到国际先进水平，打破国外垄断。机械化防腐补口技术实现工业应用，形成热收缩带机械化防腐和无溶剂液体涂料两种新型防腐补口技术，在西二线、西三线上成功应用，解决防腐补口工艺难题。成功研制出新型减阻剂产品，耐低温型产品温度达到-55摄氏度，耐高温型产品闪点提高到60摄氏度以上。

（6）海外业务方面。依托全球油气资源评价、海外油气当量上产2亿吨等重大科技专项，进一步丰富和完善被动裂谷和含盐盆地、成熟探区"富油气凹陷"、海外砂岩油田开发等理论技术，大型碳酸盐岩油气田开发技术取得重大突破，初步形成海外油气勘探、开发、工程一体化配套技术，为海外油气储量、产量快速增长提供技术支持，巩固"海外大庆”的成果。强走滑反转构造地质认识直接指导乍得被动裂谷盆地油气勘探，使主力探区储量规模迅速扩大，新凹、新带和新类型逐步形成勘探接替。叠合型被动裂谷盆地断层组合及油气运聚模式和多层系油气聚集规律的认识为尼日尔合作探区夯实储量规模、加大斜坡甩开勘探提供重要的理论指导。阿姆河右岸碳酸盐岩储层有利相带及“五控”成藏要素的认识为东西两侧甩开勘探、中部深化滚动勘探提供了理论依据。成功研发具有自主知识产权的油气资源快速评价系统，首次自主评价全球油气资源，有力指导新项目开发，逐步掌握油气资源话语权，大幅度提升集团公司国际影响力。海外油气开发上产2亿吨关键技术取得重要进展，初步形成大型生物碎屑灰岩沉积机理等4项新认识，攻克大型碳酸盐岩油藏整体开发优化部署等10项快速上产关键技术，保证2012年海外合作新油田快速上产和老油田综合递减率小于10%，有力支撑海外全年油气产量目标的实现。

（7）安全节能环保方面。集中力量开展炼化能量系统优化、低碳技术、场地污染风险控制及修复技术等重大科技攻关，在炼化能量系统优化、油气田开采节能、炼化污水回用和含油污泥资源化利用等方面取得重大进展和突破，为集团公司安全环保节能提供有力的技术支撑。低碳关键技术研究，突破稠油热采污水不除硅回用锅炉技术，消除传统污水处理工艺的除硅环节，大幅降低药剂成本和污泥产生量，在辽河油田推广应用后，节约基建投资15%以上，2012年节约运行成本1亿元以上。炼化能量系统优化技术示范与推广工程节能成效显著，2012年增加效益超过3亿元。初步形成化学驱污泥调质离心、炼化“三泥”热解炭化等四大含油污泥处理技术系列，研发的污泥制备固体燃料与煤混烧工艺在辽河油田应用，可实现减少污泥80%以上，为集团公司污泥无害化处理及资源化利用提供有力的技术支撑。炼化污水回用处理工艺增效技术取得突破性进展，水回收率可由70%提高至80%左右，综合运行成本降低10%。

【重点实验室和试验基地建设】 集团公司科技基础条件平台建设持续推进，平台功能不断完善，支撑作用持续增强。油气地下储库工程重点实验室等6个集团公司级在建平台项目按计划推进，在设备引进和研制，组织机构和团队建设等方面，取得重要进展。非常规油气勘探开发等6个国家级平台建设申请取得重要成果，其中二氧化碳驱油与埋存、测井装备平台建设被列入国家能源创新能力建设项目，高含硫气藏开采先导试验基地升格为国家研发（实验）中心。组织6个单位参加国家发改委举办的第十四届深圳高新技术交易会展览，并被授予优秀组织奖。渤海装备制造公司被认定为国家级企业技术中心；油气勘探计算机软件工程中心被国家发改委授予技术中心优秀业绩奖，集团公司6人被授予国家创新能力建设先进个人。2012年，昌平科技园建设进展顺利，钻井院建设工程全面竣工，2013年初，即可入园办公；石化院和科技交流中心已开工建设；科技园区国家特聘专家工作室已经挂牌运行。

【国际科技交流与合作】 在集团公司高层战略合作框架指导下，围绕油气勘探开发、炼油化工和工程技术等领域，重点推动、落实与ExxonMobil、Shell和Petronas的科技合作，开展“华北雾迷山潜山油藏气驱提高采收率技术可行性研究”等10项国际科技合作研究专题，大力推动与国外研究机构、大学、国家石油公司、国际石油公司的科技交流与合作。积极参与、推动国家石油公司论坛（NOC）、国际能源论坛（IEF）、国际天然气联盟（IGU）等的学术交流活动，大力提升集团公司的影响力与话语权。加强并推动与中国科学院的科技交流与合作，签署战略科技合作协议，明确主要合作领域及方式，确定优先开展的科技合作研发项目。

【科技创新基金】 2012年，在勘探、开发、工程技术、地面与管道、炼油、化工6个专业，共征集到48家单位申报176项科技创新基金项目，最终批准51项。

【科技交流与人才引进】 2012年，集团公司科技项目人才引进计划共安排13个项目，共邀请美国、英国、加拿大等外国专家42人，参加会议的国内外专家和技术人员近1100人。2个项目列入国家外国专家局2012年度引进国外技术、管理人才项目计划。

【软科学研究】 围绕建设综合性国际能源公司的需要，开展中国石油勘探开发战略、中国石油科技进步贡献率、海外HSSE风险评估与应急响应、科技创新能力建设等重大战略和关键问题研究，取得一批重要成果，为集团公司领导和部门决策提供科学依据。中国石油勘探开发战略研究成果获得集团公司领导高度评价，有力指导上游业务发展。海外HSSE风险评估与应急响应机制和实践研究实现风险辨识、评估、控制和应急四方面闭环管理。中国石油科技进步贡献率测算方法及结果得到有关方面知名专家肯定，“十二五”预期可实现国务院国资委提出的 60% 目标。

【知识产权管理】 组织开展以“加强知识产权工作，提升集团公司技术创新能力”为主题的“知识产权宣传周”活动。启动北京市知识产权局授予的“中国石油知识产权教育基地”。组织参加第十四届中国专利奖推荐，获得 9 项优秀奖，累计获奖 59 项，其中，金奖 6 项，优秀奖 53 项。2012 年，集团公司统管专利申请 2719 件，其中，发明专利 1314 件；集团公司获得授权专利 2297 件，其中发明 551 件。认定技术秘密 123 项，完成软件著作权登记 47 项。完成科技成果登记 755 项；鉴定科技成果 48 项，达到国际先进水平以上的 37 项，占所鉴定成果的 77%，成果水平较以往有较大幅度的提高。

【技术有形化】 深入推进技术有形化进程，完成重大配套技术和装备软件 22 项技术有形化，开展 32 项技术利器有形化工作。

【科技奖励】 2012 年，集团公司获得国家科技奖励 5 项，其中一等奖 1 项，二等奖 4 项（表 1）。集团公司评选出技术发明奖 19 项，其中，一等奖 2 项、二等奖 6 项、三等奖 11 项；科学技术进步奖 120 项，其中，特等奖 2 项、一等奖 18 项、二等奖 40 项、三等奖 60 项（表 2）。

【科技资源】 截至 2012 年底，集团公司拥有 85 家科研院所，其中，总部直属院所 8 家，企业院所 77 家，拥有科研人员 31922 人，包括 17 名院士、17 位国家“千人计划”专家、1300 多名享受政府特殊津贴专家、434 名集团公司高级专家、1200 多名教授。

表 1　2012 年获得国家科技奖励成果

序号	项目名称	主要完成人	主要完成单位	获奖等级
1	水平井钻完井多段压裂增产关键技术及规模化工业应用	刘乃震、刘玉章、兰中孝、汪海阁、王　峰、王金云、张守良、丁云宏、余　雷、王文军、王　辉、王志明、向瑜章、安文华、宋朝晖	中国石油勘探开发研究院、中国石油集团长城钻探工程有限公司、大庆油田有限责任公司、中国石油集团钻井工程技术研究院、中国石油集团西部钻探工程有限公司、中国石油吉林油田公司、中国石油集团川庆钻探工程有限公司、中国石油辽河油田公司、中国石油新疆油田公司、油气钻井技术国家工程实验室	一等奖
2	超高温钻井流体技术及工业化应用	孙金声、刘绪全、杨智光、蒲晓林、张振华、杨泽星、蒋官澄、白相双、于兴东、张　斌	中国石油集团钻井工程技术研究院、中国石油集团长城钻探工程有限公司、大庆油田有限责任公司、西南石油大学、中国石油大学（北京）、中国石油吉林油田公司、新疆塔里木油田建设工程有限责任公司	二等奖
3	变质岩内幕油气重大发现与高效开发技术	孟卫工、任芳祥、刘喜林、李晓光、龚姚进、刘德铸、蔡国刚、许　宁、华子栋、陈振岩	中国石油辽河油田公司、长江大学	二等奖
4	大通量高效立体传质塔板技术及其在化工节能降耗中的应用	李春利、李柏春、刘继东、于文奎、刘桂同、吕　蔷、于迎新、吕建华、王洪海、方　静	河北工业大学、华北制药股份有限公司、中国石油独山子石化公司	二等奖
5	高档系列内燃机油复合剂研制及工业化应用	廖国勤、汤仲平、李桂云、徐小红、金　鹏、孙树好、汪利平、魏文羽、雷爱莲、张青蔚	中国石油天然气股份有限公司兰州润滑油研究开发中心、中国石油润滑油公司、中国石油石油化工研究院	二等奖

表 2　2012 年获得集团公司科技奖励成果

技术发明奖

序号	项目名称	主要发明人	获奖单位	获奖等级
1	基于组分精细分离的石油地质实验新方法	张水昌、王汇彤、张　鼐、魏彩云、张大江、王招明	中国石油勘探开发研究院	一等奖
2	高效聚丙烯催化剂PSP-01技术开发与工业应用	义建军、许　普、刘新元、崔　亮、张明革、尹宝作	中国石油石油化工研究院	一等奖
3	修井作业自动化技术研究与应用	范玉平、严玉中、于永权、张景利、孙　辉、苏荣森	中国石油辽河油田公司	二等奖
4	吗啉及其延伸产品工艺技术开发及应用	田振生、李志涛、崔中文、刘　辉、王勋章、刘长清	中国石油吉林石化公司	二等奖
5	基于波动方程和叠前衰减的储层流体有效识别技术	李红兵、石玉梅、姚逢昌、崔兴福、张佳佳、黄文锋	中国石油勘探开发研究院	二等奖
6	聚丙烯釜内合金千吨级中试技术开发	朱博超、胡徐腾、贾军纪、赵旭涛、杨战军、刘小燕	中国石油石油化工研究院	二等奖
7	远探测声波反射波成像测井技术	柴细元、乔文孝、李国英、刘炳中、刘志云、车小花	中国石油集团渤海钻探工程有限公司	二等奖
8	连续管制造关键技术研究	钟裕敏、杨忠文、温宏伟、毕宗岳、李红智、张旭科	宝鸡石油钢管有限责任公司	二等奖
9	特殊储层实验测试新技术研究及应用	张丽霞、李培俊、李　民、丁风玲、朱跃胜、李惠清	中国石油新疆油田公司	三等奖
10	薄深层稠油冷采关键技术重大突破及实践	付亚荣、马永忠、李冬青、尤冬青、孙玉民、陈宝新	中国石油华北油田公司	三等奖
11	复杂油气藏增产措施关键技术研究与应用	张胜传、郭秀庭、陈紫薇、周建生、何炳振、王津建	中国石油大港油田公司	三等奖
12	新型高阻隔聚酯中试技术研究	史　君、张　野、张元礼、王小群、夏秀丽、吴传祥	中国石油辽阳石化公司	三等奖
13	炼油装置设备防腐与防焦成套技术研究	任世科、张耀亨、高维娜、张振杰、胡　足、陈德昌	中国石油兰州石化公司	三等奖
14	DREMWD 电磁波无线随钻测量系统	苏义脑、李　林、盛利民、王家进、邓　乐、窦修荣	中国石油集团钻井工程技术研究院	三等奖
15	顶驱下套管作业技术装备与工艺方法	张宏英、邹连阳、张国田、李兴杰、刘新立、马　瑞	中国石油集团钻井工程技术研究院	三等奖
16	土体大变形区油气管道多位一体监测技术研究	刘建平、荆宏远、韩　冰、郝建斌、谭东杰、陈朋超	中国石油管道公司	三等奖
17	滩浅海气枪震源阵列技术	倪成洲、李亚夫、陈浩林、李海军、刘原英、孙建强	中国石油集团东方地球物理勘探有限责任公司	三等奖
18	复杂地质条件下多工区动态组合与联合解释方法	陈茂山、楚万长、钱宇明、孙　涛、徐广民、于海生	中国石油集团东方地球物理勘探有限责任公司	三等奖
19	油气田固井用胶乳水泥浆体系研究	孙富全、邹建龙、赵宝辉、朱海金、侯　薇、张清玉	中国石油集团海洋工程有限公司	三等奖

续表

科学技术进步奖				
序号	项目名称	主要完成单位	主要完成人	获奖等级
1	长庆超低渗透油气田规模上产关键技术及应用	中国石油长庆油田公司、中国石油大学（北京）、低渗透油气田勘探开发国家工程实验室、中国石油低渗透油气田勘探开发先导试验基地、中国石油勘探开发研究院、中国石油集团川庆钻探工程有限公司、中国石油集团测井有限公司	杨　华、李安琪、张明禄、何顺利、朱天寿、李忠兴、付金华、徐永高、谭中国、雷　群、沈复孝、赵　勇、卢　涛、慕立俊、赵继勇、席胜利、姚泾利、张书平、喻　建、赵振峰、贾爱林、高春宁、余浩杰、刘显阳、陆红军、何永宏、周　丰、张炳军、何光怀	特等奖
2	高钢级、大口径、高压力超长输气管道工程关键技术与应用	中国石油天然气股份有限公司、中国石油管道建设项目经理部、中国石油集团石油管工程技术研究院、中国石油天然气管道局、宝鸡石油钢管有限责任公司、中国石油集团渤海石油装备制造有限公司、中国石油规划总院、中国石油集团工程设计有限责任公司、中国石油管道公司、中国石油集团工程技术研究院、国家石油天然气管材工程技术研究中心、油气管道输送安全国家工程实验室、中国石油天然气集团公司石油管工程重点实验室、中国石油天然气集团公司油气储运重点实验室、中国石油大学（北京）	黄维和、吴　宏、冯耀荣、高泽涛、杨忠文、王　旭、王国丽、张其滨、向　波、霍春勇、南发学、古玲康、毕宗岳、付彦宏、张对红、郑洪龙、李玉卓、田　鹏、隋永莉、余志峰、续　理、刘迎来、牛　辉、李東为、焦如义、管　伟、陈国群、郭志梅、王　玮、丁英利	特等奖
3	新区新领域地质评价与物探技术	中国石油集团东方地球物理勘探有限责任公司、中国石油天然气集团公司物探软件试验基地	张　玮、何海清、康南昌、李建雄、王学军、李明杰、彭朝全、常德双、马培领、冉建斌、李洪革、胡少华、纪学武、张万福、李德春	一等奖
4	中国低孔渗天然气资源大型化成藏理论、勘探开发技术与应用	中国石油勘探开发研究院	赵文智、王红军、曹　宏、何东博、汪泽成、杨贤友、卞从胜、巴　晶、熊春明、童　敏、徐安娜、赵长毅、杨志芳、闫　林、王兆云	一等奖
5	阿姆河右岸勘探关键技术与3个千亿立方米气区的发现和落实	中石油阿姆河天然气勘探开发（北京）有限公司、中国石油集团川庆钻探工程有限公司、中国石油集团东方地球物理物理勘探有限责任公司、中国石油勘探开发研究院	吴　蕾、费怀义、陈业全、徐明华、孙　林、龚幸林、徐剑良、王　強、侯六根、张兴阳、孙维昭、李洪玺、靳凤兰、鲁　兵、曹来勇	一等奖

续表

序号	项目名称	主要完成单位	主要完成人	获奖等级
6	老油田精细油藏描述技术及规模化应用	大庆油田有限责任公司、中国石油勘探开发研究院、中国石油大港油田公司、中国石油新疆油田公司、中国石油辽河油田公司、中国石油长庆油田公司	梁文福、李　浩、宋新民、杜庆龙、郝兰英、刘顺生、马利民、蔡明俊、王海生、郭殿军、武　毅、王华崇、迟　博、许长福、李　浩	一等奖
7	迪那2低渗裂缝超高压凝析气田高效开发技术及应用	中国石油塔里木油田公司、中国石油勘探开发研究院、中国石油集团东方地球物理勘探有限责任公司	江同文、张福祥、腾学清、肖香姣、朱卫红、朱忠谦、夏　静、常志强、郑广全、王洪峰、王春生、袁学芳、刘永雷、彭建云、张明益	一等奖
8	采油采气工程优化设计与决策支持系统V1.0	中国石油勘探开发研究院、中国石油大学（北京）、中国石油冀东油田公司、中国石油大港油田公司	雷　群、张建军、吴晓东、师俊峰、熊春明、赵瑞东、陈仁保、郭吉民、韩岐清、韩国庆、凌芬芹、张　娜、李少甫、顾立明、张喜顺	一等奖
9	碳酸盐岩储层改造及采油工艺技术研究与应用	中国石油勘探开发研究院廊坊分院、中国石油天然气勘探开发公司、中国石油塔里木油田公司、中国石油西南油气田公司、中国石油吐哈油田公司	王永辉、汪绪刚、张福祥、邹洪岚、周福建、康健利、何　治、周作坤、程兴生、张宝瑞、杨向同、赫安乐、刘雄飞、李　勇、杨军征	一等奖
10	FCC汽油加氢改质技术工业化试验	中国石油大连石化公司、中国石油大学（北京）、中国石油抚顺石化公司、中国石油石油化工研究院	王永长、阎雪峰、袁景利、鲍晓军、程　驰、兰　玲、刘燕来、崔德强、龚光碧、范　煜、吴　宇、霍东亮、张学军	一等奖
11	中国第四阶段清洁汽柴油标准研究与制定	中国石油润滑油公司、中国石油石油化工研究院	付兴国、徐小红、吴冠京、刘泉山、董红霞、孙洪磊、周旭光、李文乐、韩　扬、何　皓、王永红、张　鹏、何晓兰、吴平易、罗先富	一等奖
12	多功能系列催化裂化催化剂研发及工业应用	中国石油石油化工研究院、中国石油兰州石化公司、中国石油大连石化公司、中国石油锦西石化公司、中国石油天然气勘探开发公司	高雄厚、玄昌伟、秦　松、张忠东、吴　宇、张友才、谭争国、薛立林、刘　涛、罗杰盛、王　剑、李建鹏、郭　健、李　荻、高永福	一等奖
13	百万吨级PTA装置工艺技术及成套装备研发	中国昆仑工程公司	周华堂、罗文德、姚瑞奎、许贤文、李利军、汪英枝、郑宝山、刘　凤、王永国、谢祥志、武红艳、陈襄颐、劳国瑞、姜　平、王新兰	一等奖
14	大庆油田含油污泥资源化利用技术研究及应用	中国石油大庆油田有限责任公司	匡　丽、陈忠喜、夏福军、孙晓雷、马　骏、白明垠、葛树生、解起生、吴　迪、孙景欣、周　权、龙　彪、王庆吉、卢中民、于　婷	一等奖
15	中国石油新一代测井软件CIFLog	中国石油勘探开发研究院、中国石油集团测井有限公司、中国石油集团长城钻探工程有限公司、中国石油大庆油田有限责任公司、东北石油大学、长江大学、西南石油大学	李　宁、王才志、李长文、伍　东、杨景海、王宏建、余春昊、汪　浩、刘英明、于亚娄、周灿灿、李伟忠、周　军、夏守姬、童峥晖	一等奖

续表

序号	项目名称	主要完成单位	主要完成人	获奖等级
16	GeoMountain 复杂山地地震软件系统研发与应用	中国石油集团川庆钻探工程有限公司	李亚林、李志荣、何光明、陶正喜、李　忠、邹　文、敬龙江、罗红明、曹中林、张　孟、符志国、陈三平、黄东山、洪余刚、胡善政	一等奖
17	精细控压钻井技术与装备	中国石油集团钻井工程技术研究院、中国石油集团川庆钻探工程有限公司、中国石油塔里木油田公司、中国石油集团西部钻探工程有限公司、中国石油西南油气田公司、中国石油集团渤海钻探工程有限公司，油气钻井技术国家工程实验室	石　林、周英操、伍贤柱、方世良、腾学清、闫永起、韩烈祥、伊　明、杨雄文、宋周成、刘　伟、肖润德、谯抗逆、李　杰、杨　玻	一等奖
18	GW-LWD（BWR）随钻测井系统	中国石油集团长城钻探工程有限公司	白　锐、赵齐辉、卢毓周、王海民、张　磊、张美君、乔建国、唐茂政、李永和、王学俭、郭庆明、王克夫、金照华、刘广文、吴文博	一等奖
19	加油站管理系统推广实施与研究	中国石油规划总院	和冬梅、杨文军、程晓春、祝　军、葛雁冰、王国丽、谭庆华、钱志军、苏安洋、程建坡、杨德志、黄志涛、许　涛、李　兵、郑　玮	一等奖
20	《中国石油天然气集团公司年鉴》编制的理论方法与应用	石油工业出版社有限公司	李润生、李华民、白泽生、张　镇、高　午、王宇芬、赵冬梅、付　红、鲁海汝、李　丰、贾　榕、施　云	一等奖
21	霸县凹陷精细勘探理论技术创新与重大突破	中国石油华北油田公司	金凤鸣、张以明、崔周旗、王彦仓、卢学军、田福清、赵伟森、朱洁琼、董雄英、杨桂茹	二等奖
22	全球油气资源评价研究及其在海外业务发展中的应用	中国石油勘探开发研究院、中国石油天然气勘探开发公司、中国石油集团经济技术研究院	童晓光、穆龙新、张光亚、王建君、田作基、温志新、米石云、牛嘉玉、李小地、王兆明	二等奖
23	中国海相石油地质基础理论与应用	中国石油勘探开发研究院、中国石油塔里木油田公司、中国石油西南油气田公司	张水昌、杨海军、张宝民、陈建平、朱如凯、朱光有、潘文庆、邓胜徽、张丽娟、李宗银	二等奖
24	化学复合驱数值模拟软件研制	大庆油田有限责任公司	庞彦明、邵振波、韩培慧、陈　国、路克微、马沫然、魏长清、张新亮、孙宏利、陶永峰	二等奖
25	低渗透垂直人工裂缝油藏高含水油井堵压控水增产试验	大庆油田有限责任公司	刘　斌、田树祥、孙庆友、宋福昌、李　志、才艳华、张伟华、朱　波、孙兆海、朱钢芹	二等奖
26	深层超稠油油藏驱泄复合立体开发研究与实践	中国石油辽河油田公司	龚姚进、韩　冰、张国禄、周　鹰、于兰兄、李培武、郜志平、才　业、张丽萍、王　平	二等奖
27	超深高含硫礁滩气藏特征描述及优化开发技术	中国石油西南油气田公司、中国石油天然气集团公司高含硫气藏开采先导试验基地	钟　兵、谢　军、冯　曦、刘义成、郭贵安、杨学锋、朱占美、赵　松、王　科、邓　惠	二等奖
28	扶余油田二次开发提高开发效果研究	中国石油吉林油田公司	刘运成、马立文、吴　伟、华树常、付　平、彭长勇、刘　杨、李旭东、林雨凤、何丽娟	二等奖
29	水平井控水技术研究与现场应用	中国石油冀东油田公司、中国石油勘探开发研究院	陈仁保、刘玉章、熊春明、李良川、魏发林、姜增所、沈泽俊、肖国华、周　燕、李宜坤	二等奖

续表

序号	项目名称	主要完成单位	主要完成人	获奖等级
30	吐哈油田超深稠油开发综合配套技术研究	中国石油吐哈油田公司	王玉成、李正科、孙思平、龚万兴、李艳明、崔英怀、赵　健、杨文战、徐　君、马伟亭	二等奖
31	GW-CF 低残渣压裂液体系研制及应用	中国石油集团长城钻探工程有限公司	何建平、彭树华、邓明宇、吴志明、周兴旺、陈卫平、胡传智、康宏元、王军民、白　岩	二等奖
32	120 万吨 / 年加氢精制装置加氢反应器制造工艺开发	中国石油大庆石化公司	戴建军、刘　斌、高　彦、王树术、张　勇、贡学刚、韩宏达、孙贵民、王学增、高彦江	二等奖
33	42 万吨 / 年丙烯腈工业化技术开发与应用	中国石油吉林石化公司	范立峰、成　越、罗文龙、丛二丁、聂金泉、夏立松、俞昌吉、孙　健、刘立新、张　平	二等奖
34	环保型丁苯橡胶 SBR1500E 新产品开发	中国石油吉林石化公司	李　铁、李江利、王海泉、隋　军、王　硕、张　伟、杨　磊、王　军、陆书来、殷　兰	二等奖
35	BOPP 系列专用料的研发与生产	中国石油兰州石化公司、中国石油石油化工研究院、中国石油华北化工销售公司、中国石油西南化工销售公司、中国石油华南化工销售公司	刘兴旺、张秋怡、李广全、赵东波、王建德、王　彤、王俊琪、崔文峰、闫功臣、侯景涛	二等奖
36	独山子 1000 万吨 / 年哈国原油加工方案研究及工业应用	中国石油独山子石化公司	任　斌、刘成林、朱文军、谭振明、周志宏、关敬军、段永生、马新文、董元成、高利平	二等奖
37	PPR 管材专用料 PA14D 的开发生产	中国石油大庆炼化公司、中国石油石油化工研究院、中国石油华北化工销售公司、中国石油华东化工销售公司、中国石油华南化工销售公司	周云霞、吴金海、刘文武、李　强、邱丽萍、黄庆东、罗　军、戴　永、王海庆、梁天舒	二等奖
38	液压油台架评价体系的建立及试验方法研究	中国石油润滑油公司、中国石油天然气股份有限公司润滑油重点实验室	黄胜军、王泽恩、翟月奎、梁德君、孙旭日、吴福丽、孙国强、邹晨生、马洪亮、刘　颖	二等奖
39	生物航空燃料试飞用油的生产及试飞验证	中国石油石油化工研究院、中国石油锦州石化公司、大连西太平洋石油化工有限公司	胡徐腾、李建忠、赵光辉、齐泮仑、王英伟、齐万臣、董　平、何玉莲、付兴国、崔锡红	二等奖
40	炼厂气净化技术研究及应用	中国石油西南油气田公司、中国石油天然气集团公司高含硫气藏开采先导试验基地	鹿　涛、涂　彦、颜晓琴、黄黎明、刘　勇、常宏岗、岑兆海、熊　钢、周永阳、张　伍	二等奖
41	中俄原油管道漠河—大庆段冻土工程关键技术研究	大庆油田有限责任公司	耿作孝、杨春明、张春元、郝加前、陈友昌、林泊成、张对红、井懿平、刘　芳、翟振远	二等奖
42	毛乌素沙漠岩土工程及工程应用研究	中国石油长庆油田公司	王治军、何宗平、何　军、刘　祎、任兴文、耿生明、杜志伟、侯大勇、骆建文、潘俊义	二等奖

续表

序号	项目名称	主要完成单位	主要完成人	获奖等级
43	典型油气田勘探开发环境污染控制与生态保护技术研究	中国石油集团安全环保技术研究院、中国石油长庆油田公司、中国石油华北油田公司、中国石油天然气集团公司 HSE 重点实验室	邓　皓、刘光全、张晓飞、陈梅梅、唐树全、许　毓、田　生、岳　勇、李晓明、刘玉龙	二等奖
44	大型钢制立式储罐在线检测与评价技术研究	中国石油管道公司、中国石油天然气集团公司油气储运重点实验室、油气管道输送安全国家工程实验室管道完整性管理实验室	崔　涛、王维斌、林明春、冯展军、康叶伟、蒋先尧、任　重、赵丑民、苏建峰、王禹钦	二等奖
45	西气东输储气库（金坛）造腔过程腔体形状控制和检测技术研究	中国石油西气东输管道公司、中国石油钻井工程技术研究院	屈丹安、吴国明、李　龙、房维龙、段　冲、申瑞臣、徐宝财、尹旭东、李建君、巴金红	二等奖
46	天然气管网工艺系统分析优化及特殊地段管道关键技术研究	中国石油天然气管道局、油气管道输送安全国家工程实验室	李国辉、王学军、张振永、苑莉钗、闫术明、佟　雷、许砚新、毛平平、刘其民、钱　锋	二等奖
47	催化／加氢装置施工技术集成与应用	中国石油天然气第一建设公司、中国石油天然气第七建设公司	王启宇、王荣青、许宝利、李清君、王登伦、万晓军、景文学、王万民、夏吉龙、冯　杰	二等奖
48	6500HP 多用工作船研制	中国石油集团海洋工程有限公司	吴洪辉、毛　兰、王洪利、李文鹏、张庆涛、刘颖斌、吴　柱、王玉霞、徐承飞、孙永生	二等奖
49	黄土塬区致密砂岩油气藏地震勘探技术研究与应用	中国石油集团东方地球物理勘探有限责任公司	邓述全、杜玉斌、姚宗惠、彭朝全、杜中东、李麦成、李宝泉、张亚东、赵海华、张　杰	二等奖
50	测井协同工作平台	中国石油集团测井有限公司、中国石油长庆油田公司	林德强、石玉江、李华章、杨　林、何庆兵、武向萍、程玉梅、陈　峰、钮　顺、陈江浩	二等奖
51	辽河陆上太古界变质岩潜山油藏测井评价方法研究	中国石油集团长城钻探工程有限公司、中国石油辽河油田公司	刘春艳、孙洪斌、马　彬、柯启宇、吕　滨、赫志兵、李铁军、孔令福、傅永强、胡英杰	二等奖
52	大庆长垣喇萨杏油田复杂区块调整井钻完井技术	大庆油田有限责任公司	杨智光、何俊才、陈柏山、孟　翔、马淑梅、杨秀天、闫玉良、王　欢、王连生、侯力伟	二等奖
53	滩海丛式井优快钻井及三塘湖稠油欠平衡钻井等重大技术集成与应用	中国石油大港油田公司、中国石油集团渤海钻探工程有限公司、中国石油集团川庆钻探工程有限公司、中国石油集团西部钻探工程有限公司	刘延平、李洪俊、田　军、岳砚华、柳贡慧、刘　龙、杨　赟、邓　虎、曾权先、柴希军	二等奖
54	GW-MLE 综合录井仪研制及推广应用	中国石油集团长城钻探工程有限公司	王悦田、田文武、刘建新、任辉亮、梁宝安、莫晓光、王　健、刘江华、杨晓军、尚久宏	二等奖
55	BH-ERD 大位移钻井液技术研究与应用	中国石油集团渤海钻探工程有限公司	黄达全、张民立、张松杰、王伟忠、董殿彬、许绍营、马翠雪、王　强、田增艳、宁军明	二等奖
56	勘探与生产数据质量检测系统建设及应用	中国石油新疆油田公司	陈国朗、曾　颖、李清辉、陈思璘、王　辉、张德君、刘　英、魏　伟、杨雯雯、陈功英	二等奖

续表

序号	项目名称	主要完成单位	主要完成人	获奖等级
57	中石油大司库系统研发及应用	中国石油集团东方地球物理勘探有限责任公司	何　昊、丁淑颖、胡朋岸、孟　伟、洪海军、程小舟、康剑桥、黄　海、刘　姝、张桂琴	二等奖
58	海外 HSE 风险评估与应急响应机制研究和实践	中国石油天然气勘探开发公司	齐金郦、王晓龙、彭继轩、许文庆、蒲海洋、李　伟、王　博、张国彬、冯建勋、刘新玉	二等奖
59	集团公司油井管产业发展方向及策略研究	中国石油集团石油管工程技术研究院、中国石油天然气集团公司咨询中心、中国石油天然气集团公司石油管工程重点实验室	李鹤林、田　伟、韩礼红、王　禹、邝献任、王建军、陈娟利、谢文江、杨忠文、张文利	二等奖
60	中国石油关键技术对标分析与发展策略研究	中国石油集团经济技术研究院	许永发、吕建中、何艳青、杨金华、饶立波、张焕芝、李晓光、王祖纲、杨　虹、杨　艳	二等奖
61	准东北三台凸起周缘石炭系—侏罗系成藏条件及立体勘探成果	中国石油新疆油田公司	雷德文、贾希玉、宋　永、金立新、吴俊军、刘　旭	三等奖
62	四川盆地重点领域风险勘探目标评价	中国石油西南油气田公司	宋家荣、张　健、范　毅、蒋伟雄、文　龙、罗寿兵	三等奖
63	"筋脉"理论与塔中海相碳酸盐岩凝析气藏勘探开发实践	中国石油塔里木油田公司	刘建勋、胥志雄、韩剑发、邓兴梁、刘会良、宋玉斌	三等奖
64	酒西坳陷精细勘探目标评价研究	中国石油玉门油田公司	范铭涛、田多文、王崇孝、魏　军、沈全意、唐海忠	三等奖
65	苏丹 Muglad 盆地 1/2/4 区精细滚动勘探实践与勘探新突破	中国石油尼罗河公司、中国石油勘探开发研究院、中国石油天然气勘探开发公司	汪望泉、苏永地、李　志、黄人平、贾久恩、王国林	三等奖
66	深层碎屑岩有利储层成因、主控因素与分布预测方法	中国石油勘探开发研究院杭州地质研究院	寿建峰、刘占国、斯春松、沈　扬、张惠良、沈安江	三等奖
67	成片套损区疑难井修井技术研究与应用	大庆油田有限责任公司	兰中孝、兰　图、任成峰、南志学、谷洪文、王　彪	三等奖
68	低渗透油藏定向射孔硬转向多缝压裂技术	中国石油长庆油田公司、低渗透油气田勘探开发国家工程实验室	李忠兴、赵振峰、李宪文、唐梅荣、王晓东、马　兵	三等奖
69	特低渗透气田定向井可取式封隔器连续分压技术	中国石油长庆油田公司、低渗透油气田勘探开发国家工程实验室	徐永高、慕立俊、赵　勇、付钢旦、张燕明、张华光	三等奖
70	低压低产气井排水采气技术	中国石油长庆油田公司、低渗透油气田勘探开发国家工程实验室	张书平、刘　毅、徐　勇、陈德见、白晓弘、毛美丽	三等奖
71	辽河油田钻采工程设计平台开发与应用	中国石油辽河油田公司	刘德铸、孙厚利、张洪君、宋　辉、肖丽宇、韦志华	三等奖
72	新疆油田浅层稠油水平井举升及负压冲砂技术研究与应用	中国石油新疆油田公司	谢　斌、向瑜章、黄晓东、王嘉淮、袁新生、田志宏	三等奖

续表

序号	项目名称	主要完成单位	主要完成人	获奖等级
73	河间油田持续高效开发技术研究与实践	中国石油华北油田公司	田小川、单保东、李凤群、蒋　涛、芦天明、何得海	三等奖
74	复杂断块油田分类综合治理开发技术研究与实施	中国石油大港油田公司	赵　明、任宝生、孙　琦、王连敏、李晓良、白武厚	三等奖
75	连续油管井下作业技术在青海油田推广应用	中国石油青海油田公司	鲁明春、叶光辉、奎万仓、董国钊、李永贵、李惠民	三等奖
76	老君庙油田提高水驱采收率技术研究与矿场试验	中国石油玉门油田公司	胡灵芝、康建红、杜文博、李克勤、朱海鹏、袁广旭	三等奖
77	MMG 项目老油田开发潜力评价及剩余油挖潜技术	中国石油勘探开发研究院、中国石油哈萨克斯坦公司	范子菲、陈　泉、王　江、马白宁、赵　伦、陈论韬	三等奖
78	海上高温储层压裂增产技术研究与应用	中国石油集团海洋工程有限公司	宋有胜、赵国良、王宇宾、何炳振、宋家和、徐鸿志	三等奖
79	密闭安全抽汲排液技术研究与应用	中国石油集团川庆钻探工程有限公司	邓继学、孙　虎、柴瑞林、李武平、包小红、周　丰	三等奖
80	新型 C_8 芳烃异构化催化剂的工业应用试验	中国石油辽阳石化公司、中国石油石油化工研究院、中国石油抚顺石化公司	桂　鹏、赵纯革、王　晓、马　安、南圣林、张　上	三等奖
81	丁腈橡胶系列化新产品工业技术开发与应用	中国石油兰州石化公司、中国石油石油化工研究院、中国石油西北化工销售公司	孙延军、龚光碧、张守汉、钟启林、周　健、梁　滔	三等奖
82	低熔指聚丙烯 K8003 的开发生产及质量改进	中国石油独山子石化公司、中国石油华北化工销售公司	于　强、阎智才、蔡建新、李志峰、周爱文、梁　博	三等奖
83	两套常减压、两套催化、两套气分装置能量集成优化	中国石油大庆炼化公司	丁海中、李建国、马　刚、王志国、韩相玉、栗文波	三等奖
84	大型合成氨装置先进控制与实时优化系统的研发与应用	中国石油乌鲁木齐石化公司	贺力奇、刘　伟、孔晨晖、景　涛、曾军年、奥斯曼	三等奖
85	塔河原油加工技术的研究	中国石油乌鲁木齐石化公司、中国石油工程建设公司	宋自力、王子君、王红晨、蔡海军、孙　甲、谭荣辉	三等奖
86	高压加氢生产环烷基中、高黏度食品、化妆级白油工艺研究	中国石油克拉玛依石化公司	罗来龙、熊春珠、甄新平、汪军平、胡宇辉、范惠明	三等奖
87	RHY615 的研制及其工业化研究	中国石油润滑油公司	管　飞、孙　竞、徐小红、孙树好、伏喜胜、安庆元	三等奖
88	中低馏分油烯烃深度加氢 LY-2005 催化剂及工艺技术	中国石油石油化工研究院、中国石油兰州石化公司	梁顺琴、韩　刚、颉　伟、徐京民、吕龙刚、孙　凯	三等奖
89	PED-01 乙苯脱氢催化剂研发及工业侧线试验	中国石油石油化工研究院	王继龙、辛国萍、曹建明、王　涛、姚文君、印会鸣	三等奖

续表

序号	项目名称	主要完成单位	主要完成人	获奖等级
90	50 千克 / 小时气相法全密度聚乙烯中试装置成套技术开发	中国石油石油化工研究院	吴冠京、吴林美、黄付玲、邹恩广、姜进宪、杨国兴	三等奖
91	连续生产阳离子改性聚酯并直接纺纤维技术	中国昆仑工程公司	顾爱军、王　伟、许贤文、谭　燕、丰存礼、侯小平	三等奖
92	*DN*1500 焦化塔底阀的开发	中国石油集团渤海石油装备制造有限公司、中国石油兰州石化公司	张玉峰、戚达强、刘晓东、周建军、梁宗辉、张　银	三等奖
93	中国石油油气田站场视觉形象标准化研究与应用	中国石油长庆油田公司、中国石油规划总院	庞永莉、刘　袆、林　罡、张巧生、苏海平、朱利捷	三等奖
94	高含硫气田勘探开发安全风险评价及控制技术研究	中国石油西南油气田公司、中国石油天然气集团公司高含硫气藏开采先导试验基地	翁帮华、银小兵、朱权云、向启贵、张林霞、余婷婷	三等奖
95	岔河集油田二次开发地面工程系统重组简化关键技术研究及实施	中国石油华北油田公司	耿玉广、陶宝胜、刘海俊、刘义敏、罗　宁、姚红星	三等奖
96	油气田地面工程标准化设计引领技术研究	中国石油规划总院	李秋忙、李　庆、云　庆、孙铁民、白晓东、刘飞军	三等奖
97	管道内腐蚀直接评价技术	中国石油规划总院、中国石油华北油田公司、中国石油集团工程技术研究院	卢绮敏、李书阁、黄桂柏、解红军、孙乾耀、王国丽	三等奖
98	油气管道电法保护评价技术研究及应用	中国石油管道公司、中国石油天然气集团公司油气储运重点实验室、油气管道输送安全国家工程实验室管道完整性管理实验室	薛致远、毕武喜、张　丰、滕延平、徐承伟、陈振华	三等奖
99	西气东输管道第三方破坏风险评估技术研究	中国石油西气东输管道公司、西南石油大学	姚安林、孙健桄、李又绿、赵冬野、蒋宏业、李海川	三等奖
100	海外地面工程关键技术——无人值守集输计量站场工艺及成套设备研究	中国石油集团工程设计有限责任公司	李东成、王亚彬、王予新、胡成勇、王和平、智玉杰	三等奖
101	BH-STS 防酸防硫地面测试装备	中国石油集团渤海钻探工程有限公司	朱礼斌、刘　萍、张福祥、邓国振、任永宏、程高峰	三等奖
102	大港储气库群注采优化研究	中石油北京天然气管道有限公司、中国石油勘探开发研究院廊坊分院、中国石油大学（北京）	何学良、王皆明、阳小平、陈　俊、许　明、刘　翀	三等奖
103	大庆油田复合射孔及深穿透射孔技术研究	大庆油田有限责任公司	郑长建、姜彦东、张伟民、郭忠万、潘永新、郭景学	三等奖
104	地震资料采集质量分析与评价系统研发及应用	中国石油勘探开发研究院西北分院、中国石油天然气集团公司物探重点实验室	杨午阳、狄邦让、徐永泽、安　勇、马　龙、周礼泽	三等奖

续表

序号	项目名称	主要完成单位	主要完成人	获奖等级
105	老油区多领域高精度地震勘探技术研究及推广应用	中国石油集团东方地球物理勘探有限责任公司、中国石油华北油田公司	邓志文、白旭明、唐传章、张万福、袁胜辉、晏　丰	三等奖
106	钻进式井壁取心器	中国石油集团测井有限公司	刘国权、王爱新、王易安、郭英才、秦　力、杜建平	三等奖
107	四川盆地东部碳酸盐岩储层地震勘探技术研究	中国石油集团川庆钻探工程有限公司	李亚林、邓　瑛、巫芙蓉、张　孟、管　敏、卢　波	三等奖
108	潜山及内幕勘探井筒工艺新技术研究与应用	中国石油华北油田公司、渤海钻探工程有限公司工程技术研究院华北分院	张以明、唐邦忠、沈　华、王益山、吴　刚、王东明	三等奖
109	在役钻修井设备安全评估技术研究	中国石油集团钻井工程技术研究院，油气钻井技术国家工程实验室	方太安、周志雄、韩　兴、刘瑞华、杨秀英、丁铁恒	三等奖
110	非 API 油井管应用关键技术及安全防控体系研究	中国石油集团石油管工程技术研究院、中国石油天然气集团公司石油管工程重点实验室	林　凯、王建军、刘永刚、赵雪会、王建东、申昭熙	三等奖
111	高温海水基钻井液技术研究与应用	中国石油集团海洋工程有限公司	尹会存、黄名召、王作维、杨金龙、高俊奎、刘燕平	三等奖
112	雪狼 3.0 录井软件系统开发	中国石油集团西部钻探工程有限公司	胡道雄、蒲国强、范江华、蔡明华、周显松、赵玉杰	三等奖
113	苏里格气田水平井高效经济钻井配套技术与应用	中国石油集团川庆钻探工程有限公司	韦海防、王均良、岳砚华、陈在君、甘升平、张建卿	三等奖
114	定向井有杆泵系统工况实时智能分析调整技术研究	中国石油长庆油田公司、低渗透油气田勘探开发国家工程实验室	朱天寿、曾亚勤、黄　伟、杨　瑞、赵　春、吕亿明	三等奖
115	华北石化安全信息系统和员工业绩系统	中国石油华北石化公司	余　斌、李胜昌、高文凯、李　云、秦　添、张　松	三等奖
116	数据中心应用技术研究与中国石油数据中心（勘探院）建设	中国石油勘探开发研究院	赵明清、李长山、冯　梅、李　捷、于庆友、王卫国	三等奖
117	辽河油田经济规模产量研究	中国石油辽河油田公司	刘　斌、尹万泉、易维容、郭福军、王国春、李洪海	三等奖
118	天然气文化研究与实践	中国石油西南油气田公司	姜子昂、吴　康、景　扬、陈玉龙、郭纳鲜、陈　钰	三等奖
119	世界能源发展趋势和主要国家能源战略	中国石油集团经济技术研究院	刘克雨、钱兴坤、戴家权、单卫国、刘倩如、王海博	三等奖
120	科技规划方法及在集团公司“十二五”科技规划研究与编制中的应用	中国石油集团经济技术研究院、中国石油勘探开发研究院、中国石油石油化工研究院、中国石油集团东方地球物理勘探有限责任公司、中国石油规划总院	牛立全、蔚远江、窦宏恩、李雪静、宋建军、王灵碧	三等奖

（范向红）

信息化工作

【概述】 2012年，集团公司党组对信息化工作作出一系列重要指示，提出建成“信息化中石油”的目标要求，信息化工作管理经过调整优化后得到加强，ERP应用集成、物联网系统、具有云计算能力的数据中心三大标志性工程陆续启动，信息系统建设按规划稳步推进，信息系统应用成效日益显著，信息基础设施持续完善，信息系统运行维护能力逐步提升。

【信息系统建设】（1）完成了6个项目建设，全面上线应用。其中，一次物流系统实现成品油从炼厂到油库的物流路径优化，明显提高运输效率，降低运输成本；大司库系统管理4000多个账户、30余万个客户、6家直连银行的资金往来；企业年金管理系统管理年金动态信息15万条、资本市场动态数据78万条；工程质量监督系统实时监控1813个项目、3315亿元投资；即时通信系统为广大员工提供实时消息传送、消息广播、语音视频通话等服务，应用持续拓展，安徽销售公司等单位已经关闭自建的即时通信系统；办公专网二期为保密重点单位提供了涉密数据传输网络和办公平台。

（2）新启动23个项目建设。其中，油气生产物联网和工程技术物联网系统已经完成需求分析和顶层设计，正在开展详细方案设计。健康安全环保系统（2.0）正在开展需求分析等工作。编制完成销售应用集成系统、网络安全域等50个项目的可行性研究报告，开展项目现状分析和概要设计，制定实施计划，进行投资估算，为项目立项批复和启动实施奠定了基础。

（3）持续开展13个项目实施。其中，工程项目管理系统在工程建设公司和寰球工程公司试点上线，正在管道局、工程设计公司、昆仑工程公司、东北炼化工程公司推广实施。装备制造产品数据管理子系统在宝石机械公司、济柴动力总厂完成试点实施，生产运行管理子系统在宝鸡钢管厂、济柴动力总厂、渤海装备公司所属的7家试点单位完成实施，进入全面推广阶段。

【信息系统应用】 各部门、专业分公司积极推进信息系统深化应用，信息化在提高劳动生产率、提升生产经营管理水平、促进企业发展方式转变等方面的作用越来越显著。

（1）在勘探与生产领域，1700多亿元勘探开发投资，近5万个项目从立项、计划下达、实施到结算的全过程纳入ERP系统管理，从根本上杜绝计划外、超计划、超概算现象。勘探与生产技术数据管理系统全年为475个勘探开发项目研究提供数据支持服务。油气水井生产数据管理系统管理28万多口油气水井的全生命周期生产数据，实现井、站、库生产信息一体化管理。勘探与生产调度指挥系统为分析油气生产动态、制订调整生产计划、提高生产指挥效率、监督生产运行提供有力支持。

（2）在炼油与化工领域，物料优化与排产系统全面支持炼油与化工分公司及各炼化企业年度、季度、月度排产。炼油与化工运行系统实时掌握生产动态，提高精细化管理水平，减少生产波动，主要炼化生产装置平稳率由97.2%提高到98.5%。

（3）在销售领域，ERP系统管理1亿余吨成品油、200余万吨润滑油、1400余万吨小产品的购进、调运、销售、库存等业务，在促进销售业务管理精细化、增强管控能力等方面发挥了重要作用。加油站管理系统实现油品、非油品和卡业务的集成统一管理，累计售卡3300万张、充值3400亿元，促进了油品、非油品销售。通过二次物流系统有效压缩车辆换票、待装、发油和收油时间，提高配送效率10%左右。油库管理系统实现油库液位仪、自动付油及安防等数据的自动采集，减少人工干预，降低跑、冒、滴、漏。

（4）在天然气与管道领域，管道生产管理系统与新增5766千米管道同步投用，保障油气管输计划、调度、计量等业务正常开展。管道完整性管理系统实现管道风险识别与控制、工程立项、工程管理、基础数据更新的全过程闭环控制，优化管道运行投资，年节约管道检测、修复等投资约10%。

（5）在海外勘探开发领域，通过ERP系统的持续实施和深入应用，改变业务数据手工提报方式，提高数据准确性和工作效率，支撑了海外业务的快速发展。拉美公司提高结账效率和财务报表输出速度，实现了物料的系统化管理，库存周转率提高20%。

（6）在工程技术领域，利用ERP系统优化供应链管理，缩短采购周期，盘活呆滞库存，降低运营成本。长城钻探公司平均采购周期缩短10天，降低采购成本3.84亿元。工程技术生产运行管理系统覆盖2470支国内作业队伍，已经成为业务工作平台和作业监控的主要抓手。

（7）在工程建设领域，ERP系统支持工程建设项目以“EPC”为主线的采购、设计、施工全过程管理，实现17类项目的管理标准化。寰球工程公司实现销售收入系统结算、项目库存情况实时查询、跨部门数据共享，提高了生产运行和业务协同效率。

（8）在装备制造领域，67万根钢管、2000余台内燃机、80台钻机的研发、生产和销售全部纳入ERP系统管理，明显提升生产管理效率和原材料库存、流动资产等周转率，减少了资金占用。宝石机械公司在销售收入同比增长23%的情况下，原材料库存下降26%。

（9）在人力资源管理方面，将各企事业单位组织机构信息及变化情况、各类人员档案信息及岗位变动情况等都纳入系统管理。对企业组织机构设置及规格的审批，员工招聘录用及调动、升职管理、待遇调整等都实现系统在线处理。推动人事信息服务工作创新和水平提升，年度人事统计报表生成速度提前30天以上，各类统计数据的及时性、准确性、全面性、灵活性大幅提高。

（10）在财务管理方面，推进财务管理信息系统（FMIS）与ERP、加油站管理、库存管理等系统数据集成，建立公司经济活动监控、分析和预测模型，初步形成决策支持体系。构建形成全要素精细化管理的资金体系，提高资金整体掌控能力和运作水平。日均资金沉淀减少20亿元，营运资金占用降低50亿元。

（11）在办公管理方面，有效支持公文传输、经费报销、法律合同、审计、监察等业务管理。矿区服务管理系统累计管理各类业务数据2748万余条。应急管理系统为集团公司突发事件应急处置提供快速、可靠的技术支持。全年总部召开视频会议342场次，参会人员18万人次，节省差旅费达1.37亿元。

【信息系统维护】 信息技术专家中心、信息技术支持中心、企事业单位运行维护队伍持续加强运行维护工作，保障各信息系统稳定运行。统一的帮助热线接听电话14万次，处理运行维护事件1.8万个。各专家中心确定259名内部专家，与外部专家一道，负责解决系统复杂故障、突发事件和宕机恢复，为系统升级、功能完善提供技术支持。有关部门、各专业分公司组织运行维护队伍开展ERP、加油站管理等19个系统的应急演练，102家企事业单位、2345人参与。在演练过程中，启用业务应急演练预案277个，完成各类演练业务近万笔，有效增强了突发事件的应急处理能力和系统出现异常时的及时恢复能力。

【信息技术基础设施建设】 吉林数据中心基本建成，昌平数据中心主体结构封顶，云技术平台建设项目正式启动。广域网总带宽达到9.2万兆，互联网出口带宽达到1.3万兆，海外网络累计接入148家分支机构。完成10个区域网络中心、17个机房的改造和网络设备安装，实现区域范围内的双机房接入，保证了网络等基础设施稳定运行。华南、辽河、新疆、华东等区域数据中心投入使用，整合了223个企业级数据中心。

【信息化管理工作】 为充分调动各方面信息化工作积极性，集团公司对信息化管理模式进行调整优化：突出业务主导，对于在同一业务领域内实施的生产运行类和经营管理类项目，由专业分公司牵头组织建设、应用和运行维护，选择承担项目的内部支持队伍，并与其签订内部合同；信息技术项目承担单位采取竞争方式选择，作为项目的总承包单位，对项目的质量、进度和成本负责；信息管理部负责组织信息技术总体规划实施、方案审查和标准规范制定，以及组织基础设施类和办公管理类项目建设；信息技术项目招标严格执行集团公司统一的招标管理办法。基于以上调整，修订完善了集团公司信息化管理办法，已正式发布施行。

稳步推进与主要供应商战略合作，全年与IBM、大唐电信等15家供应商签订战略合作协议。加强信息化工作考核，特别是强化系统应用考核，促进了已建系统深化应用。加强项目验收管理，在审计等部门大力支持下，51个项目完成竣工审计，其中18个项目完成竣工验收。积极组织争取油气供应物联网、基于IPV6专网的安全防护等6个国家级信息技术项目并得到资金支持。集中组织“十二五”信息技术总体规划及项目管理等培训，持续开展信息技术骨干赴海外专项培训，集团公司级信息技术专家达到22人，信息技术队伍的能力和素质得到提高。集团公司把信息化作为管理提升活动和基础管理建设工程的有力抓手和有效手段，全面加大推进力度，国务院国资委在中央企业管理提升活动中，推广了中国石油的信息化管理经验。

【信息安全建设】 持续实施信息安全整体解决方案，身份管理与认证系统完成与44个信息系统集成，支持各系统 28 万个用户统一认证。通过桌面安全管理系统，及时弥补终端计算机漏洞，逐步落实终端计算机安全策略，保护了重要文档。152 家企事业单位的互联网应用纳入网络安全域管理，关闭互联网出口 300 多个。

【信息标准化】 依据信息技术标准体系，制定 15 项企业标准，累计达到 93 项；制定《石油数据映射应用指南》行业标准，支持了信息系统间的数据交换。持续完善公共数据编码体系，为各信息系统集成应用奠定了数据基础。

【信息技术培训】 中国石油总部统一组织开展“十二五”规划及项目管理、数据中心及网络建设管理、高级数据库、信息安全与加密技术等培训，提升广大信息技术人员专业水平；组织 25 人参加信息技术骨干英语培训，为赴海外进行专项培训奠定基础；邀请专家为总部机关、在京单位举办信息化专题讲座，进一步提高信息化认识水平。

（任　勇）

第九篇

安全环保与质量节能

安全生产

【概述】 中国石油天然气集团公司准确把握当前安全管理所处阶段的形势特征，按照已经确定的总体工作思路，全面开展HSE体系审核，狠抓基础工作、风险管控、责任落实和隐患治理，主要安全控制指标明显好转，工业生产亡人事故起数、死亡人数同比下降，没有发生较大及以上工业生产亡人事故，实现了连续109天安全生产无亡人的新纪录。杜绝了重大火灾爆炸事故、重大及以上工业生产亡人事故和重大井喷失控事故。

【安全生产责任制】 集团公司把安全生产作为"天字号工程"和企业核心价值，以深化"有感领导、直线责任和属地管理"为载体，从层层签订责任书、推进实施"个人安全行动计划"和严肃追究责任入手，推动全员落实安全生产责任。连续6年与各企事业单位主要负责人签订《安全环保责任书》，企业层层分解落实安全生产目标责任到各级职能部门和基层岗位员工。坚持召开集团公司安全环保工作会议和季度形势分析会，及时研究分析和部署安排安全生产工作。

【安全监管】 坚持严管严防严查严改，突出加强重点领域、重要部位、关键环节和敏感时段的安全监管。按国家要求认真开展安全生产领域"打非治违"专项行动，组织开展石油天然气安全生产督查、石油库安全专项检查与整治，首次对全公司1万立方米以上的大型外浮顶油品储罐进行隐患排查，对需要更换密封和局部修复的165座储罐制定整改计划；认真抓好"两会"及春节期间安全环保专项巡视、特种设备安全专项督查、防雷防静电检查检测。集团公司启动第二轮3年隐患集中治理计划，确定4593项隐患治理项目，计划投资430.5亿元。2012年分3批下达治理资金108.7亿元。实行重点项目领导挂牌督办制度，重大隐患项目集团公司党组成员和管理层领导亲自督办。梳理明确了当前集团公司面临的安全风险，开始有针对性地研究建立从基层岗位到集团总部的风险分级防控机制。

【事故管理】 牢固树立生产安全事故有过必究、有究必严的观念，通过诫勉问责实现警示教育，通过严肃追究实现刚性考核。集团公司成立事故调查中心，对2012年发生的工业生产亡人事故开展内部调查，组织召开12次事故分析会，对管道局、宝鸡石油机械有限责任公司、宝鸡石油钢管厂3家事故企业主要负责人进行了诫勉谈话。在全系统召开4次事故案例教育视频会，有20万人次观看并接受教育。集团公司颁布《生产安全事故与环境事件责任人员行政处分规定》后，各企业加大处罚力度，对197名事故责任人给予行政处分和组织处理，其中处级干部44名。

【消防与交通安全】 组织召开专职消防队专业化建设工作座谈会及专职消防队灭火救援战术研讨交流会，开展灭火救援预案和专题论文大会交流与现场评比，推动了专职消防队灭火救援战斗能力的提升。完成《消防员个人防护装备配备标准》编审工作，保障灭火救援战斗中消防员的人身安全。协调专家开展2011年国家危化应急救援基地建设技术方案审查，组织完成2012年中央国有资本经营预算安全生产保障能力建设专项资金申报。下发《关于加强道路运输车辆卫星定位系统应用与管理工作的通知》，进一步规范了道路运输车辆卫星定位系统运行。

【海洋安全监管】 围绕海洋石油勘探开发、海上油品船舶运输、油品储运等业务，深入开展"打非治违"活动，狠抓合规性管理，组织完成42个涉海石油企业海洋石油安全生产许可证到期换证，培训海洋石油企业主要负责人和安全管理人员，有280人具有安全资格证；组织完成"大港油田埕海二区建设工程"、"西气东输二线香港支线海管工程"、南堡4-1及4-2人工岛试生产（或开工）等重大项目备案安全检查；组织编写《集团公司海上应急救援响应中心建设进展》与《集团公司海上安全生产风险分析报告》，提出加强海上风险管控的6条建议；开展海洋石油安全生产专项检查，重点整治了简易导管架试采平台、单井井口桩、海底管线悬空等重大安全环保隐患；组织海上溢油回收与监测技术交流，开展大港海域综合应急演练。

（齐俊良　李献勇　杨光胜）

环境保护

【概述】 从严落实环保目标责任、切实强化环境保护管理、扎实推进污染减排、严格控制环境风险，杜绝重大及以上环境污染和生态破坏事故。二氧化硫、COD 排放量同比分别下降 1.36%、1.18%，主要污染物排放量持续降低。2012 年共有 51 家企业荣获集团公司 2012 年度“环境保护先进企业”称号，158 个基层队（站）荣获集团公司 2012 年度“绿色基层队（站）、车间（装置）”称号，251 名员工荣获“环境保护先进个人”称号。

【污染减排】 落实污染减排目标责任制。落实国家环境保护部“十二五”主要污染物总量削减目标，集团公司领导与各专业分公司签订污染减排目标责任书，将主要污染物总量控制指标、污染减排工程及有关减排管理要求落实到各专业分公司、各企业，并将减排指标层层分解。集团公司组织制定 2012 年主要污染物总量减排计划，对 2012 年新增排放量、减排量及削减率进行预测，经国家环境保护部审定后下发各专业分公司。

加快重点减排工程实施。落实《集团公司“十二五”污染减排工作方案》，安排减排工程项目 206 项，投资 73 亿元；2012 年实施污染减排工程项目 38 项、结构减排项目 5 项、管理减排项目涉及 12 家企业。实行重点减排工程月调度制度，加强推进重点减排工程实施，重点督办 2012 年环境保护部下达的 5 项重点工程实施。

加大污染减排监督考核。将污染减排目标完成情况和管理措施落实情况作为对企业领导班子和高级管理人员年度和任期考核评价的重要内容。建成集团公司重点污染源在线监测管理平台，实现对在线监测系统实时监控。进一步完善 HSE 信息系统，实现环境统计数据三级审核制度。针对承担重点减排任务的企业，开展集团公司污染减排专项审核，重点对减排工程进度及实施效果进行核查，并通报核查结果。

【环境风险控制】 编制完成《集团公司环境风险动态评价数据库建设方案》，逐步建立集团公司环境风险动态评价数据库，修订《事故状态下水体污染预防与控制技术要求》标准，提高对敏感地区企业的环境风险防控等级；印发《关于切实加强风险防范 严格环境影响评价管理的通知》，组织有关企业对重大项目的环境风险防控措施落实情况进行核查；开展全面细致的环境风险隐患排查，编制《集团公司环保六大风险梳理报告》；启动集团公司污染源在线监测平台建设，对重点废水、废气污染源实现监测数据实时传输、异常预警；落实环境保护部部署，组织开展“环境安全百日大检查”活动。

【建设项目环境管理】 认真贯彻落实《集团公司建设项目环境保护管理办法》，重大项目环境评价报批有序推进，共有西气东输三线（西段、东段）等 16 个重大项目环境影响报告书获得环境保护部批复，8 个重大项目通过环境保护部验收，保障了集团公司重点油气通道及战略工程的顺利实施。集团公司规范和加强环境评价（以下简称环评）管理，组织召开管道环评工作研讨会、环评单位座谈会，分析制约环评进度的主要问题，研究提出加强前置环评管理、加强环评调度管理、加强环评责任管理的工作总体思路。修订《建设项目其他费用和相关费用规定》，调整并明确环评报告专题费用项目和取费标准。对重大项目环评实施每月协调、每周调度，共召开专题协调会 5 次、运行调度 22 次，专题研究解决项目环评存在的重大问题。集团公司与国家环境保护部建立定期联系机制，与环境保护部环境工程评估中心共同完成“管道穿越环境敏感区环境影响和合规性研究”项目，启动“油气管道变更环境管理和地下水环评技术研究”项目。

【环保科技】 把环境保护作为科技重点领域之一，强化技术研发和科技支撑。“中国第四阶段清洁汽柴油标准研究与制定”和“大庆油田含油污泥资源化利用技术研究及应用”两个项目获得“集团公司 2012 年度科技进步一等奖”；“典型油气田勘探开发环境污染控制与生态保护技术研究”等 4 个项目获得“集团公司 2012 年度科技进步二等奖”。

【环境保护宣传与培训】 持续深化 HSE 文化，有效促进全员理念提升和观念转变。“6 · 5”世界环境日期间，广泛组织开展环境保护宣传活动，发布《2011 年度环境保护公报》，展示负责任的大公司形象。集团公司组织建设项目环境管理、污染减排管理、环境监测技术等 4 期培训班，共培训各地区公司环保管理、项目管理和环保技术人员455人。举办溢油应急环境监测技术比武活动，共有49家企业的130人参加比武活动和现场观摩，集团公司环境应急监测中心的27名环境监测技术人员按照应急监测方案编制、河流溢油现场采样、实验室分析等环节进行比试，提高环境应急监测人员的业务水平和实战能力。

（李　勇）

节能节水

【概述】 集团公司把节能减排作为调整优化结构、提升核心竞争力和履行社会责任的重要方式和主要内容，加强节能目标责任落实，强化节能源头管控，推进重点节能工程实施和节能技术的应用，加大工作力度，节能降耗取得新成效。

【节能节水情况】 全年实现节能131万吨标准煤、节水2435万立方米，分别完成年度计划目标的146%和122%。

【节能专题会议】 2012年3月27—28日，集团公司在北京召开节能减排工作会议，总结2011年工作，安排2012年重点任务，表彰先进，推广经验，动员广大干部员工进一步统一思想，明确任务，落实责任，毫不松懈地推进节能减排工作再上新水平。

【重点节能工程】 集团公司投入17.08亿元节能专项资金，重点实施机械采油系统节能、高耗低效设备淘汰更新、加热炉节能改造、低温热回收利用等111项节能节水项目。

【创建节能节水型企业】 2012年3月22日，集团公司授予大庆油田有限责任公司等50家单位“集团公司2011年度节能节水型先进企业”荣誉称号。11月23日，人力资源社会保障部、国家发展和改革委员会、环境保护部、财政部联合发文表彰“十一五”时期全国节能减排先进集体和先进个人，大庆油田有限责任公司第三采油厂、大庆油田有限责任公司第四采油厂和中国石油吉林油田公司获得“全国节能先进集体”称号。

【节能节水监测】 集团公司组织节能技术监测评价中心、东北油田节能监测中心等7个直属节能技术机构，对3471台（套）注水系统、加热炉、输油泵、天然气压缩机组、柴油发电机组等重点耗能设备和34条蒸汽管线进行节能监测评价，监督重点单位合理科学用能。

【节能节水标准化】 集团公司发布了Q/SY 1466—2012《油气管道固定资产投资项目节能评估报告编写规范》、Q/SY 1467—2012《天然气处理固定资产投资项目初步设计节能节水篇（章）编写规范》、Q/SY 1468—2012《炼化能量系统优化技术导则》3项节能节水标准。集团公司节能节水专业标准化技术委员会组织完成《炼油固定资产投资项目节能评估报告编写规范》、《炼油化工固定资产投资项目初步设计节水篇（章）编写规范》、《石油钻井设备节能技术措施效果测试和计算方法》、《石油化工绝热工程节能监测与评价》、《节能监测报告编写规范》5项集团公司企业标准的起草任务。集团公司完成承担的《原油输送管道系统能耗测试和计算方法》、《天然气输送管道系统能耗测试和计算方法》、《天然气输送管道和地下储气库工程设计节能技术规范》、《油田生产系统能耗测试和计算方法》、《油气田电网线损率测试和计算方法》、《气田地面工程节能设计技术规范》6项石油天然气行业节能标准的起草任务。

（李武斌）

HSE 体系管理

【概述】 按照集团公司《HSE 管理体系建设提升计划（2011—2015）》的总体部署，根据年度推进工作具体安排，以“转变观念、养成习惯、提高能力”为工作着力点，以强化 HSE 审核为强有力抓手，大力推广实施试点经验和有效做法，持续深入推进 HSE 体系建设工作。

【HSE 制度标准】 梳理集团公司通用 HSE 制度，认真做好 HSE 专业标准化技术委员会工作，不断夯实推进工作基础。修订完成《HSE 管理体系　第一部分　规范》标准，梳理集团公司层面 HSE 管理制度，以风险管理为核心，突出源头控制和过程管理要求，研究形成集团公司 HSE 管理制度框架以及 79 项制度的制修订计划。抓好 HSE 标准化工作，调整 HSE 专业标准化技术委员会成员组成，组织召开集团公司 HSE 专业标准化技术委员会 2012 年年会，审议通过 2012 年制修订的 24 项 HSE 标准以及 2013 年 HSE 标准制修订计划。做好重点标准宣贯培训，对 254 名企业代表就安全生产标准化建设标准、作业许可、工艺危害分析等重点标准进行培训。开展“十一五”安全环保专业优秀标准评审，共评审 2 个一等奖标准，4 个二等奖标准和 6 个三等奖标准。积极配合石油工业安全专业标准化技术委员会工作，集团公司组织编制完成钻井、测录井、物探、采油 4 个专业的达标标准及评分细则，督促和指导企业积极开展安全标准化达标工作。

【HSE 体系审核】 组织开展一年两次的全覆盖审核工作。安全环保节能部以及 7 个专业分公司共抽调审核员 866 名，组成 74 个审核组，完成对国内 120 家企业的两次审核，共查出问题 13214 项。组织召开 HSE 管理体系审核工作启动会和审核情况总结视频会，通报审核情况，收到良好成效。加强审核员队伍培养，组织举办 3 期 HSE 管理者代表和 4 期审核员等共计 14 期培训班，培训近 2000 人。开展企业 HSE 审核模式课题研究，编制完成销售企业 HSE 审核检查表。组织对云南销售公司、冀东油田、渤海石油装备公司等企业开展 HSE 体系运行质量评估，帮助企业发现薄弱环节，提出改进建议，并结合企业评估实际，进一步修改完善评估标准。

【宣传培训】 充分利用网络、报纸等多种方式宣传企业 HSE 管理典型做法，积极推广基层岗位培训矩阵，扎实抓好各类人员 HSE 培训。定期编制发布 HSE 推进项目周报、安全环保动态和 HSE 信息系统周报，组织编制股份公司 HSE 年报，认真做好日常工作信息沟通和对外宣传。及时总结推广企业 HSE 管理典型做法，编写下发 6 期推进工作简报。认真筹备召开 2012 年安全环保工作会议，收集整理 70 余项企业 HSE 管理典型经验做法，汇编成册作为会议交流。协调人事部做好 HSE 培训工作的安排落实，全年共组织举办 30 多期领导干部、安全处级干部、专职安全管理干部等 HSE 培训班，培训 2000 人次。协调中国石油总部机关人员参加安监总局 2012 年中央企业安全生产管理人员安全资格取证培训。组织召开 HSE 培训工作总结会，完善培训教材，编写出版《HSE 管理体系基础知识》、《HSE 管理体系审核教程》、《安全观察与沟通实用手册》等教材。总结吉林油田基层岗位 HSE 培训矩阵应用情况，在全系统大力推广运用，加快推动企业建立基层需求型 HSE 培训模式。配合人事部完成 2012 年度安全环保专业副高级职称和高级技术专家的评审工作。

【HSE 风险管理】 大力推广危害与可操作性分析（HAZOP）等基层风险管理工具方法，进一步深化 HSE 风险管理。组织举办 4 期 HAZOP 分析师培训研讨班，有 150 名企业技术、生产、安全、设计、操作人员参加。2011 年以来，企业共对 593 个新改扩建项目、535 套在役装置开展 HAZOP 分析，提出 2.5 万多条风险防范建议及措施。分专业深化推进“两书一表”工作，分别组织召开销售、测井专业“两书一表”研讨会，统一模板，深化运用，努力提高“两书一表”的适用性和可操作性。组织吉林油田开展“HSE 风险管控系统建设与应用”项目研究，取得初步成效。组织云南销售公司开展销售企业基层 HSE 风险管理工具梳理应用项目研究，召开项目中期评审会和终期验收会，确保了项目研究质量。

【国际合作和重点指导工作】 分专业选择企业，突出重点，集中资源，开展 HSE 管理体系推进重点指导工作，不断总结和推广企业 HSE 管理先进经验。下发

《关于开展2012年HSE管理体系推进重点指导工作的通知》，明确重点指导企业、重点推进任务和目标等。协调重点指导工作联络人和有关专家，指导企业编制实施推进计划，协助企业开展HSE新理念和新制度标准的推广实施。为推动重点指导单位、新组建企业、新业务单位的HSE管理体系建设工作，部门领导分别深入企业基层和现场开展推进工作调研，参加企业推进工作动员大会，提出工作要求，指导企业深化推进体系建设。筹备召开集团公司HSE委员会会议、董事会HSE委员会会议等，认真组织贯彻落实领导关于加强HSE工作的指示要求和决策部署。组织召开2012年重点指导企业推进工作交流会等会议，深入交流企业推进工作经验。组织编写出版《企业HSE管理体系推进实践与指导》教材，总结推广推进工作模式和经验做法。协调人事部成立集团公司HSE技术中心，搭建集团公司HSE咨询师学习交流和管理使用的平台。组织召开集团公司HSE咨询师交流会。

【HSE信息管理】 召开HSE信息系统研讨会，征求各企业对信息系统应用的需求和意见，研究编制系统升级改造方案，HSE信息系统2.0升级改造项目获集团公司正式批复。加强HSE信息系统应用管理，完成4期HSE信息系统应用情况季度通报，对各企业部分重点工作的落实情况进行量化统计分析，针对各企业百万工时上报情况进行统计并编制分析报告。配合部门各处业务管理需求，组织开发环境风险库、节假日安全生产管理、应急资源普查等模块并正式投入使用；在HSE信息系统开放门户建立安全环保与节能部管理提升工作专题模块，建立办公安全、出版书籍、安全文化和工艺安全等专栏，完善百万工时管理等系统功能模块。组织开发并上线实施各专业分公司、各企业安全主管领导和安全部门负责人的手机信息提醒功能，主要包括集团公司HSE体系审核发现问题整改情况，以及集团公司隐患专项治理项目实施进度和完成情况。

（王　戎）

应急管理

【概述】 按照“夯实基础、突出重点、稳步推进”的原则，以体系建设为主线、风险管理为核心、基层建设为重点，以系统提升应急响应救援能力为着力点，集团公司不断加强应急管理体系建设。

【基础管理】 召开应急工作座谈会，组织制订发布Q/SY 136—2012《生产作业现场应急物资配备选用指南》和Q/SY 1517—2012《突发事件应急预案编制指南》2个集团公司标准，组织起草集团公司《应急演练实施指南》。举办应急业务培训班3期，培训学员460多人，预案审核员培训班4期，培训审核员近600人。组织开展应急物资储备课题研究，完成《集团公司安全环保突发事件应急物资储备》报告。

【预案管理】 开展企业应急预案备案评审，对青海油田公司、辽阳石化公司、东北销售公司等33家企事业单位的应急预案进行专家评审，共30家企事业单位通过评审，实现预案备案评审的全覆盖。开展应急预案现场审核，提高预案的实用性和可操作性。总结漠大线投产前应急预案专项审核工作经验，协调管道项目经理部做好中缅管道等2个重大建设项目的应急预案专项审核工作。

【应急演练】 9月12日，集团公司在东北销售大庆分公司龙凤油库举行销售业务成品油库火灾爆炸综合实战应急演练。这次演练是集团公司连续第四年开展的安全生产应急演练，检验了集团公司应急响应能力、销售企业与地方联动配合能力及应急处置能力。认真总结2010年长输管道泄漏事件应急演练工作经验，围绕近年典型突发事件应急过程中暴露出的薄弱环节，在天然气管道业务开展洪水引发管道泄漏并造成河流污染事件桌面演练。开展应急演练周活动，落实国家有关部委要求，做好全国“安全生产月”应急预案演练周活动。

【检查交流】 与美国奥布莱恩危机响应管理公司进行业务交流，了解其对中国石化2012年度海上综合演练开展的第三方评估工作情况。

（张作庆）

职业健康

【概述】 集团公司认真贯彻新修订的《中华人民共和国职业病防治法》(以下简称《职业病防治法》)和国家安监总局《工作场所职业卫生监督管理规定》等“一规定四办法”。进一步规范企业职业健康管理，突出职业病危害风险识别和防控，注重从源头上做好新扩建项目评价和“三同时”工作，落实强化职业病危害防护手段和措施，注重抓好施工作业队伍健康管理与保障，全年未发生职业危害事故和施工队伍公共卫生事件。

【职业健康管理】 组织企业深入学习贯彻《职业病防治法》，把学习贯彻活动和贯彻国家安监总局“一规定四办法”相结合；把学习贯彻活动和企业 HSE 审核相结合。在企业进行职业健康制度、作业场所、危害防护、职业健康监护 4 项检查活动。220 名企业领导干部参加《职业病防治法》专题培训，420 名职业健康管理人员参加职业健康专业培训。抓紧员工普及职业病防治知识，增强职业病危害的防范意识，进行正确使用、维护防护设备和防护用品等教学培训。组织企业参加全国《职业病防治法》知识竞赛活动，所属企业 43 万人参加答题活动，大庆油田公司等 18 家企业获优秀组织奖和优胜单位奖。

突出抓好职业病防治的前期预防工作，着力规范项目职业病危害评价及“三同时”运作。组织完成西气东输三线管道、川东北高含硫气田防护设计等建设项目的职业病危害预评价和职业病危害防护实施竣工验收工作。积极推广辽河油田和西南油气田等高含硫油气田职业健康管理经验，加强硫化氢危害监测手段和采取积极的防护措施，促进企业做好职业健康管理和职业病危害防控工作。

【职业健康监护与检测】 组织油田、炼化等 5 个板块的企业开展作业场所噪声、粉尘职业病危害 2 个专项调查，推动企业抓好防护设施管理使用和员工个人防护措施的落实。加强高含硫油气田和炼化企业高毒危害的监测与防护，加大对现场硫化氢等危害检测频率和力度。发挥和依托企业职防机构、职工医院体检中心等资源，着力抓紧生产作业一线员工、承包商和临时用工等职业危害作业员工的职业健康体检。宣贯职业健康体检标准，注重职业健康体检质量、健康分析、结果反馈及健康干预工作。年度职业健康体检率保持在 93.5%，加强员工职业健康监护档案的完善和管理。

【施工作业健康管理】 高度重视施工作业队伍健康管理，突出开展“五防”工作(防职业中毒、防健康损害、防传染病、防食物中毒、防心理疾病)，不断丰富拓展“送健康到一线”活动的内容和方式。进一步加强海外、国内等大型施工作业中健康管理、疾病预防和饮食饮水卫生安全以及心理健康咨询服务工作，积极探索和实施施工期间的健康监理、健康服务模式。

【职业健康基础工作】 积极组织预防医学与健康管理研讨工作和健康学术工作。工程技术服务、装备制造等板块开展健康工作专题业务研究培训工作，取得很好效果。积极推广兰州石化公司健康管理工作成果，结合实际推动企业开展健康教育、转变生活方式、健身运动、合理膳食、科学戒烟等健康行动，取得明显效果。重视职业健康信息统计工作，加强职业健康统计数据收集、整理和分析。认真做好职业健康监护档案的健全和管理。

(宋　军)

安保基金

【概述】 2012年，安保基金工作继续秉持为地区公司办实事、办好事的宗旨，不断扩大外延，做深内涵，科学管理，规范使用，收缴返还逐年增加，理赔服务更加到位，地区公司投保安保基金的积极性不断提高。

【收缴返还】 2012年，向中国石油缴纳安保基金的单位共计76家，投保固定资产原值4300亿元。其中，上市部分缴纳单位65家，投保固定资产原值4200亿元，未上市部分缴纳单位11家，投保固定资产原值100亿元。

【损失理赔】 2012年，各类自然灾害频发多发，先后发生东北地区春季暴雪灾害、华北地区“7·21”洪水灾害、“8·4”达维台风灾害等重大、特大自然灾害，造成部分投保资产不同程度损失。共计收到各类理赔申请85起，其中5000万元以上自然灾害损失1起。依照《安保基金管理办法》的规定，中国石油分别对申报损失进行核查和定损，赔偿工作全部完成。对达维台风造成的损失申请了理赔，目前核损工作基本完成，正在等待最后确认和资金赔付。

【使用管理】 优化管理流程，建立完善技术支持文件。为了规范安保基金管理、简化管理流程、统一标准理赔程序，集团公司委托科研设计单位对《投保资产造价系统》、《理赔定损技术规范》、《安保基金实用工作手册》等进行修订升级，同时更新《投保资产数据库》、《安保基金信息管理平台》和各类安保基金台账，方便地区公司理赔申报，提高安保基金服务质量。

加强岗位人员培训，培养安保基金技术队伍。根据地区公司安保基金管理岗位变化快的特点，集团公司专门组织人员编写安保基金培训教材并上传到信息平台，方便各级岗位管理人员收看。

不断深化工作内涵，加强安保基金分析研究。利用现场核查掌握的第一手材料，安全环保与节能部会同专业分公司、安全环保技术研究院和地区公司总结分析并完成《重大事故灾害理赔案例分析》、《加油站资产受灾特点及改进建议》、《季节交替过程中雨篷受损原因分析及建议》等技术报告。

（施绪金）

质量管理与监督

【概述】 2012年，集团公司质量工作围绕建设综合性国际能源公司的发展目标和全面加强“三基”工作的要求，以开展管理提升活动和实施基础管理建设工程为手段，认真贯彻落实国务院印发的《质量发展纲要（2011—2020年）》，进一步健全完善质量管理体系，强化质量监督管理，努力培育名牌产品，打造优质工程，持续提升产品、工程和服务质量。

【基础管理建设工程】 完成顶层设计规划编制，明确到“十二五”末集团公司基础管理总体水平由“规范级”提高到“优化级”的目标，基本符合综合性国际能源公司发展定位的要求；确定单项管理业务提升和管理工作协同运作的工作目标；提出实现工作目标的基本路径，重点工作任务包括提升质量、计量、标准化、流程、制度单项基础管理能力，构建管理规范平台和完善基础管理体系3个方面。拟订基础建设试点工作方案，启动构建管理规范平台、完善基础管理体系的试点工作。

【制度建设】 2012年，为加强工程建设项目质量管理工作，发布《中国石油天然气集团公司工程建设项目质量管理规定》（中油质〔2012〕331号）。为规范工程质量监督工作，发布《石油天然气建设工程质量监督工作方案编制管理规定》和《石油天然气建设工程项目质量监督工作力量配备暂行规定》两个专项工作规范。

【质量管理体系建设】 按照集团公司《质量管理体系建设推进方案》的要求，专业公司和地区公司加快开展质量管理体系建立和认证。集团公司建立质量管理体系的单位达到123家，通过第三方认证的单位达到86家，生产经营型企业质量管理体系建立率和认证率达到100%。在地区公司建立和认证质量管理体系的基础上，继续推行质量管理体系推进评审制度，推动地区公司理清体系管理思路，运用过程方法加强管理，建立健全质量持续改进机制，并培养一批体系推进评审专家。组织研究提出一套评价集团公司各专业类别企业质量水平的指标体系。

【油品质量控制】 集团公司积极参加由国家质检总局和环保部组织开展的车用汽油、柴油产品质量提升行动，向社会公开发布质量承诺，并在中国石油范围内开展车用汽油、柴油产品质量提升行动。为了确保向社会和用户提供质量合格的油品，维护集团公司社会形象，各有关生产、销售、运输单位加强生产组织和质量管理，确保销售到消费者的油品质量合格。

【品牌整合】 以打造“中国石油”大品牌为目标，有计划、分步骤地开展产品品牌整合工作。积极培育名牌产品，渤海装备生产的直缝埋弧焊钢管、宝鸡石油机械生产的钻井泵、兰州石化生产的石油苯、辽河石化和克拉玛依石化生产的重交通道路沥青、股份公司多家石化公司生产的全精炼石蜡、大庆石化生产的顺丁橡胶、大庆炼化生产的聚丙烯酰胺7种产品获得2012年度中国石油和化学工业知名品牌产品称号。兰州石化开展质量管理小组（QC）活动的经验和宝鸡石油钢管厂实施集团化质量管理的实践经验获得2012年度中国石油和化工行业“质量标杆”称号。

【产品质量认可】 2012年，组织对466家油化剂生产企业申请的3190项产品进行产品质量认可。经过评审，共有391家企业生产的2651项产品获得集团公司产品质量认可证书，企业通过率为83.91%，产品通过率为83.10%。截至2012年底，在有效期内，通过集团公司油化剂产品质量认可的生产企业共有744家，6575项产品。

【产品驻厂监造】 2012年，根据集团公司驻厂监造管理规定要求，组织对申请集团公司产品驻厂监造单位资质的技术机构进行审查，对符合条件的6家单位授予了资质。为保证西气东输三线、中缅油气等管道工程，长庆油田、塔里木油田等油田产能建设工程，宁夏石化、锦西石化等炼化工程项目质量，相关企业对项目中采购的大型设备、长输管线及防腐等进行了驻厂监造，各企业全年共监造长输管线、管道防腐、油井管等367万吨，钻机、修井机、炼油化工装备等3500台（套）；对未在集团公司产品驻厂监造目录内的装备产品，各企业也有针对性地进行驻厂监造，提高重大采购产品的质量。

【产品质量监督抽查】 2012年，集团公司组织对石油产品、化工产品、钻采设备与配件等自产和采购产品的质量进行2185批次的监督抽查，产品质量综合合格率为96.06%。共印发3期产品质量监督抽查通报，根据集团公司有关规定，对抽查不合格的自产和采购产品进行处理。

【工程质量监督管理】 2012年1月，石油天然气工程质量监督管理信息系统正式上线运行，标志着中国石油工程质量监督业务信息化建设取得重要成效。2012年3月，集团公司工程质量监督站站务工作会议在北京召开，会议总结了2011年工程质量监督工作，研究部署了2012年重点工作。2012年10月，为进一步理顺业务管理关系，加强工程质量监督总站的管理工作，集团公司将工程质量监督总站的隶属关系由中国石油集团海洋工程有限公司调整为中国石油天然气管道局管理，与管道工程质量监督站合并组建新的总站，并由集团公司质量与标准管理部副总经理赵金法兼任站长。

【工程项目质量监管】 2012年，集团公司工程质量监督机构共对3215个在建工程项目实施监督。其中，对西气东输三线西段、广东石化2000万吨/年重质原油加工工程、塔里木油田3000万吨产能建设工程等37个项目实施异地监督。集团公司总部层面加强对重点工程的质量监管，组织完成长呼管道工程质量检查和兰郑长等6条在役管道连头口质量的专项检查，有效地规范各方责任主体的质量行为，为提高石油建设工程质量发挥了重要的作用。

【教育培训】 2012年，在广州组织召开集团公司质量处长培训班，集团公司86家所属单位的109名学员参加培训。培训期间，讲授国家质量发展形势和质量发展纲要、全面质量管理、卓越绩效及品牌、集团公司质量管理现状分析及对策、质量管理方法应用等10项质量管理课程，并到广汽本田公司进行参观学习。通过培训，学员开阔了视野，有效促进了质量管理能力和综合素质的提升。对新上岗工程质量监督人员进行资格取证培训，工程质量监督系统共计197人参加了培训。

【质量月活动】 组织开展以“贯彻《质量发展纲要》推进质量强企建设”为主题的质量月活动，活动期间在《中国石油报》、《石油商报》等媒体发布相关新闻报道；在集团公司内网设立2012年质量月专栏，报道相关企业质量月活动。各单位大力开展质量宣传教育活动，宣传贯彻国务院印发的《质量发展纲要（2011—2020年）》，广泛发动全员参与，推进质量管理体系建设，推广质量方法应用，提高全员质量意识。

【质量协会石油分会】 2012年，石油分会围绕三大石油公司质量工作内容，充分发挥协会的桥梁与纽带作用，积极组织会员单位开展卓越绩效、用户“七满意”、QC小组、质量论坛、质量培训等“五大品牌”工作，有效推动石油工业质量工作的蓬勃发展。

（1）卓越绩效管理模式。积极组织企业实施卓越绩效管理模式。引导企业贯彻《卓越绩效评价准则》（GB/T 19580）国家标准。经石油分会秘书处组织专家评审，中国石油东方地球物理勘探公司大港物探处等3家企业，荣获“2012年石油工业实施卓越绩效模式先进企业”。

（2）用户“七满意”活动。2012年石油工业用户“七满意”活动取得显著成效，评选出石油工业用户“七满意”项目共计188项。其中，中国石油天然气管道局第一工程分公司等40家企业，荣获“2012年度石油工业用户满意企业”；大庆石油管理局射孔弹厂的射孔弹等13种产品，荣获“2012年度石油工业用户满意产品”；中国石油天然气管道局第四工程分公司的15B标段工程等8项建筑工程，荣获“2012年度石油工业用户满意建筑工程”；新疆石油管理局供热公司的供热服务等26项专项服务，荣获“2012年度石油工业用户满意服务”；长庆油田公司机械制造总厂的橇装分厂钳工一班等49个班组，荣获“2012年度石油工业用户满意服务班组”；吴志宇等44名企业高层管理者，荣获“2012年度石油工业用户满意杰出管理者”；宋玉萍等45人，荣获“2012年度石油工业用户满意服务明星”。

（3）QC小组活动。2012年，全系统共注册QC小组1.47万个，创造直接经济效益12.5亿元。26个小组荣获“全国优秀QC小组”，8个班组荣获“全国质量信得过班组”。219项成果荣获“石油工业优秀成果奖”，其中，一等奖62项、二等奖74项、三等奖83项。219个小组荣获“石油工业优秀QC小组”，30家企业荣获“石油工业QC小组活动优秀企业”，38人荣获“石油工业QC小组活动卓越领导者”，58人荣获“石油工业QC小组活动优秀推进者”，32个班组荣获“石油工业质量信得过班组”，2项成果荣获“石油工业QC小组成果最佳发表奖”。

（4）质量论坛。积极组织会员单位开展质量学术研究，传播先进的质量管理理论、技术和方法。组织质量学术论文评审、表彰活动。2012年，评选出石油工业质量优秀论文共计138篇，其中，一等奖3篇，二等奖25篇、三等奖110篇，成功举办2012年石油工业质量学术论坛年会，交流发表优秀论文21篇，有效推动石油工业质量学术研究工作。

（5）质量培训工作。组织会员单位积极参加新一轮质量知识普及教育培训活动。2012年，会员单位培训职工2万多人，参加全国统考9602人，圆满完成培训1万人、统考5000人的年度工作目标。石油分会因此荣获中国质协授予的“2012年度全面质量管理知识普及教育优秀组织奖”；新疆油田公司等3家企业，荣获“2012年度全面质量管理知识普及教育先进单位”；长庆油田公司张小荣等3人荣获“2012年度全面质量管理知识普及教育优秀推进者”。

标准化工作

【概述】 2012年集团公司标准化工作以“标准先行、共性为主、源头入手、执行有力、面向国际、注重实效”为原则，实施基础管理建设工程的标准化顶层设计，制订和实施标准化管理提升方案，推进标准化管理、完善集团公司标准体系、开展优秀标准奖励、加快国际标准化进程，为集团公司科学发展提供了重要支撑。

【标准化管理】 经国家能源局批准，筹建能源行业页岩气标准化技术委员会，组织编制标准体系框架，并向国家标准化管理委员会提出筹建全国页岩气标准化技术委员会的申请。协调安排全国石油天然气标准化技术委员会换届工作，集团公司共推荐委员36名、顾问2名。成立集团公司社会安全专业标准化技术委员会、ISO/TC67/SC2专项标准化工作组，调整设立矿区服务专业标准化技术委员会，调整集团公司标准化委员会8名委员和8个专业标准化技术委员会（工作组）的88名委员，企业标准化技术组织建设继续完善。集团公司梳理形成标准化制度框架，以及2013—2015年制度制修订计划，完成国际标准化管理办法征求意见稿，各地区公司2012年制修订标准化制度184项。

【标准制修订】 2012年，牵头完成26项国家标准和216项行业标准的制修订，同时新承担国家和行业标准制修订任务206项。加大在天然气、煤层气、页岩气领域的标准研制力度；重点跟踪国家油气标准制修订工作，开展第Ⅳ、第Ⅴ阶段车用油品标准升级的投资测评；协调生物航空煤油国家标准立项。2012年计划完成制修订168项企业标准，实际完成166项，计划完成率98.8%。完成集团公司企业标准复审49项，其中，继续有效30项，修订10项，部分修改3项，废止6项。在地方政府标准化主管部门新备案及续备案的集团公司企业产品标准分别为19项和24项。

【标准实施监督】 进行年度重点标准实施工作，制定9个专业24项标准重点实施计划，总结评估实施效果。围绕2012年世界标准日“减损耗，增收益——标准提高效率”的主题，集中开展标准化宣传活动，在《中国石油报》“标准化杯”征文活动中，共收到48家单位422篇征文，刊发43篇，推进了标准化方法的使用。加强标准时效性审查，各地区公司复审废止本单位企业标准507项，审核备案供应商企业标准5500余项。首次评选出集团公司优秀标准奖111项，其中，一等奖10项、二等奖36项、三等奖65项，并给予了奖励，促进了标准技术水平的提高。

【标准化研究】 开展“标准实施效果评价方法研究”和“国内外油气管道标准研究及国际标准培育”2项标准化研究工作。“标准实施效果评价方法研究”将研究提出标准实施效果评价指标和评价方法，进行标准实施效果试点评价工作，使标准实施效果能够显性化和量化评价，以更好地促进标准的有效实施。“国内外油气管道标准研究及国际标准培育”将对油气管道国内外标准进行对标分析，研究提出中国石油油气管道标准体系和在用标准修改建议，开展高寒区管道建设与运行管理对标研究，并对中国石油管道现有技术优势标准培育国际标准和国外标准。上述2个项目计划于2013年底完成。

【国际标准化工作】 中亚地区标准化合作继续推进，集团公司协助国家标准化管理委员会提出中俄在ISO/TC67/SC2（输送管系统）、ISO/TC193（天然气）、ISO/TC28/SC2（石油产品动态计量）和API（美国石油学会）标准领域开展合作的建议，草签了中俄石油天然气标准化合作一揽子计划草案。煤层气国际标准化主导地位继续加强，成功举办ISO/TC263首次年会，并同期召开“煤层气开发利用技术与标准化国际研讨会”，达到促进中国煤层气开发利用技术发展的目的。国际标准制修订取得新的进展，西南油气田公司等7家单位承担的14项国际及国外标准项目中，1项ISO天然气标准已进入正式国际表决，1项制定NACE（美国防腐协会）标准完成起草，7项ISO、API标准提案已立项或编入相关标准之中，同时煤层气公司等3家单位又新提出8项ISO标准提案；协调全国石油天然气标准化技术委员会开展25项双语版标准制修订工作。相关国际标准化动态继续加强跟踪，2012年共派出9个团组41人次参加ISO、API相关会议，并参与有关工作。

计量工作

【概述】 2012年，计量工作结合管理提升活动和基础管理建设工程的开展，完善计量基础管理，强化油气交接计量工作，提升计量技术能力，加强重大工程项目计量检验工作协调，推动计量技术进步，保障生产经营正常进行和跨国贸易交接的顺利开展。

【计量基础管理】 推进计量器具更新完善。据统计，2011—2012年，各地区公司投资16.6亿元，升级完善计量器具27.2万台（套），已完成3年计划任务的76%。举办2期计量基础知识暨注册计量师培训班，培训计量人员280余人，选拔3名选手参加全国计量知识竞赛，获集体优胜奖，15名计量人员通过国家一级注册计量师考核。

【交接计量管理】 发布实施企业标准《油气交接计量设施功能确认规范》，促进中国石油内部油气流转效率的提高。对港枣线各分输站和山东销售油库的交接计量设施、人员、数据、过程等进行现场调研，提出全线平衡核算、调节流量等成品油交接计量改进建议。开展油气贸易交接计量检查，促进油气交接计量的规范管理，维护中国石油社会形象。

【油气计量检定校准能力建设】 国家最高等级高压天然气计量标准装置建成并获国家授权，技术指标接近国际先进水平；国家批准筹建的5个天然气计量检定站点稳步建设，分别完成国家标准装置建标考核和进入施工设计、方案审定阶段；接近国际先进水平的国家最高等级中低压天然气计量标准装置、天然气质量控制与能量计量实验室正在顺利施工，具有国内领先水平的液态烃实验室开始投入建设。

【重大工程项目协调】 协调推进中缅油气管道建设检验监管工作，协调落实降低进口天然气商检费用渠道，配合国家组织中俄油气计量技术交流，展示中国石油工业的计量技术实力，促进能源通道的有序建设和运行。

【计量技术进步】 根据中国石油油气流量量值溯源中存在的瓶颈问题，提出开展油气计量关键技术研究的建议，并展开立项前期研究工作。承办三大石油公司共同举办的2012年中国油气计量技术论坛，集团公司2篇论文获一等奖、4篇论文获二等奖、6篇论文获三等奖、33篇论文获优秀论文奖。

（宗　伟）

第十篇

企业管理与监督

规划计划

【概述】 2012年是实施“十二五”规划承前启后的重要一年。规划计划部落实中国石油天然气集团公司党组、中国石油天然气股份有限公司管理层的安排部署，深入开展管理提升活动，秉承“忠诚、有用、可信任”和“战略、效率、统筹、原则、坚韧”部门核心文化理念，不断增强规划计划队伍的执行力和战斗力，较好地发挥了决策参谋、综合平衡、协调服务、检查监督职能。

（黄 政 胡 勇）

【战略研究和中长期规划】

1. 编制集团公司“十二五”规划优化方案及“十三五”框架规划

按照集团公司党组要求，规划计划部在与各部门和各专业分公司初步对接的基础上，编制了《“十二五”业务发展规划优化方案及“十三五”发展框架规划》。规划研判发展形势和行业竞争态势，把握国家能源政策动向和行业发展趋势，科学预测国内油气需求，从战略高度研究集团公司发展方向，确定清晰的发展思路、规划部署和目标。深入贯彻落实党的十八大精神，牢牢把握稳中求进的工作总基调，坚持资源市场国际化三大战略、突出提升质量效益，坚持集中发展油气业务、协调发展服务保障业务，坚持改革开放创新、加快转变发展方式，坚持加强科学管理、夯实安全环保根基，坚持以人为本、注重保障和改善民生，打造绿色、国际、可持续的中石油，建设忠诚、放心、受尊重的中石油，不断增强国际竞争力和可持续发展能力。到2015年，基本建成综合性国际能源公司；到2020年，全面建成世界水平的综合性国际能源公司，实现“三个60%、两个倍增”，保障国家能源安全的能力进一步增强。

2. 完成国家能源安全研究任务

美国“能源独立”和页岩气革命对国际能源供需格局带来深远影响，按照国家要求，规划计划部组织相关各部门和业务板块开展《中国石油油气资源保障发展战略和规划研究》。通过调查研究，充分研判美国能源独立的内涵与实质、伊朗核问题对全球能源及中国的影响，从国家能源需求和集团公司发展要求出发，分层次研究保障国家能源安全的战略举措，充分研究国内资源快速发展的可能，充分论证获取海外资源的机遇、挑战和安全风险，为优化“十二五”规划、制订“十三五”框架规划打下良好基础。

3. 针对公司发展急需解决的问题开展大量专题研究

为实现国际化经营的新跨越，全方位参与国际能源合作与竞争，实现美洲地区未来油气生产新目标，组织开展“加拿大油砂资源获取及一体化利用策略研究”，包括加拿大油气资源和投资环境、中国石油在加拿大油气业务初步规划、上中下游一体化发展策略等内容，重点对加拿大油气合作政策的变化及风险、加拿大油气通道建设、中国石油油砂油获取、运输、加工项目一体化评价等问题进行研究。

针对矿权重叠交叉问题和国家矿权管理改革，组织召开“中国石油矿权重叠交叉问题分析与保护策略研究”、“国家矿权管理改革对中国石油资源战略的影响及对策”课题研讨会，编制完成《中国石油油气矿权问题研究》报告。

此外，完成“新疆煤制气问题竞争博弈”、“天然气合成油、液化、合成甲醇三种天然气利用路线竞争力比较分析”等研究简报，先后组织对“保障国家油气能源安全”、“消除亚洲溢价对策”、“碳三、碳四优化利用研究”、“天然气利用产业集群及相关政策研究”、“天然气热值计价对中国石油的影响及对策”、“原油金融属性研究”等重要问题开展研究。

（丁世强）

【项目管理】

1. 勘探开发项目管理

（1）海外项目核准备案。收购加拿大阿萨巴斯卡油砂公司所持麦凯河油砂区块40%权益项目，收购卡塔尔4区块40%权益项目，转让尼日尔阿加德姆项目上游区块20%权益，乌兹别克斯坦丝绸之路勘探增资项目，收购加拿大SPEC公司部分股权项目，收购加拿大能源公司都沃内页岩凝析气藏资产50%权益并合作开发项目，收购澳大利亚Molopo能源公司东澳煤层气资产项目，收购哈萨克斯坦KMK公司部分股权并参与油田开发项目，哈萨克斯坦PK炼厂升级改造项目，中委航运有限公司建造4艘超大型油轮项目，乍得、迪拜和休斯敦办公及后勤保障项目等13个项目获得国家发改委核准（备案）。

（2）国内项目核准备案。吐孜洛克气田对外合作项目总体开发方案获得国家发改委核准，韩城南区块和三交—碛口区块煤层气对外合作项目获得国家能源局“路条”文件。大庆、长庆、塔里木、新疆等16家油气田2012年油气产能建设项目全部被国家能源局备案，其中包括保德区块北部煤层气开发项目。

（3）项目管理。组织审查3个海外重点项目可行性研究报告（开发方案），包括委内瑞拉胡宁4区块油田开发方案，澳大利亚箭牌能源项目可行性研究报告，以及尼日尔石油公路项目可行性研究报告；参与研究7个重点项目可行性研究报告（开发方案），包括阿克纠宾公司45号自备电站可行性研究报告，阿姆河右岸项目别—皮、扬—恰气田群试采总体方案，伊拉克艾哈代布油田600万吨/年开发方案，伊拉克哈法亚油田500万吨/年初始开发方案，伊拉克哈法亚油田初始开发方案的补充方案（1000万吨/年），苏丹6区Hadida油田开发方案，以及乍得H区块至多巴原油管道可行性研究报告。共办理20个国内重点项目的可研审查工作，包括新疆油田五区变电站项目、物资仓储基地搬迁项目、风城超稠油开发清水处理厂、华北油田任二联撤并和任丘西部原油流向调整项目、哈得逊油田开发调整方案、克拉苏气田主干道工程等，将部分项目委托专业分公司审查技术方案。

（4）专项规划和战略研究。参与国内上游和海外油气业务“十二五”后3年及“十三五”规划调整、中国石油在新疆业务发展规划、油气资源保障发展战略和规划研究、中国石油在山西省发展规划（业务发展策略研究）、川渝能源基地规划研究、上游业务成本升高难以承担高税费的应对策略等工作。组织储层改造技术专项研究，深入研讨国内外未来5—10年的储量增长和资源接替潜力、关键勘探开发技术提升能力、非常规油气资源前景、全面拓展合资合作领域和规模的可行性，以及低效储量开发管理模式创新等，建议启动深层煤炭地下气化技术超前研究。

（5）规章制度建设。组织开展境外油气勘探项目和油田开发项目可研报告编制规定的修订工作，境外气田开发项目可研报告编制规定的编制工作，以及境外油气勘探、油田开发、气田开发项目可研编制指南的编写工作。首次建立一套完整的海外项目核准基础档案，并理清海外项目退出相应工作程序，弥补了退出项目管理空白。

（6）国家政策争取。组织编制和协调国家煤层气和页岩气产业政策，努力争取国家在市场定价、财政补贴、税费减免，以及产业化示范基地建设资金支持等方面的扶持政策。争取西部大开发和东北老工业基地可持续发展财政支持政策，申请国家“走出去”战略的进一步资金支持政策，协助申请致密气、致密油、煤层气、页岩气等国家矿产资源综合利用示范基地和国家级产业发展示范基地及相关扶持政策。

（孔令峰　刘瑞杰）

2. 炼油化工项目管理

（1）战略及重点项目进展顺利。继续开展中委广东石化炼油、云南石化炼油、浙江炼化一体化、中俄天津东方石化炼化等战略项目前期工作。广东石化2000万吨/年炼油项目于2012年4月20日获得国家发改委核准。云南石化1000万吨/年炼油项目环评获国家环保部环评批复，各项前期工作进展顺利。浙江炼化一体化项目于2012年5月29日获国家同意开展前期工作的“路条”文件。中俄天津东方石化炼化项目继续开展可行性研究工作。

（2）在建项目有序推进。抚顺石化千万吨炼油百万吨乙烯工程、大庆石化120万吨/年乙烯扩建工程、呼和浩特石化500万吨/年炼油工程等重点项目顺利建成投产。四川石化1000万吨/年炼油80万吨/年乙烯工程等重点工程按计划推进。国Ⅳ汽油质量升级项目全面启动，确保按国家进度要求建成投产。

（张桐郡）

3. 油气储运项目管理

2012年，重点工程项目建设有序推进，西北战略通道建设取得重大进展，内陆骨干管网不断完善。中亚天然气管道AB线及西气东输二线全线、香港支线、中卫—贵阳联络线中卫—南部段、湘潭—娄底—邵阳天然气管道和长庆油田—呼和浩特、独山子—乌鲁木齐原油管道、庆铁三线、漠大线改造等一批重大项目顺利建成投产；西气东输三线西段、东段、大唐煤制天然气管道（古北口—高丽营）、中缅油气管道（中国境内段）、锦州—郑州、呼和浩特—包头—鄂尔多斯、云南成品油管道等项目顺利开工建设。同时，进一步完善天然气与管道业务发展规划和中国石油在各省、直辖市、自治区油气管网规划，修订输油（气）管道工程项目（预）可行性研究报告编制规定；开展一系列油气管道项目前期工作，并批复一批重点项目可行性研究报告。

（1）天然气管道及LNG项目。1月，批复港清三线输气管道工程可行性研究报告；2月，批复中亚天然气管道C线可行性研究报告；3月，批复川渝地区天然气管网调整改造工程江津—纳溪集输气管道可行性研究报告；4月，批复哈尔滨—沈阳输气管道工程（长春—沈阳段）、山东泰安60万吨/年LNG装备国产化项目可行性研究报告；7月，批复国家石油天然气大流量计量站塔里木检定点工程可行性研究报告；8月，批复深圳液化天然气应急调峰站项目可行性研究报告技术方案的意见；9月，批复广东揭阳LNG项目预可行性研究报告、湖北500万米^3/日LNG工厂国产化示范工程可行性研究报告；11月，批复西气东输二线上海支干线抚州分输压气站工程、国家石油天然气大流量计量站乌鲁木齐分站、重庆两江新区龙石先进制造功能区集输气干线整体改造工程可行性研究报告、抚顺天然气综合利用项目可行性研究报告（调整版）；12月，批复西气东输二线上海支干线衢州分输压气站工程可行性研究报告。

（2）原油管道项目。9月，批复铁大线安全改造工程（铁岭—鞍山段）可行性研究报告技术方案意见、抚顺—锦州成品油管道工程可行性研究报告技术方案意见、铁岭—锦西原油管道复线工程可行性研究报告技术方案意见、庆铁线改造工程可行性研究报告技术方案意见。

（刘春杨　刘忠付　段宝成）

4. 销售项目管理

（1）销售项目管理。按照“强力推进，加快发展，提高份额”的要求，对中国石油销售业务和国际贸易业务“十二五”规划进行优化调整，并对“十三五”规划框架进行研究；按照中国石油规划和项目立项程序组织评估论证项目14项，办理项目批复7项。加强与地方政府和大型央企开展战略合作，完成集团公司与3个省（直辖市）和3个公司的战略合作协议谈判与签署工作；为集团公司领导准备销售业务类会见材料66份，整理需要协调解决的实际问题200余项，充分利用高层领导会见机会，为企业解决实际问题。

（2）信息项目管理。按照党组提出“用3年时间，实现信息化从集中建设到集成应用的跨越，到‘十二五’末，基本达到国际先进水平”的目标要求，组织“十二五”信息化建设规划方案优化和实施，加强信息项目论证，优化信息项目投资，组织评估信息项目14项，完成批复信息项目8项。

（3）基础管理工作。按照管理提升活动的要求，研究用好信息化手段，强化管控和优化，实现降本增效。组织相关单位，按照集团公司投资管理办法，以投资项目为主线，梳理投资项目全生命周期的业务流程与需求，研究借助建设以ERP为核心的信息系统集成，建设集团公司投资项目全生命周期管理的信息平台，统一投资项目效益评价和规范估算概算水平，进一步加强投资管理，提高投资效益，杜绝计划外项目。

（栾向阳）

5. 工程技术服务项目管理

（1）规划编制。对工程技术业务“十二五”规划进行优化，提出“十三五”规划框架。重点对工程技术业务面临的形势，特别是机遇和挑战进行分析，对业务定位和发展方向及重点进行系统研究。

（2）项目管理。按照“控制队伍规模，调整结构，优化布局，发展高端，拓展海外，提升保障能力和竞争力”的思路，共组织审查工程技术服务业务项目29项，办理批复25项。重点保障“新疆大庆”、“西部大庆”、西南油气基地、海外勘探开发等重点项目建设所需的钻机更新、压裂车组更新、智能钻机引进、高端市场大型物探设备配备、高端成像测井设备引进、滩浅海铺管船建造以及400英尺海洋钻井平台建造等，满足深井超深井和水平井钻井、压裂、高端物探、海外高温高压小井眼成像测井以及海上钻井作业要求。

（3）完善管理制度。参与编制《集团公司建设工程项目管理办法》，进一步规范和提升集团公司工程建设管理水平。

（刘　军）

6. 装备制造项目管理

立足长远发展，对集团公司装备制造业务“十二五”规划进行滚动优化调整，进一步明确2015年发展目标及2020年远景目标，对投资规模作出总体安排，并重点对规划项目重新进行调整，为推动装备制造业务持续有效发展奠定基础。为落实集团公司海工基地发展规划，组织相关单位赴海南省三亚市就海工基地建设项目开展前期调研，就项目选址、入驻方式、土地和岸线需求等与三亚市相关部门进行沟通，确定下一步工作重点，为集团公司南海油气开发做准备。

围绕集团公司油气业务发展需要，进一步转变发展方式，以调整产品结构为主线，以增强装备制造业务服务保障能力和盈利能力为目标，做好重点项目研究论证工作。2012年共审查批复东北炼化工程有限公司吉林机械制造分公司安全环保隐患治理、济柴动力总厂水运气化用发动机武汉生产基地建设、渤海石油装备制造公司福建省螺旋焊管生产线搬迁改造、中国石油科技创新基地北京石油机械厂搬迁改造4个项目。还组织开展渤海石油装备制造公司大中型高压阀门制造、渤海石油装备制造公司宁波海工基地建设、宝鸡石油机械公司国家油气钻井装备工程技术研究中心建设、宝鸡石油机械公司钻机成套技改、济柴动力总厂福建省发动机组装建设等项目的前期审查论证工作。

（王　琪）

7. 管道项目核准管理

（1）天然气业务。2月，陕京四线大唐煤制气支干线（古北口—高丽营段）取得北京市发改委核准批复、广西贵港天然气专供管道取得广西壮族自治区发改委核准批复。4月，中缅天然气管道（中国境内段）取得国家发改委核准批复。5月，广西南宁天然气专供管道取得广西壮族自治区发改委核准批复。6月，西气东输二线苍梧—贺州支线、南宁（吴圩）—崇左支线、贵港—玉林支线取得广西壮族自治区发改委核准批复。7月，中亚—中国天然气管道C线取得国家发改委核准批复、广西玉林天然气专供管道取得广西壮族自治区发改委核准批复。9月，西气东输安全改造项目取得新疆维吾尔自治区、甘肃省发改委备案。10月中卫—贵阳联络线管道工程、西气东输三线西段（霍尔果斯—中卫）、西气东输三线东段干线（吉安—福州）取得国家发改委核准批复。11月，中缅天然气昆明东支线工程、昆明西支线工程取得云南省发改委核准批复。

（2）原油业务。4月，中缅原油管道（中国境内段）项目（一期）取得国家发改委核准批复。6月，长庆油田—呼和浩特石化原油管道工程取得国家发改委核准批复。

（3）成品油业务。4月，云南成品油管道取得云南省发改委核准批复。6月，锦州—郑州成品油管道取得国家发改委核准批复。8月，宁夏石化成品油外输管道取得国家发改委核准批复。

【用地预审管理】

1. 加强用地预审基础建设，确保用地预审工作有效开展

2012年10月，在中国石油四川培训中心组织举办用地预审业务培训班，邀请国土资源部、四川省国土厅有关业务主管人员和相关专家，对《中华人民共和国土地管理法》、土地宏观政策形势、土地规划、用地预审操作实务、用地指标等方面做了全面讲授。培训班涉及单位20余家，参训人员80余人。

2. 完善用地预审工作程序和制度

2012年2月，编制下发《中国石油天然气股份有限公司关于推进长输油气管道项目建设用地预审工作的指导意见》（石油计〔2012〕34号），明确用地预审工作原则、程序、操作要点和工作思路等，为保障项目用地预审有序开展提供制度保障。

（姚　双）

【年度业务发展计划】

1. 年度计划

2012年，按照集团公司“牢牢把握稳中求进工作总基调”的要求，突出发展主营业务，保障重点工程建设，控制低效无效投入，一是统筹部署各业务年度投资计划，全年共下达上市、未上市业务投资计划14批，确保集团公司各项生产经营任务目标的完成。二是根据生产经营形势变化及时调整工程成本，促进油田公司与工程技术企业共同发展。

2. 投资管理

一是组织召开规划计划工作会议，推动投资管理工作再上新台阶。总结分析“十一五”以来规划计划工作取得的成绩和存在的不足，学习交流加强投资管理的经验和做法，研究进一步深化投资管理办法措施，安排部署近期投资管理重点任务。二是持续做好投资控制工作。按照集团公司“全年投资控减5%”的要求，各单位分层次、多举措控制投资，全年通过优化设计方案、集约化采购、加强招投标管理、设备材料国产化、推广应用新技术、调整项目建设节奏等途径，控制压减投资261亿元，减幅6.5%，所压减投资全部用于新增战略项目建设。

（马　明）

【生产经营计划管理】

1. 运行协调工作成效明显，确保生产平稳运行

一是针对长庆油田快速上产，制定管道加降凝剂增输、加大铁路和汽车外运力度、不均衡供应地方炼厂、积极协调呼和浩特石化和长呼线按计划投产等措施，为长庆油田实现2012年超计划生产54万吨、总量达到2261万吨夯实外部保障条件。二是针对大庆炼化装置事故造成30万吨大庆原油配置困难、克拉玛依石化制氢装置转化炉闪爆后造成20万吨新疆原油配置困难，及时制订解决方案，确保生产运行平稳受控。三是积极协调大港石化和中国石化炼厂，在呼和浩特石化扩能改造停工期间努力增接二连和塔木察格原油，为集团公司海外项目平稳生产以及国内油田正常运行解决后顾之忧。

2. 以效益为核心坚持有保有压，降本增效成果逐步显现

一是加强市场形势分析和经济效益测算，协调炼化板块主动降低效益较差企业的加工负荷，特别是调减海上进口原油加工企业和以烯烃生产为主的炼化一体化企业加工量，股份公司2012年共减少加工量665万吨，炼化业务效益同比减亏168亿元。二是受国家天然气价格机制影响，2012年进口天然气全面亏损，对公司效益影响很大，为此，运行中严格控制LNG现货进口，努力减少天然气进口亏损，全年LNG现货进口比年初工作目标减少15.8亿立方米。三是利用两种资源、两个市场，积极开展来料加工业务减亏增效，特别是抓住四季度出口效益较好的机遇，成品油出口同比增长10.1%，比前三季度平均水平高13.7%。

3. 加大国内外资源筹措力度，资源配置不断优化

一是大力筹措进口哈萨克斯坦油资源，努力增加西部地区炼厂适宜加工的油种。二是积极落实中国石化春光和车排子原油供给疆内炼厂，降低运输成本，增加疆内直属炼厂资源供应。三是增加克拉玛依石化和辽河石化稠油供应，满足润滑油和沥青等高效产品生产需要。四是努力协调燃料油公司、国际事业公司，解决进口委内瑞拉原油后路不畅问题，确保中委大额融资项下战略性资源的顺利引进。五是提前安排四川石化投产备油200万吨，全力为实现四川石化按期、顺利投产解决资源问题。

4. 切实承担社会责任，油气供应工作有效开展

一是灵活调整成品油营销策略，加大销售力度，加强终端销售，及时跟踪市场动态，2012年国内成品油销售量同比增加165万吨，实现国内成品油市场安全稳定供应。二是面对国内天然气需求持续快速增长、季节性用气峰谷差大、冬季全国普遍出现极寒天气等困难，采取增资源、控消费、保重点的一系列综合措施，有效保障民用、公用、重点地区和重点用户的安全平稳供气，全年销售天然气同比增长17.6%。

5. 加大对外协调力度，积极营造生产经营外部良好环境

一是积极向国家发改委和商务部申请成品油进出口配额指标同比增加50万吨，为炼化企业开展加工贸易、提高经济效益创造了有利条件。二是积极参加国家发改委、国务院国资委、商务部、国家能源局、工信部等国家部委召开的季度、月度能源形势分析座谈会，反映公司生产经营情况和实际困难，营造有利的外部环境。在多次积极申请下，国家发改委和财政部正式下文，自2013年1月1日起，降低原油和天然气出入境检验检疫费收费标准。三是请国家能源局帮助协调独山子、兰州国储库加快试投产和保税资质办理，研究制订并协调相关单位加快实施国储油代储方案，努力增加国家石油供应保障能力。

（乔　跃）

【概算管理】

1. 加大可研估算审查力度

根据集团公司投资控制新形势和新要求，始终坚持工程方案优化和投资对标控制并重，科学合理审准项目可研估算，从源头上控制项目投资，2012年共审查项目可研估算112项，综合投资核减率16%。

2. 强化重点项目概算复核

坚持严格把关，统一审查规定，强化概算复核力度，2012年共复核一类、二类项目初步设计概算99项，综合投资核减率19%；合理调整初步设计概算9项。

3. 持续更新完善工程计价依据

2012年，对工程计价依据结构和子目设置进行根本性改革，目标是建立投资编制、审批、招投标和结算相统一的新计价依据体系。完成《石油建设安装工程预算定额》修编，重点解决“以量补价”的弊端；修编《石油建设项目可研估算编制办法》，以“工程量法”保证投资估算质量水平；修编《建设项目其他费用和相关费用规定》，适应工程建设实际，实现工程投资科学、合理。

4. 加强管理制度建设

制定《关于加强建设办公用房和倒班公寓管理工作的通知》、《关于建设项目实施过程中调整建设内容和投资有关问题的通知》；更新完善《建设项目投资审查统一规定》；发布4期《石油建设工程统一设备材料综合参考价格》，涵盖电缆、非标设备、工艺管道、阀门等千余条价格信息。

5. 开展重点课题研究

针对国家增值税政策调整，及时开展《营业税改增值税对管道投资项目的影响研究》，对已运行管道项目和新建管道项目分别进行投资效益分析，提出针对性建议；完成《炼油化工项目联合试运转费研究》等。

6. 重视提高造价专业人员综合素质

2012年，完成2期石油工程造价专业人员岗位培训；组织工程造价优秀成果和优秀论文评选活动，表彰优秀成果29项，优秀论文47篇。

（张建斌）

【石油工程建设】

1. 工程勘察设计

截至2012年底，集团公司拥有国家工程勘察设计资质的单位共35个，其中综合甲级4个、行业甲级16个、专项甲级2个、乙级13个。从业人员总数4万人，其中技术人员2.2万人，占从业人员的56%；各类注册人员4784人，占技术人员的21.7%。2012年，完成工程勘察合同额5.8亿元，工程设计合同额95.4亿元，工程技术管理服务合同额15.6亿元，工程承包合同额505.2亿元。拥有专利797项，拥有专有技术231项，获得国家和省部级奖315项。实现营业收入683.6亿元。

2. 工程建筑施工

截至2012年底，集团公司所属建筑施工总承包和专业承包企业71个，其中施工总承包企业43个，包括特级资质4个，一级资质26个，二级资质11个，三级资质2个；专业承包企业28个，包括一级资质21个，二级资质6个，三级资质1个。2012年，集团公司建筑业企业实现总产值1163.5亿元，其中，境外营业额214.85亿元。

3. 工程建设监理

截至2012年底，集团公司所属工程建设监理企业27个，其中，综合资质4个，甲级资质22个，乙级资质1个；从业人员11282人，其中，专业技术人员9658人，高级、中级、初级职称人员分别占14.3%、41.2%、21.8%。现有国家级注册监理工程师1127人，其他注册执业资格593人。2012年，集团公司工程监理企业实现营业收入92.1亿元。

（丁金林　周　波）

【后评价管理】

1. 继续加强后评价基础建设工作

在试点开展的勘探、炼化、管道三类项目的后评价信息库建设的基础上，启动集团公司后评价管理信息系统建设，明确系统建设目标、功能需求。召开部分油气田企业项目后评价座谈会，交流经验、分析存在主要问题、探讨推动工作的措施。举办集团公司炼化项目后评价骨干培训班，共有35家单位63人参加。结合地区公司实际需求，组织相关咨询单位到大庆油田、西南油气田、管道分公司、锦西石化多家单位开展后评价培训，进行现场指导。对两次论文征集评选活动的优秀论文进行编辑出版，全面启动后评价理论丛书编纂工作。

2. 启动2005年以来投资项目后评价分析工作

为贯彻落实集团公司工作会议关于“强化投资和成本控制，深入推进精细化管理”的精神，对2005年以来的投资项目进行分析评价，重点从投资控制、效益对比、投资全过程管理等方面入手，系统总结典型项目建设和运营管理取得的经验和教训。

3. 加大对后评价计划落实工作

在反复筛选、充分征求意见的基础上，2012年共下达28个典型项目和14个信息化专项后评价计划，涵盖集团公司所有主营业务。

4. 努力加强成果利用工作

一是推进后评价年报制度化。在对2011年完成的29个典型项目深入分析基础上，起草完成集团公司2011年投资项目后评价通报。二是加强后评价意见反馈和存在问题整改落实的工作。先后完成31个项目后评价意见反馈工作，共总结经验77项、发现问题101项、提出意见和建议69项。各有关企业非常重视、细化责任，存在问题整改落实达到100%，项目闭环管理取得较好效果。

（洪保民）

【综合统计】

1. 坚持不断完善统计工作体系，管理基础进一步夯实

一是在认真梳理集团公司生产经营核算体系的基础上，组织统计、生产、管理人员全参与，分业务全面修订统计核算指标体系。二是根据集团公司业务拓展和重组进程，及时补充、修订、完善报表制度，大力精简报表数量，避免重复数据，努力减轻企业负担。三是组织开展《中国石油统计管理工作手册》的调研和前期工作，着手全面梳理统计管理制度、管理职责、管理流程。

2. 坚持高质高效提供统计信息产品，服务保障作用进一步彰显

一是服务集团公司生产经营管理，对内提供全面统计信息。二是定期向国家有关监管部门汇报公司生产经营形势分析，反映公司运营中存在的主要问题，并提出有针对性的政策建议；向国家有关部门上报主营业务完成情况的简要数据，被国家统计局授予全国固定资产投资统计数据质量评比特等奖和建筑业统计数据质量评比一等奖；向资本市场披露主要生产经营信息，赴国内外资本市场进行路演。

3. 坚持深入开展统计分析研究，决策支持能力进一步提升

一是牵头组织完成向集团公司党组和管理层汇报的季度生产经营活动分析。二是为集团公司领导与地方政府高层会晤及基层慰问调研编写中国石油在全国

31个省（直辖市、自治区）的生产经营整体情况报告130余份。三是密切跟踪国内外形势变化和国际国内同行业的发展战略和经营动向，进行系统对标分析。

4. 坚持持续推进统计信息化建设，统计科技手段进一步优化

进一步推进新综合统计管理信息系统的开发，细化深化统计业务需求分析，编制总体需求报告，根据集团公司整合后的管理体制和机制，划分统计核算报告层次，优化简化报表制度；对统计指标体系进行再梳理，参照国际通行做法，强化统计核算标准，统一指标分类、分组和编码。

5. 坚持扎实做好绩效考核工作，管理导向作用进一步强化

在集团公司绩效考核体系中，坚持围绕企业发展目标、发展定位和发展战略，以效益为中心设定考核指标。在绩效考核执行过程中，加强生产经营过程的事中监控和评价，发现问题及时与相关部门和人员沟通，制定整改措施。

6. 坚持全面系统开展业务培训，队伍素质和凝聚力进一步增强

紧紧围绕统计队伍建设目标，多层次、多渠道、多方式地开展统计业务技能培训。举办集团公司统计业务骨干培训班，地区公司190人参加学习。组织部分企业的统计部门主要负责人，参加商务部组织的赴美国跨国投资管理与统计分析培训。

（孙效娴）

财务资产

【概述】 2012年，集团公司财务资产工作紧密围绕公司总体战略部署，努力应对复杂多变的内外部环境，不断夯实财务基础管理，坚持探索财务创新管理，着力提升决策支持和价值管理能力，各项工作有序推进，集团公司财务状况明显改善，创效能力持续增强。财务决算结果表明，集团公司资产总额稳步上升，收入保持两位数增长，利润略高于2011年。全年实现营业收入2.7万亿元，占中央企业的八分之一；实现利润1839亿元，占中央企业的七分之一；实现税费3930亿元，接近中央企业的四分之一，占全国财税收入的3.4%，对国家财税贡献显著。期末资产总额3.4万亿元，占中央企业的九分之一；国有权益1.6万亿元，占中央企业的五分之一。

（万　钧　陈　奕）

【司库建设】 2012年4月17日，集团公司举行大司库系统上线仪式，标志着大司库信息系统由开发转入推广阶段。6月底，大司库系统开始在未上市企业全面上线。10月19日，集团公司司库委员会第一次会议召开，审议通过大司库系统运维方案。完善大司库制度体系，先后下发《境内人民币结算管理办法》和《客户信息和信用管理暂行办法》。《金融资源配置与监管》和《司库体系设计与应用研究》两项课题研究先后通过评审。大司库系统建设项目荣获“集团公司科技进步二等奖”。

（吕连浮　何　涛　胡朋岸　丁淑颖）

大司库系统推广期间，先后组织四期集中培训，对70余家单位1000余人次进行系统应用培训；走访西部钻探、东方物探、宝鸡石油机械厂等21家企业；采用制订详细实施计划和技术人员现场技术服务等方式开展推广应用工作。

截至2012年底，营运资金、结算、理财、风险4个子系统在未上市企业全部上线，决策支持子系统在东方物探、长城钻探等8家企业深化试点。系统用户达2万个，管理70万条客户信息，总分联动结算业务累计478592笔。

（丁淑颖　黄　海　杨　雷）

【资金管理】 资金管理平台建设推广和深化应用取得阶段性成果。2012年1月12日，资金管理平台项目顺利通过验收；2月24日通过中国信息安全评测中心组织的信息安全评测；6月顺利通过系统上线验收和项目竣工审计，标志着资金管理平台建设工作基本完成。持续深化资金平台应用，启动实施资金管理平台银企直联付款功能，完成60多家地区公司本部试点，并向二级单位延伸，提升企业付款安全级别，减少纸质银行单据传递，为进一步精简账户奠定基础。配合加油站资金管理系统售卡中心充值控制功能，开

发加油站支票顺进账和倒进账功能，实现支票收取、入账确认、客户确认、油卡充值、加油、开票等业务自动化、流程化处理，规避资金安全风险。完成对33家托管及未上市企业的培训和推广。

与中国工商银行总行签订新的上门收款合作总协议，建立公司总部与中国工商银行总行、公司所属销售企业与中国工商银行省（市）分行的两级协调工作机制，充分发挥销售企业与中国工商银行省（市）分行协作主观能动性；参照原支付标准，综合平衡上门收款成本权重比例，适当提高中国工商银行内部补偿额度，有效提高银行上门收款积极性，确保股份公司现金回笼资金安全。

（朱吉好　尹国平　马保华　袁宏林）

不断加强资金计划管理，密切跟踪总部及地区公司资金大额收支安排及执行情况，动态跟踪资金存量变化，及时发现计划执行差异，分析资金运行趋势及影响因素，并提出合理化建议。开展资金预算一体化管理专项课题研究，在东北销售公司实现所属分公司年度、月度资金计划与费用预算、投资计划、生产经营计划的无缝对接。

努力推进票据管理，深入挖掘管理效益。在公司现金流持续趋紧的情况下，进一步加强对地区公司银行承兑汇票的收取、转让、买方负息贴现、退票、到期委托收款等全过程的审查与监控，创新工作思路方法，最大限度地降低票据对资金的占用。针对化工销售企业客户提出使用电子银行承兑汇票的要求，以及电子银行承兑汇票应用范围逐步扩大的现实情况，选择试点单位，要求其在规定范围内妥善开展电子银行承兑汇票业务，协助总部共同做好风险分析及经验总结工作，为下一步电子银行承兑汇票在所有化工销售公司的推广应用奠定基础。

加强对特殊资金管理，从2012年下半年开始每月收集各单位特殊资金使用、结余存量情况及管理现状，跟踪存量变化，及时分析资金动态及运行趋势。

（胡建忠　尹国平）

【境外资金管理】

1. 外汇资金集中管理

发挥集团公司整体优势，以外汇资金运转的安全、及时、规范、高效为思路，完善、优化信息和资金集中等工作，所有全资子公司外汇资金归集工作平稳运行。截至2012年底，集团公司依托中油财务有限责任公司在北京、香港、迪拜和新加坡设立的4个现金池，累计上收410.21亿美元，下拨1027.8亿美元，实现了资金有效调剂。2012年全年办理结售汇668.02亿美元，外币兑换18.03亿美元，为成员企业节约成本1.45亿美元。

梳理境内外资金池运营情况，增加昆仑银行和中国农业银行作为集团公司境内经常项目外汇资金归集银行。

（乔　宁　李中华）

邀请8家中、外资银行参加集团公司境外资金池主办银行投标工作，受邀银行均参加了投标。集团公司评标委员会从银行基本情况、投标书制作、境外资金池设立、结算服务、信息管理服务、服务定价等7个大项，资金池归集方案等35个小项进行了独立打分，最终中国工商银行、中国银行、汇丰银行、花旗银行、法国巴黎银行、渣打银行6家银行中标。

（乔　宁　王文井）

加强外汇账户网上审批工作。2012年全年审批企业账户申请398项，完成对34家开立外汇账户成员企业的信息归集管理。组织涉外企事业单位全面开展外汇账户自查，针对外汇账户风险隐患、外汇政策落实执行和外汇账户信息更新维护等情况，全面梳理共计1728个境内外外汇账户。

（乔　宁　石　妍）

2. 国际结算

全年完成464亿元人民币跨境结算。配合中国人民银行研究与卡塔尔石油贸易人民币结算问题；从高层互访、汇率定价商谈、人民币账户开立、人民币购售汇额度申请等方面积极推进土库曼斯坦人民币结算模式。

（乔　宁　唐　臻）

3. 汇率风险管理

加强汇率风险监控，编制12期《集团公司汇率风险分析报告》，监控集团公司汇率敞口，提示企业有效管理汇率风险。

指导大额收购项目汇率避险操作并组织实施。完成加拿大非常规天然气项目14亿加元远期外汇交易，与目标汇率及交割汇率相比节省收购资金3000万美元；完成加拿大黄河项目11.84亿加元远期外汇交易，与目标汇率和交割汇率相比，分别节省收购资金1404万美元和966万美元。

跟踪和研究重点货币汇率风险。密切关注卢布汇率变化，研究应对策略；研究日元与人民币直接挂牌结算对集团公司的影响。

集团公司凭借海外项目收购汇率避险方案，荣获欧洲金融（Euro Finance）2012年陶朱奖“最佳风险管理解决方案奖”重点推荐奖。

（乔　宁　李中华）

4. 境外投资联合年检工作

集团公司共计 24 家单位的 99 个境外投资企业参加 2011 年境外投资联合年检和综合绩效评价工作。在参加年检的企业中，获得年检等级为一级的企业 97 个，占年检企业的 98%。

（乔　宁　刘　远）

5. 外汇政策协调

获得《国家外汇管理局综合司关于中国石油天然气集团公司授权境内成员企业使用对外担保余额指标的批复》（汇综复〔2012〕102 号），集团公司在 400 亿美元对外担保余额指标内，可授权成员企业自行为其所属企业提供融资性和非融资性担保。

（乔　宁　石　妍）

下发股份公司外汇资金管理办法，包含账户管理、资金归集管理、资金计划管理、资金池管理、国际结算管理、现钞管理等，对股份公司外汇资金管理制度形成有益补充。按照《关于股份公司境外资金集中管理的总结和工作规划》，对国际事业中东公司、中油国投新加坡子公司、大庆塔木察格公司等实施资金集中管理。启动国际事业新加坡公司集中管理的方案设计。与中油国投研究确定加拿大区域资金池方案。

（朱吉好　袁宏林　孙傲雪）

【债务管理】 股份公司研究完善现有资金管理机制，使之更加有效传导总部资金压力。结合工作实际，为销售、炼化公司合理减免负息资金利息。细化和完善参股、控股公司债务管理，为参股、控股公司及托管企业的重点项目提供资金支持。

（廖　渝　孟　齐　钟玉兰）

【融资管理】 2012 年，集团公司优化配置债券品种，完善债券承销机制，加强市场走势研判，克服债券市场波动剧烈、发行窗口受限等不利因素，抢抓年内利率低点，境内成功发行 2600 亿元债券，规模创历史最高，首次超过铁道部成为银行间市场最大的非金融企业发行主体。其中，集团公司发行 4 期中期票据共 800 亿元、4 期企业债券共 800 亿元、4 期超短期融资券共 800 亿元，股份公司发行 1 期公司债券 200 亿元，与同期银行贷款相比，上述债券节约财务费用共计 302 亿元。

根据国务院国资委关于中央企业债券发行监测管理要求，建立集团公司债券数据汇总报送工作机制。按照中国银行间市场交易商协会信息披露要求，发布《银行间债券市场非金融企业债务融资工具信息披露规则》。积极参加交易商协会、中央结算公司等部门组织的债券融资研讨和交流，提升集团公司政策参与度和市场影响力。集团公司总会计师王国樑应邀参加交易商协会成立五周年座谈会并作主题发言。

12 月 19 日，中国石油 2012 年债券融资研讨暨总结会在北京召开。国务院国资委等主管部门、国内外大型金融机构和中介机构的 110 余名高管和专家学者参加会议。会议总结回顾了中国石油债券融资发展历程，研讨展望 2013 年国内外宏观经济形势与债券市场走势。集团公司总会计师、党组成员王国樑出席会议并做主题发言。

（田　娜　任克娟）

拓展境外多元融资渠道，满足海外业务资金需求。（1）纽约时间 2012 年 4 月 12 日，成功向国际债券市场发行 11.5 亿美元境外债券，其中，5 年期发行量 6.5 亿美元，收益率 2.752%；10 年期发行量 5 亿美元，收益率 3.965%，认购倍数超过 10 倍，在发行形式、定价水平和投资者认购倍数等多方面实现突破和创新。（2）统筹安排财务公司香港子公司设立 20 亿美元商业票据发行额度。5 月 2 日，集团公司通过财务公司香港子公司发行 1 亿美元商业票据，成为首家在美国市场发行商业票据的中国企业。财务公司香港子公司全年累计发行商业票据 78 笔，滚动发行量为 58.05 亿美元，与同期银行短期借款融资成本相比低 0.5—0.7 个百分点。

（乔　宁　刘　远）

加强融资策略研究，探索创新境外融资方式。研究外汇储备资金与石油资源合作问题，设计研究相关方案，向国家外储中心等部门进行汇报。结合海外业务类型特点，研究优先股、永续债、能源基金、特殊目的公司等不增加集团公司负债的融资策略和渠道，参与国家开发银行跨国规划研究，推动建立使用外汇储备资金的长效机制，变外汇储备为能源资源储备，探索建立海外业务获取长期稳定低成本资金渠道。

（乔　宁　韩　宇　吴盛龙　徐潇鹤）

股份公司面对银行贷款规模紧缩、贷款利率高企、贷款资源紧缺的严峻形势，在做好支持公司金融业务的同时，努力深化与商业银行合作关系，继续保持重点 3A 企业市场融资地位，完成全年融资计划。启动公司债项目发行工作，在 11 月首次在交易所市场成功发行 200 亿元公司债。开展融资租赁业务研究，并申请董事会审批完成四川石化开展融资租赁业务的议案，拓展了新的融资渠道。积极推进美元集中付汇，获得了低成本贷款。对跨境人民币股东贷款事宜进行深入研究，以构建公司国际化、立体化融资模式，充分发挥各个融资平台的作用，减轻公司总部融资压力，提高存量资金使用效益，努力降低融资成本。

（廖　渝　纪伟钰　吴新友）

【预算管理】 2012年，预算管理以大预算思想为统领，围绕集团公司发展战略，按照党组推进落实、持续提升、稳定增长的工作定位，把握稳中求进的工作总基调，各方面工作取得新进展，促进公司经营效益总体保持平稳。深入开展经营政策和机制研究，对集团公司10多年来的经营机制进行回顾和分析，完善零购资金政策，制定成品油外采业务预算管理机制，开展重大科技项目经费配套制度研究；启动集中报销平台建设，完成了121家地区公司试点和推广，开展财务共享服务中心顶层设计方案研究，推进财务管理模式创新与改革；持续深入推进未上市企业解困扭亏，未上市企业整体亏损势头得到了有效遏制，取得初步成效；推进费用标准化体系建设，制修订并下发境外差旅费等5项管理规定，制定广告宣传费等3项制度标准，丰富完善了集团公司费用标准化体系；逐步推广实施完整项目管理试点，进一步扩大试点范围，搭建完整项目管理评价模型，依托预算系统开展全生命周期效益评价；深入推进对标与经营指标评价，强化人均利润等效益效率指标，发布集团公司2011年经营指标评价结果；制定《中国石油天然气股份有限公司关联交易管理办法》；持续推进预算管理信息化建设，完成预算管理信息平台15项功能的开发和完善工作。

（刘立旺　张雪媛）

【预算管理机制及创新】

1. 继续深化经营机制研究

开展经营机制再认识与研究，从决策、传导、运行和激励约束机制4个环节，对集团公司10多年来的经营机制进行回顾总结和分析，并提出下一步工作建议。研究集团公司重大科技项目经费配套管理规定，提出重大科技专项经费配套、引入项目单位审查等优化科研经费管理的具体意见和建议。强化成品油外采业务预算管理，从突出效益导向和促进量效并举的角度，提出外采资源吨油利润效益标准。研究完善零购资金政策，梳理总结零购资金出台背景和实施效果，分析面临的形势和矛盾，研究提出分类调减零购资金政策。

2. 逐步推广完整项目管理

积极推进国内上游业务试点，跟踪第一批8个项目试点工作进展，总结2011年试点工作情况，组织实施第二批7个项目的试点工作，进一步扩大试点范围；搭建完整项目管理评价分析模型，依托预算系统开展全生命周期效益评价。继续开展海外和国内对外项目效益评价及跟踪研究，依托海外项目和对外合作项目效益核算数据库，从2011年度、历史周期、全生命周期3个层面对18个海外重点项目和11个进入生产期的国内对外合作项目进行效益评价。启动单条管线完整项目管理，将6家单位的22个管道项目纳入评价范围，设计基础表格，收集项目可行性研究和实际运行数据；开发管道项目效益评价模型，对全生命周期效益进行评价分析。启动炼化业务完整项目管理，收集整理可行性研究数据，研究炼化业务完整项目管理实施方案，建立炼化新建项目（公司）数据库，滚动跟踪分析、评价项目运行情况，为不断优化项目运行、确保项目既定投资回报目标实现奠定基础。

（刘立旺）

【成本费用管理】 跟踪反映公司成本费用指标变化趋势，强调投资成本双控的重要意义，重点分析油气单位操作成本、完全加工成本和吨油营销成本等重要成本指标变化情况及原因，以及折旧、利息支出和人工等成本要素对各项成本指标的影响。按照对标管理和精细化管理的工作思路，结合各板块业务特点，对勘探、炼化、销售、天然气管道等业务成本费用管控提出切实可行的工作建议。在年度预算基础上，对主要成本指标提出明确的控制目标。2012年成本费用增幅得到有效控制，推动了全年经营业绩指标按预期顺利完成。

加强成本费用预算管理，坚持合理有效原则安排成本费用预算指标，并加强跟踪分析和监控，确保成本费用控制在年度预算之内。落实集团公司工作会议精神，与相关部门共同研究，就压缩五项费用及总部机关专项经费提出具体措施，下发《关于进一步控制非生产性支出的通知》。

（吴立群　范　暄　刘立旺）

【对标管理】 继续深入开展国际油公司对标、国内同行业企业的全面对标，以及炼化、工程技术、工程建设、装备制造和金融业务的国际国内对标，及时跟踪公司行业竞争力和发展能力，推进对标分析和管理在集团公司各业务、各层级单位中的广泛应用。开展油气田企业区块、加油站单站经济效益跟踪评价分析，以及各类业务的三级单位经营分析，强化分析的广度和深度。连续第三年开展集团公司各类业务经营指标评价工作，进一步完善和优化评价指标体系，强化人均利润等效益效率指标。

（刘立旺）

【关联交易】 按月对公司关联交易结算执行情况进行分析，并将分析结果在公司网站进行公告，有效促进了地区公司关联交易封闭结算进程。三季度发布通知，要求地区公司报送本年关联交易结算执行情况总结以及四季度关联交易资金安排，及时查找影响结算进程的原因，并切实解决发现问题，一定程度上减少了年底集中大额支付款项。2012 年股份公司应付集团公司及所属未上市企业账款的平均结算率达 90%，比 2011 年封闭结算额增长 6%，节约了财务费用，提高了资金使用效率。

研究制定西二线香港支线、西二线广州—南宁支线、中贵天然气管道项目的商务运行模式。对西北销售成品油管道的管输损耗问题集中研究。对销售公司铺底油占用资金的核定及拨款方式进行规范。

（李书江 马保华 于 高）

2012 年，根据公司工作实际和政府监管要求，先后对中国石化、中海油服等上市石油公司的关联交易管理情况进行全面调研交流，制定下发了《中国石油天然气股份有限公司关联交易管理办法》。按照监管要求，完成股份公司 2011 年度及 2012 年度中期持续性关联交易情况报告，及关联交易信息披露。下发《关于 2012 年钻井业务合同签订及结算工作的通知》、《关于做好工程技术服务及工程建设企业 2012 年度关联交易结算工作的通知》等文件，确保年度关联交易结算工作规范平稳运行。

（单 俐）

【费用标准化体系建设】 努力推进费用标准化体系建设，研究下发集团公司境外差旅费、培训费、领导层境外公出差旅费、办公楼运营管理暂行规定；修订下发《中国石油天然气集团公司差旅和会议费用管理办法》，调整交通工具乘坐、差旅住宿、出差补助和会议费等标准。开展集团公司广告宣传费、董事会费用和科技评审费情况调研，拟定集团公司广告宣传费管理规范、科技评审专家费和董事、监事费补贴标准。推进 IT 运维费用分担机制研究，下发《关于对勘探与生产技术数据管理等系统下达单用户定额标准的通知》，针对 15 项连续运维 3 年以上的信息系统项目，制定信息运维费用单用户定额标准和结算方案；下发《关于集团公司链路租赁费分摊管理有关事宜的通知》，制定集团公司链路租赁费分摊方案。

（赵业林）

【解困扭亏工作】 持续深入未上市企业解困扭亏，促进公司一体化可持续发展。组织召开 2012 年解困扭亏工作会议，总结以往工作经验，推动未上市企业落实 2012 年的各项工作。完善未上市企业三级单位数据库管理和分析，持续推进、跟踪分析方案落实情况。对部分托管油气田和炼化企业进行调研，全面梳理 3 年来解困扭亏工作进展情况，从长远可持续角度出发思考和认识当前解困扭亏工作，研究下一步运行方向。2012 年整体亏损势头得到了有效遏制，同比减亏 21.7 亿元；控人意识不断提升，人员总量得到有效控制，连续 3 年实现“减 2 进 1”；投资总量得到有效控制，不再简单投入，投资规模同比下降 15 亿元；专业化重组和内部整合调整工作稳步推进，托管企业三级单位个数继续减少，同比减少 21 个。

（岳松伟）

【预算管理信息化建设】 预算管理信息系统以“业务管控、数据库建设、日常功能完善、管理分析工具提升”为工作目标，以“扩大应用范围、提高使用频率、提升共享程度”为工作方向，完成新增油气田、炼化完整项目、管道分析评价模块，集中报销预算管理编制与控制模块，ETL 共享平台完善模块，引入 WEB-FLEX 网页新技术，开发综合辅助办公系统等 15 项工作。

（杜 波）

【集中报销平台建设推广与共享服务中心研究】 开展集中报销顶层设计相关工作。研究制定集中报销相关业务流程，拟定集中报销费用要素和主要业务流程等；制定下发集中报销实施指导意见、公司卡管理、业务审批管理、会计凭证管理、电子文档管理等制度办法；组织召开片区会统一思想认识，集中解答问题；组织各单位编报实施方案并予以审核批复，做好培训、试点上线和推广工作。积极开展国内、国际差旅机票集中订购和出国差旅费用集中报销方案研究，制定集团公司差旅机票集中订购管理和因公出国（境）差旅费集中报销管理暂行办法草案。

（赵业林）

组织集中报销信息平台的可行性研究、项目立项、系统研发及上线推广工作，搭建报销系统、公司卡系统、影像系统、BIS 平台及资金平台（大司库）报销模块，实现与 HR 系统、大司库、资金平台、标准平台、短信平台、合同、银企直联、FIMS 系统、预算系统、昆仑银行等 15 个系统的对接。组织 7 期培训班，完成集团公司所属 121 家单位的培训及上线验收。

（杜　波）

调研国际公司财务管理架构和共享服务业务，开展集团公司财务国际对标、海外财务管理架构调研，实施顶层设计，初步完成集团公司首家财务共享中心方案编制，探索涵盖总部、业务单元和共享服务中心的新型财务管理架构。

（刘立旺）

【会计核算】 完成 2011 年集团公司财务决算工作。在 2010 年决算实行“3 个 1/3”网上审阅的基础上，2011 年实现过半数单位网上审阅；现场审核继续采用“一站式”服务，减轻地区公司负担，提高了工作效率。2011 年决算共上报 798 户子企业决算报表，比 2010 年决算增加 304 家，工作量增加近 1 倍，但年报生成时间提前 1 周。上报财政部集团公司 2011 年度决算，现场审核评为满分，获得通报表扬。

（付辉平　朱　兰）

正式发布《集团公司会计手册》（2012 版）及《集团公司会计手册——金融分册》（2012 版），结合国家会计准则、宏观经济政策及公司生产经营情况变化，对安全生产费用计提范围、聚合物折耗方法等进行了重新规范，确保了手册的合规性、及时性和可用性，提高了会计信息质量。对财政部《企业会计准则第 2 号——长期股权投资》、《企业会计准则第 30 号——财务报表列报》等十项准则征求意见稿进行积极反馈。

（王　华　顾先英　姜　艳）

财政部重大科研课题会计指数项目顺利结项，专家评审鉴定等级为“优秀”。会计指数的编制与发布将有助于提升企业微观会计信息在国家宏观经济决策中的地位与作用，形成的企业价值创造效率指数可以从投入—产出效率这一新的视角反映宏观经济运行质量，有利于推动经济发展方式的转变。

（王　华　张　昕）

在准确编制月报的基础上，于每月 8 日前向管理层提供快报简要分析，对财务状况、经营成果、产品量价、各板块经营业绩、主要指标进行分析。此外，按月向公司管理层报送财务会计报告，提供生产经营各项数据和可比公司主要指标。每季度末，牵头向总经理办公会汇报公司生产经营情况，对资产质量、成本管理、融资结构、投资回报、经营风险等财务运营质量进行深入剖析，定量、定性分析相结合，提出意见和建议，为党组提供决策依据。

（张　旭　付辉平）

股份公司进一步完善报表体系，结合各板块业务实际，按要素法对各生产环节、各项成本费用支出进行反映，实现成本费用从支出、核算、抵销、报表、分析的全过程管控。公司总部各级生产经营费用支出表自动生成，促进了对油气生产成本、管输成本、炼化产品生产成本、其他业务成本以及期间费用等明细成本要素的梳理，使之更加精细适用，深化了报表管理和成本分析。为满足国务院国资委提出“按股权关系全级次上报”的监管新要求，重新设定上报集团公司单户报表的报表格式与内容，实现主要数据自动生成，有效提高报送效率，减轻地区公司实际负担。

（吴立群　袁延松　贺　荣
范　暄　周　静　闵广富）

进一步研究规范控（参）股公司参与加油卡积分业务、油砂新能源业务、国内对外合作项目中方账份额员工费用及外方代垫生产作业费的会计核算方法。做好会计一级集中核算系统中科研模块的上线运行工作，提升了公司科研业务财务管理水平。会同有关部门共同优化公司加油站（油库）拆迁补偿管理流程，规范会计核算，规避经营和审计风险。

（袁延松　周　静）

完善财务决算管理方式，进一步提高决算工作标准化、规范化、信息化、价值化水平。确立网上审核和现场审核报表的方式，编制涵盖国家及公司主要政策变动、工作重点及计划安排等内容的决算指导手册，推行地区公司预审，开展存货专项审核，实现报表审阅后自动封存和统计评分、审核状态时时查询等功能，实现在一个界面“一站式”完成报表操作。

（吴立群　袁延松　张百祥　朱昕梅）

以经济活动分析报告为载体，强化财务管理的前瞻性、及时性、针对性、有效性和协调性。成立经济活动分析工作组，以提高年度投资资本回报率为核心，以重要经济事项为抓手，融合盈利预测、宏观经济形势分析、主要产品价格走势、资本市场表现、可比公司对标等内容，对 2012 年 8 次成品油价格调整、炼化亏损、进口天然气亏损等事宜及时进行分析和测算并提出合理化建议，为提升公司经济效益、实现协调发展发挥了积极作用。

（朱昕梅　荆宝森　范　暄）

参加合资合作方案设计、协议研究及项目谈判工作，主要涉及各项目融资方案、债权比例、董事会议事规则、股权交易方式和税收筹划等内容，及时提出谈判策略建议、提示重大财务风险，有效保证和维护股份公司在合资谈判中的权益。

（吴立群　杨会杰　王和松　廖　渝）

【实施企业会计准则体系】 推动国内外准则趋同等效，参与《源自客户合同的收入》（IASB）、职工薪酬、长期股权投资、合并财务报表、企业产品成本核算制度（财政部）等多项国际、国内会计准则征求意见反馈，充分发挥公司在国内外准则制定中的话语权。

跟踪分析国内外准则变化及机构动态，重点分析了2011年资本市场大事、财政部评欧债危机对欧洲上市金融机构财务报告的挑战及欧洲证券及市场管理局（ESMA）的近期举措、财政部印发企业内部控制规范体系实施中相关问题解释第1号、IASB（国际会计准则理事会）发布《年度改进项目（2010—2012周期）》征求意见稿、国际能源署发布《天然气黄金时代的黄金法则》等重要事宜，为公司管理决策提供信息支持，推动了相关工作的研究落实。

（张百祥　杨晓红）

【会计集中核算及信息系统建设】 集团公司会计手册明确境外油气开发公司中方账、境外工程技术服务企业内账、外账定义，以及各类价差、工资差、利息差等差异的账务处理方式。为满足外籍财务用户使用需求，编制英文版会计手册，翻译数据标准4841条、用户操作手册700余页和业务流程手册近1万字。财务管理信息系统（FMIS）多语言版本在境外项目拓展应用，规范境外项目会计核算，统一软件使用；凭证录入由内外账相互独立、录入两遍，转变为一次录入、信息共享，减少财务人员50%工作量；实现境外项目内外账一体化，为资金、税收管理等提供依据，有效规避经营风险。

ERP与FMIS融合项目于2008年启动，历时3年，完成144家单位推广实施。融合实施后，集成凭证占凭证总量80%，财务业务一体化程度显著提高，促进了价值链与业务链的相互渗透，提升了过程管控能力。融合项目继承FMIS成熟资源和创新思想，集成ERP管理理念，创造性地解决了信息系统建设中“继承”与“发展”的难题，巩固会计一级集中核算成果，缩短ERP项目建设周期，降低ERP建设的风险和成本，实现财务信息化由集中向集成的重要跨越。

（贺　荣　丁淑颖　闫广富）

优化系统应用，保证业务与系统平稳运行。制定《表转账流程》和《准则调整流程》，促进提高报表质量；优化10个业务流程和2个操作流程，促进ERP与FMIS融合。新增责任中心816个，变更409个；新增FMIS科目24个，停用4个；新增资金单位1148个；新增辅助核算项目10个，停用1个；审核ERP科目1468个。下发《集团公司FMIS标准化手册（2012）》；结合2012年决算报表格式，修订报表公式2240个，80%的未上市企业“一键式”生成40张财务报表，占报表总数的50%。新增用户271个，维护用户权限1200个；完成会计集中核算与大司库系统、久其软件等接口建设与调整；制定系统升级管理流程，统筹安排FMIS各系统的升级需求，统一升级10次，改进和新增系统功能243项。进行机房设备巡检12次，更换故障部件9个；硬件资源调整3次，解决6次效率降低问题；每日备份数据800GB，进行备份数据有效性验证40次；操作系统补丁升级6次；制作505个硬证书和415个软证书；服务器CPU平均使用率58%，日访问人次峰值超过21万，并发用户峰值超过6000人次，全年未出现计划外宕机情况。共通过技术支持热线解答应用问题2.4万个，日均90余个；提供现场技术支持服务440人·天。

（丁淑颖　黄　海　杨　雷）

会计一级集中核算通过竣工审计并在功能应用上持续深化，实现了会计信息实时高效归集、及时动态反馈，充分满足内外部管理需要。ERP与FMIS融合项目顺利通过竣工决算审计和项目上线验收，标志着ERP与FMIS融合项目圆满结束，项目取得的成果得到公司领导的高度认可，认为融合项目是信息化从集中向集成，信息化与主营业务深度融合的成功范例。

（贺　荣　袁延松　吴立群　朱昕梅）

开展经济活动分析平台建设。以总部层面的经济活动分析报告和油价敏感性专题分析为阶段建设目标，采取“总体设计、分步实施、逐步完善”的建设方法，对经济活动分析制度、体系进行全面梳理，已完成技术方案和功能架构设计、总部分析平台关键功能开发、总部分析平台软硬件环境构建。

（贺　荣　杨晓红）

继续推进海外项目财务信息化工作，在前期已经在中油勘探公司、中油国投公司、国际事业公司、中油香港公司开展的工作基础上，2012年重点开展了伊拉克公司和大庆油田中东公司的FMIS实施工作。2012年4月开展伊拉克公司系统建设工作，通过系统对比制定了启用FMIS海外版替代原来使用的SUN软件的技术方案并实施。截至2012年底完成了该公司FMIS海外版建设，重新建立账务标准化体系，规范核算，梳理报表流程，实现账务中英文自动切换，

10月份开始单轨运行并自动出具报表，减轻了伊拉克公司财务人员工作负担。2012年继续协助中东公司梳理内外账差异、设计FMIS自动折算和重估流程等工作，实现内外账一体化，使得国内能够实时掌握境外项目财务信息。

（贺　荣　闵广富）

【年报社会审计】 集团公司已于2011年重新招标选聘以立信会计师事务所为主审所的6家事务所对所属企业进行审计，按照财政部、国务院国资委相关规定，2012年集团公司继续委托上述事务所进行年度财务决算审计，并为集团公司出具无保留意见审计报告。

（孙　森　姜　松）

【资本市场信息披露】 组织完成股份公司2011年度报告及业绩公告、2012年季度报告、半年度报告及业绩公告的编写及披露工作，并就2011年度报告和2012年半年度及季度报告填写上交所XBRL报送系统。工作完成时间不断提前，质量持续提升，内容丰富性、分析深刻性、报送及时性都得到了资本市场和监管机构的高度认可。公司年度财务报告连续第十三年获得普华会计师事务所出具的无保留意见审计报告。获得权威机构颁发的亚洲“最受尊敬公司”、“亚洲最佳管理公司”等多项殊荣。

为客观分析各业务板块生产经营总体情况，深刻剖析生产经营和财务管理存在的问题，结合公司生产经营实际和资本市场要求，修订完善了地区公司业绩报告模板。研究参考福布斯指标体系，设计地区公司业绩报告指标排名体系。开展地区公司业绩报告选优树优学优做优工作，总结、提炼各单位优秀管理方法。

积极开展XBRL项目。根据财政部本年XBRL工作要求，按照石油和天然气行业分类标准，编制生成扩展分类标准和实例文档，在所有实施单位中最先上报，并以零缺陷高质量一次通过财政部验收。配合开发XBRL校验系统，得到了财政部高度评价。密切关注SEC对执行IFRS在美国上市公司XBRL的规定，做好国际准则XBRL前期准备工作。

研究并提交境内外可比石油公司分析报告，为公司科学决策提供翔实依据和有力支持，收到良好效果。

（吴立群　卢文波　王开升）

根据国务院国资委发布的《关于开展中央企业2013年度财务决算抽查审计工作的通知》以及《关于严格执行会计师事务所轮换制度的函》，参加国务院国资委组织的会计师事务所比选招标，最终毕马威华振会计师事务所中标成为公司新的财务报告和内部控制的审计所，普华永道中天会计师事务所自2013年起将不再担任公司的审计所。

（吴立群　朱昕梅　范　暄）

【内部财务稽查】 集团公司对8家所属矿区单位组织开展财务专项稽查，重点关注矿区收入的真实、完整，以及“三分开、三统一”管理模式的落实情况。对检查中发现的问题，各单位已认真组织落实整改。

（孙　森　姜　松）

股份公司对部分地区公司往来款项开展专项稽查，重点关注往来款项是否合规、核算是否及时等问题，并及时督促整改，强化薄弱环节控制，公司会计信息质量得到进一步提升。

完善财务稽查管理平台模块，新增交流互动、问题整改等功能，有效推进信息化手段在稽查管理中的促进作用，提高了财务稽查管理效率。

（郭喜江　朱昕梅）

【监事会监督检查】 3月，国务院派驻集团公司的国有重点大型企业监事会主席牛越生离职，新任主席郜风涛接任。年内，协调监事会成员参加集团公司相关工作会议，陪同监事会前往上海销售公司、西气东输管道公司等19家单位进行现场调研及考察，配合监事会对集团公司资金管理内部控制情况专项检查。

组织开展集团公司及所属单位企业年度工作报告的编制工作。编报集团所属成员企业基本情况电子手册等。

（魏凤梅　吕　敏）

【年金管理】 2012年，集团公司企业年金理事会坚持“安全至上、稳健增值”的投资原则，深入研究年金投资理论，积极应对市场变化，强化主动管理和风险管控，有效实施年金基金监管，年金基金总体运行平稳。

建立投资管理人评价体系和激励约束机制，研究实施投资管理人差异化管理方案。加强投资管理人投资运营过程监督，建立投资经理谈话制度，完成全体投资经理谈话及评价工作。加快信息系统建设，实现年金风险管理与绩效分析系统成功上线运行，研究推进年金数据XBRL分析平台建设，提高了年金管理效率和质量。组织年度审计，全面审核投资管理人运行情况，确保风控有效、运作合规。建立与外部专业机构定期交流机制，共同探讨年金管理有效措施，推动行业健康发展；同时加强学习培训，提高团队专业化素质。

（张金卉）

【应收账款清收】 加强日常欠款监督，实现新欠有效控制。通过打包转让、坏账核销、债务重组、联合清欠等多种方式，清收和处置了挂账多年的欠款168笔；多次召开内部单位欠款协调会，协助集团公司各基层单位清理内部欠款；同时，督促各基层单位持续清理陈年欠款，年末陈年欠款下降幅度超过90%。2012年度清欠任务顺利完成。

优化整合客户基础信息管理，实现客户平台与MDM新增及变更客户数据的一致性。组织推广信用风险管理系统，在42家未上市企业完成了上线工作，实现欠款的“事前评价、事中监控、事后清收”全过程管理。

（张婷婷）

【资产评估管理】 2012年完成资产评估项目备案共计188项，其中，境内资产评估备案项目184项；境外资产评估备案程序确认项目3项；评估值按期间值备案项目1项，即中国石油天然气勘探开发公司与中国国新控股有限责任公司实施的增资扩股项目。

（赵嘉辉　李　海）

【资产管理】

1. 资产信息系统建设

（1）完善资产管理信息系统（AMIS）7.0系统功能，增加资产信息历史数据库查询、总部平台资产信息查询、资产报废汇总打印等功能，推进AMIS与FMIS系统账实一致，启用资产融合接口，实现AMIS账务处理与FMIS的科目统一。

（2）深化不良资产管理平台应用，落实管理平台报表编制工作，归纳梳理不良资产处置信息需求。

（3）开发长期待摊资产管理平台，新建长期待摊资产目录，并在长城钻探公司进行试点。

2. 不良资产管理

（1）研究制订不良资产处置的激励措施，与预算管理部共同下发《关于企业对低效无效实物资产处置有关政策的通知》。积极发挥中油资产专业平台作用，成功完成“中国石油实物资产一号资产包”处置工作，有效实现实物资产处置收益的提升。

（2）认真审核企业资产处置：全年共批复企业资产处置申请19项，涉及资产原值29.6亿元，净值21.7亿元。

（赵嘉辉　李　海）

股份公司根据全生命周期效益型资产管理建设计划，总部、专业公司和地区公司积极开展相关工作，基本形成资产管理体系框架，销售企业启用租赁模块中的租赁及长摊待摊功能。全力完成与公司管道业务调整、西南管道公司成立、王家沟库区产权调整相关的资产划转和配套财务支持工作，有效保障了公司理顺业务关系、优化资产配置。成功调剂盘活10家地区公司原值约近2亿元的固定资产，并督促资产调入公司，提高资产利用效益。进一步细化明确公司所属不同类型企业申请计提资产减值的相关报批或沟通流程。组织对部分加油站、聚烯烃产品生产装置及出现较大负修正的储量评估项目进行减值测试，资产质量进一步夯实。做好资产报废和处置审查工作，对于重大报废及处置资产进行现场核实，严把报废、处置审查关口。加强资产评估工作，强化加油站收购评估备案项目管理，重点关注产权瑕疵事项，完成多项资产评估备案项目。

（刘团结　刘明成　方红伟）

【重组整合资产工作】 2012年，重点开展辽河石油勘探局与工程建设公司的装备制造业务重组项目和伊拉克工程技术市场重组项目。

继续实施2011年末完成转入2012年的5个重组项目，分别为管道工程建设及相关制造业务重组、井下作业重组、液化气销售业务重组、阿姆河项目重组和酒店旅游资源重组。

（赵嘉辉　李　海）

【土地管理】 按照管理规范、报批及时、宗地明晰、利用有效、行为依法的工作要求，有力保障公司各项业务发展土地需求。

土地政策研究成果得到国土资源部采用与支持。对于油气勘探开发、管道建设等单独选址项目，明确了简化用地报批手续和环节等支持政策。对管径为1000—1300厘米长距离输气管道用地指标进行论证研究，避免重复补征，提高用地报批效率。有效保障产能建设用地、钻井及配套设施建设用地报批逐步顺畅。妥善解决西二线、陕京三线等管道项目用地报批问题，积极推进西三线、中缅油气管道等新建项目用地报批走向规范。

超前编制建设用地规划，提前介入项目前期工作，优化设计方案，采取地面工程标准化建设，推广丛式井组、集成建站等技术，节约集约用地成效显著。加强存量土地管理，提高土地资产整体创效能力和运营效益。

下发《中国石油土地管理手册》（2012版），汇集6项土地全过程管理制度，明确相关管理职责、工作流程、工作方法和标准模板，为提升土地管理水平夯实基础。

（李　丽）

【财税政策】

1. 用于生产乙烯、芳烃类化工产品的石脑油、燃料油退（免）消费税暂行办法

国家税务总局发布《用于生产乙烯、芳烃类化工产品的石脑油、燃料油退（免）消费税暂行办法》的公告（2012 年第 36 号）。公告扩大了自产石脑油、燃料油免税的范围，即由原来的炼厂内部自产免税，通过由国家税务总局下发定点直供计划的方式，将免税扩大到集团企业之间，进而扩大到集团公司与外部企业之间，相应减少了城建税、教育费附加等附加税费，减少了缴税、退税的复杂程序，确保政策发挥最大的效应。

2. 油气田企业自用成品油消费税退税政策

自用成品油消费税应尽应退，对于增加集团公司整体效益，未上市企业扭亏解困，发挥了直接作用。

3. 进口天然气增值税先征后返政策

财政部、海关总署、税务总局下发《关于调整进口天然气项目和企业名单的通知》（财关税〔2012〕22 号），明确增加国际事业公司总部为江苏 LNG 项目的进口企业，并将大连 LNG 项目纳入退税范围。积极落实进口天然气增值税先征后返政策，对于缓解进口气亏损起到了积极作用。

4.“十二五”特定地区进口物资免税政策

落实 2012 年海洋和陆上特定地区免税物资进口免税政策，对于特定地区油气资源开发发挥了重要作用。

5. 与项目所在国双边税收协定签署

经积极推动，中国与厄瓜多尔于 2013 年 1 月正式签署双边税收协定，集团公司驻厄瓜多尔项目获取了较为合理的预提税税率，中方利益得到保护。

6. 营业税改征增值税政策

进行《营业税改征增值税对中国石油天然气集团公司的影响分析和政策建议》课题研究，并与财政部和国家税务总局积极沟通，落实相关政策。

（王集杰　江　河）

股份公司落实进口中亚天然气增值税退税资金返还，减轻了进口天然气负担。解决 2011 年进口天然气退税收入企业所得税问题，避免了企业所得税重复缴纳给公司造成损失。明确石脑油制乙烯免征消费税政策具体操作程序，为公司节约了现金流及附加税的支出。

建设并在境内地区公司全面上线运行税务会计系统，实现了纳税调整的按月计算与企业所得税申报表的自动生成，税收会计差异能够得到及时处理与归集，为所得税申报及递延税款披露提供技术支持，提高了所得税纳税管理水平。巩固并强化公司内外部税收区域协调机制，保证了油气田折旧政策、炼厂消费税政策、甘肃和广西价格调节基金等政策的严格执行。

【价格政策】 协助国家改革完善成品油、天然气定价机制，继 2011 年广东省、广西壮族自治区开展天然气价格形成机制改革试点之后，天然气价格机制改革方案在川渝地区实施。执行国家对进口天然气（包括液化天然气）的货物检验检疫费用由从价计征改为从量定额收取的政策，减轻了进口环节税费负担。公司西二线湖北省境内三座管道压气站执行大工业用电价格，为其他省内天然气长输管道压气站用电执行大工业用电价格起到了示范作用，保障了管道工程建设的顺利进行。

建立统筹成品油产运销储、适应市场供求变化的公司内部成品油价格机制，制定实施《成品油从量从价操作方案》，运用内部价格杠杆调节产品结构，增强了产销双方积极性，进一步规范成品油产销资源配置和价格管理，保证产运销衔接平稳、有序、高效。

（杨会杰　王和松　张　颙）

【油气商业储备】

1. 天然气储备建设

抓好顶层架构设计，进一步健全完善内部管理制度与体系，为加快推进天然气商业储备能力建设提供有力的体制保障，储气库建设取得阶段性进展。

2. 原油储备建设

优化石油商业储备管理，全面提升管理水平，充分发挥保障能力，拓展运营方式，商业储备贡献进一步提升。

（赵夙铭）

【保险及油品衍生品业务管理】 按照“顶层设计、整体优化、立足现实、面向未来”的工作要求，深入研究并积极搭建公司国内、国外保险管理体系。加强资产和责任风险的保险保障，以优势价格投保覆盖公司所有井的井喷控制费用保险，完成长输管道资产财产保险集中统保。对前期风险完全自留的炼化及销售业务，实施巨灾超赔保险，有效转移炼化损失风险。提高公众责任保障额度，对安全环保、环境污染等潜在重大责任风险进行有效控制。完成有关业务的保险索赔工作，为公司挽回近亿元经济损失。针对海外业务风险进行保险管理研究，开展了哈萨克斯坦项目集中管理试点工作。

大力支持公司保险产业发展，配合完成自保公司

成立的筹备工作，积极支持中意财险、中意寿险公司开展中国石油业务，推动昆仑经纪公司全程服务公司保险业务管理。

（汤金才　金莉莉）

【综合授信管理】 2012年，集团公司新增签约综合授信额度2000余亿元。利用集团公司授信额度，减少企业保证金占用、提高资金使用效率、降低融资成本。

加强授信业务基础管理。按照集团公司逐级审批、分工负责的管理体制，严格执行审批流程，监督企业完善内部管理制度及操作流程，设置专岗负责授信业务，促进企业人员规范、高效办理；规范业务条款，明确提示风险，动态跟踪业务执行情况，加强高风险级别地区授信业务事前风险防控，做好授信业务跟踪管理；敦促企业及时撤销到期授信业务，解除担保。对授信业务实施全过程管理，使成员企业制定风险应对措施，及时防控业务风险。

创新工作方式方法。制定并下发分级授权管理方案，对标准化、条款固定的授信业务，由所属企业自行审批后，集团公司为其提供授信额度办理；对业务量大、用信频繁的企业切分大额循环使用额度，提高业务办理效率。结合司库授信系统模块，对授信业务进行实时监督。

创新授信业务品种。充分利用银行金融工具优势，扩大授信业务规模，创新品种，根据业务特点，开展海外代付、发票融资、保理等成熟银行贸易融资产品，盘活账面资金，大幅降本增效。

《中国石油交易对手信用风险管理研究项目》研究课题顺利结项，确定交易对手信用风险集团总部集中管理模式，构建先进科学的管理体系，通过风险识别、计量、监控与报告，有效管控风险，提高集团公司交易对手信用风险综合管理水平。

（孙庆华　张　婷）

【机关财务管理】

1. 经费、薪酬与投资管理等工作

完成集团公司、股份公司总部机关“五项经费”、投资计划、固定资产、总部机关和企事业单位高管薪酬代发，以及离退休人员养老金发放等核算与财务管理工作。

（孟晓玲　黄　静　贺培军　史文戎）

2. 海外财务管理工作

完成海外业务财务制度修订及研讨工作，对海外办事处核算进行规范管理，确保符合集团公司和财务税审的要求。

（张　鹏　冀　岩）

3. 出国经费管理工作

按照集团公司压缩支出、提高效益的总体要求，及时准确完成因公出国（境）团组的购汇、核销和结算工作。

（唐　薇　梁岩青　王金魁　牛庆超）

4. 总部税务管理工作

继续加强总部机关所管理的各会计核算责任中心的税务管理基础工作，依法及时足额完成各种税费缴纳。完成各责任中心2011年所得税汇算清缴年报和2012年所得税鉴证预审工作。

（张居凡）

5. 公共运行管理工作

加强办公楼等资产的财务管控，做好石油大厦资产转资和保险管理，推进广州石油大厦租赁合同签订。

（贺培军）

【制度建设】 对历年来下发的清欠管理规章制度进行梳理和完善。（1）根据业务变化情况，制定并下发《中国石油天然气股份有限公司应收款项管理办法》（石油财〔2012〕254号）。（2）制定《<中国石油天然气股份有限公司应收款项管理办法>实施细则》（油财〔2012〕635号）和《<中国石油天然气集团公司应收款项管理办法>实施细则》（财资〔2012〕647号）。（3）为加强客户信用的管理，配套制定《中国石油天然气集团公司客户信息和信用管理暂行办法》（财资〔2012〕559号）。

（张婷婷）

印发《集团公司无形资产财务管理办法》，为维护集团公司专利权、非专利技术、著作权、商标权、特许经营权等建立财务制度基础。

印发《关于加强集团公司境外资产管理有关问题的通知》，对境外出资、资金管理、实物管理、应收账款、资产评估、资产处置等事宜，提出管理制度指导意见。

印发《集团公司固定资产管理办法》，修订了相关资产管理权限，为资产管理提升建立制度基础。

印发《集团公司不良资产管理办法》，重新修订和整合相关不良资产处置制度，实现不良资产管理制度的统一性。

印发《集团公司长期待摊资产管理办法》，针对长期待摊资产的流动频繁、使用寿命波动大、价值补偿风险高等管理难点，制定相应的管理措施。

（赵嘉辉　李　海）

为实现海外纳税筹划的制度化、规范化和科学化，合理合法地降低海外项目税收支出，选取21个主要项目所在国分别编制《国别纳税筹划指引》，计划于2013年底完成。

（王集杰　江　河）

认真做好基础管理工作，编制完成《机关财务处规章制度汇编》。

（张　鹏　冀　岩　史文戎）

与直属工会共同起草完成了《集团公司直属工会财务管理（暂行）办法》。

（赵嘉辉　马平原）

下发《关于进一步加强集团公司担保管理工作的通知》，严格规范集团公司及所属企业担保行为，加强担保后续管理，控制集团担保风险。

（孙庆华　张　婷）

根据资金管理工作的实际情况和管理理念变化，对资金管理办法进行修订，在12月下发并实施了《中国石油天然气股份有限公司资金管理办法》，同时启动配套细则的修订和完善工作。

（胡建忠　尹国平）

针对2012年国内外准则新变化及公司新业务不断出现的情况，组织修订并发布了新版《会计手册》，包括加气业务会计核算、原材料以废旧料换新料会计处理、自用燃料油气定价、明确公司有关安全生产费用提取标准及使用范围等，共修订完善内容100多项。

（张百祥　杨晓红）

结合工作实际和管理要求，修订完成《商业保险管理办法》、《保险公司准入管理办法》，将在履行完审批流程后发布实施。

（汤金才　金莉莉）

【财会队伍建设】　加强财务队伍管理与职业道德教育，实施国际化队伍培训工程，财务人员综合素质稳步提升。优选23名业务骨干参加集团公司第五期国际财务管理培训，完成了国内和国外2个阶段学习任务。截至2012年底，累计已有48名学员分别在海外项目或涉外岗位工作，并发挥着骨干作用；举办第二期财会俄语基础培训，已被列入集团公司“千人培训工程”，共有37名学员完成学业，通过推荐函方式向哈萨克斯坦等相关单位进行了推荐。选派9名总部财务人员在海外项目交流锻炼，提高机关工作人员海外项目财务管理实践能力。采取考试测评、集中培训等多种形式组织外语学习，深入开展外语学习达标活动，财务队伍外语运用能力进一步提高。积极选拔推荐财务人员参加会计领军（后备）人才培训选拔，1人被财政部确定为全国会计领军人才后备人选，6人被国务院机关事务管理局确定为中央国家机关会计领军人才培养工程人选。

始终把会计职业道德教育放在队伍建设首位，深入开展“践行八字行为准则，提高职业道德水平”主题教育活动，结合近年来通过“小金库”专项检查、经济责任审计等各类检查活动，将加强廉洁从业意识和会计职业道德教育融入各项业务培训之中，财务队伍廉洁自律和职业道德水平进一步提升。组织开展总会计师述职述廉工作，进一步完善总会计师考核评价体系。严格会计从业资格管理和会计继续教育培训管理，截至2012年底，集团公司财务人员会计从业资格取证率达97%，会计继续教育覆盖面达100%。组织开展《新形势下进一步完善总会计师制度问题研究》课题研究，为健全国家总会计师法规体系和管理机制谏言献策。

（万　钧　陈　奕　郝　鹏）

股份公司组织开展财务管理提升活动。根据集团公司统一部署，围绕“强基固本、控制风险、转型升级、保值增值、做强做优、科学发展”的主题，结合实际情况，编制《关于全面开展财务管理提升活动工作的计划》，2012年内分2个阶段开展管理提升活动。第一阶段，以全面启动、自我诊断为主要任务，结合公司实际、对标国内外最佳管理实践，深入挖掘、梳理出34项问题，并边查边改。第二阶段，以专项提升、协同推进为主要任务，针对第一阶段查找出的问题，制定出系统解决方案，方案共包括五大主题，分别是加强资金管控、提升筹融资能力，为公司生产运行提供及时足额的低成本资金保障；积极争取税价政策、加强财务决策支持，有力有效支撑公司实现降本增效；夯实财务基础管理、强化风险管控，保障公司健康可持续发展；做好海外拓展前期财务工作、提高公司所属海外项目财务管理水平，支持公司国际化战略扎实推进；提高财务队伍综合素养、加大海外财务人才培养力度，为建设综合性国际能源公司提供高质量的人才队伍保障。通过制定有针对性的措施，量化考核标准，定期做好工作督办和总结报告工作，保障了财务管理提升有序开展。

组织开展股份公司财务系统培训。举办股份公司高级财务管理人员、经济活动分析和保险业务共6期现场培训班，运用网络培训平台组织财务信息系统运用方面的远程培训，累计培训地区公司财务骨干上千人。在股份公司高级财务管理人员培训班上，聘请公司总部部门管理者、国家机关司局负责人及院校专家担任授课老师，培训内容涵盖国内外宏观经济形势、国家财务税务法规政策、公司财务发展方向和实施战略、预算管理、内控与风险管理、廉政建设等方面，培训内容丰富、全面，具有较强的实用性和有效性。

建设财务培训认证系统，在山西销售公司开展试点，完成“销售会计、核算员和收款员”3个岗位540名员工的考核认证工作，通过率达到98%，率先实现3个岗位持证上岗的要求。

评选并表彰2011年度地区公司优秀总会计师、财务处长述职报告获奖者。评选并表彰最给力的干部、员工和最有影响力的项目，以此培养和塑造崇尚优秀、追求优秀的健康文化理念，激发广大员工发展事业、争创一流的积极性和主动性。

（于江华　李　森　史孝成　傅　然）

根据财政部《关于组织开展中国会计文化建设征文活动的通知》开展征文活动，获得一等奖1名、二等奖3名、三等奖1名、鼓励奖4名。同时，公司荣获“2012年中国会计文化建设征文活动组织奖”，获奖文章将中国石油财务工作实际“一个全面，3个集中”与大庆精神铁人精神及“一支军队、一所学校、1个家庭”团队建设理念相结合，体现了中国石油独具特色的会计文化，即诚信会计文化、创新会计文化、价值创造会计文化和队伍建设会计文化。

（张百祥　杨晓红）

人事管理

【概述】 2012年，集团公司人事工作紧紧围绕集团公司改革发展稳定大局，牢牢把握“推进落实、持续提升、稳定增长”的工作定位，不断加强领导班子和人才队伍建设，扎实推进“三控制一规范”和人事“三基”工作，强化精细管理，夯实工作基础，人力资源开发管理水平得到进一步提升。截至2012年底，集团公司有从业人员155.5万人，同比减少1.9万人，全员劳动生产率78.2万元/人，同比提高10.87%。

【领导班子建设】 坚持选优配强领导班子，先后组织4个批次企业领导班子补充人选的考核选拔和公开竞聘，对任职时间较长的干部，有计划、有步骤地加大交流力度，共计交流正副局级干部72人，其中班子正职47人。组织召开学习贯彻党的十八大精神领导干部读书班暨创建“四好”领导班子总结表彰会，举办一期中青年干部培训班，高质量完成集团公司系统党的十八大代表选举的推荐考察和集团公司与新疆地方干部“双向挂职”工作。配合上级考察组顺利完成对集团公司领导班子的年度考核，以及对中央“两委”人选的考察工作。健全完善制度体系，下发《领导人员选拔任用工作责任追究办法》等3项制度文件，选择辽河油田等22家企业开展选人用人“一报告两评议”试点，配合党组纪检组对大港油田、昆仑燃气等21家企业领导班子进行巡视。

【人才队伍建设】 持续开展“四大培训工程”，科学组织年度培训计划运行和重点项目实施，总部完成培训项目142个，培训各类人员2万余人次，其中，培训高层次专业技术骨干1500余人、技能人才750余人，举办国际化人才培训班17个，培训227人。组织实施专家增补工作，新增补集团公司高级技术专家150人，考核聘任集团公司技能专家322人。认真落实海外高层次“千人计划”，累计引进海外高层次人才17人，另有5人待批，组织参加“中国海创周”活动和“千人计划”成果展览，引才工作得到中共中央组织部（中组部）和国务院国资委领导的高度评价。组织参加国务院国资委主办的2012北京“嘉克杯”国际焊接技能大赛，4名30岁以下的青年选手参赛，荣获团体总分第一名，并分别获两个参赛项目的前两名；在全国石油化工行业化工检修钳工竞赛中，荣获团体第一和个人第一、第三名的好成绩，为集团公司赢得了荣誉。进一步完善海外项目支持平台，全年对口支持新派出191人，实现人员轮换回国192人。启动总部机关与海外项目干部“双向”实践锻炼工作，选拔24名机关干部分赴海外11个国家15个项目进行锻炼。严格执行高校毕业生准入制度，全年新接纳毕业生1万余人。

【组织机构管理】 强化总部管理监督功能建设，内控与风险管理部名称调整为企业管理部，保留内控与风险管理部牌子。成立集团公司工程建设项目领导小组，强化工程建设项目的整体管理工作。调整石油天然气工程质量监督总站的隶属关系，改为挂靠管道局管理。成立招标中心，与物资采购中心“一个机构、两块牌子”。加强纪检监察组织建设，依托西南油气田公司成立第四纪检监察中心，进一步完善监督监察体系。研究提出炼化、装备制造、产品销售（不含成品油）等专业企业规格调整意见，明确规格调整标准，并将东北销售公司、西北销售公司、新疆销售公司、甘肃销售公司、山东销售公司、河北销售公司、燃料油公司、克拉玛依石化公司、辽河石化公司、大港石化公司、长庆石化公司、华北石化公司、中国石油技术开发公司和渤海石油装备制造有限公司14家机构规格调整为局级。进一步理顺天然气业务终端体制和管理关系，推进车船燃料大销售体制试点，整合昆仑燃气和昆仑天然气利用业务，重组划转4个省级支线管网，调整深圳LNG业务的管理关系；对辽河油田装备制造业务和工程建设公司象山海工基地实施重组，并入渤海石油装备制造有限公司；理顺广西中石油储备油公司管理体制，明确管理责任主体，将其委托广西石化公司实施全面管理。调整理顺区域业务运营管理体制，中美洲业务纳入南美公司管理后，南美公司更名为拉美公司。按照管道区域化管理要求，正式成立西南管道公司，“一个机构、三块牌子”，基本完成“5+1”区域化管道运营体制调整工作。成立专属财产保险公司筹备组和保险业务联合党委，理顺保险业务党团关系和集团公司派出人员的人事管理关系。按照全方位对外开放，引入社会、民营及国际资本要求，明确合资成立的陕西延安石油天然气有限公司内部管理体制。完成4项行业、6项集团公司劳动定员定额标准的制修订工作。

【劳动用工管理】　全面落实用工总量计划，组织召开油田、炼化、管道、销售、工程技术、工程建设、装备制造、金融等相关企业8个专题业务座谈会，分业务板块逐家落实各企业“十二五”用工总量规划目标，进一步明确优化业务结构、推进业务外包、推行岗位管理、清理清退社会用工等政策措施，达到统一思想、坚定信心、交流经验、开拓思路的目的，初步形成由人事部牵头、板块为业务主导、企业是责任主体的工作责任落实三方机制。按照“十二五”末150万人控制目标，结合各企业生产经营情况，核定下达各企业2012年度用工总量控制计划和2013年新增用工计划，重点压缩用工规模较大的油田、炼化、工程技术等企业，对新建炼厂、部分新增业务给予基本保障，确保生产经营需要。根据新建炼厂工程进展情况，及时组织召开炼化企业用工调剂协调会，为云南石化、广东石化调剂急需业务骨干。根据集团公司《促进劳动关系和谐稳定若干问题意见》，指导企业依法规范用工行为，包括规范用工主体、劳动合同签订、合理安排倒班轮班制度、合理安排休息休假与工作时间等方面问题，进一步强化企业依法用工理念，减少企业用工法律风险，促进集团公司整体劳动关系和谐稳定。积极配合维稳办做好重组划转员工、大集体企业员工、有偿解除劳动关系人员、内退人员的稳定工作。配合资本运营部，提出大集体企业改制中有关人员分流安置意见。

【员工绩效考核】　持续强化细化经济增加值（EVA）考核，在考核EVA绝对值的基础上，增设EVA改善值（ΔEVA）的考核，按照资本定价模型，测算确定差异化资本成本率，以正确反映企业价值创造水平，引导和激励企业提升价值创造能力。以管理提升活动为契机，跟踪分析埃克森、BP、壳牌、国内同行等9家国内外石油石化标杆企业的生产经营管理结果，构建对标管理的常态化工作制度，从公司层面、板块层面、地区公司和具体业务层面全面开展对标，深入查找企业管理短板，将确定的储量替换率、新投产加油站达销率、科技创新等“短板”指标纳入年度绩效合同进行考核，促进企业管理水平提升。充分考虑公司整体目标以及各部门、各板块、各单位的个性特点，实施分类考核和差异化考核，实现总部与地区公司、板块与板块、地区公司与地区公司之间的协调发展。在突出价值创造、坚持短板和分类考核的基础上，调整补充反映核心竞争力的指标，设置更具挑战性的目标，引导企业由注重效益向效益与效率并重、增强竞争实力转变。加大安全环保和节能减排指标考核力度，总权重由15%提高到20%—25%，将较大以上安全环保事故作为约束性指标纳入各级管理人员绩效合同，自上而下签订安全生产环保责任书，促进安全环保形势的持续好转。坚持严考核硬兑现，顺利完成2012年度绩效结果考核，逐一反馈177家企事业单位绩效结果，提出针对性强的改进意见，实现高管人员合同签约率100%、绩效考核率100%、奖惩兑现率100%、绩效考核结果反馈率100%。

【薪酬保险管理】　薪酬分配坚持效益和效率导向，工资总额继续向效益指标完成好、贡献大和工作量大幅增加的单位倾斜；坚持与劳动力价位的接轨，向知识密集的科研设计单位和收入偏低的员工倾斜，在天津销售开展量效挂钩试点。继续调控收入水平，对中层管理人员收入过高的单位进行个别约谈，提出整改要求。指导企业处理好各类人员之间的收入分配关系，“薪酬与业绩挂钩”、“收入凭贡献”的理念已传递到基层，内部分配调控与经营效益结合更加紧密，薪酬的激励约束作用更加显现。认真贯彻落实国务院国资委《关于加强中央企业人工成本管理控制有关事项的通知》要求，深化计划管理和决算审核，完成 2011 年度、2012 年各季度的人工成本分析，以及“十二五”期间人工成本预算和“十三五”期间的人工成本预算，分解下发人工成本年度控制计划。持续开展人力资源管理量化分析工作，发布 2011 年度油气田、炼化、销售、天然气管道和工程技术 5 个板块的全部指标数据和工程建设、装备制造、金融贸易服务 3 个板块的通用指标数据，并将情况报送有关领导和单位，使各单位更加关注纵向变化趋势和横向指标差距。圆满完成基本工资制度调整完善工作。研究制定集团公司《企业年金业务管理细则》和《生活补贴（过渡年金）发放业务管理细则》，开展提前退休、离休人员等特殊群体待遇政策研究，维护企业和职工的利益。

（于维海）

资本运营

【概述】 2012 年，资本运营工作积极应对环境变化，努力拓展资本运营功能，强化股权全过程管理，资源配置进一步优化，管理效益进一步提升。启动合资合作平台的建设工作，集团公司扩大开放合作取得阶段性进展。

（孟庆岩）

【资本运营战略企划】 积极开展战略课题研究，充分发挥决策参谋作用，完成《丰田生产方式的人本思想探讨》企划报告。结合集团公司“管理提升强‘三基’”、推进“精细化管理”等工作提出建议，完成《日本泡沫经济的反思与启示》的企划报告。针对南海油气开发引发的地缘政治问题，完成《我国海洋油气资源开发有关问题研究》的企划报告。提出了集团公司加大本土海洋油气开发力度、加强海洋油气开发战略研究、强化与中国台湾在海洋油气领域合作、择机并购相应技术服务公司、引入产业投资基金融资模式的建议意见，以期为集团公司可持续发展提供支持。根据“战略型”资本运营的要求，完成《企业资本运营的内涵反思与重新审视》的企划报告。从动态演进视角分别考察资本与资本运营的发展演变，对资本与资本运营的内涵进行了反思，重新定义了广义资本与广义资本运营概念。同时，从经济发展史、企业成长史、企业发展战略、并购浪潮、国企改革等视角重新审视了资本运营的内涵与外延，尝试性地提出了企业资本运营的分析框架。对今后一个时期资本运营的历史实证研究提供了整体性视野，有助于将资本运营的不同层面有机地整合起来，使国内企业更好地“走出去、走进去、走上去”。

稳步推进专题研究，促进集团公司竞争优势和管理水平提升。推出“液化石油气（LPG）期货合约可行性研究”，通过对国内外 LPG 现货交易市场现状的研究，以及相关政策和关税、现货市场的价格波动特点、期货市场的主要参与者、标的选择、国内市场格局及参与主体、定价方式、接收站、期货合约设计及交割规则等的研究，为 LNG 期货品种的推出进行有益探索；结合页岩气开发，开展“瓜尔胶生产及应用状况研究”，提出了在海南试种瓜尔豆的建议。开展“矿泉水行业现状及发展可行性研究”，提出了集团公司通过并购和借助地热资源开发，筛选矿物质含量丰富的矿泉水水源，并在充分考虑产品市场竞争力的情况下，研究在西北、东北、华北地区分别建矿泉水厂的可行性。提出通过优化生产工艺、品牌建设、渠道建设，面向集团公司内部宾馆、城市繁华地区中心加油站销售自产矿泉水，定位中低档市场，逐步做强、做大，逐步打造具有全国有影响力品牌的建议。

（丁　泉）

【资本市场融资整合】 以股份公司再融资工作为重心，研究多种资本市场策略，为股份公司进一步发展提供资金支持。

紧密跟踪市场动态，加强资本市场政策法规研究。针对复杂的经济环境和资本市场的起伏变化，加强对国内外经济形势、资本市场及监管政策动态变化的跟踪研究。主要包括研究养老金入市、主板及创业板退市制度、新股发行制度改革、上市公司股利分配、上市公司收购管理办法及重大资产重组相关规定、上市公司员工持股计划管理暂行办法、上交所《关于加强与上市公司重大资产重组相关股票异常交易监管的通知》、内幕交易司法解释、内幕信息和内幕交易相关法律法规等监管政策变化；跟踪央行下调银行存款准备金率等货币政策调整变化，美联储不封顶 QE3 及全球新一轮量化宽松政策等主要经济体政策调整对全球经济的潜在影响；持续关注国内外重大资本市场事件，如摩根大通对冲基金巨亏、金融惠港政策推出、沪深交易所全球路演等。

加强与监管部门的交流，多次赴证监会、国务院国资委就上市公司重组整合及国有股增减持等工作做专题汇报，争取监管部门的理解和政策支持。2012 年 11 月末，结合集团上市公司管理中的实际情况以及工作中遇到的问题，在证监会领导来公司调研之际，分别从中国石油再融资、所属上市公司重组、上市公司股票增减持及股票回购、日常运营管理等 5 个方面，从有利于实际操作和完善政策法规角度，提出了具体的工作建议。通过其他渠道与国务院法制办沟通，积极就《证券法》的修订与完善提供参考意见，为上市公司治理改善法律政策环境。

积极推进股份公司融资工作。重点从资本市场传统再融资和扩大对外合资合作两个方面入手，努力打通权益性融资新通道。在股份公司 2012 年度股票发行常规授权基础上，先后研究了多种融资方式、制定多套融资方案。多次赴国家外汇管理局、全国社保基金理事会等潜在机构投资者进行沟通交流，针对不同投资者特性，加强方案论证，努力寻求再融资新突破。同时，把合资合作作为重中之重，努力寻求新突破。在保持集团公司控股、不改变现有业务管理模式以及企业与地方基本利益格局的前提下，创新融资方式和融资渠道，加强对股权融资平台研究，与保险、银行、社保等金融资本展开全方位多层次交流，积极开展油气管道融资平台建设，努力实现权益性融资，破解资本市场发股融资难题。积极构建融资平台，推进实施股权融资。2012 年 11 月 12 日，集团公司召开管道融资平台项目启动会议，成立领导小组和由财务、法律、资本运营及专业公司所组成的工作组，稳步推进各项工作计划。

（徐朝莹）

【收购兼并】 加快整体走出去步伐，全方位开展海外并购，取得多项成果，推进国际化实现新跨越。

成功收购加拿大重油及油砂工程设计公司，非常规油气领域技术收购取得重要突破。该项目是寰球公司在成功收购澳大利亚 LNGL 公司基础上开展的又一次技术收购活动。2012 年 4 月初启动，10 月交割完成。本次收购有利于提升公司在油砂及稠油领域的技术力量，促进国内油砂及超稠油规模有效开发，并以其为平台，借助已有的渠道、资质、技术及人才，快速进入加拿大油气服务市场；同时，还可以培养培训国内油田设计企业，帮助其掌握相关技术，进一步带动油田设计企业走向海外。

落实财政部所得税返还工作，用足用好国家支持海外业务的优惠政策。“十二五”期间，国家继续执行针对中国石油、中国石化两大集团“走出去”的财政支持政策，按当年海外油气资源收购和勘探开发投资的 20% 以所得税返还方式补充国家资本金，但进一步收紧政策，执行范围由“两大集团”变为“两大集团所属全资子公司”。若严格按照该政策，除中国石油天然气勘探开发公司外，中油勘探和中油国投均不能享受该政策。经多次沟通，财政部颁布新政策，中油勘探和中油国投可从中国石油天然气勘探开发公司以委托贷款方式使用财政支持资金，未来发生增资扩股、改制上市时，该委托贷款将转为集团股权投资。

（曲海潮）

【股权投资】 着力加强股权投资源头控制，推进股权优化整合，促进公司市场竞争力提升和资源配置优化。

2012 年共组织审查股权投资项目 53 个。其中，批复 45 个，投资总额 384.92 亿元，引资总额 340.21 亿元；批复立项 2 个，投资总额 2.37 亿元；否决或暂缓项目 6 个，涉及投资额约 9.57 亿元。共批复股权处置项目 63 个，涉及投资成本 10.57 亿元；完成了 63 个（当年批复的 25 项）股权项目处置，涉及投资成本 24.88 亿元。按处置方式划分，股权清算 30 项，股权转让 15 项（进场交易 11 项、协议转让 4 项），股权划转 5 项，股权核销 13 项。妥善解决一批历史遗留问题，促进了集团公司业务结构调整与优化。

加强源头管理，严格控制非主业投资和低效无效投资项目。在认真汲取以往股权投资经验教训基础上，正确把握投资方向，科学审慎地开展项目前期工作，规范履行内部投资决策程序，重点加强投资建议计划、可行性论证、项目审批等关键环节控制，坚决否决一批非主业项目和投资效益低、风险大的项目。为进一步规范企业投资行为、减少关联交易和同业竞争、避免无序管理，下发《关于禁止未上市企业和集体企业投资油气主营业务的通知》，防止油气资源形成体外循环。

落实服务三大战略要求，集中发展油气主营业务。为落实股权投资要服务和服从于集团公司整体发展战略的要求，2012 年股权投资项目审批过程中，着重配合集团公司“资源、市场和国际化”三大战略的实施开展相关工作。支持企业开拓天然气下游市场，积极发展短板业务，投资 11.1 亿元组建贵州管网合资公司、参股广东管网公司、增资石家庄燃气公司等 13 个天然气管道与终端销售合资公司，项目投产后，预计新增 490.45 亿立方米管输能力、年销售约 11.67 亿立方米天然气；支持江苏销售公司、广东销售公司等单位提高市场份额，投资建设 66 座高效加油加气站和 2 座 13.8 万立方米油库，预计年销售 140 万吨成品油和 0.68 亿立方米 CNG、周转 188 万吨汽柴油；支持宝鸡石油钢管公司收购上海宝石威 16.6% 股权，进一步提高合资公司控制力；批复长城钻探公司设立乌克兰分公司、中油财务香港公司设立特殊目的公司等海外项目，支持企业走出去，拓展海外市场。

统筹协调，审慎分析，抓好重点合资项目运行。做好西三线商务运营模式设计，股本融资取得丰硕成果。西三线合资公司成为向社会资本开放的最大项目，引入社会资本 300 亿元。该种商务运营模式最大限度地满足了集团公司实质性控制合资公司、拥有西三线管道操作权等要求，也有利于最大限度利用西部管道现有组织机构、人员和管理资源，降低西二线和西三线综合运营成本。借鉴海外收购项目经验，审慎办理油气资源合资项目，成立延安油田、红山油田、长宁页岩气开发 3 个合资公司，共引入社会资金 18.3 亿元。

（戚振忠）

【股权管理】 持续推进股权管理体系建设，深化价值型股权管理，促进公司管控和管理效率进一步提升。

持续推进由“制度规范、组织机构、激励约束、信息系统”构成的股权管理体系建设，夯实管理基础，强化科学管控。截至 2012 年底，2011 年度股利分配款已到账 220 亿元，进一步落实价值型股权管理要求。

全面修订股权管理制度体系，进一步夯实股权管理制度基础。随着国资监管制度体系的逐渐完善和健全，以及集团公司股权管理实践的持续深入，原有的股权管理制度体系已不能满足新环境、新形势的需要。修订后的股权管理办法首次明确将境外股权纳入全过程管理体系，进一步细化投资审批要求和授权管理内容，强调要依法行权管理，完善专职董监事制度。增加境外股权管理特别规定和股权基础管理内容，健全股权管理专项分析、日常分析和股权投资项目后评价等价值分析体系。

启动境外法人摸底调研和分类，探索境外股权管理模式。随着国际经济环境的日益复杂多变，以及中央企业境外投资和经营规模的不断扩大，国务院国资委下发一系列与境外产权管理紧密相关的制度，开启了规范和加强中央企业境外国有股权管理的新阶段。按照国务院国资委的要求，2012 年协助其完成境外产权调研。

规范和加强境外产权管理。2012 年，在完成国务院国资委布置的各项工作的基础上，按照“统一管理、分类对待”的股权管理要求，组织开展境外法人分类方法研究。经多次讨论，形成满足不同管理目的需要，以设立目的和经营特点为特征的境外法人暂行分类方式。在此基础上，按境外法人类别，初步明确股权管理要求。通过一年的境外产权管理探索，基本摸清家底，初步厘清法人类别，并从管理责任落实上首次将境外股权纳入全过程管理体系，初步实现全口径的股权管理。

持续优化完善股权管理系统，进一步强化管理基础，提升管理效率。2012 年，持续优化股权管理系统，通过管理层级树的上线运行，为实现股权管理全链条责任落实奠定基础。通过“中国石油控制力”标准的重新梳理与智能判断，实现集团公司股权控制链条的进一步校准和逐级贯通；通过与内、外部相关信息系统的数据接口对接，促进信息的跨系统共享，在提升上下各级管理效率的同时，有效避免相关数据因人工转传而导致的错误风险。

进一步深化预决算和股利分配，全面提高股权项目的价值管控能力。2012 年完成对 2011 年度决算，首次实现决算数据全部由股权系统生成。借助系统逐渐丰富的信息和管控功能，较好完成“股权系统中问题当期整改后通过”的决算审核目标；同时，通过决算审核，进一步将中国石油天然气勘探开发公司和昆仑能源等企业清理出的境外法人纳入股权管理系统，进一步夯实管理基础。2013 年度预算编制工作首次实现由股权管理系统自动出具预算项目清单，通过系统的校准避免人为调整预算范围。本次预算，结合人事指标调整首次实现企业层面同时进行股权投资收益、净资产收益率、EVA 3 项指标的测算，全方位提升预算指标的科学性。严格执行分红要求，以股权管理系统为统一平台，股权投资预算—分红—决算—考核各业务彼此衔接，不仅形成日常管理环节各业务的闭环运转，也为股权项目全生命周期价值管控奠定坚实基础。

2012年，召开股权管理暨资本运营工作会，推动股权管理工作再上新台阶。通过继续夯实基础工作，规范专职董监事业务管理，加强专职董监事队伍建设，以对标分析为突破口，以管战略，管考核，控风险为重点，着力提高专职董监事科学化分析手段和参谋决策水平，专职董监事业务能力和素质进一步提高，促进母子公司整体价值最大化。

（宗　雷　张国臣）

【股权优化整合与处置】 打破常规、创新思路，积极稳妥地推进股权清理整合工作。

创新股权转让和优化整合方式，妥善完成苏州安利公司的清理退出，以及竞盛经纪公司与竞胜公估公司的优化整合。推进资不抵债企业破产注销。对资不抵债企业，尤其是拖欠国税、地税税款较多的企业，认真研究新破产法相关政策，在妥善安置职工的基础上，积极推进民事破产工作。妥善处置历史遗留项目，防范法律和经营风险。针对历史遗留项目资料不完整、工商手续不健全、存在法律纠纷、与各股东方协商沟通难等问题，充分发挥总部统一协调作用，在与企业沟通协调基础上，明确股权转让与核销项目在总部层面处置、股权清算项目在企业层面处置的工作方式，抓好重点单位建立相关工作机制，有序推进历史遗留项目的处理，取得较好成效。组织企业清查股权项目，督导企业开展清理工作。共清查企业股权项目1229个，其中低效无效项目434个，对外参股项目299个，非主营业务项目114个，共同持股项目74个。

积极稳妥推进厂办大集体改革。厂办大集体改革涉及范围广、政策性强、矛盾积累多年，是一项工作难度很大的系统性工程。积极组织协调，综合分析面临的形势，立足长远发展和维护稳定，创造性地开展工作。做好顶层设计，认真汲取以往改制分流和买断工龄的经验教训。改革方案既破解了集体员工一时不愿意离开主办企业的难题，又解决了面临的既不能让厂办大集体简单回归主办企业、又不能将厂办大集体简单推向社会的双重困难。厂办大集体改革方案符合中国石油的实际情况，通过国务院国资委分配局、人力资源和社会保障部养老保险司和劳动关系司的初步会审。

（芊成江）

法律工作

【概述】 2012年，集团公司法律工作紧紧围绕中国石油中心任务和中央企业法制工作新三年目标要求，深入开展管理提升活动，持续深化法律业务开展，不断完善法律风险防控机制，着力提升法律工作管理水平和法律队伍素质，为实现生产经营平稳受控运行、促进中国石油健康发展提供有效保障。

【规章制度管理】 不断强化制度顶层设计，形成规章制度体系架构目录，制订2012—2014年制度建设规划和年度制修订计划，为进一步优化集团公司制度体系奠定基础。根据经营管理实际需要，突出重要制度设计论证，总部全年组织制修订规章制度数十项，有多项重要制度提交常务会议审议并通过。各地区企业不断完善并落实业务论证、专业评审、领导集体审议的制度形成机制，认真开展公司制度的转化与细化，加大基层单位操作规程统一制定的力度，在提高制度质量上取得明显成效。总部组织制度管理专项检查，起到了总结经验、查摆问题、改进提升的效果。针对制度实施中存在的问题，积极探索推进规章制度与管理体系的融合，多次组织会议讨论和现场调研，深入研究体系管理的理论和实践，明确建立制度、流程、标准统一管理平台的目标，形成基本工作思路，并在部分地区企业开始实施。

【法律风险防控】 扎实推进法律风险岗位防控机制建设，坚持总部与地区企业结合，法律部门与业务部门联动，在优化岗位指引内容、向基层单位延伸和加强培训实施上取得新进展。为提高指引针对性和实效性，总部研究制订油气田和销售企业指引示范文本，地区企业以示范文本为参照，结合经营管理实际，进一步优化完善指引内容，形成较为完备的管理标准和操作指南。在地区企业机关全面推开的基础上，组织开展基层单位试点，在实践中积累了好的经验和做法，为这项工作全面铺开起到示范作用。突出抓法律风险防控培训和实施，主要生产经营企业法律风险岗位防控培训和实施工作全面开展，并逐步建立起法律部门与业务部门共同组织，与内控、岗位责任制检查、绩效考核相衔接的机制性措施，在提高员工法律风险防控技能、依法规范岗位履职行为等方面取得了较好效果。此外，完成“法律风险岗位防控信息平台”开发工作，为便捷高效地开展岗位防控指引编制、学习培训、考核评价搭建了信息平台。

【重大项目法律管理】 持续优化重大项目法律管理机制，总部和地区企业法律人员全年共参与重大项目上千项，涉及金额上万亿元，其中包括重大国际项目、上下游全方位合资合作的跨国项目、风险较大的产融结合项目等，法律人员在法律尽职调查、商业模式设计、合同谈判起草、权利义务安排和法律风险防控等方面发挥重要作用，确保重大项目依法决策和规范运作。在重大项目法律管理过程中，注重深入研究不同领域重大项目的特点，完善重大项目法律管理制度规范，进一步明确法律人员参与重大项目管理的内容、环节、标准及人员素质要求，不断健全法律人员参与重大项目的制度机制和措施保障，集团公司重大项目法律管理规范化水平和整体能力显著提升。结合重大项目实际，持续跟踪研究境内外监管环境，定期组织对特定国家和地区监管风险开展评估，建立起风险预警和应对机制，有效防范资本市场法律风险。

【合同管理】 适应合同管理的新变化、新要求，持续组织中国石油合同管理制度的论证和修订工作，在广泛调研的基础上注重对合同管理已有经验的总结、优化和提升，为完善合同管理体制机制、更好地落实合同管理责任奠定了基础。持续推进集团公司合同管理信息系统优化提升，完成合同系统升级开发和推广应用工作，合同统计分析及基础管理等功能得到进一步优化，系统易用性、稳定性和兼容性明显提高，在规范经营行为、提升管理水平上的作用进一步增强。持续加强合同标准化建设，审定下发招标文件标准文本11个，修订完善常用合同标准文本6个，在合同标准文本覆盖面和质量上实现了新的进步。通过组织合同管理专项检查、开展合同管理重点问题专项治理活动、将合同管理纳入业绩考核等途径加大合同管理力度，在缩减合同审批流程、加强合同履行监控和落实合同管理责任等方面取得较好成效，带动和促进中国石油整个经营管理规范高效运行。

【权属与行政法律管理】 积极探索建立维护中国石油商标权益的长效机制，加快推进驰名商标认证工作并取得较大进展。通过法律途径开展商标维权活动，持续打击各类商标盗用、冒用等侵权行为，有效维护了公司商标权益和市场形象。进一步强化工商年检、变更等业务管理，妥善处理企业重组整合涉及的工商事务，为确保企业依法合规经营打下基础。进一步加大劳动、贸易救济等领域法律支持和保障力度，在研究应对劳动合同法修订对规范劳动用工可能产生的影响、反倾销等方面，取得一定进展。积极参与立法研究，组织完成国家相关立法征求意见的研究反馈工作20余项。

【纠纷案件管理】 组织对未结案件进行系统梳理，逐案分析研究并提出处理方案和进度安排，充分利用内外部法律资源加快处理进度，争取最佳处理结果。尤其是针对部分重大复杂案件，进一步加大总部集中处理、上下协同工作力度，加强对案件处理方案的研究和论证，有效处理多起标的额大等可能产生较大负面影响的纠纷案件，有效地维护了公司合法权益。严格落实法律纠纷案件分析制度，注重从已发纠纷案件中查找问题并制订有针对性的措施堵塞管理漏洞，较好地发挥了纠纷案件作为管理资源在改进提升管理上的作用。

【法制宣传教育】 持续深入开展“法律至上、权责对等、遵守程序、诚实守信、公平公正、依法维权”等现代企业法治理念宣传教育，大力推进企业法治文化建设，为依法经营管理营造良好的氛围。把提高领导干部法律意识摆在突出位置，建立健全领导干部法制讲座制度、理论中心组学法制度，定期安排法律知识专题学习，实现了法律学习的制度化、常规化。以普及员工生产生活紧密相关的法律知识为重点，结合经营管理实际有针对性地组织编发普法教材，适时举办法律知识培训讲座和法律知识竞赛活动，基本覆盖到企业重点经营管理岗位，收到良好效果。通过报刊、网络、有线电视等载体创建普法专栏，定期开展法治文化教育和法律知识专题宣传活动。积极组织法治文化主题文艺汇演、“身边人讲身边事”案例宣讲等员工喜闻乐见的形式，增强普法效果。加强同地方司法行政机关的配合，共同组织“送法下乡”和“送法到社区”等活动，将普法宣传延伸到周边乡镇、村屯，营造良好的外部法律环境。

【法律队伍建设】 围绕落实中央企业法制工作新三年目标要求，持续推进企业总法律顾问制度建设，有多家地区企业新设专职总法律顾问。进一步加大法律人员执业资格培训力度，对不具备资格的人员逐一制订培训和考试计划，组织对数百余名法律人员开展培训并取得较好效果，全年共有100余名法律人员通过国家司法考试和企业法律顾问资格考试，法律人员执业资格率有较大幅度的提高。组织开展企业总法律顾问及法律机构负责人年度培训，注重管理实践能力的提升，培训内容贴近法律业务实际，取得较好效果。

（法律事务部）

物资采购

【概述】 2012年，物资采购系统围绕“物资采购管理专项提升”和“开源节流、降本增效”等工作主题，进一步夯实基础工作，强化集中采购精细化管理，加快信息平台建设与应用，推进集团公司统一招标管理，加大战略采购和集中储备实施力度，强化物资采购安全理念，全面提升物资采购管理和服务水平，为集团公司生产建设提供物资保障，集团公司规模优势得到有效发挥。

【采购业务量（含电子采购）】 据统计，2012年集团公司物资采购总额为2542亿元，集团公司两级集中采购度达93%，采购资金节约额105亿元、采购资金节约率达4%，招标率达到60%以上，电子采购额达到700亿元，前十七大类物资采购额占总采购额的80.12%，前10名供应商的供应份额占总采购额的37.12%，发挥集团公司的规模优势，降低集团化运营成本，采购质量明显上升。

【授权集中采购】 按照一级采购物资管理目录（2012年）和标准文本规范一级物资集中采购管理，于2012年3月31日前完成授权集中采购工作，共有30个大类、87个中类、232个小类、923个品种，实施了带量、定商定价和定商三种组织方式的集中采购管理，并已形成集中采购结果和公示公告，进一步提高授权集中采购工作质量，严格规范采购程序，推行标准化采购，采取择优选商、科学决策的管控模式，不断提升集中采购管理水平，确保集团公司生产建设物资的供应，集团公司重点项目平稳运行。2012年上半年，为规范采购程序，提高采购工作效率，组织编写《采购管理手册》。

2012年12月，集团公司2013年一级物资授权集中采购工作，创新集采模式，提升管理水平，组织实施“三集中”工作（集中时间、集中地点、集中组织），完成了11个管理小组的12类物资的招标（谈判）工作，采购金额105亿元，规模采购效益显著，采购价格平均降幅3%—5%。

加大战略采购的实施力度，进一步推动由集中采购向战略采购的提升。2012年集团公司战略采购（含内部框架采购）金额达500亿元左右，新增3家战略供应商，并与渤海石油装备制造有限公司、宝鸡石油机械有限责任公司、宝鸡石油钢管有限责任公司等6家内部优势产品制造企业签署内部优势产品的框架采购协议。

【招标管理】 集团公司进一步强化对工程、物资和服务招标的统一归口管理，明确分工，落实责任。集团公司招标管理办公室继续加强招标管理基础建设，结合《招标投标法实施条例》的颁布实施，修订发布《招标管理办法》，发布实施监理、无损检测、工程设计、保险服务、咨询等12类招标文件标准文本，组织起草编写《招标评审工作指南》和《招标项目管理与实施工作规范》，大力推行规范化流程和标准化文本；结合物资采购管理信息系统建设和推广应用，全面推进招标模块、专家库模块建设应用，按照“公开、公平、公正和诚实信用”原则，大力推行招标信息公开；积极鼓励引导专业化招标，提高招标质量和效率，梳理认可23家内部招标机构和73家外部招标代理机构，为集团公司提供专业、规范的招标服务，共完成工程、物资、服务招标项目33543项，金额超过1200亿元；持续完善招标评审专家库建设，并积极支持国家综合评标专家库建设，在梳理完善相关信息的基础上，初步向国家综合评标专家库推荐超过6000名专家。2012年共办理一类、二类招标项目招标方案、招标结果和可不招标事项的审批、备案业务55项，涉及金额345亿元。此外，还与监察部一起，组织开展对16家单位的招标管理效能监察，重点检查工程建设项目总承包、工程施工、工程服务、分包等招标实施与操作情况；按照部门统一部署，在一级采购物资授权集中采购中积极推行“三集中”招标，分两批由7家招标专业机构对34个物资品种实施专业化招标；还组织开展《招标投标法及实施条例》知识答题活动，共5000余人参加答题活动；分两期组织召开招标师考前培训研讨会，邀请招标投标协会资深专家对招标师职业水平考试相关内容进行讲解和分析，招标系统业务人员400余人参会。

【物资采购管理信息平台】 2012年，物资采购管理信息系统项目完成交易平台推广实施和管理平台试点应用工作。交易平台（即新“能源一号网”）在集团公司125家单位推广实施，已有内部用户8000余人，外部供应商两万多用户使用系统，2012年度完成电子采购额700亿元。2012年6月，物资采购管理系统平台在大庆石化公司、采购中心、长庆油田公司、大庆油田公司4家单位试点运行，实现物采系统和ERP系统双向业务集成，使集团公司“集中采购、分散操作”业务模式形成闭环。同时开展物采系统供应商模块、招标模块、集中储备模块的上线实施工作，建立集团公司统一的供应商库，25000多家合格供应商全部纳入系统管理；中国石油招标投标网（www.cnpcbidding.com）正式上线运行，并实现和中国采购与招标网的集成；构建集团公司统一的专家数据库，管理900多个分类的17000多名各专业的专家，为集团公司招标项目提供了近200次专家抽取。

【一级采购案例】 组织大庆、吉林、辽宁、新疆等地区5批次区域煤炭集中采购，累计签订合同超过1900万吨、金额80亿元。组织石油专用管管理小组与战略供应商协商确定战略采购价格和配置资源量，并召开2012年度API标准石油专用管授标及集中签约会议，实际签约率达到99%以上。随着瓜尔胶原材料市场的波动，2012年先后召开3次管理小组会议，制定瓜尔胶价格调整的应急措施，确定改性瓜尔胶采购实施方案，调整改性瓜尔胶价格和资源锁定，完善瓜尔胶价格调整机制，以保障各企业生产需求。采购中心等各授权组长单位持续补充完善定商定价的物资常用规格型号，不断扩大挂网品种的覆盖范围，2012年全年所属企业完成定商定价物资网上采购15.64亿元，其中设备376台（套）、材料12.71万吨，实现采购成本降低率4.39%。组织实施2012年度国家应急救援基地投资项目和集团公司消防车、消防器材装备以及软件系统的集中采购工作，采购消防车和消防器材装备1424台（套），金额3.04亿元。

【重点工程项目物资采购】 2012年继续做好管道建设重要物资、炼化项目设备物资，“新疆大庆”等重点工程项目物资协调采购工作，各工作协调小组通过优化产能、合理配置，全面化解供需矛盾，及时保证重点工程项目的物资供应。2012年通过采购中心协调完成集团公司36个管道、炼化重点工程项目采购物资427亿元，其中，采购中心直接采购签约金额30亿元，组织采购金额396亿元；为30个管道工程项目采购物资419亿元；为4个炼化工程项目采购物资7.64亿元；为2个储备库工程项目组织采购物资0.11亿元。组织实施西二线、中卫—贵阳联络线等管道工程用板材、钢管28批次集中采购，数量约278万吨，金额超过200亿元；西气东输三线西段、大唐煤制气、呼包鄂及港清三线等重点工程项目4批次管道高压、中压阀门集中采购2730台（套），金额3.38亿元。

【供应商管理】 2012年，组织制定并下发《中国石油天然气集团公司一级采购物资供应商准入管理细则》，完善供应商准入管理制度，从制度层面规范供应商准入程序，确保各项操作规范化和标准化。持续优化供应商资源，探索“三集中”模式的供应商新增准入工作规范，统一流程操作，统一时间安排，集中专家资源，高效规范地完成2012年供应商新增准入工作，补充部分国内外优秀供应商，进一步提升供应商资源库的整体水平。组织召开2012中国石油采购供应链高峰论坛暨供应商优势产品和新技术成果展年会，以全球的视野、展望的思维、创新的理念，共同研讨开展供应链的全面优化，积极促进供应链的整体协同。与皇家荷兰壳牌集团公司全球物料与供应商管理部的合作进一步深化，以双方合资项目为平台，以ARROW项目为试点，启动重型设备及橇装设备供应商联合认证有关工作，把双方合作推向深入。

【机电产品进出口管理】 机电产品进出口管理各项工作有序进行，保障集团公司重点工程项目建设和生产需要。在履行进出口业务管理方面，全年办理新申请自动进口许可证130份，进口设备481台（套），用汇1.87亿美元。在加强和规范招投标管理方面，严格执行国家有关规定，所属采购中心和中国寰球工程公司两家招标机构共完成招标项目468项，中标金额12.9亿美元，节资率20%以上。在争取国家进口鼓励政策方面，利用好国家鼓励发展项目政策，全年有3个鼓励发展项目获得国家确认，项目总投资64亿元，可减免进口用汇额用汇804万美元；利用好特定地区免税政策，会同财务资产部向国家申请特定地区免税额度2.1亿美元，实际免税进口物资货值1.8亿美元，免征关税和进口环节增值税1.18亿元；利用好进口贴息政策，2012年组织12家单位申请2011年度进口贴息资金，国家审核批复贴息资金 819 万元。

组织完成柴油发电机组等 4 类石油专用设备集中采购，采购金额 1.5 亿美元，综合降本率 30% 以上；组织完成西三线等工程项目压缩机、阀门等 15 类关键进口设备联合集中采购，中标金额 6.23 亿美元，节资率 20% 以上；完成叔十二碳硫醇等 6 个品种进口催化剂带量、定商定价集中采购，采购金额 3.27 亿元，节约 1432 万元。同时还研究保障“新疆大庆”建设所需进口物资集中采购，完成 25 项框架采购协议谈判，签约合同 46 份，采购金额 6103 万美元。

【石油物资分类与代码】 2012 年，物料分类与编码工作从进一步加强物料数据标准制修订工作入手，组织修订润滑油、电缆、钻井设备等一级物资分类及属性规范，并修订 6900 多项二级物资属性规范。在管理规范上全面落实授权集中采购管理小组审核一级物资及相关分类明细数据申请。完成 78 万项一级物资数据清理工作，并推进清理结果在各所属企业 ERP 中落实。为确保物资采购管理信息系统上线运行，清理 ERP 中使用非标准计量单位的 90 万条数据，讨论确定统一申请新编码，并在 ERP 中落实使用标准计量单位。

【境外项目物资采购管理】 2010 年，启动《集团公司境外项目物资采购管理办法》(以下简称《办法》)编制工作。历时 2 年时间，广泛调研壳牌、BP、挪威石油、道达尔、IBM 和西门子以及中国石化、中国海油、宝钢等大公司物资采购管理情况，结合集团公司境外项目物资采购管理实际，研究制订《办法》。2012 年 11 月 23 日《办法》通过集团公司常务会审查。2013 年 1 月 1 日《办法》开始实施。《办法》的出台，将促进集团公司海外业务的发展。

【绩效管理】 2012 年集团公司将物资两级集中采购度纳入集团公司与企业主要领导年度绩效合同，进一步推进集中采购、提升管理水平。物资采购管理部持续推进集团公司物资采购绩效管理体系建设，积极探索总部、所属企业两级物资采购管理业务的绩效管理模式，逐步推进绩效管理的规范化和常态化，采用考核与引导相结合的方式，围绕物资采购管理关键环节，设定两级集中采购度、一级物资网上采购率、库存周转次数、入库检验率、采购成本降低率、物资招标率、一次入库检验合格率、前 20 名供应商供货率等绩效指标。从考核结果来看，2012 年集团公司物资两级集中采购度达到 93%，全年平均库存周转次数达到 7.65 次，各单位物资入库检验率均为 100%，物资采购资金节约率 4%，物资采购招标率超过 60%，前 20 名供应商订货率 40%，物资一次入库检验合格率超过 99%。

【物资采购标准库建设】 2012 年初，启动集团公司物资采购标准库建设工作。在充分调研的基础上，形成建库的总体工作思路和总体实施方案。标准库建设项目将以石油工业 60 大类物资产品和技术标准为主线，通过对国际标准、国外先进标准、国家标准、行业标准、地方标准、集团公司企业标准和外部企业标准进行收集、优选和创编，建立一个具有中国石油特色的物资采购标准库。2012 年 11 月，集团公司召开物资采购标准库建设标准梳理工作启动视频会，标准库建设工作全面启动。

（物资采购管理部）

纪检监察

【概述】 2012 年，集团公司各级党组织、纪检监察部门认真贯彻落实党的十八大和中央纪委二次全会、中央企业反腐倡廉建设工作会议精神，严格执行党风廉政建设责任制，突出工作重点，整体协调推进。

【惩防体系建设】 按照“科学规划、分步实施、突出重点、整体推进”的工作思路，把惩防腐败体系建设融入党的建设、内控体系建设和经营管理工作中。组织召开集团公司惩防体系建设工作领导小组第八次会议，将 137 项任务分解落实到相关职能部门，围绕重点领域和关键环节，查找廉洁风险，制定控制措施，确保各项工作任务有效落实。组织全系统全面总结惩防体系 5 年工作情况，选取 10 家单位开展调研检查，梳理总结成功经验和有效做法，查找问题和不足，进一步深化惩防体系建设的规律性认识。组织召开集团公司惩防体系建设工作研讨会，表彰奖励 30 个先进单位，总结交流典型经验，明确推进当前及今后一段时期惩防体系建设工作的措施和要求。制定下发《关于加强廉洁风险防控的实施意见》，组织开展《石油企业推进“制度＋科技”反腐倡廉建设研究》课题，探索进一步深化惩防体系的新途径。

【反腐倡廉教育】 以《加强领导干部反腐倡廉教育指导意见》、《2012年反腐倡廉宣传教育工作方案》为统领，进一步明确教育主题，丰富教育形式。开展“学习廉洁从业先进事迹、评选廉洁从业模范干部”活动，评选出20名廉洁从业模范干部。开发“中国石油反腐倡廉教育网络平台”，广大党员干部积极参加在线答题测试。举办“倡廉洁、树清风”全国廉政公益广告展播，参与集团公司党的十八大精神宣讲，编印下发《中国石油高级管理人员廉洁从业学习材料（五）》，举办党风建设培训班等。

【廉洁从业】 制定印发《中国石油天然气集团公司贯彻落实<国有企业领导人员廉洁从业若干规定>实施办法》，指导所属企事业单位制定配套措施770项；组织开展领导人员职务消费自查，进一步规范职务消费行为，促进领导人员廉洁从业。制定《集团公司党风廉政建设责任制考核与追究办法（试行）》，下发《关于进一步规范“党风廉政建设责任书”签订工作的通知》，编制集团公司层面和所属企事业单位党风廉政建设责任书模板，增强各级领导班子和领导干部抓好党风廉政建设的责任意识。

【信访与案件查处】 认真贯彻全国纪检监察机关查办案件工作座谈会精神，进一步加大查办案件工作力度。实施信访举报分级审批管理，坚持做好信访分析，充分发挥信访举报作为案件线索主渠道的作用；以强“三基”、促管理、抓落实、提素质为重点，加强查办案件基础工作和制度建设，积极推行案件交叉审理，各级纪检监察部门查办案件能力进一步提升。2012年，全系统共查办违纪违法案件245件，处分291人，通过查办案件挽回直接经济损失2700多万元。

进一步充实纪检监察力量。在已经组建3个纪检监察中心的基础上，集团公司党组决定在四川成都成立第四纪检监察中心，并于2012年7月举行揭牌仪式。2012年，4个纪检监察中心充分发挥职能作用，严肃查办一批上级机关交办、网络媒体曝光、社会群体关注的重要敏感案件。

【效能监察】 按照“围绕中心、科学部署、分类指导、规范管理”的要求，在全系统安排部署工程建设项目管理效能监察和自立项目效能监察，所属单位共立项开展205项效能监察。继续加大上对下监督力度，牵头组织开展新疆发展规划项目监督检查、炼油小产品销售管理效能监察、招标管理效能监察、金融业务监督，以及海外项目审计监察等工作。

（1）开展工程建设项目管理效能监察，促进工程建设项目规范管理。所属单位共立项77项，重点对2010年以来油气田地面工程、炼化工程、天然气利用工程、油气输送工程、销售网络与油库建设等工程建设项目进行检查。

（2）开展物资采购和招投标管理效能监察，推动制度措施有效贯彻落实。所属单位共立项37项。会同物资采购管理部组成6个检查组，对15家单位的工程、物资、服务3类招标采购管理与实施情况进行重点抽查，有力地推动集团公司《物资采购管理办法》、《招标管理办法》及相关配套措施的落实，促进了物资采购规范管理。

（3）开展产品销售及市场管理效能监察，促进营销精细化规范管理。所属单位结合成品油销售、化工产品销售、市场管理及加油站管理等工作开展效能监察，共立项15项，协助建章立制32个。组织相关部门对7家单位2011年炼油小产品销售管理进行效能监察，促进销售管理水平不断提高。

（4）开展重大工程建设项目监督检查，强化对重大项目的过程监督。根据中央精神和加强建设项目管理的需要，对新疆业务发展规划项目及管道、炼化、销售等重大工程建设项目进行监督检查。继续推进西气东输二线、三线等管道工程联合监督工作，充分发挥监察、审计、内控联合监督优势，深入管道建设项目施工现场，对建设管理过程进行监督检查，确保资金投向符合要求、项目管理规范有序。

（5）开展金融业务监督调研，加强金融业务管理。分别对5家金融企业进行专题调研，针对发现问题，提出切实可行的意见和建议。

【专项治理】 作为集团公司工程专项治理领导小组办公室，积极组织协调全系统做好专项治理各项工作，下发《关于集团公司工程建设领域突出问题专项治理巩固提高阶段工作安排的通知》，全面启动巩固提高阶段的工作。专项治理办公室组成3个抽查督导组，对18个单位进行抽查督导。召开集团公司工程专项治理总结视频会议，对3年来工程专项治理工作进行总结，交流经验和做法，明确今后工程建设管理目标和任务。

根据中共中央办公厅、国务院办公厅《关于开展工程建设领域突出问题专项治理工作的意见》精神，按照中央的决策部署和国资委的统一要求，集团公司于2009年7月启动工程建设领域突出问题专项治理工作，历经部署启动、自查自纠、制定措施、整改实施、巩固提高5个阶段，截至2012年底完成预定的各项工作任务。

【源头治理】 下发《关于开展“三重一大”决策制度执行情况检查的通知》，在各单位自查自纠的基础上，由集团公司人事部和监察部牵头，组成两个检查组，对13个单位落实“三重一大”决策制度情况进行抽查，对发现问题及时提出整改要求。申报设立集团公司软科学研究课题，开展“三重一大”决策制度体制机制建设研究。

【巡视监督】 坚持党要管党、从严治党方针，围绕企业中心工作和新的形势任务要求，建立巡视工作常态机制。印发中油党组〔2012〕86号文件，调整巡视工作领导小组成员。在党组纪检组、监察部设立巡视室，承担党组巡视工作综合协调与服务职能。党组先后任命8名在职局级干部担任专职巡视员，从纪检监察、组织人事系统抽调12名处科级干部担任巡视员助理，组成4个巡视组，对集团公司20个所属单位开展党内监督巡视，提出针对性意见建议199条，促进集团公司各项重大部署的贯彻落实，为党组决策提供重要参考。制定《中国石油天然气集团公司巡视回访工作暂行规定》，建立巡视建议书和巡视监督书“两书”制度，推进巡视工作信息化建设，巡视基础管理不断规范。

按照中央第三企业金融巡视组的要求，向中央巡视工作领导小组上报《中共中国石油天然气集团公司党组关于对中央第三企业金融巡视组反馈意见整改情况的报告》。

【组织建设】 深入开展“做党的忠诚卫士、当群众的贴心人”主题实践活动，坚持把加强纪检监察队伍建设作为基础性工作抓好抓实。一是制定实行加强纪检监察组织建设的实施意见，指导各地区企业健全纪检监察机构、配齐配强纪检监察干部。二是坚持工作述职和岗位培训，分区域组织28个单位的纪委书记述职，举办监察处长培训班，召开查办案件和效能监察基础工作宣讲会，采取多种方式加强培训。三是推进纪检监察信息化建设，升级信访案件管理系统，开发应用工作写实和评价系统。

【监察学会】 中国监察学会石油分会（以下简称石油分会）认真贯彻党中央、国务院反腐倡廉建设有关要求，不断加强理论研究与实践探索，在服务企业改革发展大局、总结实践工作成果、培养理论研究人才等方面发挥积极作用，取得明显成效。2012年，103个会员单位分8个片组分别召开理论研讨会，撰写和交流论文120篇，评选出片组优秀论文80篇，其中，一等奖10篇，二等奖20篇，三等奖50篇。石油分会撰写和推荐的论文《中国石油运用信息技术防控廉洁风险的实践与思考》获中国监察学会2012年度优秀调研成果一等奖。

（党组纪检组、监察部）

审计监督

【概述】 2012年，各级审计部门围绕“建设综合性国际能源公司”战略目标，立足“管理+效益”的定位，认真履行职责，圆满完成各项审计任务，审计成果利用成效显著，审计组织机构进一步优化，审计业务管理水平不断提升，审计队伍自身建设不断加强。全年共开展审计项目2132个，审计资金 2.2万亿元，提出有价值审计建议3411条。

【主要审计活动】 2012年1月17日，审计部下发《关于下发2012年审计项目计划的通知》（审计〔2012〕20号，油审〔2012〕15号），对集团公司、股份公司2012年审计项目计划作出具体安排部署。

2月1日，股份公司下发《关于印发〈中国石油天然气股份有限公司建设项目审计管理办法〉的通知》（石油审〔2012〕27号）。

2月3日，集团公司下发《关于表彰中国石油天然气集团公司2009—2011年度审计工作先进单位和先进个人的决定》（中油审〔2012〕31号），共有55个单位获得先进单位荣誉称号，163人获得先进个人荣誉称号。

2月7日，审计部下发《关于下发2012年境外审计项目计划的通知》（审计〔2012〕50号），对2012年境外审计及联合审计监察项目计划作出安排部署。

2月8日，审计部以视频方式召开2012年审计工作会议，总结2011年审计工作，部署2012年审计工作。

3月12日，审计部下发《关于公布2011年度审计信息化工作考核评比结果的通知》（审计〔2012〕132号），评出一等奖23个，二等奖17个，三等奖22个。

3月27日，审计部向股份公司董事会审计委员会、监事会报告股份公司2012年审计工作及2013年工作安排。审计委员会同意股份公司审计工作报告。

4月8日，审计部下发《关于进一步加强审计信息化工作有关要求的通知》（审计〔2012〕190号），对审计信息化工作提出具体要求。

5月8日，审计部在北京召开销售企业ERP审计信息系统应用推进会议，项目组和35家单位汇报系统应用工作。

6月20日，审计部向股份公司董事会审计委员会报告股份公司审计工作。审计委员会同意股份公司审计工作报告。

7月4日，审计专业标准化直属工作组在青岛召开工作组年会，总结3年审计规范制修订工作，研究部署28项审计规范的宣贯工作，并听取相关意见和建议。

8月21日，审计部向股份公司董事会审计委员会、监事会报告股份公司审计工作。审计委员会同意股份公司审计工作报告。

9月20日，集团公司、股份公司下发《关于李庆毅、孙先锋职务任免的通知》（中油任〔2012〕454号，石油任〔2012〕292号），任命李庆毅为审计部总经理。审计部于10月9日召开干部大会，宣布审计部领导班子调整的决定，集团公司党组成员、纪检组长王立新出席会议并讲话。

10月31日，中国内部审计协会下发《中国内部审计协会关于授予内部审计领军企业和示范企业称号的决定》（中内协发〔2012〕45号），集团公司被授予效益审计“内部审计领军企业”称号。

11月21日，审计部向股份公司董事会审计委员会报告股份公司审计工作。审计委员会同意股份公司审计工作报告。

11月27日，审计部下发《关于印发 < 审计部开展管理提升活动工作方案 > 和 < 审计部管理提升活动第二阶段提升方案 > 的通知》（审计〔2012〕602号），对审计部管理提升活动进行全面部署。同日，下发《关于下发中国石油2013年审计项目计划编制工作指导意见的通知》（审计〔2012〕604号）。

12月11日，审计部下发《关于成立审计信息化工作协调小组的通知》（审计函〔2012〕47号），明确协调小组及办公室的成员和职责。

【重要审计项目及成果】（1）突出经济责任审计，促进领导干部履职。

2012年，各单位坚持离任必审，积极推进任中审计，共组织开展经济责任审计504项。审计部进一步规范审计评价和公示办法，加大对“三重一大”等决策制度落实情况的审计力度，揭示投资管理、物资管理、油品销售等方面的问题。大庆油田有限责任公司、新疆油田公司、锦西石化公司将经济责任审计与经营管理专项审计有效融合，注重审计成果利用，提升了审计层次和效果。辽河油田公司、渤海钻探工程有限公司、上海销售公司将审计范围延伸到重要单位总会计师、工会主席或股权单位负责人，拓展经济责任审计领域。

（2）突出建设项目审计，促进规范管理。

2012年，各单位强化重点投资项目监控，审计工程建设资金1489亿元。审计部组织完成71项重点工程、信息系统建设项目竣工决算、投资管理及过程跟踪审计，发现应招标未招标、投资控制等问题，促进完善25项工程管理制度，有效加强建设项目规范管理。华北油田公司切实加强建设工程全过程审计，审减成果显著。辽河油田公司等16家单位审减额都超过1000万元，为公司实现控制投资目标作出贡献。长庆油田公司开展数字化管理系统审计，促进油田数字化管理水平不断提高。

（3）突出管理效益审计，促进降本增效。

2012年，各单位以财务收支和内部控制审计为基础，积极开展管理效益专项审计，有效推动企业降本增效工作。审计部重点围绕股权管理、矿区管理、房地产管理以及部分炼化和销售企业组织开展财务收支、管理效益审计23项，提出加强管理、提升效益的建议，促进相关领域完善控制；围绕风险防范，组织实施内部控制测试21项，发现例外事项164个，提出有针对性审计建议121条。各单位审计合同与物资采购资金1176亿元，其中：辽河油田公司审减合同价款金额较大；大庆油田有限责任公司等10家单位审减额超过1000万元，资金节约效果显著。锦州石化公司“‘三剂’降本增效”跟踪审计，当年降低成本费用8138万元，对企业生产经营管理产生深远影响。

（4）突出境外、金融等领域审计，促进防控运营风险。

2012年，审计部组织完成境外审计9项，发现并整改控制缺陷72个；完成对外合作项目审计20个；积极探索金融领域审计，加强审计方法研究，开展租赁和信托业务管理效益审计调查，为金融审计积累了经验。海外勘探开发公司和长城钻探工程有限公司、东方地球物理勘探有限责任公司继续加大境外项目审计力度，有效保证境外资金和项目运行安全。

（5）突出审计结果利用，促进审计成果转化。

2012年，各单位进一步加强审计问题跟踪整改和成果利用，制定整改措施2046个，整改率同比增加6%，更加注重构建长效机制，根据审计建议，健全完善相关领域管理和内部控制。审计部加强与纪检监察、内控等部门的协调配合，完成9项联合监督任务，有效落实反舞弊协调机制和联合监督机制，促进审计成果共享。海外勘探开发公司强化历年审计发现整改，审计整改率达到100%。西南油气田公司以数据库应用为支撑，建立审计成果利用机制。管道局将审计整改纳入全局业务公示督办系统，提升了整改力度和效果。

【审计业务培训】 2012年，各单位着力提高审计人员业务能力，举办各类审计培训班24个，培训2140人次。审计部直接举办培训班3期，共培训学员420人次，其中，4月在南京举办第一期工程建设项目审计培训班；5月在常州举办综合管理及项目审理培训班，在厦门举办第二期工程建设项目审计培训班。

截至2012年底，审计队伍通过培训和自学，具有大学及以上学历的达到1648人，占总人数的74%，中高级职称1773人，占总人数的80%，具有注册会计师、国际注册内审师、注册造价师等职业资格的580人，占总人数的26%。

【优秀审计项目】 2012年9月12日，审计部在黄山召开集团公司2011年优秀审计项目评审会，在各单位推荐的基础上，经网上初评和现场评审，共评出2011年优秀审计项目91个，其中一等奖21个，二等奖32个，三等奖38个。

【审计协会】 2012年3月14日，中国内部审计协会石油分会（以下简称石油审计协会）在云南省腾冲市召开第六届常务理事扩大会暨石油审计理论课题研讨会。会议传达中国内部审计协会第六届理事会第二次会议精神，总结石油审计协会2011年工作成果，部署2012年重点工作，确定各片组理论研究重点课题；重新推选石油审计协会理事会成员、《中国石油审计》编委会成员以及6个片组成员单位和组长。会后下发《关于调整中国内部审计协会石油分会理事会组成人员的通知》（油审会〔2012〕1号）、《关于调整中国内部审计协会石油分会片组单位的通知》（油审会〔2012〕2号）。

8月23日，石油审计协会在黑龙江省牡丹江市召开2012年石油审计优秀论文评审会。会议共评出石油审计优秀论文80篇，其中一等奖10篇，二等奖24篇，三等奖46篇。

2012年，石油审计协会共编辑出版《中国石油审计》4期，发挥了理论研究和经验交流园地的功能。

（白雪莲）

内部控制与风险管理

【概述】 2012年，内控与风险管理部加挂企业管理部牌子。企业管理部（内控与风险管理部）积极调整工作重心，适应管理职能变化，在继续承担内控与风险管理现有职责基础上，牵头负责集团公司管理提升活动领导小组和集团公司基础管理建设工程领导小组两个办公室的具体工作。企业管理工作突出强化与业务的融合，强化综合管理，加强各专业之间的协调，各项工作取得了良好进展。

（1）管理提升活动取得阶段性成效。在国务院国资委组织开展的中央企业管理提升活动中，集团公司按照管理提升活动的总体安排，深入扎实地开展第一阶段工作，组织各个层面认真开展管理诊断，分析查找管理中的问题，组织专业对标分析，查找出一批管理短板与瓶颈问题，并有针对性地制定目标明确的管理提升方案，顺利实现第一阶段向第二阶段的转段。中国石油获得国务院国资委系统“2012年中央企业管理提升活动优秀组织单位”称号。

（2）基础管理建设工程持续深入推进。开展集团公司管控模式研究，提出集团公司建立战略主导的混合管控模式的基本思路，阐述总部、专业公司、地区公司、基层的管理定位，初步形成了集团公司管控模式顶层设计的框架意见，制定了顶层设计规划并开展试点工作。

（3）内控与风险管理工作得到进一步巩固完善。业务流程管理、风险管理和内部控制监督等各项工作都按照“十二五”规划目标顺利推进。国务院国资委派驻企业监事会对集团公司资金管理、招投标、采购业务内部控制情况进行专项检查，结果表明集团公司受检的各项业务运行有序、管理规范。经国务院国资委核准，集团公司获准境外原油、成品油、天然气套期保值业务资质。中国石油内控工作得到业界的好评，继2011年获得“迪博中国上市公司内部控制指数”第一之后，2012年蝉联榜首。

【管理提升活动】 2012年，国务院国资委在中央企业全面开展为期2年的管理提升活动。集团公司按照国务院国资委的部署，紧密结合自身管理现状，全面推进管理提升活动，取得阶段性成效。主要有以下特点和成效：

（1）集团上下高度重视。集团党组专门召开会议，认真研究贯彻落实国务院国资委开展管理提升活动部署的措施，明确把管理提升活动作为集团公司经营管理工作中的一项十分重要的工作和“十二五”期间的一件大事来抓。中国石油所属150多家单位都成立开展管理提升活动的组织机构，主要领导亲自挂帅，带头深入学习，有效调动整合内部资源，形成工作合力，推动管理提升活动在整个集团公司迅速开展。

（2）突出业务主导。集团公司明确“全员参与、业务主导、条块结合、上下联动、分类推进、全面提升”的24字总体要求，强调全员参与、强调业务主导、强调上下联动，把着眼点和落脚点放在解决实际问题、取得实效上。在自我诊断、找准问题，制订方案、细化措施和专项提升、全面整改几个关键环节，各部门、各业务板块主动发挥牵头组织主导作用，按照集团公司统一部署，统筹各企事业单位踏点运行、协同推进。

（3）加强宣传交流。充分利用网络、媒体等多种途径，做好管理提升活动的宣传报道和学习交流。在集团公司信息网站开辟“管理提升活动专栏”，及时发布集团公司有关管理提升活动的部署、工作进展、先进经验等信息。在《中国石油报》上推出管理提升活动专刊、专栏、报网新闻特刊等。其中35篇被国务院国资委网站采用和重点推荐，部分稿件被新华网、人民网、新浪网等网络媒体转载。

（4）对标工作深入扎实。总部各部门和专业分公司认真开展自我诊断对标工作，对照国际和行业先进水平查找自身的不足。各专业板块组织归口单位，通过专家诊断、问卷调查、调研访谈等有效方式，梳理和查找出一批存在的突出管理短板与瓶颈问题。

（5）自我诊断全面客观。各部门、各单位通过自我诊断，找准了集团公司层面存在的主要管理短板和瓶颈问题，按照“全面提升、重点突破”的工作原则，集团公司层面确定了集团管控能力、投资决策管理、安全环保管理、管理信息化、海外业务管理、人力资源管理6个重点提升领域，制订了周密的管理提升方案并组织实施。

【基础管理建设工程】 2012年是集团公司实施基础管理建设工程的第三年。按照整体工作规划，集团公司召开基础管理建设工程推进视频会，提出要以此推进工程有效实施为契机，提高基础管理能力和协调运作水平，简化优化管理，争取到“十二五”末，基础管理总体水平从目前的规范级提升到优化级，提高企业的运作效率和管控能力，提升企业的价值和形象。按照工作安排，启动构建管理规范平台和完善基础管理体系试点工作。以多体系融合为突破口，组织辽河油田、兰州石化、管道公司等多家单位开展体系融合思路研讨，全面启动总部、销售、天然气与管道板块试点单位的实施工作。

【风险管理工作】

1. 重大风险评估工作进一步深化

2012年度，继续组织中国石油总部21个部门和专业分公司围绕油气核心业务开展风险评估，评估确定2012年5个重大风险，即：地缘政治经济和安全风险、健康安全环保风险、投资风险、价格波动风险、资源保障风险。并组织完善重大风险管理策略、解决方案及监督改进机制，向国务院国资委按时上报集团公司2012年度风险管理报告，报告范围从总部层面扩大到企业层面和业务领域，新增了“三重一大”重大海外投资并购、高风险业务等重要内容，重点分析了多发风险事件、国内外同行业重大风险、公司领导关注风险、参与部门识别重大风险、所属企业重大风险。

企事业单位风险评估工作取得了新进展。2012年有84家企业完成企业风险报告，其中，65家国内企业完成企业风险管理报告，与2011年的35家相比，新增近50家，金融单位和海外单位覆盖率

100%。

2. 海外业务内控与风险管理持续深化

2012年，以统一规划、规范设计、差异化实施为工作原则，以公司统一内控框架和风险管理为标准，以风险为导向，组织海外勘探开发和国际事业公司等8家牵头单位，启动海外油气勘探开发、工程技术服务（物探及钻井）、工程建设、国际贸易（油气产品及装备）4个专业的内控模板研制工作。2012年3月，作为风险量化管理在板块和地区公司层面的首次探索和尝试，组织6家海外业务单位研制海外风险评估预警模型。经过近10个月的攻关，以一线切入、有限目标、开放设计、整合现状为指导原则，运用DEA数据分析法，研发包括指标设置、数据管理、风险容忍度设置、统计图表、预测模拟、风险效益对比和周期对比等模块功能的模型软件，第一批3家试点单位（工程建设公司、长城钻探公司和东方物探公司）建立了海外业务风险指标体系并安装试用了模型软件。12月，模型软件通过了集团公司相关部门和单位的专家评审和验收。

3. 金融单位风险管理工作迈上新台阶

组织昆仑银行股份有限公司、昆仑信托有限责任公司、昆仑金融租赁有限责任公司、中油财务有限责任公司、竞盛保险经纪股份有限公司5家金融单位进行风险管理成熟度对标分析试点工作。通过试点，对金融单位风险管理现状进行了比较系统、全面的分析，能够更加准确地掌握各单位风险管控工作的薄弱点，为下一步提升金融单位全面风险管理工作指明了方向。将一些分散的、自发的管控措施进行总结，风险管理工作条线更加清晰，风险管理工作的范围及职责更加明确，对亟须完善的方面提出改进计划，不断优化全面风险管理架构，提升风险管理水平。

【业务流程管理工作】

1. 有序推进各项业务流程梳理

2012年重点开展8项业务梳理。其中，物探业务所属单位各有侧重、统一难度大，经过多轮反复讨论与确认，形成31项基本流程；运输业务具有分布广、移动资产比重大、安全运营管控难度大的特点，业务流程梳理有效加强管理基础，适应了业务的快速扩张。结合中国石油总部部门调整和业务发展，开展对外合作、城市燃气、LNG、伊朗回购合同等业务梳理，启动法律事务、人力资源的全面梳理，取得了良好效果。2012年累计启动实施19个中国石油总部部门流程梳理，发布29项专业流程规范，流程管理覆盖率达到70%，覆盖90%的总部机关业务部门。

2. 深化信息系统控制设计与实施

开展司库、物资、系统集成等多专业系统控制设计与规范，并对2011年单轨运行的34家单位开展专项权限测试，测试覆盖3.18万个账户、例外事项比例达13.9%，对存在的问题提出了明确的整改意见。同时，加大流程系统应用，开发审计测试离线功能、改进系统性能、提出应用监控指标、开展绩效分析等多项工作，并完成了系统的合同验收与竣工审计。

3. 对ERP与加油站业务流程和系统控制调研

对ERP与加油站业务流程和系统控制实施情况进行调研，对已实施ERP系统的88家单位、实施加油站系统的32家销售企业、1.9万个加油站开展问卷调研，业务覆盖率最高的单位达到48.5%，尤其对财务管理效率有了极大的提升。调研针对系统集成、运行维护管理、接口控制等方面存在的问题进行分析，提出有益的改进意见。

4. 开展炼化企业管理交流

2012年11月2日，集团公司召开炼化企业管理提升交流会。集团公司党组成员、总会计师王国樑出席会议并作重要讲话。四川石化公司、华北石化公司、克拉玛依石化公司、独山子石化公司、长庆石化公司、锦州石化公司就项目控制、信息化管理、降本增效、精细化管理等方面介绍了管理提升的典型经验与做法。会议要求，要深刻领会管理提升的重要意义，深入开展管理提升，努力抓好投资成本控制、对标管理、财务管理3个方面重点领域的管理提升，切实发挥公司的管理优势，坚持按照“全员参与、业务主导、条块结合、上下联动、分类推进、全面提升”的要求努力工作，力求实效。

【内控体系运行评价】

1. 切实增强内部控制测试组织和整改落实

为了提高测试质量，保证测试效果，企业管理部精心组织内部控制测试，认真开展内控评价工作。2012年，通过测试需求调研、测试方案编制，与外部审计师和审计部充分协商，最终确定纳入管理层测试、外部审计和评价测试的单位共计108家。在测试组织方面，继续强化独立组队、现场督导和交叉测试等多种测试形式，持续提高测试质量和成效。同时，及时与外部审计师沟通协调，与财务部等专业部门针对具体问题进行探讨协商，研究解决方案，定期通报各专业领域测试发现的例外事项，保证例外事项彻底整改，堵塞管理漏洞、提升管理水平。

2. 内部控制测试、改进情况

按照内控工作总体安排，对82家单位开展内控测试检查。其中，由审计部门组织的管理层测试，涉及单位20家，发现例外事项150个；由企业管理部组织的评价测试，对62家单位进行测试检查，发现例外事项474个。经过分析，发现的例外事项主要集中在合同管理、资产转资和信息系统等方面。合同管理不规范问题表现为事后合同、合同审批程序倒置等；固定资产（预）转资不及时问题，影响折旧费用提取；信息系统问题主要包括权限互斥和多余账号等。

3. 股份公司管理层内部控制自我评估

对例外事项的后续改进情况组织改进测试，结果表明，2012年内控测试中发现的例外事项都得到了改进。根据对2012年与财务报告有关的内部控制的设计和执行方面的自我评估，管理层认为，截至2012年底，股份公司内部控制制度健全，执行有效，形成《中国石油天然气股份有限公司2012年度内部控制评价报告》，随股份公司年度报告对外发布。

【集团公司营运机制研究】

1. 加大软科学课题研究力度

2012年3月13日，集团公司启动综合性国际能源公司管控模式软科学课题研究工作，经过9个月努力，于12月11日完成课题验收。该课题研究首次提出以建立战略管控主导的混合管控模式为核心的顶层设计方案，方案完整提出了管控模式的指导思想、调整重点、优化设计愿景和实施建议，为打造世界水平综合性国际能源公司提供了总体设计。企业管理部（内控与风险管理部）组织开展了城市燃气、信息系统运行维护、全生命周期管道建设、LNG项目管理等专项课题研究，提出了城市燃气集团财务型管控，建立集中统一的系统运行管控体系，打造全生命周期、全团队、全要素项目管理模式，搭建集约化的LNG接收站管理架构等科学实用的管控模式，为公司顶层设计提供了有益的借鉴。

2. 开展物资采购、销售收入质量管理调研

2012年5月，组织对近3年公司外购物资进行专题调研，共涉及120个问卷调研单位、26家现场调研单位，发现十大类33个问题，重点针对集中采购、库存管理、系统集成、调剂与储备、合同、外购原油成品油化工产品、海外管理等方面提出改进意见，编写《外购物资调研报告》呈报集团公司领导。组织对集团公司销售收入质量开展专题调研，完成成品油销售、化工产品销售和天然气销售3个业务领域的销售收入质量情况调研，具体研究分析了各业务领域影响销售收入质量的主要因素、存在问题与矛盾，提出了相应的管理建议，并编写《销售收入质量调研报告》呈报集团公司领导。

【内控培训及队伍建设】

1. 举办内部控制测试认证培训

2012年4月9—27日，企业管理部组织所属企事业单位内控与风险管理人员开展了3期内部控制测试认证培训。124家企事业单位388人报名参加，共有348人通过了考试，成为集团公司第二批取得内部控制测试资格的人员。

2. 举办内控与风险管理处长培训班

2012年9月10—15日，集团公司在常州举办企业管理（内控与风险管理）处长专项培训。这次培训聘请风险管理、流程控制等方面的知名专家授课，各企事业单位企业管理、内控与风险管理部门负责人共112人参加培训。经过学习、讨论与交流，完成了管理提升、风险量化分析、顶层设计等方面共5个主题的培训内容。

3. 参与《石油石化行业内部控制操作指南》编制工作

根据中华人民共和国财政部《关于组织编写〈石油石化行业内部控制操作指南〉的通知》（财会便〔2012〕47号）要求，编制工作主要由中国石油天然气集团公司、中国石油化工集团公司、中国海洋石油总公司3家企业共同完成。企业管理部（内控与风险管理部）组织10家所属单位参与编制工作，完成16个部分近40%的编写工作量。11月，形成《石油石化行业内部控制操作指南（讨论稿）》。

（韩革民）

矿区服务

【概述】 集团公司矿区服务系统涵盖43家企事业单位，包括14家油气田企业，15家炼化企业，8家专业公司，4家装备制造企业，2家科研院所。截至2012年底，矿区共有生活基地202个，居民生活小区1118个，居民总户数127.5万户。矿区服务系统从业人员181773人，其中合同化员工128151人，社会化用工53622人。安置有偿解除劳动合同再就业人员63738人。2012年，全系统供水量2.55亿吨，供电29.9亿千瓦·时，供液化气8.51万吨，供天然气3.46亿立方米，供暖面积1.34亿平方米，物业服务面积1.4亿平方米。

2012年，矿区服务系统认真贯彻集团公司总体工作部署，坚持稳中求进，深入开展管理提升活动，积极加强矿区社会管理，持续推进重点民生工程，稳妥实施公共服务社会化，努力提升服务水平，为油气生产和职工生活提供了有力保障。

【矿区基础设施改造】 完善社区服务设施，编制完成并启动实施《社区活动室建设专项规划》、《社区医疗站点建设专项规划》，建设社区活动室61个、社区医疗服务站点24个。开展安全隐患治理，启动新一轮3年安全环保隐患专项，加大锅炉、燃气、消防等安全隐患治理力度。推进医疗重点建设项目，更新改造大型医疗设备9台（套），大庆油田龙南医院、华北油田总医院等7家医院改造项目进展顺利。加快燃气入户工程，大庆油田公司、华北油田公司、兰州石化公司、独山子石化公司完成燃气入户改造4.8万户。对部分老旧小区实施环境综合整治，大庆油田公司、辽河油田公司共治理老旧小区20个。对华北油田公司、西南油气田公司、大港油田公司、管道局、东方物探公司等单位遭受暴雨灾害开展灾后重建，保证了矿区正常的生产生活秩序。积极推进边远矿区搬迁和危房棚户区改造，采用市场化方式开展各种形式的职工住房建设，2012年新开工16770套，建成32400套。加强投资控制，组织开展矿区建设项目专项检查，对13家单位的项目执行情况进行现场检查，对发现的问题及时整改、限期反馈，提高了项目管理水平。

【矿区社会管理】 先后在华北油田公司、吉林油田公司、吐哈油田公司组织开展现场调研会，在长庆油田公司燕鸽湖基地召开矿区社会管理推进会，重点采取4个方面推进措施，取得积极成效：一是完善社会管理组织体系。按照企地共建共管的原则，协调地方党委成立社区党组织，发挥社区党组织总揽全局、协调各方的核心作用。协调地方政府成立社区居委会，加强对矿区居民的管理与服务。截至2012年底，石油石化矿区共建立社区党组织464个，社区居委会567个。二是搭建共建平台。设立社区公益服务大厅，把户籍管理、婚姻登记、法律援助、计划生育、民政优抚、社会保险、劳动就业、综合治理、司法等政府公共服务职能引入社区，为矿区居民提供便利。同时，引入社会服务机构提供社区商业、家政服务、绿色蔬菜、放心食品、社区餐饮等服务。三是创建平安社区。建立警民结合、专群结合、打防结合的治安防控体系，加强矿区社会治安综合治理。完善社区党组织、居委会、驻社区单位、企业信访部门区域联动的信访维稳组织体系，及时化解社区矛盾。建立以政府、企业、社区公益组织、志愿者服务队伍为一体的扶贫帮困体系，加强对困难群体的帮扶救助。四是落实惠民政策。积极争取社保医保、福利补贴、困难救助、节能减排等各项惠民政策落实到矿区。全年有1.97万名困难职工和家属从地方政府领取社会救助资金3057万元、6.38万人（次）领取社会福利补贴2765万元，新增3.27万名家属工、五七工参加了地方城镇企业职工养老保险，有11.05万名职工家属和职工子女参加地方城镇居民基本医疗保险。矿区服务单位从地方政府取得节能减排资金11353万元、矿区建设资金18062万元、公共卫生费用补贴2156万元。

【矿区安全环保管理】 按照集团公司统一部署，启动实施新一轮3年安全环保隐患专项治理，重点针对锅炉、燃气、消防等环节，加大治理力度，2012年实施安全环保隐患治理项目357个，进一步夯实了矿区安全工作基础。持续完善矿区HSE体系，修订完善管理手册和程序文件，开展HSE体系内审和管理评审，体系建设和运行质量明显提升。加强矿区应急管理，制订完善应急预案235个，组织燃气泄漏、高层消防等应急演练1000多次，矿区系统应急反应和处置能力不断提高。按照集团公司统一部署，集中开展打非治违专项行动，突出承包商管理、出租房管理、高层消防、燃气管理等重点环节，在各单位自查的基础上，对6家单位进行现场抽查督导，消除了安全隐患。以创建安全社区为载体，积极推进平安社区建设。制定下发集团公司安全社区创建指导意见，提出安全社区创建的指导思想、基本原则、重点任务和工作目标；在长庆油田召开安全社区创建启动会议，邀请国家安全监督管理总局的专家授课并交流安全管理经验。各矿区单位均成立了领导小组和工作班子，积极推进落实整改方案。在2012年11月21日召开的全国安全社区建设工作会议上，集团公司推进安全社区建设的做法受到国家安全监督管理总局领导的充分肯定，长庆油田龙凤园小区、泾渭苑小区和华北油田的华美社区、华丽社区4家单位被评为“全国安全社区”。

【矿区业务市场化社会化】 坚持矿区服务市场化、社会化方向，按照服务质量不降低、确保稳定和有效益的原则，积极推进矿区水电气暖及托幼、公交等公共服务社会化，取得积极进展。水电气暖供应全年共实施社会化项目16个，华北油田公司、西南油气田公司共1.2万户居民供水业务移交当地自来水公司；西南油气田南充公共管理中心4个小区，以及辽阳石化公司、锦州石化公司部分新建住宅共6000户居民供电业务移交地方管理；居民供气业务移交5.5万户，大庆油田公司、华北油田公司、兰州石化公司、独山子石化公司完成5万户燃气入户改造，改造后居民燃气业务不再由矿区管理；大庆石化公司、大庆炼化公司5000户居民燃气业务移交昆仑燃气管理。供暖业务共有530万平方米供暖面积接入地方热网，分别是长庆油田龙凤园小区80万平方米、辽河油田兴隆台地区60万平方米、兰州石化230万平方米、管道局徐州基地17万平方米、宝鸡石油机械厂26万平方米、抚顺石化东区117万平方米。在物业服务方面，对175万平方米条件成熟的小区整体移交社会物业公司管理。对相关业务分类进行外包，全年新增保洁服务209万平方米、保安服务244万平方米。对托幼园所采用租赁、合作办园以及优化整合，全年共减少自办幼儿园13所。初步测算，实施的社会化项目每年可节约运行成本1.5亿元，节省1200多人的劳动力资源。与此同时，积极推进矿区收费制度改革，兰州石化公司、呼和浩特石化公司、新疆油田公司等单位启动实施。

【管理提升活动】 按照集团公司关于提升管理活动的部署，结合矿区实际，制定并下发《集团公司矿区服务系统开展管理提升活动的实施意见》，与矿区服务系统“三基”工作、“规范管理年”活动、“为民服务创先争优”活动有效衔接，着力在完善矿区运行机制、制度建设、工作流程、计量管理、节能降耗、增收效果以及窗口服务等方面下工夫，提高管理水平。一是强化基础工作。制定矿区服务标准2项、修订2项，编制下发《数字化小区指导意见》、《数字化医疗指导意见》、《矿区养老体系建设指导意见》、《安全社区创建指导意见》等，管理制度化、标准化不断加强。二是研究建立矿区服务业务3个运行机制。积极协调总部有关部门出台《关于规范矿区服务业务运行机制的通知》，建立矿区业务工作量增加与收入同步增加、矿区原材料价格上涨与收费价格相应上涨、矿区安置一线转岗人员费用合理分担3个运行机制，为保证矿区运行费用奠定了基础。三是加强业务运行分析。建立矿区业务运行分析季度报告制度，每季度对矿区系统水、电、气、暖供应和物业服务、离退休服务、医疗卫生服务、延伸工业服务等工作量变化情况，收入成本的完成情况及影响的主要因素，年度重点工作的进展情况，进行深入总结分析，查找存在的问题，及时制定应对措施，提高了矿区业务的管控能力。

【矿区绿化美化】 加大矿区绿化美化力度，着力完善居住小区、矿区道路、公园广场等各类绿地系统，全年矿区新增绿地1500万平方米，矿区生活基地绿化覆盖率达到40.53%。9月19—20日在西南油气田重庆公共管理中心召开4年1次的集团公司绿化工作会议，总结4年来的绿化工作成绩，安排部署下一阶段重点工作，会议表彰大庆油田公司等7家绿化模范单位、辽河油田欢喜岭公用事业处等43个绿化先进集体、西南油气田大庆村小区等41个绿化模范小区、吉林石化张秀洁等76名绿化先进工作者。深入开展义务植树活动，通过广泛宣传动员和精心组织安排，形成党政领导率先垂范、党员干部积极跟进、职工群众广泛参与的良好局面。大庆油田公司开展军民携手植树绿化油城活动，油田公司机关干部员工和大庆军分区官兵，共同栽下3.5万株树苗。集团公司及所属各企事业单位积极履行社会责任，主动承担地方荒山荒地绿化任务。总部机关积极参与北京平原造林工程，投入600万元，在昌平中国石油科技园建设200亩“中国石油碳汇林”，为建设绿色北京作出贡献。大庆石化公司出资在大庆市西北风口植树 11 万株，建设 1000 亩生态防护林。集团公司一批企业和个人获得全国绿化委员会、国家林业局的表彰。大庆油田公司、兰州石化公司荣获“国土绿化突出贡献单位”称号，新疆油田、大庆石化 2 名个人荣获“国土绿化突出贡献人物”称号，另有 3 家单位、3 名个人分别被评为“全国绿化先进集体”、“全国绿化先进个人”。

【提高综合服务水平】 深入开展“为民服务创先争优”活动，积极创建服务示范岗位、示范窗口和示范团队，大庆油田公司环卫工人徐红霞被授予“全国五一劳动奖章”、吉林油田矿区江北供排水队王景奎班获“全国工人先锋号”，长庆油田西仪红砖南路社区被评为“全国创先争优先进基层党组织”。在持续做好水电气暖供应、物业服务和其他传统生活后勤服务的基础上，积极开展矿区养老、幼儿托管、家政服务、职工就医绿色通道以及绿色蔬菜进社区、健康食品上餐桌等特色服务。积极构建以居家养老为基础、以社区养老为依托、以机构养老为补充的矿区养老服务体系，矿区共引进 88 家社会家政服务公司为老人提供居家养老服务，开设社区日间照料中心 68 家，有 72 个小区开通“一键通”服务热线。为一线职工子女开办的小饭桌、小课桌 46 处，解除了职工的后顾之忧；与社会知名医院合作，开设职工绿色就医通道 110 条，有效缓解了职工群众看病难问题；在 147 个小区开设绿色蔬菜、健康食品销售点，进一步方便职工群众的生活。大力繁荣矿区文化，成立群众性文体协会组织，开展形式多样、寓教于乐的文化体育活动，组织道德模范、文明小区、文明家庭评比，营造石油石化矿区文明进步、团结和谐的良好氛围。

（丁元杰）

维稳信访与综治保卫

【概述】 2012 年，集团公司维稳信访、综合治理与保卫工作按照党组的决策部署和总体要求，始终以营造集团公司改革发展营造平安和谐稳定的环境为目标，以维护各个重点时期的大局平安稳定为己任，全面推动维稳信访、综合治理与保卫长效机制建设，强化基础工作，促进管理提升，推进各项工作的平稳有序开展。通过集团公司上下共同努力和扎实有效工作，圆满完成维稳信访、综合治理与保卫各项工作任务。

（黄晓雯）

【维稳信访】 2012 年，按照党组决策部署，维稳信访工作紧紧围绕确保党的十八大特别重点阶段和谐稳定这一核心任务，扎实有效开展工作，有力实现工作目标，全年呈现出信访总量、企业当地群体访、进京群体访 3 项指标继续下降，集团公司总体稳定形势持续向好的态势，确保企业矿区大局稳定。

（1）组织责任。集团公司党组把做好党的十八大重点阶段维稳信访工作作为贯穿全年工作的主线来抓，坚定不移维护企业矿区和社会政治大局稳定。集团公司党组明确要求各级领导干部牢固树立群众意识，不断加强和改进新形势下的群众工作；坚持综合运用政策落实、经济帮扶、思想疏导等多种手段妥善解决稳定问题；坚持把保障和改善民生、使改革发展成果惠及职工群众作为加强和创新矿区社会管理的出发点、落脚点。党组进一步明确从政策层面解决稳定问题必须遵循的“全覆盖、保基本、可持续”工作方针和“政策能容纳、企业能承受、群众能受益”的工作原则，统筹兼顾矿区不同群体利益平衡，尊重历史、面对现实，从源头上持续推进重点群体突出矛盾和问题的解决。党组的总体思路、指示要求和工作作风有力推动全年重点工作的深入开展。

（2）畅通渠道。企业各级信访部门实行挂牌接访、首问负责和全程办理，突出解决信访事项受理、办理、督办、结案、回复、归档等项工作程序，实现信访事项全过程的规范化、制度化。集中开展“重复访”专项治理，细化了化解措施，进一步强化责任落实，严格明确目标任务，逐一明确责任主体，逐一制订稳控方案，逐一全程跟踪管理。深入开展领导干部大接访活动，采取重点约访和登门走访，主要领导牵头包案，对突出问题全程跟踪督办，直至案结事了。2012 年，各企业处理解决一大批职工群众反映的信访问题，有效确保矛盾纠纷控制在当地、稳定在基层、化解在萌芽，共同维护企业和谐稳定发展大局。

（3）纠纷排查。坚持对不稳定因素实行阶段性定期排查和滚动式排查相结合的工作方式，梳理情况、掌控信息、化解矛盾。在全系统集中开展矛盾纠纷大排查活动，做到分级排查、分级建账。发挥基层多源头信息网络作用。对可能出现的不稳定隐患逐项进行分析预测，制订针对性措施和工作预案，做到政策措施有评估、稳定风险有预测、稳定问题有对策、防范预案可操作，规范防范与稳控程序，从源头上减少不稳定因素的产生。

（4）扶贫帮困。企业各级组织切实维护职工群众合法权益，立足依法依规解决信访突出矛盾和问题。按照地方政府文件精神，帮助退岗家属办理参保手续，使其享受基本养老保险待遇。对提前退休人员采取稳妥方式积极推进待遇落实。2012 年，各企业认真落实党组关于对困难群体人员开展扶贫济困的精神，扩大帮扶覆盖面和加大帮扶力度，增强稳定工作的针对性和实效性。

（5）筑牢基础。各企业重目标抓责任、重化解抓主动、重长效抓机制，工作部署迅速坚决，工作职责履行到位，维稳措施积极有效，筑牢了企业矿区稳定基础。采取与基层单位党政主要负责人签订责任书、下达责任令、制定下发考核办法等多种形式，进一步明确各单位和相关部门处理信访突出问题、排查化解不稳定因素、维护企业地区稳定的责任。重点阶段各企业组成督导检查组，基层组成包保对子，形成五位一体的帮扶、化解责任网络，确保各项责任目标落实到位，保障矿区队伍的稳定。

（崔守全）

【综合治理与保卫】 2012 年，按照集团公司党组决策部署，综合治理与保卫工作以油气田及输油气管道保护工作、企业内部单位安全保卫工作、总部机关和在京单位安保消防工作以及队伍建设为重点，狠抓基础、落实责任、攻坚克难，经受了关键时期、敏感节点的考验，确保油气设施的安全平稳运行，促进集团公司油气生产治安秩序进一步好转，保障集团公司总部机关、在京单位的治安稳定。

（1）油气安保工作。切实加强组织领导，周密工作部署，细化工作措施，有力地推动油气安保工作的开展。集团公司要求不断深化“企地联动、警企联防、四防齐下、群防群治”措施，确保重要油气设施安全运行。综合治理办公室及时下发集团公司 2012 年安保工作要点，研究确定挂牌督办事项，与甘肃省政府和新疆维吾尔自治区分别召开油气安保工作联席会议，加强对重点地区、重点企业和重要敏感时期安保工作的指导。企业切实加强组织领导，建立健全监管机制，明确工作任务和责任，细化保护工作措施。综合治理办公室不断加强对重大涉油案件调处，督促公安部门加大案件查处工作。先后协调处置管道公司秦京线“1 · 30”打孔盗油、管道公司冀宁联络线打孔漏气、青海销售海西分公司员工被害、辽宁销售“4 · 3”、“11 · 11”和“12 · 29”加油站抢劫案件、江苏及云南等地盗油等各类重大案件。各企业以防范涉油气暴力恐怖活动为重点，切实加强重要设施和要害部位巡护守卫，大力推广应用先进技防手段，综合运用各种防范措施，有效地提高治安防控能力。坚持从实战出发，逐级细化应急处置预案及配套措施，有针对性地开展实战演练，主动与地方党委、政府及公安机关密切对接，充分做好处置力量准备，做到快速反应，随时启动，到位有力。主动将安保工作融入地方政府社会治安防控体系，形成上下联动、内外协调、综合施治的强大合力。

经过各方共同努力，集团公司所属油气田和输油气管道企业生产治安秩序得到进一步巩固，各类涉油犯罪案件呈下降趋势，特别是涉油犯罪重点地区治安秩序明显好转，生产环境得到进一步净化。2012 年，集团公司所属油气田、管道企业配合公安机关共破获涉油犯罪刑事案件 2629 起，抓获涉油犯罪分子 2993 名，打掉涉油犯罪团伙 197 个，清理土炼油炉 322 个，清理非法收油点 565 个，处理非法涉油厂点 9 个，清理违章占压 21 处，预防新法占压 190 起。2012 年，集团公司所属各企业发生打孔盗油和开井放油分别同比下降 0.62% 和 9.73%，为构建重要油气设施治安防范体系打下了坚实的基础。

（2）总部机关安保工作。在石油大厦管委会的领导下，综合治理办公室多次召开专题会议进行安排，有针对性地组织专业人员进行大检查，及时消除各类治安和消防隐患，为机关员工创造良好的办公环境。一是加强安保交通管理。根据工作实际及时调整安保人员巡逻值守，严格机关周边秩序控制。为加强与属地公安机关的联系，在东城分局、交管局、辖区派出所的请求下，机关保卫大队先后派出 550 名队员协助做好辖区街道、社区、商业网点的治安巡逻工作。春节、元宵节期间，保卫大队积极与当地派出所、街道办沟通联系，组织 6 名消防督查人员，主动承担起周边居民区的消防安全巡逻任务。在上海合作组织峰会、中非合作论坛、首届亚太经济合作组织（APEC）中国工商领导人论坛等会议期间，出动队员 70 人次，协助当地派出所进行社会治安综合治理巡逻，收到明显成效。2012年6—9月每天安排20人参加由公安、城管、街道组织的综合治理行动，对2千米长的簋街进行集中整治，累计出动队员305人次。严格对2个办公区停车场的管理，健全规章制度，完善交通设施，开展车场秩序整顿，确保停车场秩序良好。二是加强防火安全工作。2012年，防火办重新修订下发《石油大厦动火作业安全管理规定》，阳光物业制定《配电间、风机房、设备间、库房防火管理制度》，完善消防管理办法。防火办与入驻石油大厦和六铺炕办公区各部门、单位签订《2012年消防安全责任书》64份，阳光物业公司与下属各部门签订《安全生产目标责任书》12份，与员工签订《北京分公司员工安全生产责任书》1704份，与维保单位和施工单位签订《消防安全协议书》22份。协调石化企业6名电气专家对大厦重点部位进行电气线路专项检查。聘请具有资质的甲级专业检测公司对消防设备设施进行测试。每季度组织机关保卫大队和阳光物业有关部门召开消防安全形势分析会，分析当前存在的问题，安排下阶段工作，加强消防安全管理工作。为提高实际消防操作能力，阳光物业组织消防部、安保部、工程部等多个部门联合开展"厨房油锅着火"和"地下停车场车辆自燃"事故应急灭火救援演练。到北京市消防局大兴训练基地进行火灾扑救实战训练，为扑救真实火灾积累经验。组织"总部机关第三届消防安全运动会"，共有机关保卫大队、阳光物业、华服总等7支队伍79名队员参加比赛。2012年，对石油大厦公共区域和地下空间共巡查检查22582人次，发现并整改日常隐患4047项，电气线路进行专项检查623处，消防设备设施测试9190个点位，审批施工动火306次，现场监护612人次，累计监护动火时间3326小时，对气体灭火区域员工、消防巡查人员和物业员工进行消防业务知识培训1168人，制作宣传展板、标语43条（块），发放消防安全温馨提示近2000张。

（3）机关保卫大队管理。机关保卫大队不断强化自身建设，不断提高服务意识，严格落实规章制度。加强大队党支部建设。要求分队党员、干部结合本职工作，提出加强改进党支部工作的意见和建议，为进一步加强机关保卫大队党支部建设奠定基础。完善规章制度建设。对原有岗位职责重新进行梳理，对已有的183个职责、制度、办法及台账进行修改完善，新增加岗位职责4个、管理制度16个、健全基础资料44类。修改完善《六铺炕办公区停车管理办法》等11项规章制度。注重思想教育。组织纪念建党91周年红歌大家唱活动和中秋文艺汇演，极大地鼓舞了士气，增加了队伍的凝聚力。组织14名分队干部重点学习《工作重在到位》和《机关工作十讲》等书籍，对照书中内容并结合自身工作实际撰写心得体会，并编印成册下发至每名队员学习。加强勤务工作研究。定期召开机关大保卫大例会，专门对机关保卫大队工作、管理、生活等方面进行讨论和研究，分析队员在执勤中遇到的问题，提出合理化建议。通过各项工作的开展，机关保卫大队圆满完成党的十八大特别重点阶段和全年的安保交通、消防督查等工作任务。

（卢海军）

离退休职工管理

【概述】 2012年是干部离退休制度建立30周年。按照中央组织部和集团公司党组的要求，集团公司离退休工作认真贯彻全国老干部局长会议和集团公司2012年工作会议精神，全面落实离退休职工的政治待遇和生活待遇，不断加强离退休职工思想政治建设和党支部建设，离退休服务管理工作取得新成效。

截至2012年底，集团公司所属109个企事业单位共有离退休职工440672人，其中离休干部5363人，占1.22%；退休干部152140，占34.52%；退休工人283169人，占64.26%。离退休职工党员171397人，离退休职工党委132个、党总支349个、党支部3389个。

【落实"两项待遇"】 各级党委和离退休工作部门认真落实走访慰问、阅读文件、通报情况、征求意见、现场参观、住院探视、健康体检和发放"三大节日"慰问金等一系列规章制度。一是坚持走访慰问制度。按照党组部署，在重要节日组织对全系统离退休职工进行慰问，2012年全系统共走访慰问老同志28.52万人次。春节前夕，采取各种形式分层次地慰问离退休职工和遗属。2012年"元旦、春节"，

“五一”和“国庆、中秋、重阳”三大节日期间，分别向40多万离退休职工发放节日慰问金。二是坚持通报情况制度。各企事业单位领导坚持定期向离退休职工通报企业生产经营情况，2012年召开各种通报会2398场次。集团公司副总经理李新华代表集团公司党组2次向机关老同志通报集团公司工作会议情况和生产经营形势。三是坚持阅文和发放学习材料制度。2012年，免费向离退休职工赠阅《中国石油报·金秋周刊》50万份、《中国石油报》2.5万份。全年为总部机关900名老同志分发4000余份学习辅导材料。四是做好养老金和生活补贴发放工作。按照国管局《关于调整在京部长级干部宿舍自雇服务人员费用补贴标准的通知》调整25名部级领导自雇费。按北京市规定为总部机关792名退休人员调整2012年养老金标准。五是坚持离休干部考察工农业生产制度。2012年，各企事业单位共组织离退休职工参观考察330次。暑期，组织总部机关部分离休干部到郊区进行考察休养。

【思想政治建设和党支部建设】 一是加强离退休职工思想引领工作。按照集团公司党组部署和直属党委的安排，把学习贯彻中国特色社会主义理论，学习贯彻党的十七届六中、七中全会精神和党的十八大精神作为离退休职工思想政治建设的重点进行落实，转发中组部《关于全国老干部工作部门认真组织学习贯彻党的十八大精神的通知》，组织全系统离退休职工深入学习党的十八大精神，采取多种形式宣讲党和国家的大政方针政策，将离退休职工的思想认识统一到中央和集团公司的工作部署上来。二是坚持不懈地抓好离退休职工思想工作。2012年3月，专题召开各企事业单位离退休工作部门负责人座谈会，认真分析离退休职工思想动态，针对存在的具体问题和薄弱环节，提出做思想工作的4条原则，并对重点工作进行安排部署，努力保持离退休职工队伍的和谐稳定。组织总部机关老同志听取中央党校李俊伟教授辅导全国“两会”精神、参加解放军杨毅将军的国际形势报告会；组织离退休党支部骨干及部分局以上离退休干部参加中组部老干部局主办的专场报告会4场；李新华副总经理2012年2次为老同志传达中央文件及党的十八大会议精神。三是深入推进离退休职工创先争优活动。组织全系统离退休职工学习借鉴长沙市“发挥五老作用、开展四项活动”的经验，鼓励和支持离退休职工在思想政治上创先争优、在道德品行上创先争优、在教育后代上创先争优、在文化学习和活动上创先争优。四是深入开展离退休党支部“五好党支部”创建活动。始终坚持把加强党组织建设、充分发挥党员先锋模范作用，作为加强离退休工作的重要措施，以创建“五好”党支部为工作目标，创新工作方式，丰富活动内容，完善管理机制，增强党支部的凝聚力和战斗力，进一步提高离退休党支部建设工作水平。

【离退休职工活动中心和老年大学建设】 各企事业单位重视加强离退休职工活动中心和老年大学的建设，坚持在组织上加强领导，在物质上给予投入，及时研究解决建设资金、办学经费等问题，充分利用各种资源，组织开展各种活动，为丰富离退休老同志的精神文化生活创造条件。全系统共有离退休职工活动中心（站、室）1388个，日均活动人数18.7万人；共有室外活动场所505个，总面积32.5万平方米；共有老年大学55所，分校89所，老年大学在读学员总数为48638人。一是以文体协会为依托，开展经常性活动。多数企业依托离退休职工活动中心成立老年体育协会和老年文艺组织，依托基层单位活动室相应成立各种文体活动组，有组织、有计划地开展适合老同志特点的文化体育活动。二是以重大节日为契机，开展主题活动。集团公司和各企事业单位坚持把重大节日作为传递组织关爱的有利契机，组织开展各具特色的主题活动。石油老年体育协会在新疆油田举办第十三届离退休职工台球比赛。各协作区、各单位组织台球、门球、太极拳等比赛。三是教学方法灵活多样，做到寓教于乐。各老年大学在充分照顾老同志的日常习惯、身心特点的基础上，确定劳逸结合、寓教于乐的教学原则，开设内容丰富的课程，广泛采取集中授课与分组学习相结合、政治理论与文化技能相结合，把娱乐、健康和求知求新活动结合起来，做到学、乐、为“三合一”，满足不同层次离退休职工的需要，带来良好的办学效果。集团公司机关老年大学共开设14门课程，开办兴趣小组11个。两个学期各有300多名学员，近2000人次参加各科课程和兴趣小组的学习和活动。

【关心下一代工作】 2012年5月8—9日，集团公司召开关心下一代工作会议，学习贯彻中央领导同志对关心下一代工作的指示精神和2012年中国关心下一代工作会议精神，总结集团公司关心下一代工作委员会3年来的工作，部署今后工作。中国关心下一代工作委员会顾秀莲主任出席会议并作重要讲话。6个单位在会上交流工作经验，大庆油田公司关心下一代工作委员会等9个集团公司先进集体、30名先进个人受到表彰，会后及时将顾秀莲出席会议及重要讲话情况报告集团公司领导，并在报刊媒体上广泛宣传报道。下发《集团公司关心下一代工作指导意见（试行）》，明确工作总体要求、工作任务、工作原则、组织建设和保障机制等内容。12月下旬，组织6家企事业单位关心下一代工作委员会参加中国关心下一代工作委员会学习党的十八大精神宣传报道座谈会。

【离退休信息系统和门户网站建设】 在离退休职工管理信息系统应用管理方面：一是理顺管理流程。经与人事部协商并征求大庆油田等油田、炼化、销售共12家单位意见后，研究起草《关于规范离退休职工管理信息系统接收退休人员操作的通知》并下发执行，实现离退休业务的顺畅衔接，保证及时、准确接收新增退休人员信息数据。二是开展离退休信息系统与中意人寿保险系统数据核对工作。以中意人寿保险系统人员数据为依据，对106家单位离退休系统数据进行对比，查出9类问题。在整改的基础上，对其中分布在12个单位的4类3632人妥善进行删除。三是开展系统应用核查工作。先后到大庆等18家企业，对离退休职工管理信息系统的管理使用情况进行业务调研和检查指导。采取随机抽查的方法，对系统中关键数据项进行检查，共抽查离退休人员档案425份，对存在的问题进行通报整改。同时建立系统运行月通报制度，共发出通报5期。四是召开离退休职工管理信息系统管理应用工作研讨会，总结2011年离退休管理信息化工作，表彰37个先进集体和86名先进个人，同时明确2012年工作任务。

在离退休门户网站建设方面，制定下发《关于加强离退休职工管理部门网站信息工作的通知》，从加强组织领导、加强离退休网站建设、加强信息发布管理、加强考核管理工作4个方面提出要求，明确分管领导，落实专人负责，制定网站建设和信息管理的通报制度，建立健全网站运行管理制度，完成网站改版工作，增加栏目内容，扩大网站容量。截至2012年底，共有47家企事业单位离退休部门与离退休职工管理局（老干部局）网站建立链接，已发布《离退休系统网站运行情况通报》3期，制作专题4个。2012年，离退休职工管理局（老干部局）网站更新信息持续升高，月均233篇。

【迎接党的十八大活动】 一是开展“诗书画影抒情怀，喜迎党的十八大”主题活动。在《中国石油报·金秋周刊》开设专栏，举办“诗书画影抒情怀，喜迎党的十八大”主题活动。这项活动共收到各类应征作品4866篇，其中诗词（赋）990篇，书法作品1550条，美术作品1724幅，摄影作品602幅。精选原石油工业部副部长李敬等9名老同志的书画作品，参加中组部举办的全国离退休干部“诗书画影抒情怀，喜迎党的十八大”作品展。二是组织集团公司老同志参加“永远跟党走——首都老干部喜迎党的十八大文艺演出大会”。组织集团公司机关和大庆油田公司80多名离退休老领导、老同志代表集团公司广大离退休职工参加中组部、解放军总政治部和中共北京市委在北京市月坛体育馆举办的演出大会。会后及时组织全系统离退休职工收看节目录像。三是组织油田离退休职工“喜迎党的十八大”书画作品进京展。举办《辽河油田老同志书画作品展》进京展，展出的120幅作品。四是各企事业单位开展丰富多彩的文艺演出、诗文创作、书画展览、专题座谈等活动。大庆油田公司结合离退休工作实际，广泛开展“喜迎十八大，再作新贡献”主题活动，进一步加强离退休职工思想政治建设；华北油田公司举办喜迎党的十八大暨“永远跟党走”华北油田公司老年合唱音乐会，同时在离退休系统举行“喜迎党的十八大暨优秀全民健身项目展示活动”。2012年9月28日，举办集团公司机关暨在京单位离退休老同志“颂歌献给党”——迎接党的十八大文艺演出，360多名老同志参加演出。

【党的十七大以来离退休政策落实情况检查督促工作】 开展党的十七大以来离退休政策落实情况检查督促工作，是进一步落实离退休职工政治待遇和生活待遇，切实落实好老干部政策，进一步营造尊重和关心老干部的良好氛围。根据中组部要求，先后梳理党的十七大以来有关老干部工作文件规定，研究制订检查方案，同时在各企事业单位离退休工作部门负责人会议上，学习传达中组部文件精神，安排部署监督检查工作，对检查内容、检查方式以及时间要求进行细化。组织100多位离退休同志对40个问题开展问卷调查，并将统计分析结果上报中组部。组织各单位认真开展自查，上报自查报告68份。对18家企业开展调研检查，同时召开座谈会，虚心听取建议和意见，深入分析老同志的思想动态和实际需求，认真查找存在的问题，有针对性地提出整改意见，进一步改进离退休服务管理工作，提高工作水平，让老同志满意。

【纪念干部离退休制度建立30周年活动】 通过专题征文、成果展览、知识竞赛、座谈讨论等多种形式开展纪念活动。一是认真学习贯彻总结干部离退休制度建立30年来老干部工作座谈会精神。下发《关于认真传达学习和贯彻落实中组部召开的老干部工作座谈会精神的通知》，并通过网络等各种方式及时将会议精神传达到各级离退休工作部门，组织离退休工作人员学习领会会议精神，提高认识、明确任务。二是将

"全面总结干部离退休制度建立30年来离退休工作规律、提高离退休工作科学化水平"，作为2012年离退休系统重点调研课题安排部署，要求各单位根据离退休工作面临的重点难点问题，开展调查研究，形成调研成果。三是充分运用报刊、电视、广播、网络等新闻媒体做好舆论宣传工作。在《中国石油报·金秋周刊》开辟专栏，开展"纪念离退休制度建立30周年"和"纪念石油师成立60周年"征文活动，共收到各种纪念文章590篇，发表84篇。编撰离退休工作展板，展示62户企事业单位离退休工作30年主要成果，同时收集离退休工作资料，准备编纂《集团公司离退休工作大事记》。

（马小平　李　刚）

档案管理

【概述】 集团公司档案（史志）工作牢牢把握服务企业发展的宗旨，着力加强档案资源体系、利用体系、安全体系和组织体系建设，在服务企业发展中发挥重要作用，取得显著成绩。档案（史志）工作多次受到国务院国资委、国家档案局好评，2012年集团公司在中央企业档案工作评价中被评为A级单位，获"中央企业档案工作先进集体"称号。截至2012年底，档案排架长度近100万米。

【档案工作】

1. 档案工作评价

为贯彻落实国务院国资委关于中央企业档案工作评价要求，促进集团公司档案工作整体协调发展，办公厅于2012年10—11月组织开展集团公司档案工作评价，制定《集团公司档案工作评价办法》、《集团公司档案工作评价细则》，并制订了详细的评价方案，开发了评价系统。档案工作评价内容包括组织管理、设施设备、基础业务建设、信息化建设、开发利用、年度重点工作6个部分，共39个项目90个指标。评价以初评与复评相结合的方式进行，初评由各单位在"评价系统"中根据各项指标对标自评；在此基础上，办公厅组成7个专家组对自评在D级以上的单位进行复评。评价结果表明，近61%的单位档案工作基础较好，档案工作的保障和服务作用较明显。但仍有近39%的单位档案工作尚不能满足企业改革发展的需要，其中17%的单位档案工作基础较差，亟待提高。

通过开展档案工作评价，基本摸清了情况、找出了问题、提出了整改措施，评价达到预期效果。集团公司总经理周吉平十分关注档案评价工作，在呈报的《关于集团公司2012年度档案工作评价的报告》上批示："集团公司档案工作取得可喜成绩，从建设综合性国际能源公司角度加强档案工作十分必要。"

2. 档案信息化建设

一是各单位全面应用集团公司档案管理系统（E6），建立了集中统一的档案管理平台。二是加强电子文件管理。开发与OA系统接口，实现电子公文的自动流转。制定《集团公司电子文件元数据规范》和《集团公司电子文件格式规范》，并以集团公司标准发布。三是开展全文数据库建设。制定《集团公司档案数字化技术规范》，各单位积极开展档案数字化工作。塔里木油田公司、新疆油田公司、华北油田公司、吐哈油田公司、宁夏石化公司、渤海钻探工程有限公司、黑龙江销售公司、宁夏销售公司、中油财务有限责任公司等单位基本完成馆藏档案数字化80%的目标。

3. 重点建设项目档案管理

一是完善制度，规范项目档案管理行为，建立项目档案验收一票否决制。修订完善《集团公司建设项目档案管理规定》，制定《集团公司建设项目文件整理与归档操作指南》、《集团公司信息化项目档案管理办法》；同时将档案管理的要求纳入板块工程竣工验收手册和标准中。二是加强建设项目档案业务指导工作。通过采取组建档案专家组、开展专项验收、参与国家档案局巡回检查等方式，对中俄管道项目部、呼和浩特石化公司、大连石化公司、管道项目部、东北销售公司、大连液化天然气有限公司、昌平科技园等29家单位项目档案工作进行指导；对独山子石化公司、广西石化公司、西气东输管道公司等28个重点建设项目的档案开展专项验收工作。西气东输管道工程获第一批"全国建设项目档案管理示范工程"称号。

4. 机关档案服务

一是全面实行归档范围确认制。为确保归档文件材料的完整准确，分别与43个立档单位分析部门职能、业务流程和历年归档情况，形成并印发《集团公司机关文件材料归档范围》。二是加强总部机关文件材料归档工作检查。修订印发《集团公司机关档案管理办法》，开展机关归档工作评价。三是积极开展提供利用工作。四是开展总部机关档案数字化工作。完成一期馆藏160万页历史档案扫描工作。

【史志工作】（1）编研工作。配合做好《中国石油组织史资料》编写工作；组织完成《办公厅（总裁办）（1998—2012）组织机构沿革》的编纂工作；承担国务院国资委《汶川特大地震央企抗震救灾志》的编纂任务；协调组织《塔里木石油大会战》回忆录的撰写工作；完成《集团公司年鉴》、《国资年鉴》、《中国海洋年鉴》的组稿供稿工作。

（2）展厅管理。组织制定《中国石油展览厅运行管理办法》，明确了展厅管理职责和分工，协调阳光物业和石油工业出版社有限公司共同做好展厅各项工作。展厅累计接待参观约18000人次，重点参观144次；完成总部机关珍品特藏库建设工作。

（3）档案征集。印发《关于做好集团公司党组成员赴基层调研相关资料上报工作的通知》，开展集团公司党组成员赴基层调研讲话和图片资料征集工作；持续推进老领导捐赠物品的接收工作；开展其他珍贵档案资料的征集工作。

（办公厅档案处（史志办公室））

第十一篇

党建、思想政治工作与企业文化建设

党建工作

【概述】 截至2012年底，中国石油天然气集团公司全系统共建有各级党委2168个、党总支2859个、党支部34021个。党员总数664351名，其中女党员150510名；在岗党员481482名；离退休党员164770名。各级党组织认真贯彻落实集团公司党组的要求和部署，始终坚持党的领导，全面履行经济、政治、社会"三大责任"，充分发挥党组织的政治核心作用；始终坚持强"三基"、固堡垒，创新方式方法，增强工作活力，充分发挥党支部的战斗堡垒作用；始终坚持抓好党员教育管理，引导党员讲党性、重品行、做表率，保持先进性，充分发挥先锋模范作用。

【学习宣传党的十八大】 党的十八大是在我国进入全面建成小康社会决定性阶段召开的一次十分重要的大会。党的十八大召开前，集团公司下发《关于认真组织收听收看胡锦涛同志在中国共产党第十八次全国代表大会上的报告的通知》，组织号召广大干部员工认真收听收看党的十八大盛况。会后，集团公司党组迅速下发《关于认真学习宣传贯彻党的十八大精神的通知》，先后召开党组会、党组中心组扩大学习会、领导干部会、参加党的十八大代表座谈会，传达学习党的十八大精神，动员广大干部员工迅速兴起学习宣传贯彻党的十八大精神热潮。举办学习贯彻十八大精神领导干部读书班，集团公司领导、总部机关各部门、专业分公司和所属企事业单位党政主要负责同志共同深入学习党的十八大精神。为进一步推动党的十八大精神的学习，集团公司组建了由中国石油党的十八大代表、党组领导、总部机关部门和北京石油管理干部学院负责同志、集团公司党建思想政治工作管理专家担任的10个党的十八大精神宣讲团，赴各企事业单位广泛开展面向基层、面向员工的宣讲，将学习宣传贯彻党的十八大精神不断引向深入。

直属各级党组织围绕迎接党的十八大胜利召开，认真组织学习党章、党史和中国特色社会主义理论，广泛开展文艺演出、诗文创作、书画展览、专题座谈等形式多样的活动，为党的十八大召开营造了良好氛围。按照中央关于党的十八大代表候选人推荐工作的要求，严格按程序和标准，完成了集团公司直属机关党的十八大代表候选人预备人选推荐工作，党组织参与率达100%、党员参与率达98.5%。直属机关第十次党代会选举王贵海、王莎莉、甘莹莹、关晓红、苏永地、李晓络、李新华、周吉平8名同志为中央企业系统（在京）党代表会议代表。中央企业系统（在京）党代表会议选举产生了中央企业系统（在京）出席党的十八大的52名代表。

直属各级党组织将学习宣传贯彻党的十八大精神作为首要政治任务，按照中央及党组的要求，及时传达贯彻，认真组织学习。党的十八大召开当天，组织广大党员和干部职工收看收听了大会开幕式和胡锦涛同志所作的报告。会后，直属党委迅速行动，组织党员干部参加集团公司学习传达党的十八大精神视频会、举办专题辅导报告会、参与集中宣讲活动，并连续举办3期培训班，对1100名处以上干部和部分党外人士进行集中培训。各直属党组织积极参加集团公司及直属党委组织的学习活动，并通过中心组学习、支部大会、专题研讨、集中办班等形式，分层次、有重点地学习传达党的十八大精神，实现了对党员及干部员工的全覆盖。通过学习，深化了广大党员干部对党的十八大精神的理解，坚定了对中国特色社会主义的信念，有效地把党员干部的思想、认识和行动统一到党的十八大确定的目标和任务上。

【创先争优活动】 在基层党组织中开展"为民服务创先争优"活动，争创群众满意窗口、优质服务品牌、优秀服务标兵，持续抓好创先争优活动"六大载体"，进一步建立和完善创先争优活动的长效机制。选树的"大庆新铁人"李新民代表8200万共产党员在全国创先争优表彰大会上作发言。《人民日报》刊登了为民服务创先争优先进典型——北京销售公司南湖加油站经理甘莹莹。大庆油田中十六联合站党支部书记黄磊在中央企业创先争优经验交流总结会上发言。在集团公司年中领导干部会议上，李新华副总经理作创先争优活动专题报告，总结创先争优活动开展情况，并对下一步经常性创先争优进行部署。表彰185名创先争优活动先进基层党委（党总支、党支部）和党的十大模范党支部书记。举办"情系母亲水窖，创先争优献爱心"捐助活动，在2006年捐助10312口母亲水窖基础上，继续向缺水的贫困地区群众奉献真情，捐建“母亲水窖”2万口、捐献“母亲健康快车”50辆，展示中国石油共产党员为民服务、中国石油履行社会责任的良好形象。

直属各级党组织根据中央要求和党组部署，将创先争优活动与迎接党的十八大相结合，分专业、分系统持续推进创先争优活动。总部机关以创建学习型服务型机关为实践载体，开展“四讲四比”活动，持续改进作风、不断提高素质；各专业分公司结合业务实际，普遍组织开展各具特色的实践活动；销售等窗口服务单位深入推进为民服务活动，提出20项便民惠民措施，保证市场供应平稳有序；工程技术服务和工程建设单位开展“建精品工程、铸能源国脉”活动，促进了一批重点工程优质安全高效建成；科研院所围绕生产发展中心任务开展科技攻关活动，加快了科研项目进展；海外业务单位面对资源国政治与社会动荡、恐怖活动加剧等挑战，积极发挥党组织的战斗堡垒和党员的先锋模范作用，巩固和发展了“海外大庆”建设成果。直属党委对创先争优活动中涌现出的108个先进基层党组织、243名优秀共产党员和100名优秀党务工作者，进行了表彰。通过深入开展创先争优活动，基层党组织战斗堡垒作用、党员先锋模范作用更加突出。

【基层组织建设年活动】 认真执行《中国石油基层党支部工作条例》，集中力量抓党支部建设，充分发挥党支部的战斗堡垒作用和党员的先锋模范作用。按照中央企业创先争优领导小组要求，结合集团公司正在开展“三基”工作新的重大工程的实际，确立基层组织建设年“216”工作目标，大力实施党支部建设“三项工程”，即以落实《基层党支部工作条例》为重点，实施标准化工程；以“六个一”党支部创建工作为抓手，实施标杆工程。举办“中国石油百名优秀党支部书记示范培训班”，研究制定《集团公司海外项目党建工作条例》。

直属各级党组织按照中央的要求和国资委的部署，认真开展“基层组织建设年”活动，切实加强对基层党建的指导、支持和服务。认真落实“三同时”原则，及时建立健全党的各级组织，配备党的干部，开展党的工作，直属党委先后对7个直属党组织进行了调整，2012年共发展党员2314名，直属机关党组织健全率、党员教育管理覆盖率继续保持100%。积极落实《基层党支部工作条例》，深入开展“六个一”党支部创建，有序推进基层党支部量化考核、评定等级，有效增强基层支部参与创建的积极性。结合管理提升活动，有的单位制定《党支部标准化建设工作手册》、《发展党员工作指导意见》等制度，基层党建的规范化、标准化水平进一步提升。各直属单位通过举办党支部书记培训班、召开党支部建设经验交流会、选树模范党支部书记等，切实加强支部书记队伍建设，有效地促进了基层党务干部业务水平的提高。通过认真开展基层组织年建设活动，使直属机关党的基础工作得到有力夯实，基层党组织的生机和活力明显增强。

【创新实践成果】 2012年8月21—22日，集团公司在吉林石化公司召开中国石油新时期党建思想文化基层建设创新实践成果交流暨吉林石化现场会。会议总结交流集团公司成立以来党建、思想政治工作、企业文化建设、基层建设和群众工作等方面的创新实践成果，发布百个创新实践案例，深化新时期党建思想政治工作规律性认识，专题研究加强和改进新时期工作、提高科学化水平和精细管理水平。会议总结回顾了在中国石油发展历程中，新时期党建思想政治工作经历的诸多挑战，党建、思想政治、企业文化、基层建设和群团等各项工作扎实推进，传统工作品牌不断焕发新活力，创造性工作方法和载体不断涌现，思想政治保障体系不断完善，取得了实实在在的成效。会议要求各级党组织在持续推进综合性国际能源公司建设进程中，要持续创新提升，推动党建思想政治工作实现新发展；要不断强化理论武装，进一步推进学习型党组织建设；要切实抓好经常性创先争优活动，进一步加强党的建设；要继承弘扬大庆精神铁人精神，进一步夯实百万石油员工的共同思想基础；要持续加强队伍建设，进一步提高员工队伍素质；要加强政工队伍建设，进一步提升素质和能力。会议总结了中国石油新时期党建思想政治工作创新实践中取得的10个方面体会和认识，并要求在新时期创新实践工作中，要注重把握好“围绕”与“融入”的递进关系、继承与创新的辩证关系、示范与规范的转化关系、系统性与系列性的纵横关系、规定动作与自选动作的关系、典型与规模效应的关系、机遇与把握机遇的关系共7个特色关系，强调要以创新思维，务实工作，不断提高科学化水平，进一步开创工作新局面。大庆油田公司、吉林石化公司等10个单位作了大会交流发言。

【党建“三联”责任点】 探索实行挂牌明示，持续推进基层党建工作“六落实”，集团公司党组下发《关于集团公司党组成员建立党建“三联”责任示范点的通知》，党组成员分别在集团公司基层生产经营服务单位建立党建“三联”责任示范点，并挂牌明示，到联系点调研、参加专题组织生活会等活动，为集团公司开展党建“三联”责任示范点工作起到示范引领作用。

【中央组织部联系点工作】 中央组织部副部长王尔乘同志将大庆油田1205钻井队确定为其“基层组织建设联系点”，并亲自参加1205钻井队党支部“深化创先争优，争做铁人传人，向党的十八大献礼”专题组织生活会。1205钻井队党支部受王尔乘副部长邀请，参加在中组部机关召开的“喜迎‘十八大’，畅谈‘十七大’以来取得的成绩和体会，基层党员走进中组部机关”座谈会。两次活动中，王尔乘副部长都对中国石油基层党的组织建设给予了充分肯定，并对进一步弘扬大庆精神铁人精神，推进基层组织建设提出要求和希望。

【直属机关党的建设】 截至2012年底，党的关系隶属集团公司直属党委管理的部门和单位共92家。总部机关33个部门及专业公司中有19个部门党支部、6个部门党总支、7个专业公司党委和1个专业公司党总支；59个直属单位中有51个党委，1个党总支，7个党支部；直属党委共计有党委183个、党总支179个、党支部2122个；共有党员37074名，其中在岗党员32419名，占在岗职工的32%，45岁以下党员占63.3%，大专以上学历党员占78.2%。2012年，直属机关各级党组织在集团公司党组的领导下，以学习贯彻党的十八大精神为主线，以学习落实直属机关第十次党代会精神为重点，紧紧围绕集团公司各项工作任务，深入推进创先争优、基层组织建设年活动和学习型党组织建设，持续改进机关作风，大力弘扬大庆精神铁人精神，为集团公司科学发展和谐发展发挥积极作用。

【直属机关第十次党代会】 中国共产党中国石油天然气集团公司直属第十次代表大会于2012年4月11—12日在北京召开。来自集团公司总部机关和直属单位的270名代表参加会议。会议听取了李晓络同志代表直属第九届委员会所作的工作报告，听取了段世民同志代表直属纪委所作的工作报告。根据选举结果，有11名同志当选为直属第十届委员会委员，周吉平同志当选直属党委书记、李晓络同志当选常务副书记、段世民同志当选副书记；有9名同志当选为直属纪律检查委员会委员，段世民同志当选纪委书记。

思想政治工作

【概述】 坚持贴近实际、贴近基层、贴近员工，坚持团结稳定鼓劲、正确引导舆论，抓生产从思想入手，抓思想从生产出发，知员工情、答员工疑、解员工难、聚员工心，巩固员工团结奋斗的共同思想基础，不断提高员工的思想道德和科学文化素质，充分调动员工的一切积极性和创造性，努力打造一支有理想、有道德、有文化、有纪律的铁人式员工队伍。

【第十次“形势、目标、任务、责任”主题教育】 组织广大干部员工结合各单位工作实际，深入学习集团公司2012年工作会议精神，进行第十次“形势、目标、任务、责任”主题教育，以建设忠诚、放心、受尊重的中国石油的基本内涵和6个方面主要体现为重点，采取有说服力、吸引力、感染力的方式方法，让广大干部员工全面了解集团公司的战略部署和本企业的发展目标及重点任务，深刻理解企业发展面临的机遇与挑战，充分认清努力的方向和肩负的责任，引导广大干部员工统一思想、增强信心、振奋精神，积极投身建设综合性国际能源公司的伟大实践。

【海外油气合作表彰大会】 组织召开集团公司海外油气合作表彰大会，中华全国总工会、中华全国妇女联合会、中国共产主义青年团中央委员会、国家人力资源和社会保障部、国务院国资委联合为表现突出的先进集体和个人授予荣誉称号。这次表彰“全国五一劳动奖状”15个、“全国工人先锋号”30个、“全国五一劳动奖章”20名；“全国三八红旗集体”3个、“全国三八红旗手”4名；“全国青年文明号”3个、“全国青年岗位能手”5名；“中央企业先进集体”10个、“中央企业劳动模范”10名。集团公司表彰了“中国石油海外油气合作十大杰出员工”10名、模范员工100名、优秀员工300名、先进集体150个。

【新时期群英会】 为进一步弘扬大庆精神铁人精神和劳模精神，营造尊重英模、学习英模、崇尚英模、争当英模的良好氛围，调动百万石油员工为建设综合性国际能源公司建功立业的积极性、主动性和创造性，2012年5月3日集团公司组织召开中国石油新时期"群英会"，100多名不同时期的劳动模范和先进集体代表进京参会。"三代铁人"代表发言，"四个大庆"建设集体代表、基层先进班组代表表态，"铁三代"代表宣读倡议书。会后，组织进京代表参观鸟巢、水立方、登天安门城楼、国家大剧院等参观活动。

【表彰"十大金花"科技工作者】 2012年，"三八"国际劳动妇女节之际，集团公司思想政治工作部与科技管理部共同研究，组织开展中国石油"十大金花"科技工作者评选活动，并于2012年3月6日组织召开了集团公司女劳模、女专家、女领导干部巾帼建功"三八"座谈会，命名表彰了中国石油"十大金花"科技工作者。组织开展了中国石油模范职工之家的评选表彰工作，下发《关于推荐评选集团公司模范职工之家的通知》。承办了中国能源化学工会联合中国石油、中国石化、中国海油、延长石油开展的"首届'加油中国·传承铁人'年度人物评选活动"。

【科学发展系列报告会】 继续在总部机关组织装备制造、市场营销两场专题报告会，4个装备制造企业围绕落实科学发展观，加快转变发展方式，着力推进结构调整，加快转型升级，加大科技创新力度，提升保障能力和保障油气核心业务发展等主题作专题报告。4个市场营销企业介绍围绕实施"资源、市场、国际化"三大战略，研判把握市场形势，推进管理水平提升，提升经营水平和市场竞争力，提高发展质量和效益的做法和经验。

【对外宣传工作】 坚持"稳健、低调、正面"的宣传方针，紧紧围绕打造"绿色、国际、可持续的中石油"、建设"忠诚、放心、受尊重的中石油"，突出天然气发展、海外发展、战略性发展、全面履行三大责任等宣传主线和重点，创新宣传形式，加大宣传力度，注重宣传效应，实现了中央主流媒体没有负面报道的新突破，中国石油企业形象、品牌价值和社会美誉度大幅提升，充分展现了央企的责任感、贡献度和影响力。2012年，在中央主流媒体上共刊发正面报道1300多篇、网络转载5000余篇，正面报道以80%以上的高比例压倒了不到20%的负面报道。其中，人民日报刊发75篇、新华社通稿116篇、中央电视台先后播出99条，营造了良好的舆论氛围和发展环境。党的十八大召开前夕，在中央主流媒体上刊发正面报道327篇，其中，人民日报25篇、新华社36篇、中央电视台47条，特别是2012年9月24日人民日报"十八大特刊"用4个整版报道中国石油的发展成就，10月10日人民日报头版头条刊发长达3000字专访，在全国范围内产生了重要影响。对外着力树立"绿色中石油"形象、"国际中石油"形象、"可持续中石油"形象、"和谐中石油"形象、"高效中石油"形象、"负责任中石油"形象。与此同时，围绕油气价格舆论引导、控制重大负面舆论炒作、加强与舆论媒体有效沟通等做了大量工作，事前化解和成功应对了中央电视台"'3·15'——中石油加油站短斤少两质量掺假"、青海油田钻井公司领导班子腐败案等一系列重大舆论危机，较好地维护了集团公司形象。

【总部机关作风建设】 总部机关各部门、各专业分公司认真落实党组要求，切实加大抓机关作风建设的力度，持续推进学习型服务型机关建设。直属党委会同人事部对总部机关2012年度作风建设情况进行考评，对考评指标进行较大幅度调整，扩大考评参与面，基本形成对机关作风建设360°考评，共收回党组成员票9张，企事业单位票147张、部门之间互评票130张及数量不等的部门内部自评票，考核结果纳入部门领导年度业绩考核。会同集团公司办公厅等部门定期组织开展石油大厦办公环境大检查。直属党委分期分批举办入党积极分子和新党员集中培训，集中培训人数近400人，持续组织2次大型科学发展系列报告，并与人事部、国际部联合举办第四届青年英语演讲比赛，机关各部门、各单位积极组织员工参与外语达标、双向挂职锻炼，开展各具特色的集体学习、交流活动等，积极创建学习型机关、提高员工素质。一些机关部门结合自身实际，建立服务承诺制、首问负责制、限期办结制等制度，开展标准化岗位评选、推行AB岗制，努力提高服务质量和工作效率。一些部门将作风建设与管理提升活动紧密结合，围绕有效履行职能，健全完善各项制度，优化业务流程，改进服务方式，建设服务型部门。各部门切实减轻基层负担，大力压缩会议、调研和检查评比活动，精减文件、简报，会议及发文数量持续下降。严控成本费用支出，机关办公费同比下降29.05%，差旅费下降11.97%，招待费下降15.49%。特别是党的十八大后，总部机关、各直属单位认真落实中央和党组关于改进工作作风、密切联系群众的要求，坚持领导带头、机关带头，转会风、改文风，开短会、开视频会、压缩年会，减少各类应酬、接待和团拜活动，广泛开展节约用餐、用水、用电、用纸等活动。直属机关改进工作作风、厉行勤俭节约取得初步成效。

企业文化建设

【概述】 认真贯彻落实《集团公司企业文化建设纲要》，以弘扬大庆精神铁人精神为核心，努力建设符合企业发展方向、具有鲜明时代特征和石油特色的企业文化。大力实施文化强企战略，内强素质，外塑形象，不断增强企业凝聚力，提高企业竞争力，努力实现企业文化与企业战略的统一，企业发展与员工发展的统一，企业文化优势与竞争优势的统一，不断提升企业软实力。

【精神文明建设工作】 党组下发《关于深入开展学雷锋活动的实施意见》，部署开展学雷锋活动。开展文明单位、和谐矿区等精神文明创建，组织申报第十二届“五个一工程”评选，集团公司申报4部作品，其中《奠基者》荣获全国“五个一工程”优秀作品奖，电影《铁人王进喜》和歌曲《再唱我为祖国献石油》2部作品荣获中央企业优秀作品奖，集团公司在中央企业精神文明建设“五个一工程”工作座谈会上作经验介绍。下发《关于推荐评选首届中国石油道德模范的通知》，把270余人的事迹进行网上公开展示，在集团公司网站等设立专题广泛宣传。

【大庆精神铁人精神再学习再教育再深入】 持续开展大庆精神铁人精神再学习再教育再深入。自2010年“石油魂”宣讲启动以来，宣讲总队已在企业内外部做宣讲报告304场，成为大庆精神铁人精神再学习再教育再深入的重要载体和时代品牌。2012年，“石油魂”宣讲重点向企业外部高端发展，进一步扩大了影响和反响。重点是积极参与中央企业先进精神巡回宣讲。4月9日，中央企业创先争优活动领导小组、国务院国资委党委以视频形式召开中央企业先进精神首场报告会，启动了大庆精神铁人精神、载人航天精神和青藏铁路建设精神巡回报告活动。“石油魂”宣讲总队随中央企业先进精神报告团先后赴广东、上海、江西、甘肃等全国14个省（直辖市）做14场宣讲报告，共有387家企业以及厦门大学的19000多名干部职工、高校学生参加报告会，22200多名干部职工通过视频收看了报告会。巡回报告集中宣传展示了中央企业先进精神，在中央企业乃至社会产生了极大反响，受到了高度评价。中央领导以及中宣部、国务院国资委领导专门作出重要批示给予充分肯定。厦门大学给集团公司寄来感谢信，中央企业创先争优活动领导小组办公室对集团公司参与宣讲的同志给予表扬。

【先进典型选树宣传】 深入开展向“大庆新铁人”李新民学习活动，大庆油田公司以报告文学、长篇通讯、专题专版、画刊、长诗等多种新式深化宣传，举行李新民事迹报告会，组织召开学习座谈会120多场。2012年“五一国际劳动节”，李新民作为全国劳动模范代表，参加庆祝文艺晚会，与“当代雷锋”郭明义等作为领誓人，代表全国亿万职工庄严宣誓，受到中央领导同志亲切接见。在中华全国总工会庆祝“五一国际劳动节”大会上，李新民作了发言，并作为全国劳动模范先进事迹巡回报告团成员进行巡回宣讲，展现了新时期石油人的精神风貌。5月10日，李新民事迹报告团到《求是》杂志社作报告。继续选树中国石油榜样好党员、好党支部书记，宣传了黑龙江销售公司年轻加油员张天一、辽河油田茨三注水站站长文建明、集团公司模范党支部书记、长庆油田里167井区党支部书记马琴、大港油田第二采油作业区党支部书记王海燕、大庆油田钻探工程公司1205钻井队党支部书记赵明涛，以及塔里木油田库车项目经理部地质总监张伯侦、青海油田井下作业公司压裂技术服务大队大队长路彦森等。与中国工程院、中国科学院、中国石油、中国海油共同召开学习侯祥麟科学精神座谈会，在石油媒体宣传侯祥麟先进精神和科学精神，编辑《纪念侯祥麟文集》一书。

【加强企业文化建设】 以社会主义核心价值体系为引领，以大庆精神铁人精神为灵魂，把“我为祖国献石油”作为核心价值观纳入企业文化体系，丰富发展体现时代特征、独具石油特色的企业文化。着手编撰《中国石油企业文化辞典》系列丛书，参与修改文献纪录片《中国石油雄狮》。命名第五批企业精神教育基地46个。对高级管理人员签订职业道德规范确认书的办法进行了修改，组织69名新进领导班子成员签订了2012年职业道德规范确认书，通过了普华永道的外部审计。

【直属机关企业文化建设】 直属各级党组织坚持以大

庆精神铁人精神为核心，全面推进企业文化建设，不少单位制订企业文化建设规划，修订《企业文化手册》、《员工手册》，有效地把企业文化融入企业管理理念、工作制度和行为规范。持续深化大庆精神铁人精神再学习再教育再深入活动，大力开展向石油报国英模孙波、大庆新铁人李新民等先进人物学习活动，不断掀起学习先进、立足岗位作贡献的热潮。组织员工踊跃参加“情系母亲水窖，创先争优献爱心”和“7·21”北京特大暴雨受灾村庄对口捐助活动，共捐款209万元。

（艾中秋　王玉杰）

【海外企业文化建设】 中国石油在海外油气业务经营过程中，始终秉承“互利共赢、合作发展”的理念，坚持不懈地建设完善海外特色企业文化，努力将中国石油的政治文化优势转化为公司的跨国经营比较优势，通过文化工程建设提升海外油气业务的科学发展能力和国际市场竞争力，在树立中国石油良好形象和企业品牌形象方面做了大量工作。取得较好成绩。

2012年，海外油气业务企业文化建设工作不断推进。发布了新版《企业文化手册》，出版《中国石油海外油气业务大事记》；新揭幕的海外企业文化展厅被集团公司命名为“中国石油企业精神教育基地”；为海外员工配发《石油员工基本知识读本》，组织开展海外全员读书活动；继续有力推进共青团工作和青年工作，成功举办“奉献海外、携手共进”主题竞赛活动；海外油气业务建立的10多个业余文体组织，因地制宜开展丰富多彩的文化体育活动，受到员工和家属的普遍欢迎和赞扬。

海外油气业务注重党建、思想政治工作和企业文化建设的有机结合。各海外企业和海外项目坚持大力弘扬中国石油的优良传统，深入开展大庆精神铁人精神再学习再教育活动。注重发挥英模榜样的教育示范作用，用模范事迹感染员工，以典型榜样引领队伍。2012年1月8日，集团公司表彰奖励了一大批海外油气合作的先进集体、先进个人。在海外掀起了新一轮学习先进、赶超先进，为海外业务发展作出新贡献的高潮。海外油气业务涌现出“全国优秀共产党员”孙波，“全国劳动模范”吕功训；“全国五一劳动奖章”获得者王莎莉、“中国石油榜样”徐志强；“全国青年岗位能手”吕菁，“全国三八红旗手”孟艳等一批具有鲜明海外特色的先进典型，成为展示海外石油人风采、激励石油人斗志的楷模。

“温暖关爱”文化建设工作在2012年又有新的发展。海外勘探开发公司从人本理念出发，继续致力关爱文化建设，进一步完善后勤服务保障体系，努力建设海外大后勤、大家庭、大后方。2012年制定实施了《海外后勤服务与支持管理规定》，完善了后勤服务与支持体系联席会议机制，出国手续办理与接送站、员工子女入学转学、家属慰问、心理咨询讲座等工作进一步到位，住宅小区的物业管理水平显著提升。2012年为海外员工及家属办10件实事工作全部得到落实。连续第七年大张旗鼓地组织评选“海外员工家属特别奉献奖”活动，并在一年一度的海外员工家属新春联谊会上进行隆重的表彰，进一步密切了党群干群关系，增强了广大员工投身海外建功立业的使命感、责任感和爱国奉献激情，增进了员工家属对海外事业的理解和支持。

（李玉屏）

基层建设

【概述】 认真贯彻落实《集团公司基层建设纲要》，以夯实基础管理为重点，以提高员工基本素质为根本，以促进企业与员工的共同发展为目标，在新时期新阶段，切实加强以党建、班子建设为主要内容的基层组织和队伍建设，切实加强以质量、计量、标准化、制度、流程等为主要内容的基础性管理，切实加强以政治素养和业务技能为主要内容的员工素质与能力。

【扎实推进千队示范工程】 充分发挥基层建设示范队的引领和带动作用，集团公司各单位认真研究，周密部署，从优势启动，示范项目特色鲜明；从长远谋划，3年规划阶梯上升；从实际出发，落实责任层层推进；从激励保证，创造条件全面调动。努力实现先进管理经验的融合，让示范队成为企业先进管理经验的集合点；实现继承传统与创新发展的融合，让示范队成为传承和创新发展优良传统的领跑者；实现探索、实践、修正、完善过程的融合，让示范队创造的“三基”工作经验成为新的管理规范。各单位坚持一边示范实践，一边总结推广，通过经验交流、现场观摩、制作风采录等形式，进一步推进示范工作，发挥示范效应。

【“千万图书送基层、百万员工品书香”活动】 自2009年送书活动开展以来，已为集团公司4.26万个基层队站（车间）配送图书861万册，实现了“千万图书送基层”活动集团公司全覆盖。在实施“千万图书送基层、百万员工品书香”工程中，思想政治工作部组织有关单位和部门，历时2年，编写了包含政治经济、法律、科技、管理、石油、历史、地理、文学艺术、生活、健康10个分册的《中国石油员工基本知识读本》丛书。经集团公司党组同意，为干部员工配发这套丛书，组织开展“双十”全员读书活动，帮助员工建立人生基本知识体系和职业生涯基本专业知识体系。丛书配发工作覆盖集团公司所有单位，按计划分2年进行，力争到2013年上半年全面完成。截至2012年底，已经印刷70万套丛书并陆续配发给干部员工。

【重点工程劳动竞赛】 2012年7月30日，召开了“建功中亚西二线，石油工人作贡献”主题劳动竞赛总结表彰大会，这次劳动竞赛是集团公司与中华全国总工会联合于2008年至2011年组织开展的国家重点工程劳动竞赛，共评选表彰“全国五一劳动奖状”15个、“全国五一劳动奖章”17个、“全国工人先锋号”50个；“集团公司先进集体”20个、“铁人先锋号”100个、“劳动模范”25名。2012年5月22日在长庆油田召开了建设“西部大庆”劳动竞赛第一阶段总结表彰会，这次竞赛是集团公司与中华全国总工会在鄂尔多斯盆地长庆油气区联合组织开展的为期3年建设“西部大庆”劳动竞赛，按照“三年竞赛，年度考核，总量控制，逐年表彰”的要求，评选表彰“全国五一劳动奖状”10个、“全国五一劳动奖章”15个、“全国工人先锋号”27个；“集团公司先进集体”51个、“铁人先锋号”50个、标兵30名、先进个人151名。同时，自2009年已连续3年在集团公司37家销售企业开展了“促发展、上规模、增效益”为主题的劳动竞赛，并于2012年底进行了评选表彰。

群团工作

【概述】 坚持全心全意依靠工人阶级办企业的根本方针，加强对工会、共青团等群众组织的领导，支持群众组织按照法律和各自章程创造性地开展工作，充分发挥组织群众、引导群众、服务群众、维护群众合法权益的作用，积极动员广大员工、青年、妇女群众积极投身企业改革发展稳定的实践。

【扶贫帮困送温暖工作】 深入开展扶贫帮困送温暖活动，实现帮扶工作经常化和制度化。2012年元旦、春节期间下拨集团公司帮扶资金5.0295亿元，中秋、国庆期间下拨2.066亿元。党组下发文件要求各企事业单位做好走访慰问困难职工、困难家庭、困难群体工作，各企事业单位元旦、春节期间共走访慰问困难职工、困难家庭、困难群体16万多人次，中秋、国庆走访慰问6万多人次。“元旦、春节”前，为500多名劳动模范邮寄了专门订制的具有中国石油特色的企业纪念邮册及贺卡。

【厂务公开民主管理工作】 为进一步加强和深化厂务公开民主管理工作，以更高的标准，着力推进制度创新、工作创新、不断提高厂务公开民主管理科学水平，先后对东方物探公司、大港油田、大庆石化、吉林石化、宁夏销售、川庆钻探等单位厂务公开工作进行深入调研，初步形成《中国石油天然气集团公司厂务公开实施细则》，在规范程序、细化标准、分类指导、整体推进和制度建设等方面作了丰富和完善。

【直属工会工作】 直属工会认真落实全心全意依靠职工群众办企业的方针，进一步加强职代会制度化规范化建设，推动厂务公开、民主管理，规范建立平等协商制度和签订集体合同，维护职工合法权益，有效促进了和谐企业建设。大力推进职工之家建设，22家单位荣获全国和省级模范职工之家称号。开展“强‘三基’、提素质、建功业”活动，涌现出群众性创新成果1034项。实施《直属工会财务管理办法》，对13家单位工会经费进行专项审计，培训工会干部2493人次，工会组织管理提升活动取得良好成效。

积极贯彻《全民健身条例》，举办春季健步走、健身气功八段锦培训及直属机关员工羽毛球比赛等多项有影响有声势的活动，推动了群众性健身活动的蓬勃开展。认真落实以人为本、关爱员工的各项措施，对5968户困难员工进行帮扶救助，全面开展全员健康体检，组织“心灵之约”大龄青年联谊活动，协助解决102名员工子女入学、转学问题，受到广大干部员工的好评。

【“青字号”品牌工作】 深化“与祖国共奋进、与企业同发展”主题实践活动，开展“管理提升，青年先行”主题实践活动，广泛推广“双百”创新成果，加强青年安全示范岗和青年文明号创建，有效凝聚企业青年立足岗位作贡献，有力实施青年教育工程、青春建功工程、青年素质工程和团建创新工程。继续深入开展青年志愿者活动，持续推进“四心”志愿服务体系建设，积极开展社会公益活动。在全国第四十九个“学雷锋纪念日”期间，20余万青年志愿者组成的8000多支志愿者服务队，积极加入学雷锋志愿服务队以及郭明义爱心团队，开展“学雷锋树新风，学铁人立新功”行动。顺利完成第三批“油海助学”希望书架捐赠活动，为青海省贫困农牧区学校捐赠1000个希望书架、20万册爱心图书。

【直属共青团与青年工作】 直属共青团围绕服务企业发展、服务青年成长积极开展工作。持续深化青年文明号创建，对57个直属机关青年文明号进行表彰，分4个组对2012年度及部分2011年度直属机关“青年文明号”进行检查和验收，有力推进“青年文明号”创建工作。认真组织团员青年学习党的十八大精神和团的十六届五中、六中全会精神，编辑出版直属机关青年阅读《实践论》、《矛盾论》征文集《思想的声音》，不断把“读书·实践·发展”青年读书活动引向深入。举办直属机关团干部培训班，对团干部进行理想信念教育和企业管理知识培训。以“青春足迹与石油梦想”为主题组织直属机关“第四届青年英语演讲比赛”，近千名青年参与活动，70名青年参加预赛和决赛，进一步激发直属机关青年学习、使用英语的热情。

【石油文联工作】 坚持“围绕中心、服务大局、面向基层、创作精品、打造亮点”的原则，凝聚和组织广大的石油文艺工作者，为集团公司综合性国际能源公司建设，积极创作优秀的文艺作品，打造品牌文化活动，做了大量细致的组织、联络、服务等工作，特别是组织参加和承办了第三届中国职工艺术节，在全国职工艺术节中获得历史性的突破，获得金奖11个，银奖20个，铜奖22个，优秀组织奖12个的好成绩，获奖数名列全国产业（行业）文联之首。石油文联参与创作的电视连续剧《奠基者》、大庆石油作者包铁军创作的作品《黑狗哈拉诺亥》获得中宣部“五个一”工程奖，石油作曲家韩刚创作的歌曲《再唱我为祖国献石油》荣获中央企业精神文明建设“五个一工程”优秀作品奖。石油歌唱家李婧夺得国际声乐比赛中国赛区第二名的好成绩。积极开展多元化的石油文艺活动，在“西部大庆”长庆油田公司成功举办第六届石油职工艺术节小品、曲艺、戏剧大赛，发现和培养了一批石油文艺人才，丰富了石油职工家属的文化生活，得到石油员工和文艺界的充分肯定。

【石油体协工作】 围绕集团公司中心工作，积极贯彻实施《中华人民共和国体育法》、《全民健身条例》和《全民健身计划》，充分发挥体育在推动企业文化大发展大繁荣中的重要作用。举办全国石油石化职工第十七届信鸽赛、全国石油职工围棋赛、中国石油桥牌精英赛；举办总部直属机关健身气功培训班、举办陕西地区石油企业新项目辅导员培训班；协助独山子石化公司、辽阳石化公司、石油管道局、宁夏石化公司、中国海洋石油总公司、昆仑银行等单位举办5个运动会和一个联谊赛。组队参加巴西国际门球邀请赛、亚洲F3A锦标赛、世界航海模型仿真项目锦标赛、亚洲健美锦标赛4项国际赛事和全国桥牌协会锦标赛、全国门球锦标赛、全国行业职工篮球赛、全国企业羽毛球赛等23项国家级赛事，参加了安阳国际航空运动旅游节航空模型表演活动。

【影视中心工作】 认真开展“走基层、转作风、改文风”活动，圆满完成电视新闻宣传、网络电视平台建设，专题制作，电视协会等主要工作。一是电视新闻宣传内容和方式进一步创新，质量进一步提升。《中国石油报道》作为集团公司唯一的电视新闻媒体，历经17年的不断完善和创新，目前已经成为中国石油重要的新闻宣传阵地，2012年全年共编辑制作《中国石油报道》53期，播出稿件1750多件。二是网络电视平台建设进一步完善，在克拉玛依举办《网络电视培训班》，截至2012年底共开通31家单位网络电视系统。《石油新闻快讯》栏目于7月开通试运行，前后共有2批共24家石油企事业单位电视台开通了这个栏目，全年共发布107期，上传新闻总数3858条，发布新闻2246条。三是先后创作拍摄制作《西气东输香港管道工程》、《西气东输三线工程》、《中国石油新时期党建思想政治工作企业文化建设基层建设群众工作创新实践》、《中国石油英模颂》、《我为祖国献石油》、《千万图书送基层 百万员工品书香》、《润滑油公司十年磨一剑》、《西二线劳动竞赛——大国脉》、《石油军魂》、《绿色中石油》、《中国石油海外油气合作辉煌之路》、《生态矿区 和谐家园》、《双湖故事》、《绿色能源》、《财务部年会MTV》、《为石油放歌》、《争先创优活动的响亮品牌——甘莹莹》、配合《大庆魂》宣讲等18部电视专题片。四是石油电视协会工作更加注重实效，组织2011年度石油电视新闻奖的评奖工作，召开中国石油电视协会2012年理事会议，举办中国石油“兰州石化杯”电视新闻大赛暨一线记者培训班。

【石油政研会工作】 不断加强党建思想政治工作和企业文化的研究。一是根据中国石油海外工作需要，向集团公司、中央企业党建政研会申报《中国石油海外党建工作实践与研究》课题，被集团公司批准为2011—2012年软科学研究课题，四次召开课题组成员会议，对海外党建工作课题进行专题研讨，形成课题成果。二是组织评选表彰第六届党建思想政治工作优秀政研成果，共评出一等奖35个，二等奖50个，三等奖80个，优秀奖120个，是历年来获奖最多的。三是认真组织好中央企业党建政研会的课题研究任务，向中央企业党建政研会申报6个研究课题，并督促检查大庆、辽河、长庆、大港、华北、新疆等油田公司课题组，按计划完成在中央企业党建政研会批准立项的研究课题，如期参加中央企业党建政研会2011—2012年度优秀研究成果评审。石油思想政治工作研究会有4个课题研究成果获得中央企业优秀政研成果奖，其中，集团公司总部申报的《中国石油思想政治工作保障体系研究》、大庆油田申报的《石油企业把党的政治优势转化为企业核心竞争力的研究与实践》获一等奖，川庆钻探公司和大庆采油一厂申报的课题获二等奖。同时，石油政研会获得中央企业党建政研会“课题研究优秀组织单位奖”。圆满完成中央企业党建政研会交给的第二课题组牵头单位的任务。

（艾中秋 王玉杰）

中国石油社会公益工作

【概述】 集团公司在不断加快自身发展的同时，高度重视和支持社会公益事业、坚持扶贫济困、捐资助学，服务社区，以企业和谐发展促进社会和谐发展。

【参与扶贫帮困】 2012年，集团公司继续在新疆、西藏、河南、贵州、江西、青海、福建和重庆8个省（自治区、直辖市）14个县（区）开展定点扶贫与对口支援，投入7380万元，援建23个项目，力求解决贫困地区居民最直接、最现实的民生问题。集团公司获得国务院国资委授予的“中央企业扶贫开发工作先进单位”称号。

2012年度集团社会公益投资见表1。

表1 2012年度集团公司社会公益投入表

类别	项目	投资金额（万元）	小计（万元）
扶贫帮困	定点扶贫新疆、河南、贵州、江西等；对口支援西藏、青海、重庆、福建等；其他地区扶贫	26341	26341
支持教育	援建学校	15678	19648
	助学金	1956	
	奖学金	714	
	科研开发	1300	

续表

类别	项目	投资金额（万元）	小计（万元）
赈灾捐赠	为遭受洪灾、干旱等地区捐款	2487	2487
公益捐款	公共设施建设	25087	28674
	医疗卫生	1792	
	文化艺术	1167	
	体育事业	628	
环保公益	植树造林	10283	16495
	其他环境公益	6212	
总计			93645

1. 定点扶贫

2012 年，集团公司继续在贵州、江西、河南、新疆等地开展定点扶贫，保障和改善当地人民生活。在江西横峰县，援建全长 8.5 千米通村道路，解决周边近 2 万人、5 所中小学近千名师生的出行难问题，促进农产品运输及区域资源开发。在贵州习水县援建的龙马公路竣工；实施黔北民居危房改造工程，解决 2000 多人生活问题。

在河南台前县，援建 2.3 千米滞洪迁安道路，解决黄河滩区 3 个乡镇 11 万居民的安全逃生问题；援建恒润石化的 20 万吨 / 年碳四芳构化工业装置建成投产，碳四综合利用技术实现工业化。在河南范县，援建安全饮水工程，解决 7 个村近 2 万居民的饮水安全；向丰利石化提供技术支持，使汽油、柴油加液化气收率同比提高 0.8% 左右，年效益达 800 万元以上。

协助贫困地区提高自我发展能力，加大启智帮扶力度，加强培训教育和医疗卫生项目建设。为新疆 6 个定点扶贫县举办 5 期砌筑、混凝、电焊等实用技能培训班，培训农牧民 200 人，帮助 80% 实现就业。为新疆、贵州、江西等 10 个定点扶贫县赠送 750 份《农民日报》。

2. 对口支援

集团公司秉承科学务实的援助理念，将产业扶贫与智力扶贫相结合，2012 年对口支援西藏双湖、青海冷湖、重庆开县、帮扶福建长汀取得良好进展。

（1）西藏。投入 2000 万元援建配套牧民安居工程、文化活动中心和市区道路工程等 6 个项目，牧民生产生活条件得到进一步改善。组织医疗专家小分队为 200 多名牧民会诊，协助双湖区完成筛查、确诊、治疗儿童先天性心脏病工作。帮助双湖制订产业化规划、培育地方造血机能，双湖城镇建设规划和经济社会发展规划已基本形成，区域产业化规划正在编写制定中。

（2）青海。冷湖地区饮水工程竣工投产，改善了冷湖镇供水水质，提高了居民用水安全。冷湖天然气工程已完成 1.7 千米管线铺装，一期工程建成后可解决 500 户居民用气问题，使偏远矿区居民也可享受天然气入户。

（3）重庆。西南油气田公司与开县签署《重庆市开县人民政府西南油气田公司对口支援合作框架协议》，继续规划和实施对口支援。2012 年，全面完成开县赵家镇周都村“美丽乡村”建设。

（4）福建。每年投入 1000 万元帮助长汀县治理水土流失，万亩生态示范林项目已开始全面实施，已种植生态林树苗 6600 亩。

3. 其他地区扶贫

2012 年，集团公司在宁夏、黑龙江、甘肃、海南、四川、内蒙古、河北等省（区、市）的贫困地区，开展兴建新村、筑路修渠、助残扶弱、帮学助教、建设文化体育设施等多项扶贫项目，帮助当地人民改善生活条件。宁夏石化为宁夏泾源县上黄村修建道路和护坡、修复小学倒塌围墙、捐赠化肥、为村民举办复合肥知识讲座、联系外出务工机会，受到当地好评。华北油田总医院与河北省肃宁、海兴、沧县、献县 4 所县级医院签订对口支援协议，定期进行技术指导，免费接收受援医院人员进修，并挑选经验丰富、带教能力强的医护人员“一对一”带教，提高当地医院的诊疗水平。

【支持教育事业】 2012 年，集团公司继续通过石油奖学金、助学金、捐建希望小学、资助社会机构等多种方式，累计投入 19648 万元支持国内教育事业。提供 55 万元资助福建省长汀、连城、沙县、邵武等 22 个县市 110 名品学兼优的贫困学生实现大学梦想。帮助修建宁夏银川兴泾镇希望小学，改善当地教育条件，惠及 1700 多名学生。

2012 年，集团公司为青海省基层贫困农牧区学校捐赠的第三批 400 个“油海助学希望书架”配发至海西州、海南州、黄南州、玉树州、果洛州的所有学校。至此，集团公司始于 2011 年的 1000 个“油海助学希望书架”20 万册图书全部到位，完成对青海六州一地一市的全覆盖，解决了青海省部分中小学校课外图书较为缺乏的情况，丰富了当地青少年精神生活。为贵州习水县革命老区 30 所乡镇小学捐赠 2 万册各类图书、150 台计算机和 100 个书架。

【带动地方发展】 集团公司的发展离不开地方政府、社区居民的支持。作为国有重要骨干企业，集团公司在提供能源动力的同时，通过建设运营一批勘探开发、炼油化工、储运设施等重点工程和项目，支持当地人才培训，带动当地相关行业发展、优化产业结构、增加就业机会，为地方经济社会发展注入动力和活力。

2012 年，集团公司南疆天然气利民工程主干线——喀泽段（喀什至泽普）、和泽段（和田至泽普）建成，并具备临时通气条件。工程全部建成后将形成覆盖南疆各地州主要城市的天然气支干线管网，基本实现南疆地区天然气稳定供应，促进南疆地区生态环境保护和居民生活质量提高。阿克苏大化肥项目奠基建设，每年将有 5 亿立方米的天然气留在气源地实现转化升值，加快南疆石油石化产业带建设，有效带动地方经济社会发展。与社保基金、基础产业投资基金等合作建设西气东输三线工程，为更多社会投资主体开放投资机会。与新疆维吾尔自治区和新疆生产建设兵团三方合作勘探开发克拉玛依红山油田油气资源，与当地共享开发成果。

【倡导文明风尚】 中国石油员工积极参与社会公益活动，援助弱势群体，倡导社会文明新风尚，为不断推进精神文明建设作贡献。

1. 参与公益活动

集团公司积极参与公益活动，为建设绿色、文明、和谐的新型社区添力。2012 年，集团公司与中国汽车工程学会、大学汽车院系共同发起中国大学生方程式汽车大赛，设立赛事奖金，为国内优秀汽车人才的培养和选拔搭建公共平台，提升汽车专业学生的综合素质。以建设“碳汇林”的方式，出资 600 万元承担北京 200 亩造林绿化任务，促进区域森林碳汇功能提升和生态环境改善。

2. 评选见义勇为好司机

弘扬见义勇为，倡导社会正义，是集团公司开展全国十大见义勇为英雄司机评选与表彰活动的宗旨。2012 年，集团公司连续第九年举办“昆仑奖”全国十大见义勇为英雄司机评选活动，评选出“十大见义勇为司机”、48 名“全国见义勇为英雄司机”、3 个“全国见义勇为英雄群体”以及 20 个城市奖和 10 个组织奖，弘扬和表彰英雄行为。

3. 捐赠“母亲水窖”

为帮助西部边远地区解决饮水困难，改善当地妇女儿童生存和发展环境，2012 年，集团公司向中国妇女发展基金会捐赠 2 万口“母亲水窖”和 100 辆“母亲健康快车”。由于贡献突出，集团公司获得中国妇女发展基金会颁发的中国妇女慈善奖最高奖——“典范奖”。

4. 员工志愿者活动

集团公司员工志愿者大力弘扬“奉献、友爱、互助、进步”的志愿者精神，积极开展爱心帮扶活动，主动投身社会公益事业。2012 年，集团公司青年志愿者队伍达到 8000 支 11.6 万人，开展帮扶困难家庭、关爱孤寡老人、扶助残疾人群、宣传社会公益，以及清污减污、义务植树等活动，受益人数达 65 万人。

辽河油田青年志愿者协会常年实施“关心、安心、爱心”志愿者工程，服务矿区空巢老人和孤残儿童。云南销售青年志愿者在抗旱中为灾区村民运送饮用水、水桶等抗旱物资。锦西石化“宝石花”志愿者服务队组织员工无偿献血、清理市区白色垃圾、看望照顾孤寡老人。

【服务海外社区】 在海外，集团公司秉承“互利共赢、合作发展”的国际合作理念，认真履行社会责任，追求资源开发利用与环境保护、社会进步的和谐统一。集团公司尊重当地风俗习惯和宗教信仰，学习了解当地文化，主动融入当地社区，在促进当地社会发展、环境保护、社区和谐稳定、支持社会公益等方面做了大量卓有成效的工作。

1. 非洲地区

2012 年，为尼日尔津德尔州瓦勒勒瓦市巴金比尔吉镇学校援建 2 间教室，并积极参与尼日尔抗击洪涝灾害，向尼日尔政府及作业区周边地区捐赠粮食和药品、防治疟疾。在苏丹，向贫困母亲基金会捐助1260多万元，向喀土穆社会福利部捐助120多万元，与中国驻南苏丹使馆联合为朱巴市的2个小学建设2个篮球场，资助2名大学生到苏州大学和中国石油大学学习。在乍得，捐款60多万元帮助乍得遭受洪水灾害的人员和地区。

2. 中东地区

2012年，资助伊拉克巴士拉大学37.2万元，为巴士拉大学15人发放27.9万元“希望之星”奖学金；保护当地生态环境，在艾哈代布项目投入约40万元植树造林。中油国际（阿曼）公司凭借良好的生产经营业绩和社区表现，被授予“2011—2012年度阿曼最佳石油生产企业”称号。伊朗公司加强风险管理，2012年未发生环境污染和生态破坏事故。

3. 亚太地区

2012年，援建缅甸曼德勒省新阶镇人民医院、2所学校和5所医疗分站，为缅甸马德岛5个村庄安装自来水管道，解决岛上3000余名居民的饮水问题。在日本，参加南大阪红十字会献血活动，并投入4.56万元人民币用于日本当地文化、体育等公益事业援助。

4. 中亚地区

资助14名哈萨克斯坦本科毕业生赴中国石油大学深造，投入2500多万元支持阿克纠宾州基础设施、教育和医疗保健等领域。

5. 拉美地区

集团公司与哥斯达黎加国家石油公司签署《中国石油与哥斯达黎加国家石油公司培训框架协议》，帮助哥斯达黎加培养专业技术和管理人才。委内瑞拉MPE3项目在油田周边开展安居工程，惠及当地46万居民。

（集团公司社会责任报告编辑部）

光荣榜

【2012年全国五一劳动奖状】

中国石油湖南销售公司

中国石油西南油气田公司川中油气矿

中国石油长庆油田公司第一采油厂

中国石油乌鲁木齐石化公司炼油厂

中国石油新疆销售公司

兰州中石油昆仑燃气有限公司

中国石油集团川庆钻探工程有限公司长庆固井公司

中国石油西北化工销售公司

【2012年全国五一劳动奖章】

黄玉梅（女） 中国石油集团渤海石油装备制造有限公司中成机械制造公司女子下线班班长

张丽霞（女） 中国石油华北油田公司二连分公司锡林作业区采油工

王学智 中国石油集团东方地球物理勘探有限责任公司长庆物探处287队经理

朱东志 中国石油天然气管道局四分工程公司项目经理

刘增江 中国石油管道公司党委副书记、纪委书记、工会主席

杜吉洲 中国石油呼和浩特石化公司总经理、党委副书记

刘合合 中国石油内蒙古销售公司经理、HSE委员会主任

韩建荒 中国石油天然气第八建设有限公司党委副书记

文建明 中国石油辽河油田公司茨榆坨采油厂采油三区文建明注水站站长

张澜澜（女） 中国石油吉林石化公司电石厂分析车间班长

王景奎 中国石油吉林油田公司矿区服务事业部公用事业管理公司工人

李春梅（女） 中国石油吉林油田公司红岗采油厂油气处理一站班长

徐洪霞（女） 中国石油大庆油田物业管理二公司八百垧物业分公司环卫班工人

祁树辉 中国石油大庆炼化公司炼油一厂一套ARGG车间工人

张晓友 中国石油大庆油田总医院院长

陈 兰（女） 中国石油西南油气田公司蜀南气矿渝西采气作业区工人

李亚林　中国石油集团川庆钻探工程有限公司地球物理勘探公司总地质师

党玉琪　中国石油青海油田公司党委副书记、工会主席

解明志　中国石油宁夏石化公司尿素一部主任

刘　刚　中国石油宁夏销售公司总经理

谷　刚　中国石油独山子石化公司炼建公司电焊工

阿尼克孜·买买提吐尔逊（女，维吾尔族）中国石油塔里木油田塔西南勘探开发公司新海公司物资采办中心计划员

刘　志　中国石油天然气运输公司总经理、党委副书记

雒继忠　中国石油长庆油田公司第二采油技术服务处处长、党委副书记

【2012 年全国工人先锋号】

中国石油天然气管道局第一工程分公司 CPP-122 机组

中国石油集团东方地球物理勘探有限责任公司油藏地球物理研究中心 3.5 维地震勘探技术研发团队

中国石油华北油田公司煤层气勘探开发分公司煤层气处理中心

中国石油管道公司兰州输油气分公司

中国石油抚顺石化公司热电厂电气车间运行四班

中国石油锦州石化公司二催化车间生产三班

中国石油辽阳化纤公司工程公司特种作业队卸剂一班

中国石油锦西石化公司蒸馏车间

中国石油集团长城钻探工程有限公司钻井二公司陕北项目部 40638 钻井队

中国石油吉林化建工程有限公司安装三公司刘延虎起重班

中国石油吉林销售公司辽源销售分公司向阳加油站

中国石油吉林油田公司矿区服务事业部公用事业管理公司江北供排水队王景奎班

中国石油吉林销售公司吉林市销售分公司南山加油站

大庆油田有限责任公司“石油魂”大庆精神铁人精神宣讲团

大庆油田有限责任公司第一采油厂第三油矿中四采油队

中国石油大庆石化公司化工一厂

中国石油西气东输管道公司上海白鹤分输站

中国石油管道公司第二工程公司 CPP215 机组

中国石油广西石化公司生产二部连续重整运行班

中国石油四川销售公司泸州销售分公司龙马加油站

中国石油集团测井有限公司华北事业部山西煤层气项目部 38157 测井作业队

中国石油长庆油田公司矿区服务事业部礼泉综合服务处水电暖服务站司炉班

中国石油青海油田井下作业公司压裂技术服务大队

中国石油宁夏销售公司高速公路销售分公司小洪沟服务区

中国石油新疆油田公司百口泉采油厂百 21 采油作业区

中国石油吐哈油田公司温米采油厂联合站

中国石油新疆销售公司阿勒泰销售分公司幸福路加油站

中国石油西北销售公司广西分公司钦州调运中心

中国石油玉门油田公司油田作业公司 D17863 队

中国石油重庆销售公司南坪自助加油站

中国石油集团川庆钻探工程有限公司川东钻探公司 S08529 队

【2012 年全国三八红旗手】

史　君　中国石油辽阳石化公司研究院院长

张翠萍　中国石油长庆油田工会生活保障与女工部副部长

【2012 年全国三八红旗集体】

中国石油吉林销售公司白山销售分公司

【中央企业先进集体】

中国石油天然气勘探开发公司

中国石油天然气集团公司尼罗河公司炼厂项目

中国石油天然气集团公司哈萨克斯坦公司

中国石油天然气集团公司南美公司

中国石油天然气集团公司伊拉克公司哈法亚项目

中油国际（叙利亚）公司

中国石油集团东方地球物理公司研究院

中国石油西南油气田公司阿姆河项目部

中国石油工程建设公司土库曼斯坦分公司

中国石油天然气运输公司

【中央企业劳动模范】

叶先灯　中国石油天然气集团公司南美公司总经理

蒋　奇　中国石油天然气集团公司中俄合作项目部总经理

邓民敏　中石油阿姆河天然气勘探开发（北京）有限公司副总经理

喻泽汉　中国石油西南油气田公司阿姆河项目部第一天然气处理厂厂长

熊　战　中国石油集团渤海钻探工程有限公司国际工程分公司伊拉克项目经理部经理

孙贤胜　中国石油天然气集团公司尼罗河公司/1/2/4区项目总经理

张本全　中国石油集团川庆钻探工程有限公司土库曼分公司经理

赵玉建　中国石油天然气管道局局长

齐建华　中国石油集团工程设计有限责任公司北京分公司总经理

汪世宏　中国寰球工程公司总经理

【中国石油“十大金花”科技工作者】

王凤兰　大庆油田有限责任公司开发部主任

杨文静　中国石油塔里木油田公司勘探开发研究院副院长

孙锐艳　中国石油吉林油田公司勘察设计院副院长兼油气总工程师

赵　敏　中国石油独山子石化公司研究院防腐研究中心技术负责人

史　君　中国石油辽阳石化公司研究院院长

田增艳　中国石油集团渤海钻探工程有限公司泥浆技术服务公司科技管理科副科长

李秀峦　中国石油勘探开发研究院热采所副所长

兰　玲　中国石油石油化工研究院加氢精制与加氢裂化催化剂室主任、集团公司清洁燃料重点实验室主任

蔡建华　中国石油集团经济技术研究院院长助理兼科研管理部主任

孙　洁　中国石油集团济柴动力总厂高级工程师

【2011—2012年度全国青年文明号】

中国石油集团长城钻探工程有限公司钻井一公司长庆项目二部32806钻井队

中国石油集团东方地球物理勘探有限责任公司国际勘探事业部阿曼项目经理部

中国石油四川销售公司成都销售分公司蜀龙加油站

中国石油兰州石化公司炼油厂常减压联合车间500万吨/年常减压装置

大庆油田有限责任公司铁人王进喜纪念馆

中国石油天然气运输公司塔里木运输公司采油技术服务公司试采队

中国石油塔里木油田公司开发事业部塔中作业区

中国石油广东销售公司广州分公司金龙山加油站

中国石油宁夏石化公司化肥一厂合成一班

中国石油新疆油田公司油气储运分公司彩南站

中国石油长庆油田公司第八采油厂樊学采油作业区学三计量接转站

中国石油北京油气调控中心调度主控室

中石油中亚天然气管道有限公司中乌天然气管道项目首站（WKC1）

中国石油伊拉克公司鲁迈拉项目部

中国石油集团东方地球物理勘探有限责任公司国际勘探事业部伊拉克项目经理部8637B队

【2012年度全国青年安全生产示范岗】

中国石油辽河油田兴隆台采油厂集输大队兴二联合站

【2012年度全国五四红旗团支部】

大庆油田有限责任公司第一采油厂第七油矿聚中十四队团支部

（艾中秋）

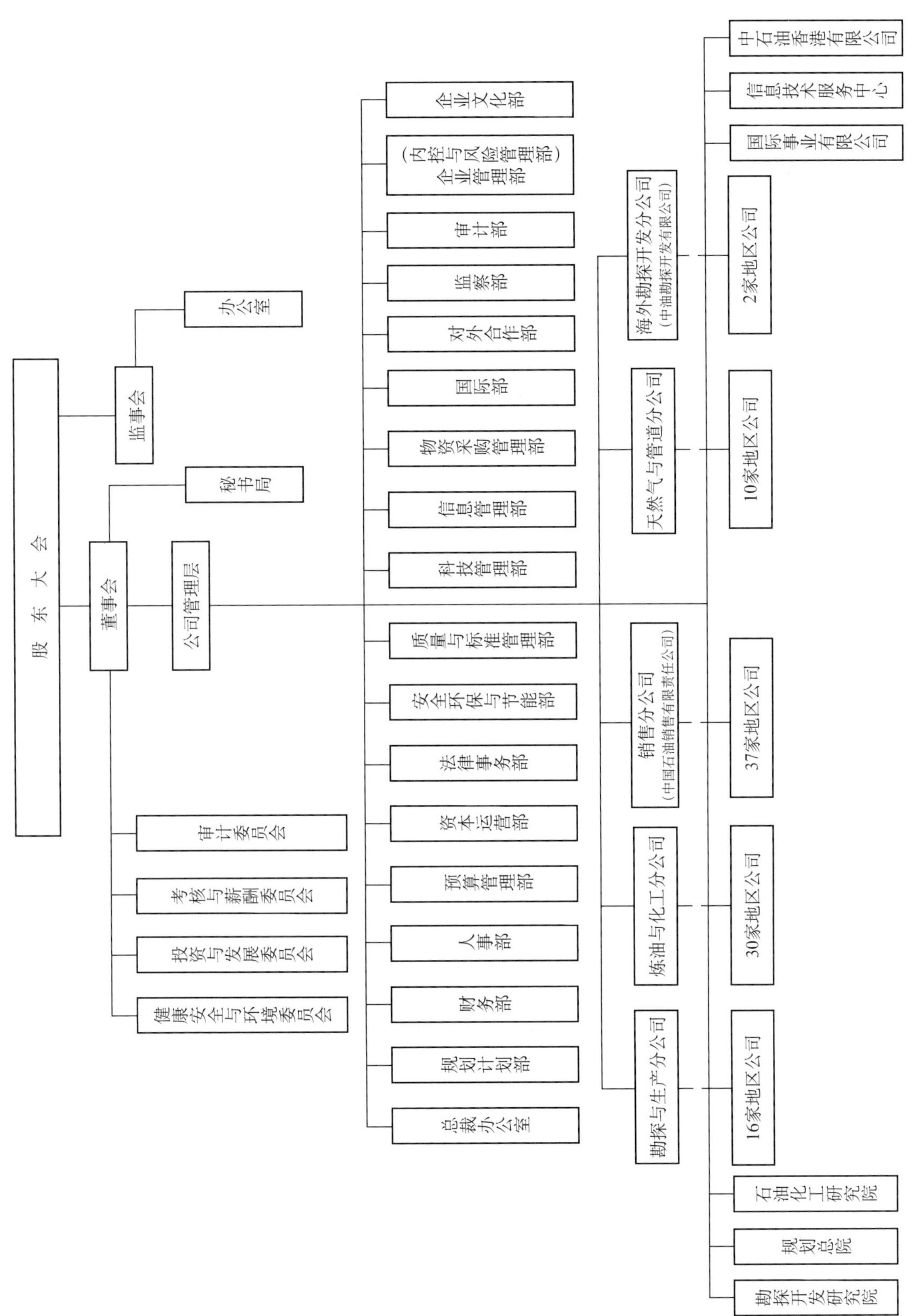

图2　中国石油天然气股份有限公司组织机构图

中国石油天然气集团公司领导

序　号	姓　名	职　　务
1	蒋洁敏	中国石油天然气集团公司党组书记、董事长
2	周吉平	中国石油天然气集团公司党组成员、总经理、董事
3	李新华	中国石油天然气集团公司党组成员、副总经理
4	廖永远	中国石油天然气集团公司党组成员、副总经理
5	王国樑	中国石油天然气集团公司党组成员、总会计师
6	汪东进	中国石油天然气集团公司党组成员、副总经理
7	喻宝才	中国石油天然气集团公司党组成员、副总经理
8	王永春	中国石油天然气集团公司党组成员、副总经理
9	沈殿成	中国石油天然气集团公司党组成员、副总经理兼安全总监
10	王立新	中国石油天然气集团公司党组成员、党组纪检组组长、董事

中国石油天然气集团公司总经理助理、副总师

序　号	姓　名	职　　务
1	李万余	中国石油天然气集团公司总经理助理
2	郭进平	中国石油天然气集团公司总法律顾问
3	温青山	中国石油天然气集团公司副总会计师
4	王立华	中国石油天然气集团公司副总经济师
5	关晓红	中国石油天然气集团公司副总经济师

注：蒋洁敏，涉嫌严重违纪，于2013年9月接受组织调查；王永春、李华林、冉新权、王道富等，涉嫌严重违纪，于2013年8月相继接受组织调查。

中国石油天然气集团公司机关部门主要领导

序 号	单 位	总经理（主任、局长、书记、组长）
1	办公厅	李华民
2	政策研究室	张华林
3	规划计划部	吴 枚
4	财务资产部	温青山（兼）
5	人事部	单昆基
6	预算管理部	贾忆民
7	资本运营部	于毅波
8	法律事务部	郭进平（兼）
9	安全环保与节能部	张凤山
10	质量与标准管理部	于洪金
11	科技管理部	袁士义
12	信息管理部	刘希俭
13	物资采购管理部	李遵义
14	国际部（外事局）	章 欣
15	党组纪检组、监察部（监察局）	李正光
16	审计部	李庆毅
17	企业管理部（内控与风险管理部）	孙金瑜
18	矿区服务工作部	刘自强
19	思想政治工作部（企业文化部）	关晓红（兼）
20	维护信访工作办公室（综合治理办公室、保卫部）	施哲彦
21	直属党委	李晓络
22	离退休职工管理局（老干部局）	苟三权

中国石油天然气集团公司专业公司主要领导

序　号	单　位	总经理	党委书记
1	工程技术分公司	杨庆理	李越强
2	工程建设分公司	白玉光	
3	装备制造分公司	张晗亮	李若平

（韩焕仑）

中国石油天然气集团公司所属企事业单位主要领导

序　号	单　位	总经理（局长、指挥、厂长、院长、所长、主任、社长）	党委书记
1	大庆石油管理局	王永春	
2	辽河石油勘探局	谢文彦	
3	长庆石油勘探局	冉新权	
4	新疆石油管理局	陈新发	
5	四川石油管理局	李鹭光	
6	吉林石油集团有限责任公司	苏　俊	
7	大港油田集团有限责任公司	李建青	
8	华北石油管理局	黄　刚	
9	吐哈石油勘探开发指挥部	张志东	
10	南方石油天然气勘探开发公司	夏义平	夏义平
11	中国石油大庆石油化工总厂	王德义	
12	吉化集团公司	王光军	
13	中国石油抚顺石油化工公司	裴宏斌	

续表

序　号	单　位	总经理（局长、指挥、厂长、院长、所长、主任、社长）	党委书记
14	中国石油辽阳石油化纤公司	朱景利	
15	中国石油兰州石油化工公司	李家民	
16	独山子石油化工总厂	陈俊豪	
17	中国石油乌鲁木齐石油化工总厂	郝新刚	
18	中国石油大连石油化工公司	冷胜军	
19	中国石油锦州石油化工公司	魏立东	
20	中国石油锦西炼油化工总厂	吕文军	
21	中国石油集团西部钻探工程有限公司	马永峰	韩　炜
22	中国石油集团长城钻探工程有限公司	王忠仁	冯艳成
23	中国石油集团渤海钻探工程有限公司	秦永和	秦文贵
24	中国石油集团川庆钻探工程有限公司	胥永杰	李爱民
25	中国石油集团东方地球物理勘探有限责任公司	王铁军	苟　量
26	中国石油集团测井有限公司	李剑浩	张幸福
27	中国石油集团海洋工程有限公司	黄立功	单祥国
28	中国石油天然气管道局	赵玉建	丁建林
29	中国石油工程建设公司	侯浩杰	李利民
30	中国石油集团工程设计有限责任公司	迟尚忠	孔繁瑾
31	中国寰球工程公司	汪世宏	李玉平
32	中国昆仑工程公司	周华堂	玄昌伟
33	中国石油集团东北炼化工程有限公司	张维君	张维君
34	中国石油技术开发公司	毕跃明	李　伟
35	宝鸡石油机械有限责任公司	郭孟齐	范瑞丰
36	宝鸡石油钢管有限责任公司（宝鸡石油钢管厂）	白功利	李　逵
37	中国石油集团济柴动力总厂	杨元建	
38	中国石油集团渤海石油装备制造有限公司	赵　国	杨跃东
39	中国石油天然气勘探开发公司	薄启亮（兼）	王莎莉
40	中石油中亚天然气管道有限公司	吕功训	曹亚明
41	中国石油天然气集团公司拉美公司	叶先灯	叶先灯

续表

序　号	单　位	总经理（局长、指挥、厂长、院长、所长、主任、社长）	党委书记
42	中国石油天然气集团公司尼罗河公司	赵东（主持工作）	
43	中国石油天然气集团公司哈萨克斯坦公司	吕功训	曹亚明
44	中国石油天然气集团公司伊朗公司	张本全	张本全
45	中国石油天然气集团公司中俄合作项目部	蒋　奇	
46	中国石油集团经济技术研究院	孙胜贤	连建家
47	中国石油集团钻井工程技术研究院	石　林	桑珍平
48	中国石油集团安全环保技术研究院	覃国军	覃国军
49	中国石油集团石油管工程技术研究院	张冠军	饶永久
50	中国石油天然气集团公司休斯敦技术研究中心	张国珍	
51	北京石油管理干部学院	周永强	刘江宁
52	石油工业出版社有限公司	郑玉宝	张卫国
53	中国石油报社	邱宝林	邱宝林
54	中国石油审计服务中心	李庆毅	李庆毅
55	中国石油天然气集团公司广州培训中心	王基鹏	张守梅
56	中油财务有限责任公司	兰云升	梁　萍
57	中油资产管理有限公司	王　亮	李　晶
58	中国石油天然气集团公司咨询中心（中国石油集团工程咨询有限责任公司）	王福成	
59	中国石油物资采购中心（中国石油物资公司）	李遵义（兼）	郭开旗
60	中国石油天然气运输公司	刘　志	刘　志
61	中国华油集团公司	王文沧	朱　龙
62	华油北京服务总公司	谷　伟	刘玉喜
63	中国石油天然气香港有限公司（昆仑能源公司）	李华林（兼）	
64	中国石油集团东南亚管道有限公司	姜昌亮	姜昌亮
65	昆仑银行股份有限公司	王忠来	蒋尚军
66	昆仑金融租赁有限责任公司	贺金霞	杨　信
67	中国石油学会	曾玉康	
68	中国石油企业协会	李新华	

（宗　德）

中国石油天然气股份有限公司董事会成员

序　号	姓　名	职　　务
1	蒋洁敏	中国石油天然气股份有限公司董事长
2	周吉平	中国石油天然气股份有限公司副董事长
3	李新华	中国石油天然气股份有限公司董事
4	廖永远	中国石油天然气股份有限公司董事
5	王国樑	中国石油天然气股份有限公司董事
6	汪东进	中国石油天然气股份有限公司董事
7	喻宝才	中国石油天然气股份有限公司董事
8	冉新权	中国石油天然气股份有限公司董事
9	刘鸿儒	中国石油天然气股份有限公司独立董事
10	Franco Bernabè	中国石油天然气股份有限公司独立董事
11	李勇武	中国石油天然气股份有限公司独立董事
12	崔俊慧	中国石油天然气股份有限公司独立董事
13	陈志武	中国石油天然气股份有限公司独立董事

中国石油天然气股份有限公司监事会成员

序　号	姓　名	职　　务
1	王立新	中国石油天然气股份有限公司监事会主席
2	郭进平	中国石油天然气股份有限公司监事会监事
3	温青山	中国石油天然气股份有限公司监事会监事
4	孙先锋	中国石油天然气股份有限公司监事会监事
5	王光军	中国石油天然气股份有限公司监事会监事
6	姚　伟	中国石油天然气股份有限公司监事会监事
7	刘合合	中国石油天然气股份有限公司监事会监事
8	王道成	中国石油天然气股份有限公司监事会独立监事

中国石油天然气股份有限公司总裁班子成员

序　号	姓　名	职　　务
1	周吉平	中国石油天然气股份有限公司总裁
2	廖永远	中国石油天然气股份有限公司副总裁
3	孙龙德	中国石油天然气股份有限公司副总裁
4	刘宏斌	中国石油天然气股份有限公司副总裁
5	周明春	中国石油天然气股份有限公司财务总监
6	李华林	中国石油天然气股份有限公司副总裁兼董事会秘书
7	赵政璋	中国石油天然气股份有限公司副总裁
8	薄启亮	中国石油天然气股份有限公司副总裁
9	黄维和	中国石油天然气股份有限公司副总裁
10	徐福贵	中国石油天然气股份有限公司副总裁
11	冉新权	中国石油天然气股份有限公司副总裁
12	蔺爱国	中国石油天然气股份有限公司总工程师
13	王道富	中国石油天然气股份有限公司总地质师

中国石油天然气股份有限公司
机关部门主要领导

序　号	单　位	总经理（主任）
1	总裁办公室	李华民
2	规划计划部	吴　枚
3	财务部	周明春（兼）
4	人事部	单昆基
5	预算管理部	贾忆民

续表

序 号	单 位	总经理（主任）
6	资本运营部	于毅波
7	法律事务部	郭进平（兼）
8	安全环保与节能部	张凤山
9	质量与标准管理部	于洪金
10	科技管理部	袁士义
11	信息管理部	刘希俭
12	物资采购管理部	李遵义
13	国际部	章 欣
14	对外合作部	阎存章
15	监察部	李正光
16	审计部	李庆毅
17	企业管理部（内控与风险管理部）	孙金瑜
18	企业文化部	关晓红（兼）
19	董事会秘书局	李华林（兼）
	监事会办公室	毛泽锋

中国石油天然气股份有限公司专业公司主要领导

序 号	单 位	总经理	党委书记
1	勘探与生产分公司	赵政璋（兼）	赵文智
2	炼油与化工分公司	徐福贵（兼）	杨继钢
3	销售分公司	刘宏斌（兼）	田景惠
4	天然气与管道分公司	黄维和（兼）	侯启军
5	海外勘探开发分公司	薄启亮（兼）	王莎莉

（韩焕仑）

中国石油天然气股份有限公司所属企事业单位主要领导

序　号	单　位	总经理（局长、指挥、厂长、院长、所长、主任、社长）	党委书记
1	大庆油田有限责任公司	王永春（兼）	姜万春
2	中国石油辽河油田公司	谢文彦	周　灏
3	中国石油长庆油田公司	冉新权（兼）	曲广学
4	中国石油塔里木油田公司	周新源	宋文杰
5	中国石油新疆油田公司	陈新发	徐卫喜
6	中国石油西南油气田公司	李鹭光	王广昀
7	中国石油吉林油田公司	苏　俊	张德有
8	中国石油大港油田公司	李建青	李文强
9	中国石油青海油田公司	宗贻平	孙晓岗
10	中国石油华北油田公司	黄　刚	袁明生
11	中国石油吐哈油田公司	张志东	娄铁强
12	中国石油冀东油田公司	齐振林	杨盛杰
13	中国石油玉门油田公司	刘圣志	张作祥
14	中国石油浙江油田公司	陈　勇	汪鉴定
15	中石油煤层气有限责任公司	接铭训	接铭训
16	中国石油大庆石化公司	王德义	杨大明
17	中国石油吉林石化公司	王光军	孙树祯
18	中国石油抚顺石化公司	裴宏斌	白连刚
19	中国石油辽阳石化公司	朱景利	李　军
20	中国石油兰州石化公司	李家民	李政华
21	中国石油独山子石化公司	陈俊豪	付德新
22	中国石油乌鲁木齐石化公司	郝新刚	刘继远

续表

序　号	单　位	总经理（局长、指挥、厂长、院长、所长、主任、社长）	党委书记
23	中国石油宁夏石化公司	雍瑞生	许君祖
24	中国石油大连石化公司	冷胜军	马平凡
25	中国石油锦州石化公司	魏立东	李　波
26	中国石油锦西石化公司	吕文军	王洪斌
27	中国石油大庆炼化公司	万志强	王亚伟
28	中国石油哈尔滨石化公司	庞晓东	王金娥
29	中国石油广西石化公司	吴恩来	方栋良
30	中国石油四川石化有限责任公司	栗东生	陈位强
31	中国石油广东石化公司	魏　强	姜　文
32	中国石油大港石化公司	段良伟	赵益红
33	中国石油华北石化公司	刘存柱	艾　南
34	中国石油呼和浩特石化公司	杜吉洲	陈汇明
35	中国石油辽河石化公司	李天书	李京辉
36	中国石油长庆石化公司	张喜文	高静乐
37	中国石油克拉玛依石化公司	张有林	默新社
38	中国石油庆阳石化公司	张栋杰	刘至祥
39	中国石油炼化工程建设项目部 中石油云南石化有限责任公司	胡兢克	蒋　凡
40	中国石油东北化工销售公司	李殿敏	王　富
41	中国石油西北化工销售公司	火金三	蔡向阳
42	中国石油华东化工销售公司	丛瑜滋	肖　华
43	中国石油华北化工销售公司	杨天奎	阎效山
44	中国石油华南化工销售公司	张培华	王志学
45	中国石油西南化工销售公司	杨继胜	马生荣
46	中国石油东北销售公司	刘宪华	李绍双
47	中国石油西北销售公司	李占宁	王增岭
48	中国石油北京销售公司	苗　坤	王力国
49	中国石油上海销售公司	佟福财	杨昌陶

续表

序　号	单　位	总经理（局长、指挥、厂长、院长、所长、主任、社长）	党委书记
50	中国石油湖北销售公司	李长安	薛彦卓
51	中国石油广东销售公司	何瑞林	朱荣生
52	中国石油云南销售公司	杜丽学	兰建彬
53	中国石油黑龙江销售公司	夏济连	朱喜龙
54	中国石油吉林销售公司	刘松林	于　臣
55	中国石油辽宁销售公司	王学泠	吴　汉
56	中国石油大连销售公司	高殿龙	高凤翔
57	中国石油内蒙古销售公司	刘合合	王永和
58	中国石油陕西销售公司	刘德祥	曹俊文
59	中国石油甘肃销售公司	杨顺义	张国祥
60	中国石油宁夏销售公司	刘　刚	李宁宝
61	中国石油青海销售公司	朱明玉	封希声
62	中国石油新疆销售公司	刘守德	悦仲林
63	中国石油西藏销售公司	王　珺	次仁扎西
64	中国石油四川销售公司	姚志强	田玉军
65	中国石油重庆销售公司	李宝军	徐　毅
66	中国石油天津销售公司	高栋平	刘战明
67	中国石油河北销售公司	杨宁海	冀玉军
68	中国石油山东销售公司	杨子清	上官建新
69	中国石油山西销售公司	谭立村	闫宝星
70	中国石油江苏销售公司	王力军	张　永
71	中国石油浙江销售公司	赵永河	李　多
72	中国石油安徽销售公司	肖宏伟	李向宇
73	中国石油河南销售公司	陈长青	张海云
74	中国石油湖南销售公司	徐国才	陈建志
75	中国石油福建销售公司	王广生	王明富
76	中国石油广西销售公司	刘建明	栾永江
77	中国石油江西销售公司	张文荣	刘凤春

续表

序　号	单　位	总经理（局长、指挥、厂长、院长、所长、主任、社长）	党委书记
78	中国石油贵州销售公司	刘　杰	李　荡
79	中国石油大连海运公司	李俊海	员广瑞
80	中国石油润滑油公司	廖国勤	许元科
81	中石油燃料油有限责任公司	郑明禹	王立学
82	中国石油北京油气调控中心	侯启军（兼）	徐会举
83	中国石油管道建设项目经理部	吴　宏	吴　宏
84	中国石油管道公司	姚　伟	汤亚利
85	中国石油西气东输管道公司（中国石油西气东输销售公司）	黄泽俊	秦　刚
86	中石油北京天然气管道有限公司（中国石油华北天然气管道公司）	张　余	李　伟
87	中国石油西部管道公司（中国石油西部管道销售公司）	凌　霄	李文东
88	中国石油西南管道公司	常延魁	许　强
89	中石油京唐液化天然气有限公司	李　伟	李　伟
90	中石油大连液化天然气有限公司	王立昕	王立昕
91	中石油江苏液化天然气有限公司	张成伟	张成伟
92	中国石油华北天然气销售公司	林长海	施　龙
93	中石油昆仑燃气有限公司	赵永起	项平生
94	中石油昆仑天然气利用有限公司	赵永起（兼）	项平生（兼）
95	中石油阿姆河天然气勘探开发（北京）有限公司	邓民敏	邓民敏
96	中国石油天然气股份有限公司伊拉克公司	王莎莉（兼）	王莎莉（兼）
97	中国石油勘探开发研究院	王道富（兼）	王道富（兼）
98	中国石油规划总院	王功礼	吴东山
99	中国石油石油化工研究院	蔺爱国（兼）	吴冠京
100	中国石油国际事业有限公司	王立华（兼）	沈定成
101	中国石油天然气股份有限公司信息技术服务中心	王国强	

（宗　德）

专家队伍

中国石油天然气集团公司两院院士

单　　位	姓　名	院士类别
中国石油勘探开发研究院	李德生	科学院院士
大庆油田有限责任公司	王德民	工程院院士
中国石油天然气集团公司咨询中心	翟光明	工程院院士
中国石油勘探开发研究院	郭尚平	科学院院士
中国石油集团东方地球物理勘探有限责任公司	李庆忠	工程院院士
中国石油勘探开发研究院	戴金星	科学院院士
中国石油勘探开发研究院	胡见义	工程院院士
中国石油勘探开发研究院	田在艺	科学院院士
中国石油天然气集团公司管材研究所	李鹤林	工程院院士
中国石油天然气集团公司咨询中心	邱中建	工程院院士
中国石油勘探开发研究院	韩大匡	工程院院士
中国石油天然气股份有限公司	贾承造	科学院院士
中国石油勘探开发研究院	苏义脑	工程院院士
中国石油天然气集团公司科技管理部	袁士义	工程院院士
中国石油天然气勘探开发公司	童晓光	工程院院士
中国石油天然气股份有限公司	孙龙德	工程院院士
中国石油企业协会	胡文瑞	工程院院士

注：按当选时间先后排序。

2012年新增享受政府特殊津贴人员

序　号	姓　名	单　　位	备注
1	冯子辉	大庆油田有限责任公司	专业技术人员（52人）
2	黄　薇	大庆油田有限责任公司	
3	王渝明	大庆油田有限责任公司	
4	张方礼	中国石油辽河油田公司	

续表

序　号	姓　名	单　　位	备注
5	付金华	中国石油长庆油田公司	专业技术人员（52 人）
6	徐永高	中国石油长庆油田公司	
7	滕学清	中国石油塔里木油田公司	
8	张学鲁	中国石油新疆油田公司	
9	刘划一	中国石油西南油气田公司	
10	陈丙春	中国石油吉林油田公司	
11	葛红江	中国石油大港油田公司	
12	马达德	中国石油青海油田公司	
13	金凤鸣	中国石油华北油田公司	
14	李艳明	中国石油吐哈油田公司	
15	陈仁保	中国石油冀东油田公司	
16	孟昭月	中国石油大庆石化公司	
17	刘玉东	中国石油吉林石化公司	
18	刘殿丽	中国石油辽阳石化公司	
19	王福善	中国石油兰州石化公司	
20	刘明辉	中国石油独山子石化公司	
21	蔡海军	中国石油乌鲁木齐石化公司	
22	苗海滨	中国石油大港石化公司	
23	甄新平	中国石油克拉玛依石化公司	
24	张冬敏	中国石油管道公司	
25	刘有超	中石油阿姆河天然气勘探开发（北京）有限公司	
26	宋朝晖	中国石油集团西部钻探工程有限公司	
27	高远文	中国石油集团长城钻探工程有限公司	
28	运志森	中国石油集团渤海钻探工程有限公司	
29	钱　斌	中国石油集团川庆钻探工程有限公司	
30	赵　波	中国石油集团东方地球物理勘探有限责任公司	
31	余春昊	中国石油集团测井有限公司	
32	郭洪升	中国石油集团海洋工程有限责任公司	
33	薛振奎	中国石油天然气管道局	
34	张　励	中国石油工程建设公司	

续表

序　号	姓　名	单　　位	备注
35	赵　敏	中国寰球工程公司	专业技术人员（52人）
36	巩传志	中国石油集团东北炼化工程有限公司	
37	黄悦华	宝鸡石油机械有限责任公司	
38	郭进举	中国石油集团济柴动力总厂	
39	王树龙	中国石油集团渤海石油装备制造有限公司	
40	寿建峰	中国石油勘探开发研究院	
41	熊春明	中国石油勘探开发研究院	
42	贾爱林	中国石油勘探开发研究院	
43	段　伟	中国石油规划总院	
44	赵忠德	中国石油规划总院	
45	胡长禄	中国石油石油化工研究院	
46	张志华	中国石油石油化工研究院	
47	赵旭涛	中国石油石油化工研究院	
48	汪海阁	中国石油集团钻井工程技术研究院	
49	王其华	中国石油集团安全环保技术研究院	
50	赵新伟	中国石油集团石油管工程技术研究院	
51	王瑞河	中国石油海外勘探开发公司	
52	窦立荣	中国石油海外勘探开发公司	
53	任相财	大庆油田有限责任公司	高级技能人员（11人）
54	于建平	中国石油长庆油田公司	
55	曾云东	中国石油西南油气田公司	
56	靳占忠	中国石油华北油田公司	
57	薛兰苗	中国石油吉林石化公司	
58	荣　征	中国石油大连石化公司	
59	徐长岗	中国石油集团长城钻探工程公司	
60	冉　鹏	中国石油集团川庆钻探工程公司	
61	尤庆宇	中国石油管道公司	
62	董留寨	中国石油工程建设公司	
63	王海生	中国石油集团渤海石油装备制造有限公司	

中国石油天然气集团公司高级技术专家

序　号	单　位	姓　名	聘任岗位
1	大庆油田有限责任公司	许显志	勘探地质
2	中国石油塔里木油田公司	谢会文	地质综合研究
3	中国石油长庆油田公司	付金华	地质综合研究
4	中国石油长庆油田公司	姚泾利	地质综合研究
5	中国石油塔里木油田公司	潘文庆	地质综合研究
6	中国石油勘探开发研究院	焦贵浩	地质综合研究
7	大庆油田有限责任公司	吴河勇	资源评价与储量
8	中国石油勘探开发研究院	胡素云	地质综合研究
9	中国石油西南油气田公司	刘划一	地质综合研究
10	中国石油辽河油田公司	蔡国刚	地质综合研究
11	中国石油勘探开发研究院	张光亚	资源评价与储量
12	中国石油勘探开发研究院	沈安江	地质综合研究
13	中国石油勘探开发研究院	袁选俊	地质基础
14	中国石油新疆油田公司	王绪龙	地质综合研究
15	中国石油西南油气田公司	谢继容	地质综合研究
16	大庆油田有限责任公司	金成志	地质综合研究
17	中国石油青海油田公司	刘云田	地质综合研究
18	中国石油勘探开发研究院	宋　岩	地质综合研究
19	中国石油华北油田公司	史原鹏	地质综合研究
20	中国石油大港油田公司	肖敦清	地质综合研究
21	大庆油田有限责任公司	蒙启安	地质综合研究
22	中国石油勘探开发研究院	牛嘉玉	地质综合研究
23	大庆油田有限责任公司	黄　薇	地质综合研究
24	中国石油吉林油田公司	江　涛	地质综合研究
25	中国石油吐哈油田公司	梁　浩	地质综合研究
26	中国石油辽河油田公司	李铁军	勘探地质
27	中国石油大港油田公司	周立宏	地质综合研究

续表

序　号	单　位	姓　名	聘任岗位
28	大庆油田有限责任公司	冯子辉	地质综合研究
29	中国石油勘探开发研究院	王兆云	地质综合研究
30	中国石油勘探开发研究院	孙　平	勘探地质
31	中国石油辽河油田公司	刘宝鸿	项目储层快速跟踪技术研究
32	中国石油勘探开发研究院	潘校华	海外勘探地质研究
33	中国石油勘探开发研究院	张义杰	地质综合研究
34	中国石油青海油田公司	马达德	石油地质
35	中国石油塔里木油田公司	杨海军	勘探开发技术
36	中国石油塔里木油田公司	张丽娟	地质勘探技术
37	中国石油勘探开发研究院	段书府	地质勘探技术
38	中国石油华北油田公司	金凤鸣	咨询
39	中国石油辽河油田公司	李晓光	咨询
40	中国石油勘探开发研究院	李建忠	咨询
41	中国石油勘探开发研究院	张水昌	咨询
42	中国石油勘探开发研究院	魏国齐	咨询
43	中国石油新疆油田公司	罗兴平	测井识别与评价技术攻关
44	大庆油田有限责任公司	刘传平	测井技术攻关
45	中国石油勘探开发研究院	熊春明	提高采收率
46	中国石油勘探开发研究院	王红庄	提高采收率
47	大庆油田有限责任公司	宋承毅	提高采收率
48	中国石油勘探开发研究院	胡永乐	提高采收率
49	大庆油田有限责任公司	兰中孝	低渗透油田开发
50	中石油阿姆河天然气勘探开发（北京）有限公司	刘有超	海外天然气开发
51	中国石油勘探开发研究院	欧阳永林	储层地震预测技术
52	中国石油勘探开发研究院	罗健辉	降黏降凝技术
53	中国石油勘探开发研究院	田昌炳	老油田开发关键技术
54	中国石油冀东油田公司	李良川	滩海开发技术
55	大庆油田有限责任公司	王渝明	提高采收率
56	中国石油勘探开发研究院	丁云宏	煤层气改造技术

续表

序 号	单 位	姓 名	聘任岗位
57	中国石油勘探开发研究院	吴淑红	开发技术
58	中国石油长庆油田公司	赵振峰	提高采收率
59	中国石油天然气勘探开发公司	王瑞河	超重油开发
60	中国石油新疆油田公司	张学鲁	提高采收率
61	中国石油勘探开发研究院	马德胜	油气开发新技术
62	中国石油勘探开发研究院	范子菲	海外油气田开发
63	中国石油塔里木油田公司	江同文	碳酸盐岩储层地震技术
64	中国石油冀东油田公司	陈仁保	提高单井产量
65	中国石油规划总院	惠熙祥	煤层气集输工艺优化
66	中国石油青海油田公司	李江涛	天然气开发
67	中国石油新疆油田公司	许长福	提高采收率
68	中国石油勘探开发研究院	王国辉	规划方案设计
69	中国石油勘探开发研究院	沈德煌	规划方案设计
70	中国石油规划总院	孙铁民	地面工程优化设计
71	中国石油勘探开发研究院	刘 合	分层注采技术
72	中国石油勘探开发研究院	李保柱	高效开发技术
73	中国石油勘探开发研究院	吴向红	高凝油油藏开发
74	中国石油勘探开发研究院	冉启全	开发软件系统
75	中国石油勘探开发研究院	贾爱林	气田开发技术
76	中国石油勘探开发研究院	常毓文	油气田开发战略
77	中国石油勘探开发研究院	裴晓含	驱油技术
78	中国石油西南油气田公司	钟 兵	大型碳酸盐岩气田开发关键技术
79	中国石油勘探开发研究院	秦积舜	油藏工程技术
80	中国石油长庆油田公司	赵继勇	致密油开发技术
81	中国石油勘探开发研究院	陈和平	油砂和重油开发
82	中国石油勘探开发研究院	李秀峦	超稠油开发技术
83	中国石油辽河油田公司	张方礼	复合汽驱开采技术
84	中石油煤层气有限责任公司	李曙光	煤层气增产技术
85	大庆油田有限责任公司	程杰成	复合驱技术

续表

序　号	单　位	姓　名	聘任岗位
86	中国石油新疆油田公司	王延杰	提高采收率
87	中国石油勘探开发研究院	何东博	低渗气藏水平井开发技术
88	中国石油吉林油田公司	陈丙春	低渗油藏 CO_2 驱配套技术
89	中国石油勘探开发研究院	石成方	水驱提高采收率技术
90	中国石油长庆油田公司	慕立俊	油气田开发技术
91	大庆油田有限责任公司	邵振波	聚驱技术
92	中国石油玉门油田公司	袁玉刚	储层改造技术
93	中国石油吉林石化公司	陆书来	合成树脂
94	中国石油石油化工研究院	李吉春	低碳烯烃
95	中国石油石油化工研究院	王　刚	合成树脂
96	中国石油石油化工研究院	朱博超	合成树脂
97	中国石油石油化工研究院	吴林美	合成树脂
98	中国石油石油化工研究院	姚培洪	合成树脂
99	中国石油克拉玛依石化公司	甄新平	润滑油及沥青
100	中国石油克拉玛依石化公司	熊良铨	润滑油及沥青
101	中国寰球工程公司	赵　敏	碳一化工
102	中国石油大庆炼化公司	丁海中	催化裂化
103	中国石油石油化工研究院	路　明	化工综合
104	中国石油独山子石化公司	刘明辉	化工综合
105	中国石油独山子石化公司	赵　敏	常减压
106	中国石油大庆石化公司	朱连勋	乙烯
107	中国石油石油化工研究院	梁　滔	合成橡胶
108	中国石油兰州石化公司	齐永新	合成橡胶
109	中国石油兰州石化公司	潘广勤	化工综合
110	中国石油独山子石化公司	周　豪	合成树脂
111	中国石油辽阳石化公司	史　君	合成聚酯
112	中国石油吉林石化公司	蔡小平	合成纤维
113	中国石油集团渤海石油装备制造有限公司	张玉峰	催化裂化
114	中国石油石油化工研究院	义建军	聚丙烯技术

续表

序　号	单　位	姓　名	聘任岗位
115	中国石油石油化工研究院	赵旭涛	合成树脂
116	中国石油吉林石化公司	王　硕	合成橡胶研发
117	中国寰球工程公司	杨庆兰	低碳烯烃生产工艺
118	中国石油独山子石化公司	宋玉萍	合成橡胶生产工艺
119	中国石油石油化工研究院	胡海华	橡胶产品开发
120	中国寰球工程公司	朱为明	传热技术
121	中国寰球工程公司	丁聚庆	热工技术
122	中国石油大庆石化公司	王景良	产品开发
123	中国石油石油化工研究院	龚光碧	咨询
124	中国石油集团东北炼化工程有限公司	周江沛	咨询
125	中国石油石油化工研究院	王斯晗	咨询
126	中国石油石油化工研究院	兰　玲	催化剂
127	中国石油石油化工研究院	张志华	催化剂
128	中国石油石油化工研究院	高雄厚	催化剂
129	中国石油石油化工研究院	刘从华	催化剂
130	中国石油工程建设公司	王书旭	石油炼制工艺
131	中国石油润滑油公司	徐小红	润滑油等炼油特色产品开发
132	中国石油辽河石化公司	黄　鹤	高等级沥青特色产品开发
133	中国石油石油化工研究院	胡长禄	加氢
134	中国石油石油化工研究院	赵愉生	加氢
135	中国石油乌鲁木齐石化公司	李卫东	催化重整
136	中国石油工程建设公司	田　慧	炼油系统集成与优化
137	中国石油锦州石化公司	赵世权	焦化
138	中国石油大庆石化公司	付英杰	大型炼化电气设备管理
139	中国石油吉林石化公司	王天全	大型炼化机械设备管理
140	中国石油规划总院	张福琴	炼化发展战略研究
141	中国石油石油化工研究院	张学军	汽油生产技术
142	中国石油石油化工研究院	张忠东	催化裂化催化剂生产制备
143	中国石油工程建设公司	谢崇亮	石油炼制技术

续表

序　号	单　位	姓　名	聘任岗位
144	中国石油石油化工研究院	田　然	石油炼制工艺
145	中国石油石油化工研究院	王艳斌	原油评价
146	中国石油石油化工研究院	梁顺琴	催化剂及工艺开发
147	中国石油兰州石化公司	王福善	碳五综合利用
148	中国石油辽阳石化公司	翁　刚	石油炼制
149	中国石油乌鲁木齐石化公司	蔡海军	炼油改造工艺
150	中国石油四川石化有限责任公司	武大庆	合成树脂
151	中国石油石油化工研究院	胡　胜	咨询
152	中国石油规划总院	杨维军	咨询
153	中国石油辽阳石化公司	雷　军	咨询
154	中国石油工程建设公司	肖立刚	咨询
155	中国石油大连石化公司	夏佳兴	咨询
156	中国石油勘探开发研究院	甘利灯	地震勘探技术
157	中国石油集团川庆钻探工程有限公司	李　忠	地震勘探技术
158	中国石油集团测井有限公司	陈　鹏	测井技术与装备开发
159	中国石油集团测井有限公司	朱　军	测井方法
160	中国石油集团长城钻探工程有限公司	白庆杰	测井技术与装备
161	中国石油集团测井有限公司	陈　宝	测井技术与装备开发
162	中国石油集团测井有限公司	肖　宏	测井技术与装备开发
163	中国石油集团长城钻探工程有限公司	赵宝成	测井信息采集
164	中国石油集团东方地球物理勘探有限责任公司	詹仕凡	地震勘探技术
165	中国石油集团东方地球物理勘探有限责任公司	易碧金	物探装备开发
166	中国石油集团东方地球物理勘探有限责任公司	郭向宇	地震勘探技术
167	中国石油集团东方地球物理勘探有限责任公司	赵　波	物探软件开发
168	中国石油勘探开发研究院	张　研	地震勘探技术
169	大庆油田有限责任公司	刘振宽	地震勘探技术
170	中国石油集团东方地球物理勘探有限责任公司	曹孟起	地震勘探技术
171	中国石油集团川庆钻探工程有限公司	李志荣	地震勘探技术
172	中国石油集团东方地球物理勘探有限责任公司	钱忠平	地震勘探技术

续表

序　号	单　位	姓　名	聘任岗位
173	中国石油集团东方地球物理勘探有限责任公司	徐礼贵	地震勘探技术
174	中国石油集团东方地球物理勘探有限责任公司	何展翔	地震勘探技术
175	中国石油长庆油田公司	王大兴	地震勘探技术
176	中国石油集团测井有限公司	李安宗	测井方法
177	中国石油集团长城钻探工程有限公司	刘　越	测井方法
178	大庆油田有限责任公司	谢荣华	测井方法
179	中国石油勘探开发研究院	李潮流	测井方法
180	中国石油勘探开发研究院	李　宁	测井方法
181	中国石油塔里木油田公司	肖承文	测井方法
182	中国石油集团东方地球物理勘探有限责任公司	唐东磊	物探
183	中国石油集团测井有限公司	孙宝佃	测井
184	中国石油集团测井有限公司	余春昊	测井
185	中国石油集团东方地球物理勘探有限责任公司	李彦鹏	地震勘探技术
186	中国石油集团东方地球物理勘探有限责任公司	冯许魁	地震勘探技术
187	中国石油集团东方地球物理勘探有限责任公司	全海燕	地震勘探技术
188	中国石油集团东方地球物理勘探有限责任公司	凌　云	油藏地球物理技术
189	大庆油田有限责任公司	王建民	天然气勘探技术
190	中国石油勘探开发研究院	胡　英	复杂构造深度域成像
191	中国石油新疆油田公司	吕焕通	物探理论和新方法研究
192	中国石油集团川庆钻探工程有限公司	巫芙蓉	地震监测技术
193	中国石油集团东方地球物理勘探有限责任公司	邓志文	咨询
194	中国石油集团川庆钻探工程有限公司	李亚林	咨询
195	大庆油田有限责任公司	王建民	咨询
196	中国石油集团东方地球物理勘探有限责任公司	李培明	咨询
197	中国石油勘探开发研究院	姚逢昌	咨询
198	中国石油集团川庆钻探工程有限公司	罗宏伟	射孔工艺技术
199	中国石油集团测井有限公司	杜瑞芳	测井技术与装备开发
200	中国石油集团测井有限公司	陈　涛	测井方法
201	中国石油集团渤海钻探工程有限公司	柴细元	测井方法

续表

序　号	单　位	姓　名	聘任岗位
202	中国石油集团西部钻探工程有限公司	高秋涛	测井技术开发
203	大庆油田有限责任公司	荆万学	裸眼井测井解释
204	大庆油田有限责任公司	刘兴斌	咨询
205	中国石油勘探开发研究院	周灿灿	咨询
206	大庆油田有限责任公司	刘方玉	咨询
207	中国石油新疆油田公司	孙中春	咨询
208	中国石油集团渤海钻探工程有限公司	运志森	钻井工艺
209	中国石油集团川庆钻探工程有限公司	孙海芳	钻井工艺
210	中国石油集团川庆钻探工程有限公司	叶登胜	钻井工艺
211	中国石油西南油气田公司	马发明	钻井工艺
212	中国石油集团长城钻探工程有限公司	高远文	钻井工艺
213	中国石油集团渤海钻探工程有限公司	魏春明	钻井工艺
214	中国石油集团西部钻探工程有限公司	陈若铭	钻井工艺
215	中国石油集团川庆钻探工程有限公司	伍贤柱	钻井工艺
216	中国石油集团钻井工程技术研究院	贺会群	钻井工艺
217	中国石油集团钻井工程技术研究院	周英操	钻井工艺
218	中国石油塔里木油田公司	张福祥	钻井工艺
219	中国石油集团钻井工程技术研究院	盛利民	钻井工艺
220	中国石油集团钻井工程技术研究院	王　玺	钻井工艺
221	中国石油集团渤海钻探工程有限公司	王益山	钻井工艺
222	中国石油集团钻井工程技术研究院	刘硕琼	钻井工艺
223	中国石油集团钻井工程技术研究院	申瑞臣	钻井
224	中国石油塔里木油田公司	滕学清	钻井
225	大庆油田有限责任公司	杨智光	钻井
226	中国石油集团海洋工程有限公司	路继臣	钻井
227	中国石油集团川庆钻探工程有限公司	韩烈祥	钻完井技术
228	中国石油天然气勘探开发公司	辛俊和	钻完井技术
229	中国石油集团钻井工程技术研究院	汪海阁	钻井技术
230	中国石油集团川庆钻探工程有限公司	王均良	钻完井技术

续表

序号	单位	姓名	聘任岗位
231	中国石油集团长城钻探工程有限公司	李建成	钻井液
232	中国石油集团西部钻探工程有限公司	张兴国	钻井工艺技术开发
233	中国石油集团长城钻探工程有限公司	张振华	钻完井技术研究
234	大庆油田有限责任公司	杨决算	钻井技术现场试验
235	中国石油集团西部钻探工程有限公司	许树谦	咨询
236	中国石油集团渤海钻探工程有限公司	王合林	咨询
237	中国石油集团川庆钻探工程有限公司	王长宁	咨询
238	中国石油集团钻井工程技术研究院	孙金生	咨询
239	中国石油集团川庆钻探工程有限公司	杨令瑞	咨询
240	中国石油规划总院	赵忠德	工程规划与设计
241	中国石油勘探开发研究院	张昱文	工程规划与设计
242	中国石油天然气管道局	赵　蕊	工程规划与设计
243	中国石油天然气管道局	许　杰	工程规划与设计
244	中国石油天然气管道局	王冰怀	工程施工
245	中国寰球工程公司	裴　红	工程规划及设计
246	中国石油工程建设公司	张　励	工程施工
247	中国石油管道公司	李国平	管道运行管理
248	中国石油管道公司	冯庆善	管道完整性管理
249	中国石油工程建设公司	韩　冰	工艺系统运行
250	中国石油天然气管道局	薛振奎	工艺系统运行
251	中国寰球工程公司	王　红	工艺系统运行
252	中国石油集团石油管工程技术研究院	冯耀荣	工艺系统运行
253	中国石油管道公司	艾慕阳	天然气管网优化运行
254	中国石油管道公司	张冬敏	原油管道降凝及优化运行技术
255	中国石油管道公司	王维斌	油气管道完整性管理支持技术
256	中国石油天然气管道局	徐昌学	防腐补口
257	中国石油天然气管道局	史　航	工程施工技术
258	中国寰球工程公司	梁昌锦	储罐建造
259	中国石油辽河油田公司	牟宗元	施工技术研究

续表

序　号	单　位	姓　名	聘任岗位
260	中国石油西南油气田公司	吴建发	储气库技术
261	中国石油工程建设公司	任建生	咨询
262	大庆油田有限责任公司	耿作孝	咨询
263	中国石油天然气管道局	孟凡彬	咨询
264	大庆油田有限责任公司	杨春明	咨询
265	中国石油天然气管道局	张文伟	咨询
266	中国石油工程建设公司	张香玲	咨询
267	中国寰球工程公司	彭　蕾	咨询
268	宝鸡石油钢管有限责任公司	杨忠文	石油钢管
269	中国石油集团渤海石油装备制造有限公司	王树龙	采油装备
270	宝鸡石油钢管有限责任公司	毕宗岳	石油钢管
271	中国石油集团济柴动力总厂	郭进举	发动机研制
272	宝鸡石油机械有限责任公司	黄悦华	钻井装备
273	中国石油集团石油管工程技术研究院	吉玲康	石油钢管
274	中国石油集团济柴动力总厂	秦飞虎	往复式压缩机组开发
275	宝鸡石油机械有限责任公司	王进全	采油装备
276	中国石油集团石油管工程技术研究院	霍春勇	油气储运设备
277	宝鸡石油钢管有限责任公司	苏　琦	石油钢管开发
278	中国石油集团渤海石油装备制造有限公司	张　银	阀门研制
279	中国石油集团济柴动力总厂	李树生	石油机械与动力装置
280	中国石油集团川庆钻探工程公司	钱　斌	增产作业技术现场试验
281	中国石油集团石油管工程技术研究院	赵新伟	咨询
282	中国石油规划总院	王国丽	咨询
283	中国石油集团安全环保技术研究院	孙文勇	平台开发建设
284	中国石油规划总院	段　伟	能量系统优化设计
285	中国石油集团安全环保技术研究院	杜卫东	项目检测体系开发与建设
286	中国石油集团安全环保技术研究院	李兴春	考核体系设计
287	中国石油集团安全环保技术研究院	刘光全	环保技术开发
288	中国石油集团安全环保技术研究院	王嘉麟	环保技术开发

续表

序 号	单 位	姓 名	聘任岗位
289	中国石油集团安全环保技术研究院	邓 皓	环保技术开发
290	中国石油集团安全环保技术研究院	裴玉起	应急支撑技术开发
291	中国石油规划总院	余绩庆	考核体系设计
292	中国石油规划总院	陈由旺	节能节水技术开发
293	中国石油集团安全环保技术研究院	王其华	中国石油 HSE 管理体系建设
294	中国石油集团安全环保技术研究院	韩兆辉	安全环保技术开发
295	中国石油辽河油田公司	杨立强	油气生产节能技术应用
296	中国石油集团安全环保技术研究院	王万福	安全环保技术开发
297	中国石油集团安全环保技术研究院	熊运实	环境保护技术
298	中国石油规划总院	和冬梅	系统应用
299	中国石油勘探开发研究院	时付更	系统应用
300	中国石油勘探开发研究院	李 捷	建设运行
301	大庆油田有限责任公司	王瑞萍	系统应用
302	中国石油集团安全环保技术研究院	冒亚明	系统应用
303	中国石油勘探开发研究院	曾 萍	系统应用
304	中国石油集团经济技术研究院	徐建山	资源信息库建设
305	中国石油大港油田公司	马建国	勘探与生产 ERP 系统
306	中国石油集团东方地球物理勘探有限责任公司	李阳明	信息技术总体规划编制
307	大庆油田有限责任公司	熊华平	信息技术开发
308	中国石油规划总院	王 华	信息技术应用
309	中国石油兰州石化公司	曹 巍	信息技术应用
310	中国石油规划总院	袁维宁	信息技术应用
311	中国石油塔里木油田公司	熊 伟	咨询
312	中国石油勘探开发研究院	冯 梅	咨询
313	中国石油集团东方地球物理勘探有限责任公司	张志伟	咨询
314	中国石油辽河油田公司	刘喜林	稠油开发
315	中国石油勘探开发研究院	雷 群	低渗透油田开发

注：上述人员为截至 2012 年底集团公司在聘专家。

中国石油天然气集团公司管理专家

序　号	单　位	姓　名	专家命名
1	集团公司（股份公司）规划计划部	巴恒飞	中国石油战略管理专家
2	中国石油长庆油田公司	何炳忠	中国石油战略管理专家
3	大庆油田有限责任公司	张晓东	中国石油战略管理专家
4	股份公司勘探与生产分公司	刘德来	中国石油战略管理专家
5	中国石油天然气集团公司哈萨克斯坦公司	王俊仁	中国石油战略管理专家
6	中国石油新疆油田公司	王从乐	中国石油战略管理专家
7	中国石油西气东输管道公司	房维龙	中国石油战略管理专家
8	集团公司政策研究室	郝鸿毅	中国石油战略管理专家
9	中国石油冀东油田公司	冯俊山	中国石油战略管理专家
10	中国石油国际事业有限公司	王宝昌	中国石油战略管理专家
11	中国石油独山子石化公司	赵宝国	中国石油战略管理专家
12	中国寰球工程公司	李玉龙	中国石油战略管理专家
13	中国石油四川销售公司	刘　苏	中国石油战略管理专家
14	集团公司（股份公司）科技管理部	赵　明	中国石油战略管理专家
15	中国石油规划总院	赵连增	中国石油战略管理专家
16	集团公司工程技术分公司	郑　毅	中国石油战略管理专家
17	中国石油海外勘探开发公司	郑　炯	中国石油战略管理专家
18	大庆油田有限责任公司	王学庆	中国石油财务管理专家
19	股份公司财务部	穆秀平	中国石油财务管理专家
20	大庆油田有限责任公司	刘燕杰	中国石油内控管理专家
21	中油财务有限责任公司	王增业	中国石油金融管理专家
22	集团公司（股份公司）审计部	高　辉	中国石油审计管理专家
23	昆仑银行股份有限公司	王明东	中国石油财务管理专家
24	集团公司财务资产部	吕连浮	中国石油财务管理专家
25	中国石油抚顺石化公司	王洪洲	中国石油财务管理专家
26	中国石油西南油气田公司	侯　涛	中国石油财务管理专家

续表

序　号	单　位	姓　名	专家命名
27	中国石油海外勘探开发公司	詹清荣	中国石油税务管理专家
28	中国石油集团东方地球物理勘探有限责任公司	鞠秋芳	中国石油财务管理专家
29	中国石油华北油田公司	师洪发	中国石油资本运营管理专家
30	股份公司勘探与生产分公司	李　琤	中国石油财务管理专家
31	集团公司（股份公司）企业管理部（内控与风险管理部）	钟敦岳	中国石油内控管理专家
32	中国石油四川销售公司	刘志强	中国石油财务管理专家
33	中国石油天然气集团公司哈萨克斯坦公司	杨桂荣	中国石油财务管理专家
34	中国石油集团经济技术研究院	单卫国	中国石油市场研究管理专家
35	股份公司销售分公司	王长江	中国石油营销管理专家
36	中国石油四川销售公司	蒋胡民	中国石油营销管理专家
37	中国石油润滑油公司	樊玉明	中国石油营销管理专家
38	股份公司销售分公司	吕东悦	中国石油市场研究管理专家
39	中国石油广东销售公司	王廷伟	中国石油营销管理专家
40	中国石油辽阳石化公司	王凤德	中国石油营销管理专家
41	中国石油锦州石化公司	刘　克	中国石油营销管理专家
42	中国石油北京销售公司	张　岩	中国石油营销管理专家
43	中国石油规划总院	杨建红	中国石油市场研究管理专家
44	大庆油田有限责任公司	唐建人	中国石油营销管理专家
45	中国石油天然气集团公司哈萨克斯坦公司	郭　沂	中国石油营销管理专家
46	中国石油山东销售公司	于　洋	中国石油营销管理专家
47	集团公司办公厅（股份公司总裁办公室）	尚　真	中国石油行政管理专家
48	中国石油兰州石化公司	杨清亮	中国石油行政管理专家
49	中国石油海外勘探开发公司	毕井双	中国石油法律管理专家
50	集团公司办公厅（股份公司总裁办公室）	刘立力	中国石油行政管理专家
51	中国石油吉林石化公司	李春青	中国石油法律管理专家
52	中国石油长庆油田公司	高　鹏	中国石油法律管理专家
53	集团公司（股份公司）法律事务部	赵要德	中国石油法律管理专家
54	大庆油田有限责任公司	窦春辉	中国石油法律管理专家

续表

序　号	单　位	姓　名	专家命名
55	中国石油辽河油田公司	于清江	中国石油法律管理专家
56	集团公司（股份公司）安全环保与节能部	吴庆善	中国石油安全管理专家
57	集团公司（股份公司）安全环保与节能部	王学文	中国石油节能管理专家
58	大庆油田有限责任公司	匡　丽	中国石油环保管理专家
59	中国石油集团川庆钻探工程有限公司	李　毅	中国石油 HSE 管理专家
60	中国石油勘探开发研究院	高圣平	中国石油质量标准管理专家
61	中国石油天然气勘探开发公司	齐金郦	中国石油 HSE 管理专家
62	中国石油吉林油田公司	尹　旭	中国石油 HSE 管理专家
63	中国石油新疆油田公司	衣怀峰	中国石油节能管理专家
64	中国石油长庆油田公司	毛怀新	中国石油 HSE 管理专家
65	集团公司（股份公司）质量与标准管理部	万战翔	中国石油标准化管理专家
66	中国石油集团石油管工程技术研究院	秦长毅	中国石油质量标准管理专家
67	中国石油集团东方地球物理勘探有限责任公司	田国发	中国石油 HSE 管理专家
68	集团公司（股份公司）国际部	张　军	中国石油 HSE 管理专家
69	股份公司炼油与化工分公司	王　强	中国石油 HSE 管理专家
70	大庆油田有限责任公司	刘　睿	中国石油对外合作管理专家
71	中国石油海外勘探开发公司	郭呈柱	中国石油海外项目管理专家
72	中国石油海外勘探开发公司	蒋满裕	中国石油国际商务管理专家
73	中国石油集团东方地球物理勘探有限责任公司	曾庆平	中国石油国际市场开发管理专家
74	集团公司（股份公司）国际部	曹　伟	中国石油对外合作管理专家
75	股份公司对外合作部	黄玉珍	中国石油对外合作管理专家
76	中国石油辽河油田公司	刘海洋	中国石油对外合作管理专家
77	中国石油大港油田公司	刘明发	中国石油对外合作管理专家
78	中国石油天然气股份有限公司伊拉克公司	冀成楼	中国石油海外项目管理专家
79	中国石油新疆油田公司	张建国	中国石油人力资源管理专家
80	集团公司（股份公司）人事部	李光华	中国石油人力资源管理专家
81	中国石油辽河油田公司	李孟洲	中国石油人力资源管理专家
82	中国石油抚顺石化公司	刘文玉	中国石油人力资源管理专家

续表

序　号	单　位	姓　名	专家命名
83	中国石油海外勘探开发公司	武军利	中国石油人力资源管理专家
84	大庆油田有限责任公司	彭柏群	中国石油人力资源管理专家
85	中国石油长庆油田公司	丁守仁	中国石油人力资源管理专家
86	集团公司（股份公司）人事部	朱长根	中国石油人力资源管理专家
87	中国石油集团川庆钻探工程有限公司	聂世平	中国石油人力资源管理专家
88	集团公司思想政治工作部	杨高斐	中国石油党建、思想政治工作管理专家
89	中国石油辽河油田公司	罗颖川	中国石油党建、思想政治工作管理专家
90	中国石油吉林油田公司	米金余	中国石油群众工作管理专家
91	中国石油华北油田公司	杨利民	中国石油企业文化工作管理专家
92	集团公司直属党委	王树勇	中国石油党建、思想政治工作管理专家
93	中国石油长庆油田公司	许四德	中国石油党建、思想政治工作管理专家
94	大庆油田有限责任公司（第二纪检监察中心）	包利文	中国石油纪检监察工作管理专家
95	中国石油报社	张文业	中国石油党建、思想政治工作管理专家
96	大庆油田有限责任公司	黄　学	中国石油纪检监察工作管理专家
97	中国石油集团长城钻探工程有限公司	曹海霞	中国石油党建、思想政治工作管理专家
98	中国石油冀东油田公司	刘金平	中国石油企业文化工作管理专家
99	中国石油集团东方地球物理勘探有限责任公司	王治富	中国石油党建工作管理专家
100	大庆油田有限责任公司	隋东章	中国石油群众工作管理专家

注：上述管理专家为2011年集团公司评聘。

（曹　月）

中国石油天然气集团公司技能专家

序　号	单　位	姓名	专　业	工　种
1	大庆油田有限责任公司	张连友	钻　井	石油钻井工
2	大庆油田有限责任公司	孙景阳	钻　井	石油钻井工
3	大庆油田有限责任公司	齐志民	钻　井	石油钻井工

续表

序　号	单　位	姓名	专　业	工　种
4	大庆油田有限责任公司	田兆亿	钻　井	钻井液工
5	大庆油田有限责任公司	寇生江	测　井	测井工
6	大庆油田有限责任公司	张光洲	仪器仪表安装修理	测井仪修工
7	大庆油田有限责任公司	任相财	采油采气	采油工
8	大庆油田有限责任公司	赵春海	井下作业	井下作业工
9	大庆油田有限责任公司	陈祥玉	集　输	输油工
10	大庆油田有限责任公司	曹　武	采油采气	采油工
11	大庆油田有限责任公司	何显斌	采油采气	采油工
12	大庆油田有限责任公司	刘　丽	采油采气	采油工
13	大庆油田有限责任公司	何登龙	采油采气	采油工
14	大庆油田有限责任公司	高亚全	采油采气	采油工
15	大庆油田有限责任公司	王运成	集　输	输油工
16	大庆油田有限责任公司	邹世鑫	集　输	集输工
17	大庆油田有限责任公司	贾福林	采油采气	采油工
18	大庆油田有限责任公司	马庆光	井下作业	井下作业工
19	大庆油田有限责任公司	孙玉才	井下作业	井下作业工
20	大庆油田有限责任公司	刘永庆	工程施工	电焊工
21	大庆油田有限责任公司	刘忠波	工程施工	电焊工
22	大庆油田有限责任公司	司英建	工程施工	电焊工
23	大庆油田有限责任公司	于维敏	工程施工	石油金属结构制作工
24	大庆油田有限责任公司	孔德生	工程施工	油气管线安装工
25	大庆油田有限责任公司	金铁钢	工程施工	电焊工
26	大庆油田有限责任公司	李立国	供发电	高压试验工
27	大庆油田有限责任公司	李齐生	供发电	继电保护工
28	大庆油田有限责任公司	王　汀	供发电	继电保护工
29	大庆油田有限责任公司	武海玉	供发电	锅炉检修工
30	大庆油田有限责任公司	于凯林	钻　井	钻井液工
31	大庆油田有限责任公司	王维民	测　井	测井工
32	大庆油田有限责任公司	彭燕龙	机械制造	车　工

续表

序　号	单　位	姓名	专　业	工　种
33	大庆油田有限责任公司	魏乐欣	机械制造	钳　工
34	大庆油田有限责任公司	张肃江	井下作业	潜油电泵作业工
35	大庆油田有限责任公司	邢恩福	仪器仪表安装修理	仪表安装工
36	大庆油田有限责任公司	徐义千	钻　井	钻井液工
37	大庆油田有限责任公司	刘秀庆	测　井	测井工
38	大庆油田有限责任公司	赵福前	测　井	射孔取心工
39	大庆油田有限责任公司	杨海波	采油采气	采油工
40	大庆油田有限责任公司	丁洪霞	采油采气	采油工
41	大庆油田有限责任公司	宋颜生	采油采气	采油工
42	大庆油田有限责任公司	代龙兴	集　输	输油工
43	大庆油田有限责任公司	江成明	集　输	集输工
44	大庆油田有限责任公司	罗贤银	集　输	集输工
45	大庆油田有限责任公司	杨怀宇	机械制造	钳　工
46	大庆油田有限责任公司	王召军	工程施工	电焊工
47	大庆油田有限责任公司	宋宏明	供发电	维修电工
48	中国石油辽河油田公司	東滨霞	采油采气	采油工
49	中国石油辽河油田公司	赵奇峰	采油采气	采油工
50	中国石油辽河油田公司	郭发德	采油采气	采油工
51	中国石油辽河油田公司	徐志强	采油采气	采油工
52	中国石油辽河油田公司	徐贻文	采油采气	采油工
53	中国石油辽河油田公司	曹建新	采油采气	采油工
54	中国石油辽河油田公司	柳转阳	采油采气	采油工
55	中国石油辽河油田公司	姬梦阳	采油采气	采油工
56	中国石油辽河油田公司	张　云	采油采气	热注运行工
57	中国石油辽河油田公司	李贵库	井下作业	井下作业工
58	中国石油辽河油田公司	张殿杰	工程施工	电焊工
59	中国石油辽河油田公司	于占勇	供发电	配电线路工
60	中国石油辽河油田公司	李　云	供发电	变电站值班员
61	中国石油辽河油田公司	吴晓媛	供发电	变电站值班员

续表

序　号	单　位	姓名	专　业	工　种
62	中国石油辽河油田公司	高文斌	采油采气	采油工
63	中国石油辽河油田公司	于增杰	采油采气	采油工
64	中国石油辽河油田公司	单忠利	采油采气	采油工
65	中国石油辽河油田公司	陈伟东	采油采气	采油工
66	中国石油辽河油田公司	安宝奇	工程施工	油气管线安装工
67	中国石油辽河油田公司	张金平	工程施工	电焊工
68	中国石油辽河油田公司	周　渝	井下作业	井下作业工
69	中国石油长庆油田公司	张卫玲	采油采气	采油工
70	中国石油长庆油田公司	丁巨龙	采油采气	采油工
71	中国石油长庆油田公司	梁庆辉	采油采气	采油工
72	中国石油长庆油田公司	于建平	采油采气	采油工
73	中国石油长庆油田公司	梁东平	井下作业	井下作业工
74	中国石油长庆油田公司	杨义兴	井下作业	井下作业工
75	中国石油长庆油田公司	李庆峰	井下作业	作业机司机
76	中国石油长庆油田公司	王亚萍	工程施工	电焊工
77	中国石油长庆油田公司	詹　斌	工程施工	电焊工
78	中国石油长庆油田公司	孟亚莉	采油采气	采油工
79	中国石油长庆油田公司	程少春	采油采气	采油工
80	中国石油长庆油田公司	郜世全	采油采气	采油工
81	中国石油长庆油田公司	赵瑞元	井下作业	井下作业工
82	中国石油塔里木油田公司	徐　静	钻　井	钻井液工
83	中国石油塔里木油田公司	张喜军	井下作业	潜油电泵作业工
84	中国石油塔里木油田公司	胡玉明	机械制造	车　工
85	中国石油塔里木油田公司	张　明	供发电	电　工
86	中国石油塔里木油田公司	王爱民	化　肥	合成氨装置操作工
87	中国石油新疆油田公司	魏昌建	采油采气	采油工
88	中国石油新疆油田公司	叶长新	采油采气	采油工
89	中国石油新疆油田公司	颜富新	采油采气	采油工
90	中国石油新疆油田公司	朱安江	采油采气	采油工

续表

序　号	单　位	姓名	专　业	工　种
91	中国石油新疆油田公司	寇秀玲	采油采气	采油工
92	中国石油新疆油田公司	林　伟	采油采气	采油工
93	中国石油新疆油田公司	史建国	采油采气	采油工
94	中国石油新疆油田公司	肉孜麦麦提·巴克	采油采气	采油工
95	中国石油新疆油田公司	张　杰	集　输	集输工
96	中国石油新疆油田公司	丁　建	集　输	集输工
97	中国石油新疆油田公司	卢风光	集　输	集输工
98	中国石油新疆油田公司	张　军	采油采气	采油工
99	中国石油新疆油田公司	李海军	采油采气	采油工
100	中国石油新疆油田公司	朱建雄	采油采气	采油工
101	中国石油新疆油田公司	肖　刚	集　输	输气工
102	中国石油西南油气田公司	李忠良	采油采气	采油工
103	中国石油西南油气田公司	刘　辉	采油采气	采气工
104	中国石油西南油气田公司	曾刚勇	集　输	油气管道保护工
105	中国石油西南油气田公司	曾云东	天然气加工	天然气净化操作工
106	中国石油西南油气田公司	林大川	仪器仪表安装修理	采输气仪表工
107	中国石油西南油气田公司	夏仲华	采油采气	采气工
108	中国石油西南油气田公司	陈兴平	采油采气	采气工
109	中国石油西南油气田公司	李　强	化　工	天然气压缩机操作工
110	中国石油西南油气田公司	徐　飞	天然气加工	天然气净化操作工
111	中国石油吉林油田公司	于淑华	采油采气	采油工
112	中国石油吉林油田公司	杨化凤	采油采气	采油工
113	中国石油吉林油田公司	王彦军	采油采气	采油工
114	中国石油吉林油田公司	刘金成	工程施工	电焊工
115	中国石油吉林油田公司	高兴业	供发电	变电检修工
116	中国石油吉林油田公司	王瑞东	采油采气	采油工
117	中国石油吉林油田公司	张海山	采油采气	采油工
118	中国石油吉林油田公司	李玉福	工程施工	石油金属结构制作工

续表

序　号	单　位	姓名	专　业	工　种
119	中国石油吉林油田公司	王长海	供发电	变电检修电工
120	中国石油大港油田公司	周小东	采油采气	采油工
121	中国石油大港油田公司	王怀梅	采油采气	采油工
122	中国石油大港油田公司	苏建斌	采油采气	采油工
123	中国石油大港油田公司	刘淑梅	采油采气	采油工
124	中国石油大港油田公司	张树起	供发电	维修电工
125	中国石油大港油田公司	左学同	供发电	变压器检修工
126	中国石油大港油田公司	尤立红	采油采气	采油工
127	中国石油大港油田公司	李　健	集　输	集输工
128	中国石油大港油田公司	周忠军	采油采气	注水泵工
129	中国石油大港油田公司	邓鲁宁	井下作业	井下作业工
130	中国石油大港油田公司	方继信	供发电	维修电工
131	中国石油青海油田公司	张华先	采油采气	采油工
132	中国石油青海油田公司	张孝伟	集　输	输油工
133	中国石油青海油田公司	唐海光	炼　油	催化裂化装置操作工
134	中国石油青海油田公司	姜　宏	集　输	集输工
135	中国石油华北油田公司	郭连升	采油采气	采油工
136	中国石油华北油田公司	胡东华	采油采气	采油工
137	中国石油华北油田公司	匡　凯	采油采气	采油工
138	中国石油华北油田公司	何　群	集　输	集输工
139	中国石油华北油田公司	黄　树	井下作业	井下作业工
140	中国石油华北油田公司	靳占忠	井下作业	井下作业工具工
141	中国石油华北油田公司	金海亮	供发电	电　工
142	中国石油华北油田公司	李彦超	供发电	变电站值班员
143	中国石油华北油田公司	任绍全	供发电	电气试验工
144	中国石油华北油田公司	黄　祥	井下作业	井下作业工
145	中国石油华北油田公司	冉俊义	工程施工	电焊工
146	中国石油华北油田公司	邵明汝	供发电	继电保护工
147	中国石油吐哈油田公司	赵剑伟	采油采气	采油工

续表

序　号	单　位	姓名	专　业	工　种
148	中国石油吐哈油田公司	樊时华	采油采气	采油工
149	中国石油吐哈油田公司	徐志民	采油采气	采油工
150	中国石油吐哈油田公司	陈　述	集　输	集输工
151	中国石油吐哈油田公司	吴占关	井下作业	井下作业工
152	中国石油吐哈油田公司	江　龙	集　输	集输工
153	中国石油玉门油田公司	富玉新	采油采气	采油工
154	中国石油玉门油田公司	陈全柱	井下作业	井下作业工
155	中国石油玉门油田公司	刘春杰	采油采气	采油工
156	中国石油大庆石化公司	左成玉	化　工	乙烯装置操作工
157	中国石油大庆石化公司	包忠臣	炼油	催化裂化装置操作工
158	中国石油大庆石化公司	高　彦	工程施工	电焊工
159	中国石油大庆石化公司	刘铁彬	化　工	乙烯装置操作工
160	中国石油大庆石化公司	潘大龙	仪器仪表安装修理	仪表维修工
161	中国石油大庆石化公司	贾洪彬	供发电	锅炉运行值班员
162	中国石油吉林石化公司	宋晓峰	化　工	丙烯腈装置操作工
163	中国石油吉林石化公司	薛兰苗	机械修理	机泵维修钳工
164	中国石油吉林石化公司	侯英杰	仪器仪表安装修理	仪表维修工
165	中国石油吉林石化公司	姜　涛	化　工	乙烯装置操作工
166	中国石油吉林石化公司	李宏光	化　工	二甲苯装置操作工
167	中国石油吉林石化公司	苏东江	化　工	丁苯橡胶装置操作工
168	中国石油吉林石化公司	李永翔	机械制造	钳　工
169	中国石油抚顺石化公司	张胤霆	炼　油	常减压蒸馏装置操作工
170	中国石油抚顺石化公司	李　俊	炼　油	催化裂化装置操作工
171	中国石油抚顺石化公司	田　军	化　工	丙烯腈装置操作工
172	中国石油抚顺石化公司	刘国福	机械修理	机泵维修钳工
173	中国石油抚顺石化公司	赵林源	机械修理	机泵维修钳工
174	中国石油抚顺石化公司	张凤光	仪器仪表安装修理	仪表维修工
175	中国石油抚顺石化公司	张永刚	化　工	聚丙烯装置操作工
176	中国石油辽阳石化公司	崔启福	炼　油	加氢裂化装置操作工

续表

序　号	单　位	姓名	专　业	工　种
177	中国石油辽阳石化公司	关文杰	化　工	聚丙烯装置操作工
178	中国石油辽阳石化公司	刘　牧	工程施工	电焊工
179	中国石油辽阳石化公司	朱海源	机械修理	机泵维修钳工
180	中国石油辽阳石化公司	刘彭豪	机械修理	机泵维修钳工
181	中国石油辽阳石化公司	张海献	炼　油	延迟焦化装置操作工
182	中国石油兰州石化公司	孙青先	化　工	乙烯装置操作工
183	中国石油兰州石化公司	黄开炳	化　工	乙烯装置操作工
184	中国石油兰州石化公司	巩国平	炼　油	常减压蒸馏装置操作工
185	中国石油兰州石化公司	张志强	化　工	丁苯橡胶装置操作工
186	中国石油兰州石化公司	邸会敏	工程施工	电焊工
187	中国石油兰州石化公司	王忠民	仪器仪表安装修理	仪表维修工
188	中国石油兰州石化公司	杨子海	供发电	锅炉运行值班员
189	中国石油兰州石化公司	尹金明	机械修理	机泵维修钳工
190	中国石油兰州石化公司	郭　星	科研与分析化验	化工分析工
191	中国石油兰州石化公司	吉　宁	仪器仪表安装修理	仪表维修工
192	中国石油兰州石化公司	吕仲光	工程施工	电焊工
193	中国石油独山子石化公司	徐凯军	炼　油	常减压蒸馏装置操作工
194	中国石油独山子石化公司	薛　魁	化　工	乙烯装置操作工
195	中国石油独山子石化公司	杜胜利	炼　油	加氢裂化装置操作工
196	中国石油独山子石化公司	谷　刚	工程施工	电焊工
197	中国石油独山子石化公司	祝雄新	机械修理	机泵维修钳工
198	中国石油独山子石化公司	潘志强	科研与分析化验	化工分析工
199	中国石油独山子石化公司	陈文忠	机械修理	机泵维修钳工
200	中国石油独山子石化公司	赖亚洲	工程施工	油气管线安装工
201	中国石油乌鲁木齐石化公司	许战军	化　工	精对苯二甲酸装置操作工
202	中国石油乌鲁木齐石化公司	张红梅	科研与分析化验	化工分析工
203	中国石油乌鲁木齐石化公司	马　瑞	化　肥	合成氨装置操作工

续表

序　号	单　位	姓名	专　业	工　种
204	中国石油乌鲁木齐石化公司	李华山	仪器仪表安装修理	仪表维修工
205	中国石油宁夏石化公司	杨学智	化　工	合成氨装置操作工
206	中国石油宁夏石化公司	于世行	工程施工	电焊工
207	中国石油大连石化公司	荣　征	炼　油	催化裂化装置操作工
208	中国石油大连石化公司	张清源	炼　油	蜡油渣油加氢操作工
209	中国石油大连石化公司	刘从堂	仪器仪表安装修理	仪表安装工
210	中国石油大连石化公司	曹善志	机械修理	机泵维修钳工
211	中国石油大连石化公司	崔　健	炼　油	酮苯脱蜡装置操作工
212	中国石油大连石化公司	隋广鑫	化　工	聚丙烯装置操作工
213	中国石油锦州石化公司	盖保权	炼　油	催化裂化装置操作工
214	中国石油锦州石化公司	褚继勇	炼　油	催化重整装置操作工
215	中国石油锦州石化公司	徐　凯	机械修理	机泵维修钳工
216	中国石油锦西石化公司	王尚典	机械制造	车　工
217	中国石油锦西石化公司	荀　巍	机械修理	机泵维修钳工
218	中国石油大庆炼化公司	王东华	炼　油	催化裂化装置操作工
219	中国石油大庆炼化公司	何　琳	科研与分析化验	油品分析工
220	中国石油大庆炼化公司	王　健	供发电	维修电工
221	中国石油哈尔滨石化公司	刘　强	炼　油	催化裂化装置操作工
222	中国石油哈尔滨石化公司	林树国	供发电	维修电工
223	中国石油四川石化有限责任公司	张林涛	化　工	乙烯装置操作工
224	中国石油大港石化公司	王　峰	炼　油	催化裂化装置操作工
225	中国石油辽河石化公司	肖国营	炼　油	延迟焦化装置操作工
226	中国石油克拉玛依石化公司	陈淑建	炼　油	催化重整装置操作工
227	中国石油克拉玛依石化公司	于红伟	炼　油	酮苯脱蜡装置操作工
228	中国石油克拉玛依石化公司	马晓伟	炼　油	制氢装置操作工
229	中国石油集团东北炼化工程有限公司	徐龙杰	工程施工	电焊工
230	中国石油集团东北炼化工程有限公司	郑秋林	工程施工	电焊工
231	中国石油集团东北炼化工程有限公司	高振杰	工程施工	电焊工
232	中国石油集团东北炼化工程有限公司	刘延虎	工程施工	安装起重工

续表

序　号	单　位	姓名	专　业	工　种
233	中国石油管道公司	尤庆宇	集　输	输油工
234	中国石油管道公司	姚　金	机械修理	机修钳工
235	中国石油西部管道公司	黄　伟	机械修理	机泵维修钳工
236	中国石油集团西部钻探工程有限公司	武东生	钻　井	石油钻井工
237	中国石油集团西部钻探工程有限公司	高永杰	钻　井	石油钻井工
238	中国石油集团西部钻探工程有限公司	李成军	测　井	地层测试工
239	中国石油集团西部钻探工程有限公司	廖　明	钻　井	钻井柴油机工
240	中国石油集团西部钻探工程有限公司	周东寿	钻　井	钻井液工
241	中国石油集团西部钻探工程有限公司	孙　麟	钻　井	石油钻井工
242	中国石油集团西部钻探工程有限公司	妥　红	测　井	综合录井工
243	中国石油集团长城钻探工程有限公司	徐长岗	仪器仪表安装修理	测井仪修工
244	中国石油集团长城钻探工程有限公司	黄　鹤	钻　井	石油钻井工
245	中国石油集团长城钻探工程有限公司	吴依东	测　井	测井工
246	中国石油集团渤海钻探工程有限公司	张　勇	钻　井	石油钻井工
247	中国石油集团渤海钻探工程有限公司	王　信	钻　井	钻井液工
248	中国石油集团渤海钻探工程有限公司	杨砚杭	钻　井	钻井柴油机工
249	中国石油集团渤海钻探工程有限公司	袁世通	机械制造	钳　工
250	中国石油集团渤海钻探工程有限公司	韩华彬	供发电	维修电工
251	中国石油集团渤海钻探工程有限公司	李爱忠	钻　井	石油钻井工
252	中国石油集团渤海钻探工程有限公司	王俊星	钻　井	钻井液工
253	中国石油集团川庆钻探工程有限公司	周　彬	物　探	石油物探测量工
254	中国石油集团川庆钻探工程有限公司	郑家志	物　探	石油物探测量工
255	中国石油集团川庆钻探工程有限公司	高　强	钻　井	石油钻井工
256	中国石油集团川庆钻探工程有限公司	唐润平	钻　井	钻井液工
257	中国石油集团川庆钻探工程有限公司	熊　伟	测　井	测井工
258	中国石油集团川庆钻探工程有限公司	王　峰	井下作业	井下作业工
259	中国石油集团川庆钻探工程有限公司	杨　平	工程施工	电焊工
260	中国石油集团川庆钻探工程有限公司	王和富	工程施工	施工机械操作手
261	中国石油集团川庆钻探工程有限公司	李　豪	仪器仪表安装修理	地震仪器修理工

续表

序　号	单　位	姓名	专　业	工　种
262	中国石油集团川庆钻探工程有限公司	裴建中	仪器仪表安装修理	测井仪修工
263	中国石油集团川庆钻探工程有限公司	许绍俊	仪器仪表安装修理	仪表维修工
264	中国石油集团川庆钻探工程有限公司	冉　鹏	供发电	电　工
265	中国石油集团川庆钻探工程有限公司	田永彬	物　探	石油地震勘探工
266	中国石油集团川庆钻探工程有限公司	张　勇	钻　井	石油钻井工
267	中国石油集团川庆钻探工程有限公司	李　缨	钻　井	石油钻井工
268	中国石油集团川庆钻探工程有限公司	李　刚	钻　井	钻井柴油机工
269	中国石油集团川庆钻探工程有限公司	田　军	井下作业	井下作业工
270	中国石油集团川庆钻探工程有限公司	方福君	井下作业	井下作业工
271	中国石油集团川庆钻探工程有限公司	郑　永	仪器仪表安装修理	仪表修理工
272	中国石油集团东方地球物理勘探有限责任公司	楚建设	物　探	石油地震勘探工
273	中国石油集团测井有限公司	刘天耀	测　井	测井工
274	中国石油集团测井有限公司	李玉森	测　井	测井绘解工
275	中国石油天然气管道局	梅　红	工程施工	油气管线安装工
276	中国石油天然气管道局	牛连山	工程施工	电焊工
277	中国石油天然气管道局	张福强	工程施工	电焊工
278	中国石油天然气管道局	孔繁荣	工程施工	电焊工
279	中国石油天然气管道局	高继宏	工程施工	电焊工
280	中国石油天然气管道局	刘汉国	工程施工	电焊工
281	中国石油天然气管道局	邓隆庆	工程施工	工程电气设备安装调试工
282	中国石油天然气管道局	李济昌	机械制造	钳　工
283	中国石油天然气管道局	刘学彬	工程施工	电焊工
284	中国石油天然气管道局	饶雪飞	工程施工	石油金属结构制作工
285	中国石油天然气管道局	白喜章	通　信	线务员
286	中国石油工程建设公司	王俊峰	工程施工	电焊工
287	中国石油工程建设公司	曹遂军	工程施工	电焊工
288	中国石油工程建设公司	董留寨	工程施工	电焊工
289	中国石油工程建设公司	孙国华	工程施工	电焊工

续表

序　号	单　位	姓名	专　业	工　种
290	中国石油工程建设公司	刘新儒	工程施工	石油金属结构制作工
291	中国石油工程建设公司	张速宁	工程施工	石油金属结构制作工
292	中国石油工程建设公司	王培玉	工程施工	安装起重工
293	中国石油工程建设公司	廖博武	机械制造	钳　工
294	中国石油工程建设公司	刘新海	工程施工	电焊工
295	中国石油工程建设公司	赵承先	工程施工	电焊工
296	中国石油集团工程设计有限责任公司	冯忠银	工程施工	电焊工
297	中国寰球工程公司	王兴平	工程施工	电焊工
298	中国寰球工程公司	赵　辉	工程施工	电焊工
299	中国寰球工程公司	陈君龙	工程施工	电焊工
300	中国寰球工程公司	张仕经	工程施工	安装起重工
301	宝鸡石油机械有限责任公司	马新平	工程施工	石油金属结构制作工
302	宝鸡石油机械有限责任公司	纪　林	机械制造	钢丝绳制造工
303	宝鸡石油机械有限责任公司	谢碎祥	工程施工	电焊工
304	宝鸡石油钢管有限责任公司	胡德虎	机械制造	埋弧焊管自动焊工
305	宝鸡石油钢管有限责任公司	强会明	技术监督	无损探伤工
306	中国石油集团济柴动力总厂	肖文光	机械制造	内燃机装调工
307	中国石油集团济柴动力总厂	樊少华	机械制造	内燃机装调工
308	中国石油集团济柴动力总厂	张传勇	机械制造	加工中心操作工
309	中国石油集团渤海石油装备制造有限公司	顿天骥	机械制造	车　工
310	中国石油集团渤海石油装备制造有限公司	赵延山	机械制造	车　工
311	中国石油集团渤海石油装备制造有限公司	白国文	机械制造	车　工
312	中国石油集团渤海石油装备制造有限公司	王海生	工程施工	电焊工
313	中国石油集团渤海石油装备制造有限公司	郎书科	工程施工	电焊工
314	中国石油集团渤海石油装备制造有限公司	厉彦东	机械制造	钳　工

续表

序　号	单　位	姓名	专　业	工　种
315	中国石油集团渤海石油装备制造有限公司	伍华北	机械修理	机修钳工
316	中国石油集团渤海石油装备制造有限公司	赵晓伟	钻　井	钻井柴油机工
317	中国石油集团渤海石油装备制造有限公司	王栓海	机械制造	铣　工
318	中国石油集团渤海石油装备制造有限公司	王文卿	机械制造	钳　工
319	中国石油集团渤海石油装备制造有限公司	石运超	机械制造	钳　工
320	中国石油天然气运输公司	皮开忠	机械制造	钳　工
321	中国石油天然气运输公司	宋光熙	机械制造	钳　工
322	中国石油天然气运输公司	刘　东	交通运输	汽车修理工

注：上述技能专家为2012年集团公司评聘。

（职丽枫）

（本篇资料截至2012年底）

奉献能源 创造和谐

Caring for Energy　Caring for You

中国石油

大庆油田有限责任公司

2012 年 1 月 13—14 日，大庆油田有限责任公司召开三届四次职工代表大会暨 2012 年工作会，安排部署新任务，确保年产原油 4000 万吨持续稳产

大庆油田于 1959 年发现，1960 年开发，是中国最大的油田，也是世界上为数不多的特大型砂岩油田之一。大庆油田位于黑龙江省西部，松嫩平原北部，由萨尔图、杏树岗、喇嘛甸等 52 个油气田组成，含油面积 6000 多平方千米，登记探矿权面积 26.3 万平方千米。大庆油田有限责任公司业务范围主要包括石油天然气勘探开发、工程技术、工程建设、装备制造、油田化工、生产保障、矿区服务和多种经营，具有较为完整的业务体系和综合一体化发展优势。2012 年，有二级单位 56 个，员工 26.15 万人，资产总额 3699 亿元。生产原油 4000 万吨，天然气 33.68 亿立方米。

截至 2012 年，大庆油田累计探明石油地质储量 67 亿吨、天然气地质储量 2800 多亿立方米，累计生产原油 21.5 亿吨，占全国同期陆上总产量的 40% 以上，累计上缴各种资金 2.3 万亿元，连年位居全国纳税百强企业榜首，为维护国家石油供给安全、支持国民经济发展作出了应有贡献；创造了世界领先的油田开发水平，主力油田采收率突破 50%，比国内外同类油田高出 10—15 个百分点，实现了年产原油 5000 万吨以上连续

27 年高产稳产，2003 年以来又在年产原油 4000 万吨水平稳产了 10 年，在国内外同类油田开发中处于领先地位，"大庆油田高含水后期 4000 万吨以上持续稳产高效勘探开发技术"获得国家科技进步特等奖。油田实现了海外市场开发的历史性跨越，工程技术、工程建设等业务进入 23 个国家及地区，装备制造主导产品远销 26 个国家，外部市场年收入已突破 200 亿元；促进了区域经济社会的繁荣发展，近年来每年上缴的税费占省、市税收相当比重，为地方提供的市场容量达 300 多亿元，充分发挥了国有大企业的辐射拉动作用，有力地支持了地方经济社会的发展。油田开发建设以来，孕育形成了以"爱国、创业、求实、奉献"为主要内容的大庆精神、铁人精神，涌现出了"铁人"王进喜、新时期"铁人"王启民、大庆"新铁人"李新民等一大批英雄模范人物，成为引领推动油田发展的独特政治优势和强大精神动力。

2012 年 6 月 28 日，在北京人民大会堂召开的全国创先争优表彰大会上，大庆油田的大庆"新铁人"李新民受到表彰，成为新一代石油职工的杰出代表。同时，李新民作为全国创先争优优秀共产党员的代表，接受国家领导人的接见，并代表先进集体和优秀个人在会上发言（李新民现为中国石油大庆钻探工程公司鲁迈拉项目部副经理兼哈法亚项目负责人、钻井二公司 DQ1205 队队长、党支部书记）

2012 年 7 月，大庆钻探工程公司钻井一公司 70147 钻井队开赴新疆塔东地区承担古城 7 井的钻井生产工作。全体将士面对酷热高温、大风沙暴，战胜塔克拉玛干沙漠腹地钻井施工的诸多困难和挑战，仅用 181 天就完成了全井 6789 米施工任务，钻井周期同比古城 6 井（6169 米井深）缩短了 106 天，创出了大庆钻探有史以来钻井深度新纪录和新疆塔东区块钻井速度新纪录，被誉为新疆塔东区块钻井的"大庆速度"

2012 年，大庆油田井下作业分公司先后对齐平 1 井、齐平 2 井等水平井进行大规模压裂施工，对油田致密砂岩油藏进行大范围勘探增产改造，使大规模体积压裂工艺成功应用，完善了井下大规模工厂化作业技术，为油田致密及非常规油气藏增产改造提供了技术支撑和宝贵经验，对油田增产上产具有重要意义。图为齐平 1 井大规模压裂施工现场

2012年10月，大庆油田有限责任公司与印度尼西亚国家石油公司签署战略合作框架协议，大庆油田提高采收率技术首次整体“走出去”。中国资源基金董事长劳山、大庆油田有限责任公司副总经理（大庆石油管理局副局长）钟启刚、印度尼西亚国家石油公司总裁卡伦女士、印度尼西亚国家石油公司副总裁胡森及中国资源基金董事张开冰、印度尼西亚国企部部长余世甘等出席签约仪式

大庆钻探艾哈代布项目首口大位移小井眼水平井——ADMa-1H井于2012年10月10日顺利完钻。该井完钻井深4773米，水平位移1859.6米，钻井周期56.58天，比设计周期提前2.42天，是艾哈代布油田第一口开发Mauddud油层的水平井，也是该油田水平段最长、油层最深的水平井，创造了使用88.9毫米小钻具钻水平段最长的伊拉克纪录，体现了大庆钻探整体技术新的突破

证书

命名：大庆油田有限责任公司第二采油厂

全国安全文化建设示范企业

国家安全生产监督管理总局

二〇一二年四月

大庆油田第二采油厂在2012年5月全国安全生产宣传工作会议暨安全文化建设现场会上荣获“全国安全文化建设示范企业”称号，并作为全国石油系统唯一一家发言单位，代表大庆油田作了关于加强班组安全文化建设经验介绍，获得与会领导、专家好评

大庆油田工程建设有限公司承建的中缅油气管道工程缅甸段（第三标段）全长42千米，油气管道并行，2011年10月开工，计划2013年5月竣工。该工程是建设中国能源通道的重要举措，也是推动国家西部大开发战略的重点工程

大庆钻探哈法亚项目DQ023队自2010年12月12日第一口井开钻以来，共计完井8口，累计进尺33403米，其中，该队施工的HF011—M306井是一口开发Mishrif 主力油层的定向井。该井于2012年1月30日完钻，实际完钻井深3186米，垂深3119.6米，钻完井周期35.38天，打破了此前由该队在哈法亚油田HF001—M267井创造的47天3小时的纪录，创造了哈法亚油田定向井钻井新纪录。同时由于该队的优异表现，2012年7月被油田业主授予哈法亚油田石油贡献奖

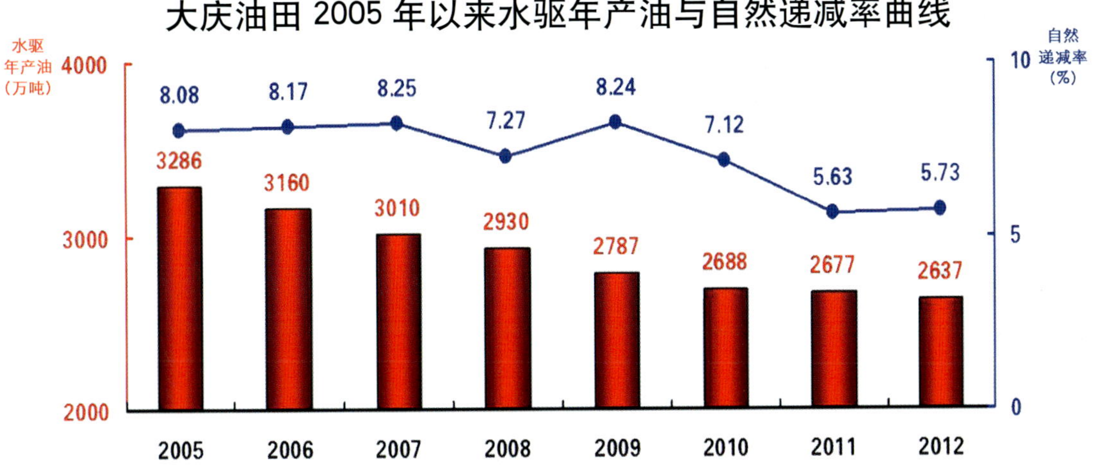

大庆油田水驱以“4个精细”为统领，集技术优势及管理优势于一体，通过精细调整、深化挖潜，在比原年产4000万吨稳产规划少钻井8607口、少建产能377万吨的情况下，年产油量减产幅度由“十一五”前4年的125万吨减缓到近3年的50万吨，自然递减控制6%以下，确保了年产4000万吨持续稳产

地址：黑龙江省大庆市让胡路区　邮编：163002　电话：0459—5936660　传真：0459—5973125

中国石油长庆油田公司

中国石油天然气股份有限公司副总裁兼
勘探与生产分公司总经理,
长庆油田公司总经理、党委副书记,
长庆石油勘探局局长　赵政璋

党委书记、副总经理
曲广学

中国石油长庆油田公司（以下简称长庆油田）总部位于陕西省西安市，是中国石油的地区分公司，主营鄂尔多斯盆地油气及伴生资源的勘探、开发、生产、储运和销售等业务。2008 年重组以来，长庆油田深入贯彻落实科学发展观，加快转变发展方式，认真执行集团公司各项重大决策部署，解放思想，改革创新，加快发展，始终坚持资源、创新、低成本三大战略，大力实施勘探开发一体化，紧紧抓住苏里格气田和超低渗油藏两大上产通道，认真做好技术创新、管理创新、深化改革“三篇文章”，全面推行标准化、模块化、市场化、数字化“四化”管理模式，在千里油区成功组织了一场静悄悄的油气大会战，完成了“西部大庆”的战略布局，取得了令人瞩目的成绩。2009 年、2011 年油气产量先后跨越 3000 万吨、4000 万吨，2012 年突破 4500 万吨，并具备了 5000 万吨生产能力，成为我国高产量的油气田，走上了低成本、高效益、内涵式发展道路。广大干部员工安居乐业，企业实现了安全发展、清洁发展、和谐发展，油田面貌发生了历史性变化。

长庆油田坚持解放思想、实事求是、创新驱动，确立了“低渗透上也能建设大油气田”的理念，制定了年产 5000 万吨发展规划和进一步加快发展的实施意见，明确了勘探开发、工程技术、矿区服务三大业务发展定位，形成了新的发展优势。始终把地质理论创新作为油气勘探工作的突破口，落实了一批规模储量区和战略接替区，盆地油气资源纵横向分布格局不断明朗，储量增长高峰期工程取得重大成果，夯实了年产 5000 万吨“上得去、稳得住”和进一步加快发展的储量基础。规模应用大井组丛式井和水平井，苏里格气田和超

2012 年 1 月 21 日，集团公司总经理、董事、党组成员，股份公司副董事长、总裁周吉平冒着严寒赴长庆油田陇东油区看望慰问一线干部员工

公司引进的世界先进的 2500 压裂机组，可最大限度地开启天然裂缝，为低渗透油气藏改造提供了有效途径

2012 年 7 月 1 日，陕西延安石油天然气有限公司成立揭牌暨第一口油井开钻仪式在安塞举行

安塞油田由 30 口油井组成的丛式井组气势恢宏

低渗油藏成为油气产量增长的主力军，推动了公司油气产量大幅攀升。2012 年，长庆油田生产原油 2261 万吨，天然气 290 亿立方米，油气当量达到 4574 万吨，跃居全国首位。5 年来公司共获得省部级以上科技成果奖 116 项，获得专利 634 件。

长庆油田大力实施管理创新，推广“四化”管理模式，油田组织架构、生产方式、劳动方式发生了根本变革。油田数字化覆盖率达到 91%，气田实现全覆盖，数字化建设目标基本实现。持续推进重组整合，以业务结构和人员结构优化为抓手，抓改革、调结构、促发展，形成了主业突出、相关业务协调发展的良好格局。持续推进风险防控体系建设，强化在源头上治理、在本质上防控，确保了安全环保风险及时发现、快速处理、有效控制。

建立环保示范区和水源保护区，全面推进 HSE 管理体系建设，长庆油田连续 6 年获得“集团公司安全环保先进单位”称号。公司还荣获“全国先进基层党组织”、“全国文明单位”和集团公司“创建‘四好’班子先进集体”等荣誉称号。

长庆油田坚持把加快民生工程建设作为发展成果惠及广大员工的重要途径，作为营造和谐稳定环境的治本之策。坚持企地互利互惠、合作共赢，加强与油区所在地各级党委政府的沟通联系，为拉动当地经济和相关行业发展、增加社会就业作出了重要贡献，实现了国有企业“三大责任”的有机统一，营造了油田和谐稳定发展的大环境。

华庆地区东部长 6 段石油勘探荣获股份公司重大发现一等奖

姬塬长 4+5 段石油勘探荣获股份公司重大发现一等奖

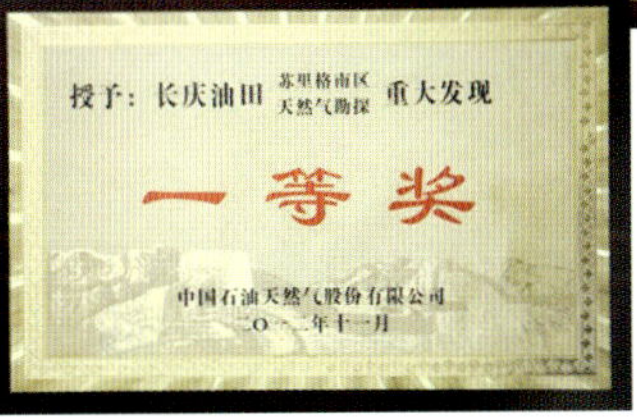

苏里格南区天然气勘探荣获股份公司重大发现一等奖

地址：陕西省西安市未央路151号
邮编：710018
电话：029-86596666
传真：029-86599999

2012 年 5 月 14 日，油田公司常务副总经理杨华在陇东地区庆探 1 井现场检查指导工作

国内首口水力喷射不动管柱分压 10 段体积压裂在苏 36—11 区块一水平井获得成功，创造了长庆油田压裂史上较大规模体积压裂攻关试验等 6 项新纪录

中国石油吉林油田公司

总经理、党委副书记　苏　俊

党委书记、副总经理　张德有

2012年8月28日，公司举办东镇实业集团开业揭牌庆典

2012年7月2日，为热烈庆祝建党91周年，公司党委举办“石油工人心向党”广场文艺晚会

中国石油吉林油田公司为中国石油下属的地区公司，总部位于吉林省松原市沿江东路1219号。勘探开发和生产区遍布吉林省20多个市、县（区）。吉林油田公司于1959年9月29日发现，1961年1月17日建矿并正式投入开发建设。截至2012年底，公司有机关职能处室16个、机关附属机构3个、直属机构7个、矿区事业部机关1个，所属二级单位55个。用工总量45466人。

2012年，公司坚持油气并举、多元发展，丰富完善发展战略，拓展业务领域和发展空间；坚持解放思想、探索实践，加快转变发展方式，增强可持续发展后劲；坚持理顺体制、完善机制，持续深化企业改革，增强了发展活力和动力；坚持以人为本、凝心聚力，着力构建和谐企业，保障改革发展平稳有序推进；坚持统筹内外、注重协同，正确处理各方关系，营造更加和谐融洽的发展环境。全面

2012 年 9 月 27 日，公司总经理苏俊走访慰问一线干部员工

2012 年 9 月 29 日，公司党委书记张德有走访慰问一线干部员工

完成各项业绩指标。2012 年油气当量达到 759 万吨，同比增加 24 万吨。实现全口径收入 376 亿元，利润 96 亿元，利税 123 亿元。公司 2012 年荣获"全国创先争优先进基层党组织"和集团公司"安全生产先进单位"、"环境保护先进企业"、"节能节水先进单位"、"惩防体系建设工作先进单位"等称号。

公司将在党的十八大精神的指导下，贯彻落实好集团公司工作会议精神。深入贯彻落实科学发展观，继续把握稳中求进、好中求快的工作总基调，以提高质量效益为中心，以油气主营业务为龙头，大力推进科技创新和管理提升，切实抓好安全环保和节能减排，更加注重改善民生和维护稳定，全面加强党的建设和队伍建设，在转变发展方式上迈出坚实步伐，实现吉林油田科学发展，为建设千万吨油气田和幸福石油家园，推进中国石油全面建设成世界水平综合性国际能源公司作出新的更大的贡献！

美好家园

地址：吉林省松原市沿江东路1219号
邮编：138000
电话：0438-6227985

中国石油华北油田公司

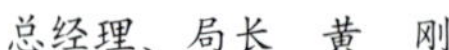

总经理、局长　黄　刚

党委书记　袁明生

中国石油华北油田公司现有员工 4.18 万人，资产总值 495.2 亿元，年生产油气当量 500 万吨，2012 年经济总量达 341 亿元，业务划分为勘探开发、多种经营、综合服务三大板块和常规油气、新能源、对外合作、多种经营、矿区服务、生产服务及其他 6 项业务。勘探区域集中在冀中、内蒙古中部、山西沁水盆地，开发管理着 56 个油田、8 个油气田、1 个煤层气田。36 年来，华北油田累计生产原油 2.58 亿吨、天然气 117.6 亿立方米。

2012 年，公司以科学发展观为指导，把握总基调，贯彻总要求，强化战略引领，深化精细管理，较好地完成各项业绩指标。全年生产原油 423 万吨、天然气 2.8 亿立方米，煤层气商品量 7 亿立方米。

勘探开发主营业务稳健发展。廊固凹陷大柳泉构造带固安背斜初步落实了浅层天然气规模储量，琥珀营构造基本实现多层系含油连片，获得“股份公司 2012 年度油气勘探重大发现一等奖”。牛东潜山带预探评价进展顺利，牛东 101 井再获高产油气流。油气勘探呈现油气并举、高产井多、高峰增储的喜人局面。阿尔凹陷、蠡县斜坡、柳泉、肃宁—大王庄地区一般评价及深南、岔河集滚动勘探开发成绩突出，建产方式、产能结构更加合理，老油田综合治理效果明显，标准化设计范围扩大，大型站场覆盖率达到 70%。

新能源业务加快推进，煤层气业务保持快速发展势头，新增探明储量 1000 亿立方米，新建产能 7 亿立方米，累计建产 20 亿立方米，煤层气下游开发综合利用进展顺利。苏桥储气库群建设平稳推进，完成钻井 9 口，检测封堵老井 19 口，集输站、站外管线等地面工程基本完成，二期储气库选址完成可行性论证。优选项目，创新方式，对外合作的领域和范围不断扩展；优化运营机制，培育支柱产业，多种经营业务经济总量稳步提升。

2012 年 2 月 29 日，华港集团与冀东发展集团有限公司签约 LNG 汽车应用项目

2012 年 7 月 12 日，总经理黄刚为工程硕士研究生班揭牌

2012 年 6 月 19 日，公司首批赴长庆油田劳务输出人员共 176 人启程

2012 年 5 月 11 日，集团公司副总经理、党组成员廖永远到牛东 1 井视察工作

2012 年 8 月 30 日，历经 695 天艰苦奋战，煤层气分公司郑庄 9 亿立方米产能建设工程完成。至此，郑庄 9 亿立方米产能区块具备了由产能建设向商业化运营转变的基本条件

燃气业务新建 CNG、LNG 站点 61 座，推广 LNG 车辆 4200 余辆，销售天然气 8.16 亿立方米，LNG 12.38 万吨。

矿区服务业务突出专业化管理优势，推进市场化经营、社会化服务，综合服务满意度达到 98.38%，华丽、华美社区被评为“全国安全社区”。生产服务及其他业务明确职能定位，不断提高工作效率和服务品质，持续提升对外创收能力，外部市场实现产值 11 亿元。安全环保态势保持平稳，全面完成中国石油下达的健康安全环保控制指标。

针对制约油田发展的技术瓶颈，公司首次实施科技重大专项，新立公司重大科研项目 12 项，获国家、部委重大科研立项 3 项，形成中长期战略性科研项目群。建立战略目标、业绩指标、管控指标“三位一体”考核体系，制定了全面提升科学管理水平实施方案，确立了 22 项战略课题，管理提升活动扎实推进。

坚持以人为本，切实把改革发展成果惠及职工群众，矿区面貌大为改观，居民生活品质明显提升。中国石油驻任丘、驻冀企业大协调格局建立，与河北省及油区周边市县、集团公司沟通联络形成制度。公司被河北省省委评为“河北省文明单位”、被河北省委宣传部评为“河北省首届十大和谐企业”，第四次蝉联河北省“最具影响力企业”和“最具成长性企业”称号。“高成熟老探区富油凹陷二次勘探理论方法、关键技术与持续增储”科技成果获评全国“十大地质科技进展”。“基于岗位职责的法律风险防控体系建设”和“以打造综合性地区能源公司为目标的战略转型”两项成果获全国企业管理创新成果奖。

正在建设中的苏桥储气库群一期工程。这是世界上较深的储气库群

中国东部较深的潜山—牛东潜山第二口井牛东 101 井，于 2012 年 10 月 17 日酸化后替喷

地址：河北省任丘市
邮编：062552
电话：0317—2724876
传真：0317—2725627

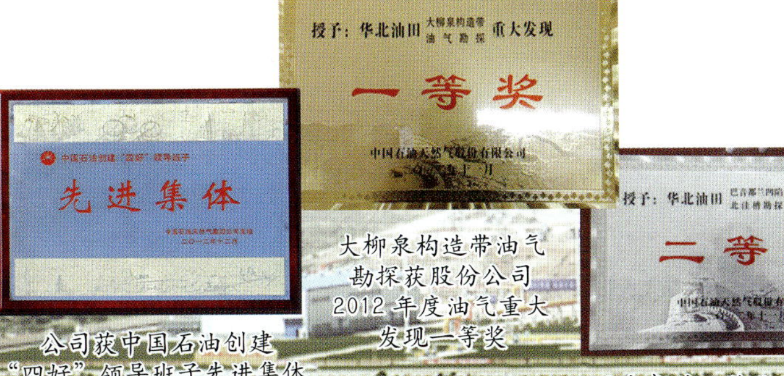

公司获中国石油创建“四好”领导班子先进集体称号

大柳泉构造带油气勘探获股份公司 2012 年度油气重大发现一等奖

巴音都兰凹陷北洼槽勘探获股份公司 2012 年度油气重大发现二等奖

中国石油吐哈油田公司

总经理　张志东

党委书记　娄铁强

吐哈油田召开建设"新疆大庆"誓师动员大会

现代化的油气处理联合站

吐哈油田探区包括吐哈、三塘湖、民和、银额、总口子5个盆地，总面积22万平方千米，探矿权面积6.9万平方千米。经过20多年的艰苦努力，中国石油吐哈油田公司已经发展成为集油气勘探与生产、石油工程技术服务、矿区后勤服务等多种产业于一体，跨国、跨地区经营的大型国有企业，油田现有员工1.8万人，资产总额208亿元。截至2012年底，已开发油气田20个，累计生产油气当量6230万吨，其中原油4646万吨、天然气199亿立方米。累计实现销售收入1125亿元、利润375亿元，上缴各项税费192.5亿元。公司先后荣获"全国五一劳动奖状"、"全国文明单位"、"全国模范劳动关系和谐企业"、"中国优秀诚信企业"、"全国绿化模范单位"等多项荣誉，哈密石油基地被评为"全国城市物业管理优秀示范小区"。

2012年，吐哈油田油气勘探获得重要突破，超额完成全年储量任务，拓展出3个3000万吨规模储量区，鲁克沁中西区勘探成果获股份公司重大发现二等奖。油气生产实现箭头朝上，超额完成产量任务，开发基础不断

具有国际先进水平的吐哈气举技术中心

吐哈油田与壳牌等国际知名公司广泛开展合作交流

夯实，上产形势持续向好。上市业务经营收入、税前利润完成年度预算指标，未上市业务超额完成解困扭亏指标并实现盈利。油田发展质量稳步提高，三塘湖风险作业服务和致密油对外合作扎实推进，管理提升活动深入开展，“新疆大庆”重大科技专项全面启动，连续9年实现安全生产，一批民生工程和惠民措施相继实施，员工生产生活条件进一步改善，党的建设、队伍建设、和谐油田建设等各项工作都取得了新成绩，实现了油田建设“新疆大庆”的开门红。

“十二五”后三年是集团公司全面建成“新疆大庆”的关键时期，吐哈油田将认真贯彻落实中国石油工作部署，加快落实建设“新疆大庆”规划方案，主攻吐哈盆地常规油气、鲁克沁稠油、致密砂岩油气、三塘湖盆地四大领域，实施油气勘探、产能建设、老区稳产三大工程，到2015年油气产量当量达到400万吨，为集团公司建设“新疆大庆”作出新的更大贡献。

鲁克沁稠油上产如火如荼

奖状

全国模范劳动关系和谐企业

中华人民共和国劳动和社会保障部
中华全国总工会
中国企业联合会/中国企业家协会
二〇〇七年八月

地址：新疆维吾尔自治区鄯善县火车站镇
邮编：838202
电话：0995-8371354
传真：0995-8371354

中国石油冀东油田公司

总经理、党委副书记　齐振林

党委书记、副总经理　杨盛杰

油田办公楼

中国石油冀东油田公司（简称冀东油田公司）是中国石油下属地区公司，主营业务包括油气勘探、开发、科研、油气集输、油气销售，以及油田工程技术、工程建设、机械制造、物资供应、电力通信、油田化学、矿区服务等为油田配套、保障、支持和服务业务。冀东油田公司下设 16 个机关处室、4 个直属部门、24 个二级单位（分公司），实行油公司管理体制。

冀东油田公司总部机关坐落于渤海之滨、燕山南麓的京津唐“金三角”地带——河北省唐山市。公司勘探区域包括冀东探区和庙岛群岛探区，登记探矿权面积 10978 平方千米。其中，冀东探区纵横两市（唐山、秦皇岛）、七县区，勘探区域主要集中在唐山市东南部（包括渤海湾海域部分）和秦皇岛市南部辽东湾海域。唐山勘察区域位于渤海湾盆地黄骅坳陷北部，勘探面积 4240 平方千米；秦皇岛勘察区域位于渤海湾盆地渤中坳陷北部和辽东湾坳陷

采油井区

人工岛登陆点

地震剖面解释

西南部，勘探面积2380平方千米。庙岛群岛探区位于山东蓬莱与辽宁大连之间、渤海与北黄海交界处海域，勘探面积4358平方千米。自成立以来，冀东油田已发现并投入开发了高尚堡、柳赞、老爷庙、唐海、南堡5个油田。面对新形势、新任务、新要求，冀东油田将深入贯彻落实党的十八大精神，以科学发展观为指导，继续坚持稳中求进的总基调，大力实施创新驱动、人才强企、管理提升三大举措，着力打好勘探开发进攻仗，着力优化生产组织运行，着力提升自主创新能力，着力深化管理提升，着力保障和改善民生，切实增强“五种意识”，积极应对“五个方面的挑战”，紧紧围绕“底线”、“健康线”、“梦想线”，确保生产稳定增长、效益稳定向好、矿区稳定和谐，努力开创冀东油田公司健康、和谐、可持续发展的新局面。

海上钻井平台

地址：河北省唐山市新华西道51甲区
邮编：063004
电话：0315—8766065

南堡陆岸终端

和谐油区

中国石油抚顺石化公司

总经理　裴宏斌

党委书记　白连刚

团结奋进的领导班子

公司召开第一次团代会

中国石油抚顺石化公司是我国炼油工业的“摇篮”，是集“油、化、纤、塑、洗、蜡、剂”为一体的大型石油化工联合企业，有85年的发展历史，在中国石油石化工业中具有重要的地位和影响。数十项科研成果填补了国内空白，为全国各地输送了2万多名优秀的管理和技术人才，在我国大陆有炼油厂的地方就有抚顺石化人。60多年来，公司累计加工原油3.7亿吨，实现利税800亿元。公司现有在籍全民员工2.6万人，集体企业职工1万人。公司领导班子有9名成员，平均年龄51岁。公司下辖22个直属单位。资产总额380亿元，资产负债率50%。年销售收入500亿元以上。主要生产装置115套。原油一次、二次加工能力均为1150万吨／年，化工生产能力360万吨／年。生产的200多个牌号石化产品畅销国内外，是世界上独具特色的石蜡、烷基苯生产基地。

公司先后荣获“全国五一劳动奖状”、“中央企业先进集体”、“全国先进基层党组织”等荣誉称号，涌现出党的十四大代表、十六大代表、十七大代表、十八大代表、全国人大代表、全国劳动模范、全国最受关注企业家、全国学习型十大标杆班组、

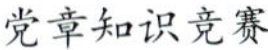

党章知识竞赛

优秀人物

第十二届全运会圣火在抚顺传递

国家技能大师工作室等一大批先进集体和个人。

公司正处于"发展的最好时期、最重要的发展阶段"。公司将坚持科学发展观，按照中国石油整体发展战略和"做精做优炼油、做强做特化工"的原则，努力建成炼油大而有特色，化工专又有规模，技术先进、特色鲜明、竞争力强的"千万吨炼油、百万吨乙烯"世界领先的炼化生产基地，形成"大炼油—大化工—大园区"炼化一体化的新格局，努力实现"铸精品、创示范、促发展"企业愿景目标。

公司"十二五"突出"五大特色"——石蜡、润滑油基础油、合成树脂、表面活性剂、炼油贵金属催化剂；抓好"四件大事"——安全必保、效益更好、严细管理、和谐稳定；追求"三大目标"——铸精品、创示范、促发展；达到"两个领先"——主要装置技术指标国内领先、经济效益行业领先；建成"一个基地"——1500万吨/年炼油、120万吨/年乙烯、1000亿元/年销售收入、200亿元/年利税，规模创效的世界领先的炼化生产基地。

"我要安全"教育系列活动

80万吨/年乙烯联合装置夜景

地址：辽宁省抚顺市新抚区凤翔路45号
邮编：113008
电话：024-52421988
传真：024-52420988

中国石油辽阳石化公司

总经理　朱景利

党委书记　李　军

中国石油辽阳石化公司是股份公司的地区分公司，是特大型石油化工联合生产企业。公司下设 15 个职能处室、10 个生产厂和 16 个直属单位，员工总数 1.9 万人。

公司于 1972 年经国家批准筹备建设，1974 年正式动工。经过 40 多年的发展，形成了以炼油、芳烃、烯烃为主体，炼化一体化的产业格局，现有大型炼化装置 67 套。炼油部分拥有加工俄罗斯原油的全加氢炼厂，原油加工能力达到 1000 万吨 / 年，为中国石油千万吨炼油基地之一，可年产优质柴油 530 万吨、汽油 80 万吨、航空煤油 50 万吨。芳烃及衍生物生产能力位居全国前列，可年产 70 万吨对二甲苯、40 万吨苯、6 万吨邻二甲苯、

80 万吨 PTA、50 万吨聚酯、14 万吨精己二酸和 18 万吨硝酸。烯烃部分以 20 万吨 / 年乙烯裂解装置为核心，可年产 7 万吨聚乙烯、5 万吨聚丙烯、20 万吨环氧乙烷 / 乙二醇。

“十一五”期间，公司以结构调整为主线，加快产业发展，提升规模实力，初步完成了由“大化纤”向“大炼油”、“大芳烃”的产业转型，产业规模和经济总量实现了跨越式发展。到“十一五”末期，公司累计加工原油 7356 万吨，实现炼化商品量 6964 万吨，上缴税费 213 亿元，为国民经济的发展作出了重要贡献。

进入“十二五”以来，公司坚持科学发展主题，确立了以加快发展方式转变为主线，优化增量投入，推动内涵升级，推进科学发展，提升综合实力的总体发展思路；明确了到“十三五”末期，实现销售收入超千亿，利税超百亿，把公司全面建设成为整体结构优化、核心产业突出、基础管理规范、经济效益良好的以芳烃为特色的大型石化基地的发展目标。随着深化结构调整、优化生产经营、强化基础管理等措施的落实，公司实现了“十二五”的良好开局。2012 年，公司加工俄罗斯原油 782.6 万吨，实现炼化商品量 740 万吨，主营业务收入达到 506 亿元，上缴税费 72 亿元，位居辽宁省工业企业排名前列。

地址：辽宁省辽阳市宏伟区火炬大街5号
邮编：111003
电话：0419-5152248
传真：0419-5355566

140 万吨 / 年重整—歧化联合装置

80 万吨 / 年 PTA 装置

生活区一角

厂区夜色

中国石油兰州石化公司

总经理　李家民

党委书记　李政华

中国石油兰州石化公司是集炼油、化工、装备制造、工程建设、检维修及矿区服务为一体的大型综合炼化企业，是中国西部重要的炼化生产基地，能源战略地位非常突出。公司地处甘肃省兰州市，现有权属土地总面积 27.84 平方千米，在册合同化员工 2.4 万人，市场化和劳务用工 0.37 万人，集体工 0.4 万人，总资产 396 亿元，年营业收入超过 700 亿元。

通过新建、改扩建一批装置，目前公司原油一次加工能力达到 1050 万吨／年，乙烯生产能力达 70 万吨／年，化肥、合成树脂、合成橡胶、炼油催化剂产能分别达到 52 万吨／年、124.5 万吨／年、22 万吨／年和 5 万吨／年。现有炼化生产装置 90 套，加工 7 种原油，能生产汽油、煤油、柴油、润滑油基础油、化肥、合成树脂、合成橡胶、炼油催化剂、精细化工、有机助剂等多品种、多牌号、多系列石化产品，可生产六大类 100 多个品种的仪表产品。拥有汽油加氢、丁二烯抽提、丁苯橡胶、丁腈橡

精心调试设备

300 万吨／年柴油加氢装置举行开车前安全演练

发展循环经济，创建环境友好型企业

新建成的石油储备基地

胶、碳五加氢石油树脂成套技术，炼化主要工艺技术和炼油催化裂化催化剂领域达到国内领先水平。拥有石油化工工程施工总承包一级资质、大型炼油化工施工能力，以及完备的矿区配套系统和综合服务业务。重组改制以来，申请专利 307 项，获授权专利 204 项，荣获国家科技进步奖 3 项，省部级科技奖励 82 项；荣获全国“勤俭办企业五面红旗”、“国家质量管理奖”、“全国企业管理优秀奖”、“全国五一劳动奖状”、“全国设备管理优秀奖”、“全国环境优美工厂”、“全国思想政治工作优秀企业”、“全国基层先进党组织”等 100 多项国家及省部级荣誉称号。

地址： 甘肃省兰州市西固区兰炼街1号
邮编： 730060
电话： 0931—7933707
传真： 0931—7561499

优质产品运往全国各地

精心巡检，确保安全

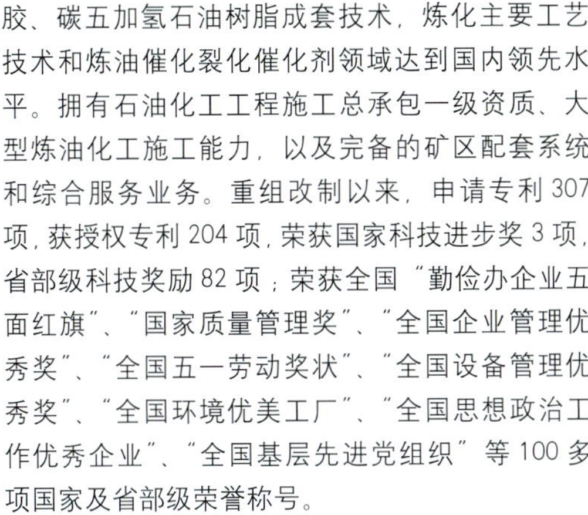

员工住宅小区一角

食堂为员工提供丰富的饭菜

中国石油独山子石化公司

总经理　陈俊豪

党委书记　付德新

百万吨乙烯裂解装置

千万吨常减压装置

独山子是我国石油工业发祥地之一，是我国西部重要的石化基地和油气引进、加工、储转的战略枢纽，是天山北坡经济带重点发展的地区。

中国石油独山子石化公司成立于1936年。20世纪70年代建成催化裂化装置，实现了炼油工艺的重大变革；80年代投产重整加氢等装置，完成了向燃料—润滑油—化工型炼厂的转型；90年代建成14万吨/年乙烯工程，形成了炼化一体优势。2002年，将14万吨/年乙烯扩建到22万吨/年；2009年9月建成千万吨炼油百万吨乙烯工程，一跃成为具有世界规模的大型石化企业。

目前，公司有职工1.3万人，资产总额420多亿元，具备1000万吨/年原油加工能力、122万吨/年乙烯生产能力、45万千瓦·时发电能力和500万立方米原油储备能力，可生产燃料油、聚烯烃、橡胶等二十六大类600多种石化产品。公司2次获得“全国五一劳动奖状”，4次获得“全国质量效益型企业”称号，是首批“国家环境友好企业”。

2012年，面对成品油价格不到位、市场需求不旺的严峻形势，公司围绕“深化精细管理、突出安全效益”的工作主线，优化生产运营，提升发展质量，全年加工原油906万吨，同比增长7%，生产乙烯127万吨，同比增长22%，实现销售收入615亿元，同比增长11%，均创历史新高。上缴税费65亿元，总体效益位居中国石油大型炼化企业首位。

居住环境

现场讲解

精心操作

地址：新疆维吾尔自治区克拉玛依市独山子区北京路6号　邮编：833600　电话：0992-3871081　传真：0992-3871033

中国石油乌鲁木齐石化公司

总经理　郝新刚

党委书记　刘继远

建设中的炼油装置

表彰倒班 30 年员工

中国石油乌鲁木齐石化公司是集炼油、化肥、化工、塑料加工于一体的石油化工生产企业。

公司共有 22 套生产装置，原油一次加工能力为 600 万吨／年，其中 100 万吨／年对二甲苯联合装置是目前世界上单系列规模较大的 PX 装置。化肥厂具有年产 75 万吨合成氨和 130 万吨尿素的能力，为全国较大的氮肥生产基地之一。化纤厂具有年产化纤、化工产品 13 万吨的能力。热电厂属热电联产型，有 5 炉 5 机，产汽能力 1750 吨／小时，发电能力 185 兆瓦。塑料厂有 3426 万条／年塑料编织袋生产线；净化水厂工业废水每小时处理能力 1326 立方米，深度水每小时处理能力 1000 立方米，经处理后的工业废水外排达标率 100%。同时，公司还具有完备的转供电、供水、供暖、通信、运输、物资供应、检维修系统；工程建设方面包含工程监理、设备检测等业务，具备参与市场竞争的资质和实力。

2002 年 12 月 28 日公司正式通过 ISO 9001、ISO 14001、OHSAS 18001 三项体系认证。目前公司可以生产 60 余种石油化工化纤产品，主要产品有汽煤柴等成品油、溶剂油、液化石油气、石油焦、化工产品（石油苯、石油对二甲苯、聚丙烯、三聚氰胺、硫黄）、化肥产品、化纤原料 PTA 和塑料编织袋等。其中尿素产品获得“中国名牌产品”称号。公司先后荣获“全国五一劳动奖状”、“全国文明单位”、“全国环境优美工厂”等荣誉称号。

应急演练

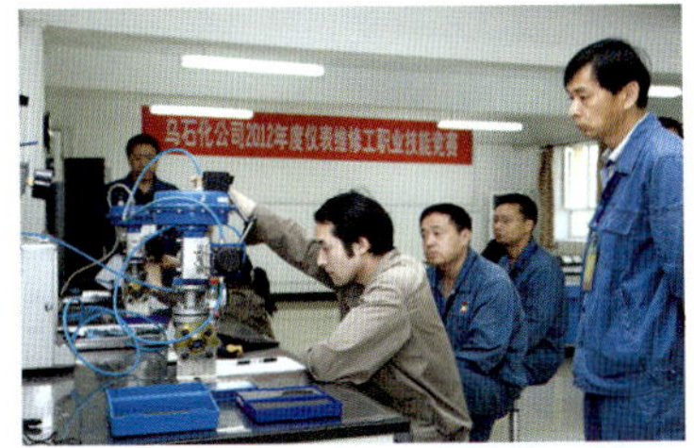

技能比武

矿区文化生活

地址：新疆维吾尔自治区乌鲁木齐市米东区　邮编：830019　电话：0991-6901522　传真：0991-6908888

中国石油宁夏石化公司

总经理　雍瑞生

党委书记　许君祖

新建500万吨/年炼油装置连续稳定运行超过一年，创同类型新建装置试生产纪录

中国石油宁夏石化公司是集石油炼制、化工及化肥生产为一体的大型石化企业。目前，公司拥有500万吨/年常压、10万吨/年聚丙烯等炼油化工装置，以及两套大型化肥生产装置和一套复合肥生产装置，可年加工原油500万吨、生产尿素130万吨，年销售收入300亿元，上缴税费60亿元。

多年来，公司以科学发展观为指导，坚持强化基础，创新实践，持续推进杜邦、5S管理、平衡计分卡、合同能源管理等国际先进管理模式，安全生产、经营管理、队伍建设成绩显著，企业始终保持和谐、稳定、较快发展。2012年，公司加工原油420万吨，生产尿素113万吨，实现销售收入289.7亿元，考核利润9亿元，上缴税费48.3亿元，圆满完成KPI指标，原油加工量、销售收入及上缴税费创历史高水平。同时，第三套化肥装置建设快速推进，以石油、天然气为原料的炼油化工一体化发展格局更趋稳固，综合实力及核心竞争力显著提升。公司荣获"全国五一劳动奖状"、集团公司"安全生产模范先进企业"和"环境保护先进企业"荣誉称号。

站在新的历史起点上，公司将紧抓国家新一轮西部大开发战略机遇，以建设具有核心竞争力的一流石化企业为目标，持续推进科学管理，不断创造优良业绩，为中国石油全面建成世界水平综合性国际能源公司作出新的贡献。

大力推进安全自主管理团队建设，安全管理水平不断提升

年产45万吨合成氨、80万吨尿素的国产化化肥项目全面开工建设

首批航空煤油产品投放市场，填补宁夏地区空白

积极构建职工健康管理体系

地址：宁夏回族自治区银川市西夏区北京西路1338号　邮编：750026　电话：0951-2972361　传真：0951-2021379

中国石油大连石化公司

2012 年公司销售收入突破千亿大关，成为大连市首个超千亿工业企业

“中华环保世纪行”新闻采访组到公司海水淡化装置现场调研采访

中国石油大连石化公司最早追溯于 1933 年成立的“满洲石油株式会社大连制油所”，最初只有 15 万吨／年的原油加工能力，中华人民共和国成立后先后更名为“东北石油七厂”和“中国石油工业部大连石油七厂”，1983 年划归中国石油化工总公司，1998 年划归中国石油天然气集团公司。

经过多年的不断发展，公司现有炼油化工主体装置 37 套，具备 2050 万吨／年的原油一次加工能力和 27 万吨／年的聚丙烯生产能力；拥有自备码头 5 座，5000 吨—10 万吨级泊位 15 个，年吞吐能力达 2300 多万吨。公司目前占地 318 万平方米，员工总数 6800 余人，主要从事石油化工、港口物流、工程技术服务等业务，为社会提供汽油、煤油、柴油、润滑油基础油和石蜡、苯类、聚丙烯等多种产品，先后获得“全国企业管理金马奖”、“全国环境保护先进单位”、“全国企业文化建设先进单位”等 30 多项国家荣誉，是中国石油大型含硫原油加工基地和我国重要的石化产品出口基地之一。

2012 年，公司全年加工原油 1710 万吨，实现销售收入 1030 亿元，首次突破千亿元大关，成为大连市首个超千亿元工业企业，实现税费 172 亿元，连续四年位列“辽宁省纳税百强企业排行榜”之首，对辽宁省和大连市工业经济发展起到了重要的拉动和示范作用。

站在新的起点上，公司将紧紧围绕中国石油整体战略部署，秉承“奉献能源、创造和谐”的企业宗旨和“爱国、创业、求实、奉献”的企业精神，全力向建设“国内排头、国际一流，中国石油示范性炼化企业”和打造“幸福大连石化，百年知名企业”的目标迈进。

坚持发现隐患嘉奖到基层，表彰安全卫士和安全能手

建设“生态文明”石化企业

2012 年建成国内大型的气分装置，一次开车成功

地址：辽宁省大连市甘井子区中山街1号　邮编：116032　电话：0411-86772529　传真：0411-86672517

中国石油锦州石化公司

领导班子

领导视察

中国石油锦州石化公司是一家以炼油为主、化工为辅的燃料型炼油企业，是我国重要的润滑油添加剂科研生产基地和辽西地区大型原油、成品油储备基地，也是国内首家生产国Ⅳ汽油、京Ⅴ标准汽油的炼油企业。新中国第一滴人造石油和第一块合成顺丁橡胶在这里诞生。公司目前拥有85套炼油化工生产装置，原油一次加工能力为750万吨/年，资产总额超过100亿元，年销售收入310亿元以上，可生产53个品种共81个牌号石化产品，产品远销美国、俄罗斯和日本等东南亚国际市场。

2012年，面对复杂多变的内外部环境，公司通过优化运行和结构调整，坚持以市场需求为导向，以效益最大化为原则，实施产品结构“一减三增”经营策略，推进效益提升。全年累计完成原油加工量652.77万吨，主营业务收入356亿元，非主营业务实现账面利润1059万元。员工收入同比平均增加12%，实现了企业增效、员工增收的目标。

公司领导班子以科学发展观为统领，充分发挥基础管理优势，全面实施提效提速工程，深入开展装置整治，加快推进目视化工作进程，装置现场环境发生了巨大变化；创新隐患发现奖励机制，鼓励员工“像找奖金一样找隐患”，全面推行三级隐患治理负责制和督导责任区制，安全隐患得到有效遏制；转变培训方式，面向基层

总经理嘉奖仪式

航空煤油下海

职工赛歌会

花园式厂区

开展培训，员工业务素质、操作技能明显提升；创建厂内物资供应新模式，实行基层耗材“超市化”管理，降低库存物资资金占用；首次引入工程量清单计价方式，深入探索联合监理模式，工程造价、质量监督和监理水平有效提升；持续推进人事制度改革，“三控制一规范”效果显著；着力完善质量管理体系，取得炼化企业质量体系审核优良的好成绩；矿区城管执法形成“锦州模式”向全省推广。

一批重点项目陆续建成。160 万吨／年焦化装置顺利建成并一次开车成功，为公司彻底消除老焦化安全隐患和提升整体经济效益创造了有利条件；2 套异丙醇装置热集成技术改造，实现了清洁生产，节能减排；长输管线安全隐患治理项目的顺利实施，为公司的可持续发展提供了较大空间；石化新区 53 栋、老区 9 栋共 4209 套新房竣工交付使用，改善了职工的生活环境。

2012 年，通过整合优化新闻宣传资源，畅通新闻播报渠道，网、报、台宣传阵地得到巩固；企业文化建设成绩显著；职工赛歌会、运动会、青年志愿者等文体服务活动丰富了员工业余文化生活，提高了企业的凝聚力和向心力，公司员工思想观念明显转变，工作标准大幅度提高，管理责任得到有效落实。企业形成了政令畅通、执行有力、作风严谨、纪律严明的良好工作氛围。

目视化操作间

城管执法“锦州模式”

地址：辽宁省锦州市重庆路2号
邮编：121001
电话：0416-4152240
传真：0416-4567532

京Ⅴ进京

新建焦化装置

罐区亮化

中国石油锦西石化公司

总经理　吕文军

党委书记　王洪斌

中国石油锦西石化公司坐落于渤海之滨的辽宁省葫芦岛市。公司始建于1939年，1953年恢复生产。经过几十年的发展，现有员工9447人，直属单位66个，生产区占地面积274万平方米，资产总额74亿元，主要炼油化工装置19套，原油一次加工能力650万吨／年。公司以加工大庆油、辽河油为主，原油直接管输进厂，另有部分进口油及海洋原油，由锦州港上岸，公司在锦州笔架山设有完备的原油和成品油接卸码头和储运设施，在厂内拥有完善的铁路专用线。公司主要产品有汽油、航空煤油、柴油、石油焦等。

公司自新班子组建后，以“做好安全发展稳定文章，实现做强做大做美目标”的工作思路，掀开公司发展新的一页。“做强”就是通过集团公司3年隐患治理工程，消除安全隐患，实现强身健体；“做大”就是新建产品质量升级3套装置，实现公司汽油、柴油质量升级，恢复加工能力；“做美”就是加强环境整治，实施道路修缮、门禁系统改造、废旧装置拆除、厂区绿化等一系列工作，使企业日趋美化。

2012年10月公司汽油、柴油质量升级项目开工。该工程的实施，兼顾了未来汽油、柴油质量升级规划发展，在汽油、柴油产品质量全部达到车用国Ⅳ标准基础上，预留进一步提升到国Ⅴ标准的能力，保持企业竞争力。

2012年8月，公司职工王尚典获得第四届全国职工职业技能大赛冠军，成为中国石油和辽宁省首个全国车工状元，并获“全国五一劳动奖章”和“全国技术能手”殊荣。

公司汽油、柴油质量升级项目开工仪式

公司蜡油加氢裂化装置反应器一次吊装成功

公司召开三届一次职代会暨2013年工作会议

公司女子拔河队跻身世界室外拔河锦标赛八强

地址：辽宁省葫芦岛市连山区新华大街42号　邮编：125001　电话：0429-2178015　传真：0429-2175888

中国石油大庆炼化公司

总经理　万志强

党委书记　王亚伟

250 万吨／年 ARGG 装置

中国石油大庆炼化公司拥有 600 万吨／年原油一次、二次配套加工能力和 20 万吨／年润滑油、15 万吨／年石蜡、15 万吨／年聚丙烯酰胺以及 60 万吨／年聚丙烯等 47 套装置，可生产汽油、柴油、润滑油、石蜡、聚丙烯酰胺、聚丙烯等 39 个品种 236 个牌号的石油化工产品，是集炼油、化工生产和矿区服务于一体的综合性石油化工企业。

公司围绕打造特色炼化企业目标，认真履行国有企业“三大责任”，发挥与油田之间上下游一体化、炼油和化工一体化优势，始终坚持产品的专一性、差异性和高端性；追求技术的领先性；推进管理的科学性和创新性；保障员工的成长性作为特色炼化建设重要内容，不断加强企业管理，提高管理效率，推进项目建设，巩固特色优势业务。2012 年，全年加工原油 590.59 万吨，实现营业收入 403.41 亿元，上缴税费 66.41 亿元，为大庆油田 4000 万吨稳产提供了保障。

公司注重新产品的研发，不断提高产品的附加值和用户满意度。PA14D 聚丙烯树脂管材料被评为“2012 年度石油工业用户满意产品”，市场供不应求。石油磺酸盐产品被评为 2012 年度集团公司自主创新重要产品，聚丙烯酰胺系列产品和全精炼石蜡被评为中国石油和化学工业协会知名品牌产品，聚丙烯树脂被评为“黑龙江省名牌产品”。

技术领先的异构脱蜡装置为昆仑润滑油提供基础油

聚丙烯厂生产区全景图片

为大庆油田 4000 万吨／年稳产提供高品质的聚丙烯酰胺产品

地址：黑龙江省大庆市让胡路区马鞍山　邮编：163411　电话：0459-5689275　传真：0459-5616111

中国石油广西石化公司

总经理、党委副书记　吴恩来

党委书记、副总经理　方栋良

油轮正在卸油作业

中国石油广西石化公司是中国石油于 2005 年 9 月为贯彻国家西部大开发战略，优化炼油化工产业布局，建设广西石化 1000 万吨／年炼油工程而设立的地区公司，也是目前西南地区已建成投产的大型炼化企业。

公司加工能力 1000 万吨／年，原油全部从海外进口。主要产品有汽油、柴油、航空煤油、聚丙烯、硫黄等，油品质量全部达到欧Ⅲ标准，部分达到欧Ⅳ标准；污水排放达到国家一级标准，清洁生产达到世界一流水平。公司产品主要销往广西、云南、贵州、广东等地区，满足西南地区成品油市场需求，为中国石油拓展南方市场提供了资源保障，对保障国家能源安全具有重要意义。同时，公司在推动钦州石化产业园区建设，促进地方经济发展中发挥着重要作用。

全年加工原油 894.9 万吨，实现营业收入 543.6 亿元，实现税费 79.2 亿元。根据“一次规划，分步实施”的发展战略，公司正在建设含硫原油加工配套工程。该工程投资 70 多亿元，建成投产后，公司将能够加工高硫原油，实现原油资源多样化，油品保供能力将进一步增强。

十万吨级码头

反应器吊装

生态和谐炼厂

地址：广西壮族自治区钦州港经济技术开发区　邮编：535008　电话：0777-3885138　传真：0777-3885139

中国石油
四川石化有限责任公司

中国石油四川石化有限责任公司是由中国石油和四川省政府合资组建的西南地区首个特大型石油化工企业，于2007年3月正式成立，总投资373亿元，双方股比90%：10%；建设规模包括1000万吨/年炼油和80万吨/年乙烯两部分；厂址位于成都所辖彭州市，厂区占地400余万平方米，定员1535人，是目前国内一次配套、系统建设，单体投资较大的炼化一体化项目。

四川炼化一体化项目总计19套主体装置。炼油部分包括常减压、渣油加氢、柴油加氢、催化裂化、芳烃联合等11套装置；化工部分包括乙烯、聚乙烯、聚丙烯、顺丁橡胶、环氧乙烷/乙二醇等8套装置。同时，与美国AP公司合资建设空分、制氢及合成气2套装置，并承担国家100万立方米原油商业储备库建设运营任务。按设计能力，可年产高标准汽油、柴油560万吨，航空煤油50万吨，聚乙烯、聚丙烯、顺丁橡胶等五大系列固体化工产品120万吨，乙二醇、环氧乙烷等十种液体化工产品180万吨。

截至2012年底，四川炼化一体化项目工程建设已基本结束，全面进入预试车阶段。公司全面做好各项准备，确保安全绿色经济、一次开车成功，为中国石油建设世界水平综合性国际能源公司和地方经济社会的全面进步作出更大的贡献！

乙烯设备全貌

常减压蒸馏装置

自备电站

地址：四川省成都市彭州市石化北路1号　邮编：611930　电话：028-83491009　传真：028-8491117

中国石油长庆石化公司

总经理、党委副书记　张喜文

中国石油长庆石化公司位于陕西省西咸新区秦汉新城，始建于1990年，1992年投产，经过两次较大的技术改造，形成固定资产39亿元、原油加工能力500万吨/年的规模。现有主要生产装置15套，其中500万吨/年常减压装置获石油（行业）优质工程金奖和国家优质工程银奖。主要产品有93号、97号清洁汽油，+5号、0号、-10号轻柴油、车用柴油，3号喷气燃料，石脑油，化工轻油，石油液化气以及丙烯等，产品销往周边17个省市，航空煤油直接管输到西安咸阳国际机场，京Ⅳ柴油2007年首家供应北京市场。

公司采用扁平网络化管理模式，机构设置没有分厂，也没有车间（队部），由运行部直接管理到班组，率先成为国内组织层次少、管理流程短、工作效率较高的石化企业。在册员工1143人。

2001年以来，公司先后通过ISO 9001、ISO 14001和HSE/OHS 18001管理体系认证；保持了建厂20年安全生产无上报事故的良好态势；连续5年获得集团公司安全环保双先进，5次被《中国环境报》评为"绿色企业管理奖"；2009年在全国石化企业中首批荣获"中华环境友好企业"称号；2012年获得国家安监总局命名的首批"全国安全文化建设示范企业"称号。

2012年加工原油506万吨，实现销售收入328.4亿元，上缴税费67.2亿元，账面利润2.5亿元。公司年度经营指标综合评价得分在炼化板块排名前列。

公司立足大西北的最前沿，面向东部广阔市场，又迎来了建设西咸新区和"西部大庆"的战略机遇，必将获得更好的发展机遇，展现良好的发展前景。

科技档案综合办公楼

企业文化石

新建60万吨/年柴油加氢装置

中华环境友好企业奖牌

地址：陕西省咸阳市渭城区金旭路 邮编：712000 电话：029-86509616 86509125 传真：029-86509123 网址：www.cqsh.net

中国石油庆阳石化公司

总经理、党委书记 刘至祥

中国石油庆阳石化公司创建于1971年，是股份公司直属企业，在册员工1440人。主要炼化生产装置16套，一次加工能力300万吨/年，资产总额54.81亿元，主要产品有汽油、柴油、航空煤油、聚丙烯等九大类10余种。2012年加工原油310.25万吨，比业绩指标多15.25万吨，日均加工量为历史最高，操作平稳率99.91%，位居炼化板块前列；营业收入234.86亿元，实现税金40.94亿元，盈利能力居炼化板块前列，连续4年获“中国石油财务会计先进单位”，连续4年中国石油绩效考核A级，4次荣获“中国石油安全生产先进企业”，连续5年荣获“中国石油节能节水型企业”，连续9年安全环保无事故、稳定无事件。综合实力居甘肃省工业企业前列，是甘肃省纳税大户。

40多年来，公司经历创建、起步、发展、跨越的重要历史阶段，特别是近9年来，庆阳石化人发扬“特别能吃苦、特别能战斗、特别能奉献、特别能担当、特别能负重”的艰苦创业精神，逐步迈上了跳跃式增长、跨越式发展的新征程，用实际行动诠释了“爱国、创业、求实、奉献”。用两年时间实现了原油加工量、工业总产值、销售收入、上缴税金、员工收入“五个翻番”，创造了发展奇迹。安全平稳拆除了原马岭炼油厂和庆阳石化老厂，为构建绿色、国际、可持续的中石油发挥了积极作用。300万吨/年新厂用16个月完成项目建设，用半个多月将所有炼油系统流程全面打通，一次成功开车，项目环评和竣工验收一次顺利通过，创造了综合性炼厂建设和开工新纪录。两次荣获“全国五一劳动奖状”、荣获“全国职工职业道德建设十佳单位”、“全国企业文化建设先进单位”等荣誉称号，涌现出“全国五一劳动奖状”班组、“全国三八红旗集体”、“全国劳动模范”、“全国五一劳动奖章”等一大批先进集体和先进个人，取得了物质文明和精神文明双丰收。

当前在于应变，未来在于创新。公司在中国石油的领导下，在省市各级组织的大力支持下，以科学发展观为统领，以党的十八大精神为指引，牢牢把握“精品炼厂，国内一流”总体目标和“三步走”发展战略，着力抓好安全环保减排首要任务，着力抓好“保增长，增效益”，着力抓好管理提升，着力抓好队伍建设和作风改进，着力抓好党的建设和企业文化，着力抓好和谐稳定和民生改善，全面开展好“过紧日子”和“制度标准管理年”活动，坚决打赢300万吨/年安、稳、长、满、优运行阵地战，强力推进600万吨/年炼油升级改造项目工作攻坚战，力争早日建成投产。届时原油加工能力达到600万吨/年以上，营业收入达到360亿元，力争380亿元以上；综合纳税达到70亿元以上，力争80亿元以上，为中国石油全面建成世界水平综合性国际能源公司，为甘肃省与全国同步进入全面小康社会作出新的更大贡献。

技术集成化

控制自动化

环境花园化

地址：甘肃省庆阳市西峰区董志镇 邮政编码：745002 电话：0934-8368106 传真：0934-8368582

中国石油华东化工销售公司

中国石油华东化工销售公司成立于2005年12月2日，是按中国石油化工统销战略部署，在始建于2000年7月12日的中国石油天然气股份有限公司化工与销售华东分公司基础上整合升级而来。公司作为股份公司的地区公司，主要负责中国石油企业生产的石油化工产品在华东区域的统一销售业务，负责中国石油在上海的石化专业要素市场的建设与管理。公司总部位于上海市浦东新区。

公司主要经销中国石油生产的合成树脂、合成橡胶、合成纤维和部分有机原料（含液体化工产品），销售区域覆盖上海、江苏、浙江、安徽、江西四省一市，是一个以化工营销为主营业务，集内外贸、仓储、技术服务、信息、石化要素市场建设与管理等业务为一体的综合性地区公司。2012年，公司化工产品销售量260万吨、营业收入246亿元，保持盈利。公司拥有固体仓库2座，库容5万平方米，年存储能力85万吨。公司下属上海中油石油交易中心有限公司招商在册会员222家，2012年市场交易额673亿元，会员纳税3.17亿元。

公司目前下设7个业务处、7个职能处、3个直属单位及上海中油石油交易中心有限公司，在上海、南京、杭州、宁波、合肥、南昌设有6个销售分公司及余姚、上海2个仓储分公司。目前有员工300余人，员工整体知识层次较高，年轻化、专业化特征比较突出。

公司坚持科学发展、和谐发展，秉承中国石油"爱国、创业、求实、奉献"的企业精神，践行"诚信、创新、业绩、和谐、安全"的经营管理理念，以建设一流地区化工销售企业为目标，以做大市场、做强销售为己任，以开拓市场、增创效益、优质服务为宗旨，发扬大庆精神、铁人精神，艰苦创业，开拓进取，为中国石油化工产品在华东开辟了广阔市场，综合实力和竞争力显著增强，实现经营业绩持续稳定快速增长；认真履行国有企业三大责任，实现与利益相关方的互利双赢、共同发展；努力打造有凝聚力、战斗力、执行力的和谐团队，保持了安全环保稳定发展的良好态势，为促进地区经济繁荣、构建和谐社会，为中国石油全面建成世界水平综合性国际能源公司积极作贡献。

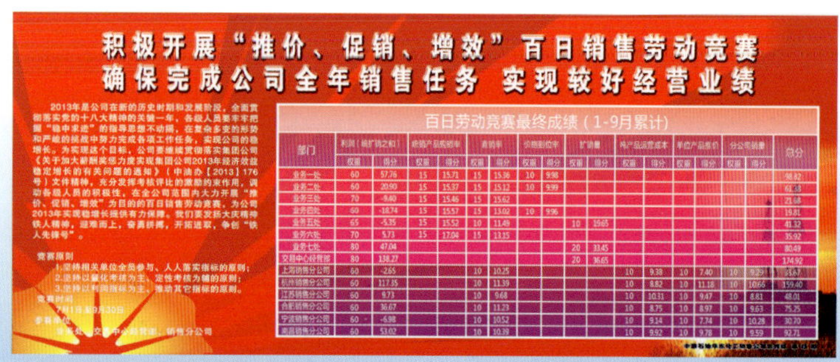

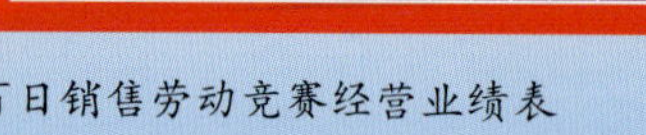
百日销售劳动竞赛经营业绩表

公司展厅

地址：上海市浦东新区世纪大道1200号23层　邮编：200122　电话：021-50581555　传真：021-50955989

中国石油华南化工销售公司

总经理、党委书记　张培华

中国石油华南化工销售公司于2004年5月18日在广州成立，负责中国石油化工产品在广东、福建、广西、海南四省（自治区）的市场营销业务和区域内中国石油炼化生产企业化工产品调运业务。公司现有员工232人，总资产15.7亿元。公司总部设在广州市天河区，现设有8个职能处室和7个业务处室；下设钦州调运分公司和厦门、深圳、南宁、海口、汕头5个销售分公司；在福州、珠海、湛江设有销售部。公司自成立以来，积极践行中国石油市场战略、南方战略，始终坚持以效益为中心，走质量发展、规模发展、科学发展道路，形成了以珠江三角洲为核心、点面结合、覆盖华南四省（自治区）的成熟营销网络。目前，公司主营合成树脂、合成纤维原料、合成橡胶、有机化工产品及无机化工产品五大类共几十个品种、百余个牌号的石油化工产品，年销售规模200万吨以上，年销售收入200亿元。

多年来，公司始终坚持以科学发展观为指导，紧紧围绕科学发展、构建和谐两大主题，紧盯发展目标，突出主营业务，夯实管理基础，全力开拓市场，巩固拓展销售渠道，保持了公司主营业务快速健康发展。公司始终坚持用大庆精神、铁人精神铸魂育人，形成了“既做生意、又交朋友，长期合作、共同发展”的经营理念，培育了艰苦奋斗、克难攻坚的创业文化，精益求精、锐意进取的管理文化，注重竞争、注重效益、快速反应的经营文化，企业文化软实力不断增强。

公司在“十二五”规划中明确提出了销售规模“两年翻一番，五年翻两番”的企业发展愿景，突出化工产品营销和调运两大主业，着力提升核心竞争力，着力构建科学高效的运营体制和机制，全力营造和谐、稳定发展环境，不断提升中国石油在华南区域的品牌价值和社会影响力，加快推进公司确定的建设国内一流化工销售企业进程，为中国石油全面建成世界水平综合性国际能源公司作出应有贡献，与社会各界共同推动华南化工产品市场稳定、繁荣、可持续发展。

液体产品发运

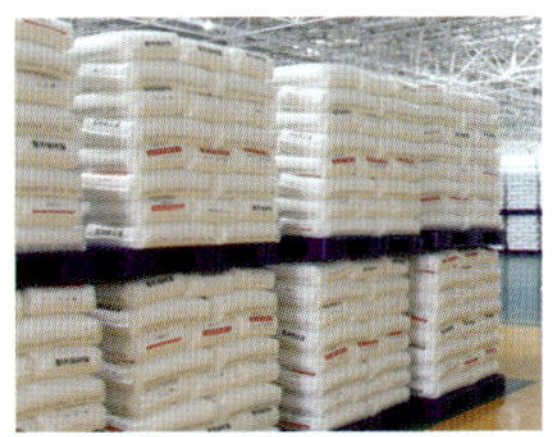

固体产品仓库

地址：广州市天河区黄埔大道中199号中国石油广州大厦21层　邮编：510655

电话：020-38847727　传真：020-38847722

为建设国内一流化工销售公司而奋斗！

——中国石油华南化工销售公司

中国石油西北销售公司

公司举行第四届职业技能竞赛

中国石油西北销售公司作为股份公司的直属地区公司，主要负责西部地区13家炼化企业、20家省（区、市）成品油销售企业和9家专项用户的成品油产销计划衔接、资源优化配置、物流调运组织和质量计量监督等工作。公司机关设12个职能处室，下设14个直属分公司。管理运营20多座油库，总库容270多万立方米，拥有自备罐车近6000辆。

多年来，在集团公司党组、股份公司管理层和销售公司的正确领导下，在西部地区油田、炼化、管道、运输、销售企业的大力支持下，公司突出抓好发展、转变、和谐三件大事，按照“建设忠诚、放心、受尊重的中石油”要求，围绕“两保一降两提升”目标，持续完善成品油“四统一”营销体制，以资源配置和物流组织专业化为方向，着力打造少环节、短流程、低成本、高效率的物流运行模式，全力保障西部地区成品油产、运、销业务平稳运行，逐步建立起科学、规范、有序的成品油营销体制，企业各项工作实现新发展、新跨越，为中国石油整体效益最大化作出了贡献。公司多次荣获“全国守合同、重信用企业”、“全国企业文化建设先进单位”、“全国五一劳动奖状”、“中国石油十大标杆油库”等荣誉称号。2012年，公司配置油品4042万吨，调运油品7524万吨，实现销售收入2900亿元，实现利润2.02亿元，上缴税费10.28亿元，企业发展呈现出良好态势。

展望未来，公司将认真践行中国石油“奉献能源、创造和谐”的企业宗旨和“我为祖国献石油”的核心价值理念，紧紧瞄准建设国际水准物流企业的目标，按照“三个相适应”的指导思想（公司的发展要与中国石油的发展相适应、与各省区销售公司的发展相适应、与员工的期待相适应），加快推进内涵与外延双重发展，做到更加注重优化运行、发展质量、企业管理和队伍建设，为实现“两步走”（2015年初步建成、2020年全面建成国际水准物流企业）战略目标而不懈努力。

公司举办“五四”青年节文艺汇演

整齐的郑州油库库区

油库发油现场

地址：甘肃省兰州市安宁区健宁路199号（省委党校东二号楼）　邮编：730070

电话：0931-7608806　传真：0931-7608808

中国石油四川销售公司

总经理　姚志强

党委书记　田玉军

中国石油四川销售公司主要从事成品油批发和零售业务，以及便利店、润滑油、天然气、广告和化工产品等非油品销售业务，是四川省成品油供应的主渠道。公司下设 25 个二级分公司，员工 1.6 万余人，资产总额逾 120 亿元，拥有在用油库 25 座、总库容 92.7 万立方米，资产型加油站近 1500 座，经营机构和营销网络遍布四川城乡。

近年来，公司确立了建设“效益领先、规模发展、管理科学、服务优良、团队优秀、环境优美”的国际水准油品销售企业目标，紧紧围绕“发展、转变、和谐”三件大事，聚精会神抓经营，一心一意谋发展，全力以赴保安全，全心全意惠民生，精益求精抓管理，各项业绩指标一年一个新台阶。2012 年销售量、零售量、销售收入分别突破 700 万吨、600 万吨和 600 亿元大关，全年综合业绩指标排名销售企业前列。

公司把企业自身发展和服务四川“两个跨越”、促进地方经济社会发展有机统一起来，认真履行政治、经济和社会三大责任，坚持把保障供应、稳定市场作为企业的首要政治任务。特别是在抗击“5·12”汶川特大地震和“4·20”芦山强震灾害中，以“山塌路断油不断”的精神全力抗灾保供，公司获党中央、国务院、中央军委授予的“全国抗震救灾英雄集体”称号。

公司曾获“全国五一劳动奖状”，持续保持“省级文明单位”称号。2007 年，公司作为全省流通行业的唯一代表成功入选四川省 79 家大企业大集团培育名单。2012 年，公司迈入四川省百强企业、服务业百强企业。2007 年以来，公司 4 次受到四川省“销售收入跨百亿元台阶奖励”。2008 年，公司步入“全国企业文化建设 50 强”行列。

四川百强企业

中国石油天然气股份有限公司四川销售分公司：

按照国际通行方式，以销售（营业）收入为标准排序，你单位名列2012四川企业100强第六位。

特发此证

四川省企业联合会　四川省企业家协会

二〇一二年十一月

公司荣获“四川百强企业”证书

攀枝花金江油库

地址：四川省成都市顺城大街206号四川国际大厦　邮编：610015　电话：028-86520001　传真：028-86520286

中国石油甘肃销售公司

总经理　杨顺义

党委书记　张国祥

中国石油甘肃销售公司主要从事汽油、煤油、柴油、润滑油及特种油品的批发、零售业务，承担着甘肃省工农业生产和人民群众生产、生活用油的供应任务。

公司成立于1953年，下辖18个分公司，1个控股公司，固定资产23亿元；运营油库14座，总库容31.3万立方米；拥有加油站1005座，加气母站1座，子站11座（其中油气混合站8座），总资产近30亿元、员工近万名。2012年，销售成品油431万吨，其中零售374万吨；实现销售收入325亿元，实现利润7.72亿元，上缴税费5.6亿元。先后被国家人事部、国务院国资委表彰为“中央企业先进集体”、“甘肃省优秀企业”，“省级文明单位”等荣誉称号，连续5年综合业绩指标在中国石油销售系统名列前茅，连续8年被集团公司评为“安全生产先进单位”，属中国石油优秀销售企业之一。

站在新的起点上，公司将在集团公司的正确领导下，以产业报国为己任，做大做强规模、做特做优服务，提升发展质量，增强盈利能力，勤奋努力、扎实工作，不断推动公司全面、协调、可持续发展，为集团公司全面建成世界水平综合性国际能源公司作出新的更大贡献。

2010年8月8日舟曲泥石流抗洪抢险“共产党员先锋突击队”

加油站开展以“诚信经营维权益，服务客户筑和谐”为主题的服务活动

职工文艺汇演

地址：甘肃省兰州市城关区甘南路702号　邮编：730030　电话：0931-8448004　传真：0931-8448002

中国石油重庆销售公司

总经理 李宝军

党委书记 王建国

嘉华西加油站

海峡路加油站

南坪加油站

中国石油重庆销售公司是中国石油所属企业，主要负责重庆市成品油销售、市场开发，是地方成品油供应的主渠道。公司下辖7个地市分公司、4个专业分公司、3个规模控股单位和28个区县经营部。在岗员工6442人，运营加油站468座，油库12座，库容50万立方米。

自1998年重组成立以来，公司在集团公司的正确领导下，认真履行三大责任，经营规模不断扩大，管理水平不断提升，党的建设、队伍建设、和谐企业建设不断取得新成效。先后荣获“全国五一劳动奖状”、“全国厂务公开民主管理先进单位”、“全国模范职工之家”等荣誉，涌现了以“中国石油榜样”陈鸣红、“优秀加油站经理”程放为代表的一批国家、省部级劳动模范和先进个人，得到重庆市委市政府“党和政府放心、群众满意”的高度肯定。

“十二五”期间，公司将按照集团公司的统一部署，深入贯彻落实科学发展观，围绕“巩固、提高、创新、发展”的工作方针，深化推进资源、网络、客户、人才“四大战略”，坚持销字当头、零售为本，持续提升销量效益；坚持网络开发“生命工程”，持续提升市场份额和竞争能力；坚持以客户服务为根本，持续提升品牌形象和服务水平；坚持以精细化管理为抓手，持续提升企业科学管理水平；坚持加强班子建设和队伍建设，用大庆精神铸魂育人，努力把公司率先建成国际水准的示范销售企业。

地址：重庆市渝中区邹容路131号世贸大厦 邮编：400010 电话：023-67325509 传真：023-67325514

中国石油湖南销售公司

总经理　徐　毅

党委书记　陈建志

中国石油向湖南捐助20台“母亲健康快车”

中国石油湖南销售公司成立于2000年6月，主要从事成品油批发、零售、燃气经营等业务。公司设有14个机关处（室），15个分公司，2个参股、控股公司。

公司秉承中国石油“奉献能源、创造和谐”的企业宗旨，践行“诚信、创新、业绩、和谐、安全”的经营理念，认真履行政治、经济、社会三大责任，保障油品供应，提供优质服务，为地方经济发展、公益和民生事业提供强有力的能源支持，为湖南经济作出了突出贡献，在三湘大地树立了中国石油的品牌和形象，得到了地方各级党委和政府的高度肯定。截至2012年底，公司累计投运加油站610座，加气站2座，销售成品油221万吨，零售量突破208万吨，销售收入达到195亿元。公司获得“全国五一劳动奖状”和湖南省“工人先锋集体”称号。公司党委获得湖南省委“创先争优先进基层党组织”称号。15人当选省、市、县（区）三级人大代表和政协委员。

2013年，公司以科学发展观为统领，坚持突出效益、提质转型，加强市场、同行和客户“三个研究”、全力推进外延、内涵和创新“三个发展”，转方式、调结构、强管理、促增长，努力促进经济效益稳步提升，经营指标持续好转，打造规模适度、效益优良、管理精细、持续发展的具有国际水准的区外销售企业。

公司深入开展党的群众路线教育实践活动

公司获“全国五一劳动奖状”

中国石油抗旱服务车送油到田间地头

地址：湖南省长沙市芙蓉中路二段106号石油大厦18层　邮编：410005
电话：0731-82584622　传真：0731-82584629

中国石油广西销售公司

总经理、党委副书记
刘建明

党委书记、副总经理
栾永江

中国石油广西销售公司成立于2000年10月，原隶属于中国石油西南销售公司，2008年12月上划股份公司直接管理，主要负责中国石油在广西地区的成品油和车用天然气的市场开发和销售工作，主要从事油气销售业务，以及便利店、润滑油、化工产品等非油品业务。

公司机关设有12个职能处室和7个直属、附属机构，下辖15个地市分公司，另有6个控股公司。公司现有员工5000余人，自营油库10座，销售网络遍布广西14个地级市。

公司秉承中国石油“奉献能源、创造和谐”的企业宗旨，通过了质量、职业健康安全和环境三个管理体系认证，先后荣获“全国青年文明号”、“工人先锋号”等30余项荣誉。

13年来，公司认真按照集团公司的各项决策要求，紧密结合广西成品油销售的特点，奋力开拓广西市场，快速发展销售网络，不断精细企业管理，实现了由小到大、由弱到强的跨越式发展。特别是上划以来，公司充分发挥大资源、大市场、大项目的三大带动作用，牢牢抓住广西经济快速发展良机，提出了“三年三大步”、“五年大发展”的战略思路，成品油销量能力由上划前不足百万吨跃升至2012年的305万吨，市场份额不断扩大，竞争力明显增强，公司已经进入规模发展、有序发展、效益发展的快速上升期，已经成长为具有较强竞争实力的油品销售企业。

在圆满完成“三年三大步”阶段目标的基础上，公司按照“五年大发展”既定目标，深入贯彻集团公司全面推进南方战略的总体部署，牢牢把握“科学发展、构建和谐”两大主题，以“固本强基、提质转型、又好又快”为发展思路，大力实施“油气并举、水陆并进、油非并重”三大战略，全面落实发展规划，加快推进“二次创业”，为加快确立区域油气市场主导地位、全面建设国际水准销售企业而努力奋斗。

标准化服务演练

戮力同心奔向前

凝心聚力庆“七一”火炬接力赛

地址：广西壮族自治区南宁市民族大道157号财富国际1号楼13–18层　邮编：530022
电话：0771–5651565　传真：0771–5651568

中国石油山西销售公司

总经理　谭立村

党委书记　闫宝星

2011 年 9 月 15 日，集团公司副总经理、股份公司总裁周吉平到公司调研

2013 年 5 月 15 日，集团公司副总经理、党组成员李新华到公司调研

中国石油山西销售公司主要从事在山西省境内的成品油零售、批发经营业务以及销售网络的开发、建设业务，并对山西省内中国石油全资、控股、参股等各类油库、加油站和批发企业实施管理。公司机关设有 12 个处室，3 个附属机构；下辖 11 个地市分公司，1 个仓储分公司，1 个控股公司；现有员工 5000 多名；实施运营油库 12 座，总库容 37 万立方米；投运加油站 478 座；成品油年销售能力 260 万吨，市场份额 30%。

近年来，公司坚持以科学发展观为指导，深入实践客户开发“线圈”理念，坚守开发标准提升网络质量，探索实施“领导干部带队周检查制度”，全面开展精细化管理和信息化建设，构建营销网络信息平台，推进加油站地罐交接运行，强化内控和 HSE 体系建设，注重员工素质技能培养，不断创新企业文化建设，提升发展质量和效益。截至 2012 年底，累计完成投资 39.6 亿元；销售油品 1614.3 万吨，实现销售收入 796 亿元；实现非油品销售收入 1.9 亿元；销售加油卡 85.3 万张，卡销比 53%；实现利润 7.3 亿元，上缴税费 9.2 亿元；严守安全、数量、质量“三条红线”，未发生安全等级事故、数质量责任事故。

公司秉承“奉献能源、创造和谐”的企业宗旨，积极履

商务部副部长房爱卿到公司调研

全员安全承诺

行国有企业的经济、政治和社会责任，自觉维护市场秩序，积极参与抗旱救灾，保障“三夏”农业用油，开展“双拥共建”，义务植树造林，建设希望小学，参与矿难救援，为灾区捐款捐物等。公司先后获得“山西省五一劳动奖状”、“山西省商贸先进企业”、“山西省安全明星企业”、“送温暖、献爱心先进集体”、“安全生产先进单位”和“山西省消防安全先进单位”、“全国和谐商业企业”、“全国保护母亲河先进集体”、“全国保障‘三夏’用油跨区作业先进单位”等称号，树立了忠诚、放心、受尊重的中国石油形象。

公司将坚决贯彻落实集团公司的各项工作部署，始终以经济效益为中心推进战略发展，实施“有质量、有效益、可持续”的发展方针，为打造“效益领先、规模发展、管理科学、服务优良”的国际水准销售企业努力奋斗，为中国石油全面建成世界水平综合性国际能源公司作出新的贡献。

坚持贴心服务

职业技能竞赛

地址：山西省太原市长风西街1号
邮编：030021
电话：0351-7040918
传真：0351-7040018

中国石油西藏销售公司

总经理　刘华治

党委书记　次仁扎西

中国石油西藏销售公司始建于 1962 年 1 月 27 日。1998 年 7 月上划集团公司，现隶属股份公司管理。主要从事成品油、石油液化气的批发、零售、代销、运输、储存等业务。公司有职能部门 10 处 1 室，下辖 7 个地区分公司、2 个专业经销公司、1 个直属油库、2 个驻区外资源采调处，在用油（气）库 8 座，库容 12.69 万立方米，铁路接卸库 1 座，库容 3 万立方米。营运加油站 109 座，橇装加油设施 8 座，营销网络覆盖全区 7 个地市、70 个县。员工总数 1686 人。

近三年来，公司走出了一条“不求最大、但求最好”的发展路子，经营业绩取得大幅提升，管理水平得到大幅提高，党建工作水平取得巨大进步，民生工作取得巨大改观，公司保持着全面协调可持续发展势头。一是坚持解放思想，创新思路。明确发展定位，理清发展思路，细分发展战略，规划发展目标。二是狠抓发展要务、做大做强企业。坚持增量与提质并重，坚持速度与标准并重，坚持精细与规范并重。三是坚持以人为本、人企共进。做好群众工作，做实民生工程，做优员工队伍。四是坚持统筹兼顾、协调发展。统筹政治责任、经济责任、社会责任的关系，统筹主营业务、安全稳定、党建工作的关系。五是坚持班子建设，引领发展。突出学习建设、政治建设、制度建设、作风建设。

公司将充分发挥成品油主渠道作用，进一步加强资源配置，严守三条红线，着力实施科学营销，着力拓展营销网络，着力强化精细化管理，着力狠抓安全稳定，着力提高员工素质，着力加强企业党建，大力加强领导班子建设、基层建设、文化建设，抓住发展的有利时机，以精细化管理为核心，以规范化和信息化为主线、支撑，把握好时间、空间和体制机制 3 个维度，进一步明确目标，按照“市场导向、突出终端、统筹优化、全员营销”的思路，打好“保增长、保效益”的双保攻坚战，大力推进实施信息化、网络开发、管理提升、素质提升和民生改善五大工程。以基层建设、精细化管理和企业文化建设为抓手，健全基层组织，强化管理基础，锤炼员工队伍，打造高原特色企业文化，加快国际水准销售企业建设步伐。

总经理刘华治一行到那曲公司调研检查工作

党委书记次仁扎西到拉萨加油站检查基层建设

拉萨公司和平加油站员工为顾客服务

西藏销售公司在优质服务中创先争优

中国石油集团
东南亚管道有限公司

总经理、党委书记　姜昌亮

中缅油气管道项目作为我国四大油气能源战略通道之一，是中国石油高屋建瓴、精心布局的战略规划，备受国际社会的关注。工程竣工后天然气管道年输量120亿立方米，原油管道年输量一期1300万吨，二期2300万吨，将大力缓解我国西南地区的能源需求，切实保障国家能源安全。按照中国石油党组确定的“资源、市场、国际化”的战略要求，中国石油集团东南亚管道有限公司努力克服工期紧迫、工程浩大、技术高难、自然环境恶劣、国际氛围复杂、社会依托薄弱等诸多困难，相继签署6项重要协议，完成注册3个独立法人公司及4个分公司，施工图设计整体归零，工程建设双线焊接完成总量的98%，米坦格河等6项重大穿跨越及天然气4条海沟穿越均已完工，码头基础工程完成99%，项目综合进度完成88%，实现了进度、质量、投资、HSE可控。

2012年公司围绕投产目标，面对紧迫工期和严峻挑战，集公司合力，攻主要矛盾，促工程进度，保质量安全，取得了攻坚战的阶段性胜利。面对缅北战火频扰的紧张局势，全力加强第四标段施工组织力量，于2012年12月25日实现了缅北段主体工程提前完工；针对1A标段滞后问题，果断将施工难度大、技术要求高的若开山段从庞吉劳德工作量中进行切割，2013年1月24日，若开山段油气80千米主体焊接完成，1A标段线路工程整体进度完成86%；加大海沟穿越工作资金、人员、专业技术力量投入，建立施工现场钻井液化验室，成立现场专家技术组。天然气管道1号、2号、3号、6号海沟已经完成穿越，4号海沟光缆套管焊接完成，5号海沟光缆套管回拖完成，为实现投产目标提供了保障。

2012年9月15日，集团公司副总经理廖永远与缅甸能源部吴丹田部长参加由中国石油捐赠的曼德勒医院剪彩仪式

2012年公司坚持工程建设和投产准备两手抓、两手硬。及时启动投产方案的研究和编制工作；系统梳理、配置各管理处及站场备品备件，积极落实投产EPC承包商工作职责、物资采办、人员配备、后勤保障等工作；主动与韩国大宇及缅甸油气公司探讨研究天然气管道上游、下游计量交接，明确计量交接的相关法律、程序和技术要求；组织开展管线现场调研，确保管道安保方案及维抢修预案更具操作性，为一次成功投产奠定坚实基础。

2012年公司大力开展惠民利民公益事业，累计向缅甸捐款1470万美元，用于教育、电力、赈灾和医疗卫生等公益事业。特别是马德岛供水工程、管道沿线医院和学校援建工程、皎漂输电线路工程等重点公益项目赢得了良好的社会反响，为促进管道项目建设和树立中国石油形象作出了积极的努力。

五年筹划，三年建设，中缅油气管道建设历程中所取得的每一个阶段性成果，都将在中国能源通道建设史上留下辉煌的印记。

中缅油气管道项目南塘河大峡谷施工现场

中缅油气管道项目米坦格河跨越工程

中缅油气管道项目第三标段施工现场

若开山段一处将近2千米长的大冲沟，迫使工作人员每天都要徒步来回施工现场

地址：北京市朝阳区太阳宫金星园8号　邮编：100028　电话：010-63592896　传真：010-63591294

中国石油管道公司（管道销售公司）

总经理、党委副书记　姚　伟

党委书记、副总经理　汤亚利

公司机关办公楼

输油站场

中国石油管道公司（管道销售公司）是中国石油驻河北省下属公司。公司主营业务是原油、天然气、成品油管道运输，管道运输的原油和天然气销售，高压力、长距离、大口径油气管道运营核心业务服务、科研服务等。

公司所管辖管道储运设施始建于1970年的石油工业部大庆至铁岭原油运输管道，是中国油气管道运输行业创业起点，距今有43年历史。

截至2012年，公司管理运营在役油气管道12616千米。其中原油管道6068千米，主要包括东北和华北地区的漠河—大庆、大庆—铁岭—大连、铁岭—抚顺、丹东—朝鲜、大连新港—大连石化、铁岭—秦皇岛—北京、任丘—北京、定边—呼和浩特，以及西北地区的马岭—惠安堡—中宁—银川管道、石空—兰州管道等；成品油管道3399千米，主要包括华北地区的大港—济南—枣庄管道，以及宝鸡—郑州—长沙管道；天然气管道3149千米，主要包括山东地区的濮阳—沧州、沧州—淄博、泰安—青岛管道以及东北地区的大连—沈阳、秦皇岛—沈阳、长岭—长春—吉化管道。年输送原油能力8900万吨，年输送成品油能力1785万吨，年输送天然气能力469亿立方米。

2012年，共投产运行管道1700千米。铁抚线扩能改造工程建成投产；长呼原油管道油头到达呼和浩特末站；平泰线、锦西石化支线、山东莱钢支线完成天然气置换投产；庆铁三线

2012 年“共和国之恋”文艺晚会

公司第一届职工羽毛球大赛

完成联合调试，将有效缓解东北原油管道安全运行压力；漠大线安全适应性改造工程具备应急情况下进油条件；营盘输气联络管道工程、吉长成品油管道工程、成乐成品油管道工程等重点建设项目按计划稳步推进；压缩机组维修检修中心工程完成 6 个单体近 28000 平方米的建筑安装，基本完成工艺系统以外的生产辅助系统设备安装，整体进展顺利。

公司围绕安全生产关键技术开展科技攻关，取得重要成果。纳米降凝剂、天然气减阻剂、管道及储运设施检测预警与安全评价技术为保障管道安全高效运行发挥了积极作用；成品油界面检测技术实现新突破，为油品质量控制提供了技术支持；针对漠大线运行安全问题组织开展研究，逐步推进形成高寒地区管道运行保障技术系列成果；“螺旋焊缝缺陷检测与评价技术在完整性管理中的应用”获美国机械工程师协会（ASME）“2012 年全球管道奖”，公司是中国石油石化行业和亚洲地区首次获此荣誉的单位。

公司被集团公司授予“2012 年度环境保护先进企业”，公司党委被河北省委评为“全省创先争优先进基层党组织”、河北省国资委系统企业创先争优“先进基层党组织”、中国石油“创建‘四好’领导班子先进集体”、“集团维稳工作先进单位”。公司工会被评为“集团先进工会”。

公司将继续秉承中国石油“奉献能源、创造和谐”的企业宗旨，推进“安全、高效、和谐”管道公司的建设，继续努力践行中央国有骨干重点企业的经济、政治、社会责任。

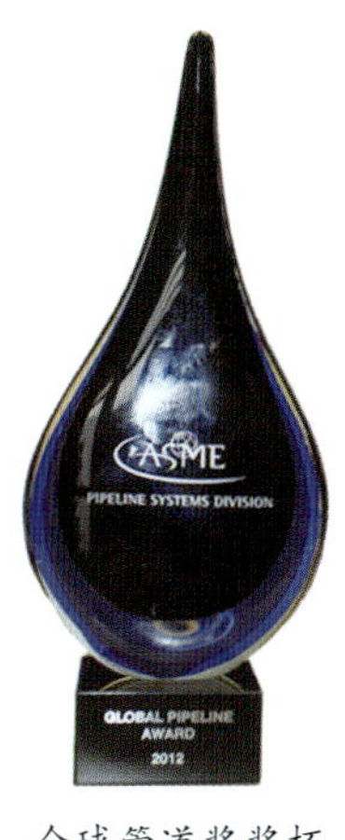

全球管道奖奖杯

奖牌展示

地址：河北省廊坊市新开路408号　邮编：065000　电话：0316－2170929　传真：0316－2170808

中国石油西气东输管道（销售）公司

总经理　黄泽俊

党委书记　秦　刚

中国石油西气东输管道（销售）公司是股份公司直属的地区公司，负责西气东输管道工程建设、生产运营管理和天然气市场开发与销售等业务。

公司随着西气东输工程的建设发展不断成长壮大。2000 年 3 月 8 日，西气东输工程项目经理部成立。2001 年 4 月 22 日，更名为西气东输管道分公司。2003 年 9 月 27 日，西气东输销售分公司成立。

西气东输管道分公司和西气东输销售分公司实行合署办公，注册地在上海。公司采用一级管理体制、扁平化的机构设置。2011 年底，集团公司对油气管道管理体制进行调整后，公司机构及管理范围、管理区域发生局部变化。目前，公司在上海总部设有 15 个职能部门，下设 4 个附属单位，管道沿线设有 16 个地区管理处（分公司）、4 个工程项目部、2 个国家计量测试中心、2 个股权管理单位。此外，公司负责国家能源天然气长输管道技术装备研发（实验）中心的建设和管理。公司共有员工近 3700 人。

公司运营管理 3 条干线管道（西气东输一线 59 号阀室—上海段、西气东输二线 68 号阀室—广州段及忠武线忠县—武汉段）、8 条支干线（常州—长兴、定远—合肥、南京—芜湖、枣阳—十堰、平顶山—泰安支干线河南段、南昌—上海支干线、广州—深圳支干线、广州—南宁支干线）、7 条联络线（樟树—湘潭联络线、冀宁联络线苏北段、淮武联络线、西二线中卫—靖边联络线、襄樊清管站至忠武线襄樊计量站联络线、黄陂联络压气站至淮武线联络线、嘉兴—甪直联络线）、16 条支线和长宁、兰银线（甘宁交界至银川段），管道总长 10868 千米；2 座地下储气库（金坛、刘庄）、144 座站场。

西气东输二线广深支干线求雨岭—大铲岛管道工程顺利投产

香港支线海上施工

技术比武

管线途经 14 个省（市、自治区）和香港特别行政区，下游销售及分输用户达 228 家，供气范围覆盖西北东部、中原、华东、华中、华南地区，并向华北地区转供天然气，初步形成了塔里木、柴达木、长庆、川渝四大气区联网供气格局。

西气东输一线是以新疆维吾尔自治区塔里木气田为主供气源，以长江三角洲地区为主要目标市场。管道干线西起新疆塔里木轮南，东至上海白鹤镇，全长 3843.5 千米。管道直径 1016 毫米，系统压力 10 兆帕，设计年输量 120 亿立方米。通过实施增输工程，管道全线年输气能力已达到 170 亿立方米。

西气东输二线主供气源为中亚天然气，管道西起新疆霍尔果斯口岸，总体走向为由西向东、由北向南，东至浙江、上海，南至广东、广西，线路总长约 8600 千米，管径 1219 毫米，东段设计压力 10 兆帕，设计年输量 300 亿立方米。

忠武输气管道是将四川盆地天然气输送到湖北、湖南两省，包括忠县—武汉干线和荆州—襄樊、潜江—湘潭、武汉—黄石支线，“一干三支”全长 1375 千米。全线共设工艺站场 21 座（其中计量站 16 座），线路截断阀室 38 座（其中 RTU 阀室 4 座），阴保站 20 座，设计年输量 30 亿立方米。

“十一五”期间，公司累计实现管输商品气量 809.77 亿立方米，天然气销售量 771.43 亿立方米，较好地履行了政治责任、社会责任和经济责任，为促进天然气工业和地方经济发展，调整能源结构、改善生态环境、提高人民生活质量作出了贡献。公司先后荣获“全国五一劳动奖状”，首届“国家环境友好工程”、“国家开发建设项目水土保持示范工程”和“新中国成立六十周年百项经典暨精品工程”称号。西气东输管道工程通过国家验收。“西气东输工程技术及应用”项目荣获 2010 年度国家科技进步一等奖。公司项目“超大型天然气长输管道复杂工程建设与运营管理”获第十九届国家企业管理现代化创新成果一等奖。

高陵压气站国产化机组投产

应急演练

员工学习“十八大”精神

地址：上海市浦东新区世纪大道1200号
中国石油上海大厦30—37层
邮编：200122
电话：021—50958811
传真：021—50958800

中石油阿姆河天然气勘探开发（北京）有限公司

总经理、党委书记　邓民敏

阿姆河天然气项目是我国万里能源大动脉——西气东输二线的主供气源，是中国石油历时十余年精心构建的中亚天然气网络的开篇之作。项目自 2007 年底启动以来，中石油阿姆河天然气勘探开发（北京）有限公司紧紧围绕项目生产建设目标，卓有成效地开展工作，突破了制约项目发展的各种瓶颈，不仅提前建成了一期工程，而且全面超额完成了生产经营目标任务，实现了项目建设和安全生产双丰收，为集团公司海外大庆建设、推进海外业务规模优质发展作出了积极贡献。

2012 年，合同区地震采集和钻井作业高效有序，勘探不断取得新突破，资源基础得到进一步巩固，6 个大规模气区的格局已初步形成。坚持以“保质、保量、保稳”为原则，以气田和处理厂精细化管理为抓手，强化生产组织、气井配产、夜间作业等精细化管理，克服了因签证问题造成检修延期带来的装置运行挑战。加强国内外协调沟通，在国内冬季用气高峰之际开足马力生产，天然气生产每天保持在 1620 万立方米的高位运行。全年累计天然气作业产量 59.34 亿立方米，外输商品气 54.67 亿立方米。目前，一期年产能 65 亿立方米扩建项目已顺利投产，二期项目建设加快进行。自备电站累计供电 8966.9 万千瓦·时，避免重大停电 31 次，确保了合同区电力系统安全稳定运行。

自备电站

在经营管理方面，公司着力规范推进 HSE 管理体系建设，强化源头治理，狠抓责任落实，突出抓好天然气生产作业场所管理和井控安全管理，年内突破 9000 万人工时安全生产纪录。数字化气田建设有序推进，完成多地视频会议系统建设及改造；完成了二维、三维一体化生产系统平台、钻井远程实时跟踪系统平台建设。员工本土化取

第二处理厂 A2 标段全景图

公司赞助的土库曼斯坦赴华留学生选拔考试现场

中土员工在工作现场

得实效，依托当地石油技校、河道技校及中国境内培训机构，开展装置操作、采输气、化验分析、汉语等培训班，累计培训土方员工 506 人。

按照集团公司“树立互利合作、多元发展、协同保障的新能源安全观”的要求，公司始终恪守资源国法律法规，充分尊重当地文化传统和风俗习惯，积极开展文化、教育、医疗及残疾人事业救助等社会公益活动，着力改善基础设施条件，充分吸收当地人员就业。为资源国提供 16000 多个就业机会，有效促进了两国人民的友谊和文化交流，推进了土库曼斯坦的经济发展，树立了中国石油在资源国的良好形象。

第一天然气处理厂装置区

地址：北京市朝阳区安慧北里安园19号
兰华国际大厦B座9层
邮编：100101
电话：010-58179329
传真：010-64829276

Tel-21 井放喷测试

荒漠腹地的营地

巴格德雷合同区第一天然气处理厂

中国石油集团
长城钻探工程有限公司

总经理 王忠仁

党委书记 冯艳成

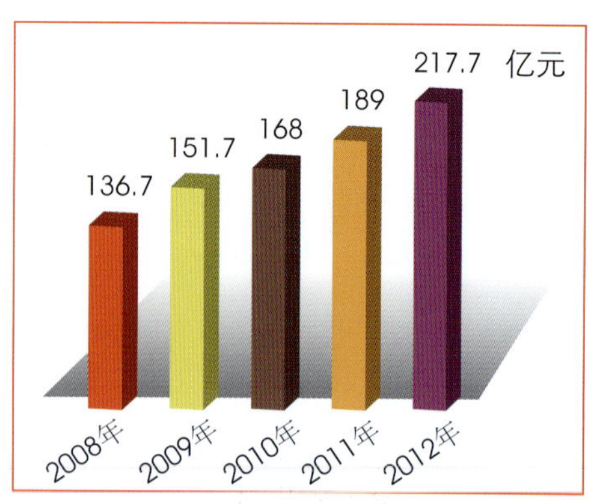

经济增长柱状图

中国石油集团长城钻探工程有限公司（英文缩写GWDC）是集团公司直属专业化石油工程技术服务公司。公司围绕石油天然气资源的勘探开发，全面开展总承包服务，从事综合技术服务、工程技术服务、合作开发等业务，业务涵盖钻修井、测井、录井、测试、固井、钻井液、顶驱、钻具、定向井、控压钻井、试油、井下作业、工程建设、装备制造、物资贸易等石油工程技术服务的各个环节。公司拥有30000余名员工，为国内14个省、市、自治区和国外28个国家地区提供专业服务。

公司始终坚持国际化石油工程技术总承包商发展定位，按照“国内专业化、国外区域化、国内外一体化”管理模式，转变发展方式，完善体制机制，加快企业市场化、国际化步伐。公司自成为国际钻井承包商协会（IADC）成员以来，以优秀的产品与服务品质赢得了国内外市场的赞誉，树立了良好的品牌形象，在国内外石油工程技术服务市场获得广泛认同。

获奖证书

在委内瑞拉设立的油基钻井液生产厂

自主研发的测井装备

公司始终坚持以科技为先导，组建了以工程技术研究院、测井技术研究院和地质研究院为核心的技术支撑体系，在全球范围内对公司主营业务板块提供一对一支持，形成了多分支钻完井、欠平衡钻井、过套管电阻率测井、录井信息服务、高温高压井测试以及低渗气田和稠油油藏开发等一系列优势特色技术。由公司牵头完成的“水平井钻完井多段压裂增产关键技术及规模化工业应用”与“超高温钻井流体技术工业化应用”科研项目分别获得国家科技进步一等奖、二等奖。

践行企业社会责任，义助尼日尔共和国乡村小学

公司始终积极践行企业社会责任，关爱环境，推行清洁生产，减少污染排放；关爱员工，以人为本，推进员工成长；关注民生与社会进步，努力构建和谐社区关系，实现经济、环境和社会三大责任的有机统一。

面对新的机遇和挑战，公司秉承“爱国、创业、求实、奉献”的企业精神，恪守“诚信、创新、业绩、和谐、安全”的核心经营理念，不断提升企业核心竞争力，坚定不移地向国际化石油工程技术总承包商目标迈进。

用歌声抒发作为中华民族的儿女、作为公司的一员所拥有的自豪感和幸福感

首部9000米钻机承钻辽河油区特深探井施工任务

地址：北京市朝阳区安立路101号名人大厦　邮编：100101
电话：010-59285125　传真：010-59285034

苏里格生产作业现场

中国石油集团
渤海钻探工程有限公司

总经理　秦永和

党委书记　秦文贵

天津市国资委党委副书记孟宪锋为公司颁发全国文明单位奖牌和奖状

中国石油集团渤海钻探工程有限公司（BHDC）是为油气田勘探开发提供石油工程技术服务的专业化公司，从事的业务主要包括钻前工程、钻井工程、侧钻工程、定向井工程、固井工程、录井工程、测井工程、钻井液服务、大修工程、压裂酸化、试油测试、管具服务、油气合作开发、石油工程技术研究、石油地质研究等。截至 2012 年底，资产总额 275 亿元，用工总量 2.83 万人，施工队伍 1000 余支。技术服务队伍遍及华北、大港、冀东、塔里木、长庆、内蒙古等国内市场，以及印度尼西亚、委内瑞拉、伊朗、伊拉克等国际市场。公司先后获得“全国五一劳动奖状”、“全国‘安康杯’竞赛优胜企业”、“全国企业文化建设优秀单位”、“天津市五一劳动奖状”、“天津市文明单位”、“天津市劳动关系和谐企业（AAA）”等荣誉称号，连年被评为“集团公司安全生产先进企业”。

公司大力推进“科技兴企”战略，秉承“强化创新、打造特色、引领发展”的理念，以高新技术研发、高端产品研制、技术服务一体化发展为宗旨，大力打造和保持技术竞争优势，5 年来累计完成省部级以上科技

公司 BH-VDT5000 垂直钻井系统获第十二届中国国际石油石化技术装备展览会“展品创新金奖”

壳牌公司参观公司实时数据曲线与井场视频监控系统

2012 年 4 月 6 日集团公司总经理、党组成员周吉平一行到公司钻井队调研

2012 年 5 月 11 日集团公司副总经理、党组成员廖永远到牛东地区调研并听取汇报

成果 54 项，公司被认定为国家技术创新示范企业、国家高新技术企业，培育形成了“十大优势技术”、“十大特色技术”和“十大技术利器”。垂直钻井工具荣获国际石油石化技术装备展览会唯一“展品创新金奖”。

公司坚持“人才强企”，以职业能力建设为导向，以提升员工整体素质为主线，建立和完善人才培养模式，充分发挥集聚效应，吸引和留住人才。截至 2012 年底，拥有教授级高级职称 28 人，高级职称 969 人，集团公司技术专家 6 人、公司级技术专家 108 人，集团公司技能专家 7 人、公司技能专家 41 人。搭建了以博士后工作站为载体的高层次人才培养平台，引入在站博士后 11 人、博士 41 人。建成了集团公司一流的钻井和井控培训基地，突出基层自我培训，不断提升员工素质。公司荣获“第十届国家技能人才培育突出贡献奖”，在集团公司组织的钻井柴油机工、钻井井控、井下井控技能竞赛中屡获佳绩。

进入新的历史时期，公司将坚持以科学发展观为指导，牢记保障油气勘探开发使命，着力打造深井复杂结构井第一军，与时俱进、开拓创新，勇于探索、敢于突破，力争走出一条专业化、集约化、一体化创新驱动发展之路。

国家技术创新示范企业

工业和信息化部

公司被认定为国家技术创新示范企业

公司在集团公司首届井控培训教师业务技能竞赛中获得团体第一名

地址：天津市经济技术开发区黄海路106号　邮编：300457
电话：022-25281919　传真：022-25281515

参加天津市总工会 2012 年春节慰问演出

公司 9000 米钻机在新疆施工

宝鸡石油机械有限责任公司

总经理　郭孟齐

党委书记　范瑞丰

公司综合办公楼

海洋钻机

宝鸡石油机械有限责任公司（简称宝石机械公司）是集团公司所属的建厂较早、规模较大、实力较强的石油钻采装备研发制造企业，是全球较大的陆地石油钻机和系列钻井泵研发制造基地，是全国较大、能力较强的重要场合用途钢丝绳研发制造基地和国内较大的钻机电控设备供应商。

宝石机械公司的前身是宝鸡石油机械厂，创建于 1937 年，1953 年划转石油系统，2002 年改制成立有限责任公司，2008 年成为集团公司独资设立的一人有限责任公司。公司下设 11 个职能处室、9 个直属机构、10 个生产分厂，拥有咸阳宝石钢管钢绳有限公司、宝石机械成都装备制造分公司、宝鸡宝石特种车辆有限责任公司、西安宝美电气工业有限公司、宝石电气设备有限责任公司、巴西宝石石油设备有限责任公司、中委钻机股份有限公司、海洋石油装备分公司 8 个分（子）公司。共有员工 8170 人，主要生产设备 2300 余台（套），总占地面积 250 万平方米，建筑面积 79.77 万平方米，总资产 97.96 亿元，年销售收入 60 亿元以上。

公司主要设计制造 1000—12000 米九大级别、4 种驱动形式的常规陆地钻机、极地钻机和海洋成套钻机、海上钻采平台设备和海洋平台总包，500—3000 马力的各系列钻井泵以及井控井口设备、特种车辆、钢管钢绳、大直径牙轮钻头等钻采装备配套产品和电气控制、非常规油气设备和减排设备等，产品覆盖 50 多个类别、1000 多个品种规格，其中十三大类 54

2500 型压裂车

10000 米测井绞车

项产品获得了美国石油学会 API 会标使用权，产品远销中东、美洲、非洲、中亚、东南亚、欧洲、澳洲等 58 个国家和地区。

公司具有引领我国油气钻井装备行业研发制造方向的技术实力，是国家油气钻井装备工程技术研究中心承建单位，是行业内唯一承担有两个国家标准化工作部（国家钻机标准化工作部、国家海洋钻采设备标准化工作部）秘书处工作的企业。公司已荣获国家级和省部级科技奖项 96 项，获国家专利授权 505 件，主持制定国家标准 15 项、行业标准 30 项，专利技术稳居中国石油装备制造系统榜首。

公司奉行“把责任留给自己，把满意留给用户”的经营理念，围绕着“建成国际著名能源装备公司”的宏伟目标，致力于为客户提供能够创造卓越价值的能源装备与服务。“宝石机械”中文商标及“BOMCO”英文商标图案被国家工商行政管理总局商标局和商标评审委员会认定为“中国驰名商标”，并在海外 37 个国家申请注册；“宝石机械”以唯一性和排他性被中国品牌研究院确定为“中国行业标志性品牌”，“宝石机械”系列钻机被国家认定为“中国名牌”产品。公司荣获“30 年中国品牌创新奖”、“中国石油石化装备制造业卓越贡献奖”、“能源装备科技进步奖”，被评为“全国石油钻采专用设备制造行业排头兵企业”、“全国振兴装备制造业重要贡献单位”、“陕西省国际知名品牌企业”、“陕西省创新型企业”，先后荣获“全国模范职工之家”、“全国五一劳动奖状”、“全国模范劳动关系和谐企业”、“全国企业文化优秀奖”、“企业文化建设百强单位”、“全国文明单位”等荣誉称号。

钢丝绳

公司研制成功的全球首台 3000 马力大功率高压钻井泵

六点定位钻头

地址：陕西省宝鸡市东风路2号
邮编：721002
电话：0917-3462000
传真：0917-3462024

昆仑银行股份有限公司

副董事长、党委书记　蒋尚军

行长　王忠来

昆仑银行与中国海运签订战略合作协议

2012 年学习研讨会

昆仑银行股份有限公司前身为克拉玛依市商业银行股份有限公司，2009 年 4 月集团公司对其增资控股，2010 年 4 月更名为昆仑银行股份有限公司。

昆仑银行本着高起点、快发展、可持续的发展理念，坚定不移地实施产融结合特色化、差异化发展战略，以大型中央企业、石油石化企业及其产业链上中下游企业、石油员工及矿区家属等为核心客户群，兼顾社会客户群，全面履行经济、社会和环境责任。对公业务上，开发服务石油企业大司库和收支两条线的现金管理、敏感地区国际结算、石油产业链贸易融资、石油企业委托贷款、加油站上门收款等产品与服务。个人业务上，开发了以代发工资为载体，集理财、代收代付、公积金贷款、石油员工信用贷款、石油员工子女出国留学贷款等在内的石油员工综合金融服务。在拓展物理网点的同时，快速健全网上银行、电话银行、手机银行，整合形成“昆仑 e+”电子银行品牌，并探索推出远程银行，构建物理网点与电子银行渠道互为补充、相互支持的机构网络。

昆仑银行下设克拉玛依、乌鲁木齐、大庆、吐哈、库尔勒、西安 6 家分行和总行营业部，设立控股乐山昆仑村镇银行和塔城昆仑村镇银行。截至 2012 年末，员工总数 1893 人，总资产 1848 亿元，全年实现利润总额 23.37 亿元。

2012 年高端客户座谈会

西安泾河工业园支行

趣味接力赛

地址：北京市西城区金融大街1号　邮编：100033　电话：010-89026655　传真：010-89025409

中油资产管理有限公司（昆仑信托有限责任公司）

总经理　王　亮

党委书记　李　晶

2012 年 6 月 29 日，昆仑信托慈善基金捐赠仪式在四川泸定举行

中油资产管理有限公司于 2009 年 6 月重组，注册资本 30 亿元人民币。公司定位为集团公司的"投资银行"，为中国石油的发展提供低成本和优质可靠的筹融资服务，严格控制风险，积极助力主业。

重组以来，公司实现了跨越式发展，各项经营指标大幅提升。2012 年，公司实现营业收入 12.1 亿元，利润 10 亿元，净利润 7.4 亿元，信托规模达到 931 亿元，获得"浙江省优秀金融企业"、"宁波市纳税 50 强"等荣誉称号。

公司围绕"服务集团、助力主业"的定位，不断推进产融结合。2012 年，通过设立国联能源产业基金，为中国石油引入外部资金 100 亿元用于西气东输三线管道建设。继续为中国石油"民生工程"提供资金保障，累计为大庆油田等 14 家矿区企业融资 163 亿元，建设住宅面积 1260.7 万平方米，惠及员工 8.5 万户；为煤层气、装备制造等项目累计提供资金 82.2 亿元。与此同时，公司不断开拓市场，加快业务创新，固有资金新股申购收益在全国 800 多家询价机构中排名前列。公司发起设立昆仑信托慈善基金，捐助四川泸定中小学教育事业，树立了良好的社会形象。

2012 年，公司发布《企业文化手册》，"信誉无价、托付有道"的企业形象正在树立，"诚信稳健、分享共赢，服务社会、造福民生"的企业品格逐步形成，公司发展环境日趋和谐。

2012 年 9 月 13 日，昆仑信托、华融证券、融德资产业务合作框架协议暨融昆（北京）投资中心合伙协议签约仪式

2012 年 5 月 30 日，西气东输三线管道项目合资合作框架协议签约仪式

公司节目"忠诚"获第六届中国石油职工艺术节"长庆杯"金

地址：北京市西城区金融大街1号金亚光大厦B座　邮编：100033　电话：010-63597600　传真：010-63597604

第十三篇

企事业单位概览

大庆油田有限责任公司（大庆石油管理局）

【概述】 大庆油田1959年发现，1960年开发，是中国迄今为止最大的油田，也是世界上为数不多的特大型砂岩油田之一。油田位于黑龙江省西部，松嫩平原北部，由萨尔图、杏树岗、喇嘛甸等52个油气田组成，含油面积6000多平方千米，登记探矿权面积26.3万平方千米。大庆油田有限责任公司（以下简称公司）业务范围主要包括石油天然气勘探开发、工程技术、工程建设、装备制造、油田化工、生产保障、矿区服务和多种经营，具有较为完整的业务体系和综合一体化发展优势。截至2012年底，公司有二级单位56个，员工26.15万人，资产总额3699亿元。2012年，生产原油4000万吨、天然气33.68亿立方米。

【勘探开发】 公司面对持续稳产的繁重任务，勘探开发系统坚持“高效益、可持续、有保障”的稳产方针，优化勘探部署，精细水驱挖潜，深化聚驱提效，继年产原油5000万吨连续27年高产稳产之后，4000万吨以上持续稳产走过第十个年头。油气勘探取得新成果。全年提交石油探明储量1亿吨、控制储量8069万吨、预测储量1.05亿吨，天然气预测储量308亿立方米，超额完成各级储量任务，特别是齐平1井、齐平2井、葡平1井实现重大突破，展现了中浅层致密油勘探的良好前景。油田开发再创新水平。长垣水驱自然递减率控制到5.41%，综合治理示范区实现“三年产量不降、含水不升”；聚合物驱吨聚增油止降回升，年产量达到1368万吨；全年钻井4667口，建成产能272.9万吨，实现水驱、聚驱双超产。天然气上产进一步加快。全年生产气层气13.34亿立方米，同比增长16%，溶解气20.34亿立方米，同比增长4%，为油田生产和城市燃气提供了有力保障。

【扭亏解困】 强化政策引导，深化结构调整，精细内部挖潜，实现了未上市经营状况的进一步改善。工程技术业务：着力强化特殊复杂工艺井技术攻关，服务保障和自我发展能力进一步增强。工程建设业务：在服务油田市场的同时，加快走出去步伐，海外市场总承包项目大幅增长，营业收入、经营利润大幅增长。装备制造业务：推进业务结构和主导产品的优化调整，生产能力、产品质量有了新提高，实现合同签约额同比增长。油田化工业务：重要装置安全平稳运行，表面活性剂等专用化学品研发生产能力持续增强。生产保障业务：水、电、信、物资等保障体系日益完善，服务效率、质量不断提升。多种经营业务：加强规范运作，加快法人清理，推进外围实业主体托管，资产创效能力有效提升。物业、公交、医疗、教育、文化、保险、房地产等业务也实现新的发展，进一步开创了整体协调发展的新局面。

【科研攻关与重大核心主导技术】 适应业务发展的迫切需求，优化资源配置，推进大项目攻关，切实加快科技创新步伐。油气勘探技术：叠前逆时偏移高端成像、复杂油水层识别与储层评价等技术不断完善，为勘探发现提供了有力支持。水驱精细挖潜技术：多级细分注水工艺逐步配套。聚驱优化提效技术：相对分子质量、浓度等注入参数持续优化，注聚后期跟踪调整技术日益完善。大规模压裂等工程技术：直井多层压裂平均单井初期日增油5吨，水平井分段压裂单井初期日产油9.4吨，展现了外围难采储量有效开发的新希望。强碱、弱碱三元复合驱技术：配套工艺适应性不断增强。全年共取得科研成果233项，其中省部级以上奖励27项，国家发明专利58项。“水平井钻完井多段压裂增产关键技术及规模化工业应用”获2012年度国家科技进步一等奖。

【市场开发】 积极应对复杂多变的国际形势，科学调整思路布局，稳健开拓外部市场。工程技术：中标鲁迈拉16口深井大包合同，续签委内瑞拉物探项目。工程建设：签约土库曼斯坦PC项目，在哈萨克斯坦获得服务合同。装备制造：中标乍得公司潜油电泵租赁合同。大庆油田与印度尼西亚国家石油公司签署战略合作框架协议，开创国际油气一体化合作的新局面。

【企业管控】 加大规范运作的力度，强化投资成本控制，实施公产房屋统一管理，推进物资集中采购，完善价格约束机制，发挥审计监督作用，全年节省投资27.58亿元。加大“三基”工作力度，坚持“责任在领导、重点在基层、关键在岗位”，全面启动“三基”工作新的重大工程，加强安全环保，推进节能减排，深化质量、计量、标准化工作，全年未发生工业生产责任亡人事故，节能15.46万吨标准煤。加大风险管控力度，内控体系更加完善，合同、招投标管理和法律事务进一步规范。大力加强油田保卫，破获侵害油田案件2025起，收缴被盗原油1.36万吨，维护了正常生产经营秩序。稳步推进油气生产物联网、云计算和ERP系统集成三大信息工程，加快数字油田建设步伐。

【民生工程】 坚持高品位起步、大力度推进，系统建设了以创业城为代表的改善性住房。汇景花园、明湖花园收尾工程圆满完成，商厦地区整体改造有序推进，拥军、龙南等老旧小区整治系统升级，新建社区服务综合体及便民项目13个，2.3万户、建筑面积439万平方米的老会战创业城主体工程全面竣工，受到油田内外、社会各界的一致好评。坚持区域化统筹、点与面结合，构建形成了以“九纵十二横”为骨架的油田生态景观。对让林路、北二路等9条主干道，以及油田、社区道路进行整体规划、系统改造和景观绿化，打造形成了四通八达、方便快捷的矿区交通网络。推进油区环境细部整治，拆除违法违章建筑13.86万平方米，动迁房屋22.3万平方米，植树500万株，新增绿地640公顷[1]，生态建设示范区基本建成。坚持为民办好事、着力解难题，启动实施了以配套升级为目标的重点民生工程。总医院住院一部改造加紧推进，龙南医院门（急）诊楼主体工程实现封顶，饮用水质提升进入关键施工阶段，员工居住区实现天然气供应全覆盖。深入做好和谐稳定工作，加强重点时段监控，扩大帮扶救助范围，推进社会保险政策落实，实现大局的总体稳定。

【党建和思想政治工作】 围绕喜迎党的十八大胜利召开，加强舆论宣传，丰富文化生活，开展岗位建功，推进党建提升，着力营造良好的政治环境。加强领导班子和干部队伍建设，围绕改善班子结构、提升能力素质、增强整体功能，认真落实中央和集团公司干部选拔任用的政策规定，坚持选人用人标准，规范选人用人程序，按照德才兼备、以德为先的原则，注重实绩导向，突出群众公认，加强培养培训，进一步调整、完善、充实二级单位领导班子，使一批扎根基层、埋头苦干、业绩突出的优秀干部走上领导岗位。持续深化“创先争优”和反腐倡廉，以基层组织建设年为载体，制定实施“党支部分类定级管理办法”，推进党员责任区、党员先锋岗、党员效益工程，加大党内监督执行情况的检查力度，圆满完成2008—2012年惩防体系建设任务，促进了党组织和党员队伍建设的不断加强。弘扬大庆精神铁人精神，继续举办“石油魂——大庆精神铁人精神”宣讲，深入开展向“大庆新铁人”李新民学习活动，进一步增强了高举大庆红旗的自觉性和坚定性。充分发挥群团组织作用，在公司和二级单位设立专门的员工服务机构，开展“珍惜·恩·回报”主题教育和“导师带徒”、青年成才行动，有效激发了干部员工立足岗位、建功立业的热情。

（陈立民　李淑杰）

中国石油天然气股份有限公司辽河油田分公司（辽河石油勘探局）

【概述】 中国石油天然气股份有限公司辽河油田分公司（以下简称公司）地跨辽宁省、内蒙古自治区的12个市（地）、32个县（旗），是全国最大的稠油、高凝油生产基地。公司主要从事油气勘探开发、工程技术、工程建设、燃气利用、多种经营、矿区服务等业务。油田机关设19个处（部）室，下设二级单位

[1] 1公顷=10000平方米。

62 个，用工总量 100820 人，资产总值 540 亿元。

2012 年，油田公司生产原油 1000 万吨、生产天然气 7.2 亿立方米。新增探明石油地质储量 3178 万吨，新增动用石油地质储量 3047.02 万吨，新增动用可采储量 673.81 万吨，老区增加石油可采储量 339.6 万吨。实现收入 740 亿元，其中，上市业务 360 亿元、未上市业务 228 亿元、多种经营 152 亿元，收入同比增长 6.8%。上缴税费 138 亿元，其中，上市业务上缴税费 118 亿元，未上市业务上缴税费 20 亿元。资产总额 827.03 亿元，其中，上市业务 643.68 亿元、未上市业务 183.35 亿元，资产总额同比增长 5.1%。

【油气勘探】 2012 年，公司加强区域勘探，新增控制含油面积 26.7 平方千米，新增探明石油地质储量 3178 万吨，可采储量 638.81 万吨。新增溶解气地质储量 11.59 亿立方米，可采储量 2.71 亿立方米。大民屯凹陷边台油田边台潜山、曹台潜山和静安堡油田新增探明储量 2901 万吨。中央凸起南部赵家潜山新增控制储量 4558 万吨，茨榆坨潜山新增预测储量 6046 万吨，形成 3 个亿吨级规模储量区。致密油气和岩性油气藏精细勘探获得重要进展，在雷家、董家岗斜坡带等 4 个地区落实三级储量规模 1.1 亿吨。火成岩勘探取得重大突破，在东部凹陷和陆家堡凹陷有望形成整装含油气区带。推进新区勘探，在南海探区中建和华光坳陷部署探井 6 口，在南黄海地区新登记矿权 3559 平方千米，辽北地区新登记矿权 2.26 万平方千米。全年新增三级储量 1.38 亿吨，储量替换率 0.94。

【油气生产】 2012 年，公司按照“产量稳、成本稳、效益稳，规模增、实力增、效益增”的部署，推进产能增长、恢复产量、稳定产量、减缓产量递减及开发准备“五大开发布局”，实现“产量稳定与结构调整并重，技术研发与现场试验并重，评价勘探与开发建设并行，新方式开发与老方式延续并存”，实施大民屯潜山等新区高效开发、难采储量开发及老油田二次开发、分层开发，维持油区产能增减平衡。针对产能建设新区目标主要集中在深层潜山和薄层油藏、老区目标主要以实施二次开发区域为主的特点，加快研究、加快设计、超前组织、实时跟踪、及时调整，全年完钻产能建设新井 300 口，钻井进尺 57.8 万米，新建原油生产能力 79.7 万吨，新井当年产油 40 万吨。推进转换开发方式重大试验，实施十大类 473 个井组，年产油 212 万吨；齐 40 块蒸汽驱连续 4 年稳产 60 万吨以上，曙一区 SAGD 年产油达到 70 万吨。扩大水平井规模，累计实施新井 1205 口，年产油 265 万吨，占油田总产量的 1/4 以上。优化产量结构，兴隆台潜山保持百万吨生产能力；提升注水油田开发水平，稀油、高凝油年产量达到 428 万吨。二次开发、分层开发累计建产能 190 万吨，提高采收率 10%。海南—月东、高升火驱年产油 22 万吨。

【工程技术服务】 2012 年，公司工程技术系统发挥油气生产主力军作用，开展“三提一降”（提升素质、提高质量、提高效率、降低成本）活动，推行采油作业联产承包，创建甲级小修示范作业队，加强井控、安全管理，提升作业质量效益，全年完成工作量 2.45 万井次。加大外部市场开发力度，拓展市场空间，分析、研究国内国外市场，加强重点项目的跟踪和管理，重新确定重点发展业务和方向，确立以稠油热采、技术服务和天然气压缩回收等业务为主的发展目标。内外部市场动用基层队伍 29 支，实现产值 2.01 亿元。其中，国内市场动用基层队伍 26 支，实现产值 1.31 亿元；3 支基层队伍开拓国际市场，实现产值 0.7 亿元，同比增长 22.7%，新增合同额 7000 万美元。

【燃气利用】 2012 年，公司开拓燃气利用市场，与辽宁省铁岭市、沈阳市铁西区和阜新市签订天然气合作框架协议、特许经营协议，签订企业合作协议和用户购销意向书等，新增燃气需求 6 亿立方米。双 6 储气库主体竣工，投产盘锦母站二期工程和鞍山加气站等项目，推进辽阳、朝阳、海城、营口气源厂等 6 条支线建设；组建辽阳等 5 家城市燃气公司。深化投资控制管理，严格执行计划，科学规划管道路由，规避“三穿”（公路、铁路、河流）工程和环境敏感性工程。组建辽河油田能源管理公司，拓展 LNG（液化天然气）业务，覆盖辽宁省 14 个城市；“气代油”项目日供气指标稳定在 350 万立方米；全年气代油用天然气 12.6 亿立方米，替换燃料油 100 万吨。

【工程建设】 2012 年，公司工程建设系统立足服务生产、积极开拓市场，发挥 EPC 总承包优势，实施产能建设、开发试验等重点项目，克服各种不利因素，完善市场开发机制，提升开发能力，优化生产组织，合理调配资源，统筹安排开工项目，生产建设高效运行，取得了良好成果。成功中标西气东输三线西段、锦州—郑州线、中国—缅甸线、南疆天然气利民工程、漠大线适应性改造工程储罐安装、哈轮输油管道、营口—盘锦线、西三线、金秋气田二期、内蒙古巴拜油库等大型项目。发挥整体优势，突出方案预审和前期准备工作，强化现场监控和施工日志管理，加强施工进度考核，提升项目管理水平。推进国内口径最大的复合管焊接，施工水平处于国内领先，为发展外部工程建设市场创造了条件。

【经营管理】 2012 年，公司全面开展管理提升活动，积极推进规章制度与管理体系融合，明确权限、理清界面、简化流程，提升企业管理效能。精细投资管理，加强源头控制和过程监管，优化核减投资 1.6 亿元，确保重大项目顺利实施。强化预算执行，严格动态管理，控制成本、压缩费用、减少外协，实现成本刚性受控。坚持依法以规治企，加强概预算、结算、合同、市场、物资、资本运营管理，深化内控、法律风险防控体系建设，加大审计和效能监察力度，提高管控水平。推进“基本素质达标工程”，举办第七届员工职业技能竞赛。严格落实“三控制一规范”，优化组织、队伍和人员结构；落实强激励与强约束机制，全面管控人工成本。深入开展“全员精细管理、杜绝百种浪费”、“两省一增”（盘活资产省一块投资、细化管理省一块成本，创新发展增一块效益）等活动，挖潜创效 2 亿元。通过开源节流并举、降本增效并重，全面完成业绩考核指标，发展质量效益跃上新台阶。

【科技进步】 2012 年，公司“千万吨稳产重大科技专项”顺利启动，被集团公司列为“样板工程”，确立 4 项工程 17 个课题，初步形成四大增储格局、五大开发布局，20 项先导试验进入现场，建立千万吨原油产量再稳产 10 年的技术架构。推进国家科技重大专项，蒸汽驱、SAGD 两个示范区建设，稠油开发技术保持行业领先水平。开展集团公司低碳专项课题，有力支撑稠油降本增效和节能减排。信息化建设在基础设施、系统集成、信息共享和应用等方面取得显著效果，推动企业管理现代化。全年获得国家级、省部级科技成果奖 16 项，其中，“变质岩内幕油气重大发现与高效开发技术”荣获国家科技进步二等奖，荣获国家授权专利 236 项。科技进步助力企业实现“双千”目标的作用越发凸显。

【多种经营】 2012 年，公司多种经营系统依托油田一体化管理优势，突出产业和特色定位，深化内部重组整合，持续清理法人和挂靠企业，集中资金、技术、人才等要素资源，坚持发展油气能源配套产业，加快重点项目和新项目开发建设，加大项目对外合作力度，存量业务与增量业务协同发展，主营业务支撑拉动作用日趋明显，稳步推进天意顶驱、海澜化工等重点项目，全年实现收入 152 亿元，同比增长 10.9%，利润总额 2 亿元，上缴税费 8 亿元，各项业务实现整体协调发展。

【安全环保】 2012 年，公司深入践行“有感领导、直线责任、属地管理”的安全环保核心价值理念，坚持管业务与管安全同步、管工作与管安全同步，集合制度、培训、绩效、审核等举措，推动责任共担。全年制定、修订、转化、删减、整合规章制度及标准三大类 20 项，完善安全绩效兑现方案、干部挂职、责任追究等正负激励措施 8 项，强化体系运行质量审核，合理划分干部履职、直线监管和基层现场的审核权重。深化 HSE 体系建设，推进管理模式和方法创新，按制度召开 HSE 委员会会议和 HSE 体系推进会议。强化制度完善、过程管控和违章查处，出台法规性、政策性和决策性文件 88 项。组织各级领导干部签订负有第一责任、直线责任的《健康安全环保责任书》1286 份；开展安全联系点督查、指导服务 5206 人次；通报、曝光、责令整改存在安全环保、职业健康隐患项目 1660 个，叫停无法保证安全的建设项目和施工作业现场 26 个，顺利通过集团公司年度审核。加强重点领域、要害部位安全环保管理，投入 4.5 亿元组织新一轮 3 年隐患集中治理，开展“打非治违”、挂牌督办专项活动，削减安全环保风险。加强应急管理，提高突发事件处置能力。推进节能减排和环境治理，实现采油污水循环利用，节能 6.3 万吨标准煤，节水 130 万立方米，节约土地 68.4 公顷，减排二氧化硫 3534 吨。公司荣获国家职业健康先进企业称号，连续保持集团公司安全环保先进，第八年被评为节能节水型先进企业。

【党建、思想政治工作】 2012 年，公司党委积极组织学习贯彻党的十八大精神，加强领导班子建设和领导干部理论水平。丰富创先争优载体，广泛开展主题教育实践活动。各级党组织和广大党员发挥引领作用，在油田生产经营建设、未上市业务解困扭亏、多种经营发展、改善外部环境、维护矿区稳定等方面凝聚共识、开阔思路，增强了工作的主动性和实效性。加强思想政治、企业文化和精神文明建设，弘扬大庆精神、铁人精神。强化“三支”人才（企业经营管理人才、专业技术管理人才、专业技能人才）队伍建设，提升队伍整体素质。推进“千队示范”工程，实施基层党支部分类定级考核，提高“三基”工作水平。严格落实党风廉政建设责任制，完善惩防体系基本框架，深化廉洁从业教育，全面推进廉洁风险防控工作，为全面超额完成各项业绩指标提供动力和保证。

【和谐矿区建设】 2012 年，公司推进民生工程，投资 2.4 亿元，实施基础设施改造、小区物防技防、数字化电视、医疗设备更新等重点项目。推行“一站式”服务、“走动式”管理，探索供暖、医疗、托幼、市政等服务新模式，提升矿区服务水平。严格落实维稳责任，完善风险评估和预警机制，突出抓好党的十八大等特殊时段信访维稳工作，矿区和队伍保持稳定。加大政法综合治理工作力度，开展打击涉油犯罪专项行动，保障一方平安。为提前退休人员和离退休员工增加待遇，支出资金1.26亿元。为退岗家属建立养老保险，支出资金1.4亿元。实施各类帮扶1.4万人次、支出资金2338万元。尽职、尽责、尽力，按需、按岗、按优，积极创造条件，多渠道推进员工子女社会化就业。履行国有企业经济、政治和社会“三大责任”，推进油地融合战略，做好定点扶贫工作，创造油田和谐有利的发展环境。

（田　英　鲁艳萍）

中国石油天然气股份有限公司长庆油田分公司（长庆石油勘探局）

【概述】 中国石油天然气股份有限公司长庆油田分公司（以下简称公司）主营鄂尔多斯盆地油气及伴生资源的勘探、开发、生产、储运和销售等业务。截至2012年底，公司设机关职能处室23个，附属部门5个，直属单位14个，二级单位72个（含矿区服务事业部二级单位19个），用工总量7万余人。

【主要生产经营指标】 2012年，公司生产原油2261万吨，同比增长12.94%；生产天然气290亿立方米，同比增长12.37%；油气当量突破4500万吨，达到4574万吨，实现营业收入1440亿元。

【油气勘探】 大力实施资源勘探战略，重点突出碳酸盐岩新领域勘探，持续推进盆地北部和湖盆中部致密油气整体勘探，不断加强陕北、姬塬、陇东和苏里格地区油气预探，储量持续高峰增长。2012年新增油气三级储量17.9亿吨，公司5000万吨油气产量“上得去、稳得住”和向着更高油气产量目标迈进的资源基础进一步夯实。在早期“盆地有多大、油气范围就有多广”的经验认识和20世纪末“满盆气、半盆油”的平面分布认识基础上，面对“三低”油气藏，不断解放思想、大胆创新，创立“广覆式生烃、满湖盆富砂、全方位运聚、大面积成藏、立体式叠合”等一系列全新的油气成藏理论体系，形成对盆地油气资源宏观立体全方位的新认识，引领油气勘探不断取得大突破和大发现，落实一批规模储量区和战略接替区，盆地油气资源纵横向分布格局不断明朗。形成了姬塬、华庆、陕北、陇东4个10亿吨以上原油规模储量区；纵向上形成了长7致密油和长6、长8油藏全盆地分布，长4+5、长9油藏大面积展布，长3以上及长10油藏局部富集的多层楼式立体分布格局。天然气勘探形成了上古生界致密砂岩气全盆地分布，下古生界碳酸盐岩风化壳大面积分布，奥陶系中下组合局部富集的多套成藏组合分布格局。盆地北部落实4万亿立方米储量规模的苏里格超大型含气区，并积极向全盆地拓展，东部的神木、西部的陇东、南部的黄陵以及中部的陕北油区腹地天然气勘探均获得重大发现。地质理论的又一次重大突破与飞跃，进一步推动了油气储量高峰增长，每年新增石油探明储量由1亿吨增加到3.5亿吨，天然气探明加基本探明储量每年增长超5000亿立方米，新增油气探明储量占中国石油总探明储量的50%以上。2012年，公司“姬塬地区长4+5段石油勘探”、“华庆地区东部长6段石油勘探”、“苏里格南区天然气勘探”3项成果均获得中国石油油气勘探重大发现一等奖。

【油气开发】 紧紧抓住超低渗透油藏和苏里格气田2个上产通道，围绕“两提一降”，积极转变发展方式，着力推进技术攻关，加大水平井开发力度，油气产量再攀新高。原油日产水平达到6.5万吨，天然气日产水平超过1亿立方米，年油气当量突破4500万吨，已具备年产量5000万吨生产能力。

油田产能建设通过加强前期地质研究，优化

方案部署，强化随钻分析，规模建产区实施效果良好。在姬塬、西峰、华庆、马岭等地区规模建成产能540.2万吨，初期平均单井日产油3.7吨，新井当年日产油水平突破1万吨，强力助推了原油产量快速攀升。同时以华庆长6、马岭长8水平井示范区建设为抓手，规模推进水平井开发。全年共完钻水平井300口，完成计划的176.5%，投产水平井143口，井均日产量8.3吨。油田稳产以精细油藏描述为基础，通过加强精细注采调控，大规模实施精细分层注水，开展裂缝见水区连片堵水调剖，强化油藏综合治理，精细措施挖潜，全年措施增油42万吨，全油田自然递减和综合递减下降0.3%，油田稳产基础得到了进一步夯实。实施“两调一分两驱”提高采收率工程，开展整体加密调整、聚表二元驱和空气泡沫驱3项重大开发现场试验。安塞油田王窑区整体加密调整已完成4万吨规模试验，采收率预计提高5.0%；靖安油田五里湾一区空气泡沫驱先导试验5个井组，采收率预期提高5.0%以上；马岭油田北三区聚表二元驱开辟5万吨试验区，已进入空白水驱阶段。超低渗透油藏自2008年开发以来，原油产量连续5年净增百万吨以上。2012年，超低渗透油藏原油产量突破690万吨，年产量占公司总产量的1/3以上。

气田开发以提高单井产量和提高气田开发水平为目标，按照水平井规模应用与集中建产相结合、骨架井甩开评价与矿权维护相结合、地下与地面相结合的工作思路，大力推行“水平井+大井组丛式井+体积压裂”开发模式，全年建产能102.1亿立方米，公司已具备年产气333亿立方米的生产能力。2012年长庆气区水平井规模应用效果显著，全年完钻水平井301口，占股份公司63.5%，试气求产平均日无阻流量53.4万立方米，19口井超百万立方米，11口体积压裂井平均日无阻流量超百万立方米。水平井整体开发区实施效果好，优选水平井整体开发区8个，部署水平井1453口，累计完钻174口。其中，苏53、苏东南、苏48-17-64水平井整体开发区初具规模。苏里格气田水平井建产规模保持在50%以上，中区、西区、苏东南区水平井产能比例已达到80%左右，水平井已经成为低渗致密气藏开发主体技术。2012年，苏里格气田生产天然气167亿立方米，占公司天然气总产量的58%，已具备年产气200亿立方米以上生产能力。

【工程技术与地面工程】 工程技术管理牢牢把握“确保工程质量、确保施工安全和提高单井产量”三大目标，注重质量与效益、技术和管理创新，着力强化“三基”工作，努力抓好施工队伍资质、井控安全、工程质量、工程监督和工艺技术管理工作，确保了工程质量平稳和井控安全绝无一失。全年动用钻机951部，动用试油机组837套，各类压裂机组124套，完井8726口、进尺2104.38万米，完试8967口井，压裂酸化排液21810层（次）。

地面工程建设紧紧围绕公司年产量5000万吨重点工程任务，通过实施“标准化设计、模块化建设”，实现地面建设工程工期、质量、安全、投资目标的有效控制，确保节点目标按期实现。全年新建各类场站230余座，改扩建场站近70座。油气田新建、改建、扩建工程全部一次投产成功，单位工程质量合格率100%，工程实体质量全部通过石油天然气长庆工程质量监督站和工程所在地政府工程质量监督部门的监督评定。“安塞油田长10油藏高52井区50万吨产能建设工程”、“华庆100万吨油田产能建设工程”获得2012年石油优质工程金奖。自主研发的“油气混输一体化集成装置”和“注水一体化集成装置”获中国石油一体化集成装置研发与推广优秀项目表彰。

【技术攻关】 围绕提高单井产量，提高采收率，降低开发成本，以“1277”（12项关键技术、7项配套技术、7项现场试验）科技创新为平台，扎实开展压裂改造技术攻关、地面工艺流程优化、高效能设备和工具研发，使鄂尔多斯盆地“三低”油气藏有效开发的关键技术再获突破。

围绕致密性油气藏提高单井产量的关键技术——水平井+体积压裂技术，大力开展科研攻关，取得了显著成果，并在油气田成功应用。华庆油田建成年产量20万吨规模的水平井整体开发试验区，投产单井平均日产油9吨，是直井产量的4倍以上。依托中国石油重大科技攻关，加大长7致密油有效开发和提高采收率项目工作力度。在陇东地区开辟实验区，开展水平井钻井、压裂以及超前注水试验。针对陇东长7页岩油层更加致密的特征，在2011年实验的基础上，2012年部署致密油藏水平实验井8口。阳平10井采用“千方砂子、万方液”，分段多簇压裂21段，创造了国内水平井压裂段数、单井加砂量和入地液量3项新纪录，试油日产纯油184立方米，再次显示出水平井体积压裂工艺的强劲增产潜力。自主研发的数字化集成增压装置，用1台设备代替了原来的1个站，油田工艺流程从3级布站变为1级半甚至1级布站，减少占地面积60%，缩短施工设计周期50%，降低投资

20%，实现了无人值守。油水井工况动态分析系统、自动投（收）球装置、气井井口电磁阀、丛式油井智能加药、天然气气液两相在线计量、直井机械分层压裂工具、注水井带压作业、油田措施废液再利用等多项先进成熟技术实现了规模化应用，为油气田低成本、效益开发提供了保障。2012 年，公司获省部级科学技术进步奖 33 项，取得授权专利 190 件，获国家优秀专利奖 1 项，获集团公司自主创新重要产品认定 5 项。

【企业管理】 以开展管理提升活动为契机，进一步完善四化管理模式，全面推进数字化管理应用，现代化大油气田的组织、管理、运行能力和水平不断提升。

全面推广完善以标准化、模块化、数字化和市场化为重点的管理创新，企业管理呈现规范、有序、高效运行的局面。基本建成并发布运行标准化体系，公司层面建立三大类、22 册管理标准，基层单位覆盖面达到 95% 以上。涵盖标准化建设、标准化流程管理和岗位标准作业程序的标准化体系全面实施。市场主体培育和市场监管基本到位，构建了多个主体共同参与、平等竞争的市场格局，有效确保了油气田建设的高效组织、安全与质量。全面推行数字化管理，数字化覆盖率达到 90% 以上。前端建成以基本生产单元过程控制为核心的生产管理系统，中端建成以生产运行、应急预警和安全环保为核心的生产运行指挥系统，后端以数字化油气藏研究与决策支持系统为核心的四大平台建设取得重要进展。实现了数万口油气水井、上千座场站、几万台生产设备的远程管理，油田变成了有围墙的工厂，走上了新型工业化道路。坚持深化改革，推动业务和人员结构优化，构建数字化管理条件下新型油气田劳动组织构架，盘活用工存量 2 万多人，组织 1.5 万余人转岗油气生产，有力支撑了主营业务发展。按照《中国石油天然气集团公司开展管理提升活动工作方案》和《关于进一步做好管理提升活动有关工作的通知》要求，认真开展管理提升活动，开展公司建设“西部大庆”对标管理研究工作，分别从经营业绩、科技创新、企业管理、社会责任四大项 11 小项指标与国内外油田进行对标分析，寻找管理短板，制定对应措施，提升管理水平。

【安全环保】 把安全环保作为发展的战略基础和天字号工程，切实落实到生产经营的各个环节，安全环保本质化水平显著提高，连续 5 年获得集团公司安全环保先进单位称号。

按照“统一领导、落实责任、分级管理、分类指导、全员参与”的原则，明确和落实各级安全环保责任主体，建立以单位负责人为核心的安全环保领导负责制。根据生产规模、人员数量和作业风险等因素，将所属单位安全环保风险划分为甲、乙、丙三类，按照不同风险类别与 52 个生产单位签订安全环保责任书，签订率 100%。安全风险可感知系统和“三防四责”体系建设持续完善，监控联合站（库）101 座、天然气净化厂 11 个、集气站 31 座、输油气管线 4100 余千米，设备 12 类 12655 台、交通车辆 9869 台，有效提升了安全环保风险的监控能力。严格承包商准入和风险管理，突出抓好承包商“队伍资质关、HSE 业绩关、人员素质关、监督监理关和现场管理关”，实施分级和末位淘汰制度，对参与油气田建设的 992 家承包商进行业绩考核，对考核不合格及排名靠后的承包商队伍坚决清退，实现由“数量型”向“质量型”的转变。认真开展“打非治违”、石油库安全专项检查、石油天然气安全生产专项督察和安全生产月活动，营造良好安全氛围，提升了全员安全风险防控意识。制订重点要害部位的安保防范工作措施，开展防恐应急演练 100 余次，全力做好春节、“两会”、“十八大”等特殊时段的安保稳定工作。2012 年，公司未发生任何安全生产事故，安全生产形势持续平稳。

【“三基”工作】 为适应数字化管理的新形势，按照全面加强、全面覆盖、全面提升的总要求，制定加强和改进“三基”工作的实施方案，出台考核办法和考核细则，创新机制和方法，实现“三基”工作执行有力、落实有效。

公司大力推广数字化管理，基层组织架构趋于扁平，机构和岗位都发生了很大变化。为了适应数字化管理新形势，创新加强基层组织建设，在基层作业区推广以数字化调控中心为生产组织中枢，综合技术室和综合管理室为基本保障的新型架构，完善运行管理、岗位设置、工作流程和考核评估一整套体系。持续创建“五型”班组，抓好标杆班组、特色班组建设，公司 3210 个班组达标率达到 95% 以上。不断深化基层建设示范创新实践活动，形成以刘玲玲站为代表的 25 个精品示范点，105 个公司级基层建设示范点，95 个集团公司级基层建设示范队。持续提升基层管理规范化、标准化和精细化水平，推进工作流程梳理与规范，把制度标准通过流程贯彻到基层、落实到岗位，提高了制度和流程的执行力，通过提炼和推广基层自主管理特色做法，激发了员工参与管理的能动性和创造性，公司 3 个基层单位的管理创新经验荣获第十九届全国企业管理现代化创新成果二等奖。大力推行学习型企业建设，以公司为主体、基层站队为阵地、一线人员为重点，抓好全员教育培训，着力提升员工基本素质。2012年，共举办各级各类培训班1737期，培训员工53680人次（其中，管理人员12452人次，技术人员8154人次，操作技能人员32984人次）。加大干部选拔、交流力度，注重把那些综合素质好、业绩突出、群众拥护的优秀干部放到重要岗位，进一步拓宽年轻干部成才成长通道，培养、储备了一支专业水平高、综合素质强的年轻后备干部队伍，为"西部大庆"建设提供有力人才保障。

【党群工作】 结合实现公司年产量5000万吨、建成"西部大庆"和油田内外部形势的变化，以改革创新的精神抓好班子建设、党风廉政建设和维护稳定工作，为公司大发展提供强有力的政治和组织保障。

积极开展"建功立业五千万，'西部大庆'当先锋"主题教育活动，大力开展"西部大庆"劳动竞赛，强化正面宣传和舆论引导，有效激发广大干部员工投身"西部大庆"建设的工作热情，凝聚了推动发展的强大合力。继续推进标准化党支部创建工作和党建"三联"责任示范工作，命名标准化党支部112个，选树示范点12个。认真开展"为民服务创先争优"主题实践活动，丰富基层党组织活动内容、方式和载体，拓展党员服务群众平台，推广"微型党课、短信党课、网络党课"等党员教育方法，党支部战斗堡垒作用和党员先锋模范作用进一步发挥。持续深化"四好"班子建设，健全领导干部选拔任用机制，分批组织管理人员到外部单位进行培训，优化班子配备，发挥班子整体合力，干部队伍素质得到明显提升，公司荣获"中国石油创建'四好'领导班子先进集体"称号。全面实施"西部大庆文化同行"系统工程，对长庆文化成果进行"再总结、再提炼、再提升"，大力推进文化理念最佳实践活动，积极选树长庆英模群体，精心打造长庆文化品牌，企业文化软实力进一步提升。严格落实党风建设责任制，紧抓廉洁从业教育不放松，扎实推进惩治和预防腐败体系建设，稳步推进廉洁文化示范点创建工作，继续加强对重点项目、关键环节和专项资金使用管理情况的监督检查，经济运行规范安全。维稳信访工作以中央首长到长庆视察、全国"两会"、"十八大"等重要时期为重点，通过强化责任落实，完善四级稳控网络和舆情信息监测体系等一系列措施，实现了稳定形势持续好转的良好态势。2012年公司维稳工作获得集团公司3次发电嘉勉。

【构建和谐】 坚持把加快民生工程建设作为发展成果惠及员工群众的重要途径，作为营造和谐稳定环境的治本之策。

推广应用数字化管理，改变了单井蹲守、人工巡井、手工计量的传统生产组织方式，实现了电子巡井、远程监控、功图计量，员工劳动强度和人身安全风险大大降低，从根本上改善一线员工生产生活条件，数字化成为员工最大的民生工程。不断加快矿区建设改造，西安、银川、高陵等生活基地的功能更加完善，公司职工家属安居乐业，广大干部员工在中心城市有了生活依托。创新矿区社会管理，积极支持政府在矿区建立社区服务中心，充分发挥公共服务职能。依托社区居委会平台，协调引入地方政府各项惠民政策，矿区受益居民上万人。积极争取陕甘宁三省区解决原"五七工、家属工"参加养老保险政策，为油田1.6万名劳动家属建立了基本养老保险。持续提升"一老一少"服务水平，探索机构养老建设模式，3万多名老人享受到亲情化服务。坚持企地互利互惠、合作共赢的原则，加强与油区所在地方各级党委、政府的密切联系和沟通协调，在油田大发展的同时，加大投入力度，支持地方基础设施建设和公益事业，造福老区人民群众，为拉动当地经济和相关行业发展、优化产业结构、增加社会就业作出了重要贡献，实现国有企业"三大责任"的有机统一。人民日报、新华社、《求是》杂志、中央电视台等中央主流媒体持续关注和报道长庆油田，营造了科学发展、和谐发展的浓厚氛围。

（王京锋　卢晓东）

中国石油天然气股份有限公司塔里木油田分公司

【概述】 中国石油天然气股份有限公司塔里木油田分公司（以下简称公司）是股份公司的地区公司，集油气勘探开发、炼油化工、油气销售、科技研发等业务为一体。公司总部位于新疆维吾尔自治区巴音郭楞蒙古自治州州府库尔勒市。油田作业区域遍及塔里木盆地周边南疆五地州 20 多个县市，最远的作业区距离总部 1200 余千米。截至 2012 年底，公司设置机关及直属单位 19 个，基层单位 26 个。公司合同化员工 11771 人，其中，少数民族员工 2821 人。

2012 年，塔里木油田实现工业总产值 475.51 亿元，同比增加 23.25 亿元，增长 5.14%。其中，油气开采 421.66 亿元，原油加工 33.14 亿元，化肥生产 20.71 亿元。实现工业增加值 372.01 亿元，同比减少 9.21 亿元，下降 2.42%；按增加值计算的人均劳动生产率为 349.54 万元，年均增长 17.59%。全年投资资本回报率 32.91%，实现销售收入 502.91 亿元，同比增加 27.97 亿元，增长 5.89%；实现利润总额 204.54 亿元，同比减少 50.33 亿元，下降 19.75%。截至 2012 年底，资产总额 725 亿元。

【油气勘探】 2012 年，塔里木油田完成二维地震 3836 千米、三维地震 3445 平方千米；完成探井 75 口、进尺 36.62 万米（其中评价井 17 口、进尺 11.71 万米）。全年在 34 口井试油获工业油气流，新增油气三级储量当量 4.28 亿吨，油田新增油气三级储量当量连续 7 年超过 4 亿吨。其中，新增探明天然气地质储量 1542.93 亿立方米、可采储量 925.76 亿立方米；至 2012 年底，累计探明石油地质储量 82362.08 万吨、可采储量 20228.99 万吨，累计探明天然气地质储量 14132.61 亿立方米、可采储量 8883.74 亿立方米；天然气储量接替率 4.79，油气储采比分别为原油 18.4、天然气 39.3。

2012 年，油气勘探取得 4 个重大突破、2 个重要发现和 4 个重要进展。4 个重大突破：博孜 1 井加深钻探，发现 1 个千亿立方米级凝析气藏；迪西 1 井氮气钻井获高产油气流，发现 1 个千亿立方米凝析气藏；古城 6 井获得高产气流，新区油气勘探获重大突破；中深 1 井开辟了塔中地区寒武系碳酸盐岩勘探新领域。2 个重要发现：神木 2 井获高产油气流，展示了乌什凹陷岩性油气藏巨大勘探潜力；克深 8 井获得高产气流，克深区块发现超千亿立方米气藏。4 个重要进展：克深 2 气藏勘探开发一体化评价进展顺利，基本探明储量 3000 亿立方米；大北气田评价勘探取得重要进展，3000 亿立方米储量规模逐渐明朗；哈拉哈塘地区碳酸盐岩勘探开发一体化效果显著，哈 6 区块百万吨产能建设、新垦—热瓦普区块评价进展顺利；塔中勘探开发一体化进展顺利，中古 51 井区有望落实储量千亿立方米，中古 15 井区滚动评价预计储量 5000 万吨。

【油气开发】 2012 年，公司完成油气产量当量 2119 万吨。其中，生产原油 580.17 万吨，同比增长 0.44%；销售原油 579.16 万吨，同比增长 0.46%；生产天然气 193.14 亿立方米，同比增长 13.28%，销售天然气 181.96 亿立方米（其中，西气东输销售 156.69 亿立方米、周边销量 25.27 亿立方米），同比增长 13.54%。

全年累计投产新井 207 口，平均日产油 3610 吨，平均日产气 502 万立方米，累计产油 62.10 万吨，累计产气 80009 万立方米；累计实施措施井 259 次，措施有效率 83.78%，平均日增油 1334 吨，平均日增气 45.22 万立方米，累计增油 28.23 万吨，累计增气 9849 万立方米。

老油田步入开发中后期，通过加大研究力度，实施注水专项治理、综合调整、二次开发与滚动接替等工程，建立异常高压气井产能动态评价方法和气井见水预警机制，老区开发效果逐步改善。全年综合递减率 13%，自然递减率 17.86%，综合含水率 68%。

完成开发井 215 口、进尺 94.88 万米，新增原油生产能力 72.6 万吨，新增天然气生产能力 6.3 亿立方米；截至 2012 年底，原油生产能力 590.4 万吨，天然气生产能力 200.5 亿立方米。

【炼油化工】 2012 年，公司全年加工原油 47.41 万吨，同比增长 8.6%；生产汽油 17.3 万吨，同比增长 5.89%，销售汽油 17.48 万吨；生产柴油 23.54 万吨，同比增长 11.23%，销售柴油 23.51 万吨。全年炼油产品轻油收率 86.81%，高于集团公司 78.29% 的平均水平。

全年生产尿素 121.37 万吨，同比减少 4.22%；其中，塔石化生产尿素 80.49 万吨，达到了设计产能；塔西南受原料气供应不足的影响，全年生产尿素 40.87 万吨。塔石化合成氨综合能耗 31.55 吉焦 / 吨、尿素氨能耗 570.36 千克 / 吨，两氨（合成氨、尿素氨）消耗由 2011 年 1116 米 ^{3}/ 吨氨降至 2012 年的 1084 米 ^{3}/ 吨氨；机组设备综合完好率达到 99.37%。两台燃机运行平稳，全年累计发电 43603 万千瓦・时，电气比由 4.25（千瓦・时）/ 米 ^{3} 达到 4.44（千瓦・时）/ 米 ^{3}。塔西南尿素氨能耗 573.16 千克 / 吨，尿素产品优级品率 99.72%。

阿克苏大化肥项目进展情况。2012 年 8 月 14 日可行性研究报告通过股份公司审查，项目总投资 32 亿元，年产 45 万吨合成氨、80 万吨尿素，10 月 10 日举行奠基仪式，计划 2015 年建成投产。

【石油钻井】 2012 年，公司全年作业井 386 口，总进尺 131.499 万米，同比分别增长 19.69% 和 27.69%。其中，大宛齐区块完井 60 口，平均完成井深 839.97 米，平均钻井周期 5.16 天。

扣除大宛齐区块浅井，2012 年公司作业井 326 口（其中，探井 81 口、评价井 28 口、开发井 217 口），直井 179 口，定向井 48 口，水平井 95 口。全年开钻 251 口，完钻 229 口，完井 238 口，动用钻机 1038.32 台・月，钻井进尺 126.07 万米，平均完钻井深 6117.61 米，首次超过 6000 米深度，同比增长 3.54%；平均钻井周期降至 111.98 天，同比降低 7.3%；钻井月速提高到 1214.22 米 /（台・月），同比增长 9.92%；机械钻速提高到 4.93 米 / 小时，同比增长 1.29%；生产时效同比降低 1.53%，纯钻时效同比提高 2.69%，事故时效同比增长 0.65%，复杂时效同比增长 1.08%。

2012 年，公司在平均完成井深大幅增加的情况下，钻井周期大幅缩短。全年共刷新 17 项钻井纪录，其中钻井周期、日进尺、月进尺等速度指标有 12 项被刷新。7 支钻井队年进尺超过 2 万米，为历年之最。轮南地区实现“五开五完”，哈拉哈塘地区实现“三开三完”。

【企业管理】 2012 年，公司组织开展管理问题诊断活动和重点领域对标，确定 16 个管理提升重点，制定 117 个管理提升措施；制定钻井提速激励办法等管理制度和方案；系统提升一体化项目管理水平，完成全过程、全要素、全生命周期的分层分类项目管理体系方案设计。

制度流程梳理优化工作成效明显，建立流程责任机制、时效控制机制和科学的制度制修订程序，合同签订、国内外物资采购等业务流程时效提高 20%—40%。通过市场化、国际化的有序竞争引进来，培养了一批具有一体化服务能力的公司，为油田实现“提速、提产、降本、增效”提供支持。全年未发生负面影响较大法律事件，无内控体系重大缺陷。

全面落实“新疆大庆”规划，发挥“参谋策划、平衡控制、监督检查、协调服务”职能，抓好战略规划，细化专项规划，完成油田“十二五”滚动规划（“新疆大庆”规划）；加强项目前期管理，优化投资结构，强化投资控制与考核，全年落实总投资 247.8 亿元。

推进领军型工程技术人才培训，开展干部作风建设研究，加强领导班子考核评价机制建设，出台《塔里木油田公司“四好”班子评选办法》。在 7 个主干业务单位开展“双序列”试点，建立以岗位等级序列为基础、聘任评价体系标准为核心的管理体系。

【科技创新】 2012 年，公司共承担 75 个科技项目（课题、专题），科技经费总投入 93781 万元。强化重点科技项目（国家科技重大专项“塔里木盆地库车前陆冲断带油气开发示范工程”、股份公司重大科技专项“塔里木油田勘探开发关键技术研究”）的管理。

复杂山地叠前深度偏移处理攻关、台盆区拟全三维地震攻关均取得重要进展；氮气钻井现场试验取得重大突破，开创了塔里木盆地致密低渗砂岩油气勘探新局面；库车山前钻井技术攻关取得重要进展，钻井速度大幅度提高，全年完成井平均钻井周期同比降低 28.24%（由 447 天降至 320.77 天）；大北—克深体积酸压先导试验取得突破，单井产量大幅度提高；碳酸盐岩钻井提速取得显著效果，推行塔标Ⅲ型井身结构，哈拉哈塘试验井与常规工艺井比较，平均钻井周期降低 12%，并在新垦 405 井创造了台盆区 57.2 天完成钻井进尺 6785 米的钻井新纪录。

【安全环保】 2012 年，公司坚持“健康至上、以人为本，安全第一、预防为主，保护环境、持续发展”的方针，以推进安全文化建设为主线，强化基础管理工作，探索和实践管理创新，着力构建安全生产长效机制，杜绝一般 A 级以上安全生产事故发生，共完成节能 7 万吨标准煤、节水 34 万立方米，分别完成全年考核指标的 162.79% 和 136.00%；排放 COD368 吨、氨氮 168 吨、二氧化硫 571 吨、氮氧化物 7393 吨，实现 COD 减排 75 吨，氨氮减排 238 吨，全面完成减排和控制指标。连续 11 年获“新疆维吾尔自治区安全生产目标管理先进单位”称号。

通过安全文化建设 6 年的探索、创新与实践，总结提炼出塔里木油田安全文化理念和“保命”条款，形成具有塔里木特色的安全文化推进路径，开展 QHSE 体系整合工作，安全文化初步实现从“辅导推进”到“自我完善、自我提升”的转变。

大力发展清洁生产和循环经济，做好废水、废气和固废治理利用，投资 6350 万元完成 4 项隐患治理减排项目。新建填埋场 3 座；塔石化解析塔塔盘和污水加药装置改造 8 月投产，实现年减排氨氮 953 吨、COD229 吨的规模，完成集团公司下达的污染减排指标。

持续加强放空天然气专项治理，累计投入节能专项资金 3.4 亿元，建成年 5.8 亿立方米的回收规模，全年回收放空天然气 2.3 亿立方米，新增回收量 8000 万立方米，“十二五”以来已累计回收天然气 4.45 亿立方米，节约能源 59 万吨标准煤，减排二氧化碳 89 万吨，经济效益 3.8 亿元。

【后勤保障】 2012 年，公司矿区根据油田油气业务发展规划，配套发展相关服务业务，启动中远期业务发展规划编制工作。全年对 270 余个岗位进行重新梳理归类，合计修订 770 项，新增 151 项，删除 122 项；接待工会疗养团队 1336 人（共计 26 批），散客人数达 3884 人，总计接待人数共计 5220 人。

围绕物联网建设、“三网建设”和“三大阵地战”进行油田信息化顶层设计，以提高信息服务满意率为目标在油田进一步扩大“一体化、一站式”信息运维服务范围。4 次对核心网络进行调整优化，组织应急抢修排障 15 次，新接入 14 个单位局域网。油田内网正常运行率达到 100%，互联网正常运行率达到 99.99%。

完成物资采购 45.71 亿元，收发物资 47.51 万吨，配送物资 30.91 万吨，报关 349 批次 8717.66 万美元，商检 356 批次 10600.85 万美元，接运 3387 车皮 20.00 万吨，装卸作业量 156.61 万吨，物资配送及时准确率 99.5%，代送料在途连续 5 年为零，设备完好率 99.83%。全年完成 129 台钻机、48 台修井机、221 口开钻井、118.9 万米钻井进尺、703 口修井作业的物资保障。

物资收发 77.7 万件（套）、检测 38.5 万件（套）、修理 5.9 万件（套）；现场技术服务 1.1 万人次、现场探伤 21 万根次；送井物资及时率、准确率、合格率均达到 100%。持续开展现场生产动态跟踪和现场技术指导，全年钻工具平均每万米失效起数为 0.2、事故时效为 0.16%，均处于历史最低水平。

持续加强运输安全管理，合理调派车辆，提高闲置车辆出勤率，车辆平均利用率为 74.8%，同比提高 0.2 个百分点，设备责任事故率为零，设备完好率为 99.32%。实现了无一般 B 级及以上安全生产责任事故、无工作外事故事件，全面完成各项 HSE 工作指标。

消防工作。全年完成生产保驾 471 车次 1777 人次，成功处置辖区内外 19 起火情，出动 57 车次 228 人次，实施预案演练 289 车次 1035 人次，完成消防业务训练 4225 课时，装备点验 274 次，全年共检查抽查消防安全重点部位 55 个，查出消防隐患 39 项，整改 34 项，5 项正在整改中，无重大消防安全隐患。

全年公司自发电 127045 万千瓦·时，供电量 132262 万千瓦·时，外购电 17498 万千瓦·时。其中，本部自发电 54988 万千瓦·时，外购电 15417 万千瓦·时；塔西南自发电 28454 万千瓦·时，外购电 2008 万千瓦·时；塔石化自发电 43603 万千瓦·时，外购电 73 万千瓦·时。

【阿克苏大化肥项目】 2012 年 10 月 10 日，中国石油阿克苏大化肥项目奠基仪式在新疆维吾尔自治区阿克苏经济技术开发区举行。这是公司为贯彻党中央、国务院产业援疆的战略部署，落实中央新疆工作座谈会关于新疆能源产业发展的指示精神，加快推进新疆资源优势向经济优势和发展优势转化的重要举措。中国石油阿克苏大化肥项目是新疆维吾尔自治区“十二五”重点建设项目，装置建设规模为年产 45 万吨合成氨、80 万吨尿素，计划 2015 年建成投产。

【向西气东输供气】 截至 2012 年 7 月 8 日，塔里木油田累计向西气东输供气达到 1059 亿立方米。西气东输工程投产 8 年来，油田先后向上海、北京等 14 个省、市、自治区的 80 多个城市供气，3000 余家工业企业和 4 亿多居民从中受益。西气东输工程也改变了中国能源消费结构。“十一五”期间，天然气在中国能源消费中的比例提高 1.2 个百分点，达到 3.7%。塔里木油田输送的 1059 亿立方米天然气，相当于替代了 13555 余万吨标准煤，减少排放有害物质 635 余万吨。

（刘 云）

中国石油天然气股份有限公司新疆油田分公司（新疆石油管理局）

【概述】 中国石油天然气股份有限公司新疆油田分公司（以下简称公司）主要从事准噶尔盆地及其外围盆地油气资源的勘探、开发、集输、销售及勘探开发研究等业务。截至2012年底，累计探明石油地质储量22.8亿吨、天然气储量1972.7亿立方米，油气资源探明率分别为26.3%和7.9%。投入开发油气田29个，累计生产原油3.06亿吨，采出程度18.61%；累计生产天然气657.32亿立方米，已开发气层气可采储量采出程度25.6%。原油输送管道46条，总长2284千米，年输送能力2060万吨；天然气输送管道51条，总长1614千米，年输送能力120亿立方米。公司资产总额1054.72亿元，负债率38.8%。公司设机关处室26个，机关直（附）属单位16个，基层单位35个。另设相对独立的矿区服务事业部，设13个处室及直附属单位和7个基层单位。2012年公司用工总量4.8万人。

【主要生产经营指标】 2012年，公司紧紧围绕年度工作目标，平稳组织生产经营，全面启动"新疆大庆"建设和管理提升活动，各项指标圆满完成，经营业绩好于预期。全年生产油气1103万吨、31亿立方米，完成商品量1093.55万吨、8.71亿立方米；新增探明油气地质储量8078.8万吨、16.9亿立方米，控制储量6067万吨、34.38亿立方米，预测储量7567万吨、127.33亿立方米；生产服务全年完成试油357层、井下作业4.4万标准井次、供水6574万立方米、发电16.5亿千瓦·时、供电24亿千瓦·时、生产抽油机等机械设备3900余台（套）、物资供应156万吨。实现营业收入595.39亿元、净利润167.41亿元、经济增加值（EVA）125.12亿元、完全成本54.19美元/桶（其中油气单位操作成本13.22美元/桶），缴纳税费197.22亿元。

【油气勘探】 2012年，公司持续实施储量增长高峰期工程，超额完成年度三级储量任务，其中新增探明储量和滚动探明储量（7547.8万吨）分别居股份公司第二位和第一位。吉木萨尔凹陷二叠系芦草沟组致密油勘探获重大突破，试油7井9层获稳定工业油流，井控储量超过10亿吨，是公司迄今为止发现的最大整装油田。准备3个亿吨级大场面：玛湖凹陷环带7口探井获工业油气流，落实储量超亿吨；中拐凸起金龙地区石炭系和二叠系乌尔禾组、佳木河组3套油层预计探明储量过亿吨；重点探井大丰1井钻遇白垩系、侏罗系、齐古组数百米厚储层，并见活跃油气显示，展示南缘下组合新的勘探场面。整装探明2个千万吨级区块：重18井区新增侏罗系齐古组稠油储量2152万吨；吉7井区新增二叠系梧桐沟组储量2138万吨，累计整装探明储量7206万吨。培植5个千万吨级储量目标：帐北断褶带落实石炭系、二叠系储量近5000万吨；阜康凹陷东环带阜东16井在侏罗系发现三工河组、齐古组新油藏，新增优质储量千万吨；莫21井在侏罗系八道湾组试获工业油气流；车510井首次发现新近系沙湾组沙一段优质稠油油藏；火山岩气藏滚动勘探在滴西177井、滴西321井石炭系连获突破，预计新增天然气储量300亿立方米。

【油气生产】 2012年，公司深入实施稳定并提高单井产量工程，全油田综合递减率、含水上升率同比分别下降0.5和0.1个百分点，稠油油汽比稳定在0.14，油井单井日产量达2.25吨。深化注水专项治理，分注率、水质达标率同比提高5.1个百分点和8个百分点。全油田钻井1876口，建产能170万吨，新井产油79万吨；其中，钻水平井232口，建产能59.5万吨，用7.3%的井数完成全油田19.8%的产量；二次开发钻井351口，建产能23.7万吨，产油11万吨。砾岩油藏聚合物驱试验区、二元驱、红浅火驱阶段采收率分别提高0.7个百分点、1.4个百分点和5.34个百分点。SAGD钻完井、双管循环预热、温压同测等配套技术获得突破，风城超稠油全生命周期项目产油 142.3 万吨，建产能 97 万吨；30 万吨 SAGD 预处理站、特稠油处理站改扩建工程和风城长输管道等配套工程安全投运。稳步推进呼图壁储气库项目，累计完井 17 口、进尺 8.32 万米，完成项目计划总进尺的 63.9%。实施气井侧钻、连续油管排液采气等措施 18 井次，新建天然气产能 1.2 亿立方米，日增气 36.5 万立方米。精细管理已开发气田，错峰检修天然气处理装置，积极争取西二线下载气量，加强产销综合平衡，保障了安全平稳供气。推进合作开发，受中国石油委托与新疆维吾尔自治区人民政府、新疆生产建设兵团所属企业合资设立红山油田公司，产油 11.9 万吨；组建低效油田合作开发公司，产油 10.1 万吨；积极推进成立油砂矿开发公司，风城地区油砂成功洗出第一桶油砂油。

【经营管理】 2012 年，公司紧紧围绕“新疆大庆”及现代化大油气田目标，突出战略规划，优化资源配置，深入开展勘探、开发、安全、环保、节能等 8 个专业 12 项专题研究，编制落实“新疆大庆”规划方案，启动“十三五”发展规划研究。全年落实投资及专项费用 203 亿元，确保油气主营业务和战略重点投资需求，勘探开发投资占比 78%。逐步建立标准成本体系、标准对标体系、价值管理模型，完成细化核算单元工作方案；稳步推进实施，成本控制延伸至勘探、开发、生产、销售的各个环节。持续推进对标管理，完善上市油气生产业务评价体系，植入预算信息系统，评价体系实现自动化。深入开展“节约挖潜，降本增效”劳动竞赛活动，节约发展的长效机制进一步建立。建立动态沟通机制，关联交易有序进行。

推进解困扭亏工程，通过实施解困扭亏专项奖励办法、优化人力资源配置、调整业务结构等措施，未上市业务较 2011 年减亏 4.69 亿元，用工减少 5262 人，全面实现年度解困扭亏目标。明园客运站移交明园物业管理中心；物资供应总公司乌鲁木齐供应站宝石花酒店移交明园新时代大酒店；撤销物资供应总公司大连、郑州、上海、成都、广州、西安 6 个驻外工作组；退出氧气制造业务；退出社会通信依顺通业务；整合绿城公司与供水公司造林减排作业区，统一管理农牧业及碳汇林业务。

全面提升管理平台，编制《内控执行操作手册》和《法律风险防控指引手册》，推进风险防控与内控管理相融合，法律风险防控向二级单位不断延伸，防控长效机制基本建立。加强承包商分类管理，充分发挥油田市场的调节作用，促进地方重点工程技术企业有序竞争。推进甲方供料和物资集中采购，加强服务商、供应商动态管理，两级物资集中采购率达 96%。实施重点领域、关键环节和关键岗位审计 39 项；依法处理股权项目 12 个，新设红山油田有限责任公司、新疆金戈壁非常规能源开发有限公司 2 个股权投资项目。启动管理提升活动，完成第一阶段自我诊断任务。

【科技创新】 2012 年，公司深入推进“大科技”工程，科技第一生产力的作用有效发挥。全年实现科技增油 45 万吨，获得省部级科技进步奖 12 项，新申报专利 148 件，授权 132 件，计算机软件著作权 4 件，实施专有技术有形化 4 项。

整合采油工艺研究院和勘探开发研究院工程所成立工程技术研究院。完善以勘探开发协同工作环境为核心的科研办公平台。牵头完成“新疆大庆”重大科技专项立项和顶层设计，设立二叠系致密油形成机理与勘探技术研究等 8 个重大科技课题。应用科技经费管理平台，完善重大项目制管理模式，以 6 个公司级重大科技项目和 6 个重大开发试验项目为核心，开展科研攻关 47 项、课题 285 个。水平井大型体积压裂技术创造“千方砂、万方液”纪录；超稠油 SAGD 开发试验形成双水平井设计等 8 大主体技术；七东 1 区克下组砾岩油藏聚合物驱经近 8 年研究和现场工业化试验，形成 9 项配套技术，通过股份公司验收，进入工业推广阶段；火驱井连续油管施工、水力喷射五级压裂、稠油井带压作业、超稠油长输管道混输等一批新技术、新工艺取得新进展。海外业务形成现场支持和国内项目研究相互支撑的一体化工作模式，对阿克纠宾等公司开展技术支持与项目研究工作。成功举办“2012 年克拉玛依国际非常规油气论坛”等 10 余个专业学术会议。

推进智能油田建设。建成中国石油新疆区域数据中心，建成并推广集团公司勘探与生产调度指挥系统交互工作环境，编制完成油气生产物联网系统示范工程实施方案，试点节能节水管理系统。扩充地震资料处理系统，浮点运算能力达 153 万亿次。完善智能油田理论、信息标准、评估指标体系和实施方案，修订的《油气储量成果数据属性规范值》等 4 项标准成为国家能源行业标准，启动单井问题诊断和优化系统、战略选区系统等一批项目。

【安全环保】 2012 年，公司连续 12 年实现安全环保无事故，成为集团公司 6 家长周期安全生产单位之一。积极推行有感领导、直线责任、属地管理理念，深化“一岗双责”，层层落实健康安全环境责任。推进 HSE 管理体系建设，完成 23 家二级单位 HSE 工具方法审核辅导工作。开展“HSE培训年”和月度安全主题活动，培训4万余人次，辅导HSE理念、工具和方法1100余人。开展专项安全异体监督19项，实施月度动态考核和预警管理，查处“三违”532起。评估承包商现场施工HSE业绩225家，组织承包商HSE培训21个工种、1.34万人次。强化职业卫生健康管理和有害场所源头治理，检测职业病危害作业场所1021个，职业健康体检6300人次。评审石西油田等3家代表性单位应急预案，开展危险化学品泄漏、特种设备事故、楼宇消防疏散应急演练，建立油气站库火灾爆炸事故三维模型。对7座站库开展工艺性流程生产装置HAZOP分析，排查误差439项。投入资金4.28亿元，治理安全环境隐患20项。油田开发建设项目“三同时”执行率100%。持续推进绿色油气田创建活动，油田废气和工业废水处理达标率100%，工业废水回用率95.2%。

【质量节能】 2012年，公司扎实推进基础管理工程，“公司—厂处—基层车间（站队）”三级管理组织机构网络得到完善，质量管理体系顺利通过集团公司评审。加强计量器具量值传递管理，通过国家级实验室认证1个、计量认证3个；发布企业标准32项，标准覆盖率达到94.9%；制修订规章制度33项，废止12项，优化新增业务流程28个，发挥各产品检验机构作用，加大内部监督抽查的力度，将产品执行标准、质量证明文件核查等列入抽检重点，审查供应商产品标准259项，采购产品抽检合格率98.9%，连续两年被评为全国全面质量管理普及教育先进单位。

深入开展节能节水型企业创建活动。完成2010—2012年度公司《节能专项投资项目实施情况总结》和2011年《节能专项项目核查报告》。实施“十大节能工程”，通过节能专项投资方式，推进节能节水关键技术攻关，推广五大系统节能降耗新技术、新工艺、新产品，节能节水技术从研发到推广的良性机制逐步建立。全年测试锅炉、加热炉、抽油机等耗能设备4838台（套），主要耗能设备节能监测率达到21%。稠油注汽及余热利用节能技术改造等4项节能项目有效推进，共计50个子项，已完成35个。与辽河油田开展稠油生产能耗对比分析，研究确定7项对标指标与标准值。实施放空天然气回收等6项合同能源管理，油田采出水余热利用节约天然气5000万立方米。持续开展节约挖潜创新创效活动，能源和水资源综合利用效率不断提高。全年节能5.5万吨标准煤，节水110万立方米。

【基层建设】 2012年，公司深化“党旗飘扬在油城”主题实践活动，创新“油城先锋·闪光言行”党员教育方式，推进创先争优活动，推广党建项目化管理，标准化党支部创建率达60%。启动为期3年的“班组建设达标”活动，推广基层建设示范站队和品牌班组成功经验，新创建“五型”班组337个，一线操作班组创建达标率90.1%，基层班组创建率84.7%。国家级高技能人才培训基地建设项目获批，启动采油自动化等4个项目。优选20多名专家充实教师队伍，编制13项专题教材，投用多媒体远程教育平台，实施培训项目472个、1.9万人次。在集团公司率先实现理论考试智能化，职业技能鉴定1.1万余人次。招录员工1138人，引进主干专业246人，其中硕士、博士96人，4人进博士后工作站工作。内部挖潜调剂284人充实到紧缺岗位。推荐新疆维吾尔自治区天山英才41人，集团公司高级专家增至18人，评聘公司级专家66人，新增高级技师46人，储备重点业务骨干260人。落实“好环境、好身体、好心情、好精神”目标，召开企业文化建设现场推进会，汇编员工格言警句，修订公司形象画册，开展党的十八大、大庆精神铁人精神、“形势、目标、任务、责任”等主题教育活动，队伍凝聚力进一步提升。加强民主管理，选树一批厂务公开民主管理示范单位，及时答复和办理员工提案，保障了员工各项权益。广泛开展“挖潜增效”、“青春学习”、“巾帼建功”等群众性创建活动，员工主人翁作用得到充分发挥。

【矿区建设】 2012年，公司稳步推进“大矿区”建设。委托矿区统一协调民用供水电、客运、农林牧业及保障房建设与管理，矿区功能得到完善，服务保障能力进一步增强。建成投用风城油田科研生产办公基地、玛河气田生产调度指挥中心。天然气入户工程累计开通118个小区、9.6万户，95.67%实现通气。提高城市用水保供能力，开展百口泉、黄羊泉应急水源扩建和三坪水库扩容前期工作；强化饮用水源地安全保障，水质综合合格率达99%。启动改善性住房一期工程，实施住宅暖气改造144栋、大修18栋、外墙保温94栋、屋面维修73栋。实行公交车中小学生免费乘车，加密公交线路18条，方便市民出行。投入3800余万元引进临床急需医疗设备，发挥驻外机构医疗协调作用，提高医疗保障水平。改革矿区民用水电气暖和物业服务收费制度，推行“一卡通”收费。安保视频监控系统完工34个小区。排水管线改造7个小区，绿化管网改造和环境治理11个小区。创建集团公司一级、二级标准化小区各6个。统建社保信息系统，办理女员工特定疾病保险1.7万余人，提供法律、心理、就业援助753次，扶贫帮困和节日慰问3.96万人次、资金2521万元。落实重大事项社会稳定风险评估制度，解决员工切身利益问题109项。加强企地联动，加大“三防”投入，23个重点要害站库投用视频监控和周界防范系统，要害部位安防治理16项，确保了生产要害部位以及党的十八大、亚欧博览会等重点时段安全稳定。

【社会责任】 2012年，公司继续秉承“奉献能源、创造和谐”宗旨，认真履行社会责任，大力支持地方经济社会建设。围绕克拉玛依“632”战略（“6”即建设油气生产、炼油化工、技术服务、机械制造、石油储备、工程教育六大基地，“3”即培育金融产业、信息产业、旅游产业，“2”即全力打造“高品质城市”、“最安全城市”2个平台，提高城市现代化品质），打造世界石油城，积极推进红山油田、低效油田、油砂矿油气资源合作开发；支持有潜力的地方企业做大做强、走出去发展，10家地方企业与哈萨克斯坦等4国签订3200万美元服务合同；协同做好宝鸡钢管长输管、江苏金石高压井口装备、宝钢集团油套管等机械制造项目投产；协力推进国家天地图基础地理信息平台及北方数据中心、新疆维吾尔自治区灾备中心、西部卫星应用等一批产业项目落户克拉玛依；协助举办第二届信息化创新克拉玛依国际学术论坛和2012年中国（克拉玛依）国际石油天然气及石化技术装备展；支持红山油田、风城稠油等工业旅游建设项目，共同推进克拉玛依1号井等文化教育基地建设，以及以石油工业遗产保护为主的文化创意产业园和世界石油博览园建设，为城市文化和旅游产业发展提供品牌支撑；推进油田图书、知识资源全社会共享，公司25家下属单位文体场馆向社会开放；开展油味浓郁的文化艺术创作和群众性文体活动，促进油城文化事业繁荣发展；协调推进城市道路交通建设、克拉玛依河东段改造、9000米生态湿地和东湖公园规划区征地等工作；配合城市规划建设，置换、搬迁油田多处土地、地面资产；支持保障房项目建设，完成绿色康城区域、城南新居住区二期及9000米生态居住区内的油水井封堵、地面设施设备搬迁等工作。加强与地方政府、新疆建设兵团的交流合作，投入对口扶贫和援助资金2500万元，支援地方建设项目15个，促进了互利共赢、融合发展。

（罗双涵）

中国石油天然气股份有限公司
西南油气田分公司
（四川石油管理局）

【概述】 中国石油天然气股份有限公司西南油气田分公司（以下简称公司）主要经营四川、西昌盆地的油气勘探开发、油气集输和销售，以及与之配套的矿区服务业务。截至2012年底，公司在四川盆地登记勘查开采矿权130个，总面积16.32万平方千米；在西昌盆地登记勘查项目1个，面积5549平方千米，累计获天然气探明储量1.56万亿立方米；已开发气田110个，含气构造34个，累计采气3475亿立方米，占全国天然气总产量份额约为30%。公司建设形成了采、集、输、净化为一体的地面配套系统，现有各类生产气井、集输场站3300余座，集输气管线1.9万千米，年输气能力200亿立方米；天然气净化厂14座，年净化能力150亿立方米。

公司现有机关职能处室20个、直属机构7个、机关附属机构9个；下属二级单位37个，其中，上市单位19个、未上市单位18个；用工总量4.2万人，其中合同化员工3.4万人。公司总资产近800亿元。公司现有直属科研院所5个，集团公司级重点实验室5个，博士后工作站1个（分站6个），享受国务院特殊津贴专家6人，拥有127项具有领先优势的特色技术，碳酸盐岩油气藏勘探开发等10余项技术达到国际先进水平。

2012年，公司坚持建设中国天然气工业基地目标，把握“调整、巩固、发展”的工作基调，实现生产经营平稳健康发展，保持矿区平安和谐稳定，完成了年度生产经营计划任务。生产的天然气主要销往西南、华中地区的川、渝、云、贵、湘、鄂6省市千余家大中型工业用户和1200多万户居民家庭以及1万多家公用事业用户。公司在四川盆地建成了我国最早的天然气工业基地，天然气在川渝地区一次能源消费结构中占15%左右，大大高于全国5%的平均水平，市场占有率、行业利用率超过70%。

【主要生产经营指标】 2012年，公司业绩指标全面完成，全年新增天然气探明储量、控制储量、预测储量720.33亿立方米、1318.82亿立方米、1121.93亿立方米，连续9年实现了储量持续高峰增长。生产天然气133.22亿立方米；石油液体产量15.32万吨；净化天然气83.38亿立方米。完成投资工作量159.75亿元；新建天然气配套年产能22.8亿立方米；完成钻井进尺59.69万米；销售天然气155.93亿立方米；实现主营业务收入387.93亿元，利润7.19亿元。

【油气勘探】 以裂缝—孔隙型储层为对象，以寻找大中型整装气藏为目标，主攻盆地震旦系—下古生界，二叠系、三叠系礁滩和上三叠统须家河组，深化勘探石炭系，积极甩开预探和风险勘探新区新领域，强化油气战略发现，取得了历史性突破和重大新成果，全年共获得4个重要新发现、4个重要新进展。尤其是在乐山—龙女寺古隆起寒武系龙王庙组的首次发现，开启盆地勘探的新领域，获股份公司重大发现一等奖。同时震旦系勘探取得重要新进展，7口探井口口获气。

【油气开发】 持续深化龙岗地质研究，精细刻画生物礁展布规律，建立龙岗礁体展布新模式，为扩展勘探提供了依据；龙岗气田试采工程安全平稳运行，全年产气12亿立方米。须家河组气藏坚持勘探开发一体化，安岳、蓬莱、剑阁区块须家河组勘探开发取得新进展，新获测试日产气1320万立方米，新建配套年产能6.32亿立方米。川东北高含硫罗家寨气田进入全面建设阶段，罗家寨净化厂等重点工程按计划推进。强化老气田精细开发与滚动勘探开发，老气田全年产气102.26亿立方米，继续发挥中坚作用。加强重点工程施工组织和管理，相国寺储气库建设有序推进，北外环集输气管道工程（二期）等19项重点工程相继建成投产。

【非常规油气开发】 加强页岩气资源评价研究，优选出核心建产区和有利目标区；继续攻关页岩气水平井钻完井及体积压裂技术，宁201-H1井压裂测试获高产，取得了重大进展；探索页岩气“工厂化”作业试验，部署2个平台14口水平井，威201井等4口井投入试采，累计销售商品气1259万立方米。积极探索煤层气，初步掌握了蜀南地区煤层气储层岩性、物性及含气性。认真组织侏罗系石油勘探开发关键技术研究，公003-H16井采用10段加砂压裂获日产油22吨，原油攻关试验取得初步成效。

【对外合作】 2012年，公司全力组织好土库曼斯坦阿姆河项目A区生产运行管理，全年实现安全生产商品气54.67亿立方米，提前29天完成产量任务，支撑保障了中国石油海外天然气业务发展；提前做好阿姆河项目B区建设人员选拔培训、机构建立等准备工作。加强与川庆钻探公司衔接，共同推进南约洛坦项目建设。参与300亿元增供项目生产运行总承包投标，努力做大做强海外业务。盆地内对外合作取得新进展，与雪佛龙、壳牌等公司合作勘探开发盆地内高含硫天然气、页岩气、致密气等，启动大足页岩气区块、荣昌北页岩气区块联合研究谈判，对外合作进一步扩大。全年对外合作生产天然气1.19亿立方米，完成年计划的150%。

【市场营销】 面对突出的供需矛盾，精心编制营销和运行计划，加强与地方政府和用户的沟通协调，合理安排检修，科学实施移峰填谷措施，保障了市场安全平稳供应。全年销售天然气155.93亿立方米，同比增长10亿立方米，通过优化结构和调价增收20.8亿元，货款回收率100%；销售硫黄15.1万吨。全年引入中亚气17亿立方米，忠武线返输11亿立方米，提升了保障供应能力。促请四川省、重庆市率先出台并执行统一综合门站价政策，在全国起到了先行先试的示范作用。大力发展天然气终端市场，延伸天然气销售价值链。积极开展产业集群研究，优化天然气利用结构，启动重庆市天然气“县县通”工程，大力推广LNG“气代油”项目，推进天然气高效利用，示范区建设取得新进展。

【科技创新】 2012年，投入科研及现场试验经费2.5亿元，实施项目186项，获省部级奖励13项；海相碳酸盐岩油气勘探理论技术取得突破，被评选为“中国石油十大科技进展”；26项国家、集团公司科技重大项目攻关研究取得新成果。加强震旦系灯影组和寒武系龙王庙组综合地质研究，明确了储层受控因素和有利沉积相带分布；加强须家河组规模效益开发关键技术研究，建立安岳须家河组二段气藏高产布井模式，开发井成功率和单井产量明显提高；加强页岩气选区评价、体积压裂等方面联合攻关取得重大进展，初步形成了 11 项关键技术。工程技术集成应用见到新成效，磨溪地区实现了 6—8 个月钻井周期的目标；开发布井将水平井作为主要方式，川东石炭系、安岳须家河组二段气藏低渗储量动用率持续提高；全年完成水平井 62 口、气体钻井 22 口、欠平衡钻井 128 口。科研平台建设取得新进展，“国家能源高含硫气藏开采研发中心”通过评审，成为公司首个国家级研发中心，提升了公司在高含硫气田开发技术领域的影响力和话语权。信息化建设水平实现新提升，积极推进以 ERP 系统为核心的应用集成与系统提升完善，生产信息化项目建设全面完成。加强科研项目全过程管理，突出应用效果考核，提升科研攻关及成果的质量，全年获授权专利 30 项。

【企业管理】 扎实开展管理提升活动，抓好活动的整体设计和组织实施，全面完成第一阶段目标任务；深入开展对标分析，找准管理短板，提出改进建议 496 条；对 17 个重点领域制订专项提升方案，管理提升活动扎实有效推进。加强公司基础管理，新建、修订制度 630 项，配套更新流程 83 项，清理废止制度 1658 项；持续改进质量管理体系并有效运行，获得集团公司 A 级单位称号；积极推进计量设施的升级改造，连续 12 年杜绝重大计量纠纷；充分发挥优势，承担 1 项国际标准、6 项国家标准的制修订工作。加强全面风险管理，加强内控专项测试和重大管理风险识别，以及对重大经营决策法律论证，有效控制了经营风险；加强合同管理，合同履约率达 100%。加强股权管理，实现收入 112.3 亿元，净利润 5.9 亿元。加强审计监督，开展审计项目 46 个，提出审计建议 73 条，促进了规范管理。加强效能监察，整改问题 200 个，避免和挽回经济损失 21 万元。加强精细化管理，提效率控投资降成本见到明显成效，通过精细投资管理，减少投资需求 7.45 亿元，审减投资 29.07 亿元。通过精细财务管理，严控非生产性支出，实现人均节约 1000 元目标。认真落实未上市业务扭亏解困各项措施，整体经营状况得到改善。通过精细物资管理，保障了生产建设所需，入库物资合格率达 100%，集中采购率 90%，完成考核指标的 110%。持续深化企业改革重组，整合维稳信访与保卫、通信公司与信息中心、体积计量与能量计量业务，进一步优化了组织结构和资源配置。

【安全环保】 持续打好安全环保翻身仗，实现“三零”目标。层层签订 HSE 责任书，进一步强化有感领导、直线责任、属地管理，严肃责任追究，促进了责任的落实。分别接受集团公司和勘探与生产公司 HSE 管理体系审核，全面开展体系内审，HSE 管理科学化水平和有效性进一步提高。深化与壳牌公司合作，开展作业许可管理试点和推广，促进了生产作业安全管理更加规范。加强高含硫气田开发生产、承包商等 8 个方面的安全环保监管，开展“打非治违”专项行动，确保了生产建设全面受控。加强安全隐患治理，完成了 82 口 A 类风险隐患井治理。加强质量管理与关键环节的把关，查处并整改问题 1460 个，确保了工程建设质量。加强建设项目环保“三同时”管理和“三废”治理，实现了清洁生产。推广应用节能“四新”技术，推行“先临时后征地”用地模式，充分提高资源利用率，节约发展见到新成效，全年节约用地 1380 亩，节能 1.03 万吨标准煤，节水 25.7 万立方米。

【民生工程】 坚持以人为本保障民生，持续推进“十大民生工程”建设，全面完成江油生活基地灾后重建，完成 12 个基地收缩及改造翻建项目，开展 33 项矿区隐患治理，员工居住条件进一步改善。牢固树立群众观点，坚持“四个到位”（诉求合理合法的解决到位、诉求不合理合法的解释疏导到位、生活困难的帮扶援助到位、违法缠访的依法处理到位），认真解决信访反映的合理诉求，有效化解多次非正常访，保持了发展大局和矿区和谐稳定。主动做好与地方党委政府、新闻媒体、用户的汇报沟通，积极支持公益事业，加强与川渝地区石油石化企业团结协作，营造良好发展环境。

【矿区建设】 持续深入开展“规范管理年”活动，加强矿区 QHSE 管理体系及内控体系建设，矿区基础管理进一步加强。认真落实 17 项矿区服务标准，推进“三优一满意”（优良作风、优质服务、优美环境，职工群众满意）服务，物业服务满意率达 96.56%，矿区服务质量不断提升。加强和创新矿区社会管理，积极推进石油小区纳入地方社区组织体系，逐步形成“社区共建、事务共管、资源共享、责任共担”企地共建模式。

（赵煜晖）

中国石油天然气股份有限公司吉林油田分公司（吉林石油集团有限责任公司）

【概述】 中国石油天然气股份有限公司吉林油田分公司（以下简称公司）总部位于吉林省松原市。勘探开发和生产区遍布吉林省20多个市、县（区）。公司于1959年9月29日发现，1961年1月17日建矿并正式投入开发建设。截至2012年底，公司有机关职能处室 16 个、机关附属机构3个、直属机构7个、矿区事业部机关1个，所属二级单位55个。用工总量 45466人，其中合同化员工38797人。2012年油气当量达到759万吨，同比增加24万吨，实现全口径收入376亿元、利润96亿元、利税123亿元。矿区和谐稳定，员工幸福指数进一步提升，荣获“全国创先争优先进基层党组织”和集团公司“安全生产先进单位”、“环境保护先进企业”、“节能节水先进单位”、“惩防体系建设工作先进单位”等称号。

【油气勘探】 油气勘探获得新进展，英台、王府、德惠3个千亿立方米含气区进一步明朗，伏龙泉营城组气藏勘探取得新突破。实施水平井勘探工程，大安北和大情字井地区石油勘探取得新进展，多口井试油获高产。让字井地区致密油勘探取得重要成果，荣获“中国石油天然气股份有限公司油气勘探重大发现成果一等奖”。

1. 2012年指标完成情况

完成二维地震70千米，完成三维地震898平方千米，完钻探井37口，完成进尺10.64万米。提交控制、预测石油地质储量分别完成年任务的108%和114%；提交探明、控制、预测天然气地质储量分别完成年任务的101%、105%和117%，全面超额完成了年度储量任务。

2. 2012年油气勘探主要成果

（1）松南天然气项目以“三个千亿立方米”为目标，针对地质需求，强化以火山岩储层预测为重点的地震资料精细处理解释技术攻关，加强复杂气藏钻完井和火山岩储层改造技术研究与应用，突出快钻桥塞、固井滑套、氮气助排等针对性技术措施，重点针对3个中小型富烃断陷（英台断陷、王府断陷、德惠断陷），围绕生烃洼槽，实施立体勘探（火山岩、碎屑岩并重），龙深305、城深11等多口探井获得高产，实现了规模发现、规模控制、规模探明，同时积极外甩勘探，在伏龙泉地区部署的伏14井压裂后获得日产14万立方米的高产气流，拓展了天然气勘探领域。

（2）松南石油勘探项目积极贯彻水平井战略，以中上部组合薄油层及扶余油层致密油为重点，为复杂资源的有效动用提供先导试验，全年部署水平井9口，均见到较好显示，完成试油4口井，产量均达到该地区直井产量的3倍以上，其中黑185井在黑帝庙油层获得日产油220立方米，创松辽盆地南部单井产油量新高；查58和让平3井等针对扶余油层致密油采用直井多层压裂和水平井加体积压裂技术，也获得日产20立方米以上高产油流，低品位资源效益勘探初见成效。

（3）东部盆地群勘探项目通过加深地质认识和加强区块评价，在岔路河断陷和鹿乡断陷西北缘初步落实4个有利圈闭，总面积为123平方千米，初步分析具有1亿吨的资源潜力。钻探完成的昌51井和星31井在万昌组和双阳组均见到较好油气显示，星32井获得工业油流，展示了伊通盆地勘探的潜力。在鸭绿江盆地部署的参数井——临参1井已经实施，为进一步推进东部盆地群的勘探开辟了新的勘探领域。

【油田开发生产】 截至2012年底，吉林油区探明油田23个，探明石油面积2740.63平方千米，探明石油地质储量15.06亿吨，技术可采储量3.32亿吨，标定采收率22.1%。已探明油田中的长春油田和莫里青油田位于伊舒地堑，套保油田位于松辽盆地西部斜坡区，四五家子油田、长春岭油田和永平油田位于松辽盆地东南隆起区，其余油田均位于松辽盆地中央凹陷区。已探明油田中套保油田、长春岭油田、永平油田为稠油油田，其他油田均为稀油油田。

截至 2012 年底，吉林油区已开发油田 22 个（永平油田未投入开发），动用石油地质储量 9.53 亿吨（其中自营区 7.53 亿吨，合作区 2.0 亿吨），探明储量动用率 63.3%，动用石油可采储量 2.25 亿吨，标定采收率 23.6%。已开发油田绝大部分属低渗透或特低渗透油藏。

1. 油田开发状况

截至 2012 年底，油区共有油水井 32817 口，开井 24911 口，平均单井日产油 0.85 吨，累计生产原油 14390 万吨，地质储量采出程度 15.66%，剩余可采储量 8135 万吨，可采储量采出程度 66.56%，综合含水 85.91%，储采比 14.15。

2. 主要指标完成情况

2012 年，生产原油 575 万吨；年产液量 4142 万吨，累积产液量 62998 万吨；全年注水量 6100 万立方米，年注采比 1.33，累积注水量 90946 万立方米，累计注采比 1.18；饱和度测试计划 10 井次，完成 37 井次；井间监测计划 10 个井组，完成 72 井组；流体分析计划 1500 样次，完成 1838 样次；油井免修期达到 563 天，比 2008 年延长 58 天；采取措施 2894 口，建立 5 个机采节能示范区，集中推广应用成熟节能技术，机采系统效率达到 23.0%，比 2008 年提高 2.9 个百分点；2010—2012 年，采用定向井、大平台、水平井等技术，新钻调整井 1119 口，建产能 40.3 万吨。

3. 原油产量变化分析

2012 年，产量下降 5 万吨，主要是自营区产量下降。6 月以后，油田辖区遭遇了历史罕见的绵长雨季（6—10 月份）和连续冰雨暴雪（11—12 月）侵袭，对开发生产造成巨大影响，影响 2012 年产量 11.85 万吨。面对重大自然灾害，吉林油田积极应对，确保产量损失最小。在 4 月、5 月全面组织落实防范准备措施，对行洪区、内涝区油水井情况普查，存在问题进行整改。自然灾害发生以后，在“以人为本、安全环保”的前提下，确保产量损失控制在最低限度。晴天抢进度，雨天保养设备；雨后勤看道路井场恢复情况，及时组织修复；连续冰雨暴雪期间，抢修供电设备，清除道路积雪，努力恢复生产。通过以上措施，完成了股份公司调整产量计划。

【天然气生产】 天然气业务保持快速发展，基本形成了产、运、销一体化格局。

1. 开发生产指标完成情况

2012 年股份公司下达公司天然气产量调整计划 17.60 亿立方米，天然气商品量 13.60 亿立方米，实际完成工业产气量 17.61 亿立方米（其中气层气 16.07 亿立方米；溶解气 1.54 亿立方米），完成年度计划的 100.06%，商品量完成 13.86 亿立方米，完成年度计划的 101.91%。

2012 年股份公司下达给吉林油田公司天然气产能建设计划：钻井 47 口，进尺 12.10 万米，建产能 8.5 亿立方米，投资 19.55 亿元。根据年产能建设区块整体部署安排，在长岭、英台、伏龙泉、小城子等地区完成钻井 49 口，进尺 12.77 万米，新建产能 8.6 亿立方米。

2. 天然气开发生产形势

截至 2012 年底，吉林油田共投入开发 11 个气藏（其中 5 个气顶），动用天然气地质储量 906.41 亿立方米，其中溶解气地质储量 314.98 亿立方米，气层气地质储量 591.43 亿立方米（浅层气 107.56 亿立方米，深层气 483.87 亿立方米），气层气储量动用程度 49.9%。

全油区共投产气井 299 口，开井 174 口，气层气井口日生产水平 715 万立方米，全年产气 17.61 亿立方米，其中气层气 16.07 亿立方米，溶解气 1.54 亿立方米；累积产气 117.82 亿立方米，其中气层气产量 78.02 亿立方米，溶解气产量 39.80 亿立方米。气层气采出程度 6.58%，动用气层气技术可采储量 351.34 亿立方米，已开发气层气技术可采储量储采比 10.7，已开发动用的中浅层气田老井自然递减 14.5%。需要新投入开发规模效益储量，较大幅度提高年产量，以保持下游用户的稳定供气和公司天然气业务快速发展。

【工程技术管理】 2012 年，在继续推广应用欠平衡、水平井成熟配套技术的同时，积极转变发展方式，在红 90–1 区块、黑 168 区块、长岭气田等区块的致密、低渗透油气藏成功规模推广应用小井眼长水平段配合体积压裂钻完井技术，探井、评价井在让字井斜坡带、情字井黑帝庙油层、大安北油田等应用该技术也相继取得突破。全年累计完成欠平衡井 24 口，水平井 232 口，其中小井眼水平井水平段最长达到 1302 米，刷新水平段长度纪录；钻井全年平均机械钻速 10.73 米 / 小时，平均钻机月速度 3099 米 / 台，平均建井周期 17.53 天，平均单机施工能力继续保持较高水平；钻井速度和三大质量指标稳中有升，其中，取心收获率达到 97.61%，井身质量合格率 99.55%，固井质量合格率 98.03%。井下作业大小修共计完成 21699 口，同比减少 15%，其中，大修完成 519 口，缓解了吉林油田大修队伍不足的问题；小修完成 21180 口，同比持平。

【科技创新】 科技创新实现新突破，获得省部级以上科技进步奖励成果5项，申报专利49项（其中发明专利8项），获得授权专利26项。复杂地表地震采集技术取得重要进展，薄互层预测技术配套完善，致密气成藏认识进一步深化，有效地指导了油气勘探部署。水平井钻井、体积压裂技术取得重要突破，钻速提高15%，水平段突破1300米，单井压裂达到21段，首次实现“千方砂、万方液”。CO_2驱油开发试验稳步推进，黑59和黑79试验区单井日产比水驱分别提高60%和30%，年驱油产量10万吨，国家能源CO_2驱油与埋存技术研发实验中心开始建设。实施带压作业705口井，占股份公司总量近1/4，作业效率提高15%，减少影响产油14.2万吨。红岗二元驱和扶余调剖调驱取得新进展。

2012年，公司信息化建设秉承“规划引领、顶层设计、业务驱动、试点先行、以用促建、赶超跨越”的总体方针，按照数字化、信息化、智能化建设的“三步走”战略，实施“3544”（三大主库、五大平台、四大基础环境、四大支持体系）数字油田工程，吉林油田信息化建设取得了长足进步。勘探开发数据资源建设有序进行，源头数据采集覆盖勘探开发业务，成果归档数据实现正常化管理；业务主导，边建边用，科学规划应用平台建设，建成勘探开发和地理信息主库框架，数据集成与服务体系基本形成；超前考虑，配套跟进，基础环境建设稳步实施，网络和服务器建设稳步推进，为数据存储和系统运行提供安全高效的基础环境；试点先行，突出重点，生产前端数字化快速推进，英台物联网建设试点效果明显。

【多元发展格局】 2012年，吉林吉港年产200万吨LNG项目奠基，首期50万吨工程进入设计阶段，东北地区LNG市场资源和队伍平稳整合，吉林市首批LNG汽车投用，松原LNG应用示范城、大庆钻探钻机动力气化、吉林油田车改气等项目有序推进。组建农业开发公司并与松粮集团签署合作框架协议，为农业规模化、产业化、品牌化运营创造了有利条件。组建东镇集团增强农工商自我发展能力，开辟了工程服务和劳务服务等业务新领域。

【企业管理】 勘探开发、项目管理、信息通信、物资采办、住房建设、医疗卫生等机构业务调整平稳实施，机关管理职能进一步理顺，专业化管理体系更加完善。管理提升活动深入推进，开展指标对标220项，实施专项提升22项，征集建议4500多条，短板问题整改取得阶段性成果。低成本措施全面落实，物资供应、质量监督、设备资产、工程造价、法律事务、审计和效能监察等管理全面加强，风险防范和管控能力有新提高。数字油田建设全面推进，ERP系统规范运行。

【安全环保与质量节能】 安全环保节能减排工作基础进一步增强，全年未发生一般A级及以上安全环保责任事故。主要安全指标得到了较好控制，工业生产安全事故百万工时死亡率为零；主要污染减排指标实现“两平一降”，除二氧化硫外，化学需氧量和氨氮排放与指标持平，氮氧化物下降2491吨；主要职业健康指标持续改善，职业健康体检率、作业场所职业病危害因素检测率均达到100%。主要节能节水指标超额完成，年节能2.64万吨标准煤，完成指标2.5万吨标准煤的106%；节水67.4万立方米，完成指标65万立方米的104%。主要计量标准化指标全面达标，计量器具检定完成率达105.5%；标准宣贯完成率达100%。2012年被评为“十一五”全国节能先进集体。荣获集团公司“安全生产和环境保护双先进企业”称号，并连续7年获集团公司“节能节水先进企业”称号。

【队伍建设】 落实“三控制一规范”要求，针对管理活力不足、运行效率不高的状况，深入研究管理体制机制问题，在充分调研、反复酝酿、权衡利弊的基础上，分批实施组织机构调整和业务整合，总体减少部门和单位9个，进一步明晰机关职能定位和管理界面，推动专业化一体化管理，促进了成本下降和效率提高。结合机构业务变动，着力加强领导班子建设，坚持德才兼备、以德为先，规范选人用人程序，分三批对处级领导干部进行了调整，其中提拔使用2人、平级交流36人，进一步优化班子结构，增强了班子整体功能。根据生产建设需要，探索开放钻井、压裂、小修等工程技术市场，在一定程度上控制了投资增长。广泛开展学习宣传贯彻党的十八大精神活动，公司管理层成员带头分赴基层，紧密联系油田形势任务宣讲辅导，使干部员工统一了思想。持续深化党建三项主体工程，推进社区党支部与居委会一体化管理，实施党员教育“十百千”计划，特别是大规模集中组织党员领导干部下基层，帮助基层解决问题5800多个，密切了党群干群关系，促进了领导干部作风转变。扎实开展困难家庭大走访活动，走访困难家庭929户、待业子女9000多人。大力加强全员教育培训，注重把宣传思想文化工作融入生产经营全过程，提高了队伍凝聚力、执行力和战斗力。

【和谐企业建设】 公司五项民生工程有序推进，5个方面民生实事基本兑现。努力提高员工收入水平，顺利完成工资调标、提高伙补和通信费补贴标准；法定节假日首次发放慰问金；4207名考核达标的市场化子女工与合同化员工同工同酬；为符合条件的员工报销物业费和采暖费1169万元；人均年收入同比增长。着力解决员工、家属关注的热点问题，招录和推荐子女就业全年共2599人，是近年来就业力度最大的一年；扩大住房公积金使用范围，减轻了员工租房、重病医治、购买住房及特困户的经济负担；为困难家庭发放慰问金2362万元；资助子女上学321人；改善生产生活环境，滨江嘉园二期和望湖二期竣工，滨江嘉园一期扩建工程主体封闭，3851户办理入住手续，830户调分房，边远零散矿区回迁基本结束；投入3.54亿元集中实施民生项目67个，江北菜市场投入使用，老区水电暖管网改造、楼顶平改坡、天然气入户、视频监控系统升级稳步推进，基层食堂、洗衣房、活动室改扩建有序实施。关心员工健康，出台员工医疗保险和特殊病种报销新政策，为3.5万名员工家属及子女办理了补充医疗保险；劳保用品由59种增加到82种。公司在关注员工民生的同时还十分重视员工的文体建设，文艺演出、体育比赛等活动广泛开展。以集中供暖、水、电、气供给和“三保一修”为重点加强矿区服务管理，居民诉求率同比下降，员工群众满意度进一步上升。加强信访稳定和治安保卫工作，信访总量同比明显下降，涉油犯罪案件同比明显减少，实现了重点时段大局稳定。主动向地方党委政府汇报工作，积极宣传油田发展情况，赢得了社会各界支持，推动天然气综合利用、农业等方面战略合作。主动向集团公司汇报工作，在LNG发展、原油产量调整、追加投资等方面赢得巨大支持，解决多元发展和生产建设难题。主动与相关企业、科研院所、金融机构沟通，在队伍装备、技术创新、市场开发、融资服务等方面得到有力支持。

（李冬梅）

中国石油天然气股份有限公司大港油田分公司（大港油田集团有限责任公司）

【概述】 中国石油天然气股份有限公司大港油田分公司（以下简称公司）主营业务包括油气勘探开发与生产、科研攻关、工程技术、物资供销、信息通信、水电供应、医疗卫生、矿区服务、多元投资等业务。截至2012年底，累计探明石油地质储量12.3亿吨、探明天然气地质储量753.8亿立方米；累计生产原油1.67亿吨、天然气220.4亿立方米；各类用工30089人（合同化员工24706人、市场化用工5049人、劳务用工334人）；其中，正高级职称41人、副高级职称1614人；拥有资产总值552.4亿元；设机关处室16个，机关附属单位4个，直属单位9个，所属单位25个，矿区服务事业部1个。

【油气勘探】 加大勘探力度，油气储量继续稳定增长。围绕“寻发现、求突破、增资源”战略目标，按照“整体研究、整体评价、整体部署”工作思路，立足歧口、沧东两大富油气凹陷，扎实推进储量增长高峰期工程。全年实施三维地震采集288.74平方千米，完钻探井18口，创造连续6年新增石油探明、控制、预测三级储量超过1亿吨的历史新纪录。

在埕北低断阶勘探取得重要发现，荣获“中国石油天然气股份有限公司2012年度油气勘探重大发现成果一等奖”。2012年在埕北低断阶部署并完钻探井5口，其中完成试油的埕海37井、38井、39井均获得高产工业油流。通过持续勘探，埕北低断阶有望形成2亿吨级整装效益储量区，成为大港探区继北大港、孔店构造带之后又一个大型复式油气富集区。

在南皮斜坡部署实施的孔南7井和17井钻遇多套油层，形成一个新的规模增储战场。2012年，借鉴歧口凹陷的成功做法，利用先期完成的覆盖凹陷主体1760平方千米三维地震数据体，开展精细地质研究，取得一系列新认识。结合前期孔南6井钻探结果，制定“主攻南皮斜坡，预探孔西、孔东斜坡”的勘探思路，重点强化南皮斜坡综合地质研究与岩性圈闭描述评价，完钻探井5口，其中孔南7井、17井见到良好油气显示，钻遇多套油层，初步显现亿吨级规模增储战场。

在王官屯潜山王古1井二叠系喜获工业油气流，有望成为又一个后备增储领域。2012年，在地质认识创新的基础上，开展新一轮评价优选，按照深浅兼探的原则，在王官屯潜山部署实施风险探井——王古1井，该井在古生界钻探过程中油气显示活跃，综合解释气层5层27.5米，试油射开上石盒子组3830.2—3867米，3层21.4米，压裂后放喷求产，8毫米油嘴日产油6.06吨、天然气1.7万立方米。王古1井二叠系砂岩获工业油气流，实现大港探区上古生界碎屑岩原生油气藏勘探突破。

【油气开发】 全力稳产上产，油气开发超额完成任务。以增储、增产、增效为中心，狠抓稳定并提高单井产量“牛鼻子”工程，公司全年单井日产保持4.1吨，在中国石油所属油气田企业中排名第四。加强油藏评价增储工作，全年完成三维地震采集150平方千米，完钻评价井41口，新增探明石油地质储量2148.35万吨。深化产能建设属地化管理，突出新储量开发动用、沿海区整装建设和注采井网完善，全年完钻新井302口，投产油井225口、投注水井77口，新建产能73.78万吨，新井当年产油33.82万吨，新增动用可采储量542万吨。持续深化“油田开发基础年”活动和“油田注水专项治理”，深入推广小集精细开发经验，扎实推进“抓注水控递减、抓攻关提采率”专项工程，油田开发效果持续改善，在实施注水专项治理的49个单元中，有21个单元开发趋势变好，有19个单元开发趋势稳定；自然递减由治理前的17.7%下降到16.8%以内，含水上升率稳定在0.3以内，采收率同比提高0.2个百分点。加强油藏描述成果及时转化，在马西、羊二庄、段六拨、沈家铺、板桥5个油田依据油藏描述成果部署产能井位76口，综合治理区块12个，配套油水井措施91井次，发现滚动扩边区块6个，提交滚动井位6口，预计增储260万吨。加强对外合作开发，赵东油田连续9年稳产百万吨以上。积极抗灾自救、恢复生产，战胜了“五十年一遇”的暴雨灾害。公司全年生产原油480万吨、天然气4.4亿立方米，分别超产2万吨和4436万立方米，油气当量产量连续9年保持500万吨以上。小集油田综合治理示范工程被评为股份公司“油田开发基础年”优秀项目，羊三木油田获股份公司“规模应用水平井”优秀项目荣誉称号。

【经营管理】 增强管控能力，经营管理更加规范有效。面对全球经济持续低迷、公司发展困难重重，公司全体干部职工迎难而上、锐意进取，深入落实科学发展观，加快转变经济发展方式，深入开展管理提升活动，扎实推进精细管理、对标管理，充分发挥审计、监察和内控风险防范作用，投资计划可控性不断增强，成本预算执行力持续提高，合同管理日趋规范，物资集中采购深入推进，尼日尔、南方石油、煤层气等外部市场开发取得重要进展，有力地促进了公司经营管理指标全面实现。全年实施各类招标748项，涉及金额16.3亿元，节约资金9800多万元；审查审批合同1.4万份，涉及金额442亿元，合同纠纷率为零；处理各类纠纷案件23起，避免或挽回经济损失3600万元；两级物资集中采购度达到94.5%，外部市场创收超过50亿元。全年上市业务实现销售收入209.1亿元、账面利润81.9亿元；未上市业务实现营业收入56亿元，完成年度控亏指标；矿区服务业务实现收入21.4亿元，整体盈亏持平；多元投资业务实现收入39.2亿元、账面利润6900万元。

【科技创新】 强化科技攻关，创新能力得到大幅提升。2012年，科技工作紧密围绕“建设大油田”技术需求和勘探开发技术难点，以重大科技专项为平台，强化顶层设计、突出重点领域、优化资源配置、注重专家领衔，科技创新在公司发展中的支撑和引领作用得到充分发挥。注重基础地质理论的研究攻关，斜坡区岩性油气成藏理论不断丰富拓展并处于渤海湾领先地位；注重先进成熟技术的集成配套，复杂断块油气藏开发技术持续创新发展；注重优势特色技术的培育升级，一批工程工艺配套技术得以产业化实施；注重信息技术深化应用，数字油田试点取得重要进展。全年共承担省部级及以上科技项目16项21个课题，公司自立科技项目61项217个课题，全部按计划正点运行，并取得重要成果，有力指导了勘探开发部署和工程工艺实践。全年共取得科技成果112项，其中获省部级科技进步奖励成果23项；自主知识产权业绩再创新高，全年共计申报专利75件，均创下历史最高纪录，公司自主创新能力大幅提升。

【安全环保】 构建长效机制，安全环保总体受控运行。以HSE体系完善和安全文化建设为主线，以推进“三基”工作新的重大工程为保障，从严落实直线和属地责任，逐级签订《安全环保责任书》1575份、《HSE承诺书》33108份；扎实开展安全生产领域“打非治违”专项活动，突出抓好重点领域风险防控，加大隐患排查治理力度，严格特殊危险作业审批管理，加快实施污染减排工程，着力提高突发事件应急处置能力。投入资金2.4亿元治理重大隐患21项，本质安全环保程度持续提升。全年实现了“五个杜绝”（杜绝较大及以上生产安全责任事故、杜绝井喷失控事故、杜绝较大及以上环境污染和生态破坏事故、杜绝新增职业病、杜绝海外业务因社会安全原因造成员工被绑架或致死事件）、“五个不超”（工业生产安全事故百万工时死亡率不超过0.02、百万工时重伤率不超过0.06、千台车死亡率不超过0.40、接害人员千人职业病发病率不超过0.03、主要污染物COD和二氧化硫排放总量分别控制在533吨和678吨以内）、“四个100%”（废水外排达标率、废气外排达标率、固体废弃物规范处置率和工业噪声标率继续达到100%）的HSE工作目标。

【矿区服务】 持续惠及民生，整个油区保持和谐稳定。瞄准“建设示范石油矿区”总体目标，一批重点民生工程扎实推进，涉及资金超过10亿元：港西新城首期124栋职工住宅全面封顶，油田总医院迁建一期工程主体落成，幸福广场商业配套项目开业运营，光明大道市容环境得到改造提升，油区公共交通纳入滨海新区统一规划管理，5个离退休活动站交付使用，1.3万名职工家属顺利迁津落户，引导帮促860名职工子女实现就业，员工人均收入增长10%。筹集资金3875万元扶贫帮困1.2万人次，为离退休和偿解人员发放节日慰问金7310万元。油区居民的幸福指数进一步提高，和谐稳定的良好局面进一步巩固。

【自身建设】 狠抓自身建设，企业发展再添新活力。深化创先争优活动，开展党员纯洁性教育，党委的政治核心作用、党支部的战斗堡垒作用和党员的先锋模范作用充分发挥；加强“四好”班子建设，加大惩防腐败力度，树立了领导干部的良好形象，公司获“中国石油天然气集团公司2008—2012年惩治和预防腐败体系建设工作先进单位”荣誉称号；坚持开展“形势、目标、任务、责任”主题教育，重点策划推出了11期《管理者访谈》栏目，为做好全年工作奠定了坚实的思想基础；坚持抓好舆论宣传工作，围绕“三基”工作、增储上产、管理提升活动加强内部宣传，精心部署推动外部宣传，行业宣传名列中国石油企事业单位前列；持续提升基层建设水平，深入推进“千队示范”工程，31个示范单位全部达到示范标准，并涌现出基层建设红旗单位37个；深化内部改革，优化产业结构，对热电联供等10项业务涉及的17个单位进行专业化重组，为企业发展注入了新的活力；推进全员素质提升工程，强化三支人才队伍建设，发挥企业文化引领作用，提高了队伍的整体素质，涌现出党的十八大代表尤立红、中国石油十大模范党支部书记王海燕、“中国青年五四奖章”提名奖夏国朝等一批有影响力的先进模范人物。公司连续5年被评为全国和天津市“安康杯”竞赛优胜企业。

（李春艳）

中国石油天然气股份有限公司青海油田分公司

【概述】 中国石油天然气股份有限公司青海油田分公司（以下简称公司）主营业务为石油天然气勘探、开发、炼油化工、油气集输、储运、销售、勘探开发研究等业务，同时具有石油工程技术服务和矿区服务两大功能业务。

公司主要勘探开发领域——柴达木盆地，是我国七大内陆含油气盆地之一，地理面积约25万平方千米，沉积岩面积12万平方千米。油气总资源量46.5亿吨，其中石油21.5亿吨、天然气25000亿立方米。工作区域平均海拔2900米以上，是国内自然条件、工作环境最艰苦的油田之一。

公司现已建成敦煌、格尔木、花土沟、冷湖4个基地，其中，敦煌基地是青海油田科研、教育、职工轮休、轮训基地，是油田机关及部分二级单位所在地；格尔木基地是炼油化工、天然气生产及销售基地；花土沟基地是勘探开发、原油生产的第一线，是原油生产基地；冷湖基地是一个老石油基地，设有冷湖油田管理处，主要任务是维护老油田生产，并为地方单位提供水、电的正常供应。

截至2012年底，公司机关设职能处室18个，机关附属单位3个，机关直属单位7个，有主营业务单位15个，工程技术服务单位16个；矿区服务事业部机关设职能处室8个，直属单位2个，矿区服务单位14个。

截至2012年底，公司有合同化员工16143人（不包括市场化用工），其中，专业技术人员2493人，占合同化员工总数的15.44%；35岁及以下青年员工3626人，占合同化员工总数的22.46%；干部5571人，占合同化员工总数的34.51%；工人10572人，占合同化员工总数的65.49%

截至2012年底，累计生产原油4628.12万吨，累计生产天然气424.35亿立方米，累计加工原油2080.48万吨，累计生产甲醇285.25万吨，累计生产聚丙烯26.11万吨。

2012年，公司第三次荣获“全国五一劳动奖状”，11个基层单位荣获国家级荣誉，1人荣获“全国五一劳动奖章”。“东坪天然气勘探”获得“中国石油天然气股份公司油气勘探重大发现成果一等奖”。

【生产经营】 2012年，生产油气当量720万吨，完成年计划的104.1%。其中，原油产量205万吨，生产天然气64.7亿立方米。完成投资57.1亿元。实现经营收入174.1亿元；实现利润61.7亿元，同比增长17 %；上缴税费51.4亿元，同比增长19.5%。连续18年获得青海省财政支柱企业称号。

【油气勘探】 2012年，新增油气三级储量3.17亿吨，其中，探明石油地质储量6727万吨、控制储量4098万吨、预测储量8527万吨；探明天然气地质储量40亿立方米、控制储量357亿立方米、预测储量847亿立方米。

阿尔金山前发现千亿立方米含气区。通过对东坪1井、东坪3井试气，多层组获得工业气流。东坪1井区提交预测天然气储量245亿立方米，东坪3井区提交天然气控制储量332亿立方米，打破了柴达木盆地天然气勘探近30年的沉闷局面。牛1井试气日产13.3万立方米，提交天然气预测储量524亿立方米，盆地首次在侏罗系获得高产工业气流。11月29日，集团公司总经理周吉平在勘探年会上讲话：“青海油田敢于攻坚啃硬，年年有新亮点，继昆北、英东等发现之后，东坪地区天然气勘探又取得新发现，必将为建设千万吨级高原油气田发挥重要作用。”中科院院士胡文瑞在勘探年会上讲话：“青海年年都让人吃惊，连续创造了柴达木神话，青海石油人不简单。”

英东一号上盘通过精细地层对比和精细油藏分析，整体落实储量超过5000万吨。加大英东二号、三号及油砂山断层下盘勘探和评价力度，新增预测石油储量5465万吨。

昆北评价进展顺利，整体探明亿吨级油田。坚持勘探评价一体化，东西扩展，实现油藏连片，切十六区、切四区新增探明石油储量4509万吨，昆北断阶带整体探明石油储量1.07亿吨，成为青海油田第二个亿吨级油田。

柴西南富油凹陷依托三维储层预测，结合重大专项成果，优选扎哈泉构造部署扎2井、扎3井，均获成功，新增预测石油储量3062万吨。

柴西北勘探开发实现一体化，南翼山、小梁山、大风山中浅层边开发、边勘探，新增探明石油储量1466万吨、控制石油储量4098万吨。坚持致密油探索，深化研究，强化攻关，红柳平1井五段压裂改造，日产油11.1立方米。梁平1井六段压裂改造，日产油4立方米。实现了勘探的多点开花，看到了青海油田发展的希望。

【油气生产】 2012年，生产油气当量720万吨，完成年计划的104.1%。其中，原油产量205万吨，这是2008年受金融危机影响年产原油跌破200万吨后，又一次跨上200万吨大关；生产天然气64.7亿立方米，完成年计划的107.8%。

老区稳产：持续组织开发基础年活动，全面开展油气田地下、地面大调查，落实“一井一法、一层一策”精细管理措施。在原油生产上，深化地质认识，完善注采井网，合理调控，精细配注，自然递减率、综合递减率、含水上升率同比分别下降1.8%、0.13%和2.28%，平均单井日产上升到2.81吨，同比增加0.03吨。加强基础管理，及时调整生产运行参数，检泵周期同比增加15天。加大气田管理力度，把递减率分解到气田，细化到层组，落实到井站，合理配置产量，实施均衡采气，开井率达到95%以上，综合递减率控制在8%以内，同比下降0.91个百分点，开发形势更趋好转。

产能建设：推广应用水平井，完钻水平井55口，平均单井产量7.26吨，是相邻直井产量的2倍。优化天然气产能建设方案，增加水平井3口，其中仙平1井获得6.5万立方米的高产，是相邻直井产量的3倍；充分利用老井，全年比计划少钻新井5口，建成产能6.5亿立方米。马西气田、盐湖气田建成投产，东坪气田积极组织试采评价，形成了一定的生产能力。

措施增产：科学选井、合理选层，优化措施井层，提高多层多段压裂成功率，平均每层段日增油 1.28 吨，全年累计增油 3.54 万吨。大修侧钻治理长停井 10 口，平均单井日增油 5.87 吨，累计增油 6740 吨；恢复天然气躺井 10 口，日增天然气 22 万立方米。

【输储炼销】 2012 年，炼化装置平稳运行 730 天，首次实现“两年一修”目标，炼化装置均衡运行。以对标管理为抓手，定标杆，找差距，全面启动炼化业务班组绩效考核工作，绩效考核向岗位延伸。全年加工原油 143.1 万吨，生产汽油 42.1 万吨、柴油 67.48 万吨；生产甲醇 38.6 万吨、聚丙烯 2.35 万吨。优质高效完成了炼化装置大检修，检修项目 2136 个。国Ⅳ产品质量升级改造方案通过审查。

油气管道效益运行。加强巡线防打孔，花格输油管道连续 54 个月未发生打孔盗油事件。应对最低输量挑战，优化管道运行参数，确保了产、输、炼、销综合平衡。优化天然气产销方案，南八仙生产的天然气首次反输涩北，为马西、东坪天然气平稳生产疏通了后路，实现了多点产气、一条管线集气的总体安排。销售天然气 56.3 亿立方米，其中周边市场增加销售 3.1 亿立方米。

【精细管理】 管理提升活动全面启动。成立领导机构，制订活动方案，对“十二五”后 3 年的“三基”工作和管理提升进行了统一安排和部署。梳理出问题 516 项。有序推进制度建设，制修订规章制度 20 余项，发布、编制岗位工作标准 80 余项，覆盖率达到 90% 以上。推进大预算管理，主要生产任务与投资、成本、薪酬总额同步切块下达，责权到位。坚持月度生产经营分析，总结推广成功经验和做法，查找问题，制定措施，提升管理水平。开展物资集中仓储工作，加强物资采购管理，两级集中采购度达 96%，节约采购资金 4895 万元。建立法律风险防控体系，规范合同签订程序，强化内控与风险管理，发布 2012 版内控手册。加强审计监督，完成各类审计 55 项，取得直接经济成果 3390.4 万元。严把工程造价审核关，利用信息手段提高了造价审核效率和准确性，审核工程造价 106.9 亿元，同比增长 45.3%，对外结算审减费同比增长 7.9%；加快结算进度，钻井工程实现当年完工当年结算，达到集团公司先进水平。

【工程建设】 坚持工程建设视频会制度，协调解决工程建设过程中出现的问题，确保工程质量、进度、安全、投资全面受控。仙翼管线西段、马仙管道、坪一管道及盐湖气田、油砂山 110 千伏供电工程、切花供水管道等一批重点工程相继建成投产。

【标准化设计】 自主研发了注水橇、天然气试采橇、求产计量橇等 9 类 55 种标准化产品，累计完成 32 个模块的标准化设计定型工作，形成一套适用于公司的标准化系列产品。

【矿区服务】 坚持“群众至上、服务为本”理念，心中想着职工群众，办事为了职工群众，矿区运行更加规范，矿区服务更加贴心，矿区面貌不断改善。服务满意率同比提高 3.47%。

民生工程：全年矿区完成投资 2.59 亿元。职工总医院住院部、离退休活动场所、花土沟平房改造、昆仑路改造、格尔木基地影剧院改造等 10 项民生工程相继完工投用。英东住宅小区建设有序推进，250 套公共租赁房回购完成，水质改善工程稳步实施。西宁石油大厦实现了当年开工、当年封顶。社会保障实现了应保尽保，安排子女就业 1413 人，职工家属幸福指数进一步提高。

矿区基础管理：深入开展“规范管理年”活动，健全完善规章制度，严格执行操作规程，不断优化运行参数，转供水、转供电损耗同比分别下降 20%、9%，用户投诉同比降低 15%。“一卡通”基本实现全覆盖，民用收费到位率达到 93% 以上。蓝宝石宾馆、石油家庭公寓创立了品牌。2012 年在中国石油矿区服务系统 13 项指标对标排序中，矿区有 7 项处于中上水平。

矿区服务水平：深入开展“为民服务创先争优”活动，物业服务做到了小区管理无缝对接，“440”服务（“440”是为基地居民提供家政服务电话）实现了“两提一升”（运行效率不断提高、服务质量不断提高、群众满意度逐步止升），“五五工程”（“十二五”末达到 5 个达标示范小区、5 个优秀管理公寓、5 个优秀职工食堂、5 个优秀职工活动场所、5 个优秀居委会）12 个队站达到优秀示范标准，敦煌跃进小区、格尔木石化基地分别获集团公司“绿化模范小区”和“绿化先进集体”称号，1 人获得全国绿化奖章。

社区公寓食堂实现了从“好吃”到“吃好”的转变，就餐人数达到 141 万人次，同比增长 17.5%。生产肉蛋奶 92 万千克，基本满足了油田居民需求。继续落实全员体检工作，体检人数 30694 人。

【安全生产】 全面构筑安全生产责任体系，积极推进“有感领导、直线责任、属地管理”。开展全员风险辨识活动，修订“两书一表一卡”，严格落实作业许可制度，提高了岗位风险识别与控制能力。落实集团公司《反违章禁令》，加强特种设备、重点领域、关键环节及承包商的安全环保监管，对危险作业进行升级管理，确保质量、操作和安全生产形势受控。以“三基”工作、体系执行、“打非治违”为重点，组织开展岗位责任制大检查，检查基层单位583个、岗位2190个，查阅资料17670份，共查出问题1610个，现场整改507个，限期整改1103个。

成立HSE监督中心，理顺安全管理与安全监督体制。认真开展体系执行年活动，加大HSE体系审核力度，共组织3次体系内审、2次集团公司审核、1次监督外审，大幅度减少了“低老坏现象”和“三违行为”。加大安全环保隐患治理力度，进行挂牌督办，下达整改资金1.85亿元，完成治理项目58项。提升应急救援能力，全年组织应急演练16次，提高了应急救援预案的可操作性。

【科技创新】 树立“抓科技就是抓经济，抓创新就是抓发展”的理念，坚持科技兴油战略，按照关键技术超前储备、瓶颈技术重点攻关、成熟技术积极推广的总体思路，加大科技攻关力度，加快科技成果转化。7项成果获得省部级科技进步奖，其中一等奖1项，申报专利35项。

2012年，新开项目60项，完成58项，科研成果应用率达到96%，科技增效9000万元以上。英中复杂山地三维地震攻关，获得了高品质地震资料。英东石油勘探被评为青海省科技进步一等奖。水平井7段水力喷砂射孔压裂施工取得成功。连续油管作业、欠平衡钻井、带压作业、开窗侧钻、排水采气、井下节流等工艺技术得到推广应用。积极推进“以气代油”、“以电代油”工作，完成钻机和修井机等各类设备改造152台（套）。合作研发的XJ-250D电动修井机在上海国际石油石化装备展览会上获得“产品创新奖”。

【数字化建设】 解决野外探井数据实时传输问题；主力油田96%以上油水井实现远程数据采集和传输；视频会议方便快捷；建成投用了油田数字化生产指挥中心、股份公司A8系统和矿区一站式综合服务大厅。

【党建工作】 开展学习领会党的十八大精神活动。在油田范围内举办集团公司宣讲、中央党校宣讲辅导班，印发党的十八大精神学习材料，充分利用网络、电视、报纸等媒介，组织深入学习，准确把握精髓。开展“为民服务创先争优”活动，确定争创主题45项，公开承诺事项575项，开展立项攻关187项，取得经济效益550万元。公司党委荣获“全省创先争优先进基层党组织”荣誉称号。选树了70个“红旗党支部”、100个优秀班组长，20个十佳班组，命名“王生顺、武建明”2个班组和“杨永磊、杨华”2个职工技术创新工作室。

举办第七届职业技能竞赛，24个厂处、5000余人次参加了10个工种的比赛。技能鉴定工作扎实推进，完成技能鉴定3438人次。征集合理化建议94项，其中10项被评为优秀合理化建议成果一等奖。评选表彰第三届“十大杰出青年”。

【社会责任】 投资2610万元援建冷湖镇饮水工程、天然气入户工程。推进藏区气化工程。支持社会主义新农村建设。参与青海省党政军企共建示范村活动和甘肃省“联村联户、为民富民”活动，投入帮扶资金500万元，在青海门源、都兰、格尔木和甘肃敦煌、瓜州等县市实施太阳能热水器安装、城中村改造、村组道路建设、村容村貌改善、果品加工、农资农具帮扶等项目，帮助改善了当地群众生活。推进企地友好建设，共同组织改造了敦七公路和昆仑过街天桥工程。

（李希生）

中国石油天然气股份有限公司
华北油田分公司
（华北石油管理局）

【概述】 中国石油天然气股份有限公司华北油田分公司（以下简称公司）主要从事石油天然气和煤层气勘探和生产、集输及储运、勘探开发工艺研究及规划研究、工程技术和生产服务、矿区以及社会服务等业务。油气勘探区域主要集中在冀中、内蒙古中部和山西沁水盆地三大探区。截至2012年底，公司拥有油气资产原值511.43亿元，净值236.97 亿元。累计探明石油地质储量128900.74万吨、天然气地质储量262.25亿立方米；累计生产原油2.58亿吨，天然气112.23亿立方米；累计生产煤层气12.76亿立方米；累计工业总产值（现价）2306.14亿元。共有员工41840人，其中，管理人员9018人，专业技术人员7353人，技能操作人员24455人；拥有研究生以上学历人员388人，大学学历人员10048人。2012年，全年生产原油423万吨、天然气2.8亿立方米，煤层气商品量7亿立方米；实现收入341.2亿元、净利润48.9亿元，上缴税费89.7亿元。

【油气资源勘探】 全年新增预测石油地质储量5320万吨，控制油气地质储量3847万吨。廊固凹陷大柳泉构造带固安背斜初步落实浅层天然气规模储量，琥珀营构造基本实现多层系含油连片，在大柳泉构造带形成5000万吨规模储量区，获得股份公司“2012年度油气勘探重大发现一等奖”。牛东潜山带预探评价进展顺利，牛东101井再获高产油气流。饶阳凹陷马西洼槽控制较整装规模储量。雷家庄地区变质岩潜山及浅层天然气勘探实现新突破。乌兰花凹陷勘探获得重要进展，巴音都兰北洼槽巴77井获得高产油流。非常规致密油气勘探发现重要苗头。油气勘探呈现油气并举、高产井多、高峰增储的喜人局面。

【油气开发生产】 阿尔凹陷、蠡县斜坡、柳泉、肃宁—大王庄地区一般评价及深南、岔河集滚动勘探开发成绩突出，全年新增探明储量3123.9万吨。建产方式、产能结构更加合理，新建原油产能80.1万吨、天然气产能1亿立方米。老油田综合治理效果明显，多级多段压裂酸化43口、油水井侧钻大修95口，可动凝胶调驱122个井组，全年新增分注井170口，“精细注水减缓自然递减工程”取得阶段性成果，油田自然递减、综合递减同比降低1.4个和1.6个百分点，平均单井日产量稳定在3.1吨。阿尔油田产建及配套、西部原油流向调整等重点工程完成50%，水质合格率提高到70%。标准化设计范围扩大，大型站场覆盖率达到70%。生产组织协调高效顺畅，油气生产平稳均衡受控。

【新能源业务】 煤层气业务保持快速发展势头，新增探明储量1000亿立方米，新建产能7亿立方米，累计建产20亿立方米。以早期建产7亿立方米为支撑，年自产气突破5.4亿立方米，后来新建产能将逐步转化为生产能力；长治煤层气排采生产渐成规模、实现商业化运营；马必合作区块勘探进程加快，开始商业气销售；煤层气下游开发综合利用进展顺利。苏桥储气库群建设平稳推进，完成钻井9口，检测封堵老井19口，集输站、站外管线等地面工程基本完成，二期储气库选址完成可行性论证。留北地热利用扩大。

【对外合作和多种经营业务】 优选项目，创新方式，对外合作的领域和范围不断扩展。苏里格苏75区块2亿立方米产能续建完成，实现商品气量7.6亿立方米、利润1.3亿元；海南福山项目技术与操作管理服务份额稳步增加；与塔里木油田合作启动实施。中东碳酸盐岩项目对口技术支持拉开序幕，泰国技术服务项目实现收入285.3万美元。优化运营机制，培育支柱产业，多种经营业务经济总量稳步提升，实现收入43亿元，净利润1.86亿元。燃气业务新建CNG、LNG站点61座，推广LNG车辆4200余辆，销售天然气8.16亿立方米，LNG 12.38万吨，实现收入23亿元；机械与电控成套业务收入首次突破5亿元，轻烃业务搭建集中发展平台，盐化工、异丁烷脱氢等项目论证有序展开。

【综合服务业务】 矿区服务业务突出专业化管理优势，推进市场化经营、社会化服务，社区服务、公用事业、离退休管理更加优质高效，幼教、医疗卫生服务获得赞誉，综合服务满意度达到98.38%，华丽、华美社区被评为“全国安全社区”。生产服务及其他业务明确职能定位，不断提高工作效率和服务品质，持续提升对外创收能力，外部市场实现产值11亿元；累计完成供电17.25亿千瓦·时，供电可靠率99.84%，物资供应及时率保持在98.6%，节约采购资金5亿元，通信服务保障及时率100%，为油田生产和矿区生活提供了坚强保障。

【安全环保】 健全完善HSE体系，建立实施新业务HSE管理制度，保障各项业务稳健发展。强化直线责任落实，处以上领导到安全联系点检查3500余次，解决各类问题1600余个。开展危险作业专项审核和日常综合审核，发现并整改问题6520个。争取投资6.85亿元对油气站库、集输管道、电力系统安全隐患进行治理，任二联撤并、任东220千伏变电站安全隐患整改等项目进展顺利。建立完善应急管理资源库，分层次开展应急演练289次，进一步提升了应急处理能力。扎实抓好节能减排，节约标准煤2.78万吨、节水49.3万立方米，超额完成年度计划；积极推行清洁生产，工业废气达标排放，工业废水零排放，全面完成集团公司、股份公司下达的健康安全环保控制指标。

【科技创新和信息化建设】 针对制约油田发展的技术瓶颈，首次实施科技重大专项，新立公司重大科研项目12项，获国家、部委重大科研立项3项，形成中长期战略性科研项目群。强化煤层气重大专项技术攻关顶层设计，确立23项研究课题，为引领煤层气技术发展起到核心作用。完善6项科技管理办法，有效激发科研人员创新热情，全年获省部级以上奖励28项、国家授权专利80项。深化A8生产指挥、A5采油与地面工程、A6数字盆地等集团统建系统建设，加强ERP运行维护管理。

【企业管理】 建立战略目标、业绩指标、管控指标"三位一体"考核体系。制定全面提升科学管理水平实施方案，确立22项战略课题，扎实推进管理提升活动。紧跟业务发展，向长庆油田输出劳务1216人，为煤层气、燃气业务补充574人，从渤海职业学院分流132人，人力资源战略转移稳步实施。完善内控体系平台，优化业务流程，新增修订业务流程281个，落实风险关键控制点212个，企业风险防控能力提升。

【矿区建设】 坚持以人为本，切实把改革发展成果惠及职工群众，矿区面貌大为改观，居民生活品质明显提升。中国石油驻任丘、驻河北省企业大协调格局建立，与河北省及油区周边市县、集团公司沟通联络形成制度，油田公司在整体协调联动中发挥积极作用。住房建设工程有序推进，任丘矿区"创业家园"A区30栋住宅楼主体封顶，C区、D区13栋楼主体封顶，外围矿区62栋楼封顶；任丘矿区首批改善房启动，廊坊、河间矿区完成团购选房，华达、华美、华盛3个服务处拆建形成方案；住房公积金支持住房改善力度加大，为2200户家庭办理贷款4.5亿元。基础设施改造工程进展顺利，东风大社区建设见到成效，总医院综合医疗楼主体封顶，任丘中心区安防视频监控建设启动，矿区道路建设全面展开。养老康复工程稳步推进，养老康复中心开始运营；居家养老服务工作有序开展。社保惠民力度加大，矿区2.33万名"家属工"纳入基本养老保险统筹，连续4年调整职工医疗保险待遇，连续8年调整企业退休人员基本养老金，为4726名有伤残等级的工伤职工建立了健康档案。全年走访慰问职工群众和救助困难人员4.86万人次，发放救助慰问金4072万元；帮扶851名油田子女实现就业。维稳、综合治理工作成效明显，成功化解多项信访难题，提前退休人员、职教幼教退休教师待遇问题得到解决；90%以上的单位平安创建达标；重点阶段和敏感时期矿区稳定和谐，"两会"、"十八大"时期的维稳安保工作受到集团公司通令嘉勉。

【党建和精神文明建设】 思想政治保障体系有效落实，系统格局建设有序推进，有作为的党建工作深入推进。持续深化"四好"领导班子创建，各级班子整体效能充分发挥。全面实施处级副职公开竞聘选拔，严格落实制度，不断强化监督，保证了选任质量。强化干部学习培训与交流锻炼，完成处级干部3年轮训一遍的任务；拓宽交流渠道，选派5名处级干部到地方挂职交流。创新人才工作模式，强化高端人才培养，新增享受政府特贴2人和集团公司高级技术、管理、技能专家9人。广泛开展基层组织建设年活动，22个单位党委完成换届选举；持续深化创先争优活动，推广社区党建经验，推行党员"七权七责"，党支部和党员的群众满意率达到89.09%和87.89%。扎实推进惩防体系建设，强化日常教育和监督，抓好信访与案件查办，加大效能监察和工程专项治理工作力度，基本形成了"教育常规化、制度体系化、监督立体化、惩处功效化"的工作格局。广泛开展"四新"形势任务教育和解放思想大讨论，精心组织迎庆党的十八大系列活动，持续深化特色文化基层实践，积极推进群众性精神文明创建，进一步夯实了共同奋斗的思想基础。大力加强"三基"工作，油气生产基层队站第一轮达标基本完成，"五型"班组达标率90%，培育命名公司第二批"三基"工作示范点27个，打造出8个中国石油企业精神教育基地，6个队站被评为集团公司工程技术金、银、铜牌队。公司被评为河北省文明单位、河北省首届十大和谐企业。

（王　辉）

中国石油天然气股份有限公司
吐哈油田分公司
（吐哈石油勘探开发指挥部）

【概述】 中国石油天然气股份有限公司吐哈油田分公司（以下简称公司）是集油气勘探与生产、石油工程技术服务、矿区后勤服务等多种业务于一体，跨国、跨地区经营的大型石油企业。主要从事油气勘探开发、科研服务、井下作业、石油化工、油田建设、水电信保障、机械制造、物资采购等业务。吐哈油田探区包括吐哈、三塘湖、民和、银额、总口子5个中小盆地，总面积22万平方千米，探矿权面积6.86万平方千米。截至2012年底，有合同化员工13591人、市场化员工4562人；累计探明石油地质储量48005.32万吨（含凝析油），探明天然气地质储量1206.17亿立方米（含溶解气）；累计生产原油4469.67万吨，生产天然气196.26亿立方米；上市业务资产总计159.26亿元，未上市业务资产总计49.46亿元。

2012年，公司全面落实“新疆大庆”规划实施方案，坚持“两新两高”工作方针，主攻吐哈盆地常规油气、鲁克沁稠油、致密砂岩气、三塘湖盆地四大领域，实施油气勘探、产能建设、老区稳产三大工程，超额完成各项生产经营任务。新增探明石油地质储量2023.8万吨、控制储量1336万吨、预测储量1715万吨，生产原油156万吨、天然气10.5亿立方米。上市业务实现营业收入87.65亿元，实现税前利润14.35亿元（含石油特别收益金）。未上市业务实现收入43.26亿元。实现利润688万元，比集团公司指标增加4504万元，超额完成解困扭亏目标。油田连续7年被评为集团公司安全生产先进单位，连续9年获新疆维吾尔自治区安全生产先进单位称号，获得中央企业思想政治工作先进单位称号，温米联合站等4个集体分别荣获全国和新疆维吾尔自治区“工人先锋号”、开发建设新疆奖状。

【油气勘探】 2012年，油气勘探按照“规模扩展稠油、精细勘探稀油、效益勘探三塘湖、攻关致密砂岩气”的总体思路，坚持滚动勘探和区域勘探并重，完成三维地震480.56平方千米（含油藏评价151.47平方千米）；油气预探完钻探井34口，进尺12.23万米，获工业油气流井9口，探井成功率28.13%；油藏评价完钻井25口，进尺7.24万米，获工业油气流井14口，评价井成功率60.87%。新钻探圈闭26个，获工业油气圈闭8个，圈闭钻探成功率31%。

鲁克沁稠油勘探获得新突破。玉109、玉东401等5口井获工业油流，实现中西区连片并向北翼拓展，形成3000万吨规模储量区。鲁克沁中西区勘探成果获股份公司重大发现二等奖。甩开预探火焰山下盘玉北构造带，玉北1井在二叠系梧桐沟组掺稀自喷日产稠油52立方米。

台北凹陷精细勘探获得新突破。西部古弧形带胜南301、神116、吐4等6口井获工业油流，实现吐鲁番—胜南—神泉油田叠合连片，拓展出3000万吨优质储量区。鄯善弧形带鄯南3、温10、温11等井获工业油气流，鄯善油田与温西6块、丘东与温吉桑实现连片，老区含油气面积不断扩大。

三塘湖立体勘探获得新突破。预探条湖凹陷腹地条中构造带，条28井、条30井在石炭系火山岩获工业油流，扩展出3000万吨规模储量区；马朗凹陷马55井在二叠系条湖组火山岩压裂获工业油流，两大富油凹陷勘探领域进一步扩大。芦草沟组致密油自营区勘探和对外合作勘探有序推进。

【油气田开发】 2012年，公司生产原油156万吨，生产天然气10.5亿立方米。

油田开发围绕老区稳产和新区上产，狠抓精细注水和产能建设，注水稳产工程成效明显。强化停注井治理，完善注采井网，加强精细注水，日注水量增加20%，水井开井率、分注率、水质达标率同比提升14.6%、3.2%和2.8%，自然递减率控制在14.9%，同比下降3%。鄯善油田日注水量比方案提高1700立方米，自然递减率同比下降2.5%。温米油田通过补层、压裂、改层回采等措施，救活躺井82口，油水井开井率78%，同比提高14.4%。

产能建设加强油藏地质研究，优化新井部署和钻机组织运行，完钻新井246口，新建原油产能29.2万吨、天然气产能1.6亿立方米。地面建设完工投运鲁克沁、温米、红连污水处理装置，为改善水质、提升注水效果创造了条件；完成鲁克沁、神泉等区块产能建设地面工程，保障了新井投产。实施温米轻烃装置搬迁工作，神泉天然气扩建工程按期投运，建成油田第三个日产100万立方米天然气生产基地。

三塘湖风险作业服务顺利推进。实现当年申报、当年签订协议、当年编制方案、当年建产、当年交油“五个当年”，新钻井66口，新建产能3.2万吨，年产油0.31万吨。

炼化业务优化生产组织，装置安全平稳运行。生产甲醇13.8万吨，生产顺酐1.58万吨、溶剂油4.58万吨。

【安全环保】 2012年，公司安全环保形势保持平稳，通过层层签订安全环保责任书和全员安全合同，开展安全经验分享9600次，启动HSE万人培训工程，员工安全意识和技能不断增强。修订安全生产责任制管理规定等制度22项，堵塞安全管理漏洞。开展HSE体系审核，整改集团公司审核出的问题，体系运行水平进一步提高。落实集团公司《反违章禁令》，严查“三违”行为，开展安全生产领域“打非治违”和“安全生产年”活动，组织可燃气体报警器、站内埋地管线等7个专项检查，源头风险得到控制。加大安全隐患排查力度，投入3453万元专项资金治理隐患19项。完善应急体系，及时发布预警信息，妥善处置非计划停电、炼化装置紧急停车等突发事件。狠抓井控管理，有效保障钻井、试油、修井等施工安全运行。加强节能减排，节能1.72万吨标准煤、节水22.72万立方米。建设项目环境影响评价和“三同时”执行率100%，实现“三废”达标排放。

【科技进步】 2012年，公司承担的16项国家和集团公司攻关课题取得阶段性成果，全面启动“新疆大庆”重大科技专项8个课题24项专题，完成油田公司级科研项目60项，获省部级成果6项、国家专利授权22项。勘探开发完善构造—岩性复合型油气藏、火山岩油藏综合勘探技术，集成创新复杂油气层识别、低幅度圈闭精细描述等配套技术，吐4、温11、条30等一批重点探井取得成功。配套完善非均质砂岩油藏精细描述、大压差多级分注及高效测调技术，为注水稳产工作提供保障。工程技术配套形成优快钻井技术，全年新钻井平均机械钻速同比提高23.3%，平均钻井周期同比减少5.6天，集团公司“6+1”重点提速区块鲁克沁中区平均建井周期17天、西区23.6天，实现集团公司下达的提速目标。攻关形成长位移水平井钻完井技术及多级多段压裂配套技术，在英502H2、米气7H、吉4H等井成功应用，井下复杂明显减少；薄油层长水平段钻完井技术为有效开采鲁克沁东区七克台组油藏奠定基础。研发新型低伤害压裂液体系，现场试验35井次，节约费用288万元，增油效益2065万元。自主研发镦锻式空心抽油杆制造技术，建成国内第一条全自动化生产线，突破国内空心抽油杆制造的多项技术瓶颈。推广实施集团公司勘探与生产调度指挥、资金管理平台、即时通信等7套新建（升级）信息系统，勘探开发历史数据和馆藏档案主要资料全部电子入库，网络信息安全屏障进一步强化。HSE、HR、ERP、企业门户等13套系统在集团公司年度考核名列前五位。

【工程技术服务】 2012年，公司工程技术服务优化业务结构，突出发展井下作业、压裂酸化、设备保运等与油气业务关联度大、效益好的67项业务，内部市场实现收入25.19亿元，同比增长4%。清理外部作业队伍25支，工艺技术服务、压缩机维修、污水处理等54项工作量由内部单位实施，外部委托工作量同比减少7879万元。外部市场主动退出陕西、内蒙古等低效市场，设备和人员向塔河、哈萨克斯坦等效益较好的市场集中，开拓阿尔及利亚市场，外部及海外市场实现收入18.07亿元，同比下降1%。控制用工总量，通过业务优化、市场调整等措施，用工总量同比减少154人，完成用工控制目标。推进降本增效，深化单机、单车、单项工程承包，成本费用不断降低。

【企业管理】 2012年，公司成立领导机构，制订实施方案，开展对标工作，完成管理提升活动第一阶段任务，建立关键对标项目376项，统计油田历史数据7359个，通过横向和纵向对标，明确各业务领域专项提升目标和任务。

降本增效持续推进。加强投资计划管理，完成投资43.4亿元，实施重点项目66项，保障主营业务和民生工程投入。深化成本费用管理，完善基础定额体系，严控非生产性支出，成本费用控制在预算指标之内，实现“五项费用”压减10%的目标。物资采购，一级、二级物资集中采购度100%，采购质量得到保障。闲置物资调剂平台上线运行，调剂闲置物资

2150万元。

人力资源管理取得新成效。整合成立工程监督中心、开发部注水管理科等新机构，调整机关部分处室职能，管理运行更加顺畅。加强经营管理队伍建设，严格落实干部选拔任用制度和程序，交流副处级以上干部53人，公开竞聘和组织选拔19人。制修订《处级领导班子和管理人员综合考核评价办法》等3项制度，开展干部经济责任审计，干部管理进一步加强。选拔集团公司和公司级技术专家、厂处级技术带头人120人，新增副高及以上职称79人，引进急需专业大学毕业生81人，其中，博士后1人、博士1人，专业技术人才队伍不断壮大。选拔技师和高级技师34人、技术能手52人，完成83个工种2000多人职业技能鉴定，开展各类培训236项10816人次，员工综合素质进一步提升。

管理基础不断夯实。梳理有效制度412项，制修订36项，废止11项。开展设备管理提升年活动，设备现场规范化水平进一步提高，主要生产设备运行平稳，自动化控制系统故障率明显下降。编制发布公司《法律风险岗位防控指引》，企业管控能力不断增强。

【民生工程建设】 2012年，公司重点落实8项工作。一是完成集团公司各项业绩考核指标，员工收入稳步增长。及时调整基本医疗保险、退休人员基本养老金、住院医疗费报销比例，保障员工群众利益。二是推进矿区“规范管理年”活动，完善制度体系，规范服务行为，建设餐饮、医疗、维修等14个文明示范窗口，矿区综合满意率保持在96%以上。公司被评为新疆维吾尔自治区离退休工作先进单位，老年大学获“全国老年大学示范校”称号。三是推进重点工程建设，哈密基地2区、9区体育活动室建成投运，鲁克沁前线生产点、神泉生产点、鄯善基地员工宿舍和体育活动室建设按计划推进。四是开展“五化”（绿化、美化、亮化、净化、文化）建设，完成哈密基地3区和鄯善基地部分区域美化亮化工程，哈密基地生活区绿化覆盖率保持为52%。五是加强住房管理，528户家庭改善了居住条件、635户无房员工搬迁新居。完成水电气暖预付费系统建设，哈密、鄯善基地水电气实现一卡通缴费管理。六是扩大养殖规模，出栏生猪5100头，生产肉鸡2.6万只、鸡蛋115吨，为群众提供绿色安全食品。七是拓宽就业渠道，积极帮助员工子女在公司就业，1373名协议解除劳动合同人员续签再就业协议。八是开展节日慰问、大病救助、金秋助学3项活动，投入资金573.5万元，慰问劳动模范和帮扶困难家庭1248户，金秋助学55人，大病救助86人。

【党群工作】 2012年，公司深入学习贯彻党的十八大精神，组织员工收看党的十八大实况，通过两级党委中心组学习会、宣讲报告会等形式集中学习，两级党委委员深入“三联”（党员干部联系党支部、党支部联系班组、党员联系岗位）挂点单位专题辅导，撰写心得体会，坚定发展信心，明确发展任务。以“固基础、凝人心、创和谐、推发展”主题活动为主线，落实党建工作责任制，形成“八法六力”（思想引领法、主题活动法、形势教育法、典型引路法、情绪疏导法、扶贫帮困法、竞赛激励法、融合共建法；整合文化力、培育竞争力、强化支撑力、塑造品牌力、提升辐射力、增强感染力）工作模式，推行党群工作量化考核，党建工作全面加强。创先争优活动形成一批理论和实践成果，公司2个单位党委和1个党支部荣获集团公司和新疆维吾尔自治区“创先争优先进基层党组织”称号。基层组织建设年活动形成党支部建设“1136”（贯彻一套理念、坚持一条主线、突出三个抓手、立足六个重点）工作法，218个基层党支部达标晋级，涌现出30个“六好”党支部和30个标杆“五型”（学习型、安全型、清洁型、节约型、和谐型）班组。层层分解惩防体系建设任务，坚持教育、制度和监督并重，加大案件查处力度，反腐倡廉工作持续推进。“建设‘新疆大庆’、吐哈文化同行”工程全面启动，编印形势任务教育读本3万册，修订《企业文化手册》，发布《安全文化手册》，公司建设社会主义核心价值体系的经验在中宣部《调查与研究》上刊载。综治维稳工作及时化解不稳定因素，落实安保防恐措施，确保公司和谐稳定，3次获得集团公司电报嘉奖。群众工作开展主题劳动竞赛、第二届“感动吐哈”人和事评选、青年安全生产示范岗创建、青年油水井分析、巾帼建功、文明家庭创建等活动，成立油田文化艺术工作者联合会和体育协会，组织文体活动30多次，丰富员工业余生活。

（李　勇　朱晓龙）

中国石油天然气股份有限公司冀东油田分公司

【概述】 中国石油天然气股份有限公司冀东油田分公司（以下简称公司）主营业务包括油气勘探开发生产、油气集输处理与销售，以及机械制造、物资供应等工程技术服务业务。公司主要勘探开发区域包括冀东探区和山东庙岛群岛探区，其中，冀东探区矿权面积5797平方千米（陆地4797平方千米，海域1000平方千米）；山东庙岛群岛探区矿权面积4358平方千米，位于辽宁大连与山东蓬莱之间，行政区域属于山东省烟台市长岛县及龙口管辖。截至2012年底，公司机关设职能处室16个，机关直属机构3个，机关附属单位4个，二级单位（分公司）25个，拥有资产总值289.2亿元。2012年，公司把握稳中求进总基调，强化生产经营管理，各方面工作取得新成果，获得“全国五一劳动奖状”、“河北省先进基层党组织”、“河北省重质量守信誉单位”、“河北省安全生产先进企业”，“中国石油天然气集团公司安全生产先进企业”、“中国石油天然气集团公司环境保护先进企业”、“中国石油天然气集团公司节能减排先进企业”等称号。

【主要生产经营指标】 2012年，股份公司下达控制石油地质储量任务500万吨、预测石油地质储量任务500万吨，公司上交控制石油地质储量647万吨、预测石油地质储量1086万吨。钻开发井128口，新建原油生产能力50万吨；钻天然气开发井2口，新建天然气生产能力1.06亿立方米。生产原油165.07万吨，生产天然气4.87亿立方米，完成油气当量203.8万吨。实现经营收入110.53亿元，上缴税费21.58亿元，实现利润3.11亿元。

【油气勘探】 坚持“规模勘探、效益勘探、科学勘探”总体要求，遵循“立足南堡凹陷、拓展外围新区、加强风险勘探”工作方针，主攻南堡3号构造，精细勘探南堡油田中浅层，滚动勘探高北高南斜坡，加强综合研究，优化方案部署，油气勘探获新成果、新进展和新认识。南堡3号构造整体勘探取得新进展，初步形成3000万吨储量规模，展示了中深层岩性及寒武系潜山良好的勘探前景；南堡3号构造岩性油藏勘探获得股份公司重大发现二等奖。深化南堡1号构造中浅层勘探，落实地质储量1000万吨。南堡陆地精细勘探获得新认识，高柳斜坡带滚动勘探初步落实千万吨级储量规模，揭示了老区的勘探潜力。取得山东黄县2339平方千米地质调查资质，并开展重磁电勘探；申报秦皇岛2380平方千米探矿权。

【油气开发】 推进油藏描述综合评价，深化油藏地质认识，扩大南堡新区滚动开发潜力和老区浅层开发调整潜力。开展10个区块的油藏描述工作，覆盖地质储量1.05亿吨。优化产能建设部署，新建原油生产能力50万吨，钻井成功率和产能贡献率分别达到99.2%和37.7%。推进钻井提速提效工作，生产时效同比提高2.54个百分点。坚持油气并举，加大天然气开发力度，首次部署天然气产能建设，新建天然气生产能力1.06亿立方米。开展低渗油藏压裂先导试验，南堡403X1区块整体压裂成效显著。推进以精细注水为核心的“油田开发基础年”活动，稳产基础和开发效果持续改善，自然递减率和综合递减率分别为22.4%、12.1%，同比下降4.3个百分点、4.9个百分点。组织开展精细注水示范工程，发展精细注水开发技术；加强注入水水质管理，水质达标率83%，同比提高1.8%。推进重大开发试验，探索特高含水油藏提高采收率技术途径。柳中、柳北深部调驱17口井，增油1.62万吨。柳北CO_2驱先导试验8口井，增油0.8万吨。组织地质潜力大调查，精细开展措施研究与挖潜，措施增油17万吨。

【安全环保】 以推进HSE体系建设为主线，以风险管理为核心，采取一系列固本强基措施，安全环保形势保持稳定，公司HSE管理体系通过股份公司审核。出台《生产安全事故与环境事件责任人员行政处分实施细则》，全员安全环保责任进一步落实。强化承包商安全监管，开展承包商挂点联系活动。加大隐患整治力度，投入1.29亿元治理隐患34项。建立减排防控体系，制定油区3条河流应急防控措施；COD、石油类和SO_2排放量同比分别下降2.15%、2.02%和2.11%。节能1.16万吨标准煤、节水2.04万立方米。不断增强应急救援能力，多次参与重大抢险活动，得到集团公司和地方政府的高度肯定。

【科研攻关】 2012年，投入科研、试验经费1.75亿元，开展122项科研课题攻关，获得省部级科技进步奖7项，获得授权专利8项。

（1）油气勘探。推广应用叠前裂缝预测等新技术，提高油藏预测和识别精度；电成像测井资料实现自主处理，解决碳酸盐岩裂缝性储层解释评价的关键难题。

（2）油气开发。应用井震结合、模式指导、多级相控技术，解决复杂断块低井控油藏认识问题；低渗透储层改造、深部调剖调驱、CO_2吞吐等技术获得突破，在高含水油藏提高采收率、稳油控水、控制递减等方面发挥了积极作用。

（3）钻采工艺。研发应用丛式井井眼轨迹防碰技术、强敏感性储层保护技术、人工岛大斜度井气举采油等配套工艺技术，形成适应南堡滩海钻完井和采油工艺技术体系。

【经营管理】 2012年，通过严格组织招投标、优化井身结构、盘活废旧物资等措施，压减投资1.98亿元。压减生产指挥车辆84台，节约运费1854万元。推行单井生产运行成本分析系统，单井运行成本56.89万元/年。加大闲置物资调剂利用力度，内部调剂利用闲置抽油机等设备108台，原值3570万元，闲置设备利用率73.9%；向西南油气田、华北油田、塔里木油田调剂闲置物资5022万元。公司获得“中国石油天然气集团公司投资管理先进集体”、“中国石油天然气集团公司财务工作先进单位”、“河北省重质量守信誉单位”等称号。

加强内控体系建设，修订完善《内控手册》，更新规章制度70项。强化天然气管理，落实管理保护责任，严厉打击盗气行为，天然气产量、销量同比分别增长10.8%和13.6%。加强“三基”工作，培育形成12个“三基”工作模范示范点和19个“三基”工作示范点。推进员工素质提升工程，组织培训5万人次。瑞丰化工公司乔孟占被河北省总工会等单位联合授予“河北省十佳职工发明家”称号，井下专业公司徐海东获得集团公司职业技能竞赛井下作业工铜牌和“优秀选手”称号。严格落实“三控制一规范”要求，完成4个二级单位的“五定”工作，压减非生产人员181人。深化矿区服务系统机构改革，机关科室减少8个，基层队站减少16个，减员94人。

【矿区建设】 持续加大矿区建设投入，进一步改善员工家属住房、办公、就餐、健身锻炼及就医条件。唐山石油家园、唐海石油馨苑二期顺利交房，员工家属住房条件得到根本改善。唐海运动场西区厂房拆迁及新住宅规划工作稳步推进，生产前线辅助基地全面投用。大力支持基础教育，帮助冀东石油中学改善教学设施，4所幼儿园全部成为河北省示范园。扶贫帮困290人次、94.8万元，金秋助学21人次、5.2万元。建立唐山51号甲区便民超市。安排155名子女就业和岗前培训。按照政策规定，向803名提前退休人员发放补助金。投入1179万元改善医疗条件，组织1万多名员工家属进行健康体检，完善健康档案；参加唐山市职工重大疾病医疗互助活动；落实员工带薪休假和健康疗养制度。持续改善生产环境，配套建设一线员工倒班宿舍。

【党群工作】 采取党委中心组学习、专题党课、辅导报告会等多种方式，学习宣传贯彻党的十八大精神，促进干部员工思想认识和理论水平提升。各级党组织将“创先争优”活动与“四好”（政治素质好、经营业绩好、团结协作好、作风形象好）班子建设、“四创”（创新、创优、创先、创效）活动相结合，与“夺油上产、降本增效”劳动竞赛相结合，与安全清洁生产相结合，开展“学习实践科学发展观、争当转变发展方式先锋”、“挖潜增效”党员献计献策、“群众评议党员”、“三亮三展”（亮党委工作、展工作成果；亮支部活动、展组织风采；亮党员身份、展模范作用）等主题实践活动，推动“创先争优”活动常态化。公司党委获得“河北省先进基层党组织”、“河北省国资委创先争优先进基层党组织”等称号。南堡油田作业区获得集团公司“创建‘四好’领导班子先进集体”称号。落实河北省委“基层建设年”活动总体部署，选派3名干部进驻曹妃甸区鄺里村开展帮扶活动，投入帮扶资金230万元，驻村工作组被河北省委、河北省人民政府授予“全省开展加强基层建设年活动优秀驻村工作组”称号，3名成员被评为优秀驻村工作队员。

持续深化反腐倡廉教育，推进惩治和预防腐败体系建设，加强重点领域和关键环节监督检查，公司获得唐山市“职务犯罪预防工作先进单位”称号。开通总经理、党委书记信箱，社情民意反映渠道更加通畅。落实维护稳定工作责任制，妥善化解矛盾纠纷，加强综合治理保卫工作，油区矿区始终保持和谐稳定，杜绝进京访和群体访，受到集团公司嘉奖。发布企业文化手册，形成企业文化理念体系，公司获得“河北省企业文化建设示范单位”称号。文化活动丰富多彩，小品《油城掠影》、群口相声《一面旗帜下》在第三届中国职工艺术节曲艺小品展演中分别获得小品类一等奖、曲艺类一等奖。工会、共青团组织注重发挥自身优势，开展“增储稳产、挖潜增效”劳动竞赛和“青春建功”等主题活动，促进油田生产建设。认真履行国有企业社会责任，组织“母亲水窖”捐款20万元。

（付建华　刘东宇）

中国石油天然气股份有限公司玉门油田分公司

【概述】 中国石油天然气股份有限公司玉门油田分公司（以下简称公司）主要从事勘探开发、炼油化工、工程技术服务等业务。截至2012年底，共有员工13342人（合同化11284人，市场化2058人），其中，管理人员2032人，专业技术人员3285人，操作服务人员8025人；机关设职能处室14个、直属机构4个，基层设独立核算单位32个。累计探明石油地质储量17752.38万吨，可采地质储量4848.20万吨，共有油水井1855口；生产原油50.54万吨，加工原油208.16万吨，油气当量52.5万吨。固定资产原值1198847万元，净值729390万元。

【油气勘探】 2012年，公司按照“深化酒西、加强酒东、突破潮雅、优化矿权”的勘探思路，完成二维地震159千米、三维地震206平方千米；实施探井8口，完井5口，在钻井3口；试油探井6口，获工业油流1口（鸭西5），酸化压裂3口。酒泉盆地精细勘探、新区新领域勘探取得进展。一是优选鸭儿峡白垩系、老君庙构造带、柳沟庄白云岩、雅布赖侏罗系4个重点规模增储区和酒东、石大、花海3个重点预备目标区。其中，鸭儿峡白垩系估算储量规模4649万吨，老君庙构造带估算储量规模3000万吨，柳沟庄致密油估算储量规模5186万吨，雅布赖盆地估算储量规模3000万吨，酒东估算储量规模3000万吨，是公司产量重上百万吨的资源基础。二是鸭儿峡白垩系按照重新评价顶部、滚动扩展中部、甩开预探前缘三个层次部署，落实了3000万吨规模储量。其中，顶部开展重新评价，鸭西102等3口井获得工业油流，基本探明储量1155万吨，落实13万吨规模建产区块；中部开展老井复查和重新评价，控制石油地质储量1218万吨；前缘开展预探，鸭西5井日产油7.8吨，提交预测储量660万吨，该成果获股份公司年度油气勘探重大发现成果二等奖，整个前缘预测石油地质储量1752万吨。三是青西柳沟庄按照致密油思路部署的柳平1井正在钻进。老君庙构造带重新评价认为北翼冲断片及深层白垩系具有滚动评价和规模增储潜力。酒东部署的长18井在K_1g_2段获低产油流，表明下部成藏组合和北部次凹具有勘探潜力。雅布赖盆地优选中央洼槽、北部斜坡、南缘冲断3个有利区带，其中雅探8井试采日产稳定在1.1吨，与雅探2井共同控制薄砂层含油面积47平方千米；中央洼槽带部署的雅探6井正在钻进。四是煤层气勘探、研究和评价取得进展。武威盆地估算煤层气资源量2500亿立方米，营盘凹陷估算近千亿立方米；腾1井压裂后排采日产气259立方米，展示该地区煤层气勘探有前景。

【油田开发】 2012年，公司全年完成原油产量50.54万吨，平均日产1380.9吨，单井日产2.2吨，综合含水63.32%；全年完钻新井49口（水平井9口），新建产能16.999万吨，产油3.70万吨；注水量完成222.17万立方米，平均日注水6070立方米。一是编制鸭儿峡白垩系一期13万吨产能建设、老君庙油田整体调整产能建设初步规划、L油藏“二三结合”（二次开发、三次采油）开发试验、鸭儿峡白垩系油藏外扩评价、老君庙构造带整体评价5个方案并启动运行。鸭儿峡、青西和酒东油田产能建设共投产新井42口，新建产能17万吨。其中，N540、鸭西102和鸭543井日产均达12吨。二是开展油田地下大调查及老井复查，完成进攻性措施476井次，措施有效率达到76.3%，增产原油4万吨。三是加大注水开发，鸭儿峡油田注水效果逐步显现，酒东油田实现了注上水的目标，全油田注水井数和层数分别增加38口和82层，注水开发效果提高。四是推进老君庙油田二次开发，20万吨产能建设部署方案编制完成，顶部区产量和含水基本稳定，东低区日产油量由20吨上升至63吨，深部调驱试验区增油1026吨；石油沟油砂开采试验完成项目初步设计。五是油田设立10个重点工程开发项目部，对油田开发实行项目管理，保证了重点开发任务的完成。

【炼油化工】 实施炼化挖潜增效工程，推进短流程燃料型炼厂建设。一是开展“两降一提”（原油综合损失率下降、炼油能耗下降，综合商品收率提高）第二阶段技术攻关，实施瓦斯回收利用、催化烟机长周期运行等26项技术改造与攻关，原油综合损失率、炼油综合能耗和综合商品收率取得进步，原油加工损失等6项指标创历史最好水平，13项主要指标在股份公司炼化板块对标排名稳中有升。二是优化加工，提高吐哈中质油进厂比例，汽油全部实现高标号生产，低凝柴油同比增产，丙烷实现单储单销，石油苯实现量质同升；提高蒸汽利用效率，回收利用富余瓦斯气，有效降低动力消耗和资源损失。三是执行低负荷长周期运行方案，开展专项治理、检修准备，完成方案编制、物资储备和队伍优选；推行非配置产品竞价和“阳光”销售，石油焦、石油苯和聚丙烯逐步销售到位，实现增效。

【对外合作】 组织实施市场开拓工程，发挥综合优势，加大对外合作交流。一是海外业务持续加强。乍得上下游项目保运及时到位，综合研究项目提交的2口井位实施后获高产油流，提供的稳产方案实施后效果明显，新签订的3项科研项目正在按计划运行；阿尔及利亚加密井项目圆满收尾，工程验收全部合格。二是苏里格合作项目取得进展。与长庆油田签订《苏246区块合作协议》，完成区块开发前期评价部署及开发试验方案、重点井试采和二维地震采集，取得首批资料和初步成果。三是外部市场有效拓展。机械产品服务扩大到煤层气领域和延长油田市场，进入了美国和科威特等国际市场，承揽了清泉、鄯善油库消防和西气东输三线瓜州—临泽段物资仓储运输和维护服务，中缅管道和西三线工程监理服务受到业主肯定，塔里木井下作业市场经营状况改善，LNG清洁能源开发完成资源整合和“四点一线”（瓜州桥湾、玉门老市区、嘉峪关、酒泉4个LNG站连成一条线）示范站建设。

【安全环保】 组织实施安全清洁工程，安全形势稳定，“三废”排放达标。一是组织开展质量管理和HSE管理体系审核8次，发现和整改问题637个；持续完善岗位操作卡，深入现场验证改进，全面完成修订工作。二是开展“打非治违”、井控应急、防洪防汛、石油库安全等检查和专项整治；开展安全生产标准化、HAZOP分析和安全现状评价。三是设立隐患治理项目34项，争取股份公司政策支持成功立项15项，对49项重点治理项目挂牌督办。四是组织实施青西污水达标、钻（修）井液及废渣无害化处理、水电厂粉尘污染治理等项目，实现达标排放；完成炼化总厂等5个主要生产单位的审核验收准备，对11个重点用能单位节能节水实行目标责任管理，对注水系统及重点能耗设备加强监测和考核，节能1.24万吨标准煤，节水10万立方米。

【科技创新】 组织实施科技创新工程，完成56项科研项目，项目完成率和验收合格率均达100%。一是申请设立“玉门油田重上百万吨勘探开发关键技术研究”重大科技专项，5个月完成立项和开题。二是与北京勘探开发研究院合作完成5个老区挖潜方案，与东方物探、勘探开发研究院西北分院合作开展7个课题研究，与勘探开发研究院廊坊分院合作开展了鸭西复杂储层压裂技术研究。三是完成玉门、酒泉交互式工作环境局域网络建设改造，推进ERP系统深化应用，系统考核全优达标。四是优化雅布赖三维地震采集方案，成功应用可控震源交替扫描技术，提高了采集质量和效率；积极试验扭力冲击和脉冲钻井技术，大规模应用欠平衡钻井技术，提速成果基本巩固；水平井分段压裂、体积压裂获得成功。

【精细管理】 实施精细管理工程，加强“三基”工作和管理提升，管控能力逐步增强。一是组织开展第66次岗位责任制大检查，排查低、老、坏问题2253项，制修订制度和标准37项，开展培训9200人次，完成取复证2800人次、技能鉴定2157人次。二是强化财务管理，严格预算执行和成本费用控制，加强经营活动分析，提高了经济运行质量。三是深入推进“三控制一规范”，用工总量得到控制，薪酬分配规范有序，全员绩效考核实现全覆盖，管控效果逐步显现。四是成立苏里格天然气开发项目部和清洁能源开发公司，统一作业区机构设置，充实部分前线队站管理和技术力量。五是成立管理提升领导机构，制订实施方案、计划和运行大表，查找短板和突出问题，完成第一阶段工作，转入第二阶段。六是依法合规管理逐步加强，资源权属、劳动用工和市场交易的法制化、规范化管理水平有效提升。

【矿区服务】 组织实施和谐矿区建设工程，天然气入户工程全面竣工，10个园区全部通气点火；矿区服务收费制度改革顺利实施，“一卡通”系统投入运行；就业再就业服务工作持续开展，帮助48名员工子女开展就业培训；特殊群体帮扶机制更加完善，累计走访慰问和救助8955人次；全面完成工农业家属工基本养老金调整、退休人员基本养老金和参保人员医保待遇调整，养老保险社会统筹运行良好；实施倒班基地完善改造工程，3556户公寓改造全部完成；职工餐厅和民族餐厅建成投运，得到员工认可和肯定；酒泉基地安保利民工程完成4个园区门禁系统安装，其他园区按计划推进；酒泉基地配套完善建设工程有序运行，职工体育活动场所建设完成70%工程量，欣露园建设完成两个地下车库主体施工和住宅楼招标。

【精神文明】 组织实施党的建设工程。一是推进“一诺三评三公开”、“创先争优破解难题”、“为民服务创先争优”三项主题实践活动，选树表彰20个优质项目、10个群众满意窗口、200名优秀共产党员和5个优秀单位。二是竞争性选拔任用副处级干部15名，调整交流13名，脱产培训159人次。三是开展“戴党徽、亮身份、明标识、树形象”和“提质增效先锋号（岗）”活动，组织支部书记培训36人次，举办党支部工作条例知识竞赛，完成基层党支部分类定级。四是进行廉洁从业教育55场5483人次，组织工程建设领域突出问题专项治理和重点领域专项督查，开展效能监察2项，公司获集团公司惩防体系建设先进单位称号。五是修缮保护6个石油工业优良传统教育建设场点，出版发行《石油摇篮·记忆》，完成中国邮票公司企业文化年册制作、《石油摇篮唱响“三基”之歌》拍摄，启动《中国石油企业文化辞典》分册编撰，公司“摇篮文化”宣传方法荣获集团公司新时期党建思想政治工作十大创新工作方法。六是积极履行社会责任，先后10次开展“双联”行动；深入帮扶联系点开展工作，投入110多万元资金实施温棚养殖等援建项目，为改善贫困地区农民生产生活条件作出了贡献。

（王得虎）

中国石油天然气股份有限公司浙江油田分公司

【概述】 中国石油天然气股份有限公司浙江油田分公司（以下简称公司）于2005年7月重组成立，截至2012年底，拥有探矿权项目10个，分布在苏、皖、鄂、滇、黔、桂、川南方7省（区），勘查面积近4.5万平方千米。依据近几年南方勘探评价研究的新认识，矿权勘查区块的天然气总资源量在3万亿立方米以上，石油总资源量近10亿吨。截至2012年底，苏北油区全年累计生产原油5万吨，滇黔北国家级页岩气产业化示范区建设稳步推进，页岩气生产能力逐步提升。

公司下设办公室、勘探开发处、人事处（党委组织部）等10个机关处室，以及信息中心、安全环境监督中心2个机关附属部门；设兴泽作业区、西南采气厂等8个直属单位，页岩气勘探开发项目经理部等3个项目经理部。公司用工总量378人，其中合同化员工268人；离退休人员776人。

2012年，公司科学确立建设“绿色、可持续的百万吨浙江油田公司”的发展目标，以精细勘探开发为龙头，以转变发展方式为主线，以加强“三基”工作为抓手，油田稳产成效显著，科技水平不断提升，企业管理持续改善，安全环保平稳受控，党建工作常抓不懈，矿区建设和谐稳定，企业实现快发展、新发展。

【油气勘探】 苏北探区孙家洼次凹获得良好油气显示，冯家墩次凹古潜山构造勘探见到好苗头，全年新增石油探明储量215.4万吨，控制储量178万吨，预测储量377万吨。页岩气示范区，页岩气水平井初期日产气量达到3.6万立方米，宝1井、阳1井、荆101井等多口井见到页岩气显示，荆门探区龙马溪组发育的巨厚页岩成藏条件有利，拓宽了页岩气勘探前景；煤层气方面，近30口井获得气流，见气井数和产气量稳步提升；太阳背斜常规天然气勘探实现新突破，评价井阳101井钻遇多套气层，展示了古生界海相碳酸盐岩地层常规天然气良好勘探潜力。

【油田开发】 夯实油田开发管理基础，精细管理措施，油田稳产效果显著。一是实现水平井对低品位、薄互层难采储量的动用。针对阜三下薄互储层部署的第一口水平井——双平1井，实钻水平段长259米，解释油层50.3米/26层，差油层92.8米/8层，并成功实施4段改造，增产效果显著。二是实施精细注水，注水效果日益凸显。精细油藏描述，细分小层开发，提升分层注水开发精度和规模，分注率达到83.3%；及时跟踪注水效果，调整水井配注量和分注井分层调配，提高注水效率；完善注采井网，油田水驱控制程度由53%增至63%。三是实施提高单井产量"牛鼻子"工程。精细管理环节，做到油水井动态跟踪、及时分析、科学调整工作制度；强化注水系统管理，全年分析化验水样2086余次，实现注入水水质达标率91.1%；深化老井措施，累计措施增油400多吨；尝试油井深抽，平均加深泵挂320米，增产效果明显。

【科技应用】 2012年，参与承担国家级科技项目1项，股份公司科技项目3项，自主承担勘探与生产分公司科技项目1项，公司自身科研项目12项。页岩气勘探初步形成由3个方面、17项特色技术构成的地震勘探技术系列，基本掌握了以有利区优选技术、三维地理信息系统为主体的6项选区评价技术系列，逐步完善了以井身结构优化工艺为核心的5项石灰岩地区钻井技术。煤层气方面全面实施了浅部漏失层空气钻井技术，建立了"工厂化"丛式井组部署模式，形成以井底流动压力监控为核心的"连续、稳定、缓慢"的智能化精细排采技术路线。工程技术方面，一趟钻技术、水平井钻完井技术、水平井体积压裂技术等技术系列逐步形成；开发技术方面，精细油藏描述、多段细分注水、高效测调等技术推动精细注水工作全面开展；井站建设方面，数字化智能化井场建设稳步推进，信息化应用促进生产经营管理水平不断提升。

【企业管理】 优化组织机构，增设企业管理法规处，完善企业管理职能机构，成立西南采气厂探索建设、开发、销售滚动发展模式；对法律、合同、工程造价、招投标等工作重新划分管理部门，为规范化、专业化管理奠定了基础。加强干部队伍建设，提拔任用中层干部6人次，调整交流9人次。强化投资管理，抓住规划部署、方案编制、设计施工等关键环节，坚持有保有压，全年投资得到有效控制。精细财务管理，突出预算控制，理顺管理体制，注重风险管控。严抓物资管理，全年采购集中度达到100%。基础工作扎实开展，制修订制度100余项，计量设施更加先进，基础建设向标准化、流程化、目视化迈近。审计工作成效显著，全年开展审计项目7个，审查资金2806万元，审减资金253万元。档案、保密等日常管理工作不断加强，档案馆通过了国家地质资料委托保管的资质审查，公司《油田志》编纂工作全面展开。

【安全环保】 持续推进HSE体系建设和规范运作，顺利通过集团公司两次体系审查。按照需求矩阵，分层次对1200余人次开展HSE培训，员工安全意识和安全操作技能进一步提升。突出重点领域、要害部位和党的十八大期间等敏感时段安全环保管理，狠抓交通、天然气作业、特种设备和承包商管理，过程控制持续强化。成立安全环境监督中心，强化现场安全环境监督，进一步夯实安全环保工作基础。加强专项应急演练，开展演练46次，参演人数达650余人次。积极推进节能减排和环境治理，全年累计处理回注污水6.13万立方米，无害化固化回填钻井液池62个，实现全年零排放零污染。大力推进全面质量管理，加强设计审查、物资采购、工程施工、现场监督、完工验收等环节的把关，确保工程建设质量优良。

【党建工作】 深入学习贯彻党的十八大会议精神，努力在推进"百万吨油气田"建设进程中充分体现党的十八大精神新要求，真正把党的十八大提出的一系列新思想、新部署、新要求，落实和体现到各项实际工作中。扎实开展创先争优活动，落实党风廉政建设责任制，深化"六个一"党支部、"五型"班组创建活动，不断提高队伍整体素质。持续加强思想政治工作、企业文化和精神文明建设，开展丰富多彩的文化体育活动，进一步弘扬新时代浙江石油精神，营造了安定团结、奋发向上的良好氛围。

【和谐稳定】 完成采气厂海瀛倒班点的选址征地、方案设计及前期基础建设等工作，认真抓好基层倒班点食堂安全准时供应、职工公寓服务、卫生防疫、治安保卫等工作，全力保障生产一线员工生活。以小区综合整治、安全隐患治理和基础设施完善为重点，继续改善矿区面貌，全年投入矿建资金240万元，持续推进宜居矿区建设。继续实施"金秋阳光"助学工程等"送温暖、献爱心"活动，全年出资57.5万元对216名困难职工、出资16.3万元对35人次学生、出资430万元对有偿解除人员进行救助，妥善解决不同群体的利益诉求问题，巩固了企业和谐稳定大局。

（刘遵尧　叶冰清　周　志）

中石油煤层气有限责任公司

【概述】 中石油煤层气有限责任公司（以下简称公司）主要从事煤层气的勘探开发、国内对外合作、集输与储运、煤层气销售等业务。截至2012年底，公司机关设7处1室、4个直属机构、2个附属单位；设7个下属单位、2个控股公司。

2012年，公司全面落实"规范管理年、加快发展年"各项举措，取得6项标志性成果。（1）年产量、日产量和日销量同比分别增长78%、48%和100%。（2）新增排采井892口，同比增长91%，累计排采井1675口；新增入管网井972口，是2011年的2.6倍，累计入管网井1487口。（3）新增探明地质储量409.78亿立方米，获"中国石油天然气股份有限公司2012年度油气勘探重大发现成果二等奖"。（4）实施我国煤层气领域一次性部署面积最大的三维地震186平方千米。（5）承担国家重大专项2项，牵头股份公司重大专项1项，组织公司级项目11项，获发明专利授权3项，软件著作权3项。（6）取得国际标准化领域的突破性进展，成功召开ISO/TC 263首届年会，大幅提高了国家在煤层气国际标准化领域的地位。

【勘探工作】 保德区块中南部获重要突破，发现厚煤新层系，主力煤层总厚度大于11米；保5井组试采效果显著，保5井稳定日产千立方米5个月，展现了千米以深煤层气的开发潜力。临汾区块深层煤层气勘探呈现好势头，桃园背斜带和明珠斜坡带的地质认识和试采井动态分析研究持续深化。河曲区块鄂东6井产气形势逐渐明朗，首次突破低煤阶厚煤层产气关。准格尔区块预探评价取得新进展，有利区资源规模进一步落实，坚定了低阶煤勘探开发的信心。渭北合阳区块排采形势好转，排采时间超过1年的9口井见到理想套压，渭北资源接替区进一步落实。

【开发工作】 全年新增产气井194口，新建井口排采产能7.2亿立方米，累计建成井口排采产能13.85亿立方米。保德区块优选有利区带，滚动实施产能建设，排采1年以上的产气井平均单井日产1280立方米，平均套压0.98兆帕，平均井底流压3.27兆帕，呈现出"上得去、稳得住"的好势头；保1-3向2井稳定日产6000立方米超过20个月，保持我国单直井高产稳产纪录。韩城区块完善排采井网，见套井、产气井分别增加到475口和276口，平均套压由年初的0.17兆帕提高到0.89兆帕，修井率同比降低24%，产气形势平稳回升。推进三级生产运行管理体系运行，生产管理水平有了大幅度提高，开井率、开井时率分别达到97%和98%，平均检泵周期同比延长102天，确保了生产安全、平稳、受控运行。完成水平井6口，吉U1井、吉U2井见套；保平-2V井应用射流泵排采，日产量突破5000立方米，初步验证了水平井应用于煤层气开发的可行性。全年在建地面工程8项，渭北煤层气处理厂、渭北5亿立方米产能建设地面工程等3项工程进入预验收与调试阶段。

【对外合作】 韩城南、三交—碛口区块总体开发方案上报国家发改委，获得"路条"，标志着公司重点对外合作项目进入商业化开发准备期。石楼西区块勘探成果显著，试气26口，23口井日产超过3000立方米，其中2口井日产突破5万立方米，揭示了石楼西区块良好的开发前景。推进三交、韩城联合项目部建设，先导性试验工程进展顺利，排采制度不断优化，排采成效日益显现。三交、韩城等4个项目勘探期延期获得商务部批复。大宁联合评价项目成功签署产品分成合同。

【储运销售】 韩城—渭南—西安管道（渭南段）、河东管道临保线具备接气条件，临县专用管道顺利投产。不断调整用气结构，形成以管道稳定销售为主体、CNG季节调剂为补充的销售新格局。开发各类用气项目23个，年用气能力34亿立方米。投产三交12万立方米CNG、保德海通城市燃气、山西燃气集团橇装CNG等项目，零散气销售收入大幅增长。

【科技创新与成果】 系统总结勘探开发成果，初步形成中低煤阶煤层气资源条件及有利区带评价技术。开展单支水平井试验，实施洞穴完井和高能气体改造，推进"小规模、全井段、三套煤层分压"及酸化压裂试验，措施增产取得初步效果。应用液力驱动同心双管排采、空心抽油杆洗泵、内衬防腐耐磨油管等工艺，较好地解决了煤粉卡泵、油管偏磨、煤层污染等问题，检泵周期进一步延长。标准化设计建设工作走在油气田企业前列，建成标准化井场117座，标准化井场橇装化覆盖率达80%，保2集气站一体化集成装置的覆盖率达到70%，地面工程建设速度显著提高。建成投产我国首座煤层气全橇装集气站——明珠集气站。应用“冲沟蓄积、分流导水、集中蒸发”的采出水处理技术，填补了行业空白。ERP、油气水井生产数据管理系统、档案管理系统推广应用效果明显，率先在上游企业建成勘探与生产调度指挥系统交互工作环境。档案工作有序推进，取得国土资源部油气地质资料委托保管资质。在集团公司档案工作评价中，公司被评为A级单位，在参与评价的130家企业中排名第二十一位。

国家工程研究中心创新平台建设获第十四届高交会“优秀展示奖”，并首次申请到北京市重大科技成果转化落地培育项目。公司实验室通过国家计量扩项认证，具备了对15个产品，72个煤、气、水参数的市场服务能力。全年完成3467样（次）的分析测试。

【经营管理】 引入大港油田、新疆油田、东方物探公司等多家队伍从事排采、电力供应、生产运维、物资仓储、后勤保障服务，以业务外包为重点的“油公司”体制进一步完善。发布新版质量体系文件，通过三星九千认证中心的复评审核和集团公司推进审核。率先开展质量风险分析，过程质量全面受控。推进计量检定建站工作，完善了计量管理体系。制修订规章制度40项，梳理优化业务流程40个，制度和流程体系基本覆盖各业务领域和岗位。初步形成行业标准体系框架，制定行业标准计划项目24项。健全完善内控、法律风险防控体系，企业自身建设更加科学规范。落实“三控制一规范”，用工总量控制在集团公司下达的指标范围内。

【安全环保】 公司全年未发生一般B类及以上生产安全事故、一般环保污染事故和职业健康危害事件。推进HSE体系建设，深化体系内部审核，打牢了安全环保基础。通过开展隐患排查、安全生产检查、危险与可操作性分析（HAZOP），安全环保风险进一步削减。注重源头控制，严格承包商HSE资质审查，进一步提升了对承包商的监管能力。新增长输管道、突发群体性事件2项预案，开展压裂井喷应急演练，突发事件应急处置能力得到提高，成功应对了“五十年一遇”的洪涝灾害。深入开展HSE培训和“安全生产月”活动，全员安全环保意识和技能不断增强。开展了采出水、钻井液和钻屑处理研究，节能减排工作进一步落实。

（白 勇）

南方石油勘探开发有限责任公司

【概述】 南方石油勘探开发有限责任公司（以下简称公司）主要从事石油天然气勘探开发、油气处理、油气销售等业务，作业区域覆盖海南、广东、广西3省，共有探矿权6个，勘查面积5535平方千米，采矿权1个，开采面积38平方千米。主力产区位于海南省北部福山油田。截至2012年底，国家储委登记公司探明石油地质储量1658.15万吨，探明天然气地质储量48.77亿立方米。公司设置10个机关部门，9个直属单位；用工总量200人，其中合同化员工105人。2012年公司生产原油19万吨，天然气1.8亿立方米，实现营业收入11.9亿元，上缴税费3.13亿元，资产总额36亿元。

【勘探开发】 2012年，公司完成三水盆地重力勘探1240平方千米、磁力勘探2570平方千米、三维地震采集109平方千米，福山凹陷三维地震采集250平方千米。完钻探井18口，进尺6.9万米。新增探明石油地质储量1252万吨，控制石油地质储量791万吨，SEC口径新增油气当量240万吨。开展滚动评价花场流一段油藏，花117断块探边向西扩大含油面积，新增探明石油地质储量100万吨；落实花场构造西翼斜坡区岩性圈闭16平方千米，整体控制有利含油面积13平方千米，三级储量1500万吨。深化白莲流二段、流三段构造研究，钻探流二段、流三段目的层同时兼探流一段前积体有利部位，新增控制石油地质储量791万吨，探明天然气地质储量14.7亿立方米。永安构造带流一段油藏按照整体研究、整体部署的工作思路，钻探实施5口井，新增控制石油地质储量231万吨。

2012年，公司并入股份公司后首个开发方案——福山油田花场流一段开发方案通过审查并启动，15万吨产能建设开始实施。全年完钻产能井36口，新建产能9万吨。精细老区综合治理，全年老区累计实施措施14井次，有效13井次，累计增产原油8446吨，增产天然气1070.6万立方米，油气综合递减率同比分别下降5.7%和4.85%。全年投注3口注水井，日注水量178立方米，水驱控制程度由2011年的30.3%上升至63%。

【工程技术】 公司持续推进钻井三提工程，全年开钻68口井，完钻59口，完成进尺20万米，平均钻井周期和平均完井周期同比分别缩短8.23天和7.86天，平均机械钻速10.91米/小时，同比提高26.3%，完井数量、总进尺和单支队伍年进尺创历史新高。完成井下作业168井次，成功率100%，创历年新高。福山油田大温差及长封固段固井技术研究取得进展，形成配套的固井工艺技术，现场试验固井优质率88%，合格率98%，验证了在福山油田的适应性、可靠性和有效性。引进泵出式测井技术，解决了长裸眼段复杂井眼的测井施工难题，完井电测一次成功率85%，测井资料取全率96.7%，创新纪录。

首次开展较大型压裂施工改造获得成功，花8-1x井压裂后初期日产天然气由3000立方米上升至1.22万立方米，日产原油由2.99立方米上升至15.87立方米；较大规模、多级段塞压裂效果显著；莲15-1x井压裂前近停喷，改造后4毫米油嘴日产天然气2.2万立方米，日产原油8立方米；全年压裂12口井，累计增产原油5324吨，增产天然气1208万立方米。

【信息化建设】 2012年，集团公司示范项目福山油田油气生产物联网系统（A11）项目正式启动；生产调度指挥系统（A8）交互工作平台投入使用；公司门户网站完成升级改版；协同办公平台公文管理系统启用；一卡通项目实施，实现门禁、考勤、访客、消费、车辆出入的数字化智能管理；ERP系统运维有效开展，考核成绩在油气田企业中稳居上游。

【企业管理】 根据集团公司要求，公司通过借鉴国际石油公司管理模式，坚持科学发展，立足油气勘探主业，以资源为基础、市场为导向，以整体优化为原则、效益最大化为目标，按照油藏经营项目化、管理目标化、运作市场化的思路，积极探索实践“少人高效”的公司管理模式。

2012年，根据实际情况的变化和具体工作的需要，公司对组织机构和办公管理模式进行了调整，生产上职能和执行分开管理，成立生产运行处、工程技术处；在原行政事务部基础上组建广州基地处，负责广州事务；办公模式由原“广州、海口两地流动办公”调整为“相对固定在海口办公”，使机关科研生产管理人员靠近油田现场。实行中层干部轮岗交流制度，出台《中层管理人员暂行管理规定》、《中层管理岗位竞争上岗和公开招聘的实施细则（试行）》。

根据上级统一部署，在2011年转让中油广西田东石化公司股权的基础上，公司2012年加快转让中山古镇燃气公司、海南大众天然气利用公司、海南中油深南公司、广西东油沥青公司、中油中亚公司5家参控股公司的股权，一心一意做好勘探开发主营业务。

2012年公司与大港油田公司、华北油田公司、东方地球物理勘探公司及海南富山石油油气化工有限公司签订战略合作框架协议，深化与集团内部兄弟单位和地方企业在科研技术生产管理服务方面的合作；与地方政府加深沟通，由政府牵头建立政企联席会议制度，构建以“油田公司、合作兄弟单位、地方政府、地方合作企业”为主体的“四位一体”企地关系工作新模式，为公司勘探开发业务发展创造良好外部环境。

开展管理提升活动，制订公司及各部门管理提升工作方案，结合管理提升活动，全年修订、出台公司层面规章制度22项。修订合同管理办法，2012年共签订各类合同430份，未发生合同纠纷事件。修订内控管理手册，完成内控自我测试和整改工作。颁布内部审计管理办法，完善审计规章制度，开展招投标管理内控审计、合同管理内控审计。通过各项经营管理控制措施，完成投资规模总体压缩5%的考核要求，全年节约投资5000万元以上。

【安全环保】 2012年公司推进HSE体系建设，落实岗位安全环保职责，强化风险识别、隐患排查和整改。全年投入HSE方面专项资金超过1100万元；公司主要负责人和安全生产管理人员取得非煤矿山安全生产资格证；组织各类专项检查16次、大型应急演练2次、安全培训3次，安全知识竞赛2次，配合和协助上级HSE体系审核2次。安全生产形势稳定，圆满完成各项安全环保节能指标，全面实现“零事故、零伤害、零污染”的安全生产、清洁生产目标。2012年度公司被评为集团公司安全生产模范先进企业，5人次获集团公司节能节水、HSE管理、安全环保等先进个人表彰，1个基层站获集团公司绿色基层队（站车间）荣誉称号。

【精神文明建设】 2012年公司召开了第一届职工代表大会，完善了职工代表大会制度和司务公开制度，签订了集体劳动合同。公司党委根据公司组织机构调整、办公模式转变及人员变动等实际情况，将原有3个党支部调整为6个党支部，各支部按照程序选举了党支部委员。公司党委坚持中心组学习制度，做到学理论、议大事、出思路、谋发展。对班子审议事项施行票决制，把“三重一大”和民主集中决策制度要求落到实处，全年票决审议事项60项。组织全体党员、积极分子收看党的十八大实况转播和参加集团公司组织的党的十八大精神学习宣传小组的宣讲会。深入推进党风廉政建设，部门正职以上干部签订《领导干部廉洁从业承诺书》，通过集团公司工程专项治理巩固提高阶段工作的抽查督导。

公司组织青年志愿者在海口革命老区开展义务植树、清扫烈士陵园活动；公司广东省阳山县蕉湾村定点扶贫项目通过广东省验收；海口市市长冀文林视察表彰公司在海口市定点扶贫单位琼山区大水村生态文明村建设项目。2012年公司共对外捐赠扶贫、教育资金超过100万元。

2012年，公司篮球队参加喜迎党的十八大海南省工交医药工会篮球赛，获冠军；公司成立小乐队、合唱队。公司修订企业年金管理办法，出台补充医疗管理办法，购买补充医疗保险，为员工办实事，解决后顾之忧，员工工作生活条件不断改善，群众活动丰富多彩，企业环境总体和谐稳定。

（叶帅斌）

中国石油天然气股份有限公司大庆石化分公司（中国石油大庆石油化工总厂）

【概述】 中国石油天然气股份有限公司大庆石化分公司（以下简称公司）是股份公司的地区分公司，是以大庆油田原油、轻烃、天然气为主要原料，从事炼油、化肥、乙烯、塑料、液体化工、橡胶、腈纶生产，并具备工程技术服务、机械制造加工、生产技术服务、矿区综合服务能力的特大型石油化工联合企业。

公司始建于1962年，历经半个世纪的发展，已成为东北地区资源条件最好、业务门类最多的国有炼化企业。现有二级单位29个，员工3.2万人，生产装置153套，可生产62个品种330个牌号的产品。炼油一次加工能力1000万吨/年，乙烯生产能力120万吨/年，合成氨45万吨/年，尿素80万吨/年，聚乙烯111万吨/年，聚丙烯10万吨/年，丙烯腈8万吨/年，丁辛醇20万吨/年，苯乙烯19万吨/年，ABS 10.5万吨/年，顺丁橡胶16万吨/年，腈纶丝6.5万吨/年。

2012年，公司实现营业收入531.64亿元，完成考核利润6.07亿元，上缴税费63.55亿元，大乙烯工程和常减压项目全面竣工投产，初步形成“百万吨乙烯、千万吨炼油”的战略格局。

【重点项目建设】 2012年，公司的大乙烯、大炼油工程建设项目，分别历经19个月和11个半月有效时间，年内全面完成工程建设任务，并实现开车一次成功。至此，公司的乙烯生产能力达到120万吨/年，炼油一次加工能力达到1000万吨/年。国家科技部“863”重点攻关项目120万吨/年乙烯改扩建工程的建成投产，宣告我国首个国产化大型乙烯成套技术工业化获得成功，结束了50多年来国内乙烯生产技术重复引进的历史。工程创造高寒地区建设同类装置用时最短和安全人工时最长两项纪录，同时，炼油和化工区分别建成集数据监测、安全连锁、报警联动和运行管理为一体的生产控制中心。

【生产经营】 2012年，公司发挥炼化一体优势，以市场为导向，推进受控管理，增强运行保障，提高生产经营管控能力。以平稳保负荷，以均衡保高效，7套生产装置创造长周期新纪录。全年完成商品总量804.64万吨，超计划10.77万吨。加工原油605万吨，生产合成氨48.5万吨，生产乙烯67.2万吨。30种主要产品中11种产品的产量好于2011年，其中9

种创历史最好水平。投入专项资金1800万元，集中开展设备隐患整治。推进高危泵、长轴液下泵改造和保温扒检工作，消除设备运行风险。开展关键设备特护和大机组状态监测，实施电气隐患治理项目，提高设备运行可靠度。炼油检修首次实现全系统停车4年1修、法兰紧固定扭矩和高换设备现场检修，完成检修项目4850项，检修设备2430台，在开停工组织、界面交接、安全管理和质量控制等方面创出新水平。借鉴炼油检修经验，化工区高标准完成27套装置小修，解决了裂解老区碱洗塔压差高等疑难问题。

【企业管理】 以抓经济效益为目标，开展自我诊断，补齐短板，促进内涵发展。2012年，累计增效1.7亿元，完成年度目标的136%。实现节能4.71万吨标准煤，节水156.85万吨，均超额完成计划。66项主要能耗物耗指标中，30项好于2011年，12项创历史最好水平。强化全面预算管理，严控非生产性支出，压缩五项费用，规范物资采购和资产运营，开展“小金库”专项整治，促进公司理财工作上水平。深化全过程工程造价管理，加大概算和结算审查力度，2012年审定工程结算12.5亿元，审减8959万元，审减率7.1%。完成集团公司物资“三集中”采购首批试点招标任务，全年组织招标1542项，完成计划投资34.64亿元，节约采购资金2.37亿元。提升人力资源管理能力，整合撤并化建公司等单位科级机构12个，精简二级单位机关管理岗位编制66个，全年净减操作岗位400余个，优化调整各类人员361人次，减少合同化用工626人。成立工程项目管理中心，促进人员优化使用。

【安全环保】 严格落实直线责任和属地责任，推进HSE观察与沟通，开展不间断岗位巡检，健全特殊贡献奖励机制，颁发奖励金额5.5万元。以股份公司2次HSE审核为契机，滚动开展全覆盖式的内部专业审核，大力整改问题，外审和内审发现问题整改率分别达97.5%和92%。实施全过程安全监督，2012年通报违章行为8887个，考核金额53.15万元。投入资金2.95亿元，完成隐患治理项目10项，开展“打非治违”等专项活动，各类违法违规行为得到遏制。开展安全教育活动，培训各层面人员8020人次，夯实安全环保根基。

【科技兴企】 完成科技开发项目51项，2012年下达重点工程建设及隐患治理项目投资26.12亿元，投资完成率达95%以上。确定高压聚乙烯发展EVA、聚丙烯发展共聚改性等产品的结构调整方向，碳四利用和烷基化2个项目被炼化板块列入“十二五”补充规划。投用胺液再生装置多变量预测控制、锅炉制粉系统优化控制、ABS装置凝聚罐尾气治理等一批新技术。试生产热收缩膜专用料2420D等6项新产品计8452吨。放大生产DFDA9047等7项新产品计4.58万吨，增效1628万元。自主开发PB胶乳压力附聚技术，填补国内空白。全年申请专利6项，获授权3项，形成一批具有自主知识产权的核心技术。

【多种经营】 实施走出去战略，促进多种经营业务稳健发展。装备制造业务完成合同签约额1.2亿元，外部合同额占69 %。巩固周边市场，开辟10家外部市场，取得LNG项目C2汽车罐车和C3罐式集装箱设计资质，与寰球工程公司签订战略合作框架协议。完成机械厂厂房搬迁项目，实现业务转型升级。检修安装业务完成产值13.2亿元，外部产值6.4亿元。开发兖矿甲醇等总承包项目，组织锦州石化和大唐多伦煤化工等装置大修，完成辽河加氢等8个安装项目和鄂尔多斯等兄弟单位保运任务。信息技术业务实现收入2.38亿元、利润2435万元。市场运维在22家炼化企业正式上线运行。检测业务实现收入6331万元、利润369万元，重点开发中国石油新建项目，业务延伸至环渤海地区石油石化、造船和建筑安装企业。

【精神文明建设】 开展创先争优和“六个一”党支部等活动，推进标准化车间建设，89个车间达到“六好”车间水平。抓好“四好”班子建设，按照“一报告两评议”要求，加强干部选拔任用，2012年6次对处级干部进行调整补充，其中科级提职副处级13人，副处级提职正处级9人，处级平调69人。首次实行公司团委书记公开竞聘，健全人才培养使用新机制。以融智学堂等形式为载体，创新学习方式，营造学习氛围。总结提炼出“忠诚、务实、简单”的核心价值观，丰富企业文化建设内涵。推进惩防腐败体系建设，严查违法违纪案件，实施纪检监察垂直管理，有效整合资源，开展效能监察，挽回直接经济损失217.6万元。坚持主动超前抓稳定，逐级落实稳定责任，保证局面持续可控，全年信访总量同比下降33%，尤其在“五一”、“十一”和“两会”、党的十八大期间，各项维稳安保措施有效落实，确保重点时期大局稳定。推进民主管理，组织专项和群众性劳动竞赛，开展文体活动，启动青工技能提升“十百千”工程，群团组织服务作用得到发挥。

【惠民工程】 坚持发展成果惠民，从维护员工群众利益出发，改善矿区生活环境，提高员工生活质量。九届五次职工代表大会上提出的10件好事实事完成8

件，公司办公楼人防工程和通勤改革2件正在推进。投入资金230万元，改造化工三厂食堂。整合化建公司和机械厂食堂，增补边远岗位就餐设施。组织化工路、卧龙路等道路改造，完成厂西生活污水并网东排项目。完善图书馆、健身中心等设施，新建老年活动中心、老年大学。开发东城领秀C区、D区等住宅91栋，启动并推进会战园项目。开展走访慰问和帮扶助学等活动，公司工会累计发放慰问金和救助款288.1万元。发挥公司就业与再就业服务指导中心作用，解决40名困难人员就业问题。稳步提高员工薪酬，调整部分市场化用工奖金计发比例，员工收入实现连续增长。

【油品生产】 公司炼油厂全年加工原油605万吨。其中，汽油产量完成133.56万吨，航空煤油产量完成26.27万吨，柴油产量完成228.33万吨，润滑油基础油产量完成13.38万吨，石蜡产量完成16.95万吨，液化气产量完成26.28万吨，丙烯产量完成13.04万吨，石脑油产量完成41.81万吨。商品率（扣除库存）完成93.14%，同比降低0.29%；自用率完成6.23%，同比增加0.28%；轻油收率完成76.42%，同比降低0.49%，扣除库存因素实际轻油收率同比增加0.22%；综合能耗完成66.10千克标准油/吨，同比降低0.03千克标准油/吨，单因耗能完成8.84千克标准油/（吨·因数），同比升高0.02千克标准油/（吨·因数），吨油耗水完成0.55吨，同比降低0.01吨。

【化肥生产】 公司化肥厂合成装置连续运行356天，尿素装置连续运行337天。生产合成氨48.5万吨，生产尿素67.4万吨。合成氨综合能耗34.41吉焦/吨，尿素耗液氨570.56千克/吨，天然气单耗960.6立方米/吨，产品出厂优等品率连续36年保持100%。实现利润3.1亿元。

【化工品生产】 2012年，化工一厂生产乙烯67.2万吨，丙烯、丁二烯、三苯、MTBE等项产品均超额完成计划。乙烯收率34.78%，乙烯能耗实现594.79千克油/吨，双烯收率48.95%。化工二厂实现考核利润1.707亿元，丙烯腈和丙酮氰醇产量创历史新高，丙酮氰醇耗丙酮、丙酮氰醇能耗创历史最好水平，己烯-1能耗创装置开车以来最好指标，实现考核利润1.707亿元。化工三厂生产合格目的产品53.51万吨，完成年计划97.65%，同比减少20938吨，6项能耗指标高于2011年同期；同比节能增加3523吨标准煤，同比增幅为2.16%，单耗同比节水增加3.33万吨，同比增幅为1.09%；塑料厂生产聚乙烯63.35万吨，其中2套全密度装置生产9.6万吨。放大和开发新产品11个，共计产量4.79万吨，品牌化率达39.52%。腈纶厂生产腈纶丝70066吨，同比增加427吨；腈纶产品优等品率92.24%，产品差别化率30.43%。

【生产辅助】 2012年，热电厂累计发电134923万千瓦·时，供汽643.43万吨；累计供电152221万千瓦·时；实现节能14877吨标准煤，同比降幅10.58%，节水36.15万吨，同比降幅7.66%。水气厂全年氧气产量3279万立方米，氮气产量26562万立方米，外送压缩风（含仪表风）32955万立方米，工业水产量2588万吨，外送生活水437万吨，外供循环水65589万吨，脱盐水产量359万吨，按需均衡外供。

（赵　超）

中国石油天然气股份有限公司吉林石化分公司（吉化集团公司）

【概述】 中国石油天然气股份有限公司吉林石化分公司（以下简称公司）的前身是吉林化学工业公司，是国家“一五”期间兴建的以“三大化”为标志的第一个大型化学工业基地。1954年开工建设，1957年建成投产，1998年上划中国石油天然气集团公司，1999年重组为中国石油吉林石化公司、吉化集团公司，2000年吉化集团公司与吉林石化公司正式分立运行，2007年吉林石化公司与吉化集团公司整合管理，2010年中国石油授权公司对吉林燃料乙醇有限公司实施一体化管理。

公司作为新中国化学工业的长子，新中国的第一桶染料、第一袋化肥、第一炉电石就诞生在这里。60年来，公司先后为全国各地输送和培养各类人才6万多人，累计向国家上缴利税近800亿元，取得科研成果700多项，获得国家级荣誉100多项，为我国化学工业和国民经济的发展作出了突出贡献。

截至2012年底，公司原油加工能力1000万吨，乙烯生产能力85万吨，燃料乙醇生产能力60万吨。主体生产装置60套，生产主要炼化产品115种。总资产366亿元。设机关职能处室15个，机关附属机构7个、直属机构5个，二级单位43个；在册合同化员工3万人。

【主要指标】 2012年，面对化工市场持续低迷等困难和挑战，公司落实管理提升要求，在装置停车检修两个月的情况下，加工原油835万吨，生产乙烯67.7万吨；实现主营业务收入655.8亿元，实现税金78.7亿元。

【安全环保】 深化特色安全教育，建设了“责任”“平安”两个展厅；做好HSE体系审核与问题整改，推进目视化管理，推广领导干部“七个带头”；嘉奖“安全型”模范班组和个人、避免事故有功人员、注册安全工程师；管理导向更加鲜明，文化内涵不断丰富。加大风险识别和削减，强化“三违”记分管理，规范了安全管理秩序。稳妥完成装置大检修任务，实现了2.6万次危险作业无差错。完成国家“863”项目专项技术研究，实施PM2.5布点监测；强化节能减排，节能节水成效显著，污染物100%达标排放。公司2012年无重伤以上生产安全事故和环境污染事件，所属二级单位首次全部创成“无事故工厂”，安全环保形势持续好转。

【发展建设和科技创新】 加快落实“四加一”（千万吨炼油能力，百万吨乙烯规模，国家碳纤维研发生产中心，中国石油东北地区碳四碳五资源集聚加工基地以及建设燃料乙醇新业务板块）发展定位，统筹项目设计、施工和开车工作。40万吨ABS项目（一期）、32万吨苯乙烯装置实现一次开车成功，改善产业链结构，提升了主营业务规模和质量效益。加大科技攻关力度，2012年开展59项课题研究，取得成果26项。

【生产经营】 加强生产控制管理考核，操作平稳率达到99.7%；深化对标管理，建立15套装置对标体系，有417项技术经济指标创历史最好水平；开展降低损失率、废次品率专项攻关，取得较好成果。规范能源外转供管理，改进计量手段，清理用能单位，严控转供审批。成立仓储中心，规范废料和废旧物资处置，库存资金占用大幅下降。优化人力资源管理，机关达到炼化企业规范设置要求，促进了人力资源合理流动。

【基础工程建设】 抓实“三基”工作，深入开展“六个一”党支部、基层建设示范队创建活动，评选“十佳”党支部书记，打造坚强战斗堡垒；开展党建“三联”责任示范点活动，公司各级干部确定联系点1万多个，加深与基层员工的联系。以“强基固本、控制风险，转型升级、保值增值，做强做优、科学管理”为主题开展管理提升活动，总结挖掘公司管理创新成果100项，查找“十大管理瓶颈”，以计量、库存、废料、“三剂”、煤炭采购和招标管理为重点，依托信息系统改进管理手段，完善内控和法律风险防控体系，促进管理不断提升。继续抓好员工素质提升工程，科学设置项目，开发实用教材，累计培训2万人次，增强培训效果，提升了队伍技能。

【党建工作】 抓实党的十八大精神宣贯活动，开展党委理论中心组学习，组织宣讲报告会，开设网络专栏，营造浓厚宣贯氛围。突出思想工作特色，丰富岗前、岗中和岗后3环节工作方法，保证队伍思想稳定。深化创先争优活动总结和“四好”班子创建活动，公司党委被中央评为“全国创先争优先进基层党组织”，公司班子被集团公司评为“中国石油创建‘四好’领导班子先进集体”。深入开展企业文化大讨论，践行“经验变文化”方法，推动文化深植，提升文化自信。成功承办中国石油和化工工业第二届企业文化促进大会、中国石油新时期党建思想文化基层建设创新实践成果交流暨吉林石化现场会和中国文联采风慰问演出，进一步提升了吉化品牌价值。加强精神文明创建，公司第三年获得“全国文明单位”称号。推进惩防体系建设，严肃查处违纪违规案件；加大效能监察和专项检查力度，促进了管理规范和廉洁从业。

（林　业）

中国石油天然气股份有限公司抚顺石化分公司（中国石油抚顺石油化工公司）

【概述】 中国石油天然气股份有限公司抚顺石化分公司（以下简称公司）是集“油化纤塑洗蜡剂”为一体的大型石油化工联合企业。公司总占地面积1583万平方米，具有84年的发展历史。现有在籍全民员工2.4万余人，集体企业职工9000余人。资产总额380亿元，资产负债率50%，年销售收入500亿元以上，产品畅销全国并远销到世界50多个国家和地区，是世界上独具特色的石蜡、烷基苯、贵金属催化剂生产基地。

新中国成立以来，公司已累计加工原油3.5亿吨，实现利税600多亿元。为全国各地输送2万多名优秀的管理和技术人才。公司生产主要原料来自大庆原油和沈北原油，原油一次、二次加工能力均为1150万吨/年。化工产品的生产能力为360万吨/年。主要生产装置115套，设备125101台，设备新度系数为0.41。能够生产汽油、航空煤油、柴油、润滑油基础油、石蜡、烷基苯、聚乙烯、聚丙烯、丁苯橡胶等300多个牌号的石油化工产品。

公司先后荣获“全国五一劳动奖状”、“中央企业先进集体”、“国家级重合同守信用企业”、“全国基层先进党组织”、“全国精神文明建设单位”、“中国AAA级信用企业”、“全国最具影响力企业”、“全国企业文化示范单位”等荣誉称号，涌现出“全国劳动模范”、“全国学习型十大标杆班组”、“全国职业道德建设百佳班组”、“中央企业‘巾帼文明岗’”、“全国最受关注企业家”、“全国五一劳动奖章”等一大批先进集体和个人。涌现出“王海班”、中转站车间及赵林源等一大批全国基层建设先进典型。

【主要指标】 2012年，累计加工原油753.98万吨，增加88.8万吨；生产汽油、煤油、柴油总量470.8万吨，增加47.86万吨；化工商品总量174万吨，增加30万吨。实现销售收入476亿元。实现税费66亿元。可比全口径炼油单位现金加工费331.06元/吨；可比全口径化工商品现金加工成本1132.51元/吨。

【安全环保】 公司安全环保态势总体良好。突出“可靠的设备、完善的工艺、认真负责的态度、可执行的制度体系”4个抓手作用。层层签订《安全环保责任状》，修订完善53项安全环保制度。“打非治违”、“安全隐患排查大赛”、“千日安全无事故”、“冬季百日安全无事故”等专项系列活动高效开展。严格执行《安全生产七不准》、《事故隐患排查奖励办法》，排查各类隐患5768项，奖励105万元。编制《公司2012—2014三年安全环保隐患治理计划》，投入18.8亿元，治理69项。“五个短板”治理工作有序推进。严格执行《公司2012年HSE体系推进工作计划》，顺利通过QHSE管理体系认证审核，获得安全生产标准化三级企业证书。HSE体系外审的35项安全专业问题和建议已整改34项。组织968场2.07万人次的应急预案实地演练。强化源头治理和过程控制，实施各类污染源分类分级管理，“三废”控制在排放总量指标内。2012年未发生人员伤亡和一般事故B级及以上事故。

【节能减排】 公司资源优化和结构调整成效显著。结合公司“边生产、边搬迁、边建设、边开工”实际，以新建大庆原油管线投用、加氢联合装置开工、大乙烯装置开工以及装置检修为重点，落实《生产、检修、新建项目开工总体计划》，深化生产受控管理，分时段做好原料互供、装置负荷调整和动力保障。东部氮气、氢气实现局部联网运行。高效完成27套装置检修。各装置实现稳态生产和优化运行，高效产品收率27.89%，提高2.42%。炼油综合商品率93.5%，提高0.05%；炼油新鲜水单耗0.65吨/吨，降低0.23吨/吨；双烯收率47.84%，提高0.93%。加强“三剂”管理，降本增效5829万元。

【工程建设】 公司“千万吨炼油、百万吨乙烯”工程全面建成投产并一次开车成功。工程总投资235.56

亿元，于2007年开工建设，2012年全面建成投产，创造行业同类工程施工最佳业绩，未发生重大安全环保事故。千万吨炼油结构调整工程中的200万吨/年加氢裂化、40万吨/年酮苯等10套新建及搬迁装置实现一次开车成功。在大乙烯投料开车过程中，发扬“科学+拼搏”精神，历经深度“倒开车”和装置完整试车，于2012年10月25日13时15分投料，10月28日6时20分产出合格乙烯，历经65小时实现一次开车成功，创造国内石油石化系统较为先进的开车水平，同时填补了我国在大型乙烯制冷压缩机制造及应用方面的空白。

【科技创新与成果】 公司持续完善“十二五”发展规划。开展工程项目63项，完成投资5.06亿元。完成重油催化、南蒸馏装置改造。石油二厂污水处理达标治理项目建成投用。洗化厂、石油三厂天然气利用改造等11个项目中交。成功试产辛烯-1共聚专用料，填补国内空白。烷基化合成C14—C20驱油用烷基苯方法获2项国家发明专利授权。活性金属氧化物合成技术填补中国石油空白。具有中国石油自主知识产权的聚丙烯催化剂开发成功。大乙烯ERP按时上线。完成30套主体装置MES系统建设。

【经营管理】 公司经营管理水平稳步提升。持续深化产品价格波动与效益测算联动机制，根据装置及产品边际贡献10余次调整生产方案和工艺路线，腈纶、甲乙酮等6套装置适时关停或间歇生产。围绕“提三率、降四耗、控五费”持续深化经济活动分析和对标分析，解决各类生产经营重点、难点问题30余项。开发投用资产实物、网上集中报销平台、大司库等管理系统。拆除处置化塑厂4.6亿元报废资产。根据市场需求102次调整自销产品价格，产销率、回款率分别达100%。清回欠款1156万元。坚持比质比价阳光采购，单项招标率提高2%，物资采购价格降低5%，节约采购资金1.72亿元。持续加强工程预结算以及采购合同审计，审减4203万元，事后合同降低78%。

【队伍建设】 公司队伍建设全面加强。深入开展“转变作风、强化执行”主题教育实践活动，各级领导干部作风明显改善。调整直管干部89人次。完成3个副处级岗位公开竞聘。举办青年骨干培训班。评聘集团公司高级技术专家1名、管理专家2名。引进1名博士到博士后工作站工作。举办第七届操作服务人员职业技能竞赛。培训10.8万人次。荣获集团公司仪表维修工职业技能竞赛3枚银牌、1枚铜牌，团体总分第二名。对公司机关部分机构进行调整。成立公司研究院。结合大乙烯开车实际，完成了机构设置与热电厂和热电项目经理部机构调整。化塑厂与石油一厂合署办公，平稳完成756人的岗位安排。启动“加强科学管理，持续提升管理水平，提高企业核心竞争力”和“整治低标准、克服坏习惯、管理上水平”活动。大力推行“5S”管理和基层建设标杆单位创建活动。首批77个车间458个班组“五型”班组标准化建设推广进展顺利。修订流程174个、制度136项。制定实施《绩效考核实施办法》等规定，薪酬分配激励作用有效发挥。

【党建与思想政治工作】 公司党建和思想政治工作蓬勃开展。高标准完成了创先争优活动第三阶段工作任务。召开“让党旗在大干中闪光”主题座谈会。开展“我是党员我在前、关键时刻看党员”、“大干六个月，四比双保”立功竞赛、“四讲四保”等活动。发展新党员329名。对党的十八大精神全面宣贯。赵林源密封专家工作室、腈纶厂丙烯腈车间荣获中国石油第五批企业精神教育基地荣誉称号。注重人文关怀和心理疏导。惩防体系建设不断完善，修订“三重一大”决策制度实施细则，召开首次违纪违法案件通报会。群团组织在凝聚力量和服务发展上的作用进一步发挥。不断加强特别重点阶段稳控工作，营造大局稳定的新局面。

【和谐矿区】 和谐企业建设扎实推进。公司人均收入、住房公积金分别增加5.93%、6%。提高生产一线倒班员工夜班津贴标准。补充医疗保险报销比率提高15个百分点。员工带薪休假率91%。发放健康疗养费1886万元。组织“情系一线20年”纪念活动。新安置公益性岗位24人。发放困难补助及慰问金2000余万元。城东新区24方块员工住宅具备入住条件。住宅小区外墙保温及粉刷53万平方米。东部住宅小区117万平方米移交社会供暖。6万户有线电视网络实现数字化。调整优化通勤线路70条。石化总医院2.45万平方米医用综合楼主体工程完工。健康体检3万人（次）。开展迎春长跑、书画展等有益员工身心健康的文体活动。

（孙　丽）

中国石油天然气股份有限公司辽阳石化分公司（中国石油辽阳石油化纤公司）

【概述】 中国石油天然气股份有限公司辽阳石化分公司（以下简称公司）是特大型石油化工联合生产企业。截至2012年底，公司下设15个职能处室、11个生产厂和16个直属单位，员工总数1.9万人。

公司于1972年经国家批准筹备建设，1974年正式动工。经过40多年的发展，形成以炼油、芳烃、烯烃为主体，炼化一体化的产业格局，现有大型炼化装置67套。炼油部分拥有加工俄罗斯原油的全加氢炼厂，原油加工能力达到1000万吨/年，为中国石油第八家千万吨炼油基地，可年产优质柴油530万吨、汽油80万吨、航空煤油50万吨。芳烃及衍生物生产能力位居全国前列，可年产70万吨对二甲苯、40万吨苯、6万吨邻二甲苯、80万吨PTA、50万吨聚酯、14万吨精己二酸和18万吨硝酸。烯烃部分以20万吨/年乙烯裂解装置为核心，可年产7万吨聚乙烯、5万吨聚丙烯、20万吨环氧乙烷/乙二醇。

【主要经营成果】 2012年，公司以强化基础管理、提升执行力工作为主线，优化生产经营，强化安全环保，促进和谐稳定，各项工作措施得到全面落实。全年加工原油782.6万吨，实现炼化商品量740万吨，其中，生产柴油422万吨、汽油53.6万吨；主营收入达到506.29亿元，上缴税费72亿元，位居辽宁省工业企业排名前列。公司基础管理水平和队伍素质不断提高，安全生产形势持续好转，被评为集团公司2012年安全生产先进单位和环境保护先进单位。

【生产经营】 公司科学组织系统优化，生产运行再上新水平。采取系统化措施，提高装置长周期运行质量，非计划停车次数同比下降56.35%。优化炼油加工方案，科学调配石脑油、芳烃尾气等原料资源，提高装置运行效能；轻油收率、综合商品率、加工损失率、综合能耗等指标连续6年保持系统领先；全年生产乙烯20.7万吨，三苯总产量达到90万吨，乙烯收率达32.1%，裂解综合能耗下降至731千克标准油/吨，均创历史最好水平。

公司以市场为导向，调整炼油产品结构，努力增产汽油、低凝柴油、航空煤油等高效益产品；通过效益测算调整化工装置负荷，环氧乙烷产量实现历史性突破，达到11.8万吨，创效2.7亿元；加强销售协调，及时推价保价，2012年综合产销率达到100.64%，高效益产品销量同比增加15万吨；积极开拓国际市场，出口对二甲苯、纯苯、己二酸等产品4万吨，创汇6116万美元；加强运力组织，完成铁路货运总量684万吨。

【安全环保】 公司强化HSE体系建设，安全形势稳定好转。以集团公司安全环保工作整体思路为主线，坚持“下管一级”，以基层体系推进现场会为载体，将HSE体系推进延伸至车间，2012年召开18次体系推进现场会，调动了基层单位推进HSE体系的主动性和积极性；落实全员安全环保责任，逐级签订安全环保责任状6378份；修订HSE评估标准，纳入公司各项专业管理；开展内部审核，强化体系建设与日常工作的融合，提高体系建设的实效性，夯实了安全环保基础。

持续加强风险管理，结合生产动态和历史同期发生的事故，开展安全风险预警，并制定防范措施，建立风险预警机制。组织全员开展危害辨识和风险评价，对发现和及时消除风险隐患的员工给予奖励。2012年查出风险隐患1832项，3463名员工得到奖励，奖励金额103.12万元；对发现6项重大隐患的员工，颁发总经理嘉奖令进行重奖，形成全员参与属地管理，积极查找和治理隐患的良好氛围。在主体装置和大型罐区启动HAZOP分析，应用工作循环分析法，修订高风险的工艺操作规程，降低工艺操作风险。强化作业过程管理，严格控制临时作业，全面实施动火定时集中管理，临时作业同比减少2893次；制订、落实3年隐患治理计划，启动35项隐患治理项目，计划于2013年底全部投用。

积极推进节能减排，按计划实施延迟焦化装置节能改造等4个节能项目；顺利推进芳烃装置低温余热综合利用、天然气替代燃料油和液化气项目主体工程。制订“十二五”污染减排方案，严格考核，外排污水COD排放量同比下降50%；按期完成环境在线传输系统上线，实现排放数据在线联网监控；加强一氧化二氮减排装置运行管理，全年减排二氧化碳当量1197万吨；2套硝酸装置一氧化二氮减排项目在联合国成功注册，并与认证公司签署减排量现场核证服务协议；强化烟气脱硫系统运行管理，减排二氧化硫2.2万吨，脱硫在线率、脱硫率均达到国家要求，实现清洁发展。

【基础管理】 公司不断深化基础管理，企业综合素质持续提升。注重强化专业管理，细化工人不间断巡检管理办法，明确属地管理责任，生产运行基础得到进一步夯实；开展设备“标准化”竞赛，加强对“五个短板”的专项治理，设备管理水平不断提高；开展组织绩效考核，强化讲执行、抓落实的工作导向；整合炼油厂部分业务组建储运厂，整合聚酯厂、涤纶厂组建新的聚酯厂，强化专业管理，优化资源配置。

深化“四级检查，双向互动”的岗检模式，通过滚动式的检前部署、现场讲评、通报分析、奖惩兑现，提高岗检实效，2012年组织4次公司级岗检，发现问题980项，全部进行整改。通过两年多的探索和实践，岗检的综合效能充分显现，已逐步成为强化管理、推动管理升级的重要手段，促进基础管理水平和队伍执行力的提升。

重视员工队伍建设，在开展岗位练兵、业务培训的基础上，组织公司、厂、车间3个层次的专业技术大赛，开展跨厂、跨装置的系统操作竞赛，提高全员业务能力；在国家和集团公司举办的化工检修钳工、仪表维修工和电焊工技能大赛上，公司获得7金、1银、1铜共9枚奖牌，勇夺2个团体冠军；公司被中华全国总工会命名为全国职工教育培训优秀示范点。

【技术进步】 公司强力推进内涵升级，加快发展方式的转变。优化工艺参数，完善汽油生产方案，在系统内率先生产出符合京V标准的高品质柴油；调整“三剂”更换周期，保证催化剂最佳运行状态。完成新型C_8芳烃异构化催化剂工业化应用试验并实现首次再生，乙苯转化率提高5%；顺利完成1，4-环己烷二甲醇中试项目工艺包和施工图设计，完成高效淤浆工艺聚乙烯中试技术及新产品开发和催化剂工业应用研究项目施工建设，新型氯化聚乙烯C型料等新产品开发取得阶段性成果；建成投产10万吨/年PETG新型聚酯项目，填补国内高端聚酯产品的空白。

【规划发展】 公司进一步完善“十二五”发展规划，形成以炼油结构调整为核心的产业结构调整方案，得到集团公司的充分肯定和大力支持，以产业结构调整方案为标志，解决公司产业发展深层次矛盾的进程全面展开。明确到“十三五”末期，实现销售收入超千亿，利税超百亿，实现把公司全面建设成为整体结构优化、核心产业突出、基础管理规范、经济效益良好的以芳烃为特色的大型石化基地的发展目标。

【和谐稳定】 公司关注民情民生，员工生活质量不断改善。不断深化民主管理，坚持公司、厂两级民主管理座谈会制度，并积极向车间拓展，公司全年召开4次民主管理座谈会，员工代表反映的83项问题和建议全部落实。充分发挥总经理信箱沟通交流的平台作用，2012年共解答、处理员工诉求事项323件。加快民生工程建设，改善员工住房条件，顺利建成5.5万平方米经济适用住房，建成投用总建筑面积2.3万平方米的辽化青年公寓。改善医疗条件，建成投用总医院门诊楼、体检中心和120急救站，并配备64排128层螺旋CT、彩超机等医疗设备。完善文体设施，建成游泳馆和3D影院，丰富员工休闲文化生活。胜利召开辽化建厂40周年纪念大会，举办第九届职工田径运动会暨首届全员健身体育大会。

公司坚持统筹协调，促进地区整体协调发展。矿区服务系统认真开展“规范管理年”活动，服务质量和服务水平进一步提高。统筹未上市业务管理，积极推进解困扭亏工作，较好地完成集团公司下达的工作任务。支持集体企业发展，在原料供应、产业发展等方面给予政策倾斜，亿方公司面对严峻市场形势，抓生产，保安全，增效益，促稳定，全年实现销售收入34.69亿元，同比增加5.12亿元。在老生活区改造、维护地区稳定等方面坚持企地合作，有效维护了地区的和谐稳定。

（赵　智）

中国石油天然气股份有限公司兰州石化分公司（中国石油兰州石油化工公司）

【概况】 中国石油天然气股份有限公司兰州石化分公司（以下简称公司）是集炼油、化工、装备制造、工程建设、检维修及矿区服务为一体的大型综合炼化企业，是中国西部重要的炼化生产基地。公司地处甘肃省兰州市，现有权属土地总面积27.84平方千米，在册合同化员工2.4万人，市场化和劳务用工3700人，集体工4000人，总资产396亿元，年营业收入超过700亿元。

公司原油一次加工能力达到1050万吨/年，乙烯生产能力达70万吨/年，化肥、合成树脂、合成橡胶、炼油催化剂产能分别达到52万吨/年、124.5万吨/年、22万吨/年和5万吨/年。现有炼化生产装置90套，加工7种原油，能生产汽煤柴油、润滑油基础油、化肥、合成树脂、合成橡胶、炼油催化剂、精细化工、有机助剂等多品种、多牌号、多系列石化产品；可生产六大类100多个品种的仪表产品。拥有汽油加氢、丁二烯抽提、丁苯橡胶、丁腈橡胶、碳五加氢石油树脂成套技术，炼化主要工艺技术和炼油催化裂化催化剂领域达到国内领先水平。拥有石油化工工程施工总承包1级资质、大型炼油化工施工能力，以及完备的矿区配套系统和综合服务业务。

【主要经济技术指标】 2012年，公司全年加工原油1002万吨，生产乙烯64.7万吨，合成树脂105.9万吨，合成橡胶17.8万吨，合成氨28.1万吨，炼油催化剂4.9万吨。77项关键性技术经济指标中有59项完成基础值，生产经营类1级指标完成率为82.8%，其中，大乙烯综合能耗、炼油吨油耗新鲜水等指标创单月历史最好水平。实现营业收入742亿元，税费102亿元，受成品油价格不到位、化工市场低迷影响，账面亏损48亿元，剔除市场价格因素后实现盈利27亿元。

【生产管理】 积极落实原油分储分炼、乙烯裂解料单储单裂的生产方案，全面优化炼化一体条件下的物料组织和组分利用；努力增产高效产品，大幅压缩低效产品，高标号汽油、国Ⅲ柴油具备100%生产能力，航空煤油、航空汽油、芳烃等厚利产品增产创效9000万元以上；大力推进以“调结构、消瓶颈、增效益”为目标的一系列攻关措施，一批结构性生产难题得到破解，大乙烯综合能耗首次降至600千克标准油/吨以下，高压聚乙烯稳定运行超过69天，创出历史最好水平。开展能量优化，实施节能项目10余项，完成节能9.6万吨标准煤、节水45万立方米。以争创甘肃省政府质量奖为契机，加强质量过程控制和质量攻关，产品出厂合格率100%。石油苯、丁腈橡胶N41等4个产品荣获行业和甘肃省名牌产品。加大销售计划对接协调力度，努力实现适应库存变化的产运销平衡，产运销衔接保障切实增强。

【安全环保】 深化安全主题活动，推进体系融合工作，“3312”重点工作和4项风险管理方法已逐步融入日常生产管理。制定《生产安全事故与环境事件责任人员行政处分规定》，修订完成安全生产责任制和全员岗位安全职责，建立月度安全环保形势分析例会制度，成立安全监督中心，强化日常安全监督检查，加大事故事件责任追究力度，安全事故起数同比下降41%。2012年安全环保重大隐患治理项目投入7.1亿元，实行挂牌督办，38项罐区整治项目和22个重大专项加快推进。强化重点环保设施运行管理，积极开展治污减排和污染减量化攻关，环保管控指标均低于总量控制指标，确保全面达标排放。制订发布健康管理巩固与提升3年规划，重点健康干预、健康建档普查等工作有序推进。

【项目建设】 建立实施“1+5”项目工作体制，正式启动新区1000万吨炼油项目的规划选址和方案论证。编制完成合成橡胶、润滑油、催化剂三大业务发展规划，完成可研并上报300万吨/年常减压装置改造、润滑油系统改造、催化裂化增上脱硫措施、2万吨/

年碳五树脂、10万吨/年丁烯氧化脱氢制丁二烯等项目报告。制订了炼化结构优化总体方案、1050万吨炼油总流程优化方案，催化原料预处理、润滑油异构脱蜡、柴油国Ⅳ标准质量升级、10万吨/年丁腈橡胶等项目方案论证有序推进。全年总投资35.47亿元，实施项目57项，完成投资22亿元，300万吨/年柴油加氢、5万米³/小时制氢、50万吨/年汽油醚化、60万吨/年航空煤油加氢改造、兰州国家石油储备基地等重点项目投产，29个项目实现中交。

【科技进步】 突出科技兴企的战略地位，精心组织召开科技大会，明确新时期“践行一项使命、注重二个依托、抓好三个创新、突出四个围绕”的科技工作总体要求和重要行动纲领，提出新时期“完善一套体系、强化一支队伍、建设一个工程、构建三个平台、实施六大行动”的科技工作目标任务，制定落实人才强企、加快人才培养等一系列政策措施，为科技创新注入新的活力。紧扣集团公司重大科技专项和内部重大科研开发项目，完成30个牌号新产品的工业化生产，申请专利25项，完成授权专利11项；编制完成20万吨/年DMF法和乙腈法碳五分离工艺包，成套自有技术的研究再获突破。

【设备管理】 大机组及关键装置长周期运行、降低机电、仪表故障攻关进展顺利，循环水质和润滑油管理达标取得良好成效，公用工程保障能力持续提升，科学论证、周密计划、精心组织，完成以大乙烯为主的14套装置大检修，深入推进机电仪修一体化周检，强化全方位、全员设备管理，装置的抗晃电能力、设备保障能力有了明显提高，设备故障次数同比下降53%，因操作、设备、动力等原因引发的生产波动同比减少34次。

【企业管理】 制订下发《全面推进“三基”工作的实施意见》，出台加强班组建设的指导意见和班组长管理制度。梳理确定公司、分厂、车间三级管理问题目录，明确任务分解、整改要求并转入第二阶段；深入开展“整治低老坏、根治常见病”活动，评审批复二级单位目录677条，全员全面整改工作取得实质性进展。积极开展制度审定与评价，突出重点领域管理制度的修订完善，发布实施27项，制度体系更加完善。修订完善炼化生产、检维修、矿区服务、集体企业4个方面的岗检考核评价细则，具有特色的岗检运行体系更加务实成熟。认真推进全员法律风险防控，编制完成《法律风险岗位防控指引》，制定详细防控措施；持续推进内控体系建设，强化流程责任分解与评价考核；不断加强审计和纪检监督监察，物资采购、招投标、工程造价、合同管理进一步规范。

【队伍建设】 转变培训方式，推进考、培、练一体化运行，培训需求矩阵完成开发试点并在部分生产、检维修及辅助单位推广。成功举办4个管理专业、45个工种、15000余名员工参与的大规模职业技能大赛。公司孙青先荣获中华技能大奖。出台专业技术人员队伍建设的指导意见，明确专业技术人员和拔尖骨干人才培养的政策导向。全面启动管理及专业技术岗位定岗定编和岗位评价工作，持续理顺薪酬分配关系，加大基层单位内部分配自主权，形成责权利更加相符的绩效运行机制。

【民生工程】 认真开展矿区业务管理规范年活动，物业、离退休、客运、幼教、医疗、通信网络等服务业务都有明显改进。改善社区基础设施和环境，累计完成民生工程投资3432万元，涉及2.5万余户的生活区供热系统接入市政热网，并实现按期平稳供暖。住房建设、团购工作有序推进，12号街区住宅楼全部交付使用，盛福小区全面开工建设；慎重制定实施旧房回收及出售政策，社区绿化覆盖率达42.19%，矿区综合服务满意率达90.7%，水电收费改革、天然气入户改造等重点工作取得突破。“五七”工及家属工参保做到全覆盖，“老工伤”人员历史遗留问题得到妥善处理。

【党建和思想政治工作】 健全完善干部选拔任用和考核监督机制，制订详细的竞争上岗、公开招聘等干部选拔程序，建立干部动态考核管理机制，2012年，共选拔正处级领导干部11名，副处级领导干部19名，对28个二级单位领导班子，143名处级干部进行调整交流，优化了班子年龄和专业结构。以破解难题、为民服务和加强基层组织建设为重点的创先争优活动取得实效。狠抓领导班子政治理论学习，深入推进社会主义核心价值体系教育，大庆精神铁人精神和高严细实传统作风再教育持续加强。不断加强党风廉政建设，惩防体系不断完善，监察监督更加注重问题整改，廉政整体形势稳步好转。完善维稳机制，落实责任主体，完成特殊时段的维稳任务。开展帮扶救助送温暖活动，全年使用救助资金1673万元，救助慰问20570余人次。认真开展“唱响主旋律、喜迎十八大”员工歌咏比赛、首届老年人运动会等活动，提升了员工士气。积极参与甘肃省“联村联户、为民富民”活动，先后组织93名副处级以上干部560人次前往平凉3县7村193户困难家庭帮扶慰问，进一步履行企业的社会责任。

（黄小虎　张天德）

中国石油天然气股份有限公司独山子石化分公司（新疆独山子石油化工总厂）

【概述】 中国石油天然气股份有限公司独山子石化分公司（以下简称公司）始建于1936年，经过70多年的发展，已成为集炼化生产、科研开发、工程施工、矿区服务等为一体的大型综合性炼化一体化企业和中国西部油气引进、加工和输转的战略枢纽。公司现有职工1.3万人，大专以上占65.5%，资产总额428亿元，具备1000万吨/年原油加工、122万吨/年乙烯生产、45万千瓦·时发电和500万立方米原油储备能力，可生产燃料油、聚烯烃、橡胶等26大类600多种产品。是首批"国家环境友好企业"。

2012年，面对国内经济增速放缓，成品油市场需求低迷、价格倒挂，化工市场竞争激烈、量价齐跌的严峻形势，公司落实集团公司工作部署，围绕"深化精细管理，突出安全效益，提升发展质量"的主线，推进炼化生产优化，提升经营绩效，打造和谐稳定环境，实现全年各项既定目标。

【主要生产经营指标】 加工原油906万吨，同比增长6.6%，在集团公司炼化板块排名第三；生产乙烯127万吨，同比增长22.2%，占炼化板块产量的34.4%；实现销售收入615亿元，同比增长11%。炼油加工量、乙烯产量和销售收入同创历史新高。整体效益居集团公司大型炼化企业首位，化工利润名列炼化板块第一。

【生产经营】 炼油合理控制负荷，化工保持满负荷运行。持续开展蒸馏、裂解等重点装置和聚乙烯5条线长周期运行攻关，加强检维修和设备保运，组织大负荷实验，消除裂解冷箱、全密挤压机等关键设备运行故障，主要生产装置操作平稳率99.8%。深挖装置潜力，开展联合优化，合理调整加氢、重整负荷和两套催化运行，搞好氢气平衡。炼油实施新区生产航空煤油、重整首次加工石脑油等系列优化措施，炼油高效产品比例达13%，航空煤油、三苯、高标号汽油等厚利产品同比分别增产73%、35%和22%，创历史最好水平。化工发挥规模技术优势，推进乙烯原料轻质化、产品结构优化和加氢汽油集中加工等增效措施，2012年外采油田轻烃等乙烯优质原料27万吨，乙烯负荷同比提高2个百分点，聚乙烯管材料、合成橡胶、苯乙等高效产品同比增产180%、33%和24%，化工专用料比例达88.30%。水、电、蒸汽系统平稳运行，为炼化生产提供了可靠保证。营销调运系统加强内外协调，成功实现航空煤油罐车循环使用、军航专罐专用，保持生产后路畅通。工程施工、机电仪修、运输通信、矿区服务等配套业务健康发展，服务保障能力不断增强。

【科技进步】 强化科技的支撑作用，实施集团公司级科研项目8项，取得国家专利11项，获国家能源科技进步奖1项，省部级科技进步奖4项。推进配套技术支持体系建设，橡塑材料研究室入选新疆重点实验室，化工催化剂及合成材料试验基地获股份公司批准建设，18套主要装置腐蚀监控系统上线运行。加大技术服务力度，实施裂解炉空气预热器等技术措施79项，开展降低炼油单因耗能和乙烯能耗等科技攻关27项，消除了生产优化瓶颈。开发推广新产品12个，形成管材料、聚乙烯中空料、聚丙烯抗冲共聚产品等11个系列。PE100管材专用料通过国际认证，进军燃气管材高端应用领域，成为集团公司重点推介产品。环保橡胶系列产品替代进口，填补集团公司空白。采用新型催化剂生产大口径管材料和高强膜等产品取得成功，技术水平国内领先。整合ERP为核心的信息系统，升级改版门户网站，指纹门禁系统上线运行，未上市业务ERP单轨运行，连续4年被评为"集团公司信息化建设先进单位"。

【队伍建设】 深化"三控一规范"，优化人力资源配置，有效控制用工总量。调整充实部分领导班子，规范运行联合车间模式，集约管理和专业管理优势进一步体现。着眼提升管理能力、业务素质和现场处置能力，推进直线培训，强化管理、技术、操作“三支队伍”建设，2012年累计培训领导干部、技术骨干和操作人员1.1万人次，74人取得技师、高级技师职业资格，27人被评选为公司级技能专家，3人被评为集团公司技能专家，公司初步形成了专业优化、梯次合理、业务突出的人才队伍。连续3届夺得全国职业技能竞赛个人金牌，2012年又有1人夺得国际焊接大赛金奖、7人获集团公司职业技能竞赛铜牌。

【重点工程】 立足优化产业布局，增强发展后劲，全面启动结构调整和系统完善等系列项目。新区生产航空煤油改造项目顺利投产，成为提升炼油效益的重要增长点。新增碳五和轻烃火车卸车、液化气火车栈桥等设施投用，完善了营销和原料优化手段。1水源改造完成，两座5000立方米水库建成投用，110千伏西区变1次送电成功，强化了系统保障能力。80万吨/年汽油加氢质量升级项目，完成基础和地下管网施工。2万吨/年己烯-1项目完成基础设计，自动化洗罐、铁路电气化改造获准建设。

【安全环保】 落实“责任、能量、教训”要求，强化直线责任和属地管理，领导带队参加安全检查和体系审核，开展安全经验分享，持续改进HSE体系运行。加强“月主题”、“周焦点”风险预警，强化操作卡和作业票执行，严格考核和责任追究。实施“65431”工程，开展罐区隐患治理、高危泵改造及隔油池、配电室等隐患专项治理，整改37项Ⅲ级以上风险，完成1023个标准化区域验收，清理122家供应商，完成48项HAZOP分析。科学衔接，顺利完成34台化工球罐鉴定。强化开停工和检维修界面交接，加强风险作业安全监督，严格执行能量隔离、挂牌上锁，削减边生产边施工带来的安全风险。电气预防性试验连续9年安全无事故。推进清洁生产和节能减排，锅炉脱硫除尘、工业固废处理、碱渣生化处理、恶臭治理、污水回用等环保设施运行稳定，2012年节能4万吨标准煤，节水51.77立方米，减排二氧化硫1.80万吨、氮氧化物500吨，超额完成总部下达的考核指标，获得“集团公司环保先进单位”称号。

【企业管理】 全面开展管理提升活动，优化顶层设计，完善职能分配，消除制度重叠缺失，启动以HSE体系为主导的综合管理体系建设。开展基层减负试点，规范检查考试，减少记录报表，减轻基层负担。严格KPI指标考核，强化质量、设备、物资等专业管理和生产过程控制，建立有效激励约束机制。瞄准先进，对标攻关“短板”，27项重点指标，21项位居集团公司前三名，9项第一。选树30个标杆和优胜车间、84个明星班组，开展管理诊断、标杆引路、后进帮扶、经验交流等活动，助力“短板”单位快速跟进。

【民生工程】 坚持企地联动，内外结合，全力改善民生。职工医院急救中心改造等45个民生建设项目顺利完工。矿区服务事业部以660为标杆打造民生服务精品，内部服务满意率达99.8%。职工年休假制度普遍实施，“一卡通”便民服务平稳运行，2620套经济适用房、商品房如期建成，天然气入户安装3065户。医疗、教育、运输、通信和工程技术服务高水平保障。完善扶贫帮困体系，资助困难职工858万元。配发3.3万册图书，建设职工书屋。

【和谐环境】 深入开展创先争优、工人先锋号、青年文明号等活动，表彰精心巡检、排除隐患的先进典型，开展一线特殊贡献奖和道德模范评选表彰活动，强化典型引领。深化民主管理，畅通诉求渠道，快速解决职工群众关心的热点问题。加强企业文化建设，组织文化广场、艺术展、职工运动会，承办新疆维吾尔自治区文艺调演，举办4国篮球邀请赛、芭蕾舞表演等高水平活动，丰富职工文化生活。建立维稳联动机制，落实一岗两责，保证重大节日和敏感时期社会稳定。公司荣获集团公司“四好”领导班子荣誉称号。炼油厂、热电厂党委被评为集团公司创先争优先进党委。焊接专家谷刚荣获“全国五一劳动奖章”。质朴的民风、优美的环境、融洽的企地合作，已成为公司独特的人文优势和环境依托。

（刘晓玲）

中国石油天然气股份有限公司乌鲁木齐石化分公司（中国石油乌鲁木齐石油化工总厂）

【概述】 中国石油天然气股份有限公司乌鲁木齐石化分公司（以下简称公司）是集炼油、化肥、化工、塑料加工于一体的石油化工生产企业。2012 年，公司加工原油及原料油 577.69 万吨，生产尿素 100.85 万吨。截至 2012 年底，公司员工总数为 1.1 万人，固定资产原值 182 亿元。公司下设炼油厂、化肥厂等 21 个二级单位，有工程管理部、营销调运部等 6 个直属机构，机关有 13 个处室，11 个附属机构。2002 年 12 月 28 日公司正式通过 ISO 9001、ISO 14001、OHSAS 18001 三项体系认证。

公司炼油厂原油一次加工能力为 600 万吨 / 年，共有 22 套生产装置，其中 100 万吨 / 年对二甲苯联合装置是目前世界上单系列规模最大的 PX 装置。化肥厂具有年产 75 万吨合成氨和 130 万吨尿素的能力，为全国最大的氮肥生产基地之一。化纤厂具有年产化纤、化工产品 13 万吨的能力。热电厂属热电联产型，有 5 炉 5 机，产汽能力 1750 吨 / 小时，发电能力 185 兆瓦。塑料厂有 3426 万条 / 年塑料编织袋生产线，具有向中国石油驻疆企业所需塑料编织袋实施供应和服务的能力和基础；净化水厂工业废水处理能力 1326 米 ^{3}/ 小时，深度水处理能力 1000 米 ^{3}/ 小时，经处理后的工业废水外排达标率 100%。同时，公司还具有完备的转供电、供水、供暖、通信、运输、物资供应、检维修系统；工程建设方面包含工程监理、设备检测等业务，具备参与市场竞争的资质和实力。

2012 年，公司可以生产 60 余种石油化工化纤产品，主要产品有汽油、煤油、柴油等成品油、溶剂油、液化石油气、石油焦、化工产品（石油苯、石油对二甲苯、聚丙烯、三聚氰胺、硫黄）、化肥产品、化纤原料 PTA 和塑料编织袋等。其中尿素产品获得“中国名牌产品”称号。公司先后荣获“全国五一劳动奖状”、“全国文明单位”、“全国环境优美工厂”等荣誉称号。

【生产及效益指标】 2012 年，公司进厂原油及原料油 573.27 万吨，进厂损失 0.35%。加工原油及原料油 577.69 万吨。生产汽油、煤油、柴油 344.41 万吨，石油对二甲苯（PX）59.6 万吨，石油苯 24.62 万吨。生产合成氨 57.12 万吨，生产尿素 100.85 万吨。生产工业用精对苯二甲酸（PTA）10.19 万吨。生产三聚氰胺 1.55 万吨。发电 14.6 亿千瓦·时，产蒸汽 1495 万吨，生产塑料编织袋 2758 万条，生产新水 3321 万吨。净化污水回用率达到 71.33%。

公司全年累计销售汽油、煤油、柴油 348.37 万吨、石油对二甲苯（PX）损失 51.76 万吨、石油苯 24.69 万吨、尿素 95.71 万吨、工业用精对苯二甲酸（PTA）10.19 万吨、三聚氰胺 1.81 万吨。实现营业收入 380 亿元，同比增加 35 亿元，比预算减亏 5.81 亿元，上缴税费 51.76 亿元。

【经营创效】 2012 年，公司全面落实经营创效理念，着力在加大原油加工量、保持装置平稳生产、优化产品结构上下工夫，严格控制装置非计划停工，全面推进重油催化、大芳烃、化肥等攻关保运活动，创造 11 月份全月无非计划停工纪录，全年非计划停工时间同比减少 38.56%。紧紧抓住市场机遇，在全力保障原料供应和精心组织下，承载公司创效重任的大芳烃装置有效运行 338 天，PX 产量超计划 7.33 万吨；航空煤油产量突破 24 万吨、销量突破 25 万吨，低凝柴油产量达到 17.33 万吨；尿素于 5 月份单月产量达到 11.41 万吨，单月盈利 8116 万元，创历史新高。

【健康及环境】 公司始终把增强员工安全意识和培养安全习惯放在首位，2012 年，在全员范围开展学习贯彻集团公司《生产安全事故与环境事件责任人员行政处分规定》活动，严格推进实施能量隔离等新标准，组织安全标准化二级资质新疆维吾尔自治区申报验收工作，举办首届“安康杯”安全运动会等活动，进一步提高员工安全技能；通过强化安全管理过程控制，启动安全生产受控平台建设，加大现场尤其是施工现场监督，成立矿区安全监督站，实现生产、生活安全监督全覆盖；全面开展隐患治理项目效果评估工作，加大发现隐患奖励力度，全年累计奖励15.43万元，公司连续10年获得“全国‘安康杯’竞赛优胜企业”殊荣。

启动实施新一轮3年安全环保隐患治理项目66项、总投资12.2亿元。2012年完成热电厂1—5号炉电袋除尘改造、动力厂集水站供暖锅炉改造等27项专项治理，燃煤锅炉脱硝等重点项目完成前期工作。进一步完善环境在线监控体系，与地方政府、集团公司、炼化板块实现联网，环保达标排放成为公司工作的重中之重。积极推进节能减排工作，公司全年实现节能5.99万吨标准煤，节水57万吨，全面完成集团公司和新疆维吾尔自治区下达的任务指标。停用生活燃煤锅炉，实现生产厂区余热为生活区供暖供热。

【发展建设】 2012年，公司按计划有序实施以600万吨/年常减压、150万吨/年蜡油加氢、汽车装卸台等为重点的工程项目建设，全面完成全年项目投资进度要求。尤其加大节能环保项目的建设力度，120万吨/年污水汽提、4万吨/年硫黄回收、建南凝结水等一批项目相继建成投用，全面实现煤锅炉脱尘达标、脱硫设施高负荷平稳运行，全年累计生产硫酸铵1.59万吨，公司节能减排初见成效。

【管理提升】 2012年，公司全面制订实施专业管理提升计划，深入开展对标、达标活动。生产方面，以强化新建和在役装置HAZOP分析、扎实推进检修现场标准化、实施项目设计质量源头控制与过程管理等为重点，强化装置高效平稳运行，顺利完成全年检修任务，全年实现股份公司级达标装置8套，公司级达标装置7套，专业指标达标76项。精细化管理方面，通过扎实开展全面预算管理、周经济活动分析、账外料清查，对标管理水平有效提高。通过“6S”管理、“三基”工作现场观摩、“五型”班组标杆复验收等工作的深入推进，基层基础管理进一步夯实。集中报销平台、未上市和矿区资金管理平台等实现上线运行，进一步规范公司管理。提升员工素质方面，创新培训方式，广泛开展全员培训，出台员工职业资格奖励管理办法，首次实施生产一线班组长、公司处级干部赴外系统培训，全年举办各类培训班238期，培训员工13367人次。

【体制机制改革】 2012年，公司扎实落实集团公司“三控制一规范”要求，持续推进公司组织机构调整和优化工作，公司机关逐步实现A1模式；对净化水厂机构规格升级、成立热电厂硫铵车间，推动公司环保管理向专业化迈进；积极探索建立检修新模式，启动三修保运和设备安装公司保运炼油静设备工作；精简机构，规范管理，对职业技能鉴定、消防、工程质量监督等业务进行合署、归并、整合。进一步加强队伍建设，公司副处级干部公开竞聘的顺利实施。通过在公司及部分二级单位厂际间推开干部交流和挂职锻炼，密切干群关系，培养锻炼中青年干部。成立公司技师协会，为操作服务队伍搭建成长成才平台；营造后勤向一线输送青年员工的氛围，有41名矿区员工充实到一线单位。公司逐步向集约化、专业化、一体化管理的方向迈进。

【服务与责任】 2012年，公司厂区倒班员工配送餐厅正式投入运行，配合装置检修抢修延长幼儿入托时间等举措的实施，为一线员工送上贴心周到的后勤服务。职工医院、退管处为老同志推出健康体检、亲情服务，各单位积极组织形式多样的文体娱乐活动，使员工生活日趋丰富，条件不断改善。公司进一步强化大安保格局，完善安保长效机制，矿区继续保持和谐稳定。在全体员工、家属、离退休人员的大力支持和理解下，矿区大洪沟隐患治理等民生工程建设进入收尾阶段，小区功能性美化和门禁建设加快实施。

公司积极承担经济、政治、社会“三大责任”，以造福新疆为己任，2012年入冬后，停产以天然气为原料的化肥生产装置，力保乌鲁木齐市民用气。加强民族团结和帮扶工作力度，在重大节日期间开展扶贫帮困送温暖活动，帮扶工作做到日常化，全年共走访慰问困难职工2267人次，慰问生病住院职工1412人次，金秋助学10人次，医疗等特殊帮扶27人次，总计支出216万元；互助互济借款、大病、死亡补助56人次。扶贫帮困投入76.6万元，其中在定点扶贫单位疏勒县援建的红枣、杏干烘干加工厂后续扩建工程项目，当年竣工投用并发挥效益。公司被评为“新疆维吾尔自治区扶贫先进单位”，被国家国资委授予“中央企业扶贫开发工作先进单位”荣誉称号。

【党建工作】 2012年，公司党委以深入推进创先争优活动常态化、“千队示范”工程目标化等为重点，有效夯实党建基础管理。融入中心工作，积极推动“四个一”（即：形成一套制度、规范一本基础台账、建立每一位员工信息档案、完善一个员工思想沟通平台）活动在各基层党支部扎实开展，积极探索、实践党建工作新途径新方法，《公司党建目标管理创新案例》被列入集团公司新时期党建60个特色工作案例之一。深入实施领导干部廉洁自律教育，公司惩防体系建设不断完善。

举办首届企业文化论坛、发布新版《企业文化手册》，基层思想政治工作意识、文化引领意识显著提高，基层车间、班组自觉加强文化建设，丰富公司企业文化内涵，通过正向激励激发员工的正能量，公司企业文化体系建设进一步深化。群团组织积极发挥作用，“开门红”、“双过半”、“大干180天”等主题劳动竞赛贯穿全年工作，促进公司经济效益的提高。2012年，公司团委荣获“全国五四红旗团委”、新疆维吾尔自治区志愿服务“优秀组织奖”荣誉称号。通过组织公司首届“文明和谐家庭”、“感动乌石化”人物评选等活动，大力倡导传承家庭美德、遵守社会公德、弘扬敬业奉献精神的新风尚在公司逐步形成。

（刘　洁）

中国石油天然气股份有限公司宁夏石化分公司

【概述】 中国石油天然气股份有限公司宁夏石化分公司（以下简称公司）是集炼油、化工和化肥生产为一体的大型石化企业，具备500万吨/年原油加工能力，及10万吨/年聚丙烯、130万吨/年尿素生产能力。截至2012年底，公司资产总额108亿元，员工5583人。

【主要生产经营指标】 2012年，共加工原油420万吨，生产汽油160万吨、柴油170万吨、合成氨66万吨、尿素113万吨、聚丙烯8.5万吨，复合肥6万吨、航空煤油2.2万吨、石脑油9万吨、液化气21万吨、燃料油10万吨。实现销售收入289.7亿元，完成考核利润9亿元，上缴税费48.3亿元，圆满完成KPI指标，销售收入和上缴税费创历史最好水平。

【企业管理】 坚持推行“5S”管理、平衡计分卡绩效管理、健康管理体系等科学管理模式，深入开展管理提升工作，集中排查各专业管理短板61项，制定217项具体提升措施实施整改。完成综合管理体系中综合管理手册、工艺流程图、业务流程图、作业流程图、制度、标准、规程、信息平台8个分体系结构框架的初步搭建。

按照地区公司、生产厂、联合车间三级管理模式对组织架构进行调整，整合成立炼油厂、化肥一厂、化肥二厂、储运部、质检中心等基层单位，生产经营运行效率显著提升。认真落实“三控制一规范”要求，建立员工合理流动机制，有序充实基层员工队伍，借助绩效考核导向作用，促进员工正向流动，2012年员工内部交流225人次。

加大信息系统自主开发力度，制订落实33个应用信息系统整合方案和个人信息平台建设方案。进一步完善物资采购制度标准，2012年节约采购成本859万元。强化计量管理，全年完成5677台（件）测量设备检定。

积极开展国际合作业务，圆满完成越南宁平化肥项目开车任务，为中国石油在国际化肥技术领域赢得良好声誉。外派长庆油田、乌海焦炉气项目和安塞LNG项目员工，为油田上产和项目建设作出积极贡献。

【安全环保】 安全管理提升行动计划稳步推进，35个班组获得公司“安全自主管理班组”称号，企业进入自主管理初级阶段，安全管理实现由全员参与向全员管理转变。公司跨年度连续安全生产4402天，连续12年无上报安全、环保事故，荣获集团公司颁发的年度安全生产模范先进企业和环境保护先进企业荣誉称号。

坚持开展观察与沟通，2012年查出并整改不安全项3.3万个，人的不安全行为和物的不安全状态得到有效控制；坚持组织开展安全主题月活动，员工安全意识和技能持续提高；实施HSE体系短板要素滚动审核，专业安全管理明显改善，审核综合得分较2011年大幅度提高。质量管理不断强化，质量体系整合基本完成，获集团公司质量管理体系评审A级。产品出厂合格率100%，11项QC成果获省部级以上殊荣。

【生产运行】 不断加强生产管理和运行控制，炼油厂主装置实现长周期运行383天，创同类型装置首次开工连续运行新纪录，完成100%负荷考核标定。聚丙烯装置连续运行196天，重整装置检修后连续稳定运行，配套的苯抽提、航空煤油加氢、硫黄回收装置全部一次开车成功。各项技术经济指标不断优化，可比综合商品率达到92.22%，轻质油收率82.47%，原油加工损失率0.59%，加工吨原油耗新鲜水0.59吨/吨。

化肥一厂长期保持满负荷运行，各项经济技术指标持续改善，年内实现2个100天以上A类长周期连续运行。化肥二厂合成氨装置长周期连续运行达到204天，尿素装置连续运行198天，实现长周期运行新突破。尿素最高日产2341吨，创扩建改造后单日生产最高纪录。

【节能减排】 通过优化能耗指标，强化责任落实、推进技术改造等有效措施，严格控制外排水量，2012年实现节能1.93万吨标准煤，节水55.02万吨，分别完成年度计划的160%和110%，超额完成年度考核指标。合成氨装置低温液氮洗尾气回收项目成功投用，节能1.1吉焦/吨氨，化肥一厂吨氨耗天然气900.9标准立方米，较2011年下降9标准米^3/吨氨。2012年10月，装置综合能耗36.9吉焦/吨氨，创历史最好水平。

有效控制污染物排放总量，完成年度减排指标，实现清洁生产。锅炉烟气脱硫装置、污水回用装置连续稳定运行，关键排放口全部实现在线监测和联网。

【重点工程】 年产45万吨合成氨、80万吨尿素国产化大化肥项目于2012年6月28日全面开工建设。截至2012年底，设计任务完成88%、采购任务完成58%、施工任务完成18%，以地管和土建工作为主的施工基本结束，地下管网铺设完成，中控化验楼、总变电所等厂房封顶，尿素造粒塔建设高度达到15.9米，所有大型设备基础全部完工，项目施工转入钢结构安装阶段。

催化汽油加氢项目2012年10月1日开工建设，落地设备基础全部完成，预计2013年11月建成投产，建成后汽油产品质量将全部达到国Ⅳ标准。与华油天然气股份有限公司合作开发的焦炉气项目，2012年9月底试投产，冬季供应量达到20000标准米^3/小时。

【党建和企业文化建设】 全面总结提炼安全管理、“5S”管理等科学管理经验，结合集团公司企业文化，逐步形成富有企业自身特色的文化理念，编辑完成《宁夏石化公司企业文化手册》。

持续改进企业党建工作，调整基层党组织机构，建立完善2个二级党委、11个党总支、67个党支部为核心的基层党组织体系。深入开展创先争优活动，公司党委被宁夏回族自治区党委授予“先进基层党组织”荣誉称号。充分发挥群团组织优势，广泛开展岗位练兵、劳动竞赛、合理化建议征集、“职工书屋”建设、“劳模创新工作室”创建和共青团主题实践活动，民主管理不断深入，有效激发广大员工的积极性和创造力。坚持履行社会责任，积极参与植树造林、对口扶贫等社会公益活动，援建宁夏固原圆德塑料制品厂，企业社会影响力和美誉度持续提升，荣获全国“安康杯”竞赛活动示范企业、宁夏回族自治区“劳动关系和谐企业”称号，以及“宁夏黄河善谷建设突出贡献奖”。公司2名员工获“全国五一劳动奖章”，3名员工获“宁夏回族自治区五一劳动奖章”，5个班组获得宁夏回族自治区工人先锋号荣誉，1名员工被授予“宁夏回族自治区首席技师”称号。

【矿区服务】 全面履行“保障生产、服务生活、维护稳定”三大职责，积极构建“平安矿区、幸福矿区、和谐矿区”。修订完善矿区服务管理制度，进一步规范物业、餐饮、医疗、幼教服务标准；落实矿区投资计划，加强基础设施建设，完善物业24小时热线服务，开展“安全文化进小区”活动，矿区服务标准和质量不断提高；加强碳减排基地和银川绿化基地建设，2012年种植地被植物及花卉12万平方米，生产有机蔬菜39万千克。两个基地林地总面积达到3800亩，果蔬种植温棚100栋，减排效果显著。

启动员工健康管理体系建设，建立员工健康网及健康信息平台，形成员工个人电子健康档案，员工健康评估报告实现同步动态更新、实时监控。组织全员健康体检和职业性体检；举办健康知识讲座、各类体育比赛等相关活动536次，参与人员12353人次。

全面落实员工帮扶政策，坚持开展“爱心捐助”、“金秋助学”等扶贫帮困送温暖活动，全年慰问帮扶退休老干部、劳动模范、军烈属、困难职工等共计3400人次，发放帮扶资金352.28万元，企业发展成果惠及员工。

（朱　红）

中国石油天然气股份有限公司大连石化分公司（中国石油大连石油化工公司）

【概述】 中国石油天然气股份有限公司大连石化分公司（以下简称公司）始建于1933年。经过多年的不断发展，公司现有炼油化工主体装置37套，占地面积318万平方米；下设15个机关处室，8个直属单位和24个二级单位；员工总数6900余人；具备2050万吨/年的原油一次加工能力和2300万吨/年的码头吞吐能力，业务涉及石油加工、聚酯类化工、港口物流、工程技术服务等，为社会提供汽油、煤油、柴油、润滑油基础油和石蜡、苯类、聚丙烯等多种产品，主要技术经济指标名列国内炼化企业前茅，部分达到国际先进水平，是中国石油最大的含硫原油加工基地和我国重要的石化产品出口基地之一。

【主要生产经营指标】 2012年，公司全年加工原油1710万吨，销售各类产品1603万吨，产销率达101.9%，实现营业收入1030亿元，首次突破千亿元大关，成为大连市首个超千亿工业企业，实现税费172亿元，连续4年位列辽宁省纳税榜首；全年未发生超过24小时的非计划停工，装置平稳率达99.86%，实现历史最好水平；产品出厂合格率保持100%，高标号汽油、柴油、航空煤油等高效产品比例同比提高2.37个百分点，全精炼石蜡获得中国石油和化学工业知名品牌称号。

【安全环保】 2012年是公司建设本质安全型放心企业的起步之年，公司上下以“放心文化”为引领，落实安全发展战略，强化安全8种意识，全力整治安全隐患，初步构建了安全管理模式，公司提前2年达到安全生产标准化二级水平，安全环保形势持续稳定好转。一是本质安全基础持续夯实。成立隐患评估专家委员会，建立专项检查机制和隐患挂牌督办制度；全年共开展工艺、设备、安全等专业检查121次，查摆整改问题4160项；制订3年隐患治理计划，完成难度较大的消防稳高压供水系统改造，按计划推进三级防控系统提标改造和罐区隐患整改，为企业长治久安奠定基础。二是隐患整改逐步形成常态。不断完善员工发现隐患问题奖励机制，全年共有34754人次获得嘉奖，充分调动员工参与安全管理的主动性和积极性；建立快速反映问题、解决问题的平台和通道，完善生产及设备问题收集、催办、督办平台，确保各种问题快速反应、快速解决。三是风险防控能力稳步增强。为基层单位配备专职安全总监，强化安全管理和监督力量，形成一体化大监督格局；扎实开展“打非治违”、“安全生产月”等活动，认真组织HSE体系审核，持续修订安全环保管理制度，积极开展风险管理，安全基础管理水平显著提升。四是厂区环境持续改善。推进实施目视化和“5S”管理，严格控制无组织排放，污水处理场持续稳定运行，跑冒滴漏基本消除，现场异味明显减少，现场面貌大为改观。五是节能减排更加有力。25套装置顺利通过清洁生产审核验收，外排污水合格率保持100%，在辽宁省“万家节能企业”审核中获得全省最高分。

【管理提升】 2012年，公司全面落实集团公司关于开展管理提升活动的各项工作部署，立足实际，制定目标，全员参与，成立6个专项提升工作组，扎实开展管理提升活动。一是管理体系更加健全。以提高管理的科学性和运营效率为出发点，成立“管理研究室”，开展部门职责、制度、流程梳理，进一步理顺公司内部责权关系体系；编制新版《部门职责》，努力消除管理盲点和职责交叉；确立制度发布前5个审查环节，建立制度制修订、宣贯落实、执行监督、效果评估的管理闭环，全年共制修订管理制度87项，制度体系更加健全，形成机制更加规范。二是信息化管理水平显著提升。加快推进管理信息化、企业数字化建设，建成大连区域网络中心机房，完成了原油调和、生产新区实时数据库、产品质量管理、综合统计、员工技能培训5个信息系统建设，启动库存配件管理、效能管理、班组绩效管理项目，提升生产过程管理和优化能力。三是组织结构更加优化。按照集团公司“三控制一规范”要求，规范内部机构和岗位设置，强化专业管理力量，优化企业组织结构，盘活人力资源存量。

【工程建设】 2012年，公司以强化施工组织，提高施工质量为目标，装置停检和工程建设有序推进。通过实施全方位管理，安全、绿色、优质、高效地完成6套装置的停检工作，实现了“油不落地、气不上天、声不扰民”的停检目标；通过加强工程安全质量管理，严格施工过程管理和安全质量监管力度，实现了所有新建和检修装置一次开车成功；通过突出隐患治理和质量升级两条主线，各项工程建设任务按期完成，一气分、二气分（脱硫）异地改造、消防稳高压系统改造工程按期建成投用，汽油质量升级项目完成主体施工，大连国家石油储备基地工程荣获国家优质工程银奖。

【科技创新与成果】 2012年，公司全面落实持续创新战略，不断加大科技攻关力度，创新驱动作用充分显现。积极参与集团公司重大科技攻关项目，共完成科技开发项目立项45项，完成科技开发项目8项，组织验收科技成果3项；稳步推进三蒸馏原油切换和20万吨/年聚丙烯先进控制项目，顺利完成H39S-2聚丙烯专用料的工业化生产，成功应用纤维液膜脱硫醇及碱液高效氧化再生、微型固定开孔阀高效塔盘等新工艺，“FCC汽油加氢催化剂工业化试验项目”被评为集团公司科技进步一等奖，实现以科技进步促安全增效益；通过开展防冻凝专项整治活动，优化电厂运行，实现冬季节约一台中压锅炉发汽量的目标，建立蒸汽管网模拟系统，实施低温热综合利用，加大加热炉节能改造力度，一蒸馏加热炉成为集团公司新的样板炉，二蒸馏加热炉节能技术改造被评为中国石油优秀节能改造示范项目，节能降耗成果显著。

【精神文明建设】 2012年，公司以“放心文化”为引领，在队伍建设、基层建设和企业文化建设等方面取得显著成效。一是加强员工队伍建设。落实人才强企战略，推行公开竞聘和选拔，组建公司专家库，重新修订《专家及关键人才管理办法》，设立校企合作博士后工作站，建立产学研一体化平台，提升创新能力和队伍素质；积极开展有针对性的专业培训和岗位技能培训，提升员工履职能力和操作技能。二是全面加强党的建设。加强党员队伍建设，进一步改善党员队伍的布局和结构，增强基层党组织的凝聚力和战斗力；制定发布《思想政治保障体系》和《党支部工作条例》，创建党建“三联”责任示范点，完善“让党员说话有分量”管理模式，为做好党建和思想政治工作提供制度和机制保障；认真学习宣传贯彻党的十八大精神，进一步将政治文化优势转化为企业核心竞争力。三是大力开展企业文化建设。研讨确定企业发展目标内涵，完善企业理念体系，发布新版《企业文化手册》，推进企业文化目视化建设，营造浓厚的文化氛围，公司展览馆被集团公司批准为企业文化教育基地，公司被大连市命名为特色文化基地；积极开展“转变机关工作作风，促进放心企业建设”活动和“放心岗位、放心班组、放心车间”创建活动，将“放心文化”融入基层工作，落地生根，为生产、经营、工程建设齐头并进提供有力支撑；助力装置检修、平稳运行、产品优化、加热炉管理等重点工作，开展立功竞赛、劳动竞赛和“讲比”活动，充分调动员工积极性创造性，公司被评为全国“讲理想、比贡献”活动先进集体；充分利用报纸、电视、网络等媒体，通过各种形式深入开展系列宣传活动，进一步凝心聚力；加强反腐倡廉教育，组建“廉政使者”队伍、设立廉洁文化书架，推进惩防体系建设，廉洁文化建设更具特色。

（孙璐璐）

中国石油天然气股份有限公司锦州石化分公司（中国石油锦州石油化工公司）

【概述】 中国石油天然气股份有限公司锦州石化分公司（以下简称公司）隶属于股份公司。公司始建于1938年，是一家以炼油为主、化工为辅的燃料型炼油企业，是中国重要的润滑油添加剂科研生产基地和辽西地区最大的原油、成品油储备基地，也是国内首家生产国Ⅳ汽油、京Ⅴ标准汽油的炼油企业。新中国第一滴人造石油和第一块合成顺丁橡胶在这里诞生。公司目前拥有85套炼油化工生产装置，原油一次加工能力为750万吨/年，资产总额超过100亿元，年销售收入310亿元以上，可生产53个品种共81个牌号石化产品，产品远销美国、俄罗斯和日本等国际市场。截至2012年底，公司员工1.7万余人，下设12个处室，43个基层单位，资产总额102亿元，年销售收入310亿元以上，上缴税费55亿元。

【主要生产经营指标】 2012年，公司全年累计完成原油加工量652.77万吨。主营业务首次突破350亿元大关，达到356亿元，同比增长4.82%。化工业务实现账面利润2686万元。非主营业务实现账面利润1059万元。实现轻油收率75.38%，同比提高2.31%；综合损失率降到0.82%，同比降低0.03%；炼油综合能耗降到64.48千克标准油/吨，同比降低4.76%；炼油新水单耗0.61吨/吨，同比降低0.07%；单因耗能8.93千克标准油/（吨·因数），同比降低0.29%。

【安全环保】（1）安全方面。2012年，公司以HSE体系框架为基础，对安全环保规章制度进行专业评估，新增制度7项，修订完善制度33项，废止规章制度15项；对在役11套生产装置和2个新建项目进行HAZOP分析，提出问题611项，整改完成164项，纳入到技术改造和隐患治理项目8项；全年有11个车间20套装置停工和开工，特级用火46次，一级用火3891次，二级用火20093次，未发生因动火引发的事故。

创新隐患发现奖励机制，鼓励员工“像找奖金一样找隐患”，全年因发现隐患避免事故事件713起，累计奖励员工1408人次，奖励金额48万元，奖励金额是2011年的3.7倍；全面推行隐患治理三级负责制和督导责任区制。2次体系审核检查出的137项问题已整改完成107项，公司186项隐患已治理完成117项。

（2）环保方面。完成“炼油污水隐患治理”项目审查可行性研究工作；参加“催化烟气脱硫”技术交流，审查“催化烟气脱硫”的可行性研究报告；对炼油污水处理场恶臭气体处理方法进行现场考察，形成调查报告；组织完成煤电厂减排核查，进行环境因素识别与评价，开展无组织排放废气调查，形成调查表和调查报告；开展公司下水井情况调查，绘制排水图，标出下水井材质是否存在渗漏等，形成公司下水井情况报告。

【企业管理】 全面实施“两提”工程，深入开展装置“低老坏”整治，加快推进目视化工作进程。累计清理各类建筑物8万平方米，拆除废旧管线20万延长米，清运各种垃圾12万吨，清除厂内工程队伍施工暂设57处，清理厂内浴池23个，完成地面软覆盖17万平方米。组织完成12套生产装置目视化，安装标识6万块，画标识线2.1万延长米，装置和现场环境变化巨大。

着力完善质量管理体系，取得炼化企业质量体系审核第二名的好成绩。组织起草粤Ⅳ、沪Ⅳ、国Ⅳ、京Ⅴ车用汽油标准；参与修订整理32项企业标准、24项国家和行业标准；重新划分公司三级管理制度，修订各项规章制度206项，新增工作标准45项；重新梳理57个单位1780项岗位职责2000余项流程；修订完善108套装置操作规程、1700余个操作卡片，初步建立起制度、流程、标准相统一的管理平台。

强化投资、成本、物资采购等重点领域监管，进一步规范采购、合同和招投标程序；加强项目全过程管理，组织完成2项股份公司级、4项公司级重点项目竣工验收和后评价工作；开展投资、管理效益等各类审计28项，共发现问题265个，审计成果得到有效利用。

持续推进人事制度改革，“三控制一规范”效果显著，用工总量控制在集团公司计划指标内；坚持薪酬分配向生产一线倾斜，拉大生产和后勤员工的收入差距，鼓励员工向一线流动，创建稳定和谐的劳动关系；全面加强职业技能管理体系建设，公司职业技能鉴定中心顺利通过国家审核认证。

【结构调整】 坚持以市场需求为导向，以效益最大化为原则，全面实施产品结构“三增一减”经营策略，围绕“增产航空煤油、97号汽油、京Ⅴ汽油”三增计划，彻底消灭90号汽油。首次成功生产97号汽油、-35号柴油等高附加值产品，共实现产品增效8.2亿元。2012年，累计完成汽油、煤油、柴油产品产量492.05万吨，同比提高3.64%。汽油完成175.45万吨，高标号汽油比例达到100%。柴油完成283.29万吨，航空煤油完成33.31万吨，9月航空煤油产销量首次突破4万吨大关，跻身集团公司前三名，并成功出口韩国，成为中国石油25家炼厂中唯一出口航空煤油的企业。京Ⅴ标准汽油实现产能翻番，形成月供6万吨的保供能力，为首都北京“蓝天工程”作出了积极贡献。

【节能降耗】 2012年，公司通过节能措施，取得综合经济效益2400余万元，连续4年荣获中国石油节能节水型先进企业称号。

“炼油厂能量系统优化示范工程”顺利通过集团公司重大科技专项验收。全面开展催化装置热进料、异丙醇能量集成、加氢过滤器改造、机泵增设变频等一系列节能技术改造。通过优化气分、催化等装置低温热流程、提高加热炉效率、有效控制循环水温差、加强地下管线治理等一系列措施，企业节能降耗和挖潜增效能力显著提升，全年共完成节约蒸汽措施6项、节电措施3项、节水措施10项。

以降低“三剂”成本为突破口，通过建立装置、车间使用台账，实行动态跟踪量化考核，实现“三剂”消耗“量本”齐降，全年共削减“三剂”及辅材24种，成本比2011年的2.56亿元减少8138万元，降幅达32%。

【工程建设】 2012年，建设项目进展顺利，一批重点项目陆续开工建设和建成投产，全年实现固定资产投资8.4亿元，其中，京Ⅴ汽油保供措施的实施为公司批量生产和输运京Ⅴ汽油奠定坚实基础；160万吨/年焦化装置的建成及一次开车成功，为公司彻底消除老焦化安全隐患和提升整体经济效益创造有利条件；通过实施2套异丙醇装置热集成技术改造，2号异丙醇装置节约1.3兆帕蒸汽8.3吨/小时，年降低生产成本1236万元，实现清洁生产，节能减排；长输管线安全隐患治理项目的顺利实施，将为公司的可持续发展起到至关重要的作用。

通过公司的多方努力，争取到了股份公司新一轮3年（2012—2014年）安全环保隐患治理专项34项，资金13.75亿元，其中，安全专项19项，环保专项15项。2012年具备实施条件的16个项目得到了股份公司批复。

【科技创新】 2012年，公司立项的科研项目共计20项。其中股份公司项目4项，炼化板块项目2项，地区公司项目14项。

“炼油厂能量系统优化示范工程”通过专家验收，实现18项优化机会持续实施，完成4项技术秘密认定，实现年增效益6970万元。磷酸钕稀土催化剂开发通过集团公司中期评估，开发了磷酸钕催化体系，小试合成了窄相对分子质量分布稀土橡胶样品，样品性能达到国际同类产品先进水平。“劣质重油焦化技术开发”通过集团公司专家鉴定，丁烯氧化脱氢制丁二烯项目通过开题论证。

完成MTBE脱硫工业放大试验转入正式生产，大大降低MTBE中的硫含量，为调和京Ⅴ汽油提供技术支持，使公司成为集团公司内第一家生产京Ⅴ汽油的企业。

模拟全厂流程，完成年加工量660万吨、750万吨全流程优化方案，为公司生产和未来发展提出全面合理的实施方案。

开展异丙醇装置能量集成改造施工，二套醇精制热集成如期投用，提浓塔、脱水塔、脱重塔条件正常，经过标定，投用醇精制热集成项目后，节约蒸汽8.3吨/小时，年降低生产成本1200多万元。

以氧化钙为原料，进行T104新合成技术工业放大，降低T104生产成本。生产中所用促进剂为安全环保型，减少加料过程中对人员造成的伤害。

完成4项专利申请，获得2项专利所有权。专利申请总数达30项，授权专利达13项。通过开展知识产权宣传活动和奖励制度，强化专利申请和保护力度。

【惠民工程】 对生产装置控制室进行改造，持续改善员工生产作业环境；重新规范岗位送餐路线，增设早餐业务，提高就餐补助标准，满足员工生活需求；加快生活区改造建设，石化新区53栋、老区9栋共4209套新房竣工交付使用；开展员工职业健康体检，建立员工健康档案；积极开展扶贫帮困活动，全年累计为困难员工发放一次性救助金300余万元；完善薪酬分配机制，提高全员福利待遇和收入水平，员工收入同比平均增加12%，实现企业增效、员工增收的目标。

【矿区服务】 矿区服务以管理专业化、运作市场化、服务社会化为目标，扎实推进“一建两改三完善”和治安联防“锦州模式”。

（1）一建两改。离退休职工活动中心安全隐患治理工程全面破土动工，主体出地面施工完成；石化广场施工，更换5030平方米的老旧地砖、地下供暖管线270米、*DN*80水管线110米，使多年屡堵不绝的地下跑水问题得到彻底解决；外墙保温改造对69栋楼进行工程施工。

（2）三完善。生活区硬件完善，对公司主生活区加装监控摄像头，对实华园、敬南等封闭小区车位管理进行规范。在生活区新植乔木、灌木1263株，移植乔木、灌木371株、花草300平方米；对红星幼儿园内部环境进行全面升级改善；生产区移出树木284棵，放树400棵，完成16个区块的软覆盖工程。

矿区城管执法大队与古塔公安分局联合，共建石化生活区中心警务室，安装智能交通治安卡口监控系统、小区进出车辆抓拍系统，对生活区重点部位、重点路段安装视频监控点53处，通过图像倒查、图像分析、图像研判侦破案件13起，实现生活区和谐稳定的工作目标，受到辽宁省公安厅和锦州市公安局领导的高度评价，形成“锦州模式”向全省推广。

（曹继辉）

中国石油天然气股份有限公司
锦西石化分公司
（中国石油锦西炼油化工总厂）

【概述】 中国石油天然气股份有限公司锦西石化分公司（以下简称公司）始建于1939年，1953年恢复生产，占地面积640万平方米。截至2012年底，公司员工9447人，直属单位66个，固定资产总额74亿元，主要炼油化工装置19套，原油一次加工能力650万吨/年。公司以加工大庆油、辽河油为主，原油直接管输进厂，另有部分进口油及海洋原油，由锦州港上岸。主要产品有汽油、航空煤油、柴油、石油焦等，是京Ⅳ、沪Ⅳ、粤Ⅳ汽油的主要生产企业之一。

【经营指标】 2012年，完成原油加工量533万吨，同比增加10万吨；完成产品产量494.28万吨，同比增加21万吨；营业收入321亿元，同比增加23亿元；炼油综合能耗74.75千克标准油/吨，同比下降4.22千克标准油/吨；节能1.87万吨标准煤、节水31.32万吨，分别完成集团公司考核指标的143.8%和120.46%；汽油产品全部实现93号以上，国Ⅳ汽油比例达到41.1%，同比增加6.6%。

【安全环保】 2012年，在全年风险作业同比增加22%的不利情况下，公司实现全年事故起数下降50%、违章违纪下降32%、外审问题下降55%、火警出动下降72%的良好业绩，荣获集团公司安全生产先进单位。公司树立“管工作必须管安全”的安全环保理念，以安全为核心抓生产经营建设。每月进行安全形势分析，每周安排专业管理人员或外请专家授课，充分利用事故事件资源，提升专业化管理能力。强化宣传教育培训，开展“安全生产月”、“安康杯”知识竞赛等活动。积极开展HSE培训，培训员工4110人次。

推进HSE体系有效运行，全面修订《管理手册》

和《程序文件》，形成体系文件307项，记录1853项，适用法律法规和其他要求1486项，“手册—程序文件—作业文件”的文件架构日趋合理、完善。完善应急预案体系建设，形成公司级总体预案1项，专项预案13项，并通过辽宁省和集团公司的评审和备案。

开展隐患排查，发现并上报公司级隐患44项，其中安全类隐患30项，环保类隐患14项，已有37项获集团公司可研批复。

建立监督机制，严格工程建设项目、装置检维修和废旧设备设施拆除等施工作业现场的安全监管，纠正违章违纪390项，检查岗位纪律270次。做好汽柴油质量升级工程、隐患整改等新项目的“三同时”监督工作，重催烟气脱硫、北蒸馏隐患治理、厂内三级防控工程、热电公司烟气除尘项目、重油催化硫黄回收隐患治理工程等11个项目稳步实施，其中重油催化烟气脱硫、加热炉节能改造、稳高压消防水隐患整改、二套催化烟气脱硫4个项目顺利通过环评。

【设备管理与工程建设】 2012年，公司以实现装置长周期运行为目标，加强精细管理，狠抓制度落实，强化设备受控，确保设备可靠、节能、高效运行。细化仪控设备管理，提高仪表自控率和连锁投用率，连锁投用率同比提高近20%。以“实现设备本质安全”为主线，规范检修作业规程，加大执行力度，提高设备的完好率和可靠度，2012年，设备故障率由年初的1.78%降为1.18%。开展标准化管理，实现主要设备完好率99.98%，静密封点泄漏率0.022‰。治理设备管理短板，完成高危泵改造158台，全部实现安全运行。进行防雷防静电接地测试，合格率100%。修订完善现有制度，形成设备管理制度60项，使设备作业始终处于受控状态。

公司加强基建、技术改造、技术措施、修理等工程项目的施工管理和组织协调，圆满完成建设项目计划，实现全年施工安全无事故。180万吨/年重油催化隐患整改污水罐重建、蒸馏三顶瓦斯增压脱硫节能技术项目、重整拔头油储运设施完善—丙烯线安装、污水二期生化池密闭除臭、全公司电气节能、环保在线监测升级等20项工程项目全部完成。拆除储罐119座，管线12万余米，分别完成拆除工程进度的95%和75%。长轴液下泵改造项目进入基础及管线施工阶段。

【企业管理】 公司积极推进管理提升工程，着力推进结构调整和产业升级，提升企业竞争力。新班子成立初期，鉴于公司处在安全管理严格监督阶段，公司以强化管理、规范要求为手段，加强门禁管理、劳动纪律管理、现场安全管理，公司管理日趋规范。在此基础上，公司管理的重点，从以安全为中心，向安全和效益并举转变，对标与优化相结合，深入挖掘隐藏在管理环节中的效益，管理创效成果明显。优化产品结构，加强计划、生产、销售等环节的协调联动，保证高附加值产品销量与价格的最佳结合，此项工作同比增效1.38亿元。优化原油结构，降低原油成本2.8亿元。

【科技创新与成果】 2012年，完成公司级科技开发项目14项。其中，利用公司15万吨/年气相法Novolen聚丙烯工艺，研究生产出耐热聚丙烯注塑聚丙烯注塑专用料1040L，填补中国石油在此领域的空白。对催化烟机结垢问题进行技术攻关，确定催化装置原料适应性，筛选出适合二套催化装置的LDO-75、COKC-1催化剂，油浆收率由2.5%—3%下降到1.5%—2.0%以下，烟气粉尘中催化剂细粉量减少，实现催化烟机停机频次间隔6个月以上的阶段目标。针对重油催化、焦化和加氢精制装置水冷器泄漏问题，进行污水回用水腐蚀控制研究，对循环水控制范围、循环水浓缩倍数、水质指标进行分析和确定，有效改善循环水水质，各项指标合格率达到95%，水冷器泄漏频次降低60%。

【节能减排】 2012年7月开始，公司共组织2768万标准立方米天然气进厂，替代燃料油5952吨，液化气16.6 1万吨，降低动力成本3909万元。公司也成为东北地区第一家使用天然气的炼化企业。开展炼化能量系统优化工作，对全公司32套装置和系统以及热电公司、生活区的能量建模集成与优化进行规划，初步确定装置间热进料热联合、装置内部能量优化、全公司低温余热大系统利用、蒸汽系统运行等优化方向，北蒸馏、南蒸馏、焦化、催化等装置已开始建模并拟合优化。召开能源协调会，开展能效对标，分析论证81项节能节水项目，加快推进公司节能节水项目实施。加强加热炉管理，开展“红旗炉”评比活动，南、北蒸馏，加氢改质，汽油加氢，尿素等装置加热炉热效率达到90%以上。推进污染减排，外排废水、废气100%达标排放，主要污染物及工业固体废物均低于总量控制指标。环境在线监测系统上线运行，2套硫黄回收尾气达标情况明显好转。

【矿区服务】 2012年，南山危旧楼改造工程有序推进，一期工程全面开始建设施工，二期工程完成动迁和土地招拍挂。出售莲花馨苑、莲花三村商品化住宅，改善员工居住条件。住宅区供电设施、莲花三村会馆消防设施、铁北区排水线、局部楼体外墙皮脱落等得到改造。民用天然气改造工程安全平稳有序推进，铁北小区、莲花二村、热电小区等的燃气主线全部敷设完成，年内累计改造超万户。筹建员工健康体检中心，开展全员健康体检。深化“惠老工程”，加强离退休党员组织建设，增设6个“楼栋党支部”，开展“五员”教育实践活动。筹建志愿者服务队，实施“夕阳红”助老计划，启动“敬老文明号”创建活动。离退休管理中心党委荣获集团公司“先进基层党组织”称号。

【党群工作】 一是持续加强党建工作。结合“六个一”党支部创建工作，持续开展以争创“四强”党组织、争做“四优”党员为主要内容的创先争优活动。以深化“四好”班子创建为载体，加强领导班子和干部队伍建设。选拔培养年轻干部，加强领导干部管理监督，推动干部交流。

二是不断丰富和发展企业特色文化。树立“公司形成干事的氛围，基层形成向上的精神，员工形成阳光的心态”文化理念，凝聚职工队伍，打牢员工共同思想基础。连续26年开展“月评十佳”活动，是公司思想政治工作的重要载体，先后在辽宁省、集团公司作经验介绍。打造安全文化，弘扬廉洁文化。推进学习型企业建设，建立“职工书屋”，开展全员读书活动。丰富员工业余生活，举办职工象棋、围棋、竞技拔河、羽毛球、钓鱼、乒乓球、篮球和跳绳比赛。特别是竞技拔河项目，参加世界级锦标赛，取得中国参加此项比赛的最好成绩。

三是切实发挥党群组织围绕中心、服务大局的作用。在公司范围内开展以“员工靠企业生存，企业靠员工发展”为主题的大讨论，引导广大干部员工树立主人翁意识。深入一线开展“爱企爱家做主人”调研，架起公司与员工交流沟通的桥梁与纽带。在青年员工中发出“爱厂如家、我爱我家”的倡议，广大青年志愿者积极投入公司环境卫生、设备设施排查，展现出团结协作的力量。

（王　琼）

中国石油天然气股份有限公司大庆炼化分公司

【概述】 中国石油天然气股份有限公司大庆炼化分公司（以下简称公司）设机关职能部门14个，机关附属部门8个，直属单位6个，二级单位22个；企业占地21平方千米，下辖马鞍山、林源2个生产区；用工总量1.17万人。企业固定资产原值162亿元，具有600万吨/年原油一次、二次配套加工能力和20万吨/年润滑油，15万吨/年石蜡，15万吨/年聚丙烯酰胺以及60万吨/年聚丙烯等47套炼油化工生产装置。可生产汽油、柴油、润滑油、石蜡、聚丙烯酰胺、聚丙烯等39个品种236个牌号的石油化工产品，是集炼油、化工生产和矿区服务于一体的综合性石油化工生产企业。

2012年，公司被国务院国资委授予“中央企业思想政治工作先进单位”称号，同时荣获“全国五一劳动奖章”、“黑龙江省五一劳动奖状”等多项集体、个人荣誉称号；聚丙烯酰胺、全精炼石蜡和聚丙烯树脂分别获得行业、黑龙江省名牌产品荣誉。

【主要生产经营指标】 2012年，加工原油590.59万吨，完成年度预算的100.10%，实现营业收入403.6亿元，实现税费66.26亿元。生产汽油、柴油185.06万吨和180.97万吨，同比分别减少3.2万吨和5.1万吨，其中97号汽油比例占78.9%，-35号柴油比例占19.1%；润滑油基础油12.69万吨，同比增加2.1万吨；石蜡14.73万吨，同比增加0.2万吨；液化气54.11万吨，同比增加1.7万吨；聚合物17.24万吨，同比降低2.2%；聚丙烯29.97万吨，同比降低8.2%。可比综合商品率92.25%，同比提高0.22%；加工损失率0.44%，同比下降0.2%；炼油综合能耗75.42千克标准油/吨，同比下降0.62千克标准油/吨；炼油新鲜水单耗0.7吨/吨，同比下降0.02吨/吨。全年累计节能1.6万吨标准煤、节水16.1万吨，均完成年度计划的107%。

【企业管理】 2012年，公司深入开展管理提升活动，编制推进方案和计划，开展管理诊断、流程梳理、标准修订等工作，提高管理效率。注重抓好基础工作，完善各类计量表86台，实现外供能源、采暖热水和污水全计量，减少能源浪费和效益流失。严格原辅料、生产过程、成品出厂技术控制和检验，聚合物一级品率同比提高3个百分点。改革稳步推进，调整和优化业务15项，机构设置和业务划分更加科学。采取公开招聘和双向选择办法，向生产区输送林源区和后线单位用工503人，减少劳务用工225人，实现人力资源有效、合理利用。重新修订员工奖惩条例，进一步规范员工行为。出台处级干部考核办法，实现德、能、勤、绩的全覆盖考核，考核结果更加符合实际。信息化管理稳步提高，完成聚丙烯项目网络施工、服务器虚拟化管理平台搭建和公司门户改版工作，建立公司总图管理信息系统，部署MES系统与装置DCS的数据接口，门禁考勤一卡通项目试运行，实现合同的全过程信息化跟踪管理。开展以财务分析为核心的经营分析活动，深入开展对标管理，及时查找不足、分析原因、制定措施，努力实现效益最大化。将优化贯穿于生产各环节，通过优化汽油、柴油和2套ARGG产品结构、关停聚合物二厂2套单体装置和部分无边际贡献纺织厂生产车间、利用天然气替代燃油等举措，全年增效约2亿元。收回租赁期满的丙酮氰醇、芳烃抽提装置，保证国有资产保值增值，全年贡献效益约1.3亿元。对6家非生产性单位进行模拟市场化运作，调动全员积极性，经营成果显著提升。完善承包商准入制度和招投标管理规定，招投标比例提高15%，全年节约采购资金7000多万元。公司紧跟市场，积极做好产品的推价工作，较好地提升效益。发挥审计和效能监察作用，全年审减、挽回资金1200多万元。严格合同管理，聚丙烯外事业务避免多付外商服务费1000多万元。

【安全环保】 公司坚持生产以安全环保为前提，持续开展HSE审核工作，落实体系审核问题的责任部门和责任人，并举一反三，制定整改措施，从重事件处理向重管理分析、重整改落实转变，HSE体系运行规范。将安全标准化融入体系运行，提升标准化工作可操作性，公司通过安全生产标准化二级达标单位审核。开展以“人的不安全行为和管理上的缺陷”为重点的专项排查，一些薄弱环节得到有效治理。扎实推进安全隐患治理，对隐患的排查、立项、整改、销项进行跟踪管理，对117个安全隐患项目进行治理，新一轮3年安全环保隐患治理项目稳步实施，进一步消除了潜在的风险隐患。2012年，员工伤亡事故千人死亡率为0.087‰；较大以上环境污染事故为0起。

【节能减排】 公司在修订完善节能目标考核管理、严格实行季度和年度考核，设立160万元节能节水单项奖励基金的基础上，又采取3项措施推进节能节水目标的实现。一是通过实施增设蒸汽透平、瓦斯脱硫系统水洗水、丙烯腈在线消堵、一套常减压装置凝结水回收等技术改造，加大先进技术在节能节水上的应用力度；二是相继通过停开两套生物法丙烯酰胺装置、ARGG装置顶循环集油箱和凝结水系统改造，推进生产运行优化节能等多项措施；三是积极开展与先进能效企业的对标工作，炼油综合能耗与总部平均水平差距逐步缩小。2012年，公司累计节能1.6万吨标准煤，节水16.1万吨，均完成计划的107%。公司对水、气、声实行全过程内部常规监控，监测数据120341个，废水达标率、废气达标率和固体废物处置率均100%。开展管网专项排查和装置小修异常排污控制等工作，发现整改现场环境问题76项。落实污染减排措施，关停两套单体装置，降低能耗物耗，化工污水处理场改造、含磷污水脱磷、改建热水锅炉等项目正实施中。全年完成COD 418吨、氨氮48吨、二氧化硫3745吨、氮氧化物2600吨的年度环保总量控制指标。

【工程建设】 油田化学品方面，1.5万吨/年石油磺酸盐项目开工建设，3.5万吨/年石油磺酸盐等项目方案论证、可行性研究编制稳步推进，新建5万吨/年聚合物扩能项目已得到总部批复。聚丙烯方面，2套30万吨/年聚丙烯项目建成投产，通过4个月的调整优化，完成8个新牌号产品考核，其中RP340N等牌号填补国内空白，高端优势进一步巩固。润滑油方面，完成异构脱蜡国产催化剂的换剂工作，处理量、基础油收率大幅提升。高品质汽油、柴油方面，150万吨/年汽油质量升级项目已开工建设，160万吨/年柴油升级项目完成方案论证、技术比选等工作，可行性研究编制正在进行。

【科技创新与成果】 2012年，公司承担科技计划任务20项，其中，集团公司项目3项，股份公司项目9项，地区公司项目8项。相继参与完成柴油加氢改质降凝组合技术、新型润滑油基础油异构脱蜡催化剂中试放大、汽柴油加氢精制成套技术和TMP装置大型化工艺设计等技术研究，开展新型抗盐聚合物引发体系开发、高分子聚合物产品质量提高、双氮化合物样品聚合评价、压裂液及连续法聚丙烯酰胺生产技术研究等项目。其中，驱油用石油磺酸盐生产技术通过集团公司科技成果鉴定，使公司专利申请数达到22项。试制中熔指抗冲聚丙烯产品，市场评价效果良好。坚持技术改造和创新，全年实施技术改造、技术措施36项，先后完成丙烯腈在线消堵技术改造、180万吨/年ARGG装置凝结水系统改造、异构脱蜡加热炉、减压抽真空系统改造等项目33项，增效1223万元。

【民生建设】 投入资金对基层岗位操作间、培训教室等场所进行修缮，改善员工工作环境。发放岗位慰问金3177万元，为员工缴纳人身意外伤害险增加111万元，食堂补贴增加311万元。大力开展扶贫帮困工作，发放慰问金268万元。开展疗养工作，2400多名员工从中受益。加强民生工程建设，投入3160万元完成矿区安全隐患治理、配套设施改造、小区环境整治、医疗设施完善等项目33项，矿区生产、生活环境进一步改善。

（王克民）

中国石油天然气股份有限公司哈尔滨石化分公司

【概述】 中国石油天然气股份有限公司哈尔滨石化分公司（以下简称公司）于1970年筹建，1976年建成投产。公司设11个机关职能部门、9个直属机构、16个生产车间。截至2012年底，有员工2272人，其中具有中高级技术职称450人，有常减压蒸馏、重油催化裂化、汽油连续重整、柴油中压加氢、气体分馏、甲乙酮、聚丙烯等17套生产装置，固定资产原值36亿元。主要产品有93号、97号高标号汽油和-35号、-50号低凝柴油、航空煤油、聚丙烯树脂粉料、工业丙烯、丙烷、液化气、甲乙酮、MTBE、纯苯等15大类26个牌号产品。企业先后荣获“全国五一劳动奖状”、“全国优秀基层党组织”、“黑龙江省文明单位标兵”和“哈尔滨市财源骨干企业标兵单位”等多项荣誉。

【经营指标】 2012年，加工原油352.15万吨，同比增长4.74%，创公司历史最好水平；轻质油收率80.05%，同比提高0.20个百分点；综合商品率92.46%，同比提高0.02个百分点；加工损失率0.49%；综合损失率0.48%；炼油综合能耗64.89千克标准油/吨；新鲜水单耗0.56吨/吨。全年实现营业收入227.01亿元，同比增长9.22%；实现账面利润-1.24亿元，实现税费41.79亿元，同比增长11.76%。

【产品指标】 2012年，生产汽油、煤油、柴油268.29万吨，同比增长4.34%；生产聚丙烯、精丙烯、纯苯、甲乙酮等化工产品15.39万吨，同比增长1.33%。高效产品比例47.25%，同比提高2.48个百分点，跃居炼化板块第二位，97号汽油（含乙醇组分油）产量35.42万吨，同比增长38.07%；航空煤油产量16万吨，同比增长200%。

【安全环保】 牢固树立安全核心价值观，围绕HSE体系重点和难点，研究制定了HSE体系3年推进建设总体规划，细化分解HSE目标任务，将压力层层传递到每名员工，建立以HSE积分考核和承包商业绩考核为核心的安全业绩考核体系，提升了HSE体系执行力。开展12项HSE主题月活动，组织HSE专题培训60期，累计培训2017人次，确保HSE良好习惯内化于心。开展工艺适宜性排查，修订29套装置操作规程，完成常减压等8套装置的HAZOP分析，在4套大修装置推进能量隔离与上锁挂签，夯实工艺安全基础。抓好“6S”管理，实施地付、平安桥区域现场改造，规范装置设置警戒围栏、机泵房及道路安全警示，完成151项导引类、9800项安全类、37000项设备类标识的安装，现场管理水平不断提升。狠抓安全环保隐患治理，协调地方政府召开现场办公会，公司周边安全隐患治理、庆哈输油管线改造等5大类12项问题纳入政府督办项目，制约公司发展的历史难题得到全面解决。推进环保保护和技术改造，外排废水、废气100%达标排放，公司荣获集团公司2012年环保先进企业荣誉称号。

【生产经营】 贯彻“平稳、均衡、效率、受控、协调”方针，以平稳生产为基础，以经济效益为中心，以原油资源和产品结构优化为手段，统筹推进生产经营优化，生产经营迈上新台阶。加强与对口单位的协调，落实原油排产计划，均衡安排管输原油、火车进厂，合理控制原油罐存，保证重点阶段资源平稳供应，2012年原油进厂量、加工量均创历史新高。通过催化汽油进重整、中压加氢装置生产航空煤油等措施，提高综合加工效率和效益。开展能源资源的梯级开发利用，加强“三剂”消耗定额和比对优选管理，降低资源消耗和加工成本，全年节能1.26万吨标准煤，节水7.04万立方米，公司连续7年成为集团公司节能节水型先进企业。加强招投标、物资采购、工程项目审计和预决算管理，全年招标率同比提升18%，较计划节约项目资金2039万元，节约采购资金2773万元，圆满完成年度成本控制指标。

【企业管理】 2012年，公司加强制度建设，以HSE体系、内控体系、生产受控体系3个体系为核心，开展管理效能评价和制度循环分析，用流程、程序来规范企业管理行为和工作行为，增强管理的针对性和导向性。加强设备基础管理，集中开展“设备设施完整性检查”、“工艺适宜性排查”，整改解决各类问题4307项。开展设备在线检测和预知维修，完成4套装置1616项检修项目，装置正在向“三年一修”稳步迈进。完成86台（套）高危泵、16台液下长轴泵、242台（套）电气设备的隐患治理，设备完好率达到99.95%，主要设备完好率达到100%。建立平衡计分卡指标体系，健全以贡献和业绩为导向的薪酬激励机制，调整薪酬分配结构，加大向一线员工倾斜的力度，调动员工的工作积极性。推进管理体制改革，完成华谊、华泰公司实体处置与股权整合，与中国石油工程建设公司签署工程与检修项目总承包合作框架协议，结成责任共担、利益共享的战略合作伙伴。开展燃煤、“三剂”、建设项目效能监察，建成燃煤计量轨道衡系统，堵塞经营管理漏洞。加强人力资源管理，编制员工培训教材和培训题库，2012年培训119期，累计培训5000人次，完成54个工种、408人次的技能鉴定考核工作，评出岗位技能标兵15名、技术能手30名，员工专业技能不断提升。

【项目建设】 2012年，公司按照建设“安全清洁、规范高效、健康和谐、绿色可持续”的现代化精品炼化企业的总体思路和目标，全力推进质量升级、隐患治理、环境保护、资源综合利用项目建设，推动企业实现全面协调可持续发展。90万吨/年汽油加氢项目完成基础设计审查及关键设备订货，项目土建基础完工，完成100万吨/年柴油加氢项目可行性研究报告。完成电气系统隐患改造并一次送电成功，实现双电源运行，解决了单电源运行隐患。编制完成储运罐区隐患治理、消防水系统隐患治理、催化烟气脱硫等19个安全环保隐患治理项目方案，为公司实现安全、清洁发展奠定了坚实基础。完成甲乙酮装置技术改造并一次开车成功，完成饱和烃分离、炼厂油浆、氢气综合利用方案，拓展丰富产业链，提高资源综合利用水平。加强信息化建设，开展MES系统、LIMS系统升级，建成催办督办、隐患治理信息平台，完善全厂氢硫氮平衡项目工厂验收和模型搭建，指纹门禁系统纳入板块首批试点并于2012年12月底建成投用。

【精神文明建设】 围绕“推进创先争优、向党的十八大献礼”主题，开展党员“亮身份、树形象”和“检修工地党旗红”等特色实践活动，加强“六个一”党支部和党建“三联”示范点建设，基层党组织的战斗堡垒作用和党员的先锋模范作用不断增强。大力推进惩防体系建设，修订《“三重一大”决策制度实施细则》，班子议事规则和决策程序进一步健全。加强廉洁文化建设，通过观看警示宣传片、征集原创廉洁文化作品等形式，推进反腐倡廉教育的深入开展，树立风清气正的良好氛围。深入推进转变作风专项整顿活动，开展机关管理及专业技术干部述职考核，工作作风和执行力明显改善。开展书画摄影展览、演讲比赛、职工篮球赛等形式多样的文体活动，丰富员工文化生活。实施员工健康疗养货币化改革，开展员工健康查体、女工妇科体检等活动，实施员工餐厅改造，引入专业餐饮管理公司开展服务，极大地改善员工就餐质量，将企业对员工的关爱落到实处。

（于　洋）

中国石油天然气股份有限公司广西石化分公司

【概述】 中国石油天然气股份有限公司广西石化分公司（以下简称公司）是中国石油于2005年9月为贯彻国家西部大开发战略，优化炼油化工产业布局，建设1000万吨/年炼油工程而设立的地区公司，也是西南地区建成投产的第一座大型炼厂。千万吨炼厂总投资157亿元，主要包括：1000万吨/年常减压蒸馏、350万吨/年重油催化裂化、220万吨/年蜡油加氢裂化、220万吨/年连续重整、240万吨/年柴油加氢精制、60万吨/年气体分馏等10余套主体生产装置以及公用工程、罐区、码头及码头库区、铁路专线、100万立方米原油商业储备库等配套工程。工程总加工方案采用全加氢型工艺流程，主要工艺从美国UOP及DOW化学等公司引进。所加工的原油全部从海外进口。主要产品有汽油、柴油、航空煤油、聚丙烯、硫黄等，油品质量全部达到欧Ⅲ标准，部分达到欧Ⅳ标准；污水排放达到国家一级标准，清洁生产达到世界一流水平。产品主要销往广西、云南、贵州、广东等地区。根据“一次规划，分步实施”的发展战略，公司正在建设投资为70多亿元的含硫原油加工配套工程。该工程建成投产后，公司将能够加工高硫原油，实现原油资源多样化，显著提高经营效益。

【经营指标】 2012年，加工原油894.9万吨，实现营业收入543.6亿元，实现税费79.2亿元。

【安全环保】 编制《生产安全事故与环境事件责任人员行政处分实施细则》等制度，强化有感领导，坚持机关处级以上领导干部联系点制度。推行全员安全风险抵押，组织签订全员安全环保责任书，引导员工积极主动查找隐患。完善HSE管理手册，开展危害因素、环境因素识别评价并制定防范措施，整改集团公司HSE审核中发现的问题，加强以作业和操作受控为核心的HSE体系建设。加强安全业务技能培训和安全文化建设。加强环境风险管理，积极推进环保验收工作，制订《暴雨应急处置专项预案》，加强水情监控。首家在广西码头安装溢油监测报警系统，提高污染防控能力。千万吨炼油工程水土保持设施通过国家验收，并被推荐为生态文明建设工程项目。密封放射源应用项目等通过广西壮族自治区环保厅验收。

【生产运行】 根据原油性质及加工流程特点，优化生产运行，装置平稳率达到99.74%，生产波动同比降低49%。通过运行单台锅炉、稳定烟机、回收全厂凝结水、回用非加氢型净化水、消缺部分装置蒸汽泄漏、开展加热炉热效率竞赛、强化日常管理等措施节能降耗。通过优化原油结构和运输方式，加强国际原油市场研判并抢购机会原油，优化船运方案和到货船期，实现进口原油全部在钦州港锚地过驳或直靠，最大程度降低原油成本。大力优化产品结构，通过增产高标号汽油，93号、97号粤Ⅳ汽油产量超过汽油总产量的20%；提高航空煤油收率，增产航空煤油15.4万吨；高附加值聚丙烯产量达到51%；剔除涨价因素后，2012年增效10亿多元。每季度开展经济活动分析，多角度、多层次、全方位对公司生产经营和市场环境进行分析对比，深化对标达标管理。通过集中采购、竞争性谈判等途径，按“质优价廉”的原则货比3家，择优采购，优化到货时间和仓储管理，降低物资积压和采购成本。

【科技创新与成果】 “炼油厂酸性水预处理系统”被授予实用新型专利。运行炼化板块“原油快速评价系统在广西石化原油调和中的应用”项目。参加集团公司“千万吨级大型炼厂成套技术研究开发与工业应用”项目中的生产准备及petro-sim模型的数据收集工作。沿海炼厂设备海洋大气腐蚀防护预案研究取得阶段性成果，并在含硫原油加工配套工程中广泛应用。聚丙烯双向拉伸薄膜BOPP L5D98通过专家评审并立项，成功开发聚丙烯纤维料和注塑料，受到用户好评。

【工程建设】 以三级计划为指导，以项目设计协调、设备订货以及现场HSE和施工质量管理为工作重点，快速、有序推进基础设计、详细设计、长周期设备订货、现场施工等各项工作，扎实推进含硫原油加工配套工程建设。基础设计已分4批全部完成且通过总部审查，详细设计已进入设计单位存档阶段，长周期设备订货已全部完成。累计完成工程投资23亿元、工程进度35.7%。全面落实首次停工大检修的具体项目、工作目标、重点难点、组织管理、时间安排、资金预算、方案编制、技术储备、材料准备、队伍选择、质量安全措施等，细化停工检修计划和各类施工方案，精心筹划首次大检修准备工作。

【企业管理】 以流程化、规范化、网络化管理为核心，进一步完善各项规章制度。实现ERP系统单轨运行和MES、LIMS系统建设，加大档案管理系统（E6）的完善及应用。完成计量建标建站工作，投用火车大鹤管质量流量计。完成质量体系认证取证工作，取得质量管理体系认证证书。建立“区域化（划块）结合专业化（切条）”维保模式，引进系统外维保队伍，提高维保水平，降低成本。下发《三支人才队伍建设规划》、《关键岗位人员选拔任用管理办法》和《全员绩效考核办法》。通过设立运行工程师、开展职业技能竞赛、选聘技能专家、全员培训等措施，提升员工基本技能水平。规范合同管理，修订《公司招投标管理办法》、《公司合同管理办法》，坚持招投标管理委员会制度，对100万元以上大额采购集中管理。对承包商考核建档，办理承包商准入证，健全法律防控体系。协调海关解决因进口原油结算周期过长，导致的进口环节增值税缴抵过程中双重资金占用问题，以及差额保证金占用资金等问题。解决来料加工原油锚地过驳监管保证金的保函替代问题。对公司出厂的非标准产品进行品名规范，减少存货占用。加强工程结算，强化审计管理，完成千万吨炼油工程竣工决算审计104份，审减金额5330多万元。

【精神文明建设】 深入贯彻落实党的十八大精神，开展“形势、任务、目标、责任”主题教育活动，弘扬石油工业优良传统和作风，倡导“协作、创造、奉献”的核心价值观。完善党委中心组学习制度、民主评议领导班子及成员等制度，深入开展“四好”领导班子、“四强”党组织、“六个一”党支部创建，优化领导干部资源配置。完善并坚持“三重一大”制度。严格落实党风廉政建设责任制，坚持每季度一次的集中警示教育活动，检企联合预防职务犯罪。积极开展月度星级员工评选、青年“五小”、“安康杯”以及各类文体活动，坚持慰问重病住院者制度，组织落实全员体检、医保、疗休养、互助保障等福利，坚持重大节日帮扶送温暖活动，把组织的关怀与温暖传递给员工。强化舆情分析、政策宣贯、思想引导和地企联控，及时消除不稳定因素。

（孟从敏　王洪娟）

中国石油四川石化有限责任公司

【概述】 中国石油四川石化有限责任公司（以下简称公司）是由中国石油和四川省政府合资组建的西南地区首个特大型石油化工企业，双方股比90%：10%；建设规模包括1000万吨/年炼油和80万吨/年乙烯两部分，总投资373亿元；厂址位于成都所辖彭州市，总占地面积400余万平方米，编制定员1535人，是目前国内一次配套、系统建设，单体投资最大的炼化一体化项目。

公司面对矛盾困难接踵而至、多重任务重叠交叉、组织协调难度激增、利益格局错综复杂的严峻困难局面，坚决贯彻集团公司党组、股份公司管理层的各项决策部署，紧紧依靠地方各级党委、政府的有力支持，完成投资60亿元，2012年加工原油101.5万吨，圆满实现了年初确定的工作目标，为典范式企业建设顺利转入新阶段奠定坚实基础。

【开车准备】 按照“以工程收尾带动生产介入、以生产介入促进工程收尾”的思路，加强工程收尾与生产准备的深度配合。通过全面开展滚动式的“三查四定”、地毯式的质量检查、流程式的标准确认，92个工程子项基本建成、主体装置全部中交；设备和管道焊接一次合格率、单机试运一次合格率均超过98%，累计实现安全施工1.4亿工时，环境零污染全面实现。同时，加快落实开车基础条件。生产调度指挥组织体系建立完善，技术保障、安全保障、物资保障全面落实，生活后勤和生产运营保障力量配备基本齐全，为确保装置按期开车创造条件。

【管理体系建设】 结合公司工作重心由工程建设向生产运营转移的实际，持续推进核心业务集约化运营、非核心业务综合一体化外包、生活后勤社会化保障运作管理思路的体系化、制度化、流程化。坚持“新厂新体制、新厂新机制”的发展导向，在前期完成生产运营管理体系需求调研、总体设计的基础上，按照集约化管理、流程化设计、信息化运作的要求，统筹专业管理和体系整合，科学编制管理流程，优化控制节点设置，完成十七大类236个制度的编制和921个流程、402个岗位的梳理，生产运营管理体系完整建立并启动运行；以信息化建设为重点，按照高度集中、高度集约、高度集成的方针，坚持全领域、全流程、全覆盖，加快推进ERP系统的优化拓展，ERP系统于2012年10月上线运行。同时，统筹产业资源配置，深度整合生产供应链和服务供应链，编制完成生产运行和生活后勤保障支持系统管理体系文件，健全完善运作管理程序、协调联系机制和监督制约机制，全面实现关联单位的集中统一管理和规范高效运作。

【队伍建设】 深入贯彻以人为本发展理念，坚持队伍建设与工程建设同步，优化人力资源配置，完善考核激励机制；开展大庆精神铁人精神再宣贯再教育，推动广大干部员工思想作风和工作作风深刻转变，营造崇尚荣誉、崇尚奉献的向上氛围。同时，通过加强理论培训和工程建设实践，着力提高管理人员制度执行能力、综合管理能力、现场操控能力，着力提高技术人员的解决问题能力、技术创新能力、决策支持能力；并针对操作员工队伍年轻化、实际操作经验不足的实际，通过充分的培训实习和参与质量检查、标准确认，着力提高操作人员“本岗精、装置通、上下流程工序清”的能力，为实现一次开车成功、创造新的工作业绩提供根本保障。

【规划发展】 在强化南充炼油厂日常生产管理，保证生产、队伍稳定的基础上，集中力量，全面推进PTA项目进程和生物航空煤油及燃料乙醇项目前期工作。同时，加快环氧乙烷扩能项目进度，并结合国Ⅳ汽油质量升级要求，全面开展汽油升级项目改造。截至2012年底，南充PTA项目长周期设备采购工作基本结束，各项工作快速推进；环氧乙烷扩能改造项目可行性研究报告获得总部批复，进入初设阶段；生物航空煤油和燃料乙醇前期工作有序进行；汽油升级改造进度快速推进。

【和谐企业建设】 变被动为主动，在追求自我发展的同时，正确处理企业与地方政府、周边居民、参建单位和社会媒体的关系，主动调节、改善和优化企业生态。强化企地一体的和谐发展观念，积极推动地方经济发展，支持当地教育事业，积极开展扶贫助困，解决当地劳动就业，不仅赢得对方信任，拉近彼此距离，而且提升了企业形象，体现了企业价值；发挥产业带动功能，积极配合地方政府开展石化下游产业功能区建设，帮助地方推进产业结构调整和发展方式转变，实现地企和谐发展。

（朱　磊）

中国石油天然气股份有限公司广东石化分公司

【概述】 中国石油天然气股份有限公司广东石化分公司（以下简称公司）是由股份公司和委内瑞拉国家石油公司（PDVSA）共同出资建设，按照股份制企业模式进行管理和生产的企业，股份比例为中国石油占60%，PDVSA占40%。

公司2000万吨/年重质原油加工项目选址于广东省揭阳市（惠来）大南海国际石化综合工业园区、龙江河出海口。厂区占地面积约5平方千米，配套建设工艺装置29套以及30万吨原油码头和3万—5万吨产品码头，是国内一次性设计加工能力最大的炼油项目，总体设计批复投资499亿元人民币（不含税）。加工原料为委内瑞拉的Merey-16原油，即具有高密度、高含硫、高氮、高残炭、高金属、高酸值“六高”特性的环烷基超重劣质原油。产品以汽油、柴油、航空煤油等燃料为主，主要产品质量全部达到欧Ⅴ标准。产品的目标市场主要是广东省及福建、湖南、江西等周边省份。

2009年12月15日，广东石化项目取得国家发展和改革委员会路条。2012年4月20日获得国家发改委的批复核准；4月27日，项目正式开工，现场施工全面展开。

（1）设计工作。广东石化项目总体设计于2012

年3月获集团公司审查通过。截至2012年底，初步设计正按计划逐步开展。

（2）合资谈判工作。作为中委合资项目，中委合资谈判自2010年8月启动，于2011年8月10日签署《项目开发及合资企业设立框架协议》，并成立了作为项目前期（董事会成立前）决策机构的项目指导委员会。通过多轮谈判，双方对合资合同中关键、重要的内容及项目融资事项已基本达成一致。按照《国务院关于鼓励和引导民间投资健康发展的若干意见》中关于"鼓励民间资本参与石油天然气建设"的指示精神，在深入研究论证的基础上确立了POX装置、空分装置合资建设的工作思路，进一步推进和落实了公司国际化、专业化经营模式。

（3）采购工作。广东石化项目确立物资采购管控方案，梳理明确了长周期设备采购计划及框架协议工作计划，与采购组长单位密切配合，积极推进与战略框架的合作，依托集团公司及项目自建的采购管理系统，规范运行，快速推进。

【企业管理】 广东石化项目采取"业主+PMC+EPC"建设模式。项目整体工作思路是：以项目全生命周期为统筹，以顶层设计理念为根基，以专题策划研究为方法，以手册和程序文件为指导，以制度和流程为平台，以信息化、精细化、闭环管理为方向的工作思路全面贯穿于管理体制机制、设计采购施工、合同合资招标、体系标准规范、职业人才培训等各环节，高标准起步，高效率推进。

在具体工作中，逐步理清业主与PMC的角色定位，将PMC力量纳入整体人力资源策划中。同时，通过不断摸索，明确在EPC合同模式下，业主对项目建设各关键要素的控制策略，以合同条款为约束，将承包商纳入项目的HSE体系和质量体系管理，并实现全面延伸和覆盖，严格控制工程的转分包。

【工程建设】 广东石化项目工程建设的总体目标是：建设"优质工程、绿色工程、阳光工程、安全工程"，实现"国际化、专业化、清洁化、信息化，打造高品质、高竞争力、世界一流"的效益型超重劣质原油加工基地。

项目工程建设的质量目标是：投料试车一次成功；创国家优质工程；工程设计质量合格率100%；物资采购质量合格率100%；焊接一次合格率不小于96%；单位工程质量合格率100%。

项目工程建设投资的控制目标是：初步设计概算严格控制在总体设计概算范围之内，工程决算严格控制在股份公司批复的初步设计概算范围之内。

根据总体工作计划，广东石化项目将于2015年建成投产。在未来3年的项目工程建设期中，2013年是"土建工程年"，2014年是"安装工程年"，2015年是"项目开工年"。截至2012年底，公司各项工作正按计划稳步推进中。

【安全环保】 以人为本、预防为主；全员参与、持续跟进。做到体系科学、过程受控、本质安全。追求"零事故、零伤害、零污染"目标，在健康、安全与环境管理方面达到国际同行业先进水平。

（朱大军）

中国石油天然气股份有限公司大港石化分公司

【概述】 中国石油天然气股份有限公司大港石化分公司（以下简称公司）位于天津市滨海新区南港工业区，地处油田、面临海港、身在高效市场，区位优势得天独厚。公司始建于1965年，截至2012年底，员工总量2509人，其中管理和技术人员681人。原油加工能力500万吨/年，固定资产原值49.41亿元，净值34.51亿元，厂区占地面积193.63万平方米。

【技术经济指标】 2012年，加工原油430.07万吨，实现营业收入266.89亿元，上缴税费55.72亿元，在天津市企业中排名第五位，利润总额在集团公司26家炼化企业中排名第二位；轻油收率等15项主要技术经济指标有14项好于2011年同期，11项创历史最好。

【安全环保】 制定《生产安全事故与环境事件责任人

员行政处分实施细则》，完善员工 HSE 积分管理，促进属地管理和直线责任落实。建立施工作业“日报告”和固定“动火日”制度，加强现场监督监护和“三违”行为查处，确保作业安全。完成长输管线改造、供电稳定性升级、高危泵治理等公司级项目 12 个。完成集团公司年度 2 次 HSE 管理体系现场审核和 7 次内部审核，整改问题 870 项。完成 24 个单位应急预案、应急处置卡编制，组织抽查测试 810 人次，开展应急演练 84 次。开展污染点源排查治理，加强环保设施运行管理，“三废”排放合格率 100%。

【装置检修与技术攻关】 顺利完成检修项目 2801 个，解决催化半再生滑阀漏量、焦化转油线结焦等问题，实现了“安全、优质、绿色”检修目标。认真开展生产瓶颈排查和攻关，利用检修机会实施技改技措 105 项。围绕催化装置长周期运行进行攻关，解决装置“疑难杂症”8 项，实现了装置平稳受控运行。实施电脱盐、减压系统综合改造，消除脱盐率低、脱后原油管线震动等问题，实现了减压真正“深拔”。完成炼化板块第一套催化 CRC 改造，优化装置运行条件，改善了产品分布。率先在集团公司炼化企业中实施“三泥”进焦化回炼，实现了“三泥”无害化处置。

【降本增效】 开展对标分析，持续优化生产组织，深入挖潜增效。加强经营状况分析，及时调整装置加工负荷，提高效益水平。紧跟产品市场价格变化，通过落实催化汽油生产方案，实施焦化汽油进催化、催化油浆进焦化，精细油品调和管理，停运聚丙烯装置、恢复苯抽提装置生产等措施，增产高效产品。实施催化热进料、南区热水伴热改造，加强加热炉、蒸汽和循环水系统管理，降低炼油综合能耗。开展原油综合损失攻关，降低原油进厂损耗。建成投用焦化大吹气回收、氢气平衡项目，加强“三剂”使用管理，大力节约成本。

【管理提升】 对照先进查找问题 800 多项，提出阶段性、专项和协同提升方案 242 个。整治“低、老、坏”问题 3343 项，验收确认标准化装置 5 套、罐区 8 个、机泵房 33 个、设备 94 台、变配电室 5 个、控制室 5 个，设备完好率达到 99.41%。推进各类管理体系融合，精简合并制度 179 项，梳理优化流程 109 个，清理废止无效工作 28 项，发布新版 QHSE 管理体系文件。出厂产品质量合格率保持 100%，其中车用汽油、普通柴油荣获天津市名牌产品称号。修订绩效考核细则，实行月份综合管理优胜单位考核评选，建立避免事故、瓶颈攻关等专项贡献奖励制度，奖励有功人员，处罚违章违纪行为，建立奖罚分明的激励约束机制。

【队伍建设】 制定下发干部管理规定，规范干部的选拔、任用、退出等管理。完成 21 个领导班子、40 名中层干部调整，加大干部交流力度。建立领导班子巡视制度，对 10 个单位开展了巡视。落实领导班子中心组学习制度，举办中层干部年度培训班，丰富干部管理知识。加强干部日常考核管理，开展服务型机关创建活动。制订下发培训工作指导意见，先后组织公司级培训班 48 期、培训员工 3558 人次。完成 1469 名在岗操作人员持证上岗考核。研究出台员工岗位动态管理办法，梳理合并关联岗位 9 个，对 40 个技术人员、班组长岗位实行公开竞聘。建立车间主任奖金制度，实行操作人员岗技工资与技能等级挂钩，调动员工工作、学习积极性。

【精神文明建设】 开展“双争一迎”等党内创先争优活动，加强党建“三联”示范点建设，修订党支部考核细则，开展党员民主评议，深化基层建设示范工程。开展“形势、目标、任务、责任”主题教育，组织全员精细化管理大讨论，评选“感动大港石化”人物，加强先进典型事迹宣传，定期开展员工访谈和思想动态分析，强化信息沟通和宣传舆论引导。落实党风廉政建设责任制，开展反腐倡廉“五个一”教育活动，识别廉洁风险岗位 108 个，制定落实防控措施 106 项。关注员工实际需求，积极改善基层生产生活条件，实施“扶贫帮困”送温暖工程，改造投用员工俱乐部。

（孟海英）

中国石油天然气股份有限公司华北石化分公司

【概述】 中国石油天然气股份有限公司华北石化分公司（以下简称公司）位于河北省任丘市，处于北京、天津、石家庄3市结合带。公司始建于1987年，占地面积约1600多亩。截至2012年底，公司拥有常减压、重油催化、加氢、重整等主要生产装置20多套，员工1980人，其中大中专以上学历1000多人。

【主要生产经营指标】 2012年，加工原油474.15万吨，超计划4.15万吨；综合商品率91.41%，轻质油收率70.89%，生产柴油190.83万吨，汽油133.43万吨，累计完成京Ⅳ汽油、柴油26.54万吨，京Ⅴ汽油、柴油18.20万吨；炼油能耗72.98千克标准油/吨，水单耗0.71吨/吨，加工损失率0.74%；聚丙烯产量9.54万吨，超年度计划2384吨。炼油业务实现销售收入286.63亿元，账面利润-5.92亿元。化工业务实现销售收入29.80亿元，账面利润3214万元。

【生产管理】 突出科技优势，产品结构调整不断优化。运用MES系统，抓好操作平稳率和加热炉效率考核，投用纤维膜脱硫、常减压优化控制等10余项重点项目。通过调整切割点、降低硫含量等措施，生产出92号、95号、98号京Ⅴ汽油，增效7280万元，并成为中国石油唯一生产95号京Ⅴ汽油的企业，已形成每月5万吨的京Ⅴ系列产能。投用轻重C_4分离塔，降低MTBE硫含量，同比增产MTBE 6742吨。通过稳定重整和芳烃抽提装置运行，同比增产甲苯18419吨。优化两套催化运行工况，延长烟机发电时间，年节电400万千瓦·时。LI28F和HB01MF专用料被集团公司评为自主创新产品。突破市场瓶颈，统筹组织运销，成品油调运166.59万吨，缓解因汛期给东北炼化企业带来的运销压力，出色完成党的十八大等特殊时期市场保供任务，维护了中国石油整体信誉和利益。

【安全管理】 突出本质安全，突发应急处理能力不断增强。发挥负激励监督、视频监督、互查互考三位一体全方位监督，既为生产提供服务，又对生产运行工况进行监督。优化升级安全信息系统，与员工业绩系统、督查公示系统链接共享，排查隐患10155项，治理9196项，治理率90.55%，处罚3.1万元。开发特种作业票证管理程序，在2012年动火、临时用电、受限空间、高处作业等危险作业4288次的情况下，实现受控管理。针对晃电对生产系统造成的影响，多方沟通协调建立应急处理长效机制，调整电网运行方式，提高供电可靠性。通过事故演练提高故障预知能力，锻炼队伍，减少非计划停工。推进质量管理体系建设，通过劳氏认证公司的第三方审核。强化对承包商监督，全年培训3000人次，49人、249台机检查不合格并被拒绝进厂。按装置编辑各类事件案例1160个，有2.2万道题纳入网上考试题库，提高全员安全意识。

【设备管理】 突出项目管控，设备维修工程质量大幅提升。完善项目例会制度，维修项目纳入设备管理系统，较好地解决安全生产与技术措施改造的矛盾，审查立项、预立项项目272项，否决26项，优化方案50项，节省资金2970万元。依托ERP完善设备管理基础数据，新增366类、7637条定额数据。利用MES对842项工艺参数平稳率进行监控，自动考核超标参数168项次。全面规范各类维修过程管理，建立完善的维修综合单价数据库，实现维修工单点选编制、预算自动生成、审计线上进行，各类维修工单6632张，维修费用同比下降500万元。对离心压缩机组、往复压缩机组安装在线监测系统，形成完备的机组、机泵监控网络，动设备维修1390台次，同比下降近10%。实施二催化烟气轮机技术改造，减少停机拆检频次。严格控制招标，工程投标按合同额实现招标率97.6%，节省投资1300余万元。

【企业管理】 突出信息化支撑，基础管理水平持续提高。以信息化推进基础管理的做法得到集团公司充分肯定，60余家兄弟单位调研指导工作，通过“内外组合”的形式成立信息化工作团队，运行顺畅，系统运行总流程229623次，自动提醒考核步骤605403次。依托ERP及时了解修理费，推行预算过程控制分析，实现维修费、五项费用降低10%。新建制度26个，修订50个，制度总数达377项；正激励加分3063分，考核3407分，扣罚75万元，仲裁602项，签订各类合同926份，金额11.77亿元。按带量采购、定商定价和定商方式，完成生产维修采购4.08亿元，用好物资采购价格监管系统，杜绝无故超限价采购的行为，利旧物资2794万元。发挥员工民主测评系统作用，班组长年度测评合格率从98%提升到100%，参与培训系统考试19865人次，时长29023课时，增加试题8万道，题库数量达26.6万道题。员工业绩系统考核17884人次，奖励35184人次。强化“三个服务”意识，档案业务全部纳入E6系统管理，投用扩建项目餐厅，办文、办会、公务接待等水平显著提高。

【千万吨项目进程加快】 突出协调联动机制，千万吨项目加速推进。成立千万吨项目推进工作领导小组，专人专项，各负其责，齐头并进，初步设计正式获股份公司批复，累计完成投资19.7亿元，征地、三通一平基本完成，渣油加氢反应器等多个长周期设备订货完成，地方配套热电项目、居民搬迁等进展顺利。依托ERP集成开发项目管理系统，并成功应用到千万吨配套的S-ZORB项目管理中，通过自动预算、自动督办、自动审计，实现对项目成本、质量、进度的全方位、全过程管控，该项目预计2013年8月建成。部分三修后勤员工充实到生产一线，分多批次到大连等兄弟企业培训实习，员工适应能力明显增强。

【精神文明建设】 突出文化引领作用，为企业发展提供支持保障。宣传贯彻党的十八大精神，持续深化“四好”班子创建，开展党员“先知先行”活动。完善干部选任机制，全面提升干部队伍综合素质，班子优秀良好率达到98.8%。完善惩防体系建设，监督落实“三重一大”制度措施，研发上线审计监察信息系统，开展工程建设领域专项治理和效能监察。信息化系列报道对内鼓舞员工士气，对外树立企业良好形象，扩大公司影响；合作撰稿的《用中国特色企业文化管理和发展现代企业》一书由中央党校出版社出版。注重青年员工培养，深化导师带徒和青工技能培训，培养后备人才；依托文联体协开展常态化的员工喜闻乐见的文体活动，增强团队凝聚力。2012年，共发放救助金127.1万元，救助318户困难家庭。做好党的十八大和公司重大活动期间的安全稳定工作，公司周边治安环境全面受控，企业综合治理效果明显。

（赵新红）

中国石油天然气股份有限公司呼和浩特石化分公司

【概述】 中国石油天然气股份有限公司呼和浩特石化分公司（以下简称公司）位于内蒙古自治区首府呼和浩特市，占地3000亩，是内蒙古自治区境内唯一的一家炼油企业。公司原名呼和浩特炼油厂，曾隶属华北石油管理局、华北油田公司，是国家“八五”重点工程之一，与二连油田开发、阿赛输油管线并称内蒙古3项石油工程。公司从1988年开始筹建，1990年7月29日破土动工，1992年9月29日一次投产成功。中国石油重组改制后，于2000年7月1日划归股份公司直接管理，并正式更名为“中国石油天然气股份有限公司呼和浩特石化分公司”。截至2012年底，公司现有在册员工2016人，大专以上学历1110人。公司设有10个机关处室、11个直属单位、8个基层单位，并设置矿区服务事业部。

公司原有原油加工能力150万吨/年，为满足500万吨/年工程建设需要，于2011年8月5日正式停运原有生产装置，全面转入工程建设。建厂以来，公司累计加工原油2119万吨，上缴税费共计72亿元。

公司定位于“短流程、燃料型”炼油厂，主要加工410万吨/年长庆原油、70万吨/年二连原油和20万吨/年蒙古原油。配套建设有长庆—呼和浩特原油管道和呼和浩特—包头—鄂尔多斯成品油管道。可年产170万吨汽油、210万吨柴油、20万吨航空煤油、

15 万吨聚丙烯等石油石化产品。生产的油品全部达到国（欧）Ⅲ标准，部分达到国（欧）Ⅳ标准，主要满足内蒙古、山西及周边地区市场需求。同时，公司正在配套建设 120 万吨 / 年催化汽油质量升级项目，投资 4.1 亿元。

【安全环保】 HSE 管理体系建设稳步推进，承包商管理扎实有效，2012 年未发生一般 C 级及以上安全生产事故，“三废”达标排放，股份公司下达的安全环保指标全面完成。

修订 28 项安全环保管理制度，完善全员安全环保风险抵押管理，层层签订安全环保责任书，坚持安全生产联系点制度，落实安全考核激励机制。开展安全经验分享、安全生产月和冬季百日安全无事故活动，安全经验分享 310 次，应急演练 46 次。强化外来施工人员安全管理，累计教育 1.28 万人次，清退不符合要求人员 23 人。落实炼化板块安全环保要求，做好 500 万吨 / 年工程 HAZOP 分析，集中整改装置设计和操作运行等方面存在的问题。推行目视化和上锁挂牌管理，加强生产装置和罐区污染源监控，实现“三废”达标排放。实施一线倒班员工补充退出机制，消除人的不安全因素。抓好新一轮三年隐患治理，提高基层现场 HSE 管理水平。坚持关口前移抓防范、坚定不移抓严管，强化现场管理，规范人员的安全行为。

【炼油扩能改造工程】 公司 500 万吨 / 年炼油扩能改造工程于 2012 年 10 月 28 日全面建成，并一次开车成功。工程总投资 71.37 亿元，建有 500 万吨 / 年常压蒸馏、280 万吨 / 年催化裂化、170 万吨 / 年煤油、柴油加氢降凝、90 万吨 / 年柴油加氢改质、60 万吨 / 年连续重整、50 万吨 / 年气体分馏、10 万吨 / 年苯抽提、0.5 万吨 / 年硫黄回收、8 万吨 / 年 MTBE、3 万标准米^3/ 小时氢提纯等 10 套炼油装置及配套系统，1 套 15 万吨 / 年聚丙烯化工装置。

从 2010 年 7 月 27 日主体装置开工建设以来，公司科学部署，精心组织，强化目标管理和过程控制，工程建设有序推进，仅用 16 个月有效工期，先后实现 2010 年底基础和地管施工完成、2011 年底机械竣工、2012 年 7 月 30 日全面中交的建设目标。

500 万吨 / 年装置开工期间，正值党的十八大召开和冬季来临，压力大，困难多，全体员工积极参与开工决战立功劳动竞赛，深入现场熟悉流程、设备。公司统一指挥，科学组织，严格落实《炼油化工建设项目投料试车条件》规定，抓好每一个环节，强化过程监督，做到不具备条件不投料，确保开车过程始终处于受控状态。加强信息沟通，有效协调解决开车过程中的各类问题。相继实现常压蒸馏装置首次进油、催化裂化装置成功喷油、11 套装置全面开车成功的目标，创造国内同规模炼厂建设工期最短、一次投产成功的好成绩。为此，板块安排公司将催化开工不放火炬等 10 个操作亮点编成导则，在行业内推广应用。

【企业管理】 以集团公司重大工程建设项目稽查、管理效益审计和内控测试为契机，组织管理提升专题剖析，落实责任单位，制定整改措施，持续深化“三基”工作。进一步规范规章制度，优化业务流程，机构设置更加科学，基层班子建设进一步加强，公司各项经济活动有序运行。2012 年，梳理公司制度 364 项，正式发布 286 项。

完善人力资源管理制度，理顺组织机构，落实基层单位定员，鼓励员工向一线操作岗位有序流动，保证 500 万吨 / 年工程开工投产需要。落实“三控制一规范”要求，做好人员补充工作，统筹考虑职工子女帮扶就业，确保缺员岗位的需要。

先后两次对不同阶段的考核指标体系进行调整，突出结果性、过程性、“短板”指标，突出定性管理指标定量化，定量管理指标精细化，增加考核的导向性和针对性。进一步完善薪酬分配机制，调整业绩奖励分配系数，体现向一线、艰苦岗位倾斜的导向作用。

开展技能鉴定、岗位资格考核、技能竞赛、技术练兵比武等活动，全年培训员工 3.57 万人次，组织上岗资格考试 1276 人，合格率 99.70%。先后组织 1086 人参加拓展训练，操作骨干评聘工作有序推进，员工团队意识和技能素质不断提高。

【民生工程】 多方筹措资金，以矿区照明系统改造项目为代表的 6 件实事全部得到落实，员工倒班宿舍、厂区 2 个餐厅如期投用，利旧办公场所改造陆续完工并投用，矿区“一卡通”收费系统正式启用，员工工作、生活环境得到实实在在的改善，企业发展成果惠及广大员工。

落实帮扶救助资金，继续开展扶贫帮困送温暖活动，先后发放困难补助金 290 余万元。实施就业帮扶，又招聘 26 名职工子女到基兴泰公司就业。发挥总经理民主联系人的作用，畅通信访渠道，健全维稳工作机制，企业社会管理综合治理和稳定形势良好。

（何淑华）

中国石油天然气股份有限公司辽河石化分公司

【概述】 中国石油天然气股份有限公司辽河石化分公司（以下简称公司）始建于1970年，经过多年的发展建设，已成为加工能力510万吨/年，拥有20套主要装置，固定资产原值36.9亿元，销售收入271亿元，上缴税费34亿元的现代化炼化企业。公司有3条原油加工工艺路线，以加工辽河稠油、超稠油为主，主要产品有沥青、润滑油、燃料油三大系列及石油焦、聚丙烯、液化气、硫黄等。特色产品包括“昆仑—欢喜岭”牌重交通道路沥青、机场沥青、水工沥青、改性沥青和环保型橡胶填充油等。公司发挥稠油加工的技术优势，生产高附加值特色产品，成为辽河稠油、超稠油的加工基地。是中国石油最具特色的炼化企业之一，2011—2012年连续两年被集团公司评为“优秀炼化企业”。

2012年，公司机构规格由副局级调整为正局级。截至2012年底，公司设12个机关处室、7个附属机构、4个直属部门、33个基层单位，在册员工2855人。

【主要生产经营指标】 2012年，公司加工原油513万吨，其中，加工辽河稀油131.47万吨，辽河超稠油118.23万吨，大混合油110.97万吨，辽河低凝油89.44万吨，海月原油1.52万吨，大庆原油0.26万吨，进口原油61.03万吨。全年生产汽油37.05万吨，同比增加1.99万吨；生产柴油142.83万吨，同比增加10.62万吨；生产道路沥青180万吨，同比减少9.58万吨；生产石脑油35.73万吨，润滑油18.47万吨，聚丙烯2.3万吨，石油焦18.26万吨。实现销售收入271亿元，同比增加12亿元；账面利润3.31亿元；上缴税费34亿元，同比增加6亿元；现金单位加工费103.51元/吨；炼油完全加工费221.62元/吨。原油综合损失率0.17%，加工损失率0.25%，综合能耗43.88千克标准油/吨，吨油耗电34.98（千瓦·时）/吨。可比综合商品率95.48%，同比提高0.11%；综合自用率3.55%，同比下降0.13%。

【企业管理】 2012年，公司加强计划的编制工作，在资源配置、产品结构调整、经营策略上实现优化管理。通过召开经营预算会、调度会、经济活动分析会，对本月经营情况进行全面分析，将各项费用落实到具体部门。使公司的经济运行处于可控之中，推动经营持续优化运行。抓好动力费、辅材费、检维修费、办公费等各项费用承包指标的分解和考核工作。加强经济责任制考核力度和财务日常考核工作，对资金计划、班组核算、ERP运行情况和固定资产管理等进行月考核，使成本费用及利润等指标按月、季和年考核。严格资金管理，保证全年均衡有序，保证资金管理安全、高效。公司以班组一体化系统为载体，开展班组核算、分析和绩效管理工作，建立基层单位经济核算和绩效管理的信息化，实现成本、费用和利润核算自动化计算生成，成本得到有效的控制，各项技术经济指标持续改善，确保公司效益最大化目标的实现。公司统计工作通过MES、综合统计信息平台，全面监控公司的油品数据，从原料进厂到成品出厂实现闭环管理，编制《盘点报表》详细记录该月油品的走向情况，保证原始数据的准确性。

公司经济责任制考核以公司业绩为主导，实现奖金浮动机制。实现KPI指标的量化，考核结果清晰透明。对于承担公司级指标的单位，放大其所承担指标的权重，实现年初预定的各项目标。公司控制“选商、采购、保管检验、使用反馈”4个过程，完善比价方案，加大框架采购力度，确保生产、工程建设物资顺利到位。严格执行招标操作流程，继续保持低价中标和量化评标方式，严格控制人为影响因素，2012年节约采购资金2500余万元。独家商务谈判，组织逐项询价、分析测算，做横向、纵向对比，节约采购资金1000余万元。全年框架采购额达50645万元。全年共签订采购合同2198份，采购金额120065.18万元，节约采购资金3500余万元，完成电子采购10393.55万元。

公司履行审计监督职能，全年完成专项审计10项，审减额232.97万元。完成工程审计245份，审计金额 15032.14 万元，审减额 358.72 万元；完成合同签约前审计 167 份，合同报审金额 5472.29 万元，审减额 459.05 万元；完成物资比价采购审计 2211 项，审计额 153146.48 万元，审减额 1163.95 万元。全年取得的直接审计成果 2214.69 万元。审减不合理价款 1981.72 万元。

【安全环保】 2012 年，公司未发生一般及以上工业生产伤亡事故、环境污染事故，职业病发病率为零，HSE 体系建设稳步推进，安全生产标准化建设取得阶段性成果。公司完成安全、环保年度工作目标，成为辽宁省危险化学品企业第一家达到“二级安全标准化”的企业，被集团公司评为“安全生产先进企业”。公司修订《HSE 属地管理考核标准》。完善《HSE 属地管理考核办法》，界定属地划分范围，坚持月考核、月排序、月度和季度兑现，通报月度属地管理考核排序结果，并实行排序公示，将考核结果纳入经济责任制考核。履行新改扩建项目的安全、消防、职业卫生“三同时”报审手续。组织完成公司级应急预案的全面修订和内部评审，形成“15+1”的公司应急预案体系。组织修订车间级应急处置方案共 176 个。公司应急预案上报辽宁省安监局和集团公司备案，已获得辽宁省安监局备案文书。

公司依据《炼化企业清洁生产企业验收标准》，对 16 个重点单位实施持续清洁生产审核，将审核结果纳入属地单位 HSE 管理考核。公司继续加强污染物源头控制，确保污水处理稳定达标排放。将所有一级排污口全部纳入监控范围。公司在 COD、二氧化硫等主要污染物总量指标控制上，严格执行国家和地方政府下达的总量指标，各项污染物外排达标率 100%，实现“三废”全面有效治理。加强污水处理场优化运行，COD 年平均质量分数为 43.0 毫克 / 升，实现污水稳定达标排放。加快推进 150 米^3/ 小时超稠油污水预处理装置扩能优化改造项目。污水处理场新建一套 4.5 米^3/ 小时恶臭气体处理装置，对污水场的无组织排放恶臭气体进行集中收集与治理。进一步削减废气污染物排放量，完成集团公司和地方政府下达的“十二五”污染物总量指标，在 80 万吨 / 年催化裂化装置增设一套 15 万标准米^3/ 小时的再生烟气脱硫装置。完成污水总排口和硫黄回收尾气排放口在线监测数据与集团公司在线监测平台联网要求。

【工程建设】 2012 年，公司重整、加氢等项目得到有序推进。股份公司下达投资计划分别是重整 83328 万元、加氢 48220 万元，截至 2012 年底，公司实际完成重整 81059 万元，完成投资进度 97.27%，完成加氢 40044 万元，完成投资进度 83.04%，加快推进 1.5 万米^3/ 小时制氢装置和 40 万吨 / 年汽油加氢装置 2 个重要项目，该装置年底已进入工程施工阶段，2 套装置预计 2013 年建成投产。催化再生烟气脱硫项目作为国家环保总局督办项目，总投资 9086 万元，年内已进入工程施工阶段，预计 2013 年 5 月份完成中交，2013 年 6 月投产运行。全年共完成 4 个项目后评价报告和 15 个归类后评价报告。其中 4 个项目后评价报告中，包括集团公司项目 1 个和公司后评价项目 3 个。公司解决天然气进厂管线施工受堵近 3 年的问题，保证重整开工的燃料问题。协调完成新建液化气装车站台、重整加氢装置区域内油田井场电缆埋地工程，保证公司重整装置、柴油加氢装置、制氢装置、循环水场、气柜等装置顺利施工。

【科技创新与成果】 2012 年，公司通过劣质重油轻质化关键技术研究（一期）4 个课题、22 个专题中的 10 个专题的验收。公司继续开展项目二期的滚动研发工作。“委内瑞拉超重油渣油延迟焦化工业试验”和“万吨级重油梯级分离耦合萃余残渣造粒工业示范试验”2 个重大现场工业试验项目，按照计划任务书完成工作内容，顺利通过股份公司科技管理部的验收。公司承担的 4 项炼油与化工分公司接转项目顺利通过中评估。“专用沥青及环保型沥青产品的开发与应用”项目共开发出橡胶沥青、硬质沥青及桥面改性沥青 3 种沥青产品。“环保型橡胶填充油的工业试验及应用研究”项目开发出环保橡胶油生产技术，在工业装置上成功生产出 CA 值 15.0% 的环保橡胶油，环保指标通过 SGS、BIU 两家世界权威检测机构的认证。

公司承担的焦化工业试验技术开发申报的“全委油延迟焦化加工过程中分馏塔顶结盐的防控方法”、“全委油延迟焦化加工过程中加热炉炉管结焦的防控方法”、“全委油渣油延迟焦化加工的加热炉出口温度优选与控制方法”3 项技术报告已经通过股份公司审批，获得登记证书。公司获得 5 项辽宁省自然科学成果奖，其中，“基于贝叶斯网络的催化裂化装置反应—再生系统火灾爆炸事故定量风险评价”获一等奖。成功生产 97 号车用汽油，填补公司高标号汽油的空白。“昆仑”牌重交通道路石油沥青获得“中国石油和化学工业知名品牌产品”的荣誉称号。

【队伍建设】 2012 年，公司加强两级班子建设、强化干部管理，组织开展年度公司所属单位领导班子及领导人员的考核工作。认真执行领导人员管理制度，严格贯彻德才兼备、以德为先原则，全年调整领导人员共 3 人，其中平级交流及岗位变动 2 人，辞职 1

人。加强干部培训和后备干部培养。与大连理工大学合作，举办2期领导人员综合管理知识培训班，培训领导人员共计96人。举办第三期中青年干部培训班。提升领导干部的管理意识和工作能力。完善培训管理制度。一线员工技能培训率达100%、HSE培训率达100%、持证上岗率达100%。全年实训基地共接纳培训6536人次，推进员工“基本功大练兵、技术大比武”活动的开展。

【党建、思想政治工作和企业文化】 2012年，公司党委推进创先争优和基层组织建设年活动。开展党建“三联系”、“结对共建”、“服务型机关创建”、“三亮”、“创岗建区”等一系列活动，提升公司窗口行业的服务能力和服务形象。开展对党支部创先争优活动情况进行群众评议，总体评价满意率均达到89%以上。组织召开四比四争创先争优活动总结表彰大会，建立“四比四争”长效机制，实现活动常态化。在公司党支部党小组间开展党支部（党小组）“结对共建”活动，共建结对子18对，实现党建工作和企业管理工作融合。组织推荐创先争优活动中的先进集体和先进个人，催化车间党支部被评为集团公司创先争优活动先进基层党支部，公司党委被评为辽宁省创先争优先进基层党组织，加氢车间班子被评为集团公司先进“四好班子”。做好党员发展和积极分子的培养工作，新发展党员48名，59名预备党员按期转正；举办2期党员培训班，共有185名党员参加培训。落实党建“三联”示范点工作，解决基层党支部和广大党员实际问题。开展党支部“六个一”创建活动，全年评出10个优胜党支部，并给予表彰。

全年编发12期基层政治理论学习要点等材料，并组织学习。组织中心组学习18期，开展形势任务教育4期，组织召开“新形势、新任务、新目标、新措施”形势任务报告会。深入推进学习型党组织建设，共征集学习成果论文84篇。开展员工思想状况分析工作，了解掌握员工思想状况，主动化解矛盾，保持员工队伍稳定。公司深入开展大庆精神铁人精神再学习再教育活动。完成首届“中国石油道德模范”的推荐工作，有1名员工荣获集团公司“百佳爱心人物”称号。

2012年，公司开展企业文化交流活动与理论研讨。出席“中外企业文化2012峰会”，荣获“2012年度全国企业文化建设优秀单位”荣誉称号。组织基层单位到系统内企业文化典型单位参观学习。召开党建思想政治工作（企业文化）研究会年会，多篇政工论文、成果在集团公司获奖。以《辽河石化公司子文化体系建设框架》为指导，开展体现特色的子文化建设，有10余家基层单位形成《子文化建设框架》。在做好3个宣传层面和4个内宣媒体基础上，重点加强报纸、电视外宣工作，树立公司良好的形象，对弘扬企业文化起到了积极的促进作用。

2012年，公司走访慰问困难家庭及岗位员工100余人次，发放慰问金及购买慰问品总计120多万元。建立公司困难员工档案。公司分期分批组织接触有毒有害的部分员工进行健康疗养。为3名考入大学的特困家庭子女发放资助费。完成在中国医科大学附属第一医院的诊疗绿色通道。聘请医学专家到公司现场咨询达56人次。开展“冬送温暖、夏送清凉”活动。参加第五届中国—盘锦国际湿地旅游周开幕式演出。

（马德君）

中国石油天然气股份有限公司长庆石化分公司

【概况】 中国石油天然气股份有限公司长庆石化分公司（以下简称公司）位于陕西省西咸新区秦汉新城，始建于1990年，1992年投产，经过两次较大的技术改造，形成固定资产32亿元、原油加工能力500万吨/年的规模。现有主要生产装置15套，可生产各种标号清洁汽油、轻柴油、3号喷气燃料、石脑油、化工轻油、丙烯和苯等10多种产品，其中3号喷气燃料管输到西安咸阳国际机场。在册员工1143名，大专以上文化程度占67.76%。

2012年，加工原油506.37万吨，实现销售收入328.43亿元，同比增加37.25亿元，上缴税费67.18亿元，财务账面利润2.45亿元。

【主要经济技术指标】 轻质油收率84.06%、加工损失率0.56%；炼油能量因数耗能8.94千克标准油/（吨·因数）、降低1.06千克标准油/（吨·因数）；新鲜水单耗0.50吨/吨，降低0.12吨/吨；这4项指标创历史最好水平。综合商品率93.78%，吨油完全加工费168.63元/吨，继续保持先进水平。

【生产优化】 以二次加工路线和产品结构为重点，积极开展生产优化调整。强化全过程生产受控管理，装置平稳率达到99.88%，同比提高0.43个百分点。主要生产装置均满负荷运行，高效产品比例同比提高11.57个百分点，97号汽油比例达到20.62%，航空煤油增加6万吨，丙烯增加0.37万吨。原油综合损耗和成品油储发耗分别比预算降低0.12和0.27个千分点。统销产品配置计划完成率102.69%，产销率100.48%；自营产品销售9.63万吨，产销率100.52%。

【安全环保】 深入推进HSE体系建设，落实有感领导、直线责任，以运行部门为重点，实施安全观察与沟通2788人次，发现并纠正不安全行为2236起。建立典型事故事件案例库，分享资源78起。坚持从严管理，查处“三违”行为280起，签发停止作业卡22张。落实接受集团公司HSE体系审核两次，共查出问题144项，除11项需在大检修整改外，其余问题均已整改完毕。强化环保设施运行管理，重点环保设施运行率达到100%。完成气浮池扩量改造、高浓度生化处理系统加盖和渭河外排水达标隐患整改项目。污水处理量同比增加7.7%，外排水合格率100%。公司保持20年安全生产无上报事故的良好态势，连续5年获得集团公司安全、环保双先进，是集团公司年度安全模范单位，并获得国家安监总局命名的首批“全国安全文化建设示范企业”称号。

【节能节水】 继续加强节能节水基础管理，修订节能管理办法、考核细则，完善了统计分析评价机制。加强重点节能设备的精细管理，节约制氢原料气155万立方米，回收低压瓦斯气同比增加713万立方米，回收凝缩油同比增加798吨，加热炉热效率达到90%以上，节能监测合格率达到85%。加大废水综合处理和回收利用力度，凝结水回收量增加16米^3/小时；建设投运循环水排污“三法絮凝+连续电渗析”项目，产水量达到37米^3/小时。2012年中水回用率达到80.8%，同比提高1.7个百分点。

【设备管理】 集中整治“五个短板”，完成50台高危介质泵和12台污油池（罐）液下泵改造，消除总变及部分配电室隐患16处。全面开展罐区隐患排查，识别评审各类问题102项，整改隐患67项。加强设备腐蚀监测，安装常减压装置在线腐蚀监测系统，完成连续重整、加氢裂化和制氢装置RBI项目风险评估。强化设备运行管理，将承包范围由大型机组、关键设备扩展到机泵、压力表、阀门等，实行“定人、定岗、定责”管理，使设备完好率达到99.85%，同比提高0.19个百分点。

【科技信息】 “炼化能量系统优化研究”重大专项经过两年半的集中攻关，全面完成课题任务，建立模型16套，实施优化方案17项，综合能耗可降低4.32千克标准油/吨，2012年6月中旬顺利通过集团公司验收。“炼油催化剂研制开发与工业应用”项目进行了工业试用和评价。“低成本加氢裂化预硫化剂的开发与应用”项目完成实验室模拟。“催化裂化余热锅炉烟气净化用高温过滤技术研究”项目完成阶段总结验收。获得专利授权9项，其中自主申报7项，合作申报2项。

完成MES系统拓展应用和信息门户软件平台升级工作；设备综合管理平台、电子巡检系统和安全受控系统上线运行。

【管理提升】 坚持每周通报质量合格率指标，确保产品出厂检验合格率100%，公司质量管理体系被集团公司评定为A级。配合能源计量完善项目，新增和改造计量器具40台，送外检定计量器具486台。持续改进测量管理体系，A类测量设备周检率100%。完成所有206项制度梳理修订工作，新增41项，废止22项。减少流程总数167个，增加关键控制点51个，确保内控体系持续有效运行。开展合同签订情况专项分析，规范申报、审查、审批程序，合同审查、履约率100%。坚持集中采购，完善“零库存”管理，加快物资流通速度，累计节约采购费用2497万元。完成工程项目、检维修、技术改造技术措施等外付款结算审计176项，审计金额4.95亿元，核减847万元。

“读书与交流”活动深入开展，员工撰写文章20693篇。百名员工优秀文章荟萃《清静的家园》由石油工业出版社公开出版发行。活动入选集团公司党建思想文化基层建设创新实践成果“新时期60个特色工作案例”。

（殷　涛）

中国石油天然气股份有限公司克拉玛依石化分公司

【概述】 2012年，中国石油天然气股份有限公司克拉玛依石化分公司（以下简称公司）下设机关处室12个，直属机构2个，基层单位21个，其中二级单位4个，二级半单位6个，有员工总数近3600人。加工规模达到600万吨/年，并正在启动千万吨炼油扩建项目。公司高档润滑油生产能力60万吨/年，重交通道路沥青生产能力100万吨/年，成为产品特色突出、具有较强市场竞争力的炼油企业。公司现有主体装置34套，固定资产61亿元。所属炼油化工研究院拥有科研人员203名，科研仪器及设备先进齐全，具备较强的稠油加工及润滑油和沥青科研实力。

20世纪80年代以来，公司围绕加工新疆油田环烷基稠油，坚持科研技术创新，经过30多年的不懈努力，成功攻克稠油深加工这一世界性难题，实现了稠油资源向特色产品的转化，企业核心竞争能力不断提升。公司牵头申报的“环烷基稠油生产高端产品技术研究开发与工业化应用”项目于2012年2月荣获2011年度国家科学技术进步一等奖。这是2011年国内炼油化工行业唯一一项国家科学技术进步一等奖，也是集团公司成立以来炼化企业获得的第一个国家科技进步一等奖。

公司已成为国际上最大的变压器油生产企业之一，产品占据国内60%以上市场份额。BS光亮油产品质量标准达到国际先进水平，打破国外产品在国内长期垄断的局面。中高档橡胶油占据国内70%以上市场份额。开发投产的新型环保轮胎橡胶油符合欧盟环保法规，取得进入国际轮胎橡胶市场的通行证，改变国内环保轮胎橡胶油长期依赖高价进口的局面，使轮胎及橡胶行业成功突破贸易保护技术壁垒。冷冻机油产品在国内具有极高的声誉，市场占有率达85%，同时依托自主开发的先进生产工艺，产品品质不断提高，实现冷冻机油新产品向新日本石油、爱默生等外资企业的稳定销售。高等级重交通道路沥青生产能力达到100万吨/年，生产量占中国石油沥青生产总量的20%，是西北地区最大的生产基地，为西部多省、自治区指定首选沥青产品，已铺设80余条高速公路，占西北地区50%的市场份额，承担新疆地区100%的高等级道路沥青供应。截至2012年底，公司可生产各类石油化工产品160多种，主导产品40余种，28种产品获省部优产品称号。L-DRA/A46冷冻机油等5种产品荣获国家银质奖。环烷基橡胶油产品被中国质量协会评为全国用户满意产品，重交通道路沥青被新疆维吾尔自治区评为新疆名牌产品，环烷基油系列产品获得集团公司中国石油优质产品称号。公司连续18年保持“新疆维吾尔自治区文明单位”荣誉称号。先后荣获“全国守合同、重信用企业”，“中国企业诚信经营示范单位”，“集团公司质量管理卓越企业”等荣誉称号；荣获新疆维吾尔自治区颁发的“开发建设新疆奖状”，“全国五一劳动奖状”。被评为“新疆维吾尔自治区30强工业企业（集团）”，被新疆维吾尔自治区列为首批“循环经济试点单位”和“新疆维吾尔自治区级环境友好企业”，并荣获“新疆维吾尔自治区项目环境保护‘三同时’先进企业”荣誉称号。

【炼油生产】 2012年，公司克服生产经营、发展建设面临的诸多困难和压力，取得了较好的生产经营业绩。全年共加工原油492万吨，加工稠油327万吨。生产中高档润滑油60万吨、沥青95万吨、汽油66万吨、柴油176万吨。全年实现主营业务收入272亿元，实现考核利润30.6亿元，上缴税费46亿元。多项经济技术指标再次刷新历史纪录。

【安全管理】 2012年，组织签订各级HSE责任书2789份，实现HSE目标、责任全覆盖。继续推进16项安全管理细则实施，进一步强化操作和作业的受控。加大专项检查力度，严控“三违”行为，全年检查通报各类违章4680起，使用“停止作业卡”3304张。严格事故事件管理，严肃事故责任追究，全年累计对69人次进行了责任追究。持续抓好领导干部“个人安全行动计划”、“安全观察与沟通”、安全经验分享等活动，广泛开展全员安全教育培训。狠抓集团公司HSE两次审核发现问题的整改。抓好3年安全环保隐患治理，建立完善隐患挂牌督办机制，进一步加强了风险及隐患控制。抓好年度各类应急演练，演习培训率与参与率分别达 99.2% 和 99.1%。

【环境保护】 2012 年，公司积极推进热电厂燃煤锅炉脱硝、脱硫技术改造和劣质稠油废水抗冲击能力改造项目。全年污水回用量达 176 万立方米，减排 COD 162 吨、氨氮 7.79 吨、二氧化硫 1750 吨。同时，生产硫黄产品 3300 余吨，回收副产品液氨 2600 余吨，硫酸铵 340 余吨。外排污水综合合格率、有控废气达标率、厂界噪声合格率等各类指标全部达标，连续 13 年实现重大环境污染责任事故为零，环境友好型企业建设进一步推进。

【质量管理】 2012 年，公司产品出厂符合率 100%，全年实现 3406 批次成品出厂任务，未出现一起厂内及厂外质量事故。上级抽检产品质量合格率 100%，全年共 7 次接受上级部门对公司 10 个品种 32 个批次的抽检，抽检的所有产品全部合格通过。认真组织开展全面质量管理活动，全年共注册涉及生产、质量、节能等 11 个方面 41 个 QC 小组。公司 QC 小组成果获省部级一等奖 1 个、二等奖 3 个。完成 19 项企业标准、协议标准或技术要求的制定，完成集团公司标准化项目“硬质道路石油沥青”的立项工作；完成由公司承担的新疆石油学会质量标准计量专业委员会的全部工作，筹备并主办了专业委员会的首届年会及技术交流研讨会。组织完成了炼化板块开展的沥青产品中国石油和化工工业知名品牌申报的相关材料汇总工作，通过评审，公司沥青获得“中国石油和化工工业知名品牌”称号。

【规划计划】 2012 年是公司全面实现 600 万吨 / 年加工能力、积极推进 1000 万吨加工能力的关键之年。公司新建 120 万吨 / 年柴油加氢改质装置建成投产，100 万吨 / 年延迟焦化装置全面基本建成，全面实现了 600 万吨 / 年加工能力的配套。公司超稠油加工技术改造及油品质量升级项目全面推进，完成可研报告的编制及汇报审查，基本完成项目的总体设计，启动基础设计工作。

为加强公司投资管理工作，规范投资行为，提高投资效益，根据集团公司要求，修订了《克拉玛依石化公司投资管理实施细则》。

2012 年，共下达股份公司投资计划项目 7 项，总投资 41429 万元。其中炼化项目 4 项，计划投资额 38773 万元；公用工程项目 3 项，计划投资额 2656 万元。2012 年无计划外项目，无超投资项目。根据财务报表《投资完成表》统计，2012 年当年投资计划结算金额 38005 万元（不含集团公司重大科技跨年专项）。2012 年计划投资控制完成率 97.87%。

【设备管理】 2012 年是公司实现主体装置第三个“三年一修”的最后一年，又是装置大修改造年，公司紧紧围绕生产和作业受控要求，以装置长周期运行及 2012 年大修改造为主线，深入开展设备标准化管理，保证了各装置安全平稳运行；严格遵循“安全第一，质量为先，严密组织，以人为本”的大修改造工作指导方针，克服重重困难，拼搏奋战，安全、优质、全面地完成了大修改造任务。

【科研开发】 2012 年，公司共开展各级科研项目 31 项，其中，股份公司级科研项目 11 项，公司级科研项目 20 项；此外，为解决生产、营销过程中发生的各类不同问题，还有针对性地开展临时性科研任务 48 项，较好地起到了企业科研单位为生产服务的“短、平、快”效果。全年获得集团公司科学技术进步奖 1 项、新疆维吾尔自治区科学技术进步奖 1 项、中国石油和化学工业联合会科学技术进步奖 1 项；获得国家授权专利及软件著作权等共计 15 件，其中，发明专利 10 件，实用新型专利 4 件，软件著作权 1 件。完成 8 项新产品、新工艺的研究开发，并顺利实现工业化。完成 5 项新技术在公司生产装置上顺利投用。

【审计工作】 2012 年，公司实施审计项目 49 项，提出审计意见及建议 24 条，审计意见及建议采纳率达 90% 以上。其中，工程项目结算 46 项，公司管理层测试 1 项，财务专项审计及调查 2 项。项目结算审计覆盖率达到 100%，核减工程造价 303.61 万元，提出审计意见及建议 13 条；财务审计计划完成率 100%，提出审计意见及建议 11 条，审计意见及建议采纳率达 90% 以上。

（王金平）

中国石油天然气股份有限公司庆阳石化分公司

【概述】 中国石油天然气股份有限公司庆阳石化分公司（以下简称公司）创建于1971年，是股份公司直属企业。截至2012年底，在册员工1440人，在岗员工平均年龄40岁。主要炼化生产装置16套，一次加工能力300万吨/年，主要产品有汽油、柴油、航空煤油、聚丙烯等九大类10余种。公司全面完成了以310万吨/年原油加工为代表的各项生产经营业绩目标，航空煤油项目建成投产，300万吨/年项目环境影响评价和竣工验收顺利通过，600万吨/年炼油升级改造项目前期工作超常规压茬推进，实现健康持续有效较快协调发展。

【主要生产经营指标】 2012年，公司加工原油310.25万吨，比业绩指标多15.25万吨，日均加工量同比多753吨，为历史最高；可比综合商品率92.81%，同比提高0.64%；可比轻油收率83.42%，同比提高0.1%；高效产品产率41.9%，同比增长1.17%；加工损失0.6%，同比降低0.05%；操作平稳率99.91%，位居炼化板块第二；炼油专业综合得分84.9分，高出达标值5.78分，优势指标向中国石油先进水平靠拢。营业收入（含税）234.86亿元，比2003年增长17倍，人均年创造营业收入1631万元；实现税金40.94亿元，比2003年增长35倍，平均每天实现税金1122万元，人均年度纳税284万元；资产总额从2003年8.22亿元上升到54.81亿元，增长6.7倍；300万吨/年新厂税后财务内部收益率21%，较可研预测提高7.68%；投资回收期6.25年，比可研预测提前2.85年。盈利能力进入炼化板块前五位，是炼化板块唯一获中国石油年度财务报告一等奖的企业。连续4年荣获中国石油财务会计先进单位，连续4年中国石油绩效考核达到A级。

【安全环保和节能减排】 全面落实集团公司安全环保整体思路和炼化板块工作部署，实施新一轮“三年安全环保隐患治理”。整改HSE体系审核问题149项、内部审核问题560项、HAZOP分析问题1244项。修订完善完好装置、设备、泵房、变配电室、仪表控制室、罐区6个验收制度标准80项。整治“五个短板”，解决罐区、高危泵、隔油池和电气隐患共202项。清理阀门、管件、螺栓、垫片4类供应商，修订管理制度、业务流程53项。推进门禁、MES等系统建设。坚持节能、节水、节电、减排专项攻关，2012年综合能耗67.25千克标准油/吨，同比降低1.44千克标准油/吨；新鲜水单耗0.63吨/吨，节水6.2万吨。300万吨/年项目环评验收得到国家环保部高度评价并一次顺利通过，第四次荣获“中国石油安全生产先进企业”，连续5年荣获“中国石油节能节水型企业”，连续9年无上报事故。

【企业管理】 落实集团公司领导干部会议精神，实施管理提升工程，与精细“三基”工作建设融合推进，前两阶段工作全面完成，自我查找问题206项，制定整改措施206条，开展2次“三基”工作大检查，整改基层共性问题67类，个性问题969个，总结典型经验96条。完成10项企业最高计量标准的考核、授权，通过国家测量管理体系AA认证，完成3项企业标准转化，初步建立公司标准化体系。加强质量管理，产品质量、设计质量、采购质量、施工质量、服务质量和工作质量均有大幅提升。2012年，公司“制度·标准启动年”立制度标准51项，改29项，废35项；近千名干部员工集中学习基本制度99项、标准47项；建立考试题库3100题，中层、一般管理及专业技术人员参加答题628人次，按制度办事、按标准工作的风气在干部员工中进一步筑牢。

【科技创新与成果】 持续推进“科技兴企”战略，完善技术创新体系，优化科技资源配置，强化科技人才队伍建设，探索特色、核心、关键和主体技术序列，大力开展信息化为代表的技术创新，推进三维数字化工厂建设，完善、建成LIMS系统；完成3号喷气燃料、聚丙烯新产品QH03F等攻关研发。2个项目分获中国施工企业协会科技创新成果一等奖、二等奖，一项QC成果被推荐申报国家奖励。

（常　青）

中国石油天然气股份有限公司炼化工程建设项目部

【概述】 中国石油天然气股份有限公司炼化工程建设项目部（以下简称项目部）于2007年12月27日由股份公司批准成立，为股份公司直属单位，负责重点新建炼化工程的建设组织，并协助炼油与化工分公司做好在建大型炼化项目的过程监督和管理工作。

【工程建设】（1）重点项目取得突破性进展。①云南石化1000万吨/年炼油项目。2012年7月，中华人民共和国环境保护部通过云南石化1000万吨/年炼油项目环境评价报告；12月，国务院办公会议核准云南石化项目可行性研究报告。在公司建设方面，云南石化明确新的领导班子和分工，确立起建设期间的组织机构。全年共起草编制各类管理文件147项，涉及公司行政、人事、财务、后勤、生产、技术、设备及工程建设各个方面，为云南石化的正常运行和建设项目的推进奠定坚实的管理基础。云南石化项目总体设计已通过股份公司审查，全面完成初步设计及企业内审。为建设数字化工厂，降低工程费用，云南石化全面推进3D设计，建立全厂三维模型。项目建设的组织模式确定为IPMT+EPC，项目现场各项工作开展有条不紊。加大对生产技术管理人员和操作工的招聘力度，云南石化已招聘400余名操作工，并组织入职集训。集训后，分赴各个地区炼化企业进行装置实习，并组织定期考核总结。②浙江东海炼化一体化项目。2012年5月，国家发改委正式签发《关于同意浙江台州炼化一体化项目开展前期工作的通知》，项目取得突破性进展。2012年也是浙江东海项目评估论证年，项目部组织多次可行性研究报告审查会，并不断研究优化厂址方案，共研究厂址方案40余个，上报26个，降低了项目运营风险。③江苏长江项目。项目部不断跟进落实相关技术问题，并组织各设计院针对工艺路线涉及的专利技术，与各专利商进行多次技术交流，落实技术来源，为下一步工作奠定基础。

（2）协管项目成效显著。2012年，项目部共派员46人次分别对呼和浩特石化、抚顺石化等多个地区公司项目建设进行现场协调，全面了解工程进展情况及工程实施过程中存在的矛盾及问题，协调解决影响工程推进的制约因素，及时发现并跟踪督查一些较为突出的工程质量问题，有力地保障呼和浩特石化在保证安全质量的前提下按期实现中交。项目部全年共组织完成哈尔滨石化等4项投资10亿元以上炼化建设项目竣工验收工作，督促协调地区公司完成14项投资1亿—10亿元项目的竣工验收。项目部就工程创优工作给予全面指导，各地区项目荣获3项石油优质工程金奖、3项石油优质工程铜奖。

【QHSE管理】 2012年，项目部全面实现2012年度安全环保绩效合同指标。

（1）“生产月”、“质量月”活动强化安全意识。项目部扎实开展“安全生产月”、“质量月”活动，提升项目的质量管理工作水平。通过宣传教育，全员的安全意识不断强化，安全生产深入人心的工作氛围逐步形成。

（2）管理体系建设向前推进。项目部着力推进QHSE管理体系建设，全年修订完善19项项目管理文件，编制、颁布事故、事件责任处分相关规定。在此基础上，云南石化不断完善规章制度，初步建立起建设期间QHSE管理框架，全年新增和修订HSE规章制度61项，其中质量管理制度8项，HSE管理制度53项，全面覆盖质量、安全、责任、事故处理及监督管理等各项工作，确保项目QHSE管理规范运行。

（3）狠抓过程管控，提升监督实效。项目部不断加强工程建设质量安全监督，组织专家分别对辽河石化、大庆石化等地区公司在建重点炼化项目进行11项安全质量检查，累计检查分项工程425项，查出各类问题548个，并及时讲评检查情况，提出整改意见，有力推动重点项目安全质量工作有效开展。严格落实云南石化项目承包商质量安全监管。承包商作业人员入场前需接受入场安全教育，并经考试合格准入；主要管理人员定期参加安全风险辨识、JSA和风险控制计划书编制的专题培训，学习云南石化相关HSE管理制度和作业要求；项目部组织开展月度质量安全检查，形成监督检查报告并定期开会通报；严格审核入场承包商的安全许可证、项目管理人员与投标的符合性、特种作业人员持证情况，审慎管控HSE合同的签订，切实保障项目达到安全环保指标。

【管理提升活动】 根据集团公司部署，项目部积极开展自查、对标工作，制订方案，广泛宣传，将管理提升活动融入项目建设管理全过程及各项基础工作中。

（1）制度建设走向标准化、制度化。2012年，项目部、云南石化共编制、修订188项规章制度，涵盖工程建设、基础工作各个领域。标准规范数据库建设不断完善，建立国家标准、行业标准和国外标准查询数据库，共收集整理标准规范有效版本的电子版3750余份，保障资源共享。

（2）信息化建设日趋全面。项目部进一步完善ProNet项目管理平台功能，文档、进度、质量安全管理等模块全面启用，为项目全面实现信息化管理奠定基础；引入惠普公司桌面云备份系统，确保内部信息安全，杜绝信息丢失风险，有效提高工作效率。

（3）管理提升征文活动。项目部、云南石化“管理提升”征文活动共收到投稿63篇。广大干部员工总结工作经验，分析工作难点，提出具有创新性和建设性的意见建议和切实可行的解决方案，有效实现经验共享，促进专业化管理水平提高。

【社会责任】 党委和工会先后组织“情系母亲水窖，创先争优献爱心”活动，共捐款10300元；组织广大员工向云南彝良地震灾区捐款，共筹善款近7万元。

（刘 佳）

中国石油天然气股份有限公司东北化工销售分公司

【概述】 中国石油天然气股份有限公司东北化工销售分公司（以下简称公司）主要负责中国石油东北地区9家炼化企业化工产品销售、东北区域外销售产品调运组织和产品互供管理等业务，销售产品广泛应用于塑料、纺织、橡胶、化工、医药、农业等行业。公司机关驻地在辽宁省沈阳市，下设机关职能部门17个，基层分公司7个。公司合同化员工总数448人，资产总额252743万元。截至2012年底，公司累计销售化工产品2732.2万吨，完成产品调运量4534.6万吨，实现营业收入1764亿元，实现利润6.48亿元，调运计划完成率100%。

【市场营销】 2012年，公司在化工市场极度低迷的情况下，坚持资源、市场、服务齐抓，总销量、区内销量快速增长，实现产品销量455.27万吨、营业收入310.45亿元，首次突破450万吨和300亿元大关。

（1）资源管理科学化水平有效提升。以合同化销售为核心，坚持直供优先、高效市场优先，统筹资源组织与投放，科学设置库存“红线”，坚持低库存运行，全年完成购销率99.75%、计划执行率69%、直销率74.32%。在炼化板块的指导下，深化产销互动，销售专用料26万吨，西肥东调尿素9.74万吨。完成哈尔滨石化产品统销工作，增加销量3.3万吨。

（2）市场开拓进展顺利。通过积极的资源、政策扶持，推动招商项目快速建设投产，企地资源合作成果逐步显现。全年公司东北市场销量398.5万吨，同比增长12.2%，就地加工率100%的主要产品增至21个，纯苯、苯乙烯在大宗液体产品中率先实现区内全产全销。抓住新建乙烯投产增量机遇，召开新产品推介会，深拓市场开发客户138家，直供户增加98家。有序拓展国际市场，出口化工产品1.6万吨，为国际化战略实施奠定了基础。

（3）营销服务持续深化。定位市场用户的参谋部，深入开展“三联”活动，对战略用户全过程开展销售服务和技术指导，快速解决内蒙古金土地原料配方等多项技术难题，用户满意度稳步提升。定位生产企业的销售部，克服新建乙烯装置投产初期中间品多、质量不稳等困难，不讲条件，全力配合，完成多项应急销售和储备任务，畅通了生产后路。

（4）先发战略有效实施。推动差异化营销，依市先发先动，全年调整产品价格12385次、价格到位率100.2%，完成考核利润7855万元，同比增长30.7%。抓住资源偏紧、价格走高时机，与生产企业联手增产增销高利产品7.1万吨。与研究院所配合，趋于市场需求，成功研发聚乙烯棚膜专用料9047，为企业增创效益150万元。

【调运组织】 2012年，公司严格落实“精细、规范、高效”的管理要求，加强调运过程控制，一体化配送效率和质量全面提升，全年完成产品调运量720.24万吨。

（1）加强路局、站、段协调，抓请车，落实承认车和配装车，强化各节点紧密衔接，开辟大成站、苏家屯站倒装，解决大庆地区产品外运难题。全年完成铁路运量130.9万吨，公路、铁路、海运比例为13∶49∶38，铁路运量、运输比率达到历史新高。

（2）加强营口分公司中转基地和自备车运营组织。克服恶劣气候影响，实现海运中转基地货运周转量78万吨，节约运输成本201.9万元。完成辽阳石化自备车资产划拨，公司自备车拥有量达到1244辆，初步建成以沈阳为中心、辐射东北区域的自备车运营网络，全年累计发车7194次，实现运营收入3276万元，自备车使用率达到62%。

（3）加强调运系统信息化建设，试点应用推广危险化学品资质审核自动化系统，启动自备车管理信息平台上线工作，运营科学化水平显著提升。全年发生单位运杂费28.49元、同比减少7.1元，发生商务案件6176件、商务量636.3吨、损失额648.6万元，同比分别降低11.9%、5.1%、13.3%。

（4）与新建化工装置建设投产同步做好运输保障。加强与铁路部门、地区石化公司对接，针对乙烯新建装置投运，超前制订专项运输保障方案，组织召开行包、集装箱班列运输协调会，并经深入调研，增购投用专项自备车480辆，提前办理大官屯站苯类产品专用线共用。在乙烯新建装置投产后，更是加强保运组织和现场协调，四季度累计发运产品222.37万吨、日均量2.42万吨。

【企业管理】 2012年，公司深化基础管理工程建设，以管理提升活动为主线，推进体系融合，全方位提升企业运营管理水平。

（1）深入开展管理提升活动。成立管理提升活动领导小组和办公室，制订专项提升方案，全员发动，狠抓对标，查找差距和问题86项，做到思想认识、动员组织、问题查找、基层落实和边查边改“五到位”，管理提升活动阶段性任务圆满完成。

（2）推动基础管理综合平台建设。遵循体系建设规划，推动质量体系、HSE体系、内控体系有机融合，完成流程梳理规范、体系框架设计、体系文件整合等工作，综合管理体系平台已具备发布运行的基本条件。

（3）加强营销管理过程控制。强化财务基础管理，成功启动大司库系统，试点运行集中报销信息平台，坚持做好资金优化配置，全年理财增效4502万元。推进合同标准化建设，加强合同标准文本使用和审查审批管理，事后合同同比下降50%，公司连续3年被评为“辽宁省守合同重信用企业”。深化招标管理，建立公司级评标专家库，严格管办分离，组织招标6次、涉及金额415万元。

（4）深化安全环保管理。严格落实安全环保责任制和领导干部安全联系点制度，公司领导深入联系点107次、现场解决事项36件。突出重点领域、关键环节和要害部位管理，召开危险化学品运输安全会议，建立危险化学品承运资质动态审核机制，认真组织安全生产检查活动，共查改问题隐患109项。

（5）推进和谐企业建设。克服资金困难，下力气改善基层办公条件，解决大庆、吉林、抚顺3家分公司办公楼搬迁难题。妥善处理公司重组以来的薪酬分配遗留问题，稳妥做好员工薪酬分配制度完善工作，公司员工工资性收入进一步增长。认真落实员工疗养、休假、体检制度，做好扶贫帮困工作，投入员工疗养、体检资金88万元，发放扶贫款3.3万元。

（倪　玉）

中国石油天然气股份有限公司西北化工销售分公司

【概述】 中国石油天然气股份有限公司西北化工销售分公司（以下简称公司）负责中国石油西北地区6家炼化企业的五大类化工产品在西北区域的销售业务以及向区外化工销售公司的产品调运业务。公司下设9个职能处室、6个业务处、6个分公司和15个销售部、1个销售代表处，员工总数614人，固定资产总额9.83亿元。

【主要经营指标】 2012年，公司化工产品总销量、调运总量、区内销量再创历史新高，分别达到480.1万吨、833.2万吨和322.7万吨，同比增长9.7%、14.3%和17.4%。产品购销率、直销率、铁路运输比例和调运计划完成率分别为99.7%、72.9%、78.1%和100.2%。实现营业收入234亿元、利润6879万元，同比分别增加16.2%和68.9%。单位营销成本52.64元/吨（不含运杂费）。

【市场营销】 2012年，公司一手抓资源保供、一手抓市场开拓，大力调整和优化产品结构，完善客户关系评价，强化客户服务和技术服务，统筹优化资源布局和营销渠道建设，区内销量持续增长并创新高。其中，尿素区内销量209.3万吨，同比增加8.1万吨；合成树脂区内销量53.5万吨，同比增加6.7万吨，区内市场份额接近93%。丁苯和顺丁橡胶区内销量2.02万吨，同比增长16.8%。“三苯”、浓硝酸等液体产品区内销量47万吨，同比增加16.6万吨，直销率达73.7%。PX产品直供大客户销量稳步提高，达到16.97万吨，占总销量的58.9%。丁腈橡胶销售6.08万吨，同比增加12.5%，创历史最好水平。新产品推广实现新突破，SODm尿素、管材料分别销售106.8万吨、4.36万吨，同比增加139%和26%。全年销售量价配合更趋合理，产品价格到位率达到100.46%。

【产品调运】 面对多种因素叠加之下的前所未有的困难局面，积极做好与铁路部门的请车协调，巩固成组直达专列，开通“快捷货运·五定班列”，优化行邮行包，加强公路配送，顺利完成宁夏石化新增纯苯、聚丙烯保运，连续第七年实现西部炼化企业不因运输原因而减产停产的目标。5家石化企业厂内专线累计到达敞车、盖车91210台，日均253台。向区外公司调运产品361.3万吨，同比增加64.9万吨，其中，铁路运量354.9万吨，占比98%，均创历史新高。加强自备车运营管理，完善自备车管理信息系统，统筹优化检修时间、先后次序和线路地点，确保检修成本更低、速度更快。2012年自备车累计运转14120台次，运输产品85.05万吨，月综合平均周转率1.11次，实现运营收入1.96亿元，运营利润7603万元。

【创新服务】 2012年，先后制定或修订完善产销衔接、扩销贸易、服务网站运行、商务理赔等12项配套管理制度，组织区域客户座谈会17次、市场调研105人次、接待客户来访160余人次。持续改进公司年度客户座谈会的服务质量、服务效率，实施“一对一”的定人、定责服务，举办产品、市场主题讲座，增加客户意见征询等互动式交流座谈时间，提升会议效果。针对付款、结算、发运、仓储各个环节存在的态度不好、效率不高的问题，通过启用电子承兑汇票、开通银企直联、改进购销结算方式、优化储运组织和实施服务网站升级等举措，提高资金流、物流、信息流效率，满足客户个性化、多样化的需求，客户资金确认及退款时间从2011年最长3天缩短到1天，液体和固体产品铁路发运时间分别缩短2天和1天，直发理赔由60天减少到30天。持续改进客户满意度调查和客户服务评价体系，客户满意度综合得分94.38分，同比2011提高9.24分。坚持技术服务“手臂”向终端用户贴近延伸，丁腈橡胶、管材料等3个专业化技术服务协作平台高效运行，开展面向客户的技术培训、咨询、配方指导、产品应用和农化服务共计236次，妥善处理客户质量计量投诉21件。

【经营管理】 深入推进“三基”工作，制定、修订管理制度58项，初步建成以规章制度为主线的管理体系融合框架。加强标准化管理，确认并发布11个专业领域128项集团公司企业标准，推进液体化工计量现状研究和管理实践，制订并实施PX计量质量交接的整体解决方案，与生产企业配合实现了部分符合国家质量检验标准的纯苯销售。落实“三控制一规范”，用工总量和人工成本得到有效控制。全面实施员工素质提升工程，知识检索与学习路径系统上线应用，组织117个师徒结对培训，完善岗位练兵题库，组织专业知识答题测试，开展内训师专业培训，举办两期中层领导人员集中培训，组织各专业领域管理业务技能培训300余人次。扎实推进管理提升活动，上下联动、踏点运行、协同推进，开展“十查十提升”、专业管理诊断和对标分析，从公司层面重点查找19个管理瓶颈问题，各单位自查236个问题，对应制订专项方案并进行整改落实。继续推进看板管理、旬计划管理、审计管理等12项特色管理，深化全面预算管理和资金管理，加强集中报销系统应用，提高资金使用效率。加强管理信息化建设，完善以ERP为核心的集中统一信息平台。全年运输危险化学品150万吨，产品储运、车辆交通等安全环保工作始终受控。

【公司荣誉】 2012年，公司荣获“全国五一劳动奖状”荣誉称号，有3个基层党组织受到集团公司党组和甘肃省国资委党委表彰。

（柳小龙）

中国石油天然气股份有限公司华北化工销售分公司

【概述】 中国石油天然气股份有限公司华北化工销售分公司（以下简称公司）负责股份公司所属炼化企业生产的石油化工产品在华北区域的统一销售业务。主要销售合成树脂、合成纤维、液体化工、合成橡胶和基础有机原料五大类产品，销售网络覆盖北京、天津、河北、河南、山东、山西、湖北、内蒙古。2012年初，根据市场需求和产品结构化调整，新组建呼和浩特分公司，主要负责呼和浩特石化公司（以下简称呼石化）所生产化工产品的统销。

截至2012年底，公司机关设置13个处室，下辖天津、任丘、潍坊、武汉、呼和浩特5个分公司，1个代表处，沧州等4个销售部，1个产品调运部。员工总数220人。其中业务人员占员工总数的66%。本科及以上学历人员占74%，拥有中级以上职称人员占64%。

【主要经营指标】 2012年，公司累计销售合成树脂123.14万吨、合成纤维2.03万吨、有机化工原料5.71万吨，合成纤维原料及聚合物4.63万吨，合成橡胶14.86万吨；截至2012年底，累计销售各类化工产品150.36万吨，同比增长3.5%；实现购销率99.4%；销售收入151.5亿元，实现盈利5258万元，同比增长26.4%；各项费用指标均在控制范围内。

【市场营销及网络】 2012年4月开始市场持续收缩，公司业务团队认真研判市场，以购销平衡为操作主线，创新奖励政策，强化客户计划执行意识，推行《塑料产品客户计划执行奖励办法》，确保销量顺利完成。2012年，以购销平衡为原则，采取批量折让、一单一议等积极灵活的销售策略，加大出货力度，在市场下滑期实现销售盈利。

提高客户提货的积极性，保证产品的均衡销售。以库房为中心，通过认真分析库房周边客户的销售能力，对部分大中型客户资源不足，不能满足其销售能力的情况，进行资源结构调整和资源重点保障，对所在地库房资源不足的客户，取消在相近库房提货的限制，允许其到周边库房提货，使一些有实力但资源不能满足需求的大中型客户销售量进一步得到提高。

以维护和扩大客户利益为前提，在客户普遍存在资金紧张的情况下，努力为客户分担资金压力，采用收取部分承兑汇票、积极尝试并推行使用国内信用证结算。

根据统销产品总体布局，成立呼和浩特分公司。2012年初开始筹备组建，所有人员于2月初全部到位，进行为期5个月的集中业务培训和1个月的分公司岗位技能培训，参加呼和浩特铁路局组织的铁路危险化学品托运业务资质培训，并顺利取得资格证。8月28日，呼和浩特分公司正式开业。

销售终端网络建设上，不断发展壮大战略联盟，努力保障资源供给。2012年，新发展3家具备一定实力的下游直供厂成为公司的战略合作伙伴，使战略联盟不断壮大。在日常销售中优先保证战略合作伙伴资源供给的连续性和稳定性，特别是在生产企业切换牌号、停车检修期间，为战略合作伙伴预留资源。截至2012年12月，全部14家战略合作伙伴合计销售化工产品15.5万吨，占公司总销量的11%。

在销售手段上，强化量价配合，利用检修资源短缺、原油反弹等利好因素，及时调整价格，先于市场反应大幅推高产品价格。在价格上涨期间形成有效销售，保证全月购销率的同时确保利润最大化；在市场价格下滑期间，积极采取延期销售、一单一议、批量销售等灵活销售政策，细化客户考核制度，确保完成100%的购销率。以对标比价为契机，与市场上同品牌产品、上海信息平台、其他化工销售大区进行价格对比，把影响比价的各种因素逐条列示，专题研究，及时提出对策，推动价格到位。

【科研与新产品推广】 2012年，公司与地区公司、石油化工研究院及高校合作开发9个新产品项目，其中包括溶聚丁苯橡胶2557A的产品开发及应用，树脂级低顺式聚丁二烯橡胶P30AF的产品开发及应用，环保型溶聚丁苯橡胶SSBR2564S、72612S产品开发及应用等。3个新产品开发项目获得集团公司科技进步奖，其中“BOPP系列专用料的研发与生产”和“PPR管材专用料PA14D的开发生产”获二等奖，“低熔指聚丙烯K8003的开发生产及质量改进”获三等奖。作为唯一一家化工销售单位代表参与“吉林石化JHMGC100S产品数据库的建立”项目，该项目是股份公司提升中国石油产品技术支持方面的一个试点，旨在将产、销、研、用四位一体的发展模式具体化、深入化和规范化。该项目已经成功上线试运行。

为加速推进新产品向市场的转化，确保新增资源顺利进入市场，组织召开大庆石化、大庆炼化和抚顺石化新产品专题客户座谈会，向客户推广宣传新产品。9月在新产品陆续到达前沿库后，加大对新产品的推销力度，采取价格优惠、一单一议和产品搭售等方式大力推销新产品，拓展新产品的市场渠道。

继续发扬技术服务支持一线销售的特长，2012年公司密切关注新装置的开工生产情况，及时掌握新装置生产牌号信息，积极与下游渠道进行沟通，做好产品流向、使用和销售的准备工作。新装置产品生产后，及时将质检报告传递给客户，并紧盯产品流向，随时与用户进行沟通，使新产品在到货后及时实现销售；新产品售出后，继续跟踪用户使用情况，并将使用效果和存在问题及时向生产企业反馈；与生产企业技术人员一起针对存在的问题，到下游企业现场进行技术指导和服务。技术服务人员全年共深入下游生产企业服务115次。

加强售后商务处理效率，提高销售服务质量，确保市场份额的稳固。2012年，公司共受理商务处理28起，截至2012年底全部结案；赔付金额72.15万元，结案率达100%。全年安排技术人员到现场处理商务纠纷30多人次。

【物流仓储体系建设】 根据新建装置产品增量情况制订前沿仓库扩容方案。经过周密分析研究，新增中储南仓、河北储备134处、新乡安泰物流、赤峰红山粮库4个仓库，恢复内蒙古储备836处和德州谷丰粮库的仓储业务，挖潜现有仓储库容，共计增加库容近2万平方米。截至2012年底，公司前沿仓库达28个，总库容14.5万平方米。针对产品优化运输结构，降费增效。经与东北化工销售公司协调，3月开通从大庆到沈阳苏家屯转运路线，截至2012年底共发运大庆产品29.9万吨，节约运费1500万元；与西北化工销售公司协调沟通，使兰州石化产品全部采用铁路运输，节约运费1200万元。

仓储管理上，加强仓储库标准化和规范化的全面管理，贯彻落实《租赁仓库管理办法》。2012年共检查仓库6次，检查仓库19个，查出问题40多项，下发检查评估报告6份，督促及时整改。与仓储单位签订保密协议，加强仓库使用U盾管理，保证系统安全。截至2012年底，前沿仓库入库量111.7万吨，出库109.4万吨。配合推进化工销售信息系统应用配套项目的建设，调运仓储监控和车船管控系统正式上线运行。

为配合呼石化做好新开工产品的运输，公司多次组织相关人员到呼石化现场考察，了解液体化工产品的仓储、装运设施情况。针对纯苯和硫黄2个新增的危险化学品品种，制订危险化学品运输管理相关制度，组织相关岗位工作人员参加危险化学品运输管理相关知识技能培训，取得从业资格证。编制呼石化产品调运方案，核算点到点运费和流通费，与中国石油天然气运输公司共同确定产品公路运输方案，签订危险化学品运输合同，制订相关应急预案。

【基础管理】（1）信息化建设取得成果，科学化管理水平显著提高。2012年初，公司与中油瑞飞公司合作自建公司协同办公平台，对各类申请、审批流程，管理和统建系统进行集成；对日常办公、销售过程实现考核评比、监督控制，完善激励机制；对员工综合素质、业务能力的培训实现远程教育和培训；开发短信平台子系统，增加短信通知功能，实现无纸化办公。配合炼化板块实施ERP信息系统应用配套项目建设，使化工销售关键业务环节管理和分析数据集中展现；优化调运和自备车管理，实现运输过程全程跟踪，及时监控、掌握物流和重点仓库的动态信息。借助北京石油管理干部学院远程培训平台，派3人参加远程培训系统管理员培训，取得合格证书。远程培训项目建设已具备在公司范围内全面启用的条件。

（2）全面推进管理提升，进一步夯实管理基础。公司成立管理提升工作领导小组，制订周密的工作方案，提出力争用两年左右的时间，进一步推进企业管理方式向信息化、标准化、专业化转变，全面提升管理水平的工作目标，分4个阶段扎扎实实开展工作。截至2012年底，已顺利完成自我诊断、确定管理提升目标和归纳整理、制定措施2个阶段的工作。

（3）收集整理文件资料，实现档案信息系统上线运行。人事处收集自2000年公司成立以来形成的文件资料，整理出公司组建、管理体制变革、组织机构演变、领导成员任免等方面的材料，编写完成《华北化工销售分公司组织人事大事纪要》、《华北化工销售分公司文件依据表》和《华北化工销售分公司组织史》。顺利通过集团公司人事部的人事档案验收检查。

总经理办公室档案管理工作根据集团公司统一部署，顺利实现E6档案系统升级上线运行，对档案工作组织管理、设施设备、基础业务建设、信息化建设、开发利用、年度重点工作6个部分的自评和整改，于2012年11月底通过集团公司验收。

（4）推进精细化管理，夯实财务管理基础，顺利完成税务模块和集中报销平台的上线，持续深化全面预算。对2008—2012年制定的全部财务制度进行认真全面的梳理，6月开展内控自测，8月顺利通过普华永道会计师事务所外部测试。加强承兑汇票管理，做好承兑内部顺转和到期解付，提高票据流动性，有效盘活资金。利用资金平台、网上报销信息系统，资金的使用严格按照预算、计划、合同进行控制，树立“先计划，后花钱”的理念。在业务运行中，把好额度关、标准关，积极推动流程的规范化。

（5）QHSE体系建设取得突破。明确各主要控制环节和控制程序，进行体系培训，组织内审和管理评审工作，对存在的问题进行充分整改，2012年4月通过国家质量管理体系认证审核，获得国家质量管理体系GB/T 19001认证证书。通过强化HSE体系文件的运行，加强落实公司领导层重点工作和中层干部个人安全行动计划，加强安全监督与检查，实现公司全员安全述职常态化。HSE体系建设顺利通过集团公司的审核。

（李　娟）

中国石油天然气股份有限公司华东化工销售分公司

【概述】 中国石油天然气股份有限公司华东化工销售分公司（以下简称公司）成立于2005年12月2日，是按照中国石油化工统销战略部署，在始建于2000年7月12日的中国石油天然气股份有限公司化工与销售华东分公司基础上整合升级而来。公司隶属于股份公司，是一个以化工营销为主营业务，集内外贸、仓储、技术服务、信息、石化要素市场建设与管理等业务为一体的综合性地区公司。

公司主要负责中国石油所属企业生产的合成树脂、合成橡胶、合成纤维及部分有机原料（含液体）四大类化工产品在华东区域的统销业务。公司下属上海中油石油交易中心有限公司，主要负责中国石油在上海的石化专业要素市场的建设与管理，开展招商和为下属会员单位提供商务服务，兼营化工产品扩销和国际贸易业务。

截至2012年底，公司党政领导班子成员6人，总经理助理2人、安全副总监1人。公司员工总数324人。

公司总部设在上海市浦东新区，下设7个业务处、7个管理处、3个直属单位及上海中油石油交易中心有限公司，另在上海、南京、杭州、宁波、合肥、南昌设有6个销售分公司，在余姚、上海2个仓储分公司。公司有化工固体仓库2座，最大库容5万平方米，年货物存储能力85万吨。

【主要经营指标】 2012年，公司实现化工产品销售量259万吨、营业收入246亿元，销量同比增长18%，继续保持大幅盈利。全年实现扩销销量42万吨，同比增长163%，是2010年的5.3倍，继续保持连年盈利。公司价格到位率100.25%，系统内第二。实现购销率98.8%，直销率59.4%，均超额完成任务。各项成本费用较KPI指标均实现节约。公司继续保持应收账款为零、货物报损为零、安全环保事故为零。

【主要工作成果】

1. 销售规模保持连年增长，系统内对标比价和价格到位率保持先进水平

2012年，国内经济增速减缓，化工市场大幅下跌，统销买断成本高，资源配置缴库不均衡，实际配置比预算少40万吨，公司实现化工产品销售量259万吨、营业收入246亿元。其中，销量同比大增39万吨，增幅18%。购销率、直销率分别超预算0.8和1.4个百分点。

2. 在板块大力支持下，PX实现华东统调统配，销售规模和市场地位大幅提升，产品结构进一步优化

公司积极开发PX大型优质客户，实现稳定合作，PX仓储、接卸、配送能力稳步提高，确保上游不堵库、铁路不压车、客户不断货，并克服PX配置、运输不均衡等困难，扩采PX满足客户需求，吨产品盈利能力位于华东领先水平。公司全年销售PX 28.3万吨，其中统销21.8万吨、销售收入21.2亿元，在2012年初零库存条件下购销率96%；扩销PX 6.5万吨，实现盈利；PX销售规模增至4万吨/月；拥有液体罐区2个，仓储能力4.5万立方米，2012年新增3万立方米。PX纳入公司统销实现液体产品区外统配统销零的突破，华东PX市场进一步规范。

3. 扩销业务跨越式发展，保持连年盈利的好势头

在市场低迷形势下，公司增强扩销力量，积极开发资源与销售渠道，增加经营品种，精确研判市场，抓住有利时机，积极稳健经营，努力实现长期稳定合作，取得巨大成果，为公司增资源、拓渠道、增收创效发挥了积极作用。2012年，公司实现扩销销量42万吨，同比增加26万吨，增幅163%。积极开发石油焦、催化原料及燃料油等新业务，形成稳定的采销渠道，拓宽业务范围。公司PX、石油焦、苯、丁酮、苯乙烯、醇类等产品已形成稳固的扩销渠道。

4. 创新销售管理，优化客户结构，巩固战略合作，终端市场开发与自有营销网络建设取得新成果

一是主动沟通，延伸服务，创新销售管理模式，加强计划管理，有效稳定了终端工厂、战略客户和大客户的订单。二是优化客户结构，加强对知名企业的战略合作与开发，掌握一批优质客户，特别在市场下滑期间，与优质客户的合作逆市上扬。三是加强产销衔接，为上游新装置投产提供市场调研报告和排产建议，做好新产品推介，积极开发储备用户。2012年，公司新开发用户460家，其中终端户207家。年合作量千吨以上的主要终端用户采购量占总销量的52%，同比增长3个百分点。四是积极促进下属销售分公司上量。下属销售分公司全年统销销量45万吨，同比增长18%；总体直销率76%；专用料销量16万吨，同比增长3万吨，合成树脂专用料销售比例39%；下属销售分公司扩销近万吨，并实现盈利。

5. 积极配合上游产品结构调整，专用料销量持续增长，在华东乃至全国形成品牌优势

2012年，公司专用料销量44万吨，同比增长3%，占合成树脂销售量的32%，瓶盖料、电缆料、管材料、洗衣机料等产品已与国内知名企业实现专供合作，市场份额持续增长。尤其是PE100管材料销量同比增长11.6%，中空料销量同比增长65%，兰港石化薄壁注塑聚丙烯专用料销量同比增长203%，可替代韩国进口料，在华东占据主导地位；加强独山子石化公司洗衣机料的市场开发，与美的、小天鹅等实现稳定合作。公司还积极与生产企业合作开发市场潜力大、效益好、产销稳定的专用料新品种，实现10个新产品开发科研立项。其中，与大庆石化公司联合开发4升水桶料，填补了国内空白；与大庆石化公司开发的注塑级瓶盖料获可口可乐认可，实现大规模销售；与兰州石化公司合作升级热罐装瓶盖料满足娃哈哈的需求；成功推广独山子石化公司新产品K9928H，获得美的、小天鹅等企业认可；开发兰州石化公司聚丙烯透明料、净水机外壳及内胆专用料市场，并圆满完成上游新装置新产品的推广任务。

6. 配套业务协调发展，服务保障能力持续增强

上海仓储分公司正式运行，2012年吞吐量23.5万吨；余姚仓储分公司全年吞吐量27.5万吨，同比增长20%，保持盈利。公司开展仓储战略合作，前沿仓储标准化管理与服务水平持续提高，PX仓储配送安全优质高效。交易中心全年新开发会员35家，保有会员222家，市场交易额673亿元，继续居上海要素市场榜首，会员纳税3.2亿元，会员费收入736万元；实现扩销及出口14.2万吨、贸易额10.2亿元、创汇284万美元，为公司增量增效发挥积极作用。化工报价与信息发布公平公正、准确高效，市场分析准确，完成集团公司、炼化板块的重点信息化项目，继

续保持中国石油华东网络中心和各系统的安稳运行。

7. 加强精细化管理，优化经营运行，在业务量大幅增长的同时，各项成本费用大幅节约

公司加强物流优化，2012 年吨运杂费、一次运费、二次运费均比预算大幅节约。优化资金配置，强化资金监管，改革支付方式，开展集中报销，严格管理承兑汇票，全年收取承兑 2598 张，金额近 70 亿元，并通过及时贴现、顺转，节约财务费用 184 万元。全年按计划完成投资，在上级支持下顺利完成上海康骋仓储物流有限公司的清算。股份公司“税务管理会计模块”上线运行，实行网上办税；顺利通过国家财政部、税务总局抽检，协助地税开展增值税稽查，树立诚信纳税、规范运作的好形象。2012 年，公司销售费用、财务费用、管理费用实现大幅节约，期末资产负债率正常，无应收账款。

8. 全面开展管理提升活动，强化基础工作，加强风险防控，公司保持安全环保平稳运行，未发生任何经营风险

一是推进 HSE 管理体系建设与审核，体系基本确立，继续保持安全环保平稳运行的良好态势。二是通过内控体系外审，在 2011 年华东地区出现多起知名企业倒闭、企业负责人潜逃、盗卖货物、货款丢失等案件的情况下，公司未发生任何经营风险和法律纠纷。三是通过 ISO 9001 质量体系认证，配合集团公司完成产品质量抽检，未发生质量计量纠纷，维护了中国石油的企业形象；涉密办公专网顺利通过国家保密局现场测评。四是持续完善薪酬分配与绩效考核体系，开展岗位练兵，选树一批岗位技能标兵、能手。五是成立公司管理提升活动领导小组，公司领导带头学习先进经验，制定科学的自我诊断方法，深入调研，发动全员查找问题，圆满完成第一阶段工作，顺利转段。

9. 积极发挥党组织政治核心作用，着力加强思想政治工作，坚持以人为本，保持和谐稳定

2012 年，公司标准化党支部创建活动列入中国石油新时期党建思想政治工作创新实践成果 60 个特色案例。工会被评为集团公司 2012 年度“模范职工之家”。团委连续两年被中共上海市经济和信息化工作委员会评为“五四特色团委”、“五四红旗团委”，并获得 2012 年度上海市经济和信息化工作系统“五四”系列活动优秀组织奖。杭州分公司党支部被评为集团公司“创先争优先进基层党支部”。公司人事处（组织部）党支部被评为中共上海市经济和信息化工作委员会系统“创先争优先进基层党组织”。公司《创建标准化党支部的实践和思考》等两篇论文获中国石油第六届党建思想政治工作研究成果二等奖、三等奖。积极履行社会责任，参加“情系母亲水窖·创先争优献爱心”活动，7 名志愿者荣获上海市优秀志愿者称号。

（周　楠）

中国石油天然气股份有限公司
华南化工销售分公司

【概述】 中国石油天然气股份有限公司华南化工销售分公司（以下简称公司）于 2004 年 5 月 18 日在广州成立，负责中国石油化工产品在广东、福建、广西、海南 4 省（自治区）的市场营销业务和区域内中国石油炼化生产企业化工产品调运业务。公司现有员工 232 人，总资产 15.7 亿元。公司总部设在广州市天河区，现设有 8 个职能处室和 7 个业务处室；下设钦州调运分公司和厦门、深圳、南宁、海口、汕头 5 个销售分公司；在福州、珠海、湛江设有销售部。公司自成立以来，积极践行中国石油市场战略、南方战略，始终坚持以效益为中心，走质量发展、规模发展、科学发展道路，形成以珠江三角洲为核心、点面结合、覆盖华南 4 省（自治区）的成熟营销网络。公司主营合成树脂、合成纤维原料、合成橡胶、有机化工产品及无机化工产品五大类共几十个品种、百余个牌号的石油化工产品，年销售规模 200 万吨以上，年销售收入 200 亿元。

【主要经营指标】 2012 年，公司累计销售化工产品 209.08 万吨，同比增加 43.95 万吨，增幅达 26.6%，其中，统销化工产品 190.36 万吨，扩销化工产品

18.72万吨，购销率达到99.06%；全年实现销售收入181.99亿元、上缴税费1.28亿元、账面利润6500万元，全面完成年度考核利润指标，公司销售规模和销售收入均实现新突破。

【管理思想】 公司确立“三个精准”经营管理思想和“六服务、一服从”的工作原则，着力推动管理方式由精细化管理向精准化管理转变。坚持“三个精准”，即精准计划、精准营销、精准调运。坚持“六服务、一服从”，即计划系统服务于炼化生产企业、服从于公司工作大局需要，营销系统服务于炼化生产企业、服务于下游用户，物流系统服务于营销、服务于下游用户，机关服务于基层。

【营销工作】 坚持“平稳、均衡、协调、受控、效益”的经营方针，坚决施行低库存运行策略，将提高营销工作计划率放在突出重要的位置，创新完善营销工作体制机制，着力拓宽销售渠道，统销业务快速发展，扩销业务稳健运行，直销渠道不断拓宽，化工产品年销售量突破200万吨，成功实现公司“十二五”时期首个翻番目标，再次实现销售规模跨越式增长。

创新合成橡胶产品营销体制机制，公司研究确定将合成橡胶产品按广东市场和福建市场分别运作的新体制，2012年7月初推行针对旬销售计划执行率和日销售计划执行率的考核，推动合成橡胶产品的营销水平再上新台阶。

组织开展阶段性销售竞赛，全力促销降库，确保低库存运行策略的有效实施。坚持平稳销售、均衡销售的原则，每月均追求100%的购销率。为应对2012年10月有效工作日少及11月市场需求进一步萎缩、国内同行降价去库存等不利因素影响，保持公司9月销售量突破20万吨的良好势头，10月下旬和11月下旬开展2期统销化工产品阶段性销售竞赛，前沿库存分别下降2.83万吨和2.07万吨，保证了公司低库存策略的有效实施。

抢抓芳烃产品市场价格处于全年最高价位区间的难得商机，着力开发华南区域芳烃产品终端直销用户，紧盯市场变化趋势，灵活调整营销策略，华南区域市场第一大芳烃产品供应商地位进一步巩固。特别是2012年9月中旬以来，芳烃产品外盘价格高企，国内市场资源偏紧，华南区域芳烃产品市场价格上行，三苯价格均处于全年最高价位区间，是芳烃产品难得的创效商机。公司及时协调生产企业优化芳烃产品生产结构，增产厚利产品，始终将广西石化公司厂内罐存量保持在合理范围之内，累计销售芳烃产品60.84万吨，同比增加15.2万吨，芳烃产品销售成为公司2012年主要效益增长点之一。

坚持以开展内外部对标管理为抓手，不断强化营销业务人员的大局意识、责任意识和效益意识，科学管理，规范运行，价格到位率达到100.31%。

【计划调运】 积极发挥计划的先导作用，不断优化运输结构，持续提升物流调运工作水平，全力保障炼化生产企业后路畅通。2012年，共发运广西石化化工产品80.86万吨，其中，液体化工产品61.76万吨，固体化工产品19.10万吨。按照运输方式统计，海运芳烃产品发运163船次，海运固体化工产品发运集装箱3772个，铁路发运724车，公路发运2806车，公路、铁路、海运比例为13∶6∶81。

强化计划职能发挥，加强同炼油与化工分公司和炼化生产企业的协调与沟通，积极争取增量资源，特别是适销资源配置，全年共购入统销化工产品192.11万吨，配置计划到位率达98.34%，较好地完成资源的计划配置工作。坚持从量从价原则，兼顾前沿库存变化和区域需求，统筹考虑运输、仓储等因素，合理优化资源二次配置计划，力争使资源流向高效市场，努力实现公司各销售点库存压力均等化。根据市场形势和库存变化情况，及时优化运输流向，力争做到配置计划、运输计划和销售节奏的密切配合，有效提高资源到货的均衡性。

坚持推行精准调运，根据广西石化排产计划及时调整调运计划，加强与承运单位沟通协调，较好地完成广西石化公司化工产品调运任务。针对芳烃产品生产装置排产计划调整比较频繁的实际情况，实行芳烃产品库存预警机制，及时、合理调整移库船舶数量，有效保证广西石化芳烃产品厂内库存处于合理水平。面对广西石化聚丙烯装置新增多个新牌号产品、丙烯单体个别时段急需外销等情况，公司营销、调运部门和有关单位密切协同配合，快速反应，保证新牌号产品和近2000吨丙烯单体及时顺利出厂。

着力强化仓储物流保障能力，首次开展固体产品仓储达标考评工作，通过每季度通报考评结果、督促落实整改等一系列措施，促进仓储管理水平的提高。依据液体化工产品营销形势变化，及时增减前沿租赁库容，提高前沿储罐使用效率，降低液体化工产品仓储费用。积极克服困难，增加“五定”班列到站，有效化解“五定”班列到站少、到货集中的不利影响。加强配送管理，坚持为公司级A类客户及部分特殊大型工厂客户提供优惠配送服务，同时加强海运断卖配送业务，全年共配送化工产品15.34万吨，并对公司配送费用标准进行重新规范，为今后配送费用的进一步降低创造条件。

【管理提升】 公司着力夯实管理基础、强化风险控制、完善体制机制、提升效率效益，努力转变发展方式，为公司发展质量的提升奠定坚实基础。

体系建设持续推进。2012年共制修订规章制度62项，公司现行制定的有效规章制度达124项，基本形成与公司经营管理工作相适应、全面覆盖、科学规范的规章制度体系。开展4次HSE管理体系内部审核，公司HSE管理体系平稳有效运行。通过质量目标层层分解、逐级落实，强化监督、组织内审和管理评审等一系列措施，公司于8月顺利通过质量管理体系第三方认证审核，获得质量管理体系认证证书。法律风险岗位防控体系进一步完善，实现"无经济损失、无负面影响法律事件、无违法违规行为"的法律风险防控目标。

流程管理更加规范。根据公司业务发展实际，公司对原有业务流程进行梳理规范，现有的209个基本业务流程涵盖公司经营管理全部业务，达到集团公司内部控制"全面、全部、全过程"的管理要求。完成2013版《内部控制管理手册》的修订工作；11月顺利通过集团公司内部控制评价测试，被评为2012年度集团公司内控评价测试"零例外事项"单位。

管理提升活动扎实深入。按照集团公司的统一部署，公司于7月召开干部大会，动员公司全体干部员工积极参与管理提升活动。8月，成立公司管理提升活动领导小组，制订管理提升活动实施方案，形成公司的自我诊断报告。10月份，展开以"专项提升、协同推进"为主要内容的管理提升活动第二阶段工作，详细制订管理提升活动推进计划，公司管理提升活动稳步推进。

【安全环保】 公司以HSE管理体系建设为主线，全面落实安全生产责任制，强化有感领导，并按照直线责任、属地管理原则和"纵向到底、横向到边"的指标分解原则，与全体员工签订安全环保责任书，进一步落实管理责任。突出危险化学品、易制毒化学品和液化气体化工产品的安全环保监督管理和检查，细化职责措施。加强安全意识教育，大力推行"安全观察与沟通"、"联系点活动"、"安全经验分享"等工具方法，以内部审核与季度安全生产大检查为载体，着力构建内化于心、外化于行、固化于制的安全文化体制。2012年，公司全面实现全年"零事故、零伤害、零污染"的安全环保工作目标。

（张建宏）

中国石油天然气股份有限公司西南化工销售分公司

【概述】 中国石油天然气股份有限公司西南化工销售分公司（以下简称公司）2002年按照中国石油化工统销战略部署整合成立，原名为中国石油天然气股份有限公司化工与销售西南分公司，2009年4月机构规格由处级调整为副局级。公司主要负责中国石油在四川、重庆、湖南、陕西、云南、贵州5省1市的化工产品统销业务，主要经营股份公司所属炼化企业生产的合成树脂、合成橡胶、合成纤维、有机原料等四大类近200个牌号的化工产品。

公司本部在四川省成都市，设有5个业务处室、9个管理处室和四川、重庆、湖南、陕西、云南、贵州6个销售分公司及彭州调运分公司。截至2012年底，公司员工总数225人，拥有大专以上学历人员占76%，中高级职称人员占38%。

【主要经营指标】 2012年，公司实现销量124.8万吨，同比增长7%（其中，统销100.4万吨、增幅1.4%，扩销24.3万吨、增幅39%）；实现营业收入115.3亿元；净利润2404万元，同比增长17%；全年买断资源101.2万吨、同比增长4%；直销率38.5%、同比提高6个百分点；购销率99.3%、价格到位率100.16%；上缴税费6907万元，全面超额完成KPI指标。

【营销工作】 （1）坚持均衡销售、低库存运作，强化营销管理。优化资源流向，统销扩销统筹运作、量效齐升。聚丙烯销量突破40万吨，同比增加5万吨、增幅14%。深化价格管理和对标分析，可比的12个牌号中6个高于中国石化，在大区公司23个比价牌号中7个较高。公司资产总额突破15亿元，资产负债处于合理水平；区域分公司从5个增加到7个。

（2）区域化管理、区域化销售战略进入全面实施阶段。区域销售分公司“业务、财务和综合”管理模式基本成型，6个区域销售分公司和彭州调运分公司在本部统筹管理下，积极探索符合自身实际的营销和管理方式，各项工作逐步向好。其中，四川分公司正式成立后，运行顺畅稳定，起步当月销量即达到3.4万吨、创历史最好水平。

（3）四川石化产品销售调运准备工作有序推进。把四川石化产品销售调运作为重点工程，成立领导小组和5个专业组，实行计划进度管理，定期研究解决具体问题，各项工作进展良好。与四川石化建立工作沟通协调机制，与铁路部门、运输单位进行多次对接，四川石化产品调运方案、应急预案已经完善，销售渠道已经落实，设施准备、四川石化试车料采购等工作正在进行。

【企业管理】 持续推进“三基”工作，深入开展管理提升活动，通过自我诊断，查找出基础工作、客户开发、专用料推广等6个方面17项问题，制定整改措施。坚持制度梳理、流程优化、体系审核、持续改进，内控、HSE、质量等体系有效运行。安全管理严抓严管与教育引导相结合，推行安全经验分享，2012年排查整改隐患45项，实现安全稳定运行。全面加强组织人事管理，在理顺薪酬管理、强化员工培训、推进绩效考核等方面取得突破性进展。加强成本、费用、效益测算，推行预结算管理，突出预警分析、过程控制，财务“晴雨表”职能有效发挥。在集团公司内控管理层测试、QHSE体系审核、保密等历次检查中，总体评价良好；公司财务、统计工作连续得到集团公司表彰。

【仓储物流】 2012年，调运计划完成率98%，重点运输计划完成率87%。实行“五位一体”资源动态调控，为前沿销售提供支持。加大配送服务力度，站台配送10.2万吨，加快运行效率。在铁路停限装的特殊时期，累计转运8.1万吨，满足前沿急需。严格库房标准化管理，定期组织达标验收，库房达标率100%。

【工程建设】 公司首个化工固体产品自建库——重庆仓储物流中心项目，于2012年11月12日正式获批，12月8日奠基，项目位于重庆市西部现代物流园区，总投资近2亿元、年周转量65万吨、总建筑面积3.5万平方米，项目报建和施工准备正在进行。

【安全环保】 贯彻落实集团公司对安全环保工作的一系列部署，坚持从严管理，体系到位，2012年实现安稳运行。一是严格落实安全环保责任。在库房建设、液体产品调运等工作中提前筹划，理清合作各方的安全管理责任。二是持续推进HSE管理体系的有效运行。三是持续强化有感领导，规范领导干部的安全行为。四是升华安全理念，培育安全文化。通过推广安全经验分享、虚惊事件分析，大力宣贯先进理念，融入日常安全行为中。加强各种实用安全知识、安全技能的教育培训，开展安全环保知识竞赛等活动，切实提高广大员工的安全素质。

【新产品开发应用】 2012年，向市场投放13个牌号、实现专用料销售17万吨。钢管聚乙烯防腐料通过产品认证和市场准入，成为中国石油管道采购和生产指定基料；医用聚烯烃项目产销用三方合作协议正式签订。BOPP专用料开发项目实施以来，累计销售20万吨以上，该项目获得“集团公司2012年科技进步二等奖”。

（梁　东）

中国石油天然气股份有限公司
东北销售分公司

【概述】 中国石油天然气股份有限公司东北销售分公司（以下简称公司）主要负责东北、华北地区13家直属炼化企业、2家地炼企业成品油资源的收购、调运和结算；负责东北、华北、华东、华南等区域内中国石油销售企业所需资源的均衡稳定供应、物流组织和结算；负责物流区域内沿海、沿江、沿成品油管道具有集散和储备功能、跨省调拨油品大型油库的建设和管理。公司机关设15个处室，下辖21家分公司，在职员工2400多人。

【主要经营指标】 2012年，公司主要经济指标“四升两降”，创历史最好水平。全年完成成品油销售量5755万吨，同比增长236万吨；调运量7944万吨，同比增长468万吨；实现销售收入4164亿元，同比增长306亿元，利润0.63亿元；营销成本总额10.43亿元，比预算降低0.69亿元；吨油运费137.05元，比预算降低2.95元；未发生安全、环保、质量、计量责任事故；连续第三年被评为集团公司“安全生产先进单位”，荣获集团公司“安全生产模范单位”荣誉称号。

【主要工作】（1）保障能力明显增强。坚持均衡调运不动摇、履行保障责任不懈怠，全年配置计划兑现率98%以上，产调率100.17%，有力实现了“两个确保”（保生产、保供应）。强化服务意识，注重产销衔接，建立阳光调运机制，定期编发产销情况通报；按照“一省一策、一厂一案”的原则，细化不同时期的运行方案和应急预案，积极协调炼厂生产适销对路产品，促进多产97号汽油、-35号柴油等高附加值产品45万吨，实现直炼资源全产全销、即产即调；收购东明、华锦资源269万吨，进口3.45万吨，串换资源59.39万吨，弥补了直炼资源不足，缓解了品种结构矛盾；开通秦皇岛东站自备车运输新通道，采取申请铁道部令等措施，增强了内蒙古中部和关内其他运输难点地区的保供能力；密切关注“两会”、“三夏”、“十八大”以及受灾地区用油需要，确保了重点地区和重点行业的资源供应。

（2）优化运行成效显著。组织开展第七个“优化运行质量月”活动，巩固传统优化成果，探索新的优化举措。积极推进湖南、江西、湖北、安徽、江苏和浙江6省实施海进江、海进海二次中转送货，全年完成278万吨，节省运杂费2亿元以上；积极开展资源运作，组织-35号柴油夏储冬用4.31万吨，根据油价走势调控库存涨降60.42万吨，增收减亏2.55亿元；全年直接下海比例84.3%，管输地付量2412万吨，单车装载容积93.61%，降低了运费支出；调研并形成了东北地区冬季柴油品种结构优化方案，公路地付整体优化方案，海进江二次送货整体再优化方案，华北、皖北以及福建三明油库资源供应优化方案。

（3）成本费用有效控制。强化全员成本意识，牢固树立过紧日子思想，努力控本降费增效。深入落实销售分公司各项营销政策，通过收购省市公司库存、承担从量从价补贴和短途管输增量补贴等方式，向下游企业让利7.87亿元，提高了销售企业整体竞争能力和盈利能力。狠抓财务费用管理，改进军油结算方式，努力降低应收账款，积极争取减债政策，清回陈欠款货币资金400万元，节约财务费用1.46亿元。加强纳税筹划，节约河道费2.67亿元。控制管理费用支出，严格5项费用审批，节约管理费用0.58亿元。

（4）管理水平大幅提升。扎实开展管理提升活动，与精细化管理有机结合，通过自我诊断查找问题24项，制定整改措施58项；启动ISO 9004管理提升项目，梳理机关部门职责，建立了制度体系平台。试行综合计划管理模式，增强了公司运营的计划性和整体性，加大了计划、预算、资金一体化管控力度。加强油库管理，对资产型油库证照实行上收管理，规范油库租赁标准和流程，停止租用到期低效油库，逐步取消超期仓储付费，强力推行公路付油下装改造。加强信息化建设，明确率先达到销售企业信息化高端水平的工作目标，销售ERP、油库管理系统深入应用，资金预算一体化、实物资产管理系统以及协同办公平台按期上线，一次物流优化系统试运行，跨区配送数据集成试点、视频会议高清改造项目顺利启动，辽河区域辅助中心机房建成投用。加强投资和工程管理，全年完成投资5148万元，投资计划完成率98%；长春油库一期工程完成中交，二期可行性研究报告获得批复，1000辆融资租赁自备车按期投付使用。加强内控和风险防控体系建设，通过了内控体系管理层测试，首次编制年度风险管理报告。加强审计监察工作，开展审计监察项目51项，发现问题24个，提出审计监察建议49条，取得直接经济成果294万元；认真落实集团公司审计意见，加大法人实体的清理整顿力度，注销、撤并法人实体21个。加强法律事务工作，审查各类合同769份，出具法律意见401条；新建、修订、废止规章制度83项，促进了依法治企。

（5）“三条红线”严守受控。在安全方面，开展安全经验分享35期，开展HSE体系外审、内审和安全专项检查，发现并整改各类问题582项；以油库安全生产为重点，编制下发《公路付油十大禁令》，与省市公司、运输公司三方签订公路付油交接责任界面补充协议；在宁波油库举办环境突发事件应急演练，在龙凤油库承办集团公司级成品油库着火爆炸应急实战演练；上报新3年安全环保隐患项目52项，获批整改资金1.35亿元；完成节能889吨标准煤，节水3.37万立方米。在质量方面，采取组建专用龙组固定往返、安排独立转运系统、槽车特洗等方式，确保了京V等特殊标准油品的质量；与东明、华锦签订质量计量交接协议，明确了管理责任。油品监督检测中心通过了国家级测量体系认证，完成257批次产品质量抽检任务。在计量方面，积极推行质量流量计动态交接，修订库存商品盘点管理办法，定期组织盘库，规范损溢处理，深入开展损耗分析和调研。全年妥善处理计量、质量商务纠纷97起，及时受理率100%。

（6）体制机制持续完善。顺利实现公司机构升格和班子成员职级调整。划入珠海、大厂、济南3个油库，划出南疆油库，整合山东地区所属机构，优化了油库和企业布局。积极落实"三控制一规范"要求，深入推进测时写实工作，优化岗位设置和用工方式，严格控制员工总量。改革完善薪酬分配机制，试行月度绩效考核，发挥激励约束机制作用。全年自办和参加集团公司、销售分公司培训409项，参培7514人次，加强了人才队伍建设。

（7）党建工作全面加强。把学习宣传贯彻党的十八大精神作为首要政治任务，采取举办读书班等多种形式，加大宣贯力度。召开了第十二次思想政治工作会议。深入开展"四好"班子创建活动。贯彻落实《基层党支部工作条列》，按时完成了基层党组织换届选举工作。切实加强教育、制度和监督并重的惩防体系建设，增强了干部员工的纪律观念和遵纪守法意识。积极开展"为民服务创先争优"活动，为西部干旱地区捐款16.6万元，捐建爱心水窖166口。继续开展以"促发展、上规模、增效益"为主题的劳动竞赛活动。积极推进维稳长效机制建设，加强不稳定因素排查，规范执行、及时跟进各项维稳政策。关心离退休职工，加大对病困职工的扶贫帮困送温暖力度等。

（孙　伟）

中国石油天然气股份有限公司西北销售分公司

【**概述**】　中国石油天然气股份有限公司西北销售分公司（以下简称公司）作为股份公司的派出机构，主要负责西部地区13家炼化企业、20个省（自治区、市），以及铁道、民航、兵团等9家专项用户的成品油产销计划衔接、资源优化配置、物流调运组织和质量计量监督。截至2012年底，公司机关设12个职能处室，下辖兰州、新疆、广西、郑州、陕西、武汉、川渝、宝鸡、玉门、永登、宁夏、呼和浩特、青藏13个分公司和1个控股公司，在职员工2541人。公司管理运营中西部地区18座油库，总库容185万立方米；拥有铁路专用线近20千米，自备罐车近6000辆。

【**主要经营指标**】　2012年，公司完成油品配置4042万吨，同比增加10%；完成调运总量7524万吨，同比增加11%；吨油运费185.07元，同比降低0.4元；结算油品4039万吨，实现销售收入2900亿元，账面利润2.02亿元，上缴税费10.28亿元；实现投资收益147万元；油库综合损耗率控制在0.1%以下；安全生产实现"三个为零"（工业安全生产事故为零、道路交通事故为零、火灾事故为零）。

【**业务运行**】　坚持"以销定产、以产促销、产销联动"机制，加大生产衔接频次，主动适应市场季节性需求，协调炼厂多产多交适销对路产品；持续实施淡储旺销、夏储冬用策略，科学安排涨降库存，注重资源调剂补充，均衡有序配置资源，配置计划均衡度进一步提高，产运销衔接更加紧密，市场保供能力显著增强。加强资源掌控，延长地炼资源首次实现统一外采、统一配置、统一调运，全年完成收购276万吨。持续优化产销结构，更加注重高附加值产品的产销衔接，产销质量显著提升，97号汽油配置完成142万吨，增幅70%；航空煤油产配量达到159万吨，增幅40%。积极推进柴油升级置换，车用柴油生产比例达到60.7%。按照路径短、方式优、效率高、成本低的原则，统筹4种运输方式间的联动优化，合理测算最优运输安排，降费提效成果显著，吨油运费连续3年实现降低。持续推动管道增量增品种，主品号油品出疆全部实现管输，兰成渝和西部管道顺利增输97号汽油。全年管输完成4434万吨，占调运总量的61%，管道成为西部地区首要的运输方式。合理摆布铁路运力，强化日间调运组织，不断提高直达比例，铁路运输质量和效率有效提升。全面推行公路配送优化方案，首次实现四川省宜宾市、攀枝花市向云南跨区配送资源4.38万吨；实现南疆公路梯次配送，破解了南疆地区铁路运输难题。优化广西石化油品出厂方式，杜绝西南地区海运后二次中转，海运同比减少62%。坚持靠前指挥、做实方案、多方协调，保障了呼和浩特石化开工后路畅通。完善应急反应和市场保供机制，保障炼厂检修、春耕、自然灾害等特殊时期和重点难点地区的油品供应，满足区内外销售市场增量需求。

【质量、计量和安全环保工作】 制定生产安全事故与环境事件责任人员行政处分实施细则，强化安全生产责任制落实。以推进HSE体系建设为抓手，明确机关管理和现场操作职责，落实直线责任；开展HSE培训和制度学习考试，提升员工安全管理知识和操作技能；开展体系审核和综合性安全检查，发现问题326项，已全部整改完毕，提高了体系运行有效性。以强化风险管理为基础，开展全员危险源辨识和风险评价，大力推广安全分析等风险管理工具，作业现场、设备设施危险源得到基本辨识，实现了生产、检维修、工程建设等作业全面受控。开展安全生产标准化达标，13家单位通过达标验收。编报新3年油库隐患治理计划24项，全年落实资金1481万元，完成永登油库铁路专用线等7个隐患项目治理，增强了安全保障能力。修订完善公司专项应急预案，在西固油库开展油罐火灾联合应急预案演练，全年开展各类演练290次，检验了应急处置能力和实战水平。建立健全出入库、储存油品质量台账，配备计量仪器和全自动测量设备，提高实验室成品油全项目分析能力，严格外采油品质量管理，确保油品质量安全可控。完成炼销企业248个样品的监督抽查和省区分公司14座油库的库存盘点，履行了大区公司职能。

【“三基”工作和精细化管理】 全面启动管理提升活动，诊断出9个方面93项管理短板，制订并实施各专业条线专项提升推进计划，深入推进精细化管理。建立“一套规章制度、一套业务流程、一套工作手册”为内容的一体化制度流程体系，提高了基础管理水平。编制风险管理报告，梳理优化业务流程，提升内控测试质量，增强了风险管控能力。开展全员“学制度、用制度、守制度”活动和岗位责任制大检查，查出12个专业235项问题，严格落实整改责任，强化了制度流程的执行力。深化财务管理，运营效率持续提升，预算管理更加精细，“五项费用”支出实现压缩10%的目标。完成两级机关14项管理性费用定额标准制定，提升了费用管控水平。公司财务集中报销系统作为集团公司首批试点单位，全部上线运行。加大事前事中审计监察力度，开展审计和效能监察项目20个，提出意见和建议57条，内部控制、经营风险和权力运行得到进一步规范。

【储运设施管理】 全年落实投资计划4623万元，长庆和庆阳计量交接中心、咸阳油库公路发油自动化改造、宝鸡和永登公路下装改造等工程建成投用，改造更新武汉油库部分工艺设备，完成西固油库管控一体化与信息系统的集成，稳步推进油库自动化、信息化建设。一次物流系统上线运行，身份管理与认证、实物资产、银企直连等系统得到实施应用，油库跨区配送系统集成工作开始启动，满足了业务运行需要，保障了新开展业务的快速推进。深化油库精细管理，开展油库间横向及纵向对标，推广实施油库费用定额管理，油库运行性费用同比降低8%。扎实推进国际先进油库创建，形成以“5S”现场管理、定置化、目视化为一体的标准化现场管理法，西固油库、荆州油库荣获中国石油“标杆油库”称号。

【队伍建设】 坚持推行干部选拔竞争机制，拓宽选人用人范围，对59个处科级岗位实行公开竞聘，提高了选人用人的公信度。完成6家单位“五定”（定岗、定编、定员、定岗位职责和定岗位规范）工作，新组建武汉分公司，承包油库实现属地化管理，初步形成机构精干、管理扁平的组织体系。加快岗位整合，推行“大班组”（将油库发油班、储运班及维修班合并为大储运班；员工持双证，即懂油品储运又会计量、化验）运行、“复合型岗位”建设，优化了组织结构和岗位设置。加强员工内部调剂，稳步推进业务承包和劳务派遣工作，精减用工136人，员工总量控制在核定指标内。根据作业量变化情况适时调整关键业绩指标兑现值，理顺薪酬管理体制，合理确定社会聘用工薪酬标准。实施“百名优秀人才”培养计划，推进了专业化队伍建设。委托广州石油培训中心对131名班组长和84名处级干部进行集中轮训；举办第四届职业技能竞赛和第二届会计知识竞赛，命名技术能手、岗位标兵54人；开展主体工种技能鉴定510人次，通过率70%，一线操作技能人员“双证率”达到50%，激发了队伍的生机与活力。在油库建成操作员工实训基地，网络培训管理平台建设和应用取得阶段性成果，在线考试、在线培训和数据管理得到推广应用。

（陈　斌）

中国石油天然气股份有限公司润滑油分公司

【概述】 中国石油天然气股份有限公司润滑油分公司（以下简称公司）于2000年12月19日正式挂牌成立，是集生产、研发、销售、服务于一体的专业化润滑油公司。在中国石油领导下，秉承“资源统一配置、产品统一标准、网络统一布局、价格统一管理、科研统一组织，集中力量推出名牌”的“五统一、一集中”经营战略，实现了跨越式快速发展，综合竞争实力显著增强。

公司现有2个研究开发中心、12个润滑油（脂）生产厂、6个销售分公司，总资产92.75亿元，员工总数4243人。能够生产28个大类700多个牌号的润滑油（脂、剂）产品，润滑油科研开发能力在国内处于领先水平，营销、服务、信息网络覆盖全国市场。

公司已通过ISO 9001、TS 16949质量管理体系，ISO 14001环境管理体系，OHSAS 18001职业健康安全管理体系认证。多种产品先后获得美国石油协会（API）、戴姆勒、克莱斯勒（Daimler Chrysler）、宝马（BMW）、大众（VOLKSWAGEN AG）、沃尔沃（Volvo）、康明斯（Cummins）、德国曼（MAN）、西门子（SIEMENS）、通用（GM）等国际知名企业的认可。

【主要经营指标】 2012年，完成销售总量222.9万吨，其中，包装油98.3万吨，中、小包装油39.9万吨，同比分别增长19.98%、5.7%和5%。实现销售收入201.2亿，销售板块利润1199万元。

【经营管理】 2012年，公司各项工作紧紧围绕上规模、上水平，统筹资源保障，精心谋划市场，着力渠道质量，推进科技创新，优化生产物流，深化内部管理，加强班子和队伍建设，综合竞争实力进一步增强。

1. 拓展资源渠道，统筹资源保障

完善资源衔接与激励机制。细化基础油资源衔接及产销平衡预案，跟踪资源和市场动态，强化资源预警和平衡，加强过程管理。明确资源衔接考核激励办法，对弥补资源总量不足、优化品种结构、降低采购成本起到了有效促进作用。

强化内部资源平衡。紧盯市场，平衡产销，参加股份公司基础油价格衔接会23次，争取有利接收价格。与炼化企业密切沟通，明确生产厂对口炼化企业，提高资源总量，优化资源结构。

提高第二种资源利用规模和效率。加强与国际油公司的战略合作，开展国外基础油资源评价，拓展资源进口渠道和利用空间。

2. 优化品牌架构，深化品牌建设

品牌架构持续优化。制定昆仑车用油副品牌与产品线精简优化方案，调整新的车用油产品目录和生产布局，对继续保留的天润、天元、天工、天威和天鸿等副品牌产品线精简优化，完成天润新桶型的模具设计、试制等前期工作。

品牌价值不断提升。支持大学生方程式汽车大赛与十佳发动机评选活动，提升昆仑品牌形象和价值。平面发布宣传稿件434篇，网络发布453篇，官方微博稳步运行。密切关注网络舆情，维护公司良好舆论环境。防伪钢桶取得专利并推广。各类品牌维权案件225起，10万元以上45起，案值2687万元。根据全球最大市场研究公司尼尔森的独立研究，昆仑润滑油的品牌资产指数位居国产润滑油品牌之首，高出排名第二的品牌42.8%。

3. 细化营销策略，提升渠道质量

营销策略和渠道质量进一步提升。跟踪ICIS价格、进出口以及8个炼化企业33个品种的市场信息，搭建有针对性的价格商情体系。把握市场走势，每半月精算毛利，按月研究产销，全年累计调价13次，尽可能实现效益最大化。按照不同副品牌的渠道特点，实施差异化促销政策，提高促销针对性，同比降低促销费1133万元。

车用油针对不同渠道特点，适时制订营销策略，控制销售进度和销售节奏，提高经销商签约率，高档车用油销量同比增长3%，结构持续改善。

工业油压缩渠道环节，引导区域经销商提升直供比例，加大考核力度，发挥技术营销优势，包装油销量创新高，齿轮油和汽轮机油大幅增长，可控终端达到2445家。

特种油扩大直供客户数量，应对橡胶油市场冲击，开发新产品，拓展新渠道。船用油客户明显增加，润滑脂销量同比增长21.9%。大类散油和分公司第二种资源努力争取效益。

VIC/OEM工作持续优化。以重要OEM和行业领军企业为主，持续减少公司层面VIC客户数量，优化销售结构，效益得到提升。44家VIC客户合计销售19.1万吨，其中SJ及以上高档汽油机油2.9万吨，公司层面吨油毛利1426元。完成《昆仑润滑油产品应用案例》的审核修订。

系统内用油稳步拓展。利用集团公司优势产品采购，努力扩大系统内市场，销量同比增长42%。进一步理顺价格、结算和运行机制，进口油替代工作稳步拓展。

快速换油和网络营销取得实质进展。快速换油全年加注高档油液217吨，同比增长26%；服务7万车次，同比增长21%；实现销售收入1826万元，同比增长29%。公司产品在京东商城上线销售，3个月销售润滑油2824桶，有效评价551条，实现良好开局。

海外业务继续推进。与曼公司建立市场开发协作关系。中标C.V.SHIPPING公司4条32万吨全船油品供应。保税油业务网络和规模基本形成。

【科研创新】 自主研发成果显著。2012年，申报36项专利，23项获得受理，8项获得专利授权。“高档系列内燃机油复合剂研制及工业化应用”项目成果获2012年国家科技进步二等奖。科研项目在4年期间，3年都有项目获国家奖，填补了中国润滑油行业国家发明奖的空白，达到国际先进水平。

科研项目有序推进。完成27个科研专题验收，开设42个新项目。“高档润滑油新产品开发与应用”通过集团公司科技部中期检查，3个子专题进展情况良好，获得专家组高度评价。

科研管理不断深入。修订完善研发内容，将军用与航空领域的产品开发列入研究领域，基础研究绿色通道作用凸显，储能项目不断增多。完成73项股份公司技术秘密认定工作，润滑油重点实验室为14项集团和板块项目提供评价技术平台。

【基础管理】 基础管理建设工程有效推进。加强工程、采购和产品的质量监督与控制。开展计量人员持证、在用计量器具检定等工作。建立企业标准46项，制修订制度26件，修订内控流程31个。包装物、添加剂采购成本得到有效控制。推进经济配方和自溶胶应用，降低生产成本。

安全环保基础不断夯实。深入开展HSE审核及迎审工作，5次审核历时87天，促进了管理提升。隐患治理和不安全行为识别不断深入。制度建设、应急管理、体系运维、节能节水工作有效推进。全年实现零事故，连续4年荣获集团公司“安全环保先进单位”。

【精细化管理】 规划计划和投资管理进一步规范。完善“十二五”润滑油业务滚动发展规划及市场和渠道专项规划。北京厂二期工程、华东基础油库、兰州厂调和系统改造、无锡润滑脂退城进园搬迁等重点项目有效推进，华东复合添加剂项目获批复。完成竣工验收项目8个，工程档案管理、后评价管理更加规范。

产销衔接和物流保障能力显著提升。坚持产销例会制度，完善《订单管理办法》，编制物流现状分析及优化方案，开展定制品专题分析，建立物流服务商管理标准。优化物流和库存，运输装卸费同比降低7381万元，自备车租赁费同比降低1741万元。退租库8座，消化老库存5000多吨。

信息化建设和应用逐步深化。深化应用ERP系统，完成综合信息应用平台及调度指挥中心建设。物资采购和档案管理系统上线运行。应用视频系统，降低会议支出。电子公文、合同系统规范高效运行。

财务管理质量进一步提高。细化对标管理，加强库存和毛利分析，有效控制“五项费用”等支出。加大清欠力度，回收应收账款现金2068万元。扩大银行承兑汇票使用范围，全年降低财务费用支出1855万元。建立和推广集中报销平台，全面上线，平稳运行。无锡润滑脂等股权单位规范管理，经营业绩稳步提升。申请股份公司减免短期付息资金25亿元，减少财务费用2.15亿元。

审计和法律工作规范有序。完成财务类审计10项，对4个单位领导开展任期经济责任审计，对7个工程项目进行竣工决算审计，审减额3486万元。参与公司重大合资项目和重要决策事项的法律论证，完善岗位法律风险防控，稳步提升合同管理水平，成功处理重大纠纷案件，有力维护公司合法权益。

（马洪强）

中石油燃料油有限责任公司

【概述】 中石油燃料油有限责任公司（以下简称公司）的前身是中油燃料油股份有限公司，成立于1997年。按照股份公司的板块划分和业务分工，自2009年1月1日起，负责中国石油系统内所有沥青、燃料油、馏分油、溶剂油等产品的统销工作，业务上归销售板块领导。根据股权和业务特点，2011年底，公司更名为中石油燃料油有限责任公司。截至2012年底，公司合并资产总额237亿元，注册资本50亿元。

公司立足中国石油所属沥青、燃料油供应商和服务商的专业化公司定位，完成了与业务链相适应的组织机构建设，实现了机构与体制、专业管理与行业、销售业务与市场的接轨，改变了股份制的董事会管理模式，搭建了专业化运作平台。

公司总部机关设有12个职能处室、3个直属机构；下设4家沥青生产厂（秦皇岛、高富、温州、江苏）、3个储库（湛江、青岛、宁波）、7家区域销售公司（东北、华北、西北、华东、华中、华南、西南）、1家研究院、1家工程管理公司、参股管理2家企业。现有员工2774人。

公司主营业务具有资源多元化、市场多元化、产业链完整的特点。年加工能力1350万吨、中转能力2000万吨、仓储能力550万吨，是集资源进口、生产加工、仓储中转、期货贸易、系统内炼油小产品统销、产品研发与技术服务为一体的实体型企业。

【主要经营指标】 2012年，公司各项生产经营管理工作稳步、高效开展，工作目标圆满完成，产业链条拓展完善取得了阶段性进展。

2012年，采购原油1567万吨，同比增加193万吨，增幅14.05%。采购各类产品1433万吨，其中直属炼厂完成615万吨、加工产品完成793万吨、其他外采完成26万吨。自有厂加工原料油407万吨，同比增加11万吨。中转各类油品3203万吨，同比增加414万吨；自有油库中转1652万吨，同比增加137万吨，有效中转5.51次，同比增加0.46次。2012年，销售各类油品2293万吨，同比增加225万吨，增幅10.98%。销售沥青746万吨，市场份额达到34.23%，同比上升0.13%，总量在国内依旧保持领先地位。实现营业收入1058亿元，同比增长14.27%。实现利润13.28亿元。吨油营销成本42.16元，比业绩合同指标下降0.84元；吨油加工成本132.50元，比业绩合同指标下降2.50元；吨油人工费19.15元。各项指标均好于对标值，综合商品率99.47%，加工损失率0.40%，综合能耗19.28千克标准油/吨，产品合格率达100%。新开投资项目22项，总投资3.31亿元。完成20项结转投资项目，开展32项待建项目前期工作。滚动修订“十二五”发展规划，编制2013—2017年发展规划纲要。一般事故B级及以上生产安全事故为零；一般环境污染事件为零；“三废”处理排放情况良好；主要污染物达标排放率100%。

【企业管理】

1. 从完善网络建设入手，优化拓展现有产业链条

2012年，公司统筹谋划产业链的网络布局，找准产业链条的短板环节，努力寻找拓展途径。

（1）提高小产品产能整合能力。在4个自有厂辐射区域之外，开展合资、委托加工业务，回购小产品，弥补了产能不足；引导直属炼厂提高资源加工深度，增加品种，资源兑现率同比提升。

（2）提高自有装置创效能力。精细测算效益，适时调整原油加工的品种及比例，提高加工利润；各厂、库淘汰落后的耗能工艺、设备，彻底消除耗能病灶，降低加工费用；对装置进行大检修，完成加热炉油改气，提高了自有厂的装置运行水平。

（3）提高高端产品生产能力。完成秦皇岛公司、高富公司改性沥青生产装置技术改造，建成永登改性沥青生产装置，推进库尔勒、乌鲁木齐改性沥青生产装置建设，公司改性沥青生产和供应初具规模，年生产能力达到50万吨。

（4）提高仓储物流能力。江苏公司码头由2.5万吨级升至5万吨级；完成普兴库建设，自有沥青库容增加1.5万吨；投用铁路自备车查询系统，提升了实时管控能力；秦皇岛公司原油运输方式变更改造工程、盘锦沥青库增加中转功能的改造工程、库尔勒沥

青库项目、佛山高富公司码头升级项目已经取得阶段性进展。在自有仓储能力空白地区，继续租用原油储库4座，规划最短的物流线路，优化组织原油中转1582万吨，节省费用1.25亿元。

（5）提高原油贸易运作能力。运用套期保值操作对冲市场波动风险。积极开拓新的资源渠道，与中联油公司及供货方密切沟通协调，转采阿根廷、哥伦比亚、加拿大、巴西等国适合装置加工、能够满足产成品特殊属性的原油，优化了资源结构。

（6）提高科技研发能力。完成7个项目的科研攻关并取得应用效果，开发符合交通部要求的橡胶沥青低温环保生产工艺；调和生产改性沥青技术攻关取得阶段性成功，解决了公司自产基质沥青无法单独生产改性沥青的难题；开发脱除催化油浆催化剂固体粉末工艺和适宜的脱固后催化油浆精制工艺，研发船用残渣燃料油系列产品和高芳香基系列橡胶油产品，为油浆资源的综合利用提供了依据；掌握玛瑞、波斯坎原油润滑油馏分基本性质以及加工特性，为润滑油侧线馏分的加工利用方向提供了依据。

2. 防控结合，安全环保系统持续稳定

面对生产经营任务繁重、工程项目集中施工、产业链风险环节增多、安全管控难度剧增的年度形势，公司以推进HSE管理体系建设为主线，强化源头控制和过程管理。

（1）抓住关键环节，严防死守。全年投资5284万元集中治理了10项隐患，进一步完善应急物资储备和紧急联动机制；对工程项目承包商严把“五关”（队伍素质关、持证上岗关、开工验收关、过程监督关、竣工质量环保验收关），重点关注油品装卸、存储、物流环节，严格现场21734次风险作业监管。

（2）加大督查和考核力度，强化管控。通过春季岗检、油库安全专项检查、打非治违专项检查、环境百日安全检查、HES体系抽查等形式，共查出隐患问题483项，整改完成451项。

（3）传统与创新相结合，持续夯实安全基础工作。推广观察与沟通、工作前安全分析、工艺危害分析等管理方法；2012年投入292万元落实目视化管理实施方案，已初见成效；建立“分岗位、小范围、短课时、多形式”的HSE培训模式，参培7692人次；开展安全经验分享9386次、实战演练607次；借助5次体系评估审核，持续改进体系运行质量，实现了传统管理向体系管理、注重规范向注重运行的有效转变。

3. 精细管理，执行系统日趋完善

（1）大计划运行机制确保内部运作“一盘棋”。科学制订各专业计划以及年度、季度、月度生产经营计划，坚持“调度中心24小时值班、专业骨干日碰头、运行周通报、经营旬研讨、业务月总结、指标年考核、随时做调整”的流程，建立工作联系函，规范19种工作报表和表单，统筹优化生产经营各个环节。

（2）市场研究机制确保外部信息“无死角”。设置“信息网站、竞争对手、合作客户”3种渠道的多个信息采集点，坚持“每日动态分析、每周对比分析，每月综合分析”，初步创建了集“信息采集、分析、应用”为一体的市场研究体系，实时追踪市场变化，及时有效地调整经营策略。

（3）督查督办机制确保重点工作“有始有终”。初步建立了督查督办工作机制，各单位每周填报工作总结和计划，每月填报公文公务反馈信息。总经理办公室建立台账，实行销项管理，全年共督办事项967个，确保件件工作有回音，实现了重点工作的闭环管理。

（4）“三要素”管理确保各项工作“有条有理”。制度管理注重“顶层设计”，集中开展编撰、转化、符合性评价工作。流程管理注重“前期宣贯”，邀请专家实地调研指导，制订流程管理方案。标准管理注重“持续修订”，细分部门考核指标与权重，增加“考核调整”环节；组织春季岗检，查出各类问题446项，根据检查情况进一步修订岗检管理细则，使考核标准和检查方法更加符合实际。

（5）质量计量管理确保油品“稳进稳出”。规范质量计量管理流程，细化质量计量工作标准，提升收发油作业管理水平，确保油品“保质保量”进出。引入第三方商检，做好同步的双重监督工作，有效避免人为因素差量。定期组织质量计量检查，全年查出质量问题90项，整改完成55项；查出计量问题51项，整改完成35项。

（6）工程管理确保项目建设“平稳可控”。通过市场准入、动态管理、综合考评等措施，建立了承包商评估评价体系；加大设计的驻场考察力度，优化细化实施方案，发挥规模议价优势，有效缩减工程建设成本；通过兴能公司的平台，稳步推进建管分离，加强现场管控，全面打造精品工程；工程造价审核工作步入正轨，全年完成概算审核41项，审减额8657万元，审减率14.25%；完成决算造价审核21项，审减额2554万元，审减率15.75%。集中采购工作取得阶段性进展，全年组织完成33类物资、238家供应商入围评审，内部供应商市场基本形成。

（7）财务管理确保业务运行"有价传导"。加大财务预测研究和应用力度，由"先干后算"转变为"先算再干"，产业链各环节实行有偿往来，链式结算。进一步完善一体化的价格传导机制，借助市场"无形之手"配置内部资源，促使内部生产经营运作紧跟外部市场变化。细化预算生成机制，搭建盈亏平衡分析模型，确保经营管理受控运行。以全生命周期为视角加强资产和修理费管理，细化全过程管控，资产管理效益不断提升，财务工作实现了从价值管理向价值创造的进一步延伸。

（8）信息管理确保业务运行"高效便捷"。完善广域网络和视频会议系统，建设高标准机房，优化视频监控、门禁、电话等弱电系统布局，进一步夯实信息基础设施建设；应用办公OA系统、档案E6系统，提高了办公自动化水平；深化ERP系统报表管理，加强考核，系统应用逐步趋向稳定和成熟；积极推进信息网络平台建设，已完成硬件设备安装、系统调试等前期工作。

（9）人力资源管理确保员工"专业敬业"。引进系统内外优质培训资源，完成培训项目98个，举办各类培训班2378个，组织员工"走出去"参加重点专业培训173项，参培680人次，以跟踪问效为导向，提高培训的针对性和实用性，切实解决了两级机关的业务短板问题。推进技能鉴定站建设，加强操作技能人才培养，完成了17个工种364人的职业技能等级鉴定、2个工种22人的职业技能竞赛。认真做好干部选拔任用工作，年内提拔2人、平级调整6人。以岗位测时写实为抓手，严格控制用工总量，严格控制新增机构编制，进一步规范薪酬分配秩序，"三控制一规范"工作持续优化。

4. 以人为本，文化系统简洁实用

（1）基层党建规范有序。突出标准规范，全力打造"学习型、服务型、规范性"基层党组织，加强两级党组织之间的互动和监督。加强内网宣传，加强员工间的信息和情感沟通，积极开展各种形式的主题思想教育活动。扎实开展劳动竞赛和创先争优活动，公司全年共评选表彰先进单位3个、先进集体10个、优秀管理者3名、优秀工作者10名。

（2）廉政建设常抓不懈。重点关注生产经营管理中的薄弱环节和敏感性问题，全年开展内部审计18次，及时发现问题，防范经营风险。全程监督16次招投标，有效地发挥了监督作用。

（3）群团建设和谐向上。开展对各级工会的全面调研，完善帮扶救助机制，定期慰问困难职工，传递组织的温暖；分别投入2700万元和3000万元改善温州公司、江苏公司的办公配套设施，各二级单位员工衣食住行条件得到逐步改善；举办"体育活动年"羽毛球、乒乓球、篮球3个项目的竞赛，丰富了员工业余文化生活。

（杨玉玲）

中国石油天然气股份有限公司辽宁销售分公司

【概述】 中国石油天然气股份有限公司辽宁销售分公司（以下简称公司）主要承担辽宁地区（不含大连市）石油成品油经营业务，下设13个市级公司，36个县（市、区）经营部，独资在用油库27座，总容积73.92万立方米，有自营加油站1101座，单站日销量达13吨，占辽宁省加油站总数的37%。在职员工15051人，其中，合同化用工5490人，市场化用工9433人，劳务人员128人。销售成品油694万吨，其中零售532万吨；实现营业收入541亿元；实现利润总额59亿元；销售润滑油和石油小产品44.03万吨，实现毛利润3947万元；非油品业务实现销售收入4.89亿元，创利润4628万元。

【市场营销】 2012年，辽宁地区成品油市场需求疲软多于坚挺时期。公司以变应变，创造商机，细分市场，深挖潜力，营销工作实现了逆境创优。

直炼、外采、进口3种渠道并用，保证资源充足，扩大利润空间。打造物流信息平台，建立运营指挥中心，全面实施主动配送。优化运输方式，确保运费最低。

进货及时到位，控制库存风险，支持淡储旺销，为满足市场需求提供保障、实现效益最大化。

着眼长期合作，追求互利双赢，发展巩固机构大客户；加强现场服务，推行快速加油，吸引留住零散小客户。销售突出零售，零售突出纯枪，纯枪突出汽油，汽油突出高标号，保证了单位油品效益最大化。纯枪销量达到437万吨；高标号汽油零售量达到201万吨。

以20座样板站、104座五星站为龙头，建设精品加油站，推行亲情服务。抓好新加油卡发行，降低资金安全风险。2010年到2012年末共售卡156万张，沉淀资金13.1亿元，卡销比达到22%。

成立VIP大客户俱乐部，与规模大、信誉好、管理优、市场竞争力较强的民营成品油流通企业开展合作。变对手为朋友，维护了正常市场秩序，扩大了双方销量，提高了效益，实现了互利双赢。

润滑油业务取得突出业绩，共销售润滑油和石油小产品44.03万吨，实现毛利润3947万元，在销售企业中名列前茅。营口盖州润滑油库2012年建成，储存容积3.55万立方米，年最大周转量可达20万吨，销售范围辐射东北、河北、内蒙古和山东，是销售企业最大润滑油库。

【非油品业务】 非油品业务本着“加强网络建设与狠抓规范管理并重，扩大销售规模与提升营销质量并举”的原则，不断完善销售结构，发展规模和营销质量同步提升，主要经营指标提前1个月完成。开展“六个一”（即以香烟、家庭食品、包装饮料、酒、汽车用品、糖果六大品类的商品为核心销售商品，结合自身的经营情况，从中选出一种或多种适销对路的商品进行重点经营的销售模式）和节日大礼包销售活动，开设轮胎、进口商品、海鲜等特色商品专营店，实现了量效双增。

252座加油站开设了昆仑好客便利店，438座加油站设立了机油店。截至2012年底，公司全系统有非油品销售收入百万元店45座，50万元店36座。非油品业务经营的主要商品品种达到23类4000多种，开设特色店20座。建立健全商品销售激励约束机制，形成了非油多销售、企业多创效、职工多收入的局面。

【投资建设】 公司结合企业经营发展的实际，在充分调查研究的基础上，先后编制完成《辽宁销售公司“十一五”后两年及“十二五”发展规划》、《辽宁销售公司“十二五”储运设施发展规划》、《辽宁销售公司“十二五”加气设施发展规划》，并根据市场变化，修订完善了《辽宁销售公司“十二五”发展规划》。

统筹安排投资计划，协调资金，满足公司销售业务发展的需求。新增加油站17座（资产型14座、租赁型3座），新增零售能力22.7万吨，扩建加油站13座，便利店改造25座；改造油库24座（次）、加油站35座，更新加油机267台，加油站安装液位仪76座。

解决油库隐患1项、加油站隐患224项。通过销售公司评审立项加气站项目2座，正在进行可行性报告编制的加气站5座。

【安全环保】 以HSE体系建设为核心，以安全文化建设为重点，守住质量、计量、安全“三条红线”，落实集团公司《反违章禁令》，贯彻HSE管理9项原则，质量安全环保工作平稳受控。建立安全环保责任目标考核机制，建好用好信息系统，HSE体系不断完善。强化安全管理培训，开展安全文化建设，增强了员工的安全意识和能力。

开展隐患排查整改工作，通过HSE管理体系内部审核与年度安全检查相结合的方式对油库、加油站进行安全监督检查，及时查摆各类安全环保隐患。除此之外，还组织开展各类专项安全监督检查，例如，特种设备检查、“打非治违”检查、防雷防静电安全检查等。

严格落实隐患建档监控制度，对排查出的隐患按照等级进行登记建档，明确隐患整改责任部门和隐患整改监管责任部门，确保隐患整治到位。

帮助集体企业开辟油品管输、燃气业务、石化贸易、地产置业、物流配送五大业务板块，实现了对集体企业从“输血支持”到“支持造血”的根本性转变。输油板块2012年管输油品90万吨，地产板块已完成资产置换和征地工作，燃气板块母站前期建设正在进行中，石化贸易板块实现利润1000多万元，物流板块建设正在积极推进中。集体企业实现的效益一部分用于帮扶困难集体职工，一部分投入自我发展。

2012年，公司27座运营油库实现吞吐量1484万吨无事故。817座加油站实施地罐交接，占运营加油站总数的74%。2009年成立区外油库管理公司，先后派遣80人次承包管理4座油库，到2012年底，实现吞吐量727万吨无安全环保和油品数质量事故。

【企业管理】 加大内控测试检查力度，测试单位包括机关本部、13个分公司、2个控股公司。测试发现例外事项139个。其中，业务层面关键控制例外事项136个，信息系统应用控制例外事项1个，信息系统权限测试例外事项 2 个。通过 OA 系统给各分公司下发文件，督促整改，并将整改情况纳入考核，遏制内控执行力下滑的倾向。

2012 年 3 月 1 日，在用油库实行集中统一管理，下发《辽宁销售公司油库集中管理方案》，为保证此项工作平稳运行，企管处积极参与油库接收工作。在油库统一管理过程中，内控管理部门在流程、制度层面提供支持服务。

全年共有重大项目 125 项，重要决策 36 件，共涉及金额 52338 万元；法律人员实际参与把关项目 125 项，涉及金额 52338 万元，参与比例 100%，共提出法律意见建议 64 条。收集整理各分公司上报管理制度 324 项，形成二级单位制度进一步梳理方案。

抽调各市公司合同专职人员组成 3 个专项检查小组，对公司本部及下属 8 家市公司（沈阳、鞍山、抚顺、本溪、辽阳、朝阳、阜新、葫芦岛）进行检查，在检查过程中抽取了大量的合同样本，并按照《合同管理标准》和《规章制度检查标准》进行自查，8 家市公司共抽取 180 份合同，其中，非油采购类 30 份、成品油买卖类 30 份、服务采购类 20 份、工程投资类 100 份，对检查中发现的问题做了详细记录，并要求各分公司进行整改。

清理整顿加油站 75 家，其中，清除违规商标 46 家，停业整顿 12 家，采取诉讼程序 10 家，各地工商部门发函要求公司确认加油站资格的 7 家，对辽宁市场长期存在的商标侵权行为起到了震慑作用。

【队伍建设】 开展“三控制一规范”工作，测时写实做法在中国石油销售系统推广。到 2012 年底，加油站单站用工控制在 9 人以内。

探索低效加油站驻站式承包经营模式，在 133 座低效站推广，减少用工 270 人，人工成本下降了 36%，站均费用下降 37%，销量平均提高了 25%。

推行工资总额与经济效益等主要指标挂钩机制，薪酬分配向一线倾斜，稳定了一线员工队伍。

2012 年 3 月，经过严格考评，236 名优秀市场化用工开始享受合同化用工待遇，占市场化用工总数的 3%。开展加油站经理人资格认证工作，认证特级经理人 8 名、高级经理人 39 名、中初级经理人 685 名。

教育培训采取“两级管理，三级培训”模式，与辽宁大学联合举办处级干部 EMBA 班、青年干部集中培训班，与沈阳理工大学联合举办本科学历班，吸引硕士及以上高学历员工进入企业，员工队伍知识结构明显优化。

到 2012 年底，公司有硕士以上学历的员工 168 人，大学本科学历 2800 多人，大专学历 3900 多人。在岗人员中有高级职称的 116 人，有中级职称的 814 人。

成立实训教育基地。选拔内部培训师，开展加油站经理主题培训工程，扩展师资队伍，开办网络学校，与中国石油大学（北京）等高校建立合作关系，举办安全工程硕士应考培训班，42 名员工通过笔试进入复试，考试通过率达 83%。外聘知名专家学者举办产业政策、行业形势讲座，编写《做最好的加油站经理》、《加油站实用商务英语教材》和《企业内部培训师培训教材》，员工教育培训工作再上新台阶。

（曲长生　张沈安　马　丽）

中国石油天然气股份有限公司四川销售分公司

【概述】 中国石油天然气股份有限公司四川销售分公司（以下简称公司）成立于 1952 年 9 月，前身是四川省石油总公司，1998 年成建制上划中国石油天然气集团公司。公司主要从事成品油批发和零售业务，以及便利店、润滑油、天然气、广告和化工产品等非油品销售业务，是四川成品油供应的主渠道。截至 2012 年底，公司下设 25 个二级单位，4 个直属单位，员工 16509 人；拥有在用油库 25 座，总库容 90 万立方米，资产型加油站 1510 座，资产总额 108 亿元。

【主要经营指标】 2012 年，公司销售各类油气产品 760.1 万吨，其中，销售汽油、柴油 740.7 万吨，同比增长 7.8%；零售汽油、柴油 611.5 万吨，同比增加 5.8%；实现营业收入 606 亿元，考核利润 12.7 亿元；公司人均销售量 447.9 吨、人均零售量 370.4 吨、人均利润7.7万元；单站日销量12吨、同比增加0.4吨；股权收益2341万元，同比增长44.2%。

【市场营销】 公司积极推进营销职能体制机制调整，对零售和卡销售业务与加油站实行一体化管理，对油库资源、资产及领导班子实行集中统一管理，“三横两纵”的营销组织架构初步形成。坚持以市场为导向、以客户为中心，创新客户服务管理体系，完善市场分析监测机制，加强客户经理人队伍建设，开展“比学赶帮超”劳动竞赛，市场竞争能力和持续盈利能力不断增强。坚持优化结构、效益领先，终端销售比例、零售比例和汽油销售比例分别达到90.5%、82.7%和37.9%，综合价格到位率达到100.3%；积极促进客户支付方式转变，销售加油卡67万张、充值金额159亿元、沉淀资金11亿元，卡销比28.8%。全面推行小站承包和低效站、亏损站专项治理，开展达标改造和样板站建设，单站增量创效能力稳步提升。

【非油品业务】 公司多元化推进非油品网点建设和业务发展，成功打造广元新安服务区、高新天山、金牛坝、迎宾等便利样板店，实现由单纯的加油服务向综合服务的转变，全省非油品业务覆盖面达到95%以上。强化非油品队伍建设，完善非油品销售激励机制，调动员工非油品销售积极性。2012年，实现非油品业务收入7.1亿元、同比增长29.1%，非油品利润7160万元、同比增长31.5%。

【网络建设】 公司坚持突出项目抓发展，全年完成投资17.9亿元，投资计划完成率95.1%，投资资本回报率18.4%。加快推进“十二五”规划项目落地，全年新开发立项加油（气）站85座，其中，租赁加油站6座，橇装加油设施4座，完工投运加油站86座。突出占领高效市场和高回报项目，新开发成都地区及天府新区加油站28座、高速公路服务区加油站14座，分别占新开发项目的33%、16%。推进加气业务发展，新开发加气站10座，储备加气站项目20座。加快推进仓储能力提升，104油库下装改造二期工程按计划投运，隆昌、资阳、广元3座油库技改扩容项目建成投用。

【安全环保、质量、计量】 公司全面启动HSE体系推进工作，规范运行HSE管理体系，加快HSE培训师资队伍建设，培训集团公司培训师2名、公司级培训师63名、二级公司内训师310名，编写印发培训课件117个。启动3年安全环保隐患治理计划，安排资金1.5亿元治理库站隐患项目241个。组织“打非治违”专项活动，开展库站罩棚隐患排查，强化重点领域、要害部位、关键环节和特殊时期的风险管理。利用调运指挥系统，整合油库、加油站视频监控系统，初步建成公司应急指挥平台，提升了应急监控、应急指挥能力。持续完善质量管理体系，加大油品收储销各环节的质量管控力度，投入2570万元资金配备化验设施，确保油品质量合格。开展油品计量专项整治活动，完成1102座加油站地罐交接单轨运行，提高了计量精确化水平。全年实现了“零伤害、零污染、零事故、零质量计量及新闻曝光事件”的四零目标。

【精细管理】 公司推进规章制度体系建设，统一发布200项制度、490项流程，内部管理秩序更加规范。信息系统集成应用能力稳步提高，22家单位车载视频系统和13座油库、853座加油站“一卡通”设备建成投用，122座加油站完成卡机连接改造。坚持开展内部监督，组建审计监察中心，围绕工程建设、经营销售、商品资金、预算执行等重点环节抓好监督整改，取得较好成效。强化施工项目组织管理，提高物资采购集约化水平，工程项目总体受控。开展测时写实，落实“三控制一规范”，人均销售量、零售量同比分别增加29.9吨、18.3吨。大力推进管理创新工作，1项成果获全国企业管理创新优秀成果奖，9项成果和16篇论文获石油石化行业（部）级表彰。承办集团公司油品销售精细化管理会议，并在会上作精细化管理经验交流发言。

【队伍建设】 公司深入推进“领导班子和队伍建设年”活动，完成了对公司机关干部、二级公司领导班子和成员年度考评工作。组织机关干部和二级公司党政负责人到大庆参观学习，举办第四期中青年干部培训班，培训中青年干部42人。开展群众性岗位大练兵活动，以业务系统为主线组织岗位练兵技能竞赛，表彰奖励岗位练兵先进单位13个，先进个人139名。组织第四届操作人员技能竞赛，2180名选手参加技能竞赛，公司表彰奖励技能竞赛先进集体15个，先进个人196名。进一步完善人才培育激励机制，为员工成长成才搭建平台，开展技能鉴定和专业培训，轮训员工21800人次，3人被评聘为集团公司管理专家，2323人晋升职业技能资格，与2120名市场化员工签订无固定期限合同，182名市场化员工走上科级及以上管理岗位。以举办职工文艺汇演、主题演讲、企业发展成果展等多种形式，广泛开展公司成立60周年系列纪念活动，提振了员工队伍士气。

【公司荣誉】 2012年，公司荣获集团公司“2012年度安全生产先进企业”、“2012年度节能节水先进企业”、“2012年度信息化工作先进单位”、“2012年度物资统计先进集体”、“2010—2012年度维稳信访工作先进集体”等荣誉称号，位居“2012年四川企业100强”第六位。公司工会获集团公司“模范职工之家”荣誉称号，选送的音乐快板“碧峰峡上的宝石花”参加第六届中国石油职工艺术节“长庆杯”曲艺、戏剧、小品大赛获得曲艺类银奖。

（张晋松　杨光洲）

中国石油天然气股份有限公司广东销售分公司

【概述】 中国石油天然气股份有限公司广东销售分公司（以下简称公司）负责中国石油在广东的成品油销售、网络开发建设工作。截至2012年底，公司投运加油站1045座，运行资产型油库10座，总库容达83万立方米，资产总额171亿元；公司共设有13个机关处室，21个地市分公司，2个直属单位，员工14226人。

【主要经营指标】 2012年，公司销售成品油605.19万吨，其中，汽油296.66万吨、柴油304.98万吨、煤油3.55万吨，汽柴油总销量同比减少43.59万吨；销售小产品46.36万吨；零售总量453.11万吨，增幅3%，零售比率达70%；纯枪量440.95万吨，同比增长6.72%；实现销售收入525亿元，利润3.66亿元；实现非油品收入6.6亿元，利润6328万元。HSE体系及质量体系有效运行，全年无安全事故、无污染事故、无计量、质量事故。

【资源调运】 资源库存遵循“畅销开入口，平销调结构，滞销控库存”原则，统筹直炼、外采、串换3种资源，让有限资源获取最大利润。二季度市场疲软，总部控库保价、合资公司发挥优势外采资源，规避了因价格调整而可能造成的库存亏损。优化物流配送方案，南沙油库一次到站出库量达到23.28万吨，规划陆路配送区域，初步形成物流优化模型，吨油费用降低0.71元。与中油运输公司调度合署办公，计划无缝对接，配送车辆日平均周转2.50次，同比增加0.17次。

【市场营销】 根据不同区域的市场特点，适时调整营销策略，推行“一市一价、一客一策”，价格管理由“一刀切”向“差异化”转变，实现了营销策略和价格管理的双转型。加强终端需求分析，推进客户星级评定，合理运用信用工具，以差异化营销推进公司终端客户开发和直销业务发展。销售结构持续优化，零售比重同比提高7个百分点；汽油等高附加值品种的销售比重提高，汽柴比达到1.02，同比提高0.22。

【零售管理】 “一站一策”的营销思想不断丰富，制订18类、83种加油站常用销售策略，通过改进客户管理、提高服务质量、强化现场管理、激活睡眠油卡、开展劳动竞赛、运用组合营销等方式，促进公司零售水平稳步提升，纯枪量同比增加27.78万吨。在粤通卡公司、省邮政公司等第三方设置售卡充值点，实现昆仑加油卡在中油碧辟436座加油站刷卡消费，公司累计售卡125.8万张，充值金额113.48亿元。

【非油品业务】 加大便利店包装改造力度，新增便利店54个，公司共运营便利店965个。公司本部与中油碧辟联合采购全网络销售性质的商品，合并运作中央仓，统筹路线共同配送，降低运作成本，商品准时到站率达到98%，收货时间缩至4天，中央仓配送范围扩展到中国石化、中国海油700多座加油站。

【网络建设】 紧紧盯住高效油站和燃气市场，开发油（气）站66座，其中，万吨站12座、加气站11座，投运油（气）站57座。抓住西气入粤及清洁能源推广契机，编制完成广东省及各地市“十二五”加气站专项规划，25座加气站及100座加油站规划指标成功列入集团公司与广州市政府的战略合作协议。与深圳燃气、南沙资产经营管理有限公司等地方专营企业合作，突破气站建设瓶颈，为燃气市场开发拓展了新路。中山油库工程完工，江门油库初步设计通过销售公司评审；东莞油库完成工程地质详细勘察工作；茂名油库申请可研评审立项。揭阳—东莞成品油管线取得8个县区规划路由批复，相继开展安评、环评、水保及地质灾害等专项评价。

【企业管理】 查找“三基”管理、预算管理、营销管理、物流优化等9个方面41项管理短板，全面启动管理提升活动。预算管理激励与约束并重，突出指标优化与成本控制，调动了分公司的经营积极性。关注资金成本，开展资金效能分析，为优化库存、保持合理销售节奏、控制信用赊销和资源外采成本等提供决策依据。股权企业重大决策和行权规范化管理得到强化，在资源采购、网络开发等方面充分发挥体制优势，在73家股权企业实现收益2.87亿元，同比提高10.2%。深入开展降本增效，推进业务外包、优化排班、低销量站承包、试点自助加油等措施，基本实现增站不增人，人日均纯枪加油量同比提高9.8%。公司与银行达成POS机刷卡费用封顶协议，每年降低交易费用100多万元。全面推广单联发票，现金交易数据与发票机联动，严格发票管理，每年节约发票印制费用200万元。珠海石化油库顺利划转东北销售公司。华南区域数据中心机房和广东销售运维中心正式运作，中心实行24小时值班和运维，提高了信息系统使用效率和质量。

【队伍建设】 将"四好"班子建设作为加强两级领导班子和领导干部素质能力建设的重要举措，公司被集团公司评为"四好"班子创建活动先进单位。深化创先争优活动，推行领导干部挂牌明示，建立63个党建"三联"责任示范点。公司纪检部门正式启动党内巡视活动，强化干部监督约束机制，完成对首批4个分公司的巡视，提出巡视建议13条。认真执行集团公司干部选拔任用相关规定，坚持用人程序和标准，调整处级干部2人，完善考核管理机制。广泛开展操作员工培训和技能鉴定工作，完成网络教育学院培训平台的建设，组织培训班318期，培训员工4851人次，累计鉴定员工1336人（含海南销售公司234人）。正式启动加油站职业经理人队伍建设，开展星级评定，在试点单位选聘首批7名加油站职业经理人，员工队伍整体素质持续提升。

【安全环保】 修订并发布《广东销售公司QHSE管理手册》和35个《QHSE管理体系程序文件》，组织专家现场培训宣贯、内审，质量管理体系顺利通过外部监督审核。全面开展安全达标整治活动，专项治理安全隐患135项，安全达标维修302项，完成179座罩棚隐患排查工作。聘请专家、内审员对达标整治项目进行全覆盖审核，隐患问题得到全面治理。落实安全环保培训直线责任，开展安全观察与沟通，以及安全经验分享，安全环保风险防范水平明显提升。

（汪　森）

中国石油天然气股份有限公司内蒙古销售分公司

【概述】 中国石油天然气股份有限公司内蒙古销售分公司（以下简称公司）主要负责内蒙古自治区成品油销售业务和非油品销售业务。公司下辖12个盟市分公司、3个成品油销售控股公司、1个专业分公司、108个零售片区。截至2012年底，资产总额86.08亿元，油库31座，加油站1448座，员工17344人。

【主要经营指标】 2012年，销售成品油646万吨，同比减少64万吨，降幅9%。其中，汽油200.96万吨，同比增加17.95万吨，柴油462.69万吨，同比减少64.64万吨；零售量562万吨，同比减少57万吨，降幅9.2%，零售比重85%；实现销售收入522亿元，利润8.12亿元，吨油利润122.36元。

【市场营销】 2012年，公司克服资源、需求与供应不同步的矛盾，加强资源组织调运，有利调控市场销售，实现了销售、效益与保供的有机统一。在资源采调上，以直炼资源为主，外采资源调控，全年购进直炼资源510万吨，同比增加47万吨，配置计划兑现率97%，外采资源136万吨，占购进总量的21%，基本保障了市场需求。紧盯市场变化，科学调整调度方案。价格上调前，主导涨库增效，实行满库容运行；资源宽松时，抢先销售，低库存运作，降低了跌价风险。

【加油站管理】 2012年，紧紧围绕增量创效，深化零售绩效考核机制，确定汽油增幅、新增便利店数量、客户投诉比例等14项关键绩效指标，强化零售指标考核。出台零售上量工作措施，从运行效率、现场服务、油非互动等6个方面推进零售促销上量。加大加油卡营销，增设318个售卡点，全年售卡70.6

万张，累计沉淀资金6.5亿元。开展“97号汽油双倍积分、柴油折扣优惠”促销活动，下放卡促销权限，实施“一站一策”，卡销比同比增加3.1%。抓住汽油需求增长的机遇，推进汽油站建设，汽油站达110座，同比增加29座，汽油纯枪量同比增加18.7万吨，增长10.6%。实施加油站提效工程，为131座城市中心、国（省）道站安装了557台卡机连接机，引导顾客自助消费，平均自助加油率达22%以上。重新规划200座加油站的现场作业和停车位置，优化175座高峰加油站的排班和削高峰工作，平均日增量0.34吨。启用加油卡客服系统，在1400多座加油站张贴95504温馨提示牌，对外公布95504客服电话号码，顾客满意度达到了90%以上。

【非油品业务】 加大便利店终端覆盖，2012年新增便利店532座，纳入统一核算的便利店1002座，实现销售收入2272万元，利润243万元。制定《非油品业务供应商准入管理办法》，与25家战略合作伙伴签订采购合同，推进商品统一采购，累计采购金额1000万元以上。每月开展商品主数据集中清理，清理滞销品2100个。拓宽非油品项目，合理调配化肥资源，采取旺季保西部，淡季储东部的化肥投放策略，实现化肥销售10523吨，收入2310.55万元，毛利润123.18万元。多种形式扩大销售，通过营造购物氛围、扩大供应商合作、增加服务范围、运用价格策略、实行节日促销等方式，非油品收入和利润再创新高，实现非油品业务销售收入3.86亿元，同比增加3625万元，利润2856万元，同比增长2.04%。

【网络建设】 突出投资收益，网络开发以呼和浩特、包头、鄂尔多斯“金三角”、沿黄河经济产业带、经济发达的一级、二级中心城市和高等级公路为重点，全年新开发加油站47座，累计投运加油站56座。开发加气站9座，其中，LNG站7座，CNG站2座。对呼和浩特分公司大台加油站等8座加油站进行自助加油、加气、非油品销售、洗车等不同功能的升级改造，全部安装了一次、二次油气回收系统，有效节约了油气资源。第一座集“加油、加气、非油、洗车”四位一体全功能油气合建站呼和浩特光明路西口加油站于2012年底建成投运。强化工程管理，新建、安全隐患整改及续建油库项目全部推行EPC总承包管理模式，实现了工程质量与现场安全总承包、监理、业主三级管控的运行机制。全力协调配合支管道建设，截至2012年底，呼和浩特—包头—鄂尔多斯管道已完成土右旗标段的管道焊接工作，银川—乌海—临河管道敷设已完成总体工程的80%，保定—呼和浩特、锦州—赤峰管道进入可研论证阶段。

【安全环保】 落实全员安全责任制，推行HSE绩效考核，逐级签订责任书16292份。修订完善《HSE管理手册》和《程序文件》，各级领导落实个人安全行动计划621份。建立HSE述职制度，规范属地管理的标准和内容，将管工作必管安全落到了实处。开展综合检查、体系审核、“打非治违”以及环境安全和油库安全、油品公路配送等专项检查，问题整改率达97%。强化安全风险防控，分级建立了风险清单。深入开展隐患排查，治理加油站罩棚、安全间距不足、油罐腐蚀渗漏等97项安全隐患。加强应急管理，建立应急预案体系，修订发布249项应急预案，编制35273项库、站应急处置程序。组织各类应急演练1778次，成功组织油库油罐火灾三级应急联动演练。强化质量管控，质量管理体系顺利通过集团公司体系审核。配备233台化验仪器，27座化验室基本满足必检项目的检测需求，呼和浩特、通辽2座中心化验室具备开展油品质量检测和质量抽查的条件。强化计量管理，统一规范计量工作标准和执行流程，对全系统172名油库计量员进行业务培训。1250座加油站实行地罐交接，905座加油站实行液位仪自动计量。认真做好防恐维稳工作，建立专人包案责任制，做到问题及时发现、及时报告、及时化解，较好地完成了全国“两会”、党的十八大等重要时段的维稳任务。

【精细化管理】 强化经济活动分析，实行全面预算管理，推行集中报销平台，制定针对性控费降费措施，运费同比降低12.7%，维修费同比降低17.9%，五项管理费用同比降低7.3%。完成708台节能锅炉改造，节煤1216吨。20座加油站试点LED灯合同能源管理，节电2.7万千瓦·时。取暖用煤公开招标、集中采购，费用同比减少136万元。精简机构和冗员，所属各企业机关职能部门减为7个，人员降到65人以内，片区管理人员降到7人以内。深挖潜力，在八拜油库推行扁平化管理试点，人员由78人降至17人。全面推进小站承包经营，完成229座2000吨以下加油站承包，销量增幅3.4%，降低人工成本1267万元。信息化应用不断深入，3月底完成了四大系统全面集成，实现了数据共享和销售业务闭环运行。制定信息系统应用考核管理办法。实现油库集中管理，实时监控成品油从入库到出库的全过程，保证了油库安全、高效运转。营销管理业务实现了从内蒙古公司到盟市公司、营业网点自上而下的销量、价格、货款、流向的规范、灵活管控。改革薪酬分配方式，突出劳效指标，注重向一线倾斜，2012年向一线员工额外倾斜了1000万元。修改完善绩效考核体系，深入推进“升油含量工资”分配办法，将零售量与员工收入紧密挂钩，拉开加油站员工收入，激发了一线员工积极性。

【公司荣誉】 临河油库经理徐锦喜、大台加油站经理马浩杰、东胜油库分别被评为中国石油十大模范油库主任、模范加油站经理和标杆油库，杨永旺等8名加油站经理被评为中国石油明星加油站经理。公司荣获“内蒙古自治区最具社会责任感企业”、“内蒙古自治区创先争优活动先进单位”、“产品·服务双满意单位”、集团公司创建“四好”领导班子先进集体等荣誉称号。

（周　震）

中国石油天然气股份有限公司北京销售分公司

【概述】 中国石油天然气股份有限公司北京销售分公司（以下简称公司）主要负责中国石油在北京地区的成品油批发和零售、市场开发等业务。截至2012年底，公司资产总额39.55亿元，公司在用油库7座，库容19.09万立方米，累计投运加油站205座，投运橇装站192座，便利店149座，其中百万元店23座；公司员工3292人，其中拥有大专以上学历人员1263人，占员工总数的38.4%；年成品油销售232万吨。

【主要经营指标】 2012年，公司成品油销售量232万吨，同比增长7.2%；纯枪销售量106万吨，同比增长3.5%；IC卡累计售卡194.48万张，沉淀资金7.26亿元；非油品业务收入1.4亿元，便利店销售收入0.82亿元，同比增长41.4%；在网络维护和加油站开发建设方面，新投加油站7座、橇装站14座；税前利润实现8040万元，吨油营销成本420.5元。

【企业管理】 以管理提升活动为主线，推动制度建设、职责梳理和流程优化，夯实基础、提高效率。顺利完成ERP、加油站管理系统、一次物流优化系统、二次物流管理系统、油库管理系统五大系统集成和调整工作，加强日常运维，业务系统运行顺畅。加大纠纷案件处理和商标维权工作，严控法律风险，全年处理三会友和西军庄租赁合同纠纷案等17起，结案11起，避免和挽回经济损失1亿元以上，其中机场特许纠纷案件挽回损失7838万元。加强重大风险评估测试、集中采购管理、效能监察和专项审计工作，堵塞管理漏洞，防范管理风险。加大培训力度，全年共培训3250人次，完成318人次的技能鉴定工作。强化预算管理，本着“突出效益、降费增效、营造和谐经营环境”的原则，加强预算执行预警，建立月度预测模型，实现以旬保月、以月保年预算目标的良性循环，业绩驱动作用不断增强。

【加油站管理】 成立零售经营策略研究小组，加大对市场、竞争对手的调研力度，实施“一站一策”营销策略，挖掘加油站销售潜力。着力在提高纯枪销售、汽油销售和高标号油品销售上下工夫，通过市区打造纯汽油站、扩大高标号汽油覆盖面、推行夜间变价销售、加大“二次开发”力度等措施，销售质量大幅提高。零售比例65.72%，单站日销量14.36吨，同比增加0.31吨；销售高标号汽油9.46万吨，同比增长32.40%。在增量、增效、降低成本、提升管理水平和品牌效应上下工夫，加强现场管理，积极推进加油站优化交接班和消高峰工作。认真做好客户开发、客户服务和规范管理工作，销售质量大幅提升。69座加油站通过优化排班、科学匹配、场地划线和调整加油枪布局，顾客等待时间缩短20%，加油效率和收款效率提高25%，单站日销量增加3.27吨。

【非油品业务】 积极拓展非油品销售业务，新推行福利彩票、电话卡和新上市饮料等商品的销售，扩大香烟销售便利店范围，通过拓展服务范围，销售收入得到显著提升。认真总结2011年非油品竞赛的经验，进一步完善计划制订和流动红旗的评比工作，将便利店销售业绩与个人收入挂钩，充分体现多劳多得。充分利用各种节假日，精心研究促销方案，积极开展非油品促销活动，提升非油品业务质量。强化计划管理，细化管理指标，加强对非油品业务计划的跟踪、修正和分析，并将加油站便利店销售任务分解到班、分解到人，充分调动全体员工销售便利店商品的积极性，全员积极宣传促销活动内容、推介便利店商品，提高促销质量。加强市场研究，按照“一站一策”原则，对重点社会站和周边主要竞争对手进行调研，并结合各个加油站实际制定有竞争性的月度营销策略和个性化的促销策略，预测和驾驭市场销售能力增强。加强供应商管理，积极与入围的供应商进行沟通协调，提高便利店商品到货率，保障加油站的到货率在90%以上，确保夏季畅销商品备货充足。

【资源运行】 成立市场营销决策小组，密切跟踪资源状况，建立资源预警机制，搭建炼厂、运力和油库畅通渠道，提前做好资源应急储备，确保资源的平稳均衡供应。加强市场监测，优化资源配置结构，实行资源动态调整机制，全年累计调整配置计划8.32万吨，外采补充资源14.2万吨，实现了以资源促效益。多渠道落实资源供给，确保市场资源稳定供应。公司成立专门领导小组，加强终端项目开发，推进终端项目运行，中油黄金、中油中船、中油中盐3个公司先后实现营运，累计增加销售量3.7万吨。成立情报系统建设领导小组，根据北京成品油销售市场特点，建立监测点129个，提高了公司对市场的分析研究和把控能力。加强价格管理，结合资源和市场变化，及时调整价格政策，全年共调整批发价格49次，调整供应价格47次。坚持“围绕营销搞调运”的理念，根据市场需求抢运适销对路的资源，保障市场供应，全年完成一次调运195.6万吨、二次配送93.4万吨，资源兑现率实现100.66%。建立油库进销存监控模型，实行联动分析机制，提升物流运行效率，全年油库周转量160.83万吨。深入开展成品油配送优化研究实验工作，采取强化一次调运、二次运输、优化运距、加强库存管理和油库运行等措施，仓储物流实现科学化运行。从9月1日起，公司自营的151座加油站和5座油库开始按照项目研究模式运行，单车日均配送趟次由原来的2.4次提高到3.6次，配送效率提高50%，配送车辆精简33%，配送平均运距降低10%，累计创效140万元。

【网络建设】 加强遗留问题处理工作，加大与业主的沟通力度，多措并举，有效控制和解决纠纷问题。妥善处理30余项纠纷，其中，中油天健加油站纠纷、“阳光三站”权属纠纷等典型纠纷均得到妥善解决。坚持守土与开疆并重，联动开发和单站开发并举，加大集团开发，实现较大突破，其中，祥龙公司整体开发、3个零售合作和1个仓储合作项目取得实质性进展。紧抓石楼油库改扩建项目，北京市规划委员会已评审通过石楼库设计方案和原油管道迁移方案，完成与石楼镇政府签订高压线杆迁移占地补偿协议。严把施工质量，顺利完成自然灾害受损加油站抢修项目，全年组织较大加油站检维修72站次。积极开发销售网络，强化可行性调研，注重投资回报率，全年新投运加油站7座，评审立项橇装供油设施23座，新投运橇装站14座。

【安全环保】 全面加强质量管理，推进质量体系审核监督，公司通过了集团公司体系审核和第三方认证机构的监督审核，严把油品出入库质量关口，严控油品损耗，全年油品抽检合格率100%。全面加强计量管理，完成147座加油站地罐交接工作，油品损耗管理得到加强，加油站进油验收效率大幅提高，平均入罐损耗率总体下降2.5个千分点，加油站单车停留时间平均减少40分钟。切实加强安全管理，坚持安全工作每天从零做起的理念，全面推进HSE体系建设，持续开展安全经验分享活动，认真践行有感领导，全面落实直线责任，安全意识得到加强；强化施工安全管理和承包商管理，现场施工和检维修安全受控运行；完善安全应急预案，加强库站应急演练，强化隐患治理，牢牢守住了计量、质量和安全“三条红线”，公司连续7年荣获集团公司“安全生产先进企业”称号。

【重大事件】 顺利完成组织机构优化调整。为了深入贯彻销售板块关于“三横两纵”营销体制要求，解决公司在体制、机制和管理方面的问题，适应公司发展实际，在深入调研、集思广益、认真听取各方面意见的基础上，于2012年7月4日进行了组织机构优化调整工作，设立4个二级销售分公司和1个仓储分公司，缩减公司机关管理人员，充实基层管理力量，强化终端销售组织，实现责权利科学统一，公司上下呈现出想干事、能干事、干成事的良好氛围，公司各项指标不断提升。成功应对北京地区61年一遇的“7·21”特大暴雨和“11·3”暴雪灾害的侵袭，公司上下团结一心，各级领导靠前指挥，反应速度快、决策能力强、协调执行到位，无一人伤亡报告、无一起环保数质量事故，把库站经营损失降到最低。圆满完成京V置换工作，本着积极稳妥、平稳受控、节省费用的原则，按照“先小站后大站、先郊区后市区”的顺序，历时3个月，共清理油库油罐39具，加油站油罐818具，油品检测678次，合格率100%，节约清罐费用333万元。北京电视台对公司京V置换工作进行了专题报道，为集团公司树立了良好形象。

【清洁能源工作】 2012年9月成立清洁能源项目部，

主要负责公司在北京地区的清洁能源市场开发、资源组织供应、销售网络建设及厂站运营管理等工作，初步形成了《车用天然气业务开展方案》。开展燃气资质增项工作，按照当前全国及北京市天然气经营许可标准，完成了公司危险化学品经营许可，营业执照增项工作正在推进。多渠道拓展气源，与在京的中国石油LNG生产企业华港集团、中油华气进行谈判，与华港集团基本达成签订《液化天然气（LNG）采购合同》的意向。开发终端客户，通过与天然气汽车生产厂家合作、与各区县合作发展公交及加气设施出租项目、与北京的运输和物流企业合作等形式，进行终端市场开发。

【维稳和信访】 完成党的十八大特殊阶段维稳信访安保防恐工作。做好特殊时期的应急准备，制订了突发事件应急预案和41项库站应急预案，组织员工开展桌面演练、功能演练和实战演练，增强应急处理能力；实施全员风险抵押金制度，提高全员安全意识、责任意识和风险意识；与专业保安公司签订联保协议，聘请216名保安人员部署在47座库站，进行24小时值守，提高重点库站安保力量。重点排查大病员工、企业划转人员、岗位调整人员等重点群体，开展一人一事的思想工作，凝聚力量、理顺情绪、化解矛盾，营造和谐稳定的发展氛围，受到了集团公司和北京市的嘉奖，特别是北京市公安局内部单位保卫局授予公司“集体二等功”荣誉称号，是集团公司在京单位唯一获此殊荣的单位。

【股权企业管理】 2012年7月成立股权企业管理办公室，在公司股权管理委员会的领导下，负责股东行权、股权处置、股权基础管理和控股公司绩效考核等工作。按照公司新时期股权企业管理工作思路，初步建立股权管理委员会统一决策，相关部门协作配合，股权投资、股东行权、股权处置全过程的股权管理体系，并按照“专业管理、协作配合”的原则，明晰了管理职责界面。进一步建立完善了股权管理制度，按照“全面、简洁、清晰、实用”的原则，修订下发《中国石油北京销售公司股权管理办法（试行）》。推进股权企业绩效考核，制定《中国石油北京销售公司控股公司绩效考核实施细则》，采用控股公司董事会委托公司进行绩效考核的方式，合法统一了绩效考核主体。建立会议、指标跟踪、调研等信息沟通机制，协调解决股权企业经营管理中出现的矛盾问题。不断完善法人治理结构，按股份公司要求，制订了股权企业专职董监事配备方案。进一步规范“三会”运行，细化议案会前审查要求、优化审查流程、明确各部门审查内容。推进北京华油公司的股权处置工作。

【精神文明建设】 深入开展创先争优活动，构建“为民服务、创先争优”活动长效机制，涌现出党员模范先锋，其中1人荣获集团公司“十大优秀党支部书记”荣誉称号，7人荣获集团公司直属党委“优秀共产党员”称号，3人荣获“优秀党务工作者”称号，甘莹莹当选为中央企业系统（在京）党代会代表。成立6个直属党委和35个党支部，调整和充实13个股权企业党支部，按照程序选举产生支部委员会成员，党组织覆盖率达100%。参加上级和公司级培训3250人次，为乍得能矿部、乍得石油公司20多名管理人员进行成品油销售业务的培训。成立4个基层团委、13个团总支、116个团支部，新发展团员116名；深化青年文明号创建工作，36个青年集体获公司“青年文明号”称号，5个青年集体被集团公司直属团委命名为“青年文明号”，南湖加油站团支部获中央企业团委“五四红旗团支部”称号，公司团委获集团公司直属团委“五四红旗团委”称号。命名“五型”班组74个，合格率达85%以上；集团公司直属工会命名公司工会和中油首钢（北京）公司为先进职工之家，公司工会命名12个工会组织为先进职工之家，北苑、安燕等加油站被集团公司直属工会授予“铁人先锋号”称号。完成了2008—2012年惩治和预防腐败体系建设工作，连年无重大违纪违规事件。

（司明霞　乔　旭）

中国石油天然气股份有限公司上海销售分公司

【概述】 中国石油天然气股份有限公司上海销售分公司（以下简称公司）前身为中国石油华东销售公司，成立于1998年5月，是中国石油在区外成立的第一家销售企业。2009年底经中国石油销售管理体制调整后，公司主要负责中国石油在上海市辖区的油气销售、市场开发和终端网络建设业务。截至2012年底，公司设置12个机关处室、2个专业销售中心和6个区域营销中心，直接管理8家股权单位，员工2223人；拥有加油站160座，资产型油库3座，总库容32万立方米。2010年以来，公司确立了“不求最大，但求最好”的发展定位，提出“到2015年再造一个上海销售公司”的发展规划。

【主要经营指标】 2012年，公司全年销售成品油232万吨，销售收入约180亿元，市场份额保持30%水平，资产总额34亿元；零售量达到98万吨，零售比例达到48.5%，同比提高7.9个百分点；纯枪量达到77万吨，同比增幅8%。销售加油卡18万张，累计售卡量达到60万张。销售燃料油30万吨，同比增加19.3万吨。非油品业务实现收入8424万元，同比增加306万元。全年实现利润1.1亿元；吨油营销成本235.97元；股权项目投资收益7776万元。全年完成网络建设投资5817万元，开发加油站20座，投运加油站24座，均完成预算指标。

【市场营销】 以效益为导向调控购进节奏，优化品种结构，有效资源兑现率大幅提高。2012年外采油品14万吨，外采资源补充创效显著。成功应对市场需求低迷、价格剧烈震荡的挑战，取得销量同比增长7万吨的业绩，确保了全年销量的超额完成。建立全面的价格监测情报体系，实施分客户、分梯度灵活有效的价格策略，价格到位率达到98.7%。面对低迷的市场形势，积极创新零售营销策略，通过“最惠星期天”促销、点对点差异化竞争、加油卡银行卡联合营销等组合策略的实施，实现纯枪销量77万吨。加油卡单位卡比例超过30%，单位卡余额达到630元，位列区外销售企业第一。非油品业务收入、利润和利润率再创历史新高，香烟销售点达到76个，收入突破2400万元；VIP团购服务中心成功运作，3个汽车服务中心具备运营条件，ETC安装点已占上海半壁江山。燃料油业务实现规模和效益同步增长，销量和利润分别完成预算的150%和125%。

【网络开发】 2012年，累计开发加油站10座，投运加油站14座，开发橇装加油装置10座，投运橇装加油装置10座。紧盯上海市加油站“十二五”专项规划，取得镇政府规划用地批复10块。以处理归真站质量投诉事件为契机，加强股权企业专项治理，推进参股站规范管理，所辖44座参股加油站实现全资化管理比例达到82%，基本规避了参股站进货渠道、质计量不受控等潜在经营风险，终端市场控制力和零售能力有效提升。

【安全、质量、计量】 全面落实《上海市安全生产条例》，狠抓全员安全教育培训，深入落实全员安全责任，不断完善HSE管理体系和质量管理体系建设，集中治理安全隐患，全面开展春季安全生产检查、“打非治违”专项行动、油库专项检查和安全生产月等系列活动，保持安全环保、质量计量零事故的良好势头，确保了全国“两会”、上海市第十次党代会和党的十八大等重点阶段的平稳运行。公司不仅获得到了集团公司嘉奖令，还荣获“上海市社会治安综合治理先进集体”称号。成品油检验中心成功获得国家实验室认可证书，公司成品油检验水平率先达到国际水准。

【精细化管理】 内控体系顺利通过管理层测试，《加油站内控管理手册》发布实施。92%的加油站实现地罐交接，综合差量率由年初6.3‰降到2.6‰，油品配送全程耗时节省30分钟，单站计量员全部取消，油品损耗率同比下降0.3个百分点。总体费用和吨油营销成本指标严格控制在预算范围内，可控费用在年度预算基础上再压缩10%，加油站上门收款率达到100%。油库使用效率进一步提高，形成主力库、辅助库和柴油收储库联动的油库运转模式，库容结构、配送网络和公路配送环节不断优化，全年节约仓储费、物流费合计1655万元，同比降低3773万元。自助加油站建设初具规模，库站作业实现物联网自动接入，六大业务信息系统全面集成，数字办公系统覆盖率进一步提高，公司被评为集团公司“信息化工作先进单位”。实现与“三基”工作、基础管理建设工程、精细化管理相互融合、统筹推进，初步查摆管理短板和瓶颈问题188项。公司成为销售企业获得集团公司档案工作评价等级为A级的3家单位之一。

【加油站管理】 加油站“三核定”（核定销量、成本费用和利润）体系不断落实和深化，站经理负责制初步形成。加油站作为核算单元、经营单元和创效单元的定位更加清晰，站经理作为职业经理人的定位更加明确；以核定销量、可控费用、可比利润为主线的考核管理体系落实更加深入，以站经理年薪制为核心的薪酬激励机制更加完善，以“五公开”为重点的站内监督更加有力，加油站分类管理模板的建立使考评体系更加客观。在中国石油首届加油站经理人大会上进行了“三核定”经验交流发言，并印发指导意见在全系统推广。全年先后20家销售公司来沪考察学习，并由销售分公司组织安排公司到10家地区公司宣贯“三核定”，公司影响力大大提升。

客户经理制初见成效，直销工作再上新台阶。建立14个客服中心，组建完成20多人的客户经理队伍，初步建成以客户服务中心为载体、以客户经理为主要力量、以客户需求为导向的直销客户服务体系。直销工作制度和流程体系、市场细分和客户开发方案均已编制完成，客户经理的工作目标和责任明确到位，联量计酬制和考核激励机制正式运行。2012年开发新机构用户166家、新增终端销量10万吨，大大增强了公司的市场竞争力。

推广自助加油运营模式取得阶段性成果。崇明营销中心有效发挥试点作用，用一年时间实现了全岛自助目标；运行成熟的自助站卡销比已经达到99%，人均纯枪量由199吨提高到386吨。凯燕、真光、振兴、昕鑫等市区加油站也先后实现分时、分岛自助，培育了一定的客户群。截至2012年底，公司共有42座加油站实现自助加油。

【党建工作和企业文化】 顺利完成基层党组织换届选举和股权企业党组织建立工作，基层党组织覆盖率达到100%。“四好”班子建设工作得到集团公司表彰，“为民服务　创先争优”活动深入开展，受到上级党组织和地方党委好评。中油华鑫公司经理岗位公开竞聘，开启了一年试用期摘标竞聘制度；领导干部安全联系点制度、机关干部下基层服务月活动制度有效执行；2011年入职大学生已有10名通过竞聘走上站经理岗位，新毕业大学生队伍思想稳定；培养选树刘国超等5名集团公司级明星站经理，组织高级管理人员系列讲座2期，各类培训8192人次。成立文联、体协，第二届员工运动会、党旗颂歌咏比赛等文体活动深受员工喜爱。组织走访慰问困难员工138人次，发放扶贫帮困专项资金18.6万元。廉政建设责任制网络全面覆盖，公司被集团公司评为“惩防体系建设先进单位”。成功处置两起新闻危机苗头事件和多起新闻舆情，有效维护了企业品牌形象；每日编发《新闻简报》，实现舆情监测常态化，为公司经营管理决策提供了有效信息支持。

（杨永刚　谢小鹏　夏飒飒）

中国石油天然气股份有限公司黑龙江销售分公司

【概述】 中国石油天然气股份有限公司黑龙江销售分公司（以下简称公司）主要从事黑龙江省行政区域范围内成品油销售业务和非油品销售业务。截至2012年底，公司机关设有13个管理处室、4个附属机构，下辖3个直属单位、16个地市分公司、7个物流配送中心、77个片区。运营加油站1051座，在用油库34座，库容量56.56万立方米。资产总值58.1亿元。现有员工14848人，其中，合同化员工7295人，市场化员工7553人。

【主要经营指标】 2012年，公司实现成品油销售总量

442.84 万吨（含润滑油 3.5 万吨），实现零售量 383.07 万吨。全年累计实现账面利润 7.1 亿元；吨油利润 160.34 元，吨油营销成本 370.52 元。全年实现主营业务收入 353 亿元，同比增加 2.1 亿元。缴纳税费 4.36 亿元。非油品业务收入 3.27 亿元，同比增加 3761 万元，实现利润 2029 万元，同比增加 484 万元。

【企业管理】 公司突出财务、物流、薪酬用工、信息化、法律和风险管理。全省系统预算支出均衡受控，基础管理得到加强，降本增效成果显著，利润水平超计划、超同期。全省纳入资金监控的网点比率由年初的 86% 提升到 100%。较好地解决了闲置土地资产的处置问题，仅南直路职工培训中心土地置换一项，为企业增加利润 1800 余万元。在物流管理方面通过推行各层面与运输公司合署办公，签署《成品油公路配送承运合同》和《成品油承运安全合同》，实现了配送、GPS 监控的信息共享，为配送管理和运力调配提供了有力保障。通过优化配送路径，严控异地出库，提高了运费管控水平。全年实现吨油运费 44.93 元，同比减少 2.41 元，减幅为 5.08%。薪酬用工管理持续推进"三控制一规范"，全年共优化用工 766 人。信息化通过提高系统运维质量，搭建统一集成平台，确保了系统安全平稳运行。通过营销调运指挥中心，实现库站远程视频监控功能、调度 IP 电话、应急调度视频会议。加强重点领域风险防控，2012 年共审查合同 572 份，审查率达到 100%。通过股利分配实现股东价值，实现对合资企业中油农垦石油公司、哈同公司等企业股权收益 9388 万元。

【网络建设】 2012 年，共完成投资 5.23 亿元，新建、收购加油站 51 座，超额完成销售板块下达的 10 座指标。完成加油站、油库隐患项目及加油站改扩建项目等 142 项。全年共完成建设项目 193 项，投资计划完成率达到 96.3%，完成销售板块下达的 95% 指标，库站的基础设施建设得到了一定的改善。

【市场营销】 2012 年，认真研判市场，调整营销策略，完善激励机制，巩固了主营业务。一是靠客服中心和客户经理人队伍建设支撑营销。哈尔滨、牡丹江、大庆、齐齐哈尔客户中心已经建成并投入运营。65 名专（兼）职客户经理人管理着年购油量 100 吨以上的大客户 503 家。二是靠激励机制提振营销。除劳动竞赛奖励外，发放促销费 400 万元和零售促销奖励 800 余万元。三是靠市场信息情报系统支持营销。在全省布设市场信息情报监测网点 690 个，初步形成了覆盖全省，延伸到炼厂、客户和竞争对手的市场信息情报系统。四是靠企业联合创新营销。哈尔滨分公司推出移动手机用户加油积分兑奖活动，增加销量 300 余吨。五是靠市场保供推进营销。提前收储 0 号柴油 13 万吨，有效保障了全省春耕生产，为黑龙江省千亿斤粮食产能建设作出了贡献，被黑龙江省政府授予"粮食生产贡献奖"。

【加油站管理】 开展"五优"加油站创建活动，狠抓现场管理，有效提升了加油站综合管理水平和盈利能力。新培育万吨站 6 座。全年销售昆仑加油卡 65.3 万张，沉淀资金达到 9.2 亿元，卡销比达到 23.8%。昆仑加油卡业务的快速发展对稳定客户群体、多卖油多创效起到了关键作用。

【非油品业务】 非油品业务收入 3.27 亿元，同比增加 3761 万元，实现利润 2029 万元，同比增加 484 万元。非油品销售质量得到明显增强，利润每年的递增幅度保持在 40% 以上。注重效益，扩展经营范围。重点加强香烟、饮料、家庭食品、汽车用品等畅销性商品的销售。向大宗商品要效益，提升大宗商品的盈利空间。化肥销售通过提高自身服务、淡储旺销等措施销售化肥 3 万吨，实现销售收入 7800 万元，利润 550 万元。润滑油销售通过加强对市场的研究和预测，加大对机构用户的走访力度，提升小包装润滑油的加价空间，润滑油利润率同比提升 1.2 个百分点。加强激励机制建设，增强员工的热情和干劲。非油品销售按利润额的 10% 进行奖励，超销部分按利润超销部分的 30% 进行奖励，欠量部分按利润差额的 5% 进行处罚。通过强化油非互动，稳定客户群，助推了油品销售业务。

【安全环保】 公司突出 HSE 和质量管理体系的建立，实现了质量、计量、安全环保零事故的工作目标。在质量管理方面，围绕"进、装、运、销、存"，实行质量动态管理，严格各环节质量检验，公司共对 48 个批次，3.03 万吨不合格油品进行退货处理。在计量管理方面，强化计量监督管理，规范库存商品管理，加强计量设备管理。安全环保方面狠抓安全教育、预案演练、风险管控、施工管理、交通安全等关键环节，确保全过程受控。对 5 座油库、80 座加油站安全隐患进行了整改。公司利用安保基金返还款投入 413 万元解决了一些急需治理的安全隐患。

（张宏宇）

中国石油天然气股份有限公司河北销售分公司

【概述】 中国石油天然气股份有限公司河北销售分公司（以下简称公司）主要负责中国石油在河北省行政区域的成品油、非油商品销售业务以及市场网络开发工作。公司成立于2000年5月，2009年12月上划股份公司直接管辖。截至2012年底，公司设13个处室，下辖14家地市及专业分公司、15家股权企业，员工9981人，资产总额76亿元，资产型加油站1123座，油库22座，成品油年销售能力达450万吨。

【主要经营指标】 2012年，累计销售成品油447.1万吨，其中，零售量315.3万吨，纯枪量268.1万吨；吨油营销成本315.44元，利润总额3.05亿元，整体经营运行平稳有序。

【市场营销】 组建客户经理人队伍，全面铺开直销业务，实现直销量30.3万吨，同比提升2.7万吨；着力抓好零售尤其是纯枪销售，纯枪比例创历史新高，达到60%，同比提高2个百分点；积极开展汽油促销，累计实现纯枪汽油销量91.9万吨，同比增加10.5万吨，纯枪销售柴油汽油比1.92，同比下降0.42，销售质量有效改善。利用ERP系统加强价格管理，开展差异化营销，组织开展“五进发卡、竞赛提量”，全年新增储值50亿元，卡销比25%，同比提高3个百分点；实现非油品业务收入2.82亿元、利润899.4万元。成立市场营销决策小组，组建信息监测队伍，全面发挥客户经理人队伍优势，累计开发新客户584家，客户总量达到3547家，其中终端客户1301家，较年初增加242家，为公司营销业务拓展注入了新的动力。

【物流运行】 灵活资源保障方式，加大油库布局与品号结构研究，调整仓储品种布局，合理搭配火运、地付、串换、外采等方式，提高资源利用效率，全年累计调入直炼资源379万吨，实现地付直接入站76万吨，同比增加15万吨，资源保障优势进一步显现。优化储运环节管理，建立资源跟踪和库存预警机制，全面推广加油站补货制，累计配送入站油品270万吨；坚持运距最小化原则，强化二次物流系统、车辆GPS系统应用，建立与东北公司、任丘炼厂联动机制，充分用好大厂、任丘地付资源，努力延伸地付辐射半径，全年承担公路运费比例同比降低7个百分点，节约运费2000万元。持续理顺物流运行机制，成立调度指挥中心和仓储分公司，完成全资油库管理权交接，为全面形成资源集约、高效顺畅、反应迅速、保障有力的物流运行体系奠定基础，公司先后3次荣获股份公司物流优化流动红旗、年度“物流优化先进单位”。

【网络建设】 深入推进低销站治理，以提升终端创效能力为方向，分3批累计治理日销量3吨以下低销站208座，单站日销量提升4.2%；加强停业站恢复营业，停业站数量较年初减少35座，终端运行效率进一步提升。持续加大高效站开发，重点盯住高速公路、城市新区规划布点，累计开发加油站31座，其中高速公路加油站24座；加快省内城市新区站点开发，北戴河新区、渤海新区合资项目取得较大进展，公司荣获股份公司年度“网络开发先进单位”。有序组织油库项目建设，沧州油库主体完工，具备水联运条件，承德油库完成整体进度80%，杏园油库完成可行性研究批复，保定油库通过可行性研究初评，张家口油库库区及铁路专用线完成可行性研究编制。全面抓好投资成本控制，抓好项目评价审核，累计审核项目造价444个，审减金额3441万元，审减率21%；推行清单招标，努力杜绝“三超”，进一步规范投资成本控制。

【安全生产】 积极开展罩棚隐患、“打非治违”等专项检查，发现并整改问题2507项；持续加强应急管理，积极应对河北省北部、东部地区的台风、暴雨等自然灾害，有序组织现场救灾，未发生人员伤亡事故，全年实现一般A级及以上责任事故为零。坚持开展损耗分析，强化公路配送铅封管理和联合稽查，严格落实运输损耗纠纷处理规定，不断加强加油机防作弊管理，完成全部6200台加油机防作弊施封操作，全年公路运输损耗率、油品管理损耗率同比分别降低

1‰和2‰。质量管理体系通过第三方认证机构审核；建成中心化验室，初步具备抽检化验能力；把好油品验收环节，国家和股份公司质量抽检合格率均保持100%，“三条红线”责任得到有效落实。

【企业管理】 在优化劳动组织方面，精干管理人员编制，规范库站人员配备，库站用工总量较年初优化1236人；建立全员绩效管理机制，绩效薪酬与考核指标挂钩，人均销量、人均纯枪销量同比分别增加32吨和26吨；在邯郸1座加油站试点加油效率提升后，并在48座加油站推广，取得明显效果。在精细财务管理方面，建成资金管理平台，开展专项稽查，保证了资金风险可控；完善资产管理体系，资产创效能力不断增强；深化费用定额管理，强化租赁费用控制，全年退租加油站14座，节约租赁费229万元。在推进信息化建设方面，把经营指挥、物流优化、流程梳理、过程管控融入信息化建设，公司储运销整体运行效率大幅提升；加油站管理系统与税控系统创新集成，提高了工作效率和服务水平；推进数据中心建设，初步实现经营数据共享；微波网络通过销售公司科技项目验收，并获得国家专利，公司荣获集团公司年度“信息化工作先进单位”。在强化内部管控方面，加强股权价值管理，实现股权收益3680万元；组建物资采购中心，规范采购流程，节约采购资金856万元；建立经营环境治理情况通报制度，行政罚款同比降低一半；开展专项测试、制度梳理、印章清理，内控风险得到有效控制。

【基层建设】 深入开展党的十八大精神学习宣贯、“为民服务创先争优”主题活动、“促发展、上规模、增效益”劳动竞赛、石油企业核心价值观再学习、再教育，涌现出系统内外先进集体29个，先进个人69人。落实“三重一大”流程，健全领导干部基层调研工作机制，持续改进工作作风；严格执行《集团公司企业领导人员管理暂行规定》，全面落实干部管理四项监督机制，建立和形成领导人员选拔、竞聘、交流、述职述廉、综合考评等规范机制，干部选拔任用管理阳光透明、规范有序；加强离任和工程项目审计，开展职务消费、冬季用煤等专项检查和改造维修、IC卡管理等效能监察，干部员工廉洁从业意识进一步提高。健全成才渠道，规范用人程序，建立专业技术岗位序列，初步形成“三支队伍”培养机制；建成公司职业技能鉴定站并通过质量体系审核，累计培训员工11709人次、技能鉴定2804人次，队伍素质明显增强。切实履行央企责任，积极投身春耕、“三夏”、抗旱资源保供，树立了负责任的公司形象；坚持用发展成果回馈社会、惠及员工，捐建“母亲水窖”155口，积极开展扶贫帮困送温暖，慰问偏远库站、困难员工600余人，发放专项资金160万元，及时把组织温暖送到一线。公司上下和谐稳定，整体工作稳健运行。

（李　军）

中国石油天然气股份有限公司新疆销售分公司

【概述】 中国石油天然气股份有限公司新疆销售分公司（以下简称公司）是中国石油设立的地区销售公司，负责新疆维吾尔自治区的成品油销售与网络开发建设等工作。公司机关设有13个职能处室、2个附属机构、1个直属单位，下辖14个地州市销售公司、1个仓储公司、1个润滑油销售公司和1个综合服务公司。截至2012年底，员工总数12013人；资产总额58.33亿元；拥有资产型加油站993座，运营801座，占全疆运营加油站的45%；运营分销油库6座，总库容37.5万立方米，年周转量约为550万吨；铁路专用线4条，铁路装卸鹤位122个。

【主要经营指标】 2012年，公司全年销售成品油591.4万吨（含专项），零售量478.4万吨，同比分别增长11.2%和16.3%；单站日销量13.6吨，人均零售量423吨，同比分别增加1.05吨和77吨；销售天然气2013万立方米。全年实现收入总额447亿元，利润10.4亿元，同比分别增长14.8%和46.1%；实现经济增加值6.4亿元，完成预算指标的309%。

由于公司经营指标达到规定要求，2012年11月，公司机构规格由副局级调整为局级。

【市场营销】 2012年，公司坚持以资源为保障，以库站为载体，科学组织营销，提升了整体经济效益。

（1）强化资源运作。成立仓储公司，实现资源统配、运力统调的专业化管理。以统配、串换、外采多种资源采购方式，管输、铁路、公路多种运输渠道，周转成品油467.5万吨，并通过开展公路梯次配送，推行地罐交接，提高配送效率。

（2）加强营销管理。初步建立以客户为中心的两级管理和零售、直销两条专业线的营销模式，建立客户经理综合评价体系，按月制定营销主题，按区域、时段实施差异化营销策略。

（3）优化销售结构。以纯枪、直销、汽油零售、厚利商品增量增效为核心，坚持"量效并重、收入浮动、汽柴分开、突出汽油"，预算考核、薪酬激励，汽油零售增幅达到17.7%。深化"油气联运"，狠抓天然气销售，实现收入4938万元。

（4）全力稳固客户。开展"市场大调查、客户大普查"活动，巩固新老客户1356个，增量21万吨；组建直属企业客户服务中心6个，新开发客户165个，增量4.1万吨。销售加油卡64万张，巩固客户2.7万个，实现卡销比38.8%，沉淀资金7亿元。

【加油站管理】 2012年，公司纯枪万吨站达到84座，同比增加22座，哈密骆驼圈子北站成为公司首座纯枪4万吨站。

（1）推进标准站和示范站建设，实行领导干部示范库站挂点承包，全年副处级以上干部以各种方式指导库站工作7686座次。通过规范实物资产管理、开展地面画线、更换大流量柴油加油机、加油站区域挂牌负责制等工作，提高库站标准化、定置化、精细化管理水平。全年共培育三星级加油站44座，四星级、五星级加油站31座。

（2）加强95504投诉管理，加大责任追究力度，通过开展交互检查、经验交流、站容站貌整治、神秘顾客访问、顾客满意度调查等活动，库站整体服务质量提升，顾客综合满意率达92.61%，同比提高1.15个百分点。

（3）理顺库站工作流程，通过弹性倒班、优化交接班、后勤人员进班等方式，平均单站用工控制在11人以内。在116座3000吨以下加油站推行承包经营，减少直接用工412人。

【非油品业务】 2012年，公司打造旗舰店14座、百万元店138座，乌鲁木齐销售公司非油品业务收入突破亿元，乌鲁木齐红山路加油站便利店成为公司首座收入突破500万元便利店。

（1）实施"油非互动"策略，开展加油卡积分兑换非油商品活动，带动油品增量，促进便利店商品增收，非油品业务收入同比增长44%，创利5300万元。非油品核心商品毛利率达到18%。

（2）制定《便利店商品采购管理办法》等6项制度，以销订购，加强稽查，利用通报、网络定期公布便利店销售业绩，促进全员销售积极性。实施便利店培育计划，全年新增百万元店68座、50万元店17座、30万元店19座。

（3）组织开展后备箱计划活动，继续推进酒类和汽车用品销售竞赛，实施油品添加剂区域竞标管理新模式，包装饮料、酒、汽车用品实现收入1.1亿元，同比增长61.43%。实施化肥淡储旺销策略，实现销售3.35万吨，同比增长80.11%。开展书刊杂志、汽车轮胎、新疆特产销售和加油站广告位租赁业务，推进品牌产品的代理销售。强化润滑油销售和库存管理，实现收入9944万元，同比增长12.36%，降库1051吨。

【网络建设】 2012年，公司共投资6.1亿元，其中销售网络、技术改造等生产性投资5.3亿元，占总投资的86.9%。城市中心、高速公路、国省道加油站所占比例提高1.65个百分点，达到75.4%。新开发加油站50座（含橇装加油站6座），新增可研销售能力32.5万吨/年。续建、新建完工投运35座，新增零售能力26万吨/年。改、扩、迁建加油站61座。加气站投运19座。完成全疆加气母子站发展规划，开工建设库尔勒加气母站，配套规划加气子站7座。规划并建设完工伊犁铁路接卸油库一期主体工程；新建喀什油库取得股份公司可研批复；新建北屯油库完成股份公司可研评估。开发建设客户管理、视频监控等系统，启动9个科研项目。公司网络建设工作在二季度、三季度连续荣获销售分公司"促发展、上规模、增效益"劳动竞赛流动红旗，荣获销售系统2012年度"网络开发先进单位"荣誉称号。

【安全环保】 坚持以HSE和质量管理体系文件为标准，实现"两个手册、一套文件、联合审核"，完善安全环保联系点制度，开展个人安全行动计划，实施安全环保工作检查和追溯性考核，"有感领导、直线责任、属地管理"的安全理念得到落实。补充完善库站安保物防设备和视频、通信等技防设施，开展联合演习6场次、应急预案演练1215场次。执行24小时领导带班、干部值班制度，保障了亚欧博览会、党的十八大等特殊时期正常的生产经营秩序。开展"打非治违"和安全生产大检查，重点对施工现场、车辆运行等关键领域加强监督监管。挂牌督办，消除安全隐患212项。加强流量计、液位仪等设备与信息系统的融合，推进电子铅封与车载视频系统应用，实现了油品储运销全过程监控。接受国家和中国石油油品抽检47批次，合格率均为100%。公司连续6年被评为“新疆维吾尔自治区安全生产先进管理单位”。

【精细化管理】（1）完善两级机关组织设置及人员定编，压缩机构35个，盘活用工591人。整合克拉玛依销售公司与独山子销售公司。建立并实施直属企业分类评价体系，统一组织机构、人员编制、福利待遇和考核标准，专业分工、综合协调的组织架构基本形成。

（2）优化“四好”班子和干部考核指标体系，评选6个优秀“四好”班子；对16个副处级空缺岗位组织公开竞聘，28名处级干部进行岗位交流。青年干部党校培训、挂职55人，基本建立了一支年龄梯次合理、专业齐全的后备干部队伍。

（3）建立以销量、效益为核心的动态奖励机制，推行6000吨以上加油站经理年薪制、管理人员待遇与职称等级挂钩制、一线员工职业技能津贴制，完善先进荣誉、劳动竞赛等专项奖励制度。

（4）梳理规章制度210个，减少至115个，评价工作流程62个、优化32个，新增风险控制点23个，规范业务表单706个，实行上下两级公司管理责任挂钩，基本实现了制度、流程、表单的相互配套、相互支撑。

（5）深入推进综合计划管理，在4家直属企业试点建立二级、三级绩效考核体系，月度分解、量化考核。公司机关获得乌鲁木齐市“守合同重信用”单位。

（6）建立量费挂钩联动机制，通过加油站费用定额、资源优化配送、损耗全程控制、物资集中采购等措施，吨油费用控制在预算范围内。

（7）坚持月度经济运行分析，完善两级月度对标制度，通过加快资金周转、加大清欠力度、推广资金业务批量核算等举措，资金计划准确率达99%，累计清回陈欠款241万元。

【企业荣誉】 公司首次荣获“全国五一劳动奖状”、“中央企业思想政治工作先进单位”，再次荣获“全国安康杯竞赛优胜企业”称号。阿勒泰幸福路、库尔勒金城、哈密星星峡等加油站分别荣获“全国工人先锋号”、“全国安康杯竞赛优胜班组”、“新疆维吾尔自治区工人先锋号”荣誉称号。西力甫江·阿吾提当选为集团公司品牌形象代言人，赛力克别克、李阳等被销售分公司评为模范加油站经理和加油服务明星，西力甫江·阿吾提、王刚、孔凡萍、游新龙、李晓军等被评为明星加油站经理人。

（王　瑞）

中国石油天然气股份有限公司山东销售分公司

【概述】 中国石油天然气股份有限公司山东销售分公司（以下简称公司）是中国石油在山东设立的地区销售公司，主要负责山东地区的成品油批发和零售业务，以及便利店、天然气、化工产品等非油品销售业务。公司设有职能处室13个，下设所属公司18家，统筹管理控股公司15家、参股公司1家；拥有资产型油库18座，库容34万立方米；运营加油站939座，销售网络遍布全省17地市；资产总额52亿元，员工总数9984人。

【主要经营指标】 2012年，实现总销量421.85万吨，其中，汽油销量152.8万吨，同比增长25%；实现零售量347.44万吨、纯枪销量267.1万吨，同比分别增长4.51%和11.2%；发售加油卡89.4万张，新增沉淀资金2.2亿元；实现非油销售收入3.9亿元，同比增长25%；投运加油站42座；实现销售收入328亿元，利润3.27亿元。

【资源调运】 面对仓储布局限制、库存涨跌预期等困难和压力，公司科学把握调运节奏，持续强化资源保障，全年优化调运直炼资源334.93万吨，计划兑现率达到99%；实现外采92万吨。积极争取管输兑现，全年完成管输114.43万吨，同比增加3.88万吨。全力协调扩大地付量，全年地付油品58万吨。深化二次物流系统应用，平均配送运距同比降低3.3千米。全面优化油库运行，退租4座、划转1座油库。强力推进地罐交接，取消人工计量，有效解决地罐容积表、付油流量计误差验证等技术难题，10月份地罐交接在全省顺利实施。狠抓油品运输过程监管，公路配送综合运输差量率由4.9‰降至2.1‰。

【市场营销】 面对需求不振、竞争加剧等因素，公司加强市场分析研究，做到超前研判，主动作为，持续提升市场应对能力。持续优化库存运作，规范客户管理，完善客户分类分级，加强客户开发维护，针对重点客户、机构用户实行"一客一策、一事一议"，全年新开发机构用户462个，实现销量18万吨。加强客户经理队伍建设，持续完善考核激励机制，客户经理全年实现批发销量72万吨，占库发总量的77%。

【加油站管理】 公司围绕效益效率品牌，深入落实各项提量措施，提升终端运营质量。充分发挥卡营销功能，通过折扣让利、卡非联动、增值服务等方式，大力开发汽油客户和机构用户，先后与省国税、重汽等客户签订长期供油协议；与山东中烟、一卡通等商家实现联合营销、客户共享，全年新增卡客户17.16万个，卡销比达到33.85%，同比提高11个百分点。组织汽油劳动竞赛，扩大绩效薪酬比例，调动员工积极性，纯枪销量同比增加26.8万吨，实现汽油纯枪销量101.6万吨，同比增长23%，汽柴比由0.52提高至0.61。推行"两定两包一统一"（即定人员编制、定吨油工资标准，包销售任务，包吨油费用，统一管理标准）承包模式，实施单站模拟核算，逐站制定扭亏增盈、提量增效措施，全年人均日销量同比增长39%。加强高销站培育，采取重新划线、优化排班交班方式、更换自助和大流量加油机等"消高峰"措施，累计培育5000吨级以上加油站112座，半自助加油站达到204座。进一步减轻基层员工负担，简化加油站业务流程11个、精简账表册24项。出台示范站打造方案，提高星级站评定标准，严格星级站达标验收，全年评定三星级以上加油站224座。

【非油品业务】 积极拓展营销方式，探索推进体制创新，推进非油业务快速发展。强化品类管理，严把商品采购关，供应商由年初的47个优化整合至33个。推进核心商品铺货制，数量占比8%的核心商品实现销售收入2.15亿元，贡献率达到56%。开发非油自动订货系统，自动生成站级采购订单，从源头上促进了商品结构优化。积极开展联动营销，制订油卡非联动营销方案，出台差异化激励政策，开发非油团购客户906个。协调厂商加大轮胎、化肥销售指导，两项业务实现销售收入2700万元。实行分类培育，开展同类公司对标，推进优质店分类培育，推行标准化、差异化陈列，全年培育优质店84个、300万元店5个、100万元店52个。创新运营模式，推进非油业务专业化运营，研究拟订非油公司组建方案，试点非油业务托管联营，取得初步成效。

【网络建设】 坚持油气并举，加快加气站开发，累计23个加气或油气合建项目通过评审，取得滨德、长深高速沿线9对18座加油站经营权，成品油管网及配套油库建设稳步推进。按计划有序推进项目投运，积极争取投资改造计划和安全隐患专项费用，青岛地区加油站油气回收改造按时完成。推行表单化管理，细化完善29张工程建设管控表单，绘制12张加油站关键部位施工标准图，开展设计方案"七部评审"，加强施工现场监督检查，推行项目总体计划管理，定期组织竣工回访，确保了工程安全、质量、工期全面受控。

【安全环保】 扎实推进HSE体系建设，持续开展安全经验分享，全面梳理HSE职责，"有感领导、直线责任、属地管理"进一步落实。开展"打非治违"专项整治，治理隐患198项。加强应急管理，积极开展应急演练，发布灾害预警15期。推进节能减排，全年节水2094立方米、节能62吨标准煤。加强质量体系建设，完善化验作业指导书36份，组织质量抽检5批次，质量体系通过外审。强化计量管理，依法定期检定库站计量器具，13座油库实现付油温差自动补偿。加大油品损耗管控，全年理赔油品2250吨，一次入库损耗率由2.8‰降至2.3‰。

【企业管理】 全面开展管理提升活动，组织基础管理工作大检查，启动枣庄示范公司建设，探索实施综合经营管理计划，理顺了采购与招投标管理流程。推行制度建设"六部会审"，累计制修订规章制度128项。深入推进法律风险岗位防控，加大商标侵权治理力度，清理假冒商标加油站68座。深化资金管理平台应用，完善资金安全责任追究机制，提高工行上门收款比例，实现加油站资金监控全覆盖。推进实物资产管理系统上线，建立闲置资产调剂平台，资产运行效率持续提升。严格预算管理，深化经营分析，促进了业绩实现。研究出台18项降费措施，全方位加强成本控制。全面开展机关、库站测时写实，创新油站用工模式，推进部分业务外包，促进了专业化管理。研究出台全员绩效考核方案，持续完善薪酬福利体系，制定分类分级、全员竞聘管理方案，优化调整机关处室职能职责，体制机制进一步理顺。广泛利用现场、视频、走出去、请进来等形式组织员工培训和技能鉴定，队伍素质能力进一步提升。突出重点环节、关键领域，持续开展油品溢耗管理效能监察，深化领导干部经济责任、工程建设项目结算、加油站管理系统应用审计，有效堵塞了管理漏洞。

【党建与企业文化】 加强党建和思想政治工作，组织广大党员干部通过各种形式学习贯彻党的十八大精神，深入推进思想政治保障体系，推行库站员工情绪化管理，畅通基层意见反映渠道。开展主题教育和创先争优活动，推进党建“三联”责任示范点建设，命名12个基层党建工作示范点，党建“三联”工作被集团公司评为“新时期六十个特色工作案例”。加强“四好”领导班子创建，枣庄公司荣获“中国石油创建‘四好’领导班子先进集体”称号。扎实推进惩防体系建设，公司荣获“中国石油天然气集团公司2008—2012年惩防体系建设先进单位”称号。按计划、分批次安排机关人员下站倒班蹲点，两级公司机关人员累计下站30批次、671人次，提高了服务基层的意识和能力。召开党建基层文化建设现场会，表彰了一批小发明小革新优秀工作法、特色工作案例和合理化建议。组织劳动竞赛与主题实践活动，加强“五型”班组、“五小工程”与青年文明号建设，“五型”班组达标率达到88%，全年新增3座省级、18座市级青年文明号库站。

【社会责任】 全力保障党的十八大，海阳亚沙会“三夏”、“三秋”等重点阶段、特殊时期市场供应，加强油品调配，坚持24小时油品调度不间断，累计为麦收地区调配柴油8万余吨，其中流动小罐车配送油品近12万车次，为各类农用机械加油2000余吨，满足了当地农业生产用油需求。强化便民服务，推行加油站服务承诺制，开辟“绿色通道”，开通24小时保供服务热线，成立22支送油小分队，设立500多座农业用油保供站，24小时不间断供油。开展开卡储值一条龙服务，全年累计发行农机加油卡9000余张。对农业用油在正常挂牌价基础上，每升优惠5分钱，为持农机卡的用户提供农忙时节优先用油、油桶租借、送油到家等增值服务，彰显了中国石油品牌形象。

（刘发开）

中国石油天然气股份有限公司陕西销售分公司

【概述】 中国石油天然气股份有限公司陕西销售分公司（以下简称公司）负责中国石油在陕西省的成品油销售工作。公司下辖12个分公司、1个润滑油公司、1个油品质量监督检验中心、5个驻炼厂采供站和102个片区经营部。现有6名党政班子成员，2名总经理助理，机关设有13个职能处（室）。截至2012年底，共有在册员工11239人，资产总额40.28亿元，固定资产净值13.62亿元。拥有运营加油站896座，运营油库14座，库容34.385万立方米。

【主要经营指标】 2012年，成品油销售量达到501.52万吨，零售量达到438.31万吨，实现利润8.12亿元，单站日销量13.37吨，卡销比（城市站）60.83%，年收入70万元以上标准便利店101座，吨油营销成本295.52元，人均零售量380.60吨，综合价格到位率100.59%，非油收入2.94亿元，其中润滑油销售11681万元。全年未发生安全环保等级事故，未发生质量、计量责任事故。2012年被陕西省委、省政府授予“先进集体”荣誉称号，荣登陕西省石油化工业顾客满意度测评榜首，荣获“2012陕西企业100强”第五名，荣获陕西省高新技术产业开发区经济规模超百亿企业。在集团公司2012年经营指标评价中位列销售企业区内公司第二名。

【加油站管理】 2012年，公司结合库站“家”文化建设，推进为民服务标准库站创建活动，全年标准站创建先进站20座，评定五星级加油站7座、四星级加油站17座。推进客户圈线建设，突出客户维系开发，对客户展开排查，掌握一手资料，完善客户档案。累计客户17000户，其中直销客户1486户，加油站固定客户15500户，已签订合同用户1275户，新增直销客户350户，新增加油站固定客户4900户。推进售卡业务，转变售卡方式，将加油站售卡与圈线建设、客户开发、专业经理人队伍建设紧密结合，真正实现以卡促销量的目的。全年累计售卡87万张，累计充值125亿元，消费金额123亿元。继续推进“百站、百万、百面红旗”劳动竞赛，通过“促发展、上规模、增效益、树形象”的主题竞赛，激发全员销售热情。推进客户投诉管理工作，制作客户投诉公示牌，公布加油站经理、片区经理、各分公司零售管理部主任和分管领导手机号与客户监督电话号码（95504），加油站服务水平显著提升。

【非油品业务】 2012年，公司实现非油品销售收入3亿元，完成板块2012年下达非油品收入指标2.5亿吨的125.4%，同比增长55.14%。其中，便利店收入9530万元，占非油品销售收入47.46%，同比增加5995万元，增幅169.6%。

加快便利店开店力度，积极培育70万元以上便利店。截至2012年底，公司便利店达到529座，较年初新增168座；70万元以上便利店达到101座，较年初新增339座。全年实现非油品利润2467万元。

【资源运行】 针对成品油市场变化快，形势复杂的特点，合理调整资源购进结构与节奏，优化资源配置，实现销量、利润双增长。全年直属炼厂购进量370.46万吨，增幅50.52%，地炼资源购进量118.5万吨，其他资源购进量9.04万吨。优化物流配送，吨油运费同比减少17.31元。加强市场跟踪与监测，坚持每周对市场形势和市场变化分析研究，每月召开一次全省业务经营分析视频会，切实做到日监测、周分析、月总结。加强与中国石化、延长—壳牌等同行的沟通联系，保持陕西成品油零售市场整体稳定。建立价格快速反应机制，快速应对市场竞争。针对2012年成品油价格“四升四降”，加强车辆调度，发挥二次物流系统统一调度优势，优化配送，掌握节奏，保证了市场的平稳供应。

【网络建设】 坚持“平稳、有效、受控”，加快新建、收购、租赁和橇装站发展步伐，全年新建加油站12座，收购加油站14座，开发投资3.12亿元；租赁加油站24座，开发费用3.92亿元；投运加油站60座，新增零售能力37万吨。重点项目取得重大突破，安康油库顺利投运；榆林油库进行了现场查看论证；咸阳、汉中油库竣工验收。严把新建、扩建加油站设计关，从工程建设安全、质量、进度、投资4个方面制定具体措施、工程关键点控制办法和时间推进表。对加油站土建部分招标采取省公司审方案，委托市公司组织的方式，逐步实现工程建设决策权力上收，实施分级负责，项目到人。充分发挥现有站通过改造增加销量的潜能，完成了销售分公司下达的标准站建设任务。

【安全环保】 2012年，公司以创建安全文化为主线，做好安全工作“六坚持”。坚持不懈落实安全责任，全系统《安全环保责任书》签订率达100%。坚持不懈抓好库站日常安全管理，严格落实巡查巡检、班前安全讲话、操作复核制度，严格操作规程。坚持不懈落实《施工安全管理手册》，严格执行施工作业许可制度，重视施工队伍的管理、考核与评价，加强施工和检维修作业现场管理，施工现场指派专人监管，确保建设项目全面受控。坚持不懈开展安全隐患排查整改和风险管理，全年共排查隐患1953个，整改1523个，整改率达到77.9%。在全省各单位各岗位开展“我的岗位风险点一口清”活动，组织“一口清”演讲竞赛活动，将“一口清”活动逐步纳入日常安全管理内容并加以考核。坚持不懈完善应急处置能力，抓好基层库站应急处置、岗位应急处置的实战演练，安排分公司级及以上应急演练25项，共演练1278次，累计参加8913人次，投入资金61万元。坚持不懈创建企业安全文化，以隐患整改、风险辨识、专项培训等措施为抓手，逐步形成安全文化氛围，保持企业安全平稳运行。扎实推进质量健康安全环境管理体系持续有效运行，对B版体系文件进行了改版修订，完成C版3个层次的体系文件。

【科技创新与成果】 完成了加油站管理系统、二次物流系统、ERP系统和油库管理系统等四大系统的集成工作。实现全系统油库账面库存的上划切换工作。完成了销售信息综合展示平台及调度中心建设工作。强化BW（销售经营管理分析系统）考核，按照“主数据维护”、“BW数据维护”及“站级报表维护”等分项权重，逐一安排专人负责落实完成具体维护工作，BW数据考核稳步提高。积极推动系统报表代替手工报表，加油站全面推行系统直接打印《加油站销售日报表》和《油品交接班记录》，取消相应的手工报表，提高了工作效率。加油站管理系统部署工作持续进行，全年完成上线897座加油站，加油站上线比例超过总部要求的部署目标。销售信息综合展示平台及调度中心建设基本完成，经济合同上线运行。

【计量、质量管理】 坚守安全计量、质量“三条红线”，强化计量、质量管理，落实主管处室、采供站、油库、加油站四级计量、质量管理责任。落实计量、质量监测、监控、应急三种能力建设，全面监控，重点监测，强化防范和应急。做好盘库、铅封、地罐交接、加油站留样、抽检、计量器具检定六道计量、质量管理防线工作。设立盘库日制度，明确每月最后一天为公司盘库日；加强铅封管理，每辆车装车施铅封，卸车验铅封；加强油品留样管理，实施逐车留样；推进地罐交接，截至2012年底，已实施地罐交接的加油站849座，油罐3466个，占全部运营加油站、油罐的92.9%。加强油品质量监督抽检力度，每季定期对库站油品抽查，每月对炼厂油品抽检，结合营销工作和季节特点，开展月度油品专项检查。全年检验各类油品2061个，同比增长33.5%，油品质量抽检合格率100%。宝鸡、榆林质检分中心建成投运。顺利通过质量管理体系监督审核，继续保持了安全质量"零事故"纪录。

（吴　甜）

中国石油天然气股份有限公司吉林销售分公司

【概述】 中国石油天然气股份有限公司吉林销售分公司（以下简称公司）主要承担吉林省行政区域内的成品油经营工作。截至2012年底，公司下辖9个市（州）分公司、3个直属公司；员工11931人；加油站1054座，营运油库25座，库容总量46.95万立方米。

【主要经营指标】 2012年，公司销售成品油360.8万吨，零售298.2万吨；实现销售收入289.1亿元，考核利润2.97亿元；非油品销售收入2.4亿元，利润1885万元。

【市场营销】 积极应对市场挑战，销售业务平稳发展。建立资源、市场、服务三位一体的成品油供应体系，强化资源保障，密切产运销衔接，优化运输组织，确保成品油市场平稳有序供应。完善市场监测分析机制，形成省、市、经营处（片区）、加油站四级信息体系和日报告、周总结、月分析三阶分析机制，为营销策略及时跟进提供支持。综合运用营销策略组合，深入开展劳动竞赛，促进销量和效益的同步提升。完善支农便民措施，持续开展春季会战和"支农到一线，送油到村屯"等活动，保证农业生产用油需求。注重改善销售结构，加强汽油销售，尝试-35号柴油单品种运行，提升创效能力。强化加油卡营销，探索多方合作模式，现有售卡网点229个，全年售卡64.7万张，新增储值额94.9亿元，卡销比35.5%。不断优化润滑油业务运行，润滑油销售量5.9万吨，同比增长11.3%。加快发展车用燃气业务，销售车用燃气1026万立方米，同比增长16%。非油品业务突出特色经营与差异化服务，拓展销售渠道，强化示范站建设，打造油非互动商圈。共有422座加油站设立便利店，其中百万元店、50万元店分别达到25座和45座。

【网络建设】 着眼长远发展，投资建设稳中求进。突出效益优先、轻重缓急的原则，投资坚持向重点区域、重点项目倾斜，新建加油站15座、收购加油站3座、改扩建加油站23座，促进销量和形象提升。稳步推进油库重点项目，桦甸、溪洞油库改造项目全面实施，长春油库完成交接，梅河口油库进入投产前调试阶段，白山油库新建项目、农安油库达标改造项目前期准备工作进展顺利。编制完成"十二五"车用燃气发展规划，1座母站、3座子站改造工程基本完成，燃气业务持续有效发展。

【加油站管理】 关注效率、效益和品牌，打造黄金销售终端。继续深入落实《加油站管理规范》和《细节管理手册》，强化稽查、检查，关注细节管理，加油站综合服务能力不断提升。依托95504客户服务平台，畅通客户沟通渠道，全年投诉工单响应及时率99.7%。扎实推进达标创星工作，新增五星级加油站12座、四星级23座，星级加油站比例达到51%。进一步推进加油站承包工作，393座加油站实现承包经营，平均单站日销量增加0.5吨以上。强化测时写实与成果转化，探索推行弹性工作制度，劳动效率稳步提高。优化交接班流程，加油站锁枪时间由近30分钟缩短至不足2分钟。开展加油站消高峰工作，通过优化设备设置、实施场地划线、错峰配送、大客户错峰加油等措施，缓解加油高峰难题。稳步推进自助加油，37座加油站实现部分自助加油服务。对99座加油站实施大流量加油机改造，单车次加油时间缩短三分之一以上。强化电子表单应用，手工记录填写时间由每天2小时缩短到20分钟。加快推进库站"一卡通"自助收付油，提高付油准确性和安全性。

【企业管理】 推进精细化运行，积极转变企业发展方式。制定实施《管理提升活动（精细化管理）实施意见》及50项重点工作部署，夯实管理基础，促进管理提升。制定实施《精干用工实施意见》，严格控制员工总量。加强滚动预算管理，推进费用标准化，提高预算管理水平。持续规范会计核算，健全完善财务制度，加强资产、资金管理，财务基础工作进一步夯实。完善工程建设和投资管理制度，严把项目审核关、施工监理关和验收决算关，投资管理水平进一步提高。在检查测试的基础上，不断梳理业务流程，完善风险控制，提升内控执行力和控制力。开展标识侵权专项治理活动，修订完善法律风险防控指引，强化纠纷案件处理，严格合同和证照管理，提高依法治企水平。认真开展资金管理和坏账核销专项审计，强化工程决算审计，内部审计工作有序有效开展。四大信息系统建设和集成有效推进，销售综合信息平台及指挥调度中心建设圆满竣工，实物资产和集中报销系统如期上线，网络运行和安全维护能力进一步增强，信息化管理水平得到提升。

【严守“三条红线”】 严守“三条红线”，质量、计量、安全、环保全面受控。深入落实安全生产责任，以“安全生产年”和“打非治违”等专项活动为载体，全面排查事故隐患，认真落实集团公司《反违章禁令》，强化安全基础管理，提升安全环保管控能力。编制《2012—2014年安全环保隐患专项治理项目计划》，获准3年加油站隐患整改项目233项、油库隐患整改项目117项。深入推进HSE管理体系建设，组织内审2次、迎接外审2次，实现全要素全覆盖审核的目标，保证体系有效运行。加快推进地罐交接试点，按周期及时检定计量器具，及时调查处理异常盈亏及损耗，确保计量管理无差错。健全完善质量管理体系，加强化验室建设，强化质量监控，油品质量抽检合格率100%。

（杨冠宇）

中国石油天然气股份有限公司
江苏销售分公司

【概述】 中国石油天然气股份有限公司江苏销售分公司（以下简称公司）主要负责中国石油在江苏地区的成品油资源配置、直销与零售、销售网络开发及建设管理等工作。截至2012年底，公司下设12个处室、13个地市公司、2个专业管理公司，下辖控股单位26家、参股单位6家、全资单位2家，控股17个。公司资产总额67.6亿元。加油站总数785座，其中，运营加油站622座、非油品门店574座。在用油库20座，总库容78.48万立方米，其中，资产型油库11座，库容21.59万立方米。公司员工7632人（合同化员工97人、市场化员工7415人），其中，管理人员754人、操作服务人员6878人。

【主要经营指标】 2012年，销售成品油422.52万吨，零售量311.81万吨，同比分别减少14.64万吨、增加2.7万吨；纯枪销售266.77万吨，同比增加12.05万吨；纯枪销售占总销量63.14%，同比增加4.87%。非油销售额2.73亿元，同比增加0.83亿元；非油品利润2108万元，同比增加407万元；非油品利润率7.7%。公司全年总体销售收入324.31亿元，实现账面利润3.32亿元，完成了销售分公司下达的利润指标。

【资源调配】 公司加大资源调运力度，根据需要做好地方炼厂资源的收储，努力把握好资源供需平衡。实施淡储旺销、冬储夏用策略，建立以变应变的销售计划管理机制，实行月度资源计划和销售计划同步下达、同步考核，确保销售受控、供应有序。一方面，坚持“直炼为主、外采为辅”的思路，发挥配置资源的主渠道作用，及时掌握配置到货时间，合理调整资源流向，充分做好资源接卸保障，提高接卸效率。另一方面，重新优化库存布局，将码头港口优先或独立使用、滞港时间、卸货损耗等经营制约性因素进行量化考核兑现。全年累计购进油品417.65万吨，其中，外采油品65.03万吨。

【油品营销】 坚持“日算账、周分析、月对标、季总结”经营管理思路，完善了成品油市场监控情报体系，形成了省、市、油站3个层面的经营分析模板。开展全方位的劳动竞赛，每月通报经营情况和竞赛结果，通过对标分析、重点指导、奖罚兑现等办法，引导地市公司提高销售水平。以拓展创效空间为重点，持续扩大高标号汽油销售，纯汽油站数量增加到35座，97号汽油销售网点增加到435座，纯枪销售汽油同比增加近15万吨。苏州和宿迁两地97号汽油网点增量明显，分别占运营网点的79%和75%。同时，通过客户开发打牢销售基础。营销部门充分利用价档互动、开发机构用户、客户经理队伍建设等途径，增加机构用户137家。加油站管理部门以加油卡为依托，大力开发零售客户。全年发售加油卡49.08万张，同比增长10.44%；卡销比21.2%；沉淀资金3.56亿元，同比增幅62%。

【非油品业务】 全年运营30万元以上门店236座。其中，100万元店52座，50万元店86座，30万元店98座，超额完成210座的培育目标。一方面，坚持降成本提效率。自8月开始，中央仓配送服务正式由邮政速递承担，成本降低了1个百分点；每月提供2次紧急配送服务，保证所有便利店3天商品配送到位。另一方面，抓创利能力强的大宗商品销售。全年销售大宗商品2.21亿元，占非油销售量84%。其中，润滑油、香烟、汽车用品和饮料分列前4位，分别销售8357万元、6858万元、4490万元、2259万元，同比分别增长73.6%、102%、36%、12.2%。

【加油站管理】 一是扎实开展消高峰工作。编制《加油站消高峰工作指导意见》和《优化加油站交接班工作指导意见》，指导地市公司深入开展消高峰和优化交接班工作。通过提高加油效率和收款效率，消除、削减加油排队高峰，缩短顾客等待时间，提高顾客进站率。下半年完成错峰配送油品加油站171座，完成大客户错峰加油120座，车辆进出时间缩短1.5分钟，交接班锁枪时间由5分钟降低到2分钟。二是全面深化信息化应用。全省540座加油站实现液位仪采集数据，551座加油站销售数据实现与ERP自动对接，551座加油站使用电子台账，531座加油站非油品业务实现信息系统管理，大大降低了员工劳动量和运营成本。加油卡业务实现信息化系统监控，使不少问题得到及时发现和防控，资金风险有效化解。三是创新低效站经营方式。对90余座低效站进行管理权下放，积极推动其自主经营，平均单站日销量上升到4.3吨，累计减少用工218人，创效能力明显增强。四是认真贯彻总部加油站经理人大会精神。在对加油站和片区管理调研基础上，初步建立了加油站经理责任制，已在南京分公司试点。开展“包机”考核试点，重点打造标杆加油站，提升激励效能和运营效率。

【网络建设】 全年累计完成投资金额8.07亿元，其中网络投资6.24亿元，技改投资1.26亿元。加大网点开发与建设，进一步完善全省销售网络。年内开发立项加油站46座，实际付款加油站27座，新投运加油站37座。公司还积极开展对外合作，特别是在太仓成立合资公司，共谋加油站项目建设和地企合作共赢。大力推动加油站优化，着力提升现有网络质量，并加快网点投运速度，为零售提量增效打牢基础。全年达标改造加油站92座，部署自助加油机122台、卡机连接加油机539台、大口径加油机99台，有129座加油站实行了现场划线。南通、宿迁、南京、苏州等地全年打造半自助、自助加油站30座，走在全省前列。在油库建设方面，徐州、宿迁、盐城油库相继投运，资源供应及时率和辐射面进一步提高；淮安和泰州油库基本建成，澳通和苏州等油库项目、南通库管一体化项目、过江管道项目、油气并举项目等进展顺利。

【安全环保】 强化安全环保工作部署，深入落实各项管控措施，全年未发生安全生产责任事故和重大交通安全事故。严格落实安全环保责任制，初步形成了全员考核的责任机制。深入推进HSE体系审核，坚持以审代查、以审代督。更加重视安全培训，安全环保意识和能力进一步增强。全年整改加油站安全隐患330项，安全基础更加稳固。全面开展安全标准化建设，无锡、徐州、扬州、宿迁、南通、淮安、镇江、泰州、南京9个单位率先通过标准化评审验收。严格按照省政府要求，大力实施“蓝天工程”，已经完成油气回收改造加油站392座，占加油站总数的67%，为油气达标排放打牢了基础。基层岗位责任制大检查更加深入人心，党的十八大期间企业维稳工作取得全面胜利。

【管理提升】 以管理提升活动为载体，强化了“三基”工作建设和精细化管理。坚持从制度和流程入手，进一步加强内控、财务、计量、质量、股权、工程、审计等管理工作。油库平稳实现集中管理，有利于发挥专业化管理优势。苏州分公司精细化管理试点平稳推进，加油站优化、六定管理、分级分类等新举措持续实施，经营质量初步得到改善。盐城、宿迁等单位通过强化现场管理提量增效，零售量增幅分别达13.7%、11.6%。淮安、南通2个地市公司深化地罐交接，公路运输损耗分别控制在0.13%、0.15%。95504客户投诉稳步下降，徐州分公司通过培训提高一线员工服务意识，11—12月客户投诉降至0。信息化系统深度融合和应用，启用加管系统账册，减少手工台账，降成本和提效率的作用更加凸显。机关作风进一步转变，干部下基层已成常态，落实工作和解决问题更加高效。各单位坚持把降本压费作为重点，在费用定额管理、人工成本管理以及可控费用控制等方面，都有了新的有效举措。

（马卫林）

中国石油天然气股份有限公司甘肃销售分公司

【概述】 中国石油天然气股份有限公司甘肃销售分公司（以下简称公司）前身为甘肃省石油总公司，成立于1953年，1998年划入中国石油天然气集团公司。1999年8月，集团公司实施内部重组改制时划入股份公司，主要从事汽油、煤油、柴油、润滑油及特种油品的批发、零售业务，承担着甘肃省工农业生产和人民群众生产、生活用油的供应任务。截至2012年底，公司下辖18个分公司，1个控股公司，固定资产24亿元；运营油库14座，总库容31.3万立方米；拥有加油站1005座（其中运营加油站662座、关停243座、特许联营100座），加气母站1座，子站11座（其中油气混合站8座），9.7千米铁路专用线，22.6千米输油管线。公司总资产近30亿元，员工近万名，在甘肃省成品油市场占据主导地位，发挥着主渠道作用。

【主要经营指标】 2012年，销售各类油品431万吨，同比增加12万吨，增长3%；零售374万吨，同比增加7万吨，增长2%；零售率87%，同比持平；单站日销量16吨，人均零售量（全口径）达到429吨，同比增加5吨；人均创利8.86万元，同比增加0.67万元；实现销售收入325亿元，同比增加17.9亿元，增长6%；实现利润7.72亿元，同比增加0.64亿元，增长9%；非油品实现销售收入4.06亿元，利润2696万元，同比分别增加1.14亿元和162万元，增长39.2%和6.4%；吨油利润180元，同比提高6%；"五项管理费"支出3637万元，同比降低0.3%；上缴各种税费5.6亿元，同比增加6400万元，增长13%。

【网络建设】 始终把"效益"放在企业发展的首位，紧紧围绕《甘肃省"十二五"成品油分销体系发展规划》，落实"坚持规模与质量并重"的要求，紧跟城市新区及高速公路开发建设进程，着力推进对空白市场的覆盖和延伸，落实配套加油站的申报立项手续，突出高效市场开发，注重内涵挖潜改造。全年完成投资计划4.87亿元，其中销售网络投资4.57亿元，技术改造投资2373万元，非安装设备购置投资645万元。坚持以城市新区、高速公路等高效市场为主攻方向，全年新投运加油站31座，其中，新建18座，迁建、改扩建13座；新开发加油可研能力14.4万吨/年，平均单站可研能力25吨/日，平均单站投资1275.8万元，平均吨油投资51万元。实施酒泉、临洮、张掖、陇西4座油库改扩建项目，合计新增库容16.4万立方米。新建加气站12座，建成投运6座，工程在建6座。为实现"十二五"期间对油气终端销售市场的主导控制，公司积极落实天然气加气站网络规划布局和发展方案，保证了加气站开发工作顺利进行。兰州、武威、张掖地区加气站开发取得重要进展。公司运营加气站总数达到16座，极大地推动了公司"油气并举"发展战略的实施。

【加油站管理】 以打造"高效站、标准站"为目标，深入开展"加油站管理年"活动。一是规范现场管理，开展专项整治活动。针对加油站管理中存在的问题，制定《加油站专项整治活动方案》、完善《加油站远程视频监控管理与考核办法》，通过专项抽查与视频监控，提高了《加油站管理规范》的约束力和执行力，消除了加油站现场的不文明现象。组织各单位业务骨干开展为期3个月的《加油站管理规范》再学习活动，推进了现场服务与管理水平的提升。二是完善服务机制，多措并举促管理。按照"两级三层"挂点模式，修订完善《甘肃销售公司领导干部挂点承包管理办法》，各级领导逐级挂点到站，强化机关服务基层工作，推进服务责任制落实，2012年两级机关下站人数达到2562人次。积极开展城区站与偏远站"1+1"帮扶活动，通过建立双联互助活动，以强带弱，相互学习，收到良好效果。三是优化交接班，化解消高峰，提升加油站服务效率。认真落实销售分公司《加油站消高峰指导意见》等文件精神，先试点、后推行，将交接班锁枪控制在1分30秒，缩短了顾客等待时间。组织开展"合理使用地划线，提高工作效率"专题培训，介绍区外先进经验和做法，以地划线化解加油站车辆进出无序、对行拥堵等问题。在加油站测时写实基础上，对加油高峰期采取预约大客户错峰进站、错峰接卸油品缩短停枪时间、调整交接班时间、利用交接班期间的人员优势指定专人引导车辆等措施，有效提高了服务效率。通过加强加油站培育和完善服务措施，运营站中的高效站、精品站比例有所提高，全年培育星级站500座，其中五星站106座、四星站93座；万吨站达到115座，新增7座，其中2万吨以上加油站6座（不含3万吨），3万吨以上加油站1座，4万吨以上加油站2座；单站日销量达到16吨。加油站整体创效能力、竞争能力明显提升。

【安全环保】 强化安全管理制度建设，重新制定涵盖全方位的安全环保责任制，全面落实安全环保责任制，"谁主管，谁负责"的原则得到有效落实；大力推行有感领导、直线责任、属地管理安全制度，各级领导带头讲安全、抓安全、查安全，营造安全是企业核心价值、是"天字号"工程的良好氛围；丰富监督检查手段与方法，认真开展安全检查，"屡查屡犯"及"屡查不改"的顽疾得到有效治理，问题整改率从往年的90%左右提高至95%以上。大力开展隐患排查，投入隐患整改资金5766万元，整改油库1座、加油站35座。开展全方位的风险识别，组织识别各类风险2272条，进一步夯实了安全管理基础。不断修订完善质量管理体系，强化各环节损耗管理，严格执行库存盘点和损溢处理制度，试点推进地罐交接，数质量管理水平稳步提升。强化应急演练，全年开展各类预案演练1万余次，提高了库站员工的实际应急能力；开展"安全生产专项活动"、"千日安全无事故竞赛"和"安全生产月"等专项活动，有效推进了本质安全目标的实现。全年安全合同签订率达到100%，安全环保事故为零，安全管理水平进一步提升，公司连续九年被集团公司授予"安全管理先进模范单位"荣誉称号。

【精细化管理】 制定下发《中国石油甘肃销售公司所属分公司组织机构设置及人员编制实施方案》，为"三控一规范"的工作落实提供了制度依据。组织力量对资金、资产及商流制度进行修订，规范业务界面，理顺工作职责；同时，成立仓储分公司，完成14座油库中的13座的上收工作，推动了公司构建科学商流和物流体系的步伐。强化薪酬与效益、业绩与贡献相一致原则，坚持将各分公司年度工资总额计划与公司下达的经营业绩指标挂钩包干，按照各分公司超量情况考核增拨增量工资，向利润贡献大、劳动效率高、工作条件艰苦的分公司倾斜，进一步完善以业绩导向为主的薪酬收入分配机制，实现了薪酬总额的动态管理。制定非生产性费用成本控制措施，明确控制目标，坚持每月开展指标分解、下达、考核、兑现工作，成本费用指标得到有效控制。深入推进资金管理平台银企直联业务应用，既保障了资金支付安全，又提高了资金支付效率。截至2012年9月底，已在公司机关本部实现银企直联对外付款，对外付款平均到账周期由原来的7个工作日缩短到1个工作日。深入推进法律风险岗位防控，规范合同管理、强化纠纷案件处理，开展商标侵权专项治理活动，法律风险防控体系逐步完善。强化内控与风险管理，认真开展自我测试，顺利通过外部测试，提高了内控体系运行质量。

【非油品业务】 按照"自主经营、因地制宜、规范发展、稳步推进"的原则，通过坚持标准、强化执行，细化营销、投客所好、优化管理、构筑保障等措施，以标准便利店建设为基础深耕细作，实现非油品销售规模的持续稳定提高。在非油品销售中，加强年度、月度促销活动的策划执行，并通过对促销前后的跟踪评估，以促销商品上量带动非油品销售的整体提升；"一站一策"，通过对目标客户的消费研究，逐站制订商品经营品种、销售价格及促销方案，让顾客有归属感提升销售。积极开展品类分析，细化商品管理，加强畅销商品和滞销商品管理，增加拓展畅销商品，优化淘汰滞销商品，引进优化的单品上架后得到了顾客的广泛支持和认可，单店销售水平显著提高；积极研究并指导不同类型便利店商品经营达到小分类目标要求，并形成有具体品牌建议的便利店陈列指引，为加油站商品选择和优化陈列提供保障。按照"精、准、细、严"的工作要求，加强内部控制，强化协作管理，认真推广满架交接，加油站商品交接时间都能控制在5分钟以内。注重流程梳理和制度建设，对便利店商品管理办法、非油品业务考核与奖励办法等管理制度重新进行细化与完善，重点加强事前、事中与事后控制，通过一系列有效措施，公司非油品业务管理水平得到显著提升。2012年，公司百万元便利店达到114座，同比增加50座，其中200万元店达到13座，300万元店达到4座；非油品实现销售收入4.06

亿元，同比增幅 39.2%。

【信息化建设】 以“推进信息化建设，支撑业务发展”为核心，以加油站管理系统全面建设应用为重点，全面开展信息化建设工作。完成加油站管理系统、二次配送系统、ERP 系统及油库管理系统基础数据的整理，系统间对应关系映射及核对，以及业务流程梳理。对照系统集成前后操作差异，分层次开展关键用户系统培训，明确系统集成内容及系统操作流程。2012 年 9 月，公司顺利完成了所属油库和 615 座加油站的集成切换工作，实现了业务数据系统间的自动流转，集成平台日均处理订单 3000 多条。建成中心数据机房 1 个、地市级网络机房 14 个、油库设备机房 14 个，租用网络电路达 770 多条。组建两级运维体系，实行 7×24 小时技术保障。自主开发“信息运维与设备管理系统”，采用信息技术手段促进公司信息维护管理工作程序化、规范化，强化信息管理人员的服务意识。建立信息系统运行与维护过程记录和信息设备台账数据库，为系统管理员的日常维护工作提供了便利，实现了系统管理员业绩量化统计。完成指挥中心调度平台的搭建及设备设施的安装调测，实现了油库、加油站 64 套视频会议终端的安装调试，300 座加油站、14 座油库视频监控已接入综合视频应用平台系统，提升了现场管理的效率和水平。

【队伍建设】 深入开展“四好”班子创建活动。科学制订 2012 年人员定编计划，全方位建立覆盖机关、后勤、油库、片区、加油站的用工管控机制，在岗用工合同签订率达到 100%。全年完成 75% 的加油站、50% 的油库的测时写实工作，并依据结果及时梳理工作流程，核定工作定额，对人员流向和排班时间进行合理调整，较好地解决了员工工作量负担不均以及基层库站提高服务质量的管理问题。持续完善员工培训和职业技能鉴定工作，积极创建“学习型企业”，公司被甘肃省人力资源和社会保障厅评为“甘肃省遵守人力资源和社会保障法律法规诚信示范企业”荣誉称号。全年共举办各类培训班 248 期，参训 6659 人次，培训合格率达到 98%。全年统筹安排 4 个工种（油品储运调和工、加油站操作工、油品分析工、油品计量工）共 1203 人的职业鉴定工作，有 412 人通过考核，通过率为 45.9%。另外有 16 名员工取得国家职业技能鉴定考评员资格证书。公司通过职业技能鉴定持证人员 3900 人，员工队伍整体素质得到有效提升。

【社会责任】 在乡镇集市、春耕、“三夏”、秋收等用油高峰，及时将支农油品和优质服务送到田间地头。先后派出送油车队 1200 多台次，为 256 个乡镇、农村配置油品 1.7 万吨，有力保证了当地农业市场供应。2012 年 5 月 10 日，定西岷县等地发生特大冰雹山洪泥石流灾害后，公司第一时间启动应急预案，第一时间安排部署抢险救灾工作，第一时间调派 5 辆流动加油车赶赴灾区，及时将 160 吨油品送到救灾现场。成立 60 人的志愿者突击队，深入抢险一线，帮助灾区群众尽快恢复正常的生产生活。抢险救灾期间，公司共出动流动加油车 170 余次，累计运送油品 2700 多吨，捐款 100 万元，捐赠帐篷、衣物、日常用品、食品、药品等生活用品价值 200 万元。

“双联”行动是新一届甘肃省委和省十二次党代会确定的首要任务。公司高度重视，认真制订实施方案，建立健全工作运行机制，确保了“双联”行动的有序顺利推进。制订出台了《甘肃销售公司开展“联村联户、为民富民”行动实施方案》、《甘肃销售公司党委成员“联村联户为民富民”行动联系特困户花名册》，统一发放“双联”工作日志、帮扶爱心联系卡等。公司系统“双联”帮扶工作，涉及全省 24 个县（市、区）、26 个乡（镇）共 30 个贫困村，先后组织共计 220 余人次，30 多次深入“双联”行动联系点，发动职工捐物捐款 4.9 万元，进村入户，走访慰问了 150 多家特困户，开展了赠送春耕化肥、水泥、衣物、图书等多种形式的慰问帮扶行动，甘南分公司在舟曲峰迭乡磨沟村进行帮扶时，为家徒四壁、患有先天性唇腭裂的 4 岁儿童杨方平做唇腭裂修补手术提供资助。甘肃卫视《好人在身边》栏目组专门派摄制组全程跟踪拍摄，制作了长达 18 分钟的电视专题报道，通过甘肃卫视向全国播出，树立了公司良好的社会声誉。

（张　翔）

中国石油天然气股份有限公司河南销售分公司

【概述】 中国石油天然气股份有限公司河南销售分公司（以下简称公司）主要负责中国石油进入河南的成品油资源配置、批发、零售以及销售网络开发、建设、管理等业务，下设15个职能部门、5个附属机构，下辖17家地市分公司、1家专业分公司和6家控参股公司，员工总量7700余人。截至2012年底，公司资产总额60.3亿元，拥有加油加气站810座，资产型油库11座、库容21.9万立方米。

2012年，公司销售成品油407.6万吨，同比增加5.1万吨。其中，纯枪销量230.4万吨，同比增加40.6万吨；汽油销量111.8万吨，同比增加23.2万吨。销售收入304.6亿元，同比增加8亿元。实现利润3.23亿元，同比增加0.95亿元。吨油营销成本250.8元，同比减少9.8元。

【市场营销】 加快推动市场监测体系、直销业务体系、客户服务体系建设，统筹进销存结构平衡，强化量价效整体运作，完善省市两级业绩考核，调结构、重效益深入人心。新开发机构客户597家，增量4.3万吨；机构客户总数达到1225家，实现销量22万吨。突出销售结构调整，油品、非油品、加油卡业务互促互动，老站挖潜增量、新站达销考核、低销站优化治理多措并举，整体促销、区域促销、阶段主题促销灵活结合，劳动竞赛、挂点承包、送服务到基层活动共同推动，销售结构比例实现历史性好转。全年纯枪比同比提高9.4个百分点；柴汽比同比下降0.9。

【资源运行】 加强资源、库存联动预警，增加自营油库计划量，提高一次资源入站比例，优化二次配送运距，适时外采，合理掌控库存结构，联动调整进销存控制目标，实现稳定供应、资源创效。资源调入总量421.5万吨，同比增加22.8万吨。公路二次配送平均运距同比降低5.9千米，吨油运费降低4.2元，综合物流损耗降低0.1个千分点。优化仓储管理，加快实施油库信息化系统，全年油库吞吐量396万吨，同比增加73万吨；仓储环节综合损耗率同比降低0.7个千分点，吨油运营费用降低2.2元。

【非油品业务】 突出非油品业务结构优化，加强商品分析，精简商品种类，完善供应体系，加大库存考核，开展主题促销、淡储旺销，便利店销售和盈利能力稳步提升。淘汰不合格供应商40家、滞销单品1500多种，新增地方自采商品1500种，非油统采商品从5000多种精简到3000种以下。实现非油品收入1.9亿元，利润1550万元，非油品利润率8.2%，同比提升3个百分点。

【网络建设】 理顺投资管理流程，加强现场调研，优选开发项目，加大三年新投运站达销率考核与项目清理，项目管理更加规范。新开发可研销量20吨以上加油站10座，新投运可研销量10吨以上加油站35座、加气站2座，投运加油加气站总数达到810座，运营率同比提高0.6个百分点。出台加油站工程建设管理手册，完善工程建设制度体系，全年投入改造资金7600万元，改造完成加油站57座。深入推进模块化建设，进一步优化流程、细化标准、扩展内容，单站改造时间缩短10天以上。完成加油站罩棚轻钢结构、工程基础施工、站房整体模块化等新课题研究，轻钢罩棚建设推广应用后，单站节省投资6万—7万元。

【安全环保】 深入推进HSE体系、质量管理体系建设，全面开展HSE体系试点，组织开展全覆盖、全要素体系内部审核，建立计量、质量评比考核机制，强化过程管理。落实安全隐患整改资金3000万元，检查发现并及时整改隐患和问题823项次。严格油品质量验收，外采油品逐车化验，有效降低质量风险。地罐交接全面投入运行，进一步规范交接步骤、收发油流程，形成油品入库达标、动态跟踪、销售反馈的计量闭环管理，整体损耗率同比降低1个千分点。全年安全、环保、质量等级责任事故为零。

【企业管理】 管理提升活动与“三基”工作、精细化管理三维联动，制度、流程、KPI标准化管控模式三位一体，持续推进制度体系完善和业务流程优化。新增流程23个，优化286个；梳理风险452个，关键控制点476个；新增制度22个，修订19个。实施分公司年度经济增加值（EVA）指标考核，建立分类分组经营分析制度，推进站级预算管理、三级对标管理，强化单站全口径核算，引导两级机关和基层库站开源节流、增量创效。实施库站费用定额管理，推行机关经费责任包干，五项管理费用同比节约62万元。优化物资采购业务流程，完善加油站配备物品采购标准，加强供应商考评，采购物资平均节约资金3%。进一步转变工作作风，两级班子深入基层调研指导，两级机关全面开展库站挂点帮扶，加强现场管理与服务。综合检查与专业检查结合，专项审计与效能监察结合，计划考核与重点工作督办结合，推进制度落实、工作落地。开展基础工作和岗位责任制大检查，发现并整改各类问题534项次。

【信息化建设】 加快推进信息化系统建设与集成，深化信息资源整合与应用。加油站管理系统新增上线72座，100座加油站完成卡机连接改造，实现自助加油。油库管理系统新增上线11座，8座油库实施“一卡通”。省级调度指挥中心建成投运，实现与地市分公司、库站现场三级视频联网管控，初步搭建了生产调度、应急指挥、经营分析、信息展示可视化平台。强化财务、业务系统深度融合，资金管理平台实现全过程、全要素管控，费用定额系统和集中报销平台投入运行。

【队伍建设】 加大纯枪、汽油、吨油利润等关键业绩指标权重，增设经济增加值、人均劳效指标；完善员工收入分配机制，突出向一线艰苦和关键岗位倾斜，提高汽油吨油含量工资，设立月度、季度专项奖，适时调整岗位工资、补贴标准，立体化、导向式激励机制逐步完善。加强岗位责任制建设，开展“大部室”改革，进一步理顺部门职能职责；推进库站和两级机关测时写实，优化运营和倒班模式，推行前庭主管制，试点小站承包，简化手工账表册，实行弹性排班、机动排班，降低劳动强度，减少用工总量，提升工作效率和员工收入。加油站交接班时间缩短16分钟，日均工作时间减少1小时；全员人均纯枪量同比提高50吨。完善三级培训教育机制，加强现场培训、夜校培训，省市两级公司培训员工1.9万人次。持续推进加油站经理资格认证，349人取得站经理资格证书。技能鉴定站质量体系建设顺利通过国家级审核认证，845人通过中级工、初级工鉴定考核。

【党群工作】 加强党组织建设，深入开展创先争优、劳动竞赛、“雷锋在我心中”等系列活动，丰富“五小”文化、班组文化、典型文化，倡导廉洁文化、诚信文化，以大庆精神铁人精神为核心的石油文化成为助推发展的不竭动力。注重一线党员培养，党员人数达到1130人，基层党员比例占到党员总数的55%。创建党群工作示范点20个、优秀员工之家30个。公司荣获2012年全国石油石化行业“企业文化建设示范单位”，郑州15站荣获“全国五四红旗团支部”、“全国青年安全生产示范岗”，岳艳丽荣获“全国妇女创先争优活动先进个人”。

（赵玉伟）

中国石油天然气股份有限公司
湖北销售分公司

【概述】 中国石油天然气股份有限公司湖北销售分公司（以下简称公司）主要承担中国石油在湖北地区的成品油销售及网络开发业务。截至2012年底，机关设14个职能处室，下辖13个地市销售分公司和仓储分公司、武汉物资公司。员工7187人，运营加油站777座，运营油库12座，总库容30.8万立方米。

【主要经营指标】 2012年，公司上下紧紧围绕“增收创效、降本增效、管理提效”三大主题，突出抓发展、补短板、带队伍的工作重心，各项工作都有了较好进步。2012年销售成品油340.44万吨，同比增加10.2万吨，其中，零售271.2万吨，同比增加0.84万吨。实现油品销售收入258亿元，吨油营销成本353元，上缴税费1.16亿元。实现非油品销售收入2.3亿元，同比增加51.2%；实现非油品利润2592万元，同比增加32.45%。公司全年亏损1.32亿元，吨油亏损39元，吨油营销成本337元。投资发生9.15亿元，新增投运加油站50座，累计投运加油站达到777座。全年油品综合损耗率为0.07%，同比下降0.05个百分点，一次运输、二次配送、零售保管3个环节损耗率同比分别下降0.04个百分点、0.01个百分点、0.02个百分点。安全环保始终处于受控状态，实现了零伤亡、零污染的工作目标，没有发生安全环保、计量、质量责任事故。未发生重大新闻危机事件。

【资源组织】 统筹协调配置资源和外采资源，注重品种结构和流向，资源保障能力进一步增强。采取水路铁路联合运行等措施，畅通管道资源的后路，加快资源投放进度。加强协调沟通，推行整列返空、委托发运、开辟新流向等措施，畅通铁路发运渠道，提高铁路资源运行效率。抓主渠道资源，控制质量风险，加强串换外采，较好地实现了资源创效。全年购进成品油资源347.23万吨，同比增加15.42万吨，其中，配置资源247.34万吨，同比增加5.01万吨，配置资源兑现率93.56%；外采资源99.89万吨，同比增加10.41万吨，较好地保障了市场供应和经营需要。同时，采取站间调拨、以站代库、公路梯次配送等措施，提高武汉油库运营效率，全年配送油品56万吨，大幅节省了运输、仓储费用。用好销售分公司海进江送货制政策，优先配送宜昌、荆州油库，提升上游远距离油库供应量，水路运费月均降低600万元。同时，积极推进地罐交接工作，到2012年底，地罐交接现场解决问题320多项，签认确认函5324张，地罐交接执行损耗率0.19%，最终完成686座站、2662具地罐交接签认工作。至此，历时近1年半的地罐交接推进工作圆满完成。

【油品营销】 精细化业务运行，掌控销售节奏，批发销售计划执行偏差率小于3%。拓展直销渠道，灵活销售政策，全年直销成品油37.57万吨。通过计划控制、客户优选、价格调节等措施，稳定销售价格，油库批发销售价格到位率保持在99.2%以上。突出零售尤其强化汽油销售，加大考核力度，动员全员营销，汽油纯枪同比增长20.44%。以节日经济为契机，大力开展汽油主题促销，推行97号汽油VIP客户专享服务，深化“口头推介”、“开口微笑”活动，优化高峰期服务流程，汽油增量成效明显。抓住春耕秋收、工程基建等有利时机，持续开展专题促销，城区、国省道站销量同比增长12.4%。大力推行定额面值卡、开展“五进工程”和客户开发百日竞赛活动，全年销售IC卡56.64万张，累计销售IC卡突破百万张大关。恩施分公司经过积极努力，成为恩施州政府唯一油品供应商。加强与中国移动、中国邮政、交通银行、省农机局等单位合作，渠道营销进一步深入，日均陆地纯枪达到5142吨。武汉分公司全年纯枪突破50万吨大关，日均纯枪实现1370吨，占公司日均纯枪总量的26.64%，其中，汽油日均纯枪达到700吨。先后在襄阳和孝感召开专题会议，通过间歇营业、主题管理等六类优化措施，全面实施低销低效站优化整治，累计实现低效站增量3.1万吨，减亏1060.8万元。黄石分公司低效站摘帽率达到100%。稳步推进承包经营，强化风险管控，34座加油站实行承包经营。深入开展测时写实，在136座站实施交接班优化、85座站实施削高峰作业，取得了员工劳动强度降低、交接班平均用时减少27分钟、高峰时段日均增量0.32吨的良好效果。加强停业站复运工作，恢复营运加油站32座，运营率达到95%，提高了资产效益。

【非油品业务】 2012年，公司非油品业务致力突破仓储物流、队伍建设、供应渠道、自营创效四大瓶颈，持续开展品类优化，确保商品适销对路；加强价格策略研究，深入分析差异化定价与扩销创效的关系。研究购物环境舒适性的相关要素，形成模板固化氛围标准，实现促销常态化。发挥渠道营销优势，强化重点品牌推荐。完善业务流程，规范汽车服务业务，打造中国石油在湖北地区实施汽车服务项目的第一站——武汉北华加油站“carCare咔咔”汽车服务业务。细分高速市场，研究服务区和停车区的差异，制定一站式服务运作流程；发挥农村网点优势，拓展农资零售业务。全年完成非油品收入2.3亿元，利润2593万元，打造百万元便利店48座。

【网络建设】 2012年，公司开展项目清理，清退、调整不符合投资政策的项目34个，压缩投资1350万元。提高项目投资收益率，挖掘优质高效项目，评审新立项的51座加油站中，一类、二类站比例占86%，同比提高11个百分点。完善投资核算管理制度，增加资金计划和拨付审批流程，项目管理更加规范。落实战略合作协议，加强与商务部门的沟通，全力争取地方政府对公司的发展支持，2012年省商务厅批复公司加油站新建计划112座，油库2座。武汉、宜昌、襄阳、孝感等分公司加强政府关系协调，共取得新建站计划83座。全面推进油库项目开发，分别与建始县、大悟县和丹江口市人民政府签订了油库项目合作协议。2012年9月公司在销售系统首个取得加气站经营资质。召开项目专题现场会，推行设计、实施、验收全过程标准化，狠抓工程项目管理。实施工程质量终身负责制，工程建设质量回访率100%。在黄冈油库达标改造中，科学组织、高效运行，实现当年立项批复、当年实施、当年投运。规范结算流程，强化造价审核，审核项目206个，审减率2.4%。加强供应商管理，考评供应商165家，供应商问题同比下降15%，整改率95%。

【HSE管理】 深化HSE体系监管，开展全要素审核2次，发现问题和不足964项，整改问题963项，整改完成率99.8%。加快推进63座加油站危险化学品经营许可证的办理，规范经营行为，规避经营风险。持续开展避免事故奖励机制，对11个分公司、107人进行奖励，奖励金额4.34万元，激发了全员重视安全的积极性。组织2次计量专项检查，检查加油站112座，油库5座，发现问题404项，现场逐项对接问题，整改率100%。充分发挥质检中心的技术优势，深入开展内部油品质量抽检，在14个分公司所属43座库站抽样86批次，有效监控了各环节油品质量。质检中心一次性通过中国合格评定国家认可委员会组织的评审，获得国家认可证书。

【风险防控】 结合“打非治违”专项活动，强化证照管理，补办了一批加油站缺失证照，有效降低了经营风险。认真开展内控测试，测试覆盖面100%，发现例外事项287个，提出整改措施284条，整改率98%，顺利通过中国石油内控评价测试。加强普法教育，注重源头控制，纠纷案件及涉案金额同比下降50%，形成了“蜘蛛织网”、“四抓四重”的法律风险防控工作经验，在中国石油进行了交流推广。深化与工商银行、邮政银行的合作，上门收款率达到95.85%，解决了一批偏远站点长期不能上门收款的问题。完善稽查模式，重点对IC卡折扣、烟草账户、油品及便利店商品盘点对账、防盗抢应急预案演练等情况进行稽查，稽查覆盖率100%，发现问题492项，整改率96%。

（杨恭鹏）

中国石油天然气股份有限公司浙江销售分公司

【概述】 中国石油天然气股份有限公司浙江销售分公司（以下简称公司）成立于1999年1月，2008年12月上划股份公司管理，主要承担中国石油在浙江地区的成品油批发和零售业务，以及浙江地区三级销售网络的开发建设和管理工作。截至2012年底，公司下设15个机关处室，下辖17家下属公司，其中，全资公司12家、控参股公司5家、控股仓储公司2家。公司共有员工5216人，本科以上学历504人，高级职称25人，中级职称92人。共有资产性油库13座，总库容23.7万立方米。共开发加油站523座（在运营站462座），其中，全资加油站222座，控股加油站127座，租赁加油站166座，参股加油站8座。

【主要经营指标】（1）油品销售。2012年，公司全年销售油品402万吨，同比增长10%；零售量288万吨，同比增长11%，零售比例72%；纯枪销量197万吨，汽柴油纯枪比例60%，同比增加20万吨，增幅11%；纯枪汽油销量103万吨，同比增加19万吨，增幅23%；人均纯枪量380吨，高出区外销售企业平均值54吨；日均10吨纯枪量用人7.9人。

（2）经济效益。吨油营销成本245元，低于区外平均值89.5元；市场份额28.4%，同比提高1.4个百分点；实现营业收入291亿元，同比增长11%。

【企业管理】 突出精细化管理和管理提升，在规范管理中运行效率和水平迈上新台阶。

（1）强化财务管理的决策支持和价值创造功能，加强预算的刚性约束与资金的动态监管，开展多样化经营活动分析，千方百计开辟增收节支渠道，全年累计创效1亿元。

（2）加强计划、造价、市场、物资采购管理，全年审减各类工程投资和费用2543万元；招投标及竞价节约资金669万元，物资集中采购节约成本460万元。加强两级机关费用控制，组建全省固话和手机短号虚拟网，公务车辆统一办理高速ETC速通卡，五项费用同比减少304万元，扭转了自2008年以来年均增长11%的上升势头。

（3）清理和优化整合股权投资项目，加强与合作方的沟通，积极稳妥解决历史遗留问题，进一步提高股权企业治理水平，全年实现股权投资收益6217万元。

（4）持续推进风险防控体系建设，修订公司内控管理手册，编制风险管理报告和法律风险岗位防控手册，全面推行合同网上结算审批，妥善处理遗留诉讼案件6件，胜诉金额1320万元；开展领导干部任中和离任经济责任审计，深入推进基建工程项目专项审计和效能监察，全年完成审计项目10个、专项效能监察项目2个。

（5）加强信息化管理，四大系统集成应用功能不断完善，对销售业务的支撑作用更加明显；建成公司营销管理指挥中心和综合信息应用平台，对公司整体网络进行升级改造，打通两级机关到库站的专网通道；编制完成公司“十二五”信息化三年发展规划。杭州公司推广电子传真、宁波公司开发应用橇装站分散式上线系统效果明显。

（6）扎实推进节能节水工作，全年库站节能22.8吨标准煤、节水1.9万立方米，超额完成板块考核指标。

【加油站管理】 持续推进HSE管理体系建设，两级公司开展各类应急演练25次，干部员工应急处置能力不断增强；加强关键风险点控制，狠抓接卸油、临时施工作业等重点领域和关键环节的监督管理，深入开展安全检查和隐患治理，整改板块实行消项管理的隐患54项。

持续推行兼岗并岗、灵活排班、间歇营业、地罐交接、台账精简、自助加油及财务核算方式改革等一系列劳动组织优化措施，用工总量从年初的5409人减少到年末的5216人，新投运加油站用工全部实现内部调剂，全员人均零售量543吨，高出全系统平均值182吨。陆上399座站全部实施地罐交接，取消专职计量员、压缩专职便利店主管，245人实现兼岗并岗；66座站部署卡机连接设备，其中26座站实现自助加油，累计节约用工52人。

持续推进零售机制创新，小站承包范围扩大到10吨以下，全年承包站73座，35座站实现销量增长，其中19座站销量增幅超过10%，累计减员50人。

按照“三包两保”方针，深化领导包保加油站，全年149座包保站销量同比增长11%。

【非油品业务】 2012年继续推进非油商品统采统配，积极搭建中央仓配送体系，有序推进广告招租、汽车服务等新业务，非油品业务收入2.6亿元，同比增长21%，利润2392万元，比预算增加392万元，非油品利润率9.1%，比预算提高1.1个百分点；百万元便利店66座，同比增加19座。

【资源运行】 持续优化物流，积极推动海进海业务，提高自有库和包租库中转量，调整内陆地区水上站油品配送方式，合理降低内河运输运价和定额损耗，全年运输费和仓储费同比减少7187万元，综合损耗同比减少3206吨。

【网络建设】 全年完成投资3亿元，计划完成率98%；维修改造费用1775万元，比预算节约915万元，使用安保基金656万元，节余106万元；开发加油站28座，投运19座，分别完成年度计划的80%、38%。

网络开发更加注重投资质量，资产型项目吨油投资同比下降47万元，投运加油站达销率同比提升10个百分点。

积极参与新建项目竞标，成功取得舟山国贸、台州新桥、嘉兴广陈、绍兴滨海大道、宁波小曹娥等多宗加油站建设用地。

【安全环保】 以提高风险管控能力为核心，突出HSE体系建设、隐患治理和强化执行三项重点工作，守住“三条红线”，切实维护安全环保质量工作持续稳定的态势。一是落实责任，提高风险管控能力，按照“一岗双责”的要求推进全员安全环保责任落实；推广风险管控方法、工具，提高风险分析能力；完善分层风险防控模式，制订六大风险防控方案。二是加大隐患治理，重点解决“低、老、坏”问题，提高库站本质安全水平。三是加强监督检查，安全监督管理部门加强库站作业场所规章制度执行的监督检查，严格考核。四是夯实安全环保基础管理，着力推进体系建设系统化，着力推进安全环保培训制度化，着力推进安全事件资源共享化。五是强化节能减排监督考核，严格落实考核任务，加大考核力度；落实工程建设项目的能评、安评、环评制度，强化源头控制。六是突出全面质量管理，强化油品质量、工程质量、物资采购质量、服务质量的管理。七是加强设备设施全过程管理，提高设备完好率，延长使用时间，提高利用效率。

（齐　誉）

中国石油天然气股份有限公司云南销售分公司

【概述】 中国石油天然气股份有限公司云南销售分公司（以下简称公司）主要经营中国石油在云南省的市场开发、成品油销售、非油品销售和网络建设等业务。公司设有13个职能处室、2个专业机构、14个州市分公司、5个控股公司。截至2012年底，员工总数7694人，大专以上学历2178人，占员工总数的28.3%；投用加油站572座，有租赁、资产型油库13座，控制库容31.24万立方米。

【主要经营指标】 2012年，销售油品378.1万吨，同比增长7.9%，其中零售量260.4万吨；开发加油站61座、投运40座；实现销售收入289亿元，同比增加7.9亿元；实现考核利润2.68亿元，吨油营销成本、吨油利润指标完成预算目标；实现非油品收入4.6亿元，同比增长26.8%，非油品利润2530万元，同比增长21.3%。

【营销业务】 坚持"一切以销售为中心、一切以零售为中心、一切以客户为中心、一切以服务为中心"的方针，加大销售力度，强化资源运作。

（1）强化客户开发，提升销售能力。加大机构用户开发力度，不断推进与昆钢集团等"黄金客户"的深入合作，月均增加用油量8000吨；紧盯云南省"500+100"、"三个10千亿工程"重大项目的跟踪开发，进一步优化开发维护措施，提高优质大客户比例；成功举办公司首届客户座谈会，进一步贴近客户、稳定客户，提升客户开发服务水平。

（2）深化全员营销，实现扩销增量。扎实推进全员营销，深化"人人都是营销员，人人都是加油员"的营销理念，深入实施成品油、加油卡、润滑油、非油品、小产品、天然气六类产品的组合营销，完善销售策略和考核激励措施。

（3）细化市场调查，增强快速反应能力。推进"市场大调查，客户大普查"成果应用，深化"三图"市场分析法（编制客户分布图、竞争态势图、项目规划图，对客户、对手、市场整体把控，提高针对性和维护的及时性），加快情报体系建设，有序构建258座站、54家客户的市场反馈信息，市场把控能力得到提升。

（4）优化物流运行，实现费低率优。科学优化一次、二次物流运行，积极协调理顺一次、二次配送界面以及地方铁路运费承担主体；降低平均运距11千米，节约运费1600万元；跨区配送取得突破，配送油品3.4万吨，节约物流费用640万元；加强串换业务，全年串换油品17万吨，节约运费470万元。

（5）简化运行界面，提升运行效率。设立钦州、兰州采调办，实现调运靠前指挥；完善调度中心运行，明确调运、仓储管理界面，清晰职责，提升效率。

【零售业务】 坚持"八个提量"，持续推进加油站标准化、规范化、信息化建设，零售终端能力不断增强。（1）推进纯枪增量创效。科学分析加油站周边商圈，开展主题促销、专题营销，实施点对点、定时错峰销售等组合策略，积极落实削高峰工作，实现纯枪销量207.8万吨，同比增长13.6%；持续加强万吨级站培育，万吨站达到26座。（2）实施服务增量创效。深入开展"微笑服务"、"开口服务"和"卫生间清洁"的"两服务一清洁"活动，持续提升加油站服务质量；打造标准站7座，自助站30座，改造纯汽油站6座，研究制订87座重点旅游景区加油站发展规划。（3）突出发卡增量创效。与集团单位、商家深度合作，开发加油卡增值服务，创新加油卡充值模式，全年售卡50万张，累计售卡128万张，卡销比34%。（4）扎实挖潜增量创效。加强低销低效站优化整治，100座站实行承包经营管理，日均纯枪销量同比增长1.1吨，增幅25.5%；通过优化排班、现场划线等，有效提高加油站管理与创效能力。

【投资建设】 坚持网络开发建设不动摇，统筹完善2012—2015年滚动发展规划，以发展规划引领项目建设。加大集团公司与云南省政府所签订的《战略合作协议》落实力度，省商务厅新核批加油站430座，战略协议加油站审批率82.69%。全力推进车用燃气业务发展，成立加气站项目推进组，制定并完成上报

"十二五"期间云南加气站建设规划。加大合资合作力度，中油云岭、云投中油、大理能源、云路中油公司已完成工商注册，并开展相关业务；与云南省物流集团签订战略合作协议，合资合作正有序展开。积极推进油库建设，昆明油库顺利投运，曲靖油库已完成水联运，清华洞、安宁储备库等6座管道配套油库建设正有序推进，完成3条成品油管道干线工程核准工作，各项报建、评审、土地征用工作井然有序。严格落实"三重一大"管理要求，切实抓好工程质量、安全、工期、投资"四要素"，完善4项资金一本账的管理；加强投资计划管控，严格整治"三超"，投资工程建设日趋规范。

【非油品业务】 持续推进"4321"("4个不变、3个转变、2个降低、1个提升"托管模式，即经营主体不变、形象标准不变、业务流程不变、安全管控不变；转变用工方式、转变激励方式、转变营销方式；降低用工总量、降低运营成本；提升效益）托管模式，实施昆明、滇东南等地区便利店以及高速公路便利店托管，303座便利店托管站，日均销售38.6万元，同比增长67%。精细便利店管理，优化商品结构，强化便利店规范管理和盈利能力，百万元店达到44座，50万元店达到68座，30万元店达到67座。持续强化业务培训、规范现场服务，开展主题促销活动，油非互促成效显著，便利店销售氛围和能力得到持续提升。

【安全环保】 坚持"三条红线"不动摇，严格落实安全管理"五严"(安全思想要严肃、安全管理要严格、安全制度要严密、安全组织要严谨、安全纪律要严明）要求，持续推进HSE体系建设，顺利通过销售分公司HSE体系审核和集团公司安全环保巡视；将防汛防震防恐预案演练刚性化、常态化，有效应对油站盗抢、自然灾害等突发事件；彝良地震发生后，及时启动抗震救灾保供机制，全力支援地方抗震救灾工作，公司救灾工作得到了地方和上级的肯定和好评，彝良加油站青年志愿者服务队被授予集团公司"青年志愿服务先进集体"荣誉称号；严格计量、质量与损耗管理，强化地罐交接的有效运行，公路运输损耗已降至1.8‰，综合损耗率降至1.6‰；全年实现"零伤害、零事故、零污染"目标，公司荣获集团公司2012年度"安全生产模范先进企业"、"环境保护先进企业"、"节能节水先进企业"3项荣誉称号。

【"三基"工作】 强化"三基"工作和精细化管理，大力推进管理提升活动，探索推进发展规划"四结合"(与整体规划结合、与重点规划结合、与预算目标结合、与员工发展结合）、加油站"10+X"、老油库"提控优严强"(提高周转率，控损耗，优化配送，优化用工，严质量、严计量，严安全，强化设备管理、强化信息应用、强化人本理念）、营销队伍"1436"(全员营销模式、4P组合营销策略、"三图"市场分析法、"大产品"营销理念）精益管控模式，深入开展"三基"工作和精细化管理检查，精细化管理理念进一步深入人心；完善股权管理制度，规范招投标流程，着力重点业务效能监察，基础管理水平不断提升。加强财务管理，坚持以降本增效为中心，深入开展节能降耗、降本增效，提高劳动生产率活动，持续落实"运输费、租赁费、财务费、修理费、损耗定额减及其他变动费率5%定率减"的"五定五率"(运费控潜1722万元、租赁费控潜930万元、损耗控潜5637万元、折旧控潜600万元、财务费用控潜1495万元，其他费用5%比率下降3405万元）控本措施；积极推进加油站单站模拟核算，深入开展加油站量本利分析；加强实物资产管理，全面启动实物资产系统上线运行；强化月度、季度、年度预算的弹性控制，预算指标更加贴近生产经营实际。持续优化体制机制，采取低销（效）站承包经营、非油品业务托管、加油站岗位优化等，减少用工592人；推行全员业绩合同考核，转变考核方式，绩效考核实现从手工向信息化、季度考核向月度考核的转变。有序推进信息化建设应用，"十二五"信息化项目稳步推进，已上线运行6个，开发建设7个；累计部署加管系统515座站，13座油库完成信息系统升级，油品物流环节管理实现应用集成，基础数据来源唯一性、时效性得到保障。

【队伍建设】 坚持强素质育人才，促进队伍整体素质提升。加强学习型班子建设，强化廉洁自律，公司总体"四好"班子达标率94.4%。积极推进"小药箱进库站"、"小影院进库站"等活动，开展扶贫帮困送温暖，发放困难补助121.95万元。加强员工队伍培训，举办各类培训项目282期，培训员工7500人次；组建"张本荷式服务法示范队"深入现场培训155场次；成功举办第三届职业技能竞赛，完成1546人的技能鉴定任务。深入开展劳动竞赛，荣获股份公司劳动竞赛10面流动红旗和3个项目先进单位称号。积极开展全员合理化建议征集活动，征集员工合理化建议387条，表彰52条。稳步推进企业文化建设，积极选树典型，杨辉国荣获股份公司"十大模范经理人"称号，张艳芬等6名员工荣获销售分公司"明星加油站经理"称号；深化"四学"活动（油库学安宁、油库学金花、党员学本荷、“三基”学玉溪），突出先进典型的示范效应，组建“张本荷式服务法示范队”送服务到基层，不断引领学先进、争先进的良好风尚，员工心系企业、情系发展，精神风貌蓬勃向上。

（王　毅）

中国石油天然气股份有限公司重庆销售分公司

【概述】 中国石油天然气股份有限公司重庆销售分公司（以下简称公司）下辖11个分公司、28个区县经营部和3个控股单位。截至2012年底，共有在册员工6623人；拥有运营加油站468座，在用油库12座，库容50万立方米；资产总额48.72亿元，净资产29.44亿元，资产负债率39.57%。

【主要经营指标】 2012年，公司销售油气当量288万吨，同比增长10%；零售253万吨，同比增长8%。营业收入228亿元，同比增长14%；非油收入1.91亿元，同比增长21%。实现考核利润4.40亿元。

【资源调运】 把握有利时机增加库存储备，一季度顺利实现涨库并完成地方储备任务，累计获得财政补贴3759万元；二季度有序降库，努力减少跌价损失；三季度、四季度全力调进资源，保障市场供应。全年共调进汽柴油288万吨，配置计划兑现率100%。其中，水路调进资源77万吨，铁路接卸量65万吨。外采资源比例同比降低6%，创效5000余万元。完善了伏牛溪油库、铁路车站和西南配送的协调联动机制。在伏牛溪、朝阳河2座油库达标改造期间，伏牛溪、朝阳河及沿江各库高强度、满负荷运转，保证了资源平稳供应。建立与中油运输公司定期沟通协调机制，新增配送车辆48台补充运力。组建仓储分公司，实现了油库的集中管理。

【市场营销】 2012年3月成立营销决策领导小组，及时调整价格审批机制，形成月度营销例会制度，先后组织外采资源、IC卡折扣等7项专题研究，提高应对市场变化的速度，销售计划完成率、零售比例居系统前列。加大汽油考核权重，安排专项促销奖励，开展优惠酬宾，在新牌坊等5座站进行纯汽油站试点，全年汽油零售超过100万吨，同比增长21.95%，柴汽比从1.94降低到1.72。推进加油卡健康发展，全年新增售卡储值点35个，累计售卡34.35万张，沉淀资金9亿元，卡销比达到47%。不断整合营销资源，提升客户服务深度，巩固了与长安、庆铃等大型企业的合作关系，新增重庆机电集团、路政执法总队等一批优质客户。

【网络建设】 加大网络开发力度，协调市政府加快对100座区县站的审批，取得区县商委批复58座、市商委批复37座。启动与两江集团、重庆公路物流基地组建合资公司工作，在部分区域市场取得领先优势。万州、江津等重点难点和空白区域取得较大突破，南滨路、江北北环等一批高效加油站项目取得实质性进展。全年新开发加油站40座，形成可研零售能力30万吨/年，网络开发质量显著提升。全年续建及新开工加油站达到59座，竣工35座，投产31座，是公司近年来投产加油站最多的一年。完成伏牛溪、朝阳河2座油库和14座加油站的达标改造任务，完成加油站扩能改造建设25座。

【加油站管理】 首届中国石油加油站经理人大会在重庆顺利召开，公司以筹办大会为契机，推进加油站效率、效益以及品牌形象的整体提升。狠抓加油站硬件水平提档升级，海峡路、五里店等15座迎检站达到较高的硬件标准和管理水平。高起点推进“削高峰”工作，97座试点站平均单站日销量从29吨提高到30.7吨，交接班时间和锁枪时间缩短近30%。狠抓“低销站”优化管理，在永川、万州、涪陵试点的16个站日均销量提高近2吨。建立加油站停业审批制度和加油站脱销周分析报表制度，加油站停业和脱销事件同比下降2个百分点。提前介入新建站投运工作，缩短了新站从竣工到投运平均时间。2012年，公司平均单站日销量达到15.68吨，同比提高0.5吨；万吨级加油站达到79座，同比增加11座，其中纯枪万吨站达到55座。

【非油品业务】 加强与供应商的联系和协调，丰富销售品种，规范销售价格，积极开发集团客户，润滑油销售实现较大增长。充分挖掘油品机构用户潜力，积极开展团购业务，推行非油品业务增效促销奖励，强化便利店氛围营造，推进灯光试点活动，加大节日和季节性促销力度。香烟、包装饮料、便利店商品销售分别同比增长44.77%、19.80%和13.78%，纯枪吨油非油品收入达到88.03元。全年实现非油品利润1817万元，同比增加800万元，增幅78.58%。加快销售网点建设，新开设uSmile便利店30座，达到73座。完成了海峡路加油站汽车服务中心建设，汽车服务项目有了新突破。完成非油品中央仓搬迁，启动南彭新中央仓项目。

【质量、计量、安全】 全面实行地罐交接，建立完善季度交叉盘点、水路内转“双监交”和油品损耗月度通报考核机制，加强计量设备检定工作，努力降低损耗。公路运输及零售损耗率从2011年的3.4‰降至1.78‰，减少油品损耗4000余吨。深入推进HSE体系建设，完成C版体系文件编制工作，初步建立公司HSE内训师队伍。所属油库除中梁油库因需技改未参加验收外，全部通过市安监局标准化二级企业验收，公司应急预案体系顺利通过市安监局专家评审。落实安全监督检查，狠抓重点时段的安全环保和稳定工作，确保公司安全平稳运行。提前发现并处置伏牛溪油库膨胀管线泄漏等7起突发事件，参与“3·2”民营大班油库油品泄露等事故应急抢险。认真开展“打非治违”活动，强化隐患项目整改，库站本质安全水平进一步提升。

【精细化管理】 深入开展管理提升活动，提出102项提升管理的措施；认真落实总部关于精细化管理工作的各项要求，初步建立了各专业线管理检查评分制度。公司集中报销系统在系统内率先上线运行，增强了成本费用控制能力。率先争取到10年西部大开发企业所得税优惠政策（企业所得税率15%），仅第一年就为股份公司增效2300万元，获得总部2380万元的财务费用补贴。继续推进信息化建设，加快油库自动化集成，试点油库付油温度自动补偿和配送一卡通系统。严控用工总量，推广劳动力成建制转移模式，全年减少用工133人，人均资产型零售量同比增加39吨，达到382吨。加强考核激励，拿出2400余万元用于油品促销、网络建设、IC卡业务、非油品业务等工作的专项奖励。完善员工基本工资制度，切实发挥考核导向和激励作用。成立土地整改办公室，启动土地产权登记工作。内控测试、HSE体系内审、工程建设管理效能监察等一系列监督检查常态化开展，企业运行更加规范。

（文　豪）

中国石油天然气股份有限公司
湖南销售分公司

【概述】 中国石油天然气股份有限公司湖南销售分公司（以下简称公司）2000年6月进入湖南市场，2002年10月正式注册成立中国石油天然气股份有限公司湖南销售分公司。截至2012年底，公司设12个机关处（室），5个附属机构，14个地市分公司，2个专业公司，2个股份公司。共有员工5372人，其中，市场化用工占98.7%，合同化用工占1.3%。公司总资产87亿元，累计开发加油站610座，其中，全资站532座，占88%；控股站6座，占1%；租赁站72座，占11%。现有油库17座，资产型油库5座，租赁油库12座。总库容28万立方米，其中，自营油库库容18万立方米，租赁油库10万立方米。网络销售基本覆盖全省市县所有地区。

【主要经营指标】 2012年，公司销售成品油221万吨，纯枪销量133万吨；销售总值达到195亿元；吨油财务费用46.4元，同比减少16.8元；调运资源220.6万吨，吨油运费76.7元。投运加油站39座（投运加气站2座），累计投运加油站610座。年销售加油卡31万张，同比增加8.35万张，增幅37%；沉淀资金1.01亿元，同比增加0.36亿元，增幅54%。非油品收入8761万元，实现利润1146万元。

【市场营销】 公司继续坚持营销方式向“卖服务”转变，销售结构向零售增量转变，品种结构向汽油销售倾斜，自营能力快速提升。销售结构得到优化，销售节奏有效掌控，汽油销售59万吨，同比增加2.6万吨，高标号汽油销量增长53%，月零售量平均17.3万吨，12月份达到28.6万吨，创历史最高纪录；单站日均销量12吨，销售价格到位率99.5%；全面推行“一站式”服务，14个地市分公司建立了客户服务中心。

【资源调运】 公司坚持科学、经济、安全调运，全面提升资源调运质量，全年调运资源220万吨。按照“运距最短、费用最低、效率最高”的原则，实施“五定”（定库、定站、定车、定人、定时）配送，严格核查配送运距，优化油库辐射半径，推行加油站补货制，实现“三变、三升、三降”，节约运费1119万元。连续四个季度获得销售公司劳动竞赛“物流优化”流动红旗。

【网络建设】 公司坚持主攻高速站、争夺城区站，强力推进网络开发，新投站点的数量和质量明显提高。全年新增立项加油站29座，其中一类、二类站25座，占86%，城区新增站点占59%；高速公路站立项签约10座，投运6座；成立车用燃气项目部，专业化开发气站，全年立项加气站15座，开工3座，投运2座，发展前景十分广阔。重点工程稳步推进。长沙油库、永州油库主体完工，基本达到接卸油条件；郴州油库开工建设，怀化油库确定立项。

【加油站管理】 采取有效措施，集中力量降费增效，高销站培育效果明显。强化完全成本核算和加油站单站核算，油库吨油费用同比下降13元，加油站零售吨油毛利同比提高200多元，零售吨油费用同比降低12元。持续加强“五小工程”建设，调整分配关系，试行站经理年薪制，规范加油站员工工资结构和发放流程，完善零售激励机制，调动员工积极性。信息系统应用水平持续提升，实现信息系统全覆盖，公司成为集团公司区域级网络汇接中心；自助加油、自助服务终端、高清视频监控等技术推广和应用，提高了市场竞争力和客户服务水平。

【安全维稳】 本着“安全是天、人命为本”的理念，严把安全、质量、计量“三条红线”，建立健全三级监督管理机构，深入落实安全生产责任制，持续强化库站安全隐患整治和技术改造，不断改善安全环保工作，连续4年实现无等级责任事故。突出抓好HSE管理体系建设，圆满完成集团公司HSE体系建设试点工作；数质量管理强化事前预防、事中追踪、事后总结，抽检合格率为100%。

【企业管理】 公司持续改善和发展外部关系，加强与驻湘企业协调沟通，凝聚各方力量，共举中国石油大旗，发挥资源优势，展示整体实力，实现共同发展；加强与各级政府的沟通协调，先后与永州、株洲、湘潭签订了战略合作协议，融入地方经济，履行国企责任，实现互利双赢，发展环境得到本质改善。强化两级指标考核，对机关处室和分公司7项管理性费用、10项经营性费用，实行月度考核、季度通报，降费1.44亿元，五项管理性费用节约350万元，租赁费、维修费、财务费共节约1.16亿元；推行用工总量动态管理，盘活用工存量，新投运库站所需员工从内部调剂，用工总量与2011年持平，零售吨油人工成本控制在130元。2012年，经过笔试、面试和考核，公开选拔中层领导干部11人；对获得中国石油百名明星加油站经理人的6名站经理给予副科级待遇；制定《加油站经理分类管理办法》，推行持证上岗，站经理列入管理人员系列。

【公司荣誉】 2012年，公司获得湖南省、集团公司以上荣誉共22项、50余人次。公司获得“全国五一劳动奖状”和湖南省“工人先锋集体”称号。公司党委获得湖南省委“创先争优先进基层党组织”称号；2人获得湖南省优秀共产党员和优秀党务工作者称号。常德分公司党委获集团公司“创先争优先进基层党委”称号；邵阳分公司获集团公司“创建‘四好’班子先进集体”称号；4人获集团公司优秀共产党员和优秀党务工作者称号。1人被评为集团公司廉洁从业模范干部；6人获得中国石油明星加油站经理人称号。15人当选省、市、县（区）三级人大代表和政协委员。

（李志民）

中国石油天然气股份有限公司安徽销售分公司

【概述】 中国石油天然气股份有限公司安徽销售分公司（以下简称公司）于1999年开始进入安徽市场，2002年9月正式注册成立中国石油天然气股份有限公司安徽销售分公司。截至2012年底，公司机关设置11处7中心1室，下设12个二级分销公司和1个项目开发部。共有员工5295人，其中管理人员502人，操作服务人员4793人；管理人员中硕士研究生17人，拥有本科以上学历人员240人、高级职称人员9人、中级职称人员58人。运营资产型油库7座，库容17.31万立方米，全资库5座，库容14.31万立方米；控股库2座，库容3万立方米；另租赁库5座。截至2012年底，公司累计开发加油站603座（全资457座、控股31座、租赁115座），其中累计运营506座。网络基本覆盖了全省所有地区。2002—2012年底，公司累计为安徽省供应成品油1402万吨。

【主要经营指标】 2012年，销售成品油269.3万吨，同比增加13.98万吨，增幅5.5%；全年零售量222.97万吨，同比增加13.28万吨，零售比例达到82.8%，平均单站日销量8.92吨；非油品业务收入1.67亿元，完成总部下达预算指标的111.3%，实现利润1263万元；新开发加油站30座，新投运加油站34座，实现安全生产无事故，各方面工作都取得了新的成就。

全面协调发展主营业务，紧抓“生命工程”开拓市场，积极组织营销提高销量，全年实现销售收入201亿元；完成投资5.74亿元，资产总额累计51亿元；终端市场份额省内达32%。通过开拓多方市场、利用多种资源、深化精细管理，实现规模扩大、管理提升，整体管理能力和品牌影响力与日俱增。

【加油站管理】 加大营销力度，利用“三夏”、“秋收”特殊时期与政府联合做好保供，利用“我要加满油”等切实有效促销手段提高油品销量。通过提高服务水平，打破垄断拿下政府采购招标权，成为“安徽省省直单位2012—2013年公务车辆定点加油项目”唯一入围供应商。发行系统内全国首发高附加值联名卡“中国石油平安联名卡”，联合开发集团性客户29家；以二维码形式自主开发“定额加油卡”，填补了市场空白。小站治理成效显著，从2012年8月全面推行以来，74座承包加油站平均单站月销量增长24%，月度平均可控费用降低22%，人员月工资增长21%。2012年零售比例同比增长4%，纯枪零售155.5万吨，同比增长12%；其中纯枪汽油52.52万吨，同比增长22%；纯枪柴油94.73万吨，同比增长7%。

【非油品业务】 便利店规范化管理不断加强，标准化陈列工作逐步开展，按时开展综合稽查，强化规范化管理意识。增加烟草证办理数量，销售占比稳步增长，公司已办理烟草证的加油站达到了370座。中央仓运作流程逐步优化，配送方式渐趋合理，将润滑油和便利店商品实施同步配送，有效整合了公司物流资源。研究消费者行为，开展针对性促销活动，便利店同比销售收入和毛利均有大幅度提升，便利店销售氛围得到改善，进一步提升了“昆仑好客”的知名度和美誉度。

【资源运行】 多措并举筹集资源、维护市场稳定供应，始终将提高配置资源兑现率、保证资源供应作为首要任务。开通南京公司进货渠道，逐步提高运量；稳定并争取东明资源配置，外采44万吨保障皖北地区资源；利用优势资源与中国石化进行串换，弥补短期缺口；健全价格信息体系，推动价格到位；开通海进江送货渠道，实现中转送货和内河船舶统一管理，提高一次直达比率，遵循“路径最优、费用最省”，提高资源配送效率，公司物流费用大幅下降，保证全年销售任务圆满完成。

【网络建设】 创新开发方式突出重点项目，通过政府战略合作、企业深度合作、民间广泛合作多方位开展网络建设工作，与政府及企业合资加油站数量达到31座；借助昆仑信托金融资源，与芜湖、马鞍山市政府达成23座加油站整体开发初步意向；签订“气化合肥”战略协议，拿到远期68座加气站布局。加强基础调研，突出风险分析，全年共组织召开加油站项目评审会20次，总计开发49座；加快手续办理推进投运进程，合肥、阜阳、宁国3座油库已完成审批，阜阳、宁国油库已完成招投标进场施工；投运新建站22座，总计投运59座；工程建设新开工项目86座，累计完工86个，完成率107%，网络规模快速发展。

【安全环保】 严格控制油品质量，全年完成上级公司及市级以上政府职能部门抽检油品739批次，合格率100%；公司内部抽检库站1088批次，合格率100%。HSE体系建设工作稳步推进，各项健康安全环境活动基本符合体系文件的要求。完善各类应急预案，加强演练，应急管理水平得到提高。年底前实行了地罐交接，计量工作科学规范，全年完成481座加油站1844具油罐标定，改造池州、六安等6座油库付油台路；公路运输综合损耗率由原先的0.52%下降至0.19%，损耗率下降0.33%，全年油品损耗同比降低0.12%。

（侯　雷）

中国石油天然气股份有限公司广西销售分公司

【概述】 中国石油天然气股份有限公司广西销售分公司（以下简称公司）成立于2000年10月，2008年12月上划股份公司直接管理，主要负责中国石油在广西地区的成品油市场开发和销售工作。公司机关设有12个职能处室和7个直附属机构，下辖13个地市分公司，另有6个控参股公司和3个筹建项目部。截至2012年底，员工总数5433人，总资产规模68.6亿元，资产负债率35.16%。

【主要经营指标】 2012年，公司成品油销量首次突破300万吨大关，达到305.2万吨，同比增长7.8%。实现营业收入233亿元，同比增长10.7%；实现利润4.36亿元；市场占有率38%，同比提高2个百分点。实现零售233万吨，同比增长4.5%。实现直销29万吨，同比增长26%。非油品收入首次突破3亿元，达到3.68亿元；利润首次突破2000万元，达到2003万元，同比分别增长15%、112%。

【网络建设】 2012年，公司积极应对政策调整影响，及时转换开发思路，加大同政府沟通协调力度，初步走出了一条自主开发、高效开发创新之路，全力推进网络开发与优化。全年新开发加油站51座，新增投运站15座，投运总数达到410座。积极与地方政府和优势企业强强联合，与广西农垦、南宁水利、桂林城投、百色城投等签订《合作框架协议书》，扩大合作，灵活运用新建、收购、租赁、控股等多种方式，加大对城市中心站、高速公路站、城市新区站等高效站点的开发力度，全面优化库站战略布局，全力抢占高效市场。新开发站平均单站可研日销量达23.3吨，同比增长14.2%。新开发高速公路站和城市中心站28座，占开发总数的55%。油库建设步伐进一步加快，桂林油库顺利竣工验收，柳州、贵港等油库项目有序推进。

【市场营销】 公司坚持把“拓市场、提销量、增效益”作为第一要务，全力以赴抓营销。做强零售业务。以突出纯枪量、突出汽油量、突出低销站提量、突出新站多投快投为核心，进一步抓好零售上量工作。采取错峰加油、提高交接班速度、汽油上量激励等措施，进一步加强汽油销售。2012年，公司零售业务实现较快发展，累计实现零售233万吨，同比增长4.5%。做大直销业务。全面推进直销客户服务体系建设，不断完善相关制度流程和配套激励机制，加强客户经理队伍建设，发挥客户管理中心职能，强化大客户开发和维护。建立客户服务大厅，打造集直销业务咨询、办理、配送服务一条龙的服务体系。统一将小额配送业务纳入直销管理，努力实现直销客户专业化管理和整体营销的高效化运作。2012年，公司直销业务实现高效起步，累计实现直销29万吨，同比增长26%。深化卡营销管理。加油卡发售和管理突出优质客户和高效产品，深入推行卡积分和卡折扣，切实增加储值额和卡销比。深化IC卡“五进”活动，以优质机构客户为关键，重点挖掘记名卡潜力，不断扩大新客户群体，全年新增售卡网点87个，售卡28.4万张，累计达77万张；沉淀资金3800万元，累计达1.7亿元。

【加油站管理】 公司坚持把零售作为企业的核心竞争力，以提高单站日销量和扩大万吨站数量为核心，不断加强零售策略研究，改善销售结构，稳定创效渠道，扩大零售销量。

（1）汽油纯枪量大幅攀升。持续优化高标号汽油配置，全面开展汽油错峰优惠和促销活动，汽油纯枪量首次突破50万吨大关，达到56.9万吨，同比增长18.1%。

（2）低销站治理成效凸显。召开低销加油站管理创新工作专题会议，系统研究、全面推进低销站治理工作。围绕“一站一策、一策多案、一案多措、每措到人”工作方针，创新管理模式，实施项目整改、软件挖潜、硬件改造、承包经营等组合措施，69座低销站迈上5吨台阶，平均日增零售量182吨。

（3）挂量站消化实现突破。详细制订投用计划，建立动态管理机制，有效落实各项奖惩措施，集中优势力量，认真分析部分项目长时间未投用原因，着重采取“一站一策”的方法，多方协调解决了土地规划落实、证照办理等疑难问题，全年消除挂量站51座。

【非油品业务】 公司始终紧紧围绕“自主经营、因地制宜、规范发展、稳步推进”的总体要求，非油品业务呈现出规模扩大、效益提升、结构改善、质量提高的新局面。

（1）优化商品结构。通过开展差异化营销，选配适销对路商品，加强烟酒、润滑油等产品销售，扩大了非油品业务规模。拓展服务功能。积极开发汽车美容等新业务，延伸服务功能，提升了非油品经营质量。

（2）适时营销策划。稳步开展灵活多样促销活动，深入拓展团购促销业务，实现了非油品业务快速发展。2012年新增便利店62座，总数达到303座。

【安全环保】 牢固树立“环保优先、安全第一、质量至上、以人为本”的理念，通过深入推进HSE体系建设，不断加大安全隐患查改力度，持续保持了安全平稳经营的良好态势。HSE基础管理工作得到进一步夯实。深入开展安全经验分享、体系培训和课题研究，深化体系信息系统应用，HSE管理体系顺利通过集团公司体系审核、安全环保巡视、节能降耗专项审查及质量体系外审工作。大力开展“三违”行为、设备隐患综合检查和专项治理，累计查处员工各类违章行为近120人次，查改隐患367项。完善三级应急救援体系，强化应急救援响应联动机制和应急物资配备，开展200多次跑冒油、消防、防抢防暴力、防台风洪涝灾害、地震逃生等各项应急演练，进一步提升了公司应对突发事件的应急保障能力。

【企业管理】 坚持夯实“三基”工作永无止境、管理提升永无止境的工作理念，全面构建制度规范完善、业务运行高效、系统控制精准、成本核算精细、考核评价科学的管理模式。

（1）内控体系更加规范。以“简捷、简单、效率”为标准，推行制度化管理和流程化运作，形成了由249项制度构成的制度体系，梳理完善业务流程1064个，进一步提高了“顶层设计”的科学性。强化内控与风险管理，有效规避经营风险，维护了公司利益。

（2）人力资源配置更加优化。按照“三控制一规范”要求，不断深化测时写实成果应用，深入推行间歇营业、弹性排班等减员增效措施，狠抓EVA等关键绩效指标考核，平均单站用工降至10.1人，较年初减少1.7人；员工总量降至5433人，在新增61座运营站的前提下，净减62人。

（3）信息化应用更加深入。统建项目快速推进，调度指挥中心建成投用。五大系统全面整合，加油站系统集成新增200座，10座油库完成“一卡通”配送部署。运维事件解决率达70%，同比增长50%。地罐交接深入推广，309座加油站实现地罐交接。新增半自助加油站30座，总量达35座。

（4）财务管理更加精细。推行全方位、全过程大预算管理体系，强化关键性指标对标分析，严控成本费用，吨油营销成本降至281元，同比减少4.7%，财务管理逐步向集约化、精细化方向转变。大力开展“勤俭节约、挖潜增效”活动，五项费用同比下降11.2%。

（5）安全基础更加牢固。发布HSE管理手册，推进管理体系审核，强化计量、质量管理，综合损耗率控制在0.02‰以内。开展安全生产领域“打非治违”工作，强化隐患排查治理，各项安全业绩控制指标全面受控。工程建设、项目审计、法律风险防控等工作高效、规范运行，公司综合管控能力不断增强。

（张喜伟）

中国石油天然气股份有限公司福建销售分公司

【概述】 中国石油天然气股份有限公司福建销售分公司（以下简称公司）主要负责中国石油在福建的成品油销售与网络建设工作。2008年12月5日，公司从原华南销售公司独立，恢复省公司建制，上划股份公司直接管理，规格调整为副局级。公司设置12个职能处室、3个机关附属机构，下辖9个地市分公司和仓储分公司。截至2012年底，公司共有员工3800余人，运营加油站450座，资产型油库总库容36.55万立方米，资产总额53.73亿元。

【主要经营指标】 2012年，公司共销售成品油228万吨，实现利润2058万元；市场份额30%，同比提高1.7个百分点；纯枪零售量130万吨，同比增长13.4%；其中汽油纯枪零售量61.2万吨，同比增长30%；非油品销售收入8464万元，同比增长25.9%。加油卡售卡量突破60万张，累计沉淀金额突破2亿元，同比增长49%；单卡充值金额18848元，卡销比43.6%。全年新签约加油站40座，新增投运加油站49座。开发加气站17座、运营8座，全年销售天然气553万立方米，实现毛利润223万元。全年完成新建、重建项目39个，改造项目55个，达标及隐患治理项目57个，完成三明油库建设及石湖油库、马尾油库改造。

【市场营销】 一是强化“先行半步”的营销理念。通过科学研判形势，较好地把握市场走势，合理控制销售节奏，争取了主动，赢得了先机。在市场最低迷时，打破思维定势，大胆实施涨库策略，为增收创效储备了资源。二是强化优势资源控制。增强直炼资源调运节奏控制能力，较好地应对了市场风险。加强与边防、海关配合，并逐步开展罚没油收购业务。与中国海油达成合作意向，以沿海资源串换山区资源。三明油库铁路运输通道顺利打通，为山区资源平稳供应和运行优化奠定了基础。初步建立CPC油品进口渠道，首批4193吨汽油顺利入库。三是强化终端客户开发。加强客户履约的全程跟踪服务，有效促进客户质量的提高，合同客户数量年递增20.3%，销量同比增长12.6%。强化终端客户的开发维护，成功与省交通、船舶等大型机构用户建立了业务关系。四是强化直销业务管理和客户经理队伍建设。梳理业务界面，对批发业务再划分，成立直销管理中心，专项管理直销业务，初步建立了直销业务管理体系。调整客户经理绩效方案，实施灵活的吨油提成激励政策激发了队伍的积极性。

【零售经营】 一是开发固定客户。开展“客户开发提销量，管理提升增效益”活动，利用“营改增”契机，走访客户1045家，签订合同客户351家，固定客户群不断扩大。二是加大高标号汽油销售力度。增加134座油站销售97号汽油，开展专项营销活动，销量同比增加3万吨，增幅始终保持在57%以上。利用双LOGO站开业之际，在厦门选择5座加油站销售CPC油品，吸引新客户，日增汽油销量超过10吨。三是大力开展卡营销活动。突出广告和积分宣传效应，通过抽奖促销有力促进汽油销量提升。持续深化与银行、电信、邮政、保险等央企合作，开发“车优汇”、“翼支付”等整合营销项目，拓展汽油客户。四是非油品业务持续增长。优化商品结构，增加商品特色，设立台湾商品专柜，提升了便利店品位。与福建商业集团签订闽货推广合作协议，取得闽货中油渠道供应商资质，向广东、江苏等省公司销售闽货。五是推行低产低效站承包和多种营业模式。有58座销量5吨以下的加油站开展内部承包经营，节约用工78人，特别是“驻站式”承包方式效果明显。实施间歇营业加油站69座，合并管理加油站32座，有效降低了运营成本。六是提升现场运营效率。绘制加油峰值曲线图，在10座加油站开展错峰加油，月增汽油销量300多吨。优化油站排班方案，设立机动班和机动人员，既保证了员工休息时间，又提高了劳动效率。先后打造7座纯汽油加油站、12座半自助加油站；优化32座加油站的油枪布局，实现324座加油站的优化交接班，有力提升了加油站现场运行效率。

【网络建设】 一是积极落实双LOGO项目。多方谋划、高层推动，促成合作项目快速落地。二是开辟军企共建开发新模式。成功开发 9 个城区网点，弥补了城区网点的不足，开辟了低成本发展的新路子。三是大力推进集团化开发。锁定政府公共资源，加大与省内汽运、交通系统的合作，探索集团化网建开发新途径，依托大项目带动推进加油加气站项目的落实。四是提高工程建设效率。加大工程管理力度，按月下发投运任务实施计划，强化跟踪考核，确保项目按进度推进。3 座双 LOGO 加油站建设，平均工期 51 天，体现了“速度成就完美”。

【综合管理】　一是管理提升活动全面推进。梳理出 45 个问题，制定 111 项提升措施，形成管理提升运行总表，明确目标，责任到人，促进了公司各项管理水平提升。二是制度体系不断健全。对现行 2 个层级、14 个类别的制度体系进行了完善，修订后现行有效制度 88 项。三是内控工作不断加强。组织开展全面的内控自测工作，不断强化流程管控，顺利通过了集团公司组织的内控工作外部审计。四是精细化管理成效显著。费用定额管理和绩效考核的先进经验，在集团公司油品精细化管理推进会上进行了展示，获得一致好评。降本增效工作不断深入，财务指标日预测成为经营决策的抓手。与厦门大学合作撰写《加油站费用定额管理研究》，进一步提升费用定额系统应用价值。推广使用网络充值 POS 机，全年节约刷卡通信费 70 多万元；加强税收政策研究，合理节约税费 80 多万元。五是 HSE 管理持续深化。积极践行有感领导，组织开展各类安全生产大检查、HSE 内审等活动，共发现问题 377 项，已整改 359 项，持续整改 18 项。开展 631 次应急演练，不断完善各类突发事件应急预案。深入开展“打非治违”专项行动，推行安全生产标准化建设。顺利通过福建省安全生产委员会安全生产目标责任达标考核。六是计量、质量管理成效明显。严格质量管理体系审核，严把外采油品质量关，通过全分析手段确保入库油品全部合格。库站接受各级抽检 211 批次，检验结果全部合格。强化运输、油站等重点环节监控，理顺地罐交接操作流程，实行入罐损耗对标分析，全年入罐损耗率 0.78‰，同比降低 1.4 个千分点。七是信息化工作有序推进。顺利完成四大系统的集成，加油站系统上线 428 座、卡机连接 111 座；新安装和改造视频监控系统 395 座；油库管理系统上线 7 座，自动化改造 4 座。八是培训工作不断加强。举办值班经理轮训 56 期、培训 1186 人次，培训加油站经理 408 人次。职业技能鉴定站通过国家质量管理体系认证，4 个工种 694 人取得了职业资格。九是积极发挥协调组组长单位职能。积极与各级党委政府联系，全力推动战略协议内容落实。先后与南平、漳州签订合作协议，为项目落地奠定了良好基础。矿泉水项目前期工作进展顺利，正在推进合资建厂。长汀水保生态示范林项目按进度实施，完成造林 5000 多亩。龙岩城市燃气项目已完成可研，正在筹备设立合资公司。一系列扎实有效的运作协调，有序推进项目落地，促进了中国石油在闽事业不断发展壮大。

（朱　婧）

中国石油天然气股份有限公司大连销售分公司

【概述】　中国石油天然气股份有限公司大连销售分公司（以下简称公司）主要从事汽油、柴油、船用燃料油、润滑油、车用液化气等石油产品的销售业务，是大连地区成品油主供应商。

公司现有在营油库 5 座，库容 11.65 万立方米；运营加油站 316 座，油轮、油驳 5 艘，油码头 2 座；资产总额 28.21 亿元；员工总数 4432 人；所有库站均实现业务的信息化管理，实现库存、销售数据的实时采集、二次配送计划的自动优化、油库付油的自动化管理、配送全过程的定位监控、加油站主要销售环节的受控及可视化管理等。公司下设 11 个分公司，授权管理 2 个股权单位。

2012 年，公司以开展“找差距，补短板，抓整改，促提高”主题实践活动为主线，突出效益、效率、品牌提升，经营质量显著提高。获得销售分公司营销、信息化、节能降耗、油库管理、非油业务、零售等劳动竞赛流动红旗，大连市安全生产先进单位，包揽了大连市50座诚信计量加油站等荣誉。

【主要经营指标】 2012年，完成销售总量203万吨，成品油销售量178.6万吨，成品油零售量133.4万吨。实现销售收入158.1亿元，其中实现非油品业务收入1.36亿元。全年实现利润2.58亿元。全年发售加油卡19万张，售卡量累计突破61万张，沉淀资金6.3亿元，持卡消费率达到21.27%。

【业务管理】 突出成品油主营业务，围绕零售中心业务，在巩固陆地市场，确保稳定增长的基础上，积极拓展新市场、新业务。按照属地管理原则，强化零售配送业务。积极拓展海上市场，加强与海运公司战略合作。紧紧抓住"气化辽宁"和集团公司支持发展车用燃气的有利时机，与昆仑能源公司进行战略合作，编制完成了公司今后一个时期加气业务发展规划，积极推进车用燃气新业务开发。大力开展非油品团购业务，优选商品，强化陈列，加强标准店建设和优质店培育，实现非油品利润同比增长79%，非油品业务经营质量显著提高。通过有效沟通协调，完成大连石化公司7座加油站的整体划转接收，节省了网络开发成本，有效净化了零售市场环境。截至2012年底，成品油市场占有率88%。

【效益管理】 围绕效益中心，突出营销扩效，抓住零售终端环节，着力提升零售比、纯枪量，同比分别提高3.8%和13.8%，销售结构进一步优化；科学制定价格策略，实行量价互动，全力推价到位，价格到位率保持在100%以上。突出管理提效，准确把握市场走势，科学调控库存；加强损溢管理，严控非正常损耗，进货损耗同比降低19.79%，库存损耗同比降低33.41%。突出降本增效，对24个投资项目进行优化调整，优化投资1.5亿元；优化用工结构，节省人工成本近千万元。突出挖潜增效，实施低效加油站集中治理，扭亏47座加油站；调整库站取暖结构，积极推行并网改造；实行办公车辆集中加油管理，大力倡导节水、节电等勤俭节约行为。优化资金运作，增加加油卡沉淀资金；积极争取财税政策减免，节省支出。

【安全环保】 全面推进HSE和质量管理体系有效运行，强化有感领导、直线责任和属地管理，顺利通过了三次体系外审。建立以"关注身边安全"为主题的安全经验分享制度，全员安全意识得到切实加强。以创建"无事故单位"活动为主线，以开展"打非治违"活动为抓手，分时段制订安全专项工作方案，组织安全大检查、隐患大排查，对发现问题实行销项管理。着力加强隐患治理，多方筹措整改资金，整改隐患89项，安排9座城市中心站进行阻隔防爆和油气回收改造，库站本质安全水平得到有效提升。特别是经过协调，将金州油库周边安全隐患问题交由政府牵头综合治理，降低了风险，节省了整改费用。强化应急演练，全员应急意识和处置能力得到持续加强。严守"三条红线"，以诚信、放心为准则，狠抓油品入库关和储存关，严格计量检定和质量监测复核，在国家、省市、集团公司和销售公司质量抽检中全部达标。

【基础管理】 突出计划引领作用，强化全面计划管理和全员绩效考核，逐月编制和下达任务，确保按进度计划推进。深化对标管理，查找"短板"问题，落实改进措施，31项对标指标中21项得到有效提升。以环境综合整治为切入点，对102座加油站旱厕进行升级改造，全力打造样板站，培育万吨站、星级站；深化油库集中管理，着力提升运行效率，油库年周转量同比增加5.4万吨，库站管理水平不断提高。进一步规范制度流程，修订制度9项，新增39项，删减27项，确保管理制度统一、简明、有效。强化内控与风险管理，高标准完成《风险年报》和《内控手册》的编制修订工作，梳理确认重要风险286个，落实防控措施448项，顺利通过年度管理层测试，例外事项较以往大幅减少，企业管控能力不断加强。加强股权管理，针对两个股权单位面临的用工风险、经营不善等问题，实施了股权转让与托管，有效降低了投资经营风险。四大业务系统与财务系统实现全面集成，系统应用水平明显提高，保证了业务连续性。

【发展环境】 密切企地关系，取得政府在网络规划、车用燃气推广、税费征收优惠等多方面的支持。密切合作伙伴、竞争对手的"竞合"关系，切实维护市场秩序。密切党群、干群关系，加强学习型、服务型机关和组织建设，建立服务承诺、首问负责、限时办结和责任追究制度，制定并落实领导干部深入基层、值班带班、挂点考核等有效办法，促使领导干部做到"四有、三转、一想"（四有：有境界、有内涵、有作为、有情感；三转：一心围绕公司发展转、重心围绕经营转、身心围绕基层转；一想：一切为员工着想），清风正气进一步树立，企业氛围更加和谐向上。建立健全宣传工作机制，借助网络、报刊等媒介，以及例会和报告会等形式，加强了公司新形象、新典型以及履行"三大责任"新成就的宣传和展示，树立了良好企业形象，为公司发展增加了正能量。

（陈大丽）

中国石油天然气股份有限公司山西销售分公司

【概述】 中国石油天然气股份有限公司山西销售分公司（以下简称公司）负责中国石油在山西省的市场开发、成品油销售、非油品销售和网络建设工作。截至2012年底，公司机关设12个处室，3个附属机构；下辖11个地市分公司，1个控股公司，1个仓储分公司；在册员工5100名；实施运营油库13座，总库容38万立方米；投运加油站477座。

【主要经营指标】 2012年，实现油品销售240万吨，其中零售量190.7万吨；实现纯枪销售量164.7万吨，同比增加6.12万吨；实现非油品业务收入9684万元，同比增加4600万元；实现非油品利润632万元，同比增幅139%；累计实现税前利润5010万元；按照新投资标准立项加油站2座，投运加油站3座，建成加气站1座；新建3.5万立方米忻州油库主体工程完工；完成投资计划6.87亿元，计划完成率达96%；完成隐患整改计划4425万元，完成率100%。全年运营加油站450座，运营天数13.44万天；单站平均运营天数281天，同比增加38天。

【资源调运】 资源调运紧盯全年任务和市场变化，调入直炼资源176万吨，调运完成率达到95%；适时外采油品62万吨，地炼生产企业直接购进比例达到71%，保障了市场供应和量效指标实现。组建配送中心，实现全省库站资源整体安排、配送车辆统一调度，配送计划直接对站。按照“力保最优、减少次优、严控备选”的原则优化配送，利用车载视频监控系统，实时监控配送计划执行情况，全年完成二次配送量133万吨，配送及时率明显提高。春耕、夏收期间，累计为农机设施设备供应油品15万吨，送油到田间地头4.2万吨；为大型企业、地方重点企业等直销客户供油35万余吨，保障了各行业生产需求。

【销售业务】 油品销售业务健全“线圈”建设中“市场大调查、客户大普查”和“线圈”图动态更新制度，完善“线圈”建设理论与方法措施。按照“巩固核心圈，强化竞争圈，扩大辐射圈，延伸客流线，做强物流线”的思路，全年摸排客户32万余家，收集竞争对手资料3683家；新增客户4.43万家，客户总量达到10.12万家；与90余家知名企业实现合作，机构客户突破400家；固定客户消费比例达到58%。搭建网络信息平台，设立市场信息监测点759个。开展“奋力杯”劳动竞赛和擂台比赛，全年实现零售量190.7万吨，纯枪销量同比增长11.8%，汽油销量同比增长21.1%，销售结构明显改善。制定《加油卡客服业务管理和考核办法》，完成95504短信服务备案工作，建立加油卡客户服务质量协作机制，处理系统投诉266笔，及时反馈率100%，客服质量水平明显改善。加大售卡激励力度，全年售卡41.6万张，同比增长13.3%，累计售卡85.3万张；新增储值额56.74亿元，同比增长54.48%；沉淀资金1.68亿元，同比增长52.62%；卡销比达到52.94%，同比增长26.35%。

非油品销售努力拓展大宗销售，实现汾酒销售收入2230万元、润滑油销售收入1221万元、化肥销售收入1308万元、香烟销售收入1069万元，大宗销售占到非油品业务的65%。培育百万元店27座，50万—100万元店27座，30万—50万元店31座；建设“uSmile”标准改造便利店254座。

【投资建设】 对全省加油站进行摸底排查，根据库站运行现状，制订改造方案，按照项目轻重缓急，制定库站3年达标改造整体计划。工程建设项目实行集中统一管理，实施“交钥匙”工程。严格工期控制，全年安排124项工程项目；开工101座，开工率达到81%；开工项目中完工91座，完工率达90%以上。忻州油库主体工程完工；长治油库前期手续已办理完毕，具备开工条件；侯马油库扩建工程完成可行性研究报告和前期手续办理，具备招标条件，大项目建设有序推进。按照新投资标准对前期项目遗留问题进行了全面清理，针对2009—2011年立项未投运的203座项目，分6批次清理，共清理消项项目115座，解决历史遗留问题项目89座，为项目运营奠定了基础。加大停业站处理力度，消项6座，开业35座，提高了加油站运营效率。

【安全、计量、质量管理】 按照“谁主管、谁负责”和“一岗一责”的工作原则，层层落实安全生产责任制，全员签订《安全生产责任书》。强化 HSE 体系培训，11 人取得内审员资格；加强体系审核，接受销售公司 HSE 体系审核 2 次，组织内部体系审核 2 次。筹措资金 110 多万元，为重点库站配发防汛应急物资。投入 4000 多万元，对玉门沟油库、侯马油库和 25 座加油站实施重大隐患治理。坚持出入库油品按批次全检测和加油站油品季度抽检全覆盖，抽查油样达 1769 个。坚持外采油品全项目化验和代储油品定期化验，抽检外采油品油样 231 个，抽检合格率 100%。全面完成地罐交接工作，加强与运输公司合作，实现油库流量表交接、加油站地罐交接。发挥液位仪自动测量功能，规范计量账表册填报；结合月度抽查盘点实测温度与液位仪温度补偿应用系统的使用，温补率同比降低 0.05%，加油站单站综合运输损耗率由 0.26% 下降到 0.23%。加强油库入库损耗监管，汽油、柴油入库损耗率分别降低 0.02% 和 0.04%。

【精细化管理】 开展管理提升活动，自我诊断，建立管理提升问题库，收集日常经营管理问题 158 条，确定问题 13 类 34 条，制定了相应的改进措施。编制《山西销售公司精细化管理手册》，对安全环保质量管理、加油站油库管理等 16 类主要业务、67 项运行控制中的 528 个关键节点进行重新梳理、精确描述、准确定位，进一步强化了管理运行控制。组织制定、修订规章制度 24 条，废止 36 条，进一步完善制度体系，理顺了管理职能。坚持以效益为中心，统筹费用支出，吨油营销成本比预算节约 3.4 元，同比降低 17.5 元，可控费用同比降低 3600 万元。加大星级站培育力度，三星级及以上站点达 90 座，销量占零售总量的 54%。实施“消高峰”管理，在 36 座加油站试点地面划线工作，车辆进出率明显提高；部署卡机连接加油站 22 座，单车加油时间平均缩短 1.5 分钟；改造大流量加油机 19 台，单机每小时加油量提高 1500 升。加强低效站治理，减少 3 吨以下站点 13 座；23 座站实施间歇性营业，平均单站减少 1.2 人。建成四大信息系统和销售综合信息应用平台。完成 47 座加油站管理系统和港盛、安太堡、和田、港泰 4 座油库的管理系统部署上线。推进 OA 系统到库站，办公费用同比下降 10%。开展历史档案数字化工作，完成 20% 的数字化目标。围绕资产租赁、资金平台等核心业务，新增内控流程 13 个，修改流程 75 个，完成 83 个风险控制文档的编制。加强员工培训，举办各类培训班 58 期，培训员工 5939 人次；推进技能鉴定工作，在岗技能操作员工职业资格持证率 39.8%，同比提高 4.8%。

【党建工作】 深入开展党的十八大精神宣贯系列活动，举办领导干部读书班 1 期，组织集团公司、省直工委党的十八大精神宣讲报告会 2 场。积极推进“为民服务，创先争优”、“保持党的纯洁性教育”活动，有 8 人次被集团公司党组、省直工委分别授予“优秀共产党员”和“优秀党务工作者”称号。太原 28 站、太原 35 站加油员陈银平在销售分公司“六个十”评比中获得“十大标杆加油站”和“十大加油明星”称号。运城分公司被集团公司授予“创建‘四好’领导班子先进集体”称号。发动全体党员参与“情系母亲水窖，创先争优献爱心”捐助活动，累计捐款 8.16 万元。开展“全员职业健康体检”工作；开展“走访慰问解民情，扶贫助困献爱心”活动，为 333 名困难员工提供资金帮扶。深入推进“青年文明号”创建活动，新争创省级“青年文明号”2 个，充分展示了企业文明与窗口服务形象。

（常化平）

中国石油天然气股份有限公司天津销售分公司

【概述】 中国石油天然气股份有限公司天津销售分公司（以下简称公司）主要负责中国石油在天津市的成品油仓储与销售、油库和加油站管理、库站网络建设，同时兼营燃料油、天然气、润滑油及其他非油品销售业务。公司采用两级管理体制，设 13 个职能处室、7 个分公司、8 个股权企业（不含控股、参股加油站）。公司有员工 2960 人，总资产 35.33 亿元，拥有油库 6 座，总库容 36.44 万立方米，投运加油站 212 座，年销售能力超过 210 万吨。

【主要经营指标】 2012 年，销售油品 212.57 万吨，其中，零售 110.54 万吨，纯枪销量 74.01 万吨（同比增长 1.98%），燃料油 4.67 万吨；实现非油品收入 6262.66 万元，利润 594.21 万元，同比分别增长 29.2% 和 26.9%；利润总额 606.38 万元，吨油营销成本 284.85 元；固定站新增立项 13 座、新开 10 座、新投 10 座，橇装加油设施新投 11 座，加气设施新投 1 座；安全环保和数质量管理整体受控。

【市场营销】（1）多方筹措畅销资源。积极协调国Ⅲ柴油配置，外采资源 38.8 万吨，同比增长 36.4%，提高资源运作能力，抓住时机实现了规模销售。（2）营销策略更加灵活。设立信息采集点 167 个，加强市场监测，及时调整营销策略，实现量价最优。开拓燃料油市场，拓宽经营渠道。（3）直销体系建设平稳起步。建成大港客服中心，选聘客户经理 14 名，完善客户管理体系，129 家固定客户年购油量达 40 万吨。（4）物流管理更加规范。顺利划转南疆油库，总库容扩至 36.44 万立方米。油库管理更加专业，业务流程更加明晰，设备完好率超过 98%，两次夺得油库管理流动红旗，武清油库被销售分公司评为“标杆油库”。完成调度指挥中心、油库管控一体化和“配送一卡通”项目实施，在销售系统率先实现了“一卡通”自助提油，运行效率明显提升，吨油运费同比下降 2.47 元，全年节约运费 159.8 万元；下调定耗标准，加大稽查力度，运输综合损耗率降至 1.71‰，同比下降 2.27 个千分点，损耗治理成果进一步巩固。

【加油站管理】 大力强化存量挖潜，纯枪创效能力进一步增强。

（1）加油站运营效率明显提高。在 195 座加油站开展优化交接班，52 座加油站开展消高峰工作，拥堵现象明显改善。28 座加油站实现卡机连接销售，客户加油更加便捷。深入推进加管系统应用，手工账表册由 45 项减少到 19 项，提高了劳动效率，获得销售分公司零售类流动红旗。

（2）纯枪销售能力持续增强。广泛开展“大干四个月”劳动竞赛，东西两区龙争虎斗、各显身手，形成了人人参与、奋勇争先的氛围，活动期间纯枪计划完成率 105%。根据客户需求，加油站实行柴油双品号运行，实现了量效齐增，12 月份 0 号柴油纯枪销量同比增加 8000 吨。分级管理持卡客户，实行差异化优惠，扩大了客户群体，全年售卡 11.95 万张，卡销比 21.9%。

（3）汽油纯枪销量稳步提升。通过开展错时促销、银行卡联合促销，提高了汽油销量，汽油纯枪销量增加 1.62 万吨。全年汽油纯枪销量 30.8 万吨，同比增加 3.57 万吨，创效能力明显增强。

（4）非油品业务管理更加精细。精简非油品类，核心商品由 800 多种优化到 600 多种。加强库存管理，损耗率远低于中国石油规定的 3‰。完善业务流程，商品配送时间平均缩短 2 天。

【网络建设】 突出内涵发展，零售网络进一步优化。

（1）投资管理更加规范。实行月度计划例会制度，加强投资管控，杜绝无计划和超计划项目，投资计划完成率 95.2%。

（2）网络结构进一步优化。注重开发质量，新开发一类、二类站点比例达到 62%。全年橇装设施立项 12 座、投运 11 座、优化调整 15 座，日均销量达 1.8 吨。

（3）加气业务实现新突破。经过努力协调，顺利取得燃气经营许可，与大港油田公司合作开发加气业务，首座 LNG 加气站成功投运。公司正式进入加气业务领域，并优选出 10 座加油站，计划增设加气设施，又成功竞拍到 3 块油气合建站用地。

（4）“工程建设质量管理年”卓有成效。狠抓工程质量管理，全年实施新建、重建、续建项目 18 个，油库项目 3 个，达标改造与隐患治理项目 60 个，完成了南疆油库供暖系统改造和华源油库储罐防腐等重点项目。清理挂账项目 51 个，审核结算 211 项。加强施工现场管理，对违规单位累计罚款 4.6 万元，清退 2 名现场监理，施工质量明显提高，工程合格率达 100%。

【精细化管理】 深入推进管理提升，不断夯实管理基础。

（1）油品数质量和安全环保零事故。质量体系达到中国石油 A 级标准，进入系统内先进行列。积极开展“打非治违”等专项活动，排查安全隐患 1508 项，采取有力措施，隐患全部得到有效治理。举办三级联动应急预案实战演练，危化品运输现场处置试点成果已上报安监总局。迎接上级油品质量抽检 6 次，合格率 100%。广泛开展节能降耗工作，获得节能降耗流动红旗。开展稽查工作，全年共查出各类问题 965 项次，处罚 92 人次，罚款近 4 万元，有力推动了各项制度落实。

（2）信息技术支撑到位。为 194 座加油站部署电子巡检系统，启动站级高清视频升级。运维自行解决率高于93%。

（3）财务管理水平稳步提升。增强预算管控能力，获得降本增效类流动红旗。加强资金计划管理，资金匀兑率99.5%以上，异常率低于万分之五。加强资金安全管理，往来清理3514万元，全部实现上门收款。推行全生命周期实物资产管理。强化经营活动分析，组织“损耗治理”、“三核定”等专题分析20余次。成功举办第三届会计知识大赛，极大地促进了财务人员业务素质的提升。

（4）人力资源保障更加有力。开展薪酬与量效挂钩试点，加大人均纯枪销量和吨油利润考核权重，人均纯枪销量增幅7%，人均工资增幅12.1%。深入探索站经理年薪制，为管理有方、业绩突出的站经理晋升级别，激励导向作用明显。按照集团公司《企业领导人员管理办法》有关要求，全年提拔中层领导人员16人，调整10人，进一步优化了干部队伍结构。举办培训班191个，累计培训7200人次，职业技能鉴定站顺利通过国家质量体系认证。通过测时写实优化用工，员工总量同比减少103人，在南疆油库整体划转57人的情况下，仍然控制在集团公司用工计划之内。

（5）企业综合管理更趋完善。内控工作顺利通过股份公司管理层测试，重大例外事项为零。加强法律事务与合同管理，挽回经济损失600多万元，合同上线率100%，事后合同、重大法律风险事故为零。加强股权管理，建立股权企业数据库，行权管理更加规范。推行物资集中采购，节约资金102万元。积极创建“AAA”级档案室，顺利通过天津市档案局验收并成功挂牌。强化反腐倡廉宣传，318名管理人员接受了廉政教育，组织711名管理人员签订《廉洁自律承诺书》。积极开展效能监察，促进各项工作规范运行。

（银世民）

中国石油天然气股份有限公司宁夏销售分公司

【概述】 截至2012年底，中国石油天然气股份有限公司宁夏销售分公司（以下简称公司）设12个机关处室，下辖6个地区分公司，4个直属单位，员工总数3421人（其中，在岗合同化员工1576人，市场化用工1845人）；油库5座，总库容17.2万立方米；运营加油站257座。资产总额23.81亿元，净资产12.51亿元，资产负债率47.46%。

【主要经营指标】 2012年，公司销量成品油193万吨，同比增长11.5%；零售量182万吨，同比增长9%；非油品业务收入2.39亿元，同比增长35%；利润3.53亿元，同比增长352%。培育直销客户648家，销量34.5万吨，同比增长18%。全年纯枪销量达到148万吨，单站日销量达到16.3吨，培育万吨站72座。全年售卡28.26万张，同比增长22%，卡销比达到33.4%。全年非油品销售收入达到2.2亿元，同比增长39.2%；培育1000万元店2座、500万元店7座、100万元店53座。

【油气业务】 2012年，公司紧紧围绕建设国际水准销售企业的目标，按照“两增一降两提升”的要求，持续扩大销售规模，提升发展质量，主要经济指标再创历史最好水平。

（1）强化市场研究，准确研判市场。不断完善两级市场信息采集分析体系，及时掌握市场形势，主动应对市场变化，科学制定不同时段、不同市场态势下的营销策略，有效提高了市场掌控能力。

（2）强化资源运作，推动库存创效。紧盯全年任务和市场变化，精心确定年度和月度要货计划，确保有效稳定供应；紧盯配置计划，精心组织调运，确保资源配置到位；紧盯国际油价变化，精心运作库存升降，确保效益最大化，通过科学合理的库存运作，增加效益3019万元。

（3）强化客户管理，推动直销增量。强化客户研究和分析，实行直销客户分级管理，将用油量作为衡量“忠诚度”的依据，将“忠诚度”作为制定差异化营销策略的依据，分级保证直销客户用油，予以不同价格优惠，建立起吸引和稳定直销客户的长效机制。

（4）强化零售战略，推动零售创效。资源紧张时期，严格控制批发，严格执行批发价格报批制度；资源充裕时期，合理平衡零售与直销之间的关系，研究最佳零售比率，零售比率达到94.3%。着力推进加油站类别评定、全口径核算、对标管理、升油含量薪酬分配、领导干部定点培育和神秘顾客检测等制度，积极推行自助半自助加油、小站承包、间歇营业、合并管理等先进适用的方式方法，努力提升单站运营效率。

（5）强化高效服务，提升品牌形象。深入开展为民服务创先争优和百日优质服务活动，坚持推进现场管理劳动纪律、安全监护、安全操作、清洁卫生、账册记录、定置管理、细节规范、热情服务等8个常态化目标，大力推行削高峰和优化交接班工作，40座高峰期明显的加油站交接班时间由30分钟缩短到18分钟，加油站现场服务水平和质量切实提高。

（6）强化售卡营销，有效开拓市场。通过扩大售卡网点、加大宣传推价、促进战略合作、开展积分回馈、锁定政府采购，推动油品和加油卡联合促销。

【非油品业务】（1）加快推进标准化建设。继续完善网络布局，全年新增便利店13座，运营便利店达到243座。加快品牌店建设，建设“昆仑好客”标准店18座，标准店达到73座，持续优化商品陈列，美化购物环境，提升整体形象，顾客认知度日益提升。

（2）加快推进规范化经营。坚持以市场为导向，组织召开商品洽谈会，由基层员工结合市场实际选择适销对路商品。在重要节假日期间优选畅销商品开展促销，在加油站现场持续组织后备箱促销，注重推销厚利商品和地方特产。进一步完善促销和考核办法，鼓励基层单位在确保效益的前提下，量价互动、全员调动开展促销。积极开展化肥、餐饮、住宿、汽车服务、租赁等业务，实现销售收入1891.5万元，同比增长1.5%。高速公路分公司探索推行餐厅委托经营和特色外卖合作经营，在餐饮业务专业化经营方面取得初步成效。

（3）加快推进专业化管理。积极推进商品试销制度，实行新品试销期内以销定结。加强商品配送管理，积极推进和规范第三方承运，配送费用率4.42%，同比降低0.28%。严把商品采购、入库验收关和日常监督检查关，严格月末盘点制度，有效确保了商品质量，控制了商品库存。加大专业培训力度，注重商品陈列、营销技巧和工作流程的培训，不断提升专业化水平。

【网络建设】 2012年，公司完成投资3.18亿元，新开发加油站2座、加气站5座，开工建设加油站27座、加气站2座，竣工站22座，投运站14座，其中建成滨河大道服务区7座，投运1座。编发《加油站建设工程模块化管理手册》，形成工程管理中心监督、分公司（油库）现场管理、监理单位控制和施工单位负责的四级工程项目管理体系。严把检维修投资计划，严格现场核实制度，积极推行修旧利废，有效控制材料成本，切实降低检维修费用，全年完成检维修项目414项，修理费同比降低49%。

【安全环保】 深入开展HSE岗位培训，以分岗位、小范围、短课时为主要方式，以HSE理念、岗位风险辨识和管控、应急处置、主要设备检查和保养为主要内容，送教到基层71场，培训员工1879人，有效强化了基层员工的安全意识和安全技能。迎接两次集团公司HSE体系审核，组织两次内部体系审核，以体系审核促进管理提升。按照直线责任、属地管理的原则，完善作业许可和危险作业管理制度，突出作业许可风险管控，集中组织专项施工安全检查，切实提高了施工安全管理水平。扎实开展安全生产月活动，突出安全经验分享、岗位风险辨识、应急预案演练等内容，持续在转变观念、习惯培养、能力提升上取得新进展。

【精细化管理】 进一步梳理完善、优化整合业务流程，新增了非油品业务、卡系统控制等14类专项业务流程228个，关键控制点423个，逐步实现“流程统一、控制集中、界面清晰、简洁高效”的目标。深化加油站测时写实，大力推进削高峰和优化排班，不断提高劳动效率，用工总数得到有效控制，新增站用工基本通过内部调剂解决。完成费用集中报销平台和加油站费用定额管理系统建设，实现了加油站10项费用预算编制全过程管理。持续实行从紧的成本费用预算安排，将人工费用、运费、损耗、财务费用及六项费用纳入月度薪酬考核，吨油营销成本控制在预算范围之内，吨油商流费同比降低16%，可控费用同比降低19%。不断深化二次配送管理，以加油站为主体建立配送模型，点对点确定每座站的主辅配送库，实行最优距离配送。将全部加油站纳入炼厂直配范围，大幅降低配送费用，吨油运费22元，同比降低41%。不断深化库存油品管理。深入推进体积交接管理，不断完善液位仪地罐交接，加强地付库存管理和承运商管理，严格落实成品油损溢管理办法，进一步加强月度盘点、季度交叉盘点和日常管理工作，对油品损溢情况严考核硬兑现。

【信息化建设】 全面建成四大信息系统和销售综合信息应用平台，强化系统应用、运维考核和专业培训。

（仇建雄　周　扬）

中国石油天然气股份有限公司贵州销售分公司

【概述】 中国石油天然气股份有限公司贵州销售分公司（以下简称公司）主要负责中国石油在贵州省的成品油销售、市场开发工作。截至2012年底，公司有12个处室、2个附属机构、10个分公司。员工2745人，大专以上学历占总人数30.7%。投运加油站269座，油库2座，销售网络遍布全省9个市州的主要城市、高速公路、国道、省道和经济大镇。

2012年，公司在极端天气频发、市场需求不旺、价格波动频繁、竞争日趋激烈的复杂形势下，克服一切困难，大力推进网络开发建设，全力提高销售质量和规模，全面开展管理提升活动，各项工作实现新突破。公司获省部级先进集体10项、先进个人30人（次），19次获得股份公司劳动竞赛流动红旗，荣获“贵州省百强企业”。

【主要经营指标】 2012年，销售油品142万吨，其中零售108万吨，零售比例76%。销售收入112亿元，利润逾1亿元。开发加油站31座、投运34座。全年无安全生产责任事故。

【储运与油库】 积极与资源单位和铁路部门保持密切沟通，争取资源优先发运。全年配置资源兑现率99.3%，同比增长4.7个百分点。制订资源平衡方案，合理摆布资源，全年铁路车辆变更同比减少164车，节约费用41万元。完善应急预案，积极履行社会责任，有序组织雨雪冰冻天气等异常情况下的油品配送。加强油库和承运商管理，全年油库周转量同比增加16万吨，周转次数增加6次，车辆运行效率同比增加0.7次。与运输公司合署办公，实现了配送计划集中管理，车辆配载时间同比缩短3小时，计划完成率提高0.7个百分点，计划变更率降低1.3个百分点。严格油品外采管理，全年累计外采27.4万吨，占资源购进量的19%，外采质量进一步提升。

【市场营销】 坚持量效并举，突出效益目标，营销组织有序、有效。持续优化销售质量和结构，地市销量同比增加14万吨，终端销售比例同比提高2.5个百分点，汽油销量同比提升12.9个百分点。探索直销体系建设，全年直销量达到20万吨。不断完善客户经理队伍建设，全年人均销量9097吨，同比增加3148吨。注重对日常业务运行的监控和平衡，全年计划执行率控制在100%—103%内。成立市场营销决策小组，健全完善成品油监测体系，每日编制《市场信息报告》，市场掌控能力进一步提升。强化价格审批程序，强化与省物价局的衔接沟通，全年取得12次顺价销售政策，增加公司收入。公司价格到位率99.52%。多渠道收集外采价格信息，全年公司吨油外采价格平均低于上级公司下达价52元，累计节约成本1000多万元。

【加油站管理】 坚持终端创效，突出效率效益，销售质量持续提升。强化现场管理，细化零售模式。打造纯汽油站6座，公司纯枪汽油同比增幅19%，吨油毛利同比增加281元，增幅123%；治理低销站53座，其中在10座站实施费用包干经营，减少劳务用工44人，单站日销量提升1.2吨，增幅37%。5座站实行半自助加油，人均纯枪量497吨，同比提升30%；推进大流量加油机改造工程，对42把柴油枪进行更换，付1000升柴油所需时间由41分钟缩短为15分钟，付油效率大幅提升，改造后月均提升柴油销量235吨，增幅12.37%；在48座存在高峰的加油站全面实施优化交接班和消高峰活动，系统开班时间不超过1分钟，工作效率大幅提高。加强昆仑卡销售，全年售卡12.57万张，沉淀资金7352万元，同比增长38%；记名卡达到68%，同比增长10%，折扣率同比减少0.37个百分点，售卡质量再上台阶。现场管理规范有序，组织三期神秘顾客访问，检查731座（次）加油站。实施地罐交接，坚持月度盘点、交叉盘点，分公司监盘、省公司抽查机制，全年零售柴油损耗率 –0.1%，汽油损耗率0.05%，公司出现盈余。

【非油品业务】 非油品业务彰显特色，通过开展大宗商品团购，加快烟草、酒类许可证的办理等措施，实现非油品利润907万元，同比增幅156%。其中，夏云A、B加油站均突破100万元。

【网络建设】 坚持规范高效，突出投资回报，网络建设稳步推进。深入贯彻集团公司领导到公司调研的讲话精神以及贵州省委、省政府对中国石油在黔业务发展的重要指示，牢固树立“油气并举”、“以气带油”的工作思路，及时完善公司2012—2015年油气业务发展规划，启动公司加气、油气合建站开发工作。成立公司加油站项目申报、调研、谈判组，规范投资建设管理工作，全年新开发项目内部收益率同比提高3个百分点，投资回收期减少1年，平均单站投资降低5%。围绕久长油库开工建设，集中力量破解制约因素，2012年11月29日项目正式开工建设。强化工程管理，全年完成新建站24座、维修改造及隐患改造站27座、达标改造6座、站级系统改造项目29座，质量合格率100%。

【安全环保】 严守“三条红线”，突出事前预防，安全及计量、质量管理得到加强。加强风险源头控制，提高风险预防和掌控能力。全年排查存在泥石流及山体滑坡风险库站44座，存在山火风险的库站49座，处于环境敏感区库站85座，存在罩棚坍塌风险的加油站65座，存在油品渗漏风险的加油站57座。结合气候特点开展安全风险分析，印发安全预警月报，制定具体风险防控措施，做到从“事后处理”向“事前预防”转变。

【计量、质量管理】 持续完善检测手段，计量、质量管理受控。加大油品质量抽检、送检频次，代储库每月送检3次，加油站每季度送检1次，对容易发生计量、质量纠纷的偏远站、低效站和中心城区站进行重点关注。坚持外采油品“双检”制度，全年检测外采油品143批次，配置资源1065批次，库站送检1386批次，连续3年油品质量抽检合格率100%。逐步强化体系建设，巩固质量安全基础管理，完成质量安全环保规章制度修订，印发B版《HSE体系管理手册》，制度执行力及可操作性得到大幅度提高。

【精细化管理】 强化“三基”工作，突出规范管控，精细化管理更加深入。财务管控能力得到提升。积极推进加油站资金平台系统的集成工作，开通率达95%，资金安全的监控水平进一步提高。强化资金计划管理，大额投资与工程资金平均支付时间延长一个月，资金成本进一步降低。开展成本控制课题研究，向权重大、固定性的费用要降费空间，黔南与黔东南分公司先后扭亏，降费效果明显。信息管理系统得到充分运用。全年新增库、站管理系统上线60座，视频监控157座，加管系统上线率同比提高14%。用工管理持续得到优化。8座低效站通过内挖潜力、横向调剂、合理配置，减少定员32人。审计监察力度不断加大。选取8座加油站开展销售业务专项检查，提出整改建议意见，持续开展工程外委审计，全年审计工程结算39个，减少支出320万元。

【队伍建设】 严格按照“三控制一规范”的要求，积极探索加强班子建设和队伍建设的有效途径，健全干部选拔任用机制，初步形成政令畅通、责权清晰、运转高效的管理体制。推行全员绩效考核机制，调动和激发各方面的积极性。狠抓员工素质提高，全年参加公司外部培训100余人次，组织内部培训1500人次，板块远程培训46人次，加气站业务培训50人次，完成公司各工种操作员工首轮鉴定，并以遵义、毕节分公司为试点，探索站级培训体系建设。坚持开展“加油站经理俱乐部”活动，并形成常态化，队伍整体素质得到稳步提升。大力推进基层与机关干部双向交流，各级党组织和领导班子引领科学发展的能力普遍提高。

【履行社会责任】 公司与地方各级党委、政府建立信息传送渠道和工作协调机制，工作得到地方各级政府的肯定。贵州省委领导表扬公司服务全省发展大局，认真落实合作协议，积极履行社会责任，油品保供平稳有序，工作开展富有成效。积极履行责任，全力支援救灾工作。在冰冻雨雪灾害、地震灾害面前，公司积极支援救灾工作，开通150条绿色加油通道，全力保证抗灾用油。向云贵地震中受灾的贵州灾区人民捐款500万元。认真落实集团公司扶贫项目，积极参与贵州省委党建扶贫活动，委派干部到扶贫点挂职扶贫，投资300万元修建扶贫公路和帮助引资20万元修建饮水工程。援建习水县的龙马公路被命名为“中国石油路”，在2012年上半年全线通车。在贵阳市“母亲河”南明河上游花溪区捐种2000余株树苗。贵州省市各级政府对中国石油的快速反应和在油品保供、抢险救灾、重大活动、扶贫帮困等方面所做的工作给予高度评价。

（岑义林）

中国石油天然气股份有限公司青海销售分公司

【概述】 中国石油天然气股份有限公司青海销售分公司（以下简称公司）是青海省内成品油流通领域的主要渠道，担负着保障全省汽油、柴油、煤油、润滑油等成品油稳定供应的责任。截至2012年底，公司资产总额27.78亿元，共有员工3265人，设12个职能处室，9个二级销售分公司，运营资产型加油站191座，直属油库4座，库容21万立方米。

【主要经营指标】 2012年，公司完成销售量170万吨，其中，销售汽油、柴油165万吨，同比增长10%；完成零售134.6万吨，纯枪销售99万吨；汽油销售35.2万吨，同比增幅16%；单站日销量15吨；实现非油品收入1.4亿元，利润1211万元。全年累计销售IC卡51.8万张，卡销比达到25%，同比提高12个百分点。大力推进地罐交接，运行站点185座，覆盖率达到95%。

【市场营销】 一是认真落实加油站削高峰、地面划线、优化交接班等指导意见，强化现场管理，不断提高零售尤其是汽油销量，取得了较好成效。二是强化资源调运，在全年成品油价格八次调价中，实现库存溢价4000万元，较好应对了经营风险。优化物流配送，全年完成管输16万吨，同比增加3万吨，获得管输补贴200万元。三是完善掌控市场监测体系，对市场运行日监测、周分析、月报告，市场掌控能力进一步增强。

【投资工程建设】 一是坚持以规划引领网络开发，修订完善青海销售公司《“十二五”发展规划》，明确了网络开发重点。二是积极争取投资计划，由年初的1.47亿元，争取到3.15亿元。完成新开发加油站8座，续建加油站20座，改扩建加油站11座。三是玉树灾后重建项目基本完成，重建加油站6座，新寨油库建设项目达到形象进度的90%，办公公寓楼正式投用。四是曹家堡油库自动化升级改造项目完成，多巴油库安全隐患改造、中央仓及培训中心项目有序推进，超额完成销售公司下达的网络开发指标，获得销售公司劳动竞赛网络开发流动红旗。

【安全、质量】 全面加强质量、计量和安全管理，实现了安全环保“四个为零”目标。严格落实安全环保责任制，层层签订安全环保责任书，实现安全环保责任全员覆盖。强化内部审核工作，健全HSE专业委员会直线工作职责，直线管理职能得到有效发挥。规范油品质量管理和计量器具监督检查，稳步推进QMS质量管理体系，定期开展油品季度抽查工作，全年未发生一起油品纠纷事件。扎实开展节能减排工作，公司荣获集团公司节能减排工作一等奖。

【基础管理】 深入开展对标诊断，查找问题和不足，制定完善公司管理提升活动指导意见，为管理提升活动第二阶段有序开展奠定了基础。修订实施公司《精细化管理实施方案》，明确精细化管理示范基地培育目标，广泛开展“五增五降”（五增：吨油利润、人均纯枪销量、单站卡销比、单站汽油零售量、人均劳动生产率；五降：库站运行费用、物流配送费用、库站损耗率、单站投资成本、重大安全隐患）指标分析活动，全面深化对标管理，得到了销售分公司领导的认可。加强内部控制体系管理，形成财务预算、费用控制、合同招标、物资采购、效能监察、审计监督全方位监管格局，企业运营全面受控，顺利通过集团公司内控评价测试。信息化建设不断加强，系统集成应用和运行维护水平进一步提高。推进专业化重组，成立仓储分公司，优化投资工程处机构设置。

【队伍建设】 组织两级机关115人次到基层一线实践锻炼，丰富了基层经验。对165名加油站经理、班组长等关键岗位人员进行交流，提升了执行力。选派8批60多人次到江苏、上海、广东等销售企业学习考察，开拓了眼界。全年组织公司各类培训47期3247人次；组织网络培训4期；配合销售分公司完成86名业务骨干“送教进基层”培训；邀请山东销售技能专家对公司四个主体工种的34名考评员和23名优秀技能选手进行培训；完成169人次的专业技术任职资格评审、809人次的职业技能鉴定，队伍综合素质进一步提高。

（李　倩）

中国石油天然气股份有限公司江西销售分公司

【概述】 中国石油天然气股份有限公司江西销售分公司（以下简称公司）于2002年3月成立，2002年10月正式开始营运，主营成品油批发和零售业务。截至2012年底，公司本部设12处1室1中心，在南昌、九江、新余、鹰潭、抚州、宜春、吉安、萍乡、上饶、景德镇、赣州11个地市设置了二级分销公司。拥有员工1759人，共有油库9座（全资油库3座，租赁油库6座），加油站298座，公司资产总额34.42亿元。

【主要经营指标】 2012年，销售成品油101.99万吨，其中，零售总量93.61万吨，纯枪销量40.39万吨。全年实现销售收入75.47亿元，同比减少4.36亿元，降幅5.5%，非油品业务收入2110万元，考核利润-13879万元。开发加油站18座，投运30座。

【市场营销】 2012年，公司以提高市场运作能力、建设客户服务体系为重点，优化物流调运，销售能力和竞争力进一步增强。一是完善工作机制，强化市场和资源运作。公司成立市场营销决策小组，建立市场监测网络，根据市场变化及时调整营销策略。二是初步形成直销业务体系架构，设立配套组织机构，建立客户经理人队伍。三是加强客户管理与开发，开展客户大调查活动，梳理客户档案，对客户分级管理。全年终端销售率91.1%，价格到位率98.4%，柴汽比3。四是科学组织调运，推进二次中转送货，优化配送路线，更新运距，凸现新物流效应。

零售工作坚持量效并重，狠抓纯枪上量和汽油销售，提升销售质量。一是抓住节假日有利时机，开展汽油主题营销；二是借助消高峰工作提升服务效率；三是制定“一站一策”，培育吨级站。2012年吨级站销量14.5万吨，同比增加9985吨，增幅达到7%。四是对低效站实施承包经营。

【非油品业务】 一是夯实非油品业务基础，规范非油品业务管理。2012年上半年，开展站级表单优化工作，取消表单4个，系统直接替代表单8个，提升了工作效率。二是加强加油站便利店增收创效能力，重点抓好香烟、润滑油、包装饮料、日用品、家庭食品等七大类商品销售工作，并通过促销、换购等活动，实现增收创效。三是依托现有站内销售平台，结合当地区域优势或特色商品，大力开辟站外销售市场，重点开展润滑油直销、化肥农资、福利彩票等站外销售业务，拓宽了非油品业务经营渠道。

【网络建设】 2012年，面对内部投资缩紧以及复杂多变的外部市场环境，公司网络发展有所放缓。一是全面梳理项目，科学部署投运工作。二是进一步落实“三重一大”投资决策制度，加强网络建设制度建设。三是开展二级单位近三年网建工作自查自纠。四是对2005—2011年开发的176座加油站开展项目后评价工作。五是推动重点项目进展，公司第一对高速公路加油站昌铜奉新高速服务区加油站如期完工。截至2012年底，完成储备项目清理退项30座，开发加油站18座，投运30座，施工项目累计76项（含安全改造及技术改造20项），其中新开工项目37座，续建项目19座，累计完工验收项目41座。

【质量、安全、环保】 2012年，公司以HSE体系建设和质量管理体系建设为主线，严守“三条红线”，逐级签订安全环保责任书，确保安全环保责任落实。一是组织多种培训，提升员工安全环保意识和计质量风险意识。二是加大资金投入力度，重点整治37座存在安全隐患的站库。三是强化计量、质量管理，推行专罐专储、专车专运、进出库化验等工作；加强油品检测，保障油品质量；实行地罐交接，降耗增效，实现成品油零损耗的控制目标。全年实现安全环保和计量、质量管理总体受控，生产安全及环保事故为零，重大质量、计量事故为零。

【党群工作】 2012年，公司深入开展“形势、目标、任务、责任”主题教育和创先争优活动，通过劳动竞赛、典型选树等多种形式，掀起重服务、比业绩的热潮。一是通过“一报一刊一网”，构建企业文化传播阵地。二是开展公司惩防体系建设，开展案例现场警示教育，积极推行反腐倡廉。三是实施“扶贫济困送温暖”和“金秋助学”活动，发放慰问金68.1万元，慰问帮助困难员工195人，并向贫困地区捐赠“母亲健康快车”和“母亲水窖”。四是建设“五小”文化基地，在基层设立小浴室、小宿舍、小食堂和小图书室772个，开辟小菜园88个，丰富员工的业余文化生活。

【企业管理】

1. 精细化管理持续深化

编制实施《2012年各专业线精细化管理重点工作安排手册》，编写《精细化管理优秀课题汇编》及典型案例；实施《江西公司开展管理提升活动实施方案》，开展了自我诊断、专项提升两阶段工作。

2. 财务管理规范有序

一是强化预算管控能力，深化三级预算管理体系；增强预警导向作用，持续开展周经营预警。二是深化应用实物资产系统，提升资产管理信息化水平，提高资产管理工作效率。三是推进税务日常工作信息化和自动化，实现涉税业务网络化办公，推广加油站发票集成开票系统，提高开票效率，减少开票错误。

3. 人力资源管理全面优化

2012年，公司健全组织机构，严控用工总量，强化员工培训，提升员工素质，夯实基础管理，实现“人均劳动效率”、“一线员工培训比例”、“技能鉴定通过比例”、“一线员工收入”和“服务基层意识”5个提高。其中，人均零售量554吨，同比增加22.1%；一线员工培训人次占全年培训人次的72%，同比提高27%；全年累计培训员工15496人次，技能鉴定通过率达到67.9%，同比提高11.5%；油库和加油站一线员工人均工资收入增幅分别达到16.2%和24.9%。

4. 内控建设取得成效

2012年，公司完成制度评价与汇编，修订和整理现行有效的135项制度；完成2013版内控手册修订工作，新增、修改、删除业务流程共50余个。开展2次覆盖全公司业务范围的内控测试，并顺利通过集团公司内控测试。

5. 信息化建设稳步推进

一是完成海源和新余油库自动化改造和省级调度中心建设，基本实现库站自动化设施与信息系统的集成；二是全面推行液位仪计量工作，校准177座加油站595个油罐和147套液位仪；三是深化系统应用，优化加油站表单，减少人为干预账表；四是加强系统应用日常监控，完善信息系统考核管理机制。2012年公司整体信息系统可靠率100%；两级机关局域网稳定率100%；信息安全事故为零。

（孙光国）

中国石油天然气股份有限公司西藏销售分公司

【概述】 中国石油天然气股份有限公司西藏销售分公司（以下简称公司）总部设在西藏自治区拉萨市，截至2012年底，公司下辖7个地区公司（拉萨、日喀则、山南、昌都、那曲、阿里、林芝）、2个专业经销公司（液化气经销公司、润滑油经销公司）、1个直属油库（七二五油库）和2个驻外机构（成都采调处、格尔木公司）。拥有成品油储存库8座，液化气储存库1座，加油站109座（万吨级加油站4座）。员工总数1686人，其中，合同化用工1168人，市场化用工518人，藏族和其他少数民族1003人。

【主要经营指标】 2012年，成品油销售63.3万吨，同比增加6.7万吨，增幅11.8%。零售58.3万吨，同比增加8.2万吨，增幅16.4%。零售比例92.1%，同比增长3.7个百分点。销售润滑油2440吨、液化气3218吨，分别增长137.6%、5.7%。实现销售收入52.6亿元，同比增加7亿元，增幅15.6%。实现利润1.32亿元，同比增加3584万元，增幅37.4 %。便利店非油品收入801万元，同比增加395万元，增幅97.3%。EVA（经济增加值）完成值2524万元，同比增加1583万元，增幅168.2%。发生物流费用6.85亿元，同比减少558万元，下降0.9%。用工总量1533人，同比减少131人，下降8%。

【资源调运】 2012年，铁路进藏成品油13万吨，完成年度目标12万吨的107.9%，同比增加1.1万吨，增长9.4%；格拉管线管输成品油15.7万吨，完成年度目标14万吨的112.4%，同比增加0.8万吨，增长5.6%。

【企业管理】 强化内部管理，效率明显提升。细化实施86项具体措施，深入推进精细化管理和管理提升。铁路进藏油品12.9万吨，管输油品15.7万吨，公路运输油品20.9万吨，一次、二次物流分别节约运费1295万元和599万元。成立仓储公司，全部运营加油站实现地罐交接，商品实现月度盘点，实际损耗降至2.97‰。推进控员增效方案，4座低效站实行小站承包，20座站推行并站管理，28座站采取叫醒式服务，32座站开展间歇营业，65座站实现弹性排班，超过60%加油站打破室内外岗位界限，两级机关和油库控员65人，人均销量、零售量同比增长21%、26%。整改内控例外事项188项，财务检查问题257项，法律论证在油站收购、合同执行等方面发挥了积极作用。实现火电厂供油每吨补贴300元，增加利润1726万元。

【市场营销】 2012年，汽油销售18.7万吨，同比增加2.3万吨，增长14.2%；柴油销售44.6万吨，同比增加4.3万吨，增长10.8%；成品油零售比率达到92.1%，柴汽比为2.4，市场占有率达到86%，同比增加3个百分点。

高标号汽油销售9.7万吨，完成年度目标7.2万吨的135.2%，同比增加4.3万吨，增长80.3%；润滑油销售2440吨，完成年度目标1100吨的221.8%，同比增加1413吨，增幅137.6%；液化气销售3218吨，完成年度目标3000吨的107.3%，同比增销172吨，增长5.7%。除日喀则公司外其他公司均完成年度销售任务，同比增幅排名：成都采调处76.3%、格尔木公司62.8%、山南公司21.2%、林芝公司12.7%、昌都公司6.7%、那曲公司3.0%、阿里公司2.9%，拉萨公司剔除火电厂因素同比基本持平。

【投资管理】 2012年，完成投资1.9亿元，新开发拉萨中和等3座加油站，确定4个加油加气规划点；续建山南辛吉等4座加油站，改扩建林芝阳光等9座加油站，整改日喀则昂仁等7座加油站，直接增加销售能力2.5万吨。拉萨铁路油库工程竣工并验收，725油库安全隐患整改取得批复，昌都等5座油库信息系统建设基本完成，阿里公司等周转房开工建设，进一步改善了生产生活条件。完成ERP等四大信息系统集成，建成营销管理指挥中心，信息化建设和应用基本实现了网格化。编制《网络开发项目实施细则》，落实项目全过程目标管理责任，强化标准落实与执行，全区库站形象和功能发生了深刻变化。

【财务管理】

1. 发挥风险防范职能，促进企业安全稳定

积极贯彻落实资金安全措施，规范银行上门收款全过程管理，及时识别资金风险点，银行上门收款服务率达100%。部署上线加油站资金管理平台，实现资金管理平台与加油站管理系统的有效融合。通过按计划执行资金的支出，提升资金管控能力，有效落实“三重一大”制度，按程序支出大额资金，通过协调，取得上级公司财务费用返还200万元。开展全年财务大检查，完成了对区内所属9家单位的财务专项检查，检查发现问题257条，提出合理化建议145条，区内二级公司机关检查率100%，加油站检查率35.64%。对查找问题现场提出整改建议。

2. 发挥成本控制职能，大力促进降本节支

充分利用预算控制费用，严把费用审核关，严格预算考核，取得良好成效。继续执行月度滚动预算功能，全年公司各部门批复预算外费用1217万元，同比减少532万元，减幅30.42%，全年预算执行到位；按月与销售分公司进行预算对接，着力控制成本费用，实现吨油营销成本1034.06元，比销售分公司预算和内部预算分别降低118.35元和105.71元。制定《中国石油西藏销售分公司本部及七二五油库费用报销暂行管理规定》，确保费用按照权责发生制及时入账，为探索费用发生形态、找准费用节约节点奠定了良好基础。

3. 发挥资产管理职能，继续实现保值增值

公司资产持续增长，财务账面固定资产和无形资产总额11.79亿元，比年初增加1.59亿元。资产信息化管理更加集中突出体现，按照上级公司统一部署，实物资产系统的成功上线，使所有账内、账外资产及低值易耗品账簿更加清晰，层次更加精细，共将租赁资产17项（价值754万元）、账外资产和低值易耗品3496项（价值6056万元）录入到了实物资产系统，实现资产管理系统与实物资产管理系统的有效融合。稳步开展资产报废工作，2012年共计报废固定资产663项，原值3355万元，净值1858万元，其中原值20万元以上的非正常报废固定资产共计36项，原值1526万元，净值988万元。进一步优化资产结构，提升高效资产的使用价值和效率，促进资产保值增值。

4. 发挥税收筹划职能，大力争取财税政策

始终把税收筹划工作作为重点工作，适时跟踪国家最新财务政策和税收政策，根据公司自身特点，争取税收优惠政策并着重提高执行力。一是利用开发区财政奖励制度，争取到中油天港公司奖励资金20万元。 二是开展2011年企业所得税汇算清缴工作，缴纳企业所得税1570万元，有效规避了税务风险。三是开展增值税、所得税、营业税2011年返还资料上报工作，已经收到企业返还资金1034万元。四是在西部企业所得税纳税比例优惠政策到期后，与西藏自治区税务局不断沟通协调，公司企业所得税纳税比例仍然维持原有的15%不做调整，全年节约企业所得税纳税额1800万元。五是开展火电厂销售的价格补偿工作，争取到每吨300元的价格补偿，可创效1726万元。收回上海西藏大厦还款300万元，为企业增加经济利益。

5. 发挥协调保障职能，财务基础全面巩固

坚持财务管理与信息化深入融合原则，提升财务管控能力，在前期上线加油站资金平台和实物资产管理信息系统的基础上，成功上线加油站费用定额管理系统、集中报销系统、加油站税控机打发票B/S网络版系统，通过系统集中上线，财务管理信息化水平得到有效提升。

【加油站管理】 加强营销组织，结构日趋优化。2012年，公司购进成品油66.2万吨，同比增加4.3万吨，增幅6.9%，高效市场投放比例78%，实现保供和创效能力的“双提升”。初步建立1个市场信息中心和11个监测中心，推行周例会和月度营销视频会议，实施“突出主线、拓展两翼、提升藏南”区域竞争和资源、客户、品种、价格、促销等组合营销策略，市场份额达到86%，同比提升3个百分点，山南、昌都等3家单位销量增幅超过15%。灵活实施零售措施，纯枪销量36.4万吨，同比增长15.2%，比例达到62.4%。昌都市场90号汽油率先退市，其他地区加快退市步伐，高标号汽油销售9.7万吨，同比增长80.2%，比例达到51.8%；5000吨以上加油站达到23座，其中万吨站4座，纯汽油站1座；单站日销量达9.3吨，同比增长14.2%；打造30万元店3座、50万元店2座，功德林加油站非油品收入突破200万元。

【强基惠民活动】 2012年深入开展创先争优强基础惠民生活动，是西藏自治区党委、政府作出的重大决策部署。公司根据《全区深入开展创先争优强基础惠民生活动实施方案》文件精神，围绕区党委提出的总体要求和“五项工作任务”，创先争优强基础惠民生活动取得了阶段性成果。

公司捐助资金600万元，为西藏自治区2万多名驻村干部购买人身和医疗保险；利用驻村工作队优势，将定点扶贫工作和强基惠民活动有机结合，对所属扶贫点投入扶贫资金33万元，新建4座人畜简易桥和3座安居房；为15个驻村点捐赠各类物资、工作经费25万元，办公座椅100余件，全年投入各类资金共计658万元。公司被授予西藏自治区创先争优强基惠民活动优秀组织单位荣誉称号。公司驻班戈县保吉乡5村工作队（七二五油库派驻）被授予“创先争优强基惠民活动先进驻村工作队”荣誉称号，达琼、赵玉山、仁青旺扎、桑塔等7人被授予“创先争优强基惠民活动先进驻村工作队员”荣誉称号。公司共有7个驻村工作队、26名驻村工作队员获得各级党委、政府的表彰，被各族群众誉为老百姓的贴心人。

（杨藏英）

中国石油天然气股份有限公司海南销售分公司

【概述】 中国石油天然气股份有限公司海南销售分公司（以下简称公司）2004年成立，2011年初上划股份公司管理，主要负责海南省行政区域及辖属海域石油成品油销售业务及非油品销售业务，设12个管理处室、3个附属机构，下设海口、三亚、琼海、儋州4个分公司及1个参股公司。截至2012年底，公司共有员工993人，加油站91座，运营油库1座，租赁油库1座，总库容6万立方米，年销售能力60万

吨，资产规模9.62亿元，资产负债率36.5%。“突出效率、效益、品牌，打造精品销售企业”是公司在市场新形势下的发展定位，“企业小，经济效益要高；总销量少，人均销量、单站销量要高；市场复杂、竞争激烈，管理和服务水平要高；总规模靠后，各个单项经营管理指标要努力靠前”是公司坚持不懈的奋斗目标。

【主要经营指标】 2012年，销售油品57.26万吨，同比增长10.84%，市场占有率30%，其中零售32.96万吨，同比增长6.2%。实现营业收入43.29亿元，完成利润2005万元，上缴税费1.99亿元，吨油利润和营销成本控制在预算之内。非油品业务收入2350万元，同比增长94.62%，利润238万元，同比增长33.86%。开发加油站11座，投运10座，改造恢复投运16座，运营站总数达91座。

【安全环保】 加强体系建设，HSE体系通过第三方审核，质量体系取得认证，计量体系完成内审，库站安全生产标准化达标完成率100%。强化有感领导、直线责任和属地管理，领导干部深入安全联系点254次、解决问题189项，管理责任落到实处。每周开展案例分析、经验分享，组织培训班13个、培训513人次，安全技能不断提升。加大隐患排查治理力度，投入1919万元，完成东方油库罐区改造等11个治理项目。新建检验中心，加强计量器具检验、地罐标定和计量盘点，集团公司和国家油品质量抽检合格率100%，油站整体盘盈。加强项目施工和检维修监管，落实三同时、两书一表和危险作业许可制度，狠反“三违”行为，确保安全质量。建立兼职应急队伍，加强预案演练，做好物资准备，提升应急能力。2012年，公司经受“山神”等4次台风考验，实现了“六个零”目标，守住了“三条红线”，连续两年获得“海南省安全生产工作责任目标考核先进单位”称号。

【资源调运】 坚持“西北为主、东北为辅、岛内串换、外采补充”的保供思路，准确研判市场，提前制订计划，密切联系，及时对接，跟踪落实，确保资源均衡、平稳、受控运行。积极应对8次调价，灵活价格政策，科学调整计划，合理安排出入库，实现库存净溢价2232万元。外采油品1.86万吨，增效586万元。以“效益最大、流向最优、费用最低、效率最高、损耗最少”为目标，优化一次、二次物流。建立损耗黑名单，严格执行超耗索赔制度，综合差量率降低0.13个千分点，增效452.9万元。以GPS锁封系统为支撑，实施运距优化，吨油运费降低8.41%，增效215.77万元；加强在途监控，警企联动打击偷盗行为，公路运输途耗降低1.58个千分点，增效440.47万元；追回超耗损失88.3万元，净化了配送环境。2012年共计调运资源57.77万吨，确保了销售任务的顺利完成。

【市场营销】 成立营销决策小组，统筹调运、批发、零售、价格管理，跟踪市场，超前研判，多方案准备，合理安排计划，及时沟通，动态调整，以周保月、以月保季、以季保年，赢得了销售主动权。立足调整销售结构，平衡批发与零售、本部与分公司，及时对接资源调运与销售计划，增纯枪、控直销，增零售、控批发，增终端、控流通，增汽油、提效益，实现了效益最大化。完善星级客户管理办法和优惠奖励政策，建设客户经理队伍，建立短信互通平台，定期召开座谈会，累计发展星级客户148家，其中三星级以上50家。2012年，共销售油品57.26万吨，超额完成销售任务。终端销售比65.67%，提高2.15个百分点；纯枪销量27.58万吨，增长10.91%；零售纯枪比83.7%，提高3.6个百分点，销售质量明显改善，市场驾驭能力和整体营销水平显著提升。

【零售管理】 以加油站为重点，坚持开展强基检查、专项整治及“微笑服务、创先争优”等劳动竞赛，加强神秘顾客和95504投诉电话监督，提升服务水平。实行吨油工资包干，增加汽油、零售、纯枪及增量提成比例，调动一线积极性。小站承包试点与推广工作成效显著，完成3000吨级以下承包油站26座，月均销量4754吨，增长7.2%，用工减少21.2%，人均收入增长39.64%，吨油可控费用降低25.5%。与银行、电信等部门合作，加大加油卡促销力度，全年售卡量增长7.09%，充值额增长41.85%，消费额增长42.69%，卡销比达到40.31%。以城市中心和高速路站为重点，推进样板站建设、星级站达标改造升级，全年打造标杆站9座、三星以上站30座，星级达标计划完成率100%。公司全年零售32.96万吨，增幅6.2%，万吨站增加到6座，东岸站保持2万吨水平，零售总量、零售比例、纯枪能力、单站销量同步提升。

【网络建设】 引入外力，多种方式积极抢占省市规划布点，全年获得省市县批复布点50个，评审20个，签约13个，完成开发11座，其中9座完成投资，2座气站获得板块批复。与三沙市政府达成成油品常态化供应基地建设协议，向“立足路上、拓展海上”战略实施迈出重要一步。成立工程建设中心，加大可研设计深度，积极协调项目审批和证照办理，严格执行招标采购制度，优选供应商和承包商，加强全过程监管，进度控制、安全管理和质量水平明显提升。2012 年，完成投资 1.66 亿元，计划完成率 99.5%，其中新开发油站 11 座，投运 10 座，改造恢复投运 16 座；东方油库罐区、中央仓建成投用，东方油库综合楼、化验中心及河道管线迁移项目基本完成。

【非油品业务】 以城市中心和高速路站为重点，推进便利店建设和达标升级，9 座潜力站改造后日销量增长 1—5 倍。以中央仓为核心，完善信息平台及配送体系，配送及时率和周转率分别提高 20% 和 15%。积极推进便利店委托管理模式改革，海口盈宾等 5 座试点站日销售额增幅均超过 15%，效果显著。加强消费研究，推行品类管理，制定 TOP50/30 优选目录，提升陈列水平，加强营销培训和节日促销，增强了销售能力。开展润滑油、化肥、添加剂、车辆保险及汽车服务业务，拓展创效空间。2012 年，公司便利店总数增至 71 座，其中双百万店 2 座，百万店 7 座。非油品收入 2350 万元，同比增长 94.62%；利润 238 万元，同比增长 33.86%；吨油非油品收入 85.22 元，同比增长 75.57%；人均非油品收入 2.48 万元，同比增长 110.56%。

【企业管理】 落实集团公司管理提升和销售分公司精细化管理会议要求，成立领导小组，制订实施方案，每季度召开推进会，精细化理念深入人心，174 项措施成效显著。健全内控体系，构建市场营销体制，理顺投资决策机制，完善星级客户制度，健全业绩考核体系，基础管理不断夯实。推行全面预算和费用定额管理，开展一级核算，两级稽核，实行上门收款、集中报销，增强财务风险防控能力。每月开展省、市、站三级对标，定期进行油品损耗等专题分析，对照先进，找差距、定措施、抓整改，推动工作上水平。积极开展测时写实，在运油站全部实施消高峰和优化交接班，推行场地划线、机动排班、错峰配送，配置卡机连接加油机、大流量柴油机，日均销量增加 13%，交接班平均用时减少 60%，锁枪时间平均减少 67%。2012 年，在公司总销量、零售量、油站数量均增加情况下，单站员工减少 32 人，平均单站用工减少 3.5 人，人均销量增加 56.6 吨，人均零售量增加 29 吨。

【队伍建设】 加强“四好”班子建设，打造素质高、作风硬、善管理的管理人员队伍。以加油站经理人为重点，积极推进员工队伍建设，推行小站承包、竞聘上岗和业绩考核，明确成长路径，完善工作机制，疏通成长渠道，搭建创业平台。加强业务培训，建成省公司培训基地和 4 个分公司示范站，抓好“每周一小时”学习活动和职业技能鉴定工作，组织培训班 107 个，培训 1812 人次，成功举办第二届技能大赛，提升了队伍素质。加强思想政治工作和企业文化建设，弘扬大庆精神、铁人精神，强化“我为祖国献石油”核心价值观，推进“五小”工程，围绕中心、服务大局、统一思想、鼓舞士气，队伍凝聚力和战斗力进一步增强。朱宗丽、李星荣获“中国石油明星加油站经理”称号，海港和东岸站被评为“集团公司先进集体”称号。

（徐　玮）

中国石油天然气股份有限公司
大连海运分公司

【概述】 中国石油天然气股份有限公司大连海运分公司（以下简称公司）成立于 1999 年 5 月，是中国石油从事海上运输业务的专业化公司，主要负责中国石油成品油资源的水上运输组织工作。公司由单一代理型公司，发展成为集租船运输服务和自有船舶管理功能为一体的现代航运物流企业。

截至 2012 年底，公司本部设置 8 个职能部门，下辖 3 个办事处，管理全资子公司、参股合资公司各 1 个，员工 428 人（含劳务用工 331 人），资产总额 12.31 亿元；自有（含光租）成品油轮 15 艘、24 万载重吨，准入沿海及内河租船运力超过 380 艘、150 万载重吨，运输配送网络覆盖下游 16 个省（区、市），航线遍布我国沿海、长江干支流等区域。通过优质、安全、快捷、高效的船舶运输服务，成功架起了连接中国石油资源与市场的水上桥梁，保炼厂后路畅通、保市场资源供应、降水上运输成本“两保一降”作用有效发挥，为销售业务持续快速健康发展提供了强有力的水上物流保障。

【主要经营指标】 2012年，公司完成成品油运量2262万吨，同比增长11.2%；完成运输周转量1850万吨千海里，同比增长19.6%；实现运费收入26.83亿元，同比增长23.1%；实现利润总额1.20亿元，同比增长126%；实现股权投资收益635万元，同比增长59.5%；未发生较大及以上生产安全和环境污染责任事故。

【运行组织】 加强生产运行组织，运输优化取得新进展。克服资源、运力不匹配，极端、恶劣天气频发等不利因素影响，科学制订运输组织方案，灵活调整运力，优先保证自有船舶运行效率，适度减少外贸大船使用数量，用好用活中小航租运力，稳步提高直达和定点运输比例，进一步加大与上下游单位的沟通协调力度，有效发挥办事处和代理公司现场疏港职能，下海油运输实现了科学组织、整体优化、平稳运转，全年各月运输计划兑现率均超过100%，年度运量水平再创历史新高。全面启动内河运输组织工作，制定完善内河船舶准入、使用、考核、监管制度、规范、办法12项，准入内河船舶185艘、26万载重吨，陆续开通江西、安徽、湖南、湖北、江苏、浙江6个省内河运输业务，完成内河成品油运量130万吨，公司运输服务范围实现了由传统沿海向内河流域的全面拓展，掀开了中国石油内河运输集中、统一、规范、高效管理的新篇章，与销售业务相配套的水上物流网络持续完善。

【船舶管理】 强化自有船舶管理，运营管理水平得到新提升。完善自有船舶运行保障机制，针对5艘2.8万吨大船集中下水、资源不足带来的配货困难，制订大船班轮运行方案，预留资源、优化航线、细化调度、强化协调，大船运行效率得到了有效保证。科学组织船舶特检、坞修和隐患整改项目，完成“辽油801”轮重大隐患治理、各船舶卫星通信和驾驶台监控系统安装等工程，自有船舶设备状况显著改善。进一步加强船员管理，制定实施《船舶等级管理考核办法》，建立船员共管机制，船员工作主动性、积极性明显提高。持续改进单船单航次分析方法，深化推进船舶消耗定额管理，有效落实燃油管理精细化举措，切实规范船用物资采购和日常管理，严格控制船舶营运成本，自有船舶管理专业化水平持续提升。

【安全环保】 狠抓质量、计量、安全，安全环保迈上新台阶。加强油品运输质量管理，规范洗舱、验舱、油品切换等环节，强化运输全过程质量监控，实现了下海油原来原转。狠抓油品运输损耗管理，完成自有船舶扫舱系统改造和舱容表校验，细化租用船舶计量考核标准，改进计量纠纷协调处理机制，全年下海油综合损耗率2.68‰，同比减少0.34‰，创历史最好水平。深化质量安全体系建设，HSE和Q体系文件全面整合，SMS体系持续有效运行，体系监督指导作用有效发挥；加强台风、雾季、冰区、进江航行安全指导，自有船舶保持了安全平稳运行；抓好租用船舶资质审核和勘验管理，彻底淘汰了单壳单底和货改油船舶，租用船舶整体技术状况持续改善；辨识内河运输安全风险，组织内河船舶安全培训，内河运输安全监管逐步规范；编制完善应急预案，按计划开展应急演练，组织“安全生产月”、“打非治违”、“安全经验分享”等专项活动，安全基础工作有效夯实。

【企业管理】 推进管理提升和精细化管理，基础管理再上新水平。全面启动管理提升活动，制订活动实施方案和推进计划，确定六大模块34项专题工作，明确责任领导、责任部门和完成时限，确保活动推进有序、工作落实到位。完善规章制度建设，制订制度建设年度推进计划，补充、修订各类制度办法88个，规章制度管理更加科学。健全法律风险防控机制，规范业务流程设计，建立重大风险评估报告制度，内控体系扎实有效运行。加强供应商准入管理，构建供应商信息库，物资采购和供应商管理更加规范。加大信息化建设力度，编制信息化需求分析报告，海运信息一体化建设项目稳步推进。深入推进精细化管理，制订年度推进方案和67项重点工作计划，定期组织问题分析和经验分享，精细化管理理念持续深化、成效更加明显。深化全面预算管理，强化经营活动分析，发挥资金平台功能，加强成本费用控制，研究财税价格政策，营造良好经营环境，为顺利完成全年业绩指标奠定了坚实基础。

【队伍建设】 完善选人用人机制，员工队伍展示新活力。深化干部人事制度改革，健全选拔任用工作机制，实施竞争上岗和干部交流机制，开展全员岗位竞聘，促进干部锻炼成才，拓宽干部任用渠道，增强了干部队伍活力。加强领导班子和领导干部考核，坚持定量考核与定性考核、平时考核与年度考核、工作绩效考核与述职述廉考核相结合，提高了考核的科学性、准确性和实用性。加强人才引进和全员培训工作，加大船长、轮机长等高级专业人才引进力度，岸基管理人员专业技术结构进一步改善；提高员工培训的针对性和实效性，组织公司全员培训 11 大项，培训覆盖率达到 100%。规范劳动用工管理，完善协议工资薪酬体系，提高了员工干事创业积极性，维护了企业安定团结良好局面。

（冯　雁）

中国石油天然气股份有限公司北京油气调控中心

【概述】 中国石油天然气股份有限公司北京油气调控中心（以下简称调控中心）是股份公司的直属单位，主要负责中国石油长输油气管道调度管理、远程监控和操作运行，管网油气资源优化配置、工艺技术支持和节能降耗管理，管网自动化与通信业务专业化管理、系统资源规划建设、整合利用，中国石油管道调度执业资格认证管理等。

截至 2012 年底，调控中心有职工 209 人，其中，调度人员 145 人。在调控中心集中调控运行的长输油气管道已达 56 条，管道总里程 4.6 万千米。其中，天然气管网近 3 万千米，年输气能力 1200 多亿立方米；原油管网 8800 多千米，年输油能力约 1.2 亿吨；成品油管网约 7700 多千米，年输油能力近 4200 万吨。

【生产运营指标】 2012 年主要生产运营指标见表 1。

表 1　2012 年主要生产运营指标

序号	项目	年度计划指标	实际完成值	完成率
1	原油管网输油量	7745 万吨	7888 万吨	101.85%
2	天然气管网输气量	634.8 亿立方米	648.9 亿立方米	102.20%
3	成品油管网输油量	1400 万吨	1492.12 万吨	106.58%
4	节能	3 万吨标准煤	8.06 万吨标准煤	268.67%
5	安全生产	零事故	全年无事故	100.00%

【主要工作成效】 2012 年，面对资源、市场和气候等因素带来的管网运行压力，调控中心精心组织、科学应对，主动协调上游企业增加天然气资源供应；综合利用储气库、管存、管网互调转供等调峰手段，实现了资源合理调配，全年累计输送天然气 648.9 亿立方米，超额 2.2% 完成了年度任务，确保了各地区天然气稳定供应。积极推动新建原油储运设施投运和成品油管道增输上量，97 号汽油、-10 号柴油等成功进入成品油管网，有效增强了管道输转适应能力，全年累计输送原油 7888 万吨、成品油 1492.12 万吨，有力地保证了油田、炼厂正常生产。加强自控通信系统建设与运行维护管理，扎实开展系统年检、测试与隐患治理等工作，系统运行质量进一步提升，2012 年度 SCADA 和通信系统综合可用率分别达到 99.93%、99.98%，创历史最高水平。

【科技创新】 开展天然气管网输送能力及瓶颈滚动研究，不仅在优化运行和冬季保供工作中发挥了作用，也为新管道规划布局提供了参考。开发液体管道在线仿真系统，为管网优化运行、工况预测提供了有力支持。加大成品油管道质量控制技术、光通信传输网节点失效分析技术等应用型课题研究，有效解决了生产难题。强力推动“油气管道 SCADA 系统国产化研发”项目，创新管理模式，完善管控体系，加强研发主导控制，专业技术人员全过程参与，组建精干高效的研发团队，突出加强系统需求分析，《总体架构设计》、《安全设计规范》等一批指导后期编程工作的技术标准已通过审查发布实施，主要模块编码工作进度达到 60% 以上，研发工作取得阶段性成果。

【工程建设】 实施SCADA网络安全整改项目二期建设，网络安全防护能力明显加强。完成OTN波分系统建设，在显著提升油气管道生产数据传输稳定性的同时，成功加载集团公司3个区域的信息数据业务，大幅度提高了光通信资源利用效率。整合优化廊坊备控中心和远端站卫星通信系统资源，有效降低了运行成本。实施天然气管道关键站场远控改造，湘潭联络站、求雨岭分输站等15座关键站场实现远程控制。坚持调控中心配套工程与主体工程同步推进，深入现场指导解决技术难题，保证了新管道建设质量与进度。在投产组织中，严格落实投产条件，科学编制投运方案，精心组织投产过程，顺利完成了西气东输二线（一条干线八条支线）、中贵线、长呼线等15条共6163千米新管道投产任务。特别是在中贵线北段投产组织中，调控中心合理控制投产节奏，及时应对突发事件，保证了中亚天然气按期进入四川管网，有效缓解了西南地区资源供需矛盾。

【节能降耗】 调控中心始终把管网优化运行作为保障安全生产、实现节能降耗的重要手段。从管存、压力等6个方面对天然气管网进行综合优化，有效控制了能耗率。规范转供量计算，开展管存量核查，西气东输二线等重点管道输损持续下降，特别是涩宁兰管道输损率由年初的8.5‰降至2.5‰。改进液体管道输送工艺，优化点炉、配泵、加剂方案，西部原油管道全年减少燃油消耗300余吨，兰成渝管道加剂量较设计减少30%。发布管道单耗基准值，完成能耗预测软件平台开发与集成，实现了能耗指标的分月预测与跟踪分析。全年实现节能8.06万吨标准煤，超额完成年度任务。

【安全生产】 扎实开展风险排查和隐患治理工作，认真落实安全防控措施，实质性推动了漠大线、惠银线等管道遗留问题整改，提升了管道本质安全水平。完善应急预案，加强实战演练，进一步增强了险情化解和应急处置能力，成功处置了一系列因管线老化、设备故障、自然灾害、第三方破坏等引起的异常突发事件。加强全员安全教育培训，深入开展“事故预想”、“安全经验分享”等活动，强化了安全意识，提高了安全素质。扎实开展HSE审核，认真抓好审核发现问题的整改落实，安全管理工作进一步规范化、常规化和精细化。严格执行集团公司《反违章禁令》，突出抓好非常规作业、异常操作和变更管理，强化全员安全绩效考核管理，切实将安全职责落实到每个岗位、每名员工。2012年，调控中心全面实现了安全生产零事故目标。

【企业管理】 全面启动安全管控提升活动，认真找问题，定目标措施，抓整改落实，研究部署8个方面的15个重点专项提升任务。实施HSE和质量管理体系整合，开展内控体系测试改进，总体管理架构进一步简化、优化，一系列业务流程、制度规范得到梳理完善。持续推动标准体系完善和升级，全年制修订17项标准，其中有7项上升为集团公司标准，保障了生产建设急需，提高了各项业务的规范化水平。开展信息化建设规划研究，加大信息系统推广应用，完成ERP功能模块完善、PPS升级、系统安全防护、员工绩效考核系统建设等工作，信息化在运营管理中的支撑作用进一步体现。加强调度主控室管理，落实领导干部值班带班制度，推行三级管理模式，固化基层管理单元，形成了更加科学的管理架构。

推行基层骨干轮训，稳步推进现场挂职锻炼，安排业务骨干长期驻基层站场工作实践。积极推动岗位交流，二级调度员人数已达到50%以上。加快调度员培训平台建设，在完成自主培训任务的同时，承担中国石油100多名站场调度员和自控通信技术人员的培训工作，推动了调度人才队伍素质的整体提升。

（韩锋刚）

中国石油天然气股份有限公司管道建设项目经理部

【概述】 中国石油天然气股份有限公司管道建设项目经理部（以下简称项目经理部）于2007年2月15日由股份公司批准成立，总部设在北京市。按照中国石油“建管分离”和统一组织领导、统一工作方法、统一工作标准、统一工作程序的要求，项目经理部代表中国石油对新建长输管道项目实施专业化集中统一运作与组织管理。现有12个处室和13个项目部，335人。

【重点项目建设】 项目经理部承担着中国四大能源战略通道中的3个通道和国家骨干管网的建设任务，截至2012年底，共完成管道建设总里程25190多千米，覆盖全国29个省（区、市），基本建成连通海外、覆盖全国、横跨东西、纵贯南北的油气骨干管网布局。

2012年，项目经理部统筹建设24个项目，16个项目实现投产；建成79座站场、261座阀室和86座隧道；累计完成建设里程6637千米，提前1个月完成全年焊接任务。单日（32.65千米）、单月（806.9千米）以及年焊接量均创历史最好水平。

西气东输二线全面建成。作为我国第一条引进境外天然气资源的战略通道工程，从2008年2月22日正式开工建设，至2012年12月28日全面建成投产，历经5年艰苦卓绝奋战、攻克多项世界级工程难题，建成了迄今为止世界范围内线路最长、钢级最高的天然气管道；将中亚天然气引入长三角、珠三角地区和中国香港特别行政区。深圳—香港海底管道作为中国石油第一条高压大口径海底管道，历时8个月成功贯通。X80钢七大类12项系列产品在西气东输二线广泛应用，以及压缩机组、大口径阀门等关键设备国产化研发，实现我国长输管道建设从追赶到领跑世界先进水平的跨越。

惠民保供工程如期投产。中贵线中卫—南部段管道施工克服外协征地、秦巴山区自然艰险，极大缓解了川渝地区天然气供需紧张的矛盾；长庆—呼和浩特原油管道投产，对保障呼和浩特石化公司扩能后的油源需求、保障长庆油田快速上产、拉动民族地区经济增长意义重大；独山子—乌鲁木齐原油管道对保障中哈原油管道后路畅通，构建和完善西北能源走廊具有重要意义；湘潭—娄底—邵阳供气管道作为中国石油“气化湖南”的重要举措，有助于推动西气东输二线用气市场开发和提高管道经济效益；日照—东明原油管道是中国石油与民营资本合资建设的输油管道，有效推动集团公司山东市场战略和鲁西南地区经济社会发展。

重点工程建设有序推进。西气东输三线于2012年10月16日正式开工建设，将中亚天然气和新疆煤制气输往沿线中西部、长三角和东南沿海地区。2012年基本完成霍尔果斯—乌鲁木齐段线路建设，乌鲁木齐—中卫段进度过半，东段54座隧道陆续开工建设。中缅油气管道三管并进、桥隧相连，建设难度堪称世界之最，线路工程进度超计划运行。锦州—郑州线等项目如期开工建设，有效解决油品运输瓶颈，对构建更加完整的成品油供应网络、促进地区经济可持续发展具有重要意义。

【企业管理】 项目经理部着力在夯基础、强体系、抓精细、控风险上下工夫，扎实推进管理提升活动，各项工作不断向规范化、制度化、程序化管理迈进。

深化基础数据管理工作。以“三化”（标准化、模板化、信息化）标准、投资控制和质量安全为主线，总结5年来技术、工程、采购等各类基础数据，分析其内在规律，建立科学管控指标，有效防范并及时消除各类重大风险。

优化职责界面和体系流程。先后修订27个部门的340个岗位描述，实现权责清晰、分工明确。进一步完善部门绩效考核，加大计划完成情况考核力度，量化各项管理考核指标，提高考核的全面性、公正性，切实发挥薪酬的激励作用。同时从现有体系文件整合入手，按照简洁实用的原则对管理体系进行顶层设计，调整合并、删减冗余，保证文件简捷、适用、可执行。

强化综合计划全过程管理。以统一平台为基础，对综合计划的编制上报、分解下达、执行控制、调整考核进行全过程管理。通过将概算、合同费用分解纳入WBS模板，并细化到施工工序，实现系统平台上信息填报和监控，提高综合计划的科学性、严肃性和可操作性，为全面实现项目群信息化统一平台管理奠定坚实基础。

不断丰富员工培训的手段和方法，努力提高员工整体素质，近30人取得PMP证书。深入开展劳动竞赛活动，项目经理部在“建功中亚—西二线，石油工人做贡献”主题劳动竞赛中荣获“全国五一劳动奖状”，同时涌现出4个“全国工人先锋号”、3个“全国五一劳动奖章”以及若干个集团公司先进集体和个人的荣誉称号。加强岗位廉洁风险防控，持续深化审计整改和专项治理工作，实现结果审计向事前监督、过程监控的全面转变，遵纪守法意识显著增强。

【项目管理】 项目经理部发挥集约化、专业化管理优势，积极创新管理理念、管理方法和管理手段，全面加强风险防控，项目管控能力明显加强。

持续推进科技创新、管理创新。全力组织开展重大工程核心技术和关键设备材料自主创新，高陵压气站国产首套20兆瓦电驱压缩机一次性投产成功，压缩机“中国芯”实现质的飞跃，同时将大幅度降低投资成本；0.8 强度设计系数科技攻关取得突破并在西气东输三线西段成功应用；针对中缅管线山区施工复杂特性研制的 X70 大变形钢已通过集团公司新产品鉴定。同时创新管理方法和手段，对分段 EPC 探索采取设计咨询模式，强化执行标准，统一设计方案，提高设计质量；在西气东输三线东段 EPC 等项目招标中，以规避解决以往工程问题为基线，明确启动条件，加大绩效考核评标比重，优化变更、索赔等条款，以招标管理带动项目管理整体创新；采取 EPIC（设计、采购、安装、施工）管理新模式，统筹深港海底管道建设，突破缺乏海管建设管理经验、海洋管理权益分散、施工手续繁杂等制约，实现零事故、零伤害、零污染和零整改。

持续推进项目集约化管理。加强物资集中采购管理，严格物资监造流程，强化乙供物资过程管理，优化剩余物资调剂手段，保证物资及时到场；加强集约用地管理，积极与国土管理部等部门沟通，先行开展勘测定界、方案编制、矿压等工作，着力解决征地拆迁中的重点、难点问题，中缅线、西气东输三线西段等项目用地超计划完成。

全面加强风险防控管理。加强投资全过程控制，全面开展投资管理指标体系研究，编制完成《长距离输送管道项目投资控制指标》，并应用在概算调整、综合计划投资挂接中。同时加强估概算审查，实施投资超前控制，投资完成率连续 5 年控制在股份公司考核指标范围内，2012 年项目经理部荣获“集团公司投资管理先进集体”称号。全面开展风险防控管理，编制《法律风险防控指引》，涉及 86 项法律风险源、519 条防控措施及 45 个防控流程。

【安全环保】 项目经理部全面推进 QHSE 体系管理，强化过程监督，组织开展专项整顿活动，质量安全环保形势明显好转。

安全管理水平不断提高。认真落实“安全关口前移”，强化风险分级控制，深港海底管道编制风险因素识别手册，提前开展全面风险识别。中缅管道首次在开工前编制工程 HSE 风险方案，多次组织隧道工程突泥、塌方等应急救援演练，用先进的技术手段进行超前地质预报，确保施工安全。从设计源头入手，通过改变 ESD 阀门位置等方案对设计进行优化，提高本质安全。将 QHSE 管理体系运行、内部审核及国际安全评级与质量管理体系评审有效结合，安全管理的风险意识得到全面加强。

环境保护、水土保持（以下简称环水保）工作取得实效。结合中缅管道环境特点和建设风险，首次通过招标全线开展第三方环境监理。针对中缅管道“三高四活跃”（高地震烈度、高地应力、高地热，活跃的新构造运动、活跃的地热水环境、活跃的外动力地质条件、活跃的岸坡再造过程）世界级难题，提出了“工程建设与植被恢复一次性通过”目标。率先启动中缅管道创建“国家水土保持生态文明工程”，并延伸到西气东输三线和锦州—郑州线。同时，坚持环水保设计、施工与主体线路同步，加强施工过程环水保措施的落实，通过压缩作业带宽度，合理安排工序减少作业带裸露时间，环水保工作逐步实现从事后治理向事前控制转变。

（张　安）

中国石油天然气股份有限公司
管道分公司
（管道销售分公司）

【概况】 中国石油天然气股份有限公司管道分公司（以下简称公司）是中国石油驻河北省下属公司。公司总部位于河北省廊坊市新开路 408 号。管辖单位分布在 14 个省（区、市）。公司成立于 1999 年，携带中国石油在海内外上市的管道核心业务（管道运营、管道运营业务服务、油气销售）从中国石油天然气管道局分离成立，与中国石油天然气管道局是同根同源在管道行业链条上分属不同专业的中国石油驻冀企业分支。

公司主营业务涉及原油、天然气、成品油管道运输，管道运输的原油和天然气销售，高压力、长距离、大口径油气管道运营核心业务服务、科研服务等。下辖输油输气、管道项目建设管理、管道科技研究中心、大功率压缩机组维检修、油气储运技术服务、矿区后勤服务等30多个处级生产经营单位，截至2012年底，职工12775人。公司固定资产总额500多亿元，业务收入128亿万元，纳税3亿万元。

公司被集团公司授予“2012年度环境保护先进企业”，公司党委荣获“河北省先进基层党组织”、“河北省国企系统先进基层党组织”、“集团公司创建‘四好’领导班子先进集体”、“集团公司维稳工作先进单位”。公司工会荣获集团公司“先进工会”等荣誉。

【输油气业务】 2012年，公司管理运营在役油气管道12616千米，其中，原油管道6068千米，主要包括东北和华北地区的漠河—大庆、大庆—铁岭—大连、铁岭—抚顺、丹东—朝鲜、大连新港—大连石化、铁岭—秦皇岛—北京、任丘—北京、定边—呼和浩特，以及西北地区的马岭—惠安堡—中宁—银川管道、石空—兰州管道等；成品油管道3399千米，主要包括华北地区的大港—济南—枣庄管道，以及宝鸡—郑州—长沙管道；天然气管道3149千米，主要包括山东地区的濮阳—沧州、沧州—淄博、泰安—青岛管道以及东北地区的大连—沈阳、秦皇岛—沈阳、长岭—长春—吉化管道。公司年输送原油能力8900万吨，年输送成品油能力1785万吨，年输送天然气能力469亿立方米。有输油气站场147座，其中，原油站场66座，天然气站场59座，成品油站场22座。拥有林源、铁岭等多处大型储油库区，储油能力562.4万立方米。

2012年，公司推进天然气运销一体化建设，山东、东北地区天然气市场初具规模，发展新用户15家，下游用户总量达237家。建立绿色高效审批通道，采用两站合一、用户自建等模式，缩短接气工程建设周期，加快实现用户接气，提高了销售量。深化区域市场研究，完善天然气业务发展滚动规划，结合市场需求、生产变化情况及时调整规划。积极与地方政府及用户互通信息，构建沟通合作机制，共同推进天然气保障供应工作。

【工程建设】 2012年，铁抚线扩能改造工程建成投产，比计划工期提前1个月；长呼原油管道油头到达呼和浩特末站；平泰线、锦西石化支线、山东莱钢支线完成天然气置换投产；庆铁三线完成联合调试，将有效缓解东北原油管道安全运行压力；漠大线安全适应性改造工程具备应急情况下进油条件；营盘输气联络管道工程、吉长成品油管道工程、成乐成品油管道工程等重点建设项目按计划稳步推进；压缩机组维检修中心工程完成6个单体近28000平方米的建筑安装，基本完成工艺系统以外的生产辅助系统设备安装，整体进展顺利。全年共投产运行管道1700千米。

【科研项目成果】 公司与国际先进同行深化对标合作，与多家国外学术和科研机构开展经常性技术交流。新制定《石油天然气工业管道输送系统管道延寿推荐性方法》国家标准1项、《钢质管道内检测技术规范》等行业标准5项、集团公司企业标准24项、管道公司企业标准22项。

公司围绕安全生产关键技术开展科技攻关，取得重要成果，申请国家专利108项，获得专利授权44项。纳米降凝剂、天然气减阻剂、管道及储运设施检测预警与安全评价技术为保障管道安全高效运行发挥了积极作用。成品油界面检测技术实现新突破，为油品质量控制提供技术支持。针对漠大线运行安全问题组织开展研究，逐步推进形成高寒地区管道运行保障技术系列成果。“螺旋焊缝缺陷检测与评价技术在完整性管理中的应用”获美国机械工程师协会（ASME）“2012年全球管道奖”，公司是中国石油石化行业和亚洲地区第一个获此荣誉的单位。

【管理提升活动】 完成管理提升第一阶段任务，第二阶段工作处于推进阶段。针对管理短板和薄弱环节，制定6个方面专项提升方案，全面进行整改。

（1）持续推进体系建设，修订完善体系文件314个。

（2）加快同类介质管道标准、流程、作业文件“三统一”，站场表单记录总数精简近60%。

（3）深入70个计量站点现场调研，梳理整改问题，提高计量精度，有效控制输差损耗。

（4）推进目标成本管理，编制完成包含204项指标的绩效管理指标体系。

（5）开展业务流程评估，简化业务流程，删除冗余流程222个。

（6）制定覆盖机关和各单位的6个绩效考核体系文件，推动全员绩效考核有效开展。

通过管理提升活动，公司深入实施精细化、信息化管理，取得丰硕成果。优化完善规划计划协同工作平台功能，细化工程计价依据，合理控制投资规模。进一步优化和改进合同管理，全年签订各类合同4906份，合同流转效率明显提高。抓好物资全过程管理，推广储备定额，降低采购和库存成本。强化审计和效能监察，就工程施工管理、招投标、物资采购等提出整改建议195项。加快信息化建设，发布《管道业务数据字典》，ERP业务流程优化取得进展，中国石油企业移动应用平台批准立项。

【驻村帮扶工作】 按照中共河北省委组织部《关于选派省直部门干部驻村工作的通知》（冀组通字〔2012〕3号）的要求，公司选派1名局级干部带队，并配3名处级及科级干部组成驻村工作组，进驻廊坊市文安县史各庄镇王村，开展为期1年的驻村帮扶工作。期间，公司出资300余万元支持农村基础设施建设，相继实施饮水安全改造、村街道路硬化、农村垃圾处理、文化信息体育资源共享、村卫生室标准化建设、完善王村中心学校建设及配备设施设备等10个项目。驻村工作组定期走访贫困户、低保户，看望老党员、老退伍军人，送去米、面、油等生活必需品；邀请管道医院专家来村开展大型义诊，宣讲保健知识；公司团委在王村中心学校举办“青春爱心进校园”活动，为学校捐赠8000余元的音乐、体育、美术器材和图书，担任“校外辅导员”与中心学校保持长期联系，帮扶十名贫困学生。驻村工作受到中共廊坊市委、廊坊市人民政府表彰，被评为“全市开展加强基层建设年活动优秀驻村工作组”。

（谢　丹）

中国石油天然气股份有限公司西气东输管道分公司（西气东输销售分公司）

【概述】 中国石油天然气股份有限公司西气东输管道分公司（以下简称公司）是股份公司直属的地区公司，负责西气东输管道工程建设、生产运营管理和天然气市场开发与销售等业务。西气东输管道分公司和销售分公司实行合署办公。公司采用一级管理体制，扁平化的机构设置。

2011年底，集团公司对油气管道管理体制进行调整，公司机构及管理范围发生局部变化。公司运营管理3条干线管道（西气东输一线59号阀室—上海段、西气东输二线68号阀室—广州段及忠武线忠县—武汉段）、8条支干线（常州—长兴、定远—合肥、南京—芜湖、枣阳—十堰、平顶山—泰安支干线河南段、南昌—上海支干线、广州—深圳支干线、广州—南宁支干线）、7条联络线（樟树—湘潭联络线、冀宁联络线苏北段、淮武联络线、西二线中卫—靖边联络线、襄樊清管站—忠武线襄樊计量站联络线、黄陂联络压气站—淮武线联络线、嘉兴—甪直联络线）、16条支线和长宁、兰银线（甘宁交界至银川段）。

截至2012年底，公司运营管理管道总长10868千米；2座地下储气库（金坛、刘庄）、143座站场。管线途经14个省、市、自治区和中国香港特别行政区，下游销售及分输用户达218家，供气范围覆盖西北东部、中原、华东、华中、华南地区，并向华北地区转供天然气，初步形成了塔里木、柴达木、长庆、川渝四大气区联网供气格局。

公司在上海总部设有15个职能部门，下设4个附属单位，管道沿线设有16个地区管理处（分公司）、4个工程项目部、2个国家级计量测试中心、2个股权管理单位。公司负责国家能源天然气长输管道技术装备研发（实验）中心的建设和管理。公司共有员工近3700人。

【主要生产经营指标】 2012年输送天然气413.85亿立方米，实现管输商品量342.41亿立方米，目标市场销售量316.93亿立方米。管理管道线路里程达到10868千米，分输用户218家。全年完成固定资产投资67.05亿元，共开展114个工程建设项目，其中委托建设项目共4个，自建项目108个。公司实现营业收入611.75亿元，其中管输收入225.09亿元，天然气销售收入381.31亿元。

【安全环保】 建立完善覆盖全员的安全生产责任体系，层层签订《安全环保责任书》，逐级落实安全责任。严肃事故事件管理，制定下发《公司生产安全事故与环境事件责任人员行政处分规定实施细则》，明确了事故事件的责任追究。开展危害因素辨识、量化风险评价及工艺危害与可操作性分析，启动场站风险管理系统，深化风险管理。加强特殊作业安全管理与监督，全年顺利实施一级动火25次、二级动火148次。开展安全生产领域“打非治违”专项行动和以“科学发展、安全发展”为主题的“安全生产月”活动。加大隐患治理力度，全年下达安全环保隐患治理资金1.7亿元，治理安全环保隐患项目248项。继续开展国际安全评级及短板改进工作，顺利完成专业公司对标审核，评级成绩较2011年有较大提高。严格落实建设项目制度，组织完成西气东输管道增输工程、安全改造工程环保验收和安全设施验收工作。加强环境保护，对17座压气站、分输站的生活污水、厂界噪声和环境空气进行环保监测，各区段站场实现达标排放。公司荣获集团公司2012年安全生产和环境保护2项先进单位称号。

【生产运行】 合理安排压缩机组维护检修与站场作业计划，加强设备运行状态诊断分析，压缩机组运行故障率明显降低，全线55830台（套）设备故障报修完成率达到100%，设备仪表和自动化系统完好率均保持在98%以上，压缩机组全年累计运行9.8万小时，干线机组总故障停机次数由2011年的89次下降到33次，每千小时故障停机次数由2011年的0.43次降低到0.34次，非干线机组每千小时故障停机次数由1.24次降低到0.94次。建立完善压缩机组和SCADA系统运行支持与维护检修体系，实现压缩机组核心部件GE燃气轮机燃气发生器以及RR机组干气密封的自主更换和综合维护检修。继续夯实应急体系建设，完成公司应急预案的修订，基本形成覆盖全线典型风险点和突发事件的应急预案体系。积极探索维护、抢修体系新模式，在南京和武汉两个维护、抢修中心组建2支专业抢修队，强化技能训练和实战演练，逐步建立一套自我力量与外部力量有机结合的新保驾模式。共组织开展公司级应急演练3次，派出机构级演练35次，站队级演练1692次，有效检验了公司应急预案的可行性和维、抢修队伍的应急抢修能力。

【管道保护】 全面推行管道完整性管理，加大地质灾害风险监控和防治力度，有力控制管道本体腐蚀，完成西气东输一线利辛—芜蓉干线管道以及定远—合肥、南京—芜湖3条支干线管道内检测工作。持续开展“安康杯”竞赛活动，切实加强第三方施工监护及线路巡护管理，在3360处第三方施工现场有效监管控制168317个点次的第三方施工作业，将每年每千千米管道受损伤的概率降低到2.62×10^{-3}以内，近5年管道泄漏较国内外同行业水平低一个数量级，管道保持零伤害。

【工程建设】 西气东输二线平顶山—泰安支干线、广州—深圳支干线、南昌—上海支干线、广州—南宁支干线投产进气，打通了西气东输二线经湖北、江西至上海以及向河南、山东、广东、广西供气的通路。克服了西气东输二线香港支线施工条件复杂以及项目涉及众多法律法规等困难，安全高效地建成并顺利投产，具备供气条件。新开工站场改扩建项目25个，20座站全部机械完工。金坛储气库日均造腔3300立方米，全年造腔112万立方米，完成年计划的102%。刘庄储气库实现阶段注气达容，云应、淮安2座储气库造腔先导性试验全面启动，平顶山储气库完成3口资料井钻井。南宁—柳州成品油管道工程和南宁—百色、贵港—玉林、苍梧—贺州3条天然气管道开工建设，泰兴—芙蓉管道控制性工程长江穿越开工。西气东输三线天然气管道工程、永清—泰州联络线工程等项目前期工作进展顺利。

【天然气市场开发与销售】 加强与新增用户的沟通衔接，及时召开供气协调会，督促新用户有序推进自身配套设施建设，保证管线投产与用户开通供气同步完成。积极推进上海石油交易所LNG现货交易，研究制定LNG交易内部管理程序，为探索实行液化天然气现货交易和跨区域气体交割打下基础。以资源为基础，充分对接各省市能源规划，市场开发工作有序推进。在役管道新增项目市场开发不断延伸，全年对31个项目出具供气承诺函，与44家用户签订供气意向书，49家新增用户签订合同。新建管道市场开发不断拓展，完成西气东输三线、永泰联络线以及如东—海门—崇明岛、金坛—溧阳、株洲—郴州支线管道市场调研报告和销售建议方案。全年共组织签署各类合同70家，计划到2015年新增合同气量123.61亿立方米。

【科技创新】 2012年，公司“西气东输储气库（金坛）造腔过程腔体形状控制和检测技术研究”项目获集团公司科技奖二等奖，“西气东输管道第三方破坏风险评估技术研究”项目获三等奖。“油气管道设计

‘标准化、模块化、信息化’集成研究”、“裂缝性储层建库气驱多相渗流机理研究”两项课题通过专业公司验收，“压缩机组在线诊断与视情维修系统”、“管道输气燃驱压缩机组控制参数优化研究及应用”两项课题通过公司验收。

天然气长输管道三大关键设备国产化研制工作取得一系列重大成果，40英寸和48英寸国产高压大口径全焊接球阀已在西气东输二线东段站场应用；20兆瓦级电驱压缩机组在西气东输二线高陵站投产开车试运行一次成功，另有6套正在安装调试过程中；30兆瓦级燃驱压缩机组燃气轮机产品一（国产化率50%以上）已经具备出厂条件，产品二（国产化率90%以上）也已完成总装。

【经营管理】 全面梳理公司业务流程和规章制度，不断提高现有规章制度和程序文件的覆盖面、适用性和可操作性。完成12省（区、市）分省天然气与管道业务一体化规划编制工作。加强前期工作管理，严把项目立项审批关，严格控制工程投资和成本费用，合理安排投资规模。抓好工程造价管理，认真做好项目结算审查，全年审减金额1.2亿元。精细预算管理和成本费用管控，预算指标全面完成。强化资金风险管控和高效管理，确保销售资金及时回笼和生产经营的资金需求。加强价税政策研究和落实，稳步推进营业税改增值税工作，实现税制的平稳转换。规范股权管理，有序推进合资合作公司成立工作。进一步理顺工作界面，优化业务流程，提高管控能力，强化考核监督，不断提高内控执行力。合理调整机构设置，严格劳动定员管理，优化人力资源配置，强化绩效考核和薪酬管理，“三控制一规范”要求得到较好落实。加强物资采办计划管理，统筹招标订货、生产、运输等环节安排，切实做到采购物资规格、数量准确完整，较好地满足了工程建设和生产运行需要。加强工程结算审计、财务收支审计和经济合同审查，强化招投标监督，发挥监督服务职能。系统总结西气东输工程建设时期和投产运营后的先进管理经验，形成“天然气长输管道复杂工程建设与运营管理”成果，荣获第十九届全国企业管理现代化创新成果一等奖。

（李　伟）

中国石油天然气股份有限公司
西部管道分公司
（西部管道销售分公司）

【概述】 中国石油天然气股份有限公司西部管道分公司（以下简称公司）是股份公司从事长输油气管道建设、运营和油气销售的专业化地区管道公司，主要负责甘肃、宁夏两省（自治区）交界以西的天然气管道和甘肃兰州以西的原油、成品油管道，负责新疆、甘肃、青海等省（自治区）天然气市场开发与销售业务，负责所辖管道输送原油购销工作，负责区域内的油气储运项目建设，同时受托管理鄯善和兰州原油商业储备库。截至2012年底，公司所辖管道总长约14041千米，储油罐库容684万立方米，原油、成品油、天然气出疆干线年输送能力分别为2000万吨、1000万吨、470亿立方米。公司机关设14个职能部门、5个直属单位、4个附属单位，下辖8个二级单位，用工总量4885人，资产总额1114亿元。目前，公司共有西部管道分公司和西部管道销售分公司“两块牌子”，实行1个机构、分账核算。

【主要经营指标】 全年输送天然气440亿立方米、原油1742万吨，同比分别增长168.29%、2.11%。全年输送成品油632万吨，同比基本持平。销售天然气85亿立方米、原油1755万吨，同比分别增长507.14%、7.34%。实现管输营业收入164亿元，同比增加71.84亿元、增长77.95%；管输利润58亿元，同比增加31.14亿元、增长115.93%；上缴税费11亿元，管输单位现金成本、投资计划完成率、输差损耗等考核指标全面完成。

【管道运营】 加强产、运、销、储综合平衡，通过加热、加剂、掺混输送等措施，阿独线、鄯兰线等原油管道实现低温工况下运行平稳，全年进口哈萨克斯坦原油1041万吨，完成北疆稠油输送170万吨。实施成品油增输方案，乌兰线增输-10号柴油和97号汽油20万吨，全年出疆成品油497万吨，满足疆内炼厂成品油外输需求。投产运行西气东输二线西段13台压缩机组，管道日输气能力提升至8100万立方米，全年累计输送中亚天然气228亿立方米，同比增加76亿立方米，缓解国内天然气供应的紧张局面。

按照集团公司油气管道管理体制调整部署，主动与西气东输管道公司等兄弟单位接洽，周密对接各项工作，按计划迅速完成了西气东输一线西段、涩宁兰天然气管道、兰银线（甘肃段）和王家沟库区及其运营机构的接管任务，管道里程增加4300千米，库容增加129万立方米，接收各类用工1397人。通过深入基层现场办公、座谈调研、走访慰问等措施，宣传政策、解疑释惑、解决困难，实现平稳过渡。

【工程建设】 强化过程控制，按计划完成投资185.7亿元，各个项目建设有序推进。独乌线、王化线建成投产，轮吐支干线、乌鲁木齐煤改气供气改造工程投入运行，阿独线二期、伊霍线、化王成品油复线如期建成，兰州储备库剩余5座储罐主体完工。西气东输三线获得国家发改委核准并正式开建，累计焊接管道1222千米，霍尔果斯—昌吉段主体施工完成。西气东输二线、西气东输三线北天山备用管道可研报告和西气东输四线西段预可研报告已编制上报。西气东输五线西段完成了项目预可研报告。国家石油天然气大流量计量站乌鲁木齐分站工程可研报告和兰定输气管道初步设计报告获得批复。新疆煤制气集输管网规划和准东煤制气支干线管道可研报告编制完成。

【油气销售】 根据油气市场需求，合理安排资源流向，保证民用、公用事业和重点工业用户的安全平稳供油供气。积极协调平衡管输原油资源，原油销量同比增长7个百分点。顺利接管新划转天然气销售业务，深入调研和开发新疆、甘肃、青海、西藏四省（自治区）天然气市场，下游用户增至46家。编制实施供气应急预案，保证乌鲁木齐等重点城市、重点用户的平稳用气。西气东输二线西段天然气销量达31亿立方米，同比增加17亿立方米、增加1.2倍。煤制气购销取得突破性进展，在促成集团公司与新疆维吾尔自治区签署煤制天然气战略合作协议的同时，与庆华公司和新汶集团成功签订购销协议。

【安全环保】 建立完善并严格执行QHSE一体化管理体系，发布实施国际安全评级年度升级方案，全年没有发生生产安全、环境污染和生态破坏事故，公司国际安全评级6级水平持续巩固，连续5年被新疆维吾尔自治区评为“安全生产目标管理考核先进单位”。严格承包商监管，顺利完成一级动火作业37次。有序推进3年安全环保隐患治理计划，投入专项资金6867万元，根治隐患23项。编制王家沟油库隐患整改规划方案，完成2个重点隐患项目初步设计和6个项目可研报告。实施“打非治违”专项行动，纠正违规违章行为36项，确保合法建设、守法运行。节能减排成效显著，原油、成品油、天然气周转量综合单耗较下达指标分别节约12.2%、5.9%、0.7%，预计全年节能1.52万吨标准煤。西二线霍尔果斯压气站压缩机余热发电项目进入收尾阶段。乌鲁木齐、鄯善原油首站余热回收改造和鄯善热媒炉油改气项目投入运行，CDM（清洁发展机制）项目通过国家发改委审核并在联合国备案。

【科技进步】 大力实施科技兴企战略，原油储备库常温储存技术等9项研究成果顺利通过验收。公司承担的重大科技专项课题取得突破性进展，1422毫米X80管线钢管已完成单炉试制，2150千瓦大型单级输油泵国产化进入工业性试验阶段。超大型原油储罐抗震性能研究成果被评为甘肃省科技进步三等奖，天然气管道风险定量评估关键技术研究与应用项目被评为陕西省科技进步二等奖。合作研发的三维高清漏磁内检测设备在西气东输二线成功应用，已申报5项国家专利。深化应用ERP、PPS等信息系统，上线运行绩效管理等4套系统，自主开发标准查询等4个应用软件，信息系统业务覆盖率增至76%。

【管理创新】 按照油气并举原则，整合基层组织机构，重新划分分公司资产，实现管道资产的区域化管理。建立“运、检、维一体化”的生产管理制度体系，运用“五步法”（抓培训、辨风险、促改造、订章程、试运行）推进站场区域化运行维护，年底阿拉山口、克拉玛依、武威等8个作业区按计划正式转入运行。健全内部市场管理和考核办法，有效调动生产技术服务中心等相关单位的积极性和创造性，全年完成内部市场交易额达1.04亿元，同比增长了3878万元。推进管道巡护业务外部委托，依托社会力量巡护的管道里程增至3821千米。按计划有序落实管理提升活动，编制《2013—2017年国际先进水平管道公司建设滚动规划》及15项业务滚动规划，公司战略管理持续深化。

【维稳防恐】 把维护防恐作为首要政治任务，认真贯彻新疆维吾尔自治区党委安保防恐和维护稳定的一系列决策部署，严格执行公司维稳及防恐工作指导意见，持续深化地企联合、警企联防、四防齐下、群防群治的工作机制，有效强化特殊时期维稳防恐工作，构建一道全方位、全天候的立体防范屏障。公司全年未发生任何上访现象、示威游行及其他敏感事件，圆满完成党的十八大、第二届中国—亚欧博览会等4个重点阶段和10个敏感节点的维稳防恐任务，连续4年、8次受到集团公司嘉勉。

【党群工作】 深入学习贯彻党的十八大精神，完善党委中心组学习、党群工作联席会议等制度，持续加强反腐倡廉建设等各项重点工作。坚持开展常态化“创先争优”活动，系统推进“两型”机关创建，公司2个基层党组织和3名个人荣获新疆维吾尔自治区、集团公司“一先两优”荣誉称号。推进公司基层建设规划实施，新创建“四好”班子17个、“六个一”党支部25个，创建达标率分别达到81%、80%，甘肃分公司班子被评为“中国石油创建‘四好’领导班子先进集体”。以“千队示范工程”示范站为样板，发布基层管理等4个标准化手册，建成标准化站队50个，基层站队在制度、流程、标准、表单、考核“五统一”（制度、流程、标准、表单、考核）上实现了突破。加强先进文化建设，完成企业文化手册修订，阿拉山口原油首站被授予“中国石油企业精神教育基地”。充分发挥群团组织作用，广泛开展主题劳动竞赛、女工建功立业等活动，公司被中华全国总工会授予“全国‘安康杯’竞赛优胜单位”，公司团委被授予新疆维吾尔自治区“共青团优秀工作奖”。

【社会责任】 积极履行社会责任，投入150万元对口支持乌什县抗震房建设，改善当地村民的生产生活条件。根据集团公司西气东输三线合资合作工作部署，在完成股权投资、财务管控、管理模式等研究的基础上，与合资方签订合资合同、公司章程和委托建设等系列协议，在乌鲁木齐正式注册成立中石油西北联合管道有限责任公司，为合资合作奠定基础。积极配合乌鲁木齐市实施“煤改气”（燃煤锅炉天然气改造）工程，投资6000多万元，比新疆维吾尔自治区要求提前15天完成“4个站场、1条管线”改造工程。在2012—2013年采暖期，调增乌鲁木齐市“煤改气”新增气量13.89亿立方米，有效满足乌鲁木齐市的用气需求，使天然气在乌鲁木齐一次能源消费所占比重首次超过70%，大幅减少环境污染，冬季取暖实现清洁环保，全市450多万人从中受益。组织开展捐资助学、赈灾救危等公益活动，通过招聘当地大中专毕业生、农民巡线工等多种渠道增加社会就业，有效促进经济发展和民生改善，实现企地和谐发展。

（李金超）

中国石油天然气股份有限公司
西南管道分公司
（西南管道销售分公司）

【概述】 中国石油天然气股份有限公司西南管道分公司（以下简称公司）是股份公司直属的地区分公司。2011年12月16日，集团公司对油气管道管理体制作出重大战略调整，成立西南管道公司，与已有的管道公司、西气东输管道公司、北京天然气管道公司、西部管道公司，以及西南油气田公司形成国内管道运营管理体系。2012年2月21日，中国石油天然气股份有限公司西南管道分公司在四川省成都市完成注册，注册地址：成都市高新区升华路269号（后更改为6号）。

公司主要负责中国石油在四川、重庆、云南、贵州、广西壮族自治区等省（区、市）和陕、甘、宁部分地区的油气管道运营管理、建设协调以及油气销售业务。按照集约、规范、务实、高效的原则，公司机关设办公室（党委办公室）、人事处（党委组织部）、生产运行处等10个职能部门，下设兰州输油气分公司、天水输油气分公司等7个输油气分公司和2个合资管网公司。截至2012年底，公司所辖在役油气管道3060千米，员工总数约1500人。

公司坚持“两级市场开发，一级销售管理”的天然气市场开发管理模式，探索建立公司“直供”与地区省管网公司“统购统销”两种销售模式，全年累计输送天然气17.4亿立方米，输送成品油689万吨，较好地履行了政治、经济和社会责任，促进西南地区经济社会发展、提高人民群众生活水平，奉献清洁、优质能源。

【新线投产】 公司所辖中卫—贵阳联络线干线起自宁夏中卫，经甘肃、陕西、四川、重庆，止于贵州贵阳，干线全长1613千米，设计年输气能力150亿立方米。2012年7月7日中卫—贵阳联络线干线中卫至南部段正式投产使用，南部至贵阳段预计于2013年10月前完成投产工作。

广州—南宁干线东起广州，西至南宁，线路全长632千米，其中广州到梧州段由西气东输管道公司管辖，梧州到南宁段由公司管辖，线路长337千米，设计年输气能力100亿立方米。2012年12月28日广州—南宁干线正式投产。

【管道管理】 公司在巩固已建管道保护工作的基础上，全力加强中缅等新建管道管理工作，提前介入，超前谋划辖区地质灾害风险防范措施，收集分析云南、贵州、广西近20年来地质灾害情况并及时开展投产前地质灾害评估，对10处重点地质灾害点、风险点实施挂牌销项管理。抓好管道检测分析，对与河流并行段管道、跨越段管道等重大风险点外防腐层、光缆埋设等实行100%检查。组织开展中缅油气管道、兰成原油管道伴行路调研，提出新增伴行路建议方案并报送天然气与管道公司和建设项目部进行协调解决。

加强应急管理基础工作，组建应急管理机构，把工作重心放在切实提高基层现场第一时间应急处置能力建设上。在抓好已有的兰州维抢修中心、成县维抢修队、张家川维抢修队、兰成渝维抢修中心建设的同时，新建南宁维抢修中心、天水维修队和南充维修队。组织开展“一河一案”的编制工作，有针对性地开展新建管道突发事件应急预案演练，进一步增强管道应急保障能力。

【安全环保】 公司QHSE体系建设于2012年1月启动。按照股份公司要求，结合公司生产经营实际情况，策划体系构架和文件目录，依据国家法律法规、标准要求、上级规章制度等组织了体系文件的编写工作。体系文件分两个阶段编制完成。第一阶段共386个A版体系文件于2012年8月上线试运行。

坚持安全是中心、成本控制是重点、基层建设是关键和以人为本的安全管理理念，高度重视并认真抓好安全环保工作。加大安全风险隐患的排查整改力度，全年共梳理出公司级较大及以上事故隐患32项，提交安委会审核。针对识别上报的所有事故隐患，QHSE委员会办公室组织制定了相应的整改及控制措施，明确实施单位负责人和督办控制部门，经公司QHSE委员会审议批准，列入公司隐患治理项目，按项目管理程序进行销项控制，每月由隐患单位向QHSE委员会办公室汇报隐患治理和风险监控与监督情况，同时采取领导干部带头下基层、接地气、抓安全等措施，实现安全风险可控式管理，完成了股份公司下达的节能降耗、安全环保等工作指标，在役管道实现安全平稳运行。

【经营管理】 抓好管理提升活动，将管理提升工作融入日常管理工作，详细计划，周密安排，通过分析各部门、各单位关键核心业务，确定十项重点提升内容，进行诊断分析，补齐短板，努力提升科学管理水平。建立健全财务、计划等管理制度，财务管理实现ERP系统、FMIS7.0系统、资金系统、资产系统、网上报销系统、资金平台系统、集团公司大司库系统上线工作和内控管理体系建立、完善及发布工作，提高企业抗风险能力。2012年末公司总资产250.57亿元。

【工程监管】 加强对中卫—贵阳天然气管道、兰州—成都原油管道、中缅油气（国内段）等新建管道的工程监管工作，实施过程控制，严把工程质量，对工程设计、施工等问题进行统计。组织召开工程建设协调会议10余次，加强与专业公司、管道建设项目经理部等单位沟通协调，督促做好整改工作，保证管道建设的稳步推进和中贵线（中卫—南部段）的顺利投产。

【机构队伍建设】 贯彻落实集团公司关于调整油气管道运行管理体制会议精神和要求，在股份公司的统一协调下，将原管道公司管辖的兰成渝输油分公司、中贵天然气管道筹备业务和西气东输管道公司管辖的广西中石油昆仑天然气管网有限公司整建制划入公司筹备组管理。

坚持“小机关、大服务”和“集约化”用工理念，机关设置10个职能部门，定员70人以内，基层设7个分公司和2个合资管网公司。加强队伍组建和思想凝聚工作，通过业务划转、协商调入、系统内招聘、内部调剂等多种方式，加强员工队伍建设，员工总数1485人。组织开展各种思想教育和技能培训工作，全年共组织26个培训班，培训1006人次。

公司党组织关系隶属四川省国资委党委管理，共设立4个基层党委和5个党工委、41个党支部。

（魏振宏　王友军）

中国石油集团东南亚管道有限公司

【概述】 中国石油集团东南亚管道有限公司（以下简称公司）主要承担中国四大能源通道之一的中缅油气管道项目建设任务。

中缅油气管道工程天然气管道起点位于缅甸西海岸兰里岛，经若开邦、马圭省、曼德勒省和掸邦，从云南瑞丽进入中国。天然气管道长793千米，设计年输量120亿立方米，管径1016毫米，设计压力为10兆帕，钢管材质X70。估算建设投资20.1亿美元。

中缅油气管道工程原油管道起点位于缅甸西海岸马德岛，经若开邦、马圭省、曼德勒省和掸邦，从云南瑞丽进入中国。原油管道长771千米（全线与天然气管道并行或同沟敷设），设计年输量一期1300万吨（二期2300万吨），管径813毫米，设计压力6—13.5兆帕，钢管材质X70。估算建设投资22.52亿美元。

与原油管道配套的30万吨级原油码头，位于缅甸西海岸皎漂湾内的马德岛北岸线的东端，占用马德岛岸线长度为800米。该码头为固定式码头，包括1个30万吨级的原油接卸泊位和1个5000吨级的工作船泊位，年接卸能力2200万吨，设计到港船型主要为15万—30万吨级。

中缅天然气管道项目，由4国6方即中国石油、大宇国际集团、印度石油海外公司、缅甸油气公司、韩国燃气公司、印度燃气公司共同合资建设，公司股比为50.9%。

中缅原油管道项目，由中国石油和缅甸油气公司合资建设，公司股比为50.9%。

【工程项目】 自集团公司确定中缅天然气管道于2013年5月30日投产后，2012年公司竭尽全力，攻主要矛盾，促工程进度，保质量安全，取得攻坚战的阶段性胜利。

本次攻坚阶段的线路工程重点在缅北段、1A标段，控制性工程难点在海沟穿越。面对缅北战火频扰的紧张局势，全力加强第四标段施工组织力量，在形势安全可控的情况下抓质量、赶进度、保工期，2012年12月25日实现缅北段主体工程提前完工；针对1A标段滞后问题，果断将施工难度大、技术要求高的若开山段从庞吉劳德工作量中进行切割，交由管道局承建；针对庞吉劳德进度一再滞后所存在的施工风险，一方面进一步切割4.7千米管线及三座阀室交由川庆钻探承建，另一方面继续对庞吉劳德加大监管力度，截至2012年底，1A标段线路工程整体进度完成86%；高度重视海沟穿越工作，不断加大资金、人员、专业技术力量投入，建立施工现场钻井液化验室，成立现场专家技术组，全力以赴确保海沟穿越一次成功。

截至2012年底，天然气管道1号、2号、3号、6号海沟已经完成穿越，4号海沟光缆套管焊接完成，5号海沟光缆套管回拖完成。

【物资采办及物流管理】 为提升站场施工进度，实施“乙供物资甲控管理”，加强进度跟踪、清关协调、资金保障工作力度，实现乙供物资98%抵运现场；针对庞吉劳德在物资采办工作上存在的资金流短缺、技术人员匮乏、组织实施能力差等不足，将其未下订单的采购项全部由云南建工负责采购，将其已下订单的采购项通过签订三方合同直接由业主向供货商付款，牢牢把握了站场施工主动权。

【项目管理】 公司高度重视项目管理工作，充分调动各职能部门和基层单位的积极性，保障工程建设稳步推进：筹款付款工作及时高效，合资公司成立以来共筹款37笔，达24.95亿美元，实现到账率100%；付款7528笔，达23.13亿美元，实现付款零误差，为各项生产业务提供有效的资金支持；严格执行费用控制，坚持“抓源头、盯过程、防索赔”，规范开展概算审查，坚决杜绝超进度付款、无依据付款，及时关注合同新增及变更，实现2012年投资计划完成95%，确保集团公司要求的总投资目标可控。

【投产准备】 坚持工程建设和投产准备两手抓、两手硬。及时召开投产准备会议，启动投产方案的研究和编制工作，系统梳理并组织配置各管理处及站场备品备件，积极落实投产EPC承包商工作职责、物资采办、人员配备、后勤保障等工作，计划到位，责任到人，确保投产各个环节工作进度受控；主动与韩国大宇及缅甸油气公司探讨研究天然气管道上游、下游计量交接，进一步明确计量交接的相关法律、程序和技术要求；组织开展管线现场再调研，确保管道安保方案及维抢修预案更具可行性、针对性和可操作性。通过全面启动和部署投产准备工作，为一次成功投产奠定坚实基础。

【QHSE 工作】 2012 年，公司坚持在 HSE 工作上做到风险防控见实效、监管整改下工夫、责任落实动真格。

高度重视山区管段施工的安全管理问题，着力加强沟下焊接作业安全保护，确保山区防塌方、防滑坡措施落实到位，努力实现中缅管道“不失一人”；针对进入最后一个旱季的施工特点，切实将地貌恢复作为环保工作的重中之重，系统梳理全线地貌恢复工作进展，对重点区域严肃开展现场漏点盲点排查，严格要求地貌恢复标准，2012 下半年提出整改 34 项，落实完成 34 项，切实防止环境生态破坏；在工程收尾阶段毫不放松对质量管控的工作力度，积极加强重点难点段、关键工序、薄弱环节的质量目标考核，有效发挥第三方监理检测，严格质量监控和改进，切实将质量监督落实在每道焊口。通过强化关键环节的 QHSE 管理，质量标准得到有效管控，实现了“零事故、零伤亡、零污染”的 HSE 优良业绩。

【党建工作】 坚持海外项目建到哪里，党的组织就发展到哪里，以组织建设、思想建设、作风建设和反腐倡廉建设作为有力抓手，切实提升党建工作水平。成立中缅管道项目前线党工委，全面负责驻缅各参建单位党务工作，迄今为止共召开党工委会 7 次，组织学习党的十八大精神，有效发挥了党组织在保障和推动工程建设方面的战斗堡垒作用；高度重视反腐倡廉工作，持续推进惩防腐败体系建设，充分发挥财务、内控、纪检等部门的监察合力，切实提高党风廉政管理水平；研究并发布《劳动竞赛评分标准》、《违反 15 条禁令处罚办法》。深入强化队伍建设，通过内引外联吸纳管道建设优秀人才，不断为公司输送新鲜血液和骨干力量，队伍素质得到明显提升。

【中缅合作】 针对 2012 下半年缅甸民主进程的步伐加快，缅甸政治、社会、安全局势给项目建设的外部环境带来了更大的不可控风险。公司坚持咬定攻坚目标不放松，一方面充分依托缅甸能源部和中国驻缅甸使馆，保持与缅甸能源部的紧密沟通和缅甸油气公司的例会制度，积极通过政府层面协调，为推进项目顺利平稳建设提供政治保障；另一方面努力争取股东各方的理解与支持，突出目标共同，达成决策共识，实现利益共赢。进一步加强舆情收集和监控，及时掌握局势发展动态，提前做好应对预案，多层面、多渠道、多方位地营造支持管道建设的有利外部环境。

【公益事业】 项目全体参建人员严格遵守缅甸法律法规，充分尊重当地民风民俗，大力开展惠民利民公益事业，从 2008 年至 2012 年底，公司已累计向缅甸捐款 1470 万美元，用于教育、电力、赈灾和医疗卫生等各方面公益事业。特别是马德岛供水工程、管道沿线医院和学校援建工程、皎漂输电线路工程等重点公益项目得到缅甸政府和民众的充分认同，取得了良好的社会反响。公司通过真诚善意的实际行动来践行中缅两国“互利双赢、共同发展”的友好合作理念，为促进管道项目建设和树立中国石油形象作出了积极的努力。

（蔡丽君）

中石油昆仑燃气有限公司

【概述】 中石油昆仑燃气有限公司（以下简称公司）是经集团公司批准、国家工商管理总局核准，于 2008 年 8 月 6 日由中石油天然气管道燃气投资有限公司、中国华油集团公司燃气事业部、中油燃气有限责任公司重组整合成立，是中国石油全面从事城市燃气业务和液化石油气（LPG）销售的专业化公司，公司注册资本金 60.6 亿元。2008 年底接收吉林石化公司、大庆油田的城市燃气业务。根据集团公司部署，先后接收 35 家炼化、油田等生产企业液化石油气销售业务，基本实现了中国石油全部液化气商品资源的统销和买断销售。2012 年 4 月，公司与中石油昆仑天然气利用有限公司实施重组整合，接收中石油昆仑天然气利用有限公司除省级支线管网、深圳液化天然气接收站等业务以外全部项目和业务管理权，合计资产总额 230 亿元，燃气管网 1.8 万千米，各类用户 416 万多户，规模居国内燃气行业前列。

公司与中石油昆仑天然气利用有限公司重组整合后，主要业务范围包括城市燃气管网建设、城市燃气输配、天然气与液化石油气销售以及售后服务、压缩天然气（CNG）、天然气发电等。依托中国石油在天然气、液化石油气资源、资金、技术、人才和品牌等方面的多种优势，公司实施专业化管理、集约化经营，燃气业务已遍布全国近30个省、市、自治区，覆盖北京、哈尔滨、昆明、武汉、合肥、兰州等100多座城市。

【主要生产经营指标】 公司2012年销售天然气和人工煤气54.5亿立方米，液化气662万吨，实现营业收入469亿元。

【天然气营销】 湘潭—娄底—邵阳天然气管道工程及7个项目投产，新增居民燃气用户45万户，吉林、天津、昆山、淮安楚州4个项目突破1亿立方米，年销量1亿立方米以上项目达到22个，5亿立方米以上区域公司4个，甘肃分公司首破10亿立方米，河北分公司、华东分公司、山东分公司分别达到9.8亿立方米、9.1亿立方米和6.5亿立方米。居民用气比例同比上升4个百分点，工业用气比例下降5个百分点，销气结构进一步优化。

【液化气营销】 新增系统外资源11万吨，新增中转和分销能力35万吨，平均库存负荷率控制在46%以下，华北分公司、黑龙江分公司、辽宁分公司、西南分公司销量均超过百万吨。价格营销进一步增强，价差与主要经营商进一步缩小，东北地区销售价格一度高于华南、华东等传统高价市场，工业与终端销售比例达到39%。

【安全生产】 全面开展设备检查检测和维护保养，为党的十八大召开创造良好环境。优化物流调运，计划执行率达到96%以上，7家企业开展CNG运输委托管理。完成43项“三化”（模块化、标准化、信息化）设计工作大纲、方案编制与报批，启动天然气与管道ERP项目，实施顺义液化气储配库等4项重大技术改造项目，完成17家二级单位SCADA系统建设。启动新一轮隐患治理，投入1.08亿元专项资金治理189项安全隐患，公司领导挂牌督办7项重大隐患治理项目均得到有效落实。开展两次安全大检查，整改问题1161项，公司通过国际安全评级和HSE审核，机关和23家二级单位通过质量、职业健康、安全、环境体系认证。强化应急工作，开展4次抢修专项演练，各单位开展应急演练2073次，提升了应急处置能力。

【重组整合】 按照集团公司部署，2012年4月公司与中石油昆仑天然气利用有限公司开始重组整合，顺利完成管理权接收、相关业务剥离划转、全面摸底排查等第一阶段工作，迅速实现两个昆仑统一运作。开展第二阶段风险项目处置和资本层面整合等工作，及时充实合资项目管控力量，保证了生产运行安全平稳和员工队伍稳定。

【经营管理】 强化机关与基层联动，累计对276个库站营业厅进行“六化一配套”（建设标准化、场地平整化、物品定置化、厕所星级化、空间绿化、环境美化、整体功能配套）建设改造和达标验收，整体达标率97.8%，三星级以上库站230个、占83%，其中59个达到五星级标准。2012年9月，挪威船级社专家对公司进行国际安全评级，认为被抽查的部分库站建设做到了极致，给予很高的评价。开展管理诊断，发现薄弱环节和管理瓶颈220个，以基础管理85项业务、专项管理67项业务为重点，全面开展管理提升活动。

（1）区域化管理。组建华南分公司，完成哈尔滨中庆燃气有限责任公司对哈尔滨中石油昆仑车用天然气有限公司的托管，实现兰州中石油昆仑燃气有限公司向甘肃中石油昆仑燃气有限公司区域管理的转变与业务拓展。将中石油昆仑天然气利用有限公司122个企业纳入区域化管理，实现有效管控。按照充分授权和下管一级的原则，优化调整处室职责，对部分相对控股企业进行适当投资授权。

（2）规划计划管理。编制2013—2017年滚动规划，编制完成城市燃气估价表和统计指标体系，取得上级固定资产投资支持27亿元，保证了投资需求。通过项目可研、初设评审和结算审批等各环节审核，节约投资5.8亿元。

（3）财务管理与内控建设。制定32项量化标准，初步实现预算标准化；累计集中各单位富余资金11亿元，提供贷款13.2亿元，资金池运作年创效1.3亿元；完善会计核算体系，基层财务决算准确性上升到97%；财务共享服务系统通过验收，51家单位成功上线；145家单位纳入内控体系管理，“城市燃气管控模式研究”成果获集团公司专家高度评价。

（4）人事劳资管理。交流引进专业骨干85人次，培训员工1.7万人次；开展技术比武，举办首届职业技能大赛；修订机构设置与劳动定员规范，妥善处理部分重组项目欠薪问题，保证重组企业队伍稳定。

（5）股权管理。推动“气化云南”、“气化湖南”涉及的重大投资项目，落实2011年股利分配，收回股利1.7亿元；成立合作股东管理委员会，组织召开147家合资公司“三会”（股东会、董事会、监事会），法人治理更趋完善。

（6）合同法律管理。辨识法律风险源点852个，制定防范措施1029条，实施合同履行风险预警；全面推行公开招标，完成招标项目109个，节约资金6050万元。

（7）工程建设与采购管理。实施工程建设项目149项，竣工投产19项，昆明支线等重点项目开工。开展14个批次PE管材管件原材料检测，对117家供应商现场考察，完成采购4.9亿元，集中采购达到94.8%。

（8）审计和监察工作。完成各类审计项目42项，审计资产金额61亿元，促进了规范经营；开展专项检查和效能监察，提出监察建议50条，避免了部分经济损失。

（邓　科）

中石油香港有限公司

【概述】 中石油香港有限公司（PetroChina Hong Kong Ltd.）系股份公司于2008年9月在中国香港成立的全资子公司。同年10月，中石油香港有限公司在英属维尔京群岛注册成立全资控股一级子公司——中石油香港（BVI）有限公司。同年12月，中石油香港有限公司通过所属的BVI公司完成对集团公司所属太阳世界有限公司（Sun World Limited）100%股权的收购；通过太阳世界有限公司间接持有中国（香港）石油有限公司56.66%的股权，截至2011年12月，增资扩股至65.67%。

中国（香港）石油有限公司的前身是Paragon Holdings Limited，该公司在英属百慕大群岛注册、在香港上市，股票代码为00135.HK。中国石油天然气总公司（中国石油天然气集团公司的前身）通过全资子公司——太阳世界有限公司于1993年5月6日购买了Paragon Holdings Limited的43.07%股份，同年6月增持股份至52.54%。1994年10月27日，Paragon Holdings Limited更名为CNPC（Hong Kong）Limited，中文名称为中国（香港）石油有限公司。为更好地体现“低碳经济，绿色发展”的理念和更加宽广的业务发展内涵，2010年3月，中国（香港）石油有限公司正式更名为昆仑能源有限公司（Kunlun Energy Company Limited）。

2008年以前，昆仑能源有限公司（以下简称公司）以境内外油气田勘探开发业务为主；2009年开始战略转型，将国内天然气终端销售与综合利用作为新的业务发展方向，重点发展液化天然气（LNG）业务，大力实施“以气代油”战略。同时，昆仑能源有限公司定位于股份公司天然气业务发展的融资平台和投资主体，在稳步推进油气勘探生产业务的同时，重点从事天然气终端销售业务。目前业务涵盖油气田勘探与生产、天然气管道与LNG接收站、天然气销售3个业务板块。其中，上游勘探与生产业务8个项目，分布在中国大陆、哈萨克斯坦、阿曼、秘鲁、泰国及阿塞拜疆6个国家。天然气业务方面，通过全资、控股或参股天然气业务平台企业20家，公司天然气业务已遍布全国除港、澳、台外31个省、市、自治区。

公司的组织架构由董事会、董事会下设的专门委员会及管理层、总部机关（7个部门）组成。公司坚持管理创新，逐步构建了直接管理、委托管理和股权管理3种运营管理模式。2012年，公司对华油天然气股份有限公司、新疆新捷股份有限公司、海南中油深南石油技术开发有限公司3家企业实施直接管理，对昆仑能源投资（山东）有限公司参照直接管理模式进行管理。对8家上游勘探开发企业和北京天然气管道有限公司、江苏液化天然气有限公司和大连液化天然气有限公司、中油中泰公司4家天然气企业实施股权管理，对其余12家天然气企业分别委托油田企业实施委托管理。

1. 经营业绩

2012年，公司实现销售收入271亿元，同比增加27%，实现利润总额100亿元，同比增加18%。其中，上游勘探开发实现权益产量1757万桶，实现销售收入49亿元，利润总额37亿元；销售天然气48亿立方米，同比增加26%，实现销售收入110亿元，利润总额11亿元；管输天然气（含气化）288亿立方米，同比增加29%，实现销售收入108亿元，利润总额50亿元。截至2012年底，公司资产总额851亿元，资产负债率42%，公司市值1056亿元，规模实力持续增强。

2. 融资平台

公司以打造昆仑能源品牌、实现可持续筹融资功能为使命，获得资本市场的高度认同。2012年4月，采取股权融资形式向资本市场发行8亿股新股，一次性成功募集资金104亿港元，为“以气代油”业务提供资金保障。2012年10月，公司在新加坡荣获了“普氏250强”优胜奖及亚洲能源行业成长最快公司第二名的殊荣。2012年11月，公司进入恒生指数成分股，标志着集团公司党组“利用135红筹股建立集团公司融资平台”的目标得到初步实现。

3. LNG“以气代油”业务

2012年公司LNG“以气代油”业务继续呈现快速发展态势。在LNG资源建设上，广安、安塞LNG工厂相继投产，加上收购的泰安深燃LNG工厂，新增LNG日生产能力315万立方米，日累计产能已达453万立方米。在终端市场开发上，全年开发LNG车辆28000余辆，LNG船舶21艘，气化钻机48部；新投运加气站227座；LNG“以气代油”终端销量突破20万吨。LNG“以气代油”车辆改装的软环境在内蒙古、陕西、辽宁等多个地区实现政策突破。

4. 示范工程建设

2012年公司着力打造的示范工程项目扎实推进，示范效应显著。在LNG工厂示范上，安塞LNG工厂于2012年8月投产，成为目前国内单套规模最大天然气液化项目。正在建设的泰安、黄冈2个LNG项目顺利开工，成为LNG装备国产化的引领者。乌海焦炉煤气综合利用项目一期落成，世界上距离最长的富氢焦炉煤气输送管道——乌银线投运，成为公司天然气综合利用业务新的标杆。在公交示范上，北京LNG公交示范项目在长安街线路投运，引起较大反响。公司在微山湖改造的鲁济宁浚0099号船舶成为国内首艘柴油—LNG混合动力工程船，受到业界关注。在重卡示范专线上，公司积极打造的新鲁运输示范专线（新疆—山东）已初步全线贯通。

【控股子公司——中石油北京天然气管道有限公司】 中石油北京天然气管道有限公司（简称北京管道公司）成立于1991年7月，注册资本102.4亿元，截至2012年底，资产总额277亿元，昆仑能源有限公司控股比例60%。北京管道公司主要负责陕京管道输配气系统的建设和运营管理，以及华北地区天然气管道的运营管理工作。陕京管道输配气系统包括陕京一线、陕京二线、陕京三线、永唐秦、港清线等多条干支线，管道总长3614千米，共有站场、阀室197座，其中压气站7座。大港、华北两个储气库群共计9座储气库，93口注采井。2012年输气能力达到300亿立方米。截至2012年底，累计输送商品天然气1190亿立方米，其中向北京市供气550亿立方米。

2012年，北京管道公司围绕保障安全平稳供气中心任务，以推进“三基”工作和管理提升活动为抓手，不断优化生产运行，不断提高质量效益，有序推进工程建设，超额完成商品天然气输送计划指标，同比增长16.8%，储气库采气同比增长3.75亿立方米。陕京管道系统日输送商品气量首度突破1亿立方米。北京管道公司按照管道本体、管道地质灾害与周边环境、防腐有效性、站场设备和储气库5个方面继续推进管道完整性管理，完整性覆盖率达到100%。持续推进HSE管理体系和国际安全评级工作。加快工程项目建设，完成陕京四线项目可研报告A版和22座分输站改造或新建工作。努力推进节能减排工作，加强陕京二线、陕京三线联合优化运行分析，干线输气量同比增长14.7%，输气单位能耗同比下降8%。推进技术进步，通过使用相控阵、超声导波检测等技术，解决了大港储气库群氧浓差腐蚀等生产技术难题，消除了生产运行的重大隐患。2012年，安全环保工作实现重大生产安全事故、环境污染和生态破坏事故及较大工业生产安全事故为零。

【控股子公司——中石油江苏液化天然气有限公司】 昆仑能源有限公司控股中石油江苏液化天然气有限公司55%股份。中石油江苏液化天然气有限公司主要负责江苏LNG项目一期生产运营、二期工程建设和深圳LNG项目的建设与管理，为长三角地区、粤港地区调峰供气。截至2012年底，中石油江苏液化天然气有限公司共有员工186人，总资产64亿元。中石油江苏液化天然气有限公司建设运营的江苏LNG项目是中国首座自主建设运营、世界上建设和运营难度最大的LNG项目，一期工程规模350万吨/年，年均供气48亿立方米，具备天然气管道外输和200万吨/年LNG槽车充装功能，于2011年5月24日投产运营；二期规模增至650万吨/年，年均供气87亿立方米；远期达到1000万吨/年，年均供气135亿立方米。深圳LNG项目一期工程规划300万吨/年，正在开展项目前期工作。

2012年是江苏LNG项目投产后第一个完整运行年度，中石油江苏液化天然气有限公司安全接卸24船、235万吨LNG，外输天然气32.21亿立方米，其中向西气东输一线管网输气31.16亿立方米，通过LNG槽车外运天然气1.05亿立方米。投产以来，连续2年参加长三角地区度冬季保障供应，2012年在不同时段参加管网应急调峰59天，应急输气1.27亿立方米，冬季供气高峰期创一周接卸4船、20天接卸7船、接卸满载26.7万立方米国际最大的Q-max型LNG船仅用24小时，日最大输量3274万立方米的国内最好成绩，为中国石油充分利用海上油气通道、保障向长三角地区安全平稳供气发挥了重要作用，工程质量、生产操控能力和运行维护保障水平得到了充分检验。

【控股子公司——中石油大连液化天然气有限公司】 昆仑能源有限公司控股中石油大连液化天然气有限公司75%股份。中石油大连液化天然气有限公司主要负责开发、建设、经营大连LNG接收站项目。大连LNG接收站位于大连市保税区大孤山半岛鲇鱼湾海域，占地面积21.6公顷，建设规模为年接收能力600万吨，年供气能力为84亿立方米，骨架工程按照年接收1000万吨能力建设，最大年供气能力可达135亿立方米，是国内唯一具有装船转运功能的LNG接收站。大连LNG接收站的LNG资源主要来自卡塔尔、澳大利亚、伊朗等国家，通过大连至沈阳主干线与东北输气管网相连，为东北地区用户供气，同时兼顾北京、天津、河北等省市，形成多气源、多用户供气格局。

2012年是大连LNG接收站的生产经营元年，全年接卸LNG 150万吨，气化外输天然气19.3亿立方米，槽车拉运LNG 1.02万吨，装船转运LNG 8518吨；实现营业收入5.86亿元，利润总额1.41亿元，上缴税费5796万元，超额完成全年各项工作任务。中石油大连液化天然气有限公司建立“运维一体化、管理扁平化、服务社会化”的生产运行管理模式，自主开发三维数字化生产管理系统，打造数字化的LNG接收站，生产管理实现数字化和网络化，达到世界领先水平，严格执行股份公司下达的生产计划和调度指令，优化生产运行方案，实现了平稳保障供应。夏季创造不放空条件下日气化外输量280万—300万立方米最低纪录，冬季创造单月连续卸4船、装2船的最高纪录。全年实现节省电446万千瓦·时，节省燃料气768万立方米，节能8417吨标准煤，节约生产成本2000万元。加强设备运行维护，设备维修率和主要设备完好率达到100%，为安全生产提供可靠保障。推进技术进步，完成LNG接收站相关技术研究，取得9项研究成果，形成自主知识产权，形成标准规范体系。

（何恒远）

中石油昆仑天然气利用有限公司

【概述】 中石油昆仑天然气利用有限公司（以下简称公司）是在中国石油发展天然气下游业务，实现专业化、集约化、一体化发展的部署下，整合、重组中国石油系统内从事压缩天然气业务的资产与人员，于2008年9月在深圳组建，注册资本金20亿元。公司主要营业务是建设省市级天然气输气支线和高压管网，负责深圳600万吨液化天然气（LNG）接收站的建设与运营，在全国范围内推广压缩天然气业务（CNG），代表中国石油在全国投资天然气发电业务。

【主要生产经营指标】 2012年，公司销售天然气16.5亿立方米，实现收入30亿元。

【重组整合】 2012年4月，按照集团公司部署，公司与中石油昆仑燃气有限公司实施重组整合。5月13日，在天然气与管道分公司的组织下，公司所属江西省天然气投资有限公司、福建项目部管理权移交西气东输管道分公司，广西中石油昆仑天然气有限公司、贵州天然气管网项目部管理权移交西南管道分公司，深圳液化天然气项目经理部管理权移交中石油江苏液化天然气有限公司。公司所属其他企业管理权全部移交中石油昆仑燃气有限公司，公司与中石油昆仑燃气有限公司实现统一运作，确保重组整合过程中生产运行安全平稳、员工队伍基本稳定。

（邓　科）

中国石油天然气股份有限公司华北天然气销售分公司

【概述】 中国石油天然气股份有限公司华北天然气销售分公司（以下简称公司）2004年12月28日在北京成立，是股份公司按照国际惯例组建的首家分立于油气田生产、管道运输的天然气销售地区公司。主要负责陕京一、陕京二、陕京三线，永唐秦线等长输管道进入京、津、冀、晋、蒙、陕（东部）6省（区、市）的进口气和国产气销售、气款结算以及管道沿线市场开发工作。2009年12月起受托管理股份公司天然气销售结算中心日常工作。公司下设6个机关职能处室，机关附属资金结算中心，设有北京市、天津市、山西省、河北省和永唐秦天然气输气管道销售代表处，现有员工117人。

公司成立以来，紧紧围绕发展天然气销售核心业务目标，持续推进天然气专业化销售商务模式及结算管理体系的创新和实践，坚持新老市场开发培育并举，突出市场营销，推进规范管理，着力推介清欠降低成本提高效益，主营业务保持整体协调快速发展，经营效益持续稳步提升。截至2012年底，实现供气用户70家，累计销售天然气887.97亿立方米、实现销售收入958.86亿元、完成税前利润97.67亿元，年均增幅分别达到24.6%、34.8%和35.8%。连续8年实现以确保北京市为重点的华北地区安全、平稳、有序供气的目标。公司企业类别进入到二类A企业，近两年达到一类企业标准。

【主要业绩指标】 2012年实现天然气销量178.03亿立方米、销售收入268.59亿元、税前利润34.74亿元，分别完成业绩目标的109%、151%和198%。天然气供应安全、资金安全和交通安全“3项安全”控制率达到100%，人均创造利润超过2900万元，各类指标达到一类企业标准。

【运行调控】 开展沿线用户城市锅炉煤改气工程、使用壁挂炉情况调查，召开华北地区LNG冬季调峰会、重点用户冬季供需对接会，通报资源形势，协调用户建立CNG、LNG等储气调峰接收装置。精心组织实施冬季每周应急平衡方案，适时调减沿线用户工业和化肥用气量，多措并举应对冬季供需缺口和9405万立方米高日峰值用气，圆满完成2011年至2012年冬季116.7亿立方米安全供气任务。加强产、运、销各环节沟通衔接配合，在陕京管道系统37次跨线连接动火、改线作业，以及在中国石化管线内检测和更换调节阀等停输施工期间，采取合理调配CNG和LNG替代资源、安排管道代输等方式，确保施工期不减销量。注重把握控销与放量节奏，全面加强需求计划对接，严格审核用户计划，抓好计划监控执行，有效保证全年计划符合率达到95%以上。

【市场开发】 2012年重新调查、更新各类用户需求，编制完成2013—2017年京、津、冀、晋、蒙5省（区、市）天然气业务发展滚动规划，同步编制更新公司天然气业务发展总体规划。结合港清三线规划路由方案调整，实地调研、用户对接，优化分输建议方案，落实沿线用户16个。组织煤制气项目现场实地考察、购销谈判，完成大唐煤制气“买断销售”价格商务洽谈阶段性工作。密切跟踪天津市4个已核准建设、2个待批复建设电厂项目，有效完成供气和调峰方案对接。重点开展山西省天然气项目主题调研，与5家主要燃气公司就利用中国石化榆济线、地方管网代输方式发展直供工业用户达成共识。与陕四线沿线地方政府多次接洽，完成分输建议方案，初步开发8家意向用户。抓好站场改造项目投产接气方案对接，确保9个项目按计划用气。全年向新用户出具各类支持性文件33份，签订长期合同、意向书和临时购销协议56份，落实2013年用气量5亿立方米。

【企业管理】 把强化“三基”作为公司发展战略任务进行重点部署，围绕抓基层、强基础、提素质3个方面，查找梳理薄弱环节与不足，明确工作目标和重点，持续深入推进，5个党支部工作全面加强，细化管理、规范管理和受控管理水平有效提升，员工履行岗位职责能力明显增强。着力推进管理提升活动，细化3阶段6环节工作内容，认真落实8个专项管理提升措施，管理提升工作取得阶段性实效。全面开展档案信息系统建设，按时完成公司8年档案的分类、整理工作，顺利通过集团公司档案评价复评工作检查。突出抓好HSE内部审核、内控隐患排查，组织风险研判和定量分析，实施内控体系自测，扎实开展安全生产月活动和“打非治违”专项行动，加强法律法规宣贯学习，全面审核用户燃气经营资质，公司风险管控水平进一步增强。稳步推进客户信息系统建设，初步实现228家二级客户信息、8条主要管线相关参数与ERP、PPS（管道生产）系统多类数据对比，分析的图形能动态直观展现。推行业绩合同管理，严格员工业绩考核，组织内部专业知识培训，开展员工集中脱产培训、新毕业大学生到基层实习锻炼，显著提升员工履行岗位职责能力。公司审计、法律、保密、档案、固定资产等专项管理工作全面达标。

（马迎祥）

中国石油天然气集团公司哈萨克斯坦公司

【概述】 中国石油天然气集团公司哈萨克斯坦公司（以下简称公司）成立于2008年9月，主要负责集团公司在哈萨克斯坦油气投资业务的统一协调、支持和服务管理。公司机关以在当地注册的“中油国际（哈萨克斯坦）有限责任公司（CIK）”为平台开展工作。截至2012年底，公司在哈萨克斯坦投资的油气合作项目8个，包括6个上游项目：PK项目、阿克纠宾项目、曼格什套项目、北布扎奇项目、ADM项目和KAM项目；2个油气管道项目：中哈管道项目、西北管道项目。形成了每年3000万吨当量的油气生产能力和1500万吨向国内输送原油的能力。公司拥有中方工作人员390名，当地和国际员工2万名左右。

【主要生产经营指标】 2012年，公司生产原油2414.57万吨，生产天然气77.21亿立方米，实现油气当量3030万吨，连续第三年保持3000万吨以上，约占集团公司“海外大庆”作业产量的30%、权益产量的36%。新增原油可采储量1313万吨。中哈原油管道全年向中国输送原油1039.6万吨，完成年度调整计划1000万吨的104%。西北管道全年向里海方向输油382.4万吨。PK炼厂加工原油475.8万吨，完成年度计划430万吨的111%。

【股权投资回收】 2012年，公司强化经营管理工作，抓住油价高位运行的有利时机，开源节流，加大分红力度，加快投资回收。其中，PK项目分红10亿美元、阿克纠宾项目分红15亿美元、曼格什套项目还贷13.6亿美元、北布扎奇项目现金贡献5560万美元、ADM项目分红及还贷8191万美元、KAM项目分红7500万美元，最大限度地维护了股东利益。阿克纠宾项目再次成为集团公司海外现金流最大的项目，曼格什套项目在接管3周年之际，还清全部（27亿美元）购股贷款。随着ADM项目实现投资回收，到2012年底，公司所属6个上游项目全部实现初始股权投资的回收。另外，西北管道项目也于2012年提前2年还清项目公司全部贷款，并实现590万美元分红。

【企业管理】 2012年，按照示范区主体建设与管理提升活动的总体安排，公司持续完善覆盖生产全过程的绩效考核体系和管理支持体系建设。其中，进一步完善了基于油气价值链分析的KPI绩效考核体系，PPAD（全员绩效考核）进一步推广到联合公司层面。按照集团公司整体部署，公司和各项目深入开展管理提升活动，强化基础管理，顺利完成第一阶段“全面启动、自我诊断”各项工作任务，分别制订了专项提升工作方案，持续推进管理提升第二阶段各项工作。

按照海外板块统一部署，各项目持续开展双控工作，通过提升钻井工艺技术，强化项目前期方案设计优化，加强与当地服务商的谈判协商，在措施作业量、作业单价、人工工资、物价、维稳成本等刚性上涨的情况下，操作成本控制在海外板块下达的8.65美元/桶以内，建设项目投资得到有效控制。

【勘探和新项目开发】 2012年，公司各项目加大勘探力度，克服高成熟勘探地区制约。PK项目在1057区块Tuzkol油田南部、北部、东部以及1928区块

Karabulak 扩边勘探区和 951D–Doshan 区块获得重要发现和进展，全年新增可采储量 560 万吨。阿克纠宾项目在北特鲁瓦油田南部甩开勘探和西部滚动勘探获得突破，为下一步中区块勘探开辟了新的领域，全年新增可采储量 455 万吨。ADM 项目在鲍东断裂带获得新发现，全年新增可采储量 77 万吨。KAM 项目在开发区块扩边滚动勘探，再次获得新增可采储量 221 万吨。曼格什套项目积极推进里海海上勘探，海上钻井准备工作正在有序进行。

按照不遗余力加大资源获取力度的总体部署，在新项目组织协调、疏通信息收集渠道、强化新项目初评等方面开展工作，全年评价新项目 30 个，移交项目公司 5 个；乌里赫套项目签订政府间协议后，已进入项目谈判的最后阶段；KMK 项目 4 月份由阿克纠宾项目正式接管。

【开发生产】 按照海外板块生产开发“三大工程”的整体部署，公司将 2012 年确立为“开发基础年”，突出“注够水、注好水”，保持地层压力，夯实油田稳产基础，全年共投转注 202 口井，有力减缓了老油田递减，原油生产积极主动，取得良好成效。

PK 项目针对主力油田进入开发中后期、自然递减快、综合含水高的不利形势，狠抓开发基础工作，油田自然递减得到了有效控制，其中 PKKR 公司在自然递减得到明显遏制的情况下，5 个主力油田的综合含水上升幅度得到有效减缓，哈德公司保持了老井综合不递减。继续强化探区勘探开发一体化进程，探区试采贡献原油产量 52 万吨。2012 年生产原油 862.8 万吨，天然气 15.05 亿立方米。

阿克纠宾项目通过各方的努力和推动，成功解决了事关哈萨克斯坦地区油气生产全局的一系列重要问题。一是按照现有模式成功签署了北特鲁瓦油田开发合同，合同期 25 年；二是成功延期让纳诺尔油田和肯基亚克盐上油田开发许可证，最大限度地维护了中方利益，为阿克纠宾项目的可持续发展奠定了资源基础。2012 年阿克纠宾项目在油田挖潜新技术、新工艺应用等方面取得进展。全年生产原油 642 万吨，天然气 52.8 亿立方米，连续第三年保持千万吨以上油气生产规模。

曼格什套项目以推动“三大工程”为核心组织油气生产，强化老油田管理，特别是注重注水工作，年度注采比达到 1.2，主力油田压力保持程度超过 90%，自然递减率控制在 6%；继续扩大水平井及侧钻水平井应用规模。全年生产原油 592 万吨，天然气 5.5 亿立方米。

北布扎齐项目针对注采系统不完善、地层压力保持水平低的不利情况，2012 年加大油井转注力度，全年转注 60 口，分注 21 口，注采井网进一步完善，地层压力下降得到有效遏制，自然递减下降 5 个百分点。全年生产原油 200.2 万吨，天然气 1.25 亿立方米。

ADM 项目针对油田分散、老井递减加快、稳产基础薄弱的实际，加强油田综合管理，强化钻井组织工作，全年生产原油 41.15 万吨。

KAM 项目超前统筹组织钻井作业，提前 5 个月完成全年 72 口井的钻井计划，大幅提高生产时率。全年生产原油 76.42 万吨，天然气 2.61 亿立方米。

【安全环保】 2012 年，公司继续推进 HSE 管理制度体系建设，全面梳理安全生产业务流程、操作规程和管理制度，修订公司《突发事件总体应急预案》和《机关部门安全生产岗位责任制》，编制《长输管道突发事件应急预案》和《井喷失控应急预案》；强化制度体系运行监督与审计工作，引入第三方监理及 HSE 审计机构，建立监督体系确保制度体系的落实。

加强 HSE 培训。按照有感领导、属地管理、直线责任的理念，利用公司工作会议、中亚地区协调组会议等机会，通过“请进来”的方式，聘请国内业界专家开展了危险性与可操作性（HAZOP）、井控、承包商安全管理、OGP 保命原则、SOS 等专业培训；通过“走出去”的方式，选派在哈萨克斯坦工作的专家赴宁夏石化、独山子炼厂等国内先进企业学习交流。

继续推进完善“红黄绿牌”承包商管理制度。实现从中方承包商队伍管理向哈方承包商队伍管理的扩展；各项目也按照管理办法要求，在 3 个油区开展了“红黄绿牌”钻修井队的评比审核工作；中亚地区协调组还在哈萨克斯坦地区评选出 3 支“钻井作业示范队”，并在中亚地区企业协调组年度会议上进行专门表彰。

不断完善井控管理工作。在各油区推行井控管理实施细则、落实第三方监督监理机制、强化应急演练工作，陆续在阿克纠宾、克孜洛尔达油区建立完善井控装备检修中心，提升了井控装备的可靠性。

【企业文化和社会责任】 2012 年，公司继续秉承中国石油“奉献能源、创造和谐”宗旨，坚持“互利共赢、共同发展、和谐发展”的合作理念，高度重视与资源国和谐合作关系建设，切实履行经济和社会责任，积极参与当地经济社会建设和环境保护工作，较好实现了企业与社会、环境的和谐发展，维护了中国石油作为负责任的国际公司的良好形象。

认真执行赞助当地社会经济发展备忘录。截至

2012年底，累计上缴税费230多亿美元，公益事业支出2.5亿美元以上，提供就业岗位2.8万余个，营造了和谐共赢的外部发展环境，树立了良好的投资者形象。

资助当地人才培养和文教卫生事业。2012年，按照集团公司与哈萨克斯坦教育部2011年6月签署的联合硕士研究生资助协议，14名哈萨克斯坦本科毕业生接受资助赴中国石油大学深造。所属的PK项目、阿克纠宾项目和曼格什套项目共选派当地72名优秀高中毕业生到中国石油院校留学。一批受项目公司资助的有专业、懂汉语、了解中国及中国石油文化的哈萨克斯坦优秀青年进入项目公司工作，成为推进中哈文化融合、增进中哈友谊的新生力量。此外，PK项目还延续良好传统，出资61万余美元资助阿拉木图、克兹罗尔达和南哈州的中学、幼儿园、儿童夏令营和舞蹈学校等；阿克纠宾项目持续对教育、医疗卫生、文体事业提供赞助，共向教育、医疗等领域提供资助近100万美元。通过持续支持当地文教、卫生和体育事业的发展，不断拉近中国石油与当地社会的距离。

帮扶弱势群体。2012年，公司各项目响应当地政府号召，坚持把关心当地弱势群体当做公司责任的理念，继续开展向所在社区低收入家庭、退休老人和残疾儿童、第二次世界大战老兵送温暖、献爱心活动。PK项目所属PKKR公司坚持对所在地有关社会机构、低收入人群、残疾儿童基金、第二次世界大战老兵等各种单位和个人进行适当赞助，全年共支出143万美元；曼格什套项目热心弱势群体帮扶工作，拿出175万美元资助阿特劳州第二次世界大战老兵和儿童夏令营。

携手社区建设。2012年，阿克纠宾项目向所在阿克纠宾州支付400多万美元，用于支持当地基础设施建设，涉及教育、医疗保健等领域。同时，继续以只有周边市场四分之一的价格向当地居民和企业供应天然气近17亿立方米，为改善当地民生、助力当地社会经济发展尽到了企业责任。曼格什套项目出资约320万美元，用于维修阿克套—卡拉姆卡斯油田的22千米公路、实施海水淡化厂改造，同时还积极参与阿克套市市容绿化建设，栽种树木千余棵，花草3公顷，另为6个农业区提供农业发展援助。

坚持绿色发展理念。公司重视并严格执行哈萨克斯坦《生态保护法典》和天然气综合利用规划要求，加大环境保护管理体系建设，加快环境风险评估和环保工程建设，注重现场管理和应急演练，杜绝了较大及以上环境污染事故的发生，有效遏制了一般污染事故的发生，为中国石油赢得了环境友好型企业的社会声誉。投产环保工程，2012年，阿克纠宾项目湿气回注、湿气气举、第四油气处理厂、探区联合站、盐上污水处理厂、盐下注水站等重点工程陆续投产，实现油田污水零排放，消灭了在油田上空燃烧了半个多世纪的火炬，油区自然环境得到明显改善。重视油气泄漏预防，针对多数油田气油比较高、富含硫化氢、油气处理厂和炼厂装置老化等情况，采取一系列行之有效的对策，有效防止油气泄漏，保证清洁生产。推动环保作业，阿克纠宾项目投入大量人力和财力对因钻井、物探、地面建设、交通运输损害的草原地表进行机械恢复和生态恢复，截至2012年底共完成1058.5公顷；曼格什套项目2012年共投资275万美元用于环境保护工作，努力实现废物“无害化、减量化、资源化”处理，促进了企业经济效益、社会效益、环境效益的协调发展。

关爱员工生活和成长。公司一直把使员工融入企业作为公司真正融入当地社会的一个重要途径和指标。各项目均从自身条件出发，悉心打造员工个人发展平台，关注员工工作生活条件改善，注重多元文化交流与融合，培育和谐的企业文化，力争打造忠诚、敬业、职业的员工队伍。曼格什套项目2012年共安排3045人次参加哈萨克斯坦国内和国外的培训，派出2批油田中高层技术和管理骨干人员34人赴辽河油田进行现场考察，提高了当地员工对油田新工艺、新技术和管理技术的认识，操作技能和管理水平持续提高。高度重视员工职业健康，各项目均建立了针对作业场所职业病危害的检测、评价机制，定期进行员工体检并建立健康监护档案，积极治疗和妥善安置工伤和职业病员工。阿克纠宾项目2012年对肯基亚克油田和让那若尔油田医疗点设施进行完善，增加配备医疗人员和必要的医疗设备，有效保证了员工健康。PK项目持续推动文化融合工作，通过为员工解决孩子入学、入托问题、发放哈萨克斯坦独立日津贴、重要民族节日发送总经理签名的节日贺卡等形式，关爱员工，肯定个人价值；举办职工运动会，引导员工崇尚健康的生活理念，提升团队的凝聚力和创造力。

【海外炼化业务】 2012年，PKOP炼厂计划加工原油430万吨，实际完成475万吨，完成全年计划110.5%，为稳定哈萨克斯坦南部各州及全国成品油的稳定供应作出重要贡献。同时保持良好的安全生产态势，实现人身伤害、较大及以上生产和环境污染事故为零的目标。在保证原油加工量和产品质量的同时，精心组织实施了10月份全厂装置联合大检修，为下一步炼厂改造项目的顺利实施创造条件。积极推进炼厂中、长期改造项目，完成了炼厂技术改造所确定的计划目标，11月30日，炼厂升级改造项目通过了中国国家发改委的审批，标志PK炼厂改造项目最终获得中哈两国政府部门的同意和支持。为了理顺制约炼厂长远发展的不合理的原油加工价格体系，提升炼厂经济效益，公司积极就提高PK炼厂加工费和改善定价机制进行调研和协调，已经完成了提价申请材料并上报哈萨克斯坦有关政府部门审批。

【原油战略通道建设】 积极推进战略通道建设。2012年，为确保国内炼厂原油供应，公司克服重重困难，通过高层协调，终于与哈方达成一致，全面启动“两建一改”工程，积极推进8号、10号站建设工程，阿拉山口流量计改造工程实现当年开工、当年投产；同时启动中哈原油管道全线2000万吨扩建的初步设计，成功签署全线2000万吨扩建的政府间协议，为下一步中哈管道扩建与运行奠定了坚实的法律基础。

全方位组织油源。充分发挥集团公司在哈萨克斯坦项目上下游一体化优势，全方位组织中哈管道油源。以新成立的PETROSUN合资公司为平台，积极开展管道俄油置换；成功运作哈萨克斯坦原油去中国石油独山子石化公司来料加工模式，实现了哈萨克斯坦政府、上游项目、中哈管道、中国炼厂以及成品油企业多赢的良好局面；为最大限度降低过境俄油管输成本，通过创造性的商务谈判及艰苦努力，将哈萨克斯坦境内全线过境管输费从49.6美元/吨下降到19.3美元/吨，为中哈管道吸引西哈萨克斯坦油源、保证油源稳定创造了条件。

现有管道平稳运行。引进先进的管理理念，建立管道完整性管理体系，夯实管道安全运行基础；开展中、哈两国管道企业间应急演练相互学习观摩活动，提升管道突发事件应急处置能力；强化对管道安保服务商的管理，发挥光纤预警系统功能，加大依法打击盗油工作力度，打孔盗油现象得到了有效遏制。2012年共发现打孔盗油事件8起，与2011年的21起、2010年的66起相比大幅减少，确保了管道安全平稳运行。

（上官新松）

中国石油天然气股份有限公司伊拉克公司

【概述】 中国石油天然气股份有限公司伊拉克公司（以下简称公司）成立于2009年12月23日，是中国石油为加强伊拉克地区油气业务的组织管理，发挥整体优势，促进海外油气业务发展而成立的海外地区公司，下辖哈法亚、鲁迈拉、艾哈代布3个项目部和公司机关8个部门，以及北京、巴格达、迪拜、伦敦4个办事处。截至2012年底，公司有中方员工274人（不包括整建制对口支持人员），当地员工14416人（包括参建单位当地雇员），国际雇员1951人。

公司机关所在地位于伊拉克南方石油公司所属的巴吉西亚区，距巴士拉省城20多千米。该地区为海湾战争和伊拉克战争的主战场，战争遗留下爆炸物和地雷分布广泛，鲁迈拉油田是爆炸物和地雷的重灾区，作业区内存在大量地雷，在主路之外的地方触雷事件时有发生。由于鲁迈拉油田开发存在资金和技术问题，油田开发中的伴生气（相当于2万—2.5万桶/日油当量）长期放空燃烧，造成空气质量极差，也严重影响员工身体健康。公司3个项目工作区自然环境恶劣，全年夏季最高温度达58.8摄氏度，创世界之最。

2012年，公司按照集团公司党组关于集中力量打好“3+1”歼灭战和建成“中东大庆”的决策部署，围绕年度工作目标，优化油田生产、推动产能扩建、保障投资回收，落实安保和HSE措施，较好地完成了各项生产经营计划；全年日平均产油157.0万桶，完成中方作业产量3505万吨，完成年度考核目标2930万吨的119.6%，完成年度奋斗目标3446万吨的101.7%；全年合计提油1493万桶，实现销售收入15.18亿美元。

经过3年多的艰苦创业，中国石油中东“3+1”歼灭战已取得阶段性重大胜利，公司三大项目一年一个台阶，一年一个项目实现商业产量回收，三大项目在伊拉克这一中东高端国际油气市场开拓出一条快速启动、快速建设、快速投产、快速回收的成功之路，三大项目积累了中国石油以主导者、作业者和合同者的不同身份运作和管理国际化合作项目的成功经验，树立了中国石油在伊拉克乃至国际石油市场的新形象。

【油气项目】

1. 艾哈代布项目

艾哈代布项目作为集团公司确定的中东“3+1”歼灭战的第一战役，已成功建成并运营600万吨的大油田。2012年，艾哈代布项目抓住有利时机，加快优化油田生产运行参数，充分挖掘设备处理潜能，最大限度提高原油处理能力；有效组织10台钻机及2台修井机现场作业，创造三开水平井钻井周期21.58天、四开水平井钻井周期29.75天的钻井新纪录；加快新井投产，实施作业措施增产，全年完钻井66口，投产新井78口，措施完成91口次；充分落实以产能保产量的策略，完成中方原油作业产量658万吨。积极拓宽外输渠道，增建原油装车站，保障巴格达电厂和炼厂的原油供应，保障当地民生工程，也增强了应对政府限输能力；全年通过实施“三年三步走”战略，初步建成中东标志性项目，兑现了集团公司对伊拉克政府的承诺，树立了中国石油在伊拉克作业的典范。2012年，艾哈代布项目全年完成提油300万桶（中国石油份额）。

2. 哈法亚项目

哈法亚项目是集团公司作为作业者在海外运作的规模最大的投资项目。2012年，哈法亚项目提前完成一期500万吨产能建设；6月16日，年500万吨的一期产能建设项目提前15个月成功投产，成为伊拉克第二轮招标中第一个投产的项目。哈法亚项目一期增产效果、成本控制和建设工期均创伊拉克同类油田较好水平，被伊拉克政府誉为“速度最快、执行最好的项目”，为集团公司中东油气合作建设迎来了新的里程碑。2012年，哈法亚项目完成原油作业产量274万吨，实现提油198万桶。

3. 鲁迈拉项目

针对政府频繁限产、老油田改造升级严重滞后、钻修井工作量不足、主力油层Mishirif注水开发技术难度大、清关进度缓慢等方面的影响，鲁迈拉项目与伙伴密切合作，加大油藏研究力度，大力推进措施井作业，全力落实油田上产措施，千方百计增加油田产量，减缓油田递减。2012年，投产新井31口，投产电泵井26口，措施49口，累计产油6779万吨，对应中方作业产量2574万吨，成为海外项目中增产幅度最大的项目。鲁迈拉项目已基本建成国际一流的石油合作项目。2012年，鲁迈拉项目完成提油995万桶（中国石油份额）。

【生产经营管理】 2012年，面对海外生产经营环境变化对海外油气生产带来的巨大挑战，公司三大项目主动承担责任，加大上产力度，密切与伙伴公司合作，严格按照国际规范运作，持续保持稳健生产经营势头。

（1）实现HSE良好纪录。2012年，在伊拉克恐怖袭击事件频发、业务量大幅增长、作业风险增高的情况下，公司按照“三大一统一”体系建设要求，认真落实各项安保防恐措施，制订完善安全应急方案，进一步深化与当地警察、安保机构信息沟通制度，建立与政府、石油警察、伙伴公司和社区良好的合作关系。高度重视对承包商的HSE管理，以及油田环境保护和医疗救助。HSE工作取得较好成效，全年杜绝了较大及以上工业生产亡人事故，杜绝了可报告污染事件，未发生社会安全原因造成中方员工被绑架或致死事件。

（2）原油作业产量大幅增长。三大项目均超额完成年度生产目标，为巩固“海外大庆”建设成果作出了积极贡献。

（3）产能建设取得突出成效。哈法亚项目一期500万吨/年项目建成投产；艾哈代布项目600万吨/年产能建设按计划完成，CPF水处理系统、LPG项目、硫黄回收装置顺利投产，700万吨/年产能方案得到伊拉克石油部的批复；鲁迈拉项目通过新井、修井作业和设备维修维护作业持续增产，生产能力达到140万桶/日；2012年，公司作业产量占海外板块总产量的33.6%，已成为海外最大油气生产作业区。

（4）管理提升活动有效开展。2012年，公司成立经营、科技和HSSE 3个工作委员会，开始就公司和各项目部的生产、经营、技术、安全、防恐及发展过程中的相关问题开展交流并取得一定成果，推动公司管理水平不断提高；以完善制度、规范流程为主要内容的“三基”工作有效开展，修改、完善了80多项规章制度；梳理出各种风险149条，形成公司风险资源库及评优表，完成了公司年度内部风险管理年报，风险能力也进一步提高。加强与伊拉克石油部、SOC、南部海关协调，推动物资清关问题的有效解决；组织开展心理健康咨询、国际合同业务培训和物资设备进口清关技术交流会等，拓展了培训渠道和内容。

【党建和班子建设】（1）加强基层党建工作。2012年，根据伊拉克地区参建单位党员队伍规模、工作地域分布的现状，公司本着“地域相同、业务相连、便于工作”的原则，在哈法亚项目参建单位成立7个党支部，有效加强了对参建单位在伊拉克党员的统一管理，促进了伊拉克地区党建活动的有序开展。

公司党工委以学习贯彻党的十八大精神为契机，加强形势任务教育。以创先争优活动为载体，丰富海外党建工作内涵。公司积极响应集团公司党组的号召，全体党员慷慨解囊，累计向西部母亲水窖活动捐助5万元，以实际行动支援西部贫困地区。由公司党政领导带队，2012年3—4月及时到艾哈代布、鲁迈拉和哈法亚项目开展了为期20多天的党建工作调研。

加强党风廉政建设，健全和完善相应的管理制度和监督程序。公司认真执行物资采办制度、合同招标制度、财务管理制度和内部审计制度等，从制度上堵塞漏洞，规范管理行为；定期接受来自资源国、伙伴和集团公司等各方的审计，认真进行整改完善；层层签订了《党风廉政建设责任书》和《廉洁从业承诺书》，制定廉洁从业高压线，形成全员全方位的反腐倡廉工作格局。

（2）加强班子建设。公司认真贯彻集团公司党组部署，认真执行《公司党工委工作制度》、《公司领导班子工作制度》、《公司“三重一大”决策制度》和《领导班子成员工作分工及出差期间工作代管安排》。公司健全和完善干部评价考核和激励体系，加大考核力度，做好对党政主要领导干部和新提拔干部的考核评价工作，坚持党管干部和民主集中制原则，对艾哈代布项目、哈法亚项目、鲁迈拉项目的领导班子进行了充实和调整。做好干部后备队伍的建设工作，有效地加强了项目公司领导班子的力量。2012年，鲁迈拉项目被评为集团公司基层“四好”班子。

（3）加强队伍建设。2012年，公司以开展“三基”工作、管理提升工作为契机，大力加强基层队伍建设，狠抓基本功训练，组织机关各部门员工进行全面深入讨论，进一步梳理需要完善的各项规章管理制度，统筹谋划全年工作。帮助员工掌握扎实的专业基础知识，拓宽日常工作思路并提高高度，增长业务知识并做到一岗精、多岗通，外送集团公司、海外勘探开发公司、培训机构进行PMP等培训131人次，组织机关部门间或邀请中国石油参建方举办采油工程、油气集输、石油勘探开发、开发方案、经济评价、技术服务合同、管道业务等业务交叉培训17次，受培训619人次，部门经理或技术专家对部门员工特别是新上项目员工“师带徒”岗位适应性培训1300多人次。经过2年多的精心组织，公司首届EMBA培训班已经顺利结业，学员被美国休斯敦大学授予EMBA学位证书。

【企业文化】（1）认真抓好宣传工作。2012年，先后出版3期《伊拉克油气合作》杂志，制作完成《走进伊拉克》专题片，编发42期《伊拉克简讯》、30期《伊拉克要闻》。先后在《中国石油报》上刊登《创新者哈法亚》、《伊拉克公司多项殊荣让人刮目相看》、《驻伊大使考察艾哈代布项目》、《哈法亚油田工程建设步入快车道》、《哈法亚项目提前机械完工》等93篇稿件。

（2）积极开展文化娱乐活动。2012年，综合协调办公室积极开展文体活动，以庆祝传统节日、重大活动为契机，与参建单位一道，共同组织元旦茶话会、春节联欢晚会、“五一”运动会、“七一”座谈会、国庆联欢会等健康有益、形式多样的文体活动，活跃海外一线员工的业余文化生活，减轻严峻安保形势带来的压力。

（3）切实关心职工生活。坚持采用专业化的安保与后勤服务，实现了让员工吃得卫生、吃得满意、住得舒适。公司党政领导利用回国休假的机会，及时开展慰问活动，探望员工家属和病人，并给予物资上帮助，诚心诚意地解决职工群众的实际问题；通过开展以聚人心、暖人心、稳人心为主题的“三心”活动，及时向员工开展送温暖，关心职工疾苦，努力为大家排忧解难。

【环境保护和社会公益】（1）加强环境保护工作。公司高度重视环境保护工作，致力于人与自然环境的和谐发展。

艾哈代布项目提前完成环境评估报告，及时建立垃圾处理站，对工业和生活垃圾进行无害化焚烧处理；将环境友好融入工程设计和作业安排，提前投产天然气处理系统，减少了酸气排放；主动策划和推动有效利用冗余天然气方案，节约清洁能源，提高了环境质量；引入高标准废钻井液处理系统，处理后的排放水达到伊拉克国家一级B排放标准。

哈法亚项目严格执行HSE标准，努力保护湿地的候鸟，减少人为活动给湿地带来的污染，想方设法利用二次水源、打捞废弃物等，促进湿地生态的良性循环。通过中方员工的积极努力，哈法亚项目的HSSE管理已达到国际一流水平。

鲁迈拉项目在推进油田开发建设的同时，切实加强环境保护工作，参照BIS（最佳国际标准）原则建立 HSE 管理体系，营造了良好的自然环境。

2012 年，公司未发生环境污染事件，实现了零事故、零伤亡、零污染。

（2）积极扩大当地人就业，重视培训提高业务技能。艾哈代布项目采取“师带徒”、“结对子”的方式，大力提高当地员工业务技能。现场培训使一大批当地员工成为了业务骨干；通过与伊拉克高校联合，为巴格达科技大学提供生产实习基地，也为项目储备高层次人才提供了机会。2012 年，艾哈代布项目为当地居民提供 3000 多个工作岗位。

哈法亚项目计划每年投资 500 万美元，用于当地员工技术培训，无偿捐助当地教育事业。哈法亚项目启动以来，已经为米桑省提供 2000 多人的就业机会。油田开发建设也给当地承包商带来了约 1 亿美元的商机，为当地居民创造了更多的就业机会。

鲁迈拉项目 2012 年举办 2 期当地焊工培训班，累计培训当地焊工 70 多人，通过培训当地焊接人才，中国石油收获了友谊，赢得了信任。

（3）构建和谐社区，贡献当地社会。结合油田建设实际需要，艾哈代布项目坚持为油区村镇修路架桥，改善当地的基础设施；积极推行“井场 + 农户”的承包管理模式，不仅扩大了当地居民就业，而且有效保证了油井生产安全。2012 年 11 月 13 日，艾哈代布项目向伊拉克两河体育俱乐部捐赠体育器材，积极支持当地体育事业。哈法亚项目积极支持当地教育事业发展，2012 年 10 月 24 日，中国石油工程建设公司哈法亚项目部向当地 AL Miraj 学校捐赠了一套全新的营房车，以及 2 台空调、40 套学生桌椅、2 套教师座椅、2 套白板、1 台发电机及油罐等配套设施。

通过公益捐赠活动，中国石油赢得了当地政府的肯定，受到了当地人的尊重，增进了中伊友谊，提升了企业形象。

【公司荣誉】 公司获得“全国五一劳动奖状”，王莎莉、祝俊峰、王贵海获得“全国五一劳动奖章”。

（王正安　尚松峰）

中国石油天然气集团公司
伊朗公司

【概述】 中国石油天然气集团公司伊朗公司（以下简称公司）成立于 2009 年 12 月 23 日，公司在伊朗执行 4 个油气合作项目，分别是 MIS 项目、北阿扎德甘项目（简称北阿项目）、南阿扎德甘项目（简称南阿项目）、南帕斯 11 区项目（简称南帕斯项目）。截至 2012 年底，公司共有员工 509 人，其中，中方员工 149 人，外方员工 360 人。

【项目概况】 MIS 项目：MIS 油田位于伊朗西南部，是中东的第一个商业油田，距今已有 104 年历史。MIS 项目是中国石油与伊朗国家石油公司签订的第一个回购合同。合同签署时间为 2004 年 5 月 25 日，生效时间为 2007 年 8 月 20 日；2011 年 7 月 25 日，125 万吨 / 年产能建成投产移交。在项目进入商业回收后，为油田提供生产技术服务（TSA）。

北阿项目：北阿扎德甘油田位于阿瓦兹市西偏北方向 80 千米，与伊拉克边界平行。合同签署时间为 2009 年 1 月 14 日，生效时间为 2009 年 7 月 6 日；合同区面积 460 平方千米，地质储量 48.94 亿桶；项目一期钻井 58 口，建设日处理能力 7.5 万桶的地面集输、处理设施；合同建设期 48—52 个月，回收期 4—6 年。

南阿项目：南阿扎德甘油田位于伊朗西南库兹斯坦省西部，紧邻伊拉克边境，面积 740 平方千米，油田储量 254 亿桶，是世界上已发现最大的未开发油田（截至 2012 年底）。合同签署时间为 2009 年 9 月 18 日，生效时间为 2012 年 9 月 6 日；项目一期新钻井 185 口，建产能 32 万桶 / 日，建设期 52 个月。

南帕斯项目：南帕斯项目区块（SP11）位于南帕斯气田南部，面积 98 平方千米。合同签署时间为 2009 年 6 月 3 日，生效时间为 2010 年 4 月 4 日；拟建年产天然气 200 亿立方米、凝析油 380 万立方米产能，建设期 5 年。2012 年 8 月 6 日与 NIOC 签署项目友好终止协议，并于 8 月 22 日正式生效，项目正进行收尾工作。

【主要生产经营指标】 2012年，公司完成投资5.52亿美元；其中，北阿扎德甘项目4.8亿美元，南帕斯11区项目1902万美元，南阿扎德甘项目5292万美元。全年实现投资回收2.13亿美元，其中，MIS一期回收6052.7万美元，回收技术服务合同（TSA）费用1748万美元，南阿项目回收最后一笔早期对价款1.358亿美元。

【企业管理】

1. 加大谈判力度，全力改善合同执行条件

为控制投资风险，拓展生存条件，公司在2012年全面推动各项目的合同谈判，均取得了不同程度的突破。

南阿项目签订三号修改协议，奠定了边投资边回收、滚动发展的合同基础；南帕斯项目签订投资补偿协议，最大限度地规避了投资风险；伊方承诺MIS项目投资回收与实际产量脱钩并对超投资进行补偿，有效控制了回收风险。

2. 深入开展经营策略研究，积极应对风险

2012年，公司组织针对回购合同进行学习交流，先后开展各项目层面的经营策略研究，举办第二届经营策略征文活动，并于2月和10月与海外板块共同组织2次伊朗地区经营策略研讨会，从宏观层面到技术、执行层面，对伊朗项目面临的诸多具体问题进行广泛、深入的研讨，并针对相关风险提出较为明确的应对方案，为工作的顺利开展起到积极的指导和推动作用。在集团公司、海外板块的正确领导和公司全体员工的不懈努力下，相关应对措施已经或正在付诸实施，收到了良好效果。

3. 严控投资，有效控制成本支出

2012年，按照集团公司和海外板块总体部署，积极开展“双控”工作，有效控制成本支出。北阿项目单井钻井周期逐步缩短，2012年完井的16口井，计划完井周期1925天，实际为1857.12天，比计划缩短3.5%；与此同时，钻井成本逐渐下降，16口井预算成本为17100万美元，实际成本15167万美元，节约1933万美元。

4. 充分发挥整体优势，中国石油整体利益得到保障

公司坚决执行集团公司甲乙方一体化战略，通过内部协作和服务保障等方式，有效提高项目运行效率，提高工期和投资的可控性，有力促进集团公司工程技术、金融保障和后勤支持等业务的全面发展。2012年，全年工程技术服务合同完成7.32亿美元，占当年总合同额的75.5%，集团公司在伊朗业务全面发展。

5. 大力开展管理提升，规范化程度进一步加强

2012年，公司坚决贯彻落实国务院国资委、集团公司和海外板块全面开展管理提升活动的要求，深入开展管理提升工作。在第一阶段的自我诊断工作中，结合集团公司总经理周吉平9月在访问伊朗调研时的明确指示，认真查找问题和短板，并提出相应的管理提升工作计划。结合回购合同执行的难点，充分考虑资源国监管、审核要求，开始建立规范化、适用于回购合同项目实施的内控体系。通过内控建设，可进一步理清界面、明确责任、完善控制，实现规避风险、确保回收和效益最大化的管理目标。

6. 大力实施信息化建设，管理科学化水平明显增强

2012年，南阿项目实施了集财务、计划、采办、库房、人力资源和文档管理六大功能模块为一体的管理信息系统建设；北阿项目根据当前需求，实施了财务、采办、库房和计划模块建设。通过信息化建设，统一业务规范和数据标准，实现相关信息系统与业务数据的有效集成和共享，促进业务协同，极大地提高了管理效率。

信息化基础建设方面，2012年地区公司完成油田现场—德黑兰—北京的通信网络建设，完成南阿项目云数据中心建设，为实现多媒体协同工作奠定了基础。

【勘探开发】

1. MIS项目

自2011年7月完成项目移交后，项目的主要工作是向伊朗南方石油公司提供生产技术服务。2012年修井共15次，包括封井2次，有效地支持了油田的正常生产；截至2012年底，累计生产原油767万桶。2012年7月，NIOC批准MIS项目TSA延期一年，合同金额约3280万美元。

2. 北阿项目

2012年，北阿项目克服诸多困难和挑战，实现钻井“20开16完”，超额完成“18开14完”的工作指标，项目累计31开24完；酸化试油完成4口，项目累计完成6口；井场建设项目累计完成18个，在建2个；在深入开展油藏地质研究和方案实施研究的基础上，完成原开发方案中井位、井型及井数的综合优化工作，减少3口试验观察井及3口试验注水井，改6口双分支井为大斜度井，增加6口生产井以保证产量稳产指标的实现；地面工程科学部署、积极推进，EPCC工程于2012年2月正式授标，长线设备采

办正在进行招标，其关键设备发电机已经签署供货合同，油田中心处理站已经开工建设，并已完成作业营地建设工作；完成了北阿项目可行性研究报告的编制和 NIOC 审计答复。

3. 南阿项目

2012 年上半年完成南阿项目合同主要条款修改谈判，争取到对项目实施较为有利的条件，并以合同形式固化，有效控制了合同执行风险；面对合同条件苛刻、储量规模巨大、地质条件复杂、基础资料欠缺等一系列困难和挑战，通过深入细致的研究，编制完成油田修订开发方案（RMDP），并于 2012 年 6 月通过伊方审批。该开发方案对科学高效开发南阿油田具有重大意义，充分保障了中方利益，实现了中国石油投资利益最大化。

在此基础上，项目合同于 9 月 6 日生效，过渡期 2 口生产井于 6 月开钻，11 月完钻。截至 2012 年底，全油田共有早期生产井 21 口，常开井 17 口，原油日产 4.2 万桶。地面工程完成海外板块和 PEDEC 对 FEED 的审查。

4. 南帕斯项目

2012 年，南帕斯项目四大主体工程基本设计（FEED）和导管架详细设计全面通过海外勘探开发公司组织的专家评审；按照海外勘探开发公司专家和 POGC 意见完成 FEED 修改和定稿。招标工作全面展开，钻井、地质、上部组块 EPCI、海工导管架 EPCI，SBM EPC、长线设备和天然气厂 EPC 工作包招标均完成发标准备，海工导管架 EPCI、陆上天然气厂场平 EPC 招标全面完成。营地设计和海洋工程地质勘查也按时完成。下半年，根据集团和海外板块的总体部署，与伊方就项目相关事宜进行谈判，于 8 月 6 日签署《终止补偿过渡协议》和《新项目备忘录协议》，最大限度保障了中方总体利益。

【安全环保】 2012 年，公司以推进 HSE 体系建设为主线，以风险管理为核心，采取一系列固本强基措施，切实提升安全环保管控能力，实现了安全环保形势的总体稳定和持续好转。北阿、南阿项目道路、井场建设、钻井试油、完井作业环保措施到位，受到伊朗国家环保部、伊朗副总统、胡泽斯坦省环保组织、伊朗国家石油公司、当地政府的高度赞扬。

通过努力，公司全年未发生重大火灾爆炸事故、重大及以上工业生产亡人事故、重大及以上环境污染和生态破坏事故、重大及以上职业病危害事件、重大井喷失控事故。伊朗国家石油公司、当地政府充分肯定公司的安全环保工作，授予公司“2012 年安全环保贡献奖”。集团公司授予公司“环境保护先进企业”称号。

【精神文明建设】 2012 年，公司党工委紧紧围绕“学习贯彻十八大精神、推动科学发展”这个主题，组织各级党员干部认真学习党的十八大文件，进一步提高广大党员、干部员工的思想认识。

注重丰富员工业余活动，活跃海外生活，提高员工健康和生活质量。2012 年，为员工租用了篮球、足球、羽毛球场地，为员工锻炼提供方便条件；各项目落实工会活动安排，利用节假日组织员工外出休闲活动。

注重改善伊方员工福利，密切中伊文化融合。通过为伊朗员工建立补充医疗保险、提供工作午餐、交通补助等方式，提高了员工福利；利用中国的元宵节、中秋节，伊朗的古尔邦节、宰牲节等机会组织中伊员工联谊活动，增进中伊员工间的交流，促进了相互理解；开展“三八妇女节”慰问、婚丧生育慰问、员工家庭走访等活动，充分体现了中国石油以人为本的管理理念，促进了中伊文化融合。

（毛及欣）

中国石油天然气集团公司
拉美公司

【概述】 2012 年 6 月，集团公司为加强其在拉丁美洲地区油气业务的组织协调，促进海外业务规模有效可持续发展，决定将中美洲地区的油气业务纳入南美公司统一管理，并将中国石油天然气集团公司南美公司更名为中国石油天然气集团公司拉美公司（以下简称公司），其英文名称（CNPC America，Ltd.）保持不变。中油国际（哥斯达黎加）公司和集团公司在古巴的油气业务由公司实施管理。公司行政上由集团公司管理，业务上由中国石油海外勘探开发公司归口管理，党组织关系由集团公司直属党委管理。

拉美是中国石油最早开展国际油气合作的地区，经过19年的探索和发展，公司已经在委内瑞拉、秘鲁、厄瓜多尔、哥伦比亚和哥斯达黎加5个国家，经营管理着7个油田开发项目、3个勘探区块和1个炼厂项目。公司是中国石油海外油气合作区中项目分布的国家最多、跨度最大、合同模式最多、管理幅度最大的地区公司。公司现有中方员工185人，公司及各项目雇佣当地员工2790人。

【创业成果】 根据国家和集团公司“利用两种资源、两个市场”和“走出去”方针政策，从1993年中国石油最早的海外油气开发项目——秘鲁塔拉拉6/7区开始，一批又一批中国石油员工，发扬大庆精神、铁人精神和石油工业优良传统，开拓进取、艰苦创业，拼搏奉献，战胜了经营环境复杂多变、社会治安恶劣、项目合同转制等诸多挑战，经过19年的拼搏，在拉美这个美国传统领地站住了脚，创出了中国石油品牌，取得了一系列重要成果。

一是油气业务初具规模，跨入千万吨油气合作区行列。截至2012年底，公司各项目累计生产原油9055万吨，原油作业产量连续5年超过1000万吨，2012年原油产量达到1172.9万吨，创历史新高。为集团公司“海外大庆”的如期建成和巩固拓展作出了重要贡献。二是新项目开发取得重大突破，油气资源掌控量大幅增长。2010年成功签署胡宁4重油项目，使拉美合作区地质储量达到120亿吨，剩余可采储量20亿吨，奠定了建成5000万吨生产能力，并长期稳产的储量基础，为构建我国东部海上原油通道，保障国家能源安全供应打下了坚实的物质基础。三是油气投资业务投资回报良好，项目盈利能力持续增强。2012年，公司提前半年实现现有生产项目的整体回收。四是国际化管理体系不断完善，管理水平持续提升。五是积极应对经营环境变化，实现项目成功转制，驾驭复杂局面的能力不断提高。六是充分发挥中方技术优势，加大科技创新力度，形成了具有中国石油特色的、适合拉美三大类油田的配套技术系列，提高油田开发效果和管理水平。七是加强人才队伍建设，打造具有拉美特色的经营管理及技术团队。八是建立起一套特色的HSE长效机制，连续19年保持优异的安全环保业绩。

【勘探开发项目】 公司经营管理着委内瑞拉陆湖项目、MPE3项目、苏马诺项目、胡宁4项目，厄瓜多尔安第斯项目，秘鲁6/7区项目、1AB/8区项目共7个油田开发项目，以及哥伦比亚勘探项目。

1. 委内瑞拉MPE3项目

2001年12月27日，中国石油与委内瑞拉国家石油公司（PDVSA）签署了“奥里乳化油合资经营协议”，成立乳化油合资公司（SINOVENSA）。2007年10月2日，双方签署一揽子解决乳化油项目转产转制协议和终止乳化油销售协议的“赔偿协议”。协议规定双方合作开发MPE3区块重油，合作面积150平方千米，中方占40%股份，合同期25年。2008年2月11日，MPE3项目合资公司正式运行。

2012年，MPE3项目积极实施钻井提速提效工程、油井维护和生产井优化管理。全年9台钻机运行，完钻水平井65口。完成措施作业、停产井恢复114井次，参数优化165井次。实现了新井快速上产，老井平稳生产。通过优化转油站和脱盐脱水厂工艺流程，提升油气集输处理能力，积极与PDVSA沟通，充分利用其他合资公司富余原油处理与管输能力，千方百计解决原油处理和外输能力不足的瓶颈问题，使日产量由年初的10.5万桶增加并保持在11.5万桶水平运行，提前53天完成年度生产任务。项目全年生产原油672万吨，超产102万吨。同时，积极推动16万桶/日产能扩建各项准备工作顺利进行。

2. 委内瑞拉陆湖项目

陆湖项目包括陆上油田（卡拉高莱斯）和湖上油田（英特甘博），1997年6月中国石油中标签署服务合同。这2个油田属于已开发50多年的边际油田，中国石油作为作业者，运用其成熟的油田开发技术和经验，在接手后的3年时间里，使原油日产由接管初期的4905桶，提高到1999年底的1.29万桶，2000年底日产突破4万桶，是接管时的8倍多，接近历史最高水平。根据委内瑞拉新石油法，2006年8月中委就该项目签署转合资公司协议，中国石油占25%股份，委方同意对取得项目的3.58亿美元贡金给予1.6亿美元的补偿，合作期限延长至2026年。

2012年，针对气举系统每况愈下的突出问题，陆湖项目加强与PDVSA协调，千方百计增加气举气量，采取加大下电泵工作量等措施，取得较好效果，实现陆上、湖上2个油田稳产，全年生产原油35.6万吨，实现天然气权益产量2243万立方米，超额完成考核指标。

3. 委内瑞拉苏马诺项目

2006年8月24日中委双方签署苏马诺合资经营

协议，中国石油占股40%，合同期25年。苏马诺油田是一个已经开发50多年的边际老油田，已经进入开发中后期。2008年2月22日，PDVSA将油田的操作权移交合资公司，合资公司正式开始操作油田。

2012年，苏马诺项目加强油田精细管理，积极推进电泵举升试验，取得重要突破，2口重油举升井均获日产超千桶的高产。扎实开展油田综合研究，抓好老井恢复、连续油管作业和换层等挖潜措施，实现了油田稳产。项目全年生产原油30.02万吨，完成产量任务。

4. 委内瑞拉胡宁4项目

2006年8月24日，中委双方签署《CNPC与PDVSA共同开发胡宁4区块的合作协议》。2010年12月1日，中国石油与PDVSA正式签署胡宁4项目《合资公司组建和经营合同》。中国石油占股40%，合同期25年，还可申请延期到40年。2010年12月22日，胡宁4项目合资公司“PETROURICA，S.A.”正式启动运行。

胡宁4项目位于奥里诺科重油带西部，合同区面积325平方千米，地质储量436亿桶。根据协议，项目将于2018年前后建成年产2350万吨重油，需要在委内瑞拉建一座改质厂，生产的混合油主要供应广东揭阳炼厂。胡宁4项目是中委上中下游一体化石油合作的重要组成部分，胡宁4项目合资公司的启动，标志着中委能源一体化项目进入实质性运行阶段。截至2012年底，产能建设工作已全面展开，将于2013—2014年实现早期生产。

2012年，胡宁4项目已完成先导试验方案和初步开发方案的编制，完成地面工程概念设计及审查。成功实现BGP中标三维地震采集合同，7月正式启动现场采集工作。取得8口评价井井场的环保和58口井的能矿部许可，完成了50口水平井地质和井眼轨迹设计，全年完钻评价井5口。优化并确定改质厂选用API 42°方案，将能够同时满足胡宁4项目和MPE3项目稀释剂供应需求，将改质厂基础设计授标给中国寰球工程公司。完成了3座水平井平台和入井场道路的新建，6个评价井井场和入井场道路的新建及部分油田道路的修缮工作。组织机构谈判获得新的突破，又获得1个一线经理和2个二线经理岗位，为进一步发挥中方小股东作用奠定了基础。

5. 厄瓜多尔安第斯项目

2005年9月13日，中国石油和中国石化组成联合体（中国石油持有55%的股份），联合收购了加拿大EnCana公司在厄瓜多尔的全部油气及管道资产。2006年2月正式接管项目。该项目拥有4个石油区块，探明石油地质储量10亿桶。2010年11月，根据厄瓜多尔新石油法规，安第斯项目经过艰苦谈判，成功转制为服务合同，并取得比预期好的效果，为项目下步可持续发展奠定了基础。

2012年，厄瓜多尔安第斯项目通过科学组织，加强特色技术研究和应用，实现了老油区硬稳定、新油区快发展的目标。创新应用水平井及差异渗流场完井技术高效开发剩余油、老井转抽多种措施综合挖潜、优化注水三大工程技术，采取多打新井、打好新井和多打水平井等关键措施，新井日产油6400多桶，其中水平井平均初产超过2000桶。项目全年生产原油259.35万吨，自用天然气产量0.52亿立方米，向政府索回OCP管道充填原油3.95万吨，实现油气当量267.42万吨，超产25.42万吨。勘探工作取得可喜成果，5口探井均获重要突破。创出了自项目交割以来勘探大发现、产量硬稳定、储采比大于1、综合零递减等一系列优异成绩。

6. 秘鲁塔拉拉油田6/7区项目

1993年签署7区项目，1995年签署6区项目，是中国石油在海外运作的第一个油田开发项目，被集团公司领导誉为海外创业的“星星之火”。中方接管时，油田日产不到700桶。1997年日产水平达到7000桶，使百年老油田重新焕发了青春。1999年实现投资回收。6/7区项目19年探索和实践形成的“四精”管理经验，被集团公司和海外板块树为学习典型进行推广。

2012年，秘鲁6/7区项目面对新井因环保审批难以实施的困难，创新思维，采取老井规模恢复等有效措施挖掘老井潜力，提前60天完成年度原油生产任务，全年实现原油产量18万吨，是年度计划的120%，并创造了近10年来最高原油产量水平。

7. 秘鲁1AB/8区项目

2003年7月11日，中国石油与阿根廷Pluspetrol公司就秘鲁1AB/8区项目签订谅解备忘录。11月21日，双方签署合作协议，中国石油获得该项目45%的股权。项目于2007年回收投资。

2012年，秘鲁1AB/8区项目在油田综合含水高达97%和极其困难的热带雨林作业条件下，狠抓油水井维护作业和油田现场生产管理，千方百计提高油井开井率，有效减缓了产量递减，全年生产原油157.8万吨，超产5.8万吨。

8. 哥伦比亚勘探项目

2008年，中国石油与Pluspetrol、KNOC组成投

标联合体（中方权益 30%），中标哥伦比亚 CPE-7 区块、CPO-2 和 CPO-3 区块。CPE-7 区块为特别技术评估协议，CPO-2 和 CPO-3 区块均为勘探开发合同。

2012 年，CPE-7 区块完成二维地震采集义务工作量，年底开钻地质资料井 1 口，计划 2013 年初完钻；CPO-2/CPO-3 区块各完钻 1 口义务工作量钻井，由于钻探未有油气发现，并经评估认为区块勘探潜力较小，中方决定退出这两个区块。

【哥斯达黎加炼厂项目】 2007 年 10 月 24 日，中哥正式签署两国《石油合作框架协议》。2008 年 11 月 17 日，中国石油与哥斯达黎加国家石油公司签署《CNPC 与 RECOPE 炼厂合资公司协议》。协议规定，双方在哥斯达黎加境内成立合资公司，对 MOIN 炼厂进行升级改造和扩建，使加工能力从 120 万吨 / 年提高到 300 万吨 / 年，同时，开展 1000 万吨 / 年扩建的可行性研究。中方在合资公司中参股 50%，合同期为 25 年。2009 年 12 月 26 日合资公司（SORESCO S. A.）在哥斯达黎加首都圣何塞注册成立。炼厂改扩建项目是中国石油在中美洲的第一个油气合作项目，对带动中国石油下游工程建设等业务进入哥斯达黎加及中美洲市场发挥了关键作用。

2012 年，哥斯达黎加项目加强组织协调和项目推进力度，2012 年 3 月 28 日第一批工程物资抵达利蒙港，5 月现场临时办公室建设完工。8 月 19 日，合资公司与中国石油工程建设公司签署 EPC 合同邀标函，双方已完成两轮技术谈判。8 月 29 日双方就《合资公司租赁协议》草本达成一致并小签，提交哥斯达黎加国家总审计署审批。截至 2012 年底，项目正在积极推进有关协议的审批和长线设备订货和开工奠基等相关工作。

【生产经营】 2012 年，公司积极推广秘鲁项目的管理经验，进一步强化生产组织协调和精细化管理工作，各项目自觉加压，勇挑重担，采取有力的上产措施，保持油气生产箭头朝上、平稳运行，提前 36 天完成年度生产任务，全年累计生产原油 1172.9 万吨，完成考核指标的 111.6%，再创历史新高；完成天然气权益产量 8585 万立方米，为考核指标的 171.7%；全年新增石油探明可采储量完成考核指标的 119.6%。

公司继续将“加快投资回收，强化在委内瑞拉合资项目分红”作为第一要务来抓，抓住委内瑞拉 MPE3 项目融资谈判的契机，加强公关协调，积极创新投资回收模式，投资回收工作又取得重要成果。全年上交现金贡献完成考核指标的 165.7%，MPE3 项目中方 3 亿美元分红款实现原油支付。原油实物支付分红的创新模式，不仅实现了项目分红款的回收，拓宽了投资回收渠道，而且解决了 PDVSA 长期占用合资公司原油销售款和拖欠中方分红款等历史疑难问题。厄瓜多尔项目和秘鲁项目克服困难，主动加大分红力度，均大大超额完成了分红指标。2012 年，公司上游业务实现人均现金贡献超过 300 万美元，为历史最高水平，在集团公司所有海外项目中名列前茅。

公司各所属项目积极做好油气销售创效工作，强化经营管理和成本控制，取得很好的经营业绩。全年销售收入和净利润均大大超额完成年度预算；单位操作费 8.22 美元 / 桶，比考核指标低 0.81 美元 / 桶。

【新项目开发】 2012 年，公司进一步加强新项目开发工作，取得一系列成果。2012 年 2 月，集团公司副总经理汪东进访问厄瓜多尔期间，与厄方就太平洋炼厂及上游 SACHA、AUCA 油田、31 区块的千万吨上下游一体化合作达成共识，公司积极协调和推进，中厄双方就上游合作油田和炼厂规模等方面进行了多次交流谈判，取得重要进展。厄瓜多尔公司积极主动与海外板块共同推进 20 区块购股谈判，取得重大突破，已草签购股协议。2012 年 2 月汪东进访问古巴期间，代表中国石油与古巴签署了《关于圣克鲁斯北部、赛博鲁克油田增产和提高采收率合作协议》。协议签署之后，中国石油与古巴石油保持密切沟通，双方 3 次互派专家组进行交流，积极推进协议各项内容的落实，并把巴拉德罗油田也纳入双方合作范围。积极争取委内瑞拉资源性和战略性合作项目机会，2012 年 4 月集团公司总经理周吉平与委内瑞拉能源石油部长拉米雷斯会谈时，表达了希望合作开发胡宁 10 区块的意向。7 月拉米雷斯在与周吉平会谈时，表示愿意拿出胡宁 10 南区与中国石油合作。公司积极跟踪推进，2012 年 11 月底，在北京召开的第十一届中国—委内瑞拉高级混合委员会上，双方签署了胡宁 10 南区块联合研究协议和委内瑞拉西太平洋跨国管道项目合作备忘录等协议，为进一步做大做强在委内瑞拉合作打下了更为坚实的基础。为落实汪东进与哥伦比亚能矿部长及哥伦比亚国家石油公司副总裁上海会谈成果，公司领导多次赴哥伦比亚与哥伦比亚国家石油公司就管道项目和上游项目合作进行了深入交流，双方于 10 月签署了全面战略合作的协议，将在常规油和重油的上游勘探、开发和储运等方面积极寻求具体合作项目。委内瑞拉—哥伦比亚太平洋管道项目和上游合作项目正在积极推进。秘鲁公司也积极开展现有 2 个项目的重新投标评价和其他新项目的机会跟踪。

以上新项目的推进落实，为拉美地区“十三五”末建成上游7000万吨、管道输油5000万吨、下游炼油3000万吨，建成海外最大的上中下游一体化非常规油气合作区打下了基础。

【企业管理】 2012年，公司继续加强规范公司管理，逐步构建满足资源国要求、适应公司业务特点、符合国际规范的经营管理体系。按照集团公司统一部署，公司扎实开展管理提升活动，第一阶段工作已经顺利完成，正在积极组织第二阶段“专项提升、协同推进”的各项工作。公司全面实施有限授权管理、投资计划与预算管理、财务与资金管理、合同与采办管理、全员业绩考核管理、合资公司董事会与股东会管理、项目审计监督管理、法律风险管理、廉洁风险管理、安全风险管理。积极落实海外板块的“双控”精神，进一步树立精打细算、过紧日子的思想，努力优化投资、控制成本费用。并通过合资公司报表的审核监督机制，同项目公司密切沟通配合，要求各项投资都要进行经济评价，以确保单位操作费、投资以及中方费用达到要求。在投资管控方面，强化投资过程管理，重点抓住钻井和地面工程两大投资项目，MPE3和安第斯等项目的钻井成本取得了连续2年未上升的良好业绩，公司投资控制在调整预算考核范围内。在成本管控方面，从细节上抓好费用优化和控制，安第斯项目强化费用预算管理，实现操作费和措施作业费用低于预算水平，秘鲁6/7区项目操作费也控制在预算范围内。顶住委内瑞拉等国家年均20%—30%的通胀压力，公司油气操作成本连续3年控制在年度预算之内。高度重视风险防范和内控体系建设，有效防控各种风险。安第斯项目加强税收筹划和经营运作，在合理避税和管道充填油回收方面取得显著成果，增加收入1000多万美元。安第斯公司内控与风险防控体系及成功经验被集团公司评为先进典型，并在集团公司和海外板块层面学习推广。针对委内瑞拉法律、法规频繁变化的现状，加强经营环境研究，积极规避经营风险，利用董事会等平台，督促委方规范运作、按章办事，采取保护合作伙伴利益的措施，落实了胡宁4项目免征暴利税，MPE3项目超产部分免征暴利税工作也取得重要进展。

【安全环保】 公司持续狠抓HSE管理，进一步健全各级HSE管理机构，完善HSE管理网络，充实配备专职HSE管理人员，大力推进体系建设，及时更新HSE管理体系文件。加强制度建设，总部和各项目修订完善《员工工作外安全管理规定》、《道路交通安全管理规定》等管理制度。大力推进有感领导，签订责任书落实责任，将HSE压力逐级传递，贯彻直线责任和属地管理。以落实全国安全生产电视电话会议关于“一树立、三坚持、三强化”的总体要求为重点，深入贯彻集团公司和海外板块的HSE管理工作方案，坚持日常的巡回检查和例行检查，结合“安全生产月”等活动及上级文件要求，对所属所有项目的中方员工驻地、办公场所、生产现场的安保设施进行了全面的隐患排查和安全评估。积极推动ESAMID公寓滑坡治理工作。加大车辆管理和检查力度，严格执行车辆内部准驾管理制度，开展交通安全风险辨识活动和驾驶人员的安全教育和培训。不断完善应急机制，密切关注2012年委内瑞拉总统大选形势和查韦斯健康状况，编制应急预案，选择切实可行的陆地撤离地点和空中撤离路线，保证了各项工作的顺利进行，也使员工及家属的正常休假和学习计划没有打乱。2012年公司继续保持良好的HSE业绩，再次被集团公司评为“安全生产先进企业”。

【精神文明建设】 按照中央和集团公司党组要求，公司党委全面部署学习贯彻党的十八大精神的活动，公司总部通过组织党委中心组集体学习、中层干部专题学习会、党支部组织学习、全员学习研讨会和答题活动等多种形式，各项目公司和各党支部认真组织学习和讨论，充分利用电视、网络等媒体，积极学习宣传贯彻党的十八大精神。

公司党委坚持“融入中心、服务大局、以人为本、继承创新、务求实效”工作方针，不断加强党建、思想政治工作、企业文化建设。切实抓好党风廉政建设，加大反腐倡廉监管力度，健全管理机制，组织签订《党风廉政建设责任书》和《廉洁自律承诺书》，在集团公司海外巡视组检查中没有发现例外事项，公司没有出现违纪违规事件。认真做好新党员发展、支部委员调整等基础工作，不断加强基层党组织建设，党员的先锋模范作用和党组织的战斗堡垒作用得到充分发挥。深入开展创先争优活动，大力弘扬先进，促进公司业务健康发展。2012年，安第斯公司获得“全国五一劳动奖状”、秘鲁6/7区项目塔拉拉作业区获得“全国工人先锋号”称号、公司获得“央企先进集体”等国家级荣誉称号，MPE3项目等多个单位获得“集团公司先进集体”等，是公司获得各类荣誉级别最高、范围最广、影响最深的一年。重视工会工作，继续坚持“以人为本”理念，千方百计协调国内外资源为员工及家属办实事办好事，努力改善员工的工作和生活条件。公司总部和各项目利用节假日因地制宜举办有益的文体活动，丰富员工的业余生活。委内瑞拉公司、厄瓜多尔公司、秘鲁公司和哥斯达黎加公司，组织开展中外员工共同参与的拓展和联谊等活动，进一步促进了具有拉美特色的企业文化建设。

公司始终坚持“互利共赢、共同发展”的合作理念，在实现公司业务稳步发展的同时，积极履行社会责任，积极参与当地政府和油田社区的公益事业，取得了良好的社会效应，实现了与资源国及合作伙伴的共同发展和互利共赢。

2012 年，公司用于社会公益的投入和捐赠超过 800 万美元，涉及公共设施建设、医疗卫生、教育事业、扶贫帮困、文化体育公益等多个领域。为中国石油在拉美开展油气合作创造了和谐的外部环境。委内瑞拉 MPE3 项目在油田周边地区开展安居工程，分别在 5 个市政设计投资了 5 个大的项目，2012 年共投资 680 多万美元，派出项目执行人员 21 人，惠及当地上万居民。胡宁 4 项目中委员工继去年开展的送微笑爱心活动后，在圣诞节来临之际，自发出资购买玩具捐赠贫困山区儿童，与孩子们共迎快乐佳节。苏玛诺项目根据中方公寓所在社区安保情况及当地社区的请求，投资 4.9 万美元在该社区捐赠建设保安亭，以保证社区的安全。陆湖项目合资公司为社区小学捐助电脑、体育器材和生活用品等，增进了中委员工和社区居民的团结和友谊。厄瓜多尔项目公司每年定期向基多市 7 家公益基金会捐款，并将其纳入公司年度预算。秘鲁 6/7 区项目与当地 3 所学校开展共建活动，修建教室、电脑培训室，聘请教师，捐赠书籍、文具，发放奖学金等。秘鲁 1AB/8 区项目与当地政府签署“建设雨林区现代化示范校”协议，为洛雷托省雨林地区建设学校并提供教学，帮助与州府学校联合办学，让 5 岁的孩子都能受教育，并为土著贫困家庭学生提供助学金。

（陈　蓓）

中国石油天然气集团公司尼罗河公司

【概述】 中国石油苏丹项目始于 1995 年，当年 9 月 26 日 6 区项目开发协议签订。中国石油天然气集团公司尼罗河公司（以下简称公司）是集团公司直属的苏丹 / 南苏丹项目投资负责机构，是在原中油国际（尼罗）公司基础上，于 2008 年 7 月 2 日成立的，公司机关地点在苏丹首都喀土穆。公司设有勘探部、开发生产部、人力资源部、经营计划部、财务资产部、法律事务部、HSE 部、综合办公室、党群工作部、工程部、采办销售部、作业部、管道部、炼化部、公共关系部、协调组办公室、北京办公室。截至 2012 年底，公司机关共有管理人员 22 人，公司所属各投资项目共有中方员工 447 人（含成建制借聘 164 人）。

2011 年 7 月 9 日南苏丹独立后，苏丹项目也随之被分割到苏丹和南苏丹。2012 年 1 月，南苏丹政府强令南苏丹油田全面停产，到年底尚未复产。南苏丹独立后，苏丹项目共有 6 个上游投资项目和 3 个下游投资项目。6 个上游项目为 1/2/4 区苏丹项目、1/2/4 区南苏丹项目、3/7 区苏丹项目、3/7 区南苏丹项目、6 区项目、13 区项目，共有合同区总面积 14.96 万平方千米，产油能力 2100 万吨；下游项目有喀土穆炼油厂、喀土穆化工公司、石化贸易公司，年炼油能力 500 万吨，聚丙烯年生产能力 1.8 万吨，编织袋年产 2000 万条；拥有 3687 千米输油管道。

【主要生产经营指标】 2012 年，在占超过 70% 产量的南苏丹油田全面停产和苏丹主力油田遭战争破坏的情况下，公司超额完成各主要调整计划指标：全年新增可采储量 606 万吨，完成调整计划的 153%；原油作业产量 641 万吨，完成调整计划的 102%；加工原油 415.2 万吨，完成调整计划的 106%；在主力油田成为军事打击目标的严峻形势下，生产安全与防恐安全工作，实现全年零伤亡、零事故、零污染目标；实现净现金流 4.95 亿美元，超额完成现金流平衡目标。

【安全环保】 面对苏丹 / 南苏丹日益严峻的安全形势，公司坚持不懈把 HSE 作为“天字号”工程来抓，全面加强与北南政府沟通，密切跟踪和评估油田现场安全形势变化，不断完善落实防恐应急预案。特别是 2012 年 3 月底至 4 月中旬，南北政府军在黑格里地区发生以占领油田为目标的大规模军事冲突，炮火炸毁了油田电站等主要设备设施，1/2/4 区北方油田全部停产。为确保人员安全，公司和协调组一方面要求苏丹政府加强对中方人员的安全保卫，另一方面组织现场人员紧急撤离，动用班机 48 架次，车辆 400 余台次，及时、安全撤出了 4531 名中外方员工，无一伤亡，被苏丹政府和伙伴称赞“创造了安全奇迹”。在南方油田突然全面停产的情况下，南北方、上下游密切配合，保障了 1/2/4 区管道实现了低输量下平稳运行、3/7 区管道安全完成了油水置换，喀土穆炼厂依靠港口原油反输保持了装置连续运行，度过了苏丹项目发展史上最严峻的安全危险期。至 2012 年 12 月 31 日，炼厂连续安全平稳运行 4613 天，化工厂连续安全平稳运行 4015 天。

【开发生产】 南苏丹油田停产和苏丹黑格里油田严重军事冲突，一度使苏丹项目近 90% 的原油停产。尽快恢复生产，成为公司 2012 年中心任务。

（1）1/2/4 区苏丹项目复产。黑格里油田遭受战争伊始，中方就已着手联合伙伴研究制订复产方案。4 月 20 日军事冲突结束后，项目人员立即按“三个优先”原则在战火硝烟中抢修设备设施，优先恢复电力系统和外输系统，优先恢复黑格里外围和 4 区油田，优先抢修 CPF 老装置。在中方的带动下，仅用 10 天就在战争废墟上恢复了生产，大大超出了有关国际专家和政府关于 3—4 个月方能复产的预估，赢得了苏丹政府及伙伴的普遍好评，也最大限度减少了战争造成的损失。

（2）南苏丹油田复产。涉及 2 个国家、4 个石油公司之间的诸多深层次问题和环节，同时面积广、战线长、情况复杂，比一个新油田投产更加困难。为早日实现复产，公司按照集团公司的统一部署积极参与苏丹与南苏丹复产谈判，制定了确保南苏丹油田“安全复产一次成功”的目标，以及“三步走”战略、“四个落实”措施和“十个到位”的要求。“三步走”即先复产、再提产、后扩展；“四个落实”即组织落实、方案落实、措施落实、安全落实；“十个到位”即人员、装备、物料、规程、配比、供水、供电、通信、运输、食宿。按照这一部署，成立了公司复产工作领导小组，下设 7 个专业组，由复产督办组全程督促落实。南苏丹石油矿产部长斯蒂芬和总统基尔先后到油田现场视察，对由中方主导的复产准备工作给予充分肯定。

（3）切实抓好苏丹项目稳产。根据新形势，狠抓生产运行。1/2/4 区调整开发规划，加快新区 Hamra 油田投产和北部油田单井进攻性措施；6 区项目克服安保严峻、部落冲突、罢工等因素影响，新增 3 台修井机，开展了“修躺井、复产量”活动，原油产量由日平均 5.3 万桶恢复到 5.8 万桶；深化油藏认识，积极做好开发调整方案的研究与落实工作，加快 1/2/4 区 Hamra 地区新油田整体开发方案和 G-Heglig 油田调整方案实施，完成 6 区福拉油田开发调整方案、阶科油田高压注气开发方案研究和 Keyi 油田注水开发可行性研究，明确首批加密调整井 11 口，都为进一步开发奠定了坚实基础；推进滚动勘探开发，加快未动用储量动用，1/2/4 区新增产能近 1 万桶 / 日，6 区 Moga 北部滚动勘探开发和综合地质评价研究工作取得可喜进展，Bara-2 井 10 月 11 日自喷生产初期日产油 2500 桶；加强精细化油藏管理，深化注水开发、稠油热采、天然气利用，进一步优化生产工艺，提高了单井产量，降低了油田含水，油田开发水平不断提高。

【工程建设】 应油田发展和苏丹政府上产的要求，苏丹上游两大项目克服困难最大限度扩大发现储量，投资产能建设，提高生产能力。尤其是在北方政府强烈推动 6 区西部上产的特殊情况下，6 区项目大力推动重点工程 Hadida 项目管道建设，最终在 12 月底前提前达到投产条件。在 12 月 27 日 Hadida 油田竣工投产仪式上，苏丹总统巴希尔亲自为项目投产剪彩，开启油田转油站一号外输泵站总阀门。

【企业管理】 全面开展管理提升活动，结合南北苏丹项目实际成立活动领导机构，制发《中国石油尼罗河公司全面提升管理活动方案》，扎实抓好落实。一是持续加强双控。强化效益理念，大幅压缩费用；优化简化设计方案，从源头做好投资控制；持续改进钻井优化设计和管理，加强成本控制。二是强化原油销售。与伙伴紧密配合，获得了 3/7 区填管油所有权，实现原油销售收入 2.5 亿美元；据理力争，努力保障 6 区稀油和 1/2/4 区中方份额油销售，为公司现金流平衡多做贡献。三是加强清欠力度。在集团公司的大力支持和伙伴的共同努力下，反输油欠款全部清理完毕，政府购买伙伴 2011 年 10 月份 80 万桶份额油协议已经签订；6 区稠油欠款还款方案已经提交政府。四是加强税收筹划。针对南北分离后苏丹地区税收形势变化，按照“依法纳税、科学筹划”原则，认真研究制订税收筹划方案，推动了中国石油驻苏丹、南苏丹各单位税收筹划工作，妥善应对南北政府不合理缴税要求。

【党建和思想政治工作】 面对前所未有的挑战，2012年初公司党委结合苏丹项目实际制定了年度工作要点，以建设中国石油“海外半壁江山”为追求，围绕复产稳产上产的中心任务，进一步加强和改进党建与思想政治工作。以抓好政治理论学习和开好2012年度党员领导干部民主生活会为载体，持续开展“四好班子”建设；以加强形势、目标、任务、责任教育和大庆精神、铁人精神再教育为重点，不断加强宣传和思想政治工作；以继续深入开展创先争优活动和抓好党员教育与管理为抓手，结合南苏丹项目不断壮大的实际，及时对基层党组织进行了调整完善。搞好党员发展，有7名同志加入党组织，党建工作不断加强；以做好关爱和促进企业民主管理为目标，进一步强化企业文化建设和工会工作。党的十八大召开以后，公司党委认真落实《中国石油天然气集团公司党组关于认真学习宣传贯彻党的十八大精神的通知》，以学习党的十八大报告原文为重点，制订宣传动员、深学原文和研讨交流3个阶段的学习安排，以党委中心组学习和支部学习为主，采取领导宣讲、集中学习、分散学习、个人自学、网络学习等多种方式相结合的学习方式，分阶段、分层面扎实推进，学习宣传贯彻党的十八大精神逐步走向深入。

（吕保国）

中石油阿姆河天然气勘探开发（北京）有限公司

【概述】 中石油阿姆河天然气勘探开发（北京）有限公司（以下简称公司）成立于2007年9月，为集团公司直属正局级地区公司，主要执行中国石油和土库曼斯坦油气资源利用与管理署签订的产品分成协议，负责土库曼斯坦阿姆河右岸巴格德雷合同区块的天然气勘探、开发、加工和销售，并协调集团公司在土库曼斯坦新油气合作项目的开发等，担负从境外向中亚天然气管道和西气东输二线供气的重要任务。公司设有14个机关部室及北京办事处。2011年12月，集团公司成立中油国际瓦坦石油天然气（阿富汗）有限公司，并交由阿姆河公司负责管理。截至2012年底，公司有中方员工331人，外方员工1391人。

【主要工作成果】 天然气生产运行高质平稳。坚持以“保质、保量、保稳”为原则，以气田和处理厂精细化管理为抓手，强化生产组织、气井配产、夜间作业等精细化管理，采取临停检修举措，克服因签证形势造成检修延期带来的装置运行挑战，确保了安全生产。加强协调，土库曼斯坦两气源实现平稳供气。积极与北京油气调控中心、中亚天然气管道公司沟通，根据中亚天然气管道运行情况及管存容量及时调整供气量；加强与土库曼斯坦天然气康采恩协调，在其生产短供情况下努力提产保供的同时，积极提供技术支持和维修机具帮助，确保土库曼斯坦气源向祖国平稳供气。增量生产，保障国内冬季高峰用气。在国内冬季用气高峰之际，公司将“保民生、保供气、保稳定”以及促进国内生态文明建设作为公司的首要任务来抓，高效组织运行，开足马力生产，使天然气生产每天保持在1620万立方米的高位运行。截至2012年底，阿姆河项目累计输气138亿立方米，土库曼斯坦两个气源向中国出口天然气总量440亿立方米。奠定了西气东输二线的主供气源地位。

【勘探开发】 甩开勘探成效显著。按照“突破中区、研究西区、侦察东区”的部署原则，注重高效勘探、规模勘探，强化新区新领域勘探。全年开钻井10口，完钻井14口，钻井进尺41483.62米；完成探井测试16口，其中13口井获得工业气流；实施二维地震采集625.9千米、三维地震采集533平方千米。东部山区二维地震采集发现戈克米亚尔新构造，与霍贾古尔卢克—东霍贾古尔卢克形成有利含气构造带，展示了东部山区良好的资源潜力，打开了东部勘探新局面。经过三维地震落实构造、储层预测反演和精细气藏描述，发现落实东伊利吉克—西基什图凡地区15个有利构造。桑迪克雷隆起带主体气区勘探成效明显，预探井也见到良好气测显示，西北部地区成为一厂扩建重要储量接替区。公司累计新增天然气探明可采储量保持逐年增长的良好势头。

【工程建设】 产能建设提速提效。一期65亿立方米产能扩建和二期工程建设均全面启动，克服了承包商主要骨干人员签证被拒对生产建设带来的严重影响，着力推进相关工作。工程总体进度分别达到51.71%和51.9%。一期产能扩建设工程（65亿立方米原料气）已完成集气管线559扫线、处理厂土建施工、钢结构预制，部分设备已安装到位；内部集输项目麦捷让气田集气站及集气管线EPCC项目开始施工，总体进度达到39.31%。一期工程80亿立方米原料气改扩建工程设计方案已获土库曼斯坦油气署通过，可行性研究报告等待海外板块审批；新建污水蒸发池项目获得土库曼斯坦油气署批准，已完成施工图设计，正进行PCC招标。二期项目建设加快进行。地面工程建设土建基础工作大部分完成，进入设备安装阶段；PMC营地投入使用；外输站3号、4号机组投入运行。二厂建设13项长线设备合同签署完毕，部分设备已出厂发运；扬恰别皮4个主力气田集输项目总体进度累计完成12%，别列克特利、扬古伊集气站土建开始施工，为2013年投产目标的实现奠定了坚实基础。

【安全管理】 紧紧围绕“两突出、两强化、一提升”的工作思路开展工作。即突出抓好以二厂建设为主的承包商管理，严格审查HSE体系文件、施工技术方案和安全专项方案；组织开展标准规范和安全规定培训1850余人次；检查督促整改问题和隐患366项。突出抓好天然气生产作业场所管理，严格执行动火作业审批；组织修订完善天然气生产操作规程86个、岗位操作卡77个；组织各类安全培训3247人次；开展6次临时停产检修312个项目，及时消除装置重大隐患。强化交通安全管理，成立车辆检维修中心及驾驶员培训中心，为工区交通安全奠定了扎实基础；颁发工区安全管理规定，不定期组织开展交通安全大检查，查处违章387次，提升了交通安全管理水平。强化井控安全管理，严格执行钻修井作业开工验收制度；组织井控防硫化氢应急演习35井次；落实整改各类井控安全问题103项，确保井控安全。提升HSE整体管理水平，制定5年《HSE管理体系建设推进计划》，编制HSE管理手册和程序文件，形成了文件化、标准化、制度化、系统化的HSE管理体系；大力推行杜邦HSE管理新理念和新方法，推行有感领导、直线责任和属地管理，强化各级领导的管理责任，将压力层层传递。通过深入扎实开展安全工作，项目累计9575万人工时安全生产无事故。

【企业改革与管理】 以集团公司管理提升活动为契机，以“双控”工作为重点，不断提升管理效能。深入开展管理提升活动。成立公司管理提升活动组织机构，设立战略管理组、对标管理组等6个专业组。制订管理提升活动方案和实施计划，深入开展自查诊断工作，共查出各类问题85项，其中共性问题11类53项。针对各类问题制定相应提升目标88项、提升措施276条。结合公司实际建立全面计划与预算管理体系、对标管理体系等七大体系，着力推进管理水平整体提升。“双控”工作成效显著。公司严格落实“双控”工作各项要求，加大投资及成本费用控制力度，从设计源头入手，采取优化二厂平面布置、工艺流程、设备选型等多种措施，比可行性研究投资降低近3000万美元；通过优化井身结构、钻头选型、完井工艺、钻井参数等，单井钻井周期缩短25%—30%，综合单井钻井成本降低7.5%。

加强财务分析，持续开展经营策略研究，提出至2013年公司投资策略；加强资金安全管理，做好资金筹措，确保公司生产经营需要；强化资产管理，对A区营地、供应库房、集气总站等地资产进行联合盘点，进一步摸清家底。员工培训工作扎实有效，依托当地谢津石油技校、河道技校及中国境内培训机构，开展装置操作、采输气、化验分析、汉语等培训班，累计培训土库曼斯坦员工506人；通过内部开展专职HSE监督、操作工安全取证、消防气防人员监督监护等在岗培训班，培训土库曼斯坦员工4189人次。

【生产建设保障】 生产建设保障有力。采办供应工作顺利进行，分步骤、有侧重地推动大型服务招标项目，签订物资、服务类采购合同；积极与列巴普州标准局协调，派人协助相关工作，有力推进了物资清关，累计到货284批次，清关236批次。信息建设工作正常开展，完成多地视频会议系统建设及改造工作，建成集多项功能于一体的，项目甲乙方、中上方、上下级、国内外沟通必备的统一通信平台；完成二维、三维一体化生产系统平台、钻井远程实时跟踪系统平台建设；升级终端桌面安全系统等。数字化气田建设有序推进，组织召开公司第一届信息化大会及数字化气田建设方案审查会，完成生产设施管理系统方案设计及选型，启动生产设施视频监控系统建设。电力工作保障有力，完成下网电量669.4万千瓦·时，自发电量8297.5万千瓦·时，累计供电8966.9万千瓦·时，避免重大停电31次，确保了合同区电力系统安全稳定运行。

【公益事业】 按照集团公司“树立互利合作、多元发展、协同保障的新能源安全观”的要求，积极开展社会公益活动。向土库曼斯坦当地职业技术学校、国家电视台中文频道等单位捐赠一批电器设备和办公用品；继续援助巴格德雷足球队；有序推进解决当地5000余人饮水难问题的米干村供水项目；选送15名留学生赴中国留学。通过社会公益项目的开展，进一步提升了公司在资源国的知名度和影响力，为项目发展营造了良好社会环境。

（陈　辉）

中石油中亚天然气管道有限公司

【概述】 中石油中亚天然气管道有限公司（以下简称公司）是集团公司直属企业，2007年8月在北京成立，注册资金40亿元，主要负责中亚天然气管道的建设和运营。公司在哈萨克斯坦、乌兹别克斯坦设立中哈天然气管道公司、中乌天然气管道公司和哈萨克斯坦南线天然气管道公司3家合资公司，截至2012年底，公司有中方员工384人。

作为我国首次从陆上引进境外天然气资源的战略管道，中亚天然气管道于2007年开始A/B线建设，28个月实现单线通气，2012年10月，全面建成年300亿立方米输气能力，截至2012年底，已安全平稳运行1128天，累计输气446亿立方米，提前完成中土两国高层领导要求的2012年底实现输送土库曼斯坦天然气440亿立方米的重大任务。在运行A/B线的同时，公司按计划稳步快速推进C线、哈（国）南线建设和新项目开发。根据“十二五”规划和业务发展要求，“十二五”末，中亚天然气管道将建成年输气能力550亿立方米。

2012年是管道全线设施设备及配套能力经受高负荷大输量运行考验、安全平稳运行遇到极大挑战的一年，也是多项目同步展开、工期更加紧迫、商务环境更加复杂、工程建设任务十分繁重的一年。公司坚持生产目标不动摇、履行保供责任不懈怠，加强协调，攻坚克难，快速推进工程项目建设，全力保障管道安全平稳运行，不断提升管理水平，圆满完成各项生产经营任务。全年输气240亿立方米，为缓解国内用气紧张和冬季保供任务作出了积极贡献。主要经营指标超越2011年水平。HSE绩效优良，1650万工时未发生一般B级及以上安全生产事故，其余HSE绩效关键指标达到国际同类企业先进水平。

【A/B线建设】 公司发挥集团公司综合一体化优势，组织中方参建单位增派力量，承担关键工作，一举扭转当地承包商施工进度严重滞后局面，顺利完成乌兹别克斯坦二号、三号站投运，提前投产乌兹别克斯坦气临时接入工程，实现管道多气源供气。协调压缩机生产厂家到现场解决问题，确保哈萨克斯坦二号、七号站相继投产。10月20日，A/B线双线八站全部投运，日输气量提升至8950万立方米，年300亿立方米输气能力全面建成。多方协调，完成通信和SCADA系统全线连通，实现各段自动控制、数据及时上传、全线与北京数据共享和运行状态的实时监控，为管道长期平稳运行提供技术保障。针对各方利益取向不一致问题，公司与承包商、对方股东及合资公司等进行多层次磋商与谈判，妥善解决变更索赔等商务问题，将索赔金额锁定在可行性研究估算范围内，为顺利关闭合同奠定坚实基础。

【C线建设】 公司周密部署，稳妥掌控整体节奏，全面展开C线建设。全力推动C线初期设计、投资批复等准备工作，哈萨克斯坦段线路部分初设获得哈萨克斯坦审批委员会批准，争取到将C线列为哈萨克斯坦重点项目，享受劳务许可申办等优惠政策，完成管材、阀门、线路EPC和TPI等招标，为C线工程顺利实施创造有利条件。按照C线总体工程量实施要求，为保证乌兹别克斯坦、哈萨克斯坦两国线路开工需要，公司结合所在国建设实际，对乌兹别克斯坦段和哈萨克斯坦段建设分别进行中外方工作量置换，由中方承担线路关键控制性工程和计量站建设工程，实现工程建设可控。公司提前组织钢管采购，为线路施工做积极准备。2012年9月28日C线乌兹别克斯坦段管道现场开焊，全年累计焊接42千米。

【哈（国）南线建设】 哈南线起点与中亚—中国天然气管道连接，终点与中亚天然气管道A/B线相连。建设哈南线不仅可将哈萨克斯坦西部阿克纠宾地区天然气输往其南部地区，满足当地市场用气的需求，而且使其向中国出口成为可能，也是哈萨克斯坦政府十分关注的民生工程。公司充分关注哈萨克斯坦利益诉求，合理务实推动管道建设。通过堆场整体移交等措施，有效解决钢管运输阻滞、现场管材堆场涨库问题；通过多方协调，解决拜科努尔航天发射场租借区法律制约，中方及时获得施工许可，2012 年 7 月现场开焊，全年累计焊接 617 千米。

【管道运行】 面对资源国“照付不议”供气要求与国内接气能力不匹配，管道分阶段提升输气能力与土库曼斯坦康采恩供气量不断调整给管道安全平稳运行带来的挑战，公司深化土库曼斯坦—乌兹别克斯坦—哈萨克斯坦—中国 4 国多方协调机制，成功召开第一次 4 国调度会议，形成多方面多层次协调机制。建立与资源国的协调沟通渠道，动态掌握上游气源生产信息，积极协调上游气源增供和乌兹别克斯坦气接入。在 4 国多方协调机制下，统筹中方内部协调，推动 4 国调度开展有效合作，安全平稳接入乌兹别克斯坦气，增加第三个气源，结合管道运行特点，优化全年输气计划，落实分月输气计划，按天调整输气安排，实现管道安全平稳运行。针对哈萨克斯坦下载气需求和归还复杂情况，采用灵活务实方式，在总体平衡土库曼斯坦供气诉求和国内用气的基础上，采取以土库曼斯坦气和乌兹别克斯坦气相结合的还气方式，化解哈萨克斯坦下载气归还难题，最大限度为国内冬季保供提供支持。针对过境国对管道运行权掌控意愿强烈的实际，公司依据政府间和企业间协议，坚持不断与过境国政府和合作伙伴协调沟通，初步建立了以合资公司为主体，中方运行人员为骨干的管道运行管理体制。双方股东首次安排专家赴现场解决生产技术难题，提出运行管理体制机制建议，提供专业培训，为管理水平提升提供有力支撑。在研究借鉴国内外应急抢修管理经验的基础上，充分评估乌兹别克斯坦、哈萨克斯坦两国维修抢修资源，初步建立以合资公司自有维修抢修能力为主体，当地国维修抢修资源为补充，承包商建设资源为后备的应急维修抢修体系，重点编制维修抢修企业标准，推动修订乌兹别克斯坦、哈萨克斯坦两国运行安全规范，实现在线作业技术在乌兹别克斯坦、哈萨克斯坦两国管道维修抢修中的应用，从而具备了极端工况下 72 小时自主抢修能力。

【新项目开发】 公司快速组建项目筹备组，建立以“项目筹备组为主，各业务部门提供支持”的前期工作矩形运行机制，充分依靠和发挥集团公司综合一体化优势，扎实开展可行性研究及相关天然气资源、控制性工程、安全风险和物流运输专题研究。在完全没有依托的情况下，想方设法建立与相关国政府及部门的沟通联系渠道，开展实地勘察，初步确定路由建设推荐方案。

【质量、安全、环保】 HSE 管理基础进一步夯实，HSE 风险管控能力进一步提高，HSE 工作绩效持续向好。HSE 考核指标与经营目标任务有机融合，“有感领导、直线责任、属地管理”和“一岗双责”、“HSE 管理理念在 HSE 目标管理、过程监督和日常表现”等方面全面落实，并体现在 HSE 管理考核之中；生产运行、工程建设、交通安全及 QHSE 管理、应急管理等各关键业务领域考核进一步细化，考核结果以修正系数形式对 KPI（关键绩效指标）结果进行修正。HSE 风险防控体系建设有效开展，以风险防控、保障安全、有效应急为核心，建立并运行 HSE 管理体系和社会安全管理体系，实现对公司各项经营管理 HSE 及社会安全业务全面覆盖，全面预测和控制风险。积极推动中外方股东间 HSE 业务沟通协调机制建设，初步建立并运行中哈股东间 HSE 业务定期沟通机制和联合工作机制。基于 HSE 管理体系运行管理需要，确立了公司 HSE 管理体系运行质量定期内部审核工作机制，并以此形成以中方主导推动的合资公司 HSE 管理体系建设工作，推动执行针对合资公司的第三方 HSE 审计工作机制。本着以人为本、服务员工的健康管理宗旨，推动开展基于员工例行健康体检为基础的员工个人及队伍健康状况专业评价工作，确保全员健康体检率 100%，员工健康状况变化监测率 100%。海外项目立足风险管控核心，有效贯彻现代 HSE 管理理念和公司 HSE 管理体系要求，深入开展属地管理和安全隐患排查整治，及时发现安全生产隐患并推动整改或风险防控，确保安全隐患及时消除或处于受控状态，在工程建设、生产运行及生产经营管理活动持续高负荷运行情况下，HSE 工作绩效持续保持优异水平。

【经营管理】 根据工程建设、管道运行以及新项目筹备等工作多头并进实际情况，适应跨多国长输管道管理需要，一方面公司搭建“以总部为决策和支持中心，项目为执行操作核心”的主业突出、支持有利的中方管理组织架构。总部 3 个业务大部、6 个支持服务部门和 2 个监督管理部门，项目建设管理、运行管理、经营管理和综合管理 4 个大部的组织机构运行稳定顺畅。完善深化公司决策机制，党政联席会、总经理办公会、招标委员会和预算委员会等决策委员会职能有效履行，“三重一大”决策机制合规透明，有效防范决策风险，避免决策失误。另一方面，公司充分履行股东职责，与合作伙伴建立股东间协调沟通机制，依据现代企业法人治理结构，加强股东会、监事会和审计委员会职能，合资公司管控体系进一步完善，股东意愿得到贯彻落实。通过加强中方管理和合资公司管控，完善“以中方为主导、以合资公司为平台”的公司治理结构和管控模式，有效保障了各项工作按计划稳步快速推进。

公司坚持管理国际化，通过梳理制度流程，完善管控架构和管理模式，进一步夯实管理基础；推进重点管理事项提升，以业务线为基础，查找关键风险控制点和薄弱环节，全面推进管理提升。不断完善管理体系和机制，建立以目标管理、投资、进度和质量控制为内容的项目管理体系；以过程管理、跨国协调、三级调控、应急处置能力和专家库支持为内容的运行管理体系；以加强项目前期研究、提升设计水平和保障本质安全、推进信息化建设为内容的技术管理体系；以风险防控为手段、安全保障为目标的 HSE 管理体系；以 KPI、管理目标责任制书和荣誉选树为内容的全面绩效考核奖惩体系；以全面预算、集约化投融资管理和生产经营分析为内容的经营管理体系；以人才选拔、职业化培训和 PPAD（全员绩效管理体系）考核为内容的人力资源管理体系；以程序化管理和监控为内容的内控风险管理体系共 8 项管理体系，公司国际化管控体系初步形成。

公司坚持质量效益发展，加强战略研究与规划，初步建立以动态信息、形势报告和专题研究为基础的战略研究工作体系。实施集约化财务管理，全面建成两级财务管理体系；强化全面预算管理，有效控制成本费用；实施税务筹划，通过争取免税政策降低 C 线建设期税务成本逾 5 亿美元，并积极推进哈萨克斯坦增值税返还及乌兹别克斯坦利息税免税；强化公司现金流预测分析，统筹安排 A/B 线和 C 线现金流，利用 A/B 线富余现金支付 C 线项目建设资金，大幅降低融资额，提升资金使用效率；不断完善融资模型和管输费模型，提升长期决策支持能力；科学测算管输费，确保乌兹别克斯坦、哈萨克斯坦两国管输费水平可控，经济效益显著。

【企业文化建设】 全面加强企业党的建设，领导班子建设取得新成效，基层党组织建设扎实有力。认真落实“一岗双责”，明确反腐倡廉建设责任。按照教育、约束和惩治三条线开展纪检监察工作，党组织政治核心和党员先锋模范作用充分发挥。结合开展大庆精神铁人精神再教育活动，深入学习宣传贯彻党的十八大精神，引导干部员工自觉继承和发扬优良传统。公司职业团队坚持发挥忠诚事业、奉献报国、拼搏进取的战斗堡垒作用，“为国争气”核心价值理念深入人心，“智慧 + 拼命”工作作风得以传扬，员工队伍始终保持“低调、务实、职业、高效”的良好风貌。

2012 年 12 月 19 日，集团公司党组决定，追授中国石油天然气股份有限公司副总裁兼中亚地区协调组组长，中亚天然气管道公司总经理、党委书记、纪委书记、工会主席孙波同志“中国石油天然气集团公司优秀共产党员”、“中国石油天然气集团公司劳动模范”荣誉称号和“中国石油奖章”，并发出《关于开展向孙波同志学习活动的决定》，号召集团公司广大党员和干部员工学习孙波同志热爱石油、矢志报国的理想信念，忠诚事业、敢于担当的高尚情怀，攻坚克难、勇闯海外的进取精神和敬业奉献、求真务实的工作作风，激励百万石油员工“我为祖国献石油”。公司党委高度重视、认真组织，把学习孙波同志的先进事迹，同学习贯彻党的十八大精神结合起来，同继承弘扬大庆精神铁人精神和石油工业优良传统结合起来，发行反映中亚天然气管道建设历程的《为国争气》画册，制作孙波同志事迹专题宣传等引起强烈反响，激励广大党员和干部员工立足岗位创先争优。

在集团公司海外油气合作表彰大会上，公司获“全国五一劳动奖状”，曹亚明获“全国五一劳动奖章”，中乌项目获“全国工人先锋号”，中亚天然气管道首站（WKC1）获“全国青年文明号”荣誉称号。在集团公司、中华全国总工会召开的“建功中亚—西二线，石油工人作贡献”主题劳动竞赛总结表彰大会上，中乌项目获“全国五一劳动奖状”，钟凡获“全国五一劳动奖章”，中亚天然气管道首站（WKC1）、霍尔果斯计量站、布哈拉输气管理处和哈萨克斯坦六号压气站（CS6）获“全国工人先锋号”荣誉称号。中乌项目代表集团公司 15 个荣获“全国五一劳动奖状”荣誉称号的先进集体在总结表彰大会上作经验介绍。

（杨　帆）

中国石油天然气集团公司中俄合作项目部

【概述】 中国石油天然气集团公司中俄合作项目部（以下简称项目部）为集团公司直属机构，成立于2007年9月，主要承担集团公司中俄合作项目的前期准备和项目执行工作。

项目部主要职责：根据集团公司国际化发展战略和总体规划，组织编制中俄油气合作发展建议规划和年度生产、投资建议计划，经批准后组织实施；组织开展中俄油气合作项目前期的调研、评价、投标、谈判和签约等工作；组织实施中俄油气合作勘探开发项目、原油和天然气管道合作建设项目、天然气下游市场合作开发项目等；参与组织协调中俄石油上下游合作、长期贸易以及国内队伍参与俄罗斯油气技术和工程技术服务等项目。

【业务发展】 2012年，项目部以推进中俄天然气合作为重点，稳步开展对俄上游合作，积极跟进研究新项目，按计划完成中俄原油管道黑龙江穿越工程收尾工作。

1. 明晰思路，夯实基础，天然气合作有节奏推进

着眼大局，立足长远，严守对俄气价谈判底线。为落实中俄政府间《关于〈天然气领域合作的谅解备忘录〉的议定书》，项目部成立专门的项目组，已就西线项目有关技术参数达成一致。2012年初，俄驻华大使向外交部提出，如果中方接受西线项目俄方报价，俄方可给予中方气价折扣。国务院领导批示对该问题进行研究。项目部经认真测算，建议双方继续就西线项目基础气价谈判，气价谈定后，再商谈增长期折扣问题。该建议被中国政府采纳，有效维护了中方战略利益。9月，在发改委领导访俄期间，俄方重提预付款方案，经项目部与集团公司有关部门密切配合，对俄气公司的财务状况和预付款利弊进行了认真分析，认为俄气公司财务状况良好，俄方的真实意图是希望借助预付款锁定中国市场，将市场风险转嫁中方，降低中方谈判地位，风险极大。以上分析和相关工作建议在集团公司领导向国务院领导汇报时得到了肯定。

打破僵局，创新思路，提出天然气合作新模式。项目部认真领会2012年4月李克强副总理访俄时与俄政府高层达成的将中俄天然气合作从长期贸易扩展至全面合作的指示精神，为打破中俄边境气价谈判僵局，建议中俄双方共同研究在西线管道、天然气销售和储气库方面开展合资合作，并提出将交气点从中俄边境调整至合资管道末端的可行性。在5月底举行两国公司高层商务谈判和中俄能源谈判代表第八次会晤时，上述建议得到了俄方积极响应。中俄双方同意成立联合工作组，制订工作计划和确定工作任务书，开展联合研究。6月，两国公司举行第十六次高层商务会谈和工作组会议，双方讨论和交流了中俄西线项目一体化合作研究技术任务书、基本参数和工作计划。9—10月，双方西线项目一体化合作研究工作组举行会谈，签署了中俄西线项目一体化合作研究技术任务书、基本参数和工作计划。11月，项目部组织规划总院根据双方签署的技术任务书和基本参数，在短短一个月时间内，提前编制完成相关技术经济研究报告（中俄文版），并在11月26—30日工作组会议上向俄方提供，双方专家就经济测算模型进行了交流，测算结果已非常接近，俄方提供了该报告的修改版。

认真谋划，建言献策，做好中俄高层谈判参谋。2012年，政府通过外交渠道提出5—6月召开中俄能源谈判代表第八次会晤及将推进天然气合作作为中俄能源对话重点的建议。项目部研究和准备相关预案和工作建议，多次向集团公司党组、国家能源局、外交部和国务院专题汇报，为2012年4月李克强副总理访俄、两国公司最高层会谈、5月两国公司第十五次高层商务会谈、6月中俄能源谈判代表第八次会晤提供会谈建议口径，并配合草拟两国能源部门谈判《中俄能源谈判代表第八次会晤纪要》文本。通过精心准备和艰苦谈判，于6月1日与俄方达成并签署了会议纪要。项目部组织集团公司有关单位为9月下旬国家发改委领导访俄准备了油气合作部分的会谈建议口径，并为9月29日和10月18日王岐山副总理主持

召开的中俄油气合作专题会议向国家能源局准备合作背景和下步工作建议材料。项目部为12月4—6日两国能源谈判代表第九次会晤、两国副总理会晤准备有关会议纪要的油气部分和翻译工作，还为随后举行的两国总理定期会晤第十六次委员会会议准备会谈基础素材。

2. 重视科研，参与上游项目力度不断加强；积极跟进研究新项目，扩大在俄上游合作规模

中方专家参与东方能源研究工作取得突破。为保证中方的投资效益，争取合资公司技术管理的话语权，合理决策东方能源两区块的勘探部署，经过努力，2012年完成《西乔及周边区块文德—下寒武统沉积相和储层预测研究》，证实西乔区块东南部有利储层沉积区可采资源量低，无法有效投入商业开采。中方科研单位的研究成果与认识得到了中俄双方专家和管理层一致认可。中方研究机构向俄方展示科研实力，获得了1年内无需资格认证，直接参加俄罗斯石油公司—克拉斯诺亚尔斯克石油研究院科研项目投标资格。

提前准备，多方协调，积极组织中方专家靠前工作。为掌握第一手信息，提高中方决策的及时性和有效性，对上伊恰尔区块地震采集工作，项目部提前与BGP海外采集中心联系落实懂俄语搞采集的专家，并与东方能源、俄罗斯石油公司总部多方协调，成功派出BGP地震采集专家赴伊尔库茨克施工现场，代表中方并协助东方能源全程参与地震采集和现场处理监督工作。中方专家靠前工作，使项目部第一时间了解施工情况和存在的问题，及时与东方能源技术负责人有针对性沟通，贯彻中方技术管理理念，较好规避了因承包商设备及施工质量对地震采集质量的影响。

有效沟通，努力缩小双方专家的认识差距。项目部组织3家研究机构专家赴克拉斯诺亚尔斯克与俄方专家共同工作，多次与俄方专家落实地质认识，双方专家第一次在油气来源、成藏机理、油气分布规律等达成一致。同时中方专家合理采纳俄方工作方法，使双方专家对两个区块的评价结果趋于一致，将双方的分歧缩小到西乔区块的有效储层下限标准和上伊恰尔区块的钻探目标两个问题上，为领导决策提供了参考。

积极跟进研究新项目，扩大在俄上游合作规模。2012年，项目部与董氏集团共同委托加拿大史保罗地质咨询公司完成俄罗斯一项目的技术评价，并进一步落实了储量和潜能。项目部还请大庆专家为项目"把脉"，并组织相关专家赴俄罗斯油田现场考察交流，扎实做好另外一个项目的评价工作。在新项目评价初期引进有作业经验的大庆专家参与项目开发方案制定，为新项目研究开创了新的评价模式。

3. 中俄原油管道工程收尾即将全面完成

中俄原油管道竣工投产后，当年就输油1500万吨，达到设计输油能力。管道运营已移交给了管道公司。为做好收尾工作，项目部组织工程施工相关单位，完成竣工资料的整理、归档和出版工作，并组织对资料的全面检查，得到整改建议。向集团公司档案管理部门提交了验收申请及相关文件。组织相关单位进行工程竣工预验收，检查管道投产以来的运行情况及遗留问题整改情况。工程遗留整改项目的收尾工作已基本完成，并得到运营方的确认。工程涉及的永久征地申请已得到土地管理部门的批复。配合完成工程环境评价验收工作；组织完成工程安全设计专篇，配合完成相关的审查及申报工作；组织了工程安全预评价验收工作。

【管理提升】 按照集团公司和海外板块的部署，项目部2012年全面推进管理提升工作，做到思想认识到位、组织动员到位。项目部管理提升活动明确目标，明晰思路，不断优化和加强集团公司涉俄业务内外协作机制，及时调整对俄合作策略，结合项目部实际强化"三基"工作，充分发挥集团信息化建设提供的有力支撑，持续提升集团公司对俄合作的规模实力和核心竞争力。

项目部及时成立领导机构和办公室，将集团公司、海外勘探开发公司及项目部有关开展管理提升活动的通知和相关文件发送至每位员工，要求大家认真学习。按照上级要求，动员各部门梳理业务、自我诊断，对照先进企业的管理标准和理念，广泛深入查找短板、问题和不足。共查找出包括对俄合作上游业务、对俄合作天然气业务、综合管理、信息化建设和计划财务管理5个方面的15项需要改进的问题。项目部要求各部门针对诊断出的问题组织员工讨论，相互启发，结合实际，制订切实可行的14项管理提升方案，明确了各项工作的目标、内容、进度和责任人。项目部还将各工作方案统筹规划，制订项目部2012年5月至2014年1月管理提升活动的推进计划。

项目部各部门按照推进计划中规定的工作内容和时间节点有序开展各项工作。为进一步提升管理效率，勘探开发处从明晰处室内部管理分工入手，有序推进上游管理提升工作。10月中旬组织处室人员对各自负责的工作进行了梳理，并专门召开会议集体讨论，初步形成《勘探开发处工作分工表》。天然气业

务开展现场实地调研，加强与外部单位联系，11 月 9 日赴江苏金坛盐穴储气库实地调研，了解盐穴储气库建设的设计思路、工艺流程和运营管理模式，为与俄气公司进行水层储气库合作提供了参考和借鉴。综合处按计划组织项目部第二届管理创新成果评选活动；聘请专家举办能源外交知识讲座，组织平衡计分卡和天然气管道前期研究内部专题讲座；促进项目部专网建设，“两机一屏”实施到位。财务与计划管理部门编制和完善 4 项相关规章制度，进行 1 次财务管理培训，结合新进员工的情况，对相关岗位分工进行调整，为年轻员工提供了学习锻炼的机会。

（吴　森　刘贵洲　王占东）

中国石油国际事业有限公司（中国联合石油有限责任公司）

【概述】 中国石油国际事业有限公司是中国石油天然气股份有限公司全资子公司，中国联合石油有限责任公司是中国石油天然气集团公司的控股公司。中国石油国际事业有限公司（中国联合石油有限责任公司）（以下简称公司）是中国石油国际贸易专业公司，统一归口管理和组织实施原油、成品油、天然气、石化产品、节能减排的国际贸易业务，负责实施本系统海外炼油、仓储、运输及终端网络等投资业务。

公司总部设有 13 个部门，下设 8 个大区公司和 5 个直属分支机构。其中境内 2 家大区公司和 4 家直属分支机构以炼厂和沿海、沿边口岸为主设置，海外 6 家大区公司以石油资源地、消费地为主设置。2012 年底公司中方员工总数 706 人。

【主要经营指标】 2012 年，公司实现贸易量 3.07 亿吨，同比增长 21%；贸易额 2397 亿美元，同比增长 25%；为中国石油贡献销售收入 1462 亿美元（9225 亿元人民币），同比增长 30%。共签订各类合同 22468 份，未发生重大法律纠纷，实现安全运营。

【国际贸易业务运作】 掌控原油资源的能力不断提高，2012 年实现贸易量 1.86 亿吨。公司认真履行调节保供职责，注重提高服务质量，优化原油采购方案，为炼化企业降本增效做出贡献。积极落实中哈管道 2013 年原油进口资源。为欧洲、新加坡、大阪境外投资炼厂采购原油资源，确保了适用、经济和稳定供应。以融资油贸合作等多种有效方式掌控原油资源，加强纸货与实货协同运作，提高贸易技术含量，加大资源掌控力度，不断开发新的市场，实现国际贸易转口超 1.0 亿吨目标。

成品油业务持续稳健发展，2012 年实现贸易量 8939 万吨。认真组织以来进料加工方式出口成品油，降本增效，共完成来进料加工复出口成品油 248 万吨。首次将锦州石化、大连石化航煤出口到香港机场。积极开展融资融油业务，获得南美长期资源。发挥海外炼厂与贸易的协同效应，提高海外炼油项目收益。积极参与基准油交易，新加坡普氏交易量同比增长 48%。中船燃公司实现船加油量 1580 万吨，完成年度工作目标。

化工品业务全年贸易量 681 万吨。围绕集团公司炼化企业生产要求，加大春耕采购力度，积极组织炼化产品及化肥等大宗产品的出口，不断提高两种资源、两个市场的优化配置能力。

认真组织落实管道天然气和 LNG 资源，2012 年实现贸易量 284.7 亿立方米。采取多种有效手段降低 LNG 现货采购成本。积极与香港中电、青电等单位协调，制订方案、精心组织，确保了向香港供气项目顺利投运。

海运业务为国际贸易提供有力支持。2012 年完成运输量 8848 万吨，周运营船只达到 73 艘。积极响应“国货国运”号召，2012 年国轮承担运输量同比增长 26%。2012 年共安排海军护航和武装押运 104 航次，确保了航运安全。

【海外油气运营中心建设】 亚洲油气运营中心逐步完善，较好地发挥与贸易的协同作用，实现贸易量 1.23 亿吨。大阪合资炼厂平均开工率达 92.93%，新加坡炼厂平均开工率 97.5%。欧洲油气运营中心加大业务整合力度，优化了炼厂采购、加工和销售方案，贸易团队实现了充实提高。炼厂平均开工率 72%，实现贸易量 7247 万吨。美洲油气运营中心建设加快推进，北美地区贸易规模不断扩大，实现贸易量8309万吨。

贸易网络日趋完善。2012年，根据业务发展需要，公司在境外先后成立了缅甸办事处、韩国办事处、加拿大公司，为开拓东南亚、东北亚和北美市场创造了条件。

【基础管理】 按照集团公司统一部署，顺利完成了管理提升活动第一阶段工作，第二阶段工作正深入推进，针对查找出来的管理短板，完善实施专项提升方案，全面进行整改。

财务管理能力不断提高。积极争取银行授信额度，截至2012年底，已达228.6亿美元，为国际贸易提供了资金保障。开展炼油毛利及库存经济规模等多项专题研究分析，建立分析模型，增强了决策支持能力。

风险管控方面建立了流程执行抽查机制，全年对3万笔业务合同会签、库存管理进行了抽查，加强了对业务流程的监督管理，提高了执行力。完善风险管理、信用管理和合规检查，组织开展VAR值风险压力测试，提升抵御风险能力。ERP系统应用推广和开发取得成效，提高了公司信息化水平及运营效率。

人力资源管理持续完善。公司全面实施干部竞聘上岗，对总部和境内外地区公司党政正职进行全方位考核测评，增强了干部履职意识。规范招聘与用工管理，严把入口关。优化业务单元组织架构和运行管理机制，确保责权利统一，责任落实到人。加强培训管理，全年开展培训项目634项，培训员工6100人次，总培训时间超过9800天。

以集团公司HSE管理体系审核为契机，深入推进HSE体系规范运行。开展8次安全管理情况监督检查，组织7次安全环保视频会议，参加集团公司安全培训24人次，开展应急演练22次，提高了员工安全意识和应急处置能力，全年没有发生一般B级以上安全环保事故，实现了HSE管理目标。

【党建、思想政治工作及企业文化建设】 按照集团公司整体部署，公司组织全系统开展党的十八大精神的学习活动。以创先争优活动、基层组织建设年为重点，扎实开展党建“三联”示范点工作，党委成员利用赴基层调研、参加民主生活会等机会了解掌握联系点情况，促进基层单位规范化和科学化管理水平不断提高。

反腐倡廉工作扎实推进。以惩防体系建设和廉洁从业教育为主线，贯彻落实党风廉政建设责任制，层层签订党风廉政建设责任书和承诺书，开展联合监督和专项检查，提高领导干部廉洁从业意识，公司没有发生干部员工违规违纪案件。

企业文化建设不断加强，改版并发布了公司《企业文化手册》，利用各种方式加大企业文化宣传力度，诚信、进取、安全、和谐的企业文化理念深入人心。工会、共青团工作蓬勃开展，连续13年组织合理化建议活动，共征集合理化建议3695篇，凝聚了广大员工的智慧，调动了广大员工的积极性。各级工会开展扶贫帮困工作，努力营造和谐稳定工作氛围。团总支围绕公司中心工作，开展各类主题教育活动，引导广大青年员工树立正确的世界观、人生观、价值观，增强爱党、爱国、爱企业意识。

（国际事业公司（中联油））

中国石油集团西部钻探工程有限公司

【概述】 中国石油集团西部钻探工程有限公司（以下简称公司）是集团公司直属专业化石油工程技术服务公司，截至2012年底，公司下设15个机关处室、11个直附属单位和17个二级单位。员工总数2.2万人，拥有高级技术职务648人、高级技师98人，中级技术职务2405人，技师426人。公司现有资产总额165亿元，拥有各类工程技术服务设备和仪器1万台（套），其中，钻机203台、修井机43台、测井及射孔成套装备71套、综合录井仪146台、固井水泥车102台、压裂机组6套。下设5个钻井公司，2个录井公司，以及井下公司、试油公司、测井公司，固井压裂公司、钻井工程技术研究院、定向井技术服务公司、塔里木勘探公司、苏里格气田项目经理部、三塘湖项目经理部和物资采购中心。年钻井能力500万米，测井能力1.5万井次，录井能力5000口。

【主要生产经营指标】 2012年，公司业务规模和效益实现“三连增”，完成钻井进尺354.2万米，同比增长9.5%；完成综合测井1.05万井次、录井3150

口、固井2158口、大修131井次、酸化压裂1338井次、试油243层，同比分别增长12.7%、22%、17.5%、2.3%、28.4%和0.4%。实现总收入134亿元、增幅32%。

【业务发展】 公司把主营业务增长作为推动发展的根本任务，通过拓市场、提效率、促合作等措施，各项业务规模再创历史最好水平。钻井业务以提高作业能力为抓手，内涵增长进一步彰显。2012年，在90%的服务区域实现队年进尺提升。同时，在国内外多个市场实施队伍代管、队伍合作等经营模式，开辟了做大总量的新途径。井下、试油找准主营业务增长、提高质量效益的突破口，在发挥优势、明确定位、拓宽领域上下工夫，浅钻、压裂工作量强劲增长，试油服务领域不断扩大，呈现出快速健康发展前景。测井突出差异化、特色化，规模推广一批新工艺、新技术，高端竞争力得到加强，年作业能力突破1万井次。录井抓住"新疆大庆"建设机遇，在新疆、吐哈、塔里木油田总量规模增幅均超过20%，油藏评价等业务初见成效。固井积极开拓民营、改制企业等市场，业务覆盖面不断扩大，可持续发展能力明显增强。定向井、水平井、欠平衡井等业务完善区域布局，延伸服务领域，连续2年保持较快增速，规模实力初步形成。油气合作开发步伐加快，形成"一油一气"新格局。苏里格项目全面完成"双五"目标，经过3年快速推进，进入全面创效阶段；三塘湖项目实现高标准、高效率开局，完成产建3.5万吨，外输原油0.3万吨，展现良好油气开发实力。

【市场拓展】 坚持把关联交易市场作为生存发展的根基，通过积极主动的靠前服务，关联交易运行更加顺畅，各专业工作量得到较好保障，效益格局逐步形成。将塔里木作为重要的战略市场，实施集中规范管理，建立"五统一"管理模式，增强统筹配置资源能力，所属钻井项目经营绩效明显改观。测录井等业务创效水平稳步提高，固井发展质量有效改善。通过规模推广欠平衡等业务，玉门市场创效空间进一步拓宽，盈利能力持续增强。在海外市场全面推行"五个主体"和"两个支撑"运行模式，整体绩效显著改善，是公司成立以来国际化经营发展最快、成果最多的一年。2012年，实现收入4.4亿美元、利润2286万美元、新签合同额6.7亿美元，同比分别提高38%、47%和225%。各海外项目生产经营均取得可喜进展。阿克纠宾项目踏上健康良性发展轨道，阿克套项目规模不断扩大，克孜洛尔达项目实现4年大步增长，乌兹别克斯坦项目盈利能力不断增强，沙特阿拉伯项目创收创效水平稳步提高，埃及项目在复杂环境中保持平稳运行。

【科技创新】 2012年，公司集中力量加强技术攻关，开发新产品新技术40项，推广新技术新工艺45项，支撑勘探开发和内涵发展作用越加明显。"三提"取得一批新突破，钻机月速、机械钻速同比分别提高3%和7.8%；其中，塔里木山前、吐哈鲁克沁、青海昆北3个重点区域分别提速13.2%、28.2%和48.1%；海外项目提速16.7%；三塘湖钻井周期同比缩短4.7天；测录固井准点到井率、作业一次成功率等指标持续改善，助推了整体提速。特色技术推广见到一批新成效。压裂酸化创出多项行业之最，推动了储层改造技术进步；过钻杆存储式测井、高温高压小井眼水平井测井等技术得到推广，打破了国外垄断；低浓度瓜尔胶压裂液在苏里格规模应用，有效降低了开发成本；地层测试在塔里木克深、大北应用，增强了超深井服务能力。研发攻关获得一批新成果。精细控压钻井、过套管电阻率测井、雪狼3.0录井软件、SAGD成对水平井磁定位系统通过集团公司成果鉴定，垂直钻井系统成功发布；积极承担集团公司在新疆油田、吐哈油田、塔里木油田、玉门油田的勘探开发重大科技专项，为提升整体技术实力、发挥技术引领作用创造了条件。

【企业管理】 提升管理是公司推进力度最大、成效也最为显著的重要工作之一。2012年，通过持续加强管理，进一步彰显了运行高效、经营稳健、管控有效的发展特征。生产运行更加高效。坚持"三早一快"起步，上百万米、200万米、300万米时间同比再提前19天、17天和15天；年进尺上万米钻井队同比增加10支，在新疆、吐哈、青海油田均实现队年进尺上5万米的新跨越。经营管理更显活力。加大投入力度，优化投资结构，购置一批钻机及辅助设备，引进2500型压裂机组等设备，主营业务、战略重点、高效项目有效保障。优化业绩考核管理，将超额利润分成比例提高为30%，并首次在海外项目实行10%分成奖励政策；单井单项工程核算和考核机制在大部分单位和项目得到落实。加大成本管控力度，专项管控范围进一步扩大，管控更趋规范。基础管理持续加强。管理提升活动扎实开展，形成对标指标53项，查找短板89项，并逐项落实改进措施。《设备管理手册》发布实施，设备管理标准更加统一。内控体系建设不断加强，审计效能监察有效开展，依法治企水平不断提升，管控和风险防范能力明显增强。启动二级单位机关、附属单位机构编制规范和三级单位机构设置优化整合工作，人力资源结构得到优化。A7系统实现各项业务全覆盖，井场“队队通”和海外信息化平台全面建成，各专业管理信息系统进一步完善，促进了集中管控能力和工作效率的提升。

【安全环保】　公司始终把安全环保作为“天字号”工程，将安全、清洁、节约发展理念融入生产经营全过程，安全环保形势总体稳定。严格落实有感领导、直线责任、属地管理及全员考核，主体责任更加明确。把井控管理作为重中之重，成立井控管理中心，开展全面风险评估，完善区域应急圈，应急处置能力不断增强。积极建立统一规范的HSE体系，推行工作前分析、安全观察与沟通等管理方法，强化HSE培训师及示范队建设，安全环保基础得到夯实。加强事故复杂防控，明确分级负责要求，规范重点井、重点工序技术管理，事故复杂时率同比下降0.6个百分点。严格现场监管，深入开展“打非治违”活动，严肃责任追究，狠抓隐患治理，队伍执行力和本质安全水平不断提高。扎实推进节能减排，推广新技术新装置，开展绿色作业队创建活动，各项节能减排指标全面完成。完善社会安全管理体系，加强预警提示，防恐安保培训实现出国人员全覆盖。持续开展群众安全文化系列活动，员工安全意识和技能不断增强，获新疆维吾尔自治区安全生产先进单位、集团公司环保和节能先进单位称号，连续第三年荣获全国“安康杯”竞赛优胜单位称号。

【党群工作】　2012年，公司以持续深化“四好”班子创建为抓手，认真开展“践行科学发展观、谋划发展新思路”活动，领导干部破解难题、推动发展能力进一步增强。国际钻井公司荣获集团公司创建“四好”班子先进集体称号。严格落实民主推荐、公开竞聘、竞争上岗等干部选拔任用制度，公开选拔副处级以上领导人员21名，干部队伍整体功能和结构不断优化。“六个一”党支部建设持续深入，党组织战斗堡垒和党员先锋模范作用充分发挥。公司党委深入推进党风廉政建设和反腐倡廉工作，加强廉洁风险防控，完善信访举报实施办法，惩防体系日益完善，党员干部廉洁自律意识得到强化。全年受理办结信访举报24件，办结率100%。始终把工作重点放在基层，夯实“三基”工作，基层的工作基础和战斗力基础更加牢固，涌现出一批业绩突出的先进个人和模范集体。吴平河同志作为中国石油唯一一名钻井一线代表参加党的十八大。6人被评为集团公司首届工程技术企业优秀队站长，87支队伍荣获公司红旗队称号，42个集体获公司记功表彰。积极开展第五个民族团结教育月活动，民族团结取得新进步。把文化作为发展的软实力，启动2012—2015年建设规划，公司特色企业文化不断丰富。层层落实维稳责任，加强矛盾排查，确保党的十八大、第二届亚欧博览会等特殊时期平安稳定。

【和谐企业建设】　2012年，公司经过连续3年持续快速稳健发展，具备更高水平保障员工利益的能力。公司在抓好生产经营的同时，加大和谐企业建设力度，使发展成果进一步惠及全体员工。在促进员工成长方面，实训中心建成投用，为系统提升岗位技能搭建了平台；开展各类培训2.2万人次，队伍素质得到新提高；加大骨干人才选拔力度，285名优秀劳务和市场化员工实现用工形式转换；“讲、学、评、转”活动扎实开展，人才流通更加顺畅。在生产条件改善方面，青海钻井固井工房、南疆前线生产点、阿克套井控检维修中心等设施加快建设。在民生改善方面，与各矿区的协调机制基本建立，玉门164套经济适用房得到落实，乌鲁木齐集资房、克拉玛依改善性住房积极推进；完善一线关键岗位待遇政策，骨干劳务用工薪酬水平明显提高；建立全面风险保障机制，为全员投保非因公意外伤害险；开展金秋助学、大病救助等帮扶活动，发放资金500余万元。

（许　均）

中国石油集团长城钻探工程有限公司

【概述】　中国石油集团长城钻探工程有限公司（英文缩写GWDC，以下简称公司）是集团公司的直属专业化石油工程技术服务公司。主营业务包括钻修井、测录试、井下作业、能源开发、高端装备制造为主的综合业务5个板块，范围涉及地质勘探、钻井、测井、录井、井下作业等石油工程技术服务的各个环节，具备石油工程技术一体化总承包服务能力。市场范围主要包括国内辽河、长庆、吉林、大庆等油气田以及国际油公司国内反承包市场；海外共有 30 个项目部，分布在非洲、中东、中亚、美洲 4 个大区的 27 个国家。截至 2012 年底，公司用工总量 36487 人，资产总额 422 亿元，拥有主要工程技术服务队伍 1400 多支。

【主要经营指标】 2012 年，公司经济总量首次实现换“字头”，收入突破 200 亿元，达到 217.7 亿元，同比增长 14%。全面完成集团公司下达的经营指标。全年累计开钻 1786 口，交井 1672 口，完成钻井进尺 454 万米，同比增长 4.1%。测井、录井、井下作业、固井分别完成 13470 井次、4494 井次、3352 井次、5110 井次，均实现稳步增长。完成天然气商品量 32 亿立方米，同比增长 14.3%。压裂、测试、固井、修井侧钻等一批专业实现规模与价值强势增长，尤其是钻井液专业收入连续 3 年保持 30% 快速增长，油田化学专业年收入由 2011 的 2 亿元增加到 2012 年的 7.3 亿元以上，工程建设专业一年上一个新台阶，为公司全产业链快速发展注入新的活力。

【主营业务】（1）国内业务。优化布局、科学调配，稳健发展呈现良好态势。辽河地区坚决履行服务保障责任，优化配置生产要素，科学组织生产运行，平均机械钻速同比提高 10.3%，井下事故和复杂率同比下降 22.8%。东部地区吉林市场 26 部钻机规模实施水平井，大修、压裂、固井等专业全面进入。塔木察格市场重新启动，钻机总量增至 8 部，工作量稳定接续。海拉尔市场难动用储量评价水平井项目稳步推进，技术服务向高端迈进。成功中标大港油田合作开发项目。西部地区长庆市场水平井成为钻井施工主体，专业技术服务队伍同步跟进，实现规模效益双增长。苏里格自营区块产量、效益连续第六年领跑“6+1”合作开发单位。苏 53 区块 20 亿立方米产能水平井开发方案编制通过股份公司评审，翻开了中国石油水平井整体开发崭新的一页。全专业进入新疆、青海、吐哈等市场，产值同比增长 45%。

（2）国际业务。积极应对困难和挑战，以技术和品牌带动多点突破，2012 年新签合同额 19.1 亿美元。①美洲地区。委内瑞拉项目以技术引领市场转型，新增钻井液、固控等技术服务合同 2.16 亿美元。古巴项目依托大位移水平井等特色技术继续稳固市场。②非洲地区。苏丹项目面对战争停产的复杂局势，市场开发逆势增长。乍得项目 CNPC 市场成功签订 2 年期大包井合同。肯尼亚项目签订 4.5 亿美元地热井服务合同，地热资源开发上下游一体化服务模式初步形成。阿尔及利亚项目实现主流市场历史性突破，中标 SONATRACH 1.3 亿美元钻井合同。③中东地区。议标 NIOC 中部油田 5 年期 4.2 亿美元综合技术服务合同，酸化业务进入主流市场。伊拉克项目哈法亚、绿洲测录试合同成功续签。阿曼 PDO 稠油热采先导试验项目顺利延期。钻井专业顺利通过科威特国家石油公司资格预审。④中亚地区。哈萨克斯坦项目拓展非 CNPC 市场成效显著，签订 11 口建井总包合同，带动市场多元化发展。印度尼西亚项目实现 SPC 技术服务总包与外包，服务领域进一步拓宽。乌克兰项目完成当地公司注册。⑤国内反承包。道达尔苏里格南、壳牌四川项目新增 5 部钻机，首次中标壳牌长北定向井和山西煤层气压裂服务合同。

特别是在合资合作方面，壳牌合资公司进入实质运作阶段，成功签订澳大利亚箭牌项目 1.35 亿澳元钻修井机服务合同。与哈里伯顿石油公司合作实现高点起步，成功进入伊拉克钻修井高端市场。苏里格合作区块建产规模创历史新高，苏 53 区块被评为中国石油天然气开发优秀项目。国内反承包收入效益均同比增长 50% 以上，公司获得壳牌全球最优承包商奖。阿联酋、加拿大以及重庆页岩气合作项目预期发展前景十分广阔。合资合作促进了长城钻探品牌国际影响力持续走高，更为重要的是，为公司搭建了提高国际化运作水平和管理能力的广阔平台，成为向高端发展的重要引擎。

【企业管理】 创造性应用现代化管理手段，标准化、制度化、流程化建设贯穿生产经营全过程，以定性要求向定量标准转变的管控长效机制逐步形成。一是改进经营管理措施。优化投资结构，严格分级立项审批，后评估全过程考核不断细化。预算管理机制进一步完善，成本费用有效控制。加大工程款回收及清欠力度，强化汇率风险防范，2012 年筹集资金 213.27 亿元；全面落实财税优惠政策，节约税费支出 0.45 亿元。内控自我测试关键指标均超过集团公司标准。二是加强生产管理。跨国跨区域调配钻机 33 部、工程技术设备 95 台（套），钻机动用率同比提高 2%。全年可比平均机械钻速提高 13%，平均建井周期缩短 11.8%，苏里格地区钻井提速成效显著，获得集团公司 2012 年度油气勘探重大发现成果奖励。完成水平井 349 口、欠平衡井 40 口、压裂 602 井次，带压作业和连续管作业规模居同行业之首。三是优化人力资源管理。员工职业化发展模式切实破除固有晋级壁垒，钻修井队关键岗位晋级体系开发完成。创新实施国内民营井队集中管理，国企管理民企新模式获得集团公司高度认可。严控用工总量，1914 名劳务工实现任务外包。引进大学毕业生 601 人，急需人才 28

名，实施各类培训68613人次，员工素质不断提高。海外员工当地化率上升到79.6%，100多支基层队实现100%当地化。四是强化物资和装备管理。物资集中采购价格平均降幅3%；加大物资抽检覆盖面，挽回直接经济损失985万元；国际贸易实现收入3.5亿元，同比增长75%。大力开展境内外设备普查和安全隐患排查治理工作，落实闭环管理，主要设备完好率达到96.2%。五是加快信息化建设。A7系统各专业核心功能较好应用，ERP系统实现资金流、物流、信息流一体化整合。六是大力实施基层减负。国内钻修井队正式启用全新报表，总量缩减80%以上。

【科技进步】 2012年，公司承担国家级课题9项，集团公司级课题26项，取得省部级以上成果奖励14项，获得专利授权114项。由公司牵头完成的"水平井钻完井多段压裂增产关键技术及规模化工业应用"项目获得国家科技进步一等奖，是中国石油"九五"以来在石油工程技术领域获得的最高等级奖励。

（1）重大现场试验和科研攻关项目取得重大突破。全白油基钻井液体系等4项具有自主知识产权的新成果通过集团公司鉴定，总体技术达到国际先进水平。GW-AMO全白油基钻井液体系及配套技术形成完整产业链条，填补中国石油高端钻井液技术空白。GW-CF低残渣压裂液在苏里格、海拉尔等油气田规模应用，实现销售收入2.96亿元，并出口美国和加拿大。CIFLOG-GeoMatrix测井一体化解释软件成功上线运行并在国内推广应用，打破国际大公司对高端测井解释软件的垄断。侧钻水平井技术取得新突破，苏10-32-45CH井创国内直径118毫米小井眼侧钻水平井井深最深、裸眼井段最长和水平井段最长3项纪录。自主研发的国内首台GW-AH1500自动化液压钻机工业化试验成功，各项技术指标达到设计要求。水平井段内多缝压裂技术在苏53区块现场试验效果显著，最高日产量达到20万立方米，单井平均产量超过10万立方米，压降速率等指标均优于正常压裂。径向水平井钻井单分支长度突破100米，达到国际先进水平。小井眼LWD电磁波电阻率仪器和油基钻井液电阻率成像测井仪器成功下井试验，方位电阻率随钻仪器研发取得关键技术突破，完成工业样机研制。

（2）产业化项目进展顺利，优势特色技术推广应用规模进一步扩大。LEAP800测井系统稳定性、可靠性进一步增强，在哈萨克斯坦成功应用。GW-LWD随钻测井仪器实现批量生产，在国内外市场规模化应用。GW-MLE综合录井仪生产55台（套），推广应用156井（次）。分支井技术在辽河沈北潜山规模应用，公司在哈萨克斯坦成功完成海外第一口双分支水平井施工。取心技术在哈萨克斯坦、古巴等高端市场成功突破斯伦贝谢等国外大公司垄断。高效PDC钻头助推苏里格、吉林等区块取得良好提速效果。

【质量安全环保】 以责任激活执行力，创新建立全员安全业绩档案，安全行为首次成为个人信誉名片；靠实安全检查责任，首次将检查结果与检查人挂钩，切实规范检查行为，提升检查有效性；完善事件报告奖励与分享机制，百万工时统计数据真实性、准确性大幅提升，事件上报数量同比提高8.8倍。公司被国家安全生产监督管理总局授予"全国安全文化建设示范企业"荣誉称号，成为中国石油唯一获此殊荣的企业。

（1）HSE管理方面。全面开展安全生产标准化建设，发布公司B版HSE管理体系和各单位子体系，通过集团公司2次体系审核和DNV监督审核。制订落实33项重点风险防控方案，积极推进工作前安全分析、作业许可等方法工具的现场应用，安全管理工作机制进一步科学规范。严格执行检查计划和标准，发现隐患问题3934个，下发督办通知123份，否定基层队伍16支，问题整改做到全过程跟踪。投入资金1.1亿元用于隐患整改，保证了HSE专项费用专款专用。落实钻修井队井控分级管理和Ⅰ级风险井科级干部驻井制度，关键岗位井控操作持证率达100%，2012年无重大井喷失控事故。完善应急信息平台建设和突发事件信息监测网络，建立专家库和抢险队伍，组织公司级应急演练35530人（次），应急处置能力进一步提高。开展境外项目动态社会安全风险评估和备案，投入3795万元完善物理安防设施，社会安全管理体系初步形成。职业健康、交通消防和特种设备安全管理等工作有序推进。在急难险重面前，集团公司、公司从未放弃，也永远不会放弃任何一名员工。经过长期不懈的努力，"6·8"事件得到圆满解决，公司又一次战胜来自社会安全风险的挑战。

（2）质量管理方面。公司通过挪威船级社再认证审核，完成ISO 9001质量管理体系文件换版修订。制定审查企业标准74项、SOP190项，发布公司标准57项，技术有形化工作取得阶段性成果。加大质量监督力度，作业现场质量监督检查覆盖面达100%。

（3）节能节水方面。2012年，万元产值能耗同比下降5.37%，完成北京市和集团公司下达的各项指标。

【党建和思想政治工作】 一是加强思想政治建设。强化领导干部教育培训，党委中心组学习制度有效落实；惩治与预防腐败体系建设进一步加强，公司被集团公司党组纪检组评为2008—2012年惩防体系建设工作先进单位；进行局处两级工作调研，深入开展"四同时"活动，密切机关与基层、干部与群众的联系。二是加强基层党组织和党员队伍建设。以"基层组织建设年"为契机，创先争优活动取得阶段性成果；2012年发展党员448名，一线党员比例占73%；海外发展党员81名，同比提高130%，有效改善基层党员队伍结构。海外党建"五落实"课题的研究与实践获得集团公司优秀政研成果一等奖，GW80队典型选树工作被评为集团公司新时期典型选树十大工作案例。三是加强思想教育和文化引导。围绕公司阶段工作主题，开展两轮形势任务主题教育，扎实推进"力文化"建设，进一步统一干部员工思想。四是充分发挥群团组织作用。员工创造活动逐步规范化，"安心工程"向纵深发展，公司工会被评为集团公司模范职工之家。五是做好维护稳定工作。圆满完成党的十八大重点时期维稳安保防恐任务，保证重点时段、敏感时期队伍稳定，先后3次受到集团公司维稳办电报嘉奖。

（杨　全）

中国石油集团渤海钻探工程有限公司

【概述】 中国石油集团渤海钻探工程有限公司（以下简称公司）是集团公司直属专业化石油工程技术服务公司，截至2012年底，公司用工总量28383人，其中合同化员工22445人，管理和技术人员11475人；拥有研究生以上学历人员352人、大学学历人员6524人、大专学历人员7561人。

【主要工作业绩】 营业收入达到232.57亿元，实现考核利润9.35亿元，超额完成集团公司下达的经营指标。完成钻井进尺715.62万米，增长12%；各类技术服务工作量2.31万井次，增长13%，尤其是完成水平井362口、酸化压裂3741井次，分别增长84%和53%。钻井队年均进尺达到2.55万米；在华北、大港、二连、冀东、塔里木，分别以8.35万米、6.18万米、5.05万米、3.13万米和2.91万米打破区域队年进尺历史纪录；在长庆有2支钻井队突破12万米；有8支钻井队和2支压裂队创收分别超亿元。新鉴定发布科技成果5项；获集团公司技术发明奖1项、科技进步奖5项；垂直钻井工具获国际石油石化技术装备展览会唯一"展品创新金奖"；BH-WEI钻井液与垂直钻井工具2项技术，被纳入集团公司"2012年十大科技进展"之中。顺利通过国家级高新技术企业复审，成为集团公司首家国家技术创新示范企业。安全环保实现"一个提升、七个杜绝和两个不超"，获集团公司安全生产先进单位、环境保护先进单位称号；员工收入稳步增长，生产生活条件持续改善，队伍呈现良好风貌。

【安全环保】 "安全文化建设年"活动全面开展。深化安全井控理念宣贯，出台12项危险作业"保命条款"，开展安全文化经理访谈、安全在我心中、安全知识竞赛、安全短信群发等系列子活动，员工安全意识日益增强。制作事故案例动漫120余个，编制目视化标准1253项、上锁挂签标准44项，员工操作行为进一步规范。体系建设持续深入。发布实施B版QHSE体系，分层次开展体系审核，在集团公司2轮体系审核中均名列前茅。制修订HSE和井控事故责任追究办法等制度8项，完善总包公司管理制度32项，编制海外市场"1+N"体系。监管机制日益完善。建立监督部门联席会议制度，完善HSE监督管理办法，赋予监督井控监管职责，为总承包公司选调安全井控监督69人。强化监督人员业务培训，监督队伍素质显著提升。实施专家监管，选聘安全、井控专家各7人。在125口一级 井控风险井落实处级责任人，有效处置溢流28起，实现井控平稳运行。防范措施更加有力。加大投入力度，提取1.7亿元作为安全生产费用。投资600余万元，完善井喷应急救援中心。开展"四个评估"、"打非治违"等检查活动，查改问题6900多个。强化重点时期风险防范，杜绝各类事故。

【市场开发】 （1）国内市场。持续优化渤海湾市场，着力拓展"新疆大庆"和"西部大庆"市场，三大区域市场分别创收88.12亿元、30.73亿元和62.82亿元，分别增长9.3%、46%和67%。巩固玉门、海南、储气库、煤层气等市场，调整青海、浙江等市场，创收7.35亿元。开辟中国石化华北分公司及吉林油田等新市场，新增创收 13.3 亿元。国内市场 2012 年创收 197.7 亿元，增长 28%。

（2）国际市场。续签委内瑞拉 12 部钻修机合同，与 PDVSA 达成多部钻机的技术服务合作意向，陆续中标定向井、测井、固控等项目，创收 15.9 亿元，增长 20%。续签伊拉克市场 3 部钻机及相关技术服务合同，中标伊朗定向井等技术服务合同 2.3 亿元，“两伊”市场创收 7.23 亿元，增长 51%。转移印度尼西亚市场钻修机 3 部，提高装备利用率，亚太市场创收 4.33 亿元。扩大苏南道达尔等国内反承包市场，创收 2.94 亿元。国际市场全年新增队伍 38 支、中标 43 亿元、创收 30.4 亿元，分别增长 30%、43% 和 28%。

（3）总包业务。扩大长庆总包规模，实施塔北区块 45 口井 EPC 总包和 6 口山前井单井总包，拓展中国石化华北分公司、中油煤层气等总包市场，总包和一体化服务创收 165 亿元，增长 42%。

（4）技术服务。强化推介交流，落实专项业务发展规划，技术服务及井下业务全口径收入 126.32 亿元，增长 41%，增幅首次超过钻井业务。

【生产组织】 推广公司经验做法，坚持区域生产组织一体化，着重保障渤海湾和“三个大庆”建设资源需求，钻机利用率达到 86.6%、生产时效 96.2%，分别提高 0.4 和 1.4 个百分点，单机创收增长 20%。推行“一井一策”、“一段一法”、提速模板，深入开展全员竞赛，狠抓标杆选树，强化落后帮扶，4000 米以下和 4000 米以上井建井周期分别缩短 5.7% 和 17%。二连、长庆、海南、塔里木、吐哈地区平均建井周期分别缩短 7%、57.7%、21.7%、19.6% 和 6.2%，在 20 个区域创造了 267 项提速纪录。落实《深井与复杂结构井事故复杂控制规定》，推行“双盯”工作法、专家现场指导和远程视频“会诊”，事故复杂损失时率 1.79%。完成 4500 米以上深井 114 口、欠平衡井 44 口、带压作业井 21 口，分别增长 28%、83% 和 600%，其中哈 13-5 井井深 6832 米，创中国石油同类型井 49.6 天完井纪录；热普 3-1 井，创中国石油 7000 米井最短钻井周期 92.83 天纪录；新港 1 井创渤海湾地区井深 6716 米纪录；牛东 101 井创钻井周期 258.5 天纪录。强化苏里格油气合作地质研究，优化井位部署，加快投产步伐，产能当年转换率 42%，提高 8 个百分点；实施水平井 30 口，单井产量同比提高 51%，其中 8 口井单井试采日产量超过 10 万立方米。全年完成天然气商品量 15 亿立方米，增长 12.3%。

【科技进步】（1）科技研发。“十大研发项目”取得预期成效，其中，水平井选择性压裂及控制开采技术达到鉴定发布条件；可视化模拟油藏水平井录井导向技术应用 22 口井；高温高压井测试配套工具研究与工艺技术创 204 摄氏度高温测试世界纪录；钻井液新型添加剂性能优于国际知名公司同类产品。接转项目取得突破，其中，旋转导向完成样机研制和现场试验，整体性能达到国际同行水平；175 摄氏度 MWD 完成下井试验，性能达到国内领先水平；水平井分段射孔工具与工艺技术一次成功率 100%、定向误差不大于 5 度。

（2）技术应用。应用塔里木优快钻井技术，重点探井克深 207 井、克深 206 井相继以 242 天和 210 天分别钻完设计井深 6960 米和 6802 米，率先实现集团公司 2015 年提速目标；应用大修和侧钻提速技术，平均施工周期和建井周期分别缩短 34% 和 20%；精细控压钻井、高压脉冲空化射流工具等新工艺新工具应用 47 口井，平均机械钻速提高 30% 以上；实施钻机“电代油”、“气代油”改造 42 部，直接经济效益 3700 万元，实现了节能减排。

（3）科技创业。2 个项目获公司 2012 年科技创业奖，已获奖项目 2012 年累计创收 5.4 亿元，其中，四大特色钻井液体系、多级脉冲深穿透聚能射孔器、水平井分段压裂工具、系列完井工具分别创收 1.8 亿元、1.1 亿元、1 亿元和 0.4 亿元。

（4）科技管理。制定科技管理考核办法、先进单位评选办法，与斯伦贝谢、中油休斯敦研究中心、钻井院和 6 所石油高校建立战略合作关系。重新梳理十大特色技术、十大优势技术和十大技术利器，认定集团公司自主创新重要产品 4 项，获省部级科技奖励 14 项，授权专利 43 项。

（5）信息化建设。完成大司库系统推广实施，ERP、生产运行管理系统（A7）等骨干信息系统应用水平处于板块领先。建成卫星小站 155 部，国内钻井队卫星、3G 等无线网络覆盖率 100%。开展新疆钻井队实时数据无线采集传输先导性建设，为 A12 项目启动积累经验。完成卫星视频会议系统二期建设，实现 2 级机关与 130 个钻井现场的音视频互联互通。

【人力资源】（1）员工培训。开展全员安全井控大培训活动，开发课件 884 个，培训 2.8 万人次。将自我培训拓展到大部分基层队，培训 1.6 万人次。选拔培养外籍教师 18 名，开展外籍员工技能培训。启动国际市场“百人培训工程”，举办外语、国际商务等培训班 7 个。公司荣获“集团公司工程技术服务企业优秀队站长”选树活动团体第二名，12 名同志荣获优秀队长称号。

（2）用工总量控制。编制“十二五”后3年人力资源规划，增强用工管理指导性。落实用工进出“两条线”政策，采取“双控”模式，全年减少二线、三线人员213人，增补一线人员260人。加大调剂使用力度，内部调配202人。

（3）人才队伍建设。加大政策优惠力度，出台高层次人才引进补充规定，一次性引进名牌院校博士生24人，进站博士后达到7人。实行专家分类分级管理，新增集团公司级技术专家1人、技能专家2人，公司级技术专家28人，各级专家总数达到230人。深化技能竞赛活动，2人被授予“中央企业技术能手”称号，31人被评为公司技术能手。

（4）激励机制。修订工资总额分配办法，完善企业领导人员绩效考核办法，提高创收增效的积极性。落实专家和职称评审直通车政策，2名人才被直通评审为公司专家。出台创纪录职称评审加分办法，继续实施身份转换制度，为126人转换了身份、提高了待遇。

【管理创新】（1）投资管理。完成固定资产投资27.3亿元，较前4年平均水平增长36%。钻机、压裂车组等重点项目落实率100%，占装备总投资的80%；“十项业务”计划完成率115%。

（2）成本控制。加强财务管理，主要指标保持行业优秀水平；狠抓物资集中采购，节约资金3560万元；用好国家进口物资减税政策，减税3313万元；落实成品油消费税返还政策，退税2.8亿元；完成科研经费加计扣除，节约所得税支出5000万元；强化审计与效能监察，减少支出4875万元。

（3）机构优化。成立“两个大庆”建设领导小组，强化总承包公司管理职能，提升综合协调能力。梳理机关及所属单位机构设置，编制规范方案。优化机构设置，强化海外HSE、工程技术等业务管理。

（4）基础管理。开展管理提升活动，编制活动方案，深入对标分析，落实提升措施。强化“三基”工作考核和标杆评比，评选标杆队80支。完善规章制度，修订内控手册，开展内部测试。加强质量计量标准化工作，质量管理体系评审达到A级。加强管理现代化创新工作，1项成果获国家级二等奖，14项获石油石化行业奖。强化档案管理，深化系统上线，档案工作被集团公司评价为A级。

（刘荣军　解高岩）

中国石油集团川庆钻探工程有限公司

【概述】 中国石油集团川庆钻探工程有限公司（以下简称公司）是集团公司全资拥有的工程技术服务企业，享有独立对外经济贸易和经济技术合作业务权。主营地震勘探、钻井工程、井下作业、测井射孔、录井、油气田地面建设、油气合作开发等业务，具有油气工程技术服务完整的业务链，是国内外业务一体化、跨地区、跨国经营的专业化公司。国内市场分布于四川、重庆、陕西、甘肃、宁夏、内蒙古、新疆7个省（区、市），主要服务于西南油气田、长庆油田、塔里木油田。海外市场主要集中在土库曼斯坦、巴基斯坦、厄瓜多尔等国家，重点保障集团公司中亚油气合作区和南亚合作计划。截至2012年底，公司设机关处室15个，机关附属机构15个，机关直属机构8个，二级单位24个，独立法人单位4个。施工服务队伍783个，其中，物化探队29个，钻井队252个，固井队16个，录井队182个，测井队40个，射孔队20个，井下作业队110个，管道及油建施工队69个，钻机搬迁队35个，井架安装队20个，汽车运输队10个。有从业人员42632人，其中，合同化员工31380人，市场化用工7940人，劳务用工3312人；有经营管理及专业技术人员12706人（其中，包括教授级高级职称43人，高级职称1408人，中级职称5515人，初级职称4659人）。有主要设备15117台（套），其中，钻井设备533（含钻机252台）、物探设备1018台（含物探钻机704台）、地震仪29台、测井设备1949台、井下作业设备571台（含水泥车154台、压裂车183台、修井机78台）、录井设备139台（含综合录井仪130台）、运输车辆2622台、吊车215台和其他设备8041台。主要设备的综合完好率96.03%，利用率84.65%，重大设备责任事故率为零，新度系数0.45。资产总额451.55亿元，所有者权益220.12亿元。

【主要经营业绩】 2012年，公司实现营业收入402.2亿元、同比增长21.8%，实现利润17.56亿元；国际业务收入111.8亿元，首次突破百亿元，公司获得商务部“最具创新力走出去企业50强”称号。成本费用利润率4.54%；实现EVA（经济增加值）16.1亿元，同比改善13.91亿元。与重组之初相比，公司营业收入实现翻番，资产总额增长2.6倍，人均产值提高2.8倍。

【工程技术服务业务】 2012年，公司完成钻井进尺783万米，连续5年保持在700万米以上；地面建设业务产值、收入均过百亿；物探、井下、固井、测井、录井等业务保持平稳发展。

服务保障重点工程。围绕重点工程，强化资源保障和生产组织，各区域保持协调发展。加快推进安岳气田震旦系勘探，优质高效完成高石梯—磨溪构造物探三维项目和第一轮探井，第二轮井开钻7口，有力支撑了安岳气田勘探取得新突破。高效服务页岩气示范区建设，加快推进长宁区块2个丛式水平井组。全年在川渝地区完成钻井进尺56万米。在长庆地区实施水平井规模化专打、工厂化压裂，完成水平井进尺和压裂层次同比分别增长163%和205%，水平井工作量占油田的77%。全年完成进尺622.5万米，其中水平井进尺144.4万米，有力支撑了长庆油田油气当量突破4500万吨。集中资源全力保障“新疆大庆”建设，完成进尺46.7万米，同比增长16.2%，承钻的博孜1井、神木2井获高产油气流；塔中I号气田西部和吐孜洛克2个总包项目高效推进。土库曼斯坦阿姆河右岸项目平稳运行，南约洛坦100亿立方米产能建设EPC项目即将具备投产条件，全面领先于参建的2家外国公司。阿富汗AD油田项目全面启动，安哥特油田9月20日顺利投产，实现当年设备动迁当年实现产能。圆满完成厄瓜多尔SACHA油田钻井总包项目第一轮合同，巴基斯坦项目钻井工作量稳步回升。地面建设完成西气东输二线广深支干线、轮南支干线，兰成线3标段，中贵联络线4B段等一批重点工程。中缅油气管道克服山地、雨季和社会安全等不利因素加快推进，国外段第四标段主体工程提前完工，国内段率先完成管道焊接1000千米。雪佛龙川东北、壳牌页岩气等反承包项目和储气库项目进展顺利。

持续推进提速提效。围绕增储上产重点区域，优化钻机结构，完善提速模式，创新工艺技术，整体实现再提速5%以上，特别是水平井、4000米以上深井平均钻井周期分别缩短39.3%和21.2%。高石梯—磨溪区块形成“四优”提速模式，第一轮井平均机械钻速提高了51%，最快的井151天，全面实现6—8个月的阶段性提速目标。安岳区块水平井平均机械钻速同比提高29.9%。下川东地区完成井钻井周期同比缩短12.5%。长庆地区实现常规井提速8.18%、水平井提速22.3%，整体提速11%。新疆地区确立“先突破再优化、先提速再提效”的思路，形成山前持续突破、塔中屡创新高、塔北效果显著的良好局面。克深2-2-5井取得200天完钻山前构造井的重大突破，塔中直井、水平井和塔北地区完成井钻井周期同比分别缩短42.31天、49.96天和19.63天。持续推进“降事故、控复杂”工作，强化“五防三总结”，突出“四到位三及时”，全年钻井生产时效94%，事故复杂时率继续控制在3%以内。单机单队作业能力进一步提升。长庆苏里格气井水平井创造单队7开7完的新纪录，30693队年进尺突破15万米大关；塔里木地区23支钻井队进尺同时上万米。

【科技发展】 2012年，公司投入科研经费10.54亿元，组织开展科研攻关项目263项。获授权专利118件，其中发明专利25件。获省部级以上科技奖16项，其中，国家科技进步一等奖1项，集团公司科技进步特等奖1项、一等奖3项，GeoMountain软件系统获世界石油“最佳勘探技术奖”提名奖。4项技术成果进入集团公司自主创新重要产品目录，2项产品入选集团公司2012年工程技术新成果。科技基础平台建设有序推进，与长庆油田共建的低渗透油气田勘探开发国家工程实验室顺利通过验收，“CO_2压裂增产技术研究室”被列为集团公司油气藏改造重点实验室建设项目。加快发展应用水平井技术，CQEMWD-I型电磁波接力传输系统性能不断提升，旋转导向系统完成工程样机，水平井地质导向钻井技术取得全面突破，打破国外垄断。全年完成水平井433口，同比增长127.9%。精细控压钻井技术实现工业化应用，成功研制连续循环钻井系统和气体钻井集中监控系统，升级配套气体钻井井口装置和排砂管线流程，提高气体钻井安全系数。全年共完成气体/欠平衡井182口，同比增长3.41%。储层改造工艺技术攻关取得好效果，成功研发应用连续油管底部封隔器、速钻桥塞、PSK多级水力喷射分段压裂工具、稠化水清洁压裂液、新型聚合物压裂液等产品。致密油阳平10井成功完成21段压裂，创国内水平井压裂段数最多纪录。在页岩气领域集成微地震监测、分簇射孔、体积压裂等技术。钻井液技术体系进一步完善，成功研发油基钻井液处理剂、无氯清洁修井完井液等一批新产品。物探碳酸盐岩储层区带评价技术进一步发展，在高石梯—磨溪构造龙王庙组、震旦系灯影组中预测多个有利区带。测井超高温、超高压射孔器材定型投产，水平井泵送分簇射孔与桥塞联作工具研制成功。

【对外油气合作】 2012年，公司在苏里格气田油气合作中，按照“精细勘探、高效开发”原则，加强综合地质研究、井位论证、试油方案审查、重点井施工过程监控、储层改造实验、开发井动态分析和排水采气试验工作，努力解决“两水一稳”（防水、控水、稳产）难题。加强钻井资料分析、气水关系识别和开发效果分析研究，积极寻找有效解决资源接替问题的途径。重点抓好水平井钻探过程控制，对19口水平井开展工作，其中完钻井9口、完试井10口。完成新井投产94口，其中苏5区块40口、桃7区块46口、苏59区块8口。全年新建产能6.51亿立方米，生产天然气18.39亿立方米，完成年计划18.3亿立方米产量任务的100.5%；实现商品量17.6亿立方米。截至2012年底，苏5、桃7、苏59区块累计投产井625口，井口日产能580万立方米；累计生产天然气80.83亿立方米。

【企业管理】 2012年，公司建立管理提升活动组织机构和工作机制，开展对标分析和诊断评估，科学制订实施方案，推动活动有序开展。持续深化改革，完成机关机构规范化调整；组建钻井液技术服务公司，进一步做专做大高端技术服务。继续严格控制投资，强化项目全过程管理，全年完成投资32亿元，投资计划完成率96%。精细成本管理，完善标准成本体系，将“成本费用利润率”、“变动成本下降率”和“五项费用”纳入考核指标，规范不良资产处置和租赁管理，强化境外资金管理，全年公司实现降本增效4.01亿元，“五项费用”等指标控制在集团公司下达范围内。继续抓好物资集中采购，集中采购率达到81%，加强物资采购价格趋势分析，有效节约了采购费用。深入推进“三控制一规范”，扎实推进业务和生活后勤外包，有效减少了用工，员工总量控制在集团公司下达指标范围内。强化审计和效能监察，及时发现和纠正问题。加快推进生产方式信息化改造，推广应用柴油机集中监控系统111套，缩减柴油机工333人；在112支钻井队安装柴油计量系统，实现柴油消耗动态精细管理。加快推进“数字化”钻井队建设，各业务、现场、机关之间数据信息实现实时传输与集中共享。生产运行管理系统（A7）、ERP、应急、档案等系统应用不断深化，推动管理效率进一步提高。积极参与《中国天然气工业基础建设大纲》和《川渝地区石油石化业务发展规划》编制工作。将质量工作纳入企业基础工作归口管理，健全完善标准体系，进一步强化质量体系建设和监督考核，工程质量合格率、自产产品出厂合格率均达到100%。完成年度风险管理报告和所属单位分册编制，加强法律风险岗位防控和合同管理，开展重要风险和业务流程测试，优化各级流程26个，修订制度50项，新建制度46项。深入开展基层管理标准化工作，试点推进标准化钻井队建设，建立钻井专业基层管理标准化模板。持续开展基层党支部“六个一”创建活动，基层党组织健全率100%。推广集团公司“千队示范”工程队伍经验，在40支基层队开展试点，15名员工被评为集团公司优秀队长、班组长，“五型”班组达标率85.5%。加强高层次人才队伍建设，引进各类人才454人，新增1名享受国家政府特殊津贴专家，新聘集团公司高级技术专家8人、管理专家2人、技能专家7人。持续推进员工素质提升工程，全年培训员工75830人（次）。

【安全环保与节能管理】 2012年，公司继续推进HSE体系建设和规范运行。严格落实全员目标责任，层层签订HSE责任书。编制完成16个专业的标准化现场示范图册和属地管理规范，属地管理责任进一步落实。发布新版《HSE管理手册》，制修订停止作业、变更管理和百万工时安全统计办法，HSE管理标准持续完善。突出抓好HSE管理体系审核，全年开展2次全要素审核，查找管理短板6个，制定措施177条，有效促进HSE管理提升。深入推进工艺安全和设备完整性管理，编制标准35个、工艺技术标准113个、操作程序标准242个。增设地面建设监督机构，工程技术和工程建设业务全面实现异体监督。扎实抓好井控管理，对“三高”井严格落实“五项措施”；强化交通、消防、“三品”、特种设备、海外防恐和承包商等重点领域和要害部位的安全监管；投入2.22亿元对130项安全隐患进行专项治理，加强应急演练和逃生装置配备，杜绝重大事故的发生。大力开展“安全生产年”和“打非治违”专项行动，深入开展以“查隐患、抓整改、定规范、强执行”为主题的安全生产大检查，查处并整改各类问题1097个。加大节能减排工作力度，推广应用“电带油”、“气代油”等工艺技术，淘汰一批高耗能设备，全面完成节能节水指标。强化职业健康管理，无新增职业病例。全年各项HSE指标均控制在集团公司下达范围内，安全环保形势总体平稳。

【精神文明建设】 2012年，公司根据基层工作实际，采取建立境外区域党支部、联合党支部、临时党委等方式建立健全各级党组织，基层党组织健全率100%。

加强基层班子建设，优化整体结构，健全工作制度，基层班子带队伍、解决实际问题的能力不断提升。推进基层管理标准化工作，在4个钻井队开展试点，形成“三职责、七标准、七规范、十制度”钻井队管理标准化成果。健全党员教育、管理、服务长效机制，加强流动和市场化员工党员管理，新发展党员589人，党员队伍素质不断提高。各级党组织将创先争优与生产经营紧密结合，深入开展“创先争优破解难题”“建精品工程、展川庆风采”等主题活动，充分发挥党组织和党员的示范带动作用。继续推进两级机关“三联”示范点工作，开展“为民解忧办实事、助推发展促和谐”活动，机关与基层联手推动创先争优的局面进一步形成。总结、表彰创先争优活动，固化有效做法，构建长效机制。2个二级单位党委被评为集团公司“创先争优活动先进党委”，1个党支部被评为四川省“创先争优先进基层党组织”，3个党支部被评为四川省、甘肃省国资委系统“优秀基层党组织”，2名党员分别被评为四川省、甘肃省国资委系统“优秀共产党员”。扎实开展“四好”领导班子创建活动，公司班子被评为集团公司创建“四好”领导班子先进集体。

公司灭火抢险中心“烈焰丹心”纪念馆被集团公司授予第五批“企业精神教育基地”。完善工资制度，收入继续向艰苦岗位、生产一线及骨干人员倾斜。丰富员工文体生活，建设职工书屋40个，为基层送书11285册。开展扶贫帮困，走访慰问困难职工家庭2712户次，全年发放帮扶慰问金804万元。安排员工疗养9611人，发放疗养费2808万元，开展员工心理健康测试13363名。开展群众性合理化建议活动，全年共采纳合理建议25383条。落实维护稳定工作责任，加强舆情监控和信访处理，扎实抓好党的十八大等特殊敏感时段稳定和海外高风险地区防恐等工作，大局保持稳定。履行社会责任，实现税费27亿元。做好社会帮扶，向四川省石渠县实施对口援助和捐资助学，全年募集和发放捐款574万元。

（杨运杰）

中国石油集团东方地球物理勘探有限责任公司

【概述】 中国石油集团东方地球物理勘探有限责任公司（以下简称公司）主要从事国内外陆地、滩浅海、海上地震和非地震（化学）地球物理勘探有关的采集、处理、解释工作，以及有关勘探技术、软件、技术引进和装备研发、产品销售、信息技术及其他服务等业务。截至2012年底，公司拥有地震仪155台，震源804台，地震钻机1455台，震源船6条，东方勘探船队6支，其他作业船只883条；测量设备2130台，运输车辆7480台，CPU20541个，处理解释软件272个；非地震设备290台（套）。公司机关职能处室14个，机关附属机构5个，公司直属机构5个，二级单位21个，控股子公司1个。公司有合同化员工20474人，其中在岗19387人；具有中专及以上学历人员14349人，占合同化员工总数的70.1%；在岗管理、专业技术人员中，具有中级及以上职称人员5923人，占在岗管理、专业技术人员总数的49.7%。

【主要经营指标】 2012年，实现收入突破180亿元，同比增长16.6%，其中，国内、国际主业实现收入同比分别增长14.95%、21.69%，创历史最好水平，公司收入全球行业前三、陆上第一的地位更加巩固。实现考核利润7.01亿元，同比增长13.7%；实现企业增加值76.7亿元、上缴税费9.4亿元，均为历史新高；实现EAV 3.62亿元，超出集团公司下达指标283%。

全年落实市场254.3亿元，同比增长13.1%。其中，国内市场落实82亿元；集团公司外部和非常规能源市场落实分别达到13.2亿元、4.7亿元，同比增长28.5%、11.8%；国际市场落实146.1亿元，同比增长5.2%；美洲、东非和东南亚市场开发成效显著，新签合同占国际业务32%。

处理解释业务收入突破10亿元大关；信息业务实现收入9.17亿元，连续3年成为公司发展最快的业务；装备制造业务收入达到13.4亿元；英洛瓦公司生产经营持续好转并首次实现盈利；多用户业务成功启动；油藏地球物理和综合物化探业务稳步发展。

【地球物理勘探】 2012年，公司完成二维地震勘探项目135个，完成采集工作量88358.82千米；完成三维地震勘探项目140个，完成偏前满覆盖面积采集工作量52422.08平方千米，公司投入VSP队8支，实施VSP测井155井次。

完成地震资料处理项目211个。其中二维地震资料处理项目91个，测线2336条，工作量74443千米，野外记录1525388炮；三维地震资料处理项目120个，满覆盖面积50955平方千米，一次覆盖面积68122平方千米，野外记录7500657炮。项目交付合格率100%，项目验收一次通过率100%。

完成地震资料解释及综合研究项目233个。完成二维地震解释645920千米，完成三维地震解释满覆盖面积189846平方千米。完成各种成果图件14154张。配合各油田新发现圈闭2664个，总面积60821平方千米；复查落实圈闭4319个，总面积74306平方千米；建议各类井位4980口，采纳3282口，完钻1907口，1043口获工业油气流。

在股份公司油气勘探29项重要成果中，11项重大突破全部参与，14项规模储量落实参与12项，4项重要苗头参与3项，总体参与率达到90%；海外油气勘探重大发现参与率100%。公司连续8年获得股份公司"油气勘探贡献奖"。

【国内地震采集】 2012年，国内勘探分别在塔里木、准噶尔、吐哈、柴达木、华北、鄂尔多斯、龙门山、滇黔桂、渤海湾、昭通、南祁连、集宁、荆门、淮南、镇巴等盆地或地区开展地震勘探工作，向集团公司所属的塔里木、新疆、吐哈、玉门、青海、长庆、辽河、大港、浙江、华北、吉林、煤层气等油田公司、南方石油勘探开发有限责任公司等勘探甲方提供物探服务。

国内勘探投入地震队61支，完成二维地震勘探采集项目56个，测线613条，工作量19386.28千米，获生产记录362188张，完成小折射点225个、微测井2524口；完成三维地震勘探采集项目69个，线束4620束，工作量（偏前满覆盖面积）12645.52平方千米，获生产记录2254451张，完成小折射点4027个、微测井5919口。

综合物化探动用队伍20支，投产68队次，实施66个采集项目。完成工作量：常规重力56920.6千米，常规磁力55132千米；三维重力4497.0平方千米，三维磁力1894.8平方千米，三维电法4913.8平方千米；电法剖面4534.9千米；工程勘察64.66千米。

【国外地震采集】 2012年，公司围绕国际一流地球物理公司发展目标，坚持低成本、差异化、一体化管理的方针，大力实施"全球化、一体化、数字化"战略。紧随集团公司海外勘探步伐，首次进入阿富汗；配合CNODC在乍得、尼日尔落实2个亿吨级油气区带；在土库曼斯坦和哈萨克斯坦新增可采储量连续4年超过亿吨，为巩固集团公司"海外大庆"资源奠定基础。

公司物探生产管理系统发挥生产管理和资源协调作用，完成15万道采集设备、18万串检波器和72台震源等设备的运输、验收和启用工作，完成沙特阿拉伯和阿曼4个大型地震项目的启动工作。数字化地震队技术成功应用于伊拉克三维地震项目，成为BP核心承包商。首次应用FIREFLY无线仪器，成功运作墨西哥PEMEX 公司3C3D项目。完成巴基斯坦最大三维联合能源项目第一期地震采集任务。乍得和尼日尔项目继续保持高效生产。成功运作印度尼西亚国家石油公司和Genting公司多个项目，扩大印度尼西亚市场规模。

二维采集项目主要分布在：莫桑比克、埃塞俄比亚、肯尼亚、乌干达、马达加斯加、印度尼西亚、泰国、柬埔寨、巴布亚新几内亚、文莱、菲律宾、刚果共和国、刚果民主共和国、巴西、哈萨克斯坦、土库曼斯坦、阿富汗、乌兹别克斯坦、阿曼、沙特阿拉伯、伊朗、伊拉克、巴基斯坦、尼日尔、乍得、毛里塔尼亚、坦桑尼亚、阿联酋、朝鲜、卡塔尔、孟加拉31个国家。

三维采集项目主要分布在：肯尼亚、印度尼西亚、泰国、文莱、尼日利亚、苏丹、委内瑞拉、厄瓜多尔、墨西哥、哈萨克斯坦、土库曼斯坦、阿富汗、阿曼、沙特阿拉伯、伊朗、伊拉克、巴基斯坦、尼日尔、乍得、阿尔及利亚、巴布亚新几内亚、缅甸、阿联酋、卡塔尔、科特迪瓦、摩洛哥26个国家。

2012年，国外勘探投入地震队71支，完成二维采集项目79个，工作量68972.54千米，获记录3364229张；完成三维采集项目71个，工作量39776.56平方千米，获记录10939307张，记录合格率100%。

【专业化服务】 2012年，安装GeoEast的解释设备占56%，安装GeoEast的处理设备CPU数占57.8%，768个GPU全部安装GeoEast。完成测量工作量22.26万千米，提供地震仪器3157.09万日道、震源服务5399日台。

全年供应和配送物资14.14亿元，完成设备采购18.77亿元，保证国内外197个项目的物资需求，进口统订物资源头直接采购率达到83.65%；加强库存物资管理和利用，2012年底库存控制在6097.50万元，平均库存降低率0.3%；库存周转21.90次，同比增加5.98次。加强海外物资管理，为国际项目供应物资3.85亿元。

【科技创新】 2012年，投入科研经费54106万元，共有2756名工程技术人员参与并承担科研项目，实施国家科研项目3项、集团公司及公司重大专项63项；申请专利92项，其中申请发明专利67项；获授权专利58项，其中发明专利33项；取得软件著作权登记52项；认定集团公司技术秘密16项；完成科技成果登记63项，科技查新15项。在SEG和EAGE年会发表论文30篇，获省部级以上奖励13项。

核心软件、装备利器打造实现新突破。全年7项成果通过集团公司鉴定，2项产品由集团公司对外发布。GeoEast处理解释一体化软件8大主体功能持续完善，全年公司处理、解释应用率分别达到53.6%和60.9%，国内和国际勘探现场处理应用率分别达到100%及56%，为GeoEast成为公司处理解释基础平台奠定了基础；GeoEast-Lightning叠前偏移处理软件CPU及GPU新版本运算速度高于国际同类软件；油藏地球物理、多波地震数据处理、物探测量导航与定位等软件研发取得重大进展；KLSeis 7.0研发取得6项阶段性成果。G3i地震仪器性能达到国际先进水平，在国内7个项目成功应用；HAWK无线节点地震仪器研发成功并顺利投入市场。GeoEast-Lightning V1.0叠前深度偏移软件系统、ePlanet V2.0平台、BPS水下二次定位系统和WTA06SCORPION地震数传电缆4项成果被集团公司认定为自主创新重要产品。

物探配套技术研发应用成果。国家油气重大专项二期研究进展顺利，PAI技术系列品牌影响力不断扩大。深海、非常规能源勘探技术持续完善，具有公司特色的油藏地球物理技术系列初步形成，全波形反演、各向异性逆时偏移、海洋电磁、井中微地震监测等前沿技术研发取得重要进展。可控震源高效采集技术在国内8个项目成功应用，推进高效、绿色、安全勘探，在海外阿曼PDO三维项目创造平均日效1.9万炮的纪录。宽方位高密度地震采集技术在复杂山地和煤矿减灾领域应用，提高库车、英雄岭等前陆冲断带偏移成像精度，确立煤矿减灾领域高端市场技术领先地位。自筹资金在白家1井高密度勘探项目开展可控震源高效采集技术攻关取得突破，解决宽方位高密度井炮采集成本过高问题，推动该技术在准噶尔腹地实现规模化应用。在博孜项目探索形成“宽方位高密度+可控震源+数字化地震队”技术管理一体化高效采集模式。

推进信息化和工业化深度融合，集成创新形成数字化地震队技术经济一体化管理平台，改变野外采集施工组织模式。各物探处和主要基地处网络链路升级扩容，升级网管系统；ERP系统升级改造稳步推进；物探生产管理平台项目进展顺利；移动办公、云桌面办公建设初具成效。

【人力资源管理】 持续开展“三控制一规范”工作，优化资源整合，理顺内部管理关系，完善管理体制。国内完成4个单位“五定”工作，制订通信信息业务和辽河物探处仪器、测量等业务划转方案；国际成立多用户业务经理部，推进海外区域经理部建设，强化区域协调管理。严格用工总量管控，健全人工成本管理，薪酬分配向野外一线和关键艰苦岗位倾斜。完善海外高层次技术人才引进和使用管理，“千人计划”专家达到6名。集团公司高级技术、管理、技能专家达到25名。推行副处级干部公开竞聘，加强干部内部交流，选拔交流干部47名。举办高层次专业技术培训班20期，选派4名专家出国访学，首批22名国际业务青年骨干在美国进行一年的培训。2012年投入培训费6459万元，举办培训项目550个，培训41595人次。引进接收大学毕业生295名，其中，博士生2名，硕士生82名，本科生211名。

【生产经营管理】 推进基础管理建设，加强制度顶层设计，规章制度建设立项审查有效落实，完成质量管理体系改版和内审，完成“十二五”信息化发展规划，ERP系统3期升级改造按期上线，物探生产管理指挥平台投入应用，数字化地震队开创物探作业管理新模式。

切实加强投资管理，严格控制投资规模，加强经济技术可行性分析论证，加快装备国产化进程，强化现有装备资源内部调剂，2012年国内外调剂地震仪器92台（套）、外设58.32万道次，压缩投资近8亿元，采购自主创新装备5.2亿元。在投资规模下降35%、价值工作量增加20%的情况下，保证勘探生产和物探科技园等重点项目的实施。持续完善预算管理，强化会计集中核算、资金集中管理，运行大司库系统，资金集中度达到98%，资金计划执行符合率达到92%；加强汇率风险管理，减少汇兑损失8688万元；拓宽融资渠道，节约财务费用2360万元。

提升合资企业管控能力，规范境外股权投资管理，防范投资风险。全年完成公司层面重点领域、重点部门项目审计31项，公司所属单位完成审计53

项，有效发挥审计监督与服务职能。

【HSE 管理】 2012 年，全面完成集团公司安全环保指标和公司年度 HSE 目标，百万工时可记录事件率为 0.556，达到行业先进水平，全年未发生重伤以上事故，获集团公司“安全生产先进企业”和“环境保护先进企业”荣誉称号，第十一次获全国“安康杯”竞赛优胜企业称号。

全面落实“123 安全培训工程”，公司举办各类 HSE 培训班 1342 个，21594 人次参加学习。公司继续实行 HSE 工作目标责任制，提升 F 版 HSE 管理体系运行质量，树立“安全是公司的核心价值观”、“管工作必须管安全”等先进理念，强化重点领域、重点环节、要害部位安全管理，推进体系审核定级工作，发挥现场监督作用，识别各类隐患 15 万余条，投入安技措资金 2568 万元，治理隐患 94 项。强化应急体系建设，公司组织各类应急演练 270 次，参加演练 11502 人次。海外业务成功应对肯尼亚、苏丹、菲律宾、莫桑比克等 12 次人员紧急转移、撤离事件。

【党建和企业文化】 公司各级党组织把学习宣传贯彻党的十八大精神作为首要政治任务，全面落实党建目标责任制，以基层建设作为着力点，强化“六个一”党支部建设，开展“为民服务创先争优”主题活动和“千队示范”工程，深化“三规三化”和“五型”班组建设，公司 34 支队伍、56 人分别荣获集团公司工程技术金、银、铜牌队伍和“百队千人”先进个人荣誉称号。注重海外党建研究与实践，“点线面”工作法被评为集团公司“十大”创新成果。强化各级领导班子学习和干部培训，促进领导干部政治思想、业务素质和作风建设，公司中层以上领导干部理论学习班参加人员 516 人次，二级单位“四好”领导班子达标率 95%。加强宣传思想政治工作，开展“加快新转变，实现新跨越，建设新东方”形势任务主题教育活动、以“十年奋进、百年梦想”为主线宣传公司成立 10 年发展成就，在《人民日报》、中央电视台等主流媒体播发一系列有影响的新闻报道。落实党风廉政建设责任制，推进惩防体系建设；开展“五教一考”廉政教育，加大用权行为约束和案件查处力度，各级领导干部廉洁履责意识显著增强；“三重一大”决策制度得到落实，重点领域效能监察和专项治理有效推进。

河北省国资委授予公司党委“创先争优先进基层党组织”称号、授予青海物探处 249 队党支部、矿区离退休人员管理处永安服务站员工党支部“创先争优先进党支部”称号。

【和谐企业建设】 加强企业民主管理，维护员工合法权益，发挥工会、共青团等群众组织桥梁纽带作用，开展“面对面、心贴心、实打实”、职工劳动竞赛和“青字号”系列活动。实施民生工程，改善野外生产生活条件，推进矿区设施配套、安全稳定、节能环保、文化生活、信息网络建设。开展扶贫帮困送温暖活动，2012 年投入资金 1628.5 万元，困难救助 4326 人次，金秋助学 243 人，特殊救助 56 人，大病救助 237 人，慰问 22949 人次。履行社会责任，帮助涿州市上胡良村完成 21 个帮扶项目，外部发展环境更趋和谐。

（刘进军　王春凤）

中国石油集团测井有限公司

【概述】 中国石油集团测井有限公司（以下简称公司）是集测井技术研发、测井仪器制造、测井资料处理解释和技术服务、新技术推广应用为主的专业化测井技术公司。公司现有员工 5541 人，其中拥有大学以上学历人员 2277 人、博士 13 人、硕士 262 人；教授级高级工程师 18 人，高级工程师 536 人，工程师 1430 人；5 人享受政府特殊津贴，16 人被聘任为集团公司高级技术专家，2 人被聘任为集团公司技能专家；高级技师 21 人、技师 103 人。公司有 13 个二级单位，分别是长庆、华北、吐哈、青海、塔里木、国际 6 个事业部，技术中心、装备与销售分公司、油气评价中心、随钻测井中心、生产测井中心、培训中心和基地服务部。公司有作业队伍 322 支，其中，成像测井队 152 支，生产测井与测试队 75 支，随钻测井及评价队 61 支，射孔作业队 34 支。

公司研发制造的快速与成像测井成套装备 EILog，已生产 179 套，在国内 14 个油田、国外 9 个国家销售和技术服务。EILog 打破国外公司测井技术的垄断，替代了进口装备，将我国的测井技术推进到国际先进水平，获得专利 156 项、商标注册 8 个、国家重点新产品8项、省部级科技进步奖15项、中国石油十大科技进展6项。

公司国内服务市场已覆盖到长庆、华北、吐哈、青海、玉门、塔里木、冀东、吉林、福山、浙江等油田，以及大部分煤层气作业市场；海外服务市场已延伸到乌兹别克斯坦、伊朗、蒙古、孟加拉、缅甸、加拿大、中非、泰国、乍得；装备销售市场覆盖全国测井公司，并扩展到俄罗斯、伊朗、阿塞拜疆等。

【主要生产经营指标】 实现总产值35.77亿元，同比增长22.38%，实现总收入28.04亿元，同比增长22.50%。净资产收益率4.91%，成本费用利润率5.16%。为2013年增长落实市场4亿元。实现安全生产。

技术服务方面，完成完井测井10276口、生产井测井9380井次、射孔76883米、录井428口，同比分别增长12.72%、163.41%、17.15%和-10.83%。识别油气层72892层、540021米，探井、开发井油气层解释符合率分别为83.79%、95.65%。预测2200口井的产能，预测准确率为68%。已试油的探井中，在长庆油田桃38井、华北油田牛东101井、吐哈油田吐4井、青海油田牛1井等454口井中获得油气流。在水平井中采用旁通出套管电缆水平井测井、随钻测井、过钻头测井和爬行器测井，单井作业时效平均提高近20%。煤层气版测井成套装备测井效率提高30%。推广测井协同工作平台，单井资料周转时间缩短10小时。按照"歇人不歇马"等方式建立机动作业队，设备利用率提高6.8%。测井仪器一次下井成功率98.86%，测井一次成功率94.62%。实现采集作业、资料传输和处理评价的全程提速。

技术创新方面，制造仪器1728支，实现产值7.06亿元。15米一串测研发成功，仪器长度由24.3米缩短到12.6米，实现两串并作一串测的要求，完成测井59口，单井占井时间由12.8小时缩短到8小时。高温版成套装备、煤层气与油砂版成套装备、155摄氏度阵列侧向、155摄氏度过套管电阻率、地层元素测井仪、方位声波固井质量测井仪、模块式地层测试器投入应用。三维阵列感应成像、脉冲中子全谱测井仪、地层水电阻率测井仪投入试验。完善随钻感应测井刻度系统，三参数随钻测井系统批量应用，完成测井65口。随钻双感应、随钻中子、高温高压随钻伽马感应、随钻钻井液电阻率完成试验，随钻电成像研发进展良好。测井数据库建设有序推进，所测资料全部入库。研发旁通出套管测井工艺，攻克了低产液、大斜度环空产液剖面测井技术难题，建立生产测井试井解释平台。引进高温小井眼测井仪、过钻杆测井仪、新型射孔工艺、微量物质井间示踪监测技术。公司承担的国家重大专项、国家863项目、集团公司科技专项按计划实施。

市场开发方面，长庆事业部注重解决油田技术难题，并争取到延安公司、道达尔苏南项目、壳牌长北项目的工作量，完井测井工作量同比增长11.42%。华北事业部市场领域进一步扩展，在关联交易、煤层气、储气库、页岩气、随钻测井等市场的完井工作量同比增长9.9%。吐哈事业部围绕吐哈油田老区稳产、天然气、稠油和三塘湖上产四大领域实施综合服务，完井测井工作量同比增长40.13%，在浙江油田完成测井58口。青海事业部引进水平井复合爆燃压裂射孔技术，射孔工作量同比增长3.96%。塔里木事业部推广高温版EILog成套装备，与油田签订区块测井承包合同。生产测井中心工作量同比增长331%。评价中心在9个油田开展非常规油气、复杂储层油藏综合评价。随钻测井中心完成50套随钻测井仪的推广应用。国际事业部适应加拿大测井市场需要，创出使用自产测井装备、聘用当地作业人员、与当地公司合作开发市场的测井服务新方式。公司装备与销售分公司进一步加大国内外市场开发力度，做了大量销售推介基础工作。

【企业管理】 根据市场需求和效益预测安排投资项目，完成投资7.3亿元。加强项目运行管理，对市场需求有变化的项目及时做出调整，确保新建项目有较高的投资回报。强化预算管理和过程控制，成本管理逐步从单纯的财务管控向业务控制与财务控制相结合转变，2012年挖潜增效4135万元。建立适应内部市场机制的结算价格体系，有效提高经营主体积极性，降低成本1231万元。集中采购43548万元，节约资金5194万元，采购资金节约率11.93%。审计生产经营资金22.56亿元、工程建设资金4334.4万元，审减金额717.06万元，促进管理工作的规范化。制定继续加强科学管理纲要，精心组织开展管理提升活动。推进以ERP为核心的信息系统集成开发与应用，顺利完成A7生产运行管理系统与其他系统的整合。

安全环保方面，加强HSE管理体系建设，以行为安全为基础、以工艺安全为重点、以风险受控为核心，建立2012版HSE体系文件。对生产流程进行第六次修订。加强安全环保监督管理，组织开展石油企业安全督查、打非治违、环境安全百日大检查活动，改进问题726项，完善制度16项。实施安全环保3年隐患治理计划，实行安全隐患治理挂牌督办，在基础设施、仪器制造与设计、安全防护设施等方面投入资金 989 万元，配套安全设施 83 套。建立以 EILog 技术标准为重点的计量检定、仪器刻度数据库。开展安全经验分享、安全观察卡、“回头看”等宣传教育活动，纠正不安全行为 105 项，征集安全合理化建议 126 项，工艺技术改进 12 项。

队伍建设方面，重点推动调整结构和改变运行方式。专家队伍达到 119 人，其中，有集团公司高级专家 18 人。引进高校毕业生 177 人，由后勤向一线岗位调整人员 63 人，以项目合作方式试行辅助性、服务性业务外包，减少用工 82 人。组建作业队 28 支、解释评价队 69 支、数字岩心队 8 支。在工作量较大的市场推行机动队服务，在工作量较少的市场推行综合队伍服务，在随钻测井市场采取联合组队方式。建立以价值为导向的全员绩效考核体系，技术服务业务完善单井责任承包分配机制，科研业务推行科研项目责任分配机制，制造业务实行计件计时分配机制，销售业务的考核与营销业绩挂钩，机关业务的考核与业绩考核挂钩，后勤业务的考核与服务价值量挂钩。参加集团公司培训 119 人次，公司培训 2164 人次。

（罗连涛）

中国石油集团海洋工程有限公司

【概述】 中国石油集团海洋工程有限公司（以下简称公司）业务范围涉及海洋石油钻井完井、井下作业、试油试采工程；海上运输、基地码头保障服务；海洋工程设计、建造、安装、维护以及海洋石油相关业务研究、设计；油井水泥外加剂和防腐保温产品与技术服务、质量检验、油气工程质量监督、石油工程建设标准化管理等领域。拥有海洋石油工程设计甲级、海洋石油工程承包二级等资质，具备港口经营许可证、压力管道和压力容器等特种设备许可证，是国家高新技术企业。

截至 2012 年底，公司用工总量 3557 人，其中合同化员工 2399 人；拥有硕士研究生以上学历人员 179 人、大学本科学历人员 1107 人；副高级以上职称 265 人，中级职称 494 人；集团公司级技术专家 1 人，公司级技术专家 5 人。公司共有 7 家所属单位，12 个职能处室。公司拥有移动式钻井平台 9 座，1 套海上模块钻机；移动式试采作业平台 5 座；各种船舶 25 艘，其中多用工作船 19 艘、油轮 2 艘、交通艇 1 艘、滚装船 1 艘、铺管船 1 艘和驳船 1 艘；建有海工建造基地和生产支持基地各 1 处。拥有大型海洋工程设计、建造、施工安装一体化综合配套技术，具备 80 米水深以内的海上业务综合技术服务保障能力。拥有中国石油海洋工程重点实验室，钻井工程重点实验室——固井技术研究室，石油管工程重点实验室——涂层材料与保温结构研究室。

【主要生产经营指标】 2012 年，公司实现营业收入 37.49 亿元，资产总额达到 96 亿元。全年共开钻 59 口，完井 50 口，钻井进尺 13.65 万米，同比增加 3.16 万米，增长 30%。其中，总包开钻 18 口，完井 20 口，钻井进尺 6.18 万米；日费开钻 41 口，完井 30 口，钻井进尺 7.47 万米。完成井下作业 68 井次，试油测试 11 层，酸化压裂及防砂 91 层次，试采服务 573 天。完成钢材加工量 1.2 万吨。深港海管项目海底管道全线贯通，累计铺管 28.6 千米。动用自有船舶出海 6740 航天。销售固井、防腐产品 1.63 万吨。承担各类科研课题 31 项，科研计划完成率 100%。

【市场开发】 保障集团公司海上勘探开发与工程建设，首次承建大型海底管道建设项目。巩固和扩大中东、中国石化等市场。强化组织大港埕海、辽河滩海、冀东南堡、南方福山海上油气勘探开发项目，内部服务保障率保持 100%，被集团公司授予滩海油气勘探贡献奖。牵头承建西气东输二线深港海管项目，安全、优质、高效完成施工任务，按期交工投产。抓住中国石化海上增储上产的有利时机，扩大市场份额，8 座平台进入胜利油田海上作业。巩固洛克、阿纳达克等钻井反承包市场，拓展中国海油、中国石化及山西煤层气连续油管市场，中标中国海油绥中 36-1 三维设计、渤中 25-1 导管架建造等项目。8 艘船舶进入中国海油、康菲等市场，缓解了内部市场工作量不足的压力。圆满完成波斯湾两口井施工，顺利实施井组钻井，实现了安全、环保、质量、效益的目标。固井和防腐产品保持技术优势，产品销往 12 个国家和地区。

【生产运行】 科学组织生产运行，充分发挥装备效能，巩固加强优势业务，培育发展特色业务，调整提升短板业务，增强一体化服务能力。同时在渤海、黄海、南海、波斯湾4个海域实施钻井作业，优质完成大港深井、胜利丛式井组、伊朗高含硫井等高难度井施工。克服严寒天气影响，完成北黄海钻井项目，受到中国地质调查局的充分肯定。充分利用现有装备，强化技术支持，形成酸化压裂、联作测试、连续油管等8项特色技术。成功实施冀东南堡4–33井压裂施工，创渤海湾海上压裂施工新纪录。依托重点项目，加强设计人才培养和资质建设，完善装备和基地功能配套，形成设计、建造、安装、管道铺设等一体化服务能力。牵头组织实施深港海管项目，全力以赴攻克“闯浅滩、穿铜鼓、过龙鼓、跨崖城、进香港、踏沙坑、越友联、登大铲”八大施工难题，累计铺管28.6千米，最大管直径1050毫米，是国内管径最大的海底天然气管道，挖泥、抛泥1900多万立方米，焊接一次合格率99.2%，防腐补口合格率100%。2012年11月2日实现全线贯通，具备供气条件，实现质量、安全、环保、工期目标。深入研究拖航就位工法，加快唐山生产支持基地建设，船舶服务和岸基支持能力不断增强。成功组织中国油海5和中国油海10平台长距离拖航，顺利完成中国油海3平台高精度就位，误差仅0.15米，达到同行业领先水平。继续保持固井、焊接、防腐保温等技术的行业领先地位，加大新成果转化力度，形成新技术11项、新产品5种、新装置4套，在海上生产和重点项目中推广应用。

【安全环保】 牢固树立“安全生产、环境保护是公司生命线”的理念，认真落实“三严”管理，突出风险分析，强化过程管控，2012年累计安全生产1500万工时，被评为集团公司安全生产先进企业和环境保护先进企业。严格落实HSE责任，逐级签订《HSE责任书》，领导干部制订实施《个人HSE行动计划》。汇编海洋石油事故案例，开展安全经验分享。推进QHSE管理体系建设，发布B版QHSE管理体系并通过DNV认证审核。编制8个专业、涵盖227个岗位的《基层HSE建设标准》。严格管控HSE风险，识别风险1200余项，制定消减和防范措施1300多项。加强应急管理，发布台风预警23次，开展防台风应急演习60次，成功应对“韦森特”、“达维”等7次台风冲击。制定完善《井控管理办法》、《井控实施细则》等10项制度。严格落实井控例会和现场检查制度，组织专项检查7次，发现并整改问题73项，消除井控隐患。推进清洁生产，开展绿色基层单位创建活动，污染物排放达标率100%。推广应用节油装置、海水钻井液等技术措施，节能节水工作取得实效。

【重点项目】 全力推进重点建设项目研究和申报，抓好在建项目的现场监造。公司首座400英尺钻井平台5月28日开工建造，实施全程驻厂监造，严格设计审查，把握施工节点，有序推进项目实施。第二座400英尺钻井平台建造项目获得批准。青岛海工建造基地完成1期码头、1号滑道等单体工程交工验收。唐山生产支持基地完成行政手续办理，取得港口经营许可证。防腐试验车间搬迁改建项目建成投产。

【科技创新】 坚持自主创新与集成应用并重，理顺科研机制，打造技术利器，形成一批特色技术与产品，为增强核心竞争力、推动公司发展提供有力支撑。形成海底管道设计施工、海上油气田分层酸化、大温差固井水泥浆等三大技术利器，荣获集团公司科学技术进步奖和技术发明奖4项，获得国家授权专利24项，两项国家“863”课题通过验收。海底管道焊接工艺与设备、水平口对接、无损检测等7项关键技术应用于深港海管项目，解决技术难题，确保施工效率和质量。自主研发的环保型喷砂除锈和自动喷淋设备，填补国内空白。服务海上生产，科研成果成功转化应用。围绕生产急需选题立项，70%的科研成果直接应用于海上项目。渤海湾复杂井修井技术在胜利油田埕北区块应用18井次，作业周期平均缩短20%。积极开展新技术推广和新成果转化，提高产品的市场竞争力和附加值，固井和防腐产品销售收入中，抗盐降失水剂等新技术产品收入达到30%。编制《钻井技术管理实施细则》，指导现场施工。针对胜利油田丛式井组特点，通过优化井眼轨迹、改善钻井液性能等措施，克服丛式井组易碰、易卡、托压等技术难题，钻井提速效果明显。

【管理提升】 开展管理提升活动，查找短板，突破瓶颈，提升精细化管理水平，有效防控经营风险，制订实施方案和推进计划，针对32个管理专项，与12家国内外企业开展对标分析，查找各类问题200余项，制定改进措施，完成分析诊断阶段工作任务。加强合同管理，排查合同800多份，防范潜在风险。持续完善内控体系，梳理优化财务、预算、安全等业务流程140项，推动管理工作向制度化和流程化转变，连续4年通过集团公司内控评价测试。加强预算管理，优化生产组织，制定物资消耗定额，推行经济航速，2012年单船燃油消耗下降3%。加强设备维护保养，设备完好率达到98%。实施物资集中采购，扩大招标范围，物资采购招标率达到60%。统筹海上装备保险业务，节约保险费100多万元。连续5年被评为集团公司财务工作先进单位。

【党建和思想政治工作】 坚持“德才兼备、以德为先”的原则选用干部，公开竞聘处科两级干部19人，形成机关与基层干部交流机制。持续开展“四好”班子创建活动，把中心组学习、专业培训、实践锻炼紧密结合起来，领导干部的党性修养、领导能力、决策水平不断提高。深入开展“创先争优”、“六个一”党支部创建活动，生产、科研一线建立党员责任区106个，党员示范岗298个，党支部战斗堡垒作用和党员模范带头作用充分发挥。结合机构变动，调整配备专职、兼职党支部书记17人，实现基层支部书记配备率100%。继续加强惩防体系建设，党风廉政建设责任制和“三重一大”决策制度有效落实。在深港海管、中油海16钻井平台建造等重点项目设立监督专员，实施全程监督。深入开展物资采购效能监察和工程建设领域突出问题专项治理，确保管理规范。开展廉洁风险防控活动，推进反腐倡廉教育，各级干部的廉洁从业意识和拒腐防变能力进一步增强。开展“六比六赛”、合理化建议等活动，进一步完善职工代表大会制度，落实厂务公开和职工代表巡视制度，民主管理不断深入。开展青年科技论坛、青春风采英语演讲比赛等“青字号”活动，为青年员工施展才华搭建舞台。公司工会获得集团公司“模范职工之家”荣誉称号，公司团委连续3年被评为集团公司直属机关“五四红旗团委”。深入基层开展形势任务宣讲活动，增强员工发展信心。做好日常思想工作，解疑释惑，关爱员工，持续解决落户、子女就业等问题。关心离退休老同志，帮助解决实际困难。投入240万元改造矿区供电系统，员工生活环境进一步改善。实施“温馨工程”，救助困难员工家庭200多户，发放帮扶金45.7万元。

（李历欣）

中国石油天然气管道局

【概述】 中国石油天然气管道局（英文简称CPP，简称管道局）成立于1973年，是集团公司的管道工程专业化公司。管道局秉持创造与奉献无极限的理念，奉行“挑战、精细、创新、团队、和谐”的核心价值观，致力于建设国内第一、国际一流的国际管道工程总承包商，为国家建设油气战略通道、为中国石油建设综合性国际能源公司提供服务与保障，为业主、员工和社会创造财富与价值。

管道局坚持以管道工程为核心、高端业务为重点、施工能力为基础，实施储运建设一体化、施工服务一体化、国际国内一体化、陆上海洋一体化的产业发展思路。拥有从管道科研、勘察、咨询、设计、采办、施工、防腐、管件制造到检测、维抢修、通信电力、投产运行完整的管道建设产业链及其核心技术，秉持管道全生命周期管理的理念，能为客户提供“一揽子”解决方案和“一站式”服务。

管道局具有化工石油工程施工总承包特级资质，工程设计综合甲级资质，管道工程勘察、咨询、设计、监理甲级资质，通信工程总承包一级资质，通过了质量、健康、安全、环保标准体系认证。具备EPC总承包管理、PMC项目管理能力，拥有国家级设计大师、中国石油高级技术专家、管道局技术专家59名，职业项目经理和管理骨干1272名，中国石油技能专家、管道局技能专家近1000名以及建造师、造价师、监理师等专业人才2180名。拥有标准化、专业化的管线、储罐、定向钻穿越和盾构穿越施工机组以及配套的大型施工装备；具备较强的油田地面建设和炼化装置施工安装能力。

从2000年至2012年底，管道局累计在国内外主导和建设大型长输管道超过6.5万千米，建设国家和企业储备库2000万立方米。其中，在国内参与了西气东输天然气管道、西气东输二线天然气管道、西气东输三线天然气管道、中缅油气管道、涩宁兰天然气管道、涩宁兰复线天然气管道、陕京二线天然气管道、陕京三线天然气管道、兰银天然气管道、忠武天然气管道、中贵天然气管道、兰郑长成品油管道、西部原油成品油管道、兰成渝成品油管道、锦郑成品油管道、漠大原油管道、兰成原油管道等工程建设，发挥了管道建设国家队、主力军作用，并承担了中国石油第一座地下洞库锦州石油战略储备库的建设任务；在国外苏丹、利比亚、莫桑比克、印度、泰国、哈萨克斯坦、乌兹别克斯坦、俄罗斯、阿联酋、乍得、尼日尔、缅甸、伊拉克、肯尼亚等国家，承建了 90 多个油气管道、储罐项目，建设管道近 2 万千米，树立了 CPP 国际知名品牌。

管道局现有员工 34829 人，其中，合同化员工 20339 人、市场化员工 9153 人、劳务用工 2595 人，非全日制用工 2742。离退休员工 18900 人。

管道局下设 7 个直属机构和 34 个二级单位，主要分布在廊坊、沈阳、西安等 9 个基地。国外在中东、中亚、非洲、亚太、中南美等五大区域设有地区公司，在 21 个国家设有项目部。

管道局 2012 年实现收入 292 亿元，利润 10.1 亿元。

管道局局长赵玉建和东北管道公司总工程师徐茂庆当选党的十八大代表。管道局荣获中国石油创建“四好”班子先进集体。管道局党委荣获河北省委创先争优先进基层党组织。

【工程建设】 2012 年，管道局承担国内外重点工程 45 项，管道总里程 9777 千米，建设管道 5916 千米。管道局优化资源配置，科学组织施工，采取挂牌督办、驻点推进等措施，确保工程顺利推进。西气东输二线东段上海支干线、广深支干线、广南支干线，长庆—呼和浩特、独山子—乌鲁木齐、湘潭—娄底—邵阳、中卫—贵阳 3 标段、日照—东明、陕京三线良西段、阿布扎比原油管道 16 个项目按期投产；西气东输三线 1 标段和 3 标段、中卫—贵阳 6 标段、呼和浩特—包头—鄂尔多斯、锦州—郑州 4 标段、中亚 C 线、中缅管道、哈中二期、伊拉克哈法亚管道和马基努恩外输管道等项目均按计划推进。

【市场开发】 2012 年，管道局中标市场合同额 317 亿元。在国内市场，与 16 家单位签订了战略合作协议，拓展了市场范围和领域，中标西三线 1 标段和 3 标段、呼包鄂、山西管网二期等 43 个项目，新进入广东、安徽、浙江、广西、陕西等省级燃气管网市场。在国际市场，开发五大区域市场，中标中亚 C 线管道、哈中二期管道、泰国那空沙旺天然气管道、伊拉克巴德拉油田管道等 29 个项目，目标市场中标率 70%；进入英国石油公司、荷兰皇家壳牌公司、俄罗斯天然气工业股份公司、马来西亚国家石油公司等储运建设市场，被壳牌列为全球承包商。

技术服务市场不断拓展，维抢修业务进入伊拉克市场，检测业务进入国内五大石油市场；海洋铺管船进入实质性建设，后挖沟机“神龙一号”投入一线施工；掌握 LNG 预应力外罐分析、施工图设计关键技术，承担山西国电 LNG 液化工厂、大港油田滨海新能 LNG 调峰工厂等项目；制订采办物流“三步走”发展规划并完成第一步，实现油品、焊材二级物资集中采购。

【国际业务】 国际项目管理水平持续提升，采办议价能力和合同风险防控能力进一步增强，海外项目质量安全环保和反恐防恐工作整体受控。本土化用工体系建立，一般施工业务基本实现属地分包或与当地公司合作建设。在伊拉克建立本土用工培训基地，本土化用工比例达到 70%。与艾勒夫、奈卡普、沃勒帕森、卡特彼勒等国际知名公司开展合作。基本掌握融资运作规则和工作流程，推进伊拉克战略管道 BOOT 项目和厄瓜多尔成品油买方信贷项目。形成总量近千人的国际项目管理团队。

【企业管理】 制修订制度 65 项、业务流程 154 项，修订申报国家标准 9 项、行业标准 19 项、集团公司企业标准 5 项，编制了国内首个长输管道预算定额标准。把设计、采办、施工过程进行融合，加强项目经营成本控制、分包与分包商管理，总承包能力进一步增强。强化资金集中管控，节约财务费用 1.3 亿元；高端业务和新兴业务投资占 2012 年总投资的 57%；事后合同比 2011 年下降 11%；ERP 系统功能完善，工程项目管理平台二期在国内 14 个项目推广应用，数据库完成一期建设，设计“三化”成果在新建项目全部应用，管道全生命周期管理研究完成“管道工程数字化设计系统”四大设计平台的开发测试。压缩机组规模，管道安装标准化机组已精简到 112 个。评聘一级以上项目经理 117 人；评聘 7 名首席技术专家、41 名技术专家和 12 名高级技术专家、27 名技能专家。2012 年组织项目经理培训班、第二期处级干部和机组长培训班、第三期国际化人才培训等各类培训 1366 项，14.5 万人次。远程网络培训处在集团公司前列。在集团公司 2012 年电焊工职业技能竞赛中，取得了单项三金两银、团体总分第一的好成绩。

【质量安全环保工作】 在质量管理方面，加强质量回访，主动征求业主和运营单位的意见，出台强化现场工程质量管理 10 项举措。开展在建工程专项质量检查，组织质量风险和质量通病识别，工程质量整体受控。HSE 管理方面，推进 HSE 体系建设，全员安全意识、安全行为、安全工作基础不断加强。践行有感领导，处以上干部安全行动计划实施情况公示率 100%；加强机组 HSE 体系建设，94 个机组完成体系培训并全面运行；吸取事故教训，组织案例教育，开展“每月一题”活动，个人安全防护和风险识别能力得到增强；开展“打非治违”，强化现场安全监督，检查现场5346次，整改问题2377项；推动安全关口前移，23家单位上报未遂事件、轻微事件等132起，上报单位及事件同比分别增长110%和170%；组织各类应急演练，提高全员应对紧急事件的处置能力。

【科技工作】 2012年，开展科研课题研究153项，获集团公司科技进步特等奖1项、二等奖1项，获得专利认定50项、企业工法34项，推广应用新技术40项。开展第三代大输量天然气管道工程关键技术、激光电弧复合焊接试验、“X80钢焊接变量”等课题研究，按计划推进。自主研发基于WINDOWS平台的SCADA系统软件和液态聚氨酯防腐补口装备实现工业应用。重点项目进展情况如下：

（1）国家层面。“西气东输二线管道工程关键技术研究”项目包括6项课题，管道局承担4项。基于应变的管道设计技术研究、高钢级大口径管道施工装备与关键技术研究、天然气长输管道自动控制软件开发等课题完成了研究任务，通过验收。“十二五”国家科技支撑计划项目“长距离油气输送管道建设技术研究与示范”，完成项目和课题设计，该项目的5个课题全部由管道局承担。

（2）集团公司层面。开展“第三代大输量天然气管道工程关键技术研究”的顶层设计及课题立项申报论证和组织研发工作。该项目的9个课题中，管道局牵头和参与研究7个。“西气东输二线管道工程关键技术研究（二期）”各项研究任务基本完成，正在组织编写验收材料；“油气管道与储运工程建设技术研究”等项目按计划执行。

（3）天然气与管道分公司层面。“油气管道复杂地质定向钻穿越技术攻关”通过专家验收。该项目成果在惠银线黄河、兰郑长长江、西二线渭河三道“卡脖子”工程及其他难点工程中成功应用。

（4）工程建设分公司层面。2012年，承担工程建设分公司课题17项，管道施工真空吸管器、“复杂荷载工况下大型管道悬索跨越工程设计研究”等成果应用到中缅管道（国内段）工程中。

（5）管道局层面。2012年，开展延续及新立课题98项。完成LNG接收站建设设计图纸；形成9%Ni手工焊、单面埋弧焊、双面埋弧焊、半自动和全自动焊等6项焊接工艺规程；完成储罐DOKA模板、承台、罐壁、预应力、穹顶、桩基等专项施工方案；28英寸三轴高清漏磁检测器、48英寸多功能速度控制清管器完成调试。

【民生工作】 廊坊基地一区新建住宅开始销售，盛世嘉华项目、惠通家园公租房项目、铁岭基地八三馨园项目按计划推进；徐州基地北一区6栋经济适用房、中牟基地中州官渡花园小区4期工程4栋住宅楼已建成。廊坊基地“煤改气”二期工程顺利完成，总医院西楼竣工投用、南楼开始主体施工。及时发放离退休老同志慰问金及福利补贴；在运通家园试点设立社区养老服务中心。试点推进社区物业社会化，部分物业委托地方专业公司管理，服务质量得到认可。所有基地家属工纳入属地养老保险统筹；积极支持廊坊基地残疾子女参加养老保险统筹。统一全员体检标准、扩大覆盖范围。加大对困难群体帮扶力度；招录安置员工待业子女296名。积极承担社会责任，认真开展医疗扶贫与援藏及驻村帮扶工作。

（朱晓颖　李靖宇　李　岩　杨　勇）

中国石油工程建设公司

【概述】 中国石油工程建设公司（以下简称公司）是集团公司专门从事石油工程设计、制造、施工和工程总承包的专业公司。截至2012年底，公司员工总数约16922人；其中，拥有大专以上学历人员7479人，占员工总人数的44.2%，中级职称以上人员3763人，占员工总人数的22.2%。国家一级、二级建造师、IPMP、PMP等持证530人；集团公司优秀设计师、勘察师15人。拥有主要工程机械8414台（套），一次吊装能力可达5000吨，各种工程预制、加工、实验和检测设备齐全，年加工制造能力可达18万吨。2012年，新签合同额275亿元，完成营业收入213亿元，实现利润21.78亿元。公司位列全球225家最大国际承包商第48名、“中国承包商60强”第20名，获“中国2012年最具效益承包商”称号。

【市场开发】 2012年，共追踪海外项目51项，涉及金额570亿元；开发国内项目70项，涉及金额280

亿元。新市场新项目的成功开拓，为公司可持续发展储备了资源。

1. 强化市场开发管理

召开专题市场开发工作会，编发“十二五”重点项目工作规划，明确措施与分工。修订颁布《市场开发管理办法》等3项管理制度，进一步强化两级市场开发管理体系和“五个对照”的工作思路，突出重要客户信息数据库跟踪管理，超前服务，加大营销力度。

2. 加速海外战略市场布局

巩固传统市场，在中东成功获得伊朗北阿、伊拉克鲁迈拉输气管线等项目。积极应对苏丹复杂局势，获得6区哈迪达快速投产及南北苏丹其他区块复产上产项目。抢占先机，与南苏丹合资成立项目管理公司。在中亚成功获得哈萨克斯坦三厂二期、三期以及土库曼斯坦集输及天然气处理厂等一批战略工程。布局美洲、亚太，开拓哥斯达黎加炼厂、厄瓜多尔炼厂、委内瑞拉油田等目标市场，中标安第斯拔头厂改造升级项目。同时，着力开发高端，进入加拿大油砂市场，确定进入澳大利亚煤层气的市场模式。公司海外市场共签约163亿元。

3. 巩固国内炼化市场规模

紧盯广东石化项目，圆满完成前期设计工作，确立了炼油装置工厂化EPC总承包的地位。发挥公司整体优势，宁夏石化、哈尔滨石化、呼和浩特石化等一批单装置EPC任务相继签约，获得12套汽油加氢装置的设计任务和其中6套装置的EPC合同。在稳固集团公司各大炼化市场份额同时，中标神华、中化等系统外多套核心装置的施工安装工程。制造和PMC业务也实现新突破，成功获得广西石化等28台高压容器和加氢反应器制造任务，承揽湖北黄冈LNG和云南石化PMC业务。共完成国内市场签约112亿元。

【工程项目】 2012年，公司在建大中型项目共767项，其中海外20项，国内EPC和大中型设计188项、技术服务247项、施工安装和制造309项、PMC 3项；集团公司重点项目39项。

1. 海外工程成功实施

阿布扎比原油管线重大项目成功投产，伊拉克哈法亚CPF1、艾哈代布二期等集团公司标志性重点工程按期完成。乌兹别克斯坦WCK2、WCK3以及首个由公司自主设计的UGSP项目顺利投产。苏丹哈迪达项目提前投产。伊朗北阿油田、加拿大油砂、土库曼斯坦B包等新项目顺利启动和实施。

2. 国内工程顺利推进

广东石化项目完成第一个场平合同，基础设计全面启动。呼和浩特石化500万吨/年炼油EPC项目投产，广西石化二期等一批大型核心装置设计项目有序执行，实现交付88项。施工制造集中优势资源，保障四川石化、抚顺石化和大庆石化等91个项目顺利中交。岩土工程和安全评价环境影响评价项目完成40个，保持和巩固了行业优势。PMC项目，西二线11座压气站陆续投产，湖北、云南项目顺利推进。

3. 项目管理取得重要成果

海内外所有项目实现投产一次成功率100%。自主开发的PMIS项目级应用在海内外9个单位推广实施，并向公司级深化。阿布扎比原油管线和哈法亚CPF创造国际化项目管理的典范。苏丹三七区油田地面工程喜获“鲁班奖”。2012年共获得省部级以上奖项32项，其中国家优质工程银质奖5项。

【主营业务】

1. 炼油设计基本实现赶超目标

从引进人才到引进智慧，从培训技能到更新理念，从国内项目到国际项目，持之以恒地推进设计业务的进一步整合与升华，并完全能够采用自有知识产权独立完成大型常减压、催化裂化和焦化等各种炼油装置的设计，千万吨级大炼油可行性研究编制、全厂拿总设计和核心装置设计水平达到国内领先。

2. 上游设计跃上新台阶

不断充实设计人才，以先进的设计管理系统为依托，借助合资公司国际化平台，加强规范管理和实战锻炼，成功完成乌兹别克斯坦压气站和土库曼斯坦第二处理厂项目设计。公司已经具备海外油气田井口、集输、长输和压气站等工程的自主设计能力。

3. 施工制造业务持续新发展

不断强化项目运营和分包管理，大型设备吊装、大型机组安装调试、大型储罐等施工专业化优势不断巩固，更加彰显炼化施工主力军地位。以非标制造和高附加值产品开发为契机，新的优势产品逐步形成。尤其是橇装业务设计制造一体化，有力地支持了国际高端市场发展，正形成新的经济增长点。

4. 技术服务和PMC业务获得新突破

依靠溶岩技术优势，获得广东、乍得等多个重大项目的详勘任务；与以色列公司合作实施阿富汗安保项目，安全评价和环境影响评价业务向国外和系统外不断延伸。PMC业务从管道起步，覆盖到炼油、化工、LNG等多个领域，项目管理能力大幅提升。

【安全管理】 2012年，累计安全生产115个百万人工时，安全行车4140万千米，公司获“集团公司2012年度安全管理先进单位”，安全生产形势平稳向好。一是全面开展 HSE 体系推进和整合工作。以杜邦公司为标杆，全面落实总方案规划。完成 E 版体系文件编制、发布、宣贯和内审员培训工作。二是健全监督管理体系，夯实基层安全管理基础。成立安全监督中心，充实安全督察队伍，召开海外和基层班组安全管理与体系推进经验交流会，出台《海外石油工程 EPC 项目 HSE 工作导则》等 8 个规章制度，建立岗位安全培训需求矩阵。三是强化海外社会安全风险防控。加强海外应急响应能力和突发事件处置能力训练，编制《国际业务社会安全管理办法》等 2 个海外专项安保预案，成功应对南北苏丹“3.26”冲突、伊拉克系列恐怖袭击等事件。四是推进特色安全文化建设。重点开展季度安全主题、看图说安全、安全月和“安康杯”知识竞赛等活动，广泛征集编发安全小故事和格言警句，组织制作员工 HSE 手册，公司安全文化氛围日益浓厚。

【基础管理】 研究制订实施方案，在第一阶段对标诊断基础上，展开专题研讨，现已进入专项提升阶段。

1. 基础管理工程不断加强

一是质量体系整合工作顺利完成，以现场施工质量为重点，焊接一次合格率 98% 以上，实现质量零重大事故。二是出台标准化管理办法，以技术标准为重点，统一规范企业标准体系，参编国家标准、行业标准 6 项。三是完善制度流程管理，优化制度 171 项，新增和删改流程 564 个、控制措施 410 个。四是加快 ERP、EPM、档案管理等系统的推广应用，加强以电子文档保护为代表的信息安全系统建设，覆盖率进一步提升。

2. 员工素质持续提升

一是突出两级中层干部素质建设，重点抓好国际工程高级项目经理和财务、设计等专门人才的培养，组织各类培训 166 项。二是加大国际化和高端人才开发力度，2012 年引进各类人才 181 名，其中高端人才 31 名。上游设计派到合资公司和外国公司实践培训 40 人。三是新增集团公司高级技术专家 4 人、技能专家 10 人，公司级专家 28 人。举办公司首届铆工技能竞赛，员工在集团公司和世界级焊接技能大赛中频获佳绩。四是伊拉克员工培训中心正式挂牌启动，海外 4 个区域培训中心共培训当地员工 175 人。2012 年，公司海外项目外籍化比例已达 68.5%。

3. 管理精细化取得重要成果

一是进一步完善物资集中采购，加强采购制度管理。全年累计采购金额 9.71 亿元，控制成本降低率 5%，完成物资运输 7.23 万运输吨，带动国产设备材料出口 1.1 亿美元。二是制修订 8 项财务管理制度，启动“财务基础工作达标”活动，大司库和财务集中报销系统上线运行。通过全年筹融资、应收账款保理和创新理财等资金运作业务，实现净收益 4.44 亿元。三是以内控体系为中心，完善系统功能，积极应对地缘政治、安全、金融、市场和合同法律等风险，推动企业稳健运行。

【科技创新】 2012 年，公司共执行各类科技项目 109 项，投入科技经费 1.8 亿元。集团公司重大科技专项“千万吨级大型炼厂成套技术研究开发与工业应用”已累计取得 5 项理论新认识，15 个关键技术开发取得重要突破。“劣质重油轻质化关键技术研究”项目各专题通过专家验收，为委内瑞拉改质厂和广东石化项目提供技术支持。公司全年共申请专利 56 项，获得授权 40 项。“加热炉模块化建造技术”等 20 项科技项目通过验收。催化再生烟气脱硫脱硝技术完成引进，并在锦西、宁夏项目上应用。“催化 / 加氢装置施工技术集成”项目获“集团公司科技进步二等奖”，“1000 万吨 / 年常减压蒸馏装置工业化成套技术”等 3 项技术被评为集团公司首批“技术利器”。

（严　峰　周学文　陈　璐）

中国石油集团工程设计有限责任公司

【概述】 中国石油集团工程设计有限责任公司（英文缩写 CPE，以下简称公司）是集团公司直属的，具有自主研发能力的，以上游业务为主的工程总承包商（EPC）、项目管理咨询商（PMC）和技术装备供应商，服务能力涵盖从设计到采办、施工、试车乃至配备相应化学助剂等油气田地面工程建设全过程。公司下设机关处室 8 个、附属机构 2 个、直属机构 6 个，有 9 个分、子公司，截至 2012 年底，公司用工总量

6767 人，其中，拥有大学以上学历人员 3530 人，中级以上职称 2475 人，注册执业资格人员 809 人，外籍员工 364 人。公司具有工程设计综合甲级资质，拥有专利技术 206 项、集团公司（省部级）技术秘密 50 项，有 8 项科研成果入选中国企业新纪录。

2012 年，公司工作总体思路："积极发展高端，全力保障安全，切实提升服务，推动公司持续协调高效快速发展"。

【生产经营】 坚持把关注的焦点和工作的重点凝聚于发展的可持续性，全力推行高端化，积极谋划可持续发展，2012 年实现经营收入 162.3 亿元、利润总额 5.0 亿元、上缴税费 7.1 亿元，同比分别增长 59.7%、64.7% 和 50.7%，超额完成集团公司下达的各项指标。

（1）坚持以市场为中心，经营业绩再创新高。坚持把市场开发作为生产经营头等重要的工作时刻摆在首位，一切工作都围绕市场、围绕客户开展，推进并构建"确定今年的、准备明年的、谋划后年的"顺序滚动推进的市场格局，市场开发始终保持对公司发展的强劲拉动作用，全年新签合同额达到 272.3 亿元，同比增长 32.6%，其中系统外新签合同额 80.5 亿元，占合同总额的 29.6%。

（2）EPC 业务健康发展，"转型"目标基本实现。坚持把高端化作为 CPE"转型"的根本途径，着力推动内部资源向 EPC 业务集中，突出抓好 EPC 市场开发，承担湖北 500 万米^3/日 LNG 国产化示范工程等 EPC 项目，EPC 新签合同额 223.9 亿元，实现经营收入 120.1 亿元，同比分别增长 52.1% 和 64.1%，分别占合同总额和总收入的 82.2% 和 73.9%，标志着"转型"目标基本实现。

（3）海外业务稳步发展，服务保障能力持续提升。成立尼日尔分公司和坦桑尼亚分公司，强化海外市场开发，加强国际化人才培养，坚持以我为主，面向全球整合资源，承担集团公司海外油气田地面工程设计工作量的 90% 以上，为集团公司海外业务发展提供强有力的技术支持和服务保障，并在集团公司外部海外市场实现突破；海外新签合同额 61.7 亿元，实现经营收入 33.9 亿元，分别占合同总额和总收入的 22.7% 和 20.9%。公司承担的哈法亚油田一期工程提前 15 个月成功投产，不仅为 CPE 赢得荣誉，也为中国石油赢得荣誉。

（4）科技创新成果丰硕，科技产业化发展迅速。编发 CPE"高端技术发展 3 年计划"，确立 LNG 装置国产化研究等 8 个方向 33 项重大科研课题。投入 1.4 亿元专项资金，组织开展科研项目 71 项、技术基础工作 20 项；2012 年新申报专利 63 项，获专利授权 49 项，其中发明专利 12 项；有 24 项科技成果被认定为集团公司技术秘密。编发 CPE"标准化工作 3 年计划"，大力推行标准化、模块化、橇装化和一体化集成装置，科技产业化实现收入 12 亿元。

【企业管理】（1）安全管理成效卓著。召开隐患治理攻坚战动员会，坚持"关口前移、重心下沉"，认真落实年度安全管理工作计划和领导干部个人安全行动计划，切实加强安全培训和内部经验分享，持续完善安全监督工作机制、管理制度和作业指导书，扎实推进隐患治理专项活动和基层班组 HSE 能力提升、标准化班组建设活动。2012 年，制（修）订安全管理制度 8 项，召开安全会议 8 次，举办安全培训和安全文化讲座 13 期，培训安全管理人员 459 人次；开展安全监督检查活动 8 次，累计检查 EPC 项目 118 项次，排查事故隐患 349 项；安全管理工作成效卓著，安全管理体系更趋完善，全员安全意识和安全执行力稳步提高，全年未发生较大人身伤害及环境污染事故。

（2）项目管理团队建设不断强化。坚持把项目管理团队建设作为 CPE 发展高端的首要措施，编发 CPE"项目管理团队建设 3 年计划"及"高端人才培养 3 年计划"。2012 年举办项目管理培训班 28 期，培训项目管理人员 2000 多人次；组织兰州国储库工程等大型 EPC 项目开展内部经验分享活动 8 次，参加人员 639 人次。

（3）项目管理更趋规范。全力推进湖北 500 万米^3/日 LNG 国产化示范工程。加强重点项目过程监督、管理协调和资源配置，为 EPC 项目协调配置管理人员 150 多名。加快推进 EPC 项目管理体系和项目管理信息系统建设，积极开展重大项目风险防控、效能监察和过程审计。公司 2012 年运行项目 2865 个，生产组织运行平稳。

（4）物资采购管理初显成效。成立物资采购部和招标中心，并取得集团公司内部招标资质，完善采购及招标管理制度，建立招标评审专家库、物资和供应商管理目录，全面推行集中采购和公开招标，2012 年完成采购额近 40 亿元，集中采购率 85.1%；完成招标项目 310 项，公开招标率达 40%；通过集中采购和公开招标，规范采购和招标行为，取得良好的经济效益。

（5）管理创新持续深化。对公司下属的北京分公司和岩土工程分公司进行整合，持续优化公司总部机构设置及职能分工。成立"新疆大庆"工程建设技术支持与服务保障工作领导小组，将塔里木分公司升格为正处级，在吐哈油田设立 2 个项目部，助力"新疆大庆”建设。全面推行“三工并存，动态转换”，2012年晋升合同化用工153人、市场化用工185人；坚持资源配置向高端业务倾斜，全年减少低端直接用工近2100人，合同化、市场化操作人员71人。

（6）管理“法治”化稳步推进。扎实推进管理提升活动，在公司广泛开展制度建设自查和抽查，持续深化制度建设，公司2012年制（修）订规章制度380项、管理模板245项，公司治理“法治”化水平持续提升。积极推进法律风险防控体系建设，不断强化财务管理、内控管理、投资管理和设备管理，认真做好保密管理、档案管理、统计、协会及外事管理工作。

（7）CPE品牌价值持续提升。完善品牌建设制度及EPC项目岗位服务标准，大力开展精品工程创建活动，2012年获省部级以上奖励80项，主（参）编国家及行业标准24项，在省部级以上期刊发表论文214篇。深入实施质量问责制，全年累计问责539人次，其中处以上干部31人次。强化勘察设计产品质量监控，深入开展客户回访活动，CPE平均客户满意度96分。

（8）信息化建设取得阶段性成果。CPE经营统计信息系统、EPC项目内部人力资源调配系统等辅助决策系统的多个子系统上线运行，项目管理信息平台已具备试点推广条件，视频会议系统在EPC项目得到深化应用，ASPEN、PDMS等大型软件深化应用工作有效推进，信息化对公司发展的服务保障作用明显提高。

【领导班子与队伍建设】（1）切实加强领导班子建设。深入落实“五个一”工程，举办第七期处级干部暨第四期中青年干部工商管理培训班，处以上干部讲课373人次，发表文章97篇，研读书目136本次。落实“干部队伍结构调整实施意见”，2012年调整副处以上干部54人次。

（2）积极推进高端人才队伍建设。强化执业资格取证培训，做好专家、项目经理评审与考核，按照集团公司要求，增补集团公司高级技术专家1人、技能专家1人。加大高端人才引进力度，2012年接收应届毕业生282人，其中研究生138人；引进EPC业务急需人才26名。

（3）全面开展职业化培训。构建以内部培训为主、外部培训为辅，自我培训为主、组织培训为辅的，具有CPE特色的全员立体培训体系，完成培训资源共享平台和员工培训数字化建设，依托公司六大培训基地，深入开展职业化培训，2012年组织员工参加培训2268期，培训45339人次。

【文化建设】（1）“四讲”主题活动蓬勃开展。公司召开“讲奋斗、讲奉献、讲担当、讲忠诚”主题教育活动动员会，全面开展“四讲”主题教育活动，通过编发教育读本、开设宣传专栏、组织“奉献者之歌”专题报告会等，唱响“我为祖国献石油”的主旋律，形成浓厚的文化氛围和强大的文化势能。

（2）基层党建工作扎实开展。召开“纪念建党91周年暨创先争优活动总结表彰大会”，举办学习宣传贯彻党的十八大精神培训班，深入开展党建“三联”责任示范点和项目党建活动，认真执行“三重一大”决策制度，全面落实党风廉政建设责任制。

（3）和谐企业建设成效显著。公司组织开展“为CPE‘二次跨越’建言献策”大讨论，2012年征集合理化建议1427条，组织劳动竞赛57场次，帮扶困难员工575人次，发放困难帮扶资金98万元，发放慰问金174万元，组织文体活动273场次。切实关注员工身心健康，认真做好离退休管理、民族团结、维护稳定、计划生育等工作。公司荣获全国能源化学系统“五一劳动奖状”。

（曹海文）

中国寰球工程公司

【概述】 中国寰球工程公司（以下简称公司）是集团公司的全资子公司，是以技术为先导，以设计为龙头，集咨询、研发、设计、采购、施工管理、设备制造、开车指导等多功能于一体的，具有项目管理承包和工程总承包综合能力的国际工程公司，是智力密集、技术密集的科技型国有骨干企业。

公司现有员工9875人，国家级设计大师2人，行业级设计大师4人。教授级高级工程师105人，高级工程师1078人，高级项目管理人员236人，硕士和博士以上学位人员777人，在国际工程公司工作和培训两年以上的技术管理骨干160多名，高级别国家注册执业资格师1884人次。

以北京总部为核心，形成华北、华东、华南、西北、西南、东北六大国内区域运营中心，以及亚太、中东、北美、南美、中亚五大海外运营中心，组建欧洲和新加坡海外采购中心，设立20多个海外办事处和海外子公司，呈现良好的业务发展态势和卓越的市场影响力。

公司拥有工程设计综合甲级资质，受理及授权专利总数累计达223项，专有技术30项，省部级以上工法13项，自主开发的计算机软件38项；荣获国家和省部级发明奖、科技进步奖、优秀工程设计奖等奖项500余项；主编和参编的国家标准规范33项，行业标准规范47项，中国石油企业标准9项，协会标准规范8项。国家能源天然液化气研发（实验）中心落户公司。

1999—2012年，公司连续14年被美国《工程新闻记录》（ENR）评选为全球最大225家工程承包商和全球最大200家设计公司之一，2012年度实现“全国工程勘察设计企业年营业收入前100名”和“工程总承包完成合同额”国内业界双排名第一，工程总承包完成合同额在全国勘察设计行业百名排序中连续2年位居第一。

【主要生产经营指标】 2012年，公司新签合同额321亿元，实现营业收入132亿元，利润总额5.90亿元；成本费用利润率5.46%，比考核指标提高2.71个百分点；实现经济增加值（EVA）2.91亿元；资产总额达到123.69亿元，流动资产占资产总额的84.14%。全年独立采购额达24亿元，完成机电产品国际招标业务133项，委托招标金额2.22亿美元，顺利完成甲级资质保级任务。

【业务布局调整】 组建工程中心、项目管理与控制部，初步构建了市场经营新格局；收购加拿大SPEC公司66.7%的股份，顺利进入加拿大油砂工程市场；与意大利TPIT签约成立采购合资公司，提升全球采购能力；与大庆石化公司、中国石油海洋工程公司、新加坡胜科海事、加拿大SUNCOR等公司加大技术交流与战略合作步伐；节能评估和社会稳定风险评估等新兴业务迅速拓展，完成珠海PTA三期、神华陶氏榆林煤化工、大唐承德和阜新LNG等项目的节能评估报告；加大两级集中采购执行力度，两级集中采购度达85%。

【重点项目建设】 集团内部服务保障能力进一步增强。大庆乙烯项目仅用19个月有效工期完成项目建设全部任务，创造高寒地区建设同类装置用时最短纪录，顺利产出合格乙烯产品，宣告我国首个国产化大型乙烯成套技术工业化获得成功；安塞LNG项目成功产出合格LNG液体，标志着公司自主开发的双循环混合冷剂大型液化技术（DMR）首次工业化应用获得成功；抚顺乙烯项目一次性开车，四川乙烯项目高水平建设，江苏LNG项目3号罐、大连LNG项目3号罐一次投产成功，一期工程建设任务圆满完成；唐山LNG项目4台储罐全部顺利升顶，山东泰安LNG项目开工，云南炼油项目全面开展初步设计，呼和浩特石化公司500万吨/年炼油项目高水平中交。

海外和系统外重大项目顺利执行。越南化肥项目一次开车成功，成为中国工程公司在海外完成的首个工厂化总承包交钥匙工程；在海工领域首次系统尝试的印度尼西亚巴丹岛海工基地发展总承包项目顺利完成；伊拉克火炬消烟项目、沙特阿拉伯火炬改造项目均顺利推进；委内瑞拉MPE3扩建项目基础设计按计划顺利执行；中缅管道马德岛罐区项目现场安装工作正式展开；乌海焦炉煤气项目进入试运行阶段，承担设计任务的河南濮阳20万吨/年碳四临氢芳构化工业装置一次开车成功；中电投伊南煤制天然气PMC项目一期工程总体设计顺利开展。

【市场开发】 在海外市场，完成古巴炼油及LNG项目全部签约程序；积极推动澳大利亚FLLNG项目气源落实工作并签署项目可转换总承包合同，签订新西兰煤制化肥项目FEED合同，实现在大洋洲市场的又一突破；与加拿大兰万灵公司签署麦肯河一期项目中心处理厂设计分包合同，与加拿大SO公司签订提供服务框架协议，为公司在加拿大市场长远发展奠定基础；签署新加坡炼厂MCP和LOBO项目的有关合同，承接新加坡大士公用工程二期总承包项目和新加坡炼油厂海水提升和消防水管网系统总承包项目合同；承接土库曼斯坦阿姆河右岸二期天然气处理厂和新增年产300亿立方米天然气产能PMC项目，签订哈萨克斯坦吉姆肯特炼厂改造项目FEED合同，为中亚运营中心建设奠定良好基础。

在集团公司内部，获得泰安LNG、宁夏大化肥和阿克苏大化肥、西气东输站场等项目，签订云南炼油EPC合同框架。集团公司外部签署国内第一套400万吨/年煤间接液化项目——神华宁夏煤炭间接液化项目总体设计和2套装置EP合同，获得山东神达聚丙烯、山东昊达环氧乙烷和非离子表面活性剂总承包、新疆天利实业轻馏分综合利用、湖北中哈碳四工程、大唐承德LNG等项目。

【技术创新】 2012年新增授权专利51项，已累计获得国家受理授权专利数达223项，全年获得国家和省部级优质工程、海外优质工程、优秀工程设计、总承包项目奖、科学技术奖等各类奖项达22项。石油化工事业部荣获“全国五一劳动奖状”，六建公司荣获“全国五一劳动奖状”，杨庆兰同志荣获“全国五一劳动奖章”。

4个层次科技创新项目扎实推进。百万吨级乙烯成套技术开发工艺包编制任务超进度完成；国家能源天然液化气研发（实验）中心首批资金到位，中国寰球工程公司液化天然气研发中心试验和培训基地落户江苏LNG接收站项目现场；“无线节点网络技术研究”项目正在制订数据传输技术及设备研究方案；大型乙烯成套技术在大庆乙烯项目成功实现工业化应用；大氮肥成套技术开发依托宁夏大化肥项目顺利推进；液化天然气接收站技术通过验收，形成具有自主知识产权的LNG接收站成套设计、施工技术及标准规范体系；“天然气液化关键技术研究”工艺包获专家认可，依托泰安LNG项目顺利推进；生物航空煤油成套技术开发已被列为集团公司重大专项；参与的“千万吨大型炼厂成套技术开发”2个专题开展初版PFD、PID和工艺包编制工作；参与的“炼油催化剂研制开发与工业应用”2个专题顺利推进；集团公司14项重要科研项目和工程建设分公司17项科技项目均有序推进。

狠抓创新体系完善，科技管理水平持续升级。确立未来5年技术开发的总体思路和发展方向，初步形成科技创新顶层设计架构，编制《项目开题报告编制模板》等支持文件；开创《寰球科技》学术交流平台，完成公司内部47项各类奖项的评优工作，有效促进技术人员对项目经验的梳理和总结，激发创新热情；加快信息化建设步伐，项目管理平台和三维协同设计平台建设有序开展，云计算平台、COMOS平台和新基地信息系统建设稳步推进。

【管理提升】 安全环保管理工作扎实开展。2012年，公司未发生安全责任、质量和环保事故，累计实现安全工时6113万小时。按照集团公司整体工作部署，深化制度建设，强化关键环节的质量安全环保监管，推行三级质量安全教育，深入完善HSE管理体系建设和标准化建设，深入开展风险防控工作；开展安全培训139916人次，组织应急演练164次；修订和新出台13项质量安全环保制度；编制发布《现场管理标准化图集（指南）》，并在唐山LNG项目启动试点推广工作；成立了安全监督总站，实现监管分离、异体监督，开展HSE检查16955次，累计发现、整改问题15870项，全部整改完毕；扎实开展“安全生产月”和“安全生产年”活动，有效地利用《安全寰球报》推动工作。

基础管理建设工程深入推进。共发布110项现场HSE和施工管理体系文件；对总部32个部室、6个工程项目部及7个工程总承包项目施工现场进行QHSE管理体系审核；新编、修订《安全监督工作条例》、《境外公出差旅费管理暂行办法》等重要制度文件；规范ISO/TC67/SC6国内技术对口工作的组织和管理；完成大司库系统上线任务，强化资金集中管理；启动FMIS系统内部交易模块上线运行工作，实现会计主要报表“一键生成”；启动风险管理报告编制工作，完善内控与风险管理组织机构，整合总部及各单位内控手册；加快推进工艺集成系统建设，为上下游数据一致性传导做好技术准备；启动集团公司物资采购管理信息交易平台的上线应用工作，参编集团公司《物资采购案例汇编》工作。

【精神文明建设】 国际化人才引进培养成效显著。继续加大人才引进和储备力度，一批具有高学历、高素质、海外学习和工作经历、紧缺专业的高端人才加盟寰球；坚持实施学历教育、素质教育和能力教育，共有120余人获得学历、学位提升，新取得各类资质达191人次；重点推进国际化人才培训、后备人才培训、二级企业骨干轮训等项目，组织三级培训335项，培训1.75万人次，现金投入1650万元，创历史新高；强化外语培训和达标，2012年累计3500人参加英语、西班牙语、俄语等各类语言培训，集团公司模拟托福参加考试人数和通过率同比分别增长113.9%和16.5%；部分事业部开始聘用高端外籍技术和管理专家；竞聘、选聘具有国际化水准的中层干部66名。

狠抓党建、队伍和文化建设，把学习宣贯党的十八大精神作为首要政治任务，加强和改进基层党的建设，不断深化“党员责任区”、“党员先锋岗”等活动，党组织政治核心作用和党员先锋模范作用得到充分发挥；着力加强领导班子的思想政治、组织、作风、能力和廉政建设，加大干部公开招聘、竞争上岗和交流力度，各级班子整体功能进一步增强；持续弘扬大庆精神铁人精神，做好先进个人和典型项目选树工作，成功举办青年文化节等各种文体活动；加强对外宣传和舆论引导，成立新闻办公室，通过官方微博、手机报、内外网等多种平台，塑造和提升企业品牌和形象；积极开展困难群体帮扶，健全企业年金制度和多层次医疗保险制度，积极履行社会责任，形成职工群众共享企业发展成果的和谐环境。

（刘　佳）

中国昆仑工程公司

【概述】 中国昆仑工程公司（以下简称公司）是集团公司的全资子公司，已走过60年的辉煌历程，是集咨询、研发、设计、采购、施工管理、开车指导和工程监理、工程总承包、项目管理承包、技术服务等多功能于一体的国际工程公司和国有科技型骨干企业，拥有4家全资子公司，2家控股子公司和1家分公司。

公司持有国家颁发众多甲级资质证书；通过ISO 9001质量体系、ISO 14001环境管理体系、OHSAS 18001职业健康安全管理体系和中国石油HSE管理体系认证；拥有国际先进的工程设计、项目管理及办公自动化等应用软件和数据库，建有先进的计算机网络平台和应用体系；享有国家授予的对外经营权。

公司长期致力于石油化工、纺织化纤、煤化工、环境工程、建筑工程等领域的建设、创新与发展。先后承担设计和建设完成各类大中型石油化工、化纤及其原料和民用建筑等工程数千项，国外经援、经贸工程百多项，遍布全国及26个国家、地区。获国家科技进步一等奖、二等奖，全国、省部级优秀勘察设计特等奖、金质奖、优秀奖、管理奖等数百项。拥有雄厚的科研和技术实力，承担多项国家重大科技攻关任务，在大型连续缩聚聚酯（PET）、精对苯二甲酸（PTA）、顺丁橡胶、ABS、己烯－1、工业废水处理等领域拥有专有技术，获得国家授权专利54项，其中，PCT专利10项。主编和参编国家和行业标准67项，其中国家标准22项。

公司现有在职职工1990人，其中，工程技术人员1171人，国家设计大师2人，教授级高级工程师29人，高级工程师361人，享受政府津贴专家2人，特殊贡献的中青年专家1人，具有各种国家执业注册资格人员627人。

公司被评为国庆60周年勘察设计行业“十佳工程承包企业”，获得中央企业先进集体，首批“AAA级信用企业”和北京市“高新技术企业”，连续10年被评为中央国家机关和首都文明单位，一直位居国家勘察设计百强企业名列，在国内外工程建设领域享有较高知名度与良好信誉。

【主要生产经营指标】 2012年，实现营业收入45亿元；利润总额10214.50万元；经济增加值4968.00万元，成本费用利润率2.11%，好于预算目标；2012年末资产总额40亿元，同比增长28%，未发生安全环保责任事故，全面完成集团公司下达的各项考核指标，各项工作都取得了新的进展和成绩。

【工程建设】 2012年，是公司有史以来工程建设业务最具挑战性的一年。面对世界经济复苏乏力，国内经济增速减缓，企业生产经营成本持续上升等诸多不利因素，公司精心组织、严格控制工程质量、工期进度和现场安全，在继续保持国内聚酯、PTA等传统工程市场绝对优势的同时，大力拓展集团公司内外部市场，在石油化工、合成材料、化纤纺织、环保工程等领域都取得新的进展。

集团公司内部市场。有力保障集团公司炼化重点在建工程的顺利实施。确保大庆石化、抚顺石化、呼和浩特石化等重点工程如期建成投产，四川石化如期建成中交、广东石化如期开工。其中，因承担大庆石化百万吨乙烯、千万吨炼油工程荣获“全国五一劳动奖状”称号。

集团公司外部市场。确保绍兴远东、江苏海伦、江苏虹港等百万吨级化工工程重点项目建设（其中，绍兴远东年产140万吨大型PTA工程如期建成投产）的同时，继续保持在合成材料领域工程建设的专利技术和成套装备的市场竞争能力，确保30多项工程建设项目有序推进（其中，16项国内外承包工程相继实现投料开车一次成功），在大型石化企业污水处理工程中取得长足的进步，承担完成的辽阳石化、恒力石化、嘉兴石化、逸盛大化、海南逸盛等污水处理工程顺利建成并投入运行。

【企业管理】 2012年，公司继续坚持把加强“三基”工作作为固本强基的战略任务，全面强化“三基”工作，深入推进基础管理建设工程，全面开展管理提升活动，不断提高企业管理水平，确保稳定和改善企业经营业绩。

公司坚持开展“六个一”党支部创建工作，切实加强领导干部能力建设、作风建设和党风廉政建设，多个基层组织和个人荣获集团公司先进基层党组织、先进集体、优秀共产党员等称号。

扎实推进 QHSE、规章制度、应急、预算、内控等管理体系建设，持续推进机制创新和流程优化。发布实施新版《QHSE 体系文件》、《EPC 管理体系文件》、《内部控制管理手册》，修订完善管理规章制度 65 项，发布实施合同管理、费控管理等一批规章制度，推广应用 ERP 资源系统、工程项目管理平台、P6 管理软件等管理工具，风险管控能力持续增强。

加强全员培训力度，促进队伍整体素质的不断提高，持续提高劳动生产率。持续加强基本队伍建设，努力打造一支吃苦耐劳、奉献拼搏、敢打硬仗、具有良好精神风貌的人才队伍。

公司全面开展管理提升活动，针对查找出公司在基础管理、专项管理和项目管理等 3 方面上的管理短板以及瓶颈问题，制订实施方案，优选提升措施，推动有效整改。持续加强人工成本控制和管理，认真落实开源节流和降本增效各项措施，深化对标分析和精细化管理，通过优化设计方案，集约化采购，确保各项费用支出严格可控。

质量安全环保管理持续优化。扎实推进质量管理体系建设，强化工程建设质量全过程管理，加大工程质量监督力度，确保质量整体受控。深入推进 HSE 体系建设和规范运行，调整充实安全环保专职机构，突出风险管控、监督检查、隐患治理，强化分包管理，全面实施百万工时安全统计工作，开展环境保护和健康防护。持续完善公司应急管理体系建设，应急预案顺利通过集团公司备案审查。切实加强外事及海外安全与防恐应急管理，确保海外项目及人员安全。所承担国内外工程未发生一起安全、环境、健康责任事故。

【科技创新】 2012 年，公司科技创新能力持续增强。结合公司“十二五”规划，着力打造自有技术体系。承担集团公司科技项目 8 项，工程建设分公司统筹科技项目 6 项、核准科技项目 8 项。全年申报专利 15 项，获得新授权 12 项。科技成果转化力度加大，科技进步有力支撑公司主营业务发展。确立业务建设项目 91 项，主编国家和行业标准规范 5 项，企业标准体系建设逐步整合规范。启动实施推广集团公司多种管理应用系统，信息化在提升管理效率和效益的作用进一步凸显。

2012 年，公司获省部级科技进步一等奖 1 项，省部级科技进步三等奖 1 项，省部级优秀工程设计一等奖 4 项，省部级优秀工程设计二等奖 6 项，其他省部级工程设计奖项 7 项。

【党建工作】 2012 年，公司始终坚持围绕中心抓党建，把学习宣传贯彻党的十八大精神作为首要政治任务，采取多种学习方式，加大学习宣贯力度，努力把党的政治优势转化为推动发展，构建和谐的工作优势。

深入开展创先争优活动，选树 5 名公司优秀共产党员标兵。深化“四好”班子建设，大力提升各级领导班子的整体能力。

持续开展工程监督、专项治理和效能监察，规范企业运作，确保廉洁从业。召开反腐倡廉工作会议，切实抓好责任落实和制度执行。选择工程建设项目进行效能监察，不断完善内部审计制度。围绕集团公司专项审计等工作，认真落实整改，增强干部员工履职尽责、廉洁奉献的责任感。

认真做好新形势下对群团组织的领导工作，保持安定团结的政治局面。充分调动各方积极性，凝心聚力，构建和谐。

2012 年，公司以纪念公司（院）成立 60 周年为契机，组织开展系列庆祝活动，全面梳理公司 60 年的发展历程、辉煌成就。倡导“我为祖国献石油”核心价值观，积极开展大庆精神铁人精神再学习再教育再深入活动，不断激发干部员工立足岗位作贡献，以一流工作促进公司发展的动力和创造力。

（鲍世庆　肖春宏）

中国石油集团东北炼化工程有限公司

【概述】 中国石油集团东北炼化工程有限公司（以下简称公司）是集科技研发、设计咨询、工程施工、项目管理、工程监理、设备制造、无损检测业务为一体，具有工程总承包综合能力的大型国际工程公司，公司总部设在沈阳，业务遍及国内近30个省（区、市），以及海外近20个国家和地区。公司现有职工1.2万人，二级单位9家，截至2012年底，资产总额45亿元。

【主要生产指标】 2012年，实现营业收入60.9亿元；利润6000万元。新签合同额72.6亿元，创历史新高。工程设计业务实现营业收入25.8亿元；工程建设业务实现营业收入38.3亿元；项目管理、监理和无损检测业务实现营业收入2.45亿元。

【工程设计】 公司拥有化工石化医药行业甲级、工程咨询甲级、环境影响评价等甲级资质。省部级设计大师8人，一级、二级建筑师，一级、二级结构师等国家注册人员700人。合成氨3项催化剂的研究及应用、年产11.5万吨乙烯装置设计等7项成果获国家级科学技术进步奖。芳烃抽提装置设计、吉化污水处理厂改扩建工程等8项成果获国家级优秀工程设计奖。

吉林设计院成立于1958年，前身是化工部第九设计院。先后承担过30万吨/年乙烯建设、70万吨/年乙烯扩建和30万吨/年合成氨、12万吨/年丙烯酸及酯等一批国家重点大型工程的设计。在丙烯酸、聚乙烯、丁二烯、丙烯酸酯、合成橡胶、ABS、环氧乙烷、燃料乙醇、化工污水处理等方面，在国内具备显著技术优势。

锦州设计院始建于1948年，参与设计了我国第一套顺丁橡胶装置，拥有异丙醇、环丁砜装置设计自主知识产权。能够承担500万吨/年常减压、240万吨/年延迟焦化等炼油装置设计。

葫芦岛设计院成立于1962年，在常减压、减黏裂化、延迟焦化、气体分馏、尿素脱蜡、溶剂脱沥青、氧化沥青等方面有较为丰富的设计经验。其中液蜡分离单体烃工艺、蒸馏—减黏热联合节能优化组合工艺被列为集团公司专有技术。

吉林机械分公司始建于1958年，是我国最早建立的化工机械制造企业之一，具有AR1、CR1级压力容器制造许可证，美国ASME压力容器设计制造许可证。铝制铁道罐车产品获国家银质奖。吉林机械分公司还承担集团公司炼化板块和销售板块20多家地区公司的机械清洗业务，创造较好的经济效益。

【工程施工】 公司承建的抚顺石化丁苯橡胶、丁二烯、高密度聚乙烯按期投产。吉林石化ABS顺利投产。四川石化高密度聚乙烯、丁二烯、MTBE、芳烃抽提装置按时中交。大唐1830工程竣工。阿尔及利亚天然气液化项目开展试运行工作。阿联酋油气处理装置进展顺利，钢结构安装1.3万吨，完成9.7万焊接当量。

【项目管理】 公司所属梦溪工程管理公司已经发展成为员工千人、主营收入上亿元、利润超千万的全国知名工程管理公司，全国工程监理企业排名第26位，在集团公司监理业务和PMC业务中位居前列。吉林亚新检测公司是炼化行业实力最雄厚的检测单位之一，是中国石化天津百万吨乙烯等大型工程的第三方监检单位。

【管理提升】 公司以“强基固本、控制风险、转型升级、保值增值、做强做优、科学发展”为主题，开展管理提升活动。完成第一阶段自我诊断工作，对于需要改进的问题，制订了专项提升方案。调整优化组织结构，确立以工程设计、工程建设、工程项目管理三大主营业务，打造公司核心竞争力，形成工程设计主打吉林设计院、工程建设主打吉林化建公司、工程项目管理主打吉林梦溪工程管理公司3个拳头。坚持管控结合，人工成本得到有效控制。坚持不越红线，不碰底线，严格执行工资总额与经营挂钩，各单位工资总额继续拿出18%用于再分配，充分调动各单位创效积极性，为完成全年任务提供保障。实行管办分开，提高采购效率，降低采购成本、保证采购质量，二级集中采购度达100%，一级物资网上采购达到集团公司要求。加强财务管理，深入项目进行检查，督促项目部加强成本管理。法律事务得到加强，组织处理16起纠纷案件，减少经济损失2100万元，维护公司合法权益。

【安全生产】 公司狠抓安全和质量两条生命线，安全环保形势可控，实现2012年目标。深入推进HSE管理体系建设，开展体系审核，规范体系运行；加强HSE培训，提高全员HSE素质。年初与各单位签订安全环保责任书，落实安全责任。对集团公司HSE体系推进审核发现的153项问题进行整改。加强隐患排查，对查出的14项隐患挂牌督办。组织施工现场检查15次，发现整改问题58项。各单位开展各层次的培训和检查，现场安全管理水平明显提升。公司被评为集团公司2012年度节能减排先进单位。吉林机械分公司存在多年的隐患整改资金得到落实。开展质量体系推进工作，建立了质量内审员专家库。

【科技创新与成果】 公司2012年开展科研项目26项，获得专利授权16件，科技奖励5项，发表科技论文131篇。

【人才培养】 公司统筹抓好以高层次人才和高技能人才为重点的各类人才队伍建设。吉林设计院周江沛被聘为集团公司高级技术专家，填补公司缺少集团公司技术专家的空白。徐龙杰、郑秋林、高振杰、刘延虎4人被聘为集团公司技能专家。实施全员培训计划，公司机关开展各类业务培训班23期，培训各类人员400多人次；基层各单位开展全员培训班300多期，培训各类人员7000人次。成功举办公司职业技能竞赛。4个技能专家工作室开展技能攻关7项，取得国家工法1项。

【精神文明建设】 公司深入推进“四好”班子建设，各级领导班子素质不断提高。制定出台《离开现岗位企业领导人员暂行办法》，明确公司直属企业助理、副总师配备职数。召开“七一”表彰大会，全面回顾总结创先争优活动，表彰一批先进基层党组织和优秀党员。加强基层班组建设，按照“五型”班组标准，制定完善班组建设管理制度。纪检监察工作立足“监督加服务”定位，签订党风廉政建设责任书，落实责任。建立直管干部廉政档案。开展警示教育活动，参观辽宁省监狱警示教育基地。围绕工程建设、物资采购，开展效能监察12项。公司被评为集团公司惩治和预防腐败体系建设先进单位。

以丰富员工生活、构建和谐企业为出发点，组织丰富多彩的文体活动，凝聚人心，鼓舞士气。组织公司首届职工羽毛球比赛。开展“喜迎十八大、全员健身月”活动，获得国家体育总局颁发的“优秀组织奖”。组织“打造共同家园”形势任务教育活动。宣传工作在外部媒体发稿326篇，扩大公司影响和美誉度。开展“展青春风采、树青年形象”、“管理提升、青年先行”活动。稳定工作实现“三个确保”的目标。李树久被评为集团公司十大模范党支部书记，徐龙杰入选《中国石油企业文化辞典》，杜洪涛获“全国五一劳动奖章”，王大喜被评为“集团公司优秀青年工作者”。刘延虎起重班被授予“全国工人先锋号”，宋鹏班被评为“全国质量信得过班组”。吉林化建公司荣获“全国优秀施工企业”、“全国创鲁班奖工程突出贡献单位”。吉林设计院被中华全国总工会授予“工人先锋号”，被集团公司评为创建“四好”班子先进集体。公司入选辽宁省勘察设计企业20强，排名第三；在全国排名第35位，首次进入前50强。

公司将立足东北，面向全国，开发海外，积极履行作为国有大型企业的经济责任、社会责任和政治责任，努力建成国际一流的能源行业工程公司，为全面振兴东北老工业基地作出贡献。

（王多伟）

中国石油技术开发公司

【概述】 中国石油技术开发公司（英文缩写CPTDC，以下简称公司）肩负着协调指导集团公司各装备制造企业销售业务职能，统筹协调国内销售市场业务的开拓，统一组织集团公司装备制造产品的出口贸易，带动产品出口，同时为集团公司海外投资项目建设提供物资装备保障。公司在全球51个国家设立67个海外机构，基本建成了覆盖全球主要产油国的国际营销网络布局。产品已累计出口到78个国家和地区。

2012年，公司实现签约额51亿美元，比2009年翻了一番多，实现了“三步走”第一步发展目标；

全年实现主营业务收入256亿元，同比增长51%。

截至2012年底公司员工总数1178人，其中，中方员工591人，占比50%，外语通过率94%，形成了一支具有精通英、俄、法、西、葡、阿拉伯6种语言的国际商务人才队伍。具有石油专业和技术背景的人才272人，占比46%；具有贸易及经济类专业背景人才187人，占比34%，具有各种语言类专业背景的人才91人，占比17%。

公司总部机关设有11个职能处室。根据地区和专业，设有独联体分公司、亚非分公司、美欧分公司、中东分公司、石化分公司、管道分公司、中亚管道项目部、海洋工程分公司、物流分公司、钻探装备部、开发装备部和综合装备部12个直属经营机构。

【主要生产经营指标】 2012年，公司实现签约额50.58亿美元，比2009年翻了一番多；全年实现主营业务收入256亿元，同比增长51%；实现利润8.36亿元，经济增加值2.97亿元，超额完成集团公司下达的考核指标。各地区分公司全年共实现签约额19.01亿美元，同比增长19%，并连续2年签约额保持在4亿美元规模。各专业分公司业务规模继续保持快速发展，全年共实现签约额31.57亿美元，同比增长37%，其中石化产品签约额达到22.64亿美元。通过实施主导产品出口倍增计划，钻探、开发和综合装备等部门全年签约规模均达到6亿美元，有24种产品签约规模超过1000万美元，同比增加7种。全年为中国石油14个国家的海外项目提供物资装备供应，有效带动集团公司装备产品走出去，服务保障作用和带动出口作用得到充分发挥。

【国际市场】 公司进一步加快国际营销网络布局和功能建设，2012年新设境外机构5个。截至2012年底，已在51个国家和地区设立67个境外机构，基本建成覆盖全球主要产油国的国际营销网络。各境外机构充分发挥市场开发的前沿堡垒作用，加强新客户新市场的开发，全年共与78个新客户实现签约9.6亿美元，国际客户已发展到800多个。产品首次出口坦桑尼亚、乌干达、卢旺达、摩洛哥和智利，已累计出口到78个国家和地区。有27个国家和地区签约额超过1000万美元，同比增加5个，其中坦桑尼亚、哈萨克斯坦和委内瑞拉等4个国家超过3亿美元。全年外资市场共实现签约额42亿美元，取得历史性突破。各产品装备部和专业分公司加强技术与市场的有效结合，全年共派出技术人员近百人次到海外一线进行市场开发，部分国家和地区实现技术人员常驻，通过强化技术交流，优化投标方案，优选适用资源，推动了委内瑞拉、伊朗钻机等项目的签约，获得澳大利亚煤层气地面小管线项目和油套管寄售的长期协议。俄罗斯套管项目依托公司的整体优势，利用已经建立的良好客户关系，进一步扩大合作，实现签约100万吨，创造公司专用管出口合同单笔之最。

【多种营销】 公司各直属机构、境外机构持续推进营销模式的创新和实施取得显著成效，2012年通过多种营销方式实现签约37亿美元，同比翻了一番。一是进转口和第三国采购业务快速发展。石化公司不断优化产品结构，丰富规模产品，进转口业务持续扩大；新加坡、迪拜和哈萨克斯坦等机构充分利用国际资源，积极开展第三国采购业务并取得成效。二是“两优”贷款利用取得新突破。加强与国家有关部门、金融机构以及当地政府的沟通，强化设计、制造、施工等资源的有效整合，实现坦桑尼亚天然气综合利用项目、土库曼斯坦“两优”贷款项目的顺利签约。三是集成组装业务稳步实施。在委内瑞拉继续推进钻机集成组装，实现16台钻机的出口。在美国发展抽油机成橇和井口组装，在哈萨克斯坦推进螺杆泵、电潜泵及压力容器等产品的当地化集成制造，进一步贴近市场需求，提高产品竞争力。四是产品服务项目持续开展。在伊拉克通过产品技术服务，实现了电泵、井口和柴油机总体大包租赁项目的签约。在苏丹、尼日尔、乍得等国家继续开展电泵租赁服务。在哈萨克斯坦、美国和加拿大等机构大力发展仓储业务，实现产品销售9749万美元。

【重大项目】 2012年，公司1000万美元以上合同达到117个。为执行好这些合同，公司进一步突出项目管理的组织领导和关键环节的控制，加强跨部门的协同配合，举全公司之力推进重大项目的顺利实施，项目运作水平进一步提高。石化项目强化运作效率，在合同签约、资金结算、单据流转、货权控制及货款回收等环节，实现有效衔接和风险控制，石化业务规模得到快速发展。中缅管线项目强化精细管理，从原材料、物流等方面严格控制成本，在项目执行过程中寻找利润点，实现项目从预亏到盈利。哈萨克斯坦南线项目强化进度控制，组织制造企业、物流企业和检验单位等开展多次“会战”，提前完成生产发运任务。苏丹小管线项目强化项目执行各环节的组织协调，攻坚克难，满足甲方的紧急采购需求。迪拜海洋钻井平台项目强化资源整合，建立船厂、业主、监理和设计等多方沟通平台和联动机制，第一座钻井平台已抵达现场并开始作业，第二座平台今年初顺利交船。钻机项目强化售后服务，累计派出200多人次开展现场安装、联调等工作，完成委内瑞拉、伊朗和哈萨克斯坦等国家42台（套）钻机的项目执行。

【管理提升】 按照集团公司统一部署，公司各处室、直属机构和境外机构扎实推进管理提升活动，顺利完成第一阶段任务并启动第二阶段工作。一是战略管理进一步深化。公司及时调整和丰富发展规划，强化战略目标的分解和落实。各机构进一步增强战略管理意识，围绕发展目标，不断创新工作思路，研究制定工作措施，认真推进规划实施。二是管理效益和效率进一步提高。强化投融资管理，2012年回收股利4997万元。积极应对汇率变化，通过多种方式有效降低融资成本。建立和完善两级督办体系，编制完成20个多语种的标准化投标文件，将监造管理纳入项目预算，总部运行效率和管理规范化水平进一步提高。三是风险防控进一步加强。法律咨询及合同审查贯穿项目调研、谈判和实施的全过程，强化汇率风险的定期研究和分析，开展6个境外机构和7个重大项目的内部控制审计，内控管理体系进一步完善。四是管理基础进一步夯实。开展国际市场信息和经营活动定期分析，建立和完善产品质量、科研项目、非经营服务项目、绩效考核等16项管理制度。调整纪检监察、资产管理和计划管理等职能分工，精细化管理水平进一步提升。各直属机构进一步加强制度建设，理顺内部流程，强化员工培训，管理能力不断增强。五是境外机构管理水平进一步提高。各机构认真落实公司各项部署要求和内控审计整改意见，不断加强市场信息和客户关系管理，强化资金资产、当地雇员、风险控制等方面的制度建设，“三基”工作得到了进一步加强。

【社会安全和HSE工作】 按照集团公司安全环保和防恐工作的统一部署，公司以强化过程监管为主线，不断提升风险防范水平。一是持续推进安全环保体系建设，大力推动领导干部由重视向重实、职能部门由参与向负责转变，进一步落实全员安全环保责任，责任书和承诺书签订率100%。深入开展体系对标，组织专家进行文件评审，不断完善社会安全和HSE体系，管理基础进一步夯实。二是不断提升风险管控能力，高度关注境外安全形势，持续加强突发事件预警和应急处置工作。各境外机构严格落实公司各项管理要求，深入识别属地风险，主动健全切实可行的管理制度，社会安全、交通安全、项目现场HSE管理能力和监控力度不断加强。三是深入开展监督检查工作，不断完善HSE管理机制，推行监管分离。为中缅管线、中亚天然气管线和坦桑尼亚项目派驻专职安全监督，同时开展6个国家11个境外机构的安全专项检查，公司领导、中层干部到海外现场办公期间对安全工作都能进行有效检查，“以检查促整改、以整改促提升”的安全督查格局逐步形成。

【公司荣誉】 公司荣获“全国企业文化建设优秀单位奖”，中亚项目部获得“全国五一劳动奖状”。

（马　骁）

宝鸡石油机械有限责任公司

【概述】 宝鸡石油机械有限责任公司（以下简称公司）总部位于陕西省宝鸡市，其前身为宝鸡石油机械厂，始建于1937年。截至2012年底，公司下设11个职能处室、17个直属机构和20个二级单位，3个全资子公司（咸阳宝石钢管钢绳有限公司、宝鸡宝石特种车辆有限责任公司、四川宝石机械专用车有限公司）、1个分公司（宝石机械成都装备制造分公司）、3个控股子公司（西安宝美电气工业有限公司、宝石电气设备有限责任公司、四川川石振华工程钻头有限公司）、2个参股公司（北京宝石MH海洋石油工程技术有限责任公司、巴西宝石石油设备有限责任公司）。公司现有员工8170人，共有各类设备4300余台（套），占地面积250公顷，建筑面积79.77万平方米，总资产97.96亿元，年销售收入60亿元以上。

【主要生产经营指标】 2012年，公司产出钻机90台，同比增长20%；钻井泵607台，同比增长18.55%；钢丝绳58665吨，同比增长2.8%；牙轮钻头7830只，同比增长19.18%；电控系统133套，同比增长40%。实现营业收入61.87亿元，同比增长20.46%；实现利润总额1.43亿元，同比增长3.7%；全面完成集团公司各项考核指标，新增订货、回收货款等指标均创历史新高，公司所属企业首次实现了全面盈利。

【主要产品】 公司主要设计制造1000—12000米九大级别、4种驱动形式的常规陆地钻机、极地钻机和海洋成套钻机、海上钻采平台设备和海洋平台总包，500—3000马力[1]的各系列钻井泵以及井控井口设备、特种车辆、钢管钢绳、大直径牙轮钻头等钻采装备配套产品和电气控制、非常规油气设备和减排设备等，产品覆盖50多个类别、1000多个品种规格，其中十三大类54项产品获得美国石油学会API会标使用权，产品远销中东、美洲、非洲、中亚、东南亚、欧洲、澳洲等58个国家和地区。

【科技创新】 2012年，公司承担国家计划项目6项；完成8000米钻机等24项新产品试制和31项新产品开发，填补多项国内空白；TZGS系列铁钻工等13项新产品的推出，标志着国产钻机自动化装备与工具研发水平迈上新台阶；宝石机械成都装备制造分公司开发的防喷器在线监测装置，赋予机械产品信息化技术，填补国内外技术空白；宝鸡宝石特种车辆有限责任公司研制的军用新闻转播车投入使用。国家工程技术中心建设项目可行性研究报告已通过集团公司评审，各项工作正在积极开展，对组建期的5个科研项目进行技术攻关。全年申请专利112件，其中发明专利39件，包括PCT国际专利1件，获授权专利99件，其中发明专利11件，同比增长450%。“万米级特深井陆用钻机设计制造与工业化应用”项目获国家科技进步二等奖，“钻井泵缸套内外表面同时冷却装置”技术获陕西省专利一等奖，“5000米全拖挂钻机”项目获陕西省科技进步二等奖和宝鸡市科技最高奖。完成国标、行标、集团企标等，报批7项，制修订国行标13项，编译ISO和API等技术标准19项。

【企业管理】 按照集团公司的统一部署，启动公司管理提升活动，印发《公司开展管理提升活动实施方案》，组织“宝石的今天与明天”大讨论活动，开展对标管理、精益生产管理培训，认真进行自我诊断，仔细查找管理短板，使广大员工认清公司与标杆企业的差距。在此基础上，按计划启动专项提升工作。

不断夯实基础，加强“三基”工作。突出质量自主管理，产品损失率、工序回用品率均好于目标值；加强规章制度管理，完善管理流程，建立集体审定制度；完善定额价格管理体系，获得“陕西省价格协会先进单位”；积极推进ERP与FMIS融合，大司库系统实现单轨运行，PDM项目正式上线等；深入开展“双创双无”劳动竞赛和岗位练兵、技术攻关活动，涌现出一批技术、管理创新先进个人和安全、质量标兵；建设学习型组织，培养知识型员工，开展技能培训，464人取得特种作业从业资格，员工马新平被授予“全国技术能手”称号。

【市场营销】 公司不断强化市场意识，紧跟国内国际市场需求动向，新增订货同比增长均达到16%以上。加强与中国石油技术开发公司合作，向委内瑞拉销售钻机23台，累计达58台。有效发挥合资公司优势，首次将一批钻井泵成功销往巴西。积极培育代理商，北美市场钻井泵供不应求，累计销量已突破1500台。积极投身“西部大庆”、“新疆大庆”建设，提供钻机24台、钻井泵85台。密切关注新兴市场，将F系列泵批量销往煤层气开发市场。优质高效地执行NDC钻机、月东人工岛钻机、迪拜海洋平台等重大商务项目，巩固合作关系，获得后续订单。公司在不断创新营销模式、扩大市场订单的同时，大力推广高新技术产品，8000米钻机已成为“新疆大庆”建设重点升级替代产品，永磁电动机直驱泵、大吨位大钩等新产品也赢得市场欢迎，公司2012年新产品销售收入10.08亿元。

【技改搬迁】 加大与宝鸡市委、市政府及相关部门沟通力度，保证市政配套工程按期到位；举全公司之力，全面加快项目进度，截至2012年底，所有单元厂房均已建成；各生产制造单元提前介入，制订搬迁计划，努力做到搬迁、生产两不误，于2012年12月底均达到投产试运行状态。咸阳宝石钢管钢绳有限公司、宝石机械成都制备制造分公司搬迁项目均已进入全面生产阶段。

【安全生产】 进一步强化目标管理，落实直线责任，建立以各级主要领导为核心、覆盖全员的HSE责任体系；以集团公司HSE管理体系重点指导推进单位为契机，认真推进HSE体系建设；强化隐患治理，将隐患治理纳入责任考核，实施动态排查，分级治理；加大监督力度，狠反“三违”，突出发挥二级单位的主体作用，推动安全管理重心下移；加强HSE培训教育，进一步提高员工安全意识和能力；节能、节水均达到考核要求，荣获集团公司“节能节水型先进企业”。

【党建、思想政治工作和企业文化建设】 以“基层组织建设年”活动为契机，组织召开书记工作交流会，形成《基层党组织书记工作交流材料汇编》；深入开展“三联”示范点活动，启动学习型、服务型、效率型“三型”机关建设，群众对机关的整体满意率为98.7%；总结班组创建提升工作经验，完善汇编《星

[1] 1马力（米制）= 735.5瓦。

级班组创建手册》，每月坚持开展党课教育、业务知识宣讲、读书笔记展览、员工座谈等多种形式的学习交流活动，员工参加读书笔记展览 15320 人次；围绕生产经营活动，积极开展主题教育和“宝石的今天与明天”大讨论活动；关心员工，积极开展“爱心救助”和“金秋助学”、“生日送祝福”等活动，全年累计开展“五必访”3270 人次、“六必谈”5060 人次。

组织开展“展示宝石形象、塑造宝石品牌，我与宝石同奋进”格言征集活动，修订规范文化理念、视觉形象和行为识别系统，制作完成新的《企业文化手册》；积极实施“企业和谐共建”，开展“创一流、树形象、塑品牌”系列活动，印发 4190 份《致员工家属的一封信》，争做“倾心支持宝石发展好工嫂（好丈夫）”、争当“和谐家庭”活动申报比例分别为 94%、97% 和 94%；实施“邻里互助”、“传承雷锋精神，弘扬文明新风，关爱独居老人”活动，组建夕阳红志愿者和义工队伍，建立爱心储蓄；成立公司文化艺术体育联合会，下设 8 个协会，举办第九届职工田径运动会，员工文化生活更加充实。2012 年，公司品牌建设再获新佳绩，顺利通过全国文明单位复审，被评为“中国最具影响力企业文化建设单位”、“企业文化建设优秀单位”。

（杨　波）

宝鸡石油钢管厂

【概述】 宝鸡石油钢管厂（以下简称宝鸡钢管）是集团公司直属的装备制造企业，创建于 1958 年，是国家“一五”期间 156 个重点建设项目之一，也是第一个大口径螺旋埋弧焊管生产厂家。历经 50 多年的发展，现已成为国内规模最大、品种最全、市场占有率最高的专业化焊管企业，产品覆盖油气输送管、油套管、连续管、管材防腐、焊接材料和钢管辅料等众多门类。

宝鸡钢管总部位于陕西省宝鸡市，企业总资产 149.4 亿元，员工总数 7633 人；公司拥有宝鸡输送管公司、辽阳钢管厂、资阳钢管厂、克拉玛依有限公司、宝鸡专用管公司、西安专用管公司 6 个全资直属企业，拥有秦皇岛宝世顺公司、宝鸡住金公司、上海宝世威公司 3 个控股企业，形成“六大发展区域，四个出海通道，九个产品生产基地”。钢管综合产能 180 万吨，最大产能 260 万吨。

建厂至今，宝鸡钢管已累计生产钢管 1400 万吨/30 万千米，铺设管线 200 余条。在国内市场上，市场占有率始终保持第一；在国际市场上，产品已出口到荷兰、哥伦比亚、俄罗斯、沙特阿拉伯、土库曼斯坦等 30 多个国家和地区。

宝鸡钢管是国家首批“全国文明单位”，“国家级创新型企业”、“全国绿化模范单位”和“全国模范职工之家”、“全国五四红旗团委”荣誉单位，两次获得“全国五一劳动奖状”。

【主要经营指标】 宝鸡钢管以服务保障集团公司重大管线建设为己任，坚持以效益为中心，努力提升发展质量。2012 年，实现钢管订货 201.27 万吨，同比增长 12.98%；实现钢管产量 184.2 万吨，同比增长 20.33%；实现钢管销量 159.38 万吨，同比增长 13.87%；实现营业收入 115.03 亿元，同比增长 14.76 %；实现考核利润 2.17 亿元，同比增长 14.21%。

【主要产品】 宝鸡钢管主要产品包括钢管产品、管件产品、钢管防腐和辅助材料四大类，主要用于石油天然气勘探开发和长输管线建设。钢管产品包括：螺旋埋弧焊管、直缝埋弧焊管、高频电阻焊直缝焊管、连续管、油井管；管件产品主要有弯管；钢管防腐包括 3PE、3PP 外防腐及双组分减阻型内涂层。辅助材料包括：焊丝、焊剂、防腐涂料、管端保护器、螺纹保护器等。

主导产品先后获得“国家免检产品”、“中国名牌产品”、“全国用户满意产品”、“石油和化工行业质量标杆奖”等荣誉称号。

【科技创新】 宝鸡钢管持续实施创新驱动战略。2012 年牵头或参与国家项目 5 项、集团公司项目 8 项，首次牵头承担两项国家“863”计划项目——“深海高压油气输送用高强厚壁管材关键技术研究”和“双金属层状结构复合管材技术研究”。全年获专利授权 10 项，其中发明专利 5 项。

在新产品研发方面，成功研制 SEW J55、N80Q、P110 系列油套管，X80 抗大变形管和聚乙烯防腐涂料新产品，通过了集团公司的科技成果鉴定；成功试制 X80ϕ1422 毫米 ×21.4 毫米和 X80 设计系数 0.8 焊管；X90 / X100 钢管、海洋管、极地管、特殊螺纹管等新产品研发取得阶段性成果。

在科技平台建设方面，加快推进国家工程技术研究中心建设，中心试验平台已完成 90% 的设备安装。逐步完善了管理体制和机制，组织召开了一届二次理事会；已有 2 项核心技术、5 种新产品通过科技成果鉴定。

在人才与学术交流方面，全年新聘技师、高级技师 25 名，技能专家 9 名，续聘集团公司技能专家 2 名；与西安石油大学联合开办在职工程和管理硕士班；成功举办“高性能油气开发管材技术研讨会”。

【项目建设】 2012 年，宝鸡钢管加强过程控制与管理，大力推进重点项目建设，各项目达到预期目标，企业国内布局基本完成。

（1）辽阳钢管厂整体搬迁改造项目 3 月 29 日竣工投产，全面转入生产运营，并迅速走出磨合期，实现达产稳产，9 月单机组产量 1.75 万吨，达到国内同类机组领先水平。

（2）西安专用管一期圆满完成，于 4 月 22 日成功下线第一根套管，7 月 6 日竣工投产，通过艰苦努力，全年生产油套管 4 万吨。二期拟建一条无缝管轧制生产线，已与相关钢铁企业进行广泛深入的交流。

（3）新疆石油钢管项目于 6 月 22 日成功调试出第一根钢管，9 月 12 日竣工投产，圆满完成项目建设任务。

（4）海外建厂项目进行大量探索性的前期工作，已逐步积累起比较完整的实战经验。

【安全生产】 全面实施“平安工程”，扎实推进危害再辨识、规程再修订、员工再培训，推行目视化和安全大检查 5 项重点工作。按期完成危害再识别和规程再修订工作，累计编制 877 个操作岗位的 HSE 作业指导书。大力推行目视化，所属企业基本完成目视化工作。开展安全大检查，提出问题和不符合项 304 个，已全部落实整改。有效运行 HSE 管理体系，强化过程安全监管，发布安全“保命条款”，认真开展安全里程碑工程。狠抓安全隐患治理，2012 年安排治理资金 6730 万元，按计划实施治理项目 19 项，已顺利完成资阳钢管厂地质灾害治理等 16 项。加大安全绩效考核力度，全年兑现奖励 463 万元，实施处罚 43 万元，有力地促进了安全工作的落地。

【企业管理】 全面启动管理提升活动，采取“三对照一对标”方法，认真进行自我诊断，务实制订管理提升方案，明确 15 项专项提升计划，为推进管理提升深入开展创造条件。深入开展降本增效活动，2012 年实现降本增效 1.15 亿元。加快信息化建设，在所属企业上线运行 MES 系统，试点推进 ERP 深化应用。加强投资管理，强化过程管控，企业被评为集团公司投资管理先进单位，连续管项目顺利通过验收，宝世顺公司预精焊项目获优秀后评价。加强物资管理，启用物资采购管理系统，完成电子商务指标 4.5 亿元；加强政策研究，积极申请国家资本金、西部大开发、技术创新等优惠政策，争取资金 2.62 亿元。加强档案管理，在集团公司档案工作评价中被评定为 A 级。

【和谐企业建设】 宝鸡钢管始终将和谐企业建设放在重要位置。按照集团公司部署，认真实施工资调标，在企业经济效益增长的同时，保持员工收入的合理增长。大力实施民生工程，加快宝鸡住宅、西安住宅项目建设，宝世威员工公寓即将交付使用。实施新一轮住房销售工作，向员工销售住房 1024 套。持续开展“送温暖”活动，2012 年扶贫帮困 749 人，发放慰问金 83.5 万元。加强精神文明建设，积极组织开展义务植树、便民服务系列活动，举办青年集体婚礼。关爱离退休老同志，改造“一站式”服务大厅和文体活动中心。坚持做好矿区服务，宝鸡第一住宅小区被评为“全国物业管理示范住宅小区”。坚持做好维稳信访工作，公司 3 次受到集团公司嘉勉。

（杨小军）

中国石油集团济柴动力总厂

【概述】 中国石油集团济柴动力总厂（以下简称济柴）是集团公司下属唯一的动力装备研发制造企业，也是国内唯一涉足石油钻采领域的内燃机企业，始建于1920年，已发展成为世界主流石油钻井动力装备制造商，是中国规模最大的非道路用中高速中大功率内燃机研发制造企业，也是中国唯一获得大功率内燃机金牌产品以及非道路用内燃机产品中国驰名商标的企业，连续4年入选"中国机械工业500强"。

有控股公司1个（济南柴油机股份有限公司，控股60%），参股公司1个（济柴聊城机械有限公司，参股49%）。截至2012年底，用工总量3750人，总资产51.45亿元。

济柴主要从事内燃机、压缩机、液力传动装置、燃气动力集成装置、动力电气控制装置等产品的研发、制造、销售与服务，有山东济南、四川成都、河北青县、湖北武汉江夏4个生产基地。

拥有32项国家及行业标准制定权。内燃机、天然气压缩机分别为山东省、四川省名牌产品。企业质量信誉为3A级，下属股份公司是国家4A级标准化良好行为企业，企业技术中心为国家级企业技术中心。

【主要经营指标】 2012年，济柴实现营业收入22.09亿元；主导产品完成内燃机及机组配套3222台（套），压缩机组55台（套）。

【主要产品】（1）内燃机。拥有可适用于多燃料、应用于多领域的140、175、190、260、320五大缸径系列产品格局，功率覆盖200—9000千瓦；广泛应用于石油钻探、船用动力、可燃气体利用、电站、机车、军用等领域，产品遍布全国油气田和32个省、直辖市及自治区，出口到50多个国家和地区。

（2）压缩机。拥有5个系列100多个规格型号的往复活塞式压缩机系列产品，其中整体式天然气压缩机等荣获国家科技部等5部委联合授予的"国家重点新产品证书"。产品功率覆盖85—3500千瓦，可满足天然气工业上游、中游、下游，即天然气开发（增压采输、气举、轻烃回收等），管道集输（主干线、支线、储气库等），炼化企业（加氢压缩机、氮氢气压缩机、二氧化碳压缩机等）和气体钻井的需求，国内市场占有率30%以上。

（3）液力传动装置。已形成多个系列的液力耦合器、液力传动装置、充油调节离心涡轮变矩器等系列化产品，通过了哈尔滨工业大学专家组技术评价，其具有节能、高效、环保等优点。

（4）燃气动力集成装置。主导产品有300千瓦以下中高速燃气发电机组、燃料处理装置、热电综合利用装置等集成产品，功率覆盖5—400千瓦。其中多项产品填补国内动力装备的空白，在节能减排方面拥有广阔前景。

（5）动力电气控制装置。包括柴油发电、气体发电、风力发电机组的控制系统、监控仪表及自动控制设备，开展中低压配电设备的成套，西门子等各类电气元件的经销及服务等。

【业务和市场拓展】 2012年，工程机械、船舶工业、备用发电领域需求疲软，外部环境给动力装备行业带来前所未有的挑战。济柴调整市场方向和内部资源配置，在部分重点市场取得突破。一是石油市场进一步扩大。高可靠性发动机在中国石油、中国石化和民营钻井公司实现批量销售；压缩机产品首次进入长庆油田，并设立维修服务中心；HSEE应急发电机组通过与十几家油品销售公司开展合作，逆势创造销售佳绩。二是国内市场进一步巩固。在传统市场需求减少、竞争更加残酷的情况下，我们将主攻方向放在优势产品上，集中精力抓大订单，大功率发电机组中标北京数据中心项目；变频柜产品依托在钢铁、有色金属等行业形成的示范效应连续取得较大订单。三是海外市场进一步拓展。伊拉克鲁迈拉项目机组连续无故障运行时间达到16000小时，再获用户称誉，2012年又拿下二期几十台发电机组及保运合同。成功中标沙特阿拉伯75兆瓦电站项目；16伏等各类发电机组产品成功拓展东南亚、中东、东欧和南美市场。济柴根据集团公司要求，调整成立海外技术服务公司，着重做好商务支持、技术支持和服务保障，与中国石油技术开发公司联合开发，为下一步做大海外市场奠定基础。四是服务能力进一步提升。集团公司储气库压缩机备件集中储备库2012年4月在成都压缩机厂建成，可为6个油田降低库存2/3以上。通过一体化服务，沼气机组在南京轿子山垃圾填埋气电站成功并网发电。动力总成入选国内首套道路真空高速排水系统。液力传动装备厂瞄准采油、炼化以及工程船等新兴市场，将集成配套业务作为新的增长点，自营收入已占业务总量的一半以上。河北分公司在华北油田、中原油田等市场做优内燃机修理、推广集成服务，营业收入同比增长13%。

【重点项目与产品研发】 2012年，企业围绕用户需求，持续优化现有产品，积极研发新产品，全年共开展科研项目23项，完成20项国家、行业标准的制修订。一是重点项目有序推进。国家重大科技专项“地下储气库用往复式压缩机组研制”取得进展。国家级项目“沼气发电热电联供成套机组产业化与示范工程”完成验收。PDM研发平台正式运行。高可靠性发动机和3500千瓦压缩机完成工业性试验，通过集团公司科技成果鉴定。首台再制造发动机成功下线，各项性能指标、环保要求均达到新机标准。二是产品研发稳步前行。175系列柴油机完成装配，一次启动成功；JC30柴油机完成主体设计；260系列重油机和气体机开展样机投制；320系列柴油机完成性能试验并获得MAN公司认可。6000千瓦压缩机主机试制成功，无基础整体式压缩机投入运行，V型一体式压缩机、螺杆式压缩机完成设计。三是市场对接同步开展。260系列船用机完成工业性试验，并亮相推介会；260系列发电机组成功中标孟加拉煤矿电站；140系列发动机已着手工业性试验，并将试用于油田特车；3500千瓦压缩机成功中标山西煤层气开发项目，实现首批销售。

为确保新产品尽快形成产业化，建设项目不断推进。260系列、140系列产能建设项目完成户外施工，正在加快设备安装调试。工程机械发动机厂新厂已经正式启用。成都压缩机厂“大功率压缩机制造及成橇建设项目”年初开工，进展顺利。武汉发动机厂基地建设于2012年底开始施工。

【气化水运项目】 2012年，围绕集团公司的部署和LNG应用市场拓展的需求，企业加强与昆仑能源有限公司、中国长江航运集团、中国交通建设股份有限公司以及相关疏浚企业的联盟合作，注重市场开发，进一步扩大气化范围。一是气化船舶统筹运作。探索气站建设、船舶动力气化、LNG动力供应三方合作的模式，在“两纵一横”（京杭运河、东部沿海和长江流域）区域形成多点示范的局面。船用双燃料机的掺混技术、控制系统和安保系统经过试验改进，已经完全适应工况要求。国内首条柴油—LNG混合动力疏浚工程船在微山湖成功运行。国内首条新建LNG散货船已进行双燃料的航行试验。集团公司重大科技专项“船舶气代油配套技术研究”完成开题报告。二是气化钻机齐头并进。以2000型双燃料发动机为主，推出不同的气化模式。首部6000米深井钻机的动力气化试验顺利完成。首部电动钻机气化的工业性试验已见成效，还在民营钻井公司开展有效的推广。三是气化车辆探索前行。通过开展研究，掌握非自主发动机的改装技术。在湖北黄冈、内蒙古乌海和辽宁盘锦等地对数十辆车相继实施LNG单燃料改造，已上路运行。在大港油田实施固井水泥车的双燃料改造，使用效果良好。针对重型卡车和工程机械用发动机，正在进行控制系统改装调试。

【企业管理】 2012年，强化管理，企业运行能力有了新提升。一是强化资金管理。申请到国家、山东省、济南市及集团公司的5.5亿元资金注入；完成股份公司持有的宝石钢管、宝石机械股权转让。严格控制贷款规模和固定资产投资，各单位五项费用统一压减10%，严控死卡非生产性支出。对各单位的付款计划集中管理，控制资金流动。利用研发费加计扣除、关税减免、进口贴息等优惠政策，节约支出2000多万元。开展质量整顿，加强连锁赔偿，开展配套件降价，推进修旧利废，节省费用9000万元。二是强化生产组织。全年生产内燃机3222台，其中机组1468台；压缩机组55台；液传装置1455台（套），动力电气控制2605台（套），配件41.08万套（件），大修340台。整改整修产品250台。完成175系列产品全部零部件的准备，探索140产品批量生产的组织模式。MES项目正式上线运行。二是强化经营管理。结合管理提升活动，开展对标分析，梳理存在问题，制订整改方案。强化内控管理，分别就销售、存货、合同等13个议题开展专题讨论。进一步完善奖金与绩效挂钩机制，控制生产一线人员向管理、技术、后勤的流动。三是强化安全环保。践行有感领导，落实直线责任，强化属地管理，全年共开展检查28次，查出各类问题隐患288个，并对整改情况进行复查。2012年，生产安全平稳、可燃气体严密受控、特种设备操作规范，实现无工业生产亡人事故、无交通有责亡人事故、无环境污染事故。四是强化干部管理。坚持用制度管好人、管好权，根据集团公司有关文件要求，修订完善《领导人员管理暂行办法》和《基层领导班子和领导人员综合考核评价办法》。

（李万涛）

中国石油集团渤海石油装备制造有限公司

【概述】 中国石油集团渤海石油装备制造有限公司（以下简称公司）是集团公司所属全资子公司，2008年4月在整合华北、大港、承德装备制造业务基础上组建的综合性石油装备制造企业。2010年3月、2012年4月，兰州石化机械业务、辽河装备制造业务先后划归公司。公司注册于天津滨海新区，所属13家企业，厂区主要分布于天津滨海新区，河北沧州、承德，甘肃兰州，新疆乌鲁木齐，辽宁盘锦，江苏南京、扬州等地。公司占地总面积714.59万平方米，共有员工13000余人。以油气输送装备、钻采装备、海工装备、炼化装备四大系列产品为主营业务。

2012年，公司蝉联中国机械500强，排名从2011年的70位提升到64位，在入选的石油装备制造企业中名列第一。被国家发改委、科技部等5部委认定为在钢材深加工等综合石油装备制造领域的首家国家级企业技术中心，公司级别由副局级升为局级。

【主要经营指标】 公司认真落实“品质提升年”总体部署，克服国际金融危机加剧、制造业亏损面加大等带来的困难，增活力、强动力、抓管理、提品质，圆满完成2012年度各项任务，生产经营业绩创历史新高。实现签约额249.57亿元、营业收入152.14亿元、回款173.09亿元，分别完成指标的155.3%、135.84%、137.38%，同比分别增长42.02%、28.56%、18.65%；利润完成计划的190.75%，同比增长132.01%，经营活动现金净流入量为1.70亿元，首次由负变正。

【战略管理】 一是修订完善公司中长期发展思路。确立“分三步走，坚持四大业务发展方向，建设国内领先、国际一流愿景目标”，突出发展质量效益、打造名牌支柱产品和企业核心竞争力。二是认真制订并实施发展规划。新疆钢管项目仅用一年时间建成投产，福建钢管项目如期开工建设，防腐业务成功划归，钢管产业完成“西进、南下、完善产业链”的结构调整；与国际业界顶尖企业、美国500强Cameron公司合资高压球阀项目成功签约，并注册成立合资公司，与俄罗斯合作引进先进镦锻抽油杆生产线项目建成投产，积极推进在哈萨克斯坦建厂，国际合作取得重大突破；圆满完成辽河装备业务重组，实现平稳运行、扭亏解困阶段性目标，完成产品竞争力分析评估，具备加快发展海工装备业务的条件。

【市场营销】 建立客户信息档案，与长庆、辽河、新疆、吉林、吐哈等油田及兰石化、长城钻探等大客户建立战略合作关系。认真落实内部优势产品采购政策，推动炼化装备纳入集中采购。强化“一把手”工程，大力开拓外部市场。公司新签订单195.48亿元，同比增长42%，为2013年储备订单近80亿元，销售收入迈上150亿元台阶。国际市场收入同比增长72%，其中节能抽油机出口北美高端市场2070台，效益良好，量效创历史新高。外部市场收入47亿元，同比增长27%。一体化服务实现收入4.5亿元，同比增长37%。

【科技创新】 公司被认定为国家级企业技术中心，并以此为契机，整合资源，建立以总经理挂帅的1个领导机构、2个委员会、3个工作平台、2项交流制度的科技研发体系；通过完善研究院组织构架、按产业选聘首席专家、按产品选聘专家，形成以首席专家为龙头、技术专家为主体、专家助理为后备军的专家队伍；9项科技成果通过省部级鉴定，8项产品被认定为集团公司自主创新重要产品，获授权专利89项；新产品研发取得“六大突破”，海洋钢管、X80大变形焊管、CP-300自升式钻井平台、液氮压裂泵车、集成式带压作业修井机、4万千瓦烟气轮机等产品具有自主知识产权，填补了国内空白或达到了国际先进水平；实行科技成果转化创效提成奖励。对新研制的、科技创效明显的、具有国际先进水平的海底钢管，给予创效奖励50万元。ERP深化运行，辽河园区成功上线，南京MES试点运行。

【生产运行】 深入推行精益生产，持续开展消减“八大浪费”系统工程，钢管生产实现不待料、不窝工、不积压，主业保供能力明显提升。累计生产钢管130

万吨，同比提高4.5个百分点，其中为重点管道工程项目发运钢管2351千米、72.7万吨，指令性计划完成率102.3%，同比增长35.9%。为大庆油田、“西部大庆”、“新疆大庆”、“海外大庆”等提供可靠的装备保障，为大庆供应节能电动机2771台，占其总量的98%，为长庆供应油套管16.7万吨，占其总量的20%。

【管理提升】 一是狠抓物资采购管理审核，利用半年时间，对供应商的32项内容、对采购业务的49项内容进行审核，实行分类分级，优选战略供应商，消减中间代理商，淘汰188家不合格供应商，坚持集中组织搭台、分散授权操作的模式，重点抓好大宗物资和新建项目的集中采购，采购资金节约率升至2.1%；二是狠抓“5S+2S”生产现场管理，狠抓薄弱环节整改，评选出10个标杆车间，现场管理水平明显提升；三是狠抓“降、压、清、还”，资产负债率环比降至58.81%，五项费用及其他非生产性支出同比降低2.66%和13.56%，清理积压存货3.4亿元，清理以前年度账款30.75亿元，应收账款周转率同比加快0.14次，年底短期借款环比下降5.33亿元，公司财务指标明显改善。

【QHSE工作】 深化体系运行，全力推进“双十”质量工程，开展质量改进“金点子”活动，坚持每周进行一种产品质量调查分析制度，产品质量稳中有升。螺旋管、直缝管焊缝一次通过率比下达指标高出3.13个百分点和2.89个百分点，钻采产品一次交检合格率均高于下达指标，处于行业领先水平。集团公司组织的29批次产品质量抽查，合格率100%。HFW、钻修井机等质量明显提升，所有产品实现客户零投诉。有16项产品荣获行业名牌产品，6项产品荣获天津市名牌产品，获天津市全面质量管理优秀企业。安全环保方面，公司领导带头，认真践行有感领导、直线责任、属地管理，开展安全经验分享，促进安全习惯养成。以风险管理为核心，扎实推进HSE体系建设，强化安全环保管理与监督。在集团公司检查审核基础上，开展专项检查并整改问题890项，整治效果明显。投资对19个安全隐患实施治理，完成治理14项，企业节能减排多措并举，完成上级下达的指标。连续3年被评为集团公司安全先进企业。

【队伍建设】 倡导“合、干、学”文化，提升“三种能力”、处理好“五个关系”，加强领导干部队伍建设，公司第一机械厂荣获集团公司“四好”领导班子；成立技术培训中心，实施全员提素工程。先后举办辽河装备融合、中青年干部、国际业务、班组长、安全等培训班520余期，培训2.2万余人次；扎实开展技术比武和技能鉴定工作，优化技能人才队伍结构。18人被授予公司第二届技能竞赛“技术能手”称号，4名选手在全国职业技能大赛中获奖，5人新聘为集团公司技术专家和高级技能专家，聘任44名公司首席技术专家和技术专家，70余名大学生竞聘到一线班组长岗位，12名走上基层领导岗位。通过挖掘潜力，减少用工总量282人。

【党群工作】 持续开展“为民服务，创先争优”主题实践活动，长效机制初步形成。3名员工分别获得全国和天津市“五一劳动奖章”，选树16名劳动模范、73名优秀共产党员、22个先进党支部，公司党委被评为“天津市国资系统先进基层党组织”。持续开展形势任务教育和企业文化理念的宣贯落地，扎实做好全国“两会”、党的十八大期间的维稳工作。党风廉政建设责任制深化落实，惩防体系建设扎实推进。配合完成集团公司党组纪检组对公司的巡视工作。充分发挥群团组织作用，持续推进基层建设，126个一线生产班组通过“五型”达标验收，组织开展劳动竞赛28次，深入推进全员健身及系列文体活动；将发展成果惠及民生，发放帮扶资金和慰问品600多万元，惠及职工4200多人次。实施完成了矿区居民楼外墙保温、锅炉房煤场改造、小区绿化等8项民生工程，软硬兼施，推行“一卡通”方便居民，居民幸福指数持续提升。

（任晓辉）

中国石油天然气股份有限公司勘探开发研究院

【概述】 中国石油天然气股份有限公司勘探开发研究院（RIPED，以下简称勘探院）成立于1958年，是中国石油勘探开发业务主要的综合性研究机构。

勘探院主要包括北京院区、廊坊分院、西北分院、杭州地质研究院4个部分，业务领域涉及国内与海外石油天然气勘探、开发及工程各个方面。截至2012年底，有员工2805人，其中集团公司高级技术专家52名、教授级高级职称人员130名、高级工程师1002名，具有研究生以上学历1521人；建有提高石油采收率国家重点实验室、国家能源页岩气研发（实验）中心2个国家级实验室，以及14个集团公司重点实验室，拥有众多国内外高精尖仪器设备。

50多年来，勘探院直接参与中国大多数陆上大中型油气田以及中国石油海外油气业务的勘探发现与开发建设，为中国石油工业发展发挥重要作用；建立完善完整配套的中国陆相石油地质与油气田开发理论技术体系，获得国家和省部级科技成果700余项；培养造就以15名院士为代表的一大批国内外知名专家。

勘探院工作定位是集团公司全球油气业务发展的战略决策参谋部、重大理论与技术研发中心、技术支持与服务中心和科技人才培养中心（简称“一部三中心”）。

【科研生产】 2012年，勘探院共承担科研课题718项，其中国家重大专项16项，国家973、863、自然科学基金和创新基金等15项。获得国家科技奖励一等奖1项；获省部级科技奖励54项，其中特等奖2项、一等奖13项、二等奖17项。专利受理、授权数量名列集团公司前茅，专利受理185项、授权107项，其中发明专利授权42项。出版高水平专著58部，发表论文1300余篇，其中被SCI、EI等收录350篇。

1. 获得重大生产应用实效

开展塔里木盆地奥陶系区域不整合缝洞岩溶形成机制与准层状油气富集规律的整体研究，提出塔东古城6井，在鹰山组白云岩风险勘探中获重大突破，成为2012年中国石油风险勘探最大发现之一。

完成玉门老油田重新评价认识和开发初步方案编制，初步落实新增地质储量8000多万吨，建立了老君庙油田整体调整模式，为“双百”油田建设提供重要的技术支撑。

开展中西非裂谷系风险勘探目标评价研究，提交14个重点风险目标，实施的7个目标全部获得成功，新增三级石油地质储量超1亿吨，推动中西非裂谷系的勘探发现，有力促进集团公司西非发展战略的实施。

开展柴达木盆地盆缘大型斜坡构造—岩性复合油气藏成藏机理与关键技术攻关研究，建议部署的牛1井获重大发现，打破柴达木盆地天然气勘探的20年沉寂，开创了盆地大型煤型气田勘探的新领域。

完成四大盆地油气地质特征及风险勘探领域基础研究，初步完成全盆地基础图集的编制，指导重点风险勘探领域的战略发现。开展制约四川盆地乐山—龙女寺古隆起勘探关键问题的持续研究，提出的风险井位获得高产气流。开展川中古隆起寒武系龙王庙组老井重新认识研究，为寒武系新领域天然气勘探部署及磨溪天然气重大突破发挥重要作用。建议部署的塔里木乌什凹陷神木2井取得重要发现，开创盆地新区新领域勘探的新局面。开展塔里木盆地库车坳陷白垩系超深层储层研究，推动克深、大北及博孜地区天然气勘探的重大发现。

编制的伊拉克哈法亚碳酸盐岩油田一期开发方案取得显著应用效果，比合同要求提前15个月完成产能建设任务。完成的阿姆河右岸B区中东部盐下缓坡礁滩气藏勘探研究获得4个重要发现，4口探井获得100万立方米以上测试产能。开展滨里海盆地2300平方千米逆时偏移数据处理和储层预测研究，推动盐下圈闭落实和勘探发现。

2. 取得多项重要理论技术突破

创新致密油理论与技术的4项地质认识，自主研发致密油纳米级孔喉表征和孔隙演化模拟等3项核心技术，引领相关领域的理论与技术进步。突破常规无近地表速度模型的建模方法，形成起伏地表速度建模技术，在四川、塔里木、准噶尔等盆地得到有效应用。

火山岩气藏开发理论、关键技术研发与工业化应用取得突破，研发具有自主知识产权的国内外首套火山岩气藏开发优化软件。获得气体辅助SAGD开采超稠油技术的2项核心发明专利，成为提高超稠油开发效果的新技术。

基于Web的采油采气工程优化设计与决策支持系统V1.0网络软件在4个油田推广应用1万多井次，年节电6700万千瓦·时，提高系统效率3.7%。突破无水压裂液技术的低碳烃稠化与交联难题，建立低碳烃无水压裂液体系，形成革命性的页岩储层改造新技术。研发了煤层气水平井高效开发技术煤层气U型井7项配套技术，自主设计的我国第一口U型水平井PE筛管完井先导试验取得成功。

3. 发挥重要决策支持作用

建立超压页岩气地质选区评价方法及相关标准，编制页岩气产业政策与发展规划系列报告，被国家部委和集团公司采纳。完成世界油气格局演变及合作环境研究，为集团公司党组提供重要的决策参考，得到领导批示并被采纳，推动相关工作的开展。开展集团公司北美非常规资产评价研究，为加拿大两个规模非常规天然气资产的连续成功收购提供技术支持。

2012年，勘探院牵头完成的“水平井钻完井多段压裂增产关键技术及规模化工业应用”成果获国家科技进步一等奖。这是中国石油“九五”以来在石油工程技术领域获得的最高等级奖项。在中国石油2012年“十大科技进展”中，勘探院参与和承担完成3项，复杂油气成藏分子地球化学示踪技术获重要突破，海相碳酸盐岩油气勘探理论技术突破助推高石梯—磨溪气区重大发现，低压超低渗油气藏勘探开发技术突破并强力支撑“西部大庆”建设。

【企业管理】 2012年，勘探院大力推动科研管理创新，持续提升科研管理水平，努力实现科研工作的根本性转变。

为适应新拨款机制对勘探院自主创新研究的需要，全院各科研单位开展技术对标工作，全面查找技术差距，确定重点攻关领域和方向。

改进科研项目检查评估机制，建立由344名专家组成的全国评审专家库，开展逐月逐项检查评估，强化原始数据和基础图件的检查，对检查中专家提出的整改意见及时进行跟踪整改，保证重大成果的落实和自主创新能力的提高。继续开展重大科技创新成果的评选工作，形成持续鼓励创新的良好氛围，拨款机制改变对科技创新工作发挥显著的促进作用。加强专利、标准、软件著作权和技术秘密等知识产权工作的日常管理，知识产权管理格局初步形成。

基本形成管理严密、运行高效的国家下拨经费管理体系，建立经费执行情况季度汇报制度，实现管理常态化。召开国家重大专项经费管理专题会议，及时解决执行过程中存在的突出问题。基本落实国家油气重大专项的配套经费，实现专项经费拨付与预算调整的规范化管理。

严格预算编制与执行，规范五项费用的管理，提高资金使用效率，基本建立大预算管理框架下的以科研项目预算为核心的预算管理体系。全面完成各项计划编制与实施工作，改善科研生活条件。

继续完善各二级单位业绩考核指标体系，更加突出关键绩效考核，更加突出培育重大科技创新成果，实行严考核、硬兑现，提高业绩考核的针对性、科学性与导向性，充分发挥引导作用。顺利完成职称评审和集团公司高级技术专家推举工作。

与壳牌、挪威国家石油公司等开展国际科技合作和联合研究，举办AAAPG国际地球化学学术会议，选派科研人员参加国际学术交流活动，申报建立“北京市国际科技合作基地”和“国家示范型国际科技合作基地”，拓宽勘探院的国际合作与交流渠道，提升勘探院的国际学术影响力。

以服务科研、服务基层为宗旨，加强勘探院日常行政管理工作，完善规章制度，规范办事流程，大幅度提高工作效率。按照集团公司要求，制定管理提升活动的工作方案，确定完善科研管理体制、提升自主创新能力的活动主题，全面完成自我诊断和问题整改工作。集中开展项目结算审计工作，全面监管项目招投标过程。

扎实开展科研基础管理工作，有计划、有针对性地组织开展野外露头地质考察、薄片鉴定培训、岩心观察等各类活动220余项近4000人次，科研人员整体业务素质得到全面提高。认真做好研究生招生与管理工作，举办各类技术培训班共21期近1200人。

强化实验室日常运行管理，重大设备功能开发与应用、核心实验技术和实验新方法研发取得明显进展。全面完成北京院区工程实验楼的整体装修改造工作，重点实验室办公和实验环境得到彻底改善。

认真落实安全环保责任制，大力治理和消除安全环保隐患，做好维稳信访工作，被国务院国资委、北京市评为“平安建设先进单位”和“消防先进单位”。进一步强化保密管理，积极推动办公专网建设，完成全院专网布线施工。组织了集团公司保密警示教育展览活动，5200 人参观展览。

全面完成科研管理公共信息平台在 4 个院区的推广工作，进一步拓展平台功能，实现日常科研管理工作的全覆盖，大幅提高科研管理效率与水平。全面建立员工科研日志管理制度，成为科研人员展现聪明才智、发挥创新能动性、实行自我管理的有效手段。

全面完成集团公司信息化工作任务，实现数据中心核心信息系统的安全稳定运行。加强标准化研究，提出以装备制造业为先导、打造中国石油装备制造标准体系的建议，得到领导和有关部门充分肯定。档案史志研究和管理工作取得较好成绩，获得集团公司档案评比科研与事业单位排名第一、在京单位排名第一。《石油勘探与开发》影响因子列全国核心期刊总排名第三、能源类核心期刊影响因子及总分排名第一。

完成了幼儿园抗震加固改造、实验区环境改造、综合科研楼和文体活动中心前期工作、科技活动中心办公楼装修改造，环境和条件得到有效改善。

持续推进物业规范管理年活动，推出“一站式”管家服务、“8000 一号通”、“一卡通”封闭管理、“一键通”规范等举措，大幅提升物业管理与服务水平。

（徐　斌）

中国石油天然气股份有限公司规划总院

【概述】 中国石油天然气股份有限公司规划总院（英文缩写 CPPEI，以下简称总院）成立于 1978 年，是中国石油直属的重要决策支持机构，是石油石化工程总体规划及建设项目前期研究中心、油气田开发地面建设技术支持服务中心和石油技术经济发展研究中心。在战略研究、规划可行性研究、咨询评估、技术经济研究、科技开发与设计论证等领域中，具有较强的技术实力。

根据决策支持需要，总院现有油气集输、油气储运、炼油、石油化工、技术经济、市场研究、环境工程、信息工程等 20 多个主体专业和辅助专业，员工近 600 人。大学本科以上学历人员占 90% 以上，硕士以上学历人员近 45%，已形成了一支层次高、结构合理、专业齐全配套的员工队伍。为开展工作需要，总院与很多研究机构建立了较为稳固的合作关系，在总院长期工作的合作方员工达 300 余人。

【生产业务工作】 2012 年，全院共运行项目 1027 项，取得一批有影响的重要成果，得到总部领导、机关各部门及相关地区公司的高度评价，为集团公司实现科学发展提供了有力的决策支持。

1. 海外业务取得长足进步

2012 年共承担各项海外技术支持任务 207 项，同比增长 99%。工作区域已经覆盖非洲、中东、美洲和亚太等五大油气合作区的 31 个国家，业务范围也从单一的前期方案研究拓展到工程后评价、初步设计及重大科技攻关等领域。海外规划研究中心已经成为中国石油发展海外业务不可或缺的支撑部分，真正确立了在海外规划研究领域的“智囊”地位。

2. 战略规划对国家和集团公司的决策支持作用得到提升

国家能源战略研究科学性进一步增强。总院完成了国家能源局委托的规范地方炼厂管理及政策研究、关于鼓励和引导民营炼油企业规范发展试点工作的实施意见等课题。天然气利用政策研究、东线供气研究和西线一体化研究、我国天然气利用结构优化研究、西南能源基地规划，为国家制定能源规划提供了技术支持。

集团公司战略研究水平进一步提高。以中国石油油气资源保障发展战略和规划、南亚合作计划、国家天然气储备问题、东部新增引进俄油方案、中国石油与巴西油气领域 10 年合作规划、关于美国“能源独立”战略及对我国能源安全形势的影响、“十二五”滚动规划及 2020 年远景规划效益分析为代表的一批新的研究课题，更加注重集团公司各项发展策略的深入分析，使规划更具科学性和针对性。开展炼化业务“十二五”规划优化调整及“十三五”目标规划、汽油柴油质量升级方案、生物能源等方面研究。

技术经济研究水平有新提高。在天然气业务领域，完成了天然气价格可承受能力研究、天然气管输费测算研究、原油和成品油管道标准管输费研究、新建天然气管道经济性评价等成果；在炼化业务领域，构建了国际和国内原油、成品油、石化产品价格预测模型，完成了石油石化产品预测方法与预测技术导引和预测价格研究。完成了2012年集团公司建设项目经济评价参数编制，营业税改增值税对管道投资、成本和效益影响研究。股权可研业务发展势头强劲，扩大合作伙伴和业务领域。在完成管道、销售、装备、节能等传统业务后评价的基础上，2012年新增加了信息化、重大科技专项后评价。

成品油市场营销研究有新的突破。分省成品油市场预测模型开发研究取得重大突破，预测结果和分析报告为生产运行计划的制订提供了重要依据。成品油市场预警指数模型和方法首次实现对国内成品油市场供求形势的量化和预警。天然气市场研究核心竞争力进一步夯实。开展全国天然气市场月度需求预测研究、天然气客户数据库、天然气用户用气特性及客户评价研究，对全国31个省（区、市）进行了现场调研及市场研究，更新了市场需求数据。

造价管理、咨询评估、设计审查的投资把关作用明显，为集团公司投资控制和工程的顺利实施作出了贡献。

3. 国内外重大项目前期研究力度继续加大

相继开展了西气东输三线、西气东输四线、西气东输五线、陕四线、冀宁复线等大型管道项目的预可行性研究及可行性研究，累计赴现场踏勘近10万千米。完成天然气、原油、成品油三网规划以及天然气销售、城市燃气、天然气发电、车用CNG业务等专项滚动规划，完成28个省（区、市）的天然气业务发展滚动规划，为集团公司油气管网建设、天然气销售及下游业务发展提供了支持。完成云南1300万吨/年炼油加工能力调整可行性研究、福建乙烯项目、东海项目选址、贵州炼厂的选址与方案研究、山东沿海地区千万吨级炼厂选址等工作，研究成果得到了有关各方认可。

4. 科技创新能力进一步提升

“炼化能量系统优化”重大科技专项历经4年艰苦攻关，研发38项涵盖炼油、乙烯、公用工程全过程的离线和在线过程模拟及系统优化技术，实施6项示范和推广工程并取得显著节能增效效果，培养100人以上的核心骨干队伍。“中国石油原油业务链一体化市场营销策略研究”重大科技专项全面进入实施阶段。参加“煤层气勘探开发关键技术研究与示范工程”、“海外油气上产2亿吨开发关键技术研究”、“西气东输二线工程关键技术研究（二期）”、“第三代大输量天然气管道工程关键技术研究”、“炼油催化剂研制与工业应用”、“中国石油低碳关键技术研究”等重大科技专项，牵头实施了油气地面工程技术研究与应用、节能节水关键技术研究与推广等公司重大科技项目，全部按计划实施并实现里程碑目标。

完成国内汽柴油供需预警指数研究、加油站管理系统测试中心测试方法论建设等创新性成果，丰富了方法论体系。总院数据库累计完成23个专业数据库、近42万条数据，对业务的支撑作用逐年增强。总院知识库建设形成总体建设方案，为下一步试点和深入推进奠定了良好基础。煤化工产业发展影响分析、石化产品市场报告、股份公司经营态势与对标等滚动研究更加深入，研究成果更具指导性。《规划研究动态》及时全面展示了总院重要研究成果和热点问题分析。此外，还完成了沙河园区的运行维护监控与协调中心建设、加油卡制卡中心建设、模拟加油站设计、非金属管道实验室建设方案等工作。

5. 信息研究继续做专做精做强

积极适应公司新要求，逐步向“做专做精做强”方向发展。完成炼化、管道、销售等领域的“十二五”信息化建设滚动规划调整方案，充分发挥顶层设计和引领发展作用。开展天然气与管道ERP系统、人力资源管理系统等已建系统的深化应用，开展天然气销售系统、管道生产管理系统2.0、炼化物料优化与排产系统2.0、销售应用系统、物流配送一卡通等提升和集成工作，全面加强信息化对业务运营的支撑。完成加油站管理系统、销售ERP系统、总部炼油与化工运行系统等12个系统的运行维护工作，全年无重大故障；完成多次系统应急演练，整合了基础架构运行维护工作。全年制卡1350多万张。

6. 设计研究取得实效

完成的吉林油田矿区热网改造EPC项目一次投用成功，验收一次通过，节能效果明显。承担的黄岛油库改造项目、长庆油田热网改造工程投入使用。

7. 为中国石油总部和地区公司、地方政府提供满意的技术支持服务

为中国石油总部机关提供技术服务。2012年共完成中国石油总部交办的临时任务90余项。贯彻集

团公司发展意图和理念，为地区公司提供服务。完成西气东输公司、西部管道公司、东南亚管道公司、广西石化公司、辽阳石化公司、宁夏石化公司、庆阳石化公司、四川销售公司、大连销售公司、福建销售公司、煤层气公司、国际事业公司、中技开公司、燃料油公司等单位的规划研究、重大项目预可行性研究、可行性研究、专题研究项目。完成塔里木油田油气运销管网规划、塔中凝析油稳定及储运工程可行性研究、4个工程项目后评价以及各类前期、设计项目审查及部分技术服务工作。

为了寻找更多发展机会、取得更多的信息，坚持为地方政府提供服务。先后完成新疆奎屯经济技术开发区石化产业规划、广东揭阳大南海国际石化综合工业园石化产业链规划、抚顺石化新城化工及精细化工园区总体规划、呼和浩特炼油产业发展规划等前期项目。

节能标准管理水平进一步提高。完成国家“十二五”万家企业节能低碳行动对策研究、集团公司节能节水统计报表体系及信息系统升级工作。开展“十二五”节能专项投资项目管理、用水现状及节水对策研究等一系列的项目研究工作。协助上级开展固定资产投资项目节能篇审查、节能节水考核。充分发挥石油工程建设、NACE等标准化机构和协会、学会的作用，加大标准的研究编制及管理力度，全年运行管理各类标准制修订70项，完成报批40项。

【改革管理】

1. 技术质量管理能力显著增强

组织实施了ISO 9000、ISO 20000两大管理体系的持续改进、宣贯培训、内外审、“质量月”、设计评审等工作，确保体系适宜性和有效运行，全院技术成果优秀率实现99.8%。获得集团公司科技进步奖6项、专利等知识产权12项，进一步巩固了总院直属科研院所地位。完成压力管道、工程造价等技术资质换证工作，及时申报和派出出国团组56个143人次。修订《总院档案管理规定》等办法，积极加强档案管理系统的培训和应用，完成沙河园区档案图书室建设并定期现场服务，在集团公司档案评价工作中总院被评为A级单位。

2. 计划财务经营得到加强

颁布2012版《海外规划研究中心项目管理暂行规定及总院项目业务组织与管理办法》。组织开发项目综合管理信息平台，并于10月上线运行。在经营方面，加强与西部管道公司、西气东输公司等重点客户的联系，建立和巩固战略合作伙伴关系；法律合同管理方面加强招投标管理，2012年总院成功认证为集团公司23家内部招标机构之一，全年组织招标和竞争性谈判21项。财务预算管理更为科学，完成报销平台方案上报及系统初始化工作；加油站管理系统10个信息化建设项目圆满通过竣工决算审计；接受内控评价测试，完成2012年内控手册修订。

3. 人力资源开发水平明显提升

加大人才引进的工作力度，有效缓解人力紧张的矛盾。培训工作做到了点面结合、重点突出，全年培训1700余人次，154人通过英语托福考试，选派15名年轻员工到油田、炼厂等企业进行实践锻炼，与中国人民大学、石油大学（北京）等高校联合建立博士后工作站并已有4名博士进站。专家队伍规模和影响力进一步扩大，集团公司高级专家达到16人，院级专家达到22人，在市场营销领域试点聘任6名集团公司管理专家为总院特约研究员。将信息化激励约束机制改革的试点经验成功推广到全体协议化薪酬体系人员，完善职能部门人员考核与奖金分配管理办法，率先在集团公司在京单位内研究并实施了全员企业年金方案。

4. 综合管理全面加强

沙河办公区投入使用，使总院有了更大发展空间。妥善解决员工就餐和停车难等问题。完成装备资产、办公家具和电话的配置与调配；继续完善HSE管理体系，组织职工健康体检，完成日常医保报销；保密、文秘、物业、通信、单身公寓、绿化、计划生育、公务用车等管理进一步细化；重大活动组织及接待工作规范有序；狠抓安全工作制度落实，达到了全年安全无事故。

5. 离退休中心软硬件服务水平进一步提高

完成离退休职工活动中心的重建，面积扩大到700平方米，设置棋牌、台球等8个活动室。全年组织比赛、文体等活动10余次，丰富了老同志文化生活，制定服务公约、慰问探望制度等规章制度和流程，增强了老同志归属感。

6. 信息化业务进一步加强

适应公司信息化“突出业务主导、强调自主创新”等新要求，总院党委及时做出《关于加强信息化业务的决定》，进一步完善了院内信息化业务的组织体系，成立4个部，分别承担不同专业领域的信息化业务并上划院直接管理。制定《信息化业务管理暂行办法》、《信息化业务质量考核办法》等规章制度，规范信息化业务的职责、流程及考核。设立信息化创新基金，调动了信息化业务部门自主创新、提升专业化能力的积极性，从而满足了信息化业务向业务驱动型转变的需要，保障了总院信息化业务的科学稳步发展。

（吴小卫）

中国石油天然气股份有限公司石油化工研究院

【概述】 中国石油天然气股份有限公司石油化工研究院（以下简称石化院）是2006年6月在原股份公司炼油化工技术研究中心基础上组建的直属炼化科研机构。石化院下设兰州化工研究中心、大庆化工研究中心以及北京院部13个研究室，并对吉林、辽阳2个化工研究中心实行业务领导。

截至2012年底，共有员工1165人，其中集团公司高级技术专家24人，拥有正教授级职称人员30人，硕士、博士387人；设有博士点1个，博士后科研工作站2个，硕士点5个。院内设有国家合成橡胶质量检验中心、中国石油化工专利信息平台、集团公司炼化专业标准委员会秘书处、股份公司化工清洁生产中心等技术机构，编辑出版《合成橡胶工业》和《石化技术与应用》2种国家核心期刊。全院固定资产原值达到11.92亿元。已建成重质油加工、清洁燃料、合成树脂、原油评价4个重点实验室以及催化裂化、加氢、聚乙烯、聚丙烯、合成橡胶5个试验基地。

石化院主要从事炼油、石油化工工艺和催化剂研发，合成树脂和合成橡胶等新产品开发，炼化节能环保技术开发，炼化产品标准化和质量检测，炼化知识产权研究，炼化科技信息研究，炼化科技人才培训等。石化院催化裂化催化剂等多项技术研发达到国内先进水平。

【发展规划】 发展目标：一流石化院、和谐石化院。发展定位：3个中心，即炼化业务决策支持与生产技术服务中心、炼化高新技术研发中心 、炼化高层次科技人才培养中心。发展方向：4个紧密结合，即紧密结合集团公司炼化业务发展需要开展科研工作、紧密结合炼化企业生产经营实际开发新产品、紧密结合炼化企业生产经营需要做好技术服务、紧密结合集团公司和部门需求做好决策支持工作。安全环保理念：安全环保是研发首要条件、安全环保是石化院核心利益、安全环保工作具有最高优先权。

【技术研发】

1. 顺利推进集团公司7个重大科技专项攻关

“劣质重油轻质化关键技术研究”专项（一期）高水平通过验收，组织实施方法作为模板推广采用。“航空生物燃料成套技术研发与工业化应用”完成立项，已按计划顺利开展。“炼油系列催化剂研制开发与工业应用”专项通过中评估。“大型乙烯装置工业化成套技术开发”专项和“大型氮肥工业化成套技术开发”专项完成承担的任务，具备验收条件。“千万吨级大型炼厂成套技术研究开发与工业应用”专项和“中国石油低碳关键技术研究”专项稳步推进。石化院集中力量，组织完成了劣质重油专项（二期）和“聚烯烃新产品研究开发与工业应用”专项的立项准备工作。

2. 10项重大工业试验项目取得突出成绩

（1）加氢裂化催化剂及成套技术工业应用成功，实现重大突破。采用石化院自主技术，集团公司重大工业试验项目“加氢裂化催化剂（PHC-03）在大庆石化120万吨/年加氢裂化装置上的工业应用”取得圆满成功，可直接生产航煤产品，整体性能达到国际先进水平，标志着中国石油加氢裂化催化剂已完全具备自主技术成套化能力。该成果被评为2012年集团公司十大科技进展。

（2）汽柴油质量升级技术研发及推广应用取得新进展。石化院研发了针对不同原料可生产国Ⅳ、国Ⅴ汽油的催化汽油加氢DSO技术、GDS技术，2012年已确定在12家炼化企业应用，标志着中国石油拥有了具有自主知识产权、达到国际先进水平的汽油质量升级成套技术。以DSO技术、GDS技术、超低硫柴油加氢技术为代表的清洁汽柴油生产技术正全面推广实施，将为集团公司汽柴油质量升级工作作出重要贡献。

（3）渣油加氢系列催化剂开发取得新进展，实现了渣油加氢保护剂、脱残炭剂、脱金属剂、脱硫剂4类12个牌号的定型。完成3个牌号脱硫剂、1个牌号脱残炭剂的吨级放大试验；完成了4个牌号脱金属剂和4个牌号保护剂的中试放大试验，开始进行吨级放大试验。开展全系列渣油加氢催化剂在工业反应器内的小样试验，为推广应用奠定了基础。

（4）润滑油异构脱蜡组合催化剂在大庆炼化公司成功实现二次工业应用。对异构脱蜡催化剂（PIC-812）配方进行改进，并首次应用补充精制催化剂，提高了催化剂活性和选择性；11月在大庆炼化20万吨/年装置上成功实现二次工业应用。催化剂综合性能达到国际先进水平。

（5）聚丙烯催化剂（PSP-01）开发应用成功，获得集团公司技术发明一等奖。实现在抚顺石化装置长周期运行，共生产3个系列7个牌号产品1.94万吨，二元共聚热封膜专用料RF110熔点143℃，热封性能等好于国内先进牌号。在大连石化20万吨/年聚丙烯装置上工业应用，整体性能达到国际先进水平，实现了化工重要催化剂技术的历史性突破。

（6）碳四芳构化技术和轻汽油醚化技术成功应用。自主开发的碳四临氢芳构化成套技术，在濮阳恒润石化20万吨/年碳四临氢芳构化工业装置一次投料开车成功，碳四烯烃转化率98.0%以上，生成油辛烷值（RON）为94—102。我国首套碳四临氢芳构化技术实现工业应用。石化院用先进可靠的技术实施产业扶贫，为集团公司履行社会责任作出积极贡献，受到各方高度评价。自主开发的轻汽油醚化技术在兰州石化50万吨/年装置上一次投料开车成功，达到国际先进水平。

（7）乙烯裂解馏分加氢系列催化剂推广应用取得新突破。裂解汽油一段加氢催化剂系统内市场占有率67%、同比提高17个百分点，国内市场占有率44%、同比提高8个百分点；二段加氢催化剂系统内市场占有率92%、国内市场占有率75%，皆有所提高。通过国际竞标，二段加氢催化剂成功中标抚顺石化80万吨/年、四川石化80万吨/年乙烯装置，实现首装；镍基一段加氢催化剂在大庆石化、辽阳石化装置上工业应用。碳二加氢催化剂继在兰州石化、辽阳石化装置上工业应用后，成功中标全球首个煤制乙烯工业示范装置——中国神华包头60万吨/年煤制乙烯装置；碳四选择加氢催化剂，中标国内最大的宁波海越公司烷基化装置碳四原料选择性加氢单元，实现了重要突破。

（8）特色催化裂化催化剂研发及推广应用取得新成果，优势领域继续保持。完成5个催化裂化催化剂新品种开发工作，全年共生产催化剂4万多吨，其中采用石化院技术的产品占总产量的90%。发挥集团公司整体优势，和中国石油技术开发公司、兰州石化公司一起，全年催化剂出口突破1万吨，同比提高100%。新增乍得、尼日尔等国外炼厂用户；在雪佛龙公司美国炼厂进行成功工业应用，与新加坡炼厂签订1200吨的订单。催化剂的批量出口，标志着中国石油催化剂进入国际高端市场，具备了国际竞争能力。

（9）聚乙烯催化剂开发及工业试验顺利推进。气相干粉催化剂（PGE-201）在大庆石化8万吨/年LLDPE装置稳定运行4个月，累计生产3个牌号产品2万多吨，与装置原使用催化剂相比，活性提高一倍，产品堆积密度提高31%；三井淤浆工艺催化剂（PSE-CX1）在大庆石化24万吨/年HDPE装置完成工业试验，累计生产5300B优级品2760吨；赫斯特淤浆工艺催化剂（PSE-H01）完成聚合中试研究，具备开展工业试验条件。

（10）易钻桥塞研制取得阶段性成果。已完成三大类18个部件的制造和1300余批次性能测试，形成了自主的制作工艺技术和部件实用测试方法。密封组件（胶筒、护套、护伞、挡环）已通过5米井模拟试验，性能达标。现正对胶筒组合件进行性能优化。

3. 开发24个新产品

在集团公司统一部署下，石化院加强与炼化企业、化工销售企业合作，以技术含量高、销量规模大、经济效益好、打造品牌产品为原则，开发24种重点新产品。充分发挥产、研、销、用、管“五位一体”机制优势，着力解决企业生产难题，新产品累计创效3亿多元。自主开发NBR2905等5个合成橡胶新产品。溶聚丁苯橡胶（SSBR2564S）技术成果在山东金宇轮胎、杭州中策轮胎实现工业应用，打开了中国石油溶聚丁苯橡胶的市场销路，由年产销量不足0.3万吨提高到2.9万吨，每吨创效5000—9000元。与企业联合开发10个牌号合成树脂新产品，广西石化BOPP专用料L5D98年产销量由0.53万吨提高到8.1万吨，与生产通用拉丝料相比，每吨增加效益50—100元。自主开发低气味纤维料LHF40P等9个牌号合成树脂新产品，得到企业和用户认可。

【技术服务】 紧密结合炼化企业生产经营需要做好技术服务：

（1）充分发挥原油数据库作用，抓好原油评价工作。更新和新增原油样品156个，原油评价数据库中原油数据达到2299个，2012年全部向系统内炼厂、设计单位、工程公司开放。

（2）抓好乙烯原料评价及裂解炉优化工作。为大庆石化新建60万吨/年乙烯装置裂解炉进行30台次标定和优化，为兰州石化外购石脑油、轻烃、凝析油进行了大量的裂解评价试验。

（3）抓好催化剂的筛选评价。为大连石化公司、大连西太平洋公司等提供渣油加氢催化剂使用情况报告，为企业优化渣油装置运行提供技术支持，获得企业好评。为国内外28家企业进行了催化裂化催化剂理化性能分析、筛选及原料油评价。

（4）全力抓好化工产品市场推广的配合工作。对SP179、T38FE等多个牌号合成树脂产品和SBR等橡胶产品进行性能评价分析、产品质量攻关，有效解决了产品应用过程中出现的问题。另外，紧密结合集团公司各部门需求做好决策支持工作。

【成果专利】 研发方面已形成了“催化汽油选择性脱硫/改性（DSO、GARDES）成套技术”、“加氢裂化成套技术”、“高效聚丙烯催化剂（PSP-01）技术”等一系列重大成果，在催化裂化催化剂、汽柴油加氢催化剂、加氢裂化催化剂、高档润滑油基础油加氢异构催化剂、石蜡加氢催化剂、乙烯裂解产物催化剂、丁苯橡胶和丁腈橡胶等技术研发方面达到国内先进水平。截至2012年底，累计申请中国专利1196项、国外专利57项，获得中国专利授权489项、国外专利授权12项。获省部级以上科技奖励334项，国家科技奖励21项，其中“国家科技进步特等奖”2项，“国家科技进步一等奖”1项，“国家科技进步二等奖”7项，“国家科技进步三等奖”1项，“国家技术发明三等奖”1项，“全国科技大会奖”9项。

【科研基建】 高质量、高水平，全力推进条件平台建设再上新水平。新院区建设按计划稳步推进。科研配套工程可研报告及初步设计、主体工程初步设计方案获批复；优化科研设备布置，深化通风系统、气路系统等公用工程设计，保证了新院区建设顺利开展，实现了主体结构封顶。条件平台建设顺利开展。15千克球形聚丙烯催化剂中试装置建成并开车成功；化工催化剂及新材料评价试验基地完成基础施工及大型仪器设备采购。严格抓好检维修工作。兰州中心科技综合楼Ⅰ部等3个安全隐患治理项目按计划顺利实施，有效消除了科研生产安全隐患。

【管理工作】 按照集团公司统一部署安排，深入开展管理提升活动，取得了重大管理进步；经过集团公司人事部考核，石化院从B级上升到A级企业。

（1）加强全面预算管理、规范过程管理，科研管理水平进一步提升。制定发布了《加氢催化剂中试放大和工业试验技术规范》，修订完善了619个操作规程，实现研发过程规范化。

（2）加强制度建立和落实，加氢催化剂与工艺工程试验基地建设及运行管理水平明显提升。基地已承担科研项目近60项，实现了10个牌号、800多吨催化剂在13套工业装置上的成功应用，创效5亿多元。

（3）开展汽油加氢催化剂推广项目油品分析方法标准对标，建立和统一油品分析方法标准，并建立催化剂生产过程质量控制体系，为确保汽油质量升级技术成功推广奠定了基础，全面提升了研发和生产过程质量管理水平。

（4）和谐石化院建设再迈新台阶，全院员工凝聚力、向心力进一步提升，礼仪行为更加标准规范。

（5）全面推进QHSE管理体系建设，安全环保实现“四个零”（安全零事故，环境零污染，质量零缺陷，人员零伤害）。

（姚士文）

中国石油集团经济技术研究院

【概述】 中国石油集团经济技术研究院（以下简称经研院）是集团公司直属科研机构，主要从事石油工业发展、石油经济、石油市场、海外投资环境、政策法规和石油科技等方面的趋势分析和策略研究，提供广泛的能源信息咨询服务。截至2012年底，经研院下设14个二级单位，有职工206人。其中，在岗局级领导5人，在职处级干部45人（含1名院长助理、1名副总经济师）。专业技术与管理人员194人。其中，集团公司专家2人，院专家16人；硕士、博士研究生92人，占47%；拥有高级技术职称人员75人，占39%；中级技术职称人员68人，占35%。

【重点工作进展】 2012年，经研院全面完成和超额完成集团公司下达的业绩考核指标。

1. 科研总量持续增长，业务结构不断优化

全年承担实施各类科研项目98项。其中，国家级项目7项，公司级项目83项，院级项目4项，企业委托项目4项。针对关系集团公司战略发展的重大热点事件，快速反应，及时报送分析研究报告；按照国家有关部委和总部机关要求，组织完成多项重要课题研究，全年科研工作总量稳步增长。继续承担国家科技重大专题项目“大型油气田及煤层气开发”的相关课题研究，参与集团公司十余项重大科技专项，开展一大批公司级项目研究。依托重大项目研究，国内外宏观环境、油气市场、海外投资环境、科技创新、知识产权等优势研究领域得到深化，炼化业务、财税政策、新能源等短板研究领域得到加强，服务集团公司战略发展的业务结构日益优化，研究基础日渐牢固。

2. 成果质量稳步提升，决策支持作用有效发挥

按照推进智库建设的要求，加强统筹协调，狠抓成果质量，重点项目研究和品牌产品打造取得良好成效。“中国石油关键技术对标分析与发展策略研究”获得“集团公司科技进步二等奖”，“集团公司‘十二五’科技发展规划研究与编制”与“世界能源发展趋势和主要国家能源战略”均获“集团公司科技进步三等奖”。多项研究成果在国家能源战略规划与政策制定、公司主营业务发展等方面发挥了重要决策支持作用。受国家能源局委托，经研院牵头组织的“国家能源安全重大问题”专项研究成果已上报国务院；围绕中东北非局势变化、未来原油品质变化趋势、迎接大数据时代挑战、非常规油气技术等热点问题，及时提出的多项对策建议得到集团公司领导批示；连续4年发布的《国内外油气行业发展报告》以及首次发布的《国外石油科技发展报告》，受到行业内外的广泛关注与好评，并对外推出2种具有自主创新的新产品。6项成果获中国石油海外勘探开发公司奖励，《国际石油经济》被评选为“2012中国国际影响力优秀学术期刊”，集团公司《企业社会责任报告》获“金蜜蜂2012优秀企业社会责任报告·领袖型企业奖”和“长青奖”，“油气管道技术”作品获“中国安全生产优秀电视作品特等奖”。全年对国际油价4个季度和11个月的走势预测准确，并在国际战略石油储备投放、油价预测等问题上影响了国际能源署和费氏的研究结论。经研院被授予首批在京央企知识产权领先工程实施单位，成为中国石油知识产权教育基地远程辅导平台和专利审查员实践基地。

3. 转变研究方式成效显著，科研基础能力逐步增强

紧扣生产经营实际，加大与总部机关部门和企事业单位的交流合作，加大一线的调研力度，研究工作更具针对性、时效性和应用性；4个共建研究中心作用不断凸显，形成一系列直接支持决策的信息产品和研究成果，多次得到业务指导部门赞扬；与西南油气田、中国航空油料集团公司、韩国能源经济研究院签订交流合作框架协议或谅解备忘录，小实体、大网络的研究模式更趋成熟和完善。全年共接待来访18个团组、59人次，国际能源署、美国国务院、剑桥能源、BP公司、壳牌公司等机构的专家相继来访交流。出国（境）参会调研48个团组、106人次，多人在高端国际论坛上发表主题演讲，拓展研究视野，提升声誉和影响力。与国内外知名研究机构共同举办多场大型论坛、研讨会，承办集团公司首届亚洲LNG市场论坛。

不断改进科研支撑手段，科研基础能力上到新水平。优化信息采集模式，信息资源量持续增加，8个数据库更加丰富完善，中国石油供需预测等模型工具的结构与功能继续改进，成品油市场情报系统和海外油气投资风险预警系统建设卓有成效，进一步提高定量研究的水平。开发试用科研管理系统，中国石油信息资源网、院门户及对外网站实现改版与升级。

4. 管理提升有力推进，管控能力得到加强

深入开展管理提升活动，查找出6类突出问题并逐项落实整改方案。制定发布科研质量管理体系文件并试运行，规范科研工作各环节的质量标准及管理责任。调整优化职能部门职责，减少管理职责交叉、缺位现象，配齐配强部分管理力量。全力推进集中报销和大司库体系建设，深化全面预算管理和内控体系建设，管控能力得到增强，有效规避各类风险。严格落实“三控制一规范”要求，用工总量、工资总额控制在指标之内。高度重视安全保密工作，突出重点部位，逐级落实责任，着力整改隐患，做到安全和保密零事故。各经营公司大力开拓内外市场，提升产品和服务质量，创新基础管理，强化团队建设，与院科研业务有机融合，整体协调发展的优势更加突出，全年经营收入创历史最高水平。

5. 人才开发力度加大，队伍素质进一步提高

积极加强高端人才培养，拓宽人才成长通道，选聘了第三届院级专家8人。重视青年员工成长，更多青年研究人员担任项目长，举办首届青年员工英语演讲比赛，选派新入职员工到大庆油田学习实践。多方式开展以提高业务技能和外语水平为主的全员培训，

累计培训600多人次。45岁以下的管理和专业技术人员127人次参加集团公司托福考试，通过率50%。建立以36位行业专家为基础的科技外部专家库，在借用外力外脑方面迈出重要步伐。

6. 党的建设、班子建设和企业文化建设取得新进展

深入开展创先争优活动，总结经验、表彰先进，形成了创先争优长效化机制。积极开展“三联”党建责任示范点建设，有序推进千队示范工程建设。认真贯彻民主集中制原则，严格执行“三重一大”制度，推动决策的科学化、民主化。对8个单位的领导班子进行调整充实，提拔调整11人，中层干部的知识结构、年龄结构更趋合理。深化“四好”班子和学习型党组织创建，完善民主生活会制度，基层领导班子引领科学发展的素质和能力不断提升，全年无违规违纪事件发生。大力弘扬大庆精神、铁人精神，涌现出先进集体7个和先进个人31人。开展健康幸福健步走、趣味运动会、扶贫帮困等形式多样的活动，积极落实和改善离退休老同志的各项待遇。

（刘　佳）

中国石油集团钻井工程技术研究院

【概述】 中国石油集团钻井工程技术研究院（以下简称钻井院）是集团公司直属科研机构，成立于2006年3月，是集团公司的“中国石油海外钻井完井技术中心”，人力资源和社会保障部批准的“博士后科研工作站”，国家发改委授予的“油气钻井技术国家工程实验室”。

钻井院下设6个职能部门、9个研究机构、1个机械制造厂、1个公司和1个实验基地。截至2012年底，有员工807人，其中，直接从事科研工作人员327人。集团公司技术专家8人，中国工程院院士1人，博士、硕士研究生207人，大学本科学历人员341人，本科以上学历人员占67.9%；教授级高级工程师27人，高级职称人员200人，高级职称以上人员占28.1%，中级职称人员215人，占26.6%。

【发展定位及特色技术】 钻井院发展定位为集团公司钻井技术参谋部、钻井高新技术的研发中心、国内和海外钻井生产的技术支持与服务中心、钻井高新技术产业化基地。目前已具备承担国家和集团公司重大科研攻关项目的能力，重大工程现场技术支持能力，硕士研究生以上高学历和高层次专业技术人才培养能力，钻井最前沿专项技术、装备的研发能力以及技术服务能力。钻井院特色技术有井下控制工程技术、欠平衡（气体）钻井技术、套管钻井技术、分支井（大位移水平井）钻井技术、膨胀管（波纹管）技术、连续管作业/钻井技术与装备、钻机配套的机电液一体化装备、钻井液与储层保护技术、完井固井技术、煤层气（新能源）钻完井技术、储气（油）库工程技术。

【科研成果】 2012年，钻井院共承担各类研究课题74项，包括国家课题16项，集团公司或股份公司课题40项，北京市科委课题2项，院级课题16项。获得省部级成果奖励12项，其中国家科技进步一等奖、二等奖各1项；集团公司科技进步一等奖、二等奖各1项，三等奖2项；集团公司技术发明三等奖2项；中国石油和化学工业联合会科技奖励3项；中国机械工业协会科技奖励1项。精细控压钻井装备被评为国家战略性创新产品；4项创新产品在国家第十四届中国国际高新技术成果交易会上均获得优秀产品奖和优秀展示奖；胺基钻井液技术在集团公司发布；钻井院参与的“超深井钻井技术装备研发取得重大进展和突破”被评为集团公司2012年度“十大科技进展”。制修订技术标准15项，其中国家标准1项；申报国家专利143项，其中发明专利66项；获得专利授权44项，其中发明专利18项；在国际会议上发表（宣读）论文15篇，国内外专业刊物上发表论文148篇。全年在原有技术积累的基础上，取得12个方面新进展：

（1）连续管作业技术专项推广。在长城钻探公司、川庆钻探公司、渤海钻探公司、青海油田、吐哈油田、煤层气公司等单位推广连续管装备15台，工具121套，连续管264吨；完成连续管分段压裂、速度管等示范工艺 115 口井，培训54人次，技术交流17场；直接参与现场服务34口井，提供技术支持176口井。成功地召开连续管技术推广专项及技术研讨会，形成了一套特色技术推广模式，为推动中国石油作业方式转变作出了重要贡献。

（2）PCDS–I 精细控压钻井系统研制与推广。加快现场试验和推广应用，累计在塔里木、西南、华北、冀东等油田作业 10 口井，其中 2012 年完成 5 口井。创造穿越多套缝洞发育单元水平段 1345 米、目的层日进尺 134 米、实现 80.4% 控压时间内“点着火炬钻井”、全程“零漏失、零复杂”等多项塔中地区的新纪录。通过在碳酸盐岩、窄密度窗口、深井高温高压等复杂地层的安全高效作业，进一步检验了装备的性能和技术指标，为重点地区的作业发挥了关键作用，得到甲方的充分肯定与赞扬。

（3）储气库固井技术。针对枯竭气藏储气库固井存在的低压易漏、长封固段、密封性要求高等难题，开发出韧性水泥浆体系和高效冲洗隔离液体系，在华北、大港、辽河等储气库现场成功应用 6 口井。针对盐穴储气库固井的低温、易漏、盐水污染等难题，开发出 DRB–3S 低温抗盐水泥浆体系及配套工艺技术，在西气东输 5 个盐穴储气库 18 口井上成功应用。制定储气库固井质量评价技术规范，为解决储气库固井难题，提高我国储气库固井质量发挥了关键作用。

（4）远距离穿针技术研究与推广。持续进行技术完善，测量精度大幅度提升，可“点对点”连通玻璃管套管，形成 $4^3/_4$ 英寸、$3^1/_2$ 英寸和 $6^1/_2$ 英寸 3 种规格产品。在沁水、鄂尔多斯等煤层气区块完成技术服务 13 井次，累计 21 井次，一次连通作业成功率达到 100%。与渤海钻探公司、香港龙门公司、陕西地矿局等单位实现良好合作，并与壳牌公司多次商谈出口澳大利亚事宜。

（5）新型 8000 米钻机研制。解决了塔里木山前地区超深井钻井 7000 米钻机承载能力不足与 9000 米钻机使用成本高的矛盾，填补了国内空白，达到了经济实用的目的，受到市场的欢迎。目前已生产制造 21 台，并在塔里木地区投入应用 11 台。

（6）LZ580/73T 连续管钻机研制。研制成功由 1 台拖挂车和 1 台辅车组成的连续管钻机，在试验井完成钻井模拟试验，在辽河油田进行了老井加深现场试验。

（7）膨胀管定位分支井技术。在苏里格成功完成 1 口双分支水平井的技术服务，实现主井眼、分支井眼分段压裂；在伊朗完成 1 口井服务，实现了分支井技术在海外市场的首次成功应用。

（8）煤层气 PE 筛管完井技术。针对我国煤层易垮塌、产出煤粉等特点，研究应用 PE 筛管完井技术，有效地解决了现场复杂问题，提高了单井产量。2012 年成功应用 6 口井，取得新的突破，下入 2 英寸筛管共计 5300 余米，初步具备推广条件。

（9）可循环微泡沫钻井技术。解决流体压力对煤储层的伤害，进行 19 口井的现场试验与应用，在防止地层漏失、保护煤储层方面具有较好效果。在陕西彬县煤层气井应用中，顺利钻过 1074 米左右的严重漏失段，且在后期煤层气排采中获得高产，日产气量达 1.6 万立方米，是邻井的近 10 倍。

（10）4 单根立柱 9000 米钻机研制。解决了钻机设计制造技术难题，取得 4 单根立柱钻机结构及配套技术、超高井架及提升系统制造技术、安全操作技术规范等技术创新，填补了国内空白，对减少井下事故发生几率和提速提效具有重要意义。目前第一台 9000 米钻机已完成出厂验收，即将投入现场试验。

（11）电磁波地质导向系统（EM–MWD）。进一步完善提升 $4^3/_4$ 英寸 EMWD 功能及可靠性，发电机易损件使用寿命由连续工作 100 小时提升到 200 小时，数据刷新由 30 秒缩短至 15 秒，在郑 4 平—8H 井应用中，一趟钻完成 1 个主支和 2 个分支的全水平段导向作业，连续工作 112 小时，总进尺 1491 米。

（12）抗高温油基合成基钻井液技术。研制成功主辅乳化剂，形成抗高温油基合成基钻井液体系，与国外同类产品性能相当，在 200℃高温下，自主研制的主辅乳化剂具有更加优良的乳化效果和电稳成功应用。研制出高抗油发泡剂，在油水为 6.5∶3.5 基液条件下发泡体积大于 3 倍，并完成工业化放大生产，在吐哈油田米气 7–H 水平井三开水平段现场试验获得成功。

【技术支持与服务】 围绕集团公司重点工程和重大试验项目，发挥决策参谋和技术支持作用，凸显多项技术支持亮点。

（1）围绕战略规划和顶层设计，发挥总部决策参谋作用。完成“页岩气钻完井技术”国家重大专项、集团公司工程技术重大专项顶层设计和立项材料；组织或参与塔里木油田勘探开发关键技术（二期）重大专项、“新疆大庆”建设重大专项、大港重大专项、玉门重大专项的立项工作；完成集团公司科技规划计划滚动研究（钻井）、钻井发展趋势与新方向研究等科研项目；协助集团公司对重点井进行跟踪分析和效益评价；坚持开展钻井新技术跟踪评估，完成了《2012 年国外新技术调研报告》。

（2）面向重点地区和重点工程，提供技术支持保障。在“新疆大庆”建设中发挥技术攻关和支持排头兵作用。通过研制 8000 米钻机和提速工具、推广应用精细控压钻井系统等新技术装备，支持了塔里木油田钻井提速；研制形成可循环油基泡沫钻井液体系，支持了吐哈油田三塘湖钻井提速；研究制定技术规范，进行室内试验、方案设计和现场监理，支持了呼图壁储气库建设；组织优势团队参加股份公司塔里木重大科技专项（二期）、新疆重大科技专项研究，与新疆油田联合开展基于碳纤维管的连续管作业技术研究。

围绕集团公司重点钻井提速项目开展技术支持，取得阶段性重要成果。集中力量为华北牛东区块、四川安岳震旦系深层、吐哈鲁克沁和三塘湖地区、塔里木山前和塔中、塔北以及新疆、青海等项目提供钻完井技术支持，取得了很好的成效。参与页岩气开发项目，开展页岩气水平井坍塌机理、井壁坍塌规律及油基钻井液堵漏方法研究；完成威远、长宁地区页岩气井油基钻井液体系的评价优选。

为集团公司信息化建设项目提供技术支持。参加工程技术物联网（A12）项目建设，为制定建设目标、技术方案和实施策略提供重要支持。参与 A7 推广项目钻井参数优化（A 包）建设，完成软件 29 个子模块的研发，并在长城钻探公司等企业进行试验和推广应用。目前，该软件已通过验收。

（3）紧跟中国石油海外油气战略，做好现场技术支持。向中国石油勘探开发公司总部提供技术支持 9 项，为中国石油海外五大油气合作区 12 个国家 15 个项目提供钻井技术支持达到 2684 人 · 天。在伊朗北阿 AZNN-027 井复杂情况处理中，研究多种堵漏措施，成功完成堵漏，挽回经济损失 490 多万美元，得到项目公司的高度赞扬。在伊拉克哈发亚项目，通过优选钻头和优化钻井液性能，大大提高机械钻速，解决了泥包、井壁坍塌等瓶颈问题。在尼日尔 AGADEM 区块，通过优化井身结构，缩短钻井周期 25.6%，节约钻井成本 522 万美元。协助中国石油勘探开发公司举办第三期钻井完井技术培训班，进一步加强了同海外一线技术人员的交流。

（4）承担集团公司工程技术资质的审核、证书管理及监理检测业务等工作。2012 年完成委托监理 169 项，其中钻机监理业务继续居国内同行之首。协助主管部门开展资质审核、检查、管理和培训等工作，完成 197 家企业、2702 支队伍的资质审核。完成 165 台钻修井设备检测评估；配合中国石油海外项目做好出国装备的检测评估，钻机第三方检查验收的海外业务得到加快发展。钻修井设备检测实验室及检查机构通过 CNAS 认证，增强了检测及评价的软实力。

【生产经营】 依托科技优势，产业发展空间进一步拓展。

（1）加快成果应用，技术服务实现良好起步。CGDS（近钻头地质导向系统）在大庆、浙江、江汉、江苏等油田以及中国石化华东石油局完成 19 口井的技术服务施工，仪器性能稳定，作业效果明显。截至 2012 年底，钻井院 CGDS 已累计完成 104 口井的技术服务，服务队伍建设和产品质量都日趋成熟。连续管作业机及井下工具，建成 2 支服务队伍，为苏里格、新疆、青海等油田提供工程技术服务 54 井次；开发形成 8 种规格、14 项工艺 33 种井下作业工具，在辽河、大港、冀东、长庆等油田应用 340 井次。固井技术服务，围绕国内外固井技术难题，开展技术服务 112 井次，生产销售各类水泥浆外加剂 710 多吨。PCDS-Ⅰ精细控压钻井装置在塔里木 TZ26-H11 井成功进行首次商业化服务。套损井修复技术服务，首次应用到海外和海洋市场，完成印度尼西亚海上油田 1 口套损井套管补贴施工；为哈萨克斯坦 MMG 油田加工 10 口井套管补贴工具。高效胺基钻井液完成集团公司新技术新产品发布，在新疆油田莫 116 井创下该区最快钻完井纪录；在呼图壁储气库应用 2 口井取得显著效果。

（2）积极开拓市场，产品销售得到稳步发展。精细控压钻井装置，与渤海钻探公司签订 3 套技术协议和销售意向合同，完成交付 2 套；新安排加工 3 套，已完成总装和实验室调试。膨胀式尾管悬挂器，新开发出 6 个型号、5 种规格的产品，应用范围由浅井拓展到中深井，全年新签销售合同 48 套，现场应用 22 套。遇水自膨胀封隔器，试验研制形成产品，出口澳大利亚 60 套，为长城固井公司提供 3 套。另外，针对乍得和伊拉克等项目需要，研制并生产乳液大分子、无荧光防塌剂等处理剂产品，累计实现海外销售额达 600 万元。新研制的 DQ80 顶部驱动钻井装置顺利通过专家的验收鉴定，各项性能指标均能满足现场需求，显现良好的市场前景，已销售应用 5 台。DQ90BSC 顶驱在支持国家重点项目东海春晓油田钻探中发挥积极作用，顺利完成首口井的技术服务施工，为进军海洋市场迈出了重要一步。围绕产品销售和服务，成立西南和委内瑞拉 2 个顶驱服务中心；通过加强合作，钻井院的北石顶驱成为壳牌公司合格供货产品，为拓展海外市场奠定了基础。全年共生产顶驱 65 台，地面防喷器控制装置 251 套，螺杆钻具 778 根，震击器减振器 225 套，随钻仪器 8 套，污水处理装置 18 套，无损检测装置 19 台。

【科技创新体系】 钻井院坚持把科技创新体系建设作

为支撑发展的重点，在实验室、人才队伍和学术环境建设等方面取得了重要进展。

（1）加强实验平台管理。建成以“油气钻井技术国家工程实验室”为标志的科技创新平台，形成控压钻井、井下控制、钻井液与储层保护等15项钻井工程技术研究和实验能力，整体达到国内领先、国际先进水平。根据发展需要，编制“十二五”钻井工程重点实验室、试验基地建设规划，完成页岩油气钻完井工程实验室、獾式钻探实验室和原有实验室补充完善的建设方案和投资计划。

（2）加强人才队伍建设，新增补聘任2名、申报3名集团公司级高级技术专家。通过博士后进站、外调和招聘毕业生等形式，引进各类专业技术和管理人才26人，充实科研队伍。继续与高等院校进行研究生联合培养，新聘任勘探开发研究院研究生部博士生导师2人、硕士生导师5人，2人被邀请聘任为中国石油大学（北京）硕士研究生导师，与勘探开发研究院研究生部和中国石油大学（北京）联合培养下所实习研究生23名。通过实施精细控压钻井、连续管作业和煤层气远距离穿针等重点科研项目，锻炼和培养了一批优秀的领军人才、创新团队和青年骨干。

（3）加强内外合作交流，营造良好的科研环境。先后与西部钻探公司、渤海钻探公司和塔里木油田公司的领导和专家进行研讨交流，与渤海钻探公司、浙江油田、宝鸡石油机械公司和北京信息科技大学等单位建立了新的战略合作伙伴关系。组织12批20余人次赴国外参加国际性学术会议和交流活动；接待壳牌石油公司、印度尼西亚石油和天然气监管机构、哈萨克斯坦国家石油公司、阿联酋阿布扎比钻井公司、贝克休斯公司和美国华人石油协会等单位的领导和专家来钻井院考察交流。邀请行业知名专家和学者给职工做专题讲座；组团参加了第十二届石油石化装备展会、SPE2012亚太钻井技术会议和第十四届中国国际高新技术成果交易会等；承办“钻井基础理论研究与前沿技术开发新进展”学术研讨、2012年全国钻井院（所）长会和钻井液、完井液学组工作会等重要行业会议。

【基础建设】 严格落实“三控制一规范”制度，实现全员绩效考核，通过考核评价，完成年终兑现，激励良性发展。加强市场准入和资质管理，申请各类资质26项，为开拓技术服务市场，推广应用新技术、新产品提供了重要保障。加强网络运行维护管理，建立信息发布、浏览、传送为手段的信息服务保障体系；推进“营改增”，实施税收筹划，合理降低企业税负；建立了钻井院经济活动分析制度，为发展服务的战略性和主动性不断增强。

【安全稳定】 HSE安全环保体系和ISO 9000质量管理体系得到持续改进并正常运行。以HSE体系管理为重点，逐级签订安全生产责任书，加强安全应急预案建设和演练，对海外人员实行安全周报制度。开展不稳定因素排查，化解矛盾消除不稳定因素，保持稳定大局。全年继续实现“零火灾、零重大伤亡、零群体上访、零环境污染”工作目标。

（王洪艳）

中国石油集团安全环保技术研究院

【概述】 中国石油集团安全环保技术研究院（以下简称研究院）于2007年11月成立。研究院主要承担中国石油安全环保政策法规、战略规划和标准规范研究；HSE管理体系研究；专项治理工程技术论证和重大项目安全环保技术评估；重大新建和并购项目HSE体系技术支持；应急技术研究，为应急管理和事故调查分析提供技术支持；基础、超前、共性和重大安全环保技术攻关、应用技术研究和新技术推广；HSE信息管理、对外交流与服务；HSE评价、审核、认证、咨询等技术服务。目前，安全环保技术研究院共设6个机关职能部门，另设11个研究所（中心）和1个分院，即政策法规与标准研究所、应急技术与HSE体系研究所、安全技术研究所、环保技术研究所、低碳经济与技术研究所、海外HSE技术中心、HSE检测中心、HSE信息中心、HSE评价中心、HSE认证中心、HSE新技术推广中心和大连分院。

截至2012年底，研究院拥有享受国家政府特殊津贴专家3人，国家有关部委评聘的国家清洁生产专家、国家环境影响评价专家、国家职业病危害评价专家、国家体系认证专家、安全生产专家20人，集团公司高级技术专家13人，局级技术专家22人，研究室主任、项目负责人等科研骨干85人，全院核心人才队伍120多人。

【科研工作】 2012年研究院运行各类科研项目68项，其中国家级4项、集团公司级24项。

（1）国家科技支撑课题研究进展顺利。"十二五"国家科技支撑项目"千万吨级炼化工业园区污水与废泥高效利用技术及集成示范"开展炼化园区清洁生产和循环经济成套技术集成研究，完成模拟试验装置的开发，开展高效混絮凝、低温多效蒸发—结晶等核心技术研究，并通过国家科技部组织的研究方案审查和阶段工作进展检查。国家油气专项配套现场试验课题"钻井废弃物无害化处理技术研究与现场试验"完成废弃水基钻井液无害化处理室内研究，初步形成废弃水基钻井液无害化处理工艺和药剂配方体系，研制出废弃水基钻井液无害化处理现场试验装置并完成一期现场试验。

（2）集团公司重大科技项目有序推进。集团公司重大科技攻关项目之一"安全环保关键技术研究与推广"按计划实施。"炼油化工企业污染减排潜力与路径研究"项目建立了炼油化工企业污染减排潜力核算模型，形成《企业污染减排审计规范》、《企业污染减排项目后评估规范》等4项技术标准；"HAZOP专家系统开发及在役装置SIL评估与应用研究"项目建立了可扩展的HAZOP风险数据库和HAZOP专家系统，形成《保护层分析技术导则》和《安全完整性等级分析技术导则》；"聚烯烃流化床反应器静电结片在线监测控制系统研究"项目建立了气固流化床静电分布测量方法，完成多通道的流化床静电分布在线检测系统的开发设计和研制调试；"海岸线石油污染环境生物治理及生态修复技术研究"项目实现对海岸线环境中本源嗜盐碱石油高效降解菌群的分离和筛选；"水域溢油应急处置关键技术研究"项目形成溢油应急产品性能评估技术，开发了2种高性能吸附材料；"油气钻采地面高压设备安全监测与评估技术研究"项目建立了应力集中敏感的安全检测方法，开发了油气钻采地面高压设备专用检测与监测装置；"长输管道与燃气管网风险控制与应急技术研究"项目建立了站场静设备泄漏风险评价方法，构建了动设备风险评价指标体系，建立了城市燃气管网风险评估指标和评估方法；"原油储罐雷电静电着火防护及罐区安全综合技术研究"项目开发了高中频雷电电流分路技术和中低频雷电电流分流及监控技术；"油气安全生产技术标准与环境应急监测关键技术研究"项目提出安全生产技术标准体系框架，开发了自动萃取、自动检测联用的全自动应急监测技术，形成《油气田危险化学品管理推荐做法》、《本质安全型人体静电消除器技术标准》；"场地污染风险控制及修复关键技术研究"项目完成了设计加工压裂返排液除砂和消泡处理试验样机，形成基于生物质为载体的嗜盐生物固定化技术，研制出高效固定化嗜盐生物制剂，具有良好的应用前景。

（3）低碳重大科技专项取得阶段性成果。专项研究取得重要进展，研究院承担的研究课题完成了碳捕集部分3套试制设备的方案设计，建立油藏碳封存筛选指标体系，完成咸水层碳封存选址指标体系的分析和筛选；含油污泥资源化利用技术建立3种检测方法，形成4种含油污泥处理新工艺，开发9套新装备，研制2种新产品和6套新药剂配方，申报专利7项；建立节能减排考核评价指标体系与指标计算方法，对行业低碳发展标准需求进行系统分析，提出炼厂生命周期评价（LCA）方案，初步构建石油石化行业低碳发展标准体系表，编制完成企业低碳审核指南，科学指导企业开展低碳审核。

（4）科研成果实现较快增长。2012年共申报专利46项，其中发明专利22项，同比增加17项，23项专利技术获得受理并公告，8项技术获得专利授权，5项软件完成软件著作权登记。全年共申报各类科技成果奖20项，11项成果分别获得集团公司、北京市、中国石油和石化工业联合会、中国职业安全健康协会等国家部委和行业协会成果奖励。全年征集国际石油技术大会（IPTC）、中加油砂与重油技术研讨会、第十一届温室气体控制技术国际会议等学术交流论文33篇，发表论文107篇。此外，《油气田环境保护》、《石油安全》2个期刊编校质量不断提高，影响力不断提升。《油气田环境保护》再次顺利进入中国科技核心期刊之列，并被《美国化学文摘》收录。

（5）积极组织科研立项申报。为有效推进国家页岩气重大科技攻关项目的立项实施，组织全院有关单位集中进行"蜀南地区页岩气开采环境保护技术研究"项目的顶层设计和可行性报告编制，并顺利通过集团公司立项预审会和国家能源局组织的开题论证审查。全力协调组织国家973项目"典型场地规模化咸水层封存适宜性和可行性研究"、"车用石油燃料燃烧过程中超细颗粒物的形成与高效净化基础研究"的申报立项工作；"大型炼化基地地下水防渗技术集成开发与示范"、"外浮顶油罐雷电着火防护技术研究及导则制订"2个项目获准立项，并顺利通过集团公司科技管理部论证。

（6）结题项目顺利通过验收。完成国家科技支撑课题“采油废水与油泥污染处理及资源化利用关键技术研究”和“典型石油开采区污染谱识别与分级技术研究”的成果审查，通过国家环保部组织的专家验收。“大型油罐和电网雷害成因及防护技术的研究”、“炼化企业化工粉料火灾爆炸危险性评价及抑爆技术的研究与应用”等3项课题顺利通过集团公司专家验收。“中国石油应急资源调度决策支持系统研究”课题攻克了应急资源快速匹配和调度数量分析技术、应急资源运输路径优化技术等技术难题，形成重点应急物资分类目录，构建4种应急资源调度决策分析模型，开发突发事件应急资源调度决策支持系统，并在集团公司应急平台上线测试应用。

【技术支持】 2012年，研究院共承担决策支持类项目179项，已完成136项。

（1）决策参谋的层次和水平持续提升。承担开展的国家环保部“石油加工二氧化硫核算方法及现场核查要点研究”和“开展建立企业环境风险防控费用制度研究”等课题研究任务取得实质性研究成果；完成《陆上石油天然气安全生产规定》、《石油天然气开采业低碳审核技术导则》和《石油天然气开采业二氧化碳排放核算方法》等8项国家与行业标准的起草；积极参与《石油工业HSE标准化达标规范》、《企业HSE达标规范》等行业标准研究，参与开展国家认可委“认可范围分类研究”课题；完成国务院国资委《境外突发事件应急预案》、商务部《境外中资企业机构和人员安全管理指南》等编写工作，起草《发展非常规天然气从源头推动我国温室气体减排的建议》并上报国家支撑气候变化谈判项目组，成为国家针对应对气候变化决策参考材料之一。

（2）总部层面的支持作用有效发挥。完成《集团公司环境风险动态数据库建设工作方案》和《炼化企业PM2.5监测与污染防治规划方案》研究；梳理集团公司六大环境风险，形成《集团公司环境风险分析报告》；承担“中国石油涉外业务环保贸易壁垒初步分析——碳税与碳交易体系”、“承包商安全监管调研及制度研究”和“国内外安全生产标准规范跟踪及销售企业安全生产合规性研究”等项目，进展顺利；牵头研究制定《炼油化工企业低碳审核指南》、《集团公司污染减排审核规范》、《应急演练实施指南》、《中国石油大型客车安全驾驶指南》等22项集团公司企业标准；承担集团公司《环境事件管理办法》、《生产安全事故调查规则》和《建设项目职业卫生管理规定》等9项管理制度的制修订；总结分析集团公司2011年污染减排工作，编制《中国石油燃煤锅炉烟气脱硫现状分析报告》；完成污染减排核算统计和年度污染物减排总量核算统计的申报，编制完成《集团公司2011年环境统计分析报告》和《集团公司2011年环境保护公报》；组织开展集团公司2012年污染减排现场审核工作，为集团公司污染减排工作提供有力技术支撑。

（3）应急技术支撑能力不断增强。积极参与突发事件应急工作。指导吉林石化公司、辽河油田公司、锦州石化公司等企业监测站开展水体和土壤环境应急监测工作；编制完成事故现场处置技术方案、管沟积油处置方案、土壤修复技术方案和环境监测方案，为现场环境应急抢险和善后处置提供决策支持；开展应急工作评估，从应急初期响应、应急现场组织、应急物资等11个方面进行综合评价，对应急预案、应急物资、应急技术等方面薄弱环节提出改进建议；研究院负责运行维护的应急管理信息平台在多起事故的应急处置过程中发挥重要作用，为总部应急指挥提供技术支持，受到集团公司肯定。积极支持集团公司成品油库着火爆炸应急演练，首次对集团公司组织的综合实战应急演练开展技术评估。

（4）事故调查中心工作全面展开。随着集团公司事故调查中心在研究院设立，有关事故调查工作也全面展开。为进一步发挥职能，编制完成《集团公司生产安全事故调查规则》和《集团公司生产安全事故调查指南》，完成起草《集团公司生产安全事故调查专家管理办法》，参加集团公司2012年全部工业生产亡人事故的现场调查和分析工作，指导企业完成22起事故案例的动漫和宣传片制作，进行安全教育和事故经验分享。完成集团公司“十一五”期间工业生产亡人事故统计分析，形成《事故案例汇编》，建立了石油石化企业安全生产事故案例库。事故灾害理赔现场核查工作完成27个销售公司、4个炼化企业的1435座加油站、43座油库、20余套生产装置的理赔核查。

（5）HSE体系咨询业务得到拓展。分专业开展HSE管理体系审核方案和检查表的开发工作，编制完成中国石油物资供应商HSE审核标准、物资供应商HSE审核工作指南，完成吉林油田等20家企业的HSE总部审核；修订《集团公司HSE管理体系规范》，完成《集团公司HSE制度框架设计研究》报告；发挥集团公司健康、安全、环保专业标准化委员会职能，实施21项标准的制修订和3项标准的复审工作。加强集团公司HSE技术中心建设，编制中心管理办法、HSE 咨询师注册管理规定，建立 HSE 咨询专家库，完成销售企业和测井专业 HSE“两书一表”模板研究与编制工作；组织对锦州石化公司等 18 家企业开展 HSE 管理体系的运行质量评估；举办 HSE 管理者代表、HSE 审核员、应急审核员、安全生产标准化宣贯等培训班 13 期，培训学员 3000 多人；为渤海石油装备制造有限公司等 13 家企业开展 HSE 体系技术咨询、体系审核和应急预案评审服务，为企业风险管理、HSE 体系顶层设计、HSE 培训、制度转化、HSE 管理工具方法的使用等方面提供有力的技术指导。

（6）海外业务开启新的征程。开展海外项目社会安全体系建设与推进，制定体系推进实施方案，开发体系推进培训课件，赴乍得进行社会安全管理现状评估，完成项目“乍得项目社会安全管理体系文件开发”、“中亚管道社会安全管理体系和应急预案研究”项目有序推进；持续跟踪国际安全形势，加强情报信息收集分析工作，起草《委内瑞拉大选前后政治与安全局势分析》及《叙利亚近期政治与安全局势分析》报告，编辑海外社会安全形势周报 47 期、海外防恐信息专报 21 期、海外防恐安全和 HSE 值班报告 105 期；举办新一轮海外防恐安全培训班 225 期，培训 17243 人。此外，HSE 管理体系审核、环境污染现状评估等业务走向海外。实施中国石油勘探开发公司海外项目 HSE 审核，开展中国石油工程建设公司、中国石油集团东方地球物理勘探有限责任公司、海隆公司等国外作业的现场审核，为阿姆河公司提供 HSE 咨询；开展乍得公司、哈萨克斯坦公司和南美安第斯公司等海外企业现场污染源调查，初步摸清海外试点企业的环境污染源现状，完成《海外油气项目环境风险评价指标体系研究》、《乍得项目环境风险评估及对策研究》、《阿克纠宾项目环境风险评估及对策研究》等报告。

（7）环境监测体系建设进展顺利。集团公司污染源在线监控系统基本完成现场数据采集与传输仪安装、污染源在线监测系统平台软件开发，污染源在线监控中心初步建成并投入试运行，实现 69 个废水排放口和 58 个废气排放口的联网。完成“集团公司环境监测总站和环境应急监测中心仪器设备购置”和“环境应急监测车及应急监测软件”招标工作，环境监测网络体系、环境应急监测体系建设正在积极推进。完成 37 家企业环境监测站 4 项污染减排指标的实验室间比对考核工作，协助举办集团公司溢油应急比武。

（8）HSE 信息技术显现专业化特色。坚持全天候为总部和企业提供 HSE 信息系统运行维护，新增事故视频案例分享平台、3 年隐患治理跟踪平台、体系审核平台和体系推进成果展示平台；完成交通管理、安保基金管理等 8 项功能的开发与完善；完成西南管道公司、大连液化天然气有限公司、昆仑银行 3 家企业上线实施工作；开展 HSE 信息系统培训，送教上门到 37 家企业。开展集团公司应急管理信息平台运行维护工作，完成 4 项新增功能的开发和应急物资调度分析等功能的集成上线；集团公司 HSE 信息系统（2.0 版）和应急管理系统建设顺利通过集团公司审查和批复，已进入全系统开发。

【技术服务】 2012 年共完成评价、认证、新技术推广、HAZOP 分析、防雷防静电监测等项目 548 项。

（1）中缅油气管道工程环境监理工作做到责任落实，加强现场监督和施工方案审查，促进沿线生态环境保护，监理作用得到充分发挥。

（2）研究院 HSE 认证业务量逐年递增，客户规模不断扩大，审核记录不断刷新，全年新增认证企业 54 家，完成体系认证审核 448 家、认证评定 410 家；审核员数量逐年增加，审核队伍不断壮大，认证专业能力不断增强，认证领域不断扩展，认证市场已经拓展到中国石化、中国海油、延长石油等其他石油公司。

（3）新技术推广业务全年承担工程和技术服务项目 10 项，承揽并完成兰州国家原油储备库基地工程伸缩接地工程、吉尔吉斯斯坦炼油厂建设防雷接地、西部管道公司油库环境风险调查及评估等项目。

（4）HAZOP 分析业务得到较快发展，HAZOP 分析对象从新建装置延伸到在役装置，HAZOP 分析领域从炼化、油田企业扩展到销售、管道企业，实现主要生产业务板块的全覆盖。全年运行广东石化公司、东北销售公司、华北油田等企业有关生产装置和生产设施 HAZOP 分析项目 28 个。

（5）防雷防静电检测工作在集团公司 HSE 专项审核工作中充分发挥特色优势，2012 年研究院组织对北京销售公司、锦州石化公司等 6 家企业的油气生产和储运设施进行防雷防静电检测；对大庆油田、辽河油田等 11 个油田的 136 座大型油罐开展防雷防静电检查评估，为企业开展安全隐患治理、促进安全生产提供科学依据。

另外，还完成“抚顺石化自备电厂锅炉烟气脱硫工程”、“兰州石化 300 万吨 / 年重油催化裂化再生烟气脱硫工程”2 个项目的独立后评价工作。

（彭其勇）

中国石油集团石油管工程技术研究院

【概述】 中国石油集团石油管工程技术研究院（以下简称管研院）组建于1981年，是中国石油直属科研机构，也是国内石油行业在石油管工程技术领域唯一集"科学研究、质量技术监督、工程技术服务"为一体的技术中心。拥有国内外先进的试验仪器设备500多台（套），获得国际、国家、石油行业授予的质量、计量、安全、标准等方面的权威资质和授权22项。

管研院承担着国家及中国石油重大科技专项、应用基础研究和技术开发等科研项目，研究方向包括石油管及石油装备用材料、输送管与管线力学、油井管与管柱力学、石油管安全与完整性、石油管腐蚀与防护等。承担着石油管标准化、螺纹计量及量值传递、制造许可评审和型式试验、质量监督检验等石油管质量技术监督工作。开展石油管及装备的设计验证、驻厂监造、失效分析，在役管道及容器的检测与安全评价等石油管工程技术服务工作。

【科技成果】 管研院全年获得专利授权59项，其中发明专利15项；组织制定国家、行业及企业标准53项；在核心刊物和国内外重要学术会议上发表论文225篇；获得省部级科技成果奖励7项，其中"高钢级、大口径、高压力超长输气管道工程关键技术与应用"获得"2012年度集团公司科技进步奖特等奖"。

1. 输送管与管线领域

管研院承担的集团公司重大科技专项"第三代超大输量天然气管道关键技术研究"成功立项，试验工作全面启动；系统分析国内天然气管道采用0.8系数的可行性，提出0.8设计系数管材关键性能指标要求，指导产品试制，完成产品性能评价，为西气东输三线建设300千米试验段提供技术支持；完善X70/X80大变形钢管应用技术，推动大变形钢管的国产化及工程应用；优化大口径、高强度三通的设计方法，降低制造技术难度和成本；开展高强度厚壁钢管技术指标研究，为南海荔湾深水管道建设提供技术支撑；建立盐穴地下储气库完整性评价方法，并用于金坛储气库的安全评价；提出酸性气田集输管线用非金属管的关键技术指标，优化内衬非金属管材及制造工艺，与有关企业联合进行产品试制，已进入工业化试验阶段。

2. 油井管与管柱领域

进一步完善"三超"油气井管材选材和管柱完整性评价方法，开发中后期油气井管柱腐蚀预警系统，开展管材使用性能的全面评价，为塔里木"三超"油气田开发提供石油管技术支持；进一步完善稠油热采井基于应变的套管柱设计技术，建立稠油热采井用套管适用性评价方法和管材选用技术标准，完成红浅003区块8口井的套管下井试验；与制管企业合作，成功开发N80和P110经济型特殊螺纹套管，完成产品试制及性能评价，在长庆油田完成2口井的下井试验。

3. 炼化管领域

在研究换热器管束腐蚀机理和规律的基础上，管研院建立腐蚀预测模型及腐蚀剩余强度和剩余寿命评价方法；建立一套现场换热器管束远场涡流无损检测方法并应用于兰州石化公司换热器管束检测。炼化管领域实现了良好起步。

4. 应用基础研究取得阶段成果

通过集团公司和院级应用基础研究课题的实施，在超高强度管线钢断裂韧性厚度效应、X80管线钢土壤应力腐蚀开裂、X100焊接工艺、基于可靠性的油气井管柱设计方法等方面取得重要研究成果；建立非金属管的长时耐压试验、钻杆全尺寸疲劳试验、高强度管线钢大摆锤试验等基础试验方法，大型标志性设备试验能力得到开发和应用，试验研究能力得到提升。

【试验检测】 强化实验室建设，提升试验检测能力，充分发挥国家质检中心作用。采取措施加强实验室管理，强化基础工作，提高试验技术水平，扩充试验检测范围，确保试验检测的公正性。新基地实验室、国家质检中心实验室、型式试验机构顺利通过中国合格评定国家认可委员会和中华人民共和国国家质量监督检验检疫总局组织的现场评审。进一步扩充实验室能力，"石油石化工业管材质量控制和技术评价实验室"获得中华人民共和国工业和信息化部授权，"国家能源技术装备评定中心”通过集团公司和国家能源局的审查，启动国家重点实验室申报工作。

全年完成39家企业62批次10类产品的抽查任务，横向开展20批次产品的质量抽查。修订完善《压力管道元件制造许可鉴定评审及型式试验管理办法》，完成44家企业的压力管道元件制造许可和型式试验。开展大量管材试验检测工作，为油气田勘探开发和重大管道工程建设发挥质量把关作用。组织召开“重大管道工程板材/管材及管件质量分析研讨会”和“油井管质量研讨会暨标准宣贯会”，进一步提高制管企业和用户的质量意识。

【标准化工作】 以国际标准化工作为重点，进一步发挥管研院在标准化领域的引领作用。组建集团公司管道输送系统分技术委员会标准化工作组和专家组，为组织开展管道输送系统国际标准化工作奠定基础。加强对ISO/API核心标准的跟踪研究，及时掌握国际标准化的前沿技术和动态。征集ISO/API标准草案投票意见68条，提交标准提案8项。参与新版ISO 3183/API 5L《管线管规范》修订，20条意见被采纳，5条意见作为提案进入讨论程序；针对API 5CT《套管和油管规范》提交的26条修改意见全部被采纳。

国际标准立项取得实质性进展，高抗挤套管和酸性环境用钻杆2项油井管标准通过套管、油管和钻杆分技术委员会油井管分技术委员会审查。完成53项国家、行业及企业标准的制修订，其中国家和行业标准15项。加强TGRC标准体系研究，新立标准27项，其中试验方法标准11项。在集团公司首届优秀标准奖评选中，管研院有3个项目分别获得一等奖、二等奖、三等奖。

【工程技术服务】 加强工程技术服务，为重大工程提供质量安全保障。为西气东输三线、中缅管道、中贵联络线等管道建设工程提供技术澄清、现场检测等技术咨询和服务20余项。为中贵线、中缅管道等监造钢管212万吨，保证重大管道工程管材质量。开展提高强度试压系数的安全可靠性研究，为伊霍线提高运行压力提供技术支持。开展漠大线环焊缝开裂等管道失效分析15项，为油气管道失效控制提供重要科学依据。

强化创新成果和技术推广应用，开展地面集输管线腐蚀调查、防腐设计评估、腐蚀监测，为塔里木油田地面集输管线腐蚀综合治理提供技术支持。开展塔里木“三超”气田及长庆低压低渗透气田油井管柱适用性评价，完成21万吨油套管监造，为集团公司“新疆大庆”和“西部大庆”建设提供技术支持。

【对外合作】 进一步深化对外交流与合作，实现合作共赢。国际合作方面，管研院与中国石油休斯敦研究中心、美国俄亥俄大学等多个海外机构进行技术交流，促进相互了解，确定一批合作研究项目。与中国石油天然气勘探开发公司进行技术交流并签署战略合作协议，为开拓海外业务奠定基础。组织召开“高强度管线钢管应用技术”国际研讨会，专题研讨X90/X100管线断裂控制技术，促进第三代大输量天然气管道关键技术攻关。

国内合作方面，管研院与塔里木油田、长庆油田、新疆油田等油气田，以及与西部管道、川庆钻探、西部钻探、渤海钻探等石油企业进行技术交流，商谈确定一批合作项目，为巩固和开拓技术服务市场奠定基础。还与宝鸡钢管公司、渤海装备公司等制管企业签署战略合作协议。开展塔里木油田用油管腐蚀、断裂和泄漏等失效分析25项，为油气田管材合理选用和安全保障提供技术支持。

【新基地建设】 西安新基地建设项目顺利增资，为工程建设顺利进行提供资金保障。严格控制工期和关键时间节点，加强基建组织管理人员力量，加大现场施工组织协调力度，1号、2号单体主体工程，室外配套工程全部完成，室内装修正在加紧施工。在加快建设进度的同时，强化施工现场质量安全监督检查，保证工程质量和安全。初步遏制住工期一拖再拖的局面，为新基地全面建成并投入使用创造条件。

（杨　钊）

中国石油天然气集团公司咨询中心（中国石油集团工程咨询有限责任公司）

【概述】 中国石油天然气集团公司咨询中心（以下简称咨询中心）是全国第一批取得甲级工程咨询资质证书单位，是国际咨询工程师联合会（FIDIC）会员和国家发改委委托投资咨询评估单位。

咨询中心负责对油气勘探开发发展规划、重大勘探部署和油气田开发方案进行调研、论证，提出咨询意见；对油气田地面工程和炼油化工工程的大中型项目进行评估论证；对石油天然气上下游重大发展战略、技术经济、工程技术等问题开展专题研究；受国家发改委、石油石化企业及国内外其他行业、单位委托进行咨询评估。

咨询中心设5部2委，即综合技术部、勘探部、开发部、炼化部、工程经济部以及专家委员会和石油天然气专业委员会，拥有100多名专家。石油天然气专业委员会具有行业管理职能受国家发改委和中国工程咨询协会授权，对全国35家石油石化咨询机构进行行业指导。

2012年，咨询工作紧紧围绕集团公司“十二五”发展规划和战略部署，不断深化战略研究，大力加强咨询评估，广泛开展调研工作，为集团公司提交一批具有前瞻性、战略性、创新性的研究成果。

【专题研究】 开展研究项目39项，特别是对事关集团公司发展的具有前瞻性、战略性、全局性的重大课题和当前领导关心的重大问题进行深入研究，提出建设性的意见，得到集团公司领导的高度重视。特别是“中亚油气合作示范区建设实践与创新研究”重大课题，是咨询中心成立以来第一次承接涉及油气勘探开发、海外业务管理、地缘政治、经济社会等方面综合性的研究课题。课题报告系统总结了中亚地区成功的实践经验，阐述了率先建成油气合作示范区的深刻意义和丰富内涵，提出了应对风险和挑战的对策建议。开展的“中国石油油气勘探战略研究（三期）”、“我国含油气盆地勘探现状分析”、“数字化油田战略研究”、“‘西部大庆’建设创新发展模式研究”、“中国石油工程技术服务创新能力等重大问题研究”等课题，都取得重要的研究成果，充分发挥智库、参谋和决策服务作用。

【评估论证】 开展评估项目191项，创下历史最高纪录，并且高质量完成各项评估任务。在评估咨询实践中，始终坚守“独立、科学、公正”的服务宗旨和“敢言、多谋、慎断”的行为准则。突出优化投资结构、降低建设成本、提高投资效益和回报，较好地把握了建设项目与集团公司发展战略、国家产业政策及国民经济发展规划的合规性，项目方案与节能减排、安全环保绿色发展理念的适应性，项目投资效率、效益与可持续发展要求的符合性，以及国际竞争力分析和项目对经济社会发展影响的五大关键环节，为国家和集团公司科学决策、为提高工程建设质量与效益、为推动产业布局结构调整和产品质量升级及促进可持续发展都发挥了重要作用。

【国际合作业务】 高质量地完成13项涉及海外勘探开发、炼油化工、管道建设等评估、后评价和专题研究的国际合作项目。完成“中亚油气合作示范区建设实践与创新研究”成果得到集团公司主要领导的好评，提交的“加拿大阿萨巴斯卡公司麦肯河油砂开发方案评估”、“浙江东海炼化一体化合资的评估”、“哈萨克斯坦PK项目独立后评价”、“委内瑞拉MPE3及扩展区项目独立后评价”等项目的评估和后评价报告，都得到了委托部门的高度评价，正在开展的“中缅油气管道研究项目”等也都产生了积极影响。

【专家工作】 咨询中心紧紧依靠专家，积极服务专家，并协调组织各部门尽最大努力为专家创造良好的条件，使专家的作用得到充分发挥。2012年聘用专家389人、2965人次。2012年11月成功举办首届专家论坛年会。首届专家论坛会的成功举办，也标志着咨询专家团队的创新研究能力和水平上升到一个更高的层次和阶段。

【学习型咨询中心建设】 2012年持续深化学习型咨询中心建设，咨询中心按照培育一流的咨询队伍，打造一流的咨询团队，建设一流的咨询中心，提供一流的咨询成果的目标要求，进一步制定有针对性的学习计划，精心组织落实，使“三位一体”的学习形式得到了进一步完善和丰富，形成了领导带头学、专家主动学、员工要求学的良好氛围。在6月和12月组织召开的学习汇报会和经验交流会上，较好地发挥典型示范作用。2012年有3名同志获得菲迪克青年咨询专家管理培训证书。

【管理工作】 不断强化内部管理，积极推进“三基”工作，加强精细化管理，各项工作都取得较好成绩，有力地推动咨询工作的健康发展。一年来，办文办会质量不断提高，保密管理工作不断加强，人事劳资工作不断深化，财务管理工作不断强化，车辆运行高效安全，石油天然气专业委员会工作成效显著，特别是咨询中心需重新申报并需由国家发改委认定的甲级资质，经过8个月艰苦细致的工作，获得国家发改委的批准。

（吴云海）

中国石油天然气集团公司休斯敦技术研究中心

【概述】 中国石油天然气集团公司休斯敦技术研究中心（以下简称休斯敦中心）是中国石油在海外建立的第一个研究中心，是按照国际化标准运作的、符合美国法律法规的石油天然气技术发展公司。休斯敦中心的定位是前沿技术、超前储备技术的引进创新基地，重点领域应用基础研究和关键技术的引进开发平台，研究模式、研究体系的引进创新平台，国际高端科技人才的引进培养平台，国际技术交流与合作的窗口与桥梁，国际一流的石油技术研究中心。2012年2月，休斯敦中心正式入驻休斯敦新办公大楼，大楼更名CNPC Centre。同月，成功举办国际非常规能源技术研讨视频会议。

【组织架构】 在集团公司与休斯敦中心之间设立“防火墙”公司——北京华美世纪国际技术有限公司作为国内承担科研任务的载体。集团公司成立休斯敦中心管理委员会（以下简称管委会），集团公司总经理周吉平兼任主任，负责对发展规划、投资预算、人才引进、薪酬体系、业绩考核、科研计划、技术并购、重大技术成果国内产业集成等重大事项进行研究决策。在管委会基础上，设立休斯敦中心专家委员会，负责把握休斯敦中心科研方向。2012年3月，周吉平主持召开休斯敦中心管理委员会第一次会议，同意中心转入正式运行。2012年11月，周吉平主持召开休斯敦中心管理委员会第二次会议，肯定休斯敦中心的工作进展，并审议通过休斯敦中心“十二五”科技发展规划及2013年人才引进计划。

【科研工作】 休斯敦中心工作重点是开展集团公司急需的关键核心技术研究、超前基础研究，重点开展非常规油气发现及开采技术研究，以后再陆续扩展技术研究领域。2012年，设计制造出拥有自主知识产权、具有国际先进水平的井下及测井工具产品3项，包括第二代速钻复合桥塞、机械式重复开关滑套和随钻电阻率成像仪器，申请美国专利8项。设计出具有国际领先水平的井下工具4项，分别为适用于塔里木深层的高效PDC钻头，适用于超深高温条件下的新一代速钻桥塞，井底钻压、扭矩和弯矩传感器以及新一代压控式可重复开关滑套。掌握致密储层压裂软件物理模型与核心算法和高温高压低渗裂缝气藏开发实验研究方法，长庆致密气、塔里木、新疆、吐哈等重大专项技术研究成果显著。充分发挥休斯敦中心平台以及窗口作用，与企业共同开展联合技术调研，瞄准国际前沿技术，全面掌握相关领域国际最新研究进展，协助企业确定重点技术攻关方案。为了促进企业技术进步，与塔里木油田公司、西南油气田公司、吐哈油田公司、渤海钻探工程有限公司、安全环保技术研究院、中国石油集团测井有限公司签署战略合作协议，开展全面合作。

【企业管理】 2012年，休斯敦中心进入正式运行阶段，中心企业文化及制度已逐步建立和完善。建立能进能出的人才流动制度，在成功招聘专业技术及管理人员的同时，不能适应岗位需求或其他原因的员工被辞退或主动离职；人员离职均严格按照美国法律执行，所有离职人员均签署承诺书，承诺保守公司秘密，并不再对公司提出任何请求或在相关诉讼过程中出庭作证。借鉴西方大石油公司科技研发模式，管理体系和管理制度与国际接轨，实行规范项目管理制度，建立完善的激励约束机制。建立注重业绩、平等务实的企业文化模式，不简单地照搬中国石油企业文化，中外员工无论肤色、性别、种族、年龄、地域，一律平等，严格执行美国联邦及得克萨斯州法律，执行统一、规范的管理制度与激励政策；员工通过积极主动、创造性地开展工作，体现个人价值，争取个人发展，赢得企业尊重；积极加强团队建设，开展丰富的文体活动，不断增强员工的文化认同感，不断增强中心队伍的凝聚力。建设办公管理系统，管理决策、费用报销均通过系统处理，加强财务管控、设备管理，促进规范管理，降低管控风险。建成视频会议系统，实现“休斯敦—北京—企事业单位”多点实时会议系统，畅通项目沟通交流渠道，提高工作效率。

【人才队伍建设】 加强研发团队的“本土化建设”，依据集团公司紧缺专业，瞄准美国高端人才市场，招聘高水平技术人才，形成高效管理及研发团队。现有科研团队共计22人，其中博士学历人员9人（41%）、硕士学历人员4人（18.2%），硕士以上学历人员占研发团队的59.2%，管理及研发实力大幅度增加。引进国际一流技术专家，在井下工具及入井流体研发、非常规复杂油气藏开发技术等专业领域已经形成国际一流的技术研发实力。通过项目合作方式，积极帮助企业培养人才，企业派驻专业技术及技术管理人员与休斯敦中心美国专家及技术管理人员一起开展工作。通过广泛技术交流和合作研究，企业专业技术人员能够很快掌握先进的科研理论和研究方法，开阔视野，提升能力。

（杨光辉　楚蕾蕾）

中油财务有限责任公司

【概述】 中油财务有限责任公司（以下简称公司），由集团公司和股份公司共同持股，经中国人民银行批准，在国家工商行政管理总局注册的一家非银行金融机构。公司是全国银行间债券市场、中国外汇交易中心会员，中国证监会认可的首批IPO询价对象。

公司成立于1995年12月，17年来公司始终坚持“依托集团，服务集团，奉献集团”的宗旨，充分发挥集团公司结算平台、筹融资平台、资金管理平台功能，降低筹融资成本，提高资金运作效率和效益，为中国石油产业的发展提供金融服务与支持。在集团公司和成员企业的支持帮助下，公司保持健康平稳的发展态势，结算量、资产、收入和利润连续多年位居国内同行业前列，是全国资产规模最大、业务品种最多、效益最好的财务公司之一。

截至2012年底，公司共有股东2家，注册资本金54.41亿元人民币（含1.2亿美元）。公司最高权力机构是股东会，实行董事会领导下的总经理负责制。公司总部设有财务部、营业部、信贷部、证券部、国际业务部、风控管理部、信息发展部、人事劳资部、金融与会计研究所、总经理办公室（党群工作部）10个部门，在集团公司成员单位所在地分别设立大庆、沈阳、吉林、西安4家分公司和63家业务受理处。公司服务网络覆盖集团公司石油天然气勘探开发、炼油化工、管道运输、油气炼化产品销售、石油工程建设及技术服务等各个领域，为1400多家成员客户提供广泛的金融产品和服务。为配合集团公司“走出去”战略，公司于2008年3月在香港设立中国石油财务（香港）有限公司，并先后由中国石油财务（香港）有限公司在迪拜、新加坡分别设立境外子公司，为集团公司境外成员企业提供跨境金融服务。

2012年，公司积极克服央行调息、存款下降、汇率变动等多方面影响和复杂多变的国内外经济金融形势，在集团公司和董事会的正确领导下，把握集团快速发展带来的机遇，加快转变发展方式，努力提高质量效益，大幅提升服务能力和水平，经营业绩再创历史最好水平，行业领先地位进一步强化，为实现公司“十二五”规划目标奠定坚实的基础。2012年，公司荣获金融时报社与中国社会科学院联合授予的“2012年度最具创新力财务公司奖”，是唯一荣获此奖项的企业集团财务公司。

【主要经营指标】 截至2012年底，公司总资产达到5938.13亿元，比2012年初增加903.28亿元，增长

17.94%，其中，自营资产3309.62亿元，比年初减少136.09亿元，下降3.95%；代理业务资产2628.51亿元，比年初增加1039.37亿元，增长65.40%。

公司全年实现营业收入145.73亿元，同比增加5.41亿元，增长3.85%。实现利润总额60.97亿元，同比增加15.27亿元，增长33.43%。拨备前利润达到74.27亿元。公司主要经营指标继续保持行业领先地位。

另外，全年公司为成员企业降息、免收手续费、节约汇兑成本等共计25.93亿元（其中，节约贷款利息12亿元、手续费4.81亿元，节约汇兑成本9.12亿元），封闭结算业务为集团公司和股份公司节约周转性流动资金达到150亿元。公司通过坚持服务实体产业、不断延伸和提升金融服务价值链，较好地保障集团公司油气产业的平稳发展。

公司2012年底资本充足率为18.50%，高于监管标准要求8.50个百分点；不良资产率为0.00%，远低于监管标准（≤4%）要求；不良贷款率为0.00%，远低于监管标准（≤5%）要求；资产损失准备充足率433.29%，高于监管标准（≥100%）要求。

【结算业务】 2012年，结算业务保持较快增长。推广司库结算系统，加快市场开发，强化业务培训，规范制度流程。新增285家企业324个账户，总分联动上线账户743个，司库结算覆盖面大幅提高。推进结算系统与营运资金平台的对接工作，58家企业成功上线。强化客户信息管理，初步建立涵盖3525家企业的信息资料库，为提高客户信息共享程度、挖掘市场潜力打好基础。加大吸收存款力度，努力做好客户拜访与业务宣传力度，新增客户存款资金42.2亿元。协助天然气企业设计资金管理方案，取得良好成效，其中昆仑燃气纳入集中管理的下属企业已达57家。

全年累计办理本外币结算219.59万笔，同比大幅增长96.19%。结算金额25.41万亿元，同比增长10.39%。

【信贷业务】 面对集团公司商业储备油分公司还贷、集团公司长负贷款转资等因素造成自营贷款下降的不利影响，积极开拓市场，稳定并不断扩大客户群体，同时不断创新业务品种，提高信贷规模。与股份公司等续签170亿元贷款合同，提高大连西太平洋石油化工有限公司、中石油山东天然气管道有限公司、西部钻探工程公司等27家企业新增贷款规模，将长城钻探等6家企业的短负循环贷款转为固定期限贷款，办理应收账款质押业务2亿元。

截至2012年底，人民币各类贷款余额2997.1亿元。其中，自营贷款1005.7亿元，比2012年初略减26.9亿元，降幅2.6%。受托贷款1991.4亿元，比2012年初大增962.1亿元，增长93.47%。

【证券业务】 在平均规模下降21.8%的困难情况下，积极跟踪市场，挖掘产品，储备项目，抓住市场机遇，调整投资结构，取得明显成效，全年实现价差收益3.1亿元。配合公司头寸管理，利用在银行间和交易所两个市场的通道优势，完成证券回购总规模近1.2万亿元。做好集团委托投资管理，确保托管债券安全。

截至2012年底，人民币证券类资产余额896.75亿元，同比增加15.26亿元，增长1.7%。其中，自营证券投资余额656.33亿元，同比增加2.38%。全年自营证券平均规模670亿元，同比减少228亿元。

【国际业务】 成功续发11.5亿美元债，首次成功发行20亿美元商业票据，新增7家银行授信。全面跟踪集团海外业务，建立重点区域项目长期跟进机制，累计为加拿大、中亚管道等19个境外重大项目发放外汇贷款205亿美元。启用新加坡平台，发挥税收豁免优势，为澳大利亚2个股权收购项目发放贷款5900万美元。为昆仑能源办理首笔跨境人民币贷款10亿元。丰富外汇交易手段，首次运用交叉货币互换解决境外人民币贷款资金问题，全年开展外汇交易746亿美元，同比增长12%。

截至2012年底，公司外汇资产达到250.1亿美元，比2012年初增加12亿美元，增长5%。其中，自营资产192.1亿美元，同比减少11.5亿美元，降幅6%；受托资产58亿美元，同比增加23.7亿美元，增长69%。外汇业务全年为成员企业节约各项成本费用超过12亿元人民币，为公司节约税费超过3亿元人民币。

【资金管理】 克服存款大幅下降造成的困难，维系头寸资金低水平，提高管理精细化，加大证券回购融资力度，确保结算、信贷和投资需求。参与货币市场正回购融资累计9875亿元，日均余额67.4亿元，同比增长74%。加强银行同业合作，分别与工商银行和建设银行签订20亿元法人透支合同，增强结算支付保障能力。2012年，通过资金管理运作，增收节支，降低资金成本21基点。

【分支机构管理】 各分公司、子公司加大结算、吸存服务的力度，优化资产结构，降低资金成本。2012年，4家分公司结算量达101万笔、结算金额5.9万亿元，分别增长114%和7.4%，占公司业务总量分别提高至45.89%和23.22%；全年吸收存款平均余额63

亿元，资产平均规模 104.3 亿元。香港子公司在港独立运行一年来，利用市场前沿优势，发挥境外服务窗口职能，不断拓宽融资渠道，服务保障能力不断增强，经营业绩稳健增长，并成为首家进入美国商业票据市场的中国企业。2012 年底，资产总额 233 亿美元，占公司外汇总资产的 93%，同比增长 10.2%。

【信息化建设】 大司库结算系统成功上线并顺利完成 5 次版本升级，升级涵盖结算、信贷、网银等各类功能点超过 300 个，功能进一步改进。实现与 5 家银行的银企直联，与营运资金子系统完成对接测试并试点上线。通过公安部信息安全等级保护评估，达到三级标准。强化网络安全管理和系统维护，搭建异地容灾系统，吉林容灾系统投入使用，数据安全得到保证，系统整体安全性能进一步提升。持续优化公司网银功能，新增网银客户 657 家，网银用户已达 2700 多位，累计发放密钥 1700 多个。推进外汇管理系统、交易所大宗交易系统信息化建设。配合集团公司 FMIS 系统 4 次版本升级工作，确保 FMIS 系统的稳定运行。

【综合管理工作】 一是全力推进管理提升活动，重点突出基础管理制度和风险控制。基本完成公司九大类、133 项业务与管理制度修订工作，增补筹融资管理、账户管理、业务流程管理等 15 项公司层面的重要制度。推行风险控制“一票否决制”，完成对 4 个业务部门 153 个业务流程以及 4 家分公司的内控测试，初步建立跨部门账务核对与业务交叉监督机制。二是完成石油组织史资料集团公司卷财务公司分卷的编写工作。强化员工培训工作，组织和参加培训 42 个班次、270 余人次。三是提高政策研究针对性，出具各类专题研究报告 50 多份，研究完成行业对标分析及行业排名统计，连续编辑出版《金研视点》和《每周汇市概览》，为公司决策提供及时有效的支持。四是组织召开公司董事会、股东会及各专业委员会，保障董事会决策的顺利贯彻落实。扎实推进档案电子化及数字化管理，档案工作获得集团公司 A 类评级。

【党建及企业文化】 一是深入学习党的十八大精神，贯彻落实科学发展观，扎实有效开展创先争优活动，健全党委各项工作制度，推进学习型党组织建设。二是开展基层组织建设年工作，调整支部设置，选举产生新一届支委会，开展党建“三联”工作，深化“六个一”党支部创建活动。三是完善惩防体系建设，组织签订党风廉政建设责任书，落实一岗双责，完善监督部门联席会议制度和风险管控制度，深入推进反腐倡廉工作。四是加强企业文化建设，开展“我为祖国献石油”核心价值观教育，开展“献爱心、捐水窖”活动，加强网上职工之家建设和群团组织建设，开展员工业务知识竞赛，有效发挥青年作用。

（董　浩）

昆仑银行股份有限公司

【概述】 昆仑银行股份有限公司（以下简称昆仑银行）前身为克拉玛依市商业银行股份有限公司。2009 年 4 月，集团公司对克拉玛依市商业银行股份有限公司注资重组。2010 年 4 月 20 日，更名为昆仑银行。昆仑银行下设总行营业部及克拉玛依分行、乌鲁木齐分行、大庆分行、吐哈分行、库尔勒分行、西安分行 6 家分行，同时控股乐山昆仑村镇银行和塔城昆仑村镇银行 2 家村镇银行。

截至 2012 年底，昆仑银行共有员工 1893 人，总资产 1848 亿元，存款余额 1048 亿元，贷款余额 413 亿元。全年实现利润总额 23.37 亿元，同比增加 8.87 亿元、增长 61.17%。新增分支机构 10 家，全行分支机构总数达到 40 个，增长 33.33%。在《银行家》杂志的“2012 中国商业银行竞争力评价”报告中，名列 2012 年度资产规模 1000 亿元以上城市商业银行综合排名第 14 位。

【业务综述】

1. 公司金融业务

公司金融业务以新疆跨越式发展为契机，以打造特色化银行为目标，持续优化公司银行业务经营模式，积极构建专业化营销服务体系，不断创新专业化产品服务内容，大力推动小企业金融、产业链融资等业务平台建设，对公业务的专业化服务和营销能力得到进一步提升，产融结合的整体优势更加巩固。截至 2012 年底，昆仑银行公司贷款余额 313.82 亿元，同比增长 81.78%；公司存款余额 429.39 亿元，同比增长 75.87%；中小企业贷款余额 177.99 亿元，同比增长 107.66%；石油产业链贷款余额 54.48 亿元，同比增长 84.86%。

2. 个人金融业务

个人金融业务秉承“抱诚守真，慎行致远”的经营理念，围绕核心客户群体的金融服务需求，以丰富产品为纽带，持续加强客户积淀，夯实以储蓄理财服务为基础的各项工作，逐步完善产品体系，成功获取业务资质，根据客户需求积极推进产品组合营销策略，持续提升服务能力，实现业务的跨越式发展。截至 2012 年底，昆仑银行个人储蓄存款 112.68 亿元，成功突破百亿元大关，同比增长 89.76%；个人贷款余额 9.33 亿元，同比增长 118.50%；新发银行卡 27.60 万张，银行卡手续费收入 1095.83 万元，同比增长 96.79%。

3. 金融市场业务

金融市场业务坚持“稳健经营、持续创新”的发展战略，深入挖掘新的利润增长点，多渠道拓展收入来源，提高资产运作效益，进一步夯实发展后劲。截至 2012 年底，金融市场业务资产规模 971.74 亿元，负债规模 351.76 亿元，债券交割总量 18957.55 亿元，银行间市场排名第 57 位，业务发展态势良好。

4. 国际业务

国际业务坚持产融结合的特色化发展道路，服务于大型央企、石油石化产业链上下游企业客户群，以中国石油海外五大战略合作区为核心区域，积极承担保障海外油气能源贸易结算通道安全畅通和国家海外能源供给的重任，把握发展机遇，通过深化特色化金融产品开发，加强核心客户营销，深入进行市场拓展，逐步形成特有的核心竞争力，实现跨越式增长。2012 年，国际业务本外币总资产、净利润、结售汇、信用证、保函、跨境人民币结算量等各项数据均大幅增长，产品优势逐步形成，客户数量、客户行业范围增长迅速。

5. 分销渠道

2012 年，昆仑银行在分支机构建设、网上银行、电话银行、手机银行和自助设备等分销渠道的发展完善方面继续保持增速。新增分支机构 10 家；投入运营的成都运营服务中心，扩展客服中心服务职能，同时承接国际业务、银企对账等业务；网上银行功能进一步拓展、创新，开通支付宝快捷支付、银联无卡支付、B2C 等网上支付业务；推出 Windows Phone 客户端版本，实现手机银行客户端三大主流系统（iOS、Andriod、Windows Phone）全覆盖；督导全行自助机具有序布放，及时、合理地调整矿区及加油站的自助设备及 POS 机具布放原则和标准。截至 2012 年底，企业网银和个人网银客户数量同比增长 217.6% 和 117.3%，全年交易量增长 304.7%；电话银行客户数量同比增长 153.5%，全年交易量增长 267.1%；手机银行客户数量同比增长 424.9%，全年交易量增长 1330.2%；累计布放自助机具 459 台，POS 机 1241 台，同比分别增长 71.30% 和 80.40%。

【资本管理】 昆仑银行的资本管理以资本充足率为核心，致力于实现“资本充足率在任何时刻都符合监管当局要求；建立长效资本补充机制，保持雄厚的资本基础，根据资本确立资产增长计划，实现资本、收益和风险的平衡；追求风险可控的股东价值最大化”的目标。2012 年，昆仑银行根据银监会《商业银行资本充足率管理办法》及其修订的有关规定计算的核心资本充足率和资本充足率均为 13.72%。符合监管要求。

【风险管理】 2012 年，昆仑银行进一步完善全面风险管理组织架构，持续深化全面风险管理体系建设。建立风险偏好管理机制，深化集中垂直管理及流程化管理模式；强化专业风险管理体系建设，坚持“质量优先、规模经营、兼顾效益”的原则，积极应对宏观经济环境和金融监管要求变化，大力支持实体经济信贷需求，及时调整和完善各项信贷政策，深入推进信用风险管理体系建设成果落地实施；搭建业务连续性管理体系框架，开展市场风险和操作风险管理体系建设，建立市场风险管理数据集市，初步搭建市场风险管理信息平台，实现本外币业务管理一体化，不断提高计量工具和信息系统在管理中的应用效果。改进流动性风险管理技术，不断完善流动性风险限额指标体系和流动性风险管理信息系统，实现现金流量监测与管理系统升级；不断完善内部资金转移定价机制，提高内部资金转移价格的灵活性和针对性。截至 2012 年底，昆仑银行流动性比率 73.78%，存贷比 31.79%，流动性状况良好，达到监管一级指标的要求。

风险管理的理念、工具、模式、机制已逐渐融入昆仑银行的日常管理链条，各条线风险管理工作逐步实现流程化、常态化顺畅运行。

【信息科技管理】 2012 年，昆仑银行信息科技工作以规范化管理为中心，持续加强 IT 治理和信息科技风险管控，提升信息科技可持续发展的核心竞争力；以产融结合特色业务发展为主要驱动力，大力开展 IT 项目建设，全年实施 IT 项目 34 个，公司卡、国际业务海外报文、IT服务管理等系统成功上线；注重加强系统建设的全过程管理，累计制定发布信息科技制度30项、内部管理手册28项、标准化模板62个以及IT应急预案88个；应用系统和基础设施建设取得重大进展，建成投运同城灾备中心并实现真实切换演练，生产系统安全稳定运行，有力地支持全行业务快速发展。

【人力资源管理】 2012年，昆仑银行深入推进人力资源管理提升工作，完善各级机构设置与职责，调整业务管理模式，提高集约化处理能力。全面启动核心人才队伍建设，加大竞争性人才选拔力度，重点引进信贷、信息、金融市场及分支行关键岗位人员，人力资本价值贡献度逐步提升。建立健全绩效考核与薪酬分配体系，与资产规模、利润总额相关的用工总量核算控制机制以及覆盖短期、中期、长期的薪酬福利体系基本建立，薪酬福利政策的保障和激励作用得以充分发挥。持续加大资质考核与业务培训，建立昆仑银行远程培训平台，形成较为完备的培训管理运行体系，为进一步打造学习型商业银行奠定扎实的基础。

（张建斌）

中油资产管理有限公司

【概述】 中油资产管理有限公司（以下简称公司）是集团公司直属全资子公司，专业从事投资和资产管理，是集团公司重要资本运营平台。2009年5月，公司重组并控股金港信托有限责任公司，其名称变更为“昆仑信托有限责任公司”，注册资本30亿元人民币，成为集团公司金融板块重要组成部分。重组后，昆仑信托与中油资产实行合署办公。公司共有员工256人，其中合同化员工97人，市场化员工159人。公司员工中，本科以上学历人员占93%，其中博士研究生12人，硕士研究生107人。

【主要经营指标】 2012年，公司按照“十二五”发展战略部署，始终坚持“低风险偏好、零风险容忍”的理念，依法合规经营，取得较好的经营业绩。截至2012年底，公司实现营业收入13.17亿元，同比增长29%；利润总额11.45亿元，同比增长45%；净利润8.52亿元，同比增长47%；信托规模达到931亿元，同比增长46%。

【业务发展】 2012年底，公司按照“十二五”发展战略部署，始终坚持“低风险偏好、零风险容忍”的理念，依法合规经营，取得较好的经营业绩。

（1）竞争能力得到新提高。一是在集团公司的支持下，设立资金池，在实现集团公司资金保值增值的前提下，为公司开展业务提供了资金保障。二是发挥中国石油品牌优势，与中信银行、光大银行建立外部资金池，进一步提高公司的资金实力。三是积极与大机构合作，发起成立宁波秋实、北京昆融两个固定收益类基金产品，实现资金池和项目池的对接。四是在证券市场整体低迷的不利环境下，稳健运作固有资金，建立量化分析模型，择优申购新股，申购收益在全国800多家询价机构中排名第一。

（2）产融结合探索新模式。一是通过设立国联能源产业基金，为集团公司引入外部资金100亿元，用于西气东输三线管道建设。二是获得人力资源和社会保障部批准的企业年金投资信托试点资格。三是继续为集团公司“民生工程”提供资金保障，累计为大庆油田等14家矿区企业融资163亿元，建设住宅面积1260.7万平方米，惠及员工8.5万户。四是继续做好煤层气、装备制造等项目的融资，累计提供资金82.2亿元。五是发起设立昆仑信托慈善基金，捐助四川泸定中小学教育事业，履行社会责任，树立良好形象。

（3）营销业绩实现新突破。公司一方面继续加强直销渠道建设，充实销售力量；另一方面加强与银行、券商、保险等外部机构合作，拓宽资金和客户渠道。同时，建立产品流动性转让平台，开发客户维护系统，实行分级管理。2012年，公司累计发行“昆仑财富”系列产品35个，合格投资者达到5748人，其中1000万元以上合格投资者达到500人；2012年销售72个信托产品，销售规模146亿元，自主销售达到64.2亿元。公司品牌知名度显著提高。

（4）中油资产本部业务取得良好业绩。中油资产本部资产管理业务充分发挥资产管理与处置平台作用，实现债权类不良资产的持续常态化经营，累计清收与处置不良债权2370笔，实现处置收入8300万元；实物资产处置取得突破，成功运作处置“中国石油实物资产一号资产包”，探索实现集中化、规模化和市场化处置的运营模式；发挥专业优势，积极推进集团公司存量非在用土地盘活处置业务，运作模式取得突破。

【内部控制与合规管理】 公司制定并推行《交易对手参考标准》，从项目源头上控制风险。不断完善风险事件收集、问卷设计、目标设置与分解等工作，持续加强全面风险管理体系建设。结合公司经营管理实际情况，全面修订《内控与风险管理手册》，调整完善相关流程。规范项目全过程管理，开展中后期管理检查和专项评估，确保风险可控。加大合规审查和法律支持力度，提出矿业权信托、房地产信托、合伙制基金等业务的操作指导。启动法律风险岗位防控项目，编制《法律风险防控指引》，形成全员防控格局。加强稽核审计，实施“重要权证操作风险专项检查”，探索“审计前移”，推进征信和反洗钱工作。

【基础管理】 在财务管理方面，不断提升财务信息质量，充分发挥预算引领约束功能，增强管理控制能力。信托财务工作实行全过程财务管理。公司荣获集团公司“2011—2012年度财务工作先进单位二等奖”。在队伍建设方面，继续优化人力资源结构，加大优秀人才引进力度；推行“干中学、学中干，边学边干”的培训理念；及时修订考核、考勤等管理制度，员工管理更加人性化。在信息化建设方面，编制发布信息化“十二五”规划实施方案，完成信息工作的总体布局；“两地三中心”灾备系统建成投运，安全保障体系建设取得重大进展；具有自主知识产权的昆仑瑞飞管理信息系统建成并上线运行。在综合管理方面，强化服务理念和精品意识，推进档案管理信息化，加强信息传递和督办落实，提升决策执行力，提高办公效率。

【党群工会工作】 2012年，公司持续加强党建，党群工会工作呈现新局面。全年共组织12次中心组学习，促进领导班子思想认识有了新提高，理论联系实际有了新思路，工作作风有了新转变。以调整完善为手段，加强基层党组织建设，开展“夯实基础稳中求进，合力共举再创辉煌”主题活动。公司将廉政风险防控融入经营管理之中，受到集团公司党组纪检组的充分肯定，荣获集团公司“惩治和预防腐败体系建设先进单位”荣誉称号。通过创建“职工之家”活动，落实快乐工作，健康生活的理念，通过开展各类文体活动，丰富员工生活，公司员工编排的音乐剧《忠诚》参加了集团公司团拜会演出，并在集团公司第六届职工艺术节上荣获3项一等奖。以“信”为核心的企业文化初步形成，信文化已经得到公司上下的普遍认同，公司发展环境日趋和谐。

（卫荣华）

昆仑金融租赁有限责任公司

【概述】 昆仑金融租赁有限责任公司（以下简称公司）是经中国银行业监督管理委员会批准，由集团公司出资控股的金融租赁公司。2012年，公司实现资产规模361.36亿元，同比提高108.36亿元；营业收入21.79亿元，同比提高9.98亿元；实现利润总额4.52亿元，同比提高0.74亿元；实现税费1.6亿元，同比提高0.61亿元；公司不良资产率为0。截至2012年底，公司共有员工57名。公司获得中国融资租赁年会“2012中国融资租赁年度公司奖”、“重庆市金融贡献二等奖”等荣誉称号。

【监管指标】 2012年，公司资本充足率19.31%，核心资本充足率18.31%，单一客户融资集中度33.34%，单一客户关联度33.34%，资产负债率82%，各项监管指标控制有效。

【公司治理】 公司不断完善治理结构，公司股东会、董事会、监事会以及管理层和部门设置基本到位，权责划分清晰，独立董事配置合理，董事会下设关联交易委员会和审计委员会，“三会一层”按照《中华人民共和国公司法》和公司章程开展工作。根据履职情况调整1名董事；为加强管理层专业力量，增加2名高管；为加强市场开拓能力和境外业务，设立业务三部和国际业务部。 2012年3月至10月，公司迎接集团公司审计部、监察部、“三重一大”检查组以及银监局现场检查等多个大型检查组，针对问题和意见，董事会高度重视并逐一安排进行整改落实，公司治理水平得到有效提升。

【市场开发】 市场开发工作坚持以把控风险为前提，在股东项目、能源、资源、合同能源、城市基础设施、国家重点工程、中小企业等重点领域和行业上积极进行市场营销。2012年，累计投放租赁款86笔，金额159.14亿元；收回租金310笔，金额69.85亿元，其中收回本金32.42亿元，2012年底租赁余额360.84亿元。认真落实集团公司党组助力油气主业发展的要求，成功操作公司目前签约金额最大项目——四川石化公司乙烯设备项目。

【风险管理】 公司认真组织开展金融业务风险管理评估、全面风险排查和重点领域风险排查，确保项目风险整体受控。2012年，召开项目评审会30次，评审通过项目46个。全年累计审查项目前提条件落实情况59项、审查项目租赁合同52份、审查放款申请108笔，过程控制显著增强。召开风险管理及关联交易控制委员会会议11次，审查项目13个，有效降低项目风险。复核资产质量分类项目345项次，发布行业、产业及监管预警信息10项，风险预警能力得到了加强。截至2012年底，公司不良资产率为0。

【内控管理】 公司不断强化合规运行和内控管理，修订完成《公司制度汇编（2012版）》，编制发布《内部控制管理手册（2013版）》，组织修订业务流程25项，风险控制措施30项。对53个租赁项目进行内控合规检查，发现整改问题13项212个。组织开展公司层面内控测试85项，业务类测试259项，信息系统测试172项。全面推进管理提升活动，认真制订总体实施方案，确定19个方面的工作内容，对标查找问题29项，为扎实推进管理提升活动奠定基础。2012年8月，公司通过集团公司审计部检查组的现场审计，促进公司治理和风险防范机制建立。

（李　涤）

中国石油天然气运输公司

【概述】 中国石油天然气运输公司（以下简称公司）成立于1953年，是集团公司直属的大型专业化运输物流企业。主要为新疆三大油田、四大炼厂等全国113家油田、炼化、销售、管道、燃气企业提供专业化运输、石油石化产品配送及其他综合配套服务。拥有国家一级道路货运企业、涉外运输、危险品运输、国际国内海陆空货运代理、进出口贸易、建筑安装、路桥施工、境外投资与对外承包工程等经营资质，通过了国家质量管理与质量保证体系认证，位列“中国百强道路运输企业”前3强和“中国物流百强企业”第4名，被评为国家5A级运输物流企业，是行业内实力最强、规模最大的公路运输物流企业。公司总部设在新疆维吾尔自治区乌鲁木齐市，并在北京设有生产调度指挥中心，在全国31个省（区、市）设有分公司，在全国地（市、县）级城市设立657个运输大队、配送中心（车队）、修理厂、物流中心和后勤服务等生产生活场点，在尼日尔、乍得、缅甸、泰国设有项目部，在土库曼斯坦和哈萨克斯坦设有分公司。截至2012年底，机关设22个职能处室，下属66个生产经营和后勤服务单位。共有员工40153人，各种车辆设备22977台（其中，常规车辆21585台、沙漠车辆221台、施工机械340台、特种车辆831台）。资产总额170亿元。

【主要生产经营指标】 2012年，公司完成货运量1.13亿吨，货物周转量151.5亿吨·千米，实现经营收入332.3亿元，考核利润2.05亿元，同比分别提高了10.9%、11.4%、33.8%和12%。

【主要业务】 公司主营业务包括油田运输（沙漠运输）、销售运输（航油运输）、化工与燃气运输、特种运输与物流（钢管运输、非油配送）、国外与涉外运输、修理业务、物资贸易（国际货代、国际物流、进出口贸易）等；兼营业务包括放空天然气回收、钻井液回收利用、制氮车和连续油管车作业、硫化氢检测防护、地面测试、气动自动加重、钻具修理、重晶石粉加工、油气管线巡护、井场环保和道路施工，车辆设备、轮胎的集中采购，润滑油、汽车、轮胎销售，进出口货物代理，化工产品销售，钢结构和压力管道制作安装，机械加工制造，复合型材、玻璃钢、塑钢门窗，路桥建设、节水灌溉、防腐维修、驾驶培训等涉及基建工程、多种经营和油田服务的业务。

【主要经营成果】 紧紧围绕集团公司油气主营业务，公司充分发挥专业化优势，服务保障范围进一步扩大。油田运输进一步巩固和扩大塔里木、新疆、吐哈、长庆、华北、冀东、海南福山等油田运输市场，货运量同比提高12.8%。开拓大庆油田塔东区块勘探开发运输服务市场，扩大中国石化塔河油田运输市场；销售运输保障32家销售企业的成品油配送，持续扩展小额配送、机构用户配送市场。中国石化新疆、上海等地的成品油配送市场份额持续增长。介入北京、重庆、内蒙古等15个省（区、市）的武警部队油料配送市场。承担110个机场的航油配送任务；化工与燃气运输拓展东北、西北、华北地区炼化企业的互供料和化工产品运输市场，货运量达529万吨。进入昆仑能源9个LNG生产企业、接受站的运输市场和10个省23家企业的LNG运贸一体化市场。开拓昆仑燃气天津、宁夏等6个省（区、市）CNG母站和子站的运输市场，统一工业用户公路LPG运输市场；特种运输与物流承运了长呼线、中哈天然气管道二期、中亚C线等管道建设项目的钢管及物资设备，总承包中缅项目、西三线西段项目钢管运输，承担南疆天然气利民工程环塔管线的运输任务。完成大件运输336车次。国外与涉外运输开拓哈萨克斯坦阿克纠宾油田及外围长城钻探等运输服务市场，拓展土库曼斯坦阿姆河气田特种安装和水源地、自备电站建设及南约洛坦产能建设项目运输市场，完成尼日尔项目87口井的搬迁、40口井的完井环保作业。涉外运输承担巴基斯坦、吉尔吉斯斯坦、蒙古国的涉外油品和货物运输；修理业务在抓好内部车辆修理的同时，承揽管道局工程机械维修和江汉钻井、青海钻井公司的机电维修市场，建成北奔、欧曼等46个特约维修站，完成修理收入2.5亿元；物资贸易开展整车、配件、轮胎、钢材、石化产品和农资产品等销售业务，扩大国际货运代理、国际物流、进出口贸易和公铁联运代理市场，出口物流目的地达28个国家。

【企业管理】 按照集团公司要求开展“管理提升”活动，并连续实施了8个主题月活动。完善55项制度标准，优化420项业务流程，修订233项对标指标。狠抓配送中心建设，新建标准化配送中心20个、归场检查站36个、地沟和洗车台90个。上线运行大司库、集中报销、财务管理信息系统，完善了财务核算体系。有效组织生产，车辆工作率达到了80.02%。开展“打击盗卖油品和物资专项整治”活动，进行5万多次三级服务质量回访。落实车型和附件配置标准，推进车型品牌固化工作。加强信息化建设，公司专网接入45个配送中心、车队等生产场点，扩展GPS系统异常停车报警等30项功能，开发ERP单车核算系统，实施北斗应用项目。对88个基建项目及27家单位的领导干部进行经济责任和财务收支审计。开展工程建设、资金管理、招标管理等效能监察工作。

【培训管理】 推进两级机关干部到基层挂职锻炼，272名干部进行轮岗交流。强化专业技术人员的培训，44名员工获得技师、高级技师职业资格，1921人获得中级职业资格。引进本科以上员工235人，完善离职人员信息库。对35568名员工开展能力评价工作，为16808名员工发放上岗证。开展“对标培训教育月”活动，举办1597期集中培训和66期视频培训，培训员工29.1万人次。

【安全生产】 签订《安全环保责任书》38476份。发布实施工作前安全分析管理等标准制度。开展全覆盖式HSE体系内审。开展“打非治违”、特种设备安全管理、固定作业场所安全专项整治和“HSE体系建设责任检查月”等活动，查出并整改各类问题和隐患8707项。以提高应急管理能力为目的，组织交通事故、油品泄漏、火灾爆炸等现场应急处置实战演练1819次。持续开展“1211”安全管理工程、“安全行车百万千米”竞赛等活动。对驾驶员进行安全能力评价，评选出100名“安全之星”。抓好节能减排工作，推广双燃料汽车改装、LNG燃料汽车等节能环保新技术和新产品。

【科技创新】 成功研制DN250胺类管道，新开发中空吹塑托盘产品。采用EPCC模式，承接塔中单井地面试采、卸气站扩建等工程。总承包塔里木大哈拉哈塘区块试采作业。回收放空天然气1.43亿立方米，单井原油脱硫、试采、发电作业202口井，完成制氮车、连续油管车、单井测试、井控抢险作业3943井次。

【工程建设】 承揽装备制造企业的螺旋焊管生产厂房、钻井泵制造单元等工程项目，承接销售企业的油库、加油站等新改扩建工程，承担塔中26井区道路铺筑工程，共承担外部基建、路桥施工618项。

【和谐企业建设】 投入6.7亿元，新建和改造石油新村、库车基地39个配送中心和综合用房，配套建设基层员工的食堂、宿舍、阅览室和活动中心。实施昌吉基地62栋住宅楼和库尔勒、轮南基地员工宿舍的外墙保温工程。做好石油新村基地的旧楼拆建工作，392户家庭喜迁新居。为34388名员工进行健康体检。为976名有偿解除劳动合同人员代理交纳养老保险。做好扶贫帮困和送温暖工作，慰问、帮扶、救助员工群众19736人次、1631.5万元。

【精神文明建设】 建立健全52个基层党组织，扎实开展“创先争优”、“基层组织建设年”活动和基层党支部分类定级工作。对6个单位进行党内巡视工作。签订党风廉政建设责任书1687份，3480名处科级干部和关键岗位人员进行廉洁从业承诺。出台《规范和加强公司企业文化建设的实施意见》，修订《企业文化宣传册》。获得省部级荣誉134个，精神文明建设取得了丰硕成果。

（王肖超）

中国华油集团公司

【概述】 中国华油集团公司（以下简称公司）组建于1998年，由原中国石油天然气总公司多种经营局和5家局级多元开发单位组成。2007年，在中国石油"集约化经营、专业化管理、一体化协调发展"的重组进程中，按照集团公司总体部署，划出城市燃气、浅层气勘探开发、成品油销售、建筑材料、润滑油生产销售和油田化学等业务，划入30多家酒店和疗养院，新增物业管理和海外服务业务，接收中国华铭投资有限公司，组建阳光商贸公司，基本形成以酒店旅游、物业管理、海外服务为核心业务，贸易、油田开发、房地产为重要业务的产业格局，成为中国石油唯一一家以酒店旅游和物业服务为主营业务的专业化后勤服务企业。截至2012年底，公司员工总数达到16425人，其中，合同化用工1243人，市场化用工15182人

【主要生产经营活动】 截至2012年底，公司资产总额达到184亿元，与2012年初相比增加37亿元，增长25%，其中所有者权益135亿元，比2012年初增加17亿元，拥有的经济资源总量已相当可观。利润达到8.8亿元，巩固了2011年取得的利润翻番成果。经营收入超过155亿元，同比增加19亿元，增长14%，实现自2009年以来连续4年两位数高速增长。

（1）企业财务状况总体良好，企业投资继续保持强劲势头。2012年，公司流动资产占资产总额52%，其中，货币资金占30%，资产负债率为26.6%，有息负债10.9%，全年经营性现金流入6.7亿元，净资产收益率5.2%，总资产报酬率5.5%。充分表明企业资产拥有很好的流动性、较强的支付能力和盈利能力。2012年集团公司批复公司固定资产投资项目9个，投资总额24亿元；下达以前年度和新的购建款共15.8亿元。公司自筹资金投入房地产、中转基地购建和酒店改造等20亿元。随着这些投资项目的逐步投入运营，形成一批新的经济增长点。

（2）酒店旅游、物业管理、海外服务3项核心业务取得新发展。通过购建和输出管理，在国内外新增酒店11座，其中四星以上7座，酒店布局更加优化。2012年，上海中油阳光酒店实现收入1.02亿元，成为公司首家年经营收入过亿元的单体酒店，树立了标杆榜样。旅游业务在国内18个省及直辖市设立30多家分社，在海外14个国家和地区设立国际分社，形成较为完善的境内外组团地接网络。阳光出行网成为中国石油唯一指定机票预订单位。阳光丽景装饰公司正式取得国家一级资质。新增加物业管理项目12个，面积45万平方米。海外物业配餐新增项目12个，服务规模超过474万人次。随着阳光巴黎酒店的成功收购，公司在国际性大都市首次拥有自己的五星级酒店，同时在加拿大卡尔加里、澳大利亚布里斯班、阿联酋迪拜、俄罗斯莫斯科等国际都市购置办公楼和生活公寓，海外服务逐步在发达国家展开布局，拥有接触、学习欧美先进服务经验的基地。

中国华铭公司针对莫斯科中国贸易中心项目搁置10年之久的现状，大胆提出"以购代建"方式，促使俄方在短时间内批准规划指标，使项目初步具备建设条件。同时，及时调整经营思路，改变以往完全等靠项目进展的状况，探索开发商旅服务、贸易等新业务，2012年共接待商务部、财政部等国内商务考察团50多个，实现向经营性公司的转变。

（3）贸易、油田开发、房地产3项重要业务取得新业绩。2012年，公司国内外贸易业务经营规模超过100亿元。油田产量首次超过40万吨，协助长庆油田收回被侵占矿权，取得近70平方千米新的油田合作区块，维护了中国石油的整体利益，更为公司原油上产夯实储量基础。房地产业务顺利进行涿州、兰州2个内部职工住宅项目售房工作，销售住房3300多套。海南"阳光海岸"住宅楼主体封顶，兰州石油大厦、"安澜祥园"破土动工；新取得四川销售都江

堰、广元项目，形成项目储备、工程在建和销售回款良性运行的有利局面。

（4）阳光品牌美誉度令人鼓舞。2012年，先后圆满完成多位中央领导同志以及国内省部级以上领导27人次接待任务；完成南苏丹总统基尔、塔吉克斯坦总统拉赫蒙等外事接待任务12人次，承办驻外使领馆活动63场次，收到外交部、商务部、驻外使领馆等相关部门书面感谢信、表扬信150多封，为中国石油增了光、添了彩，进一步彰显了阳光品牌价值。敦煌阳光沙州大酒店荣膺五星级酒店，成功接待中国国民党荣誉主席连战一行。连战在离开时为酒店题词“阳光无限好、沙州情更浓”，对酒店服务品质给予高度赞誉。

【企业改革与管理】 2012年，公司按照国务院国资委、集团公司的部署和要求，深入开展管理提升活动，抓实开源节流、降本增效各项举措，形成管理增效、经营创效的良好局面。

（1）严控成本费用，挖潜增效成绩突出。2012年原材料和人工成本刚性上升压力巨大，按照集团公司下达的“五项费用”管控指标，公司机关带头严格预算控制，大力压缩非生产性支出，取得显著效果。成本费用增长率控制在13.6%，低于经营收入增速，管理费用同比下降4.2%，“五项费用”同比下降6.8%。32家单位大司库系统上线运行，集中管理银行账户214个，上存资金30.7亿元，资金集中度达到92%，有效提高资金运作效益。开展酒店旅游和物业管理企业成本费用调研，找出成本控制关键点，强化预算执行和资金控制力度。阳光酒店集团制定降低餐饮成本率、二线员工总数、能源成本率10条“三降”措施，经过1年的实施，餐饮直接成本率同比降低1.9个百分点，二线员工总数同比下降10%，能源成本率基本持平。

（2）持续强化管控，管理提升成效明显。公司制订管理提升活动总体实施方案，明确机构和工作要求，分三阶段推进，2012年已完成第一阶段各项任务。制修订经营指标评价、招投标、“五项费用”、投资控制等管理办法。坚持股权投资论证及源头控制，重点加强项目立项、可行性论证等关键环节。清理法人实体9个，减轻负担。坚持纪检、计划、设备管理部门联合监督招投标制度，共审核招标申请20次，现场评标10次，纪检部门现场跟踪监督18次。加强合同规范管理，公司共签订合同3624份，在项目谈判协商、尽职调查和风险评估过程中，坚持全过程法律支持与监督，全年未发生重大纠纷案件。进一步加强商标管理，以“（阳光标识）、Soluxe（英文标识）、（中文标识）”3个元素组合为主，完成国内及海外64个国家和地区的注册工作，由使用商标和防御商标组成的商标体系初步形成。开展重点工程建设审计监督，完成审计项目23个。顺利完成集团公司财务、内控、效能监察、招投标等方面重大检查，获得较高评价。对自有的土地进行普查，进一步明晰资产底数。增设信息管理部全面规划管理信息工作，并积极争取集团公司政策、技术和设备支持，实现10家单位接入内网，法律合同OA系统上线运行，在北京、上海、广州等5地建成视频会议系统，初步建立集采中心管理信息系统。

（3）员工队伍建设不断加强，政治保障作用更加明显。按照中央和集团公司要求，公司党委对学习宣传党的十八大精神进行研究部署，对如何结合实际贯彻落实制定具体措施。组织开展2期学习贯彻党的十八大精神培训班，对处级以上干部和三级单位班子成员进行全面培训。深入推进“四好”班子建设，逐步完善领导干部选拔运行机制，不断增强领导班子考核评价的科学性，使各级班子机构进一步优化，引领企业发展的能力进一步提高。先后举办安全、财务、招投标等业务培训班33期，培训人员近2000人次，投入培训资金1300多万元，同比增加500多万元。建立内训师培训制度，2012年有135人通过考核成为内训师。依托常州阳光国家职业技能鉴定所开展餐厅、客房、前厅3个工种的技能鉴定，959人通过资格认证。扎实开展岗位技能适应性培训、专项技能培训，投入培训经费800多万元，提高一线员工的技能水平。

【安全生产】 2012年，积极推进HSE体系建设，全面修订体系文件，按照标准化要求新制定安全管理制度12项、应急预案13个，在集团公司组织的2次HSE体系审核中，均获得审核组专家的充分肯定。重点加强消防安全、承包商管理、食品卫生、海外防恐等关键领域的监督管控，共组织局级安全大检查6次，发现并整改问题2468项。自筹资金2277万元，进行安全隐患专项治理，提高本质安全水平。全年实现3384万工时无亡人事故，公司连续3年被集团公司评为“安全生产先进单位”。

（陈云香）

华油北京服务总公司

【概述】 2012年，华油北京服务总公司（以下简称公司）坚持建设综合性高端物业公司目标，积极推进科技园、金融街一号、六铺炕危改等3项工程，树立品牌意识、发展意识、责任意识、大局意识等4个意识，实现以质量精品年提升服务品质、以人才工程提升整体素质、以构建和谐提升民生质量、以精细管理提升经济效益、以加强“三基”提升可持续发展能力等5个提升，服务环境持续优化，经营形势有效改善，“三基”工作富有成效，科学管理不断加强，“规模华服、人才华服、品牌华服、效益华服、和谐华服”五大华服建设取得阶段性成果。公司设置7个机关处室、14个下属单位，1个托管单位，现有员工2740人。2012年，服务满意率达到98.2%。

【服务保障】（1）重点工程建设平稳推进，物业服务范围进一步拓展。科技园A34钻井工程研究院地块进入竣工收尾阶段；A29数据中心、A42石油化工研究院地块实现主体结构封顶，A16国际交流中心地块完成主体结构施工的80%；A13等5个地块完成建筑方案设计，其中A45石油机械厂和物业用房地块完成初步设计。科技园建设得到集团公司和北京市领导的高度评价。金融街一号装修改造胜利完成，物业管理进入常态，金融板块如期入驻，高端物业再添新军。丰和大厦室外绿化、外挂电梯安装、幼儿园南平房和车队北二楼加固、住宅外墙保温施工和中油宾馆锅炉改造等工程如期完工。

（2）大力开展质量精品年活动，服务品质不断提升。公司坚持服务型企业定位，深入开展质量精品年活动，以“追求精品服务、创造和谐环境”为主题，召开6次服务质量座谈会，与28家驻京单位和机关部门沟通，对征求到的35条意见和建议区别情况积极整改落实，取得较好效果。2012年收到表扬信429封、锦旗184面，涌现出9个服务亮点工程，高端物业公司建设开局良好。华服高新物业公司夯实“三基”工作，实施规范化、标准化管理，服务能力显著增强，科技园高端物业实现良好开局。华服鑫融物业公司顺利接管金融街一号，实现高标准起步；老区物业服务不断优化，连续19次获得“北京市供热先进单位”称号。华服丰尚物业公司综合统筹“两厦一区”物业管理，生活小区实行管家式、一站式服务，努力解决驻厦单位实际需求，赢得业主赞誉。生活公司在实现“一变五”的基础上，让员工吃上可口饭、放心饭、健康饭，实现12年累计600万人次安全就餐无事故。机关车队2012年出车3万多台次，行驶218万千米，连续5年累计安全运行1000万千米。行政处整合服务项目，实行服务窗口集中办公，提供周到的行政服务。通信处确保集团公司电话专网正常运行和“海外大庆”建设通信畅通，建成集中监控系统，“三厦两地一网”系统平稳运行。门诊部积极推进“健康工程”，获得“西城区全民健康生活方式推动示范创建先进单位”称号。文印处优化工作流程，缩短公文印制时间，确保高质量、准确性和及时性。幼儿园合理扩大办园规模，开班26个，收托幼儿680余人，幼教质量不断提高。退休管理中心实施离退休职工关爱工程，落实老同志政治待遇和生活待遇，开展丰富多彩的文体活动，不断丰富“老年之家”的服务内涵。机关各部门认真开展作风建设活动，实施首问负责制和责任追究制，进一步改进工作作风，提高工作效率，会议、文件同比压缩20%和24%。

（3）经营质量稳步提升，实现2012年收支平衡。公司审时度势，召开经营形势分析会，深入分析当前经营现状，进一步加强预算管理，切实抓好节支降本工作；严控人工成本过快增长，压缩非生产性支出；加强设备设施管理，提高运行效率，降低能源和原材料消耗，节约维护、保护费用；开展合理化建议征集活动，共收到合理化建议136条。华服高新物业公司办公物业收费率达到100%，华服丰尚物业公司办公物业完成收费指标，住宅物业收费率达到99%，华服鑫融物业公司办公物业收费率达到100%，住宅物业收费率达到75%，同比增长3个百分点。中油宾馆大力拓展增收渠道，实现营业收入3813万元，同比增加349万元。科隆公司坚持“重心前移、跟踪保障、延伸服务”，巩固原有市场，大力开拓新市场、新业务，营业收入5015万元，实现利润241万元。生活公司采取措施控制人工成本，餐饮收入突破5000万元，实现收支平衡。幼儿园多渠道争取办学资金，严控成本支出，减少补贴200多万元。门诊部合理调整规模，优化资源配置，医务人员充实诊疗一线，有效控制运行成本。机关车队加强降本降耗，提高关联交易费用结算比例，结算收入增加107万元。房产处根据房屋租赁市场行情，及时调整房租收费标准，盘活资产、催缴欠款，增收156万元。行政处、通信处、文印处严控非生产性支出，争取经费支持，加强收费工作力度，实现收支平衡。退休管理中心在确保服务效果的前提下，将费用控制在限定的范围内。

【基础管理】 根据“快速增长期、紧迫提升期”的需要，公司扎实开展管理提升活动，不断夯实管理基础，进一步提升管理规范化、标准化、精细化水平。一是安全工作常抓不懈，安全管理不断提升。召开安全工作会议，与各单位签订《安全环保责任任务书》，制定安全管理5项制度，实现安全生产零事故。成功举办科技园消防应急千人演练，检验应急处置能力。在集团公司机关第三届防火安全运动会上，公司代表队获得团体总分第一和4个单项冠军。加强交通违法管控，有效遏制交通违法现象。二是持续完善管理制度，管理基础不断夯实。加强财务全面预算管理，大司库体系进入常态运行，资金集中管理水平全面提升。加强合同管理，2012年审查各类合同261份，提出审查意见380多条。进一步推进标准化工作，修订完善企业标准，制定标准化管理办法。规范物资采购和招投标管理，修订采购管理办法，发挥集中采购优势，有力控制采购成本，保证采购质量。加强档案集中管理，推广应用档案管理系统，受到集团公司档案专家组好评。三是不断完善内控体系，持续优化业务流程。按期开展体系测试，确保内控体系健康有效运行。修订各种制度和规定19项，管理体系基本健全。

【队伍建设】 持续推进“人才华服”建设，着力完善工作机制，营造“人人皆可成才”的良好氛围。管理、专业技术和操作服务人员3支队伍建设得到加强。完善干部选拔组织程序，注重组织考察和群众满意度。规范职称晋升，实行评聘分开，将社会化员工纳入评审范围。选拔首批技能专家，出台管理办法，对业绩严格考核兑现。组织第二届职业技能竞赛，形成涵盖16个专业和工种的试题库，新增5个工种和15个实操项目，1700人次参加选拔，决赛选手达到929人次。参加集团公司培训班26个，自行组织培训171次。机关7名同志深入基层实践锻炼，提高综合素质和为基层服务意识。

（韩淑静）

北京石油管理干部学院

【概述】 北京石油管理干部学院（以下简称学院）是集团公司的高级培训中心，主要职能是为集团公司及其下属企事业单位提供中高层管理干部培训服务。学院成立于1984年，占地92亩，建筑面积8.5万平方米。学员宿舍1063间，床位1499个，教室49个，座位2762个，具有1200人/日培训能力。

截至2012年底，学院资产总额为7.31亿元，其中固定资产为4.92亿元，合同化用工159人，市场化用工134人，劳务派遣用工156人，具有高级专业技术职务任职资格的有62人，其中教授级13人。

【培训工作】 2012年累计举办培训班294个，同比增加25个，增长9.3%，培训学员15937.4标准人次（1标准人次为1人15天或1天15人）（表2），与2011年基本持平。圆满完成集团公司2期党校班的培训任务，同时协助国务院国资委完成党校青年干部培训班等培训项目，连续第八次被中央党校评为“教学管理先进集体”。远程培训全年在线学习人次由2011年的约16万人增加到245万人，登录人次达148万人，学习时长达144万小时。先后完成在线培训项目20个、在线考试24场，录制课件79门、试用课程109门、测试并上传课程204门。

表 2　2012 年培训项目数据汇总表

序号	项目类别	培训班次	培训人数	标准人次	标准人次比例（%）
1	集团公司计划内 A 类项目	4	391	2009	13
2	集团公司计划内 B 类项目	22	2130	4416.3	28
3	集团公司计划外项目	43	3910	1501.7	9
4	企业委托项目	106	4577	3171.4	20
5	国资委委托项目	19	2101	2055.1	13
6	其他企事业委培项目	54	4192	2088.7	13
7	会　议	46	2510	695.2	4
总　计		294	19811	15937.4	100

【教学科研】　学院专职教师累计授课 4357 学时，人均授课 188 学时，累计完成 65 个教学设计、205 个班级的教学管理。按照新的评估办法进行教学质量跟踪测评，培训设计优秀率为 95.7%，课程设计优秀率为 96%，授课优秀率为 78.7%，班主任管理优秀率为 100%。举办学术报告会 23 场，发表培训研究论文 32 篇，出版专著 6 部，编写 5 期《舆情参考》，编辑出版发行 6 期《学报》和《中国石油财会》，参与编写集团公司出版的《石油企业员工政治经济知识读本》和《石油企业员工法律知识读本》。

【管理提升】　学院成立开展管理提升活动领导小组，制订活动方案、7 项工作制度和具体实施计划，结合实际深入开展自我诊断，查找出 6 个方面 23 项问题。在此基础上组织编制《学院管理提升方案》，细化《管理提升方案推进计划》，按阶段实施专项提升。学院开展 GE 克劳顿领导力发展中心对标研究工作，制定对标实施方案，明确阅读学习、内部交流、实地考察、对标分析、寻找差距、研究措施的工作思路，在形成 5 个方面 26 项考察提纲后，组织研究小组赴上海 GE 领导力发展中心进行实地交流，形成阶段研究报告。

【队伍建设】　学院对 6 个科级机构进行撤销、合并和职能调整，对 9 个岗位进行调整和交流，其中机关部门精简 3 个岗位，选拔任用 1 名处级干部和 6 名科级干部。选派 50 人次的管理、技术员工和 40 人次的操作技能员工参加集团公司及地方举办的各类培训，组织处级干部集中听课学习达 102 人次，推选 1 名优秀骨干参加集团公司第十七期 PMP 培训班，推选 1 名青年业务骨干参加在职硕士学习，组织应届毕业生到长庆油田一线进行为期 4 个月的见习锻炼，派出 11 名教师参加国家安全生产监督管理总局举办的师资培训班，并考取安全培训教师岗位证书。

【基础建设】　学院制定《学院信息化建设 2012—2014 年规划》、《学院档案信息化管理实施方案》和《办公自动化系统实施方案》。对公寓 C 座 401 教室进行扩容性改造，在公寓 C 座 2 层新建了 3 个研讨室，满足国务院国资委党校的培训需求。对室外篮球场、羽毛球场进行改造，对文体馆进行功能性恢复和调整，为学员提供更加丰富的文体活动项目。对教辅设备进行较大规模更新，更换 4 套功放机、13 台投影机、22 台教学计算机，配置 34 套无线手持话筒和领夹，增加 3 套会议专用无线设施，提高教辅设备的完好率和使用率。

【安全稳定】　学院与各部门负责人签订了《2012 年安全生产责任书》，开展了“安全生产年”、“打非治违”、“安全生产月”等活动，组织消防和应急处置演练。对综合楼和 1 号楼进行消防烟感系统升级改造，在集团公司立项为公寓 C 座增加两台外挂电梯，与特种设备公司签订电梯维修保养合同，确保安全正常运行，检测更换了 1536 个灭火器，更换了应急灯、安全出口指示灯和消防安全标示。在重要节日和党的十八召开期间，学院组织了拉网式安全大检查，实行了 24 小时领导在岗值班，保持了三级指挥联络畅通，确保了学院安全稳定无事故。

（褚林涛）

中国石油报社

【概述】《中国石油报》是经中共中央宣传部批准，集团公司主管、中国石油报社（以下简称报社）承办的集团公司党组机关报。报社于1986年3月18日组建，1987年1月7日《中国石油报》创刊。《中国石油报》以百万石油职工为主要读者，面向集团公司内外公开发行，报道石油天然气勘探开发、炼油化工、管道运输、油气销售，并涵盖相关产业。按照集团公司要求和主管部门委托，报社还承办了《石油商报》、《汽车生活报》、《石油画报》、《石油政工研究》、《地火》、《新闻之友》等刊物和中国石油新闻中心网站，形成中国石油报系“四报十五刊两网”全媒体格局。《中国石油报》、《石油商报》、《汽车生活报》、《石油手机报》每期发行量稳定在88万份以上，中国石油新闻中心网站日访问量超过50万人次。报社还负责中国石油新闻工作者协会和中国石油作家协会的日常事务性工作，并在全石油系统共设立55个记者站。

【报刊工作】 2012年，报社始终坚持《把握舆论导向十二条》和《新闻导向四问》，紧紧围绕集团公司中心工作，先后完成“海外大庆”、“管理提升”等30多项重大主题、重大典型宣传报道，基本做到重大石油新闻率先报道、重要新闻深度解读、重大成果专业描述、热点问题理性解释，石油主流舆论作用得到有效发挥。报社还重点组织“石油记者基层万里行”、“管理提升纵深行”等品牌新闻行动。经过十年来的创新实践，《中国石油报》的品牌新闻行动影响力不断提升，被列入集团公司思想政治工作创新案例。

报社加快推进平面媒体立体化、形象化、信息化。2012年，中国石油新闻中心网站日访问量同比增长3.3倍，稳居国内行业媒体第一。石油手机报·彩信版和新开通的石油手机报·网络版（wap.cnpc.com.cn）成为集团公司领导获取行业信息的重要渠道。《中国石油报》官方微博（weibo.com/zgsybs）上线，网络视频室基本建成。特别是中国石油报·数字传媒移动终端推出，初步实现对国内外17家主要媒体资讯和39种应用平台的集成创新，传播内容和方式丰富多样，也适合移动办公需要。

子报子刊齐头并进，全媒体集群优势进一步发挥。《金秋周刊》发行量突破50万份，作为唯一一家专业报纸列入中央组织部全国老干部工作报刊序列；《石油商报》服务石油民生，传播渠道和读者群稳步拓展；《汽车生活报》在中国移动手机阅读平台汽车类媒体中点击率排名第一；《中国石油画报》、《石油政工研究》、《新闻之友》、《地火》等期刊，发挥特色优势，创新表现形式，石油文化传播的影响力不断扩大。

报社继续强化内参和舆情监测，石油内参2012年出版54期，集团公司主要领导批示20多期，同比翻一番多。第二十七期《原油期货：国有石油公司准备好了吗？》得到中央领导批示，有力地维护了石油市场的秩序和企业、国家的利益。全年呈报各类舆情分析报告630余篇69.71万字，舆情监测分析及时有效。

【经营工作】 按照“新闻创造价值、新闻带动经营”的思路，坚持新闻立社、文化强社和管理增值、服务创效等理念，通过进一步提升报纸的品位和价值，提升新闻宣传的精准度和服务的针对性，拓展经营范围，形成全方位、多渠道、立体化的新闻文化服务格局。报社全年收入达到1.98亿元，近年来第一次出现所有经营单位都盈利的良好局面。尤其是印刷厂经过新班子和全体员工努力后，作风大为改观，从2011年亏损265万元一举扭亏，实现盈利32万元，初步解决了6年亏损2600多万元的老大难问题；子报子刊经营收入和效益也实现稳中有升；报纸发行进一步优化结构，有效发行；机关部门严格程序和预算管理，防范风险、堵塞漏洞，年节约支出数十万元。

报社广告部牵头与中国石油金融企业、石油工程建设企业共同组织“石油工程建设企业融资与租赁高峰论坛”，直接推动中国石油金融板块和国内能源装备制造企业以及工程建设企业的务实合作，加大了对实体经济的服务力度。

【企业管理】 2012年，“抓干部、抓作风、抓管理、树形象”的“三抓一树”活动深入开展，报社一半左右的中层干部轮岗交流焕发新活力，干部队伍履职能力显著提高；提出“要改文风，先抓作风；抓而不实，等于白抓”，强调“三个不容许”：不容许事后解释能力超过工作能力，不容许工作失误几率超过规定标准，不容许人为制造无效工作的能力超过沟通协调的能力。以“三抓一树”和“诚信体系建设”为根基，以“岗位优化·全员述职上岗”为方法，探索建立“一干六支”持续改善管理体系，即以采编系统量化管理为主干，媒体集群、报业经营、智力支撑、企业综合管理、人力资源和内部支持六大系统量化管理为支点，开展全员量化管理，探索缓解“忙闲不均”的通病。

2012 年，报社在集团公司考核中首次达到 A 级，报社及所属单位还荣获了“金长城传媒奖·2012 年度中国十大报业传媒”、集团公司“创建‘四好’领导班子先进集体”和“创先争优先进基层党支部”等荣誉称号。

【业务研究】 2012 年，报社提出石油媒体新闻宣传“六个转变”：由偏重“信息中心”向“思想中心”转变，提升政治品位；由偏重“宣传语系”向“新闻语系”转变，提升新闻品位；由“内向型”新闻宣传模式向“内外兼修”的舆论传播模式转变，提升时代品位；由“碎片记录型”报道向“精品传承型”报道转变，提升文化品位；由“舢板型”企业报刊向“舰队型”石油传媒集群转变，提升融合品位；由“本位型”企业媒体向“创新型”现代传媒转变，提升市场品位。

（柳海英　张　毅）

石油工业出版社有限公司

【概述】 石油工业出版社有限公司（以下简称公司）是集团公司主管的中央级专业出版公司，由原石油工业出版社于 2011 年 3 月转企改制建立，为集团公司全资子公司。公司下设 5 个机关职能部门和 13 个业务部门，人员编制 240 人。2012 年，公司坚持“姓油为油、开源节流、再抓落实、稳中求进”的工作指导方针，着力转变发展方式，深入开展“再抓落实年”活动，推动石油科技出版事业持续发展。全年完成出版物品种 1691 种，同比增长 2.7%；完成总印量 1321 万册，同比增长 87.1%；实现出版总码洋 5.712 亿元，同比增长 97.6%。全年实现总收入 3.32 亿元，同比增长 34.9%，其中，主营业务收入 2.798 亿元，同比增长 31.9%；实现利润 370 万元，同比增长 22.5%。资产总额达到 6.63 亿元，同比增长 14.5%。

【出版工作】 2012 年，公司按照“做大石油科技图书、做强石油教材、做优大众图书、做实数字出版”的思路，全面强化和推进图书出版主业。全年出版新书 522 种，其中出版石油类新书 398 种，占新书品种量的 76.2%，实现出版总码洋（含重印书码洋）9748 万元。石油科技图书出版以大型丛书、套书策划出版带动全面工作，出版《中国主要含油气盆地碎屑岩储层图册》、《空气与气体钻井手册》、《炼化能量优化技术丛书》（4 卷）等一批重点图书，《柴达木盆地石油天然气勘探开发技术丛书》、《水平井整体压裂技术丛书》（6 册）、《中国石油重大开发试验技术丛书》（12 册）等一批重点科技书出版进展顺利。打造《石油员工安全心理健康知识读本》、《生产作业典型“三违”行为辨识手册》等安全类畅销书均销售 9 万多册。石油教材出版积极拓展选题领域，提高单书效益；院校教材保持适度增长，着力打造精品；培训教材着力完善重点板块，形成规模效益。9 种重点院校教材被评为首批“十二五”国家级本科规划教材，占油气类教材入围品种的 90%；出版《中国石油高技能人才培训丛书》4 种，出版《中国石油天然气集团公司统编培训教材》33 种。

全年出版大众类新书 124 种，占新书品种量的 23.7%，重印图书 191 种，实现出版总码洋 6272.78 万元。大众图书出版外抓社会大众市场，保持既有市场规模；内抓石油内部市场，为油田企业服务。美国丹尼尔·耶金博士新著《能源重塑世界》隆重出版发行，《侯祥麟自述：我与石油有缘》再版，《考研英语阅读题源全集》、《青少年科普故事大本营（第二季）》、《用英语聊低碳生活》等一批好书面世，中共湖北省委领导发表署名文章推荐的、公司出版的《干部是干出来的》一书累计销售 6 万余册。

全年出版各类石油标准465种，同比增长8.4%，其中新版标准403种、重印标准62种；实现出版总码洋1239.5万元，同比增长8.8%。圆满完成《中国石油天然气集团公司年鉴》（2012卷）出版任务，在年鉴专项研究和出版质量上取得突出成绩。《中国石油勘探》、《石油科技论坛》和《中国油气（英文）》3种期刊明确办刊方向，调整栏目设置，质量进一步提高，全年共出版20期，实现出版码洋95.4万元。加强国际版权贸易合作，全年引进图书版权41种，输出图书版权4种，《石油天然气的未来》、《现代压裂技术》等优秀引进图书在业内产生广泛影响。"石油数字图书在线"容量进一步扩大，服务力度增强，并高质量完成集团公司技术有形化项目任务。

精品图书大量涌现，图书出版质量进一步提升。《赢在基层》荣获中组部首届全国党员教育培训教材交流活动优秀教材奖。"《中国石油天然气集团公司年鉴》编制的理论方法与应用"项目荣获"2012年度集团公司科技进步一等奖"，《中国石油天然气集团公司年鉴》（2012卷）获"中国版协第六届全国年鉴编校质量检查评比特等奖"。《现代完井工程》、《流线数值试井解释理论与方法》以及《能源博弈：21世纪的石油、金钱与贪婪》分别被评为"2012年第十一届全国输出版和引进版优秀图书"。《中国油气田开发志》、《油气田数字化管理》分别荣获"第二十二届全国石油石化企业管理现代化创新优秀著作"特别奖、一等奖。在2012年中国石油和化学工业优秀出版物评选中，公司有11种石油科技图书、8种石油教材获一等奖，14种石油科技图书、14种教材获二等奖。

【经营工作】 2012年，公司坚持"姓油、为油"的发展定位，突出质量和效益，在全面加强图书编辑出版主业的同时，提出"做稳销售、做好'创意经济'"的工作思路，全面布局和协调公司经营工作，努力为集团公司科技发展和生产经营服务，确保经营工作有序、稳定地进行，取得明显经济效益。全年实现图书入库码洋1.8亿元，实现图书发货码洋1.82亿元；实现图书销售码洋1.04亿元，其中石油及标准类图书销售码洋5335万元，大众类图书销售码洋5065万元。全年实现出版收入3615万元。展览广告业务着力打造展览精品，高水平完成第十六届中国东西部合作与投资贸易洽谈会等18项展览项目，按照"流程精确化、布置精致化、接待精品化、保障精细化"标准，完成集团公司领导干部会议等10余项会议服务任务，实现经营收入2800万元，同比增长3.7%。印刷生产业务实现行业对标管理，提升质量和管理水平，大力拓展内外两个印刷市场，确保完成"送书工程"图书和重点书印刷任务，推动生产经营稳健发展。全年完成图书和标准印刷任务1015种，同比增长12.7%；实现加工产值2264.16万元，同比增长13.3%；实现经营收入4700万元，同比增长21.8%。

【组织建设】 转企改制后，为适应新的发展形势，公司及时进行组织机构充实调整，加大了组织建设工作力度。2011年底至2012年初，成立石油科技出版分社，为进一步做强石油科技图书奠定了基础；成立审稿室，组建专业审稿队伍，加强出版质量管理。2012年2月，召开公司二届一次职代会，进行职代会换届改选，强化了公司民主管理。3月，在原发行部储运科基础上组建图书储运部，加强书库管理和图书销售发退货管理。6月，在充实和完善基层党支部建设的基础上，召开了公司第一次党员大会，选举产生公司第一届党的委员会和纪律检查委员会；7月，调整公司共青团组织，成立公司第一届共青团委员会，全面完成了公司党团组织的调整组建工作。

【企业管理】 为实现全年生产经营目标，公司按照"三个转变、三个突出、三个着眼"，即"转变发展方式，突出姓油、为油，着眼做精做优；转变管理理念，突出质量效益，着眼开源节流；转变工作作风，突出服务基层，着眼群众诉求"的要求，深入开展"形势、目标、任务、责任"主题教育活动，引导全体员工认清形势，明确任务，统一认识，振奋精神，全面加强作风建设。同时，根据集团公司部署，公司从2012年初开始，全面启动管理提升工作。针对薄弱环节，以加强"三基"工作、夯实管理基础工作为重点，采取以下措施并取得成效：

（1）对现行管理规章制度认真分析、清理、评价，共修订和新制定制度83项并汇编成书，健全和完善了公司管理制度体系。

（2）按照大预算管理要求，将各部门收入、支出、费用全部纳入预算管理，使部门预算执行结果与公司预算执行结果直接挂钩，促进财务预算管理与生产经营有机结合，并进一步推进全成本核算和单书核算工作。

（3）在成立审稿室的基础上，实行终审专业化管理，加强稿件终审和印前审读，编辑出版《编辑出版工作指南》，强化编辑业务培训，促进编辑工作科学化、规范化，进一步提高出版质量。

（4）创新"姓油为油"服务方式，坚持"走出去、走下去、走进去、走到位"，挂牌成立大庆油田图书出版中心，与长庆油田等企事业单位达成服务合作协议。

（5）抓好石油出版 ERP 项目实施，顺利实现编务、印务、储运、发行、财务五大模块成功上线运行，图书出版信息化管理水平迈上新台阶，出版生产效率进一步提高，单书核算初见成效。

（6）在成立储运部的基础上，进一步统一管理书库和图书销售发退货，全面提高了图书储运管理水平，为图书销售提供保障。

【送书工程】 2012 年是“千万图书送基层、百万员工品书香”活动送书工程第一阶段为基层队站送书的“收官之年”。公司在以往工作的基础上，继续统筹谋划，稳步实施，为新增基层队站、科研院所和海外队伍送书等重点工作有序推进，先后为 5830 个基层队站送书 163 万册，全面完成了集团公司下达的送书任务。自送书工程 2009 年启动后的 4 年以来，共计为集团公司 4.25 万个基层队、站、车间，80 个科研院所，57 个海外项目，配送通用、石油综合、石油专业三大类图书 883 万册，石油在线读书卡 4900 张，书箱书架近 4.4 万个，送书总码洋达到 3.05 亿元。

“千万图书送基层、百万员工品书香”活动另一重要项目——为集团公司 160 万员工配发《中国石油员工基本知识读本》(一套 10 册，以下简称《读本》)工作，也于 2012 年全面启动。公司送书工程领导小组提出“全力把好事办好，让集团公司领导放心，让广大石油员工满意”的工作要求，和“低调、严谨、遵纪、敬业”的工作原则，认真制定项目实施方案和相关管理制度，按照精品图书标准组织《读本》编辑出版，派出 5 个工作组分别赴北京、哈尔滨、西安、成都、乌鲁木齐五地社会印刷厂，协调组织《读本》印刷和配送工作。到 12 月底，完成 58 万套《读本》印制和配送任务，总码洋 2.61 亿元，占配送总量的近三分之一，取得阶段性成果，为 2013 年上半年全面完成《读本》印制配送任务奠定了良好的基础。

2012 年 8 月，由石油工业出版社有限公司承办、实施的“千万图书送基层活动及编写员工基本知识十册读本”案例，入选集团公司“新时期十大创新实践成果”。

（柴燕军）

中国石油审计服务中心

【概述】 中国石油审计服务中心（以下简称中心）组建于 1990 年，是中国石油从事企业内部审计工作的专业机构，正局级建制。

中心设有勘探与生产、工程技术、科研与事业、管道与天然气、基建与投资、炼油与化工、销售、国际合作、信息技术 9 个从事审计业务的专业审计处；机关设有办公室（党委办公室）、人事劳资处、审理处、计划财务处、党群工作处、后勤管理中心 6 个职能处室。截至 2012 年末，在册人员 165 人，其中具有高级技术职称 40 人，中级技术职称 75 人，具有国际注册内部审计师、注册会计师、注册税务师、注册造价师等执业资格的 50 人，博士研究生 1 人，硕士研究生 13 人，本科以上学历 130 人，形成专业结构基本合理，具有一定规模的内部审计专业队伍。

【审计工作】 2012 年，中心坚持“业内一流，国际知名”建设目标，坚持“人才、精品、国际化”三大战略，坚持审计质量提升、和谐中心建设的主题主线，完成各类审计项目 161 个。优秀率超过 50%，提出审计建议 85 条，被采纳 65 条，取得数项有影响力的审计成果。12 个项目获集团公司优秀审计项目。5 篇论文获中国内审协会石油分会优秀审计论文。在各类期刊发表论文 26 篇，其中国家级期刊 7 篇。

1. 坚持科学审计理念，管理模式不断创新

（1）确立专业化发展定位，明确了 9 个审计处的职责定位，实现项目管理专业化、审计业务专精化。各审计处根据所负责板块生产、经营和管理特点以及经营风险确定本处的审计重点。

（2）优化项目组织管理。全年任务提前确定实施时间和人员配备。项目实施与审前准备并行不悖，提升审前调查和现场实施的审计质量。在超过 20% 审计项目发生调整的情况下圆满完成审计任务。同时，组织机关人员参加审计项目 3 项。

2. 加强管控体系建设，审计效能显著提升

（1）强化制度体系建设。全年制定、完善各种规

章制度75项，审计业务、信息化、行政管理等制度体系已经建成，油田、炼化、销售审计指南的编撰基本完成，修订完成2012年《内部控制管理手册》，中心在集团公司质量管理体系推进评审验收中取得A级成绩。

（2）突出过程控制。做到审前准备工作内容、质量要求、数据分析科学化，项目运行中方案调整与报批、项目分析会、重大事项报告规范化，将现场组织管理纳入质量考核。上述工作确立了审理工作的质量标准、考核内容和呈报程序。

（3）注重效率提高。审计方案未经批准不得进点，延长现场审计时间必须报批，坚持周汇报、日沟通，第一时间解决问题，报告提交、审理等环节明确时间要求。全年无现场实施超30天的审计项目，基建与投资审计同比由平均26天/项降至17天/项，勘探与生产审计同比由32天/项降至23天/项。

3. 加大信息技术推广应用，自主创新能力持续增强

（1）完成计算机、服务器、审计软件等软件、硬件升级工作。

（2）增强协同办公能力。高清移动视频会议系统建成并投入使用，搭建综合办公平台并集成主要待办事宜和在线应用功能，VPN远程办公日常化；充分发挥OA办公系统应用功能，全面实现公文在线流转；档案管理85%以上实现数字化，档案信息资源实现即时归档、在线查阅和共享利用。

（3）强化审计管理系统应用。应用中油审计2.0系统完成36个财务类项目近3年数据的收集工作，对其中21个项目开展审前分析，向系统提交审计经验126条。开展审前财务数据分析研讨，《模拟审计数据分析指引——财务辅助审计系统应用》初稿完成。承担的集团公司审计管理信息系统升级工作有序推进，为审计系统在线审计作业和管理创造条件。试点3个项目使用ERP审计系统，提高现场审计的有效性。

（4）探索技术方法创新。中心为做好智能审计前瞻性课题研究，向审计署信息中心、中国石化、普华永道等9家业内信息化建设处于领先地位的单位取经，深入分析集团公司各专业板块ERP、大司库、财务管理等9个信息系统，在预警监控、智能作业、模拟审计等方面开展创新性研究，完成项目建议书。

【企业管理】 2012年，中心大力开展管理提升活动，以夯实管理基础为重点，将管理提升落实到各个管理岗位，使中心的管理水平有了大幅度提高。

（1）加强组织领导，成立管理提升活动领导小组，研究制定管理提升实施方案；通过自我诊断、向审计署和国内同行业学习对标，整理、归纳、排查出质量体系建设等方面制约发展的管理短板，为提升管理水平奠定基础。

（2）加强基础建设。调整组织机构，增设信息技术审计处，独立设置后勤管理中心；理顺非领导职务序列，取消科级岗位，设置高级主管、主管和主办岗位，聘任高级主管30名，主管27名；调整47人（占全员29%的岗位交流）；明确各处室编制、工作职责和《岗位说明书》；补录人事档案600余份，修正信息5000余条。

（3）完成282个审计项目和2531份文件归档，库藏档案数字化率达到85%以上。经集团公司档案评价复评，中心获得科研与事业单位类第二名。

（4）清查盘点固定资产，建立车辆、物业采暖等成本专项核算台账。

（5）加强素质培养。召开人才战略研讨会，明确队伍结构调整目标；坚持开展夏、冬两季全员培训和计算机应用能力网上培训，选派47人次参加集团公司组织的各类培训；加强同国家有关部委、大型国企、院校的业务交流。编撰并为管理人员配发内审系列丛书。

（6）推行分级负责制，集团公司审计部总经理兼审计中心主任、党委书记分别与中心副主任、总审计师、党委副书记签订《绩效责任书》、《安全环保责任书》、《廉政建设责任书》，各分管领导分别与所分管处室签订责任书。

（7）强化对审计电子数据的保密措施，制订《审计项目电子数据保密管理办法》，对审计人员的电脑实行定期清盘，对审计电子数据实行集中存储。

（8）加大绩效考核工作力度，科学设置考核指标，对各岗位的工作质量和效率实行全员测评。

【党建与队伍建设】（1）加强党建工作。建立健全了16个基层党组织，处室长兼任支部书记；加强对退休党员的管理，在北京、廊坊两地分别成立党支部；坚持党委中心组学习和“三会一课”制度，举办党支部书记、工会干部培训班，为局、处两级干部购买发放学习材料28种、182册（盘）；深入开展“六个一”党支部创建和以争创“四强”党组织、争做“四优”党员的创先争优活动，开展基层组织建设年活动；编制《党支部标准化建设工作手册》。

（2）加强作风建设。修订并层层签订《党风廉政建设责任书》；补充完善《审计组廉洁从审暂行规定》，全年向被审计单位发放《廉洁从审反馈意见书》

85份，收回 62份，未发现违纪违规问题。设立党员示范岗，开展“亮身份、做表率、树形象”和廉政格言警示句征集等活动。

（3）发挥民主管理职能作用。民主选举产生第二届工会委员会，设立5个专项委员会；将干部任用、职务消费、业绩考核、薪酬分配等一切管理活动纳入厂务公开范畴，接受群众监督；坚持用制度管人、管事，让权力在监督下运行。

（4）推进和谐文化建设。积极开展宣传工作，在中国石油报、集团媒体发表稿件22篇；慰问困难职工、退休人员及家属37人次；建立工间操制度，开辟“职工之家”专用活动场地；开展评选“平安和谐家庭”、摄影展、青年篝火晚会、演讲比赛等活动；做好退休职工管理工作，投资增建退休人员活动场地和设施，组织开展“五一”棋牌、书画展、金秋采摘，丰富退休老同志文化生活。

（吴　涛）

中国石油物资采购中心
（中国石油物资公司）

【概述】 中国石油物资采购中心（以下简称中心）于2007年底以中国石油物资装备（集团）总公司（装备制造业务除外）为基础组建而成，是集团公司直属的专业化物资采购企业，是在国家工商总局登记注册的独立法人经济实体。2012年6月，集团公司招标中心成立，与中心一个机构、两块牌子。中心作为集团公司直属的物资专业化公司，主要承担中国石油物资集中采购任务，包括大宗物资、重要物资、长周期物资、安全物资、成套设备、大型工程项目所需物资的采购业务，急需物资的供应保障和战略储备物资的仓储管理；中国石油一类、二类的物资采购和工程、服务采购招标的组织实施工作。中心拥有国内外贸易、国际和国内招标、电子商务、运输保障商品检验、仓储物流等一体化物资采购服务功能，拥有甲级机电产品国际招标资质、中央投资项目招标资质、工程项目招标资质、进口付汇核销A类资质、海关A类企业、危险化学品经营许可、辐射产品经营许可、电信与信息服务业务经营许可、石油专用管材检测实验室等多项专业资质和经营许可证书。

中心本部共设立10个管理处室、8个业务处室以及2个副处级附属机构。下设沧州、郑州、沈阳、天津、上海5家地区公司以及中油物采信息技术有限公司等6家直属单位。截至2012年底，中心总资产140.2亿元。共有在职员工610人，其中合同化职工438人，市场化用工及劳务用工172人。

【主要生产经营指标】 2012年，中心实现物资采购额877亿元，同比增长43%，采购成本降低率5.25%，其中国际招标授标额10.6亿美元，国内货物招标授标额275亿元，工程与服务招标授标额61亿元，承运货物总额30亿元，仓储吞吐量84万吨，能源一号网站网上交易额698亿元。

【措施和成果】

1. 授权组织采购稳步推进

加强供需市场调研，持续完善采购方案，择优选商，规范实施，圆满完成各项集中采购任务。组织完成带量采购102项691.5亿元，网上目录式采购144笔15.6亿元。加强集中采购后续管理，跟踪原材料市场变化，适时组织专用管价格调整，积极开展大宗物资排产协调与资源配置。着力推进内部框架协议采购和战略采购，整合消防车及消防设备采购需求，集中采购规模优势更加明显。加强供应商准入管理，严格履行现场考察和评审程序，推动X80抗大变形钢板和钢管国产化进程。强化采购质量管理，启动管道高中压球阀标准制定工作，建立专用管质量月报制度，加大对供应商的供货质量跟踪与评价力度。选派骨干参与其他25个授权管理小组工作，促进自身集采水平的整体提升。

2. 直接采购成效显著

努力满足用户需求，不断延伸服务链条，服务质量与效率同步提升。探索新体制下的供保新模式，与宁夏石化公司等企业签署物资采购及相关服务合作框架协议。组织协调国内外资源，有效应对瓜尔胶供需矛盾。加强进口设备集中采购，完成动力设备、顶驱、地震仪等物资品种的价格维护。积极组织塔里木油田公司部分进口物资集中采购和急需物资的框架协议采购，高效率、低成本保障“新疆大庆”建设需要。推动管道压缩机组重大专项国产化，西气东输二线首套电驱机组顺利通过72小时满负荷测试，西气东输三线国产机组订货有序推进。全年签订直采合同4134份169.5亿元，其中国内合同78亿元，进口合同14.5亿美元。

3. 招标业务快速发展

坚持依法合规、关注细节，严格履行招投标管理有关程序，招标规模大幅提升，有效质疑继续保持为零。全年完成国际招标340项，授标额10.6亿美元，创历史新高；完成国内货物招标83项，授标额275亿元；完成工程与服务招标90项，授标额61亿元。制定修订招标文件范本，完成招评标会议室改造，软硬件工作基础逐步改进。承担《招标项目管理和实施工作规范》编制任务并通过集团公司标委会审核。以首战必胜的信心，牵头实施首批“三集中”（集中时间，集中地点，集中组织）招标评审，显示了招标中心的主导与示范作用。探索推进“三集中”的程序化、模式化与常态化，初步形成招标与会务工作的模板和标准流程。组织实施管道压缩机组、大口径球阀等设备集中国际公开招标。以北京天然气管道公司招标合作为契机，拓展工程招标业务，相继承接集团公司信息系统建设和克拉苏气田等重点项目。

4. 电子商务、仓储物流取得新进展

加强物采系统上线支持与应用培训，电子交易平稳切换至物采系统交易平台。加强系统运行维护支持，实现交易额698亿元，增长45%，创历年新高。配合开展供应商日常管理与专家库有关工作，完成一、二级供应商的数据收集与产品细化27751家（次），一级供应商准入、升级及年审3188家（次），二级供应商信息审核6085家、产品审核19.5万条，增补总部管理专家1955名。

强化与铁道部沟通协调机制，组织完成管道项目铁路运输计划申报与运力保障，协调解决中亚输送管运输、管线穿越铁道、新疆油田公司铁路专用线行政许可等难题。配合开展集团公司物流服务专项检查，编制《进出口物资物流服务质量要求》并正式发布实施。以重大管道工程物流服务为重点，全年运输设备4554台（套），港口通关426批次。

集中储备形成示范效应，代储代销取得突破。东北、华北地区电动机备品配件代储代销中心在沈阳库成立，为区域内27家企业配送一般无缝钢管、中厚钢板等9151批次，计5.7万吨、2.7亿元，集中储备的保供与降库作用有效发挥，实现整体效益最大化。持续改善仓储基础设施，积极争取仓储业务，实现仓储吞吐84万吨；开拓管道工程物资中转业务，发运设备材料7.6万件（套）、管材23.7万吨。完成石油专用管检验299批次、8万吨，检测出5批缺陷管材，为用户挽回经济损失3100万元。

【企业管理】 按照集团公司管理提升活动统一部署，编制下发活动方案和推进计划，确定目标任务与保障措施，召开专题推进会，开展对标培训与自我诊断，发布管理创新案例，取得阶段性成果。完善质量管理、业绩考核与监督体系，初步建立采购质量风险防控机制，质量管理体系在集团公司推进评审中被推荐为A级。全面启动集团公司物资采购标准库建设，完成方案编制。持续改进HSE体系，层层分解安全环保责任，开展专项活动，强化隐患排查，推进受控管理，安全基础更加牢固。加强资金集中管理和会计集中核算，大司库系统和综合授信业务管理平台运行平稳。集中清理待结算款项17.2亿元，清回系统外欠款、处置老库存近8亿元。落实“三控制一规范”的要求，加强人力资源管理。突出培训的针对性、实用性，开展集中培训1000余人次。鼓励开展业务研究和英语达标学习，支持员工取得公司业务发展急需的执业资质，全年共有13人通过了招标师、建造师考试。制定修订规章制度51项，推广使用标准合同文本，推进法律风险防控体系建设。档案数字化工作进展顺利，组织史编撰有序推进。物采系统、ERP等系统广泛应用，信息化支撑作用有效发挥。

（邱苏果）

中国石油天然气集团公司广州培训中心

【概述】 中国石油天然气集团公司广州培训中心（以下简称广培）是集团公司直属重点培训基地，成立于1981年，原为石油工业部广州外语培训中心，1992年更名为石油大学（广州），2000年教育体制改革后改名为广州石油培训中心。主要负责中国石油中高层经营管理人员和专业技术人员培训，拥有教育培训、科学研究、综合服务和形象窗口四大功能，具备年培训9000人次、可同期承办600人的规模和能力。截至2012年，设机构12个。合同化员工147人，中级、高级职称人数占70%，享受国务院政府特殊津贴专家1人；市场化及劳务员工83人。占地面积4.5万平方米，建筑面积4.53万平方米，藏书10万余册，中外期刊50多种；拥有个性化语言实验室6个、计算机网络实验室3个、学术报告厅5个和多媒体教室21个。截至2012年底，固定资产1.66亿元。累计培训各类专业人员7万人次。

【培训业绩】 2012年，全面完成集团公司经营业绩考核目标，完成培训项目共144个，培训人数10245人。全年培训班次及人数情况分类统计见表3。

表3　2012年培训情况统计

A类项目		B类项目		C类项目		D类项目		其他		合计	
班次	人数	班次	人数	班次	人数	班次	人数	班次	人数	班次	人数
1	80	36	3530	22	3213	77	2736	8	686	144	10245

2012年96个培训项目效果测评得分均在优秀以上，其中包括项目总体、教师评价、项目组、后勤服务等，平均得分为97.72分，同比高出0.46个百分点。

【培训研究】 创新培训模式、更新培训理念、拓宽培训思路、激发培训活力，提高学员学习兴趣，推动培训从任务型学习向快乐型学习转变，做到“快乐培训、愉快提高”，增强培训效益。一是加强对培训教材编写、培训教学方法、培训教学评价、学员需求评估、跨文化交际、专用英语、情景设置等课题研究。二是深入研究体验式培训技巧与方法，根据培训项目要求分类教学，加强品牌项目建设，重点项目实施全过程细节化管理。

2012年，广培“培训机构内控研究”以及“培训系统开发”两项课题获石油教育学会学会级课题结题。局级立项课题7项，1项课题结项。员工申报参加单位年度评选成果论文类14项。经评定，获三等奖7项，鼓励奖15项。

【培训市场】 广培取得国家三级安全生产培训机构资质、美国管理会计师协会注册管理会计师CMA培训机构资质、R.E.P机构（美国PMI注册教育机构）资质。广培被列入中央企业应急救援培训演练基地名单。这些资质，扩展广培服务集团战略发展培训平台，标志国际化培训认证体系形成雏形。

完成市场开发常规工作，培训项目涉及国际业务（英语、西班牙语）、中基层干部管理素质提升培训、项目管理、安全管理、财务统计等多个领域。加强与石油企事业单位联系，发挥品牌培训项目影响力，大力推介培训产品和培训服务，2012年企业整建制培训项目大幅增长。开拓地方培训市场。到东北、西北、新疆等20多家石油企业开展培训调研，了解企业情况，调查培训需求，学习大庆精神、铁人精神，商谈合作意向，密切企校联系，为双方培训合作打基础。做好市场开发工作常态化、规范化、标准化。

【培训价值】 首次举办集团公司西班牙语培训班，效果良好，既锻炼西班牙语专业教师，又拓宽专业培训领域。PMP培训班2012年第一期110人参加考试，96人通过，考试通过率为87.27%；第二期87人考试，70人通过，考试通过率为80.46%，超出全国平均水平。人事处长班办成示范班，学员对各自单位人事工作提问题、理思路、找方法，取得专题研究成果，为集团公司人事部提供具有参考价值意见。办公室主任班注重交流研讨课题，形成交流材料，成为一本很好的办公室主任教材。集团公司培训师资骨干班突出培训理论、课程开发设计、课堂实施等中西结合特点，体现培训项目的国际化和前沿性。企业中基层干部系列培训班围绕能力素质模型，设计政治思想、人文素养、管理技能、学员论坛、现场教学等教学模块，全方位提升学员综合素质。2012年，广培共为兰州石化公司、天然气管道局、新疆地区3家炼化企业、青海油田、大港油田、吉林油田、辽河油田以及部分成品油销售企业举办了42期中基层干部培训，取得好口碑和社会效益。

【企业管理】 贯彻落实集团公司领导干部会议精神和管理提升活动文件精神，印发《广州石油培训中心开展管理提升活动工作方案》、《2012年规章制度建设任务分解表》、《“三基”工作任务分解表》，明确活动目标、任务、措施和计划，开展基础工作梳理，分发管理提升“自我诊断、找准问题”调查问卷，组织单位负责人赴北京石油管理干部学院对标学习，形成《广州石油培训中心管理提升工作诊断报告》，巩固“三基”工作成果，完成第一阶段任务，工作取得良好成效。

贯彻落实“三重一大”制度，进一步强化“三重一大”事项流程管理和程序监控。组织召开第四届职工代表大会二次会议，审议通过《员工薪酬分配方案》。落实《关于调整完善收入分配办法》等提案2件。

继续推进“三控制一规范”，完善广培分配方案及基本工资制度改革。出台以平衡计分卡为总体框架、以绩效合同为载体的《中级管理人员年度绩效考核管理办法》，首次开展中级管理人员绩效考核及绩效合同签订。修订《广州石油培训中心考勤管理规定》，指纹考勤系统实施。出台《广州石油培训中心培训专业建设管理办法》，规范培训专业建设。推动培训信息在管理信息系统上线，初步实现培训管理信息化，实现培训信息资源共享，提高工作效率。开展培训课堂巡视，有针对性地对新开培训项目出具《培训效果评估报告》，让送培单位了解培训情况和培训效果。

大司库体系建设顺利完成，广培是集团公司大司库推广第一批上线单位之一。2013年版《内控手册》修订实施。广培档案工作通过广东省档案局评估，等级为良好；通过集团公司档案评价，等级为B级。完成中国石油组织史集团卷（广州培训中心部分）编撰，通过总部审核。

【信息化工作】 广培核心机房作为集团公司华南区域网络机房的建设已完成。广培信息门户平台平稳升级。广培互联网并入集团公司统一出口，可控性、安全性有效增强。完成主会场设在广培报告厅的集团公司人事系统开展的“一迎双争”为主题继续深化组织人事系统讲党性、重品行、做表率活动视频会议。

【安全生产】 积极推进广培HSE管理体系建设，编写HSE管理体系管理手册，建立消防设备设施台账，修订安全环保工作制度，出台《广州石油培训中心生产安全事故与环境事件责任人员行政处分规定》，明确生产安全与环境保护责任，积极开展安全生产教育活动，定期组织安全生产检查，增强生产安全和环境保护意识。加强教学考察安全管理，编写《HSE作业文件汇编》，包含13个危害因素辨识清单和19个作业文件，执行有标准，操作有步骤，做到“写所做，做所写，记所做”安全工作规范。2012年没有发生重大安全责任事故和人员伤亡事故。

【队伍建设】 根据“十二五”人才队伍建设规划及培训一线实际需要，做好师资培养和储备。鼓励教师加强知识更新，进行跨学科进修或学习，向复合型人才发展。22位员工通过国家HSE三级培训师培训并取得资质。选派7位教师参加国家安全生产监督局主办的国家HSE二级资质师资班学习。组织员工参加西班牙语基础培训班学习。2位教师赴美国学习。应冀东油田钻采院之邀，广培选派2位教师为油田干部职工提供送教上门服务。2012年员工参加社会和集团公司各类培训143人次，培训费用34.8万元。

【党建与企业文化】 按照集团公司党组及广东省委部署，以强核心、固堡垒、作表率为重点，继续深入推进“创先争优”活动。组织党支部、党员“示诺”、“践诺”，参与率100%，群众平均满意度85.3%。设立第一批“先锋支部”和“党员先锋岗”。依据《中国石油基层党支部工作条例》，制定《广州石油培训中心基层党支部“六个一”创建考评标准（试行）》，完成支部分类定级。组织员工开展“多读好书·让自己芳香”读书汇报交流活动。国际业务教学部荣获集团公司“创先争优先进基层党支部”，陈白玉荣获“广东省创先争优活动优秀共产党员”。

【基础建设】 2012年，完成基建投资538万元，主要有行政楼一楼阶梯教室改造、核心机房区域项目改进、公寓热水供应系统改造、一号公寓水管更换等工程。

【社会责任】 按照广东省委"规划到户，责任到人"扶贫要求，认真实施《广州石油培训中心扶贫开发工作方案》，扎实推进对广东省大埔县高陂镇九龙村扶贫开发工作。2012年，广培党员捐款1.17万元用于该村扶贫项目建设。3年共筹措落实扶贫资金535万元（广培投入115.98万元），其中，投入扶贫资金到村477.5万元，到户57.5万元。经过3年对口帮扶，九龙村"双到"工作成效显著。

（田　园）

中国石油学会

【概述】 中国石油学会创立于1978年，是由中国石油、中国石化、中国海油广大科技工作者组成的学术性群众团体，是中国科学技术协会的组成部分，英文名称为Chinese petroleum society（CPS）。主要任务是团结中国石油、中国石化、中国海油科技工作者，积极开展国内外学术交流活动，推动石油、天然气和石油化工科学技术的发展并迅速转化为生产力；普及石油、天然气和石油化工科学技术知识；出版学术期刊；开展对石油、天然气和石油化工发展战略及经济建设重大决策的咨询服务。中国石油学会经过重新登记注册的会员为6.4万名，全国有28个省（区、市）建立地方学会。理事会下设分会、专业委员会、工作委员会22个。国外著名石油、石油化工专家可以被吸收为通讯会员。中国石油学会与美国、俄罗斯、日本、加拿大等国家的石油学术组织建立学术交流与合作关系。自20世纪80年代以来与国际石油工程师学会建立密切联系，1983年至今已先后在我国举办7次国际石油工程会议及国际石油工程展览会，设立国际石油工程师学会北京联络部、国际石油工程师学会大庆分部、国际石油工程师学会胜利分部及国际石油工程师学会中国海洋天津分部，国内国际石油工程师学会会员（未含港、澳、台地区）1000余名。此外，（国际）测井分析家协会（SPWLA）、勘探地球物理家学会（SEG）也分别于1990年和1994年设立北京分会，并相继在中国多次举办国际学术会议暨展览。 中国石油学会每年举办全国性各类专业学术交流会议40—50次，组织若干次国际学术交流活动。每年举办青少年、教师石油科技夏令营和科技人员联谊活动，各省、市、自治区石油学会每年也组织大量学术交流活动，为发展我国和国际石油、天然气和石油化工科学技术作出积极贡献。

中国石油学会常设办事机构为秘书处（副局级单位），设在北京中国石油天然气集团公司办公大楼内。中国石油天然气集团公司（CNPC）、中国石油化工集团公司（SINOPEC）和中国海洋石油总公司（CNOOC）为中国石油学会的挂靠和支持单位。

中国石油学会实行秘书长负责制，下设办公室、学术交流部、科普咨询部、《石油学报》编辑部、《石油知识》杂志社。

【学术交流活动】 2012年，中国石油学会及各分支机构共组织召开各类重点学术会议66次，参加人数10433人次，交流学术论文约2508篇，出版论文集21部。各地方石油学会共组织召开各类重点学术会议305次，参加人数40280人次，交流学术论文约7725篇，出版论文集24部。

1. 国内重点学术活动

（1）为探讨经济有效、规模化开发非常规油气资源，交流非常规油气勘探开发技术，与国家外国专家局、克拉玛依市政府、新疆油田公司等单位联合组织召开"中国克拉玛依国际非常规油气论坛"。会议提出必须结合中国实际，走中国式科学发展非常规油气之路。这对国家制定有关能源政策、油气企业制订发展规划、科技人员攻关方向等都有重要的借鉴和指导意义，对我国特别是新疆地区能源发展具有实际促进作用。

（2）天然气专业委员会组织召开"天然气学术年会"，总结天然气研究领域的工作经验，探讨天然气生产、研究的技术难点、热点问题，展示天然气领域的科研成果，反映我国天然气领域科技人员的学术意识和科研水平，对促进我国天然气科研与生产发挥重要平台作用。

（3）为充分发挥古地理学及沉积学在能源矿产资源勘探开发、环境保护及可持续发展中的重大作用及指导意义，石油地质专业委员会举办“全国岩相古地理学及沉积学学术会议”，在陆相盆地沉积体系、原型盆地恢复、湖相碳酸盐岩发育规律及形成环境、陆架残留砂的形成机理、深水沉积、遗迹学理论和应用、厚煤层形成机理、储层定量表征以及成像测井沉积学等方面取得显著进展。

（4）为加强安全生产，强化职业健康，提高环境质量，推进和深化我国石油石化行业健康、安全、环保（HSE）体系建设和管理工作，建立和完善 HSE 长效机制，组织召开“中国石油石化健康、安全、环保技术交流大会”。会议为全面提升我国石油石化企业 HSE 管理水平和技术交流搭建了一个新的平台，充分发挥学会横向联系的优势，体现信息互通、技术共享、优势互补、合作共进的学术思想。

（5）为提升我国石油石化科技装备科研和生产水平，更好地适应石油石化工业发展对装备的要求，促进装备研发制造与管理使用各方的交流与合作，石油科技装备专业委员会组织召开“石油天然气及石化装备管理与技术研讨会”，推动和引导制造厂商研发新型装备，以满足非常规油气、深海油气、复杂地表条件、高含硫原油炼化等生产企业的急需。

（6）为促进我国石油物探技术进步，与世界石油大会中国国家委员会、国家科技部社会发展司等单位联合举办“中国油气论坛——地球物理勘探专题研讨会”，共同交流地球物理勘探技术最新研究成果。

（7）为促进钻井技术的发展与普及，石油工程专业委员会举办“钻井基础理论研究与前沿技术开发新进展学术研讨会”。

（8）围绕输气管道断裂控制技术、高钢级管线钢管道完整性技术和深海管线钢技术，石油管材专业委员会举办“高钢级管线钢应用技术研习会”。

（9）为推动我国管道完整性技术进步和管理体系建设，展示我国油气储运领域最新研究进展和技术成果，石油储运专业委员会组织召开“中国油气储运技术交流大会”和“中国管道完整性技术大会”。

（10）各地方石油学会结合本地区石油石化工业发展和科研生产实际，开展大量有针对性的学术交流活动。例如：新疆石油学会与中国科协学会学术部、新疆维吾尔自治区政府等单位联合举办“信息化创新克拉玛依国际学术论坛”；山东、河南、天津、辽宁、新疆联合举办“五省市稠油开采技术研讨会”；河南、山东、天津、辽宁、河北等联合举办“渤海湾油气田勘探开发技术座谈会”；以及北京的“石油天然气管道安全国际会议”，上海的“东海油气勘探开发研讨会”，吉林的“松辽盆地低渗透油田地面工程技术交流会”，辽宁的“SAGD 前沿技术高端国际论坛”，山东的“随钻测控技术发展研讨会”，陕西的“致密气藏测井采集处理与评价技术研讨会”，广东的“国产海底软管技术研讨会”，江西的“技术创新与石化产业发展学术论坛”，湖南的“绿色低碳与石化产业发展学术年会”，湖北的“复杂断裂带油气成藏规律与勘探技术研讨会”，浙江的“页岩气勘探开发技术研讨会”，宁夏的“青年科学家论坛”等。

2. 国际学术交流重点活动

（1）围绕亚非地区油气资源与勘探战略、开发地球化学与实例研究、烃源岩系统与非常规资源、油气成藏与次生改造、生物标志物与同位素地球化学等主题，与亚非石油地球化学家协会（AAAPG）等单位联合举办“亚非石油地球化学与勘探国际会议”，广泛交流油气地球化学学科研究与勘探领域所取得的新进展和新成果，深入探讨当前所面临的挑战、对策和未来发展方向。

（2）为促进中俄两国测井技术发展，增进两国测井领域合作和技术人员友谊，交流油气井地球物理测井新技术和新方法，与俄罗斯欧亚地球物理学会联合召开“中俄测井国际学术年会”，集中展示中俄两国测井技术研发领域取得的最新进展。

（3）为进一步加强中日韩 3 国炼油技术的合作与交流，与日本石油产业活性化中心（JPEC）、韩国石油管理院（K-Petro）联合举办“中日韩炼油技术研讨会”，共同探讨炼油企业在新形势下节约能源、保护环境的发展之道。

（4）石油物探专业委员会与挪威海洋电磁公司、斯伦贝谢公司联合召开“海洋可控源电磁勘探专题研讨会”；北京石油学会邀请世界能源峰值研究会、国际能源经济学学会（IAEE）等国际组织专家参加的“能源及石油问题学术研讨会”；上海市石油学会邀请美国金融协会专家围绕石油期货、能源金融和石油衍生品的创投等热点问题进行交流探讨。此外，国际石油工程师学会（SPE）北京、大庆、胜利等分部组织安排 6 位杰出演讲人来华讲学。辽宁省石油石化学会派员赴加拿大参加“中加油砂与重油技术研讨会”并作报告，展示独具特色的重油开发系列技术。

【学术期刊编辑出版】 2012年，中国石油学会及各分支机构主办科技期刊7种，编辑出版153900册，发表论文1312篇。各地方石油学会主办科技期刊7种，编辑出版175100册，发表论文828篇。

（1）《石油学报》全年共出版正刊6期、增刊2期，发表学术论文195篇，发表的学术论文中有92.8%属于国家和省部级科研项目成果。在发表的论文中评选出影响及引用率较高的优秀论文10篇，向优秀论文作者颁发证书及奖金。自2002年以来连续第十一年荣获“百种中国杰出学术期刊奖”，自2006年以来连续7年荣获“中国科协精品科技期刊”称号，并被评为“2012中国最具国际影响力学术期刊”。在全国1998种核心科技期刊中，影响因子排名第十一位，在能源科学技术类期刊中被引频次排名第一位。国外已有美国《工程索引》（EI核心库）、美国石油文摘数据库（PA）、美国地质文献数据库（GeoRef）、日本科学技术文献数据库（JICST）、俄罗斯《文摘杂志》（AJ）、波兰《哥白尼索引》（IC）等多家权威检索系统收录《石油学报》论文，国内已有20多种文摘刊物或数据库把《石油学报》列为核心期刊收录。

（2）《石油学报（石油加工）》2012年编辑出版正刊6期，发表反映石油加工、石油化工工艺技术以及替代燃料、新能源技术等方面的最新研究论文167篇，其中获基金项目资助的研究论文128篇，占发表论文总篇数的76.6%。增刊出版第十六届全国分子筛年会论文专题，增刊发表稿件37篇。总被引频次、影响因子、学科影响指标等各项期刊评价指标均有提高，在能源科学技术类期刊的学科排名也稳步提升。继续被美国工程文献索引《EI compendex》、《化学文摘》（CA）以及俄罗斯《文摘杂志》（AJ）、日本《科学技术文献速报》（CBST）和荷兰《斯高帕斯》（Scopus）等国际重要检索系统和国内多家中文科技期刊数据库收录，是EI compendex核心期刊。

（3）《石油知识》杂志全年共计出版6期，刊登各类稿件256篇，发行54000册。

（4）石油经济专业委员会主办的会刊《国际石油经济》是中国石油石化行业唯一被列入“中国期刊方阵”的社会科学期刊，2012年被评为“中国国际影响力优秀学术期刊”。石油物探专业委员会的《石油地球物理勘探》、石油测井专业委员会的《测井技术》、石油管材专业委员会的《石油管工程》等学术期刊多年来一直注重期刊质量，发表大量学术文章，起到学术交流的平台作用。新疆的《新疆石油地质》、青海的《青海石油》、甘肃的《岩性油气藏》、吉林的《吉林石油工业》、广东的《广东燃气》、江西的《江西石油石化》、宁夏的《石油化工应用》等，已陆续成为各地方石油石化行业科技工作者进行科技交流的桥梁与工具。

【科普工作】 2012年，中国石油学会及分支机构和地方石油学会共组织院士科普报告会13次，专题讲座58次，科普展览41次，科普活动受众人数11万多人次。举办青少年科普宣讲活动3次，受众人数1850人次；科技竞赛5次，参加人数513人次；科技夏令营3次，参加人数630人次。

（1）为普及和宣传石油石化知识，中国石油学会组织专家完成集团公司交办的“千万图书下基层，百万职工品书香”活动中《石油基础知识读本》的编写审稿工作。

（2）黑龙江省石油学会组织大庆石油科技馆成功申报国家级科普教育基地，并筹划综合厅初步展览陈设方案。

（3）吉林省石油学会组织完成松原市规划展馆里石油科普展厅建设，现已成为市民了解油田的科普基地。

（4）北京、上海、新疆、吉林、四川等石油学会组织院士专家科普报告会，辽宁、吉林、江西等石油学会制作科普画廊和宣传栏，湖北省石油学会组织“石油科技夏令营”，上海、湖南等石油学会建立知识论坛网站，陕西省石油学会组织“专家延长石油炼化行”，天津、湖南、陕西、山东、广东、江西、贵州、云南等石油学会结合“科普日”、“科技周”、“宣传月”开展知识竞赛、野外科普考察等科普宣传活动。

【科技服务工作】 中国石油学会组织院士专家开展“国内外低渗透油田提高单井产量的技术对策与工作方法”科研项目，以调研国内外近期发展的低渗层压裂技术为基础，评估国内压裂技术系统对储层增产实施的适应性、优化程度与增产潜力，为中国石油降低生产成本，提高经济效益，提高油田单井产量，提供方法研究与技术咨询。湖南省石油学会围绕省内石油化工行业发展需求，积极搭建产学研联合研发和攻关平台，帮助会员单位签订各类技术合同300余项，横向经费5000多万元，其中转让实施独占许可专利10多项。上海市石油学会受会员单位委托，组织专家对高桥石化白油原油作第三方评价论证，形成专家评价报告。广东省石油学会加强厂会协作，为企业增效作贡献。组织科研攻关，开发多种新产品，如，环保型SBS充油胶F–875、50号A等级沥青等，赢得良好的经济和社会效益。

【人才培养举荐工作】 2012年，中国石油学会及各分支机构和地方石油学会宣传表彰奖励科技工作者362人次，其中，女性科技工作者36人次，40岁以下科技工作者75人次；举办继续教育培训班49场次，参加培训人数6318人次。

（1）中国石油学会连续多年推荐的中国石油大学（北京）高德利教授“复杂结构井钻完井技术”研究群体，首次成功获得中国科学技术协会、国家自然科学基金委员会“创新研究群体”称号。

（2）中国石油学会配合中国科学技术协会组织人事部，组织完成“第五届全国优秀科技工作者”的评选推荐。中国石油学会推荐的夏庆龙、孙丽丽、王峰、胡勇，辽宁省石油石化学会推荐的刘德铸、肖林久，新疆石油学会推荐的匡立春、熊春珠，四川省石油学会推荐的孙海芳、张烈辉共10名荣获“第五届全国优秀科技工作者”光荣称号，夏庆龙获得“十佳全国优秀科技工作者”提名奖。黑龙江、辽宁、新疆、吉林、河北、内蒙古等石油学会推荐的优秀科技人才还获得“省级优秀科技工作者”、“省级青年科技工作者”等光荣称号。

（3）中国石油学会与教育部学位与研究生教育发展中心、世界石油大会中国国家委员会等单位联合启动“全国研究生创新实践系列主题活动暨第三届全国石油工程设计大赛”。

（4）山东石油学会向中国石油大学（华东）30名优秀学子颁发“山东石油学会奖学金”。

【组织建设工作】（1）按照中国科学技术协会和民政部的有关规定和要求，中国石油学会完成年度财务、税务审计和学会及分支机构的年检工作；完成第八届理事会12名负责人、199名理事、65名常务理事的上报备案工作，以及变更法定代表人和届中变更负责人相关手续；下属石油炼制分会、石油物探、石油地质、石油测井、石油科技装备、石油储运、石油质量可靠性、石油腐蚀与防护、天然气、石油管材专业委员会等分支机构，山东、上海、四川、湖北、湖南、广东、新疆、天津、云南、内蒙古等地方石油学会完成换届报备工作；筹备成立的非常规油气专业委员会、青年工作委员会已上报中国科学技术协会审批，石油储量工作委员会已完成材料准备，等待上会审议后上报；会员的重新登记和换证工作也已全面展开，截至2012年底，中国石油学会6.4万名会员中已完成重新登记和换证会员14142名。2012年8月，中国石油学会对17个分支机构的公章和登记证书进行换届审验和检查，证书遗失、过期和变更的已上报中国科学技术协会和民政部进行补发和变更。

（2）中国石油学会梳理和编纂了《中国石油学会组织史》。学会党支部委员会进行了换届，增补2名支部委员。贵州省石油学会于2012年8月6日也建立了党支部委员会，在册党员38名。

（3）中国石油学会加强网站建设与维护，重新改版网站页面与功能，增加网上办公平台，逐步实现学会工作网络化、信息化。石油储运、石油经济专业委员会等分支机构和山东、天津、江西、辽宁、上海等地方石油学会也相继建立网站。中国石油学会网站浏览量和点击率明显提高。学会文献资料部将购买的网络资源、数据库、中外文期刊、国际会议报告等进行整理，编写信息资源介绍，通过网络共享，实现信息资源使用每年达12万人次，信息资源下载量达50万篇。

（4）通过组织科技工作者调查、科技联谊、“会员日”等活动，不断增强中国石油学会组织的吸引力、凝聚力。例如，辽宁、湖北、吉林、浙江、四川、河北等石油学会多年坚持的羽毛球赛、科技英语演讲比赛、科技联谊活动；山东石油学会的科技工作者之家图书室；新疆石油学会的科技工作者调查；广东、上海、吉林、四川等地方石油学会和石油物探专业委员会的员工专业知识的培训和继续教育活动等。

（康 剑）

中国石油企业协会

【概述】 2012年，中国石油企业协会（以下简称石油企协）认真贯彻落实石油石化会员企业2012年度工作会议精神，结合集团公司开展的管理提升活动，认真开展“管理创新·创新管理年”活动，瞄准把石油企协建成“行业响名、国内知名、国际有名”的优秀全国性社团组织的目标，圆满地完成各项工作任务。

【组织建设及管理工作】 2012年，石油企协党支部以深入开展“创先争优”活动为契机，努力打造学习型党组织。在年初召开的党的领导干部民主生活会上，党支部对石油企协党建与思想政治建设进行了对照分析，先后修订完善“三会一课”制度、民主生活会制度、党支部学习制度、党风廉政建设等制度体系，优化工作责任制及流程。在学习贯彻党的十八大精神的过程中，石油企协领导同志还结合个人学习体会，多次进行辅导和讲座。

石油企协以加强党支部建设为抓手，促进石油企协的自身建设。一是2012年3月，召开六届四次理事（常务理事）会议。石油企协新当选会长、中国石油天然气集团公司党组成员、副总经理李新华作了重要讲话。二是石油企协法律工作分会于2012年底由国家民政部批准注册。三是抓好自身开展的“管理创新·创新管理年”活动。石油企协按照国务院国资委、集团公司的有关文件精神，结合实际，制订管理提升活动方案。四是抓住民政部对行业协会评估达标的机遇，积极组织力量，完善各项管理制度，进一步加强基础管理工作。

【企业管理交流评价工作】 2012年度“管理现代化创新优秀成果、优秀论文、优秀著作”的行业部级“三评”工作，紧扣国务院国资委和集团公司关于开展管理提升活动的主题，共收到来自全国石油石化会员企业申报成果239项，评出获奖优秀成果158项，获奖率66.11%；收到申报论文522篇，评出获奖优秀论文339篇，获奖率64.94%；收到申报著作15部，评出获奖优秀著作13部，获奖率86.7%。2012年度“三评”各项奖项，管理提升特点更加鲜明，管理创新元素更加突出，为中央企业正在开展的管理提升活动提供丰富生动的共享案例。

为进一步发挥“三评”工作后效应，2012年9月21—23日，石油企协在长沙市召开“三评”发布交流会，李新华会长作重要讲话。石油企协对“三评”获奖成果在《人民日报》、《中国经济时报》、《中国石油报》、《中国石化报》等报刊上和中国石油网站、中国海油网站及石油企协网站上进行宣传报道，并出版获奖的优秀成果和优秀论文汇编下发到各石油石化会员企业学习。

2012年，石油企协还从“三评”获奖的优秀成果中，组织推荐优秀成果参加国家级创新成果的评审。石油企协推荐的10项成果，参评企业管理现代化创新成果审定委员会2012年组织的第十八届全国企业管理创新奖评选，其中获得国家级一等奖3项、国家级二等奖7项。中国石油本次获得一等奖的3项创新成果分别为股份公司的“大型石油企业实现精细化管控的资金管理信息平台建设”项目、中国石油管道公司的“以风险预控为核心输油气管道运营安全管理”项目、中国石油集团东方地球物理勘探有限责任公司的“石油物探企业全面提升国际市场竞争力的战略客户管理”项目。

【期刊编辑】 石油企协所属的中国石油企业杂志社及其会刊《中国石油企业》杂志、内参《决策信息报告》和网站，2012年在突出办刊办网特色、强化服务功能、增强服务水平上下工夫。《中国石油企业》杂志系统而深入地报道石油石化全行业企业在改革、发展和管理提升活动中的一系列成功经验和案例，逐步扩大对石油石化行业和企业的传播报道面。编辑出版《中国石油企业·“三基”工作》（专刊）和《中国石油企业·矿区绿化》（专刊）。2012年，《中国石油企业》杂志和《决策信息报告》全年分别出刊12期，保质保量地完成任务。石油企协对所属网站进行扩容改版，扩大信息含量。

【咨询与培训】 在管理课题研究和咨询方面。完成中石油中亚天然气管道有限公司“中亚天然气管道跨国运营管理创新与实践”和“法律管理在跨国管道项目中的创建与实施”项目；完成中国石油海外勘探开发公司“大型石油企业以‘五化’为核心的跨国经营管理”项目；协助并组织完成中国石油西气东输管道

（销售）公司“超大型天然气长输管道复杂工程建设与运营管理”项目；完成辽河油田“辽河油田重大项目生产运行管理模式的构建实施”项目；承接并完成“中国石油海外勘探开发公司管控体系研究”项目；组织完成“从理念到行动——长庆油田采油三厂激励机制探索与创新”的项目管理咨询；完成《中国油气产业发展分析与展望报告蓝皮书（2011—2012）》；承担并完成集团公司《中国石油员工基本知识读本（管理卷）》的组织编撰工作。石油企协还完成“中石油企业管理问题分析与整体优化思路的建议”的课题研究工作。

在石油企协2012年完成的管理课题研究项目中，“大型石油企业以‘五化’为核心的跨国经营管理”和“超大型天然气长输管道复杂工程建设与运营管理”2个研究课题，由石油企协组织并报送至全国管理现代化创新评审委员会评审后，已被评为国家级一等奖奖项，其中“大型石油企业以‘五化’为核心的跨国经营管理”项目名列一等奖项的榜首（获奖后标题改为“践行‘走出去’战略的大型石油企业海外投资与运营管理”）。

在管理培训方面。一是于2012年4月在杭州举办全国石油石化行业节能环保新技术新设备新方法暨低碳经济发展培训；二是于2012年9月在新疆召开全国石油石化行业物资采购供应链信息管理交流培训；三是联合国家水质协会脱盐分会，成功举办全国石油和化工企业水处理与零排放新技术研讨培训。石油企协还开展了与国外有关部门社团组织的交流与联系。

【政府服务与行业服务】 激活服务政府的能量。一是承接并组织研究国土资源部储量司委托的“油气行业的评价”课题。二是积极参与并代表石油石化行业开展国土资源部委托的油气行业“三率”（即开采回采率、选矿回收率、综合利用率）调查。三是根据国家商务部反垄断局的要求，由石油企协代表石油石化行业企业在调研基础上就俄罗斯石油公司和埃克森美孚公司在北极大陆架地区设立合资企业的商业行为出具反垄断审查意见。四是承接国家能源局下达给集团公司的重大课题“国家石油储备管理条例立法研究”，顺利地通过课题验收，并获国家软科学课题研究三等奖。

增强服务行业的功能。2012年3月，石油企协联合中国石油大学（北京）在北京发布《中国油气产业发展分析与展望报告蓝皮书（2011—2012）》，是石油企协在行业信息发布上取得的重要突破。《蓝皮书》对2011年、2012年中国油气产业发展进行分析与预测。全书共分5个部分，分别是国际篇、国内篇、合作篇、专题篇和附件，共40多万字。《经济日报》、《经济参考报》、《中国经济时报》、《中国石油报》、《中国石化报》、人民网、新华网、中国经济网等几十家主流媒体进行全方位、多视角报道。

2012年，石油企协积极配合国家部委开展第四十三个地球日主题宣传活动。为开展好该项活动，2012年4月下旬，由国土资源部主办、中国石油企业协会和中国煤炭工业协会等行业协会协办，在北京召开矿产资源节约与综合利用先进技术经验交流会。石油企协作为协办单位，推荐3家油田企业参评“矿产资源节约与综合利用专项优秀企业”，其中中国石油玉门油田公司所属的老君庙油田、中国石化中原油田公司所属的东濮凹陷文留南部油田获奖，并在大会上受到表彰。

为助推会员企业管理提升，2012年石油企协组织专家继续深入延长石油现场开展调查诊断和研究，9月在延安召开管理项目验收会通过验收。11月初将100套30多万字的“油气勘探公司管理体系设计与研究”和“管理体系设计与研究”管理咨询报告，交付延长石油集团油气勘探公司应用。为搭建行业企业相互交流学习的平台，2012年11月中下旬石油企协组织协调延长石油集团油气勘探公司到中国石油和中国石化相关油气田公司共6家石油石化企业，就企业基础管理、HSE管理、对标管理和企业文化管理等方面，进行考察和座谈。

2012年，石油企协注重利用中央主流媒体，如《经济日报》、《环球时报》为石油石化行业“发声”。曾分别用大幅版面登载石油企协领导分析在市场变化状态下石油石化企业生产经营走势和趋势前瞻的重要文章，扩大在中央媒体的话语权。

（张慧芳）

第十四篇

中国石油天然气集团公司大事纪要

中国石油天然气集团公司大事纪要

一　　月

1 日　石油天然气工程质量监督管理信息系统正式上线运行。

5 日　中国石油第一口火驱辅助重力泄油开发试验井曙 1-038-0335 井在辽河油田成功点火。这标志着中国石油重大试验项目——曙 1-38-32 区块火驱辅助重力泄油开发试验进入火驱生产阶段。

6 日　集团公司主要领导到海外勘探开发公司调研，强调要迈大步实现新跨越和海外业务规模有效可持续发展。

同日　中国石油天然气集团公司与中核苏阀科技实业股份有限公司、苏州纽威阀门股份有限公司分别签订战略采购协议。根据协议，两个企业的阀门产品主要应用于中国石油炼化项目。截至目前，中国石油已与 5 家大型供应商建立了战略采购合作关系。

同日　中国石油锦州石化公司年产 100 万吨催化汽油加氢脱硫装置成功生产出京Ⅴ汽油，成为全国首家成功生产京Ⅴ标准汽油的炼化企业，标志着中国石油油品质量升级获得重大突破。

8 日　中国石油在北京召开海外油气合作表彰大会（详见专稿）。

同日　“大庆新铁人”、大庆油田钻探工程公司伊拉克鲁迈拉项目部副经理李新民当选“2011 年中国企业十大新闻人物”。

9—11 日　中国石油天然气集团公司 2012 年工作会议在河北廊坊召开（详见专稿）。

10 日　中国石油医疗远程会诊系统试点项目上线。

11 日　中国石油产业化扶贫被中国扶贫开发协会授予“2011 年度中国扶贫创新项目奖”。

13 日　集团公司召开海外油气业务 2012 年工作会议，动员海外油气业务全体员工把握形势、攻坚克难、稳中求进、乘势而上，努力开创海外油气合作新局面。集团公司副总经理汪东进出席会议并讲话。

13—15 日　中共中央政治局委员、中央书记处书记、中央组织部部长李源潮率领中国共产党代表团访问南苏丹、苏丹。中国石油与两国政府部门和合作伙伴新签一批协议。13 日上午，在李源潮与南苏丹苏人解总书记巴干·阿蒙的见证下，中国石油与南苏丹石油部签署了石油合作过渡协议，与南苏丹石油部及南苏丹项目各合作伙伴共同签署了石油培训合作协议。14 日，在李源潮和苏丹全国大会党副主席、总统顾问纳菲阿的见证下，中国石油与苏丹石油部签署了深化合作谅解备忘录。李源潮考察中国石油苏丹项目。集团公司主要领导会晤了苏丹石油部长贾兹，就加强双方在石油领域的合作、促进当地经济发展等有关问题进行了交流。15 日上午，在李源潮和苏丹总统巴希尔的见证下，中国石油与苏丹财政与国民经济部签署了关于苏丹原油贸易预付款合同事宜的框架协议。

16—17 日　集团公司主要领导赴中东油气合作项目调研，强调要坚持务实合作双赢，发挥整体优势，加快推进中东油气合作区建设。

17 日　在中共中央政治局常委、国务院总理温家宝和阿联酋阿布扎比王储穆罕默德的见证下，中国石油与阿布扎比国家石油公司签署战略合作协议。根据协议，中阿双方将在油气勘探开发、工程技术服务、工程建设、装备物资、石油贸易和人员教育培训等方面全面开展合作。

18 日　在中共中央政治局常委、国务院总理温家宝和卡塔尔首相兼外交大臣哈马德的见证下，中国石油与卡塔尔石油国际有限公司、壳牌（中国）有限公司签署浙江台州炼化一体化项目合资原则协议，三方将进一步加强合作，推动项目的实施。集团公司主要领导在多哈分别会见了壳牌集团首席执行官傅赛、卡塔尔能源与工业部部长兼国家石油公司董事会主席萨达，以及卡塔尔石油国际公司总裁纳赛尔，就进一步深化和扩大在油气领域的合作进行会谈。

19 日　“钢铁 1205”钻井队成为全国首支钻井达到 2000 口的井队，15152 钻井队和 32920 钻井队

2011年钻井进尺双双突破12万米，创造中国石油钻井新纪录。

21日　中共中央政治局常委、国务院总理温家宝赴中国石油长庆油田陇东油区生产一线调研。

31日　渤海装备公司成功研制V150高钢级$6^5/_8$英寸国产高强度钻杆，是目前已有钻杆规范中最高钢级和最大尺寸高端钻杆，填补国内高钢级钻杆生产空白。

二　月

6日　集团公司主要领导在北京会见来访的乌兹别克斯坦副总理伊布拉吉莫夫。双方就中国石油在乌兹别克斯坦油气合作前景交换意见。

同日　集团公司决定任命沈殿成为集团公司安全总监，廖永远不再兼任集团公司安全总监职务。

同日　中国石油天然气集团公司与北京市人民政府在北京签署关于联合推广LNG（液化天然气）清洁能源公交车辆的战略合作协议。根据协议，北京市将逐步在全市范围内推广LNG清洁能源公交车辆，指定北京市公交集团等市属单位加快LNG清洁能源公交车辆的推广应用工作。中国石油将在2012年上半年向北京市捐赠100辆LNG公交车，并于2月底前启动长安街沿线公交线路运营。

8日　集团公司主要领导在北京会见来访的加拿大自然资源部长乔·奥利弗。双方就进一步加强油气领域合作广泛交换了意见。

同日　中国石油天然气集团公司与中国长江航运集团在武汉签署战略合作协议。双方致力于天然气在水运行业的推广与应用，全面拓展合作范围，不断提升合作层次，实现双赢发展。集团公司副总经理李新华出席签字仪式并致辞。

同日　集团公司2012年审计工作视频会议在北京召开。会议动员各级审计部门和广大审计人员进一步统一思想，开拓创新，不断提升审计工作水平，为集团公司实现稳中求进、科学发展提供强有力的保障。集团公司主要领导出席会议并讲话，集团公司总会计师王国樑宣读2009—2011年度审计工作先进单位和先进个人的表彰决定。会议表彰了55个审计工作先进单位和163名先进个人。

9日　集团公司2012年反腐倡廉建设工作会议在北京召开。会议强调，深入推进反腐倡廉建设，保持党员干部队伍纯洁性，为全面履行“三大责任”，建设忠诚、放心、受尊重的中石油提供有力保障。集团公司主要领导出席会议并讲话，集团公司副总经理李新华传达十七届中央纪委七次全会和中央企业反腐倡廉建设工作会议精神，纪检组组长王立新作《坚定不移推进反腐倡廉建设，为集团公司全面履行“三大责任”提供有力保障》工作报告。

10日　中国监察学会石油分会五届二次理事（扩大）会议在北京召开，增补集团公司纪检组组长王立新为中国石油监察学会石油分会名誉会长。会议要求不断提高反腐倡廉理论研究水平。

14日　集团公司主要领导在北京会见来访的古巴驻华大使阿尔贝托·布朗科·希尔瓦。双方就进一步加强油气领域合作广泛交换意见。

同日　在北京人民大会堂召开的国家科学技术奖励大会上，中国石油9项成果获得国家科技奖，获得国家科技进步一等奖的2项成果分别是：中国石油海外合作油气田规模高效开发关键技术和环烷基稠油生产高端产品技术研究开发与工业化应用。获得国家科技进步二等奖的6项成果分别是：万米级特深井陆用钻机设计制造与工业化应用，中国中高煤阶煤层气地质理论、关键技术与工业化应用，大型高含硫气田安全开采及硫黄回收技术，内陆坳陷湖盆低渗透油田勘探开发技术及应用，新一轮全国油气资源评价，深部盐矿采卤溶腔大型地下储气库建设关键技术及应用。基于光纤振动传感的油气管道安全预警技术与应用，获得国家技术发明奖二等奖。

同日　财政部、国家安监总局下发《企业安全生产费用提取和使用管理办法》，细化和扩充了安全生产费用的提取、使用范围，提高了石油化工工程等的安全生产费用计提比例。

15日　集团公司在北京召开2012年安全环保视频会。会议强调，要站在抓开局、保全年高度，全面强化安全环保工作，采取强有力治本措施，坚决遏制各类事故的发生，为做好全年安全环保工作赢得主动、打好基础。集团公司副总经理廖永远出席会议并讲话，副总经理沈殿成宣读集团公司2011年度安全生产、环境保护先进单位和先进个人的表彰决定。

16日　集团公司主要领导在北京会见来访的韩国国家石油公司总裁姜泳元。双方就进一步加强油气领域合作广泛交换意见。

同日　中国石油天然气集团公司与中国航空油料集团公司在北京签署2012年航空煤油资源供应框架协议。集团公司主要领导，中国航油集团董事长孙立、总经理朱永，就双方长期合作举行深入会谈，并共同出席签字仪式。

21 日　中国石油天然气集团公司与西门子股份公司在北京签署战略合作协议。双方将本着优势互补和合作共赢的原则，进一步加强在能源开发利用和石油装备制造等领域的合作，促进共同发展。集团公司副总经理喻宝才和西门子股份公司管理委员会成员杜裴然进行会谈并出席签字仪式。

22—23 日　集团公司 2012 年工程技术工作会议在北京召开。会议强调，要进一步加快发展方式转变，努力提高发展质量和效益，实现工程技术服务业务的可持续发展。集团公司副总经理廖永远出席会议并讲话。

23 日　集团公司标准化委员会第五次会议召开，提出用先进标准打造受尊重的中石油。集团公司副总经理、标准化委员会主任委员喻宝才主持会议并讲话。

23—24 日　集团公司矿区服务系统 2012 年工作会议在北京召开。会议强调，稳中求进建设中国石油特色和谐矿区。集团公司副总经理李新华出席会议并讲话。

24 日　集团公司科技工作视频会议在北京召开。会议强调，加快科技进步与创新，持续推进创新型企业建设。集团公司总经理周吉平出席会议并讲话。

同日　中国石油天然气集团公司与中国工商银行、厄瓜多尔政府在基多签署《中厄油气一体化合作意向书》。

27 日　集团公司总经理周吉平在北京会见来访的苏丹外交部部长库尔提一行。双方就石油合作前景等问题广泛交换意见。

同日　国务院国资委任命王立新为集团公司董事。

28 日　集团公司召开 2012 年定点扶贫与对口支援工作领导小组会议。会议提出，要深刻认识新阶段扶贫开发的重要意义和面临的形势任务，持续开创扶贫开发工作新局面。集团公司总经理、定点扶贫与对口支援工作领导小组组长周吉平主持会议并讲话。

同日　集团公司 2012 年 HSE 管理体系审核工作启动会在北京举行。会议要求严查深究补短板，扎实推进 HSE 体系建设。集团公司副总经理沈殿成出席会议并讲话。

本月　在国务院国资委公布的 2011 年中央企业网站绩效评估排名中，中国石油网以 108.8 分名列中央企业网站首位，达到 A 级标准。这是中国石油网连续三年蝉联央企网站绩效评估第一名。

三　　月

1 日　集团公司党组下发《关于深入开展学雷锋活动的实施意见》。要求大力弘扬大庆精神铁人精神和雷锋精神，推动学雷锋活动常态化，促进社会主义核心价值体系建设，不断提高石油员工思想道德素质和文明程度。

同日　国务院国资委中央企业维稳信访工作会议暨中央企业维稳信访工作表彰会在北京召开。集团公司共有两个单位评选为“中央企业信访工作先进集体”，4 人评选为“中央企业优秀信访办主任”，7 人评选为“中央企业优秀信访工作者”，29 名在信访工作岗位连续工作 20 年以上的人员被授予“中央企业信访工作特殊贡献称号”。集团公司纪检组组长王立新出席会议。

1—2 日　集团公司工程建设业务 2012 年工作会议在北京召开。会议动员工程建设系统广大员工加快转变发展方式，不断提升发展质量和效益，努力增强服务保障和可持续发展能力。集团公司副总经理喻宝才出席会议并讲话。

2 日　西气东输二线香港管道工程在广东深圳大铲岛附近海域施工现场开工。中共中央政治局常委、国务院副总理李克强致信祝贺工程开工。集团公司主要领导出席开工仪式，香港管道工程是西气东输二线项目的一部分，全长 29.04 千米，设计年输气量 60 亿立方米，是中央政府支持香港特别行政区持续发展繁荣的一项重要举措。

同日　中国石油天然气集团公司和中华全国供销合作总社在北京签署战略合作协议。这是双方服务“三农”工作大局，共同支持农业可持续发展的具体行动和重要举措。集团公司主要领导与中华全国供销合作总社党组书记、理事会主任杨传堂就进一步深化合作举行会谈，并共同出席签约仪式。

4 日　中国石油天然气股份有限公司和吉林省新能源投资有限公司合资组建天然气管网公司框架协议签约仪式在北京举行。协议的签署，进一步巩固了双方在天然气领域的前期合作成果，将促进吉林省天然气有效利用，加快吉林省能源结构优化。集团公司主要领导与吉林省委书记孙政才，省长王儒林就进一步加强油地合作举行会谈，并共同出席签约仪式。

6日　集团公司在北京召开女劳模、女专家、女干部巾帼建功“三八”座谈会，表彰“十大金花”科技工作者，激励广大女职工积极投身综合性国际能源公司建设。集团公司副总经理李新华出席座谈会并讲话。

同日　集团公司党组决定任命张德有同志为吉林油田分公司党委书记，免去梁春秀同志的吉林油田分公司党委书记职务；娄铁强同志为吐哈油田分公司党委书记，免去刘玉喜同志的吐哈油田分公司党委书记职务；杨大明同志为大庆石化分公司党委书记，免去郑怀义同志的大庆石化分公司党委书记职务；高静乐同志为长庆石化分公司党委书记，免去张锋同志的长庆石化分公司党委书记职务；王立学同志为中石油燃料油有限公司党委书记，免去李久杰同志的中石油燃料油有限公司党委书记职务；王力国同志为北京销售分公司党委书记，免去苗坤同志的北京销售分公司党委书记职务；陈建志同志为湖南销售分公司党委书记，免去朱明玉同志的湖南销售分公司党委书记职务；高凤翔同志为大连销售分公司党委书记，免去高殿龙同志的大连销售分公司党委书记职务；贠广瑞同志为大连海运分公司党委书记，免去李俊海同志的大连海运分公司党委书记职务；玄昌伟同志为中国昆仑工程公司党委书记，免去耿承辉同志的中国昆仑工程公司党委书记职务；刘玉喜同志为华油北京服务总公司党委书记，免去谷伟同志的华油北京服务总公司党委书记职务。

同日　集团公司决定任命李家民为兰州石油化工公司总经理，免去玄昌伟的兰州石油化工公司总经理职务；刘宪华为中国石油销售东北公司经理，免去郭秀竹的中国石油销售东北公司经理职务；朱明玉为青海省石油有限责任公司总经理，免去杜丽学的青海省石油有限责任公司总经理职务；张维君为东北炼化工程有限公司总经理，免去陈青松的东北炼化工程有限公司总经理职务；推荐王忠来为昆仑银行股份有限公司行长人选，谢戈果不再担任昆仑银行股份有限公司代行长职务。

同日　股份公司决定任命李家民为兰州石化分公司总经理，免去玄昌伟的兰州石化分公司总经理职务；刘宪华为东北销售分公司总经理，免去郭秀竹的东北销售分公司总经理职务；苗坤为北京销售分公司总经理，免去王立学的北京销售分公司总经理职务；杨子清为山东销售分公司总经理，免去刘宪华的山东销售分公司总经理职务；杜丽学为云南销售分公司总经理，免去杨子清的云南销售分公司总经理职务；高殿龙为大连销售分公司总经理，免去于力的大连销售分公司总经理职务；朱明玉为青海销售分公司总经理，免去杜丽学的青海销售分公司总经理职务；李俊海为大连海运分公司总经理，免去高凤翔的大连海运分公司总经理职务；侯启军兼任北京油气调控中心主任，免去马志祥的北京油气调控中心主任职务。

8日　中国石油海洋工程公司与中船集团上海外高桥造船有限公司在北京签约，共同建造中国石油海洋工程有限公司16号自升式钻井平台。这是中国石油第一座400英尺自升式钻井平台，也是迄今投资规模最大和技术最先进的钻井平台。集团公司副总经理廖永远出席签约仪式并讲话。

9日　中国石油向云南省捐赠抗旱救灾资金500万元。

15日　中国石油天然气集团公司和宝钢集团有限公司在北京签署战略合作协议。协议的签署，将进一步深化双方的战略合作，推动双方在天然气、成品油和钢材等资源，以及科技、管理和金融等方面的优势合作。集团公司主要领导和宝钢集团董事长徐乐江就进一步深化合作举行会谈，并共同出席签约仪式。

同日　中石油国际投资公司与加拿大阿萨巴斯卡油砂公司完成麦凯河项目剩余40%油砂资产交割，中方持有项目100%权益。麦凯河油田具有建成800万吨/年产能的潜力。

1—16日　云南省委书记、省人大常委会主任秦光荣和省长李纪恒，吉林省委书记、省人大常委会主任孙政才和省长王儒林，江西省省长鹿心社，甘肃省委书记、省人大常委会主任王三运和省长刘伟平，青海省委书记、省人大常委会主任强卫和省长骆惠宁，广西壮族自治区党委书记、自治区人大常委会主任郭声琨和自治区主席马飚，分别到中国石油天然气集团公司考察，并与集团公司主要领导举行会谈。

其间，集团公司领导还会见了西藏自治区主要领导同志，参加了海南省与中央企业深化合作座谈会、新疆维吾尔自治区与部分中央企业座谈会、黑龙江省与中央企业联谊会、2012湖北—央企新春联谊会、中央在宁投资企业联谊会、江苏转型发展报告会等。

18日　中石油阿姆河天然气勘探开发（北京）有限公司巴格德雷合同区希林古伊-21井探井酸化后获得高产天然气流，日产量达到152万立方米。

19—21日　第十二届中国国际石油石化技术装备及海洋石油与管道防爆电气展览会（CIPPE）在北京举行。全球62个国家和地区的1500家企业参展。中国石油组织所属17个主要装备制造企业统一亮相，展品多达200种500余件，充分展示了中国石油装备制造业务近年来最高端的技术和最新的研制成果。渤海钻探工程有限公司工程技术研究院研发的“BH-VDT5000垂直钻井系统”成为首届“CIPPE2012展品创新金奖”唯一获奖产品。中国石油召开石油装备新产品发布会，集中发布12项新产品。集团公司副总经理李新华出席开幕式，参观了中国石油展区，并在石油装备新产品发布会上讲话。

20日　集团公司主要领导在北京会见壳牌集团首席执行官傅赛。双方就国内外油气资源合作交换意见，中国石油天然气集团公司与壳牌中国勘探与生产有限公司签订《中华人民共和国四川盆地富顺—永川区块天然气勘探、开发和生产合同》。

同日　集团公司总经理周吉平在北京会见德意志银行集团副董事长克哈维萨。双方就进一步加强合作进行了探讨。

21日　集团公司总经理周吉平在北京会见道达尔集团董事长兼首席执行官马哲睿。双方就继续深化国内外油气领域合作广泛交换意见。

22日　集团公司第五十七期党校及工商管理培训班在北京石油管理干部学院开班。集团公司总经理、党校校长周吉平出席开班典礼并作动员讲话，强调要紧紧围绕集团公司工作大局，努力提升学习和工作能力。

22—23日　集团公司在无锡召开炼化装备产品推介座谈会。会议指出，大力推荐炼化装备优势产品，努力提高炼化装备产品的市场占有率，为集团公司炼化业务发展提供更优质的服务和更有力的保障。集团公司副总经理李新华出席会议并讲话。

23日　长庆油田实现油气当量4000万吨座谈会在西安召开（详见专稿）。

24日　2012年全国企业管理创新大会在北京举行。会议颁发了第十八届全国企业管理创新奖，中国石油所属17个企业分获一等奖、二等奖。获得一等奖的3项创新成果分别是股份公司“大型石油企业实现精细化管控的资金管理信息平台建设”、管道公司“输油气管道安全风险预控体系的创建与实施”和东方地球物理勘探有限责任公司“石油物探企业全面提升国际市场竞争力的战略客户管理”。

26日　中国石油企业协会在北京召开六届四次理事（常务理事）会议，审议并通过了调整六届理事会负责人、新增会员单位（企业）等议案。集团公司副总经理李新华当选为第六届理事会会长。会议强调真正把石油协会建设成“行业响名、国内知名、国际有名”的优秀全国性社团组织。

27—28日　集团公司召开节能减排工作会议，提出确保节能、节水、二氧化硫、COD、氨氮和氮氧化物削减量这6项年度约束性指标顺利完成。集团公司副总经理沈殿成出席会议并讲话。

28日　中共中央政治局常委李长春考察广西石化公司。

29日　中国石油天然气股份有限公司在北京宣布，公司2011年生产经营稳中有进，国内业务全面发展，海外战略成效显著。全年国内新增探明油气储量当量达到10亿吨，国内外原油总产量88610万桶，可销售天然气产量23964亿立方英尺，加工原油98460万桶，生产汽油、煤油、柴油8715万吨，销售汽油、煤油、柴油1.46亿吨。五大油气合作区战略布局基本完成，海外油气当量产量12080万桶，完成国际贸易量1.47亿吨。截至2011年底，按照国际财务报告准则和中国企业会计准则，均实现营业额20038.43亿元。

同日　股份公司在香港召开2011年度业绩新闻发布会和投资分析员会议。会上公布并分析了股份公司2011年业绩，介绍了公司发展战略和2012年展望，回答了记者和投资分析员的问题。股份公司主要领导出席会议，并接受彭博通讯社、上海证券报及香港主要媒体的采访。

29—30日　集团公司在北京召开国际业务社会安全和HSE工作会，强调为海外业务进一步发展提供坚实的安全保障。集团公司副总经理汪东进出席会议并讲话。

29—31日　《中国石油报》2012年报纸工作会议在北京召开。会议强调，坚持正确导向，全力以赴办好报，充分发挥“喉舌、阵地、窗口、平台、智囊”作用。集团公司副总经理李新华出席会议并讲话。

30日　中国石油第一套日处理100万立方米的液化天然气装置——广安LNG装置成功试运。

同日　辽阳石化公司召开纪念建厂40周年大会，提出把辽阳石化全面建设成为以芳烃为特色的大型石化基地的新目标。集团公司副总经理沈殿成出席会议并讲话。

31日　中国工程院、中国科学院、中国石油、中国石化和中国海油联合召开学习侯祥麟科学精神座谈会，深切缅怀侯祥麟。3月23日，中共中央政治局常委、国务院总理温家宝作出“缅怀侯祥麟，学习侯祥麟的奉献精神和科学精神”的重要批示。3月30日，中共中央政治局常委、中央政法委书记周永康撰文纪念侯祥麟。集团公司总经理周吉平出席座谈会并讲话。

同日　集团公司总经理周吉平在北京会见哈萨克斯坦总理马西莫夫。双方就中哈油气合作未来前景交换了意见。

3月31日—4月1日　集团公司主要领导赴中国寰球工程公司第六建设公司和广西销售公司进行工作调研，强调求专、求精、求特、求强，牢牢坚守“质量、计量、安全”三条红线。

本月　博鳌亚洲论坛发布亚洲上市企业竞争力2011年度排名，中国石油蝉联“最具竞争力上市企业”。

本月　川庆钻探公司研发成功精细控压系统改进型成果“精控二代”，采用模块化结构和独立/集成双重控制方案，经国家和集团公司专家鉴定，核心技术及各项指标总体达到国外同类技术的先进水平。

本月　集团公司命名第五批中国石油企业精神教育基地46个。截至本月，集团公司先后有五批152个场所（单位）获得命名。

本月　中国石油为青海省基层贫困农牧区学校捐赠的1000个“油海助学希望书架”和20万册图书全部到位。

本月　中国石油首个能量系统优化技术培训中心在沙河科技园规划总院办公区挂牌成立，可开展24类流程模拟及优化软件的现场及远程培训，单次培训人数可达32人。

四　　月

1日　中共中央政治局常委、国务院总理温家宝考察广西石化公司。

5日　中国石油天然气集团公司和中国国电集团公司在北京签署战略合作框架协议。根据协议，双方将进一步加强合作，发挥中国石油的天然气资源优势和中国国电天然气发电项目的技术及行业优势，改善中国国电发电项目的用能结构，推动天然气发电项目发展。集团公司主要领导和中国国电集团公司总经理、党组副书记朱永芃就双方进一步发挥各自优势加强合作举行了会谈，并共同出席签约仪式。

5—9日　集团公司总经理周吉平赴中国石油在新疆企业调研，强调要深刻认识建设“新疆大庆”的重大意义，坚持解放思想，持续创新，高质量高水平高效益建设“新疆大庆”。

6日　中国石油天然气集团公司发布2011年社会责任报告。报告从可持续的能源供应、负责任的生产运营、重人本的员工发展、促民生的社会贡献等方面，真实全面反映了2011年中国石油履行经济责任、环境责任和社会责任的情况。与往年相比，报告增加了“提升产品和服务质量”等重要社会责任议题内容。

同日　国家税务总局下发《关于中国石油天然气股份有限公司进口天然气取得增值税返还税款涉及企业所得税纳税地点问题的通知》（国税函[2012]150号），解决了公司进口天然气现有操作模式下可能存在的重复缴纳企业所得税问题。

7日　东方地球物理勘探有限责任公司自主研发的GeoEast V2.3和KLSeis V6.0两大软件产品，获得“2011年度中国优秀软件产品”称号。

9日　中央企业创先争优活动领导小组与国务院国资委党委联合举办中央企业先进精神报告会，启动大庆精神铁人精神、载人航天精神和青藏铁路建设精神巡回宣讲活动。“石油魂——中国石油大庆精神铁人精神”作首个宣讲。

同日　钻井工程技术研究院自主研发的连续循环钻井系统模拟试验成功完成，成为国内首家、全球第二家研制成功连续循环钻井系统的单位。

10日　集团公司召开2012年第一次常务会议，审议并原则通过《集团公司负责人职务消费管理暂行规定》、《集团公司总部职务消费管理暂行规定》、《集团公司所属企事业负责人职务消费管理暂行规定》、《集团公司公务用车配备使用管理暂行规定》和《集团公司生产安全事故和环境事件责任人员行政处分规定》。会议强调，认真贯彻落实国务院第五次廉政工作会议精神，加强“三基”工作，加强企业财务管理，严格控制“三公”经费开支。

同日　股份公司决定，成立中国石油天然气股份有限公司西南管道分公司。

11—12日　中国共产党中国石油天然气集团公司直属第十次代表大会在北京召开。会议听取了中国共产党中国石油天然气集团公司直属第九届委员会工作报告和直属纪委工作报告，表彰了在创先争优活动中涌现出来的108个先进基层党组织、243名优秀党员和100名优秀党务工作者。审议直属第九届委员会、直属纪律检查委员会工作报告，选举直属第十届委员会、直属纪律检查委员会委员，选举出席中央企业系统（在京）党代表会议的代表。会议强调，要与党中央保持高度一致，以强烈的政治责任感和历史使命感，全力抓好发展改革稳定工作。

12 日　集团公司主要领导在北京会见来访的卡塔尔能源和工业大臣萨达。双方就进一步加强油气领域合作广泛交换了意见。

16 日　渤海钻探工程公司自主研发的 BH — ARI 远探测声波反射波成像测井仪，探测深度可达 10 米，打开了精细了解更远地层的微观结构之门，获得 5 项国家专利，达到国际领先水平，被评为“中国石油十大科技进展之一”。

17 日　集团公司大司库系统上线启动仪式在北京举行，正式进入全面推广应用阶段，开创了央企在资金管理、产融结合方面的先河，标志着集团公司财务管理步入新的历史阶段。集团公司总会计师王国樑，副总经理、信息化工作领导小组组长喻宝才出席会议并讲话。

同日　中国石油尼日尔项目因公殉难员工骨灰运抵北京。当地时间 4 月 6 日上午，丁珂、杨少国、刘志强、王勇乘坐的直升机，在从尼日尔阿加德姆作业基地飞往泰内雷作业现场途中坠落，4 名同志不幸遇难。

17—21 日　集团公司在北京举办中国石油百名优秀党支部书记示范培训班，为基层党支部书记轮训作样板。

19 日　中共中央政治局委员、国务院副总理、重庆市委书记张德江听取集团公司主要领导所作的工作汇报并作重要指示，要求中国石油在渝企业继续保持矿区与队伍和谐稳定；继续加大项目投入，保持平稳较快发展；充分发挥国有大型企业保障国家能源安全的作用，做好油气供应保障工作，以实际行动支持重庆经济社会发展，维护和谐稳定的大局。汇报之前，中国石油天然气集团公司与重庆市签署《关于 MDI 一体化项目天然气供应框架协议》和《关于联合推进液化天然气（LNG）高效利用合作协议》。

20—21 日　集团公司主要领导在川渝地区中国石油企业调研，并出席广安液化天然气（LNG）工厂投产仪式，强调建成中国天然气工业基地，保障优质能源供应，为促进地方经济社会发展作贡献。

21 日　集团公司信息化建设标志性工程——中国石油吉林数据中心项目正式开工建设。集团公司副总经理喻宝才出席并讲话。

23 日　集团公司 2012 年未上市企业解困扭亏工作视频会议在北京召开，要求持续优化业务结构，全面提升未上市企业服务保障能力和市场竞争力。集团公司总会计师、未上市企业解困扭亏工作领导小组组长王国樑出席会议并讲话。

23—24 日　中国化工学会第三十九届全国会员代表大会暨中国化工学会成立 90 周年庆祝大会在北京召开。集团公司副总经理李新华当选中国化工学会第三十九届理事会常务副理事长，集团公司老领导阎三忠被聘任为中国化工学会第三十九届理事会名誉理事长。兰州石化公司获得“中国化工学会 2007—2012 年度先进集体奖”。华北油田第五采油厂工程技术研究所付亚荣等获得“第四届侯德榜化工科学技术奖创新奖”。

24 日　集团公司主要领导在北京会见南苏丹共和国总统萨尔瓦·基尔·马亚尔迪特，就保障中方人员、资产安全等合作事项交换了意见。

同日　在京央企知识产权领先工程在北京启动。中国石油在仪式上公布了知识产权战略，到 2015 年，专利申请量将累计达 2 万件，有效专利超过 1 万件。

24—26 日　“劣质重油轻质化关键技术研究”重大专项验收会召开，中国石油劣质重油轻质化关键技术攻关取得阶段性重大成果，通过专家验收。

25 日　集团公司主要领导在北京会见苏丹全国大会党领导局成员易卜拉欣·甘杜尔，就保障中方人员和资产安全等合作事项交换了意见。

同日　集团公司党组决定项平生同志兼任中石油昆仑天然气利用有限公司党委书记，免去陶玉春同志的中石油昆仑天然气利用有限公司党委书记职务。

同日　股份公司决定任命赵永起为中石油昆仑天然气利用有限公司执行董事、总经理，免去陶玉春的中石油昆仑天然气利用有限公司执行董事、总经理职务。

同日　国家能源局牵头组织实施的中国石油山东泰安 60 万吨 / 年 LNG（液化天然气）装备国产化项目工程开工仪式在泰山举行。这是迄今为止国内第一个具有完全自主知识产权和单套液化生产能力最大的天然气液化项目，也是中国石油正式开工建设的国内规模最大的 LNG 工厂项目，标志着中国石油在天然气液化技术领域取得重大突破。建成后天然气日处理能力达到 260 万立方米。

26 日　塔里木油田召开落实 3000 万吨誓师动员大会，全力冲刺 2015 年油气当量产量达到 3170 万吨目标。

27 日　中华全国总工会在人民大会堂隆重召开庆祝“五一”国际劳动节大会，长庆油田第一采油厂等荣获“全国五一劳动奖状”，大庆炼化公司炼油一厂一套 ARGG 车间工人祁树辉等荣获“全国五一劳动奖章”，管道公司兰州输油气分公司、石油魂——大庆精神铁人精神宣讲总队等被授予“全国工人先锋号”。“大庆新铁人”李新民等5位代表作首场报告。

同日　中委能源规模一体化合作的首个下游项目、国内一次性设计加工能力最大的炼油项目——中委合资广东石化2000万吨/年重质原油加工工程项目在广东揭阳（惠来）大南海国际石化综合工业园开工建设。集团公司总经理周吉平出席开工仪式并致辞。

同日　全国石油天然气标准化技术委员会暨石油工业标准化技术委员会在北京召开2012年年会。新任主任委员、集团公司副总经理喻宝才强调，要着力加强石油工业国际标准化工作，通过发挥标准化的技术支撑作用，提高石油企业国际化经营的效率和效益，保障国家能源安全。

同日　国务院国资委与陕西省政府签署合作备忘录暨“央企进陕发展”活动仪式在北京钓鱼台国宾馆举行，中国石油等37个中央企业与陕西省签署合作框架协议。集团公司副总经理廖永远出席并发言。

28日　集团公司在北京召开落实安全生产领域“打非治违”专项行动工作视频会议，强调坚决治理和根除安全隐患，坚决遏制重特大安全生产事故，夯实公司发展战略基础。集团公司总经理周吉平出席会议并讲话。

本月　中华全国总工会表彰四川省“灾后重建再立新功”劳动竞赛中的先进集体和个人，西南油气田江油基地灾后异地重建项目管理部荣获“全国工人先锋号”称号。

五　　月

3日　中国石油新时期群英会在北京举行（详见专稿）。

4日　集团公司2012年信息化工作视频会议在北京召开，强调全面推进信息系统集成和业务应用，努力提高信息化建设质量和效益。集团公司副总经理、信息化工作领导小组组长喻宝才出席会议并讲话。

同日　集团公司2012年基础管理建设工程推进视频会在北京召开，要求提高基础管理能力和协调运作水平，争取到“十二五”末，基础管理总体水平从规范级提升到优化级。集团公司副总经理、基础管理建设工程领导小组组长喻宝才出席会议并讲话。

同日　集团公司在上海召开2011年经营指标评价结果发布暨财务经验交流会，正式发布集团公司2011年经营指标评价结果。纳入本次评价范围的企业或项目共154个，综合评价结果优、良、中及以下的单位，分别为31家、78家和45家。会议对31家综合评价结果优秀的单位及16家单项指标评价最优企业予以表彰奖励。会议提出坚持探索创新、持续提升财务管理水平。集团公司总会计师王国樑出席会议并讲话。

7日　川庆钻探塔里木工程公司承钻的塔里木迪西1井一次性将206.38毫米无接箍套管下至设计井深4497.73米，创国内无接箍套管下深最深纪录。

8—9日　集团公司装备制造2012年工作会议在杭州召开。会议明确了未来发展方向，向海洋迈进，向海外拓展，向高端升级。集团公司副总经理李新华出席会议并讲话。

10日　集团公司总经理周吉平在北京会见意大利埃尼集团首席运营官德斯卡兹·克劳迪奥一行。双方就开展天然气领域互利合作深入交换了意见。

同日　中国石油渤海石油装备制造有限公司福建钢管项目在福建省连江县可门经济开发区举行奠基仪式，项目规划建设2条钢管生产线及配套设施，年产优质螺旋焊管和直缝焊管25万吨。项目对于支持海峡西岸经济区和福建地方经济建设，满足西气东输入闽油气管道建设需要，增强中国石油钢管制造企业在东南沿海和海外市场竞争力具有重要意义。集团公司副总经理李新华出席项目培土奠基并讲话。

11日　中国石油天然气集团公司与中国科学院在北京签署战略合作协议。双方将在油气田勘探开发前沿基础科学、油气工程技术与装备研发、非常规油气资源勘探开发技术、炼油化工特色技术研发、油气储运安全与储气库建设技术、海洋油气勘探开发和安全生产技术及装备研发，以及双方共同关注的其他领域开展科技合作。

13日　中共中央政治局常委、中央政法委书记周永康考察塔里木石化公司。

13—16日　集团公司主要领导赴塔里木油田公司、新疆销售公司、西部管道公司霍尔果斯压气站和中亚天然气管道公司霍尔果斯计量站等单位调研，强调建设“新疆大庆”，为新疆经济社会跨越式发展和长治久安作贡献。

15日　中国石油天然气股份有限公司、壳牌加拿大有限公司、韩国天然气公司和日本三菱公司宣布，将联合开发在加拿大不列颠哥伦比亚省凯提马特建厂出口液化天然气（LNG）的项目。其中，壳牌加拿大有限公司拥有项目40%权益，韩国天然气公司、日本三菱公司和中国石油天然气股份有限公司各拥有20%权益。

16日　集团公司关心下一代工作会议在海南召开。会议表彰了大庆油田有限责任公司关心下一代工作委员会等9个关心下一代工作先进集体、30名先进个人。会议强调，用核心价值观凝聚青年员工。集团公司副总经理李新华出席会议并讲话。

16—18日　中国石油油品销售精细化管理会议在成都召开。会议强调，持续深化精细化管理工作，增强执行力，不断提升销售业务发展质量与效益。集团公司总经理周吉平出席会议并讲话。

18日　塔里木油田落实年产油气当量3000万吨规划目标第一个产能建设项目——英买力潜山油藏地面工程举行投产仪式。此工程设计原油年处理及外输能力45万吨，污水日处理及回灌规模4000立方米。

同日　中国石油产业扶贫项目——河南省台前县恒润石化20万吨/年碳四芳构化工业装置一次投料开车成功，恒润石化公司全面接手并转入正常生产运行。项目不仅将给当地带来每年上亿元的效益，而且对扩大就业和带动相关产业发展发挥重要作用。

20日　中国石油为贵州省习水县30多所乡镇小学捐赠2万多册图书和140台电脑，投资270万元和当地政府配套210万元投建13.5千米的龙马路工程竣工。

同日　第二届全国石油工程设计大赛在中国石油大学（北京）落幕。此次大赛共有1283支队伍4000余名选手报名参赛，35组作品入围全国总决赛，共产生卓越杯（特等奖）1组、一等奖11组和二等奖23组。来自西南石油大学的“石油设计”团队荣获卓越杯（特等奖）。集团公司总经理周吉平出席颁奖典礼并致辞。

21日　集团公司主要领导在北京会见BP石油公司首席执行官戴德立。双方就国内外油气合作交换了意见。

22日　中国石油天然气集团公司与中国海运（集团）总公司在北京签署战略合作协议。协议的签署，将使双方进一步深化合作，既充分发挥中国海运的行业优势，推动海上运力的大发展，又有力地保障了中国石油原油、成品油、液化天然气（LNG）和化工产品的运输，以及成品油、润滑油的销售。同时，双方将共同推动船舶动力“以气代油”的技术和产品开发，推动海上油气装运技术的联合研发。集团公司主要领导，中国海运（集团）总公司董事长、党组书记李绍德，就双方进一步深化合作举行了会谈，并共同出席签约仪式。

同日　集团公司总经理周吉平在北京会见来访的缅甸巩固与发展党总书记吴泰乌一行。双方就加强合作和进一步发展互利友好关系进行了交流。

23日　集团公司主要领导在北京会见斯伦贝谢董事长兼首席执行官吉布斯贾德。双方就进一步加强合作进行了交流。

同日　集团公司总经理周吉平在北京会见加拿大卡尔加里大学校长卡农教授。双方就进一步加强在人才培养和科研创新等领域的合作广泛交换了意见。

同日　股份公司2011年度股东大会在北京召开。会上，股东以投票方式表决，以同意票数超过二分之一通过并批准了6项普通决议：公司2011年度董事会报告；公司2011年度监事会报告；公司2011年度经审核的财务报表；公司按照董事会建议的款额和方式宣派2011年12月31日止年度的末期股息；关于授权董事会决定本公司2012年中期股息分派事宜；关于聘用公司2012年度境内外会计师事务所并授权董事会决定其酬金。本次股东大会还以同意票数超过三分之二审议并批准了关于给予董事会股票发行一般授权事宜的特别决议。

24日　集团公司召开2012年第二次常务会议，审议并原则通过《集团公司股权管理办法》和《集团公司工程建设项目质量管理规定》。

同日　集团公司2012年规划计划工作会议在河北省廊坊市召开。会议强调，要全面深化投资管理，着力提升质量效益。集团公司总经理周吉平出席会议并讲话。

同日　中国石油自主研发的加氢裂化催化剂（PHC-03）在大庆石化公司首次成功应用。这是中国石油炼油全系列催化剂研发的重大技术突破，填补了中国石油技术空白，达到国际先进水平。

同日　总投资30亿元的中国石油昆仑能源华港燃气集团LNG清洁能源（邯郸）示范基地项目，在河北省邯郸市举行开工仪式。项目规划建设液化天然气工厂1座，铺设山西晋城至邯郸高压输气管道270千米，建设LNG加气站50座，并开展相关的配套能源装备制造和物流储运。集团公司副总经理李新华出席开工仪式并讲话。

24—25日　中国石油管道建设工作会议在北京

召开。会议强调，真抓实干，攻坚克难，推进管道建设新跨越。集团公司副总经理廖永远出席会议并讲话。

25 日 吉林吉港清洁能源有限公司在吉林省松原市成立，由昆仑能源有限公司和吉林油田公司共同出资设立，计划分期分批建设总计 200 万吨液化天然气（LNG）年产能。

28 日 中国石油天然气集团公司与甘肃省政府在兰州召开第六次甘肃境内石油天然气管道保护工作会议。中国石油与甘肃省政府将认真贯彻落实《中华人民共和国石油天然气管道保护法》，深入开展企地共建平安管道、平安油区活动，扎实推进油气管道安全形势持续好转。集团公司副总经理廖永远出席会议并讲话。

同日 中国石油海洋工程有限公司 16 号自升式钻井平台在上海外高桥造船有限公司正式开工建造。这是中国石油第一座 400 英尺自升式钻井平台，也是迄今投资规模最大和技术最先进的钻井平台。

28—29 日 集团公司主要领导赴安徽销售公司调研，强调要坚持质量强企，推进网络建设，全面扩大开放合作，实现快速规模发展。

29 日 东北炼化工程公司中标世界最大规模 MDI（二苯基甲烷二异氰酸酯）项目——德国巴斯夫公司中国重庆 40 万吨 / 年 MDI 一体化项目核心装置的项目管理、工程监理业务。

30 日 西气东输三线管道项目合资合作框架协议在北京签署。中国石油引入全国社会保障基金理事会、城市基础设施产业投资基金和宝钢集团有限公司等作为股东，共同出资建设西三线项目；中国工商银行股份有限公司私人理财资金通过产业投资基金平台介入。这种合作开创了全民资本和民营资本共同投资大型央企国家重点项目的新模式，标志着中国石油对全民及民营资本的开放迈出新步伐。全国政协副主席、全国工商联主席黄孟复，全国社会保障基金理事会理事长戴相龙，中国石油天然气集团公司主要领导，中国工商银行董事长姜建清，宝钢集团有限公司副董事长刘国胜等，就合资合作进行座谈并共同出席签字仪式。

30—31 日 长庆油田主要承担建设的低渗透油气田勘探开发国家工程实验室建设项目顺利通过国家级验收。实验室拥有各类重大仪器设备 200 多台（套），整体实验装备水平达到国内领先水平。

31 日 石油化工研究院自主研发的高效球形聚丙烯催化剂 PSP-01 通过成果鉴定，成为中国石油第一个具有完全自主知识产权的聚丙烯催化剂技术，填补了中国石油的技术空白，达到国际先进水平。其中，磺酰基内给电子体技术和球形载体制造技术达到国际领先水平。

本月 宝鸡石油机械有限责任公司承担的两个海洋深水技术与装备项目获国家 863 重大项目立项。这两个项目课题分别是：深水钻机与钻柱自动化处理关键技术研究和水下卧式采油树系统研制（1 期）。863 计划海洋技术领域深水油气勘探开发技术与装备重大项目的执行年限为 2012—2015 年。

六　月

4 日 塔吉克斯坦总统拉赫蒙在中国驻塔吉克斯坦大使范先荣等陪同下访问中国石油，与集团公司主要领导就加强油气合作举行会谈。并签署《中国石油与塔吉克斯坦共和国能源和工业部合作备忘录》。

4—8 日 第二十五届世界天然气大会在马来西亚吉隆坡举行。全球能源公司高管、行业精英和专家围绕“天然气：保持未来全球增长”的主题展开研讨。中国石油派出 50 余人的代表团出席大会。集团公司总经理周吉平作“快速发展的世界和中国天然气市场”的主题演讲，表示致力于天然气发展是中国能源发展的战略选择。代表团共向大会提交论文 16 篇，其中 9 篇论文在各专业工作组技术报告会上进行宣读，张贴论文 7 篇。大会期间，周吉平分别与雪佛龙公司、苏伊士环能集团、阿根廷石油公司、马来西亚国家石油公司和日挥集团等公司，以及世界石油理事会主席端纳托 · 布塔尼举行了会谈，就进一步加强合作，推动技术创新，共同推动石油天然气工业繁荣发展交换了意见。周吉平还参观了中国石油和部分石油公司、技术服务公司和工程建设公司展台。

5 日 集团公司主要领导在北京会见来访的俄罗斯石油公司总裁谢钦、俄罗斯石油管道运输公司总裁托卡列夫一行，并就深入开展能源合作举行会谈。

同日 中国石油天然气集团公司向社会发布 2011 年度环境保护公报。公报披露，2011 年，中国石油杜绝了重大及以上环境污染和生态破坏事故，二氧化硫、化学需氧量排放量同比持续下降，被国务院国资委授予“‘十一五’中央企业节能减排优秀企业”称号，被新闻媒体评为“全国节能减排先锋榜领军企业”。中国石油“推进节能减排，做低碳先锋”的实践案例荣获“2011 中央企业优秀社会责任实践奖”。

6 日　集团公司主要领导在北京拜会出席上合组织峰会的阿富汗总统卡尔扎伊。

同日　土库曼斯坦副总理兼油气署署长卡卡耶夫到中国石油访问，在集团公司主要领导陪同下参观北京油气调控中心，就加强油气合作举行会谈，并共同签署增供天然气协议。根据协议，土库曼斯坦将通过中亚—中国天然气管道，在现有供气规模基础上，向中国增加供气。

同日　集团公司主要领导在北京拜会出席上海合作组织峰会的哈萨克斯坦总统纳扎尔巴耶夫。

同日　国务院国资委主办的 2012 北京“嘉克杯”国际焊接技能大赛落下帷幕。此次大赛共设 5 个比赛项目，共有来自 7 个国家、11 个中央企业的 72 名选手参赛。中国石油派出 4 名 30 岁以下的青年选手分别参加其中 4 项比赛。大庆油田有限责任公司侯立民和独山子石化公司马兴国分别夺得手工焊条电弧焊和氧—乙炔气焊 2 个项目比赛的第一名，大庆油田有限责任公司宋泽明和中国石油第七建设公司任海涛分别获得钨极氩弧焊和二氧化碳气保焊 2 个项目比赛的第二名。

7 日　集团公司主要领导在北京拜会土库曼斯坦总统别尔德穆哈梅多夫，就做好现有项目和进一步扩大合作规模进行会谈。

同日　中国石油大庆焊接技术培训中心与德国哈勒焊接技术培训与研究所在北京签署技术合作协议。双方将共同在国际市场上开展焊接技术培训与考试发证业务。

10 日　长庆油田苏东 39-59A 井打出无阻流量 231.6 万米^3/ 日的高产气井。

11 日　集团公司党组决定任命冯艳成同志为长城钻探工程有限公司党委书记，免去王忠仁同志的长城钻探工程有限公司党委书记职务；李玉平同志为中国寰球工程公司党委书记，免去刘振军同志的中国寰球工程公司党委书记职务；杨跃东同志为渤海石油装备制造有限公司党委书记，免去潘建全同志的渤海石油装备制造有限公司党委书记职务；刘江宁同志为北京石油管理干部学院党委书记，免去杨炳升同志的北京石油管理干部学院党委书记职务；许强同志为西南管道分公司党委书记；李伟同志为中石油京唐液化天然气有限公司党委书记；刘志同志任中国石油天然气运输公司党委书记，免去张冠军同志的中国石油天然气运输公司党委书记职务。

同日　集团公司决定任命张凤山为中国石油天然气集团公司安全环保与节能部总经理，免去架荣芳的中国石油天然气集团公司安全副总监、安全环保与节能部总经理职务；常延魁为西南管道有限责任公司总经理；王忠仁为长城钻探工程有限公司执行董事、总经理，免去张凤山的长城钻探工程有限公司执行董事、总经理职务；张冠军为石油管工程技术研究院院长，免去杨龙的石油管工程技术研究院院长职务；郭孟齐为宝鸡石油机械有限责任公司执行董事、总经理、宝鸡石油机械厂厂长，免去张永泽的宝鸡石油机械有限责任公司执行董事、总经理、宝鸡石油机械厂厂长职务；周永强为北京石油管理干部学院院长，免去李玉平的北京石油管理干部学院院长职务；李遵义兼任物资采购中心（物资公司）主任（总经理)，免去周永强的物资采购中心（物资公司）主任（总经理）职务。

同日　股份公司决定任命张凤山为中国石油天然气股份有限公司安全环保与节能部总经理，免去架荣芳的中国石油天然气股份有限公司安全副总监、安全环保与节能部总经理职务；常延魁为西南管道分公司总经理。委派周宗强为陕西延安石油天然气有限公司总经理人选。

同日　集团公司成立招标中心，设在物资公司，负责集团公司一类、二类招标项目的专业化实施。

同日　集团公司决定，内控与风险管理部加挂企业管理部牌子。

同日　股份公司决定，内控与风险管理部加挂企业管理部牌子。

同日　集团公司决定，中美洲地区的油气业务纳入南美公司统一管理，南美公司更名为拉美公司。

12 日　集团公司主要领导在北京会见缅甸联邦共和国外交部部长吴温纳貌伦阁下一行。双方就促进两国经济共同发展，进一步加强中缅油气合作，加快培养当地员工，保护当地环境等问题进行了深入交流。

13 日　中国石油天然气集团公司和中国供销集团在北京签署合作协议，涉及成品油零售和非油商品，以及钻采机械部件加工等领域的合作。集团公司主要领导与中华全国供销合作总社党组书记、理事会主任杨传堂出席签约仪式。

同日　集团公司总经理周吉平在北京会见 BP 集团执行董事兼炼油与销售首席执行官康逸宁，就进一步深化双方合作广泛交换了意见。

同日　集团公司海外融资工作座谈会在西安召开，强调进一步做好海外融资工作，支持集团公司海外业务发展。集团公司总会计师王国樑出席会议并讲话。

同日　中国石油远程培训学院销售分院成立。

14日　中国载人航天工程办公室颁发荣誉证书，对兰州石化公司协助“天宫一号”与“神舟八号”飞船交会对接任务成功所做的配套工作给予肯定和感谢。兰州石化公司为配合国家重大航天工程所生产的特种液体橡胶产品，生产技术具有完全自主知识产权，成功应用于“嫦娥二号”探月工程及“天宫一号”。

15—19日　集团公司主要领导率领中国石油代表团赴阿富汗、巴基斯坦和印度进行工作访问，与相关国家政府部门、石油天然气公司负责人举行会谈，听取合作项目公司汇报，看望慰问海外干部员工。他强调，积极推进与南亚各国在能源资源领域的务实友好合作，促进互利共赢、共同发展。调研期间，中国石油与阿富汗、印度能源部门及企业分别签署合作协议和合作谅解备忘录。

16日　哈法亚油田一期年产原油500万吨产能建设成功投产。哈法亚项目是中国石油作为作业者在海外规模最大的投资项目，被伊拉克政府称赞为“速度最快、执行最好的项目”。

同日　我国首条长距离高氢焦炉煤气管道——乌海至银川管道在宁夏银川签订生产运营协议，由管道公司长庆输油气分公司运营。该管道工程2010年启动，设计年输气量为16.1亿立方米。途经乌海、石嘴山和银川市。乌海至银川管道项目是乌海市焦炉煤气综合利用节能减排项目，对内蒙古自治区乌海市焦炉尾气回收利用、减少废气排放发挥作用，为我国乃至世界焦炉煤气回收利用开创先河。

19日　长庆油田子洲气田1口“平”字号水平井试气获日产无阻流量126.25万立方米高产气流。

20日　集团公司健康安全环境管理体系审核工作总结视频会在北京召开。会议强调，继续深入推进HSE体系建设，不断夯实“三基”工作，促进集团公司安全环保整体管理水平持续提升。集团公司总经理周吉平出席会议。

同日　在全国国土资源科技奖励视频会议上，华北油田公司教授级高级工程师、集团公司高级技术专家金凤鸣，大庆油田公司副总经理、教授级高级工程师冯志强，塔里木油田公司总经理助理、高级工程师田军，获得“第五届黄汲清青年地质科学技术奖”。

同日　中国石油信息化考核平台上线运行。

同日　长庆油田采气三厂桃2区块实施的1口水平井，获日产天然气无阻流量161.4万立方米高产工业气流。

22日　邱中建院士从事石油地质工作60周年座谈会在北京举办。中共中央政治局常委、中央政法委书记周永康致信祝贺，希望广大石油科技工作者继承和发扬老一辈石油工作者的高尚品格和优良作风，为促进石油工业创新发展作出更大贡献。集团公司主要领导出席座谈会并讲话。邱中建是我国石油科技工作者的杰出代表。半个多世纪以来，他长期工作在油气勘探第一线，是中国陆相生油理论的杰出践行者，是大庆油田的发现者之一，是渤海湾复式油气聚集区（带）理论提出的主要贡献者，是中国海洋石油工业起步的主要参与者之一，也是中国石油工业成功对外合作的早期推动者。他组织并参与了塔里木盆地石油大会战，是克拉2大型气田的主要发现者，直接推动了西气东输工程的顺利实施。作为油气领域的战略科学家，他在新世纪为国家能源规划和政策制定提出了一系列参考和决策建议。

24日　中油国际阿富汗AD项目在阿富汗angot油田举行开工仪式。作为阿富汗首个大型油田开发项目，阿富汗AD项目的顺利实施将大大提高当地百姓生活水平，增加就业机会，提高当地政府财政收入，对社会发展和改善民生具有重要意义。

25日　中国石油天然气集团公司与中国建设银行股份有限公司在北京首次签署战略合作协议。协议的签署，将推动双方在传统业务及新兴业务领域进一步扩大合作，实现银企双赢。集团公司主要领导与中国建设银行股份公司董事长王洪章就进一步深化合作举行会谈，共同出席签约仪式并致辞。

同日　印度尼西亚国家上游管理委员会授予中油国际（印度尼西亚）公司“十年成功运营杰出贡献奖”。印度尼西亚公司10年间成功运营8个油气勘探开发项目，2011年原油产量达到567万吨，是接管时的2.56倍，员工本地化率超过98%，为当地社区提供3300多个直接就业岗位和近5000个间接就业岗位，印度尼西亚政府分成和利税超过70亿美元，成为印度尼西亚第七大石油公司。

25—26日　集团公司工程技术科技暨海外业务会议在北京召开。会议强调，加快转变发展方式，推进工程技术全面进步。集团公司副总经理廖永远出席会议并讲话。

27日　集团公司发布企业形象识别系统，要求各企事业单位正确使用标识，规范理念表述，统一行为准则，积极开展内部宣贯和对外传播。

27—29日　集团公司2012年务虚会在北京召

开。会议强调，提升科学管理水平，建设忠诚、放心、受尊重的中石油；加强环境保护，促进绿色发展、可持续发展，为国家生态文明建设作贡献。集团公司主要领导出席会议并讲话。

28 日 集团公司主要领导在北京会见壳牌集团首席执行官傅赛。双方就油气资源合作交换了意见，中国石油天然气集团公司与壳牌中国勘探与生产有限公司签订《中华人民共和国鄂尔多斯盆地大宁区块天然气勘探、开发和生产合同》。

同日 重庆市、中国石油 LNG 项目投运暨天然气“县县通”工程启动仪式在重庆市南坪区举行。项目的启动，将使重庆成为一个全方位覆盖清洁能源天然气供应的城市，推动重庆的经济快速发展。集团公司总经理周吉平出席仪式并讲话。

同日 全国创先争优表彰大会在人民大会堂召开。“大庆新铁人”李新民荣获“全国创先争优优秀共产党员”称号，受到中共中央总书记胡锦涛等中央领导亲切接见。大庆油田有限责任公司第一采油厂中十六联合站党支部、大庆油田总医院党委、长庆油田公司第一采油厂王窑作业区 04 井区党支部、辽河油田公司曙光采油厂采油作业六区党总支、中国石油天然气管道局东北石油管道公司沈阳输油气管理处党总支、吉林石化公司党委、吉林油田公司党委 7 个单位荣获“全国创先争优先进基层党组织”称号。

同日 国土资源部颁发第十二次李四光地质科学奖，长庆油田公司教授级高级工程师杨华、中国石油勘探开发研究院教授级高级工程师邹才能分别荣获“李四光地质科学奖野外地质工作者奖”和“李四光地质科学研究者奖”。李四光地质科学奖是中国地质行业最高荣誉奖，1989 年 1 月设立，以世界著名科学家、地质学家李四光的名字命名。

同日 中国石油自主开发自主建设的最大化肥项目——宁夏石化国产化年产 45 万吨合成氨、80 万吨尿素工程建设启动。项目建设规模为合成氨装置日生产能力 1500 吨，尿素装置 2640 吨。

29—30 日 中共中央政治局常委李长春考察辽阳石化公司和渤海石油装备制造有限公司辽河重工公司海工基地。

七 月

1 日 中国石油天然气集团公司和陕西省联合组建的陕西延安石油天然气有限公司举行成立揭牌暨第一口油井开钻仪式。该公司由中国石油天然气股份有限公司控股，注册地为陕西省延安市。集团公司副总经理廖永远出席揭牌仪式并讲话。

3 日 中国石油技术开发公司和大连船舶重工集团海洋工程有限公司在北京签署 DSJ300 第三套和第四套自升式钻井平台建造合同。集团公司主要领导与中国船舶重工集团公司总经理、党组书记李长印就进一步深化合作举行会谈，并共同出席签约仪式。

同日 宝鸡石油机械有限责任公司自主设计开发的我国首套 8000 米超深井钻机下料生产。

4 日 集团公司主要领导在北京会见来访古巴部长会议副主席卡布里萨斯。双方就相关合作交换了意见。

8 日 中国石油天然气集团公司与陕西延长石油（集团）有限公司在北京签署成品油业务合作框架协议。

9 日 IADC/SPE2012 亚太钻井技术会议在天津召开，来自 25 个国家近 500 名代表围绕“追赶非常规浪潮，以创新赢得未来”的大会主题展开交流和探讨，倡导持续推进技术创新，为非常规油气业务发展提供不竭动力。集团公司副总经理、大会主席廖永远出席会议并致辞。

同日 2012 年《财富》世界 500 强企业排名公布，中国石油天然气集团公司年营业收入 3523.38 亿美元，蝉联第六名。

9—10 日 集团公司主要领导到中国石油在上海企业进行调研。强调要坚定不移地实施市场战略，努力为上海及区域经济社会发展提供优质清洁能源。

10 日 集团公司总经理周吉平在北京会见委内瑞拉能源及石油部部长拉米雷斯。双方回顾了石油合作项目进展情况，并就下一步工作达成共识。

同日 东方地球物理勘探有限责任公司研发成功国内首台万道地震仪 C3i 和多波地震资料处理系统及 AHV 364 型可控震源。

11 日 中国石油天然气集团公司与四川省人民政府在成都签署战略合作协议。四川省委书记、省人大常委会主任刘奇葆，省长蒋巨峰，集团公司主要领导出席签约仪式，并就双方开展油气合作，实现优势互补、互利共赢，促进经济社会发展举行会谈。

同日 中国石油天然气股份有限公司西南管道公司揭牌，主要负责中国石油在四川、重庆、云南、贵州、广西等省（区、市）油气管道的运营管理和建设协调，以及原油、天然气的销售业务。该公司的成立，标志着中国石油初步建立起“5+1”国内管道运营管理体系。集团公司副总经理廖永远出席揭牌仪式并讲话。

12日　国家税务总局下发《用于生产乙烯、芳烃类化工产品的石脑油、燃料油退（免）消费税暂行办法》（国家税务总局公告2012年第36号），对于过渡期（2011年1月1日至9月30日）销售的符合免税条件的石脑油，仍按《国家税务总局关于印发〈石脑油消费税免税管理办法〉的通知》（国税发[2008]45号）执行。

12—14日　中国石油天然气集团公司2012年领导干部会议在成都召开（详见专稿）。

15日　阿拉伯联合酋长国重要战略性工程——中国石油总承包的陆海一体、年输油能力7500万吨的阿布扎比原油管线项目投产庆典在富查伊拉港举行。该管线从阿联酋西部主要油田哈卜善油田至东部富查伊拉港，总长424.22千米，设计日额定输量为150万桶原油。集团公司副总经理喻宝才出席庆典仪式。

同日　集团公司海外天然气技术中心在成都揭牌，由海外勘探开发公司与川庆钻探工程有限公司联合组建。集团公司副总经理汪东进出席揭牌仪式。

16日　集团公司重大科技专项交流暨推进会在北京召开，强调不断提升自主创新能力，培育特色关键技术，为主营业务发展提供重要支撑。集团公司总经理周吉平出席会议并讲话。

17日　集团公司总经理周吉平在北京会见康菲石油公司董事长兼首席执行官蓝睿谙。双方就进一步深化合作广泛交换了意见。

18日　尼日尔总统穆罕默杜·伊素福访问中国石油，与集团公司总经理周吉平就加强油气合作举行会谈。

19日　第十一届全国见义勇为英雄模范表彰大会在人民大会堂举行。辽河油田茨榆坨采油厂运输大队四中队副队长王东荣获“全国见义勇为英雄”荣誉称号，长庆油田采油五厂麻黄山北作业区沙106井区井区长苏建宁荣获“全国见义勇为模范”荣誉称号。

21—23日　中国石油600万美元援助缅甸项目重点工程——缅甸若开邦皎漂县岛英第一高中新校舍工程和安镇德岛高中新校舍工程移交仪式分别在两所学校举行。

23—24日　集团公司天然气与管道业务发展与管理座谈会在河北秦皇岛召开。会议强调，进一步加强科学管理，提升发展质量，推进天然气与管道业务持续快速健康发展，培育绿色发展优势。集团公司总经理周吉平、副总经理廖永远出席会议并讲话。

同日　集团公司海外油气业务2012年领导干部会议在北京召开。会议强调，依靠科学管理全面提升海外发展质量效益水平，确保2012年各项生产经营硬任务的完成。集团公司副总经理汪东进出席会议并讲话。

25日　中国石油天然气股份有限公司收购法国苏伊士环能集团卡塔尔海上第四区块40%石油勘探开发权益，获得卡塔尔能源和工业部正式批准。卡塔尔海上第四区块面积2500平方千米，最大水深75米。合同模式为产品分成（EPSA）。合同者主要通过成本油回收投资和开发成本，通过剩余成本油（气）和利润油（气）获得分成。

26日　中国石油“新疆大庆”建设的重大技术装备——国内首次研制成功的8000米顶驱装置DQ80BSC，顺利通过专家评审暨出厂验收。

26—27日　集团公司2012年安全环保工作会议在北京召开，强调进一步提高集团公司安全环保风险管控水平，全力推动安全环保工作向精细化、规范化、科学化管理转变。集团公司副总经理沈殿成出席会议并讲话。

27日　集团公司在北京举办纪念中国人民解放军原第五十七师改编石油工程第一师60周年座谈会，回顾石油师发展史、创业史、光荣史和对新中国石油工业的丰功伟绩，深切缅怀故去的石油师人，大力弘扬石油师精神和大庆精神铁人精神，永远唱响“我为祖国献石油”，不断开创石油工业更加美好的未来。中国石油天然气集团公司总经理周吉平，中国石油化工集团公司副总经理曹耀峰，中国海洋石油总公司副总经理吕波出席座谈会并讲话。座谈会召开前，中国石油天然气集团公司总经理周吉平、副总经理李新华分别于7月26日、7月25日慰问了石油师老领导张文彬和陈烈民。

同日　中国石油天然气集团公司与新疆维吾尔自治区政府在乌鲁木齐首次联合召开油气田及输油气管道安全保护工作联席会议，要求企地联手，共筑油气安保长效机制。集团公司副总经理廖永远出席会议并讲话。

28日　中共中央政治局常委、全国政协主席贾庆林考察大庆油田创业城项目。

31日　集团公司管理提升活动领导小组会议在北京召开。会议审议并原则通过管理提升活动推进计划、工作任务分解方案、管理提升活动工作职责、例会制度和报告制度。集团公司决定，从2012年5月起，用两年左右时间全面开展管理提升活动，切实提升公司科学管理水平。集团公司总经理、管理提升活动领导小组组长周吉平主持会议并讲话。

同日　“建功中亚—西二线，石油工人作贡献”主题劳动竞赛总结表彰大会在北京举行。中华全国总工会授予中亚天然气管道公司中乌天然气管道项目等15家单位“全国五一劳动奖状”，授予钟凡等17名同志“全国五一劳动奖章”，授予中亚天然气管道首站等50个先进集体“全国工人先锋号”。集团公司授予中亚天然气管道公司中哈天然气管道项目等20个单位“集团公司先进集体”，授予管道建设项目经理部粤桂项目分部副经理梁立力等25名员工“集团公司劳动模范”，授予管道局第一工程分公司CPP115机组等100个单位“集团公司铁人先锋号”。

同日　中亚天然气管道乌兹别克斯坦段2号压气站开机运行，乌兹别克斯坦天然气正式进入中亚管道，成为继土库曼斯坦天然气之后中亚管道的又一重要气源。

本月　《机构投资者》杂志公布了2012年亚洲上市公司有关评奖结果，中国石油天然气集团公司荣获“最受尊敬公司”和“最佳中国公司”奖项。《机构投资者》杂志成立于1967年，是全球最有影响力的金融杂志之一。

八　　月

1日　西气东输二线向深圳供气暨深圳市天然气高压输配系统工程正式投产仪式在深圳举行。集团公司副总经理李新华出席仪式并致辞。

2日　集团公司主要领导在成都主持召开川渝地区石油石化企业工作汇报会，强调努力把川渝地区建设成为重要的能源基地。

同日　集团公司工程技术助力“新疆大庆”建设提速专题会在乌鲁木齐召开，强调要创新管理，持续推进钻井提速，确保“新疆大庆”建设目标顺利实现。集团公司副总经理廖永远出席会议并讲话。

5日　国家重点建设工程项目、大庆石化公司年产120万吨乙烯改扩建工程的主体生产装置之一——年产8万吨顺丁橡胶装置开车投产一次成功，并生产出合格橡胶产品。大庆石化公司顺丁橡胶生产能力增至16万吨/年，成为全国最大的顺丁橡胶生产基地。

6日　塔里木油田迪西1井日产气28立方米，日产油30立方米，标志着库车坳陷东部迪北侏罗系致密砂岩层获得重大油气突破。

同日　抚顺石化公司千万吨炼油结构调整工程全面完成，炼油一次和二次年加工能力达到1150万吨。

同日　锦西石化公司职工王尚典获得“第四届全国职工职业技能大赛冠军”，成为中国石油和辽宁省首个全国车工状元。全国职工职业技能大赛是国家一类技能比赛，每三年举办一次。

6—7日　中国石油重大科技专项“吉林油田二氧化碳驱油与埋藏关键技术研究”在北京通过科技管理部组织的专家组验收，实现工业化应用，整体达到国际先进水平。

8日　中国石油天然气集团公司、新疆维吾尔自治区和新疆生产建设兵团在北京签署协议，三方合作勘探开发新疆克拉玛依红山油田油气资源。集团公司总经理周吉平，新疆维吾尔自治区党委常委、副主席库热西·买合苏提，新疆生产建设兵团党委常委、副司令员哈尼巴提·沙布开就推进合作举行会谈，并分别代表三方在协议书上签字。

同日　集团公司总经理周吉平在北京会见雪佛龙公司董事长兼首席执行官华森。双方就进一步深化合作广泛交换了意见。

9日　2012年集团公司技术有形化成果交流会在长庆油田公司召开。会议要求加快把先进适用技术转化为现实生产力，为集团公司发展提供更大的技术支撑。

14日　“北京气源万里行”宣传报道活动在北京启动。新华社、中央电视台等12家媒体将深入新疆、陕西等一线探访天然气源，增强民众节能环保意识。集团公司副总经理廖永远出席仪式并讲话。

16日　在中国国家主席胡锦涛和哥斯达黎加共和国总统劳拉·钦奇利亚·米兰达的共同见证下，集团公司总经理周吉平与哥斯达黎加国家石油公司总经理赫拉何·比亚罗斯在人民大会堂签署《中国石油与哥斯达黎加国家石油公司培训框架协议》。当天上午，周吉平在北京钓鱼台国宾馆拜会劳拉·钦奇利亚·米兰达总统，双方就合作项目的其他事宜深入交换意见。

同日　中国石油定点扶贫与对口支援工作座谈会在北京召开。会议强调，切实履行央企政治责任和社会责任，充分发挥行业优势，坚持扶贫开发与合作相结合，倾情、倾心、倾力做好定点扶贫与对口支援工作，为经济社会发展作出更大贡献。十年来，中国石油累计投入4.3亿元援建489个项目，选派106名挂职干部。

同日　集团公司大司库系统座谈会在大庆油田召开。会议要求，积极推进大司库系统平稳运行。集团公司总会计师王国樑出席会议并讲话。

同日　大庆石化公司研发成功气化炉油气结合工艺流程顺序控制联锁程序，打破合成气装置过程控制核心技术国外垄断，开创我国石化行业先河。

18日　加快"北油南运"的战略性工程——锦州至郑州成品油管道工程在辽宁省葫芦岛市开工。锦郑成品油管道支干线总长1636千米，起自锦州首站，途径辽宁、河北、天津和河南3省1市，止于郑州末站，设计最大年输量1300万吨。集团公司副总经理廖永远出席开工仪式并讲话。

19日　华气安塞LNG项目一次投产成功，标志着中国石油自主开发的双循环混合冷剂大型液化技术（DMR）获得成功，是中国石油大型液化天然气技术的重大突破。

21—22日　中国石油新时期党建思想文化基层建设创新实践成果交流暨吉林石化公司现场会召开。会议强调要发挥优势，创新务实，为企业发展提供坚强保障。集团公司副总经理李新华出席会议并讲话。

会议期间，集团公司发布并表彰100个创新实践案例，包括以"石油魂——大庆精神铁人精神"百场集中宣讲为代表的"新时期十大创新实践成果"，以命名中国石油企业精神教育基地为代表的"新时期十大创新工作方式方法"，以"六个一"党支部创建活动为代表的"新时期十大创新工作载体"，以基层建设"百面红旗"单位选树及"红旗效应"为代表的"新时期十大培育选树典型实例"，以吉林石化公司"双五工程"为代表的"新时期60个特色工作案例"。

同日　2012年中国石油炼化业务技术座谈会在北京召开。会议强调，要以科技创新引领炼化业务结构调整，以技术创新支撑炼化业务应对激烈竞争，以管理创新促进炼化业务提升效率效益，促进炼化业务全面协调可持续发展。集团公司副总经理沈殿成出席会议并讲话。

23日　股份公司2012年中期业绩新闻发布会和投资分析员会议在香港召开。会议分析了中期业绩，介绍了下半年展望和发展战略，回答了记者和投资分析员的提问。

24日，股份公司在香港进行业绩路演。股份公司副董事长兼总裁周吉平出席业绩发布会和分析员会议。

同日　集团公司维稳信访安保防恐工作视频会议在北京召开。会议强调，加强组织领导，落实第一责任，坚决维护矿区和队伍和谐稳定的大局。集团公司纪检组组长、维护稳定工作领导小组副组长王立新出席会议并讲话。

同日　四川石化有限责任公司与昆仑金融租赁有限责任公司签订融资租赁合同，由四川石化有限责任公司租入其按30亿元人民币代价转让予昆仑金融租赁有限责任公司的租赁资产，资金全部用于四川石化炼化一体化项目建设。此次融资采用的是融资性售后回租方式，即四川石化将其拥有的年产80万吨乙烯等5套化工装置设备的名义所有权转让给昆仑租赁。昆仑租赁向其支付转让价款，四川石化公司再从昆仑租赁租回上述装置设备。租赁期限为八年，其中前两年为宽限期（只付息不还本），租赁期间，按照合同约定支付租金，租赁期结束，四川石化公司以名义价格1万元留购上述装置设备。集团公司总会计师王国樑出席签字仪式并讲话。

27日　集团公司重大工业试验项目——加氢裂化催化剂（PHC-03）在大庆石化公司年产120万吨加氢裂化装置上工业应用取得成功，整体性能达到国际先进水平，成为中国石油炼油全系列催化剂研发取得的重大成果。

同日　集团公司下发《关于调整中国石油天然气集团公司未上市企业解困扭亏工作领导小组成员的通知》（中油人事【2012】409号），对未上市企业解困扭亏工作领导小组成员进行调整。

28日　集团公司总经理周吉平在北京会见苏丹石油部长贾兹博士。双方就进一步深化石油合作广泛交换了意见。

同日　柴达木盆地平台三维地震资料采集项目当日完成采集6400炮，创造国内地震资料采集单日工作量新纪录。

29日　中缅油气管道（国内段）建设推进会在云南昆明召开。会议强调，全体参建单位要抓住有利时机，全面加快建设步伐，尽快打通我国西南油气能源战略通道。集团公司副总经理廖永远出席会议并讲话。

同日　全国车用汽柴油产品质量提升工作会议在北京召开。国内主要油品供应商中国石油、中国石化和中国海油向全社会公开承诺，依法履行产品质量安全主体责任，推进车用汽柴油行业质量诚信建设，为社会供应清洁、优质、安全的油品。集团公司副总经理喻宝才代表中国石油，签署《车用汽柴油生产经营企业产品质量安全诚信承诺书》。

30 日　中国石油重点建设工程项目——大庆炼化公司年产 30 万吨聚丙烯二套装置投产成功，聚丙烯生产能力增至年产 60 万吨，成为中国石油最先进聚丙烯生产基地。

同日　国内首条大管径煤制天然气管道工程——伊宁—霍尔果斯输气管道工程建成。管道起自伊宁首站，止于霍尔果斯末站，主要将伊犁哈萨克州境内的煤制气外输，年输气量为 300 亿立方米。

同日　建在西气东输的国家石油天然气大流量计量站南京分站的高压天然气最高计量标准装置获国家授权，标志着我国形成了独立的中高压天然气量值溯源体系，技术指标接近国际先进水平。

九　月

1 日　新疆油田致密油首口水平井吉 172-H 井完成大型压裂改造。这口井分 15 级压裂，入井液量 1.603 万立方米，加砂 1798 立方米，创下国内单井最大加砂量纪录。

4 日　国内第一条 SEW 油套管生产线在宝鸡石油钢管有限责任公司投产，标志着我国高端石油专用管的研发水平和生产工艺跻身国际先进行列。集团公司副总经理李新华出席会议并讲话。

5 日　中国石油天然气集团公司与中国工商银行总行签署了《上门收款业务合作总协议》，进一步调整和规范了加油站上门收款工作机制，明确了收款费用补偿方式及标准。

5—6 日　2012 年中加重油与油砂技术研讨会在加拿大卡尔加里市召开。研讨会以“新技术、提高采收率、环境保护”为主题，来自中加石油界 56 个企业及科研院所的 160 多位代表参会，集中展示中国石油在油砂和重油领域的研究水平和中加两国学者及企业界在油砂和重油研究成果，大会共发表专题报告 44 篇。这是中国石油实施“走出去”战略以来，在发达国家主办的规格最高和参会人数最多的油气合作领域专业技术研讨会。

6 日　中国石油天然气集团公司与中国第二重型机械集团公司在北京签署战略采购协议。双方将充分发挥各自优势，优先为对方发展提供支持。集团公司副总经理喻宝才出席签约仪式。

同日　集团公司股权管理暨资本运营工作会议在廊坊召开。会议强调，按照战略型资本运营，价值型股权管理的要求，不断提高管理水平，努力开创股权管理和资本运营工作新局面。集团公司总会计师王国樑出席会议并讲话。

8 日　中国石油向云南、贵州两省各捐款 500 万元，全力支援云贵两省抗震救灾。

8—12 日　集团公司总经理周吉平率领中国石油代表团赴伊朗进行工作访问调研。强调要着眼长远，把握机遇，控制风险，积极推进，提升国际化管理水平，努力实现中伊油气合作持续健康发展。在伊朗期间，周吉平分别会见了伊朗石油部长凯瑟米和伊朗国家石油公司总裁贾拉巴尼，就深化中伊油气合作进行了交流。

11 日　中共中央政治局常委、全国人大常委会委员长吴邦国在对伊朗进行正式友好访问期间，来到中国驻伊朗大使馆，听取中国石油海外项目和伊朗油气合作项目建设及运行情况汇报，并通过视频和电话连线慰问中国石油伊朗合作项目员工。

同日　中国石油天然气集团公司与西门子股份公司在德国慕尼黑签署《货物与服务采购供应框架协议》、《最佳实践与经验分享备忘录》和《装备制造领域合作备忘录》3 项合作协议。集团公司副总经理喻宝才，西门子股份公司常务董事会成员供应链管理总经理杜斐然出席签字仪式。

同日　长庆油田采气三厂苏 147 开发区块苏 47X 水平井经过遇油膨胀裸眼五段改造后，日产天然气 142.05 万立方米。

12 日　克拉玛依红山油田有限责任公司揭牌仪式在克拉玛依市西南约 20 千米的油田现场举行，开创企地兵油气产业战略合作新模式。红山油田面积逾 100 平方千米，油藏埋藏浅，是新疆油田第一个整体采用丛式井网开发的稠油油藏。集团公司副总经理李新华出席揭牌仪式并讲话。

同日　中国（克拉玛依）国际石油天然气及石化技术装备展在克拉玛依市开幕。国内外 410 个企业参展，中国石油所属 28 个企业以中国石油装备的统一标识集中亮相。渤海钻探工程有限公司的 VDT5000 垂直钻井系统、宝鸡石油钢管有限责任公司的连续油管和新疆油田先进的超稠油 SGAD 工艺技术成为展会上的焦点。集团公司副总经理李新华出席开幕式并讲话。

同日　第二届中央企业思想政治工作表彰大会暨中央企业党建思想政治工作研究会第三次会员大会召开，集团公司思想政治工作部、吐哈油田公司、新疆销售公司、川庆钻探工程有限公司土库曼斯坦分公司、大庆炼化公司和兰州石化公司炼油厂6个单位被国务院国资委党委授予“中央企业思想政治工作先进单位”称号，大庆油田有限责任公司党委副书记王昆、塔里木油田公司党工委副书记冯忠田、吉林石化公司企业文化处处长冯立波、西藏销售公司党委书记次仁扎西、大庆石化公司原党委书记郑怀义、海外勘探开发公司党委副书记贾勇和渤海石油装备制造有限责任公司第一机械厂党委书记兼工会主席李国文7名思想政治工作者被国务院国资委党委授予“中央企业优秀思想政治工作者”称号。在中央企业党建思想政治工作研究会2009—2010年度优秀研究成果评选中，集团公司“中国石油思想政治保障体系研究”、大庆油田有限责任公司“石油企业把党的政治优势转化为企业核心竞争力的研究与实践”2项研究成果获一等奖，大庆油田有限责任公司采油一厂“探索加强人文关怀，做好新时期企业思想政治工作的方法研究”、川庆钻探工程有限公司“创建学习型党组织途径研究”2项研究成果获二等奖。

13日　集团公司主要领导到陕京三线良乡至西沙屯段建设工地调研，勉励参建各方团结一致，奋力拼搏，决战陕京三线，保障首都供气。

14日　中共中央政治局常委、全国人大常委会委员长吴邦国在对缅甸进行正式友好访问期间，与缅甸联邦共和国总统吴登盛一起，在缅甸总统府听取中国石油关于中缅油气管道项目（缅甸段）建设情况的汇报。

同日　中国石油天然气价格研究中心在四川成都揭牌，设在西南油气田经济研究所，进一步强化对天然气价格及配套政策的研究工作。

15日　丹尼尔·耶金《能源重塑世界》中文版新书发布会在北京举行。集团公司总经理周吉平为新书作序，出席发布会并讲话。此书系统梳理了近20年来世界能源重大事件，敏锐捕捉到能源在重塑世界中扮演的重要角色，是一部了解当今世界政治经济发展格局，把握世界能源发展趋势的权威著作。

19—20日　集团公司绿化工作会议在重庆召开，强调创新绿化模式，强化精细管理，努力提升绿化工作水平，倾力建设石油人的绿色美丽家园。集团公司副总经理李新华出席会议并讲话。

20日　集团公司第五十八期党校及工商管理培训班在北京石油管理干部学院开班。集团公司总经理、党校校长周吉平出席开班典礼并作动员讲话，强调要深刻认识到党校学习的重要性，进一步增强学习的责任感，认清形势，破解难题，努力开创各项工作新局面。

同日　集团公司党组决定任命李军同志为辽阳石化分公司党委书记，免去孙洪来同志的辽阳石化分公司党委书记职务；方栋良同志为广西石化分公司党委书记，免去吴恩来同志的广西石化分公司党委书记职务；陈位强为四川石化有限责任公司党委书记，免去赵增和同志的四川石化有限责任公司党委书记职务；免去马自勤同志的宁夏销售分公司党委书记职务；姜昌亮同志为东南亚管道有限公司党委书记，免去张加林同志的东南亚管道有限公司党委书记职务；免去姜昌亮同志的中石油香港有限公司临时党委书记职务；李爱民同志为川庆钻探工程有限公司党委书记，免去蒲建中同志的川庆钻探工程有限公司党委书记职务；丁建林同志为管道局党委书记，免去张学明同志的管道局党委书记职务；蒋尚军同志为昆仑银行股份有限公司党委书记，免去谢戈果同志的昆仑银行股份有限公司党委书记职务。

同日　集团公司决定免去李润生的集团公司总经理助理职务。任命张华林为政策研究室主任，免去曹政言的政策研究室主任职务；李庆毅为审计部总经理，免去孙先锋的审计部总经理职务；李占宁为中国石油销售西北公司经理，免去蒋尚军的中国石油销售西北公司经理职务；姜昌亮为东南亚管道有限公司执行董事、总经理，免去张加林的东南亚管道有限公司执行董事、总经理职务。

同日　股份公司决定任命李庆毅为审计部总经理，免去孙先锋的审计部总经理职务；姜昌亮为东南亚管道有限公司执行董事、总经理，免去张加林的东南亚管道有限公司执行董事、总经理职务；李占宁为西北销售分公司总经理，免去蒋尚军的西北销售分公司总经理职务；肖宏伟为安徽销售分公司总经理，免去李占宁的安徽销售分公司总经理职务。

21—25日　集团公司总经理周吉平率领中国石油代表团赴土库曼斯坦进行工作访问和调研，强调要不断深化中土天然气合作，以创新精神推进中亚油气合作示范区建设。在土库曼斯坦期间，周吉平会见了土库曼斯坦副总理霍贾穆哈梅多夫、卡卡耶夫，就进一步深化中土天然气合作举行会谈。

23日　中共中央政治局常委、中央政法委书记周永康在对土库曼斯坦进行正式友好访问期间，考察中国石油土库曼斯坦合作项目。

同日　中国昆仑工程公司（中国纺织工业设计院）成立60周年庆祝大会在北京召开。60年来，中国昆仑工程公司累计承担设计和建设完成各类大中型工程3000多项，获得国家、省部级科技进步奖和优秀工程建设奖400多项，为我国化工纺织行业科技创新和发展建设作出了重要贡献。集团公司副总经理喻宝才出席大会并讲话。

24日　渤海石油装备制造有限公司自主研制，拥有完全自主知识产权的第一艘自升式海上钻井平台CP-300在辽宁省盘锦新港交付使用。CP-300自升式海上钻井平台适用于浅海海上石油勘探开发，可在全球无限航区施工作业，最大作业水深300英尺（91.44米），最大钻井作业深度9000米，一次就位可钻井30口，设计定员105人，各项指标均处于国内外领先水平。集团公司副总经理李新华出席交付仪式并为CP-300钻井平台砍缆。

同日　中国寰球加拿大工程公司（HQ SPEC Engineering Inc.）揭牌仪式在加拿大卡尔加里举行。集团公司总会计师王国樑出席揭牌仪式。

同日　由中共中央宣传部组织评选的第十二届精神文明建设"五个一工程"奖揭晓，中国石油参与摄制并选送的电视连续剧《奠基者》荣获"五个一工程"电视剧奖。

25日　迪博·中国上市公司内部控制指数在北京发布，中国石油连续两年位列榜首。

26日　吉林吉港清洁能源有限公司液化天然气（LNG）项目在吉林省松原市举行奠基仪式。

28日　集团公司主要领导在北京主持召开领导干部视频会议，强调更好地保增长、保供应、保稳定，实现集团公司平稳较快发展，为党的十八大胜利召开营造良好氛围。

同日　中亚天然气管道C线在乌兹别克斯坦共和国纳沃伊州打火开焊，管线与正在运行的中亚天然气管道A线和B线并行。

同日　第九届国际管道会议在加拿大卡尔加里闭幕，中国石油管道公司"螺旋焊缝缺陷检测与评价技术在完整性管理中的应用"获得美国机械工程师协会（ASME）授予的"全球管道奖"。这是我国管道业迄今为止获得的最高奖项。

29日　第九届中国企业经营与财务战略管理高峰论坛暨中国总会计师社会责任年度报告发布会在北京召开。中国石油尼罗河公司总会计师卢宏等31人荣获"2012中国总会计师年度人物"称号；渤海石油装备制造有限公司总会计师李淑娟等16人荣获"2012年度财务价值领军人物"称号；大港油田公司总会计师方武等11人荣获"2012年度财智人物"称号；大庆油田有限责任公司等21家企业荣获"2012年度最佳财务管理团队"称号；吉林油田公司荣获"2012年度中国财务价值优秀品牌"称号。

十　　月

1日　中国石油加拿大项目公司麦凯河油砂项目第一口井SAGD井成功开钻，加拿大油砂项目正式进入开发实施。该项目是中国石油海外项目首次采用SAGD技术进行油砂开发，首次采用斜直井钻机进行表层施工。

5日　大庆石化公司年产120万吨乙烯改扩建工程龙头项目——新建年产60万吨乙烯装置生产出合格产品，我国首个国产化大型乙烯成套技术工业化获得成功，告别乙烯技术依赖进口局面。

10日　中国石油阿克苏大化肥项目在新疆阿克苏经济技术开发区奠基。这是南疆腹地规模最大的天然气深加工项目，也是中国石油产业援疆，促进南疆新型工业化发展的重要项目。项目建成后，每年新增天然气用量5亿立方米，年产尿素80万吨。集团公司总经理周吉平出席奠基仪式并讲话。

同日　中国石油"十二五"重点安全节能改造项目——大庆石化公司炼油厂年加工能力600万吨常减压装置投产开车一次成功，大庆石化公司原油年加工能力跃升至1000万吨。

11日　中国石油昆仑能源公司华油天然气公司投资的焦炉煤气节能减排综合利用项目在内蒙古自治区乌海市举行投产仪式。该项目将收集处理乌海市9家焦化厂外排焦炉煤气，年产液化天然气50万吨，年减少二氧化碳排放207万吨，减少硫排放1640吨。

15日　第二十一届孙越崎科技教育奖颁奖大会在北京举行，中国石油华北油田公司副总经理赵贤正等4人获得"能源大奖"，中国石油天然气管道局张金权等20人获得"优秀青年科技奖"。

同日　第三届中国职工艺术节"长庆杯"曲艺小品展演颁奖典礼暨汇报演出在长庆油田举行，长庆油田《找搭档》、《不是钱的事》分获曲艺类和小品类一等奖，长庆油田公司获特别贡献奖。集团公司副总经理李新华出席颁奖典礼并讲话。

16日　西气东输三线工程开工建设（详见专稿）。

17—18日　川庆钻探工程有限公司测井公司自主研发的电缆输送水平井泵送分簇射孔工艺技术创4

项国内纪录：在岳 101 — 78 — H1 井长达 1047 米的水平井段上，完成 9 次桥塞坐封和 27 簇射孔作业，创下施工簇数最多和水平井段最长纪录；在龙浅 3 井井口压力 63 兆帕、井深 4215 米处顺利完成施工，创下井口压力最大和井深最深纪录。

17—19 日　第五届哥伦比亚油气投资大会在哥伦比亚海滨城市卡塔赫纳举行。期间，中国石油天然气集团公司与哥伦比亚国家石油公司签署合作协议，双方将在上游油气勘探、生产和储运等领域寻求合作。

18 日　国内首套共聚酯装置在辽阳石化公司产出合格产品，打破国外公司对此产品的垄断，填补了我国高端聚酯产品空白。这套装置成功投产，对于中国石油聚酯产业高端突围将起到重要推动作用。

19 日　中国石油技术开发公司、石油化工研究院和兰州石化公司在北京签署战略合作协议，巩固和深化催化剂的研发、生产、销售一体化合作模式，通过强强联合，实现优势互补，进一步加强催化剂国际市场开发工作。集团公司副总经理李新华出席签约仪式。

20 日　中亚天然气管道哈萨克斯坦 2 号压气站 2 台机组加载运行，标志着中亚天然气管道 A/B 线全线每年 300 亿立方米设计输气能力建设全部完成，日输气能力提升至 8900 万立方米。

24 日　中缅油气管道澜沧江跨越工程贯通并交付铺管，标志着我国首座 3 条油气管道并行跨越大桥顺利完工。集团公司副总经理廖永远出席贯通仪式并讲话。

25 日　中石油国际投资（加拿大）公司下属凤凰能源控股有限公司与加拿大 TransCanada 公司在北京正式签署 GRPS（Grand Rapids Pipeline System）项目合作协议。根据协议，凤凰能源公司与 TransCanada 公司各出资 50% 新建连接中方麦凯河和多佛油田现场至埃德蒙顿单线全长 536 千米的 GRPS 管道系统。该管道系统最终日输量可达到混合油 90 万桶、凝析油 33 万桶。

28 日　三元复合驱技术在大庆油田获得重大突破，可在水驱基础上提高采收率 20 个百分点，主力油层总采收率将突破 60%，创造世界油田开发史上的奇迹。

同日　抚顺石化公司“千万吨炼油、百万吨乙烯”工程全面建成投产，拥有年产 1150 万吨炼油、100 万吨乙烯的加工能力，石蜡、润滑油基础油、烷基苯和合成树脂 4 个世界级原料生产基地。

同日　呼和浩特石化公司年产 500 万吨炼油扩能改造项目全面开工。

29 日　何梁何利基金 2012 年度颁奖大会在北京举行。中国石油天然气勘探开发公司教授级高级工程师窦立荣获得“科学与技术创新奖”。窦立荣长期从事裂谷盆地石油地质研究和跨国风险勘探工作，在境外主持和指导发现了可观的石油地质储量，为利用海外油气资源作出重大贡献。

同日　集团公司将工程质量监督总站的隶属关系由海洋工程有限公司调整为中国石油天然气管道局管理，与管道工程质量监督站合并组建新的总站。

30 日　锦西石化公司生产的 1040L 牌号耐热注塑聚丙烯树脂通过质检部门检测，成为中国石油首家成功研发生产耐热注塑聚丙烯树脂的炼化企业，填补了中国石油在此领域的空白。

30—31 日　中国石油召开质量工作座谈会，提出持续提升以质量为核心的基础管理水平，明确到 2020 年集团公司质量、计量和标准化管理水平要全面达到优化级。集团公司副总经理喻宝才出席会议并讲话。

31 日　中国石油天然气集团公司与中国太平保险集团在北京签署战略合作协议。双方将在企业年金、企业财产保险业务、双方保险公司合作、员工福利和保险经纪五大领域开展合作，在推动资源整合、搭建合作平台、创新营销模式和经营跨境业务等方面展开广泛深入的探索与实践。集团公司总会计师王国樑出席签约仪式。

十一月

1 日　集团公司在北京召开贯彻落实全国科技创新大会精神座谈会。会议传达了党和国家领导人在全国科技创新大会上的重要讲话精神，并介绍了集团公司《深化科技体制改革，完善科技创新体系建设的意见（讨论稿）》。会议提出，依靠科技创新驱动未来发展。集团公司主要领导出席会议并讲话。

同日　中国石油天然气股份有限公司与广州市人民政府在广州签署清洁能源战略合作框架协议。双方将合力加快天然气推广应用，建设低碳广州。集团公司副总经理喻宝才出席签约仪式。

同日　中央企业精神文明建设“五个一工程”工作座谈会在北京举行。中国石油选送的电视剧《奠基者》荣获“第十二届全国精神文明建设‘五个一工程’优秀作品奖”；电影《铁人王进喜》和歌曲《再唱我为祖国献石油》两部作品荣获“中央企业精神文明建设‘五个一工程’优秀作品奖”。

6 日　我国首套国产 20 兆瓦天然气管道试制电驱压缩机组在西气东输二线高陵分输压气站点火成功，标志着我国长输管道关键设备全国产化进入工业性应用阶段。

同日　集团公司天然气运销工作会议在北京召开，强调夯实管理基础，突出安全保供，提升运营效益，持续开创天然气运销工作新局面。集团公司副总经理廖永远出席会议并讲话。

同日　集团公司 2012 年惩防体系建设研讨会在广州举行。中国石油近 5 年完成惩防体系工作 2.2 万多项，30 个惩防体系建设工作先进单位受到表彰。集团公司党组纪检组组长王立新出席会议并讲话。

同日　宁夏石化公司年产 500 万吨炼油改扩建工程总结会在青岛举行。这项工程是国内大型工程建设领域首个试水工厂化 EPC 总承包项目，18 个月建成，20 个月投产，开创了中国石油炼油工程建设史上的先河。集团公司副总经理喻宝才出席会议并讲话，要求传承总承包经验，持续提升建设水平。

同日　国家税务总局发布《关于消费税有关政策问题的公告》(国家税务总局公告 2012 年第 47 号)，进一步明确了相关炼化产品是否征收消费税的划分原则。

6—7 日　中国石油首届加油站经理人大会在重庆召开。

7 日　伊拉克首个生产 LPG 油田项目——艾哈代布项目天然气处理系统投产。LPG 生产系统是艾哈代布油田天然气处理系统二期工程的重要组成部分，包括 2 个 2000 立方米 LPG 球罐和 1 座 6 车位 LPG 装车站，以及相关配套设备和安全控制系统，日生产能力 400 立方米。

8 日　坦桑尼亚天然气处理厂及输送管线项目开工典礼在坦桑尼亚达累斯萨拉姆郊区举行。项目建成后将彻底改变坦桑尼亚电力配给供应短缺的现状。坦桑尼亚联合共和国总统基奎特为项目开工揭牌并讲话，集团公司副总经理李新华出席开工典礼并致辞。当天下午，李新华在达累斯萨拉姆拜会了坦桑尼亚联合共和国总统基奎特。双方就深化和扩大中坦油气互利合作进行了会谈。

8—9 日　集团公司 2012 年财务工作会议在西安召开，强调要科学理财，提升价值，创新管理，保障运营。集团公司总会计师王国樑出席会议并讲话。

13 日　集团公司总经理周吉平在北京会见来访的玻利维亚石油天然气公司总裁维耶卡斯。双方就推动油气领域合作交换了意见。

同日　中国内部审计协会国有企业内部审计建议总结交流大会在北京举行。中国石油因深入开展管理效益审计成绩突出，获得效益审计方面领军企业称号，并做经验交流。

同日　长庆油田建设工程处选报的《场站标准化模块化施工技术》从近 30 个国家的 3000 多个参展项目中脱颖而出，摘得第七届国际发明展览会金奖。

14 日　中国共产党第十八次全国代表大会闭幕，集团公司董事长、党组书记蒋洁敏当选中国共产党第十八届中央委员会委员。集团公司副总经理、大庆油田有限责任公司总经理王永春当选中国共产党第十八届中央委员会候补委员。

15 日　首届中国国际石油贸易大会在上海举行，主题为“变革中的世界石油贸易”。集团公司副总经理喻宝才代表中国石油作大会发言。

16 日　国家发改委、科技部、财政部、海关总署和税务总局在第十四届中国国际高新技术成果交易会上联合发布公告，渤海石油装备制造有限公司正式通过第十九批国家级企业技术中心认定，成为国内石油行业钢材深加工制造领域唯一国家级企业技术中心。

17 日　中国石油天然气集团公司与西藏自治区人民政府在北京签署西藏天然气供应相关事宜合作框架协议。集团公司主要领导和西藏自治区党委书记陈全国进行了会谈，并共同出席签约仪式。

19 日　集团公司在北京召开领导干部会议，强调要以党的十八大精神为指导，紧密团结在以习近平同志为总书记的党中央周围，动员广大干部员工迅速兴起学习宣传贯彻党的十八大精神的热潮，统一思想、凝聚力量，为实现党的十八大提出的战略目标而努力奋斗。集团公司主要领导主持会议并讲话。集团公司党组先后召开党组会、党组扩大会，下发《关于认真学习宣传贯彻党的十八大精神的通知》，成立 10 个宣讲团，分赴企事业单位开展党的十八大精神宣讲

注：蒋洁敏、王永春，涉嫌严重违纪，分别于 2013 年 9 月、8 月接受组织调查。

活动。

同日　国家页岩气示范区长宁 H2 页岩气水平井组第一口水平井——长宁 H2-4 井开钻。至此，长宁 H2 平台和 H3 平台进入同步建设阶段，开启国内页岩气开发“工厂化”作业模式新阶段。

20 日　集团公司主要领导在北京会见来访的壳牌集团首席执行官傅赛。双方就进一步深化合作广泛交换了意见。

21—22 日　集团公司工程技术节能减排工作现场推进会在成都举行。会议要求以节能减排为抓手，实现工程技术服务业务的科学、集约、绿色、安全发展。集团公司副总经理廖永远出席会议并讲话。

22 日　集团公司物资采购标准库建设项目标准梳理工作启动视频会议在北京召开。会议旨在通过梳理、优选、创编物资采购标准和技术标准，建立规范、统一的物资采购标准体系，充分发挥集团公司规模化优势，降低运营成本和采购成本。集团公司副总经理喻宝才出席会议并讲话。

23 日　集团公司召开 2012 年第三次常务会议，审议并原则通过《中国石油天然气集团公司信息化管理办法》和《中国石油天然气集团公司境外项目物资采购管理办法》。

23—24 日　中国石油海外勘探开发公司管理提升活动与风险防控工作推进会在北京召开，强调用科学管理确保海外发展质量效益水平。集团公司副总经理汪东进出席会议并讲话。

25 日　中国石油天然气运输公司沙漠运输公司自主研发的“利用热洗加萃取及超声波促进分离技术进行含油污泥环保治理”项目，实现了含油污泥的无害化、资源化，获得国家环境保护总局颁发的“国家环保科技成果奖”。

同日　在哥伦比亚南部卡克塔省遭到绑架的长城钻探工程有限公司 3 名员工，以及另一中资公司 1 名员工平安抵达北京。

27 日　2012 年中国石油采购供应链高峰论坛暨供应商优势产品和新技术成果展在大连开幕。中国石油将坚定不移地推进战略采购，着眼长远，加强与供应商全方位的合作，提升供应链运行质量和效率，实现双方互利共赢。集团公司副总经理喻宝才出席论坛并讲话。

27—29 日　中国石油 2012 年度油气勘探年会在北京召开，强调要坚持资源战略，加强风险勘探和致密油勘探，持续推进油气储量增长高峰期工程。集团公司总经理周吉平，副总经理廖永远出席会议并讲话。

28 日　国内最长、输量最大的稠油输送管道——新疆油田公司风城稠油外输管道投产，管线全长 102.26 千米，设计年输送稠油量为 400 万吨。

29 日　集团公司主要领导在北京会见委内瑞拉石油部长拉米雷斯，双方就进一步深化合作举行会谈。会后，集团公司与委内瑞拉国家石油公司签署了合作协议。

同日　中国石油渤海石油装备制造有限公司与美国卡麦龙国际公司在北京签署合作协议，共同出资建设世界领先水平全焊接高压球阀生产线，年设计产能为 2100 台（套）。集团公司副总经理李新华出席签约仪式并讲话。

同日　国内首个燃料油现货交易平台——北京石油交易所“中国燃料油现货交易平台”启动仪式在北京举行。该交易平台以吨计数，采取银行第三方托管的方式，确保交易过程的安全性。

11 月 30 日至 12 月 1 日　集团公司在北京召开学习贯彻党的十八大精神领导干部读书班暨创建“四好”领导班子总结表彰会。授予大庆油田有限责任公司等 15 个企事业单位领导班子，长庆油田公司采油三厂等 85 个企业下属单位领导班子“中国石油创建‘四好’领导班子先进集体”荣誉称号。集团公司主要领导出席会议并讲话，强调深入学习贯彻党的十八大精神，全面推进各级领导班子和干部队伍建设，推动集团公司各项事业新发展，为全面建成综合性国际能源公司提供坚强保障。

本月　抚顺石化公司国内首家辛烯共聚工业化试生产成功，不仅填补我国以辛烯为共聚单体的聚乙烯产品空白，更为重要的是改变了我国在辛烯和乙烯共聚产品领域完全依靠进口的现状。

十二月

3 日　中国石油天然气集团公司与大唐电信科技产业集团在北京签署信息化领域战略合作框架协议，在推动工业化和信息化深度融合方面作出积极探索。集团公司副总经理喻宝才与大唐电信集团副总裁徐宏志举行会谈，参观大唐电信的业务展厅，出席签约仪式并致辞。

同日　集团公司 2013 年一级物资授权集中采购的“三集中”工作正式启动。“三集中”工作是集中时间、集中地点、集中组织，计划2012年12月和2013年2月，分两批统一组织完成2013年一级采购物资授权集中采购的方案评审和招投标工作。集团公司副总经理喻宝才出席会议并讲话。

4日　江苏LNG（液化天然气）接收站3号储罐比原计划提前3个月投产。这标志着国家重点工程江苏LNG项目一期工程全面建成投产，LNG总存储能力达到48万立方米，日外输气量超过2500万立方米。

5日　中国石油天然气股份有限公司与合肥市人民政府在合肥签署“气化合肥”合作框架协议。根据协议，“十二五”及“十三五”期间，中国石油通过西气东输一线等对合肥总供气量将达到44亿立方米。集团公司副总经理廖永远出席签约仪式。

同日　中国石油援建青海省的重点民生工程——冷湖镇饮水工程竣工投产。

6日　东方地球物理勘探有限责任公司举行成立十周年庆祝系列活动。重组十年来，东方物探陆上市场份额连续十年稳居全球第一，正向全球物探技术“领跑者”，国际一流服务商的目标迈进。集团公司副总经理廖永远出席会议并讲话。

7日　集团公司HSE管理体系审核工作总结视频会在北京召开，强调要继续深入推进HSE管理体系建设，全面提高全员HSE管控能力，持续提升集团公司健康安全环保管理水平。集团公司副总经理沈殿成出席会议并讲话。

8日　第十一届高技能人才表彰大会在北京举行。兰州石化公司乙烯装置操作工孙青先获得“中华技能大奖”，大庆油田有限责任公司任相财、川庆钻探工程有限公司冉鹏、宝鸡石油机械有限责任公司马新平、长庆油田公司丁巨龙和测井有限公司刘天耀5名员工获“全国技术能手”称号，新疆油田公司获“国家技能人才培育突出贡献奖”单位，工程建设公司董留寨被授予“国家技能人才培育突出贡献奖”个人。

同日　中缅天然气管道云南支线及城市燃气项目在云南省安宁市平地哨村正式开工。项目总设计21条支线和13个城市燃气项目，总投资近46亿元，覆盖云南15个州市，支线总长近1700千米。集团公司副总经理廖永远出席仪式并致辞。

同日　中国共产党优秀党员、中国石油天然气股份公司副总裁孙波同志，因病医治无效于2012年12月8日14时02分在北京逝世，享年52岁。孙波同志是中国石油海外油气合作业务的开拓者、中亚油气合作示范区建设的卓越领导者。他在海外工作长达16年，先后转战中东、南美、非洲和中亚等地区，为集团公司海外业务发展、为提升国家能源安全保障能力和国家务实外交的稳步推进作出了突出贡献。他负责的中亚原油管道项目被两国领导人誉为“中哈经济合作的典范”。仅用28个月建成了世界上同等规模需用6年多时间才能完成的中亚天然气管道工程，创造了世界管道建设史上的奇迹。孙波同志先后获得“中国石油2009年度海外建功立业十年金奖”、哈萨克斯坦授予外国人士最高荣誉奖章——哈萨克斯坦共和国二级“友谊”勋章、“2011—2012年度全国优秀企业家”等荣誉。2012年12月19日，集团公司党组决定，追授孙波同志“中国石油天然气集团公司优秀共产党员”、“中国石油天然气集团公司劳动模范”荣誉称号和“中国石油奖章”，号召集团公司广大共产党员和干部员工开展向孙波同志学习活动。

11日　中国石油天然气集团公司与澳大利亚必和必拓公司签署协议，以总价16.3亿美元收购必和必拓公司位于西澳大利亚海上天然气项目西布劳斯20%权益和东布劳斯8.33%权益。这是中国石油首次进入澳洲西北大陆架海上天然气合作领域。

同日　渤海钻探工程有限公司在苏里格气田苏76-4-1井，成功实施选择性多级分段压裂及控制开采作业施工，成为目前世界上唯一成功进行现场应用这项技术的企业，填补国内外技术空白。

11—13日　中国石油第八届天然气开发年会召开。会议要求，突出“西部大庆”、“新疆大庆”和“天然气基地”建设，加强工程和地质的密切结合，进一步推进水平井和压裂改造等新技术的规模应用，努力提高单井产量和开发效益。

12日　集团公司工程专项治理总结视频会议在北京召开。会议要求，不断健全长效机制，努力推动工程治理工作制度化、规范化和常态化。集团公司副总经理、工程专项治理领导小组组长喻宝才出席会议并讲话。

同日　渤海钻探工程有限公司正式通过国家技术创新示范企业认定，成为中国石油首个国家技术创新示范企业。

16日　中国石油天然气集团公司与新疆维吾尔自治区人民政府在北京签署新疆煤制天然气战略合作协议。新疆维吾尔自治区党委书记张春贤，集团公司主要领导就落实中央经济工作会议精神、促进新疆长治久安、实现跨越式发展举行深入会谈，并出席签字仪式。

同日　2011—2012年度国家优质工程奖揭晓，中国石油所属单位参与建设的9项工程获“国家优质工程银质奖”，分别是格尔木炼油厂产品质量升级改造工程年产80万吨加氢改质装置工程、万州天然气净化厂工程、华庆油田100万吨产能建设工程项目、大连国家石油储备基地工程、长岭1号气田地面工程一期工程、兰州—银川输气管道工程、兰州石化公司年产5万吨丁腈橡胶装置、塔里木油田石化分公司年产45万吨合成氨和80万吨尿素建设工程，以及缅甸石化公司第四化肥厂项目。

17日　集团公司召开党组扩大会，传达12月15日至16日在北京召开的中央经济工作会议精神。会议强调，要按照以习近平同志为总书记的党中央对经济工作的安排，与中央保持高度一致，紧密结合集团公司实际，脚踏实地，埋头苦干，把明年生产经营各项工作做得更好，实现全面贯彻落实党的十八大精神第一年扎实开局。

同日　中国石油与斯伦贝谢油藏评价及电缆测井技术服务合同续约签字仪式在北京举行。双方表示，未来三年的合作中，将突出应用斯伦贝谢最新研发的扫描测井等新技术，以及发挥双方各自优势，共同开展油气藏综合评价等内容，破解油气藏勘探开发难题。

同日　股份公司石油化工研究院自主研发的聚丙烯催化剂PSP-01正式在大连石化公司年产20万吨聚丙烯装置投用。这项成果填补了中国石油在聚丙烯催化剂领域的技术空白，是中国石油第一个具有完全自主知识产权的聚丙烯催化剂技术。

19日　集团公司2012年债券融资研讨暨总结会召开，中国石油债券融资规模突破3000亿元，成为国内最大的非金融企业发行主体。集团公司总会计师王国樑出席会议。

同日　在国务院国资委组织的会计师事务所比选招标中，毕马威华振会计师事务所中标成为公司新的财务报告和内部控制审计所。根据国务院国资委《关于开展中央企业2013年度财务决算抽查审计工作的通知》以及《关于严格执行会计师事务所轮换制度的函》，普华永道中天会计师事务所自2013年起将不再担任公司的审计所。

21日　东方地球物理勘探有限责任公司研发的GeoEast-RE油藏地球物理软件通过集团公司科技成果鉴定，填补了我国油藏地球物理综合评价领域的技术空白，总体达到国际先进水平。

22日　中国石油天然气集团公司向中国妇女发展基金会捐赠2万口“母亲水窖”和100辆“母亲健康快车”。集团公司副总经理李新华参加捐赠活动。

24日　中国石油油气藏储层改造技术重大现场攻关试验取得重大突破。研发拥有自主知识产权的复合桥塞＋多簇射孔联作适合3种套管尺寸的分段压裂工具系列，对页岩气、致密气高效开发和降低成本具有重要现实意义。该技术已成功应用12口井。其中，直井7口，水平井5口，最高分压段数10段，工艺成功率100%。

25日　集团公司召开构建管理规范平台和完善基础管理体系试点工作启动会，选取物资采购管理部、销售公司、天然气与管道公司、内蒙古销售公司、西部管道公司5个单位为试点单位，在2013年取得完善基础管理的成功经验，形成可复制和可推广的工作模式，推进集团公司发展方式转变。集团公司副总经理喻宝才出席会议并讲话。

同日　中国石油天然气集团公司与中核苏阀科技实业股份有限公司、苏州纽威阀门股份有限公司签订战略采购补充协议。

26日　集团公司HSE委员会（安委会）会议在北京召开，强调要以高度的责任感和使命感，突出抓好执行力建设和“三基”工作，持续推进HSE管理体系建设，强化隐患治理和应急能力建设，脚踏实地，真抓实干，有效提升集团公司本质安全水平。

同日　集团公司党组决定任命曹亚明同志为中石油中亚天然气管道有限公司党委书记、哈萨克斯坦公司党委书记；张本全同志为伊朗公司党工委书记，免去李庆平同志的伊朗公司党工委书记职务；邓民敏同志为中石油阿姆河天然气勘探开发（北京）有限公司党委书记，免去吕功训同志的中石油阿姆河天然气勘探开发（北京）有限公司党委书记职务；免去孙贤胜同志的尼罗河公司党委书记职务；汪鉴定同志为浙江油田分公司党委书记，免去叶丹同志的浙江油田分公司党委书记职务；王金娥同志为哈尔滨石化分公司党委书记，免去孙淑红同志的哈尔滨石化分公司党委书记职务；姜文同志为广东石化分公司党委书记；蒋凡同志为炼化工程建设项目部党委书记，免去胡兢克同志的炼化工程建设项目部党委书记职务；李宁宝同志为宁夏销售分公司党委书记；上官建新同志为山东销售分公司党委书记，免去梁作利同志的山东销售分公司党委书记职务；栾永江同志为广西销售分公司党委书记，免去刘杰同志的广西销售分公司党委书记职务；刘风春同志为江西销售分公司党委书记，免去张军同志的江西销售分公司党委书记职务；李荡同志为贵州销售分公司党委书记，免去张文荣同志的贵州销售分公司党委书记职务；连建家同志为经济技术研究院党委书记，免去卢思忠同志的经济技术研究院党委书记职务；张卫国同志为石油工业出版社有限公司党委书记，免去郑玉宝同志的石油工业出版社有限公司党委书记职务；免去杨元建同志的济柴动力总厂党委书记职务。

同日　集团公司决定任命荀三权为离退休职工管理局（老干部局）局长，免去樊胜利的离退休职工管理局（老干部局）局长职务；齐振林为冀东石油勘探开发公司总经理，免去荀三权的冀东石油勘探开发公司总经理职务；吕功训为中石油中亚天然气管道有限公司执行董事、总经理、哈萨斯坦公司总经理；免去孙贤胜的尼罗河公司总经理职务；张本全为伊朗公司总经理，免去李庆平的伊朗公司总经理职务；冷胜军为大连石油化工公司经理，免去蒋凡的大连石油化工公司经理职务；杨元建任济柴动力总厂厂长，免去姜小兴的济柴动力总厂厂长职务；孙贤胜为经济技术研究院院长，免去许永发的经济技术研究院院长职务。

同日　股份公司决定任命齐振林为冀东油田分公司总经理，免去荀三权的冀东油田分公司总经理职务；邓民敏为中石油阿姆河天然气勘探开发（北京）有限公司执行董事、总经理，免去吕功训的中石油阿姆河天然气勘探开发（北京）有限公司执行董事、总经理职务；张文荣为江西销售分公司总经理，免去金浩的江西销售分公司总经理职务；刘杰为贵州销售分公司总经理，免去张宏的贵州销售分公司总经理职务。

同日　中国石油海外企业精神教育基地揭牌。这个教育基地位于中国石油海外勘探开发公司一楼，由18个主题部分组成，浓缩中国石油海外业务近20年创业历程、发展经验、经营业绩和精神文化成果，采用平面展板、多媒体触摸、视频和电子照片、雕塑仿真和光音响等综合形式展现。

27日　集团公司党组下发《中共中国石油天然气集团公司党组关于改进工作作风、密切联系群众的若干规定》。

30日　西气东输二线工程全线建成投产。作为我国首条引进境外天然气资源的战略通道工程，西二线是目前世界上线路最长、工程量最大和钢级最高的天然气管道。西二线起于新疆霍尔果斯首站，途经15个省（区、市），止于香港，全长8704千米，设计年输气能力300亿立方米，可稳定供气30年以上。西二线与国内外20多条管道连接贯通，在国内形成近4万千米天然气管网，基本覆盖我国28个省（区、市）和香港特别行政区，对保障国家能源安全、优化能源消费结构、节能减排和加快经济发展方式转变具有重大意义。

本年　中国石油国内原油产量达到1.1033亿吨，同比增产279万吨。这是中国石油国内现有油田时隔17年原油年产量攀上1.1亿吨高位。同时，这也是中国石油连续三年国内原油产量净增200万吨以上，年增幅创中国石油重组上市以来最好水平。

本年　大庆油田生产原油4000万吨、天然气33亿立方米，实现原油4000万吨持续稳产十年。

本年　长庆油田年产油气当量突破4500万吨，连续五年增产油气当量500万吨。

本年　海外勘探开发公司累计生产原油8621万吨、天然气175亿立方米，油气作业当量突破亿吨，达到1.0015亿吨，权益当量达到5035万吨。这是中国石油连续第二年海外油气作业当量突破亿吨。

本年　辽河油田原油产量达到1013万吨，实现原油千万吨以上连续稳产27年。

（办公厅档案处（史志办公室））

第十五篇

统计数据

表 1 中国石油天然气集团公司主要指标完成情况

指标名称	计量单位	2006年	2007年	2008年	2009年	2010年	2011年	2012年
一、主营业务收入	亿元							
工业总产值（现价）	亿元	10424	10915	12908	10089	12766	16533	17146
工业销售产值	亿元	10356	10863	12788	10085	12737	16443	17080
企业增加值	亿元	5276	5720	5342	5622	7206	7560	7962
二、油气产量								
原油	万吨	13471	13762	13875	13745	14144	14927	15188
其中：海外权益产量	万吨	2807	2998	3050	3432	3603	4173	4155
天然气	亿立方米	480.1	577.6	664.1	738.4	829.1	881.9	935.2
其中：海外权益产量	亿立方米	38.0	35.1	46.6	55.1	103.8	125.7	136.6
三、主要炼油化工产品产量								
汽、煤、柴、润合计	万吨	7488	7902	8098	8185	8793	9457	9822
汽油	万吨	2400	2484	2546	2582	2676	2889	3099
煤油	万吨	333	322	360	364	366	368	478
柴油	万吨	4605	4920	5016	5099	5591	6043	6061
润滑油	万吨	149	176	177	140	161	157	184
乙烯	万吨	206.8	258.1	267.6	298.9	361.5	346.7	369.0
合成树脂及共聚物	万吨	331.1	425.4	439.6	475.7	565.2	581.2	621.7
合成橡胶	万吨	37.3	38.1	40.7	48.0	61.9	60.6	63.3
合成纤维	万吨	19.3	17.0	14.1	14.2	12.0	8.6	8.5
尿素	万吨	357.6	363.4	383.4	397.3	376.4	448.4	440.8
四、主要冶金产品产量								
石油焊接钢管	万吨	84.9	112.0	171.5	223.2	180.8	251.1	269.5
石油套管	万吨	11.7	11.1	8.6	13.4	15.7	40.9	54.5
钻井钢丝绳	万吨	3.8	4.6	4.8	4.8	5.1	5.7	5.9
五、主要机械产品产量								
钻机	套	88	116	141	86	99	108	110
抽油机	台	13553	10303	13414	11702	13931	14981	14373
抽油杆	万米	545.5	603.5	564.4	530.8	514.5	572.7	581.2
抽油泵	台	23002	29840	23568	26234	33238	35753	35087

表 2　中国石油天然气集团公司合并资产负债表　　万元人民币

项　目	2010年	2011年	2012年
流动资产			
货币资金	23567040	27841684	29369671
交易性金融资产	143172	306412	232312
应收票据和应收账款	8823381	10180968	13274601
预付款项	3765795	5197504	4820193
其他应收款	4330785	5553384	5778842
存货	22767604	31458998	36015069
其他流动资产	4094008	8182347	8681351
流动资产合计	67491785	88721297	98172039
非流动资产			
可供出售金融资产	4555344	4558819	7129757
持有至到期投资	16051386	13870062	12356327
长期股权投资	6607031	7178595	7937053
固定资产净额	55566529	61974111	72543636
在建工程	28467193	31925225	36947056
油气资产	63660570	69990796	79013231
无形资产	4772177	6045138	6970718
其他非流动资产（其他长期资产）	15823611	18523581	19872220
非流动资产合计	195503841	214066327	242769998
资产总计	262995626	302787624	340942037
流动负债			
短期借款	6094352	9216576	11012415
应付票据和应付账款	28632564	32790963	39437395
预收款项	5703251	7329816	7612813
应付职工薪酬	2313042	2316433	1904100
应交税费	5307131	13284221	9276824
其他应付款	8235368	9231583	9025567
其他流动负债	15795382	24109905	21465386
流动负债合计	72081090	98279497	99734500
非流动负债			
长期借款	3439332	2967192	2263317
预计负债	6544066	7338411	8896518
递延所得税负债	2375257	2531925	2725349
其他非流动负债	21744821	21602416	40911290
非流动负债合计	34103476	34439944	54796474
负债合计	106184566	132719441	154530974

续表

项　目	2010年	2011年	2012年
所有者权益			
实收资本	34895324	37986346	39754032
资本公积	26720703	26185285	26536066
专项储备	2664564	3244296	3117859
盈余公积	74911788	84113988	94209306
一般风险准备	111706	148042	239273
未分配利润	1312906	1424118	1549838
外币报表折算差额	–1051780	–1709643	–1782616
归属于母公司所有者权益合计	139565211	151392432	163623758
少数股东权益	17245849	18675751	22787305
所有者权益合计	156811060	170068183	186411063
负债和所有者权益总计	262995626	302787624	340942037

表 3　中国石油天然气集团公司合并利润表　　万元人民币

项　目	2010年	2011年	2012年
营业收入	172088519	238127823	268348030
主营业务收入	171636586	237659251	267856364
其他业务收入	451933	468572	491666
减：营业成本	115487326	171644617	202683702
主营业务成本	115101790	171281727	202262155
其他业务成本	385536	362890	421547
营业税金及附加	18878279	26867676	25797786
销售费用	6353185	6113991	6427762
管理费用	10142799	12092324	11626026
财务费用	840680	1425120	1659213
资产减值损失	724865	1335240	819550
其他	2714064	2646065	2573597
加：公允价值变动收益（损失以“–”号填列）	–4498	–6722	1746
投资收益（损失以“–”号填列）	1284491	2173558	1721424
营业利润（损失以“–”号填列）	18227314	18169626	18483564
加：营业外收入	759428	1443413	1578033
减：营业外支出	1721044	1440635	1671587
利润总额（亏损总额以“–”号填列）	17265698	18172404	18390010
减：所得税费用	4847302	5119620	4472551
净利润	12418396	13052784	13917459
归属于母公司所有者的净利润	9725232	10549019	11480285
少数股东损益	2693164	2503765	2437174

表 4　中国石油天然气股份有限公司及其附属公司勘探与运营情况

项目	单位	2012年	2011年	同比增减(%)
原油产量	百万桶	916.5	886.1	3.4
可销售天然气产量	十亿立方英尺	2558.8	2396.4	6.8
油气当量产量	百万桶	1343.1	1285.6	4.5
原油探明储量	百万桶	11018	11128	(1.0)
天然气探明储量	十亿立方英尺	67581	66653	1.4
探明已开发原油储量	百万桶	7396	7458	(0.8)
探明已开发天然气储量	十亿立方英尺	31606	32329	(2.2)

注：原油按 1 吨 =7.389 桶，天然气按 1 立方米 =35.315 立方英尺换算。

表 5　中国石油天然气股份有限公司及其附属公司炼油与化工生产情况

项目	单位	2012年	2011年	同比增减(%)
原油加工量	百万桶	1012.5	984.6	2.8
汽、煤、柴油产量	千吨	91016	87150	4.4
其中：汽油	千吨	28381	25447	11.5
煤油	千吨	3408	2663	28.0
柴油	千吨	59227	59040	0.3
原油加工负荷率	%	90.1	92.0	(1.9)个百分点
轻油收率	%	77.9	77.3	0.6个百分点
石油产品综合商品收率	%	93.8	94.0	(0.2)个百分点
乙烯	千吨	3690	3467	6.4
合成树脂	千吨	6089	5690	7.0
合成纤维原料及聚合物	千吨	1595	2031	(21.5)
合成橡胶	千吨	633	606	4.5
尿素	千吨	4408	4484	(1.7)

注：原油按 1 吨 =7.389 桶换算。

表 6　中国石油天然气股份有限公司及其附属公司销售业务情况

项目	单位	2012年	2011年	同比增减(%)
汽、煤、柴油销量	千吨	153277	145532	5.3
其中：汽油	千吨	47407	43967	7.8
煤油	千吨	11355	9778	16.1
柴油	千吨	94515	91787	3.0
零售市场份额	%	39.3	39.2	0.1个百分点
加油站数量	座	19840	19362	2.5
其中：资产型加油站	座	19296	18792	2.7
单站加油量	吨/日	11.1	11.1	—

表 7　中国石油天然气股份有限公司及其附属公司主要子公司、参股公司情况

公司名称	注册资本（百万元人民币）	持股比例（%）	资产总额（百万元人民币）	负债总额（百万元人民币）	净资产总额（百万元人民币）	净利润（百万元人民币）
大庆油田有限责任公司[1]	47500	100.00	214980	94313	120667	65574
中油勘探开发有限公司[2]	16100	50.00	142457	39449	103008	19322
中石油香港有限公司	75.92亿港币	100.00	86266	35784	50482	7489
中石油国际投资有限公司	31314	100.00	79279	45311	33968	(370)
中国石油国际事业有限公司	14000	100.00	144294	111838	32456	2924
中石油西北联合管道有限责任公司[3]	62500	52.00	37500	19	37481	(19)
大连西太平洋石油化工有限公司	2.58亿美元	28.44	9026	12462	(3436)	(1974)
中国船舶燃料有限责任公司	1000	50.00	11152	8634	2518	(618)
中油财务有限责任公司	5441	49.00	593445	562778	30667	4688
Arrow Energy Holdings Pty Ltd.	2澳元	50.00	54894	19925	34969	(3592)

注：（1）大庆油田有限责任公司 2012 年营业收入 202704 百万元人民币，经营利润 87276 百万元人民币。

（2）中油勘探开发有限公司 2012 年营业收入 63945 百万元人民币，经营利润 28144 百万元人民币。

（3）2012 年 12 月，中石油西北联合管道有限责任公司（西北联合管道）成立，本公司及其他投资方已完成首期注资 375 亿元人民币。西北联合管道未来计划运营西气东输三线，将中亚天然气输送至中国东南沿海。

表 8　中国石油天然气股份有限公司已评估探明储量和探明开发储量

项目	原油（百万桶）	天然气（十亿立方英尺）	合计（油当量百万桶）
探明开发和未开发储量			
基准日2010年12月31日的储量	11277.7	65502.7	22194.8
对以前估计值的修正	(75.7)	(751.5)	(200.8)
扩边和新发现	746.1	4298.3	1462.4
提高采收率	66.3	0	66.3
出售	(0.1)	(0.1)	(0.1)
当年产量	(886.1)	(2396.4)	(1285.6)
基准日2011年12月31日的储量	11128.2	66653.0	22237.0
对以前估计值的修正	(16.3)	(2730.5)	(471.2)
扩边和新发现	736.5	6217.5	1772.7
提高采收率	86.1	0	86.1
当年产量	(916.5)	(2558.8)	(1343.1)
基准日2012年12月31日的储量	11018.0	67581.2	22281.5
探明开发储量			
基准日为2010年12月31日	7605.4	31102.4	12789.1
基准日为2011年12月31日	7458.3	32329.4	12846.5
基准日为2012年12月31日	7395.7	31606.5	12663.4

表9　中国石油天然气股份有限公司2012年12月31日合并及公司资产负债表（一）

（除特别注明外，金额单位为百万元人民币）

项目		2012年12月31日 合并	2011年12月31日 合并	2012年12月31日 公司	2011年12月31日 公司
资产	流动资产				
	货币资金	49953	64299	11574	38794
	应收票据	9981	12688	7329	9821
	应收账款	64450	53822	4198	3297
	预付款项	32813	39296	22224	23599
	其他应收款	14165	8576	48324	22322
	存货	214117	182253	166074	143498
	其他流动资产	32561	24486	23959	17642
	流动资产合计	418040	385420	283682	258973
	非流动资产				
	可供出售金融资产	1756	1788	1253	439
	长期股权投资	79615	70275	265939	228742
	固定资产	545479	456085	438504	360843
	油气资产	733583	644605	492322	438378
	在建工程	283059	261361	185884	192066
	工程物资	7486	9610	5866	8265
	无形资产	56426	47600	44159	36373
	商誉	7582	7282	119	119
	长期待摊费用	24351	21793	21464	19010
	递延所得税资产	1443	505	—	—
	其他非流动资产	10017	11204	1442	368
	非流动资产合计	1750797	1532108	1456952	1284603
	资产总计	2168837	1917528	1740634	1543576

表 10　中国石油天然气股份有限公司 2012 年 12 月 31 日合并及公司资产负债表（二）

（除特别注明外，金额单位为百万元人民币）

项目		2012年12月31日 合并	2011年12月31日 合并	2012年12月31日 公司	2011年12月31日 公司
负债及股东权益	流动负债				
	短期借款	143409	99827	181974	110562
	应付票据	2265	2458	—	—
	应付账款	278427	232618	155420	129183
	预收款项	38131	34130	27099	24033
	应付职工薪酬	4161	5991	3024	4771
	应交税费	72045	119740	46380	80308
	其他应付款	23642	21995	17397	15892
	一年内到期的非流动负债	7838	37871	6626	35121
	其他流动负债	4830	5408	1904	2470
	流动负债合计	574748	560038	439824	402340
	非流动负债				
	长期借款	207540	112928	170536	87140
	应付债券	86234	67747	86000	67500
	预计负债	83928	68702	55676	45343
	递延所得税负债	22209	20671	4417	3935
	其他非流动负债	13412	4876	4151	3521
	非流动负债合计	413323	274924	320780	207439
	负债合计	988071	834962	760604	609779
	股东权益				
	股本	183021	183021	183021	183021
	资本公积	115878	112878	128136	128019
	专项储备	10054	9107	7080	6474
	盈余公积	161623	151280	150523	140180
	未分配利润	598686	551598	511270	476103
	外币报表折算差额	(5115)	(4999)	—	—
	归属于母公司股东权益合计	1064147	1002885	980030	933797
	少数股东权益	116619	79681	—	—
	股东权益合计	1180766	1082566	980030	933797
	负债及股东权益总计	2168837	1917528	1740634	1543576

表 11　中国石油天然气股份有限公司 2012 年度合并及公司利润表

（除特别注明外，金额单位为百万元人民币）

项目	2012年度	2011年度	2012年度	2011年度
	合并	合并	公司	公司
营业收入	2195296	2003843	1337157	1287823
减：营业成本	(1634819)	(1425284)	(1000217)	(938968)
营业税金及附加	(246078)	(258027)	(181984)	(188683)
销售费用	(55032)	(52946)	(40848)	(39767)
管理费用	(83936)	(77124)	(61665)	(57045)
财务费用	(16824)	(9816)	(18038)	(10519)
资产减值损失	(1963)	(8759)	(1218)	(8536)
加：投资收益	8787	12630	69354	85551
营业利润	165431	184517	102541	129856
加：营业外收入	11578	9480	10175	7344
减：营业外支出	(10199)	(9721)	(8668)	(7777)
利润总额	166810	184276	104048	129423
减：所得税费用	(36192)	(38269)	(619)	(2994)
净利润	130618	146007	103429	126429
归属于：				
母公司股东	115323	132984	103429	126429
少数股东	15295	13023	—	—
每股收益				
基本每股收益（元人民币）	0.63	0.73	0.57	0.69
稀释每股收益（元人民币）	0.63	0.73	0.57	0.69
其他综合（损失）/收益	(42)	(5406)	117	39
综合收益总额	130576	140601	103546	126468
归属于：				
母公司股东	115337	129078	103546	126468
少数股东	15239	11523	—	—

表 12　中国石油天然气股份有限公司 2012 年度合并及公司现金流量表

（除特别注明外，金额单位为百万元人民币）

项目	2012年度 合并	2011年度 合并	2012年度 公司	2011年度 公司
经营活动产生的现金流量				
销售商品、提供劳务收到的现金	2552815	2332019	1560613	1507374
收到的税费返还	3966	3974	3585	3761
收到其他与经营活动有关的现金	7105	6493	17308	16148
经营活动现金流入小计	2563886	2342486	1581506	1527283
购买商品、接受劳务支付的现金	(1704242)	(1529811)	(1020730)	(1005531)
支付给职工以及为职工支付的现金	(108031)	(96866)	(80518)	(72464)
支付的各项税费	(433420)	(345082)	(290401)	(230611)
支付其他与经营活动有关的现金	(78905)	(80572)	(95958)	(60906)
经营活动现金流出小计	(2324598)	(2052331)	(1487607)	(1369512)
经营活动产生的现金流量净额	239288	290155	93899	157771
投资活动产生的现金流量				
收回投资收到的现金	15392	4082	11	5398
全资子公司注销为分公司	—	—	—	18
取得投资收益收到的现金	8946	10058	69347	72404
处置固定资产、油气资产、无形资产和其他长期资产收回的现金净额	607	837	235	320
投资活动现金流入小计	24945	14977	69593	78140
购建固定资产、油气资产、无形资产和其他长期资产支付的现金	(330861)	(288457)	(227634)	(214427)
投资支付的现金	(26310)	(10158)	(31637)	(15831)
投资活动现金流出小计	(357171)	(298615)	(259271)	(230258)
投资活动产生的现金流量净额	(332226)	(283638)	(189678)	(152118)
筹资活动产生的现金流量				
吸收投资收到的现金	31366	2522	—	—
其中：子公司吸收少数股东投资收到的现金	31366	2522	—	—
取得借款收到的现金	575558	471072	397619	311497
收到其他与筹资活动有关的现金	2417	389	307	267
筹资活动现金流入小计	609341	473983	397926	311764
偿还债务支付的现金	(448931)	(384837)	(252910)	(230167)
分配股利、利润或偿付利息支付的现金	(84806)	(78430)	(76239)	(73660)
其中：子公司支付给少数股东的股利、利润	(7499)	(3633)	—	—
子公司资本减少	(21)	(1239)	—	—
支付其他与筹资活动有关的现金	(227)	(218)	(218)	(132)
筹资活动现金流出小计	(533985)	(464724)	(329367)	(303959)
筹资活动产生的现金流量净额	75356	9259	68559	7805
汇率变动对现金及现金等价物的影响	(195)	(313)	—	—
现金及现金等价物净（减少）/增加额	(17777)	15463	(27220)	13458
加：期初现金及现金等价物余额	61172	45709	38794	25336
期末现金及现金等价物余额	43395	61172	11574	38794

表 13　中国石油天然气股份有限公司 2012 年度合并股东权益变动表

（除特别注明外，金额单位为百万元人民币）

项目	归属于母公司股东权益						少数股东权益	股东权益合计
	股本	资本公积	专项储备	盈余公积	未分配利润	外币报表折算差额		
2011年1月1日余额	183021	115845	8491	138637	494146	(1097)	71058	1010101
2011年度增减变动额								
综合收益总额	—	(4)	—	—	132984	(3902)	11523	140601
专项储备—安全生产费								
本期提取	—	—	4776	—	—	—	31	4807
本期使用	—	—	(4160)	—	416	—	(37)	(3781)
利润分配								
提取盈余公积	—	—	—	12643	(12643)	—	—	—
对股东的分配	—	—	—	—	(63300)	—	(5894)	(69194)
其他权益变动								
收购子公司	—	—	—	—	—	—	166	166
与少数股东的权益性交易	—	(2904)	—	—	—	—	(1134)	(4038)
少数股东资本投入	—	—	—	—	—	—	5280	5280
子公司资本减少	—	—	—	—	—	—	(1239)	(1239)
处置子公司	—	—	—	—	—	—	(43)	(43)
其他	—	(59)	—	—	(5)	—	(30)	(94)
2011年12月31日余额	183021	112878	9107	151280	551598	(4999)	79681	1082566
2012年1月1日余额	183021	112878	9107	151280	551598	(4999)	79681	1082566
2012年度增减变动额								
综合收益总额	—	130	—	—	115323	(116)	15239	130576
专项储备—安全生产费								
本期提取	—	—	6496	—	—	—	88	6584
本期使用	—	—	(5549)	—	161	—	(62)	(5450)
利润分配								
提取盈余公积	—	—	—	10343	(10343)	—	—	—
对股东的分配	—	—	—	—	(58041)	—	(7303)	(65344)
其他权益变动								
收购子公司	—	(77)	—	—	—	—	686	609
与少数股东的权益性交易	—	320	—	—	—	—	(522)	(202)
少数股东资本投入	—	2279	—	—	—	—	29097	31376
子公司资本减少	—	—	—	—	—	—	(21)	(21)
处置子公司	—	—	—	—	—	—	(173)	(173)
其他	—	348	—	—	(12)	—	(91)	245
2012年12月31日余额	183021	115878	10054	161623	598686	(5115)	116619	1180766

表 14 中国石油天然气股份有限公司 2012 年度公司股东权益变动表
（除特别注明外，金额单位为百万元人民币）

项目	股本	资本公积	专项储备	盈余公积	未分配利润	股东权益合计
2011年1月1日余额	183021	127987	5963	127537	425345	869853
2011年度增减变动额						
综合收益总额	—	39	—	—	126429	126468
专项储备—安全生产费						
本期提取	—	—	4388	—	—	4388
本期使用	—	—	(3877)	—	272	(3605)
利润分配						
提取盈余公积	—	—	—	12643	(12643)	—
对股东的分配	—	—	—	—	(63300)	(63300)
其他权益变动	—	(7)	—	—	—	(7)
2011年12月31日余额	183021	128019	6474	140180	476103	933797
2012年1月1日余额	183021	128019	6474	140180	476103	933797
2012年度增减变动额						
综合收益总额	—	117	—	—	103429	103546
专项储备—安全生产费						
本期提取	—	—	5611	—	—	5611
本期使用	—	—	(5005)	—	122	(4883)
利润分配						
提取盈余公积	—	—	—	10343	(10343)	—
对股东的分配	—	—	—	—	(58041)	(58041)
2012年12月31日余额	183021	128136	7080	150523	511270	980030

表 15 2012 年度中国石油天然气集团公司社会公益投入一览表

类别	项目	投入金额（万元）	小计（万元）
扶贫帮困	定点扶贫新疆维吾尔自治区、河南省、贵州省、江西省等 对口支援西藏自治区、青海省、重庆市、福建省等 其他地区扶贫	26341	26341
支持教育	援建学校 助学金 奖学金 科研开发	15678 1956 714 1300	19648
赈灾捐赠	为遭受洪灾、干旱等地区捐款	2487	2487
公益捐款	公共设施建设 医疗卫生 文化艺术 体育事业	25087 1792 1167 628	28674
环保公益	植树造林 其他环境公益	10283 6212	16495
总　计			93645

第十六篇

附　　录

说　　明

一、地理区域

北美：美国、加拿大、墨西哥。

中南美：除北美洲以外的美洲其他国家和地区，也称拉丁美洲。

欧洲：除前苏联地区以外的所有欧洲国家。

前苏联地区：亚美尼亚、阿塞拜疆、白俄罗斯、爱沙尼亚、格鲁吉亚、哈萨克斯坦、吉尔吉斯斯坦、拉脱维亚、立陶宛、摩尔多瓦、俄罗斯、塔吉克斯坦、土库曼斯坦、乌克兰、乌兹别克斯坦。也称独联体。

欧洲和欧亚：欧洲和前苏联地区国家。

中东：阿拉伯半岛国家、伊朗、伊拉克、以色列、约旦、黎巴嫩、叙利亚。

非洲：所有非洲国家。

亚太地区：中东以外亚洲国家和地区，大洋洲国家和地区。

二、组织

经合组织 (OECD)：经济合作与发展组织，包括 34 个国家：美洲的加拿大、智利、墨西哥、美国；欧洲的奥地利、比利时、捷克共和国、丹麦、爱沙尼亚、芬兰、法国、德国、希腊、匈牙利、冰岛、爱尔兰、意大利、卢森堡、荷兰、挪威、波兰、葡萄牙、斯洛伐克、斯洛文尼亚、西班牙、瑞典、瑞士、土耳其、英国；亚洲和大洋洲的澳大利亚、以色列、日本、韩国、新西兰。

欧佩克 (OPEC)：石油输出国组织，包括 12 个国家：中东的伊朗、伊拉克、科威特、卡塔尔、沙特阿拉伯、阿联酋；非洲的阿尔及利亚、安哥拉、利比亚、尼日利亚；中南美的厄瓜多尔、委内瑞拉。

附　表

附表 1　2012 年世界各地区一次能源消费构成　　%

区域和组织	石油	天然气	煤炭	核能	水电	可再生能源	总计
北美	37.3	30.1	17.2	7.6	5.7	2.1	100.0
中南美	45.4	22.3	4.2	0.8	24.9	2.3	100.0
欧洲(不含前苏联)	35.5	23.6	17.7	10.8	7.2	5.2	100.0
前苏联	20.0	51.1	17.5	5.9	5.3	0.1	100.0
中东	49.3	48.6	1.3	—	0.7	—	100.0
非洲	41.3	27.4	24.2	0.8	6.0	0.3	100.0
亚太地区	27.8	11.3	52.3	1.6	5.8	1.3	100.0
世界	33.1	23.9	29.9	4.5	6.7	1.9	100.0
经合组织	37.8	26.1	19.2	8.1	5.8	3.1	100.0
非经合组织	29.4	22.2	38.3	1.7	7.4	1.0	100.0

资料来源:《BP 能源统计 2013》。

附表 2　2012 年世界主要国家和地区一次能源分类消费量　　亿吨油当量

国家和地区	石油	天然气	煤炭	核能	水电	可再生能源	总计
中国	4.84	1.29	18.73	0.22	1.95	0.32	27.35
美国	8.20	6.54	4.38	1.83	0.63	0.51	22.09
俄罗斯	1.47	3.75	0.94	0.40	0.38	—	6.94
印度	1.72	0.49	2.98	0.07	0.26	0.11	5.63
日本	2.18	1.05	1.24	0.04	0.18	0.08	4.78
加拿大	1.04	0.91	0.22	0.22	0.86	0.04	3.29
德国	1.12	0.68	0.79	0.23	0.05	0.26	3.12
巴西	1.26	0.26	0.13	0.04	0.94	0.11	2.75
韩国	1.09	0.45	0.82	0.34	0.01	0.01	2.71
法国	0.81	0.38	0.11	0.96	0.13	0.05	2.45
1—10 位合计	23.72	15.80	30.35	4.35	5.39	1.49	81.12
伊朗	0.90	1.40	0.01	—	0.03	—	2.34
沙特阿拉伯	1.30	0.93	—	—	—	—	2.22
英国	0.68	0.70	0.39	0.16	0.01	0.08	2.04
墨西哥	0.93	0.75	0.09	0.02	0.07	0.02	1.88
意大利	0.64	0.62	0.16	—	0.09	0.11	1.62
印度尼西亚	0.72	0.32	0.50	—	0.03	0.02	1.59

续表

国家和地区	石油	天然气	煤炭	核能	水电	可再生能源	总计
西班牙	0.64	0.28	0.19	0.14	0.05	0.15	1.45
乌克兰	0.13	0.45	0.45	0.20	0.02	—	1.25
南非	0.27	0.03	0.90	0.03	—	—	1.24
澳大利亚	0.47	0.23	0.49	—	0.04	0.03	1.26
11—20 位合计	6.67	5.72	3.18	0.55	0.34	0.41	16.89
土耳其	0.31	0.42	0.31	—	0.13	0.02	1.19
中国台湾	0.42	0.15	0.41	0.09	0.01	0.01	1.09
泰国	0.52	0.46	0.16	—	0.02	0.01	1.18
波兰	0.25	0.15	0.54	—	—	0.03	0.98
荷兰	0.44	0.33	0.08	0.01	—	0.03	0.89
委内瑞拉	0.37	0.31	—	—	0.19	—	0.87
阿联酋	0.33	0.57	—	—	—	—	0.89
埃及	0.35	0.47	0.01	—	0.03	—	0.87
阿根廷	0.28	0.43	0.01	0.01	0.08	0.01	0.82
新加坡	0.66	0.07	—	—	—	—	0.74
21—30 位合计	3.94	3.36	1.53	0.11	0.46	0.10	9.52
世界总计	41.31	29.87	37.30	5.60	8.31	2.37	124.77
经合组织	20.73	14.34	10.53	4.44	3.16	1.69	54.89
非经合组织	20.58	15.53	26.77	1.16	5.16	0.68	69.88

资料来源:《BP 能源统计 2013》。

附表 3 2012 年世界主要国家石油剩余探明可采储量 亿吨

国 家	2011年	2012年	2012年/2011年变化	2012年占世界	储采比
委内瑞拉	464.6	464.6	—	17.8%	>100
沙特阿拉伯	364.6	365.2	0.2%	15.9%	63.0
加拿大	281.3	280.2	-0.4%	10.4%	>100
伊朗	212.3	215.7	1.6%	9.4%	>100
伊拉克	193.1	202.4	4.8%	9.0%	>100
科威特	139.8	139.8	—	6.1%	88.7
阿联酋	129.8	129.8	—	5.9%	79.1
俄罗斯	119.3	119.5	0.2%	5.2%	22.4
利比亚	62.5	62.5	—	2.9%	86.9
尼日利亚	50.2	50.2	—	2.2%	42.1
1—10位合计	2017.5	2029.8	0.6%	86.1%	—
美国	42.1	42.1	—	2.1%	10.7
哈萨克斯坦	39.3	39.3	—	1.8%	47.4

续表

国　家	2011年	2012年	2012年/2011年变化	2012年占世界	储采比
卡塔尔	24.6	24.6	—	1.4%	33.2
中国	23.6	23.6	—	1.0%	11.4
巴西	21.9	22.3	1.8%	0.9%	19.5
安哥拉	14.1	17.1	21.0%	0.8%	19.4
墨西哥	15.7	15.7	-0.3%	0.7%	10.7
阿尔及利亚	15.4	15.4	—	0.7%	20.0
厄瓜多尔	10.6	12.1	14.3%	0.5%	44.6
阿塞拜疆	9.6	9.6	—	0.4%	21.9
11—20位合计	216.9	221.7	2.2%	9.4%	—
挪威	8.4	9.1	8.9%	0.4%	10.7
印度	7.6	7.6	0.3%	0.3%	17.5
阿曼	7.5	7.5	—	0.3%	16.3
越南	5.9	5.9	—	0.3%	34.5
埃及	5.7	5.7	—	0.3%	16.1
印度尼西亚	5.2	5.2	—	0.2%	11.1
马来西亚	4.9	4.9	—	0.2%	15.6
南苏丹	—	4.7	—	0.2%	>100
澳大利亚	4.3	4.4	1.3%	0.2%	23.4
英国	4.1	4.1	—	0.2%	8.8
21—30位合计	53.6	59.1	10.3%	2.5%	—
世界	2336.7	2357.6	0.9%	100.0%	52.9
欧佩克	1681.0	1699.2	1.1%	72.6%	88.5

资料来源：《BP 能源统计 2013》。

附表 4　2012 年世界主要国家石油产量　　万吨

国　家	2011年	2012年	2012年/2011年变化	2012年占世界
沙特阿拉伯	52595.1	54702.7	3.7%	13.3%
俄罗斯	51847.7	52622.9	1.2%	12.8%
美国	34570.5	39494.2	13.9%	9.6%
中国	20287.6	20747.4	2.0%	5.0%
加拿大	17042.8	18257.1	6.8%	4.4%
伊朗	20823.3	17491.9	-16.2%	4.2%
阿联酋	15125.7	15412.8	1.6%	3.7%
科威特	13967.2	15249.4	8.9%	3.7%

续表

国　家	2011年	2012年	2012年/2011年变化	2012年占世界
伊拉克	13667.8	15244.9	11.2%	3.7%
墨西哥	14451.7	14385.6	-0.7%	3.5%
1—10位合计	254379.4	263608.9	3.6%	64.0%
委内瑞拉	14146.0	13971.6	-1.5%	3.4%
尼日利亚	11815.0	11624.3	-1.9%	2.8%
巴西	11421.2	11218.7	-2.0%	2.7%
挪威	9378.8	8747.0	-7.0%	2.1%
安哥拉	8379.5	8687.8	3.4%	2.1%
卡塔尔	7820.6	8334.6	6.3%	2.0%
哈萨克斯坦	8237.3	8129.9	-1.6%	2.0%
阿尔及利亚	7353.8	7304.6	-0.9%	1.8%
利比亚	2249.2	7107.0	215.1%	1.7%
哥伦比亚	4820.6	4986.3	3.2%	1.2%
11—20位合计	85622.1	90111.8	5.2%	21.8%
阿曼	4412.9	4579.9	3.5%	1.1%
英国	5188.2	4504.6	-13.4%	1.1%
印度尼西亚	4630.7	4462.4	-3.9%	1.1%
阿塞拜疆	4562.6	4337.5	-5.2%	1.1%
印度	4231.5	4203.4	-0.9%	1.0%
埃及	3525.0	3539.3	0.1%	0.9%
阿根廷	3217.4	3104.6	-3.8%	0.8%
马来西亚	2889.7	2973.9	2.6%	0.7%
厄瓜多尔	2680.9	2709.7	0.8%	0.7%
澳大利亚	2172.5	1991.4	-8.6%	0.5%
21—30位合计	37511.5	36406.6	-2.9%	8.8%
世界	401875.4	411888.8	2.2%	100.0%
欧佩克	170624.2	177841.3	3.9%	43.2%

资料来源：《BP 能源统计 2013》。

附表 5　2012 年世界主要国家和地区石油消费量　　万吨

国家和地区	2011年	2012年	2012年/2011年变化	2012年占世界
美国	83703.3	81987.2	-2.3%	19.8%
中国	45937.3	48366.3	5.0%	11.7%
日本	20466.6	21819.5	6.3%	5.3%

续表

国家和地区	2011年	2012年	2012年/2011年变化	2012年占世界
印度	16301.9	17159.6	5.0%	4.2%
俄罗斯	14351.2	14748.2	2.5%	3.6%
沙特阿拉伯	12443.4	12967.0	3.9%	3.1%
巴西	12215.1	12560.7	2.5%	3.0%
德国	11197.6	11152.6	−0.7%	2.7%
韩国	10579.0	10876.6	2.5%	2.6%
加拿大	10500.2	10430.5	−0.9%	2.5%
1—10位合计	237695.6	242068.1	1.8%	58.6%
墨西哥	9027.6	9260.1	2.3%	2.2%
伊朗	8564.9	8956.1	4.3%	2.2%
法国	8369.8	8093.0	−3.6%	2.0%
印度尼西亚	7113.5	7161.1	0.4%	1.7%
英国	7110.2	6845.6	−4.0%	1.7%
新加坡	6574.7	6619.3	0.4%	1.6%
意大利	7049.2	6418.9	−9.2%	1.6%
西班牙	6853.8	6380.3	−7.2%	1.5%
泰国	5045.3	5240.1	3.6%	1.3%
澳大利亚	4609.4	4665.9	0.9%	1.1%
11—20位合计	70318.3	69640.3	−1.0%	16.9%
荷兰	4607.7	4413.1	−4.5%	1.1%
中国台湾	4279.3	4215.2	−1.8%	1.0%
委内瑞拉	3560.2	3660.9	2.5%	0.9%
埃及	3366.1	3523.6	4.4%	0.9%
阿联酋	3184.2	3263.4	2.2%	0.8%
土耳其	3067.4	3147.6	2.3%	0.8%
比利时	3226.7	3059.4	−5.4%	0.7%
马来西亚	2912.1	2982.1	2.1%	0.7%
阿根廷	2750.5	2820.8	2.3%	0.7%
南非	2615.7	2690.4	2.6%	0.7%
21—30位合计	33569.8	33776.4	0.6%	8.2%
世界	408138.1	413052.7	0.9%	100.0%
经合组织	209518.7	207284.5	−1.3%	50.2%

资料来源：《BP 能源统计 2013》。

附表 6　2012 年世界主要国家和地区炼油能力　　千桶 / 日

国家和地区	2011年	2012年	2012年/2011年 变化	2012年 占世界
美国	17322	17388	0.4%	18.8%
中国	10834	11547	6.6%	12.5%
俄罗斯	5569	5754	3.3%	6.2%
日本	4274	4254	-0.5%	4.6%
印度	3795	4099	8.0%	4.4%
韩国	2860	2887	1.0%	3.1%
意大利	2311	2200	-4.8%	2.4%
沙特阿拉伯	2117	2122	0.2%	2.3%
德国	2077	2097	0.9%	2.3%
加拿大	2046	2063	0.8%	2.2%
1—10位合计	53205	54410	2.3%	58.8%
巴西	2010	2000	-0.5%	2.2%
伊朗	1860	1892	1.7%	2.0%
英国	1787	1631	-8.8%	1.8%
墨西哥	1606	1606	—	1.7%
西班牙	1416	1537	8.5%	1.7%
法国	1610	1478	-8.2%	1.6%
新加坡	1395	1395	—	1.5%
委内瑞拉	1303	1303	—	1.4%
荷兰	1276	1274	-0.1%	1.4%
泰国	1260	1260	—	1.4%
11—20位合计	15523	15375	-1.0%	16.6%
中国台湾	1197	1197	—	1.3%
印度尼西亚	1141	1142	0.1%	1.2%
伊拉克	996	1042	4.6%	1.1%
科威特	936	936	—	1.0%
比利时	823	792	-3.8%	0.9%
阿联酋	705	710	0.7%	0.8%
澳大利亚	742	663	-10.6%	0.7%
阿根廷	649	654	0.8%	0.7%
土耳其	613	613	—	0.7%
希腊	495	498	0.6%	0.5%
21—30位合计	8297	8247	-0.6%	8.9%
世界	92176	92531	0.4%	100.0%

资料来源：《BP 能源统计 2013》。

附表 7　2012 年世界主要国家天然气剩余探明可采储量　　万亿立方米

国　家	2011年	2012年	2012年/2011年变化	2012年占世界	储采比
伊朗	33.62	33.62	—	18.0%	>100.0
俄罗斯	32.92	32.92	—	17.6%	55.6
卡塔尔	25.05	25.06	0.1%	13.4%	>100.0
土库曼斯坦	17.50	17.50	—	9.3%	>100.0
美国	8.83	8.50	-3.8%	4.5%	12.5
沙特阿拉伯	8.15	8.23	1.0%	4.4%	80.1
阿联酋	6.09	6.09	—	3.3%	>100.0
委内瑞拉	5.53	5.56	0.6%	3.0%	>100.0
尼日利亚	5.15	5.15	—	2.8%	>100.0
阿尔及利亚	4.50	4.50	—	2.4%	55.3
1—10位合计	147.35	147.15	-0.1%	78.6%	—
澳大利亚	3.76	3.76	—	2.0%	76.6
伊拉克	3.59	3.59	—	1.9%	>100.0
中国	3.10	3.10	—	1.7%	28.9
印度尼西亚	2.97	2.93	-1.3%	1.6%	41.2
挪威	2.07	2.09	1.0%	1.1%	18.2
埃及	2.19	2.04	-6.8%	1.1%	33.5
加拿大	1.98	1.98	—	1.1%	12.7
科威特	1.78	1.78	—	1.0%	>100.0
利比亚	1.55	1.55	—	0.8%	>100.0
印度	1.28	1.33	4.1%	0.7%	33.10
11—20位合计	24.26	24.14	-0.5%	12.8%	—
马来西亚	1.24	1.32	6.6%	0.7%	20.3
哈萨克斯坦	1.32	1.29	-1.9%	0.7%	65.6
乌兹别克斯坦	1.12	1.12	—	0.6%	19.7
荷兰	1.04	1.04	—	0.6%	16.3
阿曼	0.95	0.95	—	0.5%	32.8
阿塞拜疆	0.89	0.89	—	0.5%	57.1
巴基斯坦	0.65	0.64	-1.2%	0.3%	15.5
乌克兰	0.66	0.64	-2.0%	0.3%	34.6
越南	0.62	0.62	—	0.3%	65.6
也门	0.48	0.48	-0.5%	0.3%	63.1
21—30位合计	8.97	9.00	0.4%	4.8%	—
世界	187.78	187.29	-0.3%	100.0%	55.68

资料来源：《BP 能源统计 2013》。

附表 8　2012 年世界主要国家天然气产量　　　　亿立方米

国　家	2011年	2012年	2012年/2011年变化	2012年占世界
美国	6485.1	6813.9	4.7%	20.4%
俄罗斯	6070.1	5922.7	-2.7%	17.6%
伊朗	1518.0	1605.0	5.4%	4.8%
卡塔尔	1452.7	1570.5	7.8%	4.7%
加拿大	1597.2	1565.5	-2.3%	4.6%
挪威	1017.4	1149.2	12.6%	3.4%
中国	1026.9	1072.2	4.1%	3.2%
沙特阿拉伯	922.6	1028.0	11.1%	3.0%
阿尔及利亚	827.0	815.0	-1.7%	2.4%
印度尼西亚	758.7	710.7	-6.6%	2.1%
1—10位合计	21675.7	22252.6	2.7%	66.2%
马来西亚	652.5	652.4	-0.3%	1.9%
土库曼斯坦	595.5	643.7	7.8%	1.9%
荷兰	642.0	638.5	-0.8%	1.9%
埃及	614.5	608.8	-1.2%	1.8%
墨西哥	582.5	584.6	0.1%	1.7%
乌兹别克斯坦	570.1	569.3	-0.4%	1.7%
阿联酋	523.1	516.6	-1.5%	1.5%
澳大利亚	449.6	490.5	8.8%	1.5%
尼日利亚	405.8	432.2	6.2%	1.3%
特立尼达和多巴哥	428.9	422.2	-1.8%	1.3%
11—20位合计	5464.5	5558.8	1.7%	16.5%
巴基斯坦	391.5	414.6	5.6%	1.2%
泰国	370.1	413.9	11.5%	1.2%
英国	476.1	409.8	-14.1%	1.2%
印度	461.2	402.1	-13.1%	1.2%
阿根廷	387.8	377.3	-3.0%	1.1%
委内瑞拉	312.6	328.0	4.7%	1.0%
阿曼	265.2	289.6	8.9%	0.9%
孟加拉	200.7	217.8	8.2%	0.6%
哈萨克斯坦	192.7	197.1	2.0%	0.6%
玻利维亚	164.5	187.1	13.4%	0.6%
21—30位合计	3222.5	3237.3	0.46%	9.6%
世界	32912.7	33639.2	1.9%	100.0%

资料来源：《BP 能源统计 2013》。

附表9　2012年世界主要国家天然气消费量　亿立方米

国　家	2011年	2012年	2012年/2011年变化	2012年占世界
美国	6904.9	7221.4	4.1%	21.9%
俄罗斯	4245.7	4162.4	−2.2%	12.5%
伊朗	1535.0	1560.9	1.4%	4.7%
中国	1305.3	1438.4	9.9%	4.3%
日本	1055.0	1167.4	10.3%	3.5%
沙特阿拉伯	922.6	1028.0	11.1%	3.1%
加拿大	1008.5	1007.1	−0.4%	3.0%
墨西哥	766.4	836.6	8.9%	2.5%
英国	827.8	782.8	−5.7%	2.4%
德国	745.2	752.4	0.7%	2.3%
1—10位合计	19316.4	19957.4	3.3%	60.3%
意大利	713.5	686.8	−4.0%	2.1%
阿联酋	625.0	629.2	0.4%	1.9%
印度	611.1	545.6	−11.0%	1.6%
埃及	496.2	526.1	5.7%	1.6%
泰国	466.0	512.4	9.6%	1.5%
韩国	462.8	500.3	7.8%	1.5%
乌克兰	536.7	495.9	−7.8%	1.5%
乌兹别克斯坦	491.4	478.8	−2.8%	1.4%
阿根廷	456.8	473.2	3.3%	1.4%
土耳其	457.5	463.0	0.9%	1.4%
11—20位合计	5316.9	5311.2	−0.1%	16.0%
法国	408.7	424.9	3.7%	1.3%
巴基斯坦	391.5	414.6	5.6%	1.2%
荷兰	380.6	364.4	−4.5%	1.1%
印度尼西亚	372.7	358.1	−4.2%	1.1%
委内瑞拉	333.7	349.4	4.4%	1.1%
马来西亚	320.0	333.3	3.9%	1.0%
西班牙	322.1	313.8	−2.8%	0.9%
阿尔及利亚	278.4	309.2	10.8%	0.9%
巴西	267.1	291.7	8.9%	0.9%
卡塔尔	219.3	261.5	18.9%	0.8%
21—30位合计	3294.0	3420.9	3.9%	10.3%
世界	32324.3	33144.0	2.2%	100.0%
经合组织	15440.1	15883.5	2.5%	48.0%
非经合组织	16884.2	17260.6	2.0%	52.0%

资料来源：《BP能源统计2013》。

附表 10　2012 年世界主要国家和地区石油进出口量　　万吨

国家和地区	原油进口量	油品进口量	总进口量	原油出口量	油品出口量	总出口量
美国	42399	10054	52453	114	12747	12861
加拿大	2568	1012	3580	12171	2968	15139
墨西哥	—	2787	2787	6439	366	6806
中南美	1958	6770	8727	15693	3313	19006
欧洲	47495	14276	61771	1913	8592	10505
前苏联	—	548	548	30204	12223	42427
中东	1108	2683	3790	88109	9848	97957
北非	931	1497	2428	10679	2230	12910
西非	—	1144	1144	21612	1128	22741
东非和南非	1422	1245	2667	428	70	498
大洋洲	2870	1817	4687	1357	788	2145
中国	27128	8295	35423	128	2581	2709
印度	17713	1551	19264	—	6469	6469
日本	18669	4817	23486	—	1062	1062
新加坡	4732	9668	14400	58	7096	7154
亚太其他	23741	12015	35756	3829	8697	12526
世界合计	192734	80178	272912	192734	80178	272912

资料来源:《BP 能源统计 2013》。

附表 11　2012 年世界主要国家和地区天然气进出口量　　亿立方米

国家和地区	管道气进口量	液化气进口量	总进口量	管道气出口量	液化气出口量	总出口量
美国	838	49	888	451	8	459
加拿大	275	18	293	838	—	838
墨西哥	176	48	224	—	—	—
北美合计	1289	116	1405	1289	8	1297
特立尼达和多巴哥	—	—	—	—	191	191
中南美其他	169	152	321	169	58	227
中南美合计	169	152	321	169	249	418

续表

国家和地区	管道气进口量	液化气进口量	总进口量	管道气出口量	液化气出口量	总出口量
法国	350	103	453	12	2	14
德国	868	—	868	125	—	125
意大利	597	71	668	1	—	1
荷兰	145	8	153	545	—	545
挪威	—	—	—	1066	47	1114
西班牙	133	214	346	7	12	19
土耳其	349	77	426	6	—	6
英国	354	137	491	120	—	120
欧洲其他	976	82	1058	93	17	110
欧洲合计	3772	693	4464	1975	79	2054
俄罗斯	298	—	298	1859	148	2007
乌克兰	298	—	298	—	—	—
前苏联其他	323	—	323	688	—	688
前苏联合计	919	—	919	2547	148	2695
卡塔尔	—	—	—	192	1054	1247
中东其他	292	46	338	84	259	343
中东合计	292	46	338	276	1314	1590
阿尔及利亚	—	—	—	348	153	501
非洲其他	60	—	60	110	388	498
非洲合计	60	—	60	458	541	999
中国	214	200	414	28	—	28
日本	—	1188	1188	-	—	—
印度尼西亚	—	—	—	102	250	353
韩国	—	497	497	—	—	—
亚太地区其他	341	388	728	210	690	900
亚太合计	555	2272	2827	341	940	1281
世界合计	7055	3279	10334	7055	3279	10334

资料来源：《BP 能源统计 2013》。

附表 12　2000—2012 年世界主要国家地热发电装机容量　　兆瓦

国　家	2000年	2008年	2009年	2010年	2011年	2012年	2012年占世界
世界	8595	10530	10844	11055	11156	11446	100.0%
美国	2746	3081	3207	3226	3236	3386	29.6%
菲律宾	1931	1958	1953	1966	1967	1968	17.2%
印度尼西亚	590	1052	1189	1193	1209	1339	11.7%
意大利	785	811	843	863	863	863	7.5%
墨西哥	855	965	965	965	887	812	7.1%
新西兰	436	629	629	769	769	769	6.7%
冰岛	172	576	576	575	665	665	5.8%
日本	535	532	500	502	502	502	4.4%
哥斯达黎加	143	163	166	166	208	208	1.8%
萨尔瓦多	161	204	204	204	204	204	1.8%
肯尼亚	45	167	167	167	167	175	1.5%
尼加拉瓜	70	88	88	88	88	160	1.4%

资料来源：《BP 能源统计 2013》。

附表 13　2000—2012 年世界主要国家太阳能发电装机容量　　兆瓦

国　家	2000年	2008年	2009年	2010年	2011年	2012年	2012年占世界
世界	1402	15958	23979	40416	69871	100115	100.0%
德国	76	6120	10566	17554	25039	32643	32.6%
意大利	19	458	1181	3502	12803	16241	16.2%
中国	19	140	300	800	3300	8300	8.3%
美国	139	1169	1616	2534	3966	7312	7.3%
日本	330	2144	2627	3618	4914	6914	6.9%
西班牙	2	3463	3523	3915	4260	4537	4.5%
法国	11	180	380	1197	2660	3692	3.7%
比利时	0	108	627	1055	2051	2650	2.6%
澳大利亚	29	105	188	571	1408	2408	2.4%
捷克共和国	0	64	462	1953	1959	2072	2.1%
英国	2	23	26	70	976	1655	1.7%
希腊	0	18	55	198	624	1536	1.5%

资料来源：《BP 能源统计 2013》。

附表 14　2000—2012 年世界主要国家风能发电装机容量　　兆瓦

国　家	2000年	2008年	2009年	2010年	2011年	2012年	2012年占世界
世界	17934	121883	160148	197873	239125	284237	100.0%
中国	352	12121	25853	44781	62412	75372	26.5%
美国	2610	25237	35159	40274	47084	60208	21.2%
德国	6097	23826	25703	27191	29071	31315	11.0%
西班牙	2358	16699	19160	19850	21239	22362	7.9%
印度	1220	9655	10926	13065	16179	18420	6.5%
英国	425	3406	4424	5378	6488	8871	3.1%
意大利	424	3731	4845	5793	6733	7998	2.8%
法国	63	3671	4775	5961	6836	7593	2.7%
加拿大	139	2371	3321	4011	5278	6214	2.2%
葡萄牙	111	2829	3474	3837	4214	4363	1.5%
丹麦	2341	3159	3408	3805	3927	4137	1.5%
瑞典	265	1024	1537	2141	2904	3750	1.3%

资料来源：《BP 能源统计 2013》。

附表 15　2000—2012 年世界主要国家生物燃料产量　　万吨石油当量

国　家	2000年	2008年	2009年	2010年	2011年	2012年	2012年占世界
世界	918	4656	5199	5946	6029	6022	100.0%
美国	300	1915	2170	2557	2852	2736	45.4%
巴西	523	1409	1396	1557	1320	1355	22.5%
德国	19	272	273	289	283	289	3.0%
阿根廷	0	63	105	166	222	227	3.8%
法国	32	201	231	227	186	182	0.6%
中国	—	110	112	144	160	173	2.9%
印度尼西亚	—	53	46	72	110	121	2.0%
泰国	—	49	62	66	72	99	1.6%
加拿大	11	50	72	79	93	95	1.6%
波兰	—	28	39	42	40	63	0.8%
西班牙	7	36	96	127	81	58	0.6%
比利时	—	28	47	46	50	51	0.8%

资料来源：《BP 能源统计 2013》。

附表 16　2012 年世界主要国家和地区二氧化碳排放量　　亿吨

国家和地区	2011年	2012年	2012年/2011年变化	2012年占世界
中国	86.6	92.1	6.0%	26.7%
美国	60.0	57.9	-3.9%	16.8%
印度	17.0	18.2	6.9%	5.3%
俄罗斯	17.1	17.0	-0.5%	4.9%
日本	13.2	14.1	6.7%	4.1%
德国	8.0	8.2	1.3%	2.4%
韩国	7.5	7.6	1.0%	2.2%
加拿大	6.2	6.2	-0.9%	1.8%
沙特阿拉伯	5.8	6.2	6.4%	1.8%
伊朗	5.9	6.1	2.7%	1.8%
1—10位合计	227.4	233.5	2.7%	67.8%
英国	5.2	5.3	2.2%	1.5%
巴西	4.9	5.0	2.5%	1.5%
墨西哥	4.7	5.0	4.3%	1.4%
印度尼西亚	4.9	5.0	0.6%	1.4%
南非	4.4	4.5	0.8%	1.3%
意大利	4.3	4.1	-6.0%	1.2%
澳大利亚	4.0	3.9	-2.3%	1.1%
法国	3.8	3.8	0.4%	1.1%
西班牙	3.4	3.4	-0.6%	1.0%
泰国	3.2	3.3	4.7%	1.0%
11—20位合计	43.0	43.1	0.3%	12.5%
中国台湾	3.3	3.3	-0.8%	0.9%
波兰	3.4	3.3	-3.5%	0.9%
乌克兰	3.2	3.2	1.0%	0.9%
土耳其	3.2	3.2	-1.3%	0.9%
荷兰	2.5	2.5	-2.9%	0.7%
阿联酋	2.3	2.3	1.2%	0.7%
埃及	2.1	2.2	5.0%	0.6%
新加坡	2.2	2.2	-0.1%	0.6%
马来西亚	2.2	2.2	1.2%	0.6%
哈萨克斯坦	1.9	2.0	4.0%	0.6%
21—30位合计	26.3	26.3	0.3%	7.6%
世界	337.4	344.7	1.9%	100.0%
经合组织	140.5	139.0	-1.3%	40.3%
非经合组织	197.0	205.7	4.1%	59.7%

资料来源：《BP 能源统计 2013》。

附表 17　2012 年《财富全球 500》中排名前 30 位的石油石化公司　　亿美元

排名		公司名称	收　入	净利润	国　家
2012年	2011年				
1	1	皇家荷兰壳牌公司	4817.00	265.92	荷兰
3	2	埃克森美孚公司	4498.86	448.80	美国
4	5	中国石化集团	4281.67	82.21	中国
5	6	中国石油集团	4086.30	181.96	中国
6	4	BP公司	3882.85	115.82	英国
10	11	道达尔公司	2342.78	137.43	法国
11	8	雪佛龙公司	2338.99	261.79	美国
15	16	意昂集团	1697.56	28.49	德国
17	17	埃尼集团	1679.05	100.09	意大利
21	15	俄罗斯天然气公司	1535.28	380.86	俄罗斯
25	23	巴西国家石油公司	1441.03	110.34	巴西
27	35	瓦莱罗能源公司	1382.86	20.83	美国
36	34	墨西哥国家石油公司	1251.95	1.97	墨西哥
38	36	委内瑞拉国家石油公司	1244.59	26.78	委内瑞拉
39	40	挪威国家石油公司	1243.82	118.47	挪威
44	41	JX控股公司	1194.99	19.21	日本
46	49	鲁克石油公司	1163.35	110.04	俄罗斯
57	65	SK集团	1062.59	9.31	韩国
75	68	马来西亚国家石油公司	942.73	160.01	马来西亚
81	95	泰国国家石油公司	899.45	33.70	泰国
88	83	印度石油公司	855.21	8.18	印度
93	101	中国海洋石油总公司	834.59	77.35	中国
99	137	俄罗斯石油公司	796.10	109.82	俄罗斯
107	99	信实工业公司	7744.27	38.38	印度
112	90	雷普索尔公司	734.66	26.47	西班牙
115	108	必和必拓公司	722.26	154.17	澳大利亚
122	—	印度尼西亚国家石油公司	709.24	27.61	印度尼西亚
144	9	康菲石油公司	633.73	84.28	美国
176	210	奥地利石油天然气集团	548.10	17.52	奥地利
201	188	沙特基础工业公司	504.01	65.91	沙特阿拉伯

注：排名按当年公司营业收入计算。

资料来源：《财富》杂志 2013 年 7 月。

附表 18　2012 年《福布斯 2000》中综合排名前 30 位的石油天然气公司　　亿美元

2012年排名	公司名称	所在国	销售额	利润	资产	市值
5	埃克森美孚公司	美国	4207	449	3338	4004
7	皇家荷兰壳牌公司	荷兰	4672	266	3603	2131
10	中国石油股份公司	中国	3089	183	3478	2612
13	雪佛龙公司	美国	2226	262	2330	2325
17	俄罗斯天然气公司	俄国	1440	406	3393	1114
18	BP公司	英国	3709	116	3010	1304
20	巴西国家石油公司	巴西	1441	110	3316	1207
23	道达尔公司	法国	2405	141	2241	1155
26	中国石化股份公司	中国	4117	101	2000	1069
30	埃尼集团	意大利	1637	100	1852	863
38	挪威国家石油公司	挪威	1268	124	1402	781
44	必和必拓公司	澳大利亚	722	154	1293	1847
59	俄罗斯石油公司	俄国	688	112	1263	732
64	鲁克石油公司	俄国	1163	110	990	554
73	康菲石油公司	美国	584	84	1171	721
111	中海油有限公司	中国	392	101	732	843
114	哥伦比亚国家石油公司	哥伦比亚	390	84	644	1162
119	斯伦贝谢公司	荷兰	423	55	615	1055
121	信实工业公司	印度	703	39	642	504
141	雷普索尔公司	西班牙	777	27	812	288
142	森科能源公司	加拿大	388	28	768	473
144	泰国国家石油公司	泰国	899	34	533	329
151	西方石油公司	美国	243	46	642	674
155	印度石油天然气公司	印度	289	55	521	505
163	英国天然气公司	英国	193	46	644	606
187	苏尔古特油气公司	俄罗斯	234	72	514	337
197	瓦莱罗能源公司	美国	1392	21	445	244
198	杜克能源公司	美国	196	18	1139	493
214	JX控股公司	日本	1295	21	807	144
236	赫斯公司	美国	377	20	434	248

注：市值为 2013 年 3 月 1 日数据。

资料来源：《福布斯》杂志 2013 年 4 月。

附表 19　2012 年《PFC 50》中市值排名前 30 位的石油天然气公司

2012年排名	公司名称	所在国	公司主要业务	市值（亿美元）	2012年/2011年股价变化
1	埃克森美孚公司	美国	一体化	3946	0%
2	中国石油股份公司	中国	一体化	2645	–7%
3	皇家荷兰壳牌公司	荷兰	一体化	2226	–6%
4	雪佛龙公司	美国	一体化	2116	0%
5	BP公司	英国	一体化	1321	–3%
6	哥伦比亚国家石油公司	哥伦比亚	一体化	1266	43%
7	巴西国家石油公司	巴西	一体化	1247	–17%
8	道达尔公司	法国	一体化	1219	0%
9	俄罗斯天然气公司	俄罗斯	一体化	1123	–8%
10	中海油有限公司	中国	一体化	967	24%
11	中国石化股份	中国	一体化	965	–4%
12	俄罗斯石油公司	俄罗斯	一体化	934	25%
13	斯伦贝谢公司	美国	油田服务	902	–1%
14	埃尼集团	意大利	一体化	881	17%
15	挪威国家石油	挪威	一体化	793	–3%
16	康菲石油公司	美国	勘探开发	704	3%
17	西方石油公司	美国	勘探开发	621	–20%
18	鲁克石油公司	俄罗斯	一体化	563	29%
19	英国天然气公司	英国	一体化	560	–23%
20	森科能源公司	加拿大	一体化	504	12%
21	信实工业公司	印度	炼油销售	503	18%
22	法国燃气苏伊士公司	法国	天然气/公用	496	–26%
23	必和必拓公司	澳大利亚	采矿	453	10%
24	安特普来斯公司	美国	中游/基建	451	6%
25	印度石油天然气公司	印度	一体化	419	1%
26	金摩根公司	美国	中游/基建	400	143%
27	意昂集团	德国	天然气/公用	373	–14%
28	安纳达科公司	美国	勘探开发	371	–5%
29	帝国石油公司	加拿大	一体化	365	–4%
30	安桥公司	加拿大	中游/基建	347	14%

注：市值为 2012 年 12 月 31 日数据。

资料来源：《PFC Energy 50》，PFC 能源公司 2012 年 12 月 31 日。

附表 20 2011 年世界最大 50 家石油公司综合排名（六项指标）

综合排名	公司名称	石油储量		天然气储量		石油产量		天然气产量		炼油能力		油品销量	
		位次	亿吨	位次	亿立方米	位次	万吨	位次	亿立方米	位次	万吨	位次	万吨
1	沙特阿拉伯国家石油公司	2	363.6	5	81503	1	51665	4	1017	9	11071	5	15526
2	伊朗国家石油公司	3	207.1	1	330902	2	21605	2	1508	14	8860	13	10336
3	埃克森美孚公司	12	16.8	12	21584	9	11560	3	1352	1	31090	1	29259
4	中国石油天然气集团公司	8	34.3	10	31431	3	14990	7	876	3	18035	12	10781
5	委内瑞拉国家石油公司	1	406.2	6	55270	7	12500	22	310	6	14110	11	11105
6	BP公司	16	14.5	18	11797	11	10785	8	772	8	11760	3	26353
7	皇家荷兰壳牌公司	23	8.3	16	13496	15	8330	6	923	4	16255	2	28269
8	雪佛龙	20	8.8	23	8122	13	9245	12	507	12	9835	8	13455
9	道达尔	25	7.9	21	8698	18	6130	10	626	10	10440	4	16603
10	俄罗斯天然气公司	18	13.3	3	192129	22	4460	1	5099	21	5675	24	3992
11	墨西哥国家石油公司	13	15.6	36	3606	5	14385	17	450	13	9300	15	7689
12	康菲公司	27	6.7	25	5923	25	4330	15	464	7	11825	6	14272
13	科威特国家石油公司	5	139.3	13	18140	4	14505	44	129	20	5680	19	5201
13	阿尔及利亚国家石油公司	14	15.5	7	45052	16	7515	9	747	35	2280	26	3750
15	巴西国家石油公司	15	14.8	37	3515	10	10850	27	279	11	10065	9	13022
16	俄罗斯鲁克石油公司	11	18.4	24	6568	14	9197	33	185	16	7380	14	9618
17	卡塔尔石油总公司	17	14.2	4	180340	17	7245	5	958	48	1370	29	2893
17	阿布扎比国家石油公司	6	75.9	8	33301	12	9702	24	290	32	2510	39	1925
19	俄罗斯石油公司	10	25.1	22	8500	8	11899	46	127	24	5563	22	4336
20	马来西亚国家石油公司	28	6.6	15	14265	30	2885	13	498	38	2240	25	3819

续表

综合排名	公司名称	石油储量		天然气储量		石油产量		天然气产量		炼油能力		油品销量	
		位次	亿吨	位次	亿立方米	位次	万吨	位次	亿立方米	位次	万吨	位次	万吨
21	中国石油化工股份有限公司	36	3.9	47	1900	23	4405	40	146	2	27815	7	14171
22	意大利埃尼集团	33	4.7	26	5743	26	4225	19	420	26	3835	36	2345
23	伊拉克国家石油公司	4	196	9	31580	6	13066	88	18	29	3265	30	2837
24	埃及石油公司	41	2.9	20	10950	36	2315	21	335	27	3630	28	3513
25	尼日利亚国家石油公司	9	30.5	11	30351	20	5405	35	172	39	2225	64	151
26	挪威国家石油海德罗公司	39	3.1	28	5007	21	4725	18	435	42	1890	46	1373
27	俄罗斯苏尔古特油气公司	19	12.4	29	4827	19	6103	43	129	45	1730	40	1884
28	印度尼西亚国家石油公司	48	1.8	38	2992	53	968	38	157	25	5155	20	5078
29	印度石油天然气总公司	31	5.1	31	4593	28	3325	26	279	55	1070	54	830
29	俄罗斯TNK–BP公司	24	8.2	44	2405	24	4355	58	75	36	2275	43	1713
31	西班牙雷普索尔YPF集团	61	1	48	1743	46	1335	34	182	22	5655	23	4330
32	利比亚国家石油公司	7	45.2	19	11362	39	1935	81	40	42	1890	52	1151
33	中国海洋石油总公司	40	3	49	1713	27	3540	50	120	51	1205	44	1670
34	哈萨克斯坦国家石油公司	26	7.8	33	3949	38	2119	71	48	47	1540	50	1238
35	阿塞拜疆国家石油公司	32	4.8	27	5097	56	845	60	70	41	1995	58	497
36	乌兹别克斯坦国家石油公司	65	0.8	14	14712	71	421	11	566	54	1100	60	388
37	阿曼石油开发公司	35	4.1	30	4648	37	2120	32	223	—	—	—	—
38	俄罗斯诺瓦泰克公司	59	1.1	17	13248	68	479	14	472	66	0	67	0
39	哥伦比亚国家石油公司	45	1.9	66	784	29	3080	66	63	46	1675	45	1646
40	加拿大森科能源公司	30	5.2	83	359	35	2360	73	48	40	2205	37	2322

续表

综合排名	公司名称	石油储量		天然气储量		石油产量		天然气产量		炼油能力		油品销量	
		位次	亿吨	位次	亿立方米	位次	万吨	位次	亿立方米	位次	万吨	位次	万吨
41	美国阿帕奇公司	46	1.9	42	2753	40	1855	30	232	—	—	—	—
42	英国天然气公司	52	1.5	34	3640	57	830	23	293	—	—	—	—
43	叙利亚国家石油公司	37	3.4	43	2423	54	926	79	42	52	1200	46	1373
44	美国戴文能源公司	49	1.7	40	2969	51	1120	28	268	—	—	—	—
45	奥地利OMV集团	64	0.9	64	792	61	715	55	83	37	2244	31	2718
46	美国安纳达科石油公司	51	1.6	45	2369	44	1455	29	240	—	—	—	—
47	美国西方石油公司	38	3.1	52	1507	31	2645	48	126	—	—	—	—
48	澳大利亚必和必拓公司	57	1.1	39	2982	50	1165	31	231	—	—	—	—
49	美国赫斯公司	50	1.6	72	686	47	1330	65	64	50	1225	38	1962
50	印度信实石油公司	95	0	59	1039	90	95	45	127	18	6200	18	6196

资料来源：美国《石油情报周刊》2013 年 1 月。

附表 21　2011 年世界最大 50 家石油公司总收入等四项指标排名

综合排名		公司名称	国有比例	总收入		净利润		总资产		职工人数	
2011年	2010年			位次	亿美元	位次	亿美元	位次	亿美元	位次	万人
1	1	沙特阿拉伯国家石油公司	100	3	4075	—	—	—	—	23	5.6
2	2	伊朗国家石油公司	100	17	1138	—	—	—	—	28	4.1
3	3	埃克森美孚公司	—	2	4488	2	411	4	3311	17	8.2
4	5	中国石油天然气集团公司①	100	6	3696	10	163.7	1	4767	1	160
5	4	委内瑞拉国家石油公司	100	14	1248	27	45	10	1822	9	12.1
6	6	BP公司	—	5	3796	5	257	6	2931	15	8.3
7	7	皇家荷兰/壳牌集团	—	1	4747	3	309	2	3453	14	9
8	8	雪佛龙	—	7	2436	4	269	9	2095	22	5.7
9	9	道达尔	—	8	2354	9	172	8	2124	13	9.3
10	10	俄罗斯天然气公司	50	10	1475	1	418	3	3398	2	40.4
11	11	墨西哥国家石油公司	100	19	1114	—	–65	18	1096	6	15.1
12	12	康菲公司	—	30	674	14	124	13	1532	37	3
13	13	科威特国家石油公司	100	20	985	—	—	—	—	53	1.6
14	16	阿尔及利亚国家石油公司	100	28	720	—	—	—	—	24	5
15	15	巴西国家石油公司	47	11	1459	7	200	5	3194	18	8.2
16	13	俄罗斯鲁克石油公司	—	18	1121	16	104	22	912	10	12
17	20	卡塔尔石油总公司	100	24	794	6	244	20	1010	65	0.7
18	17	阿布扎比国家石油公司	100	27	720	—	—	—	—	46	2.3
19	19	俄罗斯石油公司	75	32	657	13	125	19	1060	5	16.1
20	17	马来西亚国家石油公司	100	56	199	8	182	14	1507	27	4.3

续表

综合排名		公司名称	国有比例	总收入		净利润		总资产		职工人数	
2011年	2010年			位次	亿美元	位次	亿美元	位次	亿美元	位次	万人
21	22	中国石油化工股份有限公司	76	4	3825	15	114	12	1802	3	37.7
22	21	意大利埃尼集团	33	9	1551	17	96	11	1851	19	7.9
23	24	伊拉克国家石油公司	100	22	825	—	—	—	—	31	3.5
24	25	埃及石油公司	100	76	99	—	—	—	—	20	7.5
25	23	尼日利亚国家石油公司	100	36	489	—	—	—	—	43	2.4
26	28	挪威国家石油海德罗公司	67	16	1160	12	142	16	1282	48	2.1
27	26	俄罗斯苏尔古特油气公司	—	49	235	21	73	30	515	11	11.1
28	29	印度尼西亚国家石油公司	100	33	650	43	23	44	344	42	2.4
29	31	印度石油天然气总公司	69	46	283	25	53	34	433	34	3.3
30	32	俄罗斯TNK-BP公司	—	38	434	18	90	41	371	26	4.5
31	29	西班牙雷普索尔YPF集团	—	21	828	36	28	21	922	25	4.7
32	27	利比亚国家石油公司	100	68	143	—	—	—	—	30	4
33	34	中国海洋石油总公司	100	40	383	60	10	17	1142	12	9.9
34	35	哈萨克斯坦国家石油公司	100	59	177	34	32	36	416	16	8.3
35	38	阿塞拜疆国家石油公司	100	86	64	67	6	64	133	21	5.9
36	37	乌兹别克斯坦国家石油公司	100	87	55	—	—	—	—	7	13.2
37	35	阿曼石油开发公司	60	55	202	—	—	—	—	68	0.5
38	41	俄罗斯诺瓦泰克公司	—	90	50	31	37	66	119	68	0.5
39	48	哥伦比亚国家石油公司	88	43	339	20	80	31	476	61	0.9
40	39	加拿大森科能源公司	—	39	393	28	43	24	733	56	1.3

续表

综合排名		公司名称	国有比例	总收入		净利润		总资产		职工人数	
2011年	2010年			位次	亿美元	位次	亿美元	位次	亿美元	位次	万人
41	40	美国阿帕奇公司	—	60	169	26	46	29	521	68	0.5
42	45	英国天然气公司	—	52	211	29	42	25	614	65	0.7
43	50	叙利亚国家石油公司	—	58	181	—	—	—	—	51	1.6
44	42	美国戴文能源公司	—	37	115	—	-26	37	411	68	0.5
45	48	奥地利OMV集团	32	37	442	48	20	42	369	37	3
46	46	美国安纳达科石油公司	—	69	140	—	-26	29	518	68	0.5
47	43	美国西方石油公司	—	48	239	23	66	26	600	60	1.1
48	52	澳大利亚必和必拓公司	—	29	718	11	154	15	1293	28	4.1
49	51	美国赫斯公司	—	42	378	52	17	40	391	55	1.4
50	43	印度信实石油公司	—	31	668	30	39	27	580	45	2.3

①中国石油天然气集团公司净利润数据原稿有误，作者已做调整。

资料来源：美国《石油情报周刊》2013 年 1 月。

附　图

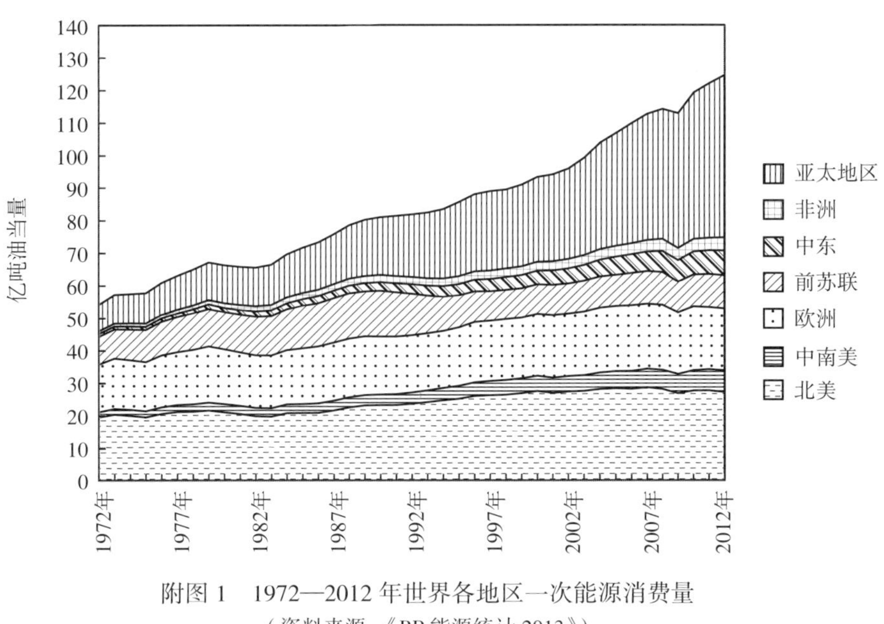

附图 1　1972—2012 年世界各地区一次能源消费量
（资料来源:《BP 能源统计 2013》）

附图 2　1982—2012 年世界各地区石油剩余探明可采储量
（资料来源:《BP 能源统计 2013》）

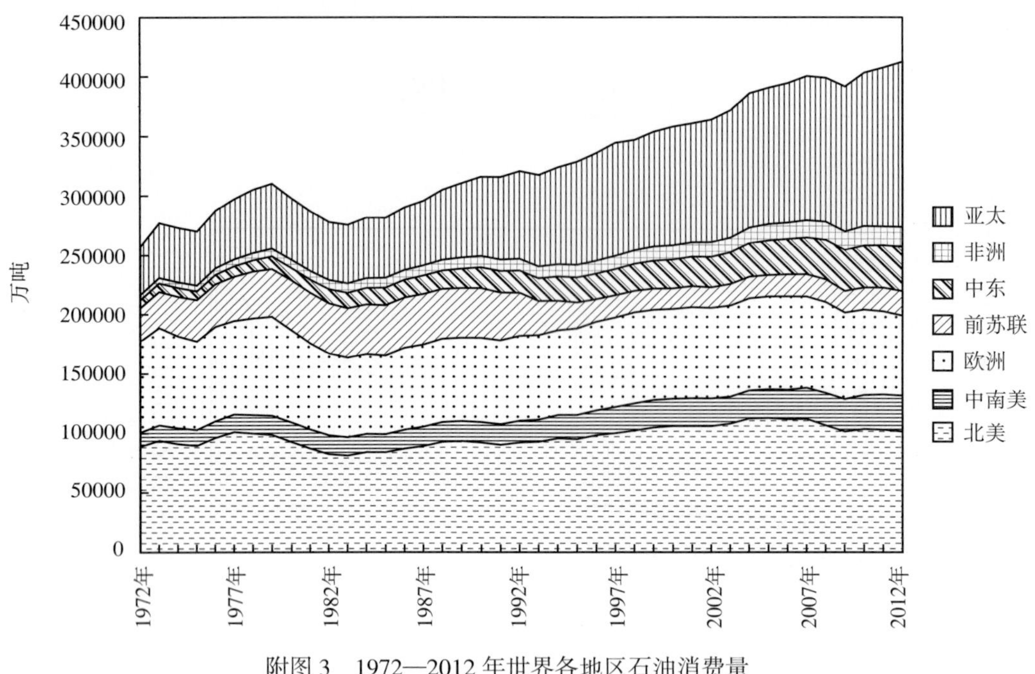

附图 3　1972—2012 年世界各地区石油消费量
（资料来源：《BP 能源统计 2013》）

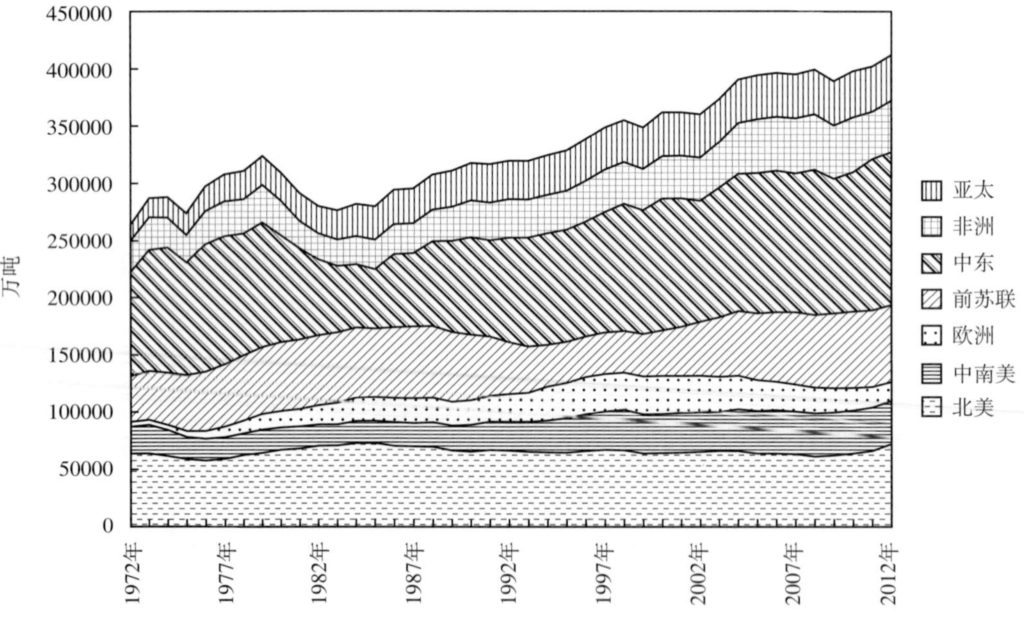

附图 4　1972—2012 年世界各地区石油产量
（资料来源：《BP 能源统计 2013》）

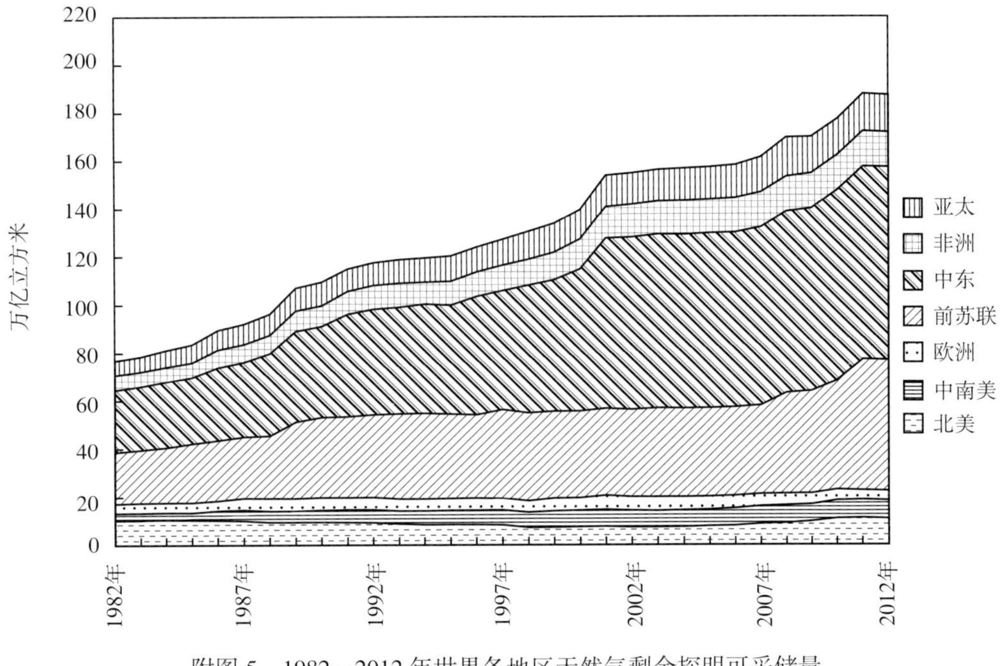

附图 5　1982—2012 年世界各地区天然气剩余探明可采储量

（资料来源：《BP 能源统计 2013》）

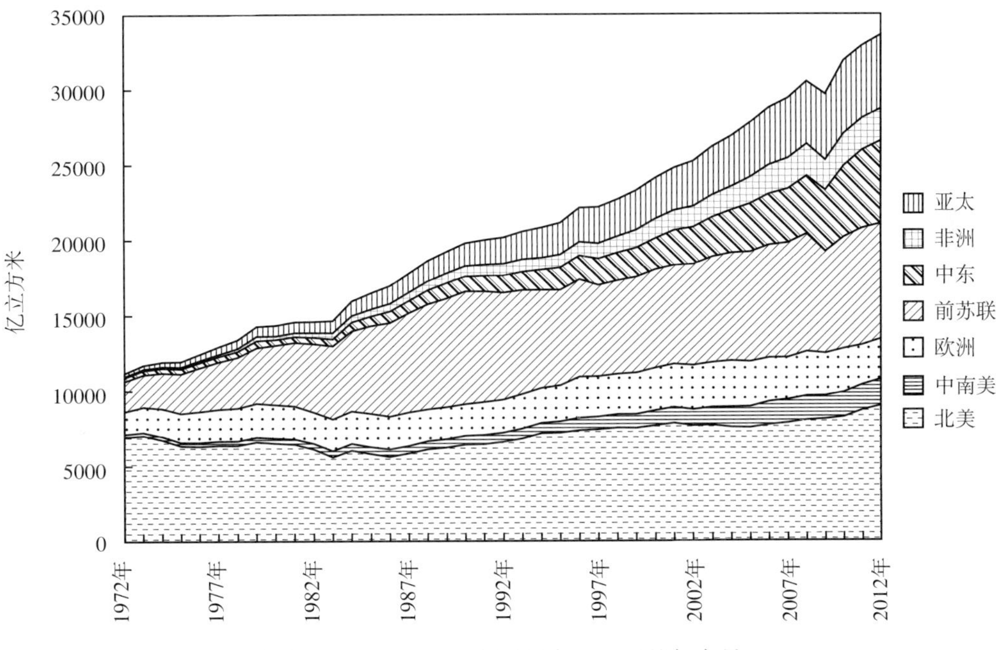

附图 6　1972—2012 年世界各地区天然气产量

（资料来源：《BP 能源统计 2013》）

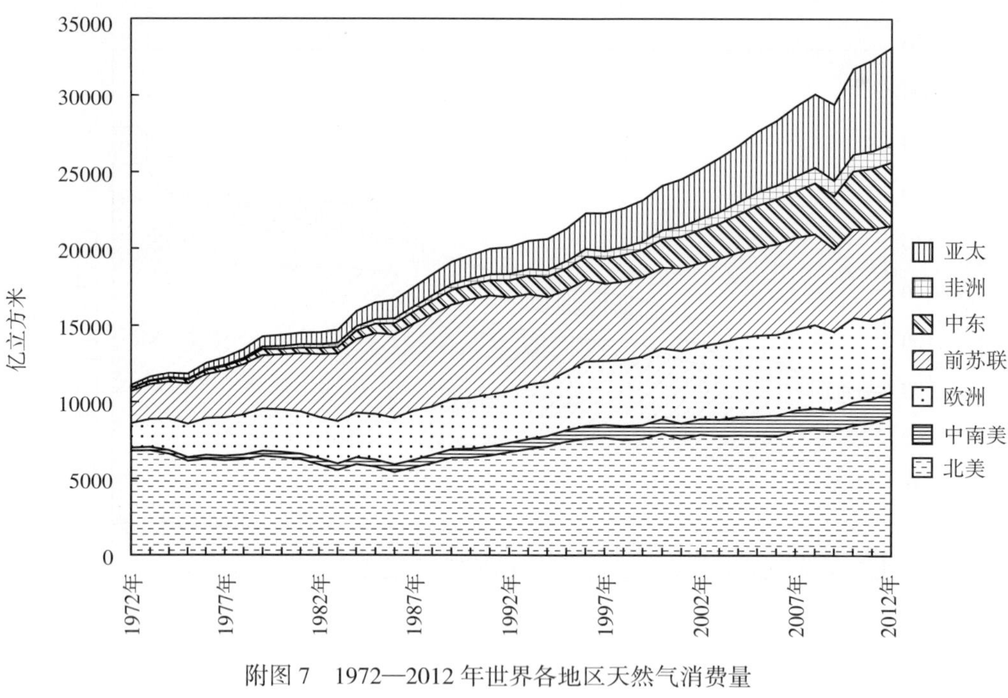

附图 7　1972—2012 年世界各地区天然气消费量
（资料来源：《BP 能源统计 2013》）

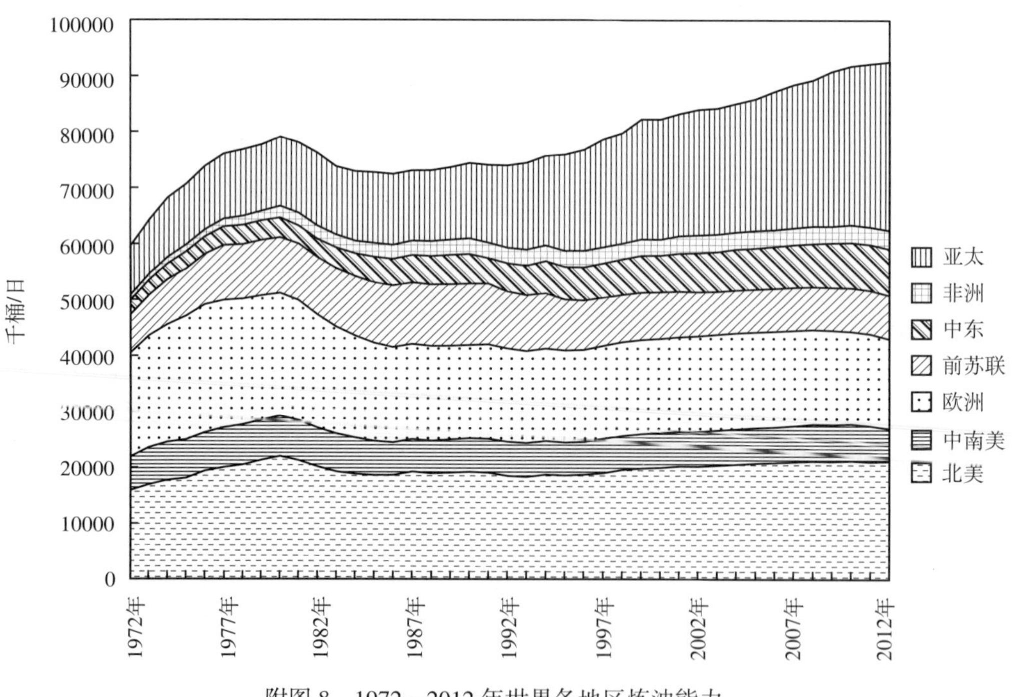

附图 8　1972—2012 年世界各地区炼油能力
（资料来源：《BP 能源统计 2013》）

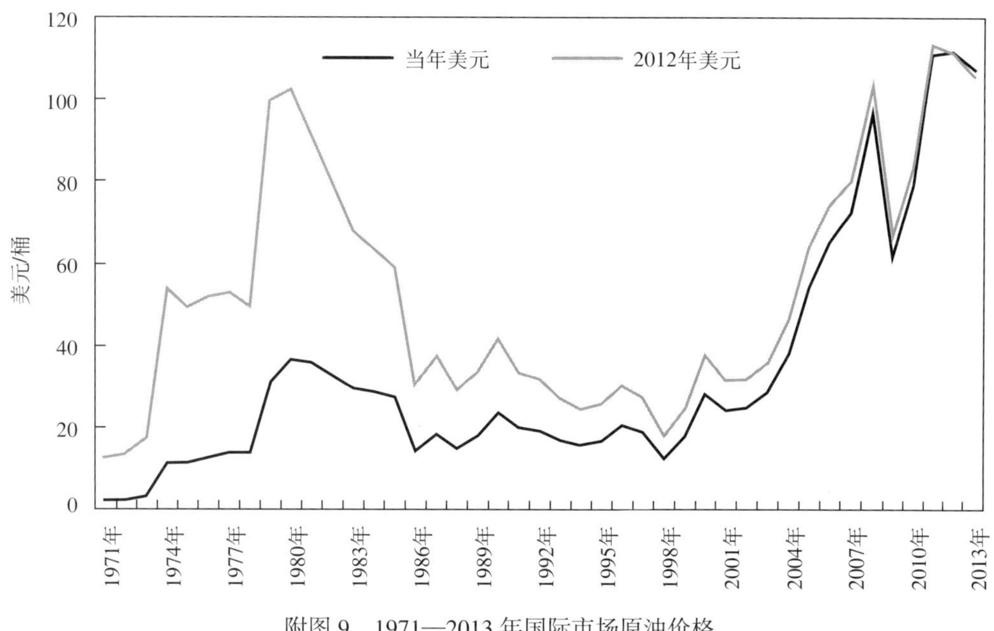

附图 9　1971—2013 年国际市场原油价格

（资料来源：《BP 能源统计 2013》等；2013 年为 1–6 月份数据）

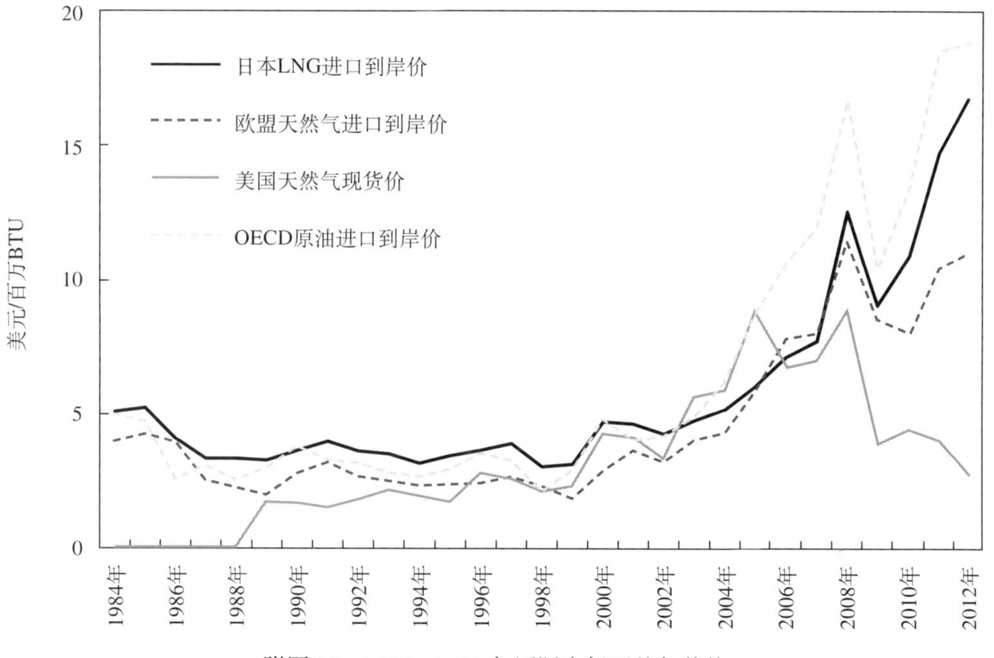

附图 10　1984—2012 年国际市场天然气价格

（资料来源：《BP 能源统计 2013》）

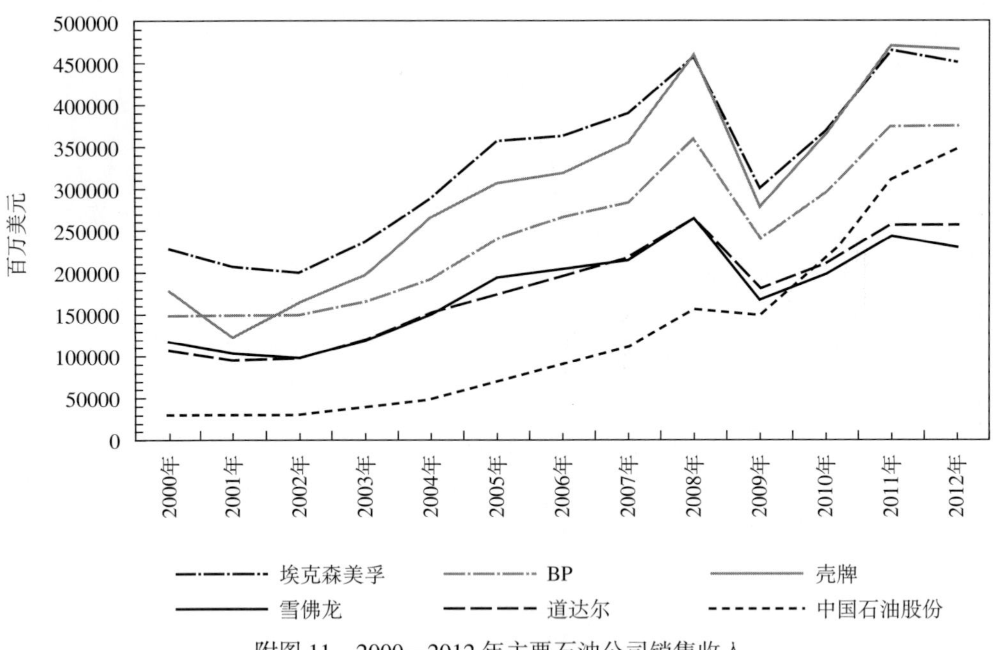

附图 11　2000—2012 年主要石油公司销售收入
（资料来源：各公司年报和财务经营报告）

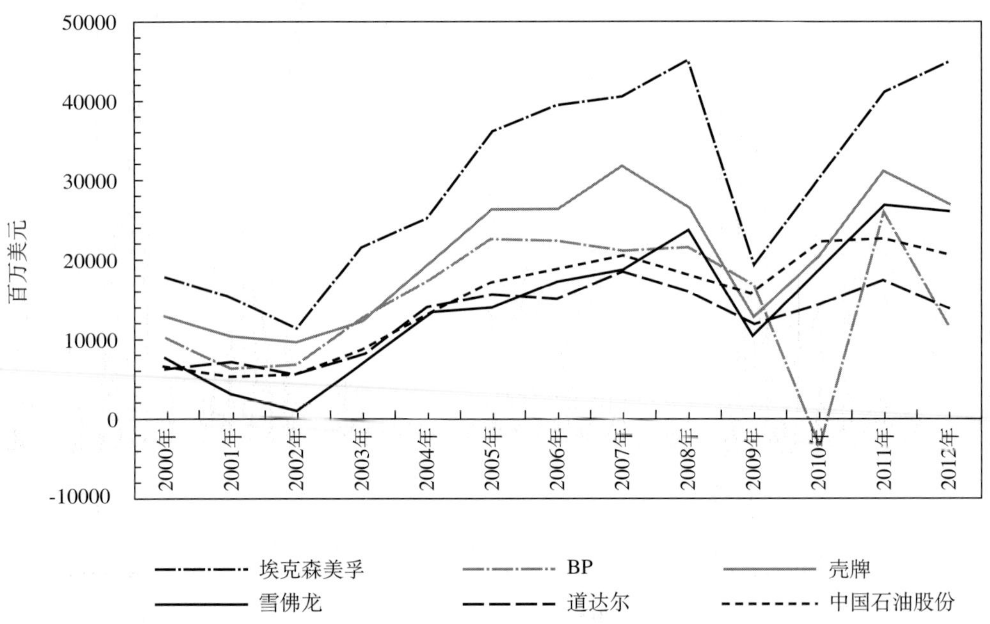

附图 12　2000—2012 年主要石油公司净利润
（资料来源：各公司年报和财务经营报告）

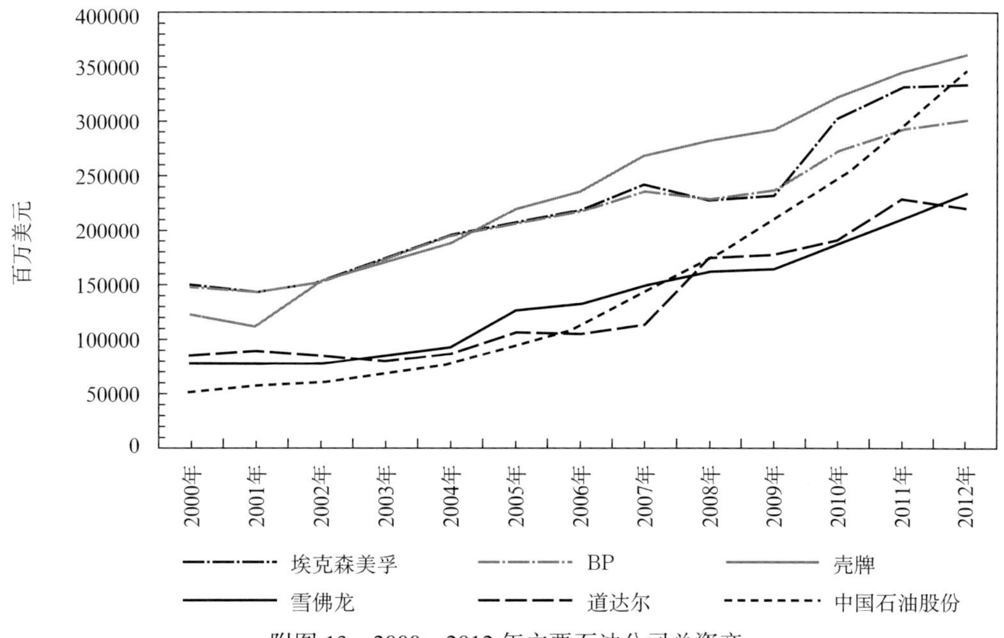

附图 13　2000—2012 年主要石油公司总资产

（资料来源：各公司年报和财务经营报告）

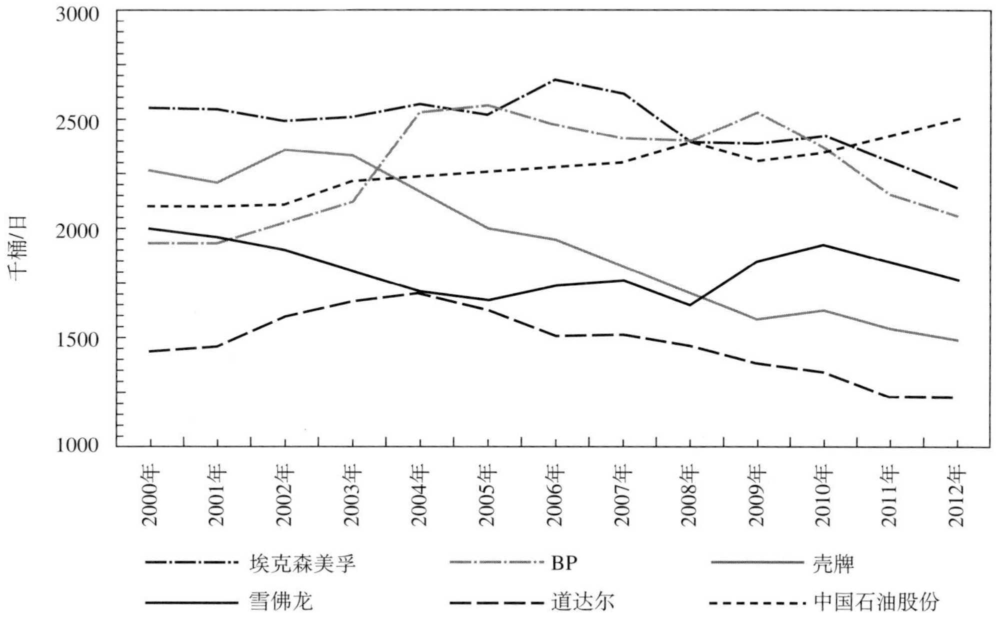

附图 14　2000—2012 年主要石油公司原油产量

（资料来源：各公司年报和财务经营报告）

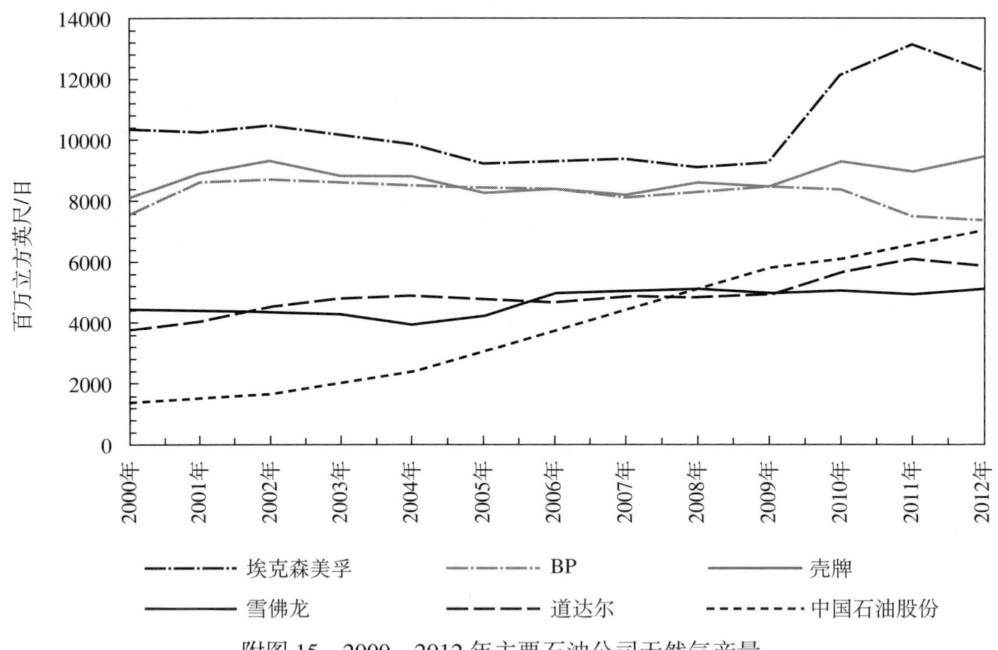

附图 15　2000—2012 年主要石油公司天然气产量

（资料来源：各公司年报和财务经营报告）

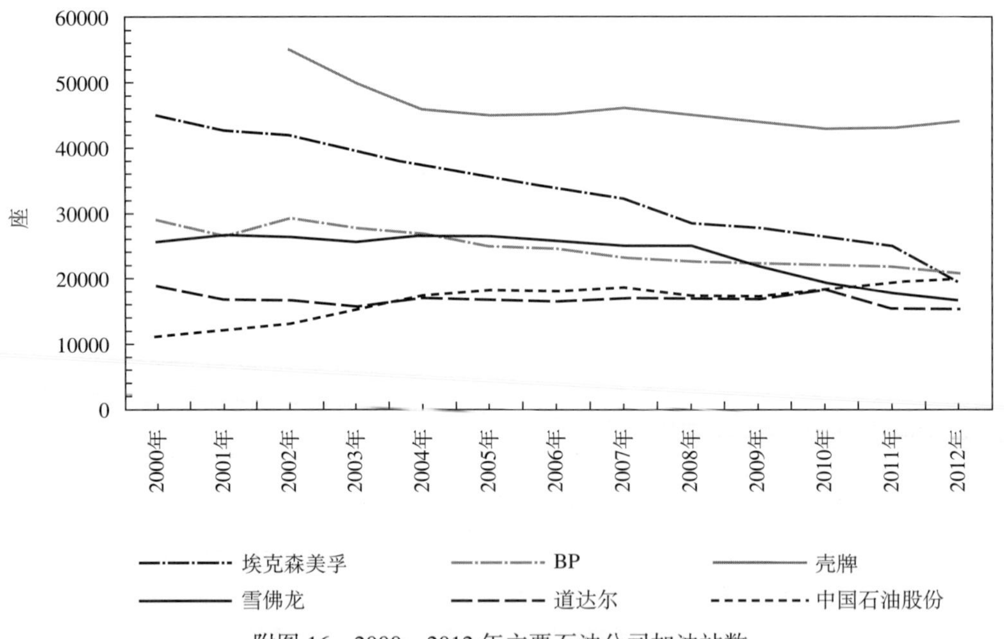

附图 16　2000—2012 年主要石油公司加油站数

（资料来源：各公司年报和财务经营报告）

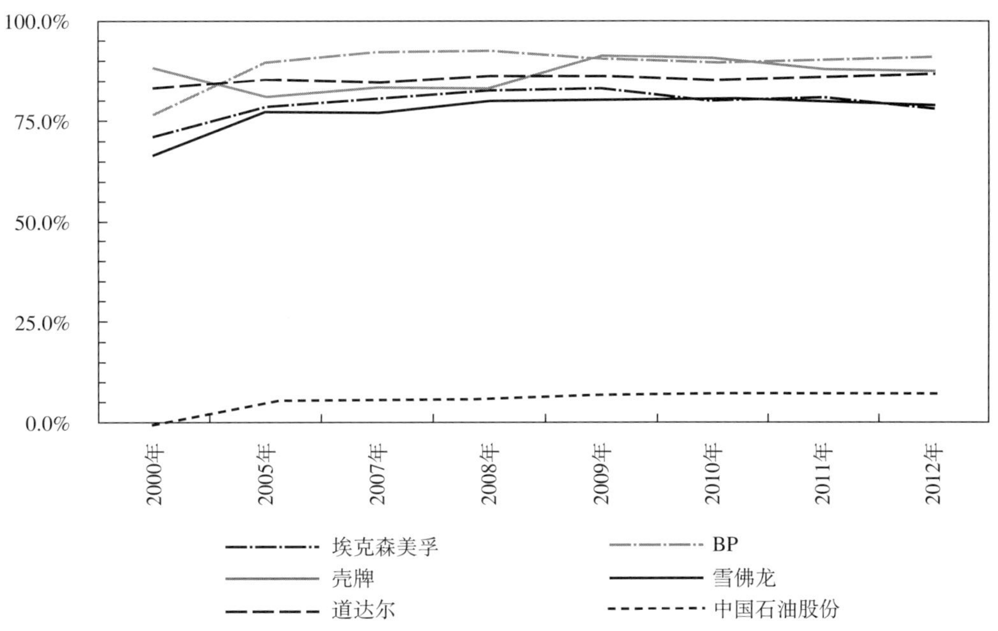

附图 17　2000—2012 年主要石油公司石油储量海外比例

（资料来源：各公司年报和财务经营报告）

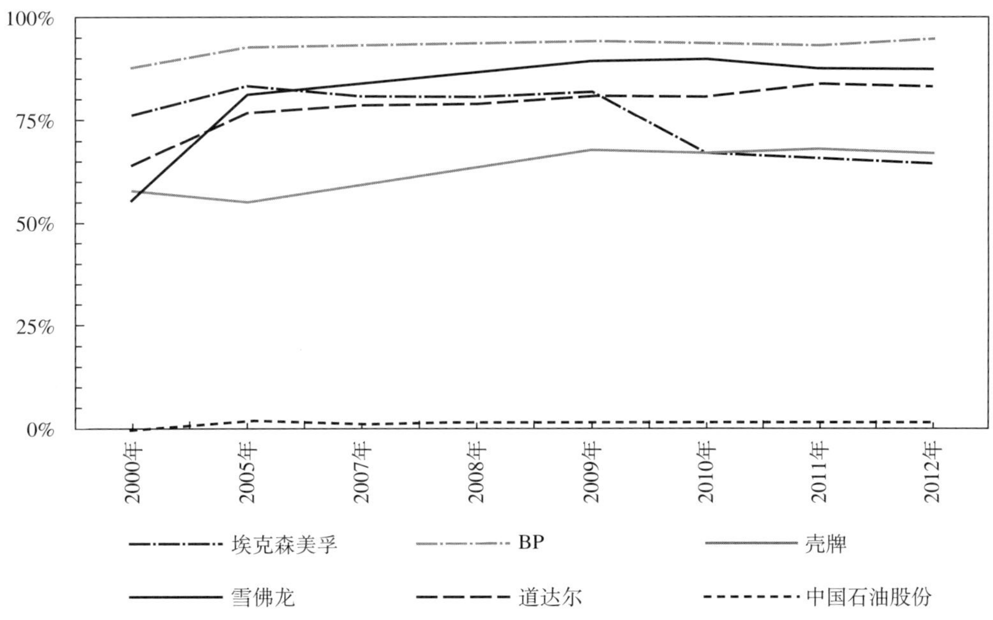

附图 18　2000—2012 年主要石油公司天然气储量海外比例

（资料来源：各公司年报和财务经营报告）

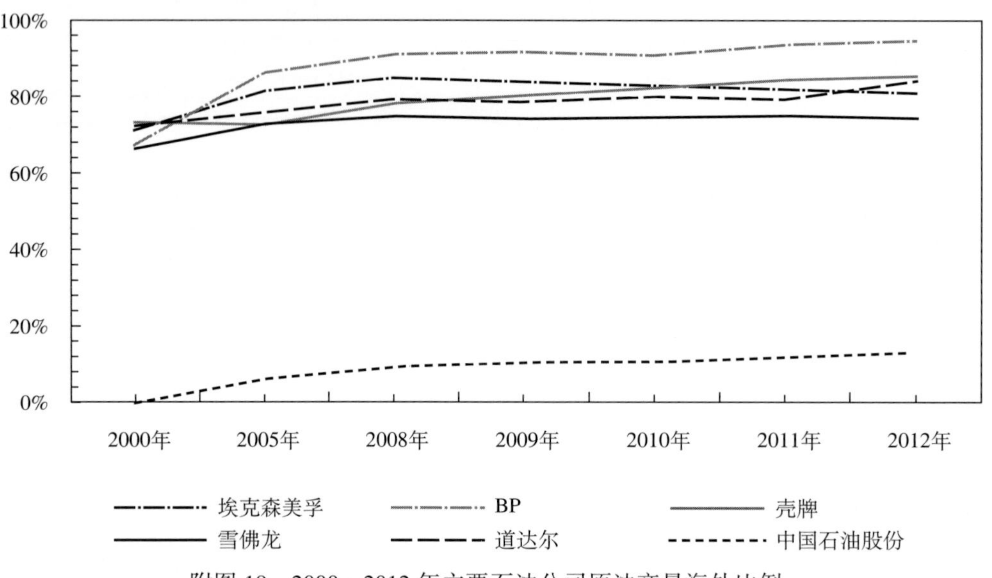

附图 19　2000—2012 年主要石油公司原油产量海外比例
（资料来源：各公司年报和财务经营报告）

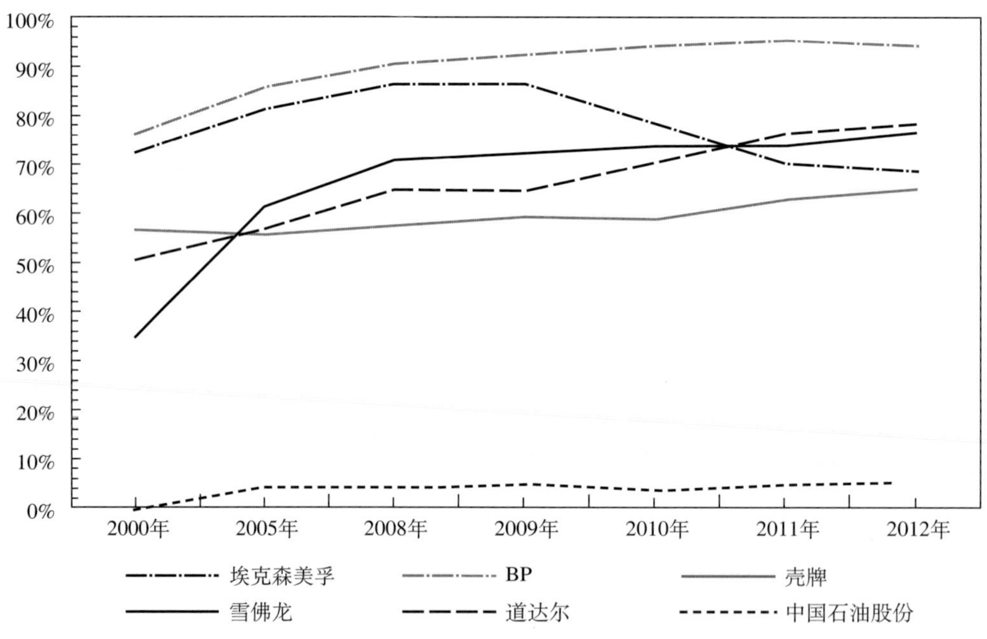

附图 20　2000—2012 年主要石油公司天然气产量海外比例
（资料来源：各公司年报和财务经营报告）

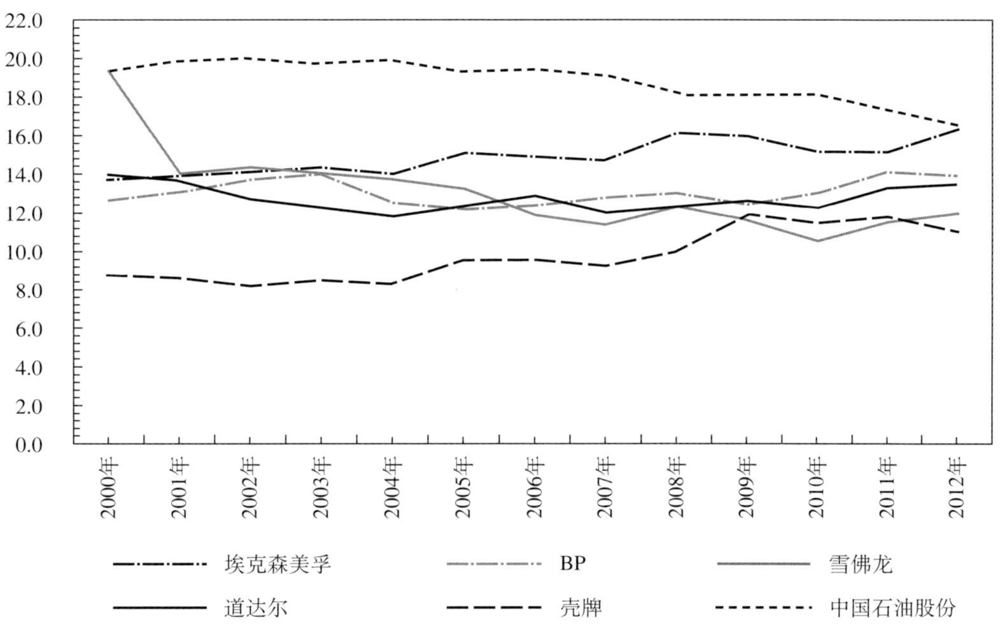

附图 21　2000—2012 年主要石油公司油气储采比
（资料来源：各公司年报和财务经营报告）

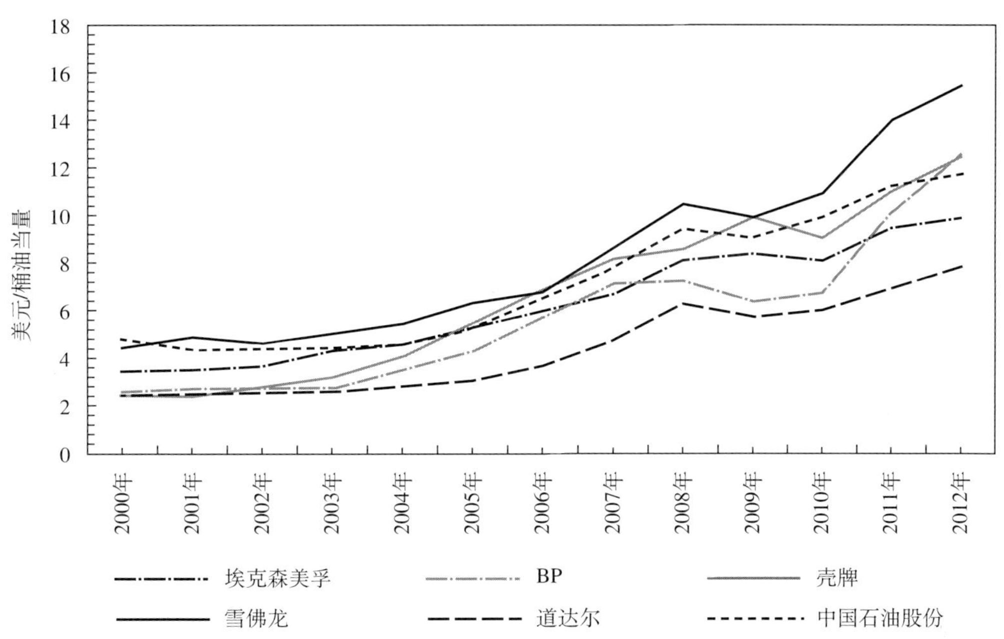

附图 22　2000—2012 年主要石油公司油气操作成本
（资料来源：各公司年报和财务经营报告）

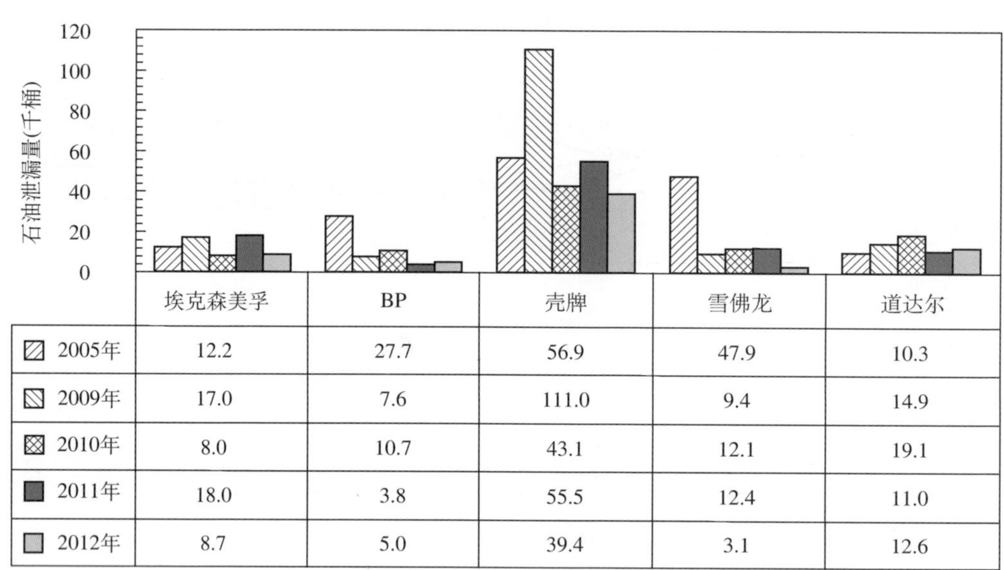

	埃克森美孚	BP	壳牌	雪佛龙	道达尔
2005年	12.2	27.7	56.9	47.9	10.3
2009年	17.0	7.6	111.0	9.4	14.9
2010年	8.0	10.7	43.1	12.1	19.1
2011年	18.0	3.8	55.5	12.4	11.0
2012年	8.7	5.0	39.4	3.1	12.6

附图 23　2005—2012 年主要石油公司石油泄漏量

（资料来源：各公司企业社会责任报告）

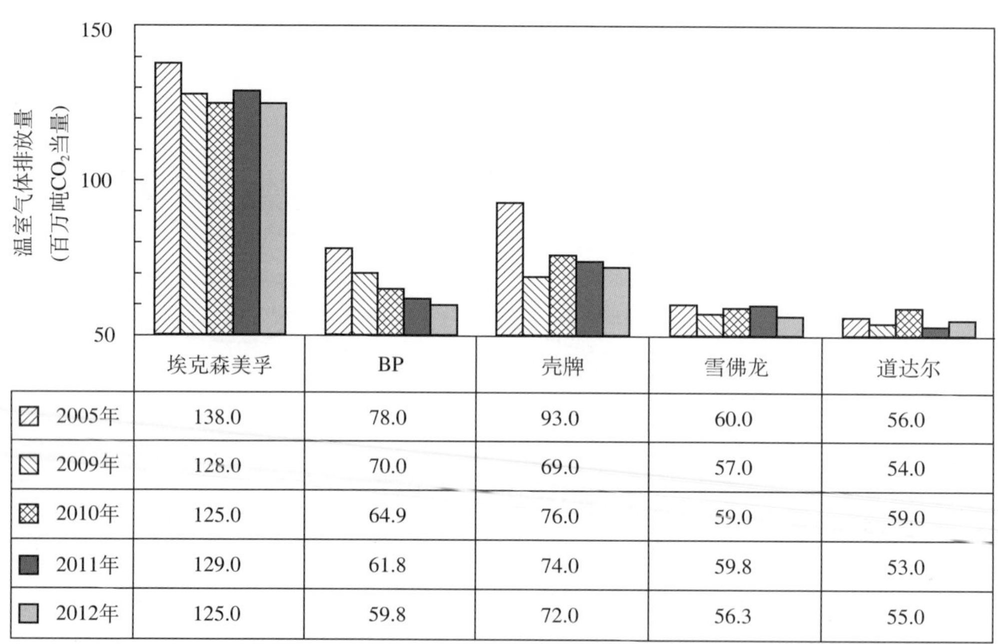

	埃克森美孚	BP	壳牌	雪佛龙	道达尔
2005年	138.0	78.0	93.0	60.0	56.0
2009年	128.0	70.0	69.0	57.0	54.0
2010年	125.0	64.9	76.0	59.0	59.0
2011年	129.0	61.8	74.0	59.8	53.0
2012年	125.0	59.8	72.0	56.3	55.0

附图 24　2005—2012 年主要石油公司温室气体排放量

（资料来源：各公司企业社会责任报告）

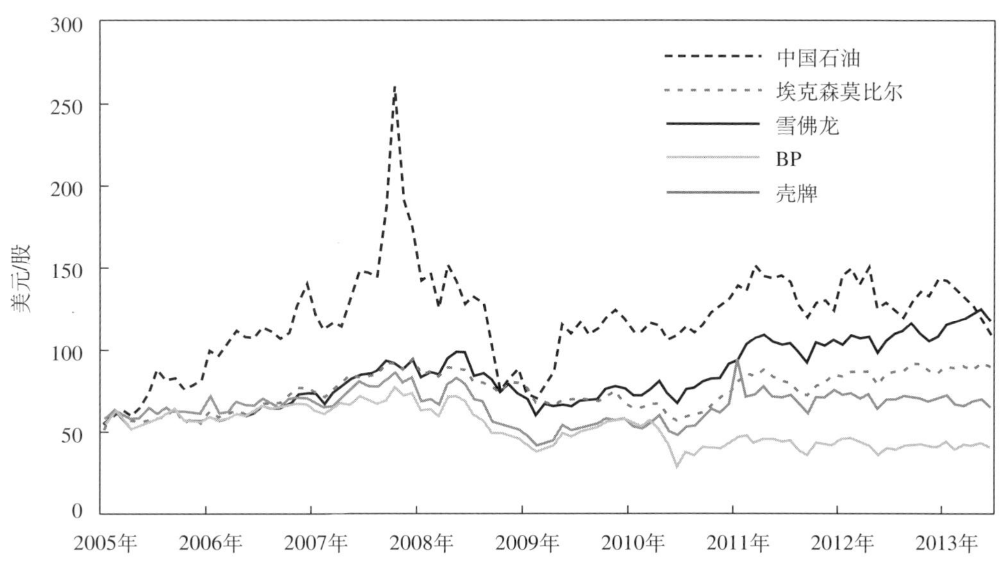

附图 25　2005—2013 年纽约证交所主要石油公司股价走势

注：2013 年为 1—6 月份数据。

（资料来源：路透电讯）

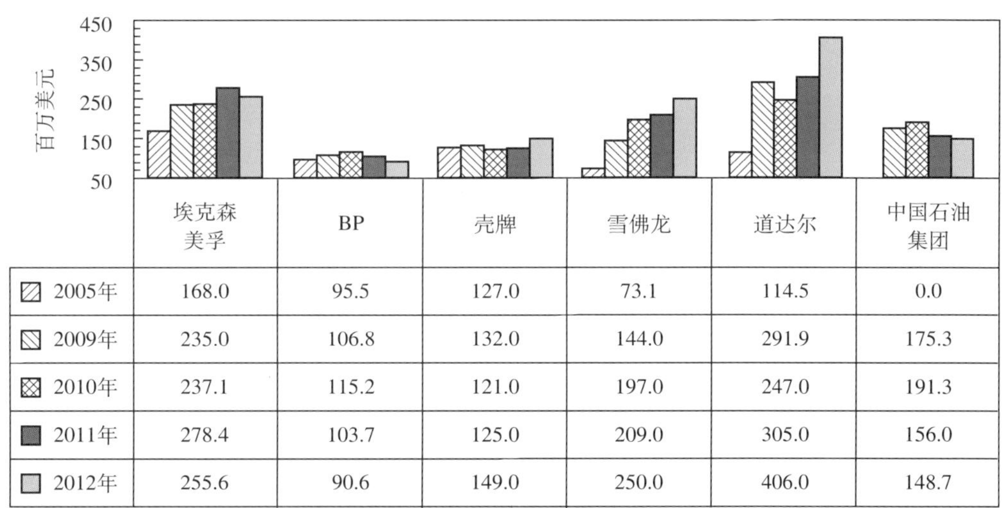

	埃克森美孚	BP	壳牌	雪佛龙	道达尔	中国石油集团
2005年	168.0	95.5	127.0	73.1	114.5	0.0
2009年	235.0	106.8	132.0	144.0	291.9	175.3
2010年	237.1	115.2	121.0	197.0	247.0	191.3
2011年	278.4	103.7	125.0	209.0	305.0	156.0
2012年	255.6	90.6	149.0	250.0	406.0	148.7

附图 26　2005—2012 年主要石油公司公益性社会投入

注：公益性社会投入主要指慈善捐助，对非赢利性教育、健康和环境项目的资助，以及对作业区社会发展的援助；道达尔数据指对非经合组织国家的投入；中国石油集团数据中含扶贫帮困、捐资助学、赈灾捐赠和环保支出。

（资料来源：各公司企业社会责任报告）

索　引

使用说明

一、本索引采用内容分析索引法编制。除大事纪要外,《年鉴》中有实质检索意义的内容均予以标引，以便检索使用。

二、索引基本上按汉语拼音音序排列，具体排列方法如下：以数字开头的，排在最前面；以英文字母打头的，列于其次；汉字标目则按首字的音序、音调依次排列，首字相同时，则以第二个字排序，并依此类推。

三、索引标目后的数字，表示检索内容所在的《年鉴》正文页码；数字后面的英文字母 a、b，表示《年鉴》正文中的栏别，合在一起即指该页码及左右两个版面区域。《年鉴》中用表格、图片反映的内容，则在索引标目后面用括号注明（表）、（图）字，以区别于文字标目。

四、为反映索引款目间的隶属关系，对于二级标目，采取在上一级标目下缩二格的形式编排，之下再按汉语拼音音序、音调排列。

0—9

A—Z

C

D

H

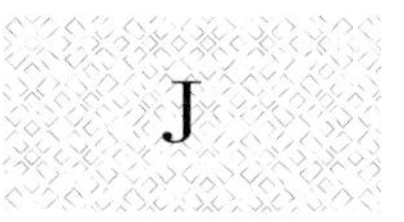

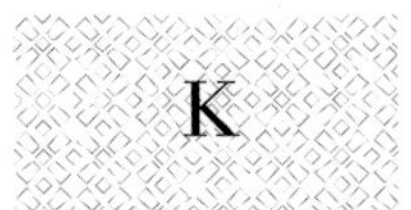

K

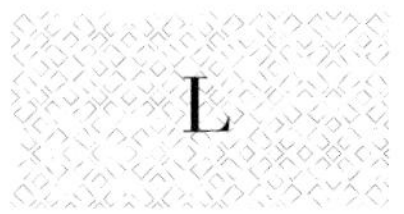
L

M

R

S

W

X

（王彦祥　毋栋　编制）

编 后 记

本卷《年鉴》是《中国石油天然气工业年鉴》自1996年正式出版以来连续出版的第十八个卷本；也是更名为《中国石油天然气集团公司年鉴》后的第十五个卷本。

本卷《年鉴》基本沿用历年来业已形成的框架结构和装帧风格。在编辑过程中，重点追踪集团公司当年所发生的重大事件，体现年度历史进展特色；坚持统一性和灵活性相结合，充分反映集团公司年度工作特点，在保持整体篇目大体不变的情况下，本卷《年鉴》对部分栏目和条目相应进行了调整；为增强《年鉴》资料性及便于横向对比，本卷《年鉴》继续收录世界主要国家和各大石油公司有关石油石化相关数据图表，对《年鉴》内容的信息含量进行扩充。我们试图更加注重《年鉴》的工具性和实用性，同时尽量使版式设计规范严整，力求使文字叙述更为流畅。

《年鉴》的编辑出版工作始终得到集团公司党组和各级领导的高度重视，集团公司董事长、党组书记周吉平为本卷《年鉴》作序；集团公司机关和股份公司机关各部门、各专业分公司及各企事业单位的领导为本卷《年鉴》的出版提供各种形式的支持和帮助；各单位负责《年鉴》工作的联系人和撰稿人为本卷《年鉴》的出版付出了艰辛的劳动；集团公司办公厅（股份公司总裁办公室）的领导除了直接参与《年鉴》内容的审订和编写外，还做了大量的组织协调工作。此外，中国石油报社等单位为本卷《年鉴》出版提供辅助资料和照片；中国石油集团经济技术研究院为本卷《年鉴》提供《中国石油天然气集团公司2012年度报告》和《中国石油天然气集团公司2012年企业社会责任报告》资料以及世界主要国家和各大石油公司相关数据图表。在此，对这些单位和同志、对所有支持《年鉴》工作和为《年鉴》出版提供帮助的人们致以诚挚的谢意。

尽管在编辑过程中我们作出很大的努力，但限于工作经验和编辑水平等方面的原因，本卷《年鉴》难免存在疏漏和不足，恳请读者提出批评、意见和建议，以利于我们把这项工作做得更好。

《中国石油天然气集团公司年鉴》编辑部

2013 年 12 月

工程造价咨询业务
为客户提供公平、公正、客观、科学、诚信的造价咨询服务

综合金融服务方案
一揽子服务
专属团队
综合定价，财务费用更节约
综合方案，服务内容更全面
优化升级，问题解决更及时
客户为中心
专家团队，专属服务更优质
积极互动，银企交流更顺畅
一户一策，优享政策差别化
量身定制，满足需求个性化
扫一扫 关注建行北京市分行官方微博
中国建设银行
China Construction Bank
北京市分行

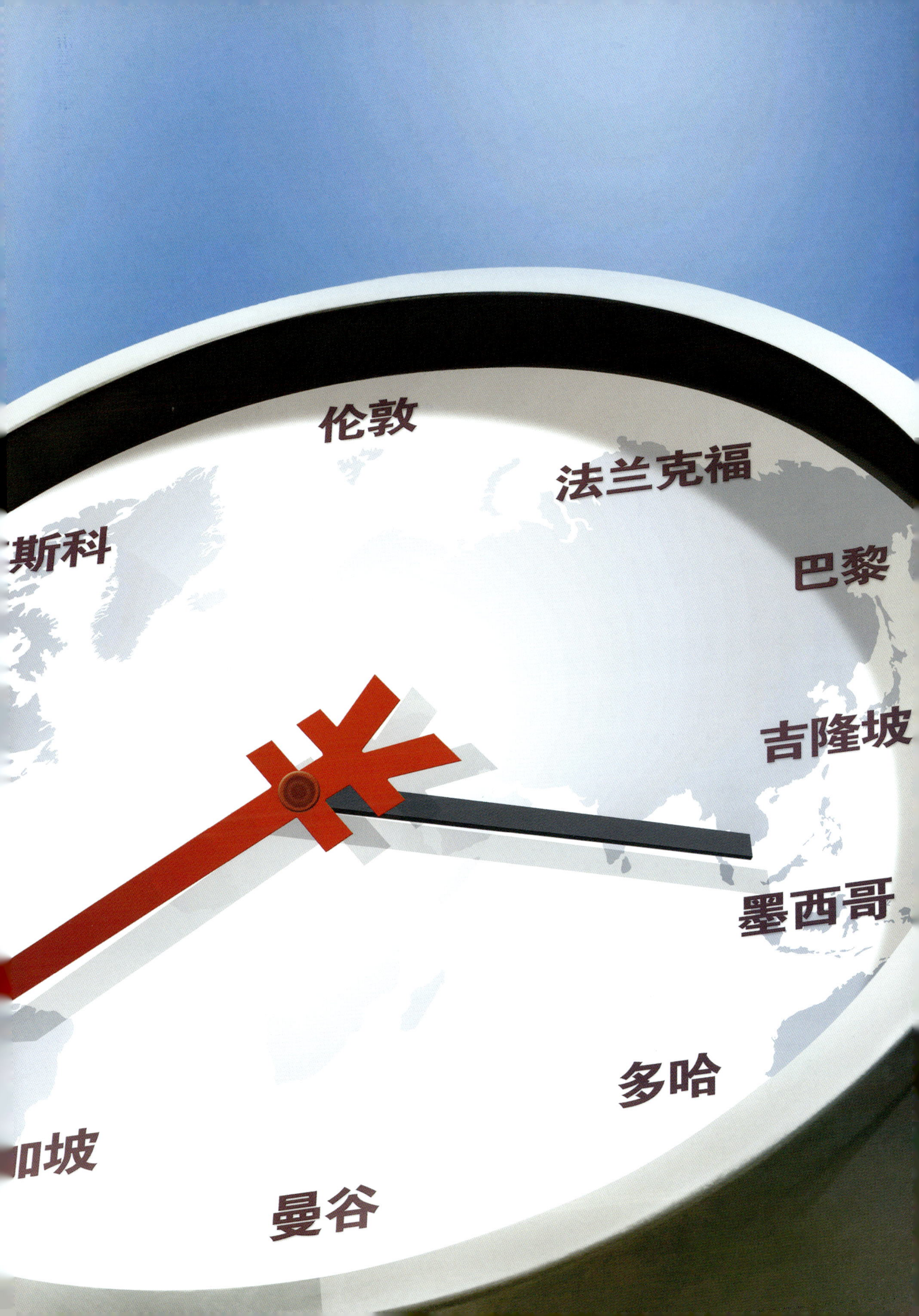

伦敦

法兰克福

斯科

巴黎

吉隆坡

墨西哥

多哈

加坡

曼谷

法国兴业银行是欧洲大型的金融服务集团之一。基于其全能银行模式，法国兴业银行集团以雄厚资金实力推动持续发展战略，同时致力于建设密切客户关系、锻造市场声誉、贴近客户需求并提升服务质量和团队效能。

法国兴业银行集团在全球76个国家有15.4万名员工，每天要为3200万家客户提供服务。法国兴业银行在以下三大核心业务上为个人、企业及机构客户提供咨询和服务：

（1）法国国内零售银行业务：主要通过法国兴业银行以及北方信贷银行和Boursorama银行开展。

（2）国际零售银行业务：即中东欧/俄罗斯、地中海地区和撒哈拉以南非洲地区、亚洲以及法国海外领土的业务。

（3）企业和投资银行：全球化的投资银行、融资和环球市场业务。

法国兴业银行业务还包括专业融资和保险、私人银行、资产管理和证券服务。

截至2013年9月，评级机构穆迪、惠誉、标普给予法国兴业银行的长期评级分别为A2、A和A。

法国兴业银行（中国）有限公司的使命是成为客户的全能银行合作伙伴。1981年，法国兴业银行在北京开设代表处，成为在中国较早设立办事机构的外资银行之一。2008年8月4日获得中国银行业监督委员会的批准成立,在中国市场建立外商独资银行。转制为中国法人银行，意味着法国兴业银行对中国市场更坚定的承诺和能够为中资企业提供更为丰富的产品和金融服务。目前法国兴业银行已经在北京、广州、上海、天津、武汉、杭州和哈尔滨开设了7家分行，8家零售网点，可以向国内客户提供个人理财、信贷等一揽子金融业务及服务，这也使得法国兴业银行成为迄今为止唯一一家在中国提供零售银行个人业务的法资银行。

法国兴业银行与中国石油天然气集团公司近年来在以下领域中保持着紧密的合作：海外并购项目推荐及财务顾问服务，境外项目融资顾问、项目融资服务，国际债券资本市场服务，国际贸易融资（信用证、保函、预付款融资等），大宗商品价格套期保值，市场风险管理（利率及汇率风险），投资产品推荐等。我们一直视中国石油为主要的合作伙伴，即便在过去几年较为严峻的金融环境下，我们也一直毫无懈怠的，并将始终如一地践行着作为中国石油战略合作伙伴关系的郑重承诺。

法国兴业银行在能源领域一直处于世界领先地位，在中国与其他大型能源类公司也保持着紧密的合作。

MIZUHO

One MIZUHO

One MIZUHO

Building the future with you

瑞穗金融集团

Quality for You

MUFG

三菱東京UFJ銀行

以人为本 创新为魂

客户为先 责任至上

TPCO TIANJIN PIPE (GROUP) CORPORATION

天津钢管集团股份有限公司

公司简介

天津钢管集团股份有限公司（TPCO）俗称“天津大无缝”，地处天津滨海新区，是世界上规模较大的无缝钢管、石油专用管生产企业，是中国能源工业钢管基地。1989 年动工兴建，1992 年热试成功，1996 年正式投产，从德国、意大利、美国、英国、比利时等国引进了世界上先进的直接还原铁、炼钢、轧管、管加工和产品研发及检测设备，并配备了完善的自动化系统。

TPCO 建有完善的质量保证体系和世界先进的企业技术中心，开发出多项具有自主知识产权的产品，先后取得 API、ISO 9001、ISO 14001、OSHMS 18001、特种设备制造许可证等认证和美孚、壳牌、沙特国家石油公司等60 多家石油公司及终端用户认证。

TPCO 始终保持技术装备上的领先优势，拥有 REM、MPM、PQF 和 ASSEL 四种机型、七套轧机。目前，世界领先的四套 PQF 轧管机组均在 TPCO，代表了当今无缝钢管工艺技术的顶尖水平。可按照 API、ISO、ASTM、ASME、DIN、JIS、EN 等国际标准及国家标准和用户协议生产外径 25—1200 毫米，壁厚 1—80 毫米的优质石油专用管、高中低压锅炉管、高压化肥管、石油裂化管、高压气瓶管、管线管、船舶用管、军工用管、核电用管、支柱管、地质管、机械管、结构管、流体管等无缝钢管。

现今，TPCO 无缝钢管年生产能力已达 400 万吨，其中油套管 150 万吨，特殊螺纹 50 万吨。产品广泛用于能源、化工、电力、气瓶、机械制造、基础设施、船舶行业、海工行业、军工行业等各个行业，并出口到近百个国家和地区。

TPCO 在做大、做强钢管主业的同时，坚持适度多元化发展，形成了高端化、高质化、高新化的产业布局，建成了铜材、不锈板、彩涂板、高压气瓶、焊管、钻杆等一批高水平的项目，发展了设备制造、国际贸易和物流等新的产业，2011 年 8 月美国项目破土动工拟建设一条从炼钢、轧管、热处理到管加工的全流程生产线，设计规模为年产无缝钢管 50 万吨，预计 2014 年投产。公司已成为多产业交替拉动、协调发展的综合性大型企业集团。

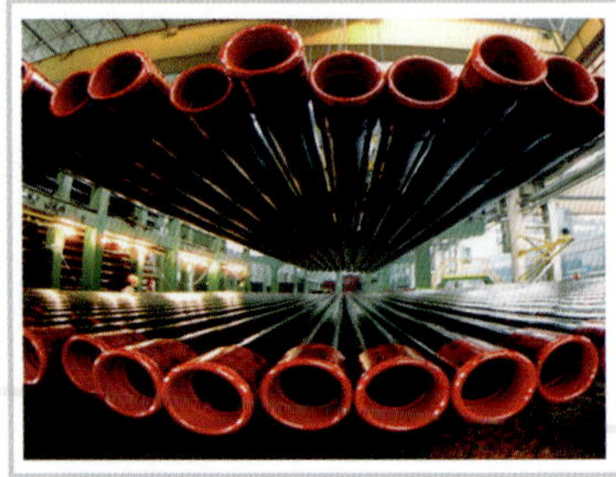

地址:天津市东丽区津塘公路396号 • 邮编：300301 • 电话：022-24802978 • 传真：022-24801320 • 网址：www.tpco.cn

A subsidiary of Occidental Petroleum Corporation

Phibro is an international commodities trading firm whose origins date back to 1901. Phibro's headquarters is located in Westport, Connecticut. Additional offices in London, Ireland and Singapore ensure that Phibro covers all major commodities markets and time zones. Phibro is a subsidiary of Occidental Petroleum Corporation.

Phibro 是一家国际商贸公司，成立于 1901 年，总部位于美国的康涅狄格西港。其附属公司的办事处设在伦敦、爱尔兰和新加坡，以确保 Phibro 的业务可以覆盖所有主要的商贸市场和时区。Phibro 是 Occidental Petroleum 公司的子公司。

[Phibro office locations worldwide]

总部
Corporate Headquarters

500 Nyala Farm Road, Westport, CT 06880 USA
Tel: (203)221 5800
Fax: (203)221 6760

欧洲办公室
European Offices

6 Duke Street, St. James
London, SW1Y 6BN
United Kingdom
Tel: (44)207 484 2500
Fax: (44)207 839 8774

Unit 2, Block 5, Urban Flo,
North Main Street, Bandon,
Cor Cork, Ireland
Tel:(44)207 484 2550
Fax: (353) 23 88 54847

太平洋地区办公室
Pacific Rim Office

9 Teasek Boulevard, #43-01
Suntec Tower Two
Singapore 038989
Tel: (65)6250 6088
Fax: (65)6250 6124

毕马威是一家全球性的专业服务机构，拥有超过100年的历史，覆盖156个国家和地区，致力于为客户提供审计、税务和咨询等专业服务，宗旨是通过全球性的专业服务网络，将知识转化为价值，使我们的客户及资本市场共同受益。
1992年，毕马威(中国)成为国内第一家中外合作会计师事务所，并于2012年在四大会计师事务所中第一家获批改制为特殊普通合伙制会计师事务所。目前，毕马威(中国)拥有逾1000名中国注册会计师，约900名香港注册会计师，逾9000名员工，约400名合伙人及总监，在北京、上海、沈阳、南京、杭州、福州、厦门、青岛、广州、深圳、成都、重庆、香港特别行政区和澳门特别行政区共设有14家机构。
KPMG
cutting through complexity
电话：010-85085000　传真：010-85185111
毕马威的名称、标识和"cutting through complexity"均属于毕马威国际的注册商标。

258
O&K
ABB
毕马威(中国)自1992年起开始为中国石油化工企业提供国内外资本市场上市审计、年度财务报表及内控审计、资产收购审计、验资、债券发行相关审计、税务咨询、并购和重组咨询以及内控和风险管理咨询等服务。毕马威自进入中国后积累了丰富的服务大型国有企业的经验。
2013年，毕马威有幸成为中国石油的审计师。我们将视中国石油为毕马威最尊贵的客户，我们承诺：提供最优秀的服务团队；维持良好不间断的沟通，确保及时、积极地回应中国石油的要求；分享信息、知识和经验，协助中国石油在全球业务发展进程中持续领先；提供全球一体化的无缝隙客户服务。我们将整合毕马威全球资源，协调各个国家和地区、各个专业领域的专家，为中国石油提供审计、资本市场再融资、税务咨询、并购和重组咨询以及内控和风险管理咨询等全方位的服务，并在海外并购、管理提升、风险合规和人员培训等方面协助中国石油全面提升核心竞争力。
我们期待与中国石油成为彼此信任的战略合作伙伴！
KPMG
cutting through complexity
电话：010-85085000 传真：010-85185111

中勘石油天然气化工有限公司

领导班子

合同签署仪式

CP-300海上平台签约仪式
领导人合影

中勘石油天然气化工有限公司始建于2002年12月20日，先后组建了石油天然气勘探开发公司、股份公司、控股公司、进出口公司，旗下江苏、四川、上海等5个子公司，主营油田、气田勘探开发技术服务。CP-300海上平台出口墨西哥，于2013年10月末下海。石油机械、配件、钻机等总贸易额近14亿元。下属四川公司引进吸收美国马孚多路燃油技术改进的“马孚燃烧技术”解决了“国四排放标准”难题。产品经四年半十万余次试用，达到了高效、节能、环保效果。柴油低温冷冻液可达-45℃以上。

中勘石油天然气化工有限公司以国际贸易为主体，确定了“走出去、走上去、再打进来”的经营方针，在俄罗斯联邦、白俄罗斯组建了中俄油气炼化集团公司、中俄油气勘探开发集团公司、俄罗斯联邦油气炼化集团公司3个合资公司，签署了为期5年的汽油、煤油、柴油加工合同，年总量600万吨，与国内“中炼联合石化公司”并轨对接。公司与俄罗斯联邦、白俄罗斯实现了零距离战略合作伙伴关系。

十多年来，公司实行一元化领导班子，上下各司其职，在国内外广交朋友，深化改革，把“我的梦”融入“中国梦”。

马孚多路燃烧清洁剂

在燃烧中减少PM2.5排放的对比试验

试验油样：北京中国石油加油站销售的京V—92号汽油

图1、试验准备阶段　　图2、点着两个酒精灯

图3、用一张白纸从上面靠近火焰

图4、大约3秒钟后，没加清洁剂的火焰已经将白纸薰黑

事实上，没有加马孚多路清洁剂的火焰有更大量的未燃烧成分以颗粒的方式进入空气中，细微的颗粒就是对人类健康威胁很大的PM2.5。

这个试验可以清楚地看到，马孚多路燃烧清洁剂对于燃油充分燃烧、大幅度减少PM2.5等有害物质有明显的帮助作用。

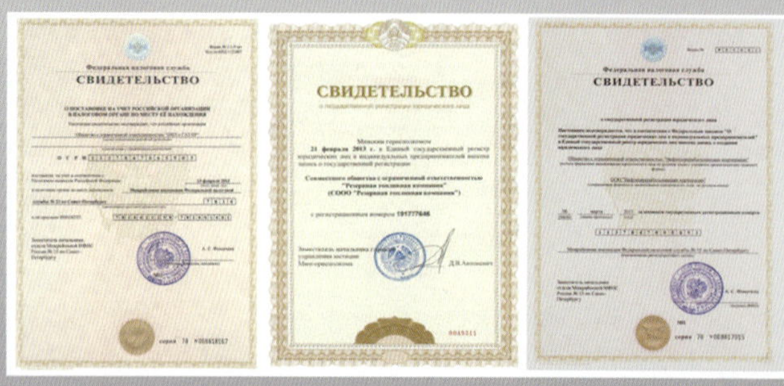

在俄罗斯的三大油气板块

马孚多路燃油技术

振华石油控股有限公司

振华石油拥有哈萨克斯坦 K&B 油田 75% 的权益。油田地质储量 6478 万吨，年产原油 83 万吨

伊拉克艾哈代布（Ahdeb）油田地质储量 5.5 亿吨，年产原油 700 万吨。振华石油拥有油田 37.5% 的权益

缅甸仁安羌与稍埠油田（Yenangyaung & Chauk）地质储量 1.82 亿吨，年产原油 12.8 万吨。振华石油拥有油田 40% 的权益

振华石油控股有限公司（以下简称振华石油）是中国兵器工业集团公司海外资源板块和石化产业链的重要成员，主要从事石油产业投资、海外油气勘探开发、国际石油贸易、油品储运等业务，是国家实施“走出去”战略和能源安全战略的重要团队之一。

自 2003 年成立以来，振华石油各项业务均实现长足发展。目前已经：

▲ 获取 6 个海外油气项目，拥有地质储量 11 亿吨，在产油田年作业产量超 800 万吨。

▲ 原油、成品油年贸易量超 2000 万吨，年销售收入超 900 亿元。

▲ 初步建立从海外油田勘探开发、生产科研到国际石油贸易、仓储运输、石油炼化的产业链。

▲ 打造了一支高素质、专业化、国际化的技术研究和经营管理团队。

“十二五”末，振华石油致力于拥有海外油田地质储量 13.5 亿吨油气当量，油田年作业产量达 1000 万吨油气当量，石油年贸易量 2300 万吨以上，实现销售收入超过 1200 亿元。

地址：北京市西城区复兴门内大街158号远洋大厦F14　邮编：100031
电话：010-63210088　传真：010-63210199

振华石油贸易业务以原油、燃料油及石油化工品的进口和转口为主，具备较强的市场综合运作能力和风险管控能力，已建立起强大的营销网络

振华石油在大连港投资建设油品储罐 70 万立方米。目前在大连港、营口港拥有油品储罐总容量达 300 万立方米